INGENIERÍA DEL SOFTWARE

Un enfoque práctico

Cuarta edición

CONSULTORES EDITORIALES
ÁREA DE INFORMÁTICA Y COMPUTACIÓN

Antonio Vaquero Sánchez
Catedrático de Lenguajes y Sistemas Informáticos
Escuela Superior de Informática
Universidad Complutense de Madrid
ESPAÑA

Gerardo Quiroz Vieyra
Ingeniero de Comunicaciones y Electrónica
por la ESIME del Instituto Politécnico Nacional
Profesor de la Universidad Autónoma Metropolitana
Unidad Xochimilco
MÉXICO

Willy Vega Gálvez
Universidad Nacional de Ingeniería
PERÚ

INGENIERÍA DEL SOFTWARE
Un enfoque práctico

Cuarta edición

Roger S. Pressman

Traducción

Rafael Ojeda Martín, Joaquín Sánchez Villoria, Virgilio Yagüe Galaup y Julio Zurdo Chávez
Profesores de Ingeniería del Software. Facultad de Informática. Universidad Pontificia de Salamanca. Campus de Madrid

José Rafael García Bermejo Giner
Área de Lenguajes y Sistemas Informáticos Facultad de Ciencias. Universidad de Salamanca

Francisco Morales Arcía
Facultad de Ciencias Matemáticas y de la Computación. Universidad de La Habana (Cuba)

Coordinación general y revisión técnica

Luis Joyanos Aguilar
Departamento de Lenguajes y Sistemas Informáticos e Ingenieríal de Software.
Facultad de Informática / E. U. de Informática. Universidad Pontificia de Salamanca. Campus de Madrid

McGraw-Hill

MADRID • BUENOS AIRES • CARACAS • GUATEMALA • LISBOA • MÉXICO
NUEVA YORK • PANAMÁ • SAN JUAN • SANTAFÉ DE BOGOTÁ • SANTIAGO • SÃO PAULO
AUCKLAND • HAMBURGO • LONDRES • MILÁN • MONTREAL • NUEVA DELHI • PARÍS
SAN FRANCISCO • SIDNEY • SINGAPUR • ST. LOUIS • TOKIO • TORONTO

CONTENIDOS A PRIMERA VISTA

CONTENIDO

CAPÍTULO 16. MÉTODOS DE PRUEBA DEL SOFTWARE 301

CAPÍTULO 17. ESTRATEGIAS DE PRUEBA DEL SOFTWARE 325

CAPÍTULO 18. MÉTRICAS TÉCNICAS DEL SOFTWARE 345

PREFACIO

La Ingeniería del Software va a introducirse en la cuarta década de su existencia y sufre de los muchos puntos fuertes y débiles que también experimentan los hombres que tienen la misma edad. La inocencia y el entusiasmo de los primeros años se han reemplazado por expectativas más razonables (e incluso un cinismo sano) fortalecido por años de experiencia. La ingeniería del software se va aproximando a su edad media con muchos logros a sus espaldas, pero con un trabajo significativo todavía por hacer. Hoy en día, está reconocida como una disciplina legítima, digna de tener una investigación seria, un estudio concienzudo y un grande y tumultuoso debate. En la industria, «ingeniero del software» ha sustituido al «programador» como título de trabajo preferente. Los modelos de procesos de software, métodos de ingeniería de software y herramientas de software se han adoptado con éxito en el amplio espectro de las aplicaciones industriales. Los gestores y usuarios reconocen la necesidad de un enfoque más disciplinado del software.

Pero muchos de los problemas tratados en ediciones anteriores de este libro, siguen existiendo. Muchos particulares y muchas compañías desarrollan todavía el software de forma muy aleatoria. De igual modo muchos profesionales y estudiantes siguen sin conocer los métodos modernos. Como resultado, la calidad del software que se produce queda en entredicho Además, todavía continúan los debates y la controversia sobre la verdadera naturaleza del enfoque de ingeniería de software. El estado de la ingeniería del software sigue siendo un estudio muy diversificado. Las actitudes han cambiado y se ha progresado considerablemente, pero todavía queda mucho por hacer antes de que esta disciplina alcance su completa madurez.

La cuarta edición de *Ingeniería del Software: Un enfoque práctico* pretende servir como guía a una disciplina de ingeniería madura. La cuarta edición al igual que las tres ediciones que le han precedido, va dirigida tanto a los estudiantes como a los profesionales, y mantiene el mismo formato y el mismo estilo que sus predecesores. El libro mantiene su aspecto de guía para el profesional de la industria y una amplia introducción para el estudiante de segundo ciclo de estudios universitarios o de primer año de estudios de postgrado.

La cuarta edición es mucho más que una simple actualización. El libro se ha reestructurado completamente con objeto de acoplarse al enorme crecimiento de este campo y de enfatizar nuevos e importantes métodos de la ingeniería del software. Los capítulos mantenidos de ediciones anteriores se han revisado y actualizado. Se han añadido doce capítulos nuevos que proporcionan un tratamiento más completo de tendencias y técnicas contemporáneas. Se han incluido muchos ejemplos, problemas, y puntos nuevos a considerar. Las secciones *Otras Lecturas* y *Fuentes de Información* (una de las características más populares de ediciones anteriores) se han ampliado en todos los capítulos. Y se han incluido cientos de fuentes nuevas publicadas y unas 160 fuentes de World Wide Web [1].

Los 30 capítulos de la cuarta edición se han organizado en cinco partes. Se ha hecho así para compartimentar los temas y ayudar a instructores en caso de que no puedan acabar el libro completo en un semestre. La parte primera, *El producto y el proceso* presenta una introducción al entorno de la Ingeniería

[1] Como las direcciones World Wide Web cambian frecuentemente, sólo las que son probable que persistan se han anotado en *Otras Lecturas* y *Otras Fuentes de Información*. Sin embargo, incluso éstas pueden ser falsas con el paso del tiempo. Se puede encontrar una «lista» actualizada de URLs en este libro en **http:/www.rspa.com**.

del Software. Pretende introducir el tema y lo que es más importante presentar conceptos que serán necesarios para capítulos posteriores. La parte segunda, *Gestión de Proyectos del Software,* presenta los temas necesarios para quienes planifican, gestionan y controlan un proyecto de desarrollo del software. La parte tercera, *Métodos Convencionales de la Ingeniería del Software*, presenta los métodos de análisis, diseño y prueba que algunos consideran la «escuela» convencional de la ingeniería del software. La parte cuarta, *Ingeniería del Software Orientada a Objetos,* presenta métodos orientados a objetos a través de todo un proceso de ingeniería de software, incluido análisis, diseño y pruebas. La parte quinta, *Temas Avanzados de Ingeniería del Software*, presenta capítulos especializados que tratan métodos formales, ingeniería de software de sala limpia, reutilización, reingeniería, ingeniería del software cliente/servidor y CASE.

Es importante destacar que la cuarta edición pone mucho más énfasis en métricas y medidas que ediciones anteriores. Tres capítulos independientes sobre métricas del software tratan la medición de procesos de software, métricas técnicas para el análisis, diseño y pruebas, utilizando métodos convencionales y métricas técnicas para la ingeniería del software orientada a objetos.

La organización en cinco partes de esta cuarta edición permite al profesor agrupar los temas de acuerdo con el tiempo disponible y las necesidades de los estudiantes. Se puede organizar un curso completo con una o más de las cinco partes. Por ejemplo un «curso de diseño» podría centrarse sólo en la tercera o cuarta parte; un «curso de métodos» podría incluir capítulos seleccionados de las partes tercera, cuarta y quinta. Un «curso de gestión» podría basarse en las partes primera y segunda. Organizando esta cuarta edición de esta forma, hemos intentado proporcionar a los profesores varias alternativas para sus clases.

Al igual que en las tres primeras ediciones una guía del instructor o profesor (*Instructor's Guide for Software Engineering: A Practitioner's Approach*) está disponible en McGraw-Hill. La Guía del Instructor presenta sugerencias para impartir diferentes tipos de cursos de ingeniería del software, recomendaciones para una variedad de proyectos de software que se aplican en un curso, y soluciones para problemas seleccionados y modelos de transparencias (acetatos) que ayuden en la enseñanza de temas seleccionados. Además, se dispone de un currículum completo en vídeo, *Essential Software Engineering,* que complementa este libro. Este vídeo se ha diseñado para la formación industrial y se ha modularizado para permitir presentar temas de ingeniería del software individuales según las necesidades. Se puede obtener más información de vídeo mandando por correo la tarjeta de solicitud que se encuentra en el reverso del libro[2].

Mi trabajo en las cuatro ediciones de *Ingeniería del Software: un enfoque práctico* ha sido el proyecto técnico y continuado más largo de mi vida. Incluso cuando paro de escribir, la información extraída de literatura técnica continua asimilándose y organizándose. Por esta razón, doy las gracias a muchos autores de libros, periódicos y artículos así como una nueva generación que han contribuido en medios electrónicos (grupos de noticias y la World Wide Web), quienes me han proporcionado ideas comentarios y pensamientos durante los últimos 15 años. Muchos de ellos han sido referenciados en las páginas de cada capítulo. Todos merecen respeto por su contribución a este campo en rápida evolución. También deseo dar las gracias a los revisores de la cuarta edición: Frank H. Westervelt, *Wayne State University*; Steven A. Demurjian, *University of Connecticut*; Chung Lee, *California State Polytechnic*; Alan Davis, *University of Colorado*; Michael C. Mah, *QSM Associates*; Richard N. Taylor, *Universty of California-Irvine*; Osman Balci, Virginia Tech, James H. Cross, *Auburn University*; Warren Harrison, *Portland State University*; Mieczyslaw M. Kohar, *Northeastern University*. Sus comentarios y críticas son inestimables.

El contenido de la cuarta edición de Ingeniería del Software: un enfoque práctico ha sido configurada por profesores de universidad y profesionales industriales, y también por estudiantes que han utilizado ediciones anteriores y han comunicado sugerencias, críticas e ideas. Muchas gracias a todos. Además, mis más sinceros agradecimientos a muchos clientes industriales de Norte América y Europa, quienes ciertamente me han enseñado mucho más de lo que yo mismo puedo enseñar.

De la misma forma que las ediciones de esta obra han evolucionado, mis hijos Mathew y Michael también se han hecho unos hombres. Su madurez y carácter me han inspirado también. Nada me ha llenado de más orgullo. Y finalmente a Bárbara, mi amor y agradecimiento por tolerar mi agenda de viajes, saber comprender las largas tardes en la oficina y aun así, empujarme hacia otra edición del «libro».

Roger S. Pressman.

[2] Profesores de Universidades acreditadas deberían consultar *Instructor's Guide* para opciones especiales asociadas al vídeo. Si la tarjeta de respuesta se extraviara, por favor envíe por correo electrónico una solicitud de información a ESEinfo@rspa.com o un fax a Pressman & Associates, Inc en (203) 799-1023.

PRÓLOGO A LA EDICIÓN ESPAÑOLA

EL ESTADO DEL ARTE DE LA INGENIERÍA DEL SOFTWARE

La **Ingeniería de/l Software**[1] es una disciplina o área de la Informática o Ciencias de la Computación, que ofrece métodos y técnicas para desarrollar y mantener software de calidad que resuelven problemas de todo tipo. Hoy día es cada vez más frecuente la consideración de la ***Ingeniería de/l Software*** como una nueva área de la ingeniería, y el ***ingeniero de/l software*** comienza a ser una profesión implantada en el mundo laboral internacional, con derechos, deberes y responsabilidades que cumplir, junto a una, *ya*, reconocida consideración social en el mundo empresarial y, por suerte, para esas personas con brillante futuro.

La Ingeniería de/l Software trata con áreas muy diversas de la informática y de las ciencias de la computación, tales como construcción de compiladores, sistemas operativos o desarrollos en Intranet/Internet, abordando todas las fases del ciclo de vida del desarrollo de cualquier tipo de sistemas de información y aplicables a una infinidad de áreas tales como: negocios, investigación científica, medicina, producción, logística, banca, control de tráfico, meteorología, el mundo del derecho, la red de redes Internet, redes Intranet y Extranet, etc.

Definición del término «Ingeniería de/l Software»

El término ***Ingeniería*** se define en el **DRAE**[2] como: «**1**. Conjunto de conocimientos y técnicas que permiten aplicar el saber científico a la utilización de la materia y de las fuentes de energía. **2.** Profesión y ejercicio del ingeniero» y el término ***ingeniero*** se define como «**1.** Persona que profesa o ejerce la ingeniería». De igual modo la Real Academia de Ciencias Exactas, Físicas y Naturales de España define el término ***Ingeniería*** como: «Conjunto de conocimientos y técnicas cuya aplicación permite la utilización racional de los materiales y de los recursos naturales, mediante invenciones, construcciones u otras realizaciones provechosas para el hombre»[3].

Evidentemente, si la Ingeniería del Software es una nueva ingeniería, parece lógico que reúna las propiedades citadas en las definiciones anteriores. Sin embargo, ni el DRAE ni la Real Academia Española de Ciencias han incluido todavía el término en sus últimas ediciones; en consecuencia vamos a recurrir para su definición más precisa a algunos de los autores más acreditados que comenzaron en su momento a utilizar el término o bien en las definiciones dadas por organismos internacionales profesionales de prestigio tales como IEEE o ACM. Así, hemos seleccionado las siguientes definiciones de ***Ingeniería del Software:***

Definición 1

Ingeniería de Software es el estudio de los *principios* y *metodologías* para desarrollo y mantenimiento de sistemas de software [Zelkovitz, 1978][4].

---

[1] En Hispanoamérica, el término utilizado normalmente es: **Ingeniería *de* Software**.

[2] **DRAE**, Diccionario de la Real Academia Española de la Lengua.

[3] Vocabulario Científico y Técnico, edición de 1996.

[4] Zelkovitz, M. V., Shaw, A. C. y Gannon, J. D.: *Principles of Software Engineering and Design*. Prentice Hall, Englewoods Clif, 1979.

Definición 2

Ingeniería del Software es la aplicación *práctica* del conocimiento científico en el diseño y construcción de programas de computadora y la *documentación* asociada requerida para desarrollar, operar (funcionar) y mantenerlos. Se conoce también como desarrollo de software o producción de software [Bohem, 1976][5].

Definición 3

Ingeniería del Software trata del establecimiento de los principios y métodos de la ingeniería a fin de obtener software de modo rentable que sea *fiable* y trabaje en *máquinas reales* [Bauer, 1972][6].

Definición 4

La aplicación de *un enfoque sistemático, disciplinado y cuantificable al desarrollo, operación* (funcionamiento) y mantenimiento del software; es decir, la aplicación de ingeniería al software. 2. El estudio de enfoques como en (1) [IEEE, 1993][7].

Tomando como base la referencia de estas definiciones seleccionadas, se producen de inmediato las preguntas: *¿cuáles son las actividades que se encuadran hoy día en el mundo de la ingeniería del software?* y *¿cómo se enseña la disciplina de ingeniería del software en las universidades, escuelas de ingenieros e institutos tecnológicos?*

La respuesta a la primera pregunta se manifiesta de muy diversas formas, pero creemos que tal vez las fuentes más objetivas sean las conferencias, eventos y acontecimientos internacionales más relevantes realizados en estos últimos años. Así, de los estudiados, hemos considerado como congresos significativos, los convocados por **SIGSOFT** (Special Interest Group on Software Engineering) de la **ACM**[8]: International Conference on Software Engineering (**ICSE**, copatrocinada con IEEE) celebrada en Boston, Massachussets, USA (17-23 de mayo de 1997) y la próxima conferencia anunciada para celebrarse en 1998 en Kyoto, Japón (**ICSE**, 19-25 de abril de 1998); 5.º Symposium Foundations of Software Engineering, **SIGSOFT 97** (Zurich, 22-25 septiembre de 1997) y 6.º Symposium **SIGSOFT 98** (Orlando, Florida, USA, 3-5 noviembre de 1998).

[5] BOEHM, B. W.: «Software Engineering», *IEEE Transactions on Computers,* C-25, núm. 12, diciembre, pp. 1226-1241.

[6] BAUER, F. L.: «Software Engineering», *Information Processing, 71,* North Holland Publishing Co., Amsterdam, 1972.

[7] IEEE: *Standards Collection: Software Engineering,* IEEE Standard 610.12-1990, IEEE, 1993.

[8] URL de ACM, http://www.acm.org.

En los congresos citados anteriormente y en algunas otras fuentes como revistas de ACM/IEE y otras de tipo profesional o comercial específicas de ingeniería de software, hemos anlizado sus programas, tutoriales, talleres de trabajo, contenidos, etc. y hemos seleccionado una lista con los temas más candentes del actual *estado del arte de la Ingeniería del Software*. Los temas más sobresalientes son :

- Inspección de software crítico.
- Software de Tecnologías de Procesos de Negocios.
- Arquitecturas de Software Distribuido.
- Introducción a UML (Metodología de objetos, método unificado de Booch, Rumbaugh y Jacobson).
- Control técnico de proyectos software.
- Marcos de trabajo (*frameworks*) de empresa orientados a objetos.
- Una introducción a CORBA (Estándar para objetos distribuidos).
- Estrategias de ingeniería inversa para migración de software.
- Ingeniería de objetos.
- Modelado y análisis de arquitectura de software.
- Objetos distribuidos.
- Sistemas Cliente/Servidor.
- Reingeniería.
- CASE.
- Análisis y Diseño Orientados a Objetos.
- ...

Esta cuarta edición ha mejorado en cantidad y calidad a la tercera edición, pero su actualidad en el año 1997, reside en el hecho de que la mayoría de temas tratados o que se van a tratar en los congresos de la ACM (listados anteriormente), están contemplados y tratados por el autor en este libro. En cualquier forma, deseamos destacar muy expresamente algunas mejoras concretas que vienen a llenar una importante laguna que existía en los libros de ingeniería del software en inglés y, por supuesto, en español. Así, destacamos el estudio y profundidad que se hace de temas tan candentes y de actualidad en el mundo de la ingeniería del software tales como: *Métodos formales, reutilización de software, reingeniería, métodos de software Cliente/Servidor, CASE, análisis/diseño/pruebas y métricas orientados a objetos, etc.*, junto con un epílogo donde muestra el estado actual y futuro de la Ingeniería del Software. Con relación a la tercera edición se aprecia una consolidación de tratamientos y una unificación de bloques de conocimiento que consiguen mejorar el aprendizaje del lector.

Una de las aportaciones más relevantes que aporta esta nueva edición es la excelente bibliografía y referencias bibliográficas que se adjuntan en cada capítulo del libro, junto a una novedad que poco a poco comienza a incorporarse en las buenas obras científicas y que aquí alcanza un excelente nivel: ***direcciones electrónicas (URLs) de sitios Web de Internet*** notables, donde se pueden ampliar conocimientos, fuentes bibliográficas, consultorías, empresas, organismos internacionales, etc. especializados en Ingeniería de Software.

En lo relativo a la segunda pregunta antes enunciada, su respuesta implica el uso de libros de texto y manuales que ayuden al estudiante a complementar las lecciones impartidas por el profesor, así como preparar sus trabajos, prácticas, exámenes, etc. Un libro para ser considerado de texto o referencia de una determinada asignatura requiere que su contenido contenga todos o la mayoría de los descriptores o tópicos considerados en el programa de la asignatura. Veamos por qué esta obra es idónea como libro de texto para asignaturas del currículum universitario de ***Ingeniería de/l Software***.

EL LIBRO COMO TEXTO DE REFERENCIA UNIVERSITARIA

La importancia fundamental de la disciplina *Ingeniería del Software* se está manifestando, de modo destacado, en los *currículum* de informática y ciencias de la computación de la mayoría de las universidades de todo el mundo, y seguirá creciendo su importancia a medida que nos acerquemos al tercer milenio.

Debido a estas circunstancias, las organizaciones profesionales, los departamentos educativos de los diversos gobiernos y los departamentos universitarios se han preocupado en esta década y en las anteriores de estandarizar los programas curriculares de las diferentes carreras, incluyendo materias (asignaturas) troncales y obligatorias, en los planes de estudios de Facultades y Escuelas de Ingenieros de todo el mundo.

El caso más significativo lo constituyen las organizaciones profesionales internacionales que se han preocupado también de este proceso. Entre las más destacadas sobresalen ACM (Association of Computing Machinery) e IEEE (Institute for Electrical and Electronics Engineers). Así, en el año 1991, estas dos organizaciones publicaron conjuntamente unas recomendaciones con los requisitos (materias) imprescindibles que, al menos, debían contemplar todos los planes de estudios de carreras relacionadas con Ciencias de la Computación (Informática). Estas recomendaciones han sido seguidas por todas las universidades de Estados Unidos y prácticamente, de una u otra forma, por casi todas las universidades europeas e hispanoamericanas, desde el año de su publicación.

Las recomendaciones ACM/IEEE[9] dividen los requisitos del currículum en nueve áreas diferentes, con subdivisiones en esas áreas. Para cada subárea se recomienda un número mínimo de unidades de conocimiento (*knowledge units*) con una indicación de tiempo para cada una de ellas (períodos de 50 minutos/clase). En estas nueve áreas se incluyen: Algoritmos, Arquitectura, Inteligencia Artificial, Bases de Datos, Interfaces Hombre/Máquina, Computación numérica, Sistemas Operativos, Programación, Ingeniería del Software, Lenguajes de Programación y Temas legales, profesionales y sociales. Los temas recomendados en el área de Ingeniería de Software son:

1. Conceptos fundamentales de resolución de problemas.
2. Proceso de desarrollo de software.
3. Especificaciones y requisitos de software.
4. Diseño e implementación de software.
5. Verificación y validación.

En España, el Consejo de Universidades, organismo encargado de dictar directrices y normas para los planes de estudios de las universidades tiene redactadas las normativas que han de cumplir todas las universidades que deseen impartir las carreras de Ingeniería en Informática (cinco años académicos, 10 semestres), Ingeniería Técnica en Informática de Sistemas e Ingeniería Técnica en Informática de Gestión (3 años académicos, 6 semestres) y se publican oficialmente en el *Boletín Oficial del Estado* (*BOE*). En estas normativas de obligado cumplimiento por todas las universidades, se incluyen las materias (asignaturas o conjunto de asignaturas) troncales que se deben incluir obligatoriamente en todos los planes de estudios, además de otras asignaturas con carácter obligatorio y opcional que cada universidad fija en sus planes de estudios.

Ingeniería del Software es una materia troncal incluida en las carreras citadas. 18 créditos (cada crédito equivale a diez horas de clase) en la ingeniería superior (*ingeniero informático*) y 12 créditos en la ingeniería técnica de informática de gestión (*ingeniero técnico informático*). Esto significa una carga lectiva considerable que todos los estudiantes de carreras de informática y de computación han de estudiar, normalmente en los cursos 3.º a 5.º

Este libro puede ser utilizado en diferentes tipos de cursos de ingeniería de software tanto a nivel universitario como a nivel profesional:

1. Cursos introductorios de Ingeniería del Software. Estudiantes de primer ciclo (3 años) y segundo ciclo (5 años), o en carreras de cuatro años (como suele ser el caso de las universidades hispanoamericanas y alguna española), sin experiencia previa en Ingeniería del Software, pero con formación de dos o tres cursos universitarios (cuatro o cinco semestres) al menos.
2. Cursos introductorios y de nivel medio sobre temas específicos de Ingeniería del Software tales como análisis de requisitos y especifica-

[9] *http:/www.acm.org* ; *http:/xavier.xu.edu:8000/~lewan/new curriculum.html.*

ciones, gestión de proyectos de software, métodos convencionales de Ingeniería del Software, etc.

3. Cursos avanzados en temas de Ingeniería del Software tales como: análisis y diseño orientados a objetos, métricas, ingeniería inversa, Cliente/Servidor, Reutilización de software, etc.

Este libro explica todos los temas incluidos en la asignatura o materia troncal ***Ingeniería del Software*** por el Consejo de Universidades de España, así como las unidades SE2 a SE5 (la unidad SE1 se refiere a conceptos de tipo general que suelen incluirse en otras asignaturas básicas) del currículum de la ACM/IEEE de 1991. Por nuestro conocimiento personal (conferencias, cursillos, estancias...) de muchas universidades hispanoamericanas, nos consta que los planes de estudio de estas universidades incluyen también asignaturas de tipo obligatorio de Ingeniería del Software que siguen prácticamente las recomendaciones de ACM/IEEE y son muy similares a los programas que se siguen también en España.

APÉNDICE

La obra actual incluye gran cantidad de siglas y acrónimos en inglés, la mayoría de las cuáles, exceptuando las ya acreditadas en inglés cómo BPR..., se han traducido al español. Por su especial importancia y la gran cantidad de ellas incluidas en el libro, el equipo de traducción decidimos recopilar todas las siglas en inglés y sus traducciones al español; a continuación se ha construido dos tablas ordenadas alfabéticamente en inglés y en español, con el objetivo principal de que el lector pueda localizar fácilmente cualquiera de las siglas que aparecen en el texto, y en su caso, la traducción al español. Estas tablas se presentaron a la editora de la obra que tras ver el servicio que proporcionaba al lector, aceptó incluirlas como Apéndice. De este modo, el lector podrá comprobar en cualquier momento entradas de siglas tanto en español como en inglés.

EPÍLOGO

La traducción de esta obra ha sido un esfuerzo común que hemos realizado profesores de diferentes universidades españolas e hispanoamericanas —profesores de Ingeniería del Software que hemos utilizado, en la mayoría de los casos, las ediciones anteriores de esta obra como libro de referencia en nuestras clases y continuaremos utilizándolo. Por esta circunstancia, hemos podido apreciar que esta cuarta edición ha mejorado de modo muy notable a las ediciones anteriores y tenemos el convencimiento de que los principios y conceptos considerados en ella, seguirán teniendo una influencia considerable en numerosos estudiantes de ingeniería, licenciatura informática o sistemas computacionales de habla española, como nos consta que siguen influyendo en el mundo de habla inglesa. Estamos seguros de que serán muchos los estudiantes que seguirán formándose en Ingeniería del Software con este libro como referencia fundamental.

Esta cuarta edición llena numerosas lagunas en la literatura de habla española, ya que actualiza los contenidos tradicionales de la Ingeníería del Software y los extiende a los temas avanzados modernos que ya hemos considerado. El excelente trabajo de Roger S. Pressman permitirá seguir formando numerosos y buenos profesionales de Ingeniería del Software para que esta industria pueda seguir desarrollándose.

Madrid, septiembre de 1997

Luis Joyanes Aguilar
Director del Departamento de Lenguajes y Sistemas Informáticos e Ingeniería del Software
Facultad de Informática y Escuela Universitaria de Informática
Universidad Pontificia de Salamanca. Campus de Madrid.

PARTE I

EL PRODUCTO Y EL PROCESO

En esta parte de *Ingeniería del Software. Un enfoque Práctico* el producto se considera que va a ser tratado con ingeniería y que el proceso proporciona un marco de trabajo para la tecnología del software. En los capítulos, se afrontan las cuestiones siguientes:

- ¿Qué es realmente el software de computadora?
- ¿Por qué se lucha por construir sistemas de alta calidad basados en computadoras?
- Cómo se pueden establecer categorías de dominios de aplicaciones para software de computadoras?
- ¿Qué mitos de software van a existir?
- ¿Qué es un «proceso de software»?
- ¿Existe una forma genérica de evaluar la calidad de un proceso?
- ¿Qué modelos de procesos se pueden aplicar al desarrollo del software?
- ¿En qué difieren los modelos de procesos lineales e interactivos?
- ¿Cuáles son sus puntos fuertes y débiles?
- ¿Qué modelos de procesos avanzados se han propuesto para trabajar con ingeniería del software?

Una vez contestadas todas estas preguntas, estará más preparado para comprender los aspectos técnicos y de gestión de la disciplina de ingeniería a la que se dedica el resto del libro.

CAPÍTULO 1

EL PRODUCTO

Justo después de que fuera publicada la primera edición de este libro a principios de los años 80, una primera plana de la revista Business Magazine pregonó el titular siguiente: «Software: Motor de Futuro». Los editores no tenían ni idea de lo bueno que eso podría ser. En esa época, el software todavía era un desconocido para la mayoría del público en general. Las compañías de software dedicadas al software empaquetado, como Microsoft, todavía no existían; almacenes con más de 15.000 metros cuadrados se desconocían; la idea de publicidad en TV anunciando sistemas operativos de computadora habría sido ridícula; e Internet sólo era conocida para pocos investigadores y académicos. Pero en menos de dos décadas, los cambios han llevado a que todo esto (y mucho más) se convierta en pasado.

El software de computadora, se ha convertido en el *alma mater*. Es la máquina que conduce a la toma de decisiones comerciales. Sirve como la base de investigación científica moderna y de resolución de problemas de ingeniería. Es el factor clave que diferencia los productos y servicios modernos. Está inmerso en sistemas de todo tipo: de transportes, médicos, de telecomunicaciones, militares, procesos industriales, entretenimientos, productos de oficina..., la lista es casi interminable. A medida que nos adentremos en el siglo veintiuno, será el que nos lleve a avances en todo desde la educación elemental a la ingeniería genética.

Todo esto ha cambiado la percepción pública del software. Los programas informáticos están omnipresentes, y el público los ve como un hecho tecnológico de la vida. En muchos ejemplos, las personas dejan su trabajo, bienestar, seguridad, entretenimiento, decisiones y sus propias vidas en manos del software informático.

Este libro presenta la tecnología que deberían utilizar aquellos que construyen software informático, aquellos que lo deben hacer bien. La tecnología acompaña a un proceso, un juego de métodos y un conjunto de herramientas que se llama *ingeniería del software*.

1.1. LA EVOLUCIÓN DEL SOFTWARE

Hoy en día el software tiene un doble papel. Es un producto y, al mismo tiempo, el vehículo para hacer entrega de un producto. Como producto, hace entrega de la potencia informática del hardware informático. Si reside dentro de un teléfono celular u opera dentro de una computadora central, el software es un transformador de información, produciendo, gestionando, adquiriendo, modificando, mostrando o transmitiendo información que puede ser tan simple como un solo bit, o tan complejo como una simulación en multimedia. Como vehículo utilizado para hacer entrega del producto, el software actúa como la base de control de la computadora (sistemas operativos), la comunicación de información (redes), y la creación y control de otros programas (herramientas de software y entornos).

El software hace entrega de lo que muchos creen que será el producto más importante del siglo veintiuno, la información. El software transforma datos personales (p. ej.: transacciones financieras de una persona) para que los datos sean más útiles en un contexto local; gestiona información comercial para mejorar la competitividad; proporciona el acceso a redes de información por todo el mundo (p. ej.: Internet); y también proporciona el medio de adquirir información en todas sus formas.

El papel del software informático ha sufrido un cambio significativo en la segunda mitad del siglo veinte. Enormes mejoras en rendimiento del hardware, profundos cambios de arquitecturas informáticas, grandes aumentos de memoria y capacidad de almacenamiento, una gran variedad de opciones de entrada y salida han precipitado sistemas más sofisticados y más complejos basados en computadora. La sofisticación y la complejidad pueden producir resultados deslumbrantes cuando un sistema tiene éxito, pero también pueden suponer grandes problemas para aquellos que deben construir sistemas complejos.

Libros populares publicados durante los años 70 y 80 proporcionan una visión histórica útil dentro de la percepción cambiante de las computadoras y del software, y de su impacto en nuestra cultura. Osborne [OSB79] hablaba de una «nueva revolución industrial». Toffler [TOF80] llamó a la llegada de componentes microelectrónicos la «tercera ola del cambio» en la historia de la humanidad, y Naisbitt [NAI82] predijo la transformación de la sociedad industrial a una «sociedad de información». Feigenbaum y McCorduck [FEI89] sugirieron que la información y el conocimiento (controlados por computadora) serían el foco de poder del siglo veintiuno, y Stoll [STO79] argumentó que la «comunidad electrónica» creada mediante redes y software es la clave para el intercambio de conocimiento alrededor del mundo.

Al comienzo de la década de los años 90, Toffler [TOF90] describió un «cambio de poder» en el que las viejas estructuras de poder (gubernamentales, educativas, industriales, económicas y militares) se desintegrarían a medida que las computadoras y el software nos llevaran a la «democratización del conocimiento». A Yourdon [YOU92] le preocupaba que las compañías en Estados Unidos pudieran perder su competitividad en empresas relativas al software y predijo «el declive y la caída del programador americano». Hammer y Champy [HAM93] argumentaron que las tecnologías de información iban a desempeñar el papel principal en la «reingeniería de la compañía». A mediados de los años 90, la persistencia de las computadoras y del software generó una erupción de libros por «neo-Luddites» (p. ej.: *Resisting the Virtual Life*, editado por James Brook y Ian Boal, y *The Future Does not Compute* de Stephen Talbot). Estos autores critican enormemente la computadora, enfatizando en preocupaciones legítimas pero ignorando los profundos beneficios que se han llevado a cabo [LEV95].

Durante los primeros años de la era de la computadora, el software se contemplaba como un añadido. La programación de computadoras era un «arte de andar por casa» para el que existían pocos métodos sistemáticos. El desarrollo del software se realizaba virtualmente sin ninguna planificación, hasta que los planes comenzaron a descalabrarse y los costes a correr. Los programadores trataban de hacer las cosas bien, y con un esfuerzo heroico, a menudo salían con éxito.

Durante los primeros años lo normal era que el hardware fuera de propósito general. Por otra parte, el software se diseñaba a medida para cada aplicación y tenía una distribución relativamente pequeña. El software como producto (es decir, programas desarrollados para ser vendidos a uno o más clientes) estaba en su infancia. La mayoría del software se desarrollaba y era utilizado por la misma persona u organización. La misma persona lo escribía, lo ejecutaba y, si fallaba, lo depuraba. Debido a que la movilidad en el trabajo era baja, los ejecutivos estaban seguros de que esa persona estará allí cuando se encontrara algún error. Debido a este entorno personalizado del software, el diseño era un proceso implícito, realizado en la mente de alguien, y la documentación normalmente no existía.

A lo largo de los primeros años aprendimos mucho sobre la implementación de sistemas informáticos, pero relativamente poco sobre la ingeniería de las computadoras. Sin embargo, en honor de la verdad, debemos reconocer que durante esa era se desarrollaron muchos sistemas informáticos excepcionales. Algunos de ellos todavía se siguen utilizando hoy y, por sus características, siguen siendo admirados con toda justicia.

La segunda era en la evolución de los sistemas de computadora se extiende desde la mitad de la década de los sesenta hasta finales de los setenta (Figura 1.1). La multiprogramación y los sistemas multiusuario introdujeron nuevos conceptos de interacción hombre-máquina. Las técnicas interactivas abrieron un nuevo mundo de aplicaciones y nuevos niveles de sofisticación del hardware y del software. Los sistemas de tiempo real podían recoger, analizar y transformar datos de múltiples fuentes, controlando así los procesos y produciendo salidas en milisegundos en lugar de en minutos. Los avances en los dispositivos de almacenamiento en línea condujeron a la primera generación de sistemas de gestión de bases de datos.

La segunda era se caracterizó también por el establecimiento del software como producto y la llegada de las «casas del software». El software ya se desarrollaba para tener una amplia distribución en un mercado multidisciplinar. Los programas se distribuían para computadoras grandes y para minicomputadoras, a cientos e incluso a miles de usuarios. Los patronos de la industria, del gobierno y de la universidad se aprestaban a «desarrollar el mejor paquete de software» y ganar así mucho dinero.

Conforme crecía el número de sistemas informáticos, comenzaron a extenderse las bibliotecas de software de computadora. Las casas desarrollaban proyectos en los que se producían programas de decenas de miles de sentencias fuente. Los productos de software comprados al exterior incorporaban cientos de miles de nuevas sentencias. Una nube negra apareció en el horizonte. Todos esos programas, todas esas sentencias fuente tenían que ser corregidos cuando se detectaban fallos, modificados cuando cambiaban los requisitos de los usuarios o adaptados a nuevos dispositivos hardware que se

FIGURA 1.1

Evolución del software

Los primeros años

- Orientación por lotes (*batch*)
- Distribución limitada
- Software a medida

La segunda era

- Multiusuario
- Tiempo real
- Bases de datos
- Producto de software

La tercera era

- Sistemas distribuidos
- Incorporación de «inteligencia»
- Hardware de bajo coste
- Impacto en el consumo

La cuarta era

- Sistemas personales potentes
- Tecnologías orientadas a objetos
- Sistemas expertos
- Redes neuronales artificiales
- Computación en paralelo
- Redes de computadoras

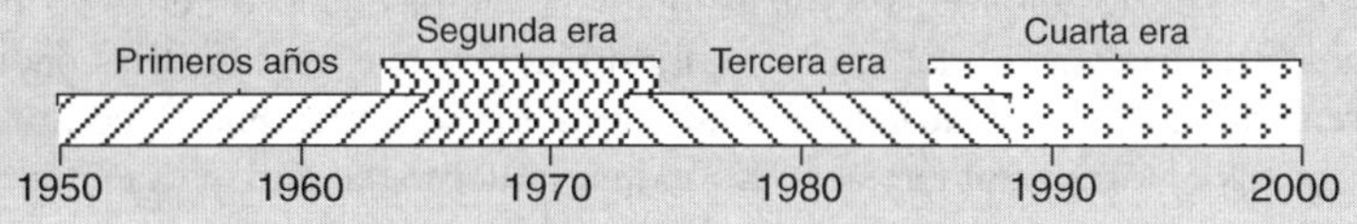

hubieran adquirido. Estas actividades se llamaron colectivamente mantenimiento del software. El esfuerzo gastado en el mantenimiento del software comenzó a absorber recursos en una medida alarmante.

Aún peor, la naturaleza personalizada de muchos programas los hacía virtualmente imposibles de mantener. Había comenzado una crisis del «software».

La tercera era en la evolución de los sistemas de computadora comenzó a mediados de los años setenta y continuó más allá de una década. El sistema distribuido, múltiples computadoras, cada una ejecutando funciones concurrentemente y comunicándose con alguna otra, incrementó notablemente la complejidad de los sistemas informáticos. Las redes de área local y de área global, las comunicaciones digitales de alto ancho de banda y la creciente demanda de acceso «instantáneo» a los datos, supusieron una fuerte presión sobre los desarrolladores del software. Aún más, los sistemas y el software que lo permitían continuaron residiendo dentro de la industria y de la academia. El uso personal era extraño.

La conclusión de la tercera era se caracterizó por la llegada y amplio uso de los microprocesadores. El microprocesador ha producido un extenso grupo de productos inteligentes, desde automóviles hasta hornos microondas, desde robots industriales a equipos de diagnósticos de suero sanguíneo, pero ninguno ha sido más importante que la computadora personal. En menos de una década, las computadoras llegarán a ser fácilmente accesibles al público[1].

La cuarta era de la evolución de sistemas informáticos se aleja de las computadoras individuales y de los programas de computadoras, dirigiéndose al impacto colectivo de las computadoras y del software. Potentes máquinas personales controladas por sistemas operativos sofisticados, en redes globales y locales, acompañadas por aplicaciones de software avanzadas se han convertido en la norma. Las arquitecturas informáticas están cambiando de entornos centralizados de grandes computadoras a entornos descentralizados cliente/servidor. Las redes de información en todo el mundo proporcionan una infraestructura que iguala a expertos y políticos en pensar sobre una «superautopista de información» y una «conexión del ciberespacio». De hecho Internet se puede observar como un «software» al que pueden acceder usuarios individuales.

La industria del software ya es la cuna de la economía del mundo. Las decisiones tomadas por gigantes de la industria tales como Microsoft arriesgan billones de dólares. A medida que la cuarta generación progresa, han comenzado a surgir nuevas tecnologías. Las tecnologías orientadas a objetos (Parte Cuarta de este libro) están desplazando rápidamente los enfoques de desarrollo de software más convencionales en muchas áreas de aplicaciones. Aunque las predicciones de las computadoras de «quinta generación» ([FEI83]) y ([ALL89]) continúan eludiéndonos, «las técnicas de cuarta generación» para el desarrollo del software están cambiando en la forma en que la comunidad del software construye programas informáticos. Los sistemas expertos y el software de inteligencia artificial han salido del laboratorio para entrar en aplicaciones prácticas de una gran variedad de problemas del mundo real. El software de redes neuronales artificiales junto con la aplicación de lógica difusa ha abierto posibilidades excitantes para el reconocimiento de patrones y habilidades de procesamiento de información de carácter humano. La programación de realidad virtual y los sistemas multimedia ofrecen formas radicalmente diferentes de comunicar información al usuario final. «Los algoritmos genéticos» [BEG95] ofrecen el potencial para el software que reside dentro de las computadoras biológicas masivamente en paralelo.

Sin embargo, un conjunto de problemas relacionados con el software ha persistido a través de la evolución de los sistemas basados en computadora, y estos problemas continúan aumentando.

[1] Actualmente se estima que el 40 por ciento de las casas en Estados Unidos tienen computadoras personales.

1. Los avances del software continúan dejando atrás nuestra habilidad de construir software para alcanzar el potencial del hardware.
2. Nuestra habilidad de construir nuevos programas no pueden ir al ritmo de la demanda de nuevos programas, ni podemos construir programas lo suficientemente rápido como para cumplir las necesidades del mercado y de los negocios.
3. El uso extenso de computadoras ha hecho de la sociedad cada vez más dependiente de la operación fiable del software. Cuando el software falla, pueden ocurrir daños económicos enormes y ocasionar sufrimiento humano.
4. Luchamos por construir software informático que tenga fiabilidad y alta calidad.
5. Nuestra habilidad de soportar y mejorar los programas existentes se ve amenazada por diseños pobres y recursos inadecuados.

En respuesta a estos problemas, las prácticas de la ingeniería del software se están adoptando en toda la industria.

1.1.1. Una perspectiva industrial

En los primeros días de la informática, los sistemas basados en computadora se desarrollaban usando técnicas de gestión orientadas al hardware. Los gestores del proyecto se centraban en el hardware, debido a que era el factor principal del presupuesto en el desarrollo del sistema. Para controlar los costes del hardware, los gestores instituyeron controles formales y estándares técnicos. Exigían un análisis y diseño completo antes de que algo se construyera. Medían el proceso para determinar dónde podían hacerse mejoras. Dicho sencillamente, aplicaban los controles, los métodos y las herramientas que reconocemos como ingeniería del hardware. Desgraciadamente, el software no era normalmente más que un añadido.

En los primeros días, la programación se veía como un «arte». Existían pocos métodos formales, y pocas personas los usaban. El programador aprendía normalmente su oficio mediante prueba y error. La jerga y los desafíos de la construcción del software de computadoras crearon una «orden» en la que pocos ejecutivos se preocupaban por entrar. ¡El mundo del software era virtualmente indisciplinado y muchos aprendices de entonces lo adoraban!

Hoy, la distribución de costes en el desarrollo de sistemas informáticos ha cambiado drásticamente. El software, en lugar del hardware, es normalmente el elemento principal del coste. En las pasadas décadas los ejecutivos y muchos aprendices técnicos se habían hecho las siguientes preguntas:

1. ¿Por qué lleva tanto tiempo terminar los programas?
2. ¿Por qué es tan elevado el coste?
3. ¿Por qué no podemos encontrar todos los errores antes de entregar el software a nuestros clientes?
4. ¿Por qué nos resulta difícil constatar el progreso conforme se desarrolla el software?

Estas y otras muchas cuestiones, son una manifestación del carácter del software y de la forma en que se desarrolla, un problema que ha llevado a la adopción de la ingeniería del software como práctica.

1.1.2. Una fábrica de software que envejece [2]

En los años cincuenta y sesenta muchos comentaristas especializados criticaron duramente a la industria del metal por la falta de inversión en las fábricas. Las fábricas habían comenzado a deteriorarse; raramente se aplicaban los métodos de producción modernos; la calidad quedaba en entredicho y sin embargo el coste del producto final subía; y la competencia comenzó a ganarse una parte sustancial del mercado. La dirección de esas industrias decidió no realizar la inversión de capital que se requería para mantenerse competitivas en sus entornos comerciales. La industria del metal sufrió esa situación durante mucho tiempo, perdiendo una significativa parte del mercado, beneficiando a la competencia extranjera, competencia que tenía fábricas más modernas, usaba tecnología más moderna y obtenía ayudas de sus gobiernos para hacerlas extremadamente competitivas en los costes.

Durante ese período, muchos de nosotros, inmersos en la floreciente industria de las computadoras, miramos a la industria del metal con desdén. «Si no están dispuestos a invertir en su propio negocio», dijimos, «se merecen perder parte del mercado». Esas palabras pueden ahora volverse contra nosotros.

Aún a riesgo de que suene un poco melodramático, el hecho es que la industria del software hoy está en una situación que es bastante similar a la de la industria del metal en los años cincuenta y sesenta. Tanto en las grandes empresas como en las pequeñas, lo que tenemos es una «fábrica de software» que envejece; hay cientos de aplicaciones basadas en software en una situación crítica y necesitan ser renovadas urgentemente:

- Las aplicaciones de sistemas de información escritas, hace veinte años que han sufrido cuarenta generaciones de cambios y que ahora son vir-

[2] Esta sección está adaptada del libro *Software Shock*, de Pressman y Herron [PRE91].

tualmente imposibles de mantener. Incluso la más pequeña modificación puede hacer que falle todo el sistema.

- Las aplicaciones de ingeniería que se utilizan para generar datos críticos de diseño, y que, sin embargo, a pesar de su edad y estado de conservación, realmente no se entienden. Nadie tiene un conocimiento detallado sobre la estructura interna de esos programas.
- Sistemas empotrados (usados para controlar plantas industriales, tráfico aéreo y fábricas, entre sus cientos de aplicaciones) que parecen extraños y a veces tienen un comportamiento inexplicable; pero que no se pueden poner fuera de servicio porque no hay nada disponible para reemplazarlas.

No será suficiente «reparar» lo que está mal y dar una imagen moderna a estas aplicaciones. Muchos componentes de la fábrica de software requieren una reingeniería o reestructuración importante o, de lo contrario, no serán competitivos durante los años noventa. Desafortunadamente, muchos directores de empresas parecen poco dispuestos a comprometer los recursos necesarios para emprender este esfuerzo de reestructuración. «Las aplicaciones todavía funcionan», dicen, y no es "económico" comprometer recursos para mejorarlos».

1.1.3. Competitividad del software

Durante muchos años, los desarrolladores de software empleados por grandes y pequeñas compañías eran los únicos en este campo. Y a menudo actuaban como tal. Como todos los programas de computadora se construían de forma personalizada, los desarrolladores de este software doméstico dictaban los costes, planificación y calidad. Hoy, todo esto ha cambiado.

El software ahora es una empresa extremadamente competitiva. El software que se construía internamente ahora se puede adquirir en tiendas. Muchas compañías que en su momento pagaban legiones de programadores para crear aplicaciones especializadas ahora ofrecen a un tercero mucho del trabajo del software [MIN95].

El coste, la agenda y la calidad son los conductores principales que llevarán a la competición intensa del trabajo del software de las últimas décadas. Estados Unidos y Europa Occidental han establecido buenas industrias de software. Pero los países del Lejano Oriente (p. ej.: Corea, Singapur), en Asia (p. ej.: India, China), y en Europa Oriental ofrecen un gran grupo de profesionales altamente motivados, competitivamente educados y a relativamente bajo coste [ECO94]. Esta fuerza de trabajo se está moviendo rápidamente para adoptar prácticas de ingeniería del software modernas y se ha convertido en una fuerza a estimar como un grupo mundial de profesionales que persiguen obtener una cuota importante de los beneficios del desarrollo.

En su libro sobre el impacto de los servicios de información en Estados Unidos y en el mundo, Feigenbaum y McCorduck [FEI83] plantean lo siguiente:

> El conocimiento es poder, y la computadora es un amplificador de ese poder... La industria informática Americana ha sido innovadora, vital, y satisfactoria. Por un lado, es una industria ideal. Crea valor transformando el poder mental de los trabajadores del conocimiento, con poco consumo de energía y materias primas. Hoy, dominamos las ideas y mercados del mundo en la más importante de todas las tecnologías. ¿Pero qué ocurrirá mañana?

Verdaderamente, ¿qué ocurrirá mañana? El hardware de las computadoras se ha convertido en una comodidad, disponible desde muchas fuentes. Pero el software permanece como una industria en donde Estados Unidos ha sido «innovador, vital, [y] beneficioso». ¿Pero mantendremos nuestro primer lugar? Al menos parte de la pregunta yace en el enfoque que tomamos para la construcción del software en la próxima generación de sistemas basados en computadora.

1.2. EL SOFTWARE

En 1970, menos del uno por ciento de las personas podría haber descrito inteligentemente lo que significaba «software de computadora». Hoy, la mayoría de los profesionales y muchas personas en general piensan en su mayoría que comprenden el software. ¿Pero lo entienden realmente?

La descripción de software en un libro de texto podría tomar la forma siguiente: *el software es (1) instrucciones (programas de computadora) que cuando se ejecutan proporcionan la función y el rendimiento deseados, (2) estructuras de datos que permiten a los programas manipular adecuadamente la información, y (3) documentos que describen la operación y el uso de programas.* No hay duda de que podrían ofrecerse otras definiciones más completas, pero nosotros necesitamos algo más que una definición formal.

1.2.1. Características del software

Para poder comprender lo que es el software (y consecuentemente la ingeniería del software), es importante examinar las características del software que lo diferencian de otras cosas que los hombres pueden construir. Cuando se construye hardware, el proceso creativo humano (análisis, diseño, construcción, prueba) se traduce finalmente en una forma física. Si construimos una nueva computadora, nuestro boceto inicial, diagramas formales de diseño y prototipo de prueba, evolucionan hacia un producto físico (pastillas de VLSI, tarjetas de circuitos impresos, fuentes de potencia, etc.).

El software es un elemento del sistema que es lógico, en lugar de físico. Por tanto el software tiene unas características considerablemente distintas a las del hardware:

1. *El software se desarrolla, no se fabrica en un sentido clásico.* Aunque existen similitudes entre el desarrollo del software y la construcción del hardware, ambas actividades son fundamentalmente diferentes. En ambas actividades la buena calidad se adquiere mediante un buen diseño, pero la fase de construcción del hardware puede introducir problemas de calidad que no existen (o son fácilmente corregibles) en el software. Ambas actividades dependen de las personas, pero la relación entre las personas dedicadas y el trabajo realizado es completamente diferente para el software (véase el Capítulo 3). Ambas actividades requieren la construcción de un «producto», pero los métodos son diferentes.

Los costes del software se encuentran en la ingeniería. Esto significa que los proyectos de software no se pueden gestionar como si fueran proyectos de fabricación.

A mediados de los años ochenta, se introdujo el concepto de «fábrica de software» en la literatura (p. ej.: [MAN84], [TAJ84]). Es importante tener en cuenta que este término no implica que la fabricación del hardware y el desarrollo del software sean equivalentes. En vez de ello, el concepto de fábrica de software recomienda el uso de herramientas para el desarrollo automático del software (véase la Parte Quinta).

2. *El software no se «estropea».* La Figura 1.2 describe, para el hardware, la proporción de fallos como una función del tiempo. Esa relación, denominada frecuentemente «curva de bañera», indica que el hardware exhibe relativamente muchos fallos al principio de su vida (estos fallos son atribuibles normalmente a defectos del diseño o de la fabricación); una vez corregidos los defectos, la tasa de fallos cae hasta un nivel estacionario (bastante bajo, con un poco de optimismo) donde permanece durante un cierto período de tiempo. Sin embargo, conforme pasa el tiempo, los fallos vuelven a presentarse a medida que los componentes del hardware sufren los efectos acumulativos de la suciedad, la vibración, los malos tratos, las temperaturas extremas y muchos otros males externos. Sencillamente, el hardware comienza a estropearse.

El software no es susceptible a los males del entorno que hacen que el hardware se estropee. Por tanto, en teoría, la curva de fallos para el software tendría la forma que muestra la Figura 1.3. Los defectos no detectados harán que falle el programa durante las primeras etapas de su vida. Sin embargo, una vez que se

FIGURA 1.2

Curva de fallos del hardware

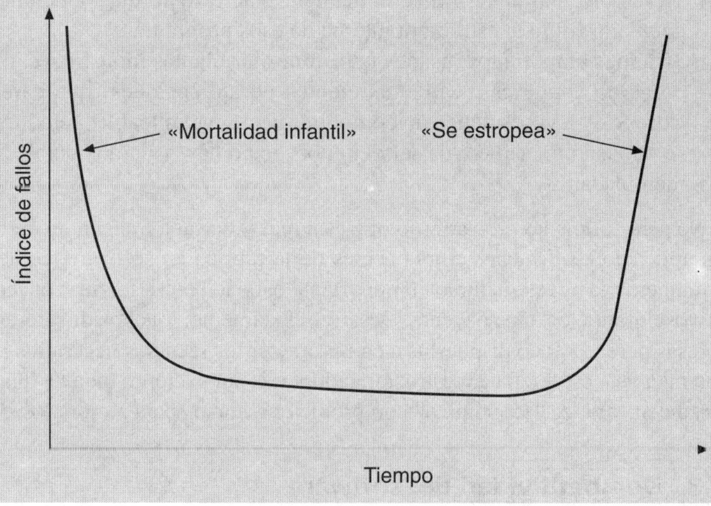

FIGURA 1.3

Curva de fallos del software (idealizado)

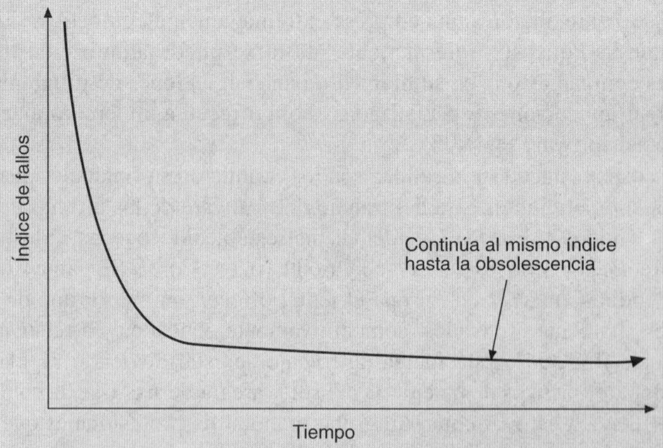

FIGURA 1.4

Curva real de fallos del software

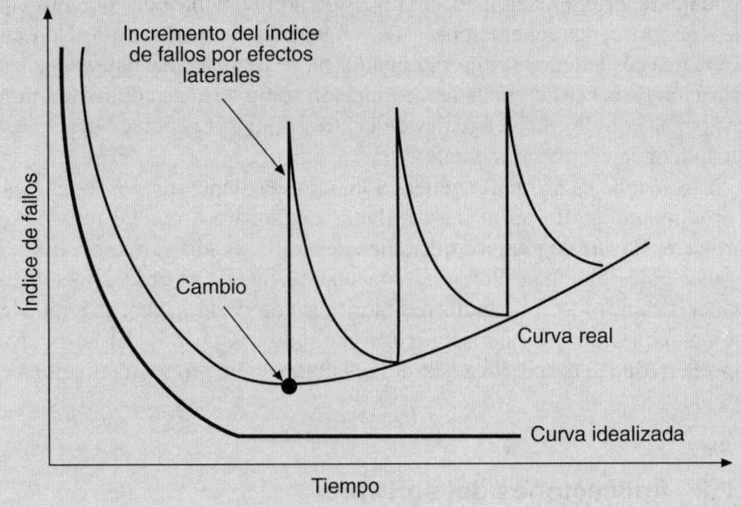

corrigen, suponiendo que no se introducen nuevos errores , la curva se aplana, como muestra la Figura 1.3. Esa figura es una gran simplificación de los modelos reales de fallos del software (véase más información en el Capítulo 8). Sin embargo la implicación es clara, el software no se estropea. ¡Pero se deteriora!

Esto que parece una contradicción, puede comprenderse mejor considerando la Figura 1.4. Durante su vida, el software sufre cambios (mantenimiento). Conforme se hacen los cambios, es bastante probable que se introduzcan nuevos defectos, haciendo que la curva de fallos tenga picos como se ve en la Figura 1.4. Antes de que la curva pueda volver al estado estacionario original, se solicita otro cambio, haciendo que de nuevo se cree otro pico. Lentamente, el nivel mínimo de fallos comienza a crecer; el software se va deteriorando debido a los cambios.

Otro aspecto de ese deterioro ilustra la diferencia entre el hardware y el software. Cuando un componente de hardware se estropea, se sustituye por una «pieza de repuesto». No hay piezas de repuesto para el software. Cada fallo en el software indica un error en el diseño o en el proceso mediante el que se tradujo el diseño a código máquina ejecutable. Por tanto, el mantenimiento del software tiene una complejidad considerablemente mayor que la del mantenimiento del hardware.

3. *La mayoría del software se construye a medida, en vez de ensamblar componentes existentes.* Consideremos la forma en la que se diseña y se construye el hardware de control para un producto basado en microprocesador. El ingeniero de diseño construye un sencillo esquema de la circuitería digital, hace algún análisis fundamental para asegurar que se realiza la función adecuada y va al catálogo de ventas de componentes digitales existentes. Cada circuito integrado (frecuentemente llamado un «CI» o «pastilla») tiene un número de pieza, una función definida y válida, una interfaz bien definida y un conjunto estándar de criterios de integración. Después de seleccionar cada componente, puede solicitarse la compra.

Por desgracia, los diseñadores del software no disponen de esa comodidad que acabamos de describir. Con unas pocas excepciones, no existen catálogos de componentes de software. Se puede comprar software ya desarrollado, pero sólo como una unidad completa, no como componentes que pueden reensamblarse en nuevos programas[3]. Aunque se ha escrito mucho sobre «reutilización del software» (p. ej.: [TRA88], [MEY95]), sólo estamos comenzando a ver las primeras implementaciones con éxito de este concepto.

1.2.2. Componentes del software

A medida que la disciplina del software evoluciona, se crea un grupo de componentes de diseño estándar. Tornillos estándar y circuitos integrados preparados para la venta son solamente los dos mil componentes estándar que utilizan ingenieros mecánicos y eléctricos cuando diseñan sistemas nuevos. Los componentes reutilizables se han creado para que el ingeniero pueda concentrarse en elementos verdaderamente innovadores de un diseño (p. ej.: las partes del diseño que representan algo nuevo). En el mundo del hardware, la reutilización de componentes es una parte natural del proceso de ingeniería. En el mundo del software, es algo que todavía se tiene que lograr en una escala amplia.

La *reutilización* es una característica importante para un componente de software de alta calidad. (véase el Capítulo 26 para más información). El componente debería diseñarse e implementarse para que pueda volver a ser reutilizado en muchos programas diferentes. En los años sesenta se construyeron bibliotecas de subrutinas científicas reutilizables en una amplia serie de aplicaciones científicas y de ingeniería. Esas bibliotecas de subrutinas reutiliza-

[3] Esta situación está cambiando rápidamente. el uso cada vez más extendido de la programación orientada a objetos ha dado como resultado la creación de «componentes de software». Se tratan en los Capítulos 19 y 26.

ban de forma efectiva algoritmos bien definidos, pero tenían un dominio de aplicación limitado. Hoy en día, hemos extendido nuestra visión de reutilización para abarcar no sólo los algoritmos, sino también estructuras de datos. Los componentes reutilizables modernos encapsulan tanto datos como procesos que se aplican a los datos, permitiendo al ingeniero del software crear nuevas aplicaciones a partir de las partes reutilizables[4]. Por ejemplo, las interfaces interactivas de hoy en día se construyen frecuentemente a partir de componentes reutilizables que permiten la creación de ventanas gráficas, de menús emergentes y de una amplia variedad de mecanismos de interacción. Las estructuras de datos y los detalles de procesamiento requeridos para construir la interfaz están contenidos en una biblioteca de componentes reutilizables orientados a la construcción de interfaces.

Los componentes de software se construyen mediante un lenguaje de programación que tiene un vocabulario limitado, una gramática definida explícitamente y reglas bien formadas de sintaxis y semántica. En el nivel más bajo el lenguaje refleja el conjunto de instrucciones del hardware, en el nivel medio los lenguajes de programación tales como Ada 95, C, Smalltalk se usan para crear una descripción procedimental del programa, en el nivel más alto el lenguaje utiliza iconos gráficos u otra simbología para representar los requisitos para una solución. Las instrucciones ejecutables se generan automáticamente.

Los lenguajes máquina son una representación simbólica del conjunto de instrucciones de la CPU. Si un buen programador produce programas de fácil mantenimiento y bien documentados, puede utilizar el lenguaje máquina para hacer un uso extremadamente eficiente de la memoria y para «optimizar» la velocidad de ejecución del programa. Si el programa está mal diseñado y tiene poca documentación, el lenguaje máquina puede convertirse en una pesadilla.

Los lenguajes de alto nivel permiten al programador y al programa independizarse de la máquina. Cuando se utiliza un traductor sofisticado, el vocabulario, la gramática, la sintaxis y la semántica de un lenguaje de alto nivel pueden ser mucho más sofisticados que los lenguajes máquina. De hecho, los compiladores e intérpretes de los lenguajes de alto nivel producen lenguaje máquina como salida.

Aunque hoy se utilizan cientos de lenguajes de programación, poco más de una decena son lenguajes de programación de alto nivel con una gran aceptación en la industria. Después de más de treinta años desde su aparición, lenguajes como COBOL y FORTRAN siguen utilizándose mucho más que en sus comienzos. Los lenguajes de programación modernos tales como Ada95, C, C++ Eiffel, Java y Smalltalk están ganando cada vez más seguidores entusiastas.

El código máquina, los lenguajes ensambladores (nivel máquina) y los lenguajes de programación de alto nivel son normalmente considerados como las «tres primeras generaciones» de lenguajes de computadora. Con cualquiera de esos lenguajes, el programador ha de preocuparse tanto de la especificación de la estructura de la información como de la de control del propio programa. Por ello, los lenguajes de las tres primeras generaciones se denominan lenguajes procedimentales.

Los lenguajes de cuarta generación, también denominados lenguajes no procedimentales, llevan al desarrollador del software mucho más allá del hardware. En vez de requerir que quien desarrolla el software especifique los detalles procedimentales, un programa en un lenguaje no procedimental es la «especificación del resultado deseado, en vez de la especificación de la acción requerida para conseguir el resultado» [COB85]. El software de soporte traduce la especificación del resultado en un programa máquina ejecutable.

1.2.3. Aplicaciones del software

El software puede aplicarse en cualquier situación en la que se haya definido previamente un conjunto específico de pasos procedimentales (es decir, un algoritmo). (Excepciones notables a esta regla son el software de los sistemas expertos y de redes neuronales.) El contenido y determinismo de la información son factores importantes a considerar para determinar la naturaleza de una aplicación de software. El contenido se refiere al significado y a la forma de la información de entrada y de salida. Por ejemplo, muchas aplicaciones bancarias usan unos datos de entrada muy estructurados (una base de datos) y producen «informes» con determinados formatos. El software que controla una máquina automática (por ejemplo un control numérico) actúa sobre elementos de datos discretos con una estructura limitada y produce órdenes concretas para la máquina en rápida sucesión.

El determinismo de la información se refiere a la predecibilidad del orden y del tiempo de llegada de los datos. Un programa de ingeniería acepta datos que están en un orden predefinido, ejecuta el algoritmo sin interrupción y produce los datos resultantes en un informe o formato gráfico. Se dice que tales aplicaciones son determinadas. Un sistema operativo multiusuario, por otra parte, acepta entradas que tienen un contenido variado y que se producen en instantes arbitrarios, ejecuta algoritmos que pueden ser interrumpidos por condiciones externas y produce una salida que depende de una función del

[4] En la Parte Cuarta de este libro se examina el uso de tecnologías orientadas a objetos y su impacto en la reutilización de componentes.

entorno y del tiempo. Las aplicaciones con estas características se dice que son indeterminadas.

Algunas veces es difícil establecer categorías genéricas para las aplicaciones del software que sean significativas. Conforme aumenta la complejidad del software, es más difícil establecer compartimentos nítidamente separados. Las siguientes áreas del software indican la amplitud de las aplicaciones potenciales:

Software de sistemas. El software de sistemas es un conjunto de programas que han sido escritos para servir a otros programas. Algunos programas de sistemas (p. ej.: compiladores, editores y utilidades de gestión de archivos) procesan estructuras de información complejas pero determinadas. Otras aplicaciones de sistemas (p. ej.: ciertos componentes del sistema operativo, utilidades de manejo de periféricos, procesadores de telecomunicaciones) procesan datos en gran medida indeterminados. En cualquier caso, el área del software de sistemas se caracteriza por una fuerte interacción con el hardware de la computadora; una gran utilización por múltiples usuarios; una operación concurrente que requiere una planificación, una compartición de recursos y una sofisticada gestión de procesos; unas estructuras de datos complejas y múltiples interfaces externas.

Software de tiempo real. El software que mide/analiza/controla sucesos del mundo real conforme ocurren, se denomina de tiempo real. Entre los elementos del software de tiempo real se incluyen: un componente de adquisición de datos que recolecta y da formato a la información recibida del entorno externo, un componente de análisis que transforma la información según lo requiera la aplicación, un componente de control/salida que responda al entorno externo y un componente de monitorización que coordina todos los demás componentes, de forma que pueda mantenerse la respuesta en tiempo real (típicamente en el rango de 1 milisegundo a 1 minuto). Hay que tener en cuenta que el término «tiempo real» tiene un significado diferente de «interactivo» o «tiempo compartido». Un sistema de tiempo real debe responder dentro de unas ligaduras estrictas de tiempo. El tiempo de respuesta de un sistema interactivo (o de tiempo compartido) puede ser normalmente sobrepasado sin que se produzca ningún desastre.

Software de gestión. El procesamiento de información comercial constituye la mayor de las áreas de aplicación del software. Los «sistemas discretos» (p. ej.: nóminas, cuentas de haberes/débitos, inventarios, etc.) han evolucionado hacia el software de sistemas de información de gestión (SIG), que accede a una o más bases de datos grandes que contienen información comercial. Las aplicaciones en este área reestructuran los datos existentes para facilitar las operaciones comerciales o gestionar la toma de decisiones. Además de las tareas convencionales de procesamientos de datos, las aplicaciones de software de gestión también realizan cálculo interactivo (p. ej.: el procesamiento de transacciones en puntos de ventas).

Software de inginiería y científico. El software de ingeniería y científico está caracterizado por los algoritmos de «manejo de números». Las aplicaciones van desde la astronomía a la vulcanología, desde el análisis de la presión de los automotores a la dinámica orbital de las lanzaderas espaciales y desde la biología molecular a la fabricación automática. Sin embargo, las nuevas aplicaciones del área de ingeniería/ciencia se han alejado de los algoritmos convencionales numéricos. El diseño asistido por computadora (del inglés CAD), la simulación de sistemas y otras aplicaciones interactivas, han comenzado a coger características del software de tiempo real e incluso del software de sistemas.

Software empotrado. Los productos inteligentes se han convertido en algo común en casi todos los mercados de consumo e industriales. El software empotrado reside en memoria de sólo lectura y se utiliza para controlar productos y sistemas de los mercados industriales y de consumo. El software empotrado puede ejecutar funciones muy limitadas y curiosas (p. ej.: el control de las teclas de un horno de microondas) o suministrar una función significativa y con capacidad de control (p. ej.: funciones digitales en un automóvil, tales como control de la gasolina, indicaciones en el salpicadero, sistemas de frenado, etc.).

Software de computadoras personales. El mercado del software de computadoras personales ha germinado en la pasada década. El procesamiento de textos, las hojas de cálculo, los gráficos por computadora, multimedia, entretenimientos, gestión de bases de datos, aplicaciones financieras, de negocios y personales, y redes o acceso a bases de datos externas son algunas de los cientos de aplicaciones.

Software de Inteligencia Artificial. El software de inteligencia artificial (IA) hace uso de algoritmos no numéricos para resolver problemas complejos para los que no son adecuados el cálculo o el análisis directo. Actualmente, el área más activa de la IA es la de los sistemas expertos, también llamados sistemas basados en el conocimiento. Sin embargo, otras áreas de aplicación para el software de IA es el reconocimiento de patrones (imágenes y voz), la prueba de teoremas y los juegos. En los últimos años se ha desarrollado una nueva rama del software de IA llamada redes neuronales artificiales. Una red neuronal simula la estructura de proceso del cerebro (las funciones de la neurona biológica) y a la larga puede llevar a una clase de software que pueda reconocer patrones complejos y aprender de «experiencia» pasada.

1.3. SOFTWARE: UNA CRISIS EN EL HORIZONTE

Muchos observadores de la industria (incluyendo este autor en anteriores ediciones de este libro) han caracterizado los problemas asociados con el desarrollo del software como una crisis. Sin embargo, lo que realmente tenemos puede ser algo bastante diferente.

La palabra «crisis» se define en el diccionario de Webster como «un punto decisivo en el curso de algo; momento, etapa o evento decisivo o crucial». Sin embargo, para el software no ha habido ningún «punto crucial», ningún «momento decisivo», solamente un lento cambio evolutivo. En la industria del software hemos tenido una «crisis» que ha estado con nosotros cerca de treinta años y eso es una contradicción para el término.

Cualquiera que busque la palabra «crisis» en el diccionario encontrará otra definición: «el punto decisivo en el curso de una enfermedad, cuando se ve más claro si el paciente vivirá o morirá». Esta definición puede darnos una pista sobre la verdadera naturaleza de los problemas que han acosado al desarrollo del software.

Nosotros ya hemos alcanzado la etapa de crisis en el software de computadoras. Lo que realmente tenemos es una *aflicción crónica*[5]. La palabra «aflicción» se define en el Webster como «algo que causa pena o desastre». Pero la clave de nuestro argumento es la definición del adjetivo «crónica»: muy duradero o que vuelve a aparecer con frecuencia; continuando indefinidamente». Es bastante más preciso describir lo que hemos estado aguantando las tres últimas décadas como una aflicción crónica que como una crisis. No hay curas milagrosas, pero hay muchas formas con las que podemos reducir la pena a medida que nos esforcemos por descubrir un remedio.

Tanto si lo llamamos crisis del software como mal del software, el término alude a un conjunto de problemas que aparecen en el desarrollo del software de computadoras. Los problemas no se limitan al software que «no funciona correctamente». Es más, el mal abarca los problemas asociados a cómo desarrollar software, cómo mantener el volumen cada vez mayor de software existente y cómo poder esperar mantenernos al corriente de la demanda creciente de software.

Aunque se puede criticar la referencia a crisis o incluso a aflicción por ser melodramática, las frases resultan útiles por referirse a verdaderos problemas que se encuentran en todas las áreas del desarrollo del software.

[5] Esta terminología fue sugerida por el profesor Daniel Tiechrow, de la Universidad de Michigan, en una conferencia impartida en Ginebra, Suiza, en abril de 1989.

1.4. MITOS DEL SOFTWARE

Muchas de las causas de la crisis del software se pueden encontrar en una mitología que surge durante los primeros años del desarrollo del software. A diferencia de los mitos antiguos, que ofrecían a los hombres lecciones dignas de tener en cuenta, los mitos del software propagaron información errónea y confusión. Los mitos del software tienen varios atributos que los hacen insidiosos; por ejemplo, aparecieron como declaraciones razonables de hechos (algunas veces conteniendo elementos verdaderos), tuvieron un sentido intuitivo y frecuentemente fueron promulgados por expertos que «estaban al día».

Hoy, la mayoría de los profesionales competentes consideran a los mitos por lo que son —actitudes erróneas que han causado serios problemas, tanto a los gestores como a los técnicos—. Sin embargo, las viejas actitudes y hábitos son difíciles de modificar, y todavía se cree en algunos restos de los mitos del software.

Mitos de gestión. Los gestores con responsabilidad sobre el software, como los gestores en la mayoría de las disciplinas, están normalmente bajo la presión de cumplir los presupuestos, hacer que no se retrase el proyecto y mejorar la calidad. Igual que se agarra al vacío una persona que se ahoga, un gestor de software se agarra frecuentemente a un mito del software, aunque tal creencia sólo disminuya la presión temporalmente.

Mito. Tenemos ya un libro que está lleno de estándares y procedimientos para construir software. ¿No le proporciona ya a mi gente todo lo que necesita saber?
Realidad. Está muy bien que el libro exista, pero ¿se usa? ¿Conocen los trabajadores su existencia? ¿Refleja las prácticas modernas de desarrollo de software? ¿Es completo? En muchos casos, la respuesta a todas estas preguntas es «no».

Mito. Mi gente dispone de las herramientas de desarrollo de software más avanzadas; después de todo, les compramos las computadoras más modernas.
Realidad. Se necesita mucho más que el último modelo de computadora grande (o de PC) para hacer desarrollo de software de gran calidad. Las herramientas de ingeniería del software asistida por computadora (CASE), aunque la mayoría todavía no se usen, son más importantes que el hardware para conseguir buena calidad y productividad.

Mito. Si fallamos en la planificación, podemos añadir más programadores y adelantar el tiempo perdido (el llamado algunas veces «concepto de la horda mongoliana»).

Realidad. El desarrollo de software no es un proceso mecánico como la fabricación. En palabras de Brooks [BRO75]: «...añadir gente a un proyecto de software retrasado lo retrasa aún más». Al principio, esta declaración puede parecer un contrasentido. Sin embargo, cuando se añaden nuevas personas, la necesidad de aprender y comunicarse con el equipo puede y hace que se reduzca la cantidad de tiempo gastado en el desarrollo productivo. Puede añadirse gente, pero sólo de una manera planificada y bien coordinada.

Mitos del cliente. Un cliente que solicita una aplicación de software puede ser una persona del despacho de al lado, un grupo técnico de la sala de abajo, el departamento de ventas o una compañía exterior que solicita un software bajo contrato. En muchos casos, el cliente cree en los mitos que existen sobre el software, debido a que los gestores y trabajadores responsables hacen muy poco para corregir la mala información. Los mitos conducen a que el cliente se cree una falsa expectativa y finalmente, quede insatisfecho con el que desarrolla el software.

Mito. Una declaración general de los objetivos es suficiente para comenzar a escribir los programas; podemos dar los detalles más adelante.
Realidad. Una mala definición inicial es la principal causa del trabajo baldío en software. Es esencial una descripción formal y detallada del ámbito de la información, funciones, rendimiento, interfaces, ligaduras del diseño y criterios de validación. Estas características pueden determinarse sólo después de una exhaustiva comunicación entre el cliente y el analista.

Mito. Los requisitos del proyecto cambian continuamente, pero los cambios pueden acomodarse fácilmente, ya que el software es flexible.
Realidad. Es verdad que los requisitos del software cambian, pero el impacto del cambio varía según el momento en que se introduzca. La Figura 1.5 ilustra el impacto de los cambios. Si se pone cuidado al dar la definición inicial, los cambios solicitados al principio pueden acomodarse fácilmente. El cliente puede revisar los requisitos y recomendar las modificaciones con relativamente poco impacto en el coste. Cuando los cambios se solicitan durante el diseño del software, el impacto en el coste crece rápidamente. Ya se han acordado los recursos a utilizar y se ha establecido un esqueleto del diseño. Los cambios pueden producir trastornos que requieran recursos adicionales e importantes modificaciones del diseño; es decir, coste adicional. Los cambios en la función, rendimiento, interfaces u otras características, durante la implementación (codificación y prueba) pueden tener un impacto importante sobre el coste. Cuando se solicitan al final de un proyecto, los cambios pueden producir un orden de magnitud más caro que el mismo cambio pedido al principio.

FIGURA 1.5

El impacto del cambio

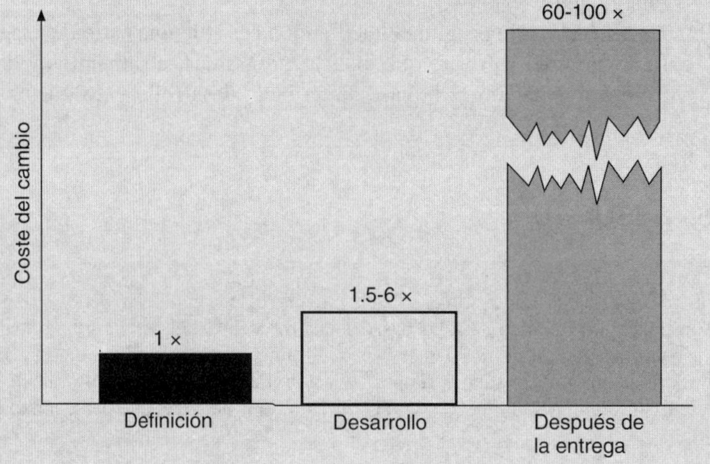

Mitos de los desarrolladores. Los mitos en los que aún creen muchos desarrolladores se han ido fomentando durante cuatro décadas de cultura informática. Como ya indicamos anteriormente en este capítulo, durante los primeros días del desarrollo del software, la programación se veía como un arte. Las viejas formas y actitudes tardan en morir.

Mito. Una vez que escribimos el programa y hacemos que funcione, nuestro trabajo ha terminado.
Realidad. Alguien dijo una vez: «cuanto más pronto se comience a escribir código, más se tardará en terminarlo». Los datos industriales [LIE80] indican que entre el cincuenta y el setenta por ciento de todo el esfuerzo dedicado a un programa se realizará después de que se le haya entregado al cliente por primera vez.

Mito. Hasta que no tengo el programa «ejecutándose», realmente no tengo forma de comprobar su calidad.
Realidad. Desde el principio del proyecto se puede aplicar uno de los mecanismos más efectivos para garantizar la calidad del software: *la*

revisión técnica formal. La revisión del software (descrito en el Capítulo 8) es un «filtro de calidad» que se ha comprobado que es más efectivo que la prueba, para encontrar ciertas clases de defectos en el software.

Mito. Lo único que se entrega al terminar el proyecto es el programa funcionando.

Realidad. Un programa que funciona es sólo una parte de una configuración del software que incluye programas, documentos y datos. La documentación es la base de un buen desarrollo y, lo que es más importante, proporciona guías para la tarea de mantenimiento del software.

Muchos profesionales del software reconocen la falacia de los mitos descritos anteriormente. Lamentablemente, las actitudes y métodos habituales fomentan una pobre gestión y malas prácticas técnicas, incluso cuando la realidad dicta un método mejor. El reconocimiento de las realidades del software es el primer paso hacia la formulación de soluciones prácticas para su desarrollo.

1.5. RESUMEN

El software se ha convertido en el elemento clave de la evolución de los sistemas y productos informáticos. En las pasadas cuatro décadas, el software ha pasado de ser una resolución de problemas especializada y una herramienta de análisis de información, a ser una industria por sí misma. Pero la temprana cultura e historia de la «programación» ha creado un conjunto de problemas que persisten todavía hoy. El software se ha convertido en un factor que limita la evolución de los sistemas informáticos. El software se compone de programas, datos y documentos. Cada uno de estos elementos componen una configuración que se crea como parte del proceso de la ingeniería del software. El intento de la ingeniería del software es proporcionar un marco de trabajo para construir software con mayor calidad.

REFERENCIAS

[ALL89] ALLMAN, W.F., *Apprentices of Wonder*, Bantam, 1989.

[BEG95] BEGLEY, S., «Software au Naturel», *Newsweek*, mayo, 1995, pp. 70-71.

[BRO75] BROOKS, F., *The Mythical Man-Month*, Addison-Wesley, 1975.

[COB85] COBB, R. H., «In Praise of 4GLs», *Datamation*, julio, 1985, p. 92.

[ECO94] «How much is that Ant in the Window», *Economist*, vol. 331, no. 7923, julio, 1994, p. 63.

[FEI83] FEIGENBAUM, E. A. y P. MCCORDUCK, *The Fifth Generation*, Addison-Wesley, 1983.

[HAM93] HAMMER, M., y J. CHAMPY, *Reengineering the Corporation*, HarperCollins, 1993.

[LEV95] LEVY, S., «The Luddites Are Back», *Newsweek*, julio, 1995, p. 55.

[LIE80] LIENTZ, B. y E. SWAMSON, *Software Maintenance Management*, Addsion-Wesley, 1980.

[MAN84] MANLEY, J. H., «CASE: Foundation for Software Factories», *COMPCON Proceedings*, IEEE, septiembre 1984, pp. 84-91.

[MEY95] MEYER, B., *Reusable Software: The Base Object-Oriented Component Libraries*, Prentice-Hall, 1995.

[MIN95] MINOLI, D, *Analyzing Outsourcing*, McGraw-Hill, 1995.

[NAI82] NAISBITT, J. *Megatrends*, Warner Books, 1982.

[OSB79] OSBORNE, A., *Running Wild- The Next Industrial Revolution*, Osborne/McGraw-Hill, 1979.

[PRE91] PRESSMAN, R. S. y S. R. HERRON, *Software Shock*, Dorset House, 1991.

[STO89] STOLL, C., *The Cukoo's Egg*, Doubleday, 1989.

[TAJ84] TAJIMA, D. y T. MATSUBARA, «Inside the Japanese Software Factory», *Computer*, vol. 17, n.º 3, marzo, 1984, pp. 34-43.

[TOF80] TOFFLER, A., *The Third Wave*, Morrow, 1980.

[TOF90] TOFFLER, A., *Powershift*, Bantam, 1990.

[TRA88] TRACZ, W., *Software Resuse: Emerging Technology*, IEEE Computer Society Press, 1988.

[YOU92] YOURDON, E., *The Decline and Fall of the American Programmer*, Yourdon Press, 1992.

PROBLEMAS Y PUNTOS PARA CONSIDERAR

1.1. El software es la característica diferenciadora de muchos productos y sistemas informáticos. Dé ejemplos de dos o tres productos y de, al menos, un sistema en el que el software, no el hardware, sea el elemento diferenciador.

1.2. En los años cincuenta y sesenta la programación de computadoras era un arte aprendido en un entorno básicamente experimental. ¿Cómo ha afectado esto a las prácticas de desarrollo del software de hoy?

1.3. Muchos autores han tratado el impacto de la «era de la información». Dé varios ejemplos (positivos y negativos) que indiquen el impacto del software en nuestra sociedad. Repase algunas de las referencias de la sección 1.1 e indique en qué acertó y en qué no acertó el autor.

1.4. Seleccione una aplicación específica e indique (a) la categoría de la aplicación de software (Sección 1.2.3) en la que encaje; (b) el contenido de los datos asociados con la aplicación; (c) la información determinada de la aplicación.

1.5. A medida que el software se difunde más, los riesgos para el público (debido a programas defectuosos) se convierten en una preocupación cada vez más significativa. Desarrolle un escenario realista del Juicio Final en donde el fallo de computadora podría hacer un gran daño (económico o humano).

1.6. Lea detenidamenta el grupo de noticias de Internet comp.risks y prepare un resumen de riesgos para el público que se haya tratado últimamente. [Código Alternativo: Software Engineering Notes, publicado por la Association of Computing Machinery (ACM).]

1.7. Escriba un papel que resuma las ventajas recientes en una de las áreas de aplicaciones de software principales. Entre las selecciones potenciales se incluyen inteligencia artificial, realidad virtual, redes neuronales artificiales, interfaces humanas avanzadas y agentes inteligentes.

1.8. Los «mitos» destacados en la Sección 1.4 se están viniendo abajo lentamente a medida que pasan los años, pero otros se están haciendo un lugar. Intente añadir un mito o dos mitos «nuevos» a cada categoría.

OTRAS LECTURAS Y FUENTES DE INFORMACIÓN [6]

Literalmente existen miles de libros escritos sobre software de computadora. La gran mayoría tratan los lenguajes de programación o aplicaciones de software, y solo unos pocos tratan el software en sí. Un tratamiento informal del tema se puede encontrar en [PRE91]. El libro, éxito de ventas, de NEGROPONTE (*Being Digital*, Alfred A. Knopf, Inc., 1995) proporciona una visión de las computadoras y de su impacto global en el siglo veintiuno. DEMARCO (*Why Does Software Cost So Much?* Dorset House, 1995) ha producido una colección de ensayos divertidos e interesantes sobre el software y el proceso a través del cual se desarrolla.

La base de un entendimiento sólido del software de computadora y de la ingeniería del software yace en la ciencia informática, una gran colección de temas que están muy lejos del ámbito de este libro. *Computer Science Bibliography Collection* es una colección de unas 600 bibliografías en el campo de la ciencia informática. Casi todos los temas importantes para la ingeniería del software están considerados en sus 300.000 referencias:

http://www.pilgrim.umass.edu/pub/misc/bibliographies/index.html

El *World Guide to Computer Science* contiene referencias de muchas organizaciones de investigación universitarias con programas de computación:

http://www.worldwidenews.net/subjects/htm

Un gran glosario de términos de software, entre los que se incluyen muchas siglas comunes se pueden encontrar en:

http://dxsting.cern.ch/sting/glossary.html

Internet Connections for Engineering proporciona un índice en donde se pueden buscar programas de software por todo el mundo:

http://www.englib.cornell.edu/ice/ice-index.html

[6] La sección «Otras lecturas y fuentes de Información» presentada en la conclusión de cada capítulo presenta fuentes de información impresa y electrónica que puede ayudar a ampliar su conocimiento de los temas importantes presentados en el capítulo. Las direcciones de World Wide Wed cambian frecuentemente. Por lo tanto algunos de los localizadores uniformes de recursos (LUR; en inglés URL) mencionados en este libro pueden haber cambiado cuando se necesiten. Para un juego actualizado de recursos de ingeniería del software, visite R. S. Pressman & Associates, Inc. Web en **http://www.rspa.com.**

CAPÍTULO 2

EL PROCESO

El proceso del software ha sido el foco de atención de la última década. Pero, ¿qué es exactamente un proceso de software? Dentro del contexto de este libro, definimos un proceso de software como un marco de trabajo de las tareas que se requieren para construir software de alta calidad. ¿Es «proceso» sinónimo de ingeniería del software? La respuesta es «si y no». Un proceso de software define el enfoque que se toma cuando el software es tratado por la ingeniería, pero la tecnología del software también acompaña a las tecnologías que pueblan el proceso (métodos técnicos y herramientas automatizadas).

Aún más importante es que la ingeniería del software la realizan personas creativas con conocimiento que deberían trabajar dentro de un proceso de software definido y avanzado. La intención de este capítulo es proporcionar un estudio del estado actual del proceso del software y puntualizar sobre el estudio detallado de los temas de gestión y técnicos presentados en este libro.

2.1. INGENIERÍA DEL SOFTWARE: UNA TECNOLOGÍA ESTRATIFICADA

Aunque cientos de autores han desarrollado definiciones personales de la ingeniería del software, una definición propuesta por Fritz Bauer [NAU69] en una conferencia de gran influencia sobre estos temas, va a servir como base de estudio:

> [La ingeniería del software] es el establecimiento y uso de principios robustos de la ingeniería a fin de obtener económicamente software que sea fiable y que funcione eficientemente sobre máquinas reales.

Casi todos los lectores tendrán la tentación de seguir esta definición. No dice mucho sobre los aspectos técnicos de la calidad del software; no se enfrenta directamente con la necesidad de la satisfacción del cliente o de la entrega oportuna del producto; omite la mención de la importancia de mediciones y métricas; tampoco expresa la importancia de un proceso avanzado. Y sin embargo, la definición de Bauer nos proporciona una línea base. ¿Cuáles son los «principios robustos de la ingeniería» aplicables al desarrollo de software de computadora? ¿Cómo construimos el software «económicamente» para que sea fiable? ¿Qué se necesita para crear programas de computadora que funcionen eficientemente no en una máquina si no en diferentes «máquinas reales»? Éstas son cuestiones que siguen siendo un reto para los ingenieros del software.

El IEEE [IEEE93] ha desarrollado una definición más completa :

> Ingeniería del software: (1) La aplicación de un enfoque sistemático, disciplinado y cuantificable hacia el desarrollo, operación y mantenimiento del software; es decir, la aplicación de ingeniería al software. (2) El estudio de enfoques como en (1).

2.1.1. Proceso, métodos y herramientas

La ingeniería del software es una tecnología multicapa (Figura 2.1). Cualquier enfoque de ingeniería (incluida ingeniería del software) debe descansar sobre un empeño de organización de calidad. La gestión total de calidad y las filosofías similares fomentan una cultura continua de mejoras de procesos, y es esta cultura la que conduce últimamente al desarrollo de enfoques cada vez

FIGURA 2.1

Capas de ingeniería del software

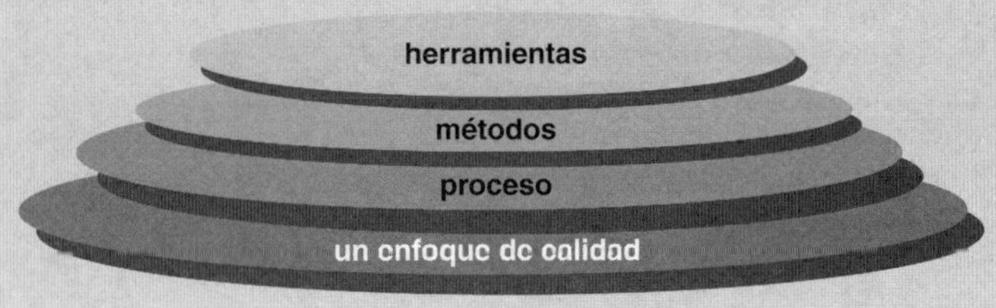

más robustos para la ingeniería del software. Los cimientos que son la base de la ingeniería del software están orientados hacia la calidad.

El fundamento de la ingeniería del software es la capa *proceso*. El proceso de la ingeniería del software es la unión que mantiene juntas las capas de tecnología y que permite un desarrollo racional y oportuno de la ingeniería del software. El proceso define un marco de trabajo para un conjunto de *áreas clave de proceso (ACPs)* [PAU93] que se debe establecer para la entrega efectiva de la tecnología de la ingeniería del software. Las áreas clave del proceso forman la base del control de gestión de proyectos del software y establecen el contexto en el que se aplican los métodos técnicos, se producen resultados del trabajo (modelos, documentos, datos, informes, formularios, etc.), se establecen hitos, se asegura la calidad y el cambio se gestiona adecuadamente.

Los *métodos* de la ingeniería del software indican cómo construir técnicamente el software. Los métodos abarcan una gran gama de tareas que incluyen análisis de requisitos, diseño, construcción de programas, pruebas y mantenimiento. Los métodos de la ingeniería del software dependen de un conjunto de principios básicos que gobiernan cada área de la tecnología e incluyen actividades de modelado y otras técnicas descriptivas.

Las *herramientas* de la ingeniería del software proporcionan un soporte automático o semi-automático para el proceso y para los métodos. Cuando se integran herramientas para que la información creada por una herramienta la pueda utilizar otra, se establece un sistema de soporte para el desarrollo del software llamado *ingeniería del software asistida por computadora (computer-aided software engineering CASE)*. CASE combina software, hardware y una base de datos de ingeniería del software (un depósito que contiene información importante sobre el análisis, el diseño, la construcción de programas y pruebas) para crear un entorno de ingeniería del software que sea análogo a CAD/CAE (*computer-aided design/engineering*) (diseño/ingeniería asistida por computadora) para el hardware.

2.1.2. Una visión general de la ingeniería del software

La ingeniería es el análisis, diseño, construcción, verificación y gestión de entidades técnicas (o sociales). Con independencia de la entidad a la que se va aplicar ingeniería, se deben cuestionar y responder las siguientes preguntas:

- ¿Cuál es el problema a resolver?
- ¿Cuáles son las características de la entidad que se utiliza para resolver el problema?
- ¿Cómo se realizará la entidad (y la solución)?
- ¿Cómo se construirá la entidad?
- ¿Qué enfoque se va a utilizar para no contemplar los errores que se cometieron en el diseño y en la construcción de la entidad?
- ¿Cómo se apoyará la entidad cuando usuarios soliciten correcciones, adaptaciones y mejoras de la entidad?

A lo largo de este libro nos vamos a centrar en una sola entidad: el software de computadora. Para construir la ingeniería del software adecuadamente, se debe definir un proceso de desarrollo de software. En esta sección consideran las características genéricas del proceso de software. Más adelante en este mismo capítulo se tratarán modelos específicos de procesos.

El trabajo que se asocia a la ingeniería del software se puede dividir en tres fases genéricas, con independencia del área de aplicación, tamaño o complejidad del proyecto. Cada fase se enfrenta con una o varias cuestiones de las destacadas anteriormente.

La *fase de definición* se centra sobre el *qué*. Es decir, durante la definición, el que desarrolla el software intenta identificar qué información ha de ser procesada, qué función y rendimiento se desea, qué comportamiento del sistema, qué interfaces van a ser establecidas, qué restricciones de diseño existen, y qué criterios de validación se necesitan para definir un sistema correcto. Por tanto, han de identificarse los requisitos clave del sistema y del software. Aunque los métodos aplicados durante la fase de definición variarán dependiendo del paradigma de ingeniería del software (o combinación de paradigmas) que se aplique, de alguna manera tendrán lugar tres tareas principales: ingeniería de sistemas o de información (Capítulo 10), planificación del proyecto del software (Capítulos 3 a 7), y análisis de los requisitos (Capítulos 11, 12 y 20).

La *fase de desarrollo* se centra en el *cómo*. Es decir, durante el desarrollo un ingeniero del software intenta definir cómo han de diseñarse las estructuras de datos, cómo ha de implementarse la función como una arquitectura del software, cómo han de implementarse detalles procedimentales, cómo han de caracterizarse las interfaces, cómo ha de traducirse el diseño en un lenguaje de programación (o lenguaje no procedimental) y cómo ha de realizarse la prueba. Los métodos aplicados durante la fase de desarrollo variarán, aunque las tres tareas específicas técnicas deberían ocurrir siempre: diseño del software (Capítulos 14, 15 y 21), generación de código y prueba del software (Capítulos 16, 17 y 22).

La *fase de mantenimiento* se centra en el *cambio* que va asociado a la corrección de errores, a las adaptaciones requeridas a medida que evoluciona el entorno del software, y a cambios debidos a las mejoras producidas por los requisitos cambiantes del cliente. La fase de mantenimiento vuelve a aplicar los pasos de las fases de definición y de desarrollo, pero en el contexto del software ya existente. Durante la fase de mantenimiento se encuentran cuatro tipos de cambios:

Corrección. Incluso llevando a cabo las mejores actividades de garantía de calidad, es muy probable que el cliente descubra defectos en el software. El mantenimiento correctivo modifica el software para corregir los defectos.

Adaptación. Con el paso del tiempo, es probable que cambie el entorno original (p. ej.: CPU, el sistema operativo, las reglas de empresa, las características externas de productos) para el que se desarrolló el software. El *mantenimiento adaptativo* produce modificación en el software para acomodarlo a los cambios de su entorno externo.

Mejora. Conforme se utilice el software, el cliente/usuario puede descubrir funciones adicionales que van a producir beneficios. El *mantenimiento perfectivo* lleva al software más allá de sus requisitos funcionales originales.

Prevención. El software de computadora se deteriora debido al cambio, y por esto el *mantenimiento preventivo* también llamado *reingeniería del software*, se debe conducir para permitir que el software sirva para las necesidades de los usuarios finales. En esencia, el mantenimiento preventivo hace cambios en programas de computadora a fin de que se puedan corregir, adaptar y mejorar más fácilmente.

Hoy «una fábrica de software que envejece» (Sección 1.1.2) está forzando a muchas compañías a que persigan estrategias de reingeniería del software (Capítulo 27). En un sentido global, la reingeniería del software se considera a menudo como una parte de la reingeniería de procesos comerciales [STR95].

Las fases y los pasos relacionados descritos en nuestra visión genérica de la ingeniería del software se complementan con un número de *actividades protectoras*. Entre las actividades típicas de esta categoría se incluyen:

- Seguimiento y control del proyecto de software
- Revisiones técnicas formales
- Garantía de calidad del software
- Gestión de configuración del software
- Preparación y producción de documentos
- Gestión de reutilización
- Mediciones
- Gestión de riesgos

Las actividades de protección se aplican a lo largo de todo el proceso del software y se tratan en las partes Segunda y Quinta del libro.

2.2. EL PROCESO DEL SOFTWARE

Un proceso de software se puede caracterizar, como se muestra en la Figura 2.2. Se establece un *marco común del proceso*, definiendo un pequeño número de *actividades del marco de trabajo* que son aplicables a todos los proyectos del software, con independencia de su tamaño o complejidad. Un conjunto de tareas —cada uno es una colección de tareas de ingeniería del software, hitos de proyectos, posibles entregas y productos de trabajo del software, y puntos de garantía de calidad— que permiten que las actividades del marco de trabajo se adapten a las características del proyecto del software y a los requisitos del equipo del proyecto. Finalmente, las actividades de protección, tales como garantía de calidad del software, gestión de configuración del software y medición [1], abarcan el modelo del proceso. Las actividades de protección son independientes de cualquier actividad del marco de trabajo y aparecen durante todo el proceso.

En los últimos años, se ha hecho mucho hincapié en la «madurez del proceso» [PAU93]. El Software Engineering Institute (SEI) ha desarrollado un modelo completo que se basa en un conjunto de funciones de ingeniería del software que deberían estar presentes conforme las organizaciones alcanzan diferentes niveles de madurez del proceso. Para determinar el estado actual de madurez del proceso, el SEI utiliza un cuestionario de evaluación y un esquema

[1] Esos temas se tratan con más detalle en capítulos posteriores.

FIGURA 2.2

El proceso del software

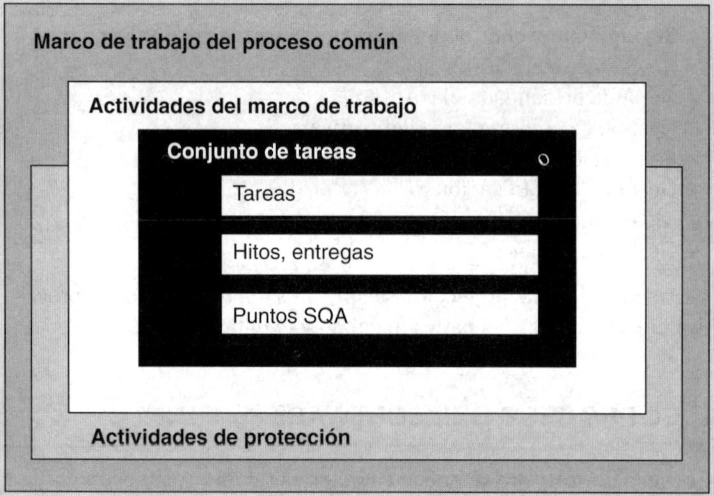

de cinco grados. El esquema de grados determina la conformidad con un *modelo de capacidad de madurez* [PAU93] que define las actividades clave que se requieren en los diferentes niveles de madurez del proceso.

El enfoque del SEI proporciona una medida de la efectividad global de las prácticas de ingeniería del software de una compañía y establece cinco niveles de madurez del proceso, que se definen de la forma siguiente:

Nivel 1: Inicial.— El proceso del software se caracteriza según el caso, y ocasionalmente incluso de forma caótica. Se definen pocos procesos, y el éxito depende del esfuerzo individual.

Nivel 2: Repetible.— Se establecen los procesos de gestión del proyecto para hacer seguimiento del coste, de la planificación y de la funcionalidad. Para repetir éxitos anteriores en proyectos con aplicaciones similares se aplica la disciplina necesaria para el proceso.

Nivel 3: Definido.— El proceso del software de las actividades de gestión y de ingeniería se documenta, se estandariza y se integra dentro de un proceso de software de toda una organización. Todos los proyectos utilizan una versión documentada y aprobada del proceso de la organización para el desarrollo y mantenimiento del software. En este nivel se incluyen todas las características definidas para el nivel 2.

Nivel 4: Gestionado.— Se recopilan medidas detalladas del proceso del software y de la calidad del producto. Mediante la utilización de medidas detalladas, se comprenden y se controlan cuantitativamente tanto los productos como el proceso del software. En este nivel se incluyen todas las características definidas para el nivel 3.

Nivel 5: Optimización.— Mediante un resultado cuantitativo del proceso y de las ideas y tecnologías innovadoras se posibilita una mejora del proceso. En este nivel se incluyen todas las características definidas para el nivel 4.

Los cinco niveles definidos por el SEI se obtienen como consecuencia de evaluar las respuestas del cuestionario de evaluación basado en el CMM. Los resultados del cuestionario se filtran en un único grado numérico que proporciona una indicación de la madurez del proceso de una organización.

El SEI ha asociado áreas claves del proceso (ACP) (*key process areas*, KPA) a cada uno de los niveles de madurez. Las ACP describen esas funciones de la ingeniería del software (p. ej.: planificación del proyecto, gestión de requisitos) que se deben presentar para satisfacer una buena práctica a un nivel en particular. Cada ACP se describe identificando las características siguientes:

- *Objetivos*— los objetivos globales que debe alcanzar la ACP
- *Compromisos*— requisitos (impuestos en la organización) que se deben cumplir para lograr los objetivos, y que proporcionan una prueba del intento por ajustarse a los objetivos.
- *Capacidades*— aquellos elementos que deben encontrarse (organizacional y técnicamente) para permitir que la organización cumpla los objetivos.
- *Actividades*— las tareas específicas que se requieren para lograr la función ACP.
- *Métodos para supervisar la implementación*— la manera en que las actividades son supervisadas conforme se aplican.
- *Métodos para verificar la implementación*— la forma en que se puede verificar la práctica adecuada para la ACP. Se definen dieciocho ACP (descritas mediante la estructura destacada anteriormente) en el modelo de madurez y se distribuyen en niveles diferentes de madurez del proceso. Las siguientes ACP se deberían lograr en cada nivel de madurez del proceso[2]:

[2] Tenga en cuenta que las ACP son acumulativas. Por ejemplo, el nivel 3 de madurez del proceso contiene todas las ACP de nivel 2 más las destacadas para el nivel 2.

Nivel 2 de Madurez del Proceso

Gestión de configuración del software
Garantía de calidad del software
Gestión de subcontratación del software
Seguimiento y supervisión del proyecto de software
Planificación del proyecto de software
Gestión de requisitos

Nivel 3 de Madurez del Proceso

Revisiones periódicas
Coordinación entre grupos
Ingeniería de productos de software
Gestión de integración del software
Programa de formación
Definición del proceso de la organización
Enfoque del proceso de la organización

Nivel 4 de Madurez del Proceso

Gestión de calidad del software
Gestión cuantitativa del proceso

Nivel 5 de Madurez del Proceso

Gestión de cambios del proceso
Gestión de cambios de tecnología
Prevención de defectos

Cada una de las ACP se definen con un conjunto de *prácticas clave* que contribuyen a cumplir estos objetivos. Las prácticas clave son normas, procedimientos, y actividades que deben ocurrir antes de que se haya instituido completamente un área de proceso clave. El SEI define a los *indicadores clave* como «aquellas prácticas clave o componentes de prácticas clave que ofrecen una visión mayor para lograr los objetivos de un área clave de proceso». Las cuestiones de valoración se diseñan para averiguar la existencia (o falta) de un indicador clave.

2.3. MODELOS DE PROCESO DE SOFTWARE

Para resolver los problemas reales de una industria, un ingeniero del software o un equipo de ingenieros deben incorporar una estrategia de desarrollo que acompañe al proceso, métodos, capas de herramientas descritos en la Sección 2.1.1. y las fases genéricas discutidas en la Sección 2.1.2. Esta estrategia a menudo se llama *modelo de proceso* o *paradigma de ingeniería del software*. Se selecciona un modelo de proceso para la ingeniería del software según la naturaleza del proyecto y de la aplicación, los métodos y las herramientas a utilizarse, y los controles y entregas que se requieren. En un documento intrigante sobre la naturaleza del proceso de software, L.B.S. Raccoon [RAC95] utiliza fractales como base de estudio de la verdadera naturaleza del proceso de software.

Todo el desarrollo del software se puede caracterizar como un bucle de resolución de problemas (Figura 2.3a) en el que se encuentran cuatro etapas distintas: *status quo*, definición de problemas, desarrollo técnico e integración de soluciones. *Status quo* «representa el estado actual de sucesos» [RAC95]; la definición de problemas identifica el problema específico a resolverse; el desarrollo técnico resuelve el problema a través de la aplicación de alguna tecnología, y la integración de soluciones ofrece los resultados (p. ej.: documentos, programas, datos, nueva función comercial, producto nuevo) a los que solicitan la solución en primer lugar. Las fases y los pasos genéricos de ingeniería del software definidos en la Sección 2.1.2 se divide fácilmente en estas etapas.

FIGURA 2.3a

Las fases de un bucle de resolución de problemas [RAC95]

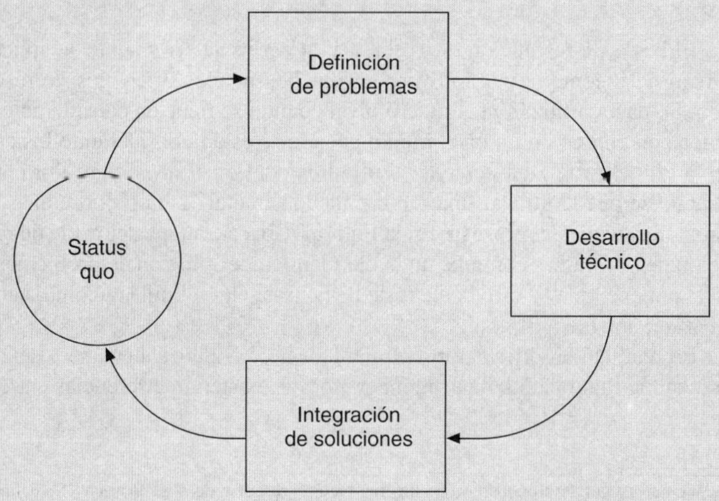

FIGURA 2.3b

Fases dentro de las fases del bucle de resolución de problemas [RAC95]

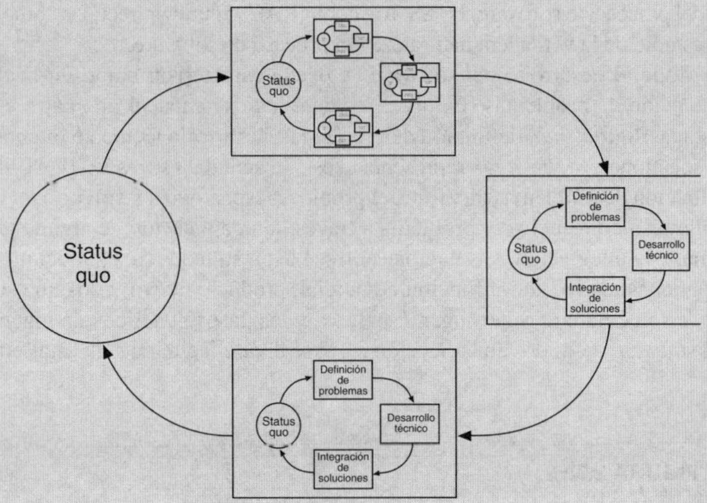

El bucle de resolución de problemas descrito anteriormente se aplica al trabajo de ingeniería del software en muchos niveles diferentes de resolución. Se puede utilizar en el macro nivel cuando se tiene en consideración la aplicación entera; en un nivel medio cuando se están considerando los componentes del programa, e incluso en la línea del nivel de código. Por consiguiente, se puede utilizar una representación fractal[3] para proporcionar una visión idealizada del proceso. En la Figura 2.3b, cada etapa del bucle de resolución de problemas contiene un bucle idéntico de solución de problemas, el cual contiene todavía otro bucle (éste llega hasta algún límite racional; para el software, una línea de código).

En realidad, es difícil compartimentalizar actividades de manera tan nítida como la Figura 2.3.b da a entender, porque existen interferencias entre las etapas, aunque esta visión simplificada lleva a una idea muy importante: con independencia del modelo de proceso que se seleccione para un proyecto de software, todas las etapas —*status quo*, definición de problemas, desarrollo técnico e integración de soluciones— coexisten simultáneamente en algún nivel de detalle. Dada la naturaleza recursiva de la Figura 2.3b, las cuatro etapas tratadas anteriormente se aplican igualmente al análisis de una aplicación completa y a la generación de un pequeño segmento de código.

Raccoon [RAC95] sugiere un «Modelo del caos» que describa el «desarrollo del software como una extensión desde el usuario hasta el desarrollador y la tecnología». Conforme progresa el trabajo hacia un sistema completo, las etapas descritas anteriormente se aplican recursivamente a las necesidades del usuario y a la especificación técnica del desarrollador del software.

En las secciones siguientes, se tratan diferentes modelos de procesos para la ingeniería del software. Cada uno representa un intento de ordenar una actividad inherentemente caótica. Es importante recordar que cada uno de los modelos se han caracterizado de forma que ayuden (con esperanza) al control y a la coordinación de un proyecto de software real. Y a pesar de eso, en el fondo, todos los modelos exhiben características del modelo del caos.

2.4. EL MODELO LINEAL SECUENCIAL

La Figura 2.4 ilustra el modelo *lineal secuencial* para la ingeniería del software. Llamado algunas veces «ciclo de vida básico» o «modelo en cascada»,

FIGURA 2.4

El modelo lineal secuencial

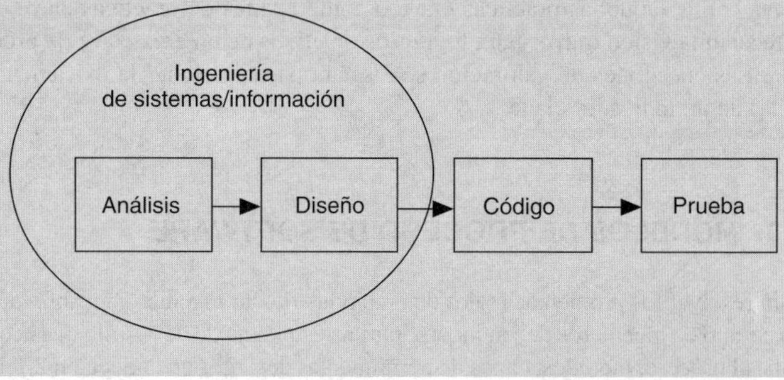

[3] Los fractales se proponen originalmente para representaciones geométricas. Se define un patrón y se aplica recursivamente a escalas más pequeñas en sucesión; los patrones se dividen a su vez en patrones.

el modelo lineal secuencial sugiere un enfoque[4] sistemático, secuencial del desarrollo del software que comienza en un nivel de sistemas y progresa con el análisis, diseño, codificación, pruebas y mantenimiento. Modelado según el ciclo de ingeniería convencional, el modelo lineal secuencial acompaña a las actividades siguientes:

Ingeniería y modelado de Sistemas/Información. Como el software siempre forma parte de un sistema más grande (o empresa), el trabajo comienza estableciendo requisitos de todos los elementos del sistema y asignando al software algún subgrupo de estos requisitos. Esta visión del sistema es esencial cuando el software se debe interconectar con otros elementos como hardware, personas y bases de datos. La ingeniería y el análisis de sistemas acompaña a los requisitos que se recogen en el nivel del sistema con una pequeña parte de análisis y de diseño. La ingeniería de información acompaña a los requisitos que se recogen en el nivel estratégico de empresa y en el nivel del área de negocio.

Análisis de los requisitos del software. El proceso de reunión de requisitos se intensifica y se centra especialmente en el software. Para comprender la naturaleza de el (los) programa(s) a construirse, el ingeniero («analista») del software debe comprender el dominio de información del software (descrito en el Capítulo 11), así como la función requerida, comportamiento, rendimiento, e interconexión. El cliente documenta y repasa los requisitos del sistema y del software.

Diseño. El diseño del software es realmente un proceso de muchos pasos que se centra en cuatro atributos distintos de un programa: estructura de datos, arquitectura del software, representaciones de interfaz y detalle procedimental (algoritmo). El proceso de diseño traduce requisitos en una representación del software que se pueda evaluar por calidad antes de que comience la generación del código. Al igual que los requisitos, el diseño se documenta y se hace parte de la configuración del software.

Generación de código. El diseño se debe traducir en una forma legible por la máquina. El paso de generación de código lleva a cabo esta tarea. Si se lleva a cabo el diseño de una forma detallada, la generación de código se realiza mecánicamente.

Pruebas. Una vez que se ha generado un código, comienzan las pruebas del programa. El proceso de pruebas se centra en los procesos lógicos internos del software, asegurando que todas las sentencias se han comprobado, y en los procesos externos funcionales, es decir, la realización de las pruebas para la detección de errores y el sentirse seguro de que la entrada definida produzca resultados reales de acuerdo con los resultados requeridos.

Mantenimiento. El software indudablemente sufrirá cambios después de ser entregado al cliente (una excepción posible es el software empotrado). Se producirán cambios porque se han encontrado errores, porque el software debe adaptarse para acoplarse a los cambios de su entorno externo (p. ej.: se requiere un cambio debido a un sistema operativo o dispositivo periférico nuevo), o porque el cliente requiere mejoras funcionales o de rendimiento. El mantenimiento vuelve a aplicar cada una de las fases precedentes a un programa ya existente y no a uno nuevo.

El modelo lineal secuencial es el paradigma más antiguo y más extensamente utilizado en la ingeniería del software. Sin embargo, la crítica del paradigma ha puesto en duda su eficacia. [HAN95]. Entre los problemas que se encuentran algunas veces en el modelo lineal secuencial se incluyen:

1. Los proyectos reales raras veces siguen el modelo secuencial que propone el modelo. Aunque el modelo lineal puede acoplar interacción, lo hace indirectamente. Como resultado, los cambios pueden causar confusión cuando el equipo del proyecto comienza.
2. A menudo es difícil que el cliente exponga explícitamente todos los requisitos. El modelo lineal secuencial lo requiere y tiene dificultades a la hora de acomodar la incertidumbre natural al comienzo de muchos proyectos.
3. El cliente debe tener paciencia. Una versión de trabajo del (los) programa(s) no estará disponible hasta que el proyecto esté muy avanzado. Un grave error puede ser desastroso si no se detecta hasta que se revisa el programa.
4. Los responsables del desarrollo del software siempre se retrasan innecesariamente. En un interesante análisis de proyectos reales, Bradac [BRA94] dijo que la naturaleza lineal del ciclo de vida clásico lleva a «estados de bloqueo» en el que algunos miembros del equipo del proyecto deben esperar a otros miembros del equipo para completar tareas dependientes. En efecto, el tiempo que se pasa esperando puede sobrepasar el tiempo que se emplea en el trabajo productivo. Los estados de bloqueo tienden a ser más importantes al principio y al final de un proceso lineal secuencial.

Cada uno de estos errores es real. Sin embargo, el paradigma del ciclo de vida clásico tiene un lugar definido e importante en el trabajo de la ingeniería del software. Proporciona una plantilla en la que se encuentran métodos para

[4] Aunque el modelo original en cascada propuesto por Winston Royce [ROY70] hacía provisiones para bucles de realimentación, la gran mayoría de las organizaciones que aplican este modelo de proceso lo hacen como si fuera estrictamente lineal.

análisis, diseño, codificación, pruebas y mantenimiento. El ciclo de vida clásico sigue siendo el modelo de proceso más extensamente utilizado por la ingeniería del software. Pese a tener debilidades, es significativamente mejor que un enfoque hecho al azar para el desarrollo del software.

2.5. EL MODELO DE CONSTRUCCIÓN DE PROTOTIPOS

Un cliente a menudo define un conjunto de objetivos generales para el software, pero no identifica los requisitos detallados de entrada, procesamiento, o salida. En otros casos, el responsable del desarrollo del software puede no estar seguro de la eficacia de un algoritmo, de la capacidad de adaptación de un sistema operativo, o de la forma en que debería tomarse la interacción hombre-máquina. En éstas y en otras muchas situaciones, un *paradigma de construcción de prototipos* puede ofrecer el mejor enfoque.

El paradigma de construcción de prototipos (Figura 2.5) comienza con la recolección de requisitos. El desarrollador y el cliente encuentran y definen los objetivos globales para el software, identifican los requisitos conocidos, y

FIGURA 2.5

El paradigma de construcción de prototipos

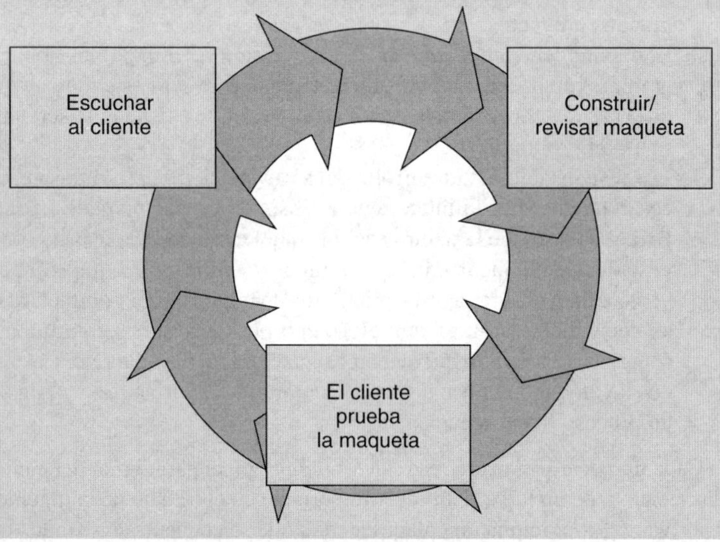

las áreas del esquema en donde es obligatoria más definición. Entonces aparece un «diseño rápido». El diseño rápido se centra en una representación de esos aspectos del software que serán visibles para el usuario/cliente. (p. ej.: enfoques de entrada y formatos de salida). El diseño rápido lleva a la construcción de un prototipo. El prototipo lo evalúa el cliente/usuario y lo utiliza para refinar los requisitos del software a desarrollar. La interacción ocurre cuando el prototipo satisface las necesidades del cliente, a la vez que permite que el desarrollador comprenda mejor lo que se necesita hacer.

Lo ideal sería que el prototipo sirviera como un mecanismo para identificar los requisitos del software. Si se construye un prototipo de trabajo, el desarrollador intenta hacer uso de los fragmentos del programa ya existentes o aplica herramientas (p. ej.: generadores de informes, gestores de ventanas, etc.) que permiten generar rápidamente programas de trabajo.

Pero, ¿qué hacemos con el prototipo una vez que ha servido para el propósito descrito anteriormente? Brooks [BRO75] proporciona una respuesta:

> En la mayoría de los proyectos, el primer sistema construido apenas se puede utilizar. Puede ser demasiado lento, demasiado grande, o torpe en su uso, o las tres a la vez. No hay alternativa sino comenzar de nuevo y construir una versión rediseñada en la que se resuelvan estos problemas...Cuando se utiliza un concepto nuevo de sistema o una tecnología nueva, se tiene que construir un sistema que no sirva y se tenga que tirar, porque incluso la mejor planificación no es omnisciente como para que esté perfecta la primera vez. Por tanto, la pregunta sobre la gestión no es si construir un sistema piloto y tirarlo. Tendrá que hacerlo. La única pregunta es si planificar de antemano construir un desechable, o prometer entregárselo a los clientes...

El prototipo puede servir como «primer sistema». El que Brooks recomienda tirar. Aunque esta puede ser una visión idealizada, es verdad que a los clientes y a los que desarrollan les gusta el paradigma de construcción de prototipos. A los usuarios les gusta el sistema real y a los que desarrollan les gusta construir algo inmediatamente. Sin embargo, la construcción de prototipos también puede ser problemática por las razones siguientes:

1. El cliente ve lo que parece ser una versión de trabajo del software, sin tener conocimiento de que el prototipo también está junto con «el chicle y el cable de embalar», sin saber que con la prisa de hacer que funcione no se ha tenido en cuenta la calidad del software global o la facilidad de mantenimiento a largo plazo. Cuando se informa de que el producto se debe construir otra vez para que se puedan mantener los niveles altos de calidad, el cliente no lo entiende y pide que se apliquen «unos pequeños ajustes» para que se pueda hacer del prototipo un producto final. De forma demasiado frecuente la gestión de desarrollo del software es muy lenta.

2. El desarrollador a menudo hace compromisos de implementación para hacer que el prototipo funcione rápidamente. Se puede utilizar un sistema operativo o lenguaje de programación inadecuado simplemente porque está disponible y porque es conocido; un algoritmo eficiente se puede implementar simplemente para demostrar la capacidad. Después de algún tiempo, el desarrollador debe familiarizarse con estas selecciones, y olvidarse de las razones por las que son inadecuadas. La selección menos ideal ahora es una parte integral del sistema.

Aunque pueden surgir problemas, la construcción de prototipos puede ser un paradigma efectivo para la ingeniería del software. La clave es definir las reglas del juego al comienzo; es decir, el cliente y el desarrollador se deben poner de acuerdo en que el prototipo se construya para servir como un mecanismo de definición de requisitos. Entonces se descarta (al menos en parte), y se realiza la ingeniería del software con una visión hacia la calidad y la facilidad de mantenimiento.

2.6. EL MODELO DRA

El *Desarrollo Rápido de Aplicaciones (DRA)* (Rapid Application Development, RAD) es un modelo de proceso del desarrollo del software lineal secuencial que enfatiza un ciclo de desarrollo extremadamente corto. El modelo DRA es una adaptación a «alta velocidad» del modelo lineal secuencial en el que se logra el desarrollo rápido utilizando un enfoque de construcción basado en componentes. Si se comprenden bien los requisitos y se limita[5] el ámbito del proyecto, el proceso DRA permite al equipo de desarrollo crear un «sistema completamente funcional» dentro de períodos cortos de tiempo. (p. ej.: de 60 a 90 días) [MAR91]. Cuando se utiliza principalmente para aplicaciones de sistemas de información, el enfoque DRA comprende las siguientes fases [KER94]:

Modelado de Gestión. El flujo de información entre las funciones de gestión se modela de forma que responda a las siguientes preguntas: ¿Qué información conduce el proceso de gestión? ¿Qué información se genera? ¿Quién la genera? ¿A dónde va la información? ¿Quién la procesa? El modelado de gestión se describe con más detalle en el Capítulo 10.

[5] Estas condiciones, sin lugar a dudas, se garantizan. En efecto, muchos proyectos de software han definido pobremente los requisitos al principio. En tales casos (Sección 2.5) los enfoques de construcción de prototipos y evolutivos (Sección 2.7) son opciones de proceso mucho mejores. Consulte [REI95].

Modelado de datos. El flujo de información definido como parte de la fase de modelado de gestión se refina como un conjunto de objetos de datos necesarios para apoyar la empresa. Se definen las características (llamadas atributos) de cada uno de los objetos y las relaciones entre estos objetos. El modelado de datos se trata en el Capítulo 12.

Modelado del proceso. Los objetos de datos definidos en la fase de modelado de datos quedan transformados para lograr el flujo de información necesario para implementar una función de gestión. Las descripciones del proceso se crean para añadir, modificar, suprimir, o recuperar un objeto de datos.

Generación de aplicaciones. El DRA asume la utilización de técnicas de cuarta generación (Sección 2.9). En lugar de crear software con lenguajes de programación de tercera generación, el proceso DRA trabaja para volver a utilizar componentes de programas ya existentes (cuando es posible) o a crear componentes reutilizables (cuando sea necesario). En todos los casos se utilizan herramientas automáticas para facilitar la construcción del software.

Pruebas y entrega. Como el proceso DRA enfatiza la reutilización, ya se han comprobado muchos de los componentes de los programas. Esto reduce tiempo de pruebas. Sin embargo, se deben probar todos los componentes nuevos y se deben ejercitar todas las interfaces a fondo.

El modelo de proceso DRA se ilustra en la Figura 2.6. Obviamente, las limitaciones de tiempo impuestas en un proyecto DRA demandan «ámbito en escalas» [KER94]. Si una aplicación de gestión puede modularse de forma que permita completarse cada una de las funciones principales en menos de tres meses (utilizando el enfoque descrito anteriormente), es un candidato del DRA. Cada una de las funciones pueden ser afrontadas por un equipo DRA diferente y ser integradas en un solo conjunto.

Al igual que todos los modelos de proceso, el enfoque DRA tiene inconvenientes [BUT94]:

- Para proyectos grandes aunque por escalas, el DRA requiere recursos humanos suficientes como para crear el número correcto de equipos DRA.
- DRA requiere clientes y desarrolladores comprometidos en las rápidas actividades necesarias para completar un sistema en un marco de tiempo abreviado. Si no hay compromiso, por ninguna de las partes constituyentes, los proyectos DRA fracasarán.

No todos los tipos de aplicaciones son apropiados para DRA. Si un sistema no se puede modularizar adecuadamente, la construcción de los componentes necesarios para DRA será problemático. Si está en juego el alto rendimiento, y se va a conseguir el rendimiento convirtiendo interfaces en componentes de sis-

FIGURA 2.6

El modelo DRA

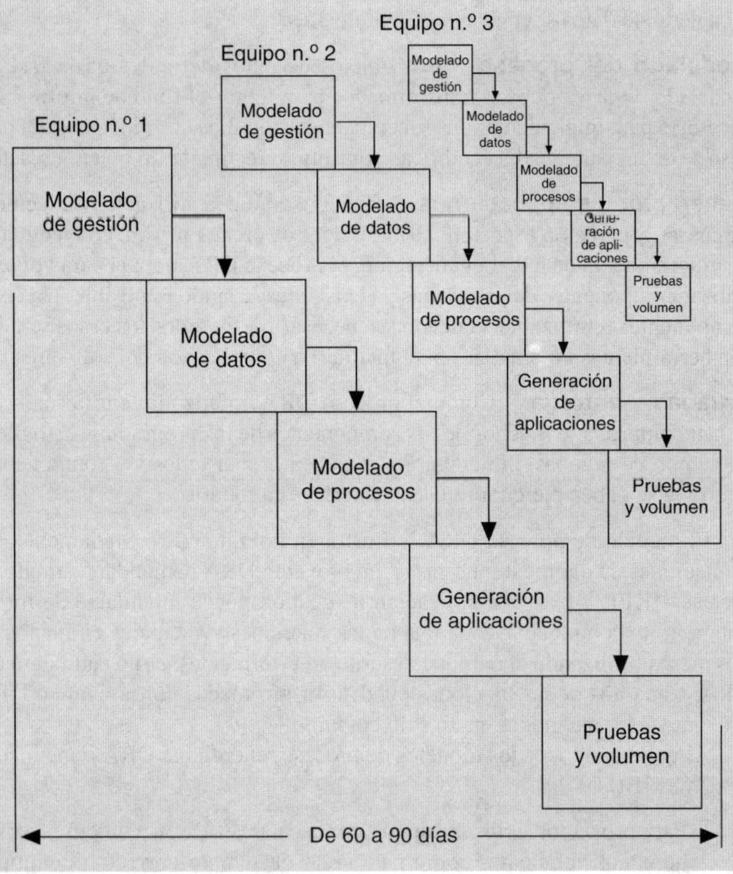

temas, el enfoque DRA puede que no funcione. DRA no es adecuado cuando los riesgos técnicos son altos. Esto ocurre cuando una nueva aplicación hace uso de tecnologías nuevas, o cuando el nuevo software requiere un alto grado de interoperatividad con programas de computadora ya existentes.

DRA enfatiza el desarrollo de componentes de programas reutilizables. La reutilización (consulte el Capítulo 26) es la piedra angular de las tecnologías de objetos (Parte Cuarta del libro), y se encuentra en el modelo de proceso de ensamblaje en la Sección 2.7.3.

2.7. MODELOS DE PROCESOS EVOLUTIVOS DE SOFTWARE

Se reconoce que el software al igual que todos los sistemas complejos, evoluciona con el tiempo [GIL88]. Los requisitos de gestión y de productos a menudo cambian conforme a que el desarrollo proceda haciendo que el camino que lleva al producto final no sea real; las estrictas fechas tope del mercado hacen que sea imposible finalizar un producto completo, por lo que se debe introducir una versión limitada para cumplir la presión competitiva y de gestión; se comprende perfectamente el conjunto de requisitos de productos centrales o del sistema, pero todavía se tienen que definir los detalles de extensiones del producto o sistema. En éstas y en otras situaciones similares, los ingenieros del software necesitan un modelo de proceso que se haya diseñado explícitamente para acomodarse a un producto que evolucione con el tiempo.

El modelo lineal secuencial (Sección 2.4) se diseña para el desarrollo en línea recta. En esencia, este enfoque en cascada asume que se va entregar un sistema completo una vez que la secuencia lineal se haya finalizado. El modelo de construcción de prototipos (Sección 2.5) se diseña para ayudar al cliente (o al que desarrolla) a comprender los requisitos. En general, no se diseña para entregar un sistema de producción. En ninguno de los paradigmas de ingeniería del software se tiene en cuenta la naturaleza evolutiva del software.

Los modelos evolutivos son iterativos. Se caracterizan por la forma en que permiten a los ingenieros del software desarrollar versiones cada vez más completas del software.

2.7.1. El modelo incremental

El modelo incremental combina elementos del modelo lineal secuencial (aplicados repetitivamente) con la filosofía interactiva de construcción de prototipos. Como muestra la Figura 2.7, el modelo incremental aplica secuencias lineales de forma sorprendente de la misma forma que progresa el tiempo en el calendario. Cada secuencia lineal produce un «incremento» del software [McDE93]. Por ejemplo, el software de tratamiento de textos desarrollado con el paradigma incremental podría extraer funciones de gestión de archivos básicos y de producción de documentos en el primer incremento; funciones de edición más sofisticadas y de producción de documentos en el segundo incremento; corrección ortográfica y gramatical en el tercero; y una función avanzada de esquema de página en el cuarto. Se debería tener en cuenta que el flujo del proceso de cualquier incremento puede incorporar el paradigma de construcción de prototipos.

Cuando se utiliza un modelo incremental, el primer incremento a menudo es un *producto esencial* (núcleo). Es decir, se afrontan requisitos básicos, pero muchas funciones suplementarias (algunas conocidas, otras no) quedan

FIGURA 2.7

El modelo incremental

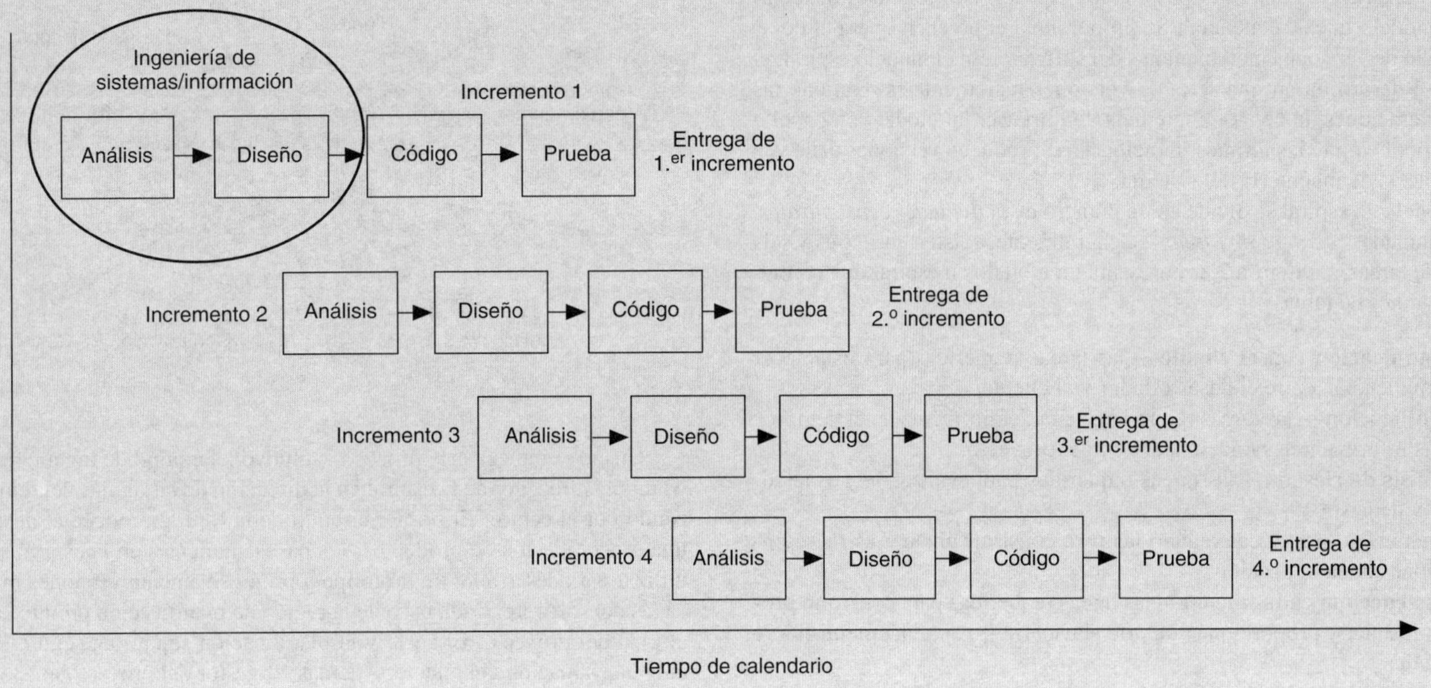

sin extraer. El cliente utiliza el producto central (o sufre la revisión detallada). Como un resultado de utilización y/o de evaluación, se desarrolla un plan para el incremento siguiente. El plan afronta la modificación del producto central a fin de cumplir mejor las necesidades del cliente y la entrega de funciones, y características adicionales. Este proceso se repite siguiendo la entrega de cada incremento, hasta que se elabore el producto completo.

El modelo de proceso incremental, como la construcción de prototipos (Sección 2.5) y otros enfoques evolutivos, es interactivo por naturaleza. Pero a diferencia de la construcción de prototipos, el modelo incremental se centra en la entrega de un producto operacional con cada incremento. Los primeros incrementos son versiones «desmontadas» del producto final, pero proporcionan la capacidad que sirve al usuario y también proporciona una plataforma para la evaluación por parte del usuario.

El desarrollo incremental es particularmente útil cuando la dotación de personal no está disponible para una implementación completa en cuanto a de la fecha límite de gestión que se haya establecido para el proyecto. Los primeros incrementos se pueden implementar con menos personas. Si el producto central es bien recibido, se puede añadir más personal (si se requiere) para implementar el incremento siguiente. Además, los incrementos se pueden planear para gestionar riesgos técnicos. Por ejemplo, un sistema importante podría requerir la disponibilidad de hardware nuevo que esté bajo desarrollo y cuya fecha de entrega no sea cierta. Podría ser posible planificar primeros incrementos de forma que se evite la utilización de este hardware, y así se permita entregar la funcionalidad parcial a usuarios finales sin un retraso exagerado.

2.7.2. El modelo en espiral

El *modelo en espiral*, propuesto originalmente por Boehm [BOE88], es un modelo de proceso de software evolutivo que acompaña la naturaleza interactiva de construcción de prototipos con los aspectos controlados y sistemáticos del modelo lineal secuencial. Se proporciona el potencial para el desarrollo rápido de versiones incrementales del software. En el modelo espiral, el software se desarrolla en una serie de versiones incrementales. Durante las primeras iteraciones, la versión incremental podría ser un modelo en papel o un prototipo. Durante las últimas iteraciones, se producen versiones cada vez más completas de ingeniería del sistema.

El modelo en espiral se divide en un número de *actividades estructurales*, también llamadas *regiones de tareas*[6]. Generalmente, existen entre tres y seis regiones de tareas. La Figura 2.8 representa un modelo en espiral que contiene seis regiones de tareas:

- **comunicación con el cliente—** las tareas requeridas para establecer comunicación entre el desarrollador y el cliente.
- **planificación—** las tareas requeridas para definir recursos, el tiempo y otras informaciones relacionadas con el proyecto.
- **análisis de riesgos—** las tareas requeridas para evaluar riesgos técnicos y de gestión.
- **ingeniería—** las tareas requeridas para construir una o más representaciones de la aplicación.
- **construcción y adaptación—** las tareas requeridas para construir, probar, instalar y proporcionar soporte al usuario (p. ej.: documentación y práctica).
- **evaluación del cliente—** las tareas requeridas para obtener la reacción del cliente según la evaluación de las representaciones del software creadas durante la etapa de ingeniería e implementada durante la etapa de instalación.

Cada una de las regiones están pobladas por una serie de tareas que se adaptan a las características del proyecto que va a emprenderse. Para proyectos pequeños, el número de tareas y su formalidad es bajo. Para proyectos mayores y más críticos, cada región contiene tareas que se definen para lograr un nivel más alto de formalidad. En todos los casos, se aplican las actividades de protección (p. ej.: gestión de configuración del software y garantía de calidad del software) mencionadas en la Sección 2.2.

[6] El modelo en espiral de esta sección es una variante sobre el modelo propuesto por Boston. Para más información sobre el modelo en espiral original, consulte [BOE88].

FIGURA 2.8

Un modelo en espiral típico

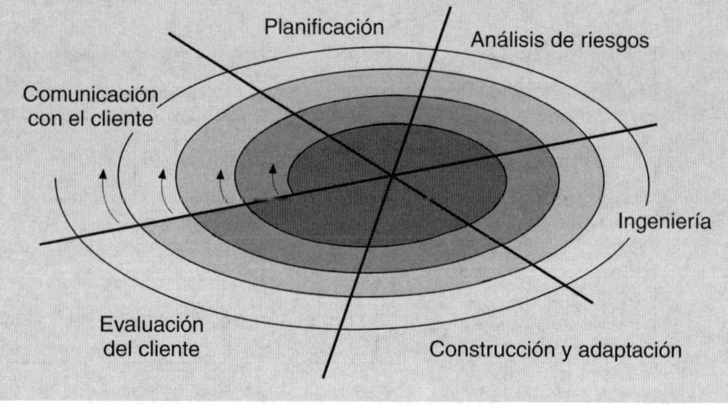

Cuando empieza este proceso evolutivo, el equipo de ingeniería del software gira alrededor de la espiral en la dirección de las agujas del reloj, comenzando por el centro. El primer circuito de la espiral produce el desarrollo de una especificación de productos; los pasos siguientes en la espiral se podrían utilizar para desarrollar un prototipo y progresivamente versiones más sofisticadas del software. Cada paso de la región de planificación produce ajustes en el plan del proyecto. El coste y la planificación se ajustan según la reacción ante la evaluación del cliente. Además, el gestor del proyecto ajusta el número planificado de iteraciones requeridas para completar el software.

A diferencia del modelo de proceso clásico que termina cuando se entrega el software, el modelo en espiral puede adaptarse y aplicarse a lo largo de la vida del software de computadora. En la Figura 2.9 se define un eje de *punto de entrada en el proyecto*. Cada uno de los cubos situados a lo largo del eje representan el punto de arranque para un tipo diferente de proyecto. **Un proyecto de desarrollo de conceptos** comienza en el centro de la espiral y continuará (aparecen múltiples iteraciones a lo largo de la espiral que limita la región sombreada central) hasta que se completa el desarrollo del concepto. Si el concepto se va a desarrollar dentro de un producto real, el proceso procede a través del cubo siguiente (punto de entrada del **proyecto de desarrollo del producto nuevo**) y se inicia un nuevo proyecto de desarrollo. El producto nuevo evolucionará a través de iteraciones alrededor de la espiral siguiendo el camino que limita la región algo más brillante que el centro. Un flujo de proceso similar aparece para otros tipos de proyectos.

FIGURA 2.9

Modelo en espiral adaptado para el ciclo de vida clásico completo

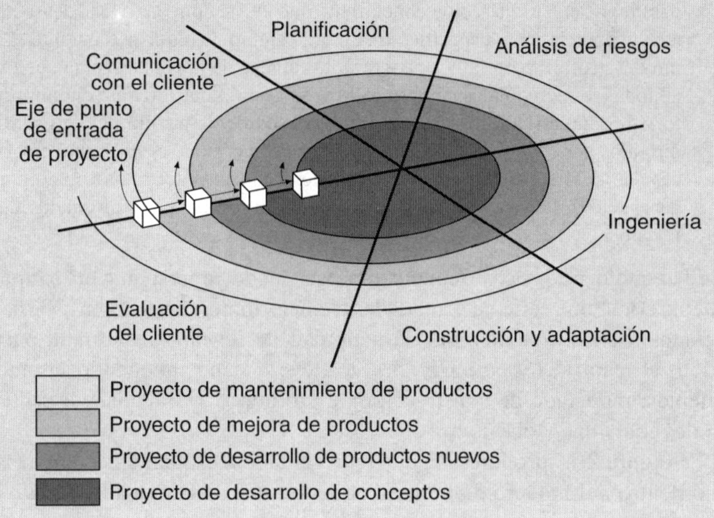

En esencia, la espiral, cuando se caracteriza de esta forma, permanece operativa hasta que el software se retira. Hay veces en que el proceso está inactivo, pero siempre que se inicie un cambio, el proceso arranca en el punto de entrada adecuado (p. ej.: mejora del producto).

El modelo en espiral es un enfoque realista del desarrollo de sistemas y de software a gran escala. Como el software evoluciona, a medida que progresa el proceso, el desarrollador y el cliente comprenden y reaccionan mejor ante riesgos en cada uno de los niveles evolutivos. El modelo en espiral utiliza la construcción de prototipos como mecanismo de reducción de riesgos, pero lo que es más importante, permite a quien lo desarrolla aplicar el enfoque de construcción de prototipos en cualquier etapa de evolución del producto. Mantiene el enfoque sistemático de los pasos sugeridos por el ciclo de vida clásico, pero lo incorpora al marco de trabajo interactivo que refleja de forma más realista el mundo real. El modelo en espiral demanda una consideración directa de los riesgos técnicos en todas las etapas del proyecto, y si se aplica adecuadamente, debe reducir los riesgos antes de que se conviertan en problemáticos.

Pero al igual que otros paradigmas, el modelo en espiral no es la panacea. Puede resultar difícil convencer a grandes clientes (particularmente en situaciones bajo contrato) de que el enfoque evolutivo es controlable. Requiere una considerable habilidad para la evaluación del riesgo, y cuenta con esta habilidad para el éxito. Si un riesgo importante no es descubierto y gestionado, indudablemente surgirán problemas. Finalmente, el modelo en sí mismo es relativamente nuevo y no se ha utilizado tanto como los paradigmas lineales secuenciales o de construcción de prototipos. Todavía tendrán que pasar muchos años antes de que se determine con absoluta certeza la eficacia de este nuevo e importante paradigma.

2.7.3. El modelo de ensamblaje de componentes

Las tecnologías de objetos (Capítulo 19) proporcionan el marco de trabajo técnico para un modelo de proceso basado en componentes para la ingeniería del software. El paradigma de orientación a objetos enfatiza la creación de clases que encapsulan tanto los datos como los algoritmos que se utilizan para manejar los datos. Si se diseñan y se implementan adecuadamente, las clases orientadas a objetos son reutilizables por las diferentes aplicaciones y arquitecturas de sistemas basados en computadora.

El modelo de ensamblaje de componentes (Figura 2.10) incorpora muchas de las características del modelo en espiral. Es evolutivo por naturaleza [NIE92], y exige un enfoque interactivo para la creación del software. Sin embargo, el modelo ensamblador de componentes configura aplicaciones desde componentes preparados de software (algunas veces llamados «clases»).

La actividad de la ingeniería comienza con la identificación de clases candidatas. Esto se lleva a cabo examinando los datos que se van a manejar por parte de la aplicación y el algoritmo que se va a aplicar para conseguir el tratamiento[7]. Los datos y los algoritmos correspondientes se empaquetan en una clase.

Las clases (llamadas componentes en la Figura 2.10) creadas en los proyectos de ingeniería del software anteriores se almacenan en una *biblioteca de clases* o *depósito* (Capítulo 29). Una vez identificadas las clases candidatas, la biblioteca de clases se examina para determinar si estas clases ya existen. En caso de que así fuera, se extraen de la biblioteca y se vuelven a utilizar. Si una clase candidata no reside en la biblioteca, se aplican los métodos orientados a objetos (Capítulos 20-22). Se compone así la primera interacción de la aplicación a construirse, mediante las clases extraídas de la biblioteca y las clases nuevas construidas para cumplir las necesidades únicas de la aplicación. El flujo del proceso vuelve a la espiral y volverá a introducir por último la iteración ensambladora de componentes a través de la actividad de ingeniería.

[7] Ésta es una descripción simplificada de definición de clase. Para un estudio más detallado, consulte el Capítulo 19.

FIGURA 2.10

El modelo de ensamblaje de componentes

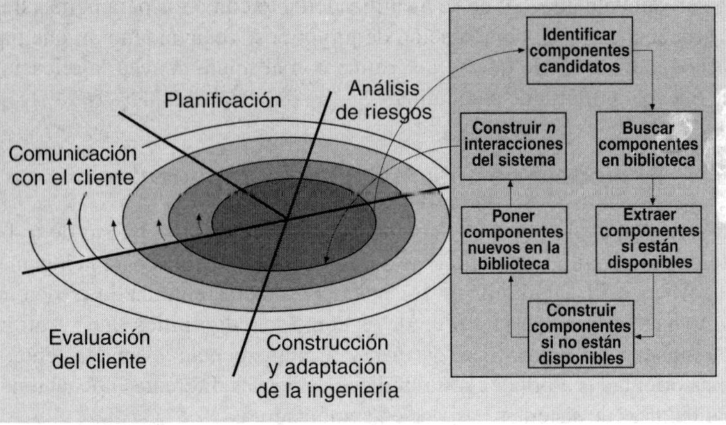

El modelo ensamblador de componentes lleva a la reutilización del software, y la reutilización proporciona beneficios a los ingenieros del software. Según estudios de reutilización, QSM Associates, Inc. informa que el ensamblaje de componentes lleva a una reducción del 70 por ciento de tiempo de ciclo de desarrollo, un 84 por ciento del coste del proyecto y un índice de productividad del 26,2, comparado con la norma de industria del 16,9 [YOU94]. Aunque estos resultados están en función de la robustez de la biblioteca de componentes, no hay duda de que el ensamblaje de componentes proporciona ventajas significativas para los ingenieros del software.

2.7.4. El modelo de desarrollo concurrente

Davis y Sitaram [DAV94] han descrito el *modelo de desarrollo concurrente*, llamado algunas veces *ingeniería concurrente*, de la forma siguiente:

> Los gestores de proyectos que siguen los pasos del estado del proyecto en lo que se refiere a las fases importantes [del ciclo de vida clásico] no tienen idea del estado de sus proyectos. Estos son ejemplos de un intento por seguir los pasos extremadamente complejos de actividades mediante modelos demasiado simples. Tenga en cuenta que aunque un proyecto [grande] esté en la fase de codificación, hay personal de ese proyecto implicado en actividades asociadas generalmente a muchas fases de desarrollo simultáneamente. Por ejemplo, ... El personal está escribiendo requisitos, diseñando, codificando, haciendo pruebas y probando la integración [todo al mismo tiempo]. Los modelos de procesos de ingeniería del software de Humphrey y Kellner [HUM89, KEL89] han mostrado la concurrencia que existe para actividades que ocurren durante cualquier fase. El trabajo más reciente de Kellner [KEL91] utiliza diagramas de estado [una notación que representa los estados de un proceso, consulte el Capítulo15] para representar la relación concurrente que existe entre actividades asociadas a un acontecimiento específico (p. ej.: un cambio de requisitos durante el último desarrollo), pero falla en capturar la riqueza de la concurrencia que existe en todas las actividades de desarrollo y de gestión del software en un proyecto... La mayoría de los modelos de procesos de desarrollo del software son dirigidos por el tiempo; cuanto más tarde sea, más atrás se encontrará en el proceso de desarrollo. [Un modelo de proceso concurrente] está dirigido por las necesidades del usuario, las decisiones de la gestión y los resultados de las revisiones.

El modelo de proceso concurrente se puede representar en forma de esquema como una serie de actividades técnicas importantes, tareas, y estados asociados a ellas. Por ejemplo, la actividad de *ingeniería* definida para el modelo en espiral (Sección 2.7.2), se lleva a cabo invocando las tareas siguientes: modelado de construcción de prototipos y/o análisis, especificación de requisitos, y diseño [8].

La Figura 2.11 proporciona una representación esquemática de una actividad dentro del modelo de proceso concurrente. La actividad *—análisis—* se puede encontrar en uno de los estados [9] destacados anteriormente en cualquier momento dado. De forma similar, otras actividades (p. ej.: diseño o comunicación con el cliente) se puede representar de una forma análoga. Todas las actividades existen concurrentemente, pero residen en estados diferentes. Por ejemplo, al principio del proyecto, la actividad de *comunicación con el cliente* (no mostrada en la figura) ha finalizado su primera interacción y existe en el estado de **cambios en espera**. La actividad de *análisis* (que existía en el estado **ninguno** mientras que comenzaba la comunicación inicial con el cliente) ahora hace una transición al estado **bajo desarrollo**. Sin embargo, si el cliente indica que se deben hacer cambios en requisitos, la actividad *análisis* cambia del estado **bajo desarrollo** al estado **cambios en espera**.

El modelo de proceso concurrente define una serie de acontecimientos que dispararán transiciones de estado a estado para cada una de las actividades de la ingeniería del software. Por ejemplo, durante las primeras etapas del diseño, no se contempla una inconsistencia del modelo de análisis. Esto gene-

[8] Se debería destacar que el análisis y el diseño son tareas complejas que requieren un estudio sustancial. Las Partes Tercera y Cuarta del libro consideran estos temas con más detalle.

[9] Un estado es algún modo externamente observable del comportamiento.

FIGURA 2.11

Un elemento del modelo de proceso concurrente

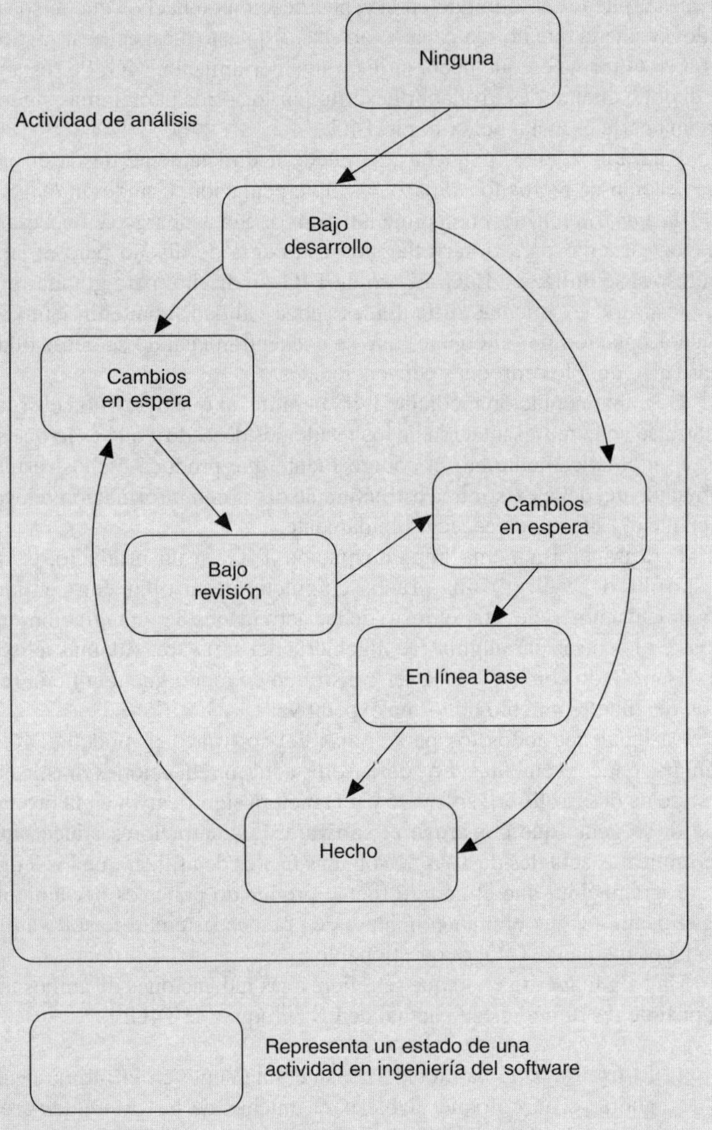

ra la corrección del modelo de análisis de sucesos, que disparará la actividad de análisis del estado **hecho** al estado **cambios en espera**.

El modelo de proceso concurrente se utiliza a menudo como el paradigma de desarrollo de aplicaciones cliente/servidor [10] (Capítulo 28). Un sistema cliente/servidor se compone de un conjunto de componentes funcionales. Cuando se aplica a cliente/servidor, el modelo de proceso concurrente define actividades en dos dimensiones [SHE94]: una *dimensión de sistemas* y una *dimensión de componentes*. Los aspectos del nivel de sistemas se afrontan mediante tres actividades: *diseño, ensamblaje* y *uso*. La dimensión de componentes se afronta con dos actividades: *diseño* y *realización*. La concurrencia se logra de dos formas: (1) las actividades de sistemas y de componentes ocurren simultáneamente y pueden modelarse con el enfoque orientado a objetos descrito anteriormente; (2) una aplicación cliente/servidor típica se implementa con muchos componentes, cada uno de los cuales se pueden diseñar y realizar concurrentemente.

En realidad, el modelo de proceso concurrente es aplicable a todo tipo de desarrollo de software y proporciona una imagen exacta del estado actual de un proyecto. En vez de confinar las actividades de ingeniería del software a una secuencia de sucesos, define una red de actividades. Todas las actividades de la red existen simultáneamente con otras. Los sucesos generados dentro de una actividad dada o en algún otro lugar en la red de actividad inicia las transiciones entre los estados de una actividad.

2.8. EL MODELO DE MÉTODOS FORMALES

El modelo de métodos formales acompaña a un conjunto de actividades que conducen a la especificación matemática del software de computadora. Los métodos formales permiten que un ingeniero del software especifique, desarrolle y verifique un sistema basado en computadora aplicando una notación rigurosa y matemática. Algunas organizaciones de desarrollo del software actualmente aplican una variación de este enfoque, llamado *ingeniería del software de sala limpia* [MIL87, DYE92].

Cuando se utilizan métodos formales (Capítulos 24 y 25) durante el desarrollo, proporcionan un mecanismo para eliminar muchos de los problemas que son difíciles de superar con paradigmas de la ingeniería del software. La ambigüedad, lo incompleto y la inconsistencia se descubren y se corrigen más fácilmente, no mediante un revisión a propósito para el caso, sino mediante la aplicación del análisis matemático. Cuando se utilizan métodos

[10] En aplicaciones cliente/servidor, la funcionalidad del software se divide entre clientes (normalmente PC) y un servidor (una computadora más potente) que generalmente mantiene una base de datos centralizada.

formales durante el diseño, sirven como base para la verificación de programas y por consiguiente permiten que el ingeniero del software descubra y corrija errores que no se pudieron detectar de otra manera.

Aunque todavía no hay un enfoque establecido, los modelos de métodos formales ofrecen la promesa de un software libre de defectos. Sin embargo, se ha hablado de una gran preocupación sobre su aplicabilidad en un entorno de gestión:

1. El desarrollo de modelos formales actualmente es bastante caro y lleva mucho tiempo.
2. Se requiere un estudio caro porque pocos responsables del desarrollado de software tienen los antecedentes necesarios para aplicar métodos formales.
3. Es difícil utilizar los modelos como un mecanismo de comunicación con clientes que no tienen muchos conocimientos técnicos.

No obstante, es posible que el enfoque a través de métodos formales tenga más partidarios entre los desarrolladores del software que deben construir software de mucha seguridad (p. ej.: los desarrolladores de aviónica y dispositivos médicos), y entre los desarrolladores que pasan grandes penurias económicas al aparecer errores de software.

2.9. TÉCNICAS DE CUARTA GENERACIÓN

El término «técnicas de cuarta generación» (T4G) abarca un amplio espectro de herramientas de software que tienen algo en común: todas facilitan al ingeniero del software, la especificación de algunas características del software de alto nivel. Luego, la herramienta genera automáticamente el código fuente basándose en la especificación del técnico. Cada vez parece más evidente que cuanto mayor sea el nivel en el que se especifique el software, más rápido se podrá construir el programa. El paradigma T4G para la ingeniería del software se orienta hacia la posibilidad de especificar el software usando formas de lenguaje especializado o notaciones gráficas que describan el problema que hay que resolver en términos que los entienda el cliente. Actualmente, un entorno para el desarrollo de software que soporte el paradigma T4G puede incluir todas o algunas de las siguientes herramientas: lenguajes no procedimentales de consulta a bases de datos, generación de informes, manejo de datos, interacción y definición de pantallas, generación de códigos, capacidades gráficas de alto nivel y capacidades de hoja de cálculo. Inicialmente, muchas de estas herramientas estaban disponibles, pero sólo para ámbitos de aplicación muy específicos, pero actualmente los entornos T4G se han extendido a todas las categorías de aplicaciones del software.

Al igual que otros paradigmas, T4G comienza con el paso de reunión de requisitos. Idealmente, el cliente describe los requisitos, que son, a continuación, traducidos directamente a un prototipo operativo. Sin embargo, en la práctica no se puede hacer eso. El cliente puede que no esté seguro de lo que necesita; puede ser ambiguo en la especificación de hechos que le son conocidos, y puede que no sea capaz o no esté dispuesto a especificar la información en la forma en que puede utilizar una herramienta T4G. Por esta razón, el diálogo cliente-desarrollador descrito por los otros paradigmas sigue siendo una parte esencial del enfoque T4G.

Para aplicaciones pequeñas, se puede ir directamente desde el paso de recolección de requisitos al paso de implementación, usando un *lenguaje de cuarta generación* no procedimental (L4G). Sin embargo, es necesario un mayor esfuerzo para desarrollar una estrategia de diseño para el sistema, incluso si se utiliza un L4G. El uso de T4G sin diseño (para grandes proyectos) causará las mismas dificultades (poca calidad, mantenimiento pobre, mala aceptación por el cliente) que se encuentran cuando se desarrolla software mediante los enfoques convencionales.

La implementación mediante L4G permite, al que desarrolla el software, centrarse en la representación de los resultados deseados, que es lo que se traduce automáticamente en un código fuente que produce dichos resultados. Obviamente, debe existir una estructura de datos con información relevante y a la que el L4G pueda acceder rápidamente.

Para transformar una implementación T4G en un producto, el que lo desarrolla debe dirigir una prueba completa, desarrollar con sentido una documentación y ejecutar el resto de las actividades de «integración» requeridas en los otros paradigmas de ingeniería del software. Además, el software desarrollado con T4G debe ser construido de modo que facilite la realización del mantenimiento de forma expeditiva.

Al igual que todos los paradigmas del software, el modelo T4G tiene ventajas e inconvenientes. Los defensores aducen reducciones drásticas en el tiempo de desarrollo del software y una mejora significativa en la productividad de la gente que construye el software. Los detractores aducen que las herramientas actuales de T4G no son más fáciles de utilizar que los lenguajes de programación, que el código fuente producido por tales herramientas es «ineficiente» y que el mantenimiento de grandes sistemas de software desarrollados mediante T4G, es cuestionable.

Hay algún mérito en lo que se refiere a las indicaciones de ambos lados y es posible resumir el estado actual de los enfoques de T4G:

1. El uso de T4G ha crecido considerablemente en la última década y ahora es un enfoque viable para muchas de las diferentes áreas de aplicación. Junto con las herramientas *de ingeniería de software asis-*

tida por computadora (computer-aided software engineering, CASE) y los generadores de código, T4G ofrece una solución fiable a muchos problemas del software.
2. Los datos recogidos en compañías que usan T4G parecen indicar que el tiempo requerido para producir software se reduce mucho para aplicaciones pequeñas y de tamaño medio, y que la cantidad de análisis y diseño para las aplicaciones pequeñas, también se reduce.
3. Sin embargo, el uso de T4G para grandes trabajos de desarrollo de software exige el mismo o más tiempo de análisis, diseño y prueba (actividades de ingeniería del software), perdiéndose así un tiempo sustancial que se ahorra mediante la eliminación de la codificación.

Resumiendo, las técnicas de cuarta generación ya se han convertido en una parte importante del desarrollo del software. Cuando se combinan con enfoques de ensamblaje de componentes (Sección 2.7.3), el paradigma T4G se puede convertir en el enfoque dominante hacia el desarrollo del software.

2.10. TECNOLOGÍA DE PROCESOS

Los modelos de procesos tratados en las secciones anteriores se deben adaptar para utilizarse por el equipo del proyecto del software. Para conseguirlo, se han desarrollado herramientas de *tecnología de procesos* para ayudar a las organizaciones de software a analizar los procesos actuales, organizar tareas de trabajo, controlar y supervisar el progreso y gestionar la calidad técnica [BAN95]. Las herramientas de tecnología de procesos permiten que una organización de software construya un modelo automatizado de la estructura común del proceso, conjuntos de tareas, y actividades de protección tratadas en la Sección 2.3. El modelo, presentado normalmente como una red, se puede analizar para determinar el flujo de trabajo típico y para examinar estructuras alternativas de procesos que pudieran llevar a un tiempo o coste de desarrollo reducidos.

Una vez que se ha creado un proceso aceptable, se pueden utilizar otras herramientas de tecnología de procesos para asignar, supervisar, e incluso controlar todas las tareas de ingeniería del software definidas como parte del modelo de proceso. Cada uno de los miembros de un equipo de proyecto de software pueden utilizar tales herramientas para desarrollar una lista de control de tareas de trabajo a realizarse, productos de trabajo a producirse, y actividades de garantía de calidad a conducirse. La herramienta de tecnología de proceso también se puede utilizar para coordinar el uso de otras herramientas de ingeniería del software asistida por computadora (Capítulo 29) adecuadas para una tarea de trabajo en particular.

2.11. PRODUCTO Y PROCESO

Si el proceso es débil, el producto final va a sufrir indudablemente. Aunque una dependencia obsesiva en el proceso también es peligrosa. En un breve ensayo, Margaret Davis [DAV95] comenta la dualidad producto y proceso:

> Cada cinco o diez años aproximadamente, la comunidad del software vuelve a definir «el problema» cambiando su enfoque de los aspectos de producto a los aspectos de proceso. Por consiguiente, se han abarcado lenguajes de programación estructurados (producto) seguidos por métodos de análisis estructurados (proceso) seguidos a su vez por encapsulación de datos (producto) y después por el énfasis actual en el Modelo de Capacidad de Madurez de Desarrollo del Software del Instituto de Ingeniería de Software (proceso).
>
> Mientras que la tendencia natural de un péndulo es parar en medio de dos extremos, el foco de la comunidad del software cambia constantemente porque se aplica una fuerza nueva cuando falla el último movimiento. Estos movimientos son perjudiciales por sí mismos y en sí mismos porque confunden al productor de software medio cambiando radicalmente lo que significa realizar el trabajo, que por sí mismo lo realiza bien. Los cambios tampoco resuelven «el problema», porque están condenados al fracaso siempre que el producto y el proceso se traten como si formasen una dicotomía en lugar de una dualidad.
>
> En la comunidad científica hay un precedente que se adelanta a las nociones de dualidad cuando contradicciones en observaciones no se pueden explicar completamente con una teoría competitiva u otra. La naturaleza dual de la luz, que parece ser una partícula y una onda al mismo tiempo, se ha aceptado desde los años veinte cuando Louis de Broglie lo propuso. Creo que las observaciones que se hacen sobre los mecanismos del software y su desarrollo demuestran una dualidad fundamental entre producto y proceso. Nunca se puede comprender el mecanismo completo, su contexto, uso, significado y valor si se observa sólo como un proceso o sólo como un producto...
>
> Toda actividad humana puede ser un proceso, pero cada uno de nosotros obtiene el sentido de autoestima ante esas actividades que producen una representación o ejemplo que más de una persona puede utilizar o apreciar, una u otra vez, o en algún otro contexto no tenido en cuenta. Es decir, los sentimientos de satisfacción se obtienen por volver a utilizar nuestros productos por nosotros mismos o por otros.
>
> Así pues, mientras que la asimilación rápida de los objetivos de reutilización en el desarrollo del software aumenta potencialmente la satisfacción que los desarrolladores obtienen de su trabajo, esto incrementa la urgencia de aceptar la dualidad producto y proceso. Pensar en un mecanismo reutilizable como el único producto o el único proceso, bien oscurece el contexto y la forma de utilizarlo, o bien el hecho de que cada utilización elabora el producto que a su vez se utilizará como entrada en alguna otra actividad de desarrollo del software. Elegir un método sobre otro reduce enormemente las oportunidades de reutilización y de aquí que se pierda la oportunidad de aumentar la satisfacción ante el trabajo.

Las personas obtienen tanta satisfacción (o más) del proceso creativo que del producto final. Un artista disfruta con las pinceladas de la misma forma que disfruta del resultado enmarcado. Un escritor disfruta con la búsqueda de la metáfora adecuada al igual que con el libro final. Un profesional creativo del software debería también obtener tanta satisfacción al programar como del producto final.

El trabajo de los profesionales del software cambiará en los próximos años. La dualidad de producto y proceso es un elemento importante para mantener ocupada a la gente creativa hasta que se finalice la transición de la programación a la ingeniería del software.

2.12. RESUMEN

La ingeniería del software es una disciplina que integra proceso, métodos y herramientas para el desarrollo del software de computadora. Se han propuesto varios paradigmas diferentes, cada uno exhibiendo ventajas e inconvenientes, pero todos tienen una serie de fases genéricas en común. En el resto de este libro se consideran los principios, conceptos, y métodos que permiten llevar a cabo el proceso que se llama ingeniería del software.

REFERENCIAS

[BAN95] BANDINELLI, S. *et al.*, «Modeling and Improving an Industrial Software Process», *IEEE Trans. Software Engineering*, vol. 21, n.° 5, mayo 1995, págs. 440-454.

[BOE88] BOEHM, B., «A Spiral Modelo for Software Development and Enhancement,» *Computer*, vol. 21, n.° 5, mayo 1988, págs. 61-72.

[BRA94] BRADAC, M., D. PERRY, y L. VOTTA, «Prototyping a Process Monitoring Experiment», *IEEE Trans. Software Engineering*, vol. 20, n.° 10, octubre 1994, págs.774-784.

[BRO75] BROOKS, F., *The Mythical Man-Month*, Addison-Wesley, 1975.

[BUT94] BUTLER, J., «Rapid Application Development in Action», *Managing System Development*, Applied Computer Research, vol. 14, n.° 5, mayo 1994, págs. 6-8.

[DAV94] DAVIS, A., y P. SITARAM, «A Concurrent Process Model for Software Development», *Software Engineering Notes*, ACM Press, vol. 19, n.° 2, abril 1994, págs. 38-51.

[DAV95] M. J., «Process and Product: Dichotomy or Duality», *Software Engineering Notes*, ACM, Press, vol. 20, n.° 2, abril 1995, págs. 17-18.

[DYE92] DYER, M., *The Cleanroom Approach to Quality Software Development*, Wiley, 1992.

[GIL88] GILB, T., *Principles of Software Engineering Management*, Addison-Wesley, 1988.

[HAN95] HANNA, M., «Farewell to Waterfalls», *Software Magazine*, mayo 1995, págs.38-46.

[HUM89] HUMPHREY, W., y M. KELLNER, «Software Process Modeling: Principles of Entity Process Models», *Proc. 11th Intl. Conf. On Software Engineering*, IEEE Computer Society Press, págs. 331-342.

[IEE93] IEEE *Standards Collection: Software Engineering*, IEEE Standard 610.12-1990, IEEE, 1993

[KEL89] KELLNER, M., *Software Process Modeling: Value and Experience*, SEI Technical Review-1989, SEI, Pittsburgh, PA, 1989

[KEL91] KELLNER, M., Software Process Model Support for Management Planning and Control», *Proc. 1st Intl. Conf. On the Software Process*, IEEE Computer Society Press, 1991, págs. 8-28.

[KER94] KERR, J., y R. HUNTER, *Inside RAD*, McGraw-Hill, 1994.

[MAR91] MARTIN, J., *Rapid Application Development*, Prentice-Hall, 1991.

[McDE93] McDERMID, J. y P. ROOK, «Software Development Process Models», en *Software Engineer's Reference Book*, CRC Press, 1993, págs. 15/26-15/28.

[MIL87] MILLS, H. D., M. DYER LINGER, «Cleanroom software Engineering», *IEEE Software*, septiembre 1987, págs. 19-25.

[NAU69] NAUR, P. y B. RANDALL (eds.) *Software Engineering: A Report on a Conference Sponsored by the NATO Science Committee*, NATO, 1969.

[NIE92] NIERSTRASZ, «Component-Oriented Software Development», *CACM*, vol. 35, n.° 9, septiembre, 1992, págs. 160-165.

[PAU93] PAULK, M. *et al.*, *Capability Maturity Model for Software*, Software Engineering Institute, Cargenie Mellon University, Pittsburgh, PA,1993.

[RAC95] RACCOON, L. B. S., «The Chaos Model and the Chaos Life Cycle», *ACM Software Engineering Notes*, vol. 20, n.° 1, enero, 1995, págs. 55-66.

[REI95] REILLY, J. P., «Does RAD Live Up to the Hype?», *IEEE Software*, septiembre, 1995, págs. 24-26.

[ROY70] ROYCE, W. W., «Managing the Development of Large Software Systems: Concepts and Techniques», *Proc. WESCON*, agosto, 1970.

[SHE94] SHELEG, W., «Concurrent Engineering: A New Paradigm for C/S Development», *Application Development Trends*, vol. 1, n.° 6, junio 1994, págs. 28-33.

[STR95] STRASSMAN, P., «The Roots of Business Process Reengineering», *American Programmer*, vol. 8, n.° 6, junio 1995, págs. 3-7.

[YOU94] YOURDON, E., «Software Reuse», *Application Development Strategies*, vol. VI, n.° 12, diciembre 1994, p. 1-6.

PROBLEMAS Y PUNTOS PARA CONSIDERAR

2.1. La Figura 2.1 sitúa las tres capas de ingeniería del software encima de la capa titulada «un foco de calidad». Esto implica un programa de calidad tal como *Gestión de Calidad Total*. Investigue y desarrolle un esquema de los principios clave de un programa de Gestión de Calidad Total.

2.2. ¿Hay algún caso en que no se apliquen fases genéricas del proceso de ingeniería del software ? Si es así, descríbalo.

2.3. El *Modelo Avanzado de Capacidad del SEI* es un documento en evolución. Investigue y determine si se han añadido algunas ACP nuevas desde la publicación de este libro.

2.4. El modelo del caos sugiere que un bucle de resolución de problemas se pueda aplicar en cualquier grado de resolución. Estudie la forma en que se aplicaría el bucle (1) para comprender los requisitos de un producto de tratamiento nuevo; (2) para desarrollar un componente de corrección ortográfica y gramática avanzado para el procesador de texto; (3) para generar el código para un modulo de programa que determine el sujeto, predicado y objeto de una oración en inglés.

2.5. ¿Qué paradigmas de ingeniería del software presentados en este capítulo piensa que sería el más eficaz? ¿Por qué?

2.6. Proporcione cinco ejemplos de proyectos de desarrollo del software que sean adecuados para construir prototipos. Nombre dos o tres aplicaciones que fueran más difíciles para construir prototipos.

2.7. El modelo DRA a menudo se une a herramienta CASE. Investigue la literatura y proporcione un resumen de una herramienta típica CASE que soporte DRA.

2.8. Proponga un proyecto específico de software que sea adecuado para el modelo incremental. Presente un escenario para aplicar el modelo al software.

2.9. A medida que vaya hacia afuera por el modelo en espiral, ¿qué puede decir del software que se está desarrollando o manteniendo?

2.10. Muchas personas creen que la única forma en la que se van a lograr mejoras de magnitud en la calidad del software y en su productividad es a través del esamblaje de componentes. Encuentre tres o cuatro artículos recientes sobre el asunto y resúmalos para la clase.

2.11. Describa el modelo de desarrollo concurrente.

2.12. Proporcione tres ejemplos de técnicas de cuarta generación.

2.13. ¿Qué es más importante: el producto o el proceso?

OTRAS LECTURAS Y FUENTES DE INFORMACIÓN

El estado actual del arte en la ingeniería del software se puede determinar mejor a partir de publicaciones mensuales tales como *IEEE Software*, *Computer* e *IEEE Transactions on Software Engineering*. Periódicos sobre la industria tales como *Application Development Trends* y *Software Development* a menudo contienen artículos sobre temas de ingeniería del software. La disciplina se resume cada año en *Proceedings of the International Conference on Software Engineering* (promocionado por el IEEE y ACM) y tratado en profundidad en periódicos como *ACM Transactions on Software Engineering and Methodology, ACM Software Engineering Notes* y *Annals of Software Engineering*.

Se han publicado muchos libros de ingeniería del software en los últimos años. Algunos presentan una visión general del proceso entero mientras que otros se dedican a unos pocos temas importantes para la exclusión de otros. Los siguientes son tres antologías que abarcan unos pocos temas importantes de ingeniería del software:

KEYES, J. (ed.), *Software Engineering Productivity Handbook*, McGraw-Hill, 1993.

MARCHINIAK, J. J. (ed.), *Encyclopedia of Software Engineering*, Wiley, 1994.

MCDERMID, J. (ed.), *Software Engineer's Reference Book*, CRC Press, 1993.

GAUTIER *(Distributed Engineering of Software*, Prentice-Hall, 1996) proporciona sugerencias y directrices para organizaciones que deban desarrollar software en lugares geográficamente distantes.

En la parte más brillante del libro de ROBERT GLASS (*Software Conflict*, Yourdon Press, 1991) se presentan ensayos controvertidos y divertidos sobre el software y el proceso de la ingeniería del software. PRESSMAN y HERRON (*Software Shock*, Dorset House, 1991) consideran el software y su impacto sobre particulares, empresas y el gobierno.

El *Software Engineering Institute* (SEI localizado en Carnegie-Mellon University) ha sido creado con la responsabilidad de promocionar series monográficas sobre la ingeniería del software. Los profesionales académicos, en industria y gobierno están contribuyendo con importantes trabajos. El *Software Productivity Consortium* produce publicaciones de ingeniería del software regularmente.

En la última década se ha publicado una gran variedad de estándares y procedimientos de ingeniería del software. El IEEE *Software Engineering*

Standards contiene muchos estándares diferentes que abarcan casi todos los aspectos importantes de la tecnología. Las directrices ISO 9000-3 proporcionan una guía para las organizaciones de software que requieren un registro en el estándar de calidad ISO 9001. Otros estándares de ingeniería del software se pueden obtener en el Departamento de Defensa, el FAA, y otras agencias del gobierno y sin ánimo de lucro. FAIRCLOUGH (*Software Engineering Guides*, Prentice-Hall, 1996) proporciona una referencia detallada de los estándares de ingeniería del software producidos por European Space Agency (ESA).

En Internet se dispone de una gran variedad de fuentes de información sobre la ingeniería del software y del proceso del software. Se puede obtener más información sobre la ingeniería del software de sociedades técnicas y organizaciones:

ACM	**http://www.acm.org**
European SPI Iniciative	**http://www.sea.uni-linz.ac.at/espiti/home.html**
IEEE	**http://www.computer.org**
NASA Software Engineering Lab	**http://fdd.gsfc.nasa.gov/seltxt.html**
Research Access Clearing House	**http://www.rai.com/Home Page.html**
Software Engineering Institute	**http://www.sei.cmu.edu/**
Software Engineering Lab, EPFL	**http://lglwww.epfl.ch/**
Software Engineering Web Sites	**http://wwwsel.iit.nrc.ca/favourites.html**
Software Productivity Center, Canada	**http://www.spc.ca/spc/**
Software Productivity Consortium	**http://software.software.org/vcoe/Home.html**

Una fuente útil de información sobre la ingeniería del software, incluido un boletín trimestral, se encuentra en:

http://www.tcse.org

El Software Engineering Research Center (SERC) tiene una serie de informes técnicos en curso que describen los resultados de investigación. Esto se pueden encontrar en:

http://www.cs.purdue.edu/tech-reports/serc-orders.html

Un compendio de preguntas frecuentemente realizadas (FAQ) que se ha puesto en el grupo de noticias **comp.software-eng** de Internet está disponible en:

http://www.qucis.queensu.ca/Software-Engineering/reading.html

Una lista actualizada de referencias World Wide Web que son importantes para el proceso de software se puede encontrar en: **http://www.rspa.com**

PARTE II

GESTIÓN DE PROYECTOS DE SOFTWARE

En esta parte de *Ingeniería del Software. Un enfoque Práctico*, estudiamos las técnicas de gestión necesarias para planificar, organizar, supervisar y controlar proyectos de software. En los capítulos que vienen a continuación se estudian las siguientes cuestiones:

- ¿Cómo se debe gestionar el personal, el proceso y el problema durante un proyecto de software?
- ¿Qué son las métricas de software y cómo pueden emplearse para gestionar el proceso de software y el proyecto llevado a cabo como parte del proceso?
- ¿Qué métricas ayudan al gestor (administrador) a evaluar la calidad de los productos fabricados y la efectividad del proceso que se aplica?
- ¿Cómo genera un equipo de software estimaciones fiables del esfuerzo, costes y duración del proyecto?
- ¿Cuándo debería construir una organización software de computadora, cuándo debería comprarlo y cuándo debería renovarlo?
- ¿Qué técnicas pueden emplearse para evaluar formalmente los riesgos que pueden tener impacto en el éxito del proyecto?
- ¿Cómo selecciona un gestor (administrador) de un proyecto de software el conjunto de tareas de trabajos de ingeniería de software adecuado para un proyecto en particular?
- ¿Cómo se crea la planificación temporal de un proyecto?
- ¿Qué es garantía de calidad del software y cómo se emplea como mecanismo de control del proyecto?
- ¿Por qué son tan importante las revisiones técnicas formales?
- ¿Cómo se gestionan los cambios durante el desarrollo de software de computadora y después de entregarlo al cliente?

Una vez que se haya dado respuesta a estas cuestiones, estará mejor preparado para gestionar proyectos de software de manera que entregue un producto de alta calidad puntualmente.

CAPÍTULO 3

CONCEPTOS SOBRE GESTIÓN DE PROYECTOS

En el prefacio de su libro sobre gestión de proyectos de software, Meiler Page-Jones [PAG85] dice una frase que pueden corroborar muchos asesores de ingeniería del software:

> He visitado docenas de empresas, buenas y malas, y he observado a muchos administradores de proceso de datos buenos y malos. Demasiado a menudo, he visto con horror cómo estos administradores luchaban inútilmente contra proyectos de pesadilla, sufriendo por fechas límite imposibles de cumplir, o que entregaban sistemas que decepcionaban a sus usuarios y que devoraban ingentes cantidades de horas de mantenimiento.

Lo que describe Page-Jones son síntomas que resultan de una serie de problemas técnicos y de gestión. Sin embargo, si se hiciera una autopsia de cada proyecto, es muy probable que se encontrara un denominador común constante: la gestión del proyecto fue pobre.

En este capítulo y en los seis que siguen consideraremos los conceptos clave que llevan a una gestión efectiva de proyectos de software. Este capítulo trata conceptos y principios básicos sobre gestión de proyectos de software. El Capítulo 4 presenta las métricas de procesos, la base para una toma de decisiones de gestión efectivas. Las técnicas que se emplean para estimar los costes y requisitos de recursos y poder establecer un plan efectivo del proyecto se estudian en el Capítulo 5. Las actividades de gestión que llevan a una correcta supervisión, reducción y gestión del riesgo se presentan en el Capítulo 6. El Capítulo 7 estudia las actividades necesarias para definir las tareas de un proyecto y establecer una programación del proyecto realista. Finalmente, los Capítulos 8 y 9 consideran técnicas para asegurar la calidad a medida que se dirige un proyecto y el control de los cambios a lo largo de la vida de una aplicación.

3.1. EL ESPECTRO DE LA GESTIÓN

La gestión eficaz de un proyecto de software se centra en las tres 'pes': *personal, problema* y *proceso*. El orden no es arbitrario. El gestor que se olvida de que el trabajo de ingeniería del software es un esfuerzo humano intenso nunca tendrá éxito en la gestión de proyectos. Un gestor que no fomenta una minuciosa comunicación con el cliente al principio de la evolución del proyecto se arriesga a construir una elegante solución para un problema equivocado. Finalmente, el administrador que presta poca atención al proceso corre el riesgo de arrojar métodos técnicos y herramientas eficaces al vacío.

3.1.1. Personal

La necesidad de contar con personal para el desarrollo del software altamente preparado y motivado se viene discutiendo desde los años 60 (p. ej.: [COU80, DeM87, WIT94]). De hecho, el «factor humano» es tan importante que el Instituto de Ingeniería del Software ha desarrollado un *Modelo de madurez de la capacidad de gestión de personal* (MMCGP) «para aumentar la preparación de organizaciones del software para llevar a cabo las cada vez más complicadas aplicaciones ayudando a atraer, aumentar, motivar, desplegar y retener el talento necesario para mejorar su capacidad de desarrollo de software» [CUR94].

El modelo de madurez de gestión de personal define las siguientes áreas prácticas clave para el personal que desarrolla software: reclutamiento, selección, gestión de rendimiento, entrenamiento, retribución, desarrollo de la carrera, diseño de la organización y del trabajo y desarrollo cultural y de espíritu de equipo. Las organizaciones que alcanzan una gran madurez en el área de gestión de personal tienen una mayor probabilidad de implementar unas eficaces prácticas de ingeniería del software.

El MMCGP es compañero del Modelo de Madurez de la Capacidad Software (Capítulo 2), que guía a las organizaciones en la creación de un proceso de software maduro. Más adelante en este capítulo se consideran aspectos asociados a la gestión de personal y estructuras para proyectos de software.

3.1.2. El problema

Antes de poder planificar un proyecto, se deberían establecer sus objetivos y su ámbito, se deberían considerar soluciones alternativas e identificar las dificultades técnicas y de gestión. Sin esta información, es imposible definir unas estimaciones razonables (y exactas) del costo, una valoración efectiva del riesgo, una subdivisión realista de las tareas del proyecto o una planificación del proyecto asequible que proporcione una indicación fiable del progreso.

El desarrollador de software y el cliente deben reunirse para definir los objetivos del proyecto y su ámbito. En muchos casos, esta actividad empieza como parte del proceso de ingeniería del sistema (Capítulo 10) y continúa como el primer paso en el análisis de los requisitos del software (Capítulo 11). Los objetivos identifican las metas generales del proyecto sin considerar cómo se conseguirán.

El ámbito identifica los datos primarios, funciones y comportamientos que caracterizan el problema, y más importante, intenta *abordar* estas características de una manera cuantitativa.

Una vez que se han entendido los objetivos y el ámbito del proyecto, se consideran las soluciones alternativas. Aunque se estudia con poco detalle, las alternativas permiten a los gestores y a los profesionales seleccionar el «mejor» enfoque, dadas las limitaciones impuestas por las fechas límite de entrega, restricciones del presupuesto, disponibilidad de personal, interfaces técnicas y otros muchos factores.

3.1.3. El proceso

Un proceso de software (Capítulo 2) proporciona la estructura desde la que se puede establecer un detallado plan para el desarrollo del software. Un pequeño número de *actividades estructurales* se pueden aplicar a todos los proyectos de software, sin tener en cuenta su tamaño o complejidad. Diferentes *conjuntos de tareas* —tareas, hitos, entregas y garantía de calidad— permiten a las actividades estructurales adaptarse a las características del proyecto de software y a los requisitos del equipo del proyecto. Finalmente, las actividades protectoras —tales como garantía de calidad del software, gestión de la configuración del software y medición— cubren el modelo de proceso. Las actividades protectoras son independientes de las estructurales y tienen lugar a lo largo del proceso.

3.2. PERSONAL

En un estudio publicado por el IEEE [CUR88] se les preguntó a los vicepresidentes ingenieros de tres grandes compañías tecnológicas sobre el factor más importante que contribuye al éxito de un proyecto de software. Respondieron de la siguiente manera:

VP 1: Supongo que si tuviera que elegir lo más importante de nuestro entorno de trabajo, diría que no son las herramientas que empleamos, es la gente.

VP 2: El ingrediente más importante que contribuyó al éxito de este proyecto fue tener gente lista...pocas cosas más importan en mi opinión...Lo más importante que se puede hacer por un proyecto es seleccionar el personal...El éxito de la organización de desarrollo del software está muy, muy asociado con la habilidad de reclutar buenos profesionales.

VP 3: La única regla que tengo en cuanto a la gestión es asegurarme que tengo buenos profesionales —gente realmente buena— de que preparo buena gente y de que proporciono el entorno en el que los buenos profesionales puedan producir.

Ciertamente, éste es un testimonio convincente sobre la importancia del personal en el proceso de ingeniería del software. Y, sin embargo, todos nosotros, desde los veteranos vicepresidentes al más modesto profesional del software, damos este aspecto por descontado. Los gestores argumentan (como el grupo anterior) que el personal es algo primario, pero los hechos desmienten a veces sus palabras.

En esta sección examinamos los participantes que colaboran en el proceso de software y la manera en que se organizan para realizar una ingeniería del software eficaz.

3.2.1. Los participantes

El proceso del software (y todos los proyectos de software) lo componen participantes que pueden clasificarse en una de cinco categorías:

1. *Gestores superiores*, que definen los aspectos de negocios que a menudo tienen una significativa influencia en el proyecto.
2. *Gestores (técnicos) del proyecto*, que deben planificar, motivar, organizar y controlar a los profesionales que realizan el trabajo de software.
3. *Profesionales*, que proporcionan las capacidades técnicas necesarias para la ingeniería de un producto o aplicación.
4. *Clientes*, que especifican los requisitos para la ingeniería del software.
5. *Usuarios finales*, que interaccionan con el software una vez que se ha entregado para la producción.

Todos los proyectos de software están compuestos por los participantes apuntados anteriormente. Para ser eficaz, el equipo del proyecto debe organizarse de manera que maximice las habilidades y capacidades de cada persona. Ése es el trabajo del jefe del equipo.

3.2.2. Los jefes de equipo

La gestión de un proyecto es una actividad intensamente humana, y por esta razón, los competentes profesionales del software a menudo no son buenos jefes de equipo. Simplemente no tienen la mezcla adecuada de capacidades para dirigir personas. Y sin embargo, como dice Edgemon: «Desafortunadamente y demasiado frecuentemente, hay individuos que terminan en la gestión de proyectos y se convierten en gestores de proyecto accidentales» [EDG95].

¿Qué es lo que buscamos cuando seleccionamos a alguien para dirigir un proyecto de software? En un excelente libro sobre gestión técnica, Jerry Weinberg [WEI86] intenta responder a esta pregunta sugiriendo el modelo de gestión MOI:

Motivación. La habilidad para motivar (con un «tira y afloja») al personal técnico para que produzca conforme a sus mejores capacidades.
Organización. La habilidad para moldear procesos existentes (o inventar unos nuevos) que permita al concepto inicial transformarse en un proyecto final.
Ideas o innovación. La habilidad para motivar al personal para crear y sentirse creativos incluso cuando deban de trabajar dentro de los límites establecidos para un producto o aplicación de software particular.

Weinberg sugiere que el éxito de los gestores de proyecto se basa en aplicar un estilo de gestión en la resolución de problemas. Es decir, un gestor de proyecto de software debería concentrarse en entender el problema que hay que resolver, gestionando el flujo de ideas y, al mismo tiempo, haciendo saber a todos los miembros del equipo (mediante palabras, y mucho más importante, con hechos) que la calidad es importante y que no debe verse comprometida.

Otro punto de vista [EDG95] de las características que definen a un gestor de proyecto eficiente resalta cuatro apartados clave:

Resolución del problema. Un gestor eficiente de un proyecto de software puede diagnosticar los aspectos técnicos y de organización más relevantes, estructurar una solución sistemáticamente o motivar apropiadamente a otros profesionales para que desarrollen la solución. También debe aplicar las lecciones aprendidas de anteriores proyectos a las nuevas situaciones y se mantiene lo suficientemente flexible para cambiar la gestión si los intentos iniciales de resolver el problema no dan resultado.
Dotes de gestión. Un buen gestor de proyecto debe tomar las riendas. Debe tener confianza para asumir el control cuando sea necesario y la garantía de que los buenos técnicos sigan sus instintos.
Incentivo de los logros. Para optimizar la productividad de un equipo de proyecto, un gestor debe recompensar la iniciativa y los logros, y demostrar a través de sus acciones que no se penalizará si se corren riesgos controlados.
Influencia y construcción de espíritu de equipo. Un gestor de proyecto eficiente debe ser capaz de «leer» a la gente; debe ser capaz de entender mensajes verbales y no verbales y reaccionar ante las necesidades de las personas que mandan esas señales. El gestor debe mantener el control en situaciones de gran estrés.

3.2.3. El equipo de software

Existen casi tantas estructuras de organización de personal para el desarrollo de software como organizaciones que se dedican a ello. Para bien o para mal, el organigrama no puede cambiarse fácilmente. Las consecuencias prácticas y políticas de un cambio de organización no están dentro del alcance de las responsabilidades del gestor de un proyecto de software. Sin embargo, la organización del personal directamente involucrado en un nuevo proyecto de software está dentro del ámbito del gestor del proyecto.

Las siguientes opciones pueden aplicarse a los recursos humanos de un proyecto que requiere n personas trabajando durante k años:

1. *N* individuos son asignados a *m* diferentes tareas funcionales, tiene lugar relativamente poco trabajo conjunto; la coordinación es responsabilidad del gestor del software que puede que tenga otros seis proyectos de los que preocuparse.
2. *N* individuos son asignados a *m* diferentes tareas funcionales ($m<N$) de manera que se establecen «equipos» informales; se puede nombrar un líder al efecto; la coordinación entre los equipos es responsabilidad de un gestor del software.
3. *N* individuos se organizan en *t* equipos; a cada equipo se le asignan una o más tareas funcionales; cada equipo tiene una estructura específica que se define para todos los equipos que trabajan en el proyecto; la coordinación es controlada por el equipo y por el gestor del proyecto de software.

Aunque es posible encontrar argumentos en pro y en contra para cada uno de los enfoques anteriores, existe una gran evidencia que indica que una organización de equipo formal (opción 3) es la más productiva.

La «mejor» estructura de equipo depende del estilo de gestión de una organización, el número de personas que compondrá el equipo, sus niveles de preparación y la dificultad general del problema. Mantei [MAN81] sugiere tres organigramas de equipo genéricos:

Descentralizado democrático (DD). Este equipo de ingeniería del software no tiene un jefe permanente. Más bien, «se nombran coordinadores de tareas a corto plazo y se sustituyen por otros para diferentes tareas». Las decisiones sobre problemas y los enfoques se hacen por consenso del grupo. La comunicación entre los miembros del equipo es horizontal.

Descentralizado controlado (DC). Este equipo de ingeniería del software tiene un jefe definido que coordina tareas específicas y jefes secundarios que tienen responsabilidades sobre subtareas. La resolución de problemas sigue siendo una actividad del grupo, pero la implementación de soluciones se reparte entre subgrupos por el jefe de equipo. La comunicación entre subgrupos e individuos es horizontal. También hay comunicación vertical a lo largo de la jerarquía de control.

Centralizado controlado (CC). El jefe del equipo se encarga de la resolución de problemas a alto nivel y la coordinación interna del equipo. La comunicación entre el jefe y los miembros del equipo es vertical.

Mantei describe también siete factores de un proyecto que deberían considerarse cuando se planifica el organigrama de equipos de ingeniería del software:

- la dificultad del problema que hay que resolver;
- el tamaño del programa resultante en líneas de código o puntos de función;
- el tiempo que el equipo estará junto (tiempo de vida del equipo);
- el grado en que el problema puede ser modularizado;
- la calidad requerida y fiabilidad del sistema que se va a construir;
- la rigidez de la fecha de entrega;
- el grado de comunicación requerido para el proyecto.

La Tabla 3.1 [MAN 81] resume el impacto de las características del proyecto en la organización del equipo. Debido a que una estructura centralizada realiza las tareas más rápidamente, es la más adecuada para manejar problemas sencillos. Los equipos descentralizados generan más y mejores soluciones que los individuales. Por tanto, estos equipos tienen más probabilidades de éxito en la resolución de problemas complejos. Como el equipo DC es

TABLA 3.1

El impacto de las características del proyecto en el organigrama del equipo [MAN81]

Tipo de equipo	DD	DC	CC
Dificultad			
Alta	x		
Pequeña		x	x
Tamaño			
Grande		x	x
Pequeño	x		
Duración del equipo			
Corto		x	x
Largo	x		
Modularidad			
Alta		x	x
Baja	x		
Fiabilidad			
Alta	x	x	
Baja			x
Fecha de entrega			
Estricta			x
Flexible	x	x	
Comunicación			
Alta	x		
Pequeña		x	x

centralizado para la resolución de problemas, tanto el organigrama de equipo DC o el de CC pueden aplicarse con éxito para problemas sencillos. La estructura DD es la mejor para problemas difíciles.

Como el rendimiento de un equipo es inversamente proporcional a la cantidad de comunicación que se debe entablar, los proyectos muy grandes son mejor dirigidos por equipos con estructura CC o DC, donde se pueden formar fácilmente subgrupos.

El tiempo que los miembros del equipo vayan a «vivir juntos» afecta a la moral del equipo. Se ha descubierto que los organigramas de equipo tipo DD producen una moral más alta y más satisfacción por el trabajo y son, por tanto, buenos para equipos de larga duración.

El organigrama de equipo DD se aplica mejor a problemas con modularidad relativamente baja debido a la gran cantidad de comunicación que se necesita. Los organigramas CC o DC funcionan bien cuando es posible una modularidad alta (y la gente puede hacer cada uno lo suyo).

Los equipos CC y DC producen menos defectos que los equipos DD, pero esto tiene mucho que ver con las actividades específicas de garantía de calidad que aplica el equipo. Los equipos descentralizados requieren generalmente más tiempo para completar un proyecto que un organigrama centralizado y al mismo tiempo son mejores cuando se precisa una gran cantidad de comunicación.

Constantine [CON93] sugiere cuatro «paradigmas de organización» para equipos de ingeniería del software:

1. Un *paradigma cerrado* estructura a un equipo con una jerarquía tradicional de autoridad (similar al equipo CC). Estos equipos trabajan bien cuando producen software similar a otros anteriores, pero probablemente sean menos innovadores cuando trabajen dentro de un paradigma cerrado.
2. El *paradigma aleatorio* estructura al equipo libremente y depende de la iniciativa individual de los miembros del equipo. Cuando se requiere innovación o avances tecnológicos, los equipos de paradigma aleatorio son excelentes. Pero estos equipos pueden chocar cuando se requiere un «rendimiento ordenado».
3. El *paradigma abierto* intenta estructurar a un equipo de manera que consiga algunos de los controles asociados con el paradigma cerrado, pero también mucha de la innovación que tiene lugar cuando se utiliza el paradigma aleatorio. El trabajo se desarrolla en colaboración, con mucha comunicación y toma de decisiones consensuadas. Los organigramas de equipo de paradigma abierto son adecuados para la resolución de problemas complejos, pero pueden no tener un rendimiento tan eficiente como otros equipos.
4. El *paradigma sincronizado* se basa en la compartimentación natural de un problema y organiza los miembros del equipo para trabajar en partes del problema con poca comunicación activa entre ellos.

Como una nota a pie de página histórica, los primeros organigramas de un equipo de software eran centralizados controlados (CC), originalmente denominados *equipo programador jefe*. Esta estructura fue propuesta por primera vez por Harlan Mills y descrita por Baker [BAK72]. El núcleo del equipo se compone del *ingeniero jefe* («El programador jefe»), quien planifica, coordina y revisa todas las actividades técnicas del equipo; el *personal técnico* (normalmente de dos a cinco personas), que llevan a cabo los análisis y actividades de desarrollo; y el *ingeniero de apoyo,* que ayuda al ingeniero jefe en sus actividades y puede sustituirle con una mínima perdida de continuidad del proyecto.

El programador jefe puede ser ayudado por uno o más especialistas (p. ej.: expertos en telecomunicaciones, diseñadores de bases de datos, equipo de soporte) y un *bibliotecario de software*. El bibliotecario colabora con muchos equipos y realiza las siguientes funciones: mantiene y controla todos los elementos de la configuración del software (p. ej.: documentación, listados de fuentes, datos, soportes magnéticos), ayuda a recopilar y formatear datos de la productividad del software, cataloga e indexa módulos de software reutilizables y ayuda a los equipos en la investigación, evaluación y preparación de documentos. La importancia de un bibliotecario no puede exagerarse. El bibliotecario actúa como un controlador, coordinador y, potencialmente, como evaluador de la configuración del software.

Cualquiera que sea la organización del equipo, el objetivo para todos los gestores de proyecto es colaborar a crear un equipo que presente cohesión. En su libro, *Peopleware*, DeMarco y Lister [DeM87] estudian este aspecto:

> Tendemos a usar la palabra *equipo* demasiado libremente en el mundo de los negocios, denominando «equipo» a cualquier grupo de gente asignado para trabajar junta. Pero muchos de estos grupos no parecen equipos. No tienen una definición común de éxito o un espíritu de equipo identificable. Lo que falta es un fenómeno que denominamos *cuajar*.
>
> Un equipo cuajado es un grupo de gente tejido tan fuertemente que el todo es mayor que la suma de las partes...
>
> Una vez que el equipo empieza a cuajar, la probabilidad de éxito empieza a subir. El equipo puede convertirse en imparable, un monstruo de éxito...No necesitan ser dirigidos de una manera tradicional y no necesitan que se les motive. Están en su gran *momento*.

DeMarco y Lister mantienen que los miembros de equipos cuajados son significativamente más productivos y están más motivados que la media. Comparten una meta común, una cultura común y en muchos casos, un «sentimiento elitista» que les hace únicos.

3.2.4. Aspectos sobre la coordinación y la comunicación

Hay muchos motivos por los que los proyectos de software pueden tener problemas. La *escala* (tamaño) de muchos esfuerzos de desarrollo es grande, conduciendo a complejidades, confusión y significativas dificultades para coordinar a los miembros del equipo. La *incertidumbre* es corriente, dando como resultado un continuo torrente de cambios que impactan al equipo del proyecto. La *interoperatividad* se ha convertido en una característica clave de muchos sistemas. El software nuevo debe comunicarse con el anterior y ajustarse a limitaciones predefinidas impuestas por el sistema o el producto.

Estas características del software moderno —escala, incertidumbre e interoperatividad— son aspectos de la vida. Para enfrentarse a ellos eficazmente, un equipo de ingeniería del software debe establecer métodos efectivos para coordinar a la gente que realiza el trabajo. Para lograr esto se deben establecer mecanismos de comunicación formales e informales entre los miembros del equipo y entre múltiples equipos. La comunicación formal se lleva a cabo «por escrito, con reuniones organizadas y otros canales de comunicación relativamente no interactivos e impersonales» [KRA95]. La comunicación informal es más personal. Los miembros de un equipo de ingeniería del software comparten ideas de por sí, piden ayuda a medida que surgen los problemas e interactúan los unos con los otros diariamente.

Kraul y Streeter [KRA95] examinan una colección de técnicas de coordinación de proyectos que se categorizan de la siguiente manera:

Formal, enfoque impersonal. Incluyen documentos de ingeniería del software y entregas (p. ej.: código fuente), memorandos técnicos, hitos del proyecto, planificaciones del programa y herramientas de control del proyecto (Capítulo 7), peticiones de cambios y documentación relativa (Capítulo 9), informes de seguimiento de errores e información almacenada (Capítulo 29).

Formal, procedimientos interpersonales. Se concentra en las actividades de garantía de calidad (Capítulo 8) aplicada a productos de ingeniería del software. Estos incluyen reuniones de revisión de estado e inspecciones de diseño y de código.

Informal, procedimientos interpersonales. Incluyen reuniones de grupo para la divulgación de información y resolución de problemas así como «definición de requisitos y del personal de desarrollo».

Comunicación electrónica. Agrupa correo electrónico, boletines de noticias electrónicos, páginas Web y, por extensión, sistemas de vídeo-conferencia.

Red interpersonal. Discusiones informales con personas que no están en el proyecto pero que pueden tener experiencia o una profunda visión que puede ayudar a los miembros del equipo.

Para valorar la eficacia de estas técnicas para la coordinación de proyectos, Kraul y Streeter estudiaron 65 proyectos de software con cientos de personas implicadas. La Figura 3.1 (adaptada de [KRA95]) expresa el valor y empleo de las técnicas de coordinación apuntadas anteriormente. En la figura el valor percibido (clasificado en una escala de siete puntos) de varias técnicas de comunicación y coordinación es contrastado con su frecuencia de empleo en proyectos. Las técnicas situadas por encima de la línea de regresión fueron «juzgadas como relativamente valiosas, dado la cantidad de veces

FIGURA 3.1

Valor y empleo de técnicas de coordinación y comunicación [KRA95]

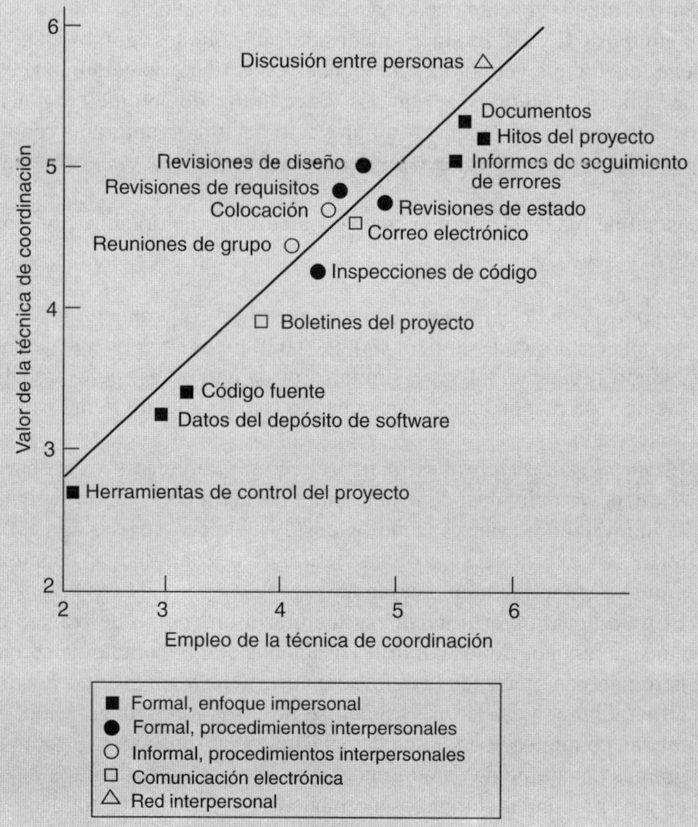

que se emplearon» [KRA95] . Las técnicas situadas por debajo de la línea se consideraron de menor valor. Es interesante resaltar que las redes interpersonales (discusión punto a punto) fueron catalogadas como las técnicas de mayor valor de coordinación y de comunicación. Es también importante hacer notar que los primeros mecanismos de garantía de calidad del software (requisitos y revisiones de diseño) parecieron tener más valor que evaluaciones posteriores de código fuente (inspecciones de código).

3.3. EL PROBLEMA

El gestor de un proyecto de software se enfrenta a un dilema al inicio de un proyecto de ingeniería del software. Se requieren estimaciones cuantitativas y un plan organizado, pero no se dispone de información sólida. Un análisis detallado de los requisitos del software proporcionaría la información necesaria para las estimaciones, pero el análisis a menudo lleva semanas o meses. Aún peor, los requisitos pueden ser fluidos, cambiando regularmente a medida que progresa el proyecto. Y, aún así, se necesita un plan «¡ya!».

Por tanto, debemos examinar el problema justo al inicio del proyecto. Por lo menos se debe establecer el ámbito del problema y delimitarlo.

3.3.1 Ámbito del software

La primera actividad de gestión de un proyecto de software es determinar el ámbito del software. El ámbito se define respondiendo a las siguientes cuestiones:

Contexto. ¿Cómo encaja el software a construir en un sistema, producto o contexto de negocios mayor y qué limitaciones se imponen como resultado del contexto?
Objetivos de información. ¿Qué objetos de datos visibles al cliente (Capítulo 11) se obtienen del software? ¿Qué objetos de datos son requeridos de entrada?
Función y rendimiento. ¿Qué función realiza el software para transformar la información de entrada en una salida? ¿Hay características de rendimiento especiales que abordar?

El ámbito de un proyecto de software debe ser unívoca y entendible a niveles de gestión y técnico. Los enunciados del ámbito del software deben estar delimitados.

Es decir, los datos cuantitativos (p. ej.: número de usuarios simultáneos, tamaño de la lista de correo, máximo tiempo de respuesta permitido) se establecen explícitamente; se anotan las limitaciones (p. ej.: el coste del producto limita el tamaño de la memoria) y se describen los factores de reducción de riesgos (p. ej.: los algoritmos deseados se entienden muy bien si están disponibles en C++).

3.3.2. Descomposición del problema

La descomposición del problema, denominado a veces *particionado*, es una actividad que se asienta en el corazón del análisis de requisitos del software (Capítulo 11). Durante la actividad de exposición del ámbito no se intenta descomponer el problema totalmente. Más bien, la descomposición se aplica en dos áreas principales: (1) la funcionalidad que debe entregarse y (2) el proceso que se empleará para entregarlo.

Los seres humanos tienden a aplicar la estrategia de divide y vencerás cuando se enfrentan a problemas complejos. Dicho de manera sencilla, un problema complejo se parte en problemas más pequeños que resultan más manejables. Ésta es la estrategia que se aplica al inicio de la planificación del proyecto.

Las funciones del software, descritas en la exposición del ámbito, se evalúan y refinan para proporcionar más detalle antes del comienzo de la estimación (Capítulo 5). Dado que ambos, el coste y las estimaciones de la planificación temporal, están orientados funcionalmente, un pequeño grado de descomposición suele ser útil.

Por ejemplo, considere un proyecto que construirá un nuevo procesador de textos. Entre las características peculiares del producto están la introducción de información a través de la voz así como del teclado; características extremadamente sofisticadas de «edición automática de copia»; capacidad de diseño de página; indexación automática y tabla de contenido; y otras. El gestor del proyecto debe establecer primero la exposición del ámbito que delimita estas características (así como otras funciones más normales, como edición, administración de archivos, generación de documentos). Por ejemplo, ¿requerirá la introducción de información mediante voz «entrenamiento» por parte del usuario? ¿Qué capacidades específicas proporcionará la característica de editar copias? ¿Exactamente cómo será de sofisticado la capacidad de diseño de página?

A medida que evoluciona la exposición del ámbito, un primer nivel de partición ocurre de forma natural. El equipo del proyecto sabe que el departamento de mercadotecnia ha hablado con clientes potenciales y ha averiguado que las siguientes funciones deberían ser parte de la edición automática de copia:

- Comprobación ortográfica.
- Comprobación gramatical.
- Comprobación de referencias para documentos grandes (p. ej.: ¿se puede encontrar una referencia a una entrada bibliográfica en la lista de entradas de la bibliografía?).
- Validación de referencias de sección y capítulo para documentos grandes.

Cada una de estas características representa una subfunción para implementar en software. Cada una puede ser aún más refinada si la descomposición hace más fácil la planificación.

3.4. EL PROCESO

Las fases genéricas que caracterizan el proceso de software —definición, desarrollo y mantenimiento— son aplicables a todo software. El problema es seleccionar el modelo de proceso apropiado para la ingeniería del software que debe aplicar el equipo del proyecto. En el Capítulo 2, se estudió una gran gama de paradigmas de ingeniería del software:

- El modelo secuencial lineal.
- El modelo de prototipo.
- El modelo RAD.
- El modelo incremental.
- El modelo en espiral.
- El modelo de ensamblaje de componentes.
- El modelo de métodos formales.
- El modelo de técnicas de cuarta generación.

El gestor del proyecto debe decidir qué modelo de proceso es el más adecuado para el proyecto, después debe definir un plan preliminar basado en un conjunto de actividades estructurales válidas para cualquier proyecto. Una vez establecido el plan preliminar, empieza la descomposición del proceso. Es decir, se debe crear un plan completo reflejando las tareas requeridas a las personas para cubrir las actividades estructurales. Exploramos estas actividades brevemente en las secciones que siguen y presentamos una visión más detallada en el Capítulo 7.

3.4.1. Maduración del problema y el proceso

La planificación de un proyecto empieza con la maduración del problema y del proceso. Todas las funciones que se deben tratar dentro de un proceso de ingeniería por el equipo de software deben pasar por el conjunto de actividades estructurales que se han definido para una organización de software. Asuma que la organización ha adoptado el siguiente conjunto de actividades estructurales (Capítulo 2):

- *Comunicación con el cliente:* tareas requeridas para establecer una comunicación eficiente entre el desarrollador y el cliente.
- *Planificación:* tareas requeridas para definir los recursos, la planificación temporal del proyecto y cualquier información relativa a él.
- *Análisis del riesgo:* tareas requeridas para valorar los riesgos técnicos y de gestión.
- *Ingeniería:* tareas requeridas para construir una o más representaciones de la aplicación.
- *Construcción y entrega:* tareas requeridas para construir, probar, instalar y proporcionar asistencia al usuario (p. ej.: documentación y entrenamiento).
- *Evaluación del cliente:* tareas requeridas para obtener información de la opinión del cliente basadas en la evaluación de las representaciones de software creadas durante la fase de ingeniería e implementadas durante la fase de instalación.

Los miembros del equipo que trabajan en cada función aplicarán todas las actividades estructurales. En esencia, se crea una matriz similar a la que se muestra en la Figura 3.2. Cada función principal del problema (la figura contiene las funciones para el software procesador de textos comentado anteriormente) se lista en la columna de la izquierda. Las actividades estructurales se listan en la fila de arriba. Las tareas de trabajo de ingeniería del software (para cada actividad estructural) se introducirían en la fila siguiente[1]. El trabajo del gestor del proyecto (y de otros miembros del equipo) es estimar los requisitos de recursos para cada celda de la matriz, poner fechas de inicio y finalización para las tareas asociadas con cada celda y los productos a fabricar como consecuencia de cada celda. Estos aspectos se consideran en los Capítulos 5 y 7.

[1] Debe hacerse notar que las tareas se deben adaptar a las necesidades específicas de un proyecto. Las actividades estructurales siempre permanecen igual, pero las tareas se seleccionarán basándose en unos criterios de adaptación. Para obtener un estudio en detalle, véase el Capítulo 7.

FIGURA 3.2

Maduración del problema y del proceso

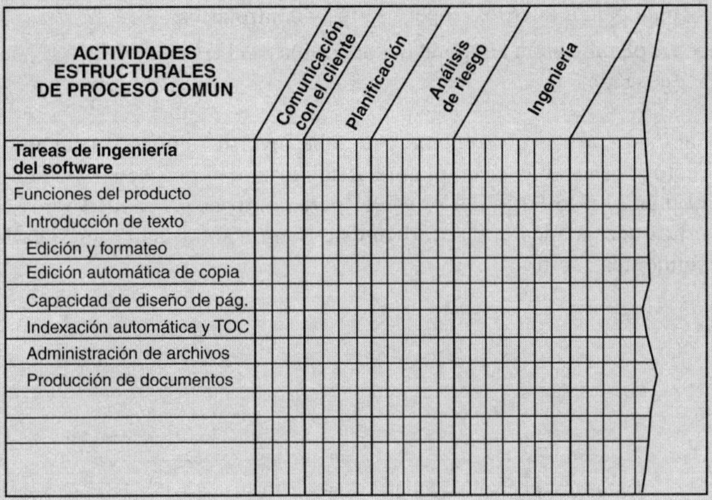

3.4.2. Descomposición del proceso

Un equipo de software debería tener un grado significativo de flexibilidad en la elección del paradigma de ingeniería del software que resulte mejor para el proyecto y de las tareas de ingeniería del software que conforman el modelo de proceso una vez elegido. Un proyecto relativamente pequeño similar a otros que se hayan hecho anteriormente se debería realizar con el enfoque secuencial lineal. Si hay límites de tiempo muy severos y el problema se puede compartimentar mucho, el modelo apropiado es el DRA (en inglés RAD). Si la fecha límite está tan próxima que no va a ser posible entregar toda la funcionalidad, una estrategia incremental puede ser lo mejor. Similarmente, proyectos con otras características (p. ej.: requisitos inciertos, nuevas tecnologías, clientes difíciles, potencialidad de reutilización) llevarán a la selección de otros modelos de proceso[2].

[2] Recuerde que las características del proyecto tienen también una fuerte influencia en la estructura del equipo que va a realizar el trabajo. Vea la Sección 3.2.3.

Una vez que se ha elegido el modelo de proceso, la estructura común de proceso (ECP) se adapta a él. En todos los casos, el ECP estudiado anteriormente en este capítulo —comunicación con el cliente, planificación, análisis de riesgo, ingeniería, construcción, entrega y evaluación del cliente— puede adaptarse al paradigma. Funcionará para modelos lineales, para modelos iterativos e incrementales, para modelos de evolución e incluso para modelos concurrentes o de ensamblaje de componentes. El ECP es invariable y sirve como base para todo el trabajo de software realizado por una organización.

Pero las tareas de trabajo reales sí varían. La descomposición del proceso comienza cuando el gestor del proyecto pregunta: «¿Cómo vamos a realizar esta actividad ECP?». Por ejemplo, un pequeño proyecto, relativamente simple, requiere las siguientes tareas para la actividad de *comunicación con el cliente*:

1. Desarrollar una lista de aspectos que se han de clarificar.
2. Reunirse con el cliente para resolver los aspectos que se han de clarificar.
3. Desarrollar conjuntamente una exposición del ámbito del proyecto.
4. Revisar el alcance del proyecto con todos los implicados.
5. Modificar el alcance del proyecto cuando se requiera.

Estos acontecimientos pueden ocurrir en un periodo de menos de 48 horas. Representan una descomposición del problema apropiado para proyectos pequeños relativamente sencillos.

Ahora, consideremos un proyecto más complejo que tenga un ámbito más amplio y un mayor impacto comercial. Un proyecto como ése podría requerir las siguientes tareas para la actividad de *comunicación con el cliente*:

1. Revisar la petición del cliente.
2. Planificar y programar una reunión formal con el cliente.
3. Realizar una investigación para definir soluciones propuestas y enfoques existentes.
4. Preparar un «documento de trabajo» y una agenda para la reunión formal.
5. Realizar la reunión.
6. Desarrollar conjuntamente mini-especificaciones que reflejen la información, función y características de comportamiento del software.
7. Revisar todas las mini-especificaciones para comprobar su corrección, su consistencia y sus ambigüedades.
8. Ensamblar las mini-especificaciones en un documento de alcance del proyecto.
9. Revisar ese documento general con todo lo que pueda afectar.
10. Modificar el documento de alcance del proyecto cuando se requiera.

Ambos proyectos realizan la actividad estructural que denominamos comunicación con el cliente, pero el equipo del primer proyecto lleva a cabo la mitad de tareas de ingeniería del software que el segundo.

3.5. EL PROYECTO

Los veteranos profesionales de la industria a menudo se refieren a la *regla 90-90* cuando estudian proyectos de software particularmente difíciles: *El primer 90 por ciento de un sistema absorbe el 90 por ciento del esfuerzo y tiempo invertido.*

El último 10 por ciento se lleva el otro 90 por ciento del esfuerzo y del tiempo asignado [ZAH94]. Esta frase nos dice mucho del estado de un proyecto con problemas:

- La manera en que se valora el progreso es defectuosa. (Obviamente, si la regla 90-90 es cierta, el 90 por ciento completado no es un indicador muy fiable.)
- No hay manera de calibrar el progreso porque no están disponibles las métricas cuantitativas.
- El plan del proyecto no ha sido diseñado para acomodar recursos requeridos al final del proyecto.
- Los riesgos no se han considerado explícitamente, y no se ha creado un plan para reducirlos, supervisarlos y controlarlos.
- La planificación temporal del programa es (1) poco realista o (2) defectuosa.

Para superar estos problemas, se debe invertir tiempo al principio del proyecto para establecer un plan realista durante el proyecto para supervisar el plan, y a lo largo del proyecto para controlar la calidad y los cambios. Las actividades que absorben este tiempo son tratadas en detalle en los siguientes capítulos.

3.6. RESUMEN

La gestión de proyectos de software es una actividad protectora dentro de la ingeniería del software. Empieza antes de iniciar cualquier actividad técnica y continúa a lo largo de la definición, el desarrollo y el mantenimiento del software.

Hay tres 'pes' que tienen una influencia sustancial en la gestión de proyectos de software: personal, problema y proceso. El personal debe organizarse en equipos eficaces, motivados para hacer un software de alta calidad y coordinados para alcanzar una comunicación efectiva. El problema debe comunicarlo el cliente al desarrollador, dividirse (descomponerse) en las partes que lo constituyen y distribuirse para que trabaje el equipo de software. El proceso debe adaptarse al personal y al problema. Se selecciona una estructura común de proceso, se aplica un paradigma de ingeniería del software apropiado y se elige un conjunto de tareas para completar el trabajo.

El elemento fundamental en todos los proyectos de software es el personal. Los ingenieros del software pueden organizarse en diferentes organigramas de equipo que van desde las tradicionales de control jerárquico a los equipos de «paradigma abierto». Se puede aplicar varias técnicas de coordinación y comunicación para apoyar el trabajo del equipo. En general, las revisiones formales y las comunicaciones informales persona a persona son las más valiosas para los profesionales.

La actividad de gestión del proyecto comprende medición y métricas, estimación, análisis de riesgos, planificación del programa, seguimiento y control. Cada uno de estos aspectos se trata en los siguientes capítulos.

REFERENCIAS

[BAK72] BAKER, F.T., «Chief Programmer Team Management of Production Programming», *IBM systems Journal*, vol. 11, n.° 1, 1972, págs. 56-73.

[CON93] CONSTANTINE, L., «Work organization: Paradigms for Project Management and Organization», *CACM*, vol. 36, n.° 10, octubre 1993, págs. 34-43.

[COU 80] COUGAR, J. y R. ZAWACKY, *Managing and Motivating Computer Personnel*, Wiley, 1980.

[CUR88] CURTIS, B. *et al*, «A Field Study of the Software Design Process for Large Systems», *IEEE Trans. Software Engineering*, vol. 31, n.° 11, noviembre de 1988, págs. 1268-1287.

[CUR94] CURTIS, B. *et al*, *People Management Capability Maturity Model*, Software Engineering Institute, Pittsburgh, PA, 1994.

[DeM87] DEMARCO, T. y T. LISTER, *Peopleware*, Pittsburgh, PA, 1994.

[EDG95] EDGEMON, J., «Right Stuff: How to Recognize It When Selecting a Project Manager», *Application Development Trends*, vol. 2, n.° 5, mayo 1995, págs. 37-42.
[KRA95] KRAUL, R., y L. STREETER, «Coordination in Software Development», *CACM*, vol. 38, n.° 3, marzo 1995, págs. 69-81.
[MAN81] MANTEI, M., «The Effect of Programming Team Structures on Programming Tasks», *CACM*, vol. 24, n.° 3, marzo 1981, págs. 106-113.
[PAG85] PAGE-JONES, M., *Practical Project management*, Dorset House, 1985.
[WEI86] WEINBERG, G., *On Becoming a Technical Leader*, Dorset House, 1986.
[WIT94] WHITAKER, K., *Managing Software Maniacs*, Wiley, 1994.
[ZAH94] ZAHNISER, R., «Timeboxing for Top Team Performance», *Software Development*, marzo 1994, págs. 35-38.

PROBLEMAS Y PUNTOS PARA CONSIDERAR

3.1. Basándose en la información contenida en este capítulo y en su propia experiencia, desarrolle unos "diez mandamientos" para potenciar a los ingenieros del software. Es decir, haga una lista con las diez líneas maestras que lleven al personal que construye software a su máximo potencial.

3.2. *El Modelo de madurez de capacidad de gestión de personal* (MMCGP) del Instituto de Ingeniería del Software hace un estudio organizado de las «Áreas de práctica claves (KPA)» que cultivan los buenos profesionales del software. Su profesor le asignará una KPA para analizar y resumir.

3.3. Describa tres situaciones reales de la vida en las que el cliente y el usuario final son el mismo. Describa tres situaciones en que son diferentes.

3.4. Las decisiones tomadas por una gestión experimentada pueden tener un impacto significativo en la eficacia de un equipo de ingeniería del software. Proporcione cinco ejemplos para ilustrar que es cierto.

3.5. Repase el libro de Weinberg [WEI86] y escriba un resumen de dos o tres páginas de los aspectos que deberían tenerse en cuenta al aplicar el modelo MOI.

3.6. Se le ha nombrado gestor de proyecto dentro de una organización de sistemas de información. Su trabajo es construir una aplicación que es bastante similar a otras que ha construido su equipo, aunque ésta es mayor y más compleja. Los requisitos han sido detalladamente documentados por el cliente. ¿Qué estructura de equipo elegiría y por qué? ¿Qué modelos de proceso de software elegiría y por qué?

3.7. Se le ha nombrado gestor de proyecto de una pequeña compañía de productos software. Su trabajo consiste en construir un producto innovador que combine hardware de realidad virtual con software innovador. Como la competitividad por el mercado de entretenimiento casero es intensa, hay cierta presión para terminar el trabajo rápidamente. ¿Qué estructura de equipo elegiría y por qué? ¿Qué modelos de proceso de software elegiría y por qué?

3.8. Se le ha nombrado gestor de proyecto de una gran compañía de productos software. Su trabajo consiste en dirigir la versión de la siguiente generación de su famoso procesador de textos. Como la competitividad es intensa, se han establecido y anunciado fechas límite rígidas. ¿Qué estructura de equipo elegiría y por qué? ¿Qué modelos de proceso de software elegiría y por qué?

3.9. Se le ha nombrado gestor de proyecto de software de una compañía que trabaja en el mundo de la ingeniería genética. Su trabajo es dirigir el desarrollo de un nuevo producto de software que acelere el ritmo de impresión de genes. El trabajo es orientado a I+D, pero la meta es fabricar el producto dentro del siguiente año. ¿Qué estructura de equipo elegiría y por qué? ¿Qué modelos de proceso de software elegiría y por qué?

3.10. Basándose en los resultados del estudio a que se refiere la Figura 3.1, los documentos parecen tener más uso que valor. ¿Por qué cree que pasó esto y qué se puede hacer para mover el punto «documentos» por encima de la línea de regresión en el gráfico? Es decir, ¿qué se puede hacer para mejorar el valor percibido de los documentos?

3.11. Se le ha pedido que desarrolle una pequeña aplicación que analice todos los cursos ofrecidos por la universidad e informe de las notas medias obtenidas en los cursos (para un periodo determinado). Escriba una exposición del alcance que abarque este problema.

3.12. Haga una descomposición funcional de primer nivel de la función diseño de página tratado brevemente en la sección 3.3.2.

OTRAS LECTURAS Y FUENTES DE INFORMACIÓN

Una excelente serie de tres volúmenes escrito por WEINBERG (*Quality Software Management*, Dorset House, 1992, 1993, 1994) introduce los conceptos básicos sobre sistemas y conceptos de gestión, explica cómo usar mediciones eficazmente y menciona la «acción congruente», la habilidad de «encajar» las necesidades del gestor, del personal técnico y las del negocio. Proporciona información útil tanto a los gestores noveles como a los experimentados. BROOKS (*The Mythical Man-Month*, Aniversary Edition, Addison-Wesley, 1995) ha actualizado su clásico libro para proporcionar una nueva visión profunda de los aspectos del proyecto de software y de su gestión. PURBA y SHAH (*How to Manage a Successful Software Project*, Wiley, 1995) presentan un número de estudios de casos de proyectos que indican por qué unos fracasaron y otros fueron un éxito. BENNATAN (*Software Project Management in a Client/Server Environment*, Wiley, 1995) estudia aspectos específicos de gestión asociados con el desarrollo de sistemas cliente/servidor.

Otro excelente libro de WEINBERG [WEI86] es lectura obligada para todo gestor de proyecto y jefe de equipo. Le dará una visión interna y directrices para realizar su trabajo más eficazmente. HOUSE (*The Human Side of Project Management*, Addison-Wesley, 1988) y CROSSBY (*Running Things: The art of Making Things Happen*, McGraw-Hill, 1989) proporcionan directrices prácticas para gestores que deban tratar con problemas humanos y técnicos.

Los libros de DEMARCO y LISTER [DeM87] y WEINBERG (*Understanding the Professional Programmer*, Dorset House, 1988) proporciona una útil visión profunda del personal de software y la manera en que se le debe tratar.

WYSOCKI *et al.* presentan una directriz pragmática sobre gestión de proyectos (*Effective Project Management*, Wiley, 1996), METZGER y BODDIE (*Managing a Programming Project: Processes and People*, tercera edición, Prentice-Hall, 1995), y O'CONNELL (*How To Run Successful Projects*, Prentice-Hall, 1995). MCCARTHY (*Dynamics of Software Development*, Microsoft Press, 1995) ha escrito un divertido y profundo libro sobre normas para conseguir «buen software» ajustándose a la planificación del proyecto.

Se puede encontrar un excelente recurso de gestión de proyectos, con información útil y numerosas referencias a libros, herramientas y entrenamiento en:

http://www.cis.ohio-state.edu/hypertext/faq/usenet/projplanfaq/faq.html

Proyecto 2000 (PS 2000) es una investigación y un programa de desarrollo europeo sobre gestión de proyectos. Se puede encontrar una gran variedad de información útil y referencias en:

http://www.ntnu.no/ps2000/welcome.html

La página Web del Project Management Institute contiene información útil sobre programas de educación de gestión de proyectos, publicaciones, grupos de intereses especiales y herramientas:

http://www.pmi.org/

Se puede encontrar una lista actualizada de referencias en la World Wide Web sobre gestión de proyectos de software en **http://www.rspa.com**

CAPÍTULO 4

EL PROCESO DE SOFTWARE Y MÉTRICAS DEL PROYECTO

La medición es fundamental para cualquier disciplina de ingeniería, y la ingeniería del software no es una excepción. Lord Kelvin, en una ocasión, dijo:

> Cuando pueda medir lo que está diciendo y expresarlo con números, ya conoce algo sobre ello; cuando no pueda medir, cuando no pueda expresar lo que dice con números, su conocimiento es precario y deficiente: puede ser el comienzo del conocimiento, pero en tus pensamientos apenas estás avanzando hacia el escenario de la ciencia.

En la última década, la comunidad de la ingeniería del software ha comenzado finalmente a tomar en serio las palabras de Lord Kelvin. Pero no sin frustraciones y sí con gran controversia.

Las *métricas del software* se refieren a un amplio elenco de medidas para el software de computadora. La medición se puede aplicar al proceso del software con el intento de mejorarlo sobre una base continua. Se puede utilizar en el proyecto del software para ayudar en la estimación, el control de calidad, la evaluación de productividad y el control de proyectos. Finalmente, el ingeniero del software puede utilizar la medición para ayudar a evaluar la calidad de productos de trabajos técnicos y para ayudar en la toma de decisiones táctica a medida que el proyecto evoluciona.

Dentro del contexto de la gestión de proyectos del software, en primer lugar existe una gran preocupación por las métricas de productividad y de calidad: medidas «de salida» (finalización) del desarrollo del software, basadas en el esfuerzo y tiempo empleados, y medidas de la «utilidad» del producto obtenido. Para los propósitos de planificación y de estimación, el interés es histórico. ¿Cuál era la productividad de desarrollo del software en los últimos proyectos? ¿Cuál era la calidad del software que se producía? ¿Cómo se pueden extrapolar al presente datos de calidad y de productividad? ¿Cómo puede ayudarnos el pasado a planificar y a estimar más exactamente?

En este capítulo se tienen en cuenta las métricas del software que se utilizan a nivel de proceso y de proyecto. En capítulos posteriores, presentamos las métricas que los ingenieros del software aplican en parámetros técnicos.

4.1. MEDIDAS, MÉTRICAS E INDICADORES

Aunque los términos «medida», «medición» y «métricas» se utilizan a menudo indistintamente, es importante destacar las diferencias sutiles entre ellos. Como los términos «medida» y «medición» se pueden utilizar como un nombre o como un verbo, las definiciones de estos términos se pueden confundir. Dentro del contexto de la ingeniería del software, una *medida* proporciona una indicación cuantitativa de extensión, cantidad, dimensiones, capacidad y tamaño de algunos atributos de un proceso o producto. La medición es el acto de determinar una medida. El *IEEE Standard Glossary of Software Engineering Terms* [IEEE93] define *métrica* como «una medida cuantitativa del grado en que un sistema, componente o proceso posee un atributo dado».

Cuando, simplemente, se ha recopilado un solo aspecto de los datos (p. ej.: el número de errores sin abarcar en una revisión de un módulo), se ha establecido una medida. La medición aparece como resultado de la recopilación de uno o varios aspectos de los datos (p. ej.: se investiga un número de revisiones de módulos para recopilar medidas del número de errores encontrados durante cada revisión). Una métrica del software relata de alguna forma las medidas individuales sobre algún aspecto (p. ej.: el número medio de errores encontrados por revisión o el número medio de errores encontrados por persona y hora en revisiones[1]).

Un ingeniero del software recopila medidas y desarrolla métricas para obtener indicadores. Un *indicador* es una métrica o una combinación de métricas que proporcionan una visión profunda del proceso del software, del proyecto de software, o del producto en sí [RAG95]. Un indicador proporciona una visión profunda que permite al gestor de proyectos o a los ingenieros del software ajustar el proceso, el proyecto, o el producto para que las cosas salgan mejor.

Por ejemplo, cuatro equipos de software están trabajando en un proyecto grande de software. Cada equipo debe conducir revisiones del diseño, pero puede seleccionar el tipo de revisión que realice. Sobre el examen de la métrica, *errores encontrados por persona y hora consumidas*, al gestor del proyecto se le notifica que dos equipos que utilizan métodos de revisión más formales exhiben *errores encontrados por persona y hora consumidas* y en un 40 por ciento mayor que otros equipos. Suponiendo que todos los parámetros son iguales, esto proporciona al gestor del proyecto un indicador en el que los métodos de revisión más formales pueden proporcionar un ahorro mayor en inversión de tiempo que otras revisiones. Esto puede sugerir que todos los equipos utilicen el enfoque más formal. La metrica proporciona al gestor una visión más profunda. Y además le llevará a una toma de decisiones más fundamentada.

4.2. MÉTRICAS EN EL PROCESO Y DOMINIOS DEL PROYECTO

La medición es algo común en el mundo de la ingeniería. Se mide el consumo de energía, el peso, las dimensiones físicas, la temperatura. El voltaje, la relación señal-ruido... la lista es casi interminable. Por desgracia, la medición es mucho menos común en el mundo de la ingeniería del software. Existen problemas al ponerse de acuerdo en qué medir y las métricas de evaluación de problemas recopilados.

Se deberían recopilar métricas para que los indicadores del proceso y del producto puedan ser ciertos. Los *indicadores de proceso* permiten a una organización de ingeniería del software tener una visión profunda de la eficacia de un proceso ya existente (p. ej.: el paradigma, las tareas de ingeniería del software, los productos del trabajo e hitos). También permiten que los gestores evalúen lo que funciona y lo que no. Las métricas del proceso se recopilan de todos los proyectos y durante un largo período de tiempo. Su intento es proporcionar indicadores que lleven a mejoras de los procesos de software a largo plazo.

Los *indicadores de proyecto* permiten al gestor de proyectos del software (1) evaluar el estado del proyecto en curso; (2) seguir la pista de los riesgos potenciales; (3) detectar las áreas de problemas antes de que se conviertan en «críticas»; (4) ajustar el flujo y las tareas del trabajo; y (5) evaluar la habilidad del equipo del proyecto en controlar la calidad de los productos de trabajo de la ingeniería del software.

En algunos casos, se pueden utilizar las mismas métricas del software para determinar tanto el proyecto como los indicadores del proceso. En realidad, las medidas que recopilan un equipo de proyecto y las convierten en métricas para utilizarse durante un proyecto también pueden transmitirse a los que tienen la responsabilidad de mejorar el proceso del software. Por esta razón, se utilizan muchas de las mismas métricas tanto en el dominio del proceso como en el del proyecto.

4.2.1. Métricas del proceso y mejoras en el proceso del software

La única forma racional de mejorar cualquier proceso es medir atributos del proceso, desarrollar un juego de métricas significativas según estos atributos y entonces utilizar las métricas para proporcionar indicadores que conducirán a una estrategia de mejora. Pero antes de estudiar las métricas del software y su impacto en la mejora de los procesos del software es importante destacar que el proceso es el único factor de «los controlables al mejorar la calidad del software y su rendimiento como organización» [PAU94].

En la Figura 4.1, el proceso se sitúa en el centro de un triángulo que conecta tres factores con una profunda influencia en la calidad del software y en el rendimiento como organización. La destreza y la motivación ha mostrado ser el único factor realmente influyente en calidad y en rendimiento. La complejidad del producto puede tener un impacto sustancial sobre la calidad y el rendimiento del equipo. La tecnología (p. ej.: métodos de la ingeniería del software) que puebla el proceso también tiene su impacto. Además, el triángulo de proceso existe dentro de un círculo de condiciones de entornos que incluyen entornos de desarrollo (p. ej.: herramientas CASE), condiciones de gestión (p. ej.: fechas, tope, reglas de empresa), y características del cliente (p. ej.: facilidad de comunicación).

La eficacia de un proceso de software se mide indirectamente. Esto es, se extrae un juego de métricas según los resultados que provienen del proceso. Entre los resultados se incluyen medidas de errores detectados antes de la

[1] Esto supone que se recopila otra medida, persona y horas gastadas, en cada revisión.

FIGURA 4.1

Determinantes de la calidad del software y de la efectividad de organización (adaptado según [PAU94])

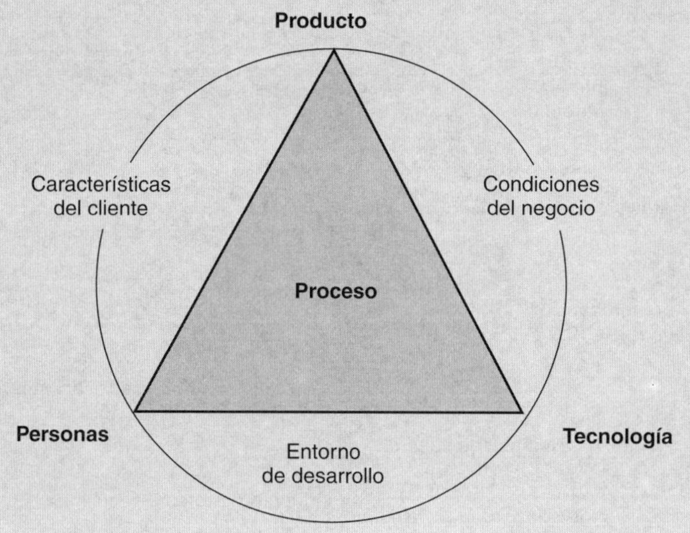

entrega del software, defectos detectados e informados por los usuarios finales, productos de trabajo entregados, esfuerzo humano y tiempo consumido, ajuste con la planificación y otras medidas. Las métricas de proceso también se extraen midiendo las características de tareas específicas de la ingeniería del software. Por ejeemplo, se podría medir el tiempo y el esfuerzo de llevar a cabo las actividades de protección y las actividades genéricas de ingeniería del software del Capítulo 2.

Grady [GRA92] argumenta que exiten usos «privados y públicos» para diferentes tipos de datos de proceso. Como es natural que los ingenieros del software pudieran sentirse sensibles ante la utilización de métricas recopiladas sobre una base particular, estos datos deberían ser *privados* para el individuo y servir sólo como un indicador de ese individuo. Entre los ejemplos de métricas que son privadas del individuo se incluyen:

- índices de defectos
- índices de defectos (por módulo)
- errores encontrados durante el desarrollo

La filosofía de «datos de proceso privados» se ajusta bien con el enfoque del *proceso personal del software* propuesto por Humphrey [HUM95]. Humphrey describe el enfoque de la manera siguiente:

> El proceso personal del software (PSP) es un conjunto estructurado de descripciones de proceso, mediciones y métodos que pueden ayudar a que los ingenieros mejoren su rendimiento personal. Porporcionan las formas, guiones y estándares que les ayudan a estimar y planificar su trabajo. Muestra cómo definir procesos y cómo medir su calidad y productividad. Un principio PSP fundamental es que todo el mundo es diferente, y que un método que sea efectivo para un ingeniero puede que no sea adecuado para otro. Así pues el PSP ayuda a que los ingenieros midan y sigan la pista de su trabajo para que puedan encontrar los métodos que sean mejores para ellos.

Humphrey reconoce que la mejora del proceso de software puede y debería empezar en el nivel individual. Los datos privados de proceso pueden servir como referencia importante para mejorar el trabajo individual del ingeniero del software.

Algunas métricas de proceso son privadas para el equipo del proyecto de software, pero *públicas* para todos los miembros del equipo. Entre los ejemplos se incluyen los defectos informados de funciones importantes del software (que un grupo de profesionales han desarrollado), errores encontrados durante revisiones técnicas formales y líneas de código o puntos de función por módulo y función[2]. El equipo revisa estos datos para detectar los indicadores que pueden mejorar el rendimiento del equipo.

Las métricas públicas generalmente asimilan información que originalmente era privada de particulares y equipos. Los índices de defectos a nivel de proyecto (no atribuidos absolutamente a un particular), el esfuerzo, el tiempo y los datos afines se recopilan y se evalúan en un intento de detectar indicadores que puedan mejorar el rendimiento del proceso organizativo.

Las métricas del proceso del software pueden proporcionar beneficios significativos a medida que una organización trabaja por mejorar su nivel global de madurez del proceso. Sin embargo, al igual que todas las métricas, éstas pueden usarse mal, originando más problemas de los que pueden solucionar. Grady [GRA92] sugiere una «etiqueta de métricas del software» adecuada para gestores a medida que instituyen un programa de métricas de proceso:

- Utilice el sentido común y una sensibilidad organizativa al interpretar datos de métricas.

[2] Consulte las Secciones 4.3.1. y 4.3.2. para estudios más detallados sobre LDC (líneas de código) y métricas de puntos de función.

- Proporcione una realimentación regular a particulares y equipos que hayan trabajado en la recopilación de medidas y métricas.
- No utilice métricas para evaluar a particulares.
- Trabaje con profesionales y equipos para establecer objetivos claros y métricas que se vayan a utilizar para alcanzarlos.
- No utilice nunca métricas que amenacen a particulares o equipos.
- Los datos de métricas que indican un área de problemas no se deberían considerar «negativos». Estos datos son meramente un indicador de mejora del proceso.
- No se obsesione con una sola métrica y excluya otras métricas importantes.

A medida que una organización está más a gusto con la recopilación y utiliza métricas de proceso, la derivación de indicadores simples abre el camino hacia un enfoque más riguroso, llamado *mejora estadística del proceso del software MEPS (statistical software process improvement (SSPI))*. En esencia, MEPS utiliza el análisis de fallos del software para recopilar información de errores y defectos[3] encontrados al desarrollar y utilizar una aplicación de sistema o producto. El análisis de fallos funciona de la siguiente manera:

1. Todos los errores y defectos se categorizan por origen (p. ej.: defectos en la especificación, en la lógica, no acorde con los estándares).
2. Se registra tanto el coste de corregir cada error como el del defecto.
3. El número de errores y de defectos de cada categoría se cuentan y se ordenan en orden descendente.
4. Se computa el coste global de errores y defectos de cada categoría.
5. Los datos resultantes se analizan para detectar las categorías que producen el coste más alto para la organización.
6. Se desarrollan planes para modificar el proceso con el intento de eliminar (o reducir la frecuencia de apariciones) la clase de errores y defectos que sean más costosos.

FIGURA 4.2

Causas de defectos y su origen para cuatro proyectos de software [GRA94]

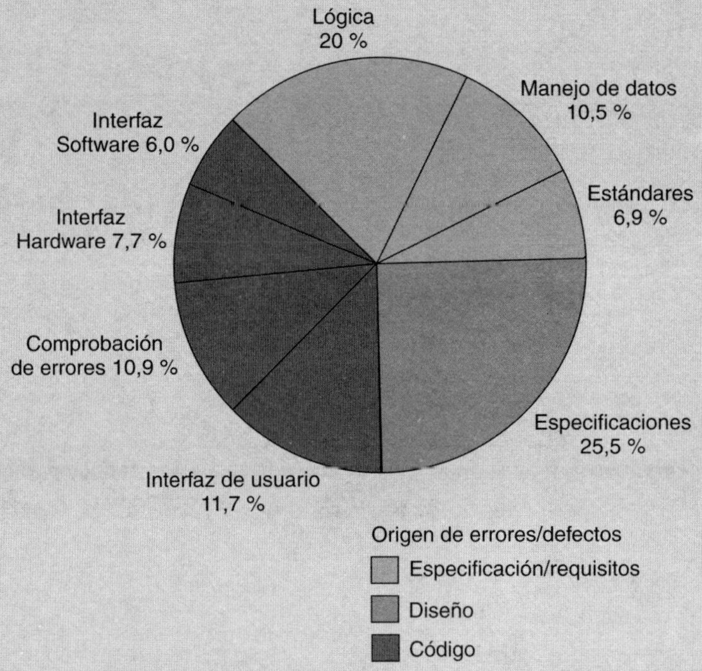

Siguiendo los pasos 1 y 2 anteriores, se puede desarrollar una simple distribución de defectos (Figura 4.2) [GRA94]. Para el diagrama de tarta señalado en la figura, se muestran ocho causas de defectos y sus orígenes (indicados en sombreado). Grady sugiere el desarrollo de un *diagrama de espina* [GRA92] para ayudar a diagnosticar los datos presentados en el diagrama de frecuencias. En la Figura 4.3 la espina del diagrama (la línea central) representa el factor de calidad en consideración (en este caso, los *defectos de especificación* que cuentan con el 25 % del total). Cada una de las espinas (líneas diagonales) conectadas a la espina central indican una causa potencial del problema de calidad (p. ej.: requisitos perdidos, especificación ambigua, requisitos incorrectos, requisitos cambiados). La espina y la notación de las espinas diagonales se añaden entonces a cada una de las espinas principales del diagrama para centrarse en la causa destacada. La expansión se muestra sólo para la causa «incorrecta» en la Figura 4-3.

La colección de métricas del proceso es el conductor para la creación del diagrama en espina. Un diagrama en espina completo se puede analizar para extraer los indicadores que permitan a una organización de software modificar su proceso para reducir la frecuencia de errores y defectos.

[3] Como se trata en el Capítulo 8, un error es alguna fisura en un producto de trabajo de ingeniería del software o una entrega

FIGURA 4.3

Un diagrama en espina que muestra las causas de una clase de efectos (adaptados de [GRA92])

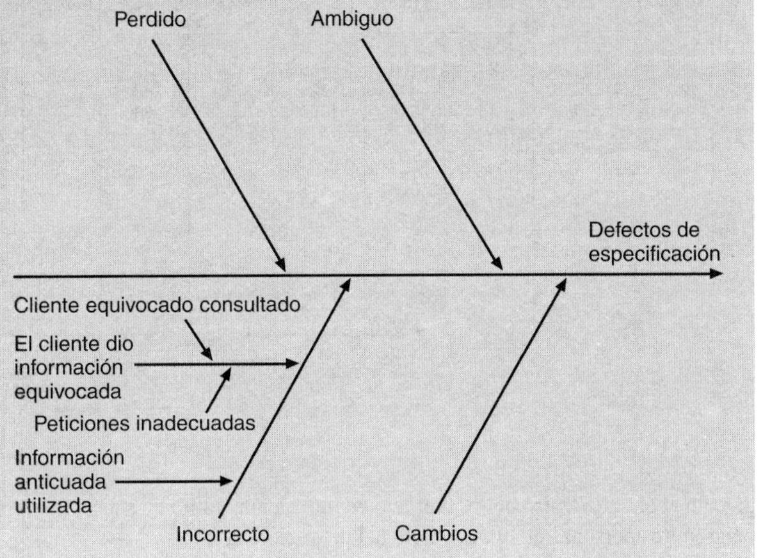

4.2.2. Métricas del proyecto

Las métricas del proceso de software se utilizan para propósitos estratégicos. Las medidas del proyecto de software son tácticas. Esto es, las métricas de proyectos y los indicadores derivados de ellos los utilizan un gestor de proyectos y un equipo de software para adaptar el flujo de trabajo del proyecto y las actividades técnicas.

La primera aplicación de métricas de proyectos en la mayoría de los proyectos de software ocurre durante la estimación (Capítulo 5). Las métricas recopiladas de proyectos anteriores se utilizan como una base desde la que se realizan las estimaciones del esfuerzo y del tiempo para el actual trabajo de software. A medida que avanza un proyecto, las medidas del esfuerzo y del tiempo consumido se comparan con las estimaciones originales (y la planificación del proyecto). El gestor de proyectos utiliza estos datos para supervisar y controlar el avance.

A medida que comienza el trabajo técnico, otras medidas de proyectos comienzan a tener significado. Se miden los índices de producción representados mediante páginas de documentación, las horas de revisión, los puntos de función y las líneas fuente entregadas. Además, se sigue la pista de los errores detectados durante todas las tareas de ingeniería del software. Cuando va evolucionando el software desde la especificación al diseño, se recopilan las métricas técnicas (Capítulo 18) para evaluar la calidad del diseño y para proporcionar indicadores que influirán en el enfoque tomado para la generación de código, módulos y pruebas de integración.

La utilización de métricas para el proyecto tiene dos aspectos fundamentales. En primer lugar, estas métricas se utilizan para minimizar la planificación de desarrollo guiando los ajustes necesarios que eviten retrasos y mitiguen problemas y riesgos potenciales. En segundo lugar, las métricas para el proyecto se utilizan para evaluar la calidad de los productos en el momento actual y cuando sea necesario, modificando el enfoque técnico que mejore la calidad.

A medida que mejora la calidad, los errores se minimizan y el número de errores disminuyen, la cantidad de trabajo que ha de rehacerse también se reduce. Esto lleva a una reducción del coste global del proyecto.

Otro modelo de métricas del proyecto de software [HET93] sugiere que todos los proyectos deberían medir:

- entradas: la dimensión de los recursos (p. ej.: personas, entorno) que se requieren para realizar el trabajo.
- salidas: medidas de las entregas o productos creados durante el proceso de ingeniería del software.
- resultados: medidas que indican la efectividad de las entregas.

En realidad, este modelo se puede aplicar tanto al proceso como al proyecto. En el contexto del proyecto, el modelo se puede aplicar recursivamente a medida que aparece cada actividad estructural. Por consiguiente, las salidas de una actividad se convierten en las entradas de la siguiente. Las métricas de resultados se pueden utilizar para proporcionar una indicación de la utilidad de los productos cuando fluyen de una actividad (o tarea) a la siguiente.

4.3. MEDICIONES DEL SOFTWARE

Las mediciones del mundo físico se pueden clasificar de dos maneras; *medidas directas* (p. ej.: la longitud de un tornillo) y *medidas indirectas* (p. ej.: la «calidad» de los tornillos producidos, medidos contando los artículos defectuosos). Las métricas del software se pueden categorizar de forma similar.

Entre las medidas directas del proceso de la ingeniería del software se incluyen el coste y el esfuerzo aplicados. Entre las medidas directas del producto se incluyen las líneas de código (LDC) producidas, velocidad de ejecución, tamaño de memoria, y los defectos informados durante un período de tiempo establecido. Entre las medidas indirectas se incluyen la funcionalidad, calidad, complejidad, eficiencia, fiabilidad, facilidad de mantenimiento, y muchas otras «capacidades» tratadas en el Capítulo 18.

El dominio de las métricas del software se dividen en métricas de proceso, proyecto y producto. También se acaba de destacar que las métricas de producto que son privadas para un individuo a menudo se combinan para desarrollar métricas del proyecto que sean públicas para un equipo de software. Las métricas del proyecto se consolidan para crear métricas de proceso que sean públicas para toda la organización del software. Pero, ¿cómo combina una organización métricas que provengan de personas o de proyectos?

Para ilustrarlo, se va a tener en consideración un ejemplo sencillo. Personas de dos equipos de proyecto diferentes registran y categorizan todos los errores que se encuentran durante el proceso de ingeniería del software. Las medidas de las personas se combinan entonces para desarrollar medidas de equipo. El equipo A encontró 342 errores durante el proceso de ingeniería del software antes de su realización. El equipo B encontró 184. Considerando que en el resto los equipos son iguales, ¿qué equipo es más efectivo en detectar errores durante el proceso? Como no se conoce el tamaño o la complejidad de los proyectos, no se puede responder a esta pregunta. Sin embargo, si se normalizan las medidas, es posible crear métricas de software que permitan comparar las medidas con otras organizaciones.

4.3.1. Métricas orientadas al tamaño

Las métricas del software orientadas al tamaño provienen de la normalización de las medidas de calidad y/o productividad considerando el «tamaño» del software que se haya producido. Si una organización de software mantiene registros sencillos, se puede crear una tabla de datos orientados al tamaño, como la que muestra la Figura 4.4. La tabla lista cada proyecto de desarrollo de software de los últimos años y las medidas correspondientes de cada proyecto. Refiriéndonos a la entrada de la tabla (Figura 4.4) del proyecto *alfa*: se desarrollaron 12.100 líneas de código (LDC) con 24 personas-mes y con un coste de 168.000 dólares. Debe tenerse en cuenta que el esfuerzo y el coste registrados en la tabla incluyen todas las actividades de ingeniería del software (análisis, diseño, codificación y prueba) y no sólo la codificación. Otra información sobre el proyecto alfa indica que se desarrollaron 365 páginas de documentación, se registraron 134 errores antes de que el software se entregara al cliente y se encontraron 29 errores después de entregárselo al cliente dentro del primer año de utilización. También sabemos que trabajaron tres personas en el desarrollo del proyecto alfa.

FIGURA 4.4

Métricas orientadas al tamaño

Proyecto	LDC	Esfuerzo	$ (000)	pp. doc.	Errores	Defectos	Personas
alfa	12,100	24	168	365	134	29	3
beta	27,200	62	440	1224	321	86	5
gamma	20,200	43	314	1050	256	64	6
⋮	⋮	⋮	⋮	⋮			

Para desarrollar métricas que se puedan comparar entre distintos proyectos, se seleccionan las líneas de código como valor de normalización. Con los rudimentarios datos contenidos en la tabla se pueden desarrollar, y para cada proyecto también, un conjunto de métricas simples orientadas al tamaño:

- errores por KLDC (miles de líneas de código, KiloLDC)
- defectos por KLDC
- $ por LDC
- páginas de documentación por KLDC

Además, se pueden calcular otras métricas interesantes:

- errores/persona-mes
- LDC por persona-mes
- $/página de documentación

Las métricas orientadas al tamaño no están aceptadas universalmente como el mejor modo de medir el proceso de desarrollo del software [JON86]. La mayor parte de la discusión gira en torno al uso de las líneas de código (LDC) como medida clave. Los defensores de la medida LDC afirman que la LDC es un «artificio» que se puede calcular fácilmente para todos los proyectos de desarrollo de software, que muchos modelos de estimación del software existentes utilizan LDC o KLDC como clave de entrada, y que ya existe un amplio conjunto de datos y de literatura basados en LDC. En el lado opuesto, los detractores defienden que las medidas en LDC son dependientes del lenguaje de programación, que perjudican a los programas más cortos, pero bien diseñados; que no pueden acomodar fácilmente lenguajes procedimentales, y que su uso en estimación requiere un nivel de detalle que puede resultar difícil de alcanzar (es decir, el planificador debe estimar las LDC a producirse mucho antes de que se complete el análisis y el diseño).

4.3.2. Métricas orientadas a la función

Las métricas del software orientadas a la función utilizan una medida de la funcionalidad entregada por la aplicación como valor de normalización. Ya que la «funcionalidad» no se puede medir directamente, se debe derivar indirectamente mediante otras medidas directas. Las métricas orientadas a la función fueron propuestas por primera vez por Albretch [ALB79], quien sugirió una medida llamada *punto de función*. Los puntos de función se derivan con una relación empírica según las medidas contables (directas) del dominio de información del software y las evaluaciones de la complejidad del software.

Los puntos de función se computan completando la tabla de la Figura 4.5. Se determinan cinco características de dominios de información. Los valores de dominios de información se definen de la forma siguiente[4]:

Número de entradas de usuario. Se cuenta cada entrada de usuario que proporciona diferentes datos orientados a la aplicación. Las entradas se deberían diferenciar de las peticiones, las cuales se cuentan de forma separada.

Número de salidas de usuario. Se cuenta cada salida que proporciona al usuario información orientada a la aplicación. En este contexto la salida se refiere a informes, pantallas, mensajes de error, etc. Los elementos de datos particulares dentro de un informe no se cuentan de forma separada.

Número de peticiones de usuario. Una petición se define como una entrada interactiva que produce la generación de alguna respuesta del software inmediata en forma de salida interactiva. Se cuenta cada petición por separado.

Número de archivos. Se cuenta cada archivo maestro lógico (esto es, un grupo lógico de datos que puede ser una parte de una gran base de datos o un archivo independiente).

Número de interfaces externas. Se cuentan todas las interfaces legibles por la máquina (p. ej.: archivos de datos de cinta o disco) que se utilizan para transmitir información a otro sistema.

FIGURA 4.5

Computación de métricas de punto de funciones

Parámetro de medición	Cuenta		Factor de ponderación: Simple	Medio	Complejo		
Número de entradas de usuario	☐	×	3	4	6	=	☐
Número de salidas de usuario	☐	×	4	5	7	=	☐
Número de peticiones de usuario	☐	×	3	4	6	=	☐
Número de archivos	☐	×	7	10	15	=	☐
Número de interfaces externas	☐	×	5	7	10	=	☐
Cuenta = Total →							☐

Una vez que se han recopilado los datos anteriores, a la cuenta se asocia un valor de complejidad. Las organizaciones que utilizan métodos de punto de función desarrollan criterios para determinar si una entrada en particular es simple, media, o compleja. No obstante, la determinación de la complejidad es algo subjetiva.

Para calcular puntos de función (PF), se utiliza la relación siguiente:

$$PF = \text{cuenta-total} \times [0{,}65 + 0{,}01 \times \sum F_i] \qquad (4.1)$$

en donde cuenta-total es la suma de todas las entradas obtenidas de la Figura 4.5.

F_i (i = 1 a 14) son «valores de ajuste de la complejidad» según las respuestas a preguntas [ART85] destacadas en la Tabla 4.1. Los valores constantes de la ecuación anterior y los factores de peso que se aplican a las cuentas de los dominios de información se determinan empíricamente.

[4] En realidad, la definición de los valores del dominio de la información y la forma en que se cuentan es un poco más complejo. El lector interesado debería consultar [IFP94] para obtener más detalles.

TABLA 4.1

Computación de puntos de función

Evaluar cada factor en una escala de 0 a 5:

0	1	2	3	4	5
No influencia	**Incidental**	**Moderado**	**Medio**	**Significativo**	**Esencial**

Fi:

1. ¿Requiere el sistema copias de seguridad y de recuperación fiables?
2. ¿Se requiere comunicación de datos?
3. ¿Existen funciones de procesamiento distribuido?
4. ¿Es crítico el rendimiento?
5. ¿Se ejecutará el sistema en un entorno operativo existente y fuertemente utilizado?
6. ¿Requiere el sistema entrada de datos interactiva?
7. ¿Requiere la entrada de datos interactiva que las transacciones de entrada se lleven a cabo sobre múltiples pantallas u operaciones?
8. ¿Se actualizan los archivos maestros de forma interactiva?
9. ¿Son complejas las entradas, las salidas, los archivos o las peticiones?
10. ¿Es complejo el procesamiento interno?
11. ¿Se ha diseñado el código para ser reutilizable?
12. ¿Están incluidas en el diseño la conversión y la instalación?
13. ¿Se ha diseñado el sistema para soportar múltiples instalaciones en diferentes organizaciones?
14. ¿Se ha diseñado la aplicación para facilitar los cambios y para ser fácilmente utilizada por el usuario?

Una vez que se han calculado los puntos de función, se utilizan de forma análoga a las LDC para normalizar medidas de productividad, calidad y otros ámbitos del software:

- errores por PF.
- defectos por PF.
- $ por PF.
- página de documentación por PF.
- PF por persona-mes.

4.3.3. Métricas ampliadas de punto de función

La métrica de punto de función se diseñó originalmente para aplicarse a aplicaciones de sistemas de información de gestión. Para acomodar estas aplicaciones, se enfatizó la dimensión de datos (los valores de dominios de información tratados anteriormente) para la exclusión de dimensiones (control) funcionales y de comportamiento. Por esta razón, la medida del punto de función era inadecuada para muchos sistemas de ingeniería y sistemas empotrados (que enfatizan función y control). Para remediar esta situación se ha propuesto un número de extensiones a la métrica del punto de función básica.

Una extensión del punto de función es la llamada punto de característica [JON91]; es una ampliación de la medida del punto de función que se puede aplicar a sistemas y aplicaciones de ingeniería del software. La medida de punto de característica se acomoda a aplicaciones en donde la complejidad del algoritmo es alta. Las aplicaciones de software de tiempo real, de control de procesos, y empotradas tienden a tener una alta complejidad de los algoritmos y por lo tanto son adecuadas para el punto de característica.

Para calcular el punto de característica, los valores de dominio de información se cuentan otra vez y se pesan de la forma que se describe en la Sección 4.3.2. Además, la métrica del punto de característica cuenta con una característica nueva del software, los *algoritmos*. Un algoritmo se define como «un problema de cálculo limitado que se incluye dentro de un programa de computadora específico» [JON91]. Invertir una matriz, decodificar una cadena de bits o manejar una interrupción son ejemplos de algoritmos.

Boeing ha desarrollado otra extensión del punto de función para sistemas en tiempo real y productos de ingeniería. El enfoque de Boeing integra la dimensión de datos del software con las dimensiones funcionales y de control para proporcionar una medida orientada a la función, llamada *Punto de Función 3D* [WHI95], que es adecuada para aplicaciones que enfatizan capacidades de función y de control. Las características de las tres dimensiones del software se «cuentan, cuantifican y transforman» en una medida que proporciona una indicación de la funcionalidad entregada por el software.

La *dimensión de datos* se evalúa exactamente igual a como se describe en la Sección 4.3.2. Las cuentas de datos internos (la estructura interna de datos de programas, p. ej.: archivos) y los datos externos (entradas, salidas, peticiones y referencias externas) se utilizan a lo largo de las medidas de la complejidad para derivar una cuenta de dimensión de datos.

La *dimensión funcional* se mide considerando «el número de operaciones internas requeridas para transformar datos de entrada en datos de salida» [WHI95]. Para propósitos de computación de los puntos de función 3D, se observa una «transformación» como una serie de pasos de procesamiento que quedan limitados por sentencias semánticas. Como norma general, una transformación se

FIGURA 4.6

Determinación de la complejidad de una transformación para puntos de función 3D [WHI95]

Sentencias semánticas / Pasos de procesamiento	1-5	6-10	11+
1-10	bajo	bajo	media
11-20	bajo	media	alto
21+	media	alto	alto

lleva a cabo con un algoritmo que produce un cambio fundamental en los datos de entrada cuando se procesan para convertirse en datos de salida. Los pasos de procesamiento que adquieren datos de un archivo y sitúan simplemente estos datos de salida. Los pasos de procesamiento que adquieren datos de un archivo y sitúan simplemente esos datos en la memoria del programa no se considerarían una transformación. Los datos por sí mismos no han cambiado de ninguna forma fundamental.

El nivel de complejidad asignado a cada transformación es una función del número de pasos de procesamiento y el número de sentencias semánticas que controlan los pasos de procesamiento. La Figura 4.6 proporciona las directrices de asignar complejidad en la dimensión funcional.

La *dimensión de control* se mide contando el número de transiciones entre estados[5]. Un estado representa algún modo de comportamiento externamente observable, y una transición ocurre como resultado de algún suceso que cambia el modo de comportamiento del sistema o del software (esto es, cambia el estado). Por ejemplo, un teléfono móvil contiene software que soporta funciones de marcado automático. Para introducir el estado de **marcado automático** desde un estado **en descanso**, el usuario pulsa una tecla *Auto* en el teclado numérico. Este suceso hace que una pantalla LCD pida un código que indique el lugar al que se llama. Con la entrada del código y la *tecla de Marcado* (otro suceso), el software del teléfono celular hace una transición al estado de **marcado**. Cuando se computan puntos de funciones 3D, no se asigna un valor de complejidad a las transiciones.

Para calcular puntos de función 3D, se utiliza la relación siguiente:

$$\text{índice} = I + O + Q + F + E + T + R \tag{4.2}$$

en donde I, O, Q, F, E, T y R representan valores con peso de complejidad en los elementos tratados anteriormente: entradas, salidas, peticiones, estructuras de datos internas, archivos externos, transformaciones y transiciones, respectivamente. Cada valor con peso de complejidad se calcula con la relación siguiente:

$$\text{valor con peso de complejidad} = N_{il}\,W_{il} + N_{ia}\,W_{ia} + N_{ih}\,W_{ih} \tag{4.3}$$

en donde N_{il}, N_{ia} y N_{ih} representan el número de apariciones del elemento i (p. ej.: salidas) para cada nivel de complejidad (bajo, medio alto), y W_{il}, W_{ia} y $\mathbf{W_{ih}}$ son los pesos correspondientes. El cálculo global de los puntos de función 3D se muestran en la Figura 4.7.

Se debería señalar que los puntos de función, los puntos de característica y los puntos de función 3D representan lo mismo: «funcionalidad» o «utilidad» entregado por el software. En realidad, cada una de estas medidas producen el mismo valor si sólo se considera la dimensión de datos de una aplicación. Para sistemas de tiempo real complejos, la cuenta de puntos de característica a menudo se encuentra entre el 20 y el 35 por ciento más que la cuenta determinada sólo con los puntos de función.

El punto de función (y sus extensiones), como la medida LDC, es controvertido. Los partidarios afirman que PF es independiente del lenguaje de programación, lo cual es ideal para aplicaciones que utilizan lenguajes convencionales y no procedimentales, y que se basa en los datos que probablemente se conocen al principio de la evolución de un proyecto, y así el PF es más atractivo como enfoque de estimación.

Los detractores afirman que el método requiere algún «juego de manos» en el que el cálculo se base en datos subjetivos y no objetivos; y afirman que las cuentas del dominio de información (y otras dimensiones) puede ser difíciles de recopilar después de realizado; y por último que el PF no tiene un significado físico directo –es simplemente un número.

[5] En el Capítulo 12 se presenta un estudio detallado de la dimensión de comportamientos que incluyen estados y transiciones de estados.

FIGURA 4.7

Cálculo del índice de puntos de funciones 3D

	Pesos de complejidad			
Elementos de Medición	**bajo**	**medio**	**alto**	
Estructuras internas de datos	□ × 7 +	□ × 10 +	□ × 15 =	□
Datos externos	□ × 5 +	□ × 7 +	□ × 10 =	□
Número de entradas de usuario	□ × 3 +	□ × 4 +	□ × 6 =	□
Número de salidas de usuario	□ × 4 +	□ × 5 +	□ × 7 =	□
Número de peticiones de usuario	□ × 3 +	□ × 4 +	□ × 6 =	□
Transformaciones	□ × 7 +	□ × 10 +	□ × 15 =	□
Transiciones	□ × n/a +	□ × n/a +	□ × n/a =	□
Indice de punto de función 3D ⟶				□

4.4. RECONCILIACIÓN DE LOS DIFERENTES ENFOQUES DE MÉTRICAS

La relación entre las líneas de código y los puntos de función depende del lenguaje de programación (Capítulo 16) que se utilice para implementar el software y de la calidad del diseño. Ciertos estudios han intentado relacionar las métricas LDC y PF. Citando a Albrecht y Gaffney [ALB83]:

> La tesis de este trabajo es que la cantidad de función proporcionada por la aplicación (programa) puede ser estimada por la descomposición de los principales componentes[6] de datos que usa o proporciona el programa. Además, esta estimación de la función debe ser relacionada con el total de LDC a desarrollar y con el esfuerzo de desarrollo necesario.

La tabla siguiente [ALB83, JON91] proporciona estimaciones informales del número medio de líneas de código que se requiere para construir un punto de función en varios lenguajes de programación:

Lenguaje de programación	LDC/PF (media)
Ensamblador	320
C	128
Cobol	105
Fortran	105
Pascal	90
Ada	70
Lenguajes orientados a objetos	30
Lenguajes de cuarta generación (L4G)	20
Generadores de códigos	15
Hojas de cálculo	6
Lenguajes gráficos (iconos)	4

Una revisión de los datos anteriores indica que una LDC de Ada proporciona aproximadamente 1,4 veces más «funcionalidad» (de media) que una LDC de Fortran. Además, una LDC de L4G proporciona entre tres y cinco veces la funcionalidad de una LDC de un lenguaje de programación convencional. Jones [JON92] proporciona datos más precisos sobre las relaciones entre los PF y las LDC, que pueden ser usados para «repasar» programas existentes, determinando sus medidas en PF (p. ej.: para calcular el número de puntos de función cuando se conoce la cantidad de LDC entregada).

Las medidas LDC y PF se utilizan a menudo para extraer métricas de productividad. Esta invariabilidad conduce al debate sobre el uso de tales datos. Se debe comparar la relación LDC/personas-mes (o PF/PM) de un grupo con los datos similares de otro grupo? ¿Deben los gestores evaluar el rendimiento de las personas usando estas medidas? La respuesta a estas preguntas es un rotundo «No». La razón para esta respuesta es que hay muchos factores que influyen en la productividad, haciendo que la comparación de «peras y manzanas» sea mal interpretada con facilidad.

Basili y Zelkowitz [BAS78] definen cinco factores importantes que inciden en la productividad del software:

Factores humanos. El tamaño y la experiencia de la organización de desarrollo.

[6] Es importante destacar que la «individualización de componentes importantes» se puede interpretar de muchas maneras. Algunos ingenieros del software que trabajan en un entorno de desarrollo orientado a objetos utilizan ciertas clases u objetos como métrica dominante del tamaño (consulte el Capítulo 23 para más información). Una organización de mantenimiento podría observar el tamaño de los proyectos en relación al número de órdenes de cambio de ingeniería (Capítulo 9). Una organización de sistemas de información podría observar el número de procesos de negocio a los que impacta una aplicación.

Factores del problema. La complejidad del problema que se debe resolver y el número de cambios en las restricciones o los requisitos del diseño.

Factores del proceso. Técnicas del análisis y diseño que se utilizan, lenguajes y herramientas CASE y técnicas de revisión.

Factores del producto. Fiabilidad y rendimiento del sistema basado en computadora.

Factores del recurso. Disponibilidad de herramientas CASE, y recursos de hardware y software.

Si uno de los factores de productividad está por encima de la media (altamente favorable) para un proyecto dado, la productividad de desarrollo del software será significativamente más alta que el mismo factor por debajo de la media (desfavorable).

4.5. MÉTRICAS PARA LA CALIDAD DEL SOFTWARE

El objetivo primordial de la ingeniería del software es producir un sistema, aplicación o producto de alta calidad. Para lograr este objetivo, los ingenieros del software deben aplicar métodos efectivos junto con herramientas modernas dentro del contexto de un proceso maduro de desarrollo del software. Además, un buen ingeniero del software (y buenos gestores de la ingeniería del software) deben medir si la alta calidad se va a llevar a cabo.

La calidad de un sistema, aplicación o producto es tan bueno como los requisitos que describen el problema, el diseño que modela la solución, el código que conduce a un programa ejecutable y las pruebas que ejercitan el software para detectar errores. Un buen ingeniero del software utiliza mediciones que evalúan la calidad del análisis y los modelos de diseño, el código fuente y los casos de prueba que se han creado al aplicar la ingeniería del software. Para lograr esta evaluación de la calidad, el ingeniero debe utilizar *medidas técnicas* (Capítulo 18 y 23) que evalúan la calidad con objetividad, no con subjetividad.

El gestor de proyectos también debe evaluar la calidad objetivamente, y no subjetivamente. A medida que el proyecto progresa el gestor del proyecto también debe evaluar la calidad. Las métricas privadas recopiladas por ingenieros del software se asimilan para proporcionar resultados en los proyectos. Aunque se pueden recopilar muchas medidas de calidad, el primer objetivo en el proyecto es medir errores y defectos. Las métricas que provienen de estas medidas proporcionan una indicación de la efectividad de las actividades de control y de la garantía de calidad en grupos o en particulares.

Los errores detectados por hora de revisión y los errores detectados por hora de prueba proporcionan una visión profunda de la eficacia de cada una de las actividades implicadas en la métrica. Los datos de errores también se pueden utilizar para calcular la *eficiencia de eliminación de defectos* (EED)[7] en cada una de las actividades del marco de trabajo del proceso. EED se estudia en la Sección 4.5.3.

4.5.1. Visión general de los factores que afectan a la calidad

En las dos décadas pasadas, McCall y Cavano [MCC78] definieron un juego de factores de calidad como los primeros pasos hacia el desarrollo de métricas de la calidad del software. Estos factores evalúan el software desde tres puntos de vista distintos: (1) operación del producto (utilizándolo), (2) revisión del producto (cambiándolo), y (3) transición del producto (modificándolo para que funcione en un entorno diferente, p. ej.: «portándolo»). Los autores, en su trabajo, describen la relación entre estos factores de calidad (lo que llaman un «marco de trabajo») y otros aspectos del proceso de ingeniería del software:

> En primer lugar, el marco de trabajo proporciona un mecanismo para que el gestor del proyecto identifique lo que considera importante. Estas cualidades son atributos del software, además de su corrección y rendimiento funcional, que tiene implicaciones en el ciclo de vida. En otros factores, como son facilidad de mantenimiento y transportabilidad, se ha demostrado que tienen un impacto significativo en el coste del ciclo de vida...
>
> En segundo lugar, el marco de trabajo proporciona un medio de evaluar cuantitativamente lo bien que va progresando el desarrollo en relación con los objetivos de calidad establecidos...
>
> En tercer lugar, el marco de trabajo proporciona más interacción del personal de QA en el esfuerzo de desarrollo...
>
> Por último..., el personal de garantía de calidad puede utilizar indicaciones de calidad pobre para ayudar a identificar estándares [mejores] a contrastar en el futuro.

Un estudio detallado del marco de trabajo de McCall y Cavano, así como otros factores de calidad, se presentan en el Capítulo 18. Es interesante destacar que casi todos los aspectos del cálculo han sufrido cambios radicales con el paso de los años desde que McCall y Cavano hicieron su trabajo, con gran influencia, en 1978. Pero los atributos que proporcionan una indicación de la calidad del software siguen siendo los mismos.

¿Qué significa esto? Si una organización de software adopta un juego de factores de calidad como una «lista de comprobación» para evaluar la calidad del

---

[7] La eficiencia de eliminación de errores también se puede utilizar para evaluar el impacto de las actividades de garantía de calidad de procesos completos. Este tema se considera en el Capítulo 8.

software, es probable que el software construido hoy siga exhibiendo la buena calidad dentro de las primeras décadas del siglo veintiuno. Incluso, cuando las arquitecturas de cálculo sufren cambios radicales (como seguramente ocurrirá), el software que exhibe alta calidad en operación, transición y revisión continuará sirviendo también a sus usuarios.

4.5.2. Medida de la calidad

Aunque hay muchas medidas de la calidad de software, la *corrección, facilidad de mantenimiento, integridad* y *facilidad de uso* proporcionan indicadores útiles para el equipo del proyecto. Gilb [GIL88] sugiere definiciones y medidas para cada uno de ellos.

Corrección. Un programa debe operar correctamente o proporcionará poco valor a sus usuarios. La corrección es el grado en el que el software lleva a cabo su función requerida. La medida más común de corrección son los *defectos por KLDC*, en donde un defecto se define como una falta verificada de conformidad con los requisitos.

Facilidad de mantenimiento. El mantenimiento del software cuenta con más esfuerzo que cualquier otra actividad de ingeniería del software. La facilidad de mantenimiento es la facilidad con la que se puede corregir un programa si se encuentra un error, se puede adaptar si su entorno cambia, o mejorar si el cliente desea un cambio de requisitos. No hay forma de medir directamente la facilidad de mantenimiento; por consiguiente, se deben utilizar medidas indirectas. Una simple métrica orientada al tiempo es el tiempo medio de cambio (TMC), es decir, el tiempo que se tarda en analizar la petición de cambio, en diseñar una modificación adecuada, en implementar el cambio, en probarlo y en distribuir el cambio a todos los usuarios. Como media, los programas que son más fáciles de mantener tendrán un TMC más bajo (para tipos equivalentes de cambios) que los programas que son más difíciles de mantener.

Hitachi [TAJ81] ha utilizado una métrica orientada al coste para la capacidad de mantenimiento llamada «desperdicios» –el coste en corregir defectos encontrados después de haber distribuido el software a sus usuarios finales. Cuando la proporción de desperdicios en el coste global del proyecto (para muchos proyectos) se representa como una función del tiempo, el gestor puede determinar si la facilidad de mantenimiento total del software producido por una organización de desarrollo está mejorando. Se pueden emprender acciones a partir de las conclusiones obtenidas de esa información.

Integridad. En esta época de intrusos informáticos y de virus, la integridad del software ha llegado a tener mucha importancia. Este atributo mide la habilidad de un sistema para resistir ataques (tanto accidentales como intencionados) contra su seguridad. El ataque se puede realizar en cualquiera de los tres componentes del software: programas, datos y documentos.

Para medir la integridad, se tienen que definir dos atributos adicionales: amenaza y seguridad. *Amenaza* es la probabilidad (que se puede estimar o deducir de la evidencia empírica) de que un ataque de un tipo determinado ocurra en un tiempo determinado. La seguridad es la probabilidad (que se puede estimar o deducir de la evidencia empírica) de que se pueda repeler el ataque de un tipo determinado. La integridad del sistema se puede definir como:

$$\text{integridad} = \sum [1 - \text{amenaza} \times (1 - \text{seguridad})]$$

donde se suman la amenaza y la seguridad para cada tipo de ataque.

Facilidad de uso. El calificativo «amigable con el usuario» se ha convertido en omnipresente en las discusiones sobre productos de software. Si un programa no es «amigable con el usuario», frecuentemente está abocado al fracaso, incluso aunque las funciones que realice sean valiosas. La facilidad de uso es un intento de cuantificar «lo amigable que puede ser con el usuario» y se puede medir en función de cuatro características: (1) habilidad intelectual y/o física requerida para aprender el sistema; (2) el tiempo requerido para llegar a ser moderadamente eficiente en el uso del sistema; (3) aumento neto en productividad (sobre el enfoque que el sistema reemplaza) medida cuando alguien utiliza el sistema moderadamente y eficientemente; y (4) valoración subjetiva (a veces obtenida mediante un cuestionario) de la disposición de los usuarios hacia el sistema. En el Capítulo 14 se estudia más detenidamente este aspecto.

Los cuatro factores anteriores son sólo un ejemplo de todos los que se han propuesto como medidas de la calidad del software. El Capítulo 18 considera este tema con más detalle.

4.5.3. Eficacia de la eliminación de defectos

Una métrica de la calidad que proporciona beneficios tanto a nivel del proyecto como del proceso, es la eficacia de la eliminación de defectos (EED). En esencia, EED es una medida de la habilidad de filtrar las actividades de la garantía de calidad y de control al aplicarse a todas las actividades del marco de trabajo del proceso.

Cuando se toma en consideración globalmente para un proyecto, EED se define de la forma siguiente:

$$\text{EED} = E/(E + D) \tag{4.4}$$

donde E = número de errores encontrados antes de la entrega del software al usuario final

D = número de defectos encontrados después de la entrega

El valor ideal de EED es 1. Esto es, no se han encontrado defectos en el software. De forma realista, D será mayor que cero, pero el valor de EED todavía se puede aproximar a 1 cuando E aumenta. En efecto, cuando E aumenta es probable que el valor final de D disminuya (los errores se filtran antes de que se conviertan en defectos). Si se utilizan como una métrica que proporciona un indicador de la habilidad de filtrar las actividades de la garantía de la calidad y del control, EED anima a que el equipo del proyecto de software instituya técnicas para encontrar todos los errores posibles antes de su entrega.

EED también se puede utilizar dentro del proyecto para evaluar la habilidad de un equipo en encontrar errores antes de que pasen a la siguiente actividad estructural o tarea de ingeniería del software. Por ejemplo, la tarea del análisis de los requisitos produce un modelo de análisis que se puede revisar para encontrar y corregir errores. Esos errores que no se encuentren durante la revisión del modelo de análisis se pasan a la tarea de diseño (en donde se pueden encontrar o no). Cuando se utilizan en este contexto, EED se vuelve a definir como:

$$\mathrm{EED}_i = E_i/(E_i + E_{i+1}) \tag{4.5}$$

en donde E_i = número de errores encontrados durante la actividad i de ingeniería del software

E_{i+1} = número de erores encontrado durante la actividad de ingeniería del software $i + 1$ que se puede seguir para llegar a errores que no se detectaron en la actividad i de la ingeniería del software

Un objetivo de calidad de un equipo de software (o un ingeniero de software en particular) es conseguir un EED que se aproxime a 1. Esto es, los errores se deberían filtrar antes de pasarse a la actividad siguiente.

4.6. INTEGRACIÓN DE LAS MÉTRICAS DENTRO DEL PROCESO DEL SOFTWARE

La mayoría de los desarrolladores de software todavía no miden, y por desgracia, la mayoría no desean ni comenzar. Como se ha señalado en este capítulo, el problema es cultural. En un intento por recopilar medidas en donde no se haya a recopilado nada anteriormente, a menudo se opone resistencia: «¿Por qué necesitamos hacer esto?», se pregunta un gestor de proyectos agobiado. «No entiendo por qué», se queja un profesional saturado de trabajo.

¿Por qué es tan importante medir el proceso de ingeniería del software y el producto (software) que produce? La respuesta es relativamente obvia. Si no se mide, no hay una forma real de determinar si se está mejorando. Y si no se está mejorando, se está perdido.

La medición es una de las «medicaciones» que pueden ayudar a curar el «mal del software» descrita en el Capítulo 1. Esta proporciona beneficios a nivel de proyecto, estratégico y técnico.

La gestión de alto nivel puede establecer objetivos significativos de mejora del proceso de ingeniería del software pidiendo y evaluando las medidas de productividad y de calidad. En el Capítulo 1 se señaló que el software es un aspecto de gestión estratégico para muchas compañías. Si el poceso por el que se desarrolla puede ser mejorado, puede producirse un impacto directo en lo sustancial. Pero para establecer objetivos de mejora, se debe comprender el estado actual de desarrollo del software.

Los rigores del trabajo diario de un proyecto del software no dejan mucho tiempo para pensar en estrategias. Los gestores del proyecto de software están más preocupados por aspectos mundanos (aunque igualmente importantes): desarrollo de estimaciones significativas del proyecto, producción de sistemas de alta calidad, y terminar el producto a tiempo. Mediante el uso de la medición para establecer una línea base del proyecto, cada uno de estos asuntos se hace más fácil de manejar. Ya hemos apuntado que la línea base sirve como base para la estimación. Además, la recopilación de métricas de calidad permite a una organización «sintonizar» su proceso de ingeniería del software para eliminar las causas «poco vitales» de los defectos que tienen el mayor impacto en el desarrollo del software[8].

Técnicamente (en las trincheras), las métricas del software, cuando se aplican al producto, proporcionan beneficios inmediatos. Cuando se ha terminado el diseño del software, la mayoría de los que desarrollan pueden estar ansiosos por obtener respuestas a preguntas como:

- ¿Qué requisitos del usuario son más susceptibles al cambio?
- ¿Qué módulos del sistema son más propensos a error?
- ¿Cómo se debe planificar la prueba para cada módulo?
- ¿Cuántos errores (de tipos concretos) puede esperar cuando comience la prueba?

Se pueden encontrar respuestas a esas preguntas si se han recopilado métricas y se han usado como guía técnica. En posteriores capítulos examinaremos cómo se hace esto.

[8] Estas ideas se han formalizado en un enfoque denominado *garantía estadística de calidad del software* y se estudian en detalle en el Capítulo 8.

FIGURA 4.8

Proceso de recopilación de métricas del software

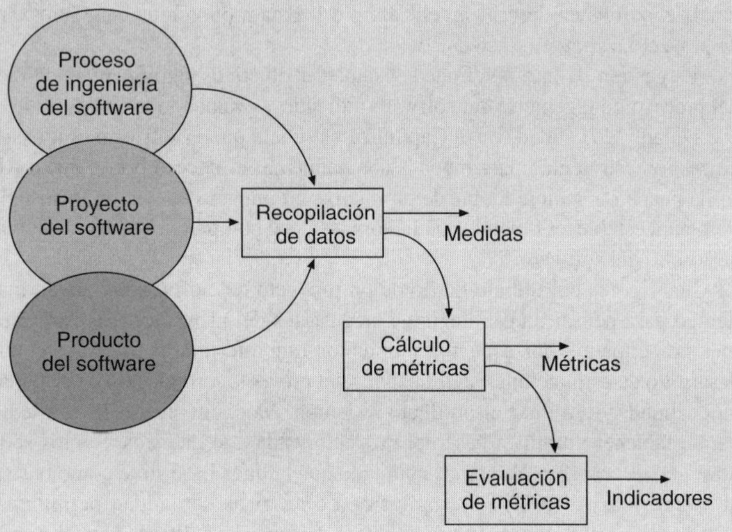

El proceso que establece una línea base[9] se muestra en la Figura 4.8. Idealmente, los datos necesarios para establecer una línea base se han ido recopilando a medida que se ha ido progresando. Por desgracia, éste no es el caso. Por consiguiente, la *recopilación de datos* requiere una investigación histórica de los proyectos anteriores para reconstruir los datos requeridos. Una vez que se han recopilado medidas (incuestionablemente el paso más difícil), el *cálculo de métricas* es posible. Dependiendo de la amplitud de las medidas recopiladas, las métricas pueden abarcar una gran gama de métricas LDC y PF, así como métricas de la calidad y orientadas a objetos. Finalmente, las métricas se deben evaluar y aplicar durante la estimación, el trabajo técnico, el control del proyecto y la mejora de proyectos. La *evaluación de métricas* se centra en las razones de los resultados obtenidos, y produce un grupo de indicadores que guían el proyecto o el proceso.

[9] La línea base de métricas consiste en datos recopilados de proyectos de desarrollo de software anteriores y puede ser tan simple como la tabla que se presenta en la Figura 4.4, o tan compleja como una base de datos completa que contenga docenas de medidas de proyectos y métricas derivadas de ellas.

4.7. RESUMEN

La medición permite que gestores y profesionales mejoren el proceso del software: ayudan en la planificación, seguimiento, y control de un proyecto de software; y evalúan la calidad del producto (software) que se produce. Las medidas de los atributos específicos del proceso, del proyecto y del producto se utilizan para calcular las métricas del software. Estas métricas se pueden analizar para proporcionar indicadores que guían acciones de gestión y técnicas.

Las métricas del proceso permiten que una organización tome una visión estratégica proporcionando mayor profundidad de la efectividad de un proceso de software. Las métricas del proyecto son tácticas. Éstas permiten que un gestor de proyectos adapte el enfoque a los flujos de trabajo del proyecto y a proyectos técnicos en tiempo real.

Las métricas orientadas tanto al tamaño como a la función se utilizan en toda la industria. Las métricas orientadas al tamaño hacen uso de la línea de código como factor estandarizador de otras medidas, como persona-mes o defectos. El punto de función proviene de las medidas del dominio de información y de una evaluación subjetiva de la complejidad del problema.

Las métricas de la calidad del software, como las métricas de productividad, se centran en el proceso, en el proyecto y en el producto. Desarrollando y analizando una línea base de métricas de calidad, una organización puede actuar con objeto de corregir esas áreas de proceso del software que son la causa de los defectos del software. En este capítulo, se estudian cuatro métricas de la calidad –corrección, facilidad de mantenimiento, integridad y facilidad de uso. Más adelante se tratarán métricas adicionales de la calidad.

La medición produce cambios culturales. La recopilación de datos, el cálculo de métricas y la evaluación de métricas son los tres pasos que deben implementarse al comenzar un programa de métricas. Los ingenieros del software y sus gestores pueden obtener una visión más profunda del trabajo que realizan y del producto que elaboran creando una línea base de métricas –una base de datos que contenga mediciones del proceso y del producto.

REFERENCIAS

[ALB79] ALBRETCH, A. J., «Measuring Application Development Productivity», *Proc. IBM Application Development Symposium*, Monterrey, CA, octubre 1979, págs. 83-92.

[ALB83] ALBRETCH, A. J. y J. E. GAFFNEY, «Software Function, Source Lines of Code and Development Effort Prediction: A Software Science Validation», *IEEE Trans. Software Engineering*, noviembre 1983, págs. 639-648-

[ART85] ARTHUR, L. J., *Measuring Programmer Productivity and Software Quality*, Wiley-Interscience 1985.

[BAS78] BASILI, V. y M. ZELKOWITZ, «Analyzing Medium Scale Software development», *Proc. 3.nd Intl. Conf. Software Engineering*, IEEE, 1978, págs. 116-123.

[BOE81] BOEHM, B, *Software Engineering Economics*, Prentice-Hall, 1981.

[GIL88] GILB, T., *Principles of Software Proyect Management*, Addison-Wesley 1988.

[GRA87] GRADY, R. B. y CASWELL, D. L., *Software Metrics: Establishing a Company-Wide Program*, Prentice-Hall, 1987.

[GRA92] GRADY, R. B., *Practical Software Metrics for Management and Process Improvement*, Prentice-Hall, 1992.

[GRA94] GRADY, R. B., «Succesfully Applying Software Metrics», *Computer*, vol. 27, no. 9, septiembre 1994, págs. 18-25.

[HET93] HETZEL, W., *Making Software Measurement Work*, QED Publishing Group, 1993.

[HUM95] HUMPHREY, W., *A Discipline for Software Engineering*, Addison-Wesley, 1995.

[IEE93] *IEE Software Engineering Standards*, Std. 610.12-1990, págs. 47-48.

[IFP94] *Function Point Counting Practices Manual*, Release 4.0, International Function Point Users Group, (IFPUG), 1994.

[JON86] JONES, C., *Programming Productivity*, McGraw-Hill, 1986.

[JON91] JONES, C., *Applied Software Measurement*, McGraw-Hill, 1991.

[MCC78] MCCALL, J. A., y J. P. CAVANO, «A Framework for the Measurement of Software Quality», *ACM Software Quality Assurance Workshop*, noviembre 1978.

[PAU94] PAULISH, D., y A. CARLETON, «Case Studies of Software Process Improvement Measurement», *Computer,* vol. 27, no. 9, septiembre 1994, págs. 50-57.

[RAG95] RAGLAND, B., «Measure, Metric or Indicator: What's the Difference?», *Crosstalk*, vol. 8, no. 3, marzo 1995, págs. 29-30.

[TAJ81] TAJIMA, B. y T. MATSUBARA, «The Computer Software Industry in Japan», *Computer*, mayo 1981, pág. 96.

[WHI95] WHITMIRE, S. A. «An Introduction to 3D Function Points», *Software Development*, abril 1995, págs. 43-53.

PROBLEMAS Y PUNTOS PARA CONSIDERAR

4.1. Sugiera tres medidas, tres métricas y los indicadores correspondientes que se podrían utilizar para evaluar un automóvil.

4.2. Sugiera tres medidas, tres métricas y los indicadores correspondientes que se podrían utilizar para evaluar el departamento de servicios de un concesionario de automóviles.

4.3. Describa, con sus propias palabras, la diferencia entre métricas del proceso y del proyecto

4.4. ¿Por qué las métricas del software deberían mantenerse privadas? Proporcione ejemplos de tres métricas que debieran ser privadas. Proporcione ejemplos de tres métricas que debieran ser públicas.

4.5. Obtenga una copia de [HUM95] y escriba un resumen en una o dos páginas que esquematice el enfoque PSP.

4.6. Grady sugiere una etiqueta para las métricas del software. ¿Puede añadir más reglas a las señaladas en la Sección 4.2.1?

4.7. Intente completar el diagrama en espina de la Figura 4.3. Esto es, siguiendo el enfoque utilizado para especificaciones «Incorrectas», proporcione información análoga para «Perdido», «Ambiguo» y «Cambios».

4.8. ¿Qué es una medida indirecta y por qué son comunes tales cambios en un trabajo de métricas de software?

4.9. El equipo A encontró 342 errores durante el proceso de ingeniería del software antes de entregarlo. El equipo B encontró 184 errores. ¿Qué medidas adicionales se tendrían que tomar para que los proyectos A y B determinen qué equipos eliminaron los errores más eficientemente? ¿Qué métricas propondría para ayudar a tomar determinaciones? ¿Qué datos históricos podrían ser útiles?

4.10. Presente un argumento en contra de las líneas de código como una medida de la productividad del software. ¿Se va a sostener su propuesta cuando se consideren docenas o cientos de proyectos?

4.11. Calcule el valor del punto de función de un proyecto con las siguientes características del dominio de información:

Número de entradas de usuario: 32.
Número de salidas de usuario: 60.
Número de peticiones de usuario: 24.
Número de archivos: 8
Número de interfaces externos: 2.

Asuma que todos los valores de ajuste de complejidad están en la media. Asuma que se han encontrado 14 algoritmos. Calcule el valor de punto de característica bajo las mismas condiciones.

4.12. Calcule el valor de punto de función de un sistema empotrado con las características siguientes:

Estructuras de datos interna: 6.
Estructuras de datos externa: 3.
Números de entradas de usuario: 12.
Número de salidas de usuario: 60.
Número de peticiones de usuario: 9.
Número de interfaces externo: 3.
Transformaciones: 36.
Transiciones: 24.

Asuma que la complejidad de las cuentas anteriores se divide de igual manera entre bajo, medio y alto.

4.13. El software utilizado para controlar una fotocopiadora avanzada requiere 32.000 líneas de C y 4.200 líneas de un lenguaje especializado tipo L4G. Estime el número de puntos de función del software de la fotocopiadora.

4.14. McCall y Cavano (Sección 4.5.1) definen un «marco de trabajo» de la calidad del software. Con la utilización de la información de este libro y de otros se amplía los tres «puntos de vista» importantes dentro del conjunto de factores y de métricas de calidad.

4.15. Desarrolle sus propias métricas (no utilice las presentadas en este capítulo) de corección, facilidad de mantenimiento, integridad y facilidad de uso. Asegúrese de que se pueden traducir en valores cuantitativos.

4.16. ¿Es posible que los desperdicios aumenten mientras que disminuyen defectos/KLDC?

4.17. ¿Tiene algún sentido la medida LDC cuando se utiliza el lenguaje de cuarta generación? Explíquelo.

4.18. Escriba un esquema con los resultados de los estudios de la productividad del software (consulte otras lecturas). ¿Existe algo en común entre los resultados?

4.19. Recopile métricas de software de varios proyectos, de 2 a 5, en los que haya trabajado. Entre la información básica se debería incluir el coste (si es aplicable), LDC o puntos de función, esfuerzo (persona-mes), un indicador de la complejidad (escala 1 a 10) y el tiempo cronológico hasta que se completa. Combine sus datos con información de otros estudiantes o colegas, y determine una línea base de métricas de clase.

4.20. Realice una presentación que se pueda utilizar para convencer a los gestores de que la medición sería una actividad valiosa. Asegúrese de utilizar un argumento cuantitativo. Preséntela a su clase.

OTRAS LECTURAS Y FUENTES DE INFORMACIÓN

La mejora del proceso del software ha recibido una significativa atención en los últimos años. Los libros de HUMPHREY [HUM95], YEH (*Software Process Control*, McGraw-Hill, 1993), HETZEL [HET93], y GRADY [GRA92] estudian cómo se pueden utilizar las métricas del software para proporcionar los indicadores necesarios que mejoren el proceso del software. PUTNAM y MYERS (*Executive Briefing: Controlling Software Development*, IEEE Computer Society, 1996) y PULFORD y sus colegas (*A Quantitative Approach to Software Management*, Addison-Wesley, 1996) estudian las métricas del proceso y su uso desde el punto de vista de la gestión.

WEINBERG (*Quality Software Management*, Volume 2: First Order Measurement, Dorset House, 1993) presenta un modelo útil para observar proyectos de software, asegurándose el significado de la observación, y determinando el significado de las decisiones tácticas y estratégicas. GARMUS y HERRON (*Measuring the Software Process*, Prentice-Hall, 1996) trata las métricas del proceso en el análisis del punto de función. El Software Productivity Consortium (*The Software Measurement Guidebook*, Thomson Computer Press, 1995) proporciona sugerencias útiles para instituir un enfoque efectivo de métricas.

En la última década han surgido muchos informes de la industrias y libros guías de métricas, publicados por el Departamento de Defensa y por centros de investigación del gobierno/industria. Entre las muestras se incluyen:

ANEEDS, D., *Software Proyect Management Using Effective Process Metrics: The CCPDS-R Experience*, TRW-TS-89-01, TRW Systems Engineering & Development Division, noviembre 1989.

CARLETON, A. D., et al., *Software Mearument for DoD Systems: Recommendations for Initial Core Measures*, CUM/SEI-92-TR-19, Carnegie-Mellon University Software Engineering Institute, septiembre 1992.

FLORAC, W. A., Software Quality Measurement: A Framework for Counting Problems and defects, CMU/SEI-92-TR-22, Carnegie-Mellon University, Software Engineering Institute, septiembre 1992.

Metrics Reporting guidebook, Version 1.1, Defense Information Systems Agency, preparado por Mitre Corp., mayo 1994.

Metrics Starter Kit and Guidelines, Software Technology Support Center, Hill AFB, TU, 1994.

En Internet, los informes de investigación y los punteros de información de las métricas del software están disponibles en el Software Engineering Laboratory:

http://fdd.gsfc.nasa.gov/seltext.html

El U.S Amy Software Metric System Web contiene una variedad de información útil en métricas del proceso:

http://www.army.mil/optec-pg/homepage.htm

Un listado completo de libros de texto y papeles sobre métricas del proceso se pueden obtener en:

http://www.rai.com/soft_eng/sme.html

Se ha establecido una lista de correo de Listsery que afronta métricas del punto de función. Para suscribirse, envíe un correo a: cim **@crim.ca**

TEMA: «ninguno» (este campo debe estar vacío)
CONTENIDO: SUB FUNCTION.POINT.LIST «Su nombre»

Una lista actualizada de referencias World Wide Web de métricas del proceso de software se puede encontrar en: **http://www.rspa.com**

CAPÍTULO 5
PLANIFICACIÓN DE PROYECTOS DE SOFTWARE

El proceso de gestión del proyecto de software comienza con un conjunto de actividades que, globalmente, se denominan *planificación del proyecto*. La primera de estas actividades es la *estimación*. Siempre que estimamos, echamos un vistazo al futuro y aceptamos resignados cierto grado de incertidumbre. Citando a Frederick Brooks [BRO75]:

> Nuestras técnicas de estimación están pobremente desarrolladas. Y lo que es peor, inherentemente reflejan una suposición que es bastante falsa, la de que todo irá bien... Como no estamos seguros de nuestras estimaciones, los gestores del software a menudo no son capaces de convencer a la gente de que pueden esperar un buen producto.

Aunque la estimación es más un arte que una ciencia, es una actividad importante que no debe llevarse a cabo de forma descuidada. Existen técnicas útiles para la estimación de costes y de tiempos. Y, dado que la estimación es la base de todas las demás actividades de planificación del proyecto y sirve como guía para una buena ingeniería del software, no es en absoluto aconsejable embarcarse sin ella.

5.1. OBSERVACIONES SOBRE LA ESTIMACIÓN

A un destacado ejecutivo se le preguntó una vez por la característica más importante que debe tener un gestor de proyectos. Respondió: «...una persona con la habilidad de saber qué es lo que va a ir mal antes de que ocurra...». Debemos añadir: «...y con el coraje para hacer estimaciones cuando el futuro no está claro...».

La estimación de recursos, costes, y planificación temporal de un esfuerzo en desarrollo de software requiere experiencia, acceder a una buena información histórica y el coraje de confiar en medidas cuantitativas cuando todo lo que existe son datos cualitativos. La estimación conlleva un riesgo inherente[1] y es este riesgo el que lleva a la incertidumbre.

La *complejidad del proyecto* tiene un gran efecto en la incertidumbre, que es inherente en la planificación. Sin embargo, la complejidad es una medida relativa que se ve afectada por la familiaridad con esfuerzos anteriores. Se podría percibir una aplicación en tiempo real como «excesivamente compleja» para un grupo de software que haya desarrollado anteriormente sólo aplicaciones *batch* (por lotes). La misma aplicación se podría percibir como «corriente y moliente» para un grupo de software que se haya visto muy implicado en el control de procesos de alta velocidad. Se han propuesto una serie de medidas cuantitativas de la complejidad del software (Capítulos 18 y 23). Tales medidas se aplican en el nivel de diseño y de codificación, y por consiguiente son difíciles de utilizar durante la planificación de software (antes de que exista un diseño o un código). Sin embargo, al comienzo del proceso de planificación se pueden establecer otras valoraciones de complejidad más subjetivas (p. ej., los factores de ajuste de la complejidad del punto de función descritos en el Capítulo 14).

El *tamaño del proyecto* es otro factor importante que puede afectar a la precisión de las estimaciones. A medida que el tamaño aumenta, crece rápidamente la interdependencia entre varios elementos del software[2]. El problema de la des-

---

[1] En el Capítulo 6 se presentan técnicas sistemáticas de análisis de riesgos.

[2] El tamaño aumenta a menudo, debido al «arrastre de ámbito» que aparece cuando el cliente cambia los requisitos. Incrementos en el tamaño del proyecto puede tener un impacto geométrico en el coste y la planificación del proyecto [MAH96].

composición, un enfoque importante hacia la estimación, se hace más difícil porque los elementos descompuestos pueden ser todavía excesivamente grandes. Parafraseando la ley de Murphy: «lo que pueda ir mal irá mal», y si hay más cosas que puedan fallar, más cosas fallarán.

El grado de incertidumbre estructural tiene también efecto en el riesgo de la estimación. En este contexto, la estructura se refiere al grado en el que los requisitos se han definido, la facilidad con la que pueden compartimentalizarse funciones, y la naturaleza jerárquica de la información que debe procesarse.

La disponibilidad de información histórica también determina el riesgo de la estimación. Santayana en una ocasión dijo: «Aquellos que no pueden recordar el pasado están condenados a repetirlo». Al mirar atrás, podemos emular lo que se ha trabajado y evitar las áreas en donde surgieron problemas. Cuando se dispone de las métricas completas de software de proyectos anteriores (Capítulo 4), se pueden hacer estimaciones con mayor seguridad; establecer planificaciones para evitar dificultades anteriores, y así reducir el riesgo global.

El riesgo se mide por el grado de incertidumbre en las estimaciones cuantitativas establecidas por recursos, coste y planificación temporal. Si no se entiende bien el ámbito del proyecto o los requisitos del proyecto están sujetos a cambios, la incertidumbre y el riesgo son peligrosamente altos. El planificador del software debería solicitar definiciones completas de rendimiento y de interfaz (dentro de una especificación de sistema). El planificador y, lo que es más importante, el cliente, deben tener presente que cualquier cambio en los requisitos del software significa inestabilidad en el coste y en la planificación temporal.

Como observación final sobre la estimación, se tienen que tener en cuenta las palabras de Aristóteles (330 a. C.):

> Es característico de una mente instruida que descansa con el grado de precisión que admite la naturaleza de cada asunto, y no buscar la exactitud cuando sólo es posible una aproximación a la verdad...

Un gestor de proyecto no debería obsesionarse con la estimación. Los enfoques modernos de ingeniería del software (p. ej., modelos de procesos evolutivos) toman un punto de vista iterativo del desarrollo. En tales enfoques, es posible[3] revisar la estimación (a medida que se conoce más información), y variarla cuando el cliente haga cambios de requisitos.

[3] Esto no significa que siempre sea aceptable políticamente modificar las estimaciones iniciales. Una organización de software madura y sus gestores reconocen que el cambio no es libre. Y sin embargo, muchos clientes solicitan (incorrectamente) que una estimación hecha una vez debería mantenerse independientemente de que las circunstancias cambien.

5.2. OBJETIVOS DE LA PLANIFICACIÓN DEL PROYECTO

El objetivo de la planificación del proyecto de software es proporcionar un marco de trabajo que permita al gestor hacer estimaciones razonables de recursos, coste, y planificación temporal. Estas estimaciones se hacen dentro de un marco de tiempo limitado al comienzo de un proyecto de software, y deberían actualizarse regularmente a medida que progresa el proyecto. Además, las estimaciones deberían definir los escenarios del «mejor caso» y «peor caso» de forma que los resultados del proyecto pueden limitarse.

El objetivo de la planificación se logra mediante un proceso de descubrimiento de la información que lleve a estimaciones razonables. En las secciones siguientes, se estudian cada una de las actividades asociadas a la planificación del proyecto de software.

5.3. ÁMBITO DEL SOFTWARE

La primera actividad de la planificación del proyecto de software es determinar el *ámbito del software*. Se deben evaluar la función y el rendimiento que se asignaron al software durante la ingeniería del sistema de computadora (Capítulo 10), para establecer un ámbito de proyecto que no sea ambiguo, ni incomprensible para directivos y técnicos.

El ámbito del software describe la función, el rendimiento, las restricciones, las interfaces y la fiabilidad. Se evalúan las *funciones* descritas en el enunciado del ámbito, y en algunos casos se refinan para dar más detalles antes del comienzo de la estimación. Dado que las estimaciones del coste y de la planificación temporal están orientadas a la función, muchas veces es útil llegar a un cierto grado de descomposición. Las consideraciones de *rendimiento* abarcan los requisitos de tiempo de respuesta y de procesamiento. Las *restricciones* identifican los límites del software originados por el hardware externo, por la memoria disponible y por otros sistemas existentes.

5.3.1. Obtención de la información necesaria para el ámbito

Al principio de un proyecto de software las cosas siempre están un poco borrosas. Se ha definido una necesidad y se han enunciado las metas y objetivos básicos, pero todavía no se ha definido la información necesaria para definir el ámbito (prerrequisito para la estimación).

La técnica utilizada con más frecuencia para acercar al cliente y al desarrollador, y para hacer que comience el proceso de comunicación es establecer una reunión o una entrevista preliminar. La primera reunión entre un ingeniero de software (el analista) y el cliente puede compararse a la primera cita entre adolescentes. Ninguna persona sabe lo que decir o preguntar; ambos están preocupados por si lo que dicen es malinterpretado; ambos están pensando hasta dónde podría llegar (probablemente los dos tienen aquí diferentes expectativas); ambos quieren quitárselo pronto de encima; pero al mismo tiempo quieren que salga bien.

Sin embargo, se debe iniciar la comunicación. Gause y Weinberg [GAU89] sugieren que el analista comience haciendo *preguntas de contexto libre*. Es decir, una serie de preguntas que lleven a un entendimiento básico del problema, p. ej., las personas que están interesadas en la solución, la naturaleza de la solución que se desea, y la efectividad prevista del primer encuentro.

El primer conjunto de cuestiones de contexto libre se centran en el cliente, en los objetivos globales y en los beneficios. Por ejemplo, el analista podría preguntar:

- ¿Quién está detrás de la solicitud de este trabajo?
- ¿Quién utilizará la solución?
- ¿Cuál será el beneficio económico de una buena solución?
- ¿Hay otro camino para la solución?

Las preguntas siguientes permiten que el analista comprenda mejor el problema y que el cliente exprese sus percepciones sobre una solución:

- ¿Cómo caracterizaría [el cliente] un resultado «correcto» que se generaría con una solución satisfactoria?
- ¿Con qué problema(s) se enfrentará esta solución?
- ¿Puede mostrarme (o describirme) el entorno en el que se utilizará la solución?
- ¿Hay aspectos o limitaciones especiales de rendimiento que afecten a la forma en que se aborde la solución?

La última serie de preguntas se centra en la efectividad de la reunión. Gause y Weinberg las llaman «meta-cuestiones» y proponen la lista siguiente (abreviada):

- ¿Es usted la persona apropiada para responder a estas preguntas? ¿Son «oficiales» sus respuestas?
- ¿Son relevantes mis preguntas para su problema?
- ¿Estoy realizando muchas preguntas?
- ¿Hay alguien más que pueda proporcionar información adicional?
- ¿Hay algo más que debiera preguntarle?

Estas preguntas (y otras) ayudarán a «romper el hielo» y a iniciar la comunicación esencial para establecer el ámbito del proyecto. Sin embargo, una reunión basada en preguntas y respuestas no es un enfoque que haya tenido un éxito abrumador. En realidad, la sesión P&R sólo se debería utilizar para el primer encuentro, reemplazándose posteriormente por un tipo de reunión que combine elementos de resolución de problemas, negociación y especificación.

Un grupo de investigadores independientes ha desarrollado un enfoque orientado al equipo para la recopilación de requisitos que pueden aplicarse para ayudar a establecer el ámbito de un proyecto[4]. Las técnicas llamadas *técnicas útiles para la especificación de aplicaciones (TUEA) (facilitated application specification techniques [FAST])*, pertenecen a un enfoque que alienta a la creación de un equipo compuesto de clientes y de desarrolladores que trabajen juntos para identificar el problema, proponer elementos de solución, negociar diferentes enfoques y especificar un conjunto preliminar de requisitos.

5.3.2. Un ejemplo de ámbito

La comunicación con el cliente lleva a una definición de datos, funciones, y comportamiento a implementarse, y de información sobre el rendimiento y limitaciones que delimitan el sistema. Como ejemplo, consideremos el software que se debe desarrollar para controlar un sistema de clasificación de cinta transportadora (SCCT). La especificación del ámbito del SCCT es la siguiente:

> El sistema de clasificación de cinta transportadora (SCCT) clasifica las cajas que se mueven por una cinta transportadora. Cada caja estará identificada por un código de barras que contiene un número de pieza y se clasifica en uno de seis compartimentos al final de la cinta. Las cajas pasarán por una estación de clasificación que consta de un lector de código de barras y un PC. El PC de la estación de clasificación está conectado a un mecanismo de maniobra que clasifica las cajas en los compartimentos. Las cajas pasan en orden aleatorio y están espaciadas uniformemente. La cinta se mueve a cinco pies por minuto. En la Figura 3.2 está representado esquemáticamente el SCCT.
>
> El software del SCCT debe recibir información de entrada de un lector de código de barras a intervalos de tiempo que se ajusten a la velocidad de la cinta transportadora. Los datos en código de barras se decodifican al formato de identificación de caja. El software llevará a cabo una inspección en la base de datos de 1000 entradas para determinar la posición del compartimento adecuado para la caja que se encuentre actualmente en el lector (estación de clasificación). La posición correcta del compartimento se pasará a un mecanismo de maniobra de ordenación que sitúa las cajas en el lugar adecuado. Se usará una lista para seguir la pista de las posiciones intermedias para cada caja a medida que pasa por la estación de clasificación. El software del SCCT recibirá tam-

---

[4] Se debería señalar que estas técnicas a menudo se ven como un primer paso del análisis de los requisitos que se estudia con más detalle en el Capítulo 11.

bién entrada de un tacómetro de pulsos que se utilizará para sincronizar la señal de control del mecanismo de maniobra. Basándonos en el número de pulsos que se generen entre la estación de clasificación y el mecanismo de maniobra, el software producirá una señal de control para que la maniobra sitúe adecuadamente la caja.

El planificador del proyecto examina la especificación del ámbito y extrae todas las funciones importantes del software. Este proceso, denominado *descomposición*, se trató en el Capítulo 3 y produce como resultado las funciones siguientes[5]:

FIGURA 5.1

Un sistema de clasificación de cinta transportadora

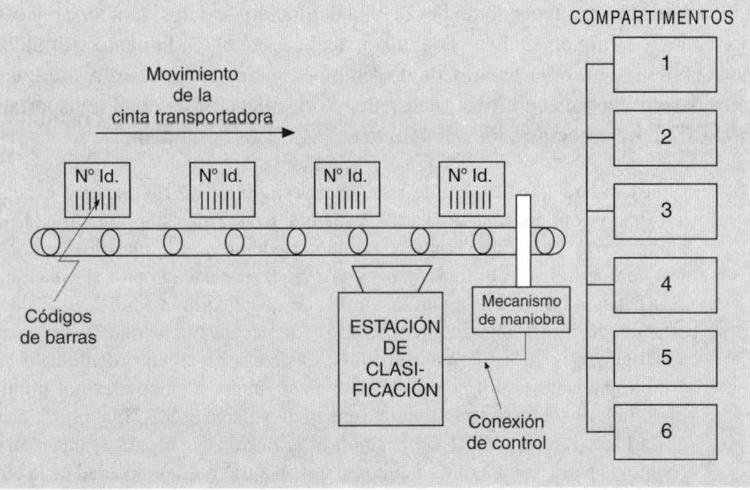

- Lectura de la entrada del código de barras.
- Lectura del tacómetro de pulsos.
- Descodificación de los datos del código de pieza.
- Búsqueda en la base datos.
- Determinación de la posición del comportamiento.
- Producción de la señal de control para el mecanismo de maniobra.

[5] En realidad, la descomposición funcional se hace durante la ingeniería del sistema (Capítulo 10). El planificador utiliza una información obtenida a partir de la *especificación del sistema* para definir funciones del software.

En este caso el rendimiento está determinado por la velocidad de la cinta transportadora. Se tiene que terminar el procesamiento de cada caja antes de que llegue la siguiente caja al lector de código de barras. El software del SCCT está limitado por el hardware al que tiene que acceder (el lector de código de barras, el mecanismo de maniobra, la computadora personal (PC), la memoria disponible y la configuración global de la cinta transportadora (cajas uniformemente espaciadas).

La función, el rendimiento y las restricciones se evalúan a la vez. Una misma función puede producir una diferencia de un orden de magnitud en el esfuerzo de desarrollo cuando se considera en un contexto con diferentes límites de rendimiento. El esfuerzo y los costes requeridos para desarrollar el software SCCT serían drásticamente diferentes si la función fuera la misma (p. ej.: la cinta transportadora siguiese colocando cajas en contenedores), pero el rendimiento variará. Por ejemplo, si la velocidad media de la cinta transportadora aumentara en un factor de 10 (rendimiento) y las cajas no estuvieran uniformemente espaciadas (una restricción), el software podría ser considerablemente más complejo –requiriendo, por tanto, un mayor esfuerzo de desarrollo. La función, el rendimiento y las restricciones están íntimamente relacionadas.

El software interactúa con otros elementos del sistema informático. El planificador considera la naturaleza y la complejidad de cada interfaz para determinar cualquier efecto sobre los recursos, los costes y la planificación temporal del desarrollo. El concepto de interfaz abarca lo siguiente: (1) hardware (por ejemplo: procesador, periféricos) que ejecuta el software, y los dispositivos (por ejemplo: máquinas, pantallas) que están controlados indirectamente por el software; (2) software ya existente (por ejemplo: rutinas de acceso a una base de datos, paquetes de subrutinas, sistemas operativos) que debe ser integrado con el nuevo software; (3) personas que hace uso del software por medio de terminales u otros medios de entrada/salida; (4) procedimientos que preceden o suceden al software en una secuencia de operaciones. En cada caso, debe comprenderse claramente la información que se transfiere a través de la interfaz.

El aspecto menos preciso del ámbito del software es el estudio de su fiabilidad. Existen medidas de la fiabilidad del software (consulte el Capítulo 17), pero rara vez se utilizan en esta etapa del proyecto. Las características de fiabilidad del hardware clásico, como es el tiempo medio entre fallos (TMEF), son difíciles de traducirse al ámbito del software. Sin embargo, la naturaleza general del software puede dictar consideraciones especiales para asegurar la fiabilidad. Por ejemplo, el software para un sistema de control de tráfico aéreo o de transporte espacial (sistemas ambos que involucran a personas) no puede fallar, ya que se perderían vidas humanas. Un sistema de control de inventario o un procesador de textos no debería fallar, pero el impacto del fallo es considerablemente menos dramático. Aunque puede no ser posible cuantificar la fiabilidad del software de forma tan exacta como quisiéramos, podemos utilizar la naturaleza del proyecto como ayuda para la formulación de estimaciones de esfuerzo y de coste que aseguren la fiabilidad.

Si se ha desarrollado adecuadamente la especificación del sistema (véase el Capítulo 10), casi toda la información requerida para la descripción del ámbito del software estará disponible y documentada antes de que comience la planificación del proyecto de software. En los casos en los que no haya sido desarrollada la especificación, el planificador debe hacer el papel del analista de sistemas para determinar las características y las restricciones que influirán en las tareas de estimación.

5.4. RECURSOS

La segunda tarea de la planificación del desarrollo de software es la estimación de los recursos requeridos para acometer el esfuerzo de desarrollo de software. La Figura 5.2 ilustra los recursos de desarrollo en forma de pirámide. En la base de la pirámide de recursos se encuentra el *entorno de desarrollo* –hardware y software– que proporciona la infraestructura de soporte al esfuerzo de desarrollo. En un nivel más alto se encuentran los *componentes de software reutilizables* –los bloques de software que pueden reducir drásticamente los costes de desarrollo y acelerar la entrega. En la parte más alta de la pirámide está el recurso primario –las *personas*. Cada recurso queda especificado mediante cuatro características: descripción del recurso, informe de disponibilidad, fecha cronológica en la que se requiere el recurso, tiempo durante el que será aplicado el recurso. Las dos últimas características pueden verse como una *ventana temporal*. La disponibilidad del recurso para una ventana específica tiene que establecerse lo más pronto posible.

FIGURA 5.2

Recursos

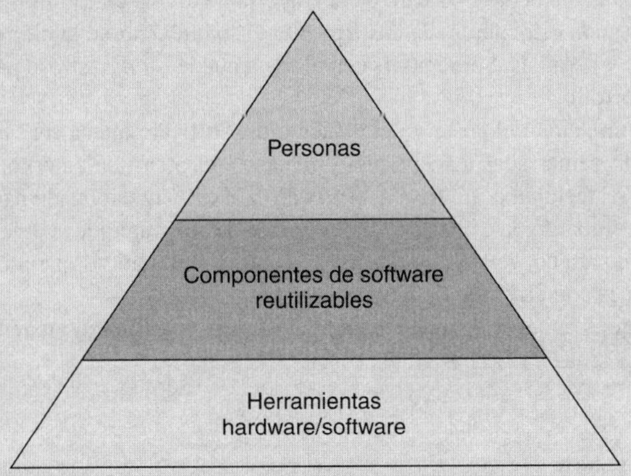

5.4.1. Recursos humanos

El encargado de la planificación comienza elevando el ámbito y seleccionando las habilidades técnicas que se requieren para llevar a cabo el desarrollo. Hay que especificar la posición dentro de la organización (p. ej.: ingeniero de software experimentado) y la especialidad (p. ej.: telecomunicaciones, bases de datos, microprocesadores). Para proyectos relativamente pequeños (una persona-año o menos) una sola persona puede llevar a cabo todos los pasos de ingeniería del software, consultando con especialistas siempre que requiera.

El número de personas requerido para un proyecto de software sólo puede ser determinado después de hacer una estimación del esfuerzo de desarrollo (por ejemplo, personas-mes o personas-año). Estas técnicas de estimación del esfuerzo se estudiarán después en este mismo capítulo.

5.4.2. Recursos de software reutilizables

Cualquier estudio sobre recursos de software estaría incompleto sin estudiar la reutilización, esto es, la creación y la reutilización de bloques de construcción de software [HOO91]. Tales bloques deben establecerse en catálogos para una consulta más fácil, estandarizarse para una fácil aplicación y validarse para la también fácil integración.

Bennatan [BEN92] sugiere cuatro categorías de recursos de software que se deberían tener en cuenta a medida que se avanza con la planificación:

Componentes ya desarrollados. El software existente se puede adquirir de una tercera parte o provenir de uno desarrollado internamente para un proyecto anterior. Estos componentes están listos para utilizarse en el proyecto actual y se han validado totalmente.

Componentes ya experimentados. Las especificaciones, diseños, código o datos de prueba existentes y desarrollados para proyectos anteriores que son similares al software que se va a construir para el proyecto actual. Los miembros del equipo de software actual ya han tenido la experiencia completa en el área de la aplicación representada para estos componentes. Las modificaciones, por tanto, requeridas para componentes de total experiencia, tendrán un riesgo relativamente bajo.

Componentes con experiencia parcial. Las especificaciones, los diseños, código o los datos de prueba existentes desarrollados para proyectos anteriores que se relacionan con el software que se va a construir para el proyecto actual, pero que requerirán una modificación sustancial. Los miembros del equipo de software actual han limitado su experiencia sólo al área de aplicación representada por estos componentes. Las modifcaciones, por tanto, requeridas para componentes de experiencia parcial tendrán bastante grado de riesgo.

Componentes nuevos. Los componentes de software que el equipo de software debe construir específicamente para las necesidades del proyecto actual.

Deberían considerarse las directrices siguientes por el planificador de software cuando los componentes reutilizables se especifiquen como recurso:

1. Si los componentes ya desarrollados cumplen los requisitos del proyecto, adquiéralos. El coste de la adquisición y de la integración de los componentes ya desarrollados serán casi siempre menores que el coste para desarrollar el software equivalente[6]. Además, el riesgo es relativamente bajo.
2. Si se dispone de componentes ya experimentados, los riesgos asociados a la modificación y a la integración generalmente se aceptan. El plan del proyecto debería reflejar la utilización de estos componentes.
3. Si se dispone de componentes de experiencia parcial para el proyecto actual, su uso se debe analizar con detalle. Si antes de que se integren adecuadamente los componentes con otros elementos del software se requiere una gran modificación, proceda cuidadosamente. El coste de modificar los componentes de experiencia parcial algunas veces pueden ser mayores que el coste de desarrollar componentes nuevos.

De forma irónica, a menudo se descuida la utilización de componentes de software reutilizables durante la planificación, llegando a convertirse en la preocupación primordial durante la fase de desarrollo del proceso de software. Es mucho mejor especificar al principio las necesidades de recursos del software. De esta forma se puede dirigir la evaluación técnica de alternativas y puede tener lugar la adquisición oportuna.

[6] Cuando los componentes de software existentes se utilizan durante un proyecto, la reducción global del coste puede ser importante. En efecto, los datos de la industria indican que el coste, el tiempo de adquisición, y el número de defectos entegados al consumidor se reducen [MAH96].

5.4.3. Recursos de entorno

El entorno es donde se apoya el proyecto de software, llamado a menudo *entorno de ingeniería del software (EIS)*, incorpora hardware y software. El hardware proporciona una plataforma con las herramientas (software) requeridas para producir los productos que son el resultado de una buena práctica de la ingeniería del software[7]. Como la mayoría de las organizaciones de software tienen muchos aspectos que requieren acceso a EIS, un planificador de proyecto debe determinar la ventana temporal requerida para el hardware y el software, y verificar que estos recursos estarán disponibles.

Cuando a un sistema basado en computadora (que incorpora hardware y software especializado) le va a ser aplicado ingeniería, el equipo de software puede requerir acceso a los elementos en desarrollo por otros equipos de ingeniería. Por ejemplo, el software para un control numérico (CN) utilizado en una clase de máquina herramienta puede requerir una máquina herramienta específica (por ejemplo, un CN) como parte del paso de prueba de validación; un proyecto de software para la composición automatizada puede necesitar un compositor de fotografías en algún punto durante el desarrollo. Cada elemento de hardware debe ser especificado por el planificador del proyecto de software.

5.5. ESTIMACIÓN DEL PROYECTO DE SOFTWARE

Al principio, el coste del software constituía un pequeño porcentaje del coste total de los sistemas basados en computadora. Un error considerable en las estimaciones del coste del software tenía relativamente poco impacto. Hoy en día, el software es el elemento más caro de la mayoría de los sistemas informáticos. Un gran error en la estimación del coste puede ser lo que marque la diferencia entre beneficios y pérdidas. Sobrepasarse en el coste puede ser desastroso para el equipo de desarrollo.

La estimación del coste y del esfuerzo del software nunca será una ciencia exacta. Son demasiadas las variables –humanas, técnicas, de entorno, políticas– que pueden afectar al coste final del software y al esfuerzo aplicado para desarrollarlo. Sin embargo, la estimación del proyecto de software puede dejar de ser un oscuro arte para convertirse en una serie de pasos sistemáticos que proporcionen estimaciones con un grado de riesgo aceptable.

Para realizar estimaciones seguras de costes y esfuerzos tenemos varias opciones posibles:

[7] Otro hardware –el *entorno destino*– es la computadora sobre la que se va a ejecutar el software al entregarse al usuario final.

1. Dejar la estimación para más adelante (obviamente, ¡podemos realizar una estimación al cien por cien fiable tras haber terminado el proyecto!).
2. Basar las estimaciones en proyectos similares ya terminados.
3. Utilizar «técnicas de descomposición» relativamente sencillas para generar las estimaciones de coste y de esfuerzo del proyecto.
4. Desarrollar un modelo empírico para el cálculo de costes y esfuerzos del software.

Desafortunadamente, la primera opción, aunque atractiva, no es práctica. Las estimaciones de costes han de ser proporcionadas *a priori*. Sin embargo, hay que reconocer que cuanto más tiempo esperemos, más cosas sabremos, y cuanto más sepamos, menor será la probabilidad de cometer serios errores en nuestras estimaciones.

La segunda opción puede funcionar razonablemente bien si el proyecto actual es bastante similar a los esfuerzos pasados y si otras influencias del proyecto (p. ej.: el cliente, las condiciones de gestión, el EIS, las fechas límites) son similares. Desafortunadamente, la experiencia anterior no ha sido siempre un buen indicador de futuros resultados.

Las opciones restantes son métodos viables para la estimación del proyecto de software. Desde un punto de vista ideal, se deben aplicar conjuntamente las técnicas indicadas, usando cada una de ellas como comprobación de las otras. Las *técnicas de descomposición* utilizan un enfoque de «divide y vencerás» para la estimación del proyecto de software. Mediante la descomposición del proyecto en sus funciones principales y en las tareas de ingeniería del software correspondientes, la estimación del coste y del esfuerzo puede realizarse de una forma escalonada idónea. Se pueden utilizar los *modelos empíricos de estimación* como complemento de las técnicas de descomposición, ofreciendo un enfoque de estimación potencialmente valioso por derecho propio. Cada modelo se basa en la experiencia (datos históricos) y toma como base:

$$d = f(v_i)$$

donde d es uno de los valores estimados (por ejemplo, esfuerzo, coste, duración del proyecto) y los v_i son determinados parámetros independientes (por ejemplo, LDC o PF estimados).

Las herramientas automáticas de estimación implementan una o varias técnicas de descomposición o modelos empíricos. Cuando se combinan con una interfaz interactiva hombre-máquina, las herramientas automáticas son una opción atractiva para la estimación. En sistemas de este tipo, se describen las características de la organización de desarrollo (por ejemplo, la experiencia, el entorno) y el software a desarrollar. De estos datos se obtienen las estimaciones de coste y de esfuerzo.

Cada una de las opciones viables para la estimación de costes del software, sólo será buena si los datos históricos que se utilizan como base de la estimación son buenos. Si no existen datos históricos, la estimación del coste descansará sobre una base muy inestable. En el Capítulo 4 examinamos las características de los datos de productividad del software y cómo pueden utilizarse como base histórica para la estimación.

5.6. TÉCNICAS DE DESCOMPOSICIÓN

La estimación de proyectos de software es una forma de resolución de problemas y, en la mayoría de los casos, el problema a resolver (es decir, desarrollar estimaciones de coste y de esfuerzo para un proyecto de software) es demasiado complejo para considerarlo como un todo. Por esta razón, descomponemos el problema, volviéndolo a definir como un conjunto de pequeños problemas (esperando que sean más manejables).

En el Capítulo 3, se estudió el enfoque de descomposición desde dos puntos de vista diferentes: descomposición del problema y descomposición del proceso. La estimación hace uso de una o ambas formas de particionamiento. Pero antes de hacer una estimación, el planificador del proyecto debe comprender el ámbito del software a construir y generar una estimación de su «tamaño».

5.6.1. Tamaño del software

La precisión de una estimación del proyecto de software se predice basándose en una serie de cosas: (1) el grado en el que el planificador ha estimado adecuadamente el tamaño del producto a construir; (2) la habilidad para traducir la estimación del tamaño en esfuerzo humano, tiempo y dinero (una función de la disponibilidad de métricas fiables de software de proyectos anteriores); (3) el grado en el que el plan del proyecto refleja las habilidades del equipo de software; (4) la estabilidad de los requisitos del software y el entorno que soporta el esfuerzo de la ingeniería del software.

En esta sección, consideramos el problema del *tamaño del software*. Como una estimación del proyecto es tan buena como la estimación del tamaño del trabajo que va a llevarse a cabo, el tamaño representa el primer reto importante del planificador de proyectos. En el contexto de la planificación de proyectos, el tamaño se refiere a una producción cuantificable del proyecto de software. Si se toma un enfoque directo, el tamaño se puede medir en LDC. Si se selecciona un enfoque indirecto, el tamaño se representa como PF.

Putnam y Myers [PUT92] sugieren cuatro enfoques diferentes del problema del tamaño:

Tamaño en «lógica difusa». Este enfoque utiliza las técnicas aproximadas de razonamiento que son la piedra angular de la lógica difusa. Para aplicar este enfoque, el planificador debe identificar el tipo de aplicación, establecer su magnitud en una escala cuantitativa y refinar la magnitud dentro del rango original. Aunque se puede utilizar la experiencia personal, el planificador también debería tener acceso a una base de datos histórica de proyectos[8] para que las estimaciones se puedan comparar con la experiencia real.

Tamaño en punto de función. El planificador desarrolla estimaciones de características del dominio de información estudiadas en el Capítulo 4.

Tamaño de componentes estándar. El software se compone de un número de «componentes estándar» que son genéricos para un área en particular de la aplicación. Por ejemplo, los componentes estándar de un sistema de información son módulos de subsistemas, pantallas, informes, programas interactivos, programas por lotes, archivos, LDC, e instrucciones para objetos. El planificador de proyectos estima el número de incidencias de cada uno de los componentes estándar, y utiliza datos de proyectos históricos para determinar el tamaño de entrega por componente estándar. Para ilustrarlo, considere una aplicación de sistemas de información. El planificador estima que se generarán 18 informes. Los datos históricos indican que por informe se requieren 967 líneas de Cobol [PUT92]. Esto permite que el planificador estime que se requieren 17.000 LDC para el componente de informes. Para otros componentes estándar se hacen estimaciones y cálculos similares, y se producen resultados combinandos de valores de tamaños (ajustados estadísticamente).

Tamaño del cambio. Este enfoque se utiliza cuando un proyecto acompaña la utilización de software existente que se debe modificar de alguna manera como parte del proyecto. El planificador estima el número y tipo (p. ej.: reutilización, añadir código, cambiar código, suprimir código) de modificaciones que se deben llevar a cabo. Mediante una «proporción de esfuerzo» [PUT92] para cada tipo de cambio, se puede estimar el tamaño del cambio.

Putnam y Myers sugieren que los resultados de cada uno de los métodos de tamaño señalados anteriormente se combinan estadísticamente para crear una estimación de *tres puntos* o de *valor esperado*. Esto se lleva a cabo desarrollando valores de tamaño optimistas (bajos), y más probables, y pesimistas (altos), y se combinan utilizando la ecuación (5.1) que se describen en la sección siguiente.

[8] Consulte la Sección 5.9 que trata brevemente las herramientas que soportan la dimensión de lógica difusa y las otras técnicas estudiadas en esta sección.

5.6.2. Estimación basada en el problema

En el Capítulo 4, las líneas de código (LDC) y los puntos de función (PF) se describieron como medidas básicas desde donde se calculan métricas de productividad. Los datos de LDC y PF se utilizan de dos formas durante la estimación del proyecto de software: (1) como una *variable de estimación* que se utiliza para «dimensionar» cada elemento del software, y (2) como *métricas de línea base* recopiladas de proyectos anteriores y utilizadas junto con variables de estimación para desarrollar proyecciones de coste y de esfuerzo.

Las estimaciones de LDC y PF son técnicas de estimación distintas, a pesar de que ambas tienen varias características en común. El planificador del proyecto comienza con un enfoque limitado para el ámbito del software y desde esta sentencia intenta descomponer el software en funciones que se pueden estimar individualmente. Para cada función entonces se estima las LDC y el PF (la variable de estimación). De forma alternativa, el planificador puede seleccionar otro componente para dimensionar clases u objetos, cambios, o procesos de gestión en los que puede tener impacto.

Las métricas de productividad de línea base (p. ej.: LDC/pm o PF/pm[9]) se aplican entonces para la variable de estimación adecuada y se extrae el coste o el esfuerzo de la función. Las estimaciones de función se combinan para producir una estimación global del proyecto entero.

Es importante señalar, sin embargo, que hay una sustancial diversidad en métricas de productividad, haciendo sospechar que se utilice únicamente una métrica de productividad de línea base. En general, el dominio del proyecto debería calcular las medias de LDC/pm o PF/pm. Es decir, los proyectos se deberían agrupar por tamaño de equipo, área de aplicación, complejidad y otros parámetros relevantes. Entonces se deberían calcular las medias del dominio local. Cuando se estima un proyecto nuevo, primero se debería asignar a un dominio, y a continuación utilizar la media del dominio adecuado para la productividad al generar la estimación.

Las técnicas de estimación de LDC y PF difieren en el nivel de detalle que se requiere para la descomposición y el objetivo de la partición. Cuando se utiliza LDC como variable de estimación, la descomposición[10] es absolutamente esencial y a menudo se toman para considerables niveles de detalle. Cuanto más grande sea el grado de particionamiento, más probable será que pueda desarrollar estimaciones más exactas.

Para estimaciones de PF, la descomposición funciona de diferente manera. En lugar de centrarse en la función, se estiman cada una de las características del

[9] El acrónimo pm representa persona-mes.

[10] En general se descomponen las funciones del problema. Sin embargo, se puede utilizar una lista de componentes estándar (Sección 5.6.1).

dominio de información –entradas, salidas, archivos de datos, peticiones, e interfaces externas– y los catorce *valores de ajuste de la complejidad* estudiados en el Capítulo 4. Las estimaciones resultantes se utilizan para derivar un valor de PF que se pueda unir a datos pasados y utilizar para generar una estimación.

Con independencia de la variable de estimación que se utilice, el planificador del proyecto comienza por estimar un rango de valores para cada función o valor de dominio de información. Mediante los datos históricos o (cuando todo lo demás falla) la intuición, el planificador estima un valor de tamaño optimista, más probable y pesimista para cada función, o cuenta con cada valor de dominio de función. Al especificar un rango de valores, se proporciona una indicación implícita del grado de incertidumbre.

Entonces se calcula un *valor de tres puntos* o *esperado*. El valor esperado de la variable de estimación (tamaño), *VE*, se puede calcular como una media ponderada de las estimaciones optimistas (s_{opt}), las más probables (s_m), y las pesimistas (s_{pess}). Por ejemplo,

$$VE = (s_{opt} + 4s_m + s_{pess})/6 \quad (5.1)$$

da crédito a la estimación «más probable» y sigue una distribución de probabilidad beta.

Se asume que existe una probabilidad muy pequeña en donde el resultado del tamaño real quedará fuera de los valores pesimistas y optimistas. Mediante técnicas estadísticas estándar, se calcula la desviación de las estimaciones. Sin embargo, se debería señalar que una desviación basada en datos inciertos (estimados) se tiene que utilizar con precaución.

Una vez que se ha determinado el valor esperado de la variable de estimación, se aplican datos históricos de productividad de LDC y PF. ¿Son correctas las estimaciones? La única respuesta razonable a esto es: «No podemos estar seguros». Cualquier técnica de estimación, no importa lo sofisticada que sea, se debe volver a comprobar con otro enfoque. Incluso entonces, va a prevalecer el sentido común y la experiencia.

5.6.3. Un ejemplo de estimación basada en LDC

Como ejemplo de técnicas de estimación de LDC y PF, tomemos en consideración un paquete de software a desarrollarse para una aplicación de diseño asistido por computadora (*computer-aided design*, CAD) de componentes mecánicos. Una revisión de la especificación del sistema indica que el software va a ejecutarse en una estación de trabajo de ingeniería y que debe interconectarse con varios periféricos de gráficos de computadora entre los que se incluyen un ratón, un digitalizador, una pantalla a color de alta resolución y una impresora láser.

Utilizando como guía una especificación de sistema, se puede desarrollar una descripción preliminar del ámbito del software:

> El software de CAD aceptará datos geométricos de dos y tres dimensiones por parte del ingeniero. El ingeniero se interconectará y controlará el sistema de CAD por medio de una interfaz de usuario que va a exhibir las características de un buen diseño de interfaz hombre-máquina. Una base de datos de CAD contiene todos los datos geométricos y la información de soporte. Se desarrollarán módulos de análisis de diseño para producir la salida requerida que se va a visualizar en varios dispositivos gráficos. El software se diseñará para controlar e interconectar dispositivos periféricos entre los que se incluyen un ratón, un digitalizador y una impresora láser.

La descripción anterior del ámbito es preliminar –no está limitada. Para proporcionar detalles concretos y un límite cuantitativo se tendrían que ampliar todas las descripciones. Por ejemplo, antes de que la estimación pueda comenzar, el planificador debe determinar qué significa «características de un buen diseño de interfaz hombre-máquina» y cuál será el tamaño y la sofisticación de la «base de datos de CAD».

Para estos propósitos, se asume que ha habido más refinamiento y que se identifican las funciones de software siguientes:

- interfaz de usuario y facilidades de control (IUFC),
- análisis geométrico de dos dimensiones (AG2D),
- análisis geométrico de tres dimensiones (AG3D),
- gestión de base de datos (GBD),
- facilidades de presentación gráfica de computadora (FPGC),
- control de periféricos (CP),
- módulos de análisis del diseño (MAD).

Siguiendo la técnica de estimación de tres puntos de LDC, se desarrolla la tabla mostrada en la Figura 5.3. Por ejemplo, el rango de estimaciones de LDC de la función del análisis geométrico de tres dimensiones es:

optimista:	4600
más probable:	6900
pesimista:	8600

Aplicando la ecuación (5.1), el valor esperado de la función del análisis geométrico es 6.800 LDC. Este número se introduce en la tabla. De forma similar se derivan otras estimaciones. Sumando en vertical la *columna estimada de LDC*, se establece una estimación de 33.200 líneas de código para el sistema de CAD.

FIGURA 5.3

Tabla de estimación del método de LDC

Función	LDC estimada
Interfaz de usuario y facilidades de control (IUFC)	2,300
Análisis geométrico de dos dimensiones (AG2D)	5,300
Análisis geométrico de tres dimensiones (AG3D)	6,800
Gestión de base de datos (GBD)	3,350
Facilidades de presentación gráfica de computadora (FPGC)	4,950
Control de periféricos (CP)	2,100
Módulos de análisis del diseño (MAD)	8,400
Líneas de código estimadas	33,200

Una revisión de datos históricos indica que la productividad media de la organización para sistemas de este tipo es de 620 LDC/pm. Según una tarifa laboral de 8.000 dólares por mes, el coste por línea de código es aproximadamente de 13 dólares. Según la estimación de LDC y los datos de productividad históricos, el coste total estimado del proyecto es de 431.000 dólares y el esfuerzo estimado es de 54 personas-mes [11].

5.6.4. Un ejemplo de estimación basada en PF

La descomposición de estimación basada en PF se centra en los valores de dominio de información, y no en las funciones del software. Teniendo en cuenta la tabla de cálculos de punto de función presentada en la Figura 4.5, el planificador del proyecto estima las entradas, salidas, peticiones, archivos, e interfaces externos del software de CAD. Para los propósitos de esta estimación, el factor de ponderación de la complejidad se asume como la media. La Figura 5.4 presenta los resultados de esta estimación.

Como se describe en el Capítulo 4, se estima cada uno de los factores de ponderación de la complejidad, y se calcula el factor de ajuste de la complejidad:

[11] Las estimaciones se redondean acercándose lo más posible a 1000$ y persona-mes. La precisión artimética al dólar más aproximado o a la décima parte del mes no es realista.

FIGURA 5.4

Estimación de los valores del dominio de información

Valor del dominio de información	Opt.	Probable	Pes.	Cuenta est.	Peso	Cuenta PF
Núm. de entradas	20	24	30	24	4	96
Núm. de salidas	12	15	22	16	5	80
Núm. de peticiones	16	22	28	22	4	88
Núm. de archivos	4	4	5	4	10	40
Núm. de interfaces ext.	2	2	3	2	7	14
Cuenta total						**318**

Factor	Valor
Copia de seguridad y recuperación	4
Comunicaciones de datos	2
Proceso distribuido	0
Rendimiento crítico	4
Entorno operativo existente	3
Entrada de datos en línea *(on-line)*	4
Transacciones de entrada en múltiples pantallas	5
Archivos maestros actualizados en línea *(on-line)*	3
Complejidad de valores del dominio de información	5
Complejidad del procesamiento interno	5
Código diseñado para la reutilización	4
Conversión/instalación en diseño	3
Instalaciones múltiples	5
Aplicación diseñada para el cambio	5
Factor de ajuste de la complejidad	1,17

Finalmente, se obtiene el número estimado de PF:

$$PF_{estimado} = \text{cuenta total} \times [0,65 + 0,01 \times \sum F_i]$$
$$PF_{estimado} = 372$$

Los datos históricos normalizados utilizando puntos de función indican que la productividad media de sistemas de este tipo es de 6,5 PF/pm. Según la tarifa laboral de 8.000 dólares por mes, el coste por PF es aproximadamente de 1.230 dólares. Según la estimación de LDC y los datos de productividad históricos, el coste total estimado del proyecto es de 457.000 dólares, y el esfuerzo estimado es de 58 persona/mes.

5.6.5. Estimación basada en el proceso

La técnica más común para estimar un proyecto es basar la estimación en el proceso que se va a utilizar. Es decir, el proceso se descompone en un conjunto relativamente pequeño de actividades o tareas, y en el esfuerzo requerido para llevar a cabo la estimación de cada tarea.

Al igual que las técnicas basadas en problemas, la estimación basada en el proceso comienza con una delineación de las funciones del software obtenidas a partir del ámbito del proyecto. Para cada función se debe llevar a cabo una serie de actividades del proceso de software. Las funciones y las actividades del proceso de software relacionadas se pueden representar como parte de una tabla similar a la presentada en la Figura 3.2.

Una vez que se mezclan las funciones del problema y las actividades del proceso, el planificador estima el esfuerzo (p. ej.: persona-mes) que se requerirá para llevar a cabo cada una de las actividades del proceso de software en cada función. Estos datos constituyen la matriz central de la tabla de la Figura 3.2. Los índices de trabajo medios (es decir, esfuerzo coste/unidad) se aplican entonces al esfuerzo estimado a cada actividad del proceso. Es muy probable que en cada tarea varíe el índice de trabajo. El personal veterano se involucra de lleno con las primeras actividades y generalmente es mucho más caro que el personal junior, quienes están relacionados con las tareas de diseño posteriores, con la codificación y las pruebas iniciales.

Como último paso se calculan los costes y el esfuerzo de cada función, y la actividad del proceso de software. Si la estimación basada en el proceso se realiza independientemente de la estimación de LDC y PF, ahora tendremos dos o tres estimaciones del coste y del esfuerzo que se pueden comparar y evaluar. Si ambos tipos de estimaciones muestran una concordancia razonable, hay una buena razón para creer que las estimaciones son fiables. Si, por otro lado, los resultados de estas técnicas de descomposición muestran poca concordancia, se debe realizar más investigación y análisis.

5.6.6. Un ejemplo de estimación basada en el proceso

Para ilustrar el uso de la estimación basada en el proceso, de nuevo consideremos el software de CAD presentado en la Sección 5.6.3. La configuración del sistema y todas las funciones del software permanecen iguales y están indicadas en el ámbito del proyecto.

En la tabla de estimación de esfuerzos ya terminada, que se muestra en la Figura 5.5 aparecen las estimaciones de esfuerzo (en personas-mes) para cada actividad de ingeniería del software proporcionada para cada función del software de CAD. Las actividades de *ingeniería* y de *construcción/entrega* se subdividen en las tareas principales de ingeniería del software mostradas. Las estimaciones iniciales del esfuerzo se proporcionan para la *comunicación con el cliente, planificación* y *análisis de riesgos*. Estos se señalan en la fila «total» en la parte inferior de la tabla. Los totales horizontales y verticales proporcionan una indicación del esfuerzo estimado que se requiere para el análisis, diseño, codificación y pruebas. Se debería señalar que el 53 por 100 de todo el esfuerzo se aplica en las tareas de ingeniería «frontales» (análisis y diseño de los requisitos) indicando la importancia relativa de este trabajo.

Basado en una tarifa laboral de 8000 dólares por mes, el coste total estimado del proyecto es de 368.000 dólares y el esfuerzo estimado es de 46 personas/mes. Si así se desea, a cada actividad de proceso de software se le podría asociar diferentes índices de trabajo.

El esfuerzo total estimado para el software de CAD oscila de un índice bajo de 46 personas-mes (obtenido mediante un enfoque de estimación basado en el proceso) a un alto de 58 personas-mes (obtenido mediante un enfoque de estimación de PF). La estimación media (utilizando los tres enfoques) es de 53 personas-mes. La variación máxima de la estimación media es aproximadamente del 13 por ciento.

¿Qué ocurre cuando la concordancia entre las estimaciones es mala? Para responder a esta pregunta se ha de reevaluar la información que se ha utilizado para hacer las estimaciones. Muchas divergencias entre estimaciones se deben a una de dos causas:

1. No se entiende adecuadamente el ámbito del proyecto o el planificador lo ha malinterpretado.
2. Los datos de productividad usados para técnicas de estimación basados en problemas no son apropiados para la aplicación, están obsoletos (ya no reflejan con precisión la organización de la ingeniería del software), o se han aplicado erróneamente.

El planificador debe determinar la causa de la divergencia y conciliar las estimaciones.

FIGURA 5.5

Tabla de estimación basada en el proceso

Actividad →	Entrevistas Cliente	Planificación	Análisis de riesgo	Ingeniería		Construcción Entrega		Evaluación Cliente	Totales
Tarea →				Análisis	Diseño	Código	Prueba		
Función									
IUFC				0,50	2,50	0,40	5,00	n/a	8,40
AG2D				0,75	4,00	0,60	2,00	n/a	7,35
AG3D				0,50	4,00	1,00	3,00	n/a	8,50
GBD				0,50	3,00	1,00	1,50	n/a	6,00
FPGC				0,50	3,00	0,75	1,50	n/a	5,75
CP				0,25	2,00	0,50	1,50	n/a	4,25
MAD				0,50	2,00	0,50	2,00	n/a	5,00
Total	0,25	0,25	0,25	3,50	20,50	4,75	16,50		46,00
% esfuerzo	1 %	1 %	1 %	8 %	45 %	10 %	36 %		

5.7. MODELOS EMPÍRICOS DE ESTIMACIÓN

Un *modelo de estimación* para el software de computadora utiliza fórmulas derivadas empíricamente para predecir el esfuerzo como una función de LDC y PF. Los valores para LDC y PF son estimados utilizando el enfoque descrito en las Secciones 5.6.2 y 5.6.3. Pero en lugar de utilizar las tablas descritas en esas secciones, los valores resultantes para LDC y PF se unen al modelo de estimación.

Los datos empíricos que soportan la mayoría de los modelos de estimación se obtienen de una muestra limitada de proyectos. Por esta razón, el modelo de estimación no es adecuado para todas las clases de software y en todos los entornos de desarrollo. Por consiguiente, los resultados obtenidos de dichos modelos se deben utilizar con prudencia[12].

[12] En general se debería calibrar un modelo de estimación para las condiciones locales. El modelo se debería ejecutar utilizando los resultados de proyectos terminados. Los datos predefinidos por el modelo se deberían comparar con los resultados reales, y la eficacia del modelo (para condiciones locales) se debería evaluar. Si la concordancia no es buena, los coeficientes del modelo se deben volver a calcular utilizando datos locales.

5.7.1. La estructura de los modelos de estimación

Un modelo común de estimación se extrae utilizando el análisis de regresión sobre los datos recopilados de proyectos de software anteriores. La estructura global de tales modelos adquiere la forma de [MAT94]:

$$E = A + B \times (ev)^{c} \quad (5.2)$$

donde *A, B* y *C* son constantes obtenidas empíricamente, E es el esfuerzo en meses/persona, y *ev* es la variable de estimación (de LDC o PF). Además de la relación señalada en la Ecuación 5.2 la mayoría de los modelos de estimación tienen algún componente de ajuste del proyecto que permite ajustar *E* por otras características del proyecto (p. ej.: complejidad del problema, experiencia del personal, entorno de desarrollo).

Entre los muchos modelos de estimación orientados a LDC propuestos en la bibliografía se encuentran los siguientes:

$E = 5{,}2 \times (\text{KLDC})^{0{,}91}$ Modelo de Walston-Felix

$E = 5{,}5 + 0{,}73 \times (\text{KLDC})^{1{,}16}$ Modelo de Bailey-Basisli

$E = 3{,}2 \times (\text{KLDC})^{1{,}05}$ Modelo simple de Boehm
$E = 5{,}288 \times (\text{KLDC})^{1{,}047}$ Modelo Doty para KLDC > 9

También se han propuesto los modelos orientados a PF. Entre estos modelos se incluyen:

$E = -13{,}39 + 0{,}054\ \text{PF}$ Modelo de Albretch y Gaffney
$E = 60{,}62 \times 7{,}728 \times 10^{-8}\ \text{PF}^3$ Modelo de Kemerer
$E = 585{,}7 + 15{,}12\ \text{PF}$ Modelo de Matson, Barnett y Mellichamp

Un rápido examen de los modelos listados anteriormente indica que cada uno producirá un resultado diferente[13] para el mismo valor de LDC y PF. La implicación es clara. Los modelos de estimación se deben calibrar para necesidades locales.

5.7.2. El modelo COCOMO

Barry Boehm [BOE81], en su libro clásico sobre «economía de la ingeniería del software», introduce una jerarquía de modelos de estimación de software con el nombre de COCOMO, por COnstrucive COst MOdel (MOdelo COnstructivo de COste). La jerarquía de modelos de Boehm está constituida por los siguientes:

Modelo 1. El modelo COCOMO básico calcula el esfuerzo (y el coste) del desarrollo de software en función del tamaño del programa, expresado en las líneas estimadas de código (LDC).

Modelo 2. El modelo COCOMO intermedio calcula el esfuerzo del desarrollo de software en función del tamaño del programa y de un conjunto de «conductores de coste» que incluyen la evaluación subjetiva del producto, del hardware, del personal y de los atributos del proyecto.

Modelo 3. El modelo COCOMO avanzado incorpora todas las características de la versión intermedia y lleva a cabo una evaluación del impacto de los conductores de coste en cada fase (análisis, diseño, etc.) del proceso de ingeniería del software.

[13] Esta referencia se fundamenta en que estos modelos a menudo se derivan de poblaciones relativamente pequeñas de proyectos sólo en unos cuantos dominios de la aplicación.

TABLA 5.1

Modelo COCOMO básico

Proyecto de software	a_b	b_b	c_b	d_b
Orgánico	2,4	1,05	2,5	0,38
Semiacoplado	3,0	1,12	2,5	0,35
Empotrado	3,6	1,20	2,5	0,32

Para ilustrar el modelo COCOMO, presentamos una visión general de las versiones básica e intermedia. Para una discusión más detallada, se recomienda al lector el estudio de Boehm [BOE81][14].

Los modelos COCOMO están definidos para tres tipos de proyectos de software. Utilizando la terminología de Boehm son: (1) *modo orgánico*: proyectos de software relativamente pequeños y sencillos en los que trabajan pequeños equipos, con buena experiencia en la aplicación, sobre un conjunto de requisitos poco rígidos (por ejemplo, un programa de análisis termal desarrollado para un grupo calórico); (2) *modo semiacoplado*: proyectos de software intermedios (en tamaño y complejidad) en los que equipos, con variados niveles de experiencia, deben satisfacer requisitos poco o medio rígidos (p. ej.: un sistema de procesamiento de transacciones con requisitos fijos para un hardware de terminal o un software de gestión de base de datos; (3) modo empotrado: proyectos de software que deben ser desarrollados en un conjunto de hardware, software y restricciones operativas muy restringido (p. ej.: software de control de navegación para un avión).

Las ecuaciones del COCOMO básico tienen la siguiente forma:

$$E = a_b \text{KLDC}^{b_b}$$
$$D = c_b E^{d_b}$$

donde E es el esfuerzo aplicado en personas-mes, D es el tiempo de desarrollo en meses cronológicos y KLDC es el número estimado de líneas de código distribuidas (en miles) para el proyecto. Los coeficientes a_b y c_b y los exponentes b_b y d_b se muestran en la Tabla 5.1.

El modelo básico se amplía para considerar un conjunto de «atributos, conductores de coste» [BOE81] que pueden agruparse en cuatro categorías principa-

[14] El modelo COCOMO se revisa a la vez que se escribe. El modelo probablemente se extenderá para acoplarse a las medidas de PF y se refinará según vaya habiendo más proyectos.

les: atributos del producto, atributos del hardware, atributos del personal y atributos del proyecto. Cada uno de los 15 atributos es valorado en una escala de 6 puntos que va desde «muy bajo» hasta «extra alto» (en importancia o valor). De acuerdo con la evaluación, se determina un multiplicador de esfuerzo a partir de las tablas publicadas por Boehm [BOE81] y, con el producto de todos los multiplicadores de esfuerzo, se obtiene un *factor de ajuste del esfuerzo* (FAE). Los valores típicos para el EAF van de 0,9 a 1,4.

La ecuación del modelo COCOMO intermedio toma la forma:

$$E = a_i \mathrm{KLDC}^{b_i} \times \mathrm{FAE}$$

donde E es el esfuerzo aplicado en personas-mes y LDC es el número estimado de líneas de código distribuidas para el proyecto. El coeficiente a_i y el exponente b_i se muestran en la Tabla 5.2.

COCOMO es el modelo empírico más completo para la estimación del software publicado hasta la fecha. Sin embargo, deben tenerse en cuenta los propios comentarios de Boehm [BOE81] sobre COCOMO (y por extensión, sobre todos los modelos):

> Hoy en día un modelo de estimación de costes de software está bien construido si puede estimar los costes de desarrollo de software en torno al 20 por ciento de los costes reales, al 70 por ciento del tiempo y ello en su propio terreno (o sea dentro de la clase de proyectos para los cuales ha sido calibrado)... Ésta no es la precisión que quisiéramos, pero es suficiente para proporcionar una buena ayuda en el análisis económico de la ingeniería del software y en la toma de decisiones.

Para ilustrar el modelo COCOMO, apliquemos el modelo básico al ejemplo de software de CAD descrito anteriormente en este capítulo. Mediante la estimación de LDC desarrollada en la Figura 5.3 y los coeficientes de la Tabla 3.1, utilizamos el modelo semiacoplado para obtener

TABLA 5.2

Modelo COCOMO intermedio

Proyecto de software	a_i	b_i
Orgánico	3,2	1,05
Semiacoplado	3,0	1,12
Empotrado	2,8	1,20

$$\begin{aligned} E &= 2{,}4\ (\mathrm{KLDC})^{1{,}05} \\ &= 2{,}4\ (33{,}2)^{1{,}05} \\ &= 95 \text{ personas-mes} \end{aligned}$$

Este valor es considerablemente mayor que las estimaciones obtenidas en la Sección 5.6. Como el modelo COCOMO asume niveles de LDC/pm considerablemente más bajos que los señalados en la sección 5.6, los resultados no son sorprendentes. Para que sea útil en el contexto del problema ejemplo, el modelo COCOMO tendría que volverse a calibrar en el entorno local.

Para calcular la duración del proyecto, utilizamos la estimación de esfuerzo descrita anteriormente:

$$\begin{aligned} D &= 2{,}5\ E^{0{,}35} \\ &= 2{,}5(95)^{0{,}35} \\ &= 12{,}3 \text{ meses} \end{aligned}$$

El valor de la duración del proyecto permite al planificador recomendar un número N de personas para el proyecto:

$$\begin{aligned} N &= E/D \\ &= 95/12{,}3 \\ &\sim 8 \text{ personas} \end{aligned}$$

En realidad, el planificador puede decidir emplear sólo cuatro personas y ampliar por tanto la duración del proyecto [15].

5.7.3. La ecuación del software

La *ecuación del software* [PUT92] es un modelo multivariable que asume una distribución específica del esfuerzo a lo largo de la vida de un proyecto de desarrollo de software. El modelo se ha obtenido a partir de los datos de productividad para unos 4.000 proyectos actuales de software, un modelo de estimación tiene esta forma:

$$E = [\mathrm{LDC} \times B^{0{,}333}/\mathrm{P}]^3 \times (1/t^4) \qquad (5.3)$$

[15] Es importante señalar que la relación entre el esfuerzo y el tiempo no es lineal. Además, al reducir el número de personas a cuatro no causaría necesariamente que se duplicara la duración del proyecto. Para discusiones adicionales ver [PUT92].

donde E = esfuerzo en personas-mes o personas-año.

t = duración del proyecto en meses o años.

B = «factor especial de destrezas» que se incrementa lentamente a medida que crecen «la necesidad de integración, pruebas, garantía de calidad, documentación y habilidad de gestión» [PUT92]. Para programas pequeños (KLDC = 5 a 15), B = 0,16. Para programas mayores de 70 KLDC, B = 0,39.

P = «parámetro de productividad» que refleja:

- Madurez global del proceso y de las prácticas de gestión.
- La amplitud hasta donde se utilizan correctamente las normas de la ingeniería del software.
- El nivel de los lenguajes de programación utilizados.
- El estado del entorno del software.
- Las habilidades y la experiencia del equipo del software.
- La complejidad de la aplicación.

Los valores típicos para el desarrollo del sofware empotrado en tiempo real podría ser P = 2.000; P = 10.000 para telecomunicaciones y software de sistemas; y P = 28.000 para aplicaciones comerciales de sistemas. El parámetro de productividad se puede extraer para las condiciones locales mediante datos históricos recopilados de esfuerzos de desarrollo pasados.

Es importante señalar que la ecuación del software tiene dos parámetros dependientes: (1) una estimación del tamaño (en LDC) y (2) una indicación de la duración del proyecto en meses o años.

Para simplificar el proceso de estimación y utilizar una forma más común para su modelo de estimación, Putnam y Myers sugieren un conjunto de ecuaciones obtenidas de la ecuación del software. Un tiempo mínimo de desarrollo se define como:

$$t_{min} = 8{,}14\ (LDC/PP)^{0{,}43} \text{ en meses para } t_{min} > 6 \text{ meses} \qquad (5.4a)$$

$$E = 180Bt^3 \text{ en personas-mes para } E \geq 20 \text{ personas-mes} \qquad (5.4b)$$

Tenga en cuenta que t en la ecuación (5.4b) se representa en años.

Mediante las ecuaciones (5.4) con P = 12.000 (valor recomendado para software científico) para el software de CAD estudiado anteriormente en este capítulo,

$$t_{min} = 8{,}14\ (33.200/12.000)^{0{,}43}$$

$$t_{min} = 12{,}6 \text{ meses}$$

$$E = 180 \times 0{,}28 \times (1{,}05)^3$$

$$E = 58 \text{ personas-mes}$$

Los resultados de la ecuación del software se corresponde favorablemente con las estimaciones desarrolladas en la Sección 5.6.

5.8. LA DECISIÓN DESARROLLAR-COMPRAR

En muchas áreas de aplicación del software, a menudo es más rentable adquirir el software de computadora que desarrollarlo. Los gestores de ingeniería del software se enfrentan con una *decisión desarrollar* o *comprar* que se puede complicar aún más con las opciones de adquisición: (1) el software se puede comprar (con licencia) *ya desarrollado;* (2) se pueden adquirir componentes de software «totalmente experimentado» o «parcialmente experimentado» (Consulte la Sección 5.4.2), y entonces modificarse e integrarse para cumplir las necesidades específicas; o (3) el software puede ser construido de forma personalizada por una empresa externa para cumplir las especificaciones del comprador.

Los pasos dados en la adquisición del software se definen según el sentido crítico del software que se va a comprar y el coste final. En algunos casos (p. ej.: software para PC de bajo coste), es menos caro comprar y experimentar que de llevar a cabo una larga evaluación de potenciales paquetes de software. Para productos de software más caros, se pueden aplicar las directrices siguientes:

1. Desarrollo de una especificación para la función y rendimiento del software deseado. Definición de las características medibles, siempre que sea posible.
2. Estimación del coste interno de desarrollo y la fecha de entrega.

3a. Selección de tres o cuatro aplicaciones candidatos que cumplan mejor las especificaciones.

3b. Selección de componentes de software reutilizables que ayudarán en la construcción de la aplicación requerida.

4. Desarrollo de una matriz de comparación que permita una comparación una a una de las funciones clave. Alternativamente, el seguimiento de las pruebas de evaluación para comparar el software candidato.
5. Evaluación de cada paquete de software o componente según la calidad de productos anteriores, soporte del vendedor, dirección del producto, reputación y otros.
6. Contacto con otros usuarios de dicho software y petición de opiniones.

En el análisis final, la decisión de desarrollar-comprar se basa en las condiciones siguientes: (1) ¿La fecha de entrega del producto de software será anterior que la del software desarrollado internamente? (2) ¿Será el coste de adquisición junto con el de personalización menor que el coste de desarrollo interno del software? (3) ¿Será el coste del soporte externo (p. ej.: un contrato de mantenimiento) menor que el coste del soporte interno? Estas condiciones se aplican a cada una de las opciones señaladas anteriormente.

5.8.1. Creación de un árbol de decisiones

Los pasos descritos anteriormente se pueden especificar mediante técnicas estadísticas tales como el *análisis del árbol de decisión* [BOE89]. Por ejemplo, la Figura 5.6 representa un árbol de decisión para un sistema X basado en software. En este caso, la organización de la ingeniería del software puede (1) construir el sistema X desde el principio; (2) reutilizar los componentes existentes de «experiencia parcial» para construir el sistema; (3) comprar un producto de software disponible y modificarlo para cumplir las necesidades locales; o (4) contratar el desarrollo del software a un vendedor externo.

Si se va a construir un sistema desde el principio, existe una probabilidad del 70 por ciento de que el trabajo sea difícil. Mediante las técnicas de estimación estudiadas en este capítulo, el planificador del proyecto estima que un esfuerzo de desarrollo difícil costará 450.000 dólares. Un esfuerzo de desarrollo «simple» se estima que cueste 380.000 dólares. El valor esperado del coste, calculado a lo largo de la rama del árbol de decisión es:

$$\text{coste esperado} = \sum \text{(probabilidad del camino)} \times \text{(coste estimado del camino)}$$

donde i es el camino del árbol de decisión. Para el camino *construir*,

$$\text{coste esperado}_{\text{construcción}} = 0{,}30\ (\$380\text{K}) + 0{,}70\ (\$450\text{K}) = \$429\text{K}$$

También se muestran los otros caminos del árbol de decisión, los costes proyectados para la *reutilización, compra* y *contrato*, bajo diferentes circunstancias. Los costes esperados de estas rutas son:

$$\text{coste esperado}_{\text{reutilización}} = 0{,}40\ (\$275\text{K}) + 0{,}60\ [0{,}20(\$310\text{K}) + 0{,}80(\$490\text{K})] = \$382\text{K}$$

$$\text{coste esperado}_{\text{compra}} = 0{,}70(\$210\text{K}) + 0{,}30(\$400\text{K}) = \$267\text{K}$$

$$\text{coste esperado}_{\text{contrato}} = 0{,}60(\$350\text{K}) + 0{,}40(\$500\text{K})] = \$410\text{K}$$

Según la probabilidad y los costes proyectados que se han señalado en la Figura 5.6, el coste más bajo esperado es la opción *compra*.

Sin embargo, es importante señalar que se deben considerar muchos criterios –no sólo el coste– durante el proceso de toma de decisiones. La disponibilidad, la experiencia del desarrollador/vendedor/contratante, la conformidad con los requisitos, la política «local», y la probabilidad de cambios son sólo uno de los pocos criterios que pueden afectar la última decisión para construir, volver a utilizar o contratar.

FIGURA 5.6

Árbol de decisión para apoyar la decisión desarrollar-comprar

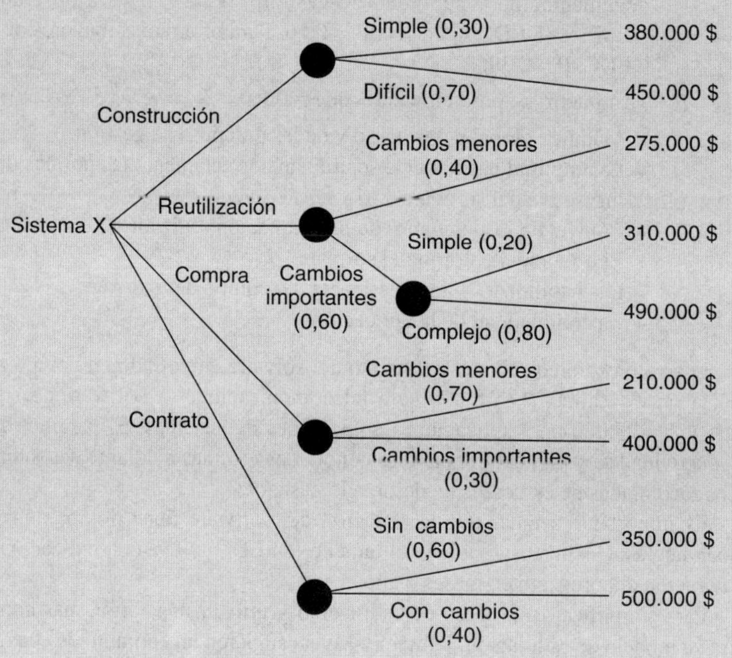

5.8.2. Subcontratación *(outsourcing)*

Más pronto o más tarde toda compañía que desarrolla software de computadora hace una pregunta fundamental: «¿Existe alguna forma por la que podamos conseguir a bajo precio el software y los sistemas que necesitamos?». La respuesta a esta pregunta no es simple, y las discusiones sobre esta cuestión dan como respuesta una simple palabra: subcontratación *(outsourcing)*.

El concepto *outsourcing* es extremadamente simple. Las actividades de ingeniería del software se contratan con un tercero quien hace el trabajo a bajo coste, asegurando una alta calidad. El trabajo de software llevado dentro de la compañía se reduce a una actividad de gestión de contratos.

Edward Yourdon [YOU92] trata las implicaciones más amplias de la creciente tendencia hacia la subcontratación (*outsourcing*) cuando dice:

> Si se ha educado en una cultura que glorifica la industria del software de América como un líder mundial, simplemente le pido que recuerde que sólo hace unos pocos años tuvimos la misma opinión de nuestra industria de automóviles... El desarrollo del software puede salir de Estados Unidos y entrar en las fábricas de software de docenas de países cuyos habitantes hayan sido bien formados, sean menos caros y se dediquen apasionadamente a la calidad y a la productividad.

Son unas frases duras, pero que ya se están haciendo realidad.

La decisión de contratar fuentes externas puede ser estratégica o táctica. En el nivel estratégico, los gestores tienen en consideración si una parte importante de todo el trabajo del software puede ser contratado a otros. En el nivel táctico, un jefe de proyecto determina las partes o el todo que sea aconsejable subcontratarse.

Con independencia de la amplitud del enfoque, la decisión de elegir *outsourcing* es a menudo financiera. Un análisis detallado del análisis financiero de la decisión del *outsourcing* está fuera del ámbito de este libro y se reserva mejor para otros (p. ej.: [MIN95]). Sin embargo, merece la pena realizar un repaso de los pros y los contras de la decisión.

En el lado positivo, los ahorros de coste se pueden lograr reduciendo el número de personas y las instalaciones (p. ej.: computadoras, infraestructura) que los apoyan. En el lado negativo, una compañía pierde control sobre el software que necesita. Como el software es una tecnología que diferencia sus sistemas, servicios, y productos, una compañía corre el riesgo de poner su destino en manos de un tercero.

Indudablemente la tendencia al *outsourcing* continuará. La única forma de atemperar la tendencia es reconocer que el trabajo del software del siglo veintiuno será extremadamente competitiva a todos los niveles. La única forma de sobrevivir es hacerse tan competitivo como los mismos vendedores del *outsourcing*.

5.9 HERRAMIENTAS AUTOMÁTICAS DE ESTIMACIÓN

Las técnicas de descomposición y los modelos empíricos de estimación descritos en las secciones anteriores se pueden implementar con software. Las herramientas automáticas de estimación permiten al planificador estimar costes y esfuerzos, así como llevar a cabo análisis del tipo «qué pasa si» con importantes variables del proyecto, tales como la fecha de entrega o la selección de personal. Aunque existen muchas herramientas automáticas de estimación, todas exhiben las mismas características generales y todas requieren una o más clases de datos como los mostrados a continuación:

1. Una estimación cuantitativa del tamaño del proyecto (por ejemplo, en LDC) o de la funcionalidad (datos sobre los puntos de función).
2. Características cualitativas del proyecto, tales como la complejidad, la fiabilidad requerida o el grado de criticidad del negocio.
3. Alguna descripción del personal de desarrollo y/o del entorno de desarrollo.

A partir de estos datos, el modelo implementado por la herramienta automática de estimación proporciona estimaciones del esfuerzo requerido para llevar a cabo el proyecto, los costes, la carga de personal, la duración y en algunos casos, la planificación temporal de desarrollo y el riesgo asociado.

Martin [MAR88] ha realizado una comparación interesante de las herramientas de estimación automáticas. Aplicó cada una de las heramientas al mismo proyecto. Sin que resultara demasiado sorprendente, observó una variación relativamente grande entre los resultados estimados. Pero lo que era más importante, a veces los valores eran bastante diferentes de los valores reales. Esto refuerza la idea de que los resultados obtenidos por las herramientas de estimación se deben usar sólo como «punto de partida» para la obtención de estimaciones –no como única fuente para la estimación.

5.10. RESUMEN

El planificador del proyecto de software tiene que estimar tres cosas antes de que comience el proyecto: cuánto durará, cuánto esfuerzo requerirá y cuánta gente estará implicada. Además, el planificador debe predecir los recursos (de hardware y de software) que va a requerir, y el riesgo implicado.

El enunciado del ámbito ayuda a desarrollar estimaciones mediante una o varias de las técnicas siguientes: descomposición, modelos empíricos y herramientas automáticas. Las técnicas de descomposición requieren un esbozo de las principales funciones del software, seguido de estimaciones del número de LDC o de PF, o del número de personas-mes requeridas para implementar cada función. Las técnicas empíricas usan expresiones empíricamente obtenidas para el esfuerzo y para el tiempo, con las que se predicen esas magnitudes del proyecto. Las herramientas automáticas implementan un determinado modelo empírico.

Para obtener estimaciones exactas para un proyecto, generalmente se utilizan al menos dos de las tres técnicas referidas anteriormente. Mediante la comparación y la conciliación de las estimaciones obtenidas con las diferentes técnicas, el planificador puede obtener una estimación más exacta. La estimación del proyecto de software nunca será una ciencia exacta, pero la combinación de buenos datos históricos y de técnicas puede mejorar la precisión de la estimación.

REFERENCIAS

[BEN92] BENNATAN, E. M., *Software Proyect Management: A Practitioner's Approach*, McGraw-Hill, 1992.

[BOE81] BOEHM, B., *Software Engineering Economics*, Prentice-Hall, 1981.

[BOE89] BOEHM, B., *Risk Management*, IEEE Computer Society Press, 1989.

[BRO75] BROOKS, F., *The Mythical Man-Month*, Addison-Wesley, 1975.

[GAU89] GAUSE, D. C., y G. M. WEINBERG, *Exploring Requirements: Quality Before Design*, Dorset House, 1989.

[HOO91] HOOPER, J. W. E. y R. O. CHESTER, *Software Reuse: Guidelines and Methods,* Plenum Press, 1991.

[MAH96] MAH, M. Quantitive Software Management, Inc., Private communication.

[MAR88] MARTIN, R., «Evaluation of Current Software Costing Tools», *ACM Sigsoft Notes*, vol. 13, no. 3, Julio 1988, págs. 49-51.

[MAT94] MATSON, J. B., BARRETT, y J. MELLICHAMP, «Software Development Cost Estimation Using Function Points», *IEEE Trans. Software Engineering*, vol. 20, no. 4, abril 1994, págs. 275-287.

[MIN95] MINOLI, D., *Analizing Outsourcing*, McGraw-Hill, 1995.

[PUT92] PUTNAM, L., y W. MYERS, *Measures for Excellence*, Yourdon Press, 1992.

[YOU92] YOURDON E., *The Decline and Fall of the American Programmer*, Yourdon Press, 1992.

PROBLEMAS Y PUNTOS PARA CONSIDERAR

5.1. Suponga que es el gestor de proyectos de una compañía que construye software para productos de consumo. Ha contratado una construcción de software para un sistema de seguridad del hogar. Escriba una especificación del ámbito que describa el software.

Asegúrese de que su enunciado del ámbito sea limitado. Si no está familiarizado con sistemas de seguridad del hogar, investigue un poco antes de comenzar a escribir. De forma alternativa: sustituya el sistema de seguridad del hogar por otro problema que le sea de interés.

5.2. La complejidad del proyecto de software se trata en breve en la Sección 5.1. Desarrolle una lista de las características de software (p. ej.: operación concurrente, salida gráfica, etc.), que afecte a la complejidad de un proyecto. Dé prioridad a la lista.

5.3. El rendimiento es una consideración importante durante la planificación. Discuta si puede interpretar el rendimiento de otra manera, dependiendo del área de aplicación del software.

5.4. Haga una descomposición de las funciones software para el sistema de seguridad del hogar descrita en el problema 5.1. Estime el tamaño de cada función en LDC. Asumiendo que su organización produce 450LDC/pm con una tarifa laboral de 7.000 dólares por persona-mes, estime el esfuerzo y el coste requerido para construir el software utilizando la técnica de estimación basada en LDC que se describe en la Sección 5.6.3.

5.5. Utilizando las medidas de punto de función de tres dimensiones que se describe en el Capítulo 4, calcule el número de PF para el software del sistema de seguridad del hogar, y extraiga las estimaciones del esfuerzo y del coste mediante la técnica de estimación basada en PF que se describe en la Sección 5.6.4.

5.6. Utilice el modelo COCOMO para estimar el software del sistema de seguridad para el hogar. Piense que se puede aplicar el modelo básico.

5.7. Utilice la «ecuación del software» para estimar el software del sistema de seguridad del hogar. Suponga que las Ecuaciones 5.4 son aplicables y que $P = 8.000$.

5.8. Compare las estimaciones de esfuerzo obtenidas de los Problemas 5.4 a 5.7. Desarrolle una estimación simple para el proyecto mediante una estimación de tres puntos. ¿Cuál es la desviación estándar? Y ¿cómo afecta a su grado de certeza sobre la estimación?

5.9. Mediante los resultados obtenidos del Problema 5.8, determine si es razonable esperar que el resultado se pueda construir dentro de los seis meses siguientes y cuántas personas se tendrían que utilizar para terminar el trabajo.

5.10. Desarrolle un modelo de hoja de cálculo que implemente una técnica de estimación o más, descritas en el capítulo.

5.11. Para un equipo de proyecto: Desarrolle una herramienta de software que implemente cada una de las técnicas de estimación desarrolladas en este capítulo.

5.12. Parece extraño que las estimaciones de costes y planificaciones temporales se desarrollen durante la planificación del proyecto de software –antes de haber realizado un análisis de requisitos o un diseño detallado. ¿Por qué cree que se hace así? ¿Existen circunstancias en las que no deba procederse de esta forma?

5.13. Vuelva a calcular los valores esperados señalados en el árbol de decisión de la Figura 5.6 suponiendo que todas las ramas tienen una probabilidad de 50-50. ¿Por qué cambia esto su decisión final?

5.14. Investigue en libros especializados (p. ej.: *ComputerWorld, Software Magazine*) acerca de artículos recientes sobre la decisión de contratar *outsourcing*. Escriba un resumen de lo que haya aprendido en dos o tres páginas.

OTRAS LECTURAS Y FUENTES DE INFORMACIÓN

Los libros de BENNATAN [BEN92], WELLMAN (*Software Costing*, Prentice-Hall, 1992), y LODEIX (*Cost Estimation for Software Development*, Addison-Wesley, 1987) contienen información útil sobre la planificación y la estimación del proyecto. LEDERER y PRASAD («Nine Guidelines for Better Estimating», *Communications of the ACM*, febrero de 1992) proporcionan una recopilación de estadísticas útiles que pueden servir como guía para estimar mejor el coste.

El tratamiento detallado de la estimación del coste de software de PUTNAM y MYER [PUT92] y el libro de Boehm sobre la economía de la ingeniería del software [BOE81] describen los modelos de estimación empíricos del software. Ambos libros proporcionan un análisis detallado de datos que provienen de cientos de proyectos de software. Un libro excelente de DEMARCO (*Controlling Software Proyects, Yourdon Press,* 1982) proporciona una profunda y valiosa visión de la gestión, medición y estimación de proyectos de software. SNEED (*Software Engineering Management*, Wiley, 1989 (*Software Engineering: Concepts and Management*, Prentice-Hall, 1990) estudia la estimación del proyecto de software con gran detalle.

La estimación del coste de líneas de código es el enfoque más comúnmente utilizado. Sin embargo, el impacto del paradigma orientado a objetos (consulte la Parte Cuarta) puede invalidar algunos modelos de estimación. LORENZ y KIDD (*Object-Oriented Softwar Metrics*, Prentice-Hall, 1994) estudian la estimación para sistemas orientados a objetos.

Una nueva versión del modelo COCOMO, actualizado para los años 1990 se puede obtener en:

http://sunset.usc.edu/COCOMO2.0/Cocomo.html

Las preguntas frecuentemente efectuadas (PFE) y un glosario de términos de gestión de proyectos se encuentran en las direcciones:

http://www.wst.com/projplan/proj-plan.FAQ.html
http://smurfland.cit.buffalo.edu/NetMan/FAQs/proj-plan.FAQ.html
http://www.wst.com/projplan/proj-plan.glossary.html

Se puede obtener un repaso de las herramientas de gestión del software en:

http://www.wst.com/projplan/proj-plan.reviews.html

Se puede obtener un listado de los recursos de gestión de proyectos en:

http://www.pmi.org/pmi/mem_prod/pmmisc.htm

Se puede adquirir un documento detallado y muchas referencias del análisis del coste del proyecto de:

http://mijuno.larc.nasa.gov/dfc/pca.html

Se puede obtener una lista actualizada de referencias de World Wide Web para la estimación del proyecto de software en: **http://www.rspa.com**

CAPÍTULO 6
GESTIÓN DEL RIESGO

En su libro sobre análisis y gestión del riesgo, Robert Charette [CHA89] presenta la siguiente definición de riesgo:

> En primer lugar, el riesgo afecta a los futuros acontecimientos. El hoy y el ayer están más allá de lo que nos pueda preocupar, pues ya estamos cosechando lo que sembramos previamente con nuestras acciones del pasado. La pregunta es, podemos, por tanto, cambiando nuestras acciones actuales, crear una oportunidad para una situación diferente y, con suerte, mejor para nosotros en el futuro. Esto significa, en segundo lugar, que el riesgo implica cambio, que puede venir dado por cambios de opinión, de acciones, de lugares... [En tercer lugar,] el riesgo implica elección y la incertidumbre que entraña la elección. Por tanto, el riesgo, como la muerte y los impuestos, es una de las pocas cosas inevitables de la vida.

Cuando se considera el riesgo en el contexto de la ingeniería del software, los tres pilares conceptuales de Charette se hacen continuamente evidentes. El futuro es lo que nos preocupa, ¿qué riesgos podrían hacer que nuestro proyecto fracasara? El cambio es nuestra preocupación –¿cómo afectarán los cambios en los requisitos del cliente, en las tecnologías de desarrollo, en las computadoras a las que van dirigidas el proyecto y todas las entidades relacionadas con él, al cumplimiento de la planificación temporal y al éxito en general? Para terminar, nos enfrentamos con elecciones –¿qué métodos y herramientas deberíamos emplear, cuánta gente debería estar implicada, cuánta importancia hay que darle a la calidad?

Peter Drucker [DRU75] dijo una vez: «Mientras que es inútil intentar eliminar el riesgo y cuestionable el poder minimizarlo, es esencial que los riesgos que se tomen sean los riesgos adecuados». Antes de poder identificar los «riesgos adecuados» que se pueden tomar en un poyecto de software, es importante poder identificar todos los riesgos que sean obvios a jefes de proyectos y profesionales del software.

6.1. ESTRATEGIAS DE RIESGO PROACTIVAS Y REACTIVAS

Las estrategias de riesgo reactivas se han denominado humorísticamente «Escuela de gestión del riesgo de Indiana Jones» [THO92]. En las películas, Indiana Jones, cuando se enfrentaba a una dificultad insuperable, siempre decía «¡No te preocupes, pensaré en algo!». Nunca se preocupaba de los problemas hasta que ocurrían, entonces reaccionaba de alguna manera heroica.

Desgraciadamente, el jefe del proyecto de software normalmente no es Indiana Jones y los miembros de su equipo no son sus fiables colaboradores. Sin embargo, la mayoría de los equipos de software confían solamente en las estrategias de riesgo reactivas. En el mejor de los casos, la estrategia reactiva supervisa el proyecto en previsión de posibles riesgos. Los recursos se ponen aparte, en caso de que pudieran convertirse en problemas reales. Pero lo más frecuente es que el equipo de software no haga nada respecto a los riesgos hasta que algo va mal. Después el equipo vuela para corregir el problema rápidamente. Éste es el método denominado a menudo «de bomberos». Cuando falla, «la gestión de crisis» [CHA92] entra en acción y el proyecto se encuentra en peligro real.

Una estrategia considerablemente más inteligente para el control del riesgo es ser proactivo. La estrategia proactiva empieza mucho antes de que comiencen los trabajos técnicos. Se identifican los riesgos potenciales, se valoran su probabilidad y su impacto y se establece una prioridad según su importancia. Después el equipo de software establece un plan para controlar el riesgo. El primer objetivo es evitar el riesgo, pero como no se pueden evitar todos los riesgos, el equipo trabaja para desarrollar un plan de contingencia que le permita responder de una manera eficaz y controlada. A lo largo de lo que queda de este capítulo, estudiamos la estrategia proactiva para el control de riesgos.

6.2. RIESGOS DEL SOFTWARE

Aunque ha habido amplios debates sobre la definición adecuada para riesgo de software, hay acuerdo común en que el riesgo siempre implica dos características [HIG95]:

- *Incertidumbre*: El acontecimiento que caracteriza al riesgo puede o no puede ocurrir; por ejemplo, no hay riesgos de un 100 por ciento de probabilidad[1].
- *Pérdida*: Si el riesgo se convierte en una realidad, ocurrirán consecuencias no deseadas o pérdidas.

Cuando se analizan los riesgos es importante cuantificar el nivel de incertidumbre y el grado de pérdidas asociado con cada riesgo. Para hacerlo, se consideran diferentes categorías de riesgos.

Los *riesgos del proyecto* amenazan al plan del proyecto. Es decir, si los riesgos del proyecto se hacen realidad, es probable que la planificación temporal del proyecto se retrase y que los costos aumenten. Los riesgos del proyecto identifican los problemas potenciales de presupuesto, planificación temporal, personal (asignación y organización), recursos, cliente y requisitos y su impacto en un proyecto de software. En el Capítulo 5, la complejidad del proyecto, tamaño y el grado de incertidumbre estructural fueron también definidos como factores (y estimados) de riesgo del proyecto.

Los *riesgos técnicos* amenazan la calidad y la planificación temporal del software que hay que producir. Si un riesgo técnico se convierte en realidad, la implementación puede llegar a ser difícil o imposible. Los riesgos técnicos identifican problemas potenciales de diseño, implementación, de interfaz, verificación y de mantenimiento. Además, las ambigüedades de especificaciones, incertidumbre técnica, técnicas anticuadas y las «tecnologías punta» son también factores de riesgo. Los riesgos técnicos ocurren porque el problema es más difícil de resolver de lo que pensábamos.

Los *riesgos del negocio* amenazan la viabilidad del software a construir. Los riesgos del negocio a menudo ponen en peligro el proyecto o el producto. Los candidatos para los cinco principales riesgos del negocio son (1) construir un producto o sistema excelente que no quiere nadie en realidad (riesgo de mercado), (2) construir un producto que no encaja en la estrategia comercial general de la compañía (riesgo estratégico), (3) construir un producto que el departamento de ventas no sabe cómo vender, (4) perder el apoyo de una gestión experta debido a cambios de enfoque o a cambios de personal (riesgo de dirección), y (5) perder presupuesto o personal asignado (riesgos de presupuesto). Es extremadamente importante recalcar que no siempre funciona una categorización tan sencilla. Algunos riesgos son simplemente imposibles de predecir.

Otra categorización general de los riesgos ha sido propuesta por Charette [CHA89]. Los *riesgos conocidos* son todos aquellos que se pueden descubrir después de una cuidadosa evaluación del plan del proyecto, del entorno técnico y comercial en el que se desarrolla el proyecto y otras fuentes de información fiables (p. ej.: fechas de entrega poco realistas, falta de especificación de requisitos o de ámbito del software, o un entorno pobre de desarrollo). Los *riesgos predecibles* se extrapolan de la experiencia en proyectos anteriores (p. ej.: cambio de personal, mala comunicación con el cliente, disminución del esfuerzo del personal a medida que atienden peticiones de mantenimiento). Los *riesgos impredecibles* son el comodín de la baraja. Pueden ocurrir, pero son extremadamente difíciles de identificar por adelantado.

6.3. IDENTIFICACIÓN DEL RIESGO

La *identificación del riesgo* es un intento sistemático para especificar las amenazas al plan del proyecto (estimaciones, planificación temporal, carga de recursos, etc.). Identificando los riesgos conocidos y predecibles, el gestor del proyecto da un paso adelante para evitarlos cuando sea posible y controlarlos cuando sea necesario.

Existen dos tipos diferenciados de riesgos para cada categoría presentada en la Sección 6.2: riesgos genéricos y riesgos específicos del producto. Los riesgos genéricos son una amenaza potencial para todos los proyectos de software. Los riesgos específicos de producto sólo los pueden identificar los que tienen una clara visión de la tecnología, el personal y el entorno específico del proyecto en cuestión. Para identificar los riesgos específicos del producto, se examinan el plan del proyecto y la declaración del ámbito del software y se desarrolla una respuesta a la siguiente pregunta: «¿Qué características especiales de este producto pueden estar amenazadas por nuestro plan del proyecto?»

Tanto los riesgos genéricos como los específicos del producto se deberían identificar sistemáticamente. Tom Gilb [GIL88] tiene toda la razón cuando dice: «Si no atacas activamente a los riesgos, ellos te atacarán activamente a ti».

Un método para identificar riesgos es crear una *lista de comprobación de elementos de riesgo*. La lista de comprobación se puede utilizar para identificar ries-

[1] Un riesgo del 100 por ciento es una limitación del proyecto de software.

gos y se enfoca en un subconjunto de riesgos conocidos y predecibles en las siguientes subcategorías genéricas:

- *Tamaño del producto*: riesgos asociados con el tamaño general del software a construir o a modificar.
- *Impacto en el negocio*: riesgos asociados con las limitaciones impuestas por la gestión o por el mercado.
- *Características del cliente*: riesgos asociados con la sofisticación del cliente y la habilidad del desarrollador para comunicarse con el cliente en los momentos oportunos.
- *Definición del proceso*: riesgos asociados con el grado de definición del proceso del software y su seguimiento por la organización de desarrollo.
- *Entorno de desarrollo*: riesgos asociados con la disponibilidad y calidad de las herramientas que se van a emplear en la construcción del producto.
- *Tecnología a construir*: riesgos asociados con la complejidad del sistema a construir y la tecnología punta que contiene el sistema.
- *Tamaño y experiencia de la plantilla*: riesgos asociados con la experiencia técnica y de proyectos de los ingenieros del software que van a realizar el trabajo.

La lista de comprobación de elementos de riesgo puede organizarse de diferentes maneras. Se pueden responder a cuestiones relevantes de cada uno de los temas apuntados anteriormente para cada proyecto de software. Las respuestas a estas preguntas permiten al planificador del proyecto estimar el impacto del riesgo. Un formato diferente de lista de comprobación de elementos de riesgo contiene simplemente las características relevantes para cada subcategoría genérica. Finalmente, se lista un conjunto de «componentes y controladores del riesgo» [AFC88] junto con sus probabilidades de aparición. Los controladores del rendimiento, el soporte, el coste y la planificación temporal del proyecto se estudian como respuesta a preguntas posteriores.

6.3.1. Riesgos del tamaño del producto

Pocos gestores experimentados discutirían la siguiente frase: *El riesgo del proyecto es directamente proporcional al tamaño del producto*. La siguiente lista de comprobación de elementos de riesgo identifica riesgos genéricos asociados con el tamaño del producto (software):

- ¿Tamaño estimado del producto en LDC o FP?
- ¿Grado de seguridad en la estimación del tamaño?
- ¿Tamaño estimado del producto en número de programas, archivos y transacciones?
- ¿Porcentaje de desviación en el tamaño del producto respecto a la medida de productos anteriores?
- ¿Tamaño de la base de datos creada o empleada por el producto?
- ¿Número de usuarios del producto?
- ¿Número de cambios previstos a los requisitos del producto? ¿Antes de la entrega? ¿Después de la entrega?
- ¿Cantidad de software reutilizado?

En cada caso, la información del producto a desarrollar debe compararse con la experiencia anterior. Si ocurre una gran desviación del porcentaje o si las magnitudes son similares, pero si los resultados anteriores fueron poco satisfactorios, el riesgo es grande.

6.3.2. Riesgos del impacto en el negocio

Un gestor de ingeniería de una gran compañía de software colocó la siguiente placa en su pared: «¡Dios me concedió el cerebro para ser un buen jefe de proyectos y el sentido común para correr como un diablo cuando *marketing* establece las fechas límite del proyecto!». Al departamento de *marketing* le guían las consideraciones del negocio, y éstas entran a veces en conflicto directo con las realidades técnicas. La siguiente lista de comprobación de elementos de riesgo identifica riesgos genéricos asociados con el impacto en el negocio:

- ¿Efecto de este producto en los ingresos de la compañía?
- ¿Viabilidad de este producto para los gestores expertos?
- ¿Es razonable la fecha límite de entrega?
- ¿Número de clientes que usarán este producto y la consistencia de sus necesidades relativas al producto?
- ¿Número de otros productos/sistemas con los que este producto debe tener interoperatividad?
- ¿Sofisticación del usuario final?
- ¿Cantidad y calidad de la documentación del producto que debe ser elaborada y entregada al cliente?
- ¿Limitaciones gubernamentales en la construcción del producto?
- ¿Costos asociados por un retraso en la entrega?
- ¿Costos asociados con un producto defectuoso?

Cada respuesta para el producto a desarrollar debe compararse con la experiencia anterior. Si se obtiene una gran desviación del porcentaje o si las magnitudes son similares, pero los resultados anteriores fueron poco satisfactorios, el riesgo es grande.

6.3.3. Riesgos relacionados con el cliente

No todos los clientes fueron creados igual. Pressman y Herron [PRE91] tratan este aspecto cuando dicen:

Los clientes tienen diferentes necesidades. Algunos saben lo que quieren; otros saben lo que no quieren. Algunos están deseando saber todos los detalles, mientras que otros se quedan satisfechos con vagas promesas.

Los clientes tienen diferentes personalidades. Algunos disfrutan siendo clientes (la tensión, la negociación, las recompensas psicológicas de un buen producto). Otros preferirían no ser clientes en absoluto. Algunos aceptarían felizmente cualquier cosa que se les entregara y le sacarían el mejor provecho a un producto pobre. Otros se quejarán amargamente cuando les falte calidad; algunos darán las gracias cuando la calidad es buena; unos pocos se quejarán por todo.

Los clientes también tienen varios tipos de asociaciones con sus suministradores. Algunos conocen bien a sus proveedores y sus productos; otros no se han visto nunca las caras y se comunican siempre mediante correspondencia escrita y algunas llamadas telefónicas breves.

Los clientes se contradicen a menudo. Quieren todo para ayer y gratis. A menudo, el producto se ve cogido entre las propias contraindicaciones del cliente.

Un «mal» cliente puede tener un profundo impacto en la habilidad del equipo de software para completar el proyecto a tiempo y dentro de presupuesto. Un mal cliente representa una amenaza significativa al plan del proyecto y un sustancial riesgo para el jefe del proyecto. La siguiente lista de comprobación de elementos de riesgo identifica riesgos genéricos asociados con diferentes clientes:

- ¿Ha trabajado con el cliente anteriormente?
- ¿Tiene el cliente una idea formal de lo que se requiere? ¿Se ha molestado en escribirlo?
- ¿Aceptará el cliente gastar su tiempo en reuniones formales de requisitos (Capítulo 11) para identificar el ámbito del proyecto?
- ¿Está dispuesto el cliente a establecer una comunicación fluida con el desarrollador?
- ¿Está dispuesto el cliente a participar en las revisiones?
- ¿Es sofisticado técnicamente el área del producto?
- ¿Está dispuesto el cliente a dejar a su personal hacer el trabajo? Es decir, ¿resistirá la tentación de mirar por encima del hombro durante el trabajo técnico?
- ¿Entiende el cliente el proceso del software?

Si la respuesta a alguna de estas preguntas es «no», se debería hacer una investigación más profunda para valorar el potencial de riesgo.

6.3.4. Riesgos del proceso

Si el proceso del software (Capítulo 2) no está bien definido; si el análisis, diseño y pruebas se realizan sobre la marcha; si la calidad es un concepto que todo el mundo estima importante, pero por la que nadie actúa de manera tangible para alcanzarla, entonces el proyecto está en peligro. Las siguientes preguntas se han extraído sobre la evaluación de la ingeniería del software desarrollado por R. S. Pressman & Associates, Inc [PRE95]. Las preguntas se han adaptado del cuestionario de evaluación del proceso del software del Instituto de Ingeniería del Software (IIS).

Aspectos del proceso

- ¿Apoyan sus gestores senior unas normas escritas que hagan hincapié en la importancia de un proceso estándar para el desarrollo del software?
- ¿Ha desarrollado su organización una descripción escrita del proceso del software a emplear en este proyecto?
- ¿Están de acuerdo los miembros del personal con el proceso del software tal y como está documentado y están dispuestos a usarlo?
- ¿Se emplea este proceso del software para otros proyectos?
- ¿Ha desarrollado o adquirido su organización cursos de formación de ingeniería del software para jefes de proyecto y personal técnico?
- ¿Se ha proporcionado una copia de los estándares de ingeniería del software publicados a cada desarrollador y gestor de software?
- ¿Se han desarrollado diseños de documentos y ejemplos para todas las entegas definidas como parte del proceso del software?
- ¿Se llevan a cabo regularmente revisiones técnicas formales de las especificaciones de requisitos, diseño y código?
- ¿Se llevan a cabo regularmente revisiones técnicas de los procedimientos de prueba y de los casos de prueba?
- ¿Se documentan todos los resultados de las revisiones técnicas, incluyendo los errores encontrados y recursos empleados?
- ¿Existe algún mecanismo para asegurarse de que el trabajo realizado en un proyecto se ajusta a los estándares de ingeniería del software?
- ¿Se emplea una gestión de configuración para mantener la consistencia entre los requisitos del sistema/software, diseño, código y casos de prueba?
- ¿Hay algún mecanismo de control de cambios de los requisitos del cliente que impacten en el software?
- ¿Hay alguna declaración de trabajo documentada, una especificación de requisitos software y un plan de desarrollo del software para cada subcontratación?
- ¿Se sigue algún procedimiento para hacer un seguimiento y revisar el rendimiento de las subcontraciones?

Aspectos técnicos

- ¿Se emplean técnicas de especificación de aplicaciones para ayudar en la comunicación entre el cliente y el desarrollador?

- ¿Se emplean métodos específicos para el análisis del software?
- ¿Emplea un método específico para el diseño de datos y arquitectónico?
- ¿Está escrito su código en más de un 90 por ciento en lenguaje de alto nivel?
- ¿Se han definido y empleado reglas específicas para la documentación del código?
- ¿Emplea métodos específicos para el diseño de casos de prueba?
- ¿Se emplean herramientas de software para apoyar la planificación y el seguimiento de las actividades?
- ¿Se emplean herramientas de software de gestión de configuración para controlar y seguir los cambios a lo largo de todo el proceso del software?
- ¿Se emplean herramientas de software para apoyar los procesos de análisis y diseño del software?
- ¿Se emplean herramientas para crear prototipos software?
- ¿Se emplean herramientas de software para dar soporte a los procesos de prueba?
- ¿Se emplean herramientas de software para soportar la producción y gestión de la documentación?
- ¿Se han establecido métricas de calidad para todos los proyectos de software?
- ¿Se han establecido métricas de productividad para todos los proyectos de software?

Si la mayoría de las cuestiones anteriores se han respondido negativamente, el proceso del software es débil y el riesgo es alto.

6.3.5. Riesgos tecnológicos

Alcanzar los límites de la tecnología es un reto excitante. Es el sueño de casi todos los técnicos, porque fuerza al profesional a emplear su talento al máximo. Pero también es muy arriesgado. La ley de Murphy parece mantener su imperio en esta parte del universo del desarrollo, haciendo extremadamente difícil predecir los riesgos, y mucho menos hacer ningún plan sobre ellos. La siguiente lista de comprobación de elementos de riesgo identifica riesgos genéricos asociados con la técnica a construir.

- ¿Es nueva para su oganización la tecnología a construir?
- ¿Demandan los requisitos del cliente la creación de nuevos algoritmos o tecnología de entrada o salida?
- ¿El software interactúa con hardware nuevo o no probado?
- ¿Interactúa el software a construir con productos software suministrados por el vendedor que no se hayan probado?
- ¿Interactúa el software a construir con un sistema de base de datos cuyo funcionamiento y rendimiento no se han comprobado en esta área de aplicación?
- ¿Demandan los requisitos del producto una interfaz de usuario especial?
- ¿Demandan los requisitos del producto la creación de componentes de programación distintos de los que su organización haya desarrollado hasta ahora?
- ¿Demandan los requisitos el empleo de nuevos métodos de análisis, diseño o pruebas?
- ¿Demandan los requisitos el empleo de métodos de desarrollo del software no convencionales, tales como los métodos formales, enfoques basados en IA y redes neuronales?
- ¿Imponen excesivas restricciones de rendimiento los requisitos del producto?
- ¿No está seguro el cliente de que la funcionalidad pedida sea factible?

Si la respuesta a alguna de estas preguntas es afirmativa, se debería realizar una investigación más profunda para valorar el riesgo potencial.

6.3.6. Riesgos del entorno de desarrollo

Si a un carpintero se le pidiera que construyera un mueble de calidad con una simple sierra de mano, se dudaría de la calidad del producto final. Las herramientas inapropiadas o ineficaces pueden estropear los esfuerzos de incluso un experimentado profesional.

El entorno de ingeniería del software soporta al equipo del proyecto, al proceso y al producto. Pero si el entorno es malo, puede ser una fuente de riesgos significativa. La siguiente lista de comprobación de elementos de riesgo identifica riesgos genéricos asociados con el entorno de desarrollo [2]:

- ¿Tenemos disponible una herramienta de gestión de proyectos de software?
- ¿Tenemos disponible una herramienta de gestión del proceso del software?
- ¿Existen herramientas de análisis y diseño disponibles?
- ¿Proporcionan las herramientas de análisis y diseño, métodos apropiados para el producto a construir?
- ¿Hay disponibles compiladores o generadores de código apropiados para el producto a construir?
- ¿Hay disponibles herramientas de pruebas apropiadas para el producto a construir?

[2] El Capítulo 29 contiene estudios sobre las categorías de herramientas apuntadas en esta lista de comprobación.

- ¿Tenemos disponibles herramientas de gestión de configuración software?
- ¿Hace uso el entorno de bases de datos o información almacenada?
- ¿Están todas las herramientas de software integradas entre sí?
- ¿Se ha formado a los miembros del equipo del proyecto en todas las herramientas?
- ¿Existen expertos disponibles para responder todas las preguntas que surjan sobre las herramientas?
- ¿Es adecuada la ayuda en línea (*on-line*) y la documentación de las herramientas?

Si se ha contestado negativamente a la mayoría de las preguntas anteriores, el entorno de desarrollo es débil y el riesgo es alto.

6.3.7. Riesgos asociados con el tamaño de la plantilla de personal y su experiencia

Bohem [BOE89] sugiere las siguientes cuestiones para valorar los riesgos asociados con el tamaño de la plantilla de personal y su experiencia:

- ¿Disponemos de la mejor gente?
- ¿Tiene el personal todos los conocimientos adecuados?
- ¿Tenemos suficiente personal?
- ¿Se ha asignado al personal para toda la duración del proyecto?
- ¿Habrá parte del personal del proyecto que trabaje sólo durante parte de él?
- ¿Dispone el personal de las expectativas correctas sobre el trabajo?
- ¿Ha recibido el personal la formación adecuada?
- ¿Será mínimo el movimiento del personal para permitir la continuidad?

Si la respuesta a alguna de estas preguntas es «no», se debería hacer una investigación más profunda para valorar el potencial de riesgo.

6.3.8. Componentes y controladores del riesgo

Las Fuerzas Aéreas de Estados Unidos [AFC88] han redactado un documento que contiene excelentes directrices para identificar riesgos software y evitarlos. El enfoque de las Fuerzas Aéreas requiere que el gestor del proyecto identifique los *controladores del riesgo* que afectan a los *componentes de riesgo software* (rendimiento, coste, soporte y planificación temporal). En el contexto de este estudio, los componentes de riesgo se definen de la siguiente manera:

- *Riesgo de rendimiento*: el grado de incertidumbre con el que el producto encontrará sus requisitos y se adecue para su empleo pretendido.
- *Riesgo de coste*: el grado de incertidumbre que mantendrá el presupuesto del proyecto.
- *Riesgo de soporte*: el grado de incertidumbre de la facilidad del software para corregirse, adaptarse y ser mejorado.
- *Riesgo de la planificación temporal*: el grado de incertidumbre con que se podrá mantener la planificación temporal y de que el producto se entregue a tiempo.

El impacto de cada controlador de riesgo en el componente de riesgo se divide en cuatro categorías de impacto –despreciable, marginal, crítico y catastrófico. La Figura 6.1 [BOE89] indica las consecuencias potenciales de errores (filas etiquetadas con 1) o la imposibilidad de conseguir el producto deseado (filas etiquetadas con 2). La categoría de impacto es elegida basándose en la caracterización que mejor encaja con la descripción de la tabla.

6.4. PROYECCIÓN DEL RIESGO

La *proyección del riesgo*, también denominada *estimación del riesgo*, intenta medir cada riesgo de dos maneras –la *probabilidad* de que el riesgo sea real y las *consecuencias* de los problemas asociados con el riesgo, si ocurriera. El jefe del proyecto, junto con otros gestores y personal técnico, realiza cuatro actividades de proyección del riesgo: (1) establecer una escala que refleje la probabilidad percibida del riesgo; (2) definir las consecuencias del riesgo; (3) estimar el impacto del riesgo en el proyecto y en el producto; y (4) apuntar la exactitud general de la proyección del riesgo de manera que no haya confusiones.

6.4.1. Desarrollo de una tabla de riesgo

Una *tabla de riesgo* le proporciona al jefe del proyecto una sencilla técnica para la proyección del riesgo[3]. En la Figura 6.2 se ilustra una tabla de riesgo como ejemplo.

Un equipo de proyecto empieza por listar todos los riesgos (no importa lo remotos que sean) en la primera columna de la tabla. Se puede hacer con la ayuda de la lista de comprobación de elementos de riesgo presentada en la Sección 6.3.

Cada riesgo es categorizado en la segunda columna (p. ej.: PS implica un riesgo del tamaño del proyecto, BU implica un riesgo de negocio). La probabilidad de aparición de cada riesgo se introduce en la siguiente columna de la tabla. El valor de la probabilidad de cada riesgo puede estimarse por cada miembro del equipo individualmente. De los valores individuales se obtiene la media para obtener una probabilidad consensuada. A continuación se valora el impacto de cada riesgo.

[3] La tabla de riesgo debería implementarse como un modelo de hoja de cálculo. Esto permite un fácil manejo y ordenación de las entradas.

FIGURA 6.1

Evaluación del impacto [BOE89]

<table>
<tr><th colspan="2">COMPONENTES / CATEGORÍA</th><th>RENDIMIENTO</th><th>SOPORTE</th><th>COSTE</th><th>PLANIFICACIÓN TEMPORAL</th></tr>
<tr><td rowspan="2">CATASTRÓFICO</td><td>1</td><td colspan="2">Dejar de cumplir los requisitos provocaría el fracaso de la misión.</td><td colspan="2">Malos resultados en un aumento de costes y retrasos de la planificación temporal con cifras que superan los $500K.</td></tr>
<tr><td>2</td><td>Degradación significativa para no alcanzar el rendimiento técnico.</td><td>El software no responde o no admite soporte.</td><td>Recortes financieros significativos, presupuestos excedidos.</td><td>Fecha de entrega inalcanzable.</td></tr>
<tr><td rowspan="2">CRÍTICA</td><td>1</td><td colspan="2">Dejar de cumplir los requisitos degradaría el rendimiento del sistema hasta un punto donde el éxito de la misión es cuestionable.</td><td colspan="2">Malos resultados en retrasos operativos y/o aumento de coste con valor esperado de $100K a $500K.</td></tr>
<tr><td>2</td><td>Alguna reducción en el rendimiento técnico.</td><td>Pequeños retrasos en modificaciones software.</td><td>Algunos recortes de los recursos financieros, posibles excesos del presupuesto.</td><td>Posibles retrasos de la fecha de entrega.</td></tr>
<tr><td rowspan="2">MARGINAL</td><td>1</td><td colspan="2">Dejar de cumplir los requisitos provocaría la degradación de la misión secundaria.</td><td colspan="2">Los costes, impactos y/o restrasos recuperables de la planificación temporal con un valor estimado de $1K a $100K.</td></tr>
<tr><td>2</td><td>De mínima a pequeña reducción en el rendimiento técnico.</td><td>El soporte del software responde.</td><td>Recursos financieros suficientes.</td><td>Planificación temporal realista, alcanzable.</td></tr>
<tr><td rowspan="2">DESPRECIABLE</td><td>1</td><td colspan="2">Dejar de cumplir los requisitos provocaría inconvenientes o impactos no operativos.</td><td colspan="2">Los errores provocan impactos mínimos en el coste y/o planificación temporal con un valor esperado de menos de $1K.</td></tr>
<tr><td>2</td><td>No hay reducción en el rendimiento técnico.</td><td>Software fácil de dar soporte.</td><td>Posible superávit de presupuesto.</td><td>Fecha de entrega fácilmente alcanzable.</td></tr>
</table>

Cada componente de riesgo se valora usando la caracterización presentada en la Figura 6.1, y se determina una categoría de impacto. Las categorías para cada uno de los cuatro componentes de riesgo –rendimiento, soporte, coste y planificación temporal– son promediados [4] para determinar un valor general de impacto.

[4] Puede usarse una media ponderada si un componente de riesgo tiene más influencia en el proyecto.

Una vez que se han completado las cuatro primeras columnas de la tabla de riesgo, la tabla es ordenada por probabilidad y por impacto. Los riesgos de alta probabilidad y de alto impacto pasan a lo alto de la tabla, y los riesgos de baja probabilidad caen a la parte de abajo. Esto consigue una priorización del riesgo de primer orden.

El jefe del proyecto estudia la tabla ordenada resultante y define una línea de corte. La línea de corte (dibujada horizontalmente desde un punto en la tabla)

FIGURA 6.2

Ejemplo de tabla de riesgo antes de la clasificación

Riesgos	Categoría	Probabilidad	Impacto	RSGR
La estimación del tamaño puede ser significativamente baja	PS	60 %	2	
Mayor número de usuarios de los previstos	PS	30 %	3	
Menos reutilización de la prevista	PS	70 %	2	
Los usuarios finales se resisten al sistema	DU	40 %	3	
La fecha de entrega estará muy ajustada	BU	50 %	2	
Se perderán los presupuestos	CU	40 %	1	
El cliente cambiará los requisitos	PS	80 %	2	
La tecnología no alcanzará las expectativas	TE	30 %	1	
Falta de formación en las herramientas	DE	80 %	3	
Personal sin experiencia	ST	30 %	2	
Habrá muchos cambios de personal	ST	60 %	2	
• • •				

Valores de impacto:
1 – catastrófico
2 – crítica
3 – marginal
4 – despreciable

implica que sólo a los riesgos que quedan por encima de la línea se les prestará atención en adelante. Los riesgos que caen por debajo de la línea son reevaluados para conseguir una priorización de segundo orden.

El impacto del riesgo y la probabilidad tienen diferente influencia en la gestión (Figura 6.3). Un factor de riesgo que tenga un gran impacto pero muy poca probabilidad de que ocurra, no debería absorber una cantidad significativa de tiempo de gestión. Sin embargo, los riesgos de gran impacto con una probabilidad moderada a alta y los riesgos de poco impacto pero de gran probabilidad deberían tenerse en cuenta en los procedimientos de gestión que se estudian a continuación.

Todos los riesgos que se encuentran por encima de la línea de corte deben ser considerados. La columna etiquetada RSGR contiene una referencia que apunta hacia *un Plan de reducción, supervisión y gestión del riesgo* desarrollado para todos los riesgos que se encuentran por encima de la línea de corte. El plan RMMM se estudia en la sección 6.5.

La probabilidad de riesgo puede determinarse haciendo estimaciones individuales y desarrollando después un único valor de consenso. Aunque este enfoque es factible, se han desarrollado técnicas más sofisticadas para determinar la probabilidad de riesgo [AFC88].

Los controladores de riesgo pueden valorarse en una escala de probabilidad cualitativa que tiene los siguientes valores: imposible, improbable, probable y frecuente. Después puede asociarse una probabilidad matemática con cada valor cualitativo (p. ej.: una probabilidad del 0.7 al 1.0 implica un riesgo muy probable).

FIGURA 6.3

Riesgos y relevancia para la gestión

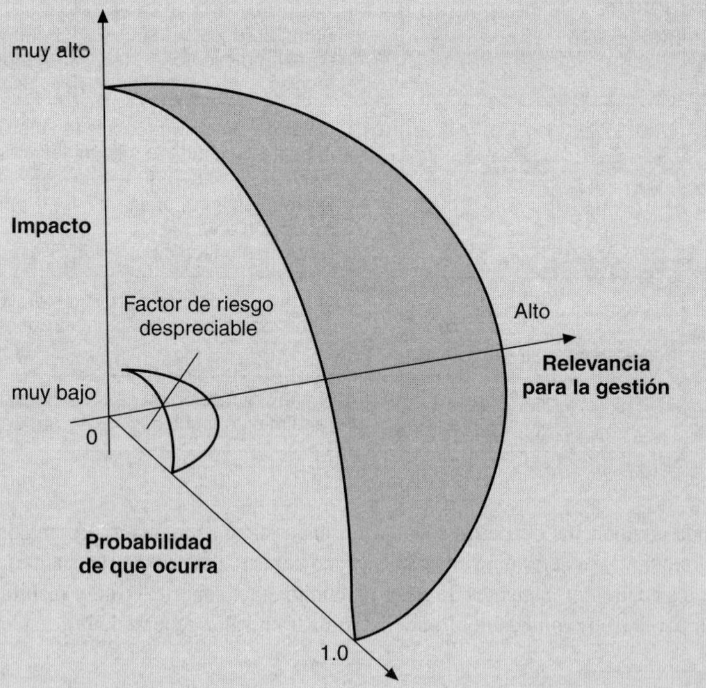

6.4.2. Evaluación del impacto del riesgo

Tres factores afectan a las consecuencias probables de un riesgo, si ocurre: su naturaleza, su alcance y cuando ocurre. La *naturaleza* del riesgo indica los problemas probables que aparecerán si ocurre. Por ejemplo, una interfaz externa mal definida para el hardware del cliente (un riesgo técnico) impedirá un diseño y pruebas tempranas y probablemente lleve a problemas de integración más adelante en el proyecto. El *alcance* de un riesgo combina la severidad (¿cómo de serio es el problema?) con su distribución general (¿qué proporción del proyecto se verá afectado y cuantos clientes se verán perjudicados?). Finalmente, la temporización de un riesgo considera cuándo y por cuánto tiempo se dejará sentir el impacto. En la mayoría de los casos, un jefe de proyecto prefiere las «malas noticias» cuanto antes, pero en algunos casos, cuanto más tarden, mejor.

Volviendo una vez más al enfoque del análisis de riesgo propuesto por las Fuerzas Aéreas de Estados Unidos [AFC88], se recomiendan los siguientes pasos para determinar las consecuencias generales de un riesgo:

1. Determinar la probabilidad media de que ocurra un valor para cada componente de riesgo.
2. Empleando la Figura 6.1, determinar el impacto de cada componente basándose en los criterios mostrados.
3. Completar la tabla de riesgo y analizar los resultados como se describe en las secciones precedentes.

La proyección del riesgo y las técnicas de análisis descritas en las Secciones 6.4.1 y 6.4.2 se aplican reiteradamente a medida que progresa el proyecto de software. El equipo del proyecto debería volver a la tabla de riesgo a intervalos regulares, volver a evaluar cada riesgo para determinar qué nuevas circunstancias hayan podido cambiar su impacto o probabilidad. Como consecuencia de esta actividad, puede ser necesario añadir nuevos riesgos a la tabla, quitar algunos que ya no sean relevantes y cambiar la posición relativa de otros.

6.4.3. Evaluación del riesgo

En este punto del proceso de gestión del riesgo, hemos establecido un conjunto de ternas de la forma [CHA89]:

$$[r_i, l_i, x_i]$$

donde r_i es el riesgo, l_i es la probabilidad del riesgo y x_i es el impacto del riesgo. Durante la evaluación del riesgo, se sigue examinando la exactitud de las estimaciones que fueron hechas durante la proyección del riesgo, se intenta dar prioridades a los riesgos que no se habían cubierto y se empieza a pensar las maneras de controlar y/o impedir los riesgos que sean más probables que aparezcan.

Para que sea útil la evaluación, se debe definir *un nivel de referencia de riesgo* [CHA89]. Para la mayoría de los proyectos, los componentes de riesgo estudiados anteriormente –rendimiento, coste, soporte y planificación temporal– también representan niveles de referencia de riesgos. Es decir, hay un nivel para la degradación del rendimiento, exceso de coste, dificultades de soporte o retrasos de la planificación temporal (o cualquier combinación de los cuatro) que provoquen que se termine el proyecto. Si una combinación de riesgos crea problemas de manera que uno o más de estos niveles de referencia se excedan, se parará el trabajo. En el contexto del análisis de riesgos del software, un nivel de referencia de riesgo tiene un solo punto, denominado *punto de referencia* o *punto de ruptura*, en el que la decisión de seguir con el proyecto o dejarlo (los problemas son demasiado graves) son igualmente aceptables.

La Figura 6.4 representa esta situación gráficamente. Si una combinación de riesgos lleva a problemas que provocan excesos de coste y retrasos de la planificación temporal, habrá un nivel representado por la curva en la figura que (cuan-

FIGURA 6.4

Nivel de referencia de riesgo

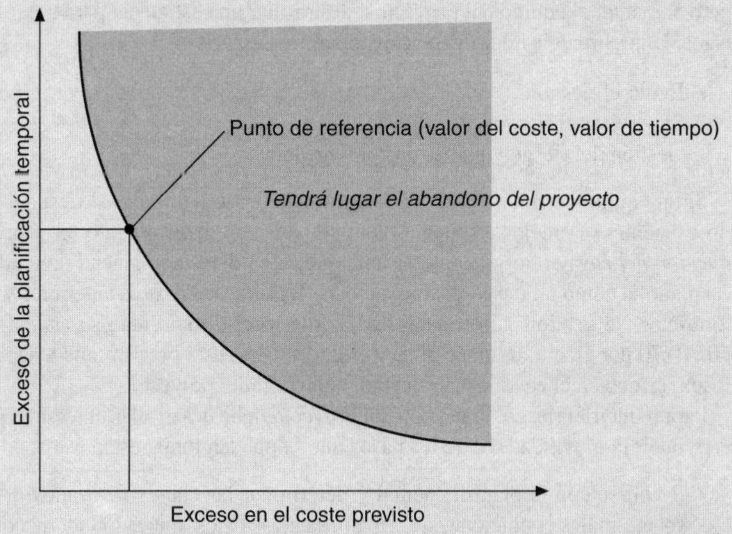

do se exceda) provocará la terminación del proyecto (la región sombreada). En el punto de referencia, las decisiones de seguir o abandonar son igualmente válidas.

En realidad, el nivel de referencia puede raramente representarse como una línea nítida en el gráfico. En la mayoría de los casos es una región en la que hay áreas de incertidumbre (p. ej.: intentar predecir una decisión de gestión basándose en la combinación de valores de referencia es a menudo imposible).

Por tanto, durante la evaluación del riesgo, se realizan los siguientes pasos:

1. Definir los niveles de referencia de riesgo para el proyecto.
2. Intentar desarrollar una relación entre cada $[r_i, l_i, x_i]$ y cada uno de los niveles de referencia.
3. Predecir el conjunto de puntos de referencia que definan la región de abandono, limitado por una curva o áreas de incertidumbre.
4. Intentar predecir como afectarán las combinaciones compuestas de riesgos a un nivel de referencia.

Es mejor dejar un estudio más detallado para libros especializados en el análisis de riesgos (p. ej.: [CHA89], [ROW88]).

6.5. REDUCCIÓN, SUPERVISIÓN Y GESTIÓN DEL RIESGO

Todas las actividades de análisis de riesgo presentadas hasta ahora tienen un solo objetivo: ayudar al equipo del proyecto a desarrollar una estrategia para tratar los riesgos. Una estrategia eficaz debe considerar tres aspectos:

- Evitar el riesgo.
- Supervisar el riesgo.
- Gestión del riesgo y planes de contingencia.

Si un equipo de software adopta un enfoque proactivo frente al riesgo, evitarlo es siempre la mejor estrategia. Esto se consigue desarrollando un plan de *reducción del riesgo*. Por ejemplo, asuma que se ha detectado mucha movilidad de la plantilla como un riesgo del proyecto, r_1. Basándose en casos anteriores y en la intuición de gestión, la probabilidad, l_1, de mucha movilidad se estima en un 0,70 (70 por ciento, bastante alto) y el impacto, x_1, está previsto que tenga un impacto crítico en el coste y planificación temporal del proyecto.

Para reducir el riesgo, la gestión del proyecto debe desarrollar una estrategia para reducir la movilidad. Entre los pasos que se pueden tomar están estos:

- Reunirse con la plantilla actual y determinar las causas de la movilidad (p. ej.: malas condiciones de trabajo, salarios bajos, mercado laboral competitivo).
- Actuar para reducir esas causas que estén al alcance del control de gestión antes de que comience el proyecto.
- Una vez que comienza el proyecto, *asuma que habrá movilidad* y desarrolle técnicas para asegurarse la continuidad cuando se vaya la gente.
- Organice los equipos del proyecto de manera que la información sobre cada actividad de desarrollo esté ampliamente dispersa.
- Defina estándares de documentación y establezca mecanismos para asegurarse de que los documentos se cumplimenten puntualmente.
- Convoque reuniones de revisión de todo el trabajo de manera que más de una persona a la vez esté familiarizada con el trabajo.
- Defina un miembro de la plantilla como reserva para cada técnico crítico.

A medida que progresa el proyecto, comienzan las actividades de *supervisión del riesgo*. El jefe del proyecto supervisa factores que pueden proporcionar una indicación de si el riesgo se está haciendo más o menos probable. En el caso de gran movilidad del personal, se pueden supervisar los siguientes factores:

- Actitud general de los miembros del equipo basándose en las presiones del proyecto.
- El grado de compenetración del equipo.
- Relaciones interpersonales entre los miembros del equipo.
- La disponibildiad de empleo dentro y fuera de la compañía.

Además de supervisar los factores apuntados anteriormente, el jefe del proyecto debería supervisar también la efectividad de los pasos de reducción del riesgo. Por ejemplo, un paso de reducción de riesgo apuntado anteriormente instaba a la definición de «estándares de documentación y mecanismos para asegurarse de que los documentos se cumplimenten puntualmente». Éste es un mecanismo para asegurarse la continuidad, en caso de que un individuo crítico abandone el proyecto. El jefe del proyecto debería comprobar los documentos cuidadosamente para asegurarse de que son válidos y de que cada uno contiene la información necesaria en caso de que un miembro nuevo se viera obligado a unirse al proyecto.

La gestión del riesgo y los planes de contingencia asumen que los esfuerzos de reducción han fracasado y que el riesgo se ha convertido en una realidad. Continuando con el ejemplo, suponga que el proyecto va muy retrasado y un número de personas anuncia que se va. Si se ha seguido la estrategia de reducción, tendremos reservas, la información está documentada y el conocimiento del proyecto se ha dispersado por todo el equipo. Además, el jefe del proyecto puede temporalmente volver a reasignar los recursos (y reajustar la planificación temporal del proyecto) desde las funciones que tienen todo su personal, permitiendo a los recién llegados que deben unirse al equipo que vayan «cogiendo el ritmo». A los individuos que se van se les pide que dejen lo que estén haciendo y dediquen sus últimas semanas a «transferir sus conocimientos». Esto podría incluir la adquisición de conocimientos por medio de vídeos, el desarrollo de «documentos con comentarios» y/o reuniones con otros miembros del equipo que permanezcan en el proyecto.

Es importante advertir que los pasos RSGR provocan aumentos del coste del proyecto. Por ejemplo, emplear tiempo en conseguir una reserva de cada técnico crítico cuesta dinero. Parte de la gestión de riesgos es evaluar cuando los beneficios obtenidos por los pasos RSGR superan los costes asociados con su implementación. En esencia, quien planifique el proyecto realiza el clásico análisis coste/beneficio. Si los procedimientos para evitar el riesgo de gran movilidad aumentan el coste y duración del proyecto aproximadamente en un 15 por ciento, pero el factor coste principal es la copia de seguridad (*backup*), el gestor puede decidir no implementar este paso. Por otra parte si los pasos para evitar el riesgo llevan a una proyección de un aumento de costes del 5 por ciento y de la duración en un 3 por ciento, la gestión probablemente lo haga.

Para un proyecto grande se pueden identificar unos 30 o 40 riesgos. Si se pueden identificar entre tres y siete pasos de gestión de riesgo para cada uno, ¡la gestión del riesgo puede convertirse en un proyecto por sí misma! Por este motivo, adaptamos la regla de Pareto 80-20 al riesgo del software. La experiencia dice que el 80 por ciento del riesgo total de un proyecto (p. ej.: el 80 por ciento del potencial de fracaso del proyecto) se debe solamente al 20 por ciento de los riesgos identificados. El trabajo realizado durante procesos de análisis de riesgo anteriores ayudará al jefe de proyecto a determinar qué riesgos pertenecen a ese 20 por ciento. Por este motivo, algunos de los riesgos identificados, valorados y previstos pueden no pasar por el plan RSGR –no pertenecen al 20 por ciento crítico (los riesgos con la mayor prioridad del proyecto).

6.6. RIESGOS Y PELIGROS PARA LA SEGURIDAD

El riesgo no se limita al proyecto de software solamente. Pueden aparecer riesgos después de haber desarrollado con éxito el software y de haberlo entregado al cliente. Estos riesgos están típicamente asociados con las consecuencias del fallo del software una vez en el mercado.

Aunque la probabilidad de fallo de un sistema de alta ingeniería es pequeña, un defecto no detectado en un sistema de control y supervisión basados en computadora podría provocar unas pérdidas económicas enormes, o peor, daños físicos significativos o pérdida de vidas humanas. Pero el coste y beneficios funcionales del control y supervisión basados en computadora a menudo superan al riesgo. Hoy en día, se emplean regularmente hardware y software para el control de sistemas de seguridad crítica.

Cuando se emplea software como parte del sistema de control, la complejidad puede aumentar del orden de una magnitud o más. Sutiles defectos de diseño inducidos por error humano –algo que puede descubrirse y eliminarse con controles convencionales basados en hardware– se convierten en mucho más difíciles de descubrir cuando se emplea software.

La *seguridad del software y el análisis del peligro* son actividades para garantizar la calidad del software (Capítulo 8) que se centra en la identificación y evaluación de peligros potenciales que pueden impactar al software negativamente y provocar que falle el sistema entero. Si se pueden identificar los peligros al principio del proceso de ingeniería del software, se pueden especificar características de diseño software que eliminen o controlen esos peligros potenciales.

6.7. EL PLAN RSGR

Se puede incluir una estrategia de gestión de riesgo en el plan del proyecto de software o se podrían organizar los pasos de gestión del riesgo en un *Plan diferente de reducción, supervisión y gestión del riesgo* (Plan RSGR). Todos los documentos del plan RSGR se llevan a cabo como parte del análisis de riesgo y son empleados por el jefe del proyecto como parte del Plan del Proyecto general. A continuación se expone un esquema del Plan RSGR.

I. Introducción
- **1.** Alcance y propósito del documento
- **2.** Visión general de los riesgos principales.
- **3.** Responsabilidades.
  - **a.** Gestión.
  - **b.** Personal técnico.

II. Tabla de riesgo del proyecto.
- **1.** Descripción de todos los riesgos por encima de la línea de corte.
- **2.** Factores que influyen en la probabilidad e impacto.

III. Reducción, supervisión y gestión del riesgo
- **n.** Riesgo # n
  - **a.** Reducción
    - **i.** Estrategia general.
    - **ii.** Pasos específicos.
  - **b.** Supervisión
    - **i.** Factores a supervisar.
    - **ii.** Enfoque de la supervisión.
  - **c.** Gestión
    - **i.** Plan de contingencia.
    - **ii.** Consideraciones especiales.

IV. Planificación temporal de revisión del Plan RSGR.

V. Resumen.

Una vez que se ha desarrollado el plan RSGR y el proyecto ha comenzado, empiezan los procedimientos de reducción y supervisión del riesgo. Como ya hemos dicho antes, la reducción del riesgo es una actividad para evitar problemas. La supervisión del riesgo es una actividad de seguimiento del proyecto con tres objetivos principales: (1) valorar cuando un riesgo previsto ocurre de hecho; (2) asegurarse de que los procedimientos para evitar el riesgo definidos para el riesgo en cuestión se están aplicando apropiadamente; y (3) recoger información que pueda emplearse en el futuro para analizar riesgos. En muchos casos, los problemas que ocurren durante un proyecto pueden afectar a más de un riesgo. Otro trabajo de la supervisión de riesgos es intentar determinar el «origen» (qué riesgos ocasionaron tal problema) a lo largo de todo el proyecto.

6.8. RESUMEN

Cuando se pone mucho en juego en un proyecto de software el sentido común nos aconseja realizar un análisis de riesgo. Y sin embargo, la mayoría de los jefes de proyecto lo hacen informal y superficialmente, si es que lo hacen. El tiempo invertido identificando, analizando y gestionando el riesgo merece la pena por muchas razones: menos trastornos durante el proyecto, una mayor habilidad de seguir y controlar el proyecto y la confianza que da planificar los problemas antes de que ocurran.

El análisis de riesgos puede absorber una cantidad significativa del esfuerzo de planificación del proyecto. Pero el esfuerzo merece la pena. Por citar a Sun Tzu, un general chino que vivió hace 2500 años, «Si conoces al enemigo y te conoces a ti mismo, no tendrás que temer el resultado de cien batallas». Para el jefe de proyectos de software, el enemigo es el riesgo.

REFERENCIAS

[AFC88] *Software Risk Abatement*, AFCS/AFLC Pamphlet 800-45, U.S. Air Force, 30 septiembre 1988.

[BOE89] BOHEM, B. W., *Software Risk Management*, IEEE Computer Society Press, 1989.

[CHA89] CHARETTE, R. N., *Software Engineering Risk Analysis and Management*, McGraw-Hill/Internet, 1989.

[CHA92] CHARETTE, R. N., «Building Bridges over Intelligent Rivers», *American Programmer*, vol. 5, n.° 7, septiembre 1992, págs. 2-9.

[DRU75] DRUCKER, P., *Management*, W. Heinemann, Ltd., 1975.

[GIL88] GILB, T., *Principles of Software Engineering Management*, Addison-Wesley, 1988.

[HIG95] HIGUERA, R. P., «Team Risk management», *CrossTal,* US Dept. of Defense, enero 1995, págs. 2-4.

[LEV95] LEVESON, N. G., *Safeware: System Safety and Computer*, Adisson-Wesley, 1995.

[PAR90] PARNAS, D. L., A. J. VAN SCHOUWEN y S. P. KWAN, «Evaluation of Safety Critcal Software», *CACM*, vol. 33, n.° 6, junio 1990, págs. 636-648.

[PRE91] PRESSMAN, R. S., y S. R. HERRON, *Software Shock*, Dorset House, 1991.

[PRE95] *Software Process Assesment Workshop*, R. S. Pressman & Associates, Inc., Orange, CT, 1995.

[ROW88] ROWE, W. D., *An Anatomy of Risk,* Robert E. Krieger Publishing Co, Malabar, FL, 1988.

[THO92] THOMSETT, R., «The Indiana Jones School of Risk Management», *American Programmer*, vol. 5, n.° 7, septiembre 1992, págs. 10-18.

PROBLEMAS Y PUNTOS PARA CONSIDERAR

6.1. Proporcione cinco ejemplos de otros campos que ilustren los problemas asociados con una estrategia pasiva frente al riesgo.

6.2. Describa la diferencia entre «riesgos conocidos» y «riesgos predecibles».

6.3. Añada tres cuestiones o temas a cada una de las listas de comprobación de elementos de riesgo que se presentan en este capítulo.

6.4. Se le ha pedido que construya un software que soporte un sistema de edición de vídeo de bajo coste. El sistema acepta cintas de vídeo como entrada de información, almacena el vídeo en disco, y después permite al usuario realizar un amplio abanico de opciones de edición al vídeo digitalizado. El resultado (salida) se envía a una cinta. Realice una pequeña investigación sobre sistemas de este tipo, y después haga una lista de riesgos tecnológicos a los que se enfrentaría al comenzar el proyecto de construir el sistema de edición de vídeo.

6.5. Usted es el jefe de proyectos de una gran compañía de software. Se le ha pedido que dirija a un equipo que está desarrollando un software de un procesador de textos de «nueva generación» (ver Sección 3.3.2 para obtener una breve descripción). Construya una tabla de riesgo para el proyecto.

6.6. Describa la diferencia entre componentes de riesgo y controladores de riesgo.

6.7. Desarrolle un esquema de ponderación de controladores de riesgo de un proyecto.

6.8. Desarrolle una estrategia de reducción del riesgo y sus actividades específicas para tres de los riesgos señalados en la Figura 6.2.

6.9. Desarrolle una estrategia de supervisión del riesgo y sus actividades específicas para tres de los riesgos señalados en la Figura 6.2. Asegúrese de identificar los factores que va a supervisar para determinar si el riesgo se hace más o menos probable.

6.10. Desarrolle una estrategia de gestión del riesgo y sus actividades específicas para tres de los riesgos señalados en la Figura 6.2.

6.11. ¿Se le ocurre alguna situación en la que un riesgo de alta probabilidad y gran impacto no formara parte de su plan RSGR?

6.12. Respecto a la referencia de riesgo mostrada en la Figura 6.4, ¿será siempre la curva un arco simétrico como el que aparece, o habrá situaciones en las que la curva esté más distorsionada? Si es así, sugiera un escenario en el que esto pueda ocurrir.

6.13. Realice una investigación sobre aspectos de seguridad del software y escriba una pequeña redacción sobre el tema. Vea [LEV95] como punto de partida.

6.14. Describa cinco áreas de aplicación de software en las que la seguridad del software y el análisis de riesgo sean vitales.

OTRAS LECTURAS Y FUENTES DE INFORMACIÓN

CARPERS JONES (*Assesment and Control of Software Risks*, Prentice-Hall, 1994) presenta un detallado estudio sobre riesgos del software que incluye información reunida de cientos de proyectos de software. Jones define 60 factores de riesgo que pueden afectar al resultado de los proyectos de software. BOHEM [BOE89] sugiere unos excelentes cuestionarios y formatos de listas de comprobación que pueden resultar de valor incalculable a la hora de identificar riesgos. CHARETTE [CHA89] presenta un detallado tratado de los mecanismos de análisis de riesgo, recurriendo a la teoría de probabilidades y técnicas estadísticas para analizar riesgos. En un volumen adjunto, CHARETTE (*Application Strategies for Risks Analysis*, McGraw-Hill, 1990) analiza el riesgo en el contexto tanto del sistema como de la ingeniería del software y define unas estrategias pragmáticas para la gestión del riesgo.

Una útil visión de la evaluación del riesgo ha sido escrita por GREY (*Practical Risk Assesment for Project Management*, Wiley, 1995). Su breve tratado proporciona una buena introducción al tema. KAROLAK (*Software Engineering Risk management*, IEEE Computer Society Press, 1996) presenta una directriz que ofrece un modelo de análisis de riesgo fácil de usar. Un número entero de la *revista American Programmer* (marzo de 1995) fue dedicado a la gestión del riesgo.

El *Air Force Systems Command Pamphlet* AFSCP 800-45 [AFC88] describe técnicas de identificación y reducción de riesgos. Gilb [GIL88] presenta un conjunto de «principios» (a menudo divertidos y frecuentemente profundos) que pueden servir como una útil directriz para la gestión del riesgo.

Todos los números de *ACM Software Engineering Notes* publican una sección titulada «Riesgos para el público» (editor, P. G. Neumann). Si quiere las últimas y mejores historias de horror de software, éste es el lugar adonde ir.

Está disponible un diagrama de factores de riesgo (implementado como una hoja de cálculo) de Teraquest Metrics (para obtener información vía Internet: **statz@acm.org**). El grupo de noticias **comp.risks** es una fuente de discusión y comentarios.

La página Web *Forum on risks to the Public* trata sobre riesgos de computadoras y software y/o métodos para gestionarlos:

http://catless.ncl.ac.uk./Risks.data/info.html

Puede obtener un extenso conjunto de referencias de análisis de decisiones/riesgo en:

http://www.lumina.com/DA/

Riskworld es una publicación en línea (*on-line*) «que proporciona noticias e información sobre la identificación, análisis críticos y gestión de riesgos» y puede obtenerse en:

http://www.riskwatch.com/

Se pueden conseguir buenos documentos sobre riesgos y análisis y referencias de unas excelentes bibliografías sobre riesgos en:

http://mijuno.larc.nasa.gov/dfc/rsk.html

El *DOE Risk Management Quarterly* (una publicación *on-line*), aunque no se dedica a los riesgos relacionados con el software, contiene referencias y artículos interesantes:

http://www.dne.bnl.gov/rmq.html

Puede encontrar una lista actualizada sobre referencias de riesgos de software en la World Wide Web:

http://www.rspa.com

CAPÍTULO 7

PLANIFICACIÓN TEMPORAL Y SEGUIMIENTO DEL PROYECTO

A finales de los años 60, un joven ingeniero[1] de brillante mirada fue elegido para «escribir» un programa de computadora para una aplicación de fabricación automática. El motivo para su selección fue sencillo. Era la única persona de su grupo técnico que había asistido a un seminario de programación de computadoras. Sabía todo sobre el lenguaje ensamblador y Fortran, pero nada sobre ingeniería del software y mucho menos sobre la planificación temporal y seguimiento del proyecto.

Su jefe le dio los manuales adecuados y una descripción verbal de lo que tenía que hacer. Se le informó de que el proyecto debía terminarse en dos meses.

Leyó los manuales, consideró su enfoque y empezó a escribir código. Después de dos semanas de trabajo, el jefe le llamó a su oficina y le preguntó qué tal iban las cosas.

«Muy bien», dijo el joven ingeniero con entusiasmo juvenil, «Es más fácil de lo que pensaba. He terminado cerca del 75 por ciento».

El jefe sonrió. «Es realmente estupendo», dijo. Le dijo entonces al joven ingeniero que siguiera trabajando y que se reunirían otra vez en una semana.

Una semana más tarde el jefe llamó al ingeniero a su oficina y le preguntó «¿Por dónde vamos?».

«Todo va muy bien», dijo el joven, «pero me he encontrado con unos pequeños obstáculos. Los solucionaré y volveré al ritmo de trabajo pronto».

«¿Cómo ves las fechas límite de entrega?», preguntó el jefe.

«No hay problema», dijo el ingeniero. «Estoy cerca de terminar el 90 por ciento».

Si ha estado trabajando en el mundo del software durante algunos años, sabrá el final de la historia. No es una sorpresa que el joven ingeniero se estancara en el 90 por ciento durante el resto del proyecto y que terminara (con la ayuda de otros) con un mes de retraso.

Esta historia se ha repetido docenas de miles de veces con los desarrolladores de software durante las últimas tres décadas. La gran pregunta es «¿Por qué?».

7.1. CONCEPTOS BÁSICOS

Aunque hay muchas razones por las que el software se entrega tarde, la mayoría pertenecen a una o más de las siguientes causas:

- Una fecha límite de entrega poco realista, establecida por alguien que no pertenece al grupo de ingeniería del software e impuesta a los gestores y profesionales del grupo.
- Cambio de los requisitos del cliente que no se reflejan en los cambios de la planificación temporal.
- Una subestimación honesta de la cantidad de esfuerzo y/o el número de recursos que serán necesarios para hacer el trabajo.
- Errores predecibles y no predecibles que no se consideraron cuando comenzó el proyecto.
- Dificultades técnicas que no pudieron ser previstas por adelantado.
- Dificultades humanas que no pudieron ser previstas por adelantado.
- Falta de comunicación entre la plantilla del proyecto que causan retrasos.

[1] Si se pregunta si esta historia es autobiográfica, ¡lo es!

- Falta de reconocimiento por parte de la gestión del proyecto de su retraso y falta de medidas para corregir el problema.

Las fechas límite de entrega agresivas (léase «poco realistas»), son un hecho consumado en el mundo del software. Algunas veces estas fechas límite se piden por motivos legítimos desde el punto de vista de la persona que las establece, pero el sentido común también dice que la legitimidad debe ser percibida por las personas que hacen el trabajo.

7.1.1. Comentarios sobre los retrasos

Napoleón dijo una vez: «Un comandante en jefe que acepta llevar a cabo un plan que considera defectuoso está cometiendo un error; debe exponer sus razones, insistir en cambiar el plan y finalmente presentar su dimisión antes de ser el instrumento de la destrucción de su ejército». Duras palabras que muchos gestores de proyecto de software deberían considerar.

Las actividades de estimación y análisis de riesgos estudiados en los Capítulos 5 y 6, y las técnicas de la planificación temporal descritas en este capítulo, se implementan a menudo bajo la restricción de una fecha límite definida. Si las mejores estimaciones indican que la fecha límite es poco realista, un gestor de proyecto competente debería «proteger a su equipo de una presión [de la planificación temporal] innecesaria y devolver la presión a sus originadores» [PAG85].

Para ilustrarlo, imagínese que un grupo de desarrollo de software ha sido comisionado para construir un controlador de tiempo real para un instrumento médico de diagnóstico que quiere introducirse en el mercado en 9 meses. Después de una cuidadosa estimación y análisis de riesgos, el gestor del proyecto de software llegá a la conclusión de que el software, tal y como se ha pedido, requerirá 14 meses para crearlo con la plantilla de la que se dispone. ¿Cómo debe proceder el jefe del proyecto?

Es poco realista ir a la oficina del cliente (en este caso el cliente probable es mercadotecnia/ventas) y exigirle que se cambie la fecha de entrega. Las presiones externas del mercado han dictado la fecha y el producto debe entregarse. También es absurdo rechazar el trabajo (desde el punto de vista de la carrera profesional). Así pues, ¿qué hacer?

Se recomiendan los siguientes pasos en esta situación:

1. Realice una estimación detallada usando información de proyectos anteriores. Determine el esfuerzo estimado y la duración del proyecto.

2. Empleando un modelo de proceso incremental (Capítulo 2), establezca una estrategia de desarrollo que proporcione una funcionalidad crítica mínima para la fecha límite impuesta, pero deje otras funcionalidades para más tarde. Documente el plan.

3. Reúnase con el cliente y (empleando la estimación detallada), explique por qué la fecha límite impuesta no es realista. Asegúrese de apuntar que todas las estimaciones se basan en proyectos del pasado. Asegúrese también de indicar la mejora de porcentaje que se requerirá para conseguir la fecha límite tal y como está ahora[2]. El siguiente comentario sería apropiado:

   «Creo que podemos tener un problema con la fecha de entrega del software del controlador XYZ. Les he entregado a cada uno de ustedes una descomposición abreviada de los ritmos de producción de proyectos anteriores y una estimación que hemos hecho de varias maneras diferentes. Se fijarán en que he asumido un 20 por ciento de mejora con respecto a los ritmos de producción del pasado, pero todavía obtenemos una fecha de entrega que está más bien a 14 meses de calendario que a 9 meses de la presente fecha».

4. Oferte la estrategia de desarrollo incremental como alternativa.

   «Tenemos pocas opciones y me gustaría que tomaran una decisión basándose en ellas. Primero, podemos aumentar el presupuesto y conseguir recursos adicionales de manera que tengamos la oportunidad de tener el trabajo hecho en nueve meses, pero entiendan que esto aumenta el riesgo de poca calidad debido a lo apretado de las fechas[3]. Segundo, podemos quitar un número determinado de funciones software y capacidades de las que piden. Esto hará la versión preliminar del producto algo menos funcional, pero podemos anunciar la funcionalidad completa para lanzarla a los 14 meses. Tercero, podemos contradecir a la realidad y desear poder completarlo en 9 meses. Nos encontraremos con algo que no se pueda entregar a un cliente de manera alguna. La tercera opción, espero que estén de acuerdo, es inaceptable. Nuestra experiencia y nuestras mejores estimaciones dicen que es poco realista y una receta para el desastre».

Habrá gruñidos, pero si se presentan estimaciones sólidas basadas en una buena información histórica, es probable que se opte por alguna versión negociada de las opciones 1 ó 2. La fecha límite no realista se desvanecerá.

---

[2] Si la mejora de porcentaje es del 10 al 25 por ciento, puede ser posible, de hecho, terminar el trabajo. Pero si se necesita que la mejora del porcentaje en el rendimiento del equipo sea mayor del 50 por ciento, ésta será una previsión no realista.

[3] Puede añadir que agregar más personal no reducirá la planificación temporal proporcionalmente.

7.1.2. Principios básicos

A Fred Brooks, el conocido autor de *The Mythical Man-Month* [BRO95], se le preguntó una vez cómo se retrasan las planificaciones temporales de los proyectos. Su respuesta fue tan simple como profunda: «Diariamente».

La realidad de un proyecto técnico (tanto si implica la construcción de una planta hidroeléctrica o desarrollar un sistema operativo) es que hay que realizar cientos de pequeñas tareas antes de poder alcanzar la meta final. Algunas de estas tareas quedan fuera del camino principal y pueden completarse sin preocuparse del impacto en la fecha de terminación del proyecto. Otras tareas se encuentran en el «camino crítico»[4]. Si estas tareas «críticas» se retrasan, la fecha de terminación del proyecto entero se pone en peligro.

El objetivo del gestor del proyecto es definir todas las tareas del proyecto, identificar las que son críticas y después hacerles un seguimiento para asegurarse de que el retraso se reconoce «de inmediato». Para conseguirlo, el gestor debe tener una planificación temporal que se haya definido con un grado de resolución que le permita supervisar el progreso y controlar el proyecto.

La planificación temporal de un proyecto de software es una actividad que distribuye el esfuerzo estimado a lo largo de la duración prevista del proyecto, asignando el esfuerzo a las tareas específicas de la ingeniería del software. Es importante resaltar, sin embargo, que la planificación temporal evoluciona con el tiempo. Durante las primeras etapas de la planificación del proyecto, se desarrolla una *planificación temporal macroscópica*. Este tipo de planificación temporal identifica las principales actividades de la ingeniería del software y las funciones del producto a las que se aplican. A medida que el proyecto va progresando, cada entrada en la planificación temporal macroscópica se refina en una *planificación temporal detallada*. Aquí, se identifican y programan las tareas del software específicas (requeridas para realizar una actividad).

La planificación temporal para proyectos de desarrollo de software puede verse desde dos perspectivas bastante diferentes. En la primera, se ha establecido ya (irrevocablemente) una fecha final de entrega de un sistema basado en computadora. La organización del software está limitada a distribuir el esfuerzo dentro del marco de tiempo previsto. El segundo punto de vista de la planificación temporal asume que se han estudiado unos límites cronológicos aproximados pero que la fecha final será establecida por la organización de la ingeniería del software. El esfuerzo se distribuye para conseguir el mejor empleo de los recursos, y se define una fecha final después de un cuidadoso análisis del software. Desgraciadamente, la primera situación es más frecuente que la segunda.

[4] El camino crítico se estudiará con mayor detalle, más adelante en este capítulo.

Como todas las áreas de la ingeniería del software, la planificación temporal de proyectos de software se guía por unos principios básicos:

Compartimentación. El proyecto debe dividirse en un número de actividades y tareas manejables. Para llevar a cabo está compartimentación, se descomponen tanto el producto como el proceso (Capítulo 3).

Interdependencia. Se deben determinar las interdependencias de cada actividad o tarea compartimentada. Algunas tareas deben ocurrir en una secuencia determinada; otras pueden darse en paralelo. Algunas actividades no pueden comenzar hasta que el resultado de otras no esté disponible. Otras actividades pueden ocurrir independientemente.

Asignación de tiempo. A cada tarea que se vaya a programar se le debe asignar cierto número de unidades de trabajo (p. ej.: personas-día de esfuerzo). Además, a cada tarea se le debe asignar una fecha de inicio y otra de finalización que son función de las interdependencias y de si el trabajo se hará a tiempo total o tiempo parcial.

Validación de esfuerzo. Todos los proyectos tienen un número definido de miembros de la plantilla. A medida que se hace la asignacion de tiempo, el gestor del proyecto debe asegurarse de que no se ha asignado un número de personas mayor que el de la plantilla en ese momento. Por ejemplo, considere un proyecto que tiene una plantilla asignada de tres miembros (por ejemplo, tres personas-día están disponibles por día de esfuerzo asignado)[5]. Un día cualquiera, se deben realizar siete tareas concurrentemente. Cada tarea requiere 0,5 personas-día de esfuerzo. Se ha asignado más esfuerzo del que pueden realizar las personas disponibles.

Responsabilidades definidas. Cada tarea que se programe debe asignarse a un miembro del equipo específico.

Resultados definidos. Cada tarea programada debería tener un resultado definido. Para los proyectos de software, el resultado es normalmente un producto (p. ej.: el diseño de un módulo) o una parte de un producto. Los productos se combinan frecuentemente en *entregas*.

Hitos definidos. Todas las tareas o grupos de tareas deberían asociarse con un hito del proyecto. Se consigue un hito cuando se ha revisado la calidad de uno o más productos (Capítulo 8) y se han aceptado.

Cada uno de los principios anteriores se aplica a medida que evoluciona la planificación temporal del proyecto.

[5] En realidad, se dispone de menos de tres personas-día debido a reuniones no mencionadas, enfermedades, vacaciones y otras razones. Para nuestro propósito, sin embargo, asumimos un 100 por ciento de disponibilidad.

7.2. LA RELACIÓN ENTRE LAS PERSONAS Y EL ESFUERZO

En un proyecto de desarrollo de software pequeño una sola persona puede analizar los requisitos, realizar el diseño, generar código y realizar las pruebas. A medida que crece el tamaño del proyecto más personas se ven envueltas. (Raramente podemos permitirnos el lujo de enfocar el esfuerzo de diez personas-año con una persona trabajando durante diez años).

Hay un mito común (estudiado en el Capítulo 1) que todavía creen muchos gestores responsables de esfuerzos de desarrollo del software: «Si se retrasa el programa, siempre podremos añadir más programadores y recuperar el ritmo más adelante en el proyecto». Desgraciadamente, añadir gente tarde a un proyecto tiene a menudo un efecto negativo, provocando aún más retraso. El personal agregado debe aprenderse el sistema y la gente que les enseña es la misma que estaba trabajando. Mientras están enseñando, no se trabaja, y el proyecto se retrasa todavía más.

Además del tiempo que se tarda en aprender el sistema, el involucrar más personas aumenta el número de vías de comunicación y la complejidad de la comunicación a lolargo del proyecto. Aunque la comunicación es absolutamente esencial para el éxito del desarrollo del software, cada nueva vía de comunicación requiere un esfuerzo adicional y, por tanto, un tiempo adicional.

7.2.1. Un ejemplo

Considere cuatro ingenieros del software, cada uno capaz de producir 5000 LDC/año cuando trabajan en proyectos individuales. Cuando se pone a estos cuatro ingenieros en un proyecto de equipo, son posibles seis vías de comunicación potenciales. Cada vía de comunicación requiere un tiempo que podría de otra manera emplearse en desarrollar software. Asumiremos que la productividad del equipo (medida en LDC) se verá reducida en 250 LDC/año por cada vía de comunicación, debido al gasto indirecto asociado con la comunicación. Por tanto, la productividad del equipo es 20.000 – (250 × 6) = 18.500 LDC/año, un 7.7 por ciento menos de lo que podríamos esperar[6].

El proyecto de un año en el que está trabajando el equipo anterior se retrasa y a dos meses de la fecha de entrega se agregan dos personas adicionales al equipo. El número de vías de comunicación se dispara a 14. La productividad de la nueva plantilla es la equivalente a 840 × 2 = 1.680 LDC para los dos meses restantes antes de la entrega. La productividad del equipo es ahora 20.000 + 1.680 – (250 × 14) = 18.180 LDC/año.

Aunque el ejemplo anterior es una burda simplificación exagerada de las circunstancias del mundo real, sirve para ilustrar otro punto clave: la relación entre el número de personas que trabajan en un proyecto de software y la productividad global no es lineal.

Basándose en la relación personas/trabajo. ¿Son contraproducentes los equipos? La respuesta es rotundamente «no», si la comunicación sirve para mejorar la calidad del software. De hecho, las revisiones técnicas formales (vea el Capítulo 8) celebradas por los equipos de ingeniería del software pueden conducir a un mejor análisis y diseño, y más importante, pueden reducir el número de errores no detectados hasta las pruebas (reduciendo, por tanto, el esfuerzo en las pruebas). De ahí que la productividad y la calidad cuando se mide como tiempo necesario para completar el proyecto y satisfacción del cliente pueden de hecho mejorar.

7.2.2. Una relación empírica

Recordando la «ecuación del software» [PUT92] que se introdujo en el Capítulo 5, podemos demostrar la relación altamente no lineal entre el tiempo cronológico para completar un proyecto y el esfuerzo humano aplicado al proyecto. El número de líneas de código entregadas (sentencias fuente), L, está relacionado con el esfuerzo y el tiempo de desarrollo por la ecuación:

$$L = P \times (E/B)^{1/3} \; t^{4/3}$$

donde E es el esfuerzo de desarrollo en personas-mes; P es un parámetro de productividad que refleja una variedad de factores que llevan a un trabajo de ingeniería del software de alta calidad (los valores típicos de P se encuentran entre 2.000 y 28.000); B es un factor de cualidades especiales que va desde 0.16 a 0.39 y es función del tamaño del software a producir, y t es la duración del proyecto en meses.

Despejando la ecuación del software anterior, llegamos a la expresión del esfuerzo de desarrollo E:

$$E = L^3/(P^3\, t^4) \qquad (7.1)$$

Donde E es el esfuerzo invertido (en personas-año) durante el ciclo entero de la vida del desarrollo del sofware y del mantenimiento, y t es el tiempo de desarrollo en años. La ecuación de esfuerzo de desarrollo puede relacionarse con el coste de desarrollo con la inclusión de un factor de coste laboral del trabajo ($/personas-año).

---

[6] Es posible presentar un argumento en contra: la comunicación, si es efectiva, puede aumentar la calidad del trabajo que se está realizando, reduciendo, por tanto, la cantidad de repasos y aumentando la productividad individual de los miembros del equipo. ¡Todavía no hay veredicto final!

Esto lleva a unos interesantes resultados. Considere un proyecto complejo de software de tiempo real estimado en 33.000 LDC, un esfuerzo de 12 personas-año. Si se han asignado ocho personas al equipo del proyecto, el proyecto puede estar terminado en 1,3 años. Sin embargo, si extendemos la fecha de finalización a 1,75 años, la naturaleza altamente no lineal del modelo descrito en la Ecuación (7.1) lleva a:

$$E = L^3/(P^3\ t^4) \sim 3{,}8 \text{ personas-año}$$

¡Esto implica que extendiendo la fecha de finalización seis meses, podemos reducir el número de personas desde ocho hasta cuatro! La validez de estos resultados está abierta a debate, pero la implicación es clara: se pueden obtener beneficios usando menos gente durante un período de tiempo algo mayor para realizar el mismo trabajo.

7.2.3. Distribución de esfuerzo

Cada una de las técnicas de estimación del proyecto de software tratadas en el Capítulo 5 lleva a las estimaciones de personas-mes (o personas-año) requeridas para completar un desarrollo de software. Una distribución recomendada de esfuerzo en las fases de definición y desarrollo se la conoce normalmente con la *regla 40-20-40* [7]. El cuarenta por ciento de todo el esfuerzo o más se asigna a las tareas de análisis y diseño. Un porcentaje similar se aplica a las pruebas. Se puede deducir correctamente que no se insiste mucho en la creación de código (un 20 por ciento del esfuerzo).

Esta distribución de esfuerzo debería usarse como una directriz solamente. Las características de cada proyecto dictan la distribución del esfuerzo. El esfuerzo gastado en la planificación de un proyecto raramente supera más del 2 ó 3 por ciento, a no ser que el plan embarque a una organización a grandes gastos por el gran riesgo. El análisis de los requisitos pueden comprender un 10 a 25 por ciento del esfuerzo del proyecto. El esfuerzo invertido en análisis o creación de prototipos debería crecer proporcionalmente con el tamaño del proyecto y la complejidad. Entre un 20 y 25 por ciento del esfuerzo se aplica normalmente al diseño del software. También debe considerarse el tiempo empleado en la revisión del diseño y la repetición subsiguiente.

Debido al esfuerzo aplicado al diseño de software, el código debería realizarse con relativa poca dificultad. Se puede alcanzar un rango del 15 al 20 por ciento del esfuerzo global. Las pruebas y las subsiguientes depuraciones de errores pueden dar cuenta del 30 al 40 por ciento restante del esfuerzo de desarrollo del software. La importancia del software dicta a menudo la cantidad de pruebas que se requieren. Si el software se ve desde el punto de vista humano (p. ej.: el fallo del software puede generar pérdidas de vidas humanas), se pueden considerar incluso porcentajes más altos.

[7] Hoy en día, se recomienda normalmente aplicar al análisis y a las tareas de diseño de grandes proyectos de desarrollo de software más del 40 por ciento de todo el esfuerzo del proyecto. De ahí que, el nombre «40-20-40» no se aplica en un sentido estricto.

7.3. DEFINICIÓN DE UN CONJUNTO DE TAREAS PARA EL PROYECTO DE SOFTWARE

En el Capítulo 2 se describieron diferentes modelos de proceso. Estos modelos ofrecen paradigmas diferentes para el desarrollo del software. Independientemente de que un equipo de software elija un paradigma secuencial lineal, uno iterativo, uno evolutivo, uno concurrente o alguna combinación, el modelo de proceso está lleno de conjuntos de tareas que permiten al equipo del software definir, desarrollar y finalmente mantener el software de computadora.

No hay un único conjunto de tareas que sea apropiado para todos los proyectos. El conjunto de tareas que sería apropiado para un sistema grande y complejo sería considerado exagerado para un proyecto pequeño relativamente sencillo. Por tanto, un proceso de software eficaz debería definir una colección de *conjuntos de tareas*, cada una diseñada para satisfacer las necesidades de diferentes tipos de proyectos.

Un conjunto de tareas es una colección de tareas de la ingeniería del software, hitos y entregas que deben realizarse para completar un proyecto particular. El conjunto de tareas a elegir debe proporcionar suficiente disciplina para alcanzar una alta calidad para el software. Pero al mismo tiempo, no se debe cargar al equipo del proyecto con trabajo innecesario.

Los conjuntos de tareas se diseñan para acomodar diferentes tipos de proyectos y diferentes grados de rigor. Aunque es difícil desarrollar una completa taxonomía, la mayoría de las organizaciones de software encuentran proyectos de los siguientes tipos:

I. **Proyectos de desarrollo del concepto** que se inician para explorar algún nuevo concepto de negocios o aplicación de alguna nueva tecnología.
II. **Proyectos de desarrollo de una nueva aplicación** que se aceptan como consecuencia del encargo de un cliente específico.
III. **Proyectos de mejoras de aplicaciones** que ocurren cuando un software existente sufre grandes modificaciones de su funcionamiento, rendimiento o interfaces que son observables por el usuario.

IV. **Proyectos de mantenimiento de aplicaciones** que corrigen, adaptan o amplían un software existente de maneras que pueden no ser obvias de forma inmediata para el usuario final.
V. **Proyectos de reingeniería** que se lleva a cabo con la intención de reconstruir un sistema existente (heredado) en su totalidad o en parte.

Incluso dentro de un tipo de proyecto simple, hay muchos factores que influyen en el conjunto de tareas a elegir. Cuando se toman en combinación, estos factores proporcionan una indicación del *grado de rigor* con el que debería aplicarse el proceso de software.

7.3.1. Grado de rigor

Incluso para un proyecto de un tipo en particular, el grado de rigor con el que se aplica el proceso de software puede variar significativamente. El grado de rigor es función de muchas características del proyecto. Por ejemplo, los pequeños proyectos no críticos del negocio pueden ser tratados con algo menos de rigor que grandes y complejas aplicaciones críticas desde el punto de vista del negocio. Debe advertirse no obstante, que *todos* los proyectos deben ejecutarse de manera que terminen en puntuales entregas de alta calidad. Se pueden definir cuatro grados de rigor:

Casual. Se aplican todas las actividades estructurales del proceso (Capítulo 2), pero sólo se requiere un conjunto de tareas mínimo. En general, las tareas protectoras se minimizarán y se reducirán los requisitos de documentación. Son aplicables todavía todos los principios básicos de la ingeniería del software.
Estructurado. Se aplicará la estructura del proceso a este proyecto. Se aplicarán las actividades estructurales y las tareas relativas apropiadas para el tipo de proyecto, así como las actividades protectoras necesarias para garantizar una alta calidad. Se llevarán a cabo SQA, SCM, documentación y tareas de medición de manera fluida.
Estricto. Se aplicará el proceso completo para este proyecto con un grado de disciplina tal que garantice una alta calidad. Se aplicarán todas las actividades protectoras y se producirá una robusta documentación.
Reacción rápida. Se aplicará la estructura del proceso a este proyecto, pero debido a una situación de emergencia[8], sólo se aplicarán aquellas tareas esenciales para mantener una alta calidad. Se realizará un *back-filling* (relleno a posteriori) (p. ej.: desarrollar un conjunto completo de documentación, realizar revisiones adicionales) después de entregar la aplicación/producto al cliente.

El gestor del proyecto debe desarrollar un enfoque sistemático para seleccionar el grado de rigor apropiado para cada proyecto. Para conseguirlo, se definen unos criterios de adaptación del proyecto y se calcula un valor *selector del conjunto de tareas* (SCT).

7.3.2. Definir los criterios de adaptación[9]

Los criterios de adaptación se emplean para determinar el grado de rigor recomendado con el que el proceso de software debería aplicarse en un proyecto. Se definen once criterios de adaptación para proyectos de software:

- Tamaño del proyecto.
- Número potencial de usuarios.
- Misión crítica.
- Longevidad de la aplicación.
- Estabilidad de los requisitos.
- Facilidad de comunicación cliente/desarrollador.
- Madurez de la tecnología aplicable.
- Limitaciones de rendimiento.
- Características empotradas/no empotradas.
- Personal del proyecto.
- Factores de reingeniería.

A cada uno de los criterios de adaptación se le asigna un grado que va desde 1 hasta 5, donde 1 representa un proyecto en el que se requiere un pequeño subconjunto de tareas de proceso, y los requisitos generales metodológicos y de documentación son mínimos, y 5 representa un proyecto en el que se debería aplicar un conjunto completo de tareas de proceso y en el que los requisitos generales metodológicos y de documentación son sustanciales.

7.3.3. Cálculo del valor selector del conjunto de tareas

Para seleccionar el conjunto apropiado de tareas para un proyecto, se deberían seguir los siguientes pasos:

[8] Las situaciones de emergencia deberían ser raras (no debería ocurrir en más de un 10 a 20 por ciento de todo el trabajo realizado dentro del contexto de la ingeniería del software). Una emergencia *no* es lo mismo que un proyecto con apretadas limitaciones de tiempo.

[9] Los criterios de adaptación presentados en esta sección y el cálculo SCT presentado en las siguientes secciones se han adaptado del *Adaptable Process Model*. Se ha reproducido con permiso de R. S. Pressman & Associates, Inc. Mandar correo electrónico a **info@rspa.com** para más información.

1. Revise cada uno de los criterios de adaptación en la Sección 7.3.2 y asignar los grados apropiados (1 a 5) basándose en las características del proyecto. Estos grados deberían introducirse en la Tabla 7.1.

2. Revise los factores de ponderación asignados a cada criterio. El valor de un factor de ponderación va desde 0.8 a 1.2 y proporciona una indicación de la relativa importancia de un criterio de adaptación en particular a los tipos de software desarrollados dentro del entorno local. Si son necesarias modificaciones para reflejar mejor las circunstancias locales, se deberían hacer.

3. Multiplique el grado introducido en la Tabla 7.1 por el **factor de ponderación** (peso) y por el **multiplicador de punto de entrada** del tipo de proyecto a realizar. El multiplicador de punto de entrada toma un valor de entre 0 y 1, e indica la importancia del criterio de adaptación para el tipo de proyecto. El resultado del producto:

   Grado × factor de ponderación × multiplicador de punto de entrada

   se coloca en la columna «Producto» de la Tabla 7.1 para cada criterio de adaptación individual.

4. Calcule la media de todas las entradas en la columna «Producto» y ponga el resultado en el espacio marcado *selector de conjunto de tareas* (Task Set Selector). Este valor se usará para ayudarle a seleccionar el conjunto de tareas más apropiado para el proyecto.

7.3.4. Interpretar el valor SCT y seleccionar el conjunto de tareas

Una vez que se ha calculado el selector del conjunto de tareas, se pueden utilizar las siguientes directrices para seleccionar el conjunto de tareas apropiado para un proyecto:

Valor del selector del conjunto de tareas	Grado de rigor
SCT < 1.2	Casual
1.0 < SCT < 3.0	Estructurado
SCT > 2.4	Estricto

TABLA 7.1

Cálculo del selector de conjunto de tareas

Criterios de adaptación	Grado	Peso	Multiplicador de punto de entrada					Producto
			Concur.	Ndev.	Mejora	Mant.	Reing.	
Tamaño del proyecto	______	1.20	0	1	1	1	1	______
Número de usuarios	______	1.10	0	1	1	1	1	______
Importancia para el negocio	______	1.10	0	1	1	1	1	______
Longevidad	______	0.90	0	1	1	0	0	______
Estabilidad de los requisitos	______	1.20	0	1	1	1	1	______
Facilidad de comunicación	______	0.90	1	1	1	1	1	______
Madurez de la tecnología	______	0.90	1	1	0	0	1	______
Limitaciones de rendimiento	______	0.80	0	1	1	0	1	______
Empotrado/no empotrado	______	1.20	1	1	1	0	1	______
Personal del proyecto	______	1.00	1	1	1	1	1	______
Interoperatividad	______	1.10	0	1	1	1	1	______
Factores de reingeniería	______	1.20	0	0	0	0	1	______
Selector de conjunto de tareas (SCT)								

TABLA 7.2

Cálculo del selector de conjunto de tareas: un ejemplo

Criterios de adaptación	Grado	Peso	Multiplicador de punto de entrada					Producto
			Concur.	Ndes.	Mejora	Mant.	Reing.	
Tamaño del proyecto	2	1.20	———	1	———	———	———	2,4
Número de usuarios	3	1.10	———	1	———	———	———	3,3
Importancia para el negocio	4	1.10	———	1	———	———	———	4,4
Longevidad	3	0.90	———	1	———	———	———	2,7
Estabilidad de los requisitos	2	1.20	———	1	———	———	———	2,4
Facilidad de comunicación	2	0.90	———	1	———	———	———	1,8
Madurez de la tecnología	2	0.90	———	1	———	———	———	1,8
Limitaciones de rendimiento	3	0.80	———	1	———	———	———	2,4
Empotrado/no empotrado	3	1.20	———	1	———	———	———	3,6
Personal del proyecto	2	1.00	———	1	———	———	———	2,0
Interoperatividad	4	1.10	———	1	———	———	———	4,4
Factores de reingeniería	0	1.20	———	0	———	———	———	2,8
Selector de conjunto de tareas (SCT)								**2,8**

El solapamiento en los valores SCT de un conjunto de tareas recomendado y el siguiente está hecho a propósito y pretende ilustrar que no son posibles unas fronteras tan definidas cuando se seleccionan conjuntos de tareas. En el análisis final, el valor del selector del conjunto de tareas, la experiencia acumulada y el sentido común deben tenerse en cuenta en la elección del conjunto de tareas para el proyecto.

La Tabla 7.2 ilustra cómo podría calcularse el SCT para un hipotético proyecto. El gestor del proyecto selecciona los grados mostrados en la columna «Grado». El tipo de proyecto es el desarrollo de una nueva aplicación. Por tanto, los multiplicadores de punto de entrada se seleccionan de la columna «Ndes». La entrada en la columna «Producto» se calcula empleando

Grado × Peso × Multiplicador de punto de entrada Ndes

El valor de SCT (calculado como la media de todas las entradas de la columna Producto) es 2,8. Usando los criterios estudiados anteriormente, el gestor tiene la opción de usar tanto el conjunto de tareas **estructurado** como el **estricto**. La decisión se toma una vez que se han considerado todos los factores del proyecto.

7.4. SELECCIÓN DE LAS TAREAS DE INGENIERÍA DEL SOFTWARE

Para desarrollar una planificación temporal del proyecto, se debe distribuir un conjunto de tareas a lo largo de la duración del proyecto. Como apuntamos en la Sección 7.3 el conjunto de tareas variará dependiendo del tipo de proyecto y del grado de rigor. Cada uno de los tipos de proyectos descritos en la Sección 7.3 puede enfocarse usando un modelo de proceso lineal secuencial, iterativo (p. ej.: el modelo de creación de prototipos), o evolutivo (p. ej.: el modelo en espiral). En algunos casos, un tipo de proyecto fluye suavemente hacia el siguiente. Por ejemplo, los proyectos de desarrollo de concepto que tienen éxito evolucionan a menudo en nuevos proyectos de desarrollo de aplicación. Cuando termina un proyecto de desarrollo de una nueva aplicación, empieza a veces un proyecto de mejora de la aplicación. Esta progresión es natural y predecible y ocurrirá sea cual sea el modelo de proceso que adopte una organización. Como ejemplo, consideramos las tareas principales de ingeniería para los proyectos de desarrollo de concepto.

Los proyectos de desarrollo de concepto se inician cuando se debe explorar el potencial de alguna nueva tecnología. No hay certeza de que la tecnología sea aplicable, pero el cliente (p. ej.: *marketing*) cree que existe un beneficio potencial.

Los proyectos de desarrollo de concepto se enfocan aplicando las siguientes tareas principales:

Ámbito del concepto determina el ámbito general del proyecto.
Planificación preliminar del concepto establece la capacidad de la organización de llevar a cabo el trabajo implicado por el ámbito del proyecto.
Valoración del riesgo tecnológico evalúa el riesgo asociado con la tecnología a implementar como parte del proyecto.
Prueba del concepto demuestra la viabilidad de una nueva tecnología en el contexto del software.
Implementación del concepto implementa la representación del concepto de manera que puede revisarlo un cliente y se emplea para propósitos de mecadotecnia cuando hay que vender un concepto a otros clientes o departamentos de gestión.
Reacción del cliente ante el concepto solicita la opinión del cliente sobre un nuevo concepto de tecnología y va encaminada a aplicaciones específicas del cliente.

No deberían producirse sorpresas si echamos un vistazo rápido a estas tareas principales. De hecho el flujo de las tareas de ingeniería del software para proyectos de desarrollo de concepto (y también para los otros tipos de proyectos) es poco más que sentido común.

El equipo del software debe entender lo que hay que hacer (ámbito); el equipo (o el gestor) debe determinar si hay alguien disponible para hacerlo (planificación); debe considerar los riesgos asociados con el trabajo (valoración del riesgo); probar la tecnología de alguna manera (prueba de concepto); e implementarlo en forma de prototipo de manera que el cliente pueda evaluarlo (implementación del concepto y evaluación del cliente). Finalmente, si el concepto es viable, se debe fabricar una versión de producción (translación).

Es importante resaltar que las tareas de desarrollo de concepto son iterativas por naturaleza. Es decir, un proyecto de desarrollo de concepto cualquiera podría enfocar las tareas anteriores en varios incrementos planificados, cada uno diseñado para producir una entrega que pueda ser evaluada por el cliente.

Si se elige un modelo de proceso lineal, cada uno de estos incrementos se define en una secuencia repetitiva como se ilustra en la Figura 7.1. Durante cada secuencia, se aplican actividades protectoras (descritas en el Capítulo 2); se supervisa la calidad, y al final de cada secuencia, se produce una entrega. Con cada interacción, cada entrega debería converger hacia el producto final definido para la fase de desarrollo de concepto. Si se elige un modelo evolutivo, la distribución de tareas de la I.1 a la I.6 aparecería como se muestra en la Figura 7.2. Se pueden definir y aplicar de la misma manera las tareas principales de ingeniería del software para otros tipos de proyectos.

FIGURA 7.1

Tareas de desarrollo de concepto en un modelo secuencial lineal

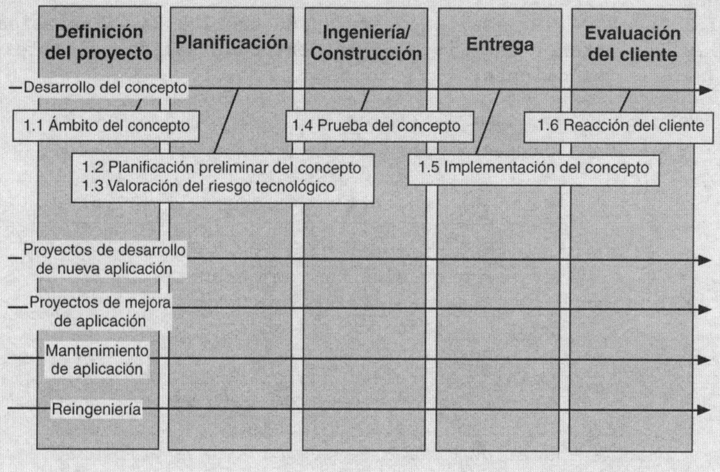

7.5. REFINAMIENTO DE LAS TAREAS PRINCIPALES

Las tareas principales descritas en la Sección 7.4 pueden emplearse para definir una planificación temporal macroscópica para el proyecto. Por ejemplo, las tareas descritas para proyectos de desarrollo de concepto se usarían para definir una red de tareas (Sección 7.6) para el proyecto.

Como apuntamos anteriormente en este capítulo, la planificación temporal macroscópica debe refinarse para crear una planificación temporal detallada del proyecto. El refinamiento se empieza tomando cada tarea principal y descomponiéndola en un conjunto de subtareas (con productos de trabajo e hitos relacionados).

Como ejemplo de descomposición de tarea, considere la tarea Ámbito del concepto, estudiada en la Sección 7.4. Se puede refinar la tarea empleando un formato de bosquejo, pero en este libro, se emplea un enfoque de lenguaje de diseño de proceso [10] para ilustrar el flujo de la actividad de ámbito del concepto:

[10] Un lenguaje de diseño de proceso es de sintaxis similar a los lenguajes de diseño de programas tratados en el Capítulo 14.

```
Tarea I.1 Ámbito del concepto
I.1.1       Identificar la necesidad, los beneficios y clientes
            potenciales;
I.1.2       Definir el resultado/control deseado y las entradas
            que controlan la aplicación;
Empezar la tarea I.1.2
I.1.2.1     RTF[11]: Revisar la descripción escrita de la necesidad.
I.1.2.2     Obtener una lista de las entradas/salidas visibles
            del cliente.

            Caso de: procedimiento
            Procedimiento = despliegue de la función calidad
                Reunirse con el cliente para aislar los principa-
                les requisitos del concepto; entrevistar a los
                usuarios finales; observar el enfoque actual al
                problema, proceso actual;
                Revisar requisitos y quejas anteriores;
            Procedimiento = análisis estructurado
                Hacer una lista de los objetos de datos
                principales;
                Definir las relaciones entre los objetos;
                Definir los atributos de los objetos;
            Procedimiento = visión del objeto
                Hacer una lista de las clases de problemas;
            Desarrollar la jerarquía de clases y las conexiones
            de clases;
            Definir los atributos de las clases;
       fin del caso
I.1.2.3     RTF: revisar las entradas/salidas con el cliente y
            adaptar según se requiera;
FindetareaTarea I.1.2
I.1.3 Definir la funcionalidad/comportamiento para cada función
      principal;
Empezar     Tarea I.1.3
I.1.3.1     RTF: revisar los objetos de datos de entrada y salida
            obtenidos en la tarea I.1.2;
I.1.3.2     Obtener un modelo de funciones/comportamientos;
       Caso de: procedimiento
       Procedimiento: Despliegue de la función calidad
           Reunirse con el cliente para revisar los requisitos
           del concepto principal;
           Entrevistar a los usuarios finales;
           Observar el enfoque actual del problema, proceso
           actual;
           Desarrollar un esquema jerárquico de funciones/
           comportamientos;
       Procedimiento: Análisis estructurado
           Obtener un diagrama de flujo de datos a nivel de
           contexto;
           Refinar el diagrama de flujo de datos para
           proporcionar más detalles;
           Escribir narrativas de proceso para las funciones al
           más bajo nivel de refinamiento
       Procedimiento: = visión de objeto
           Definir operaciones/métodos relevantes para cada
           clase;
       Findelcaso
I.1.3.3     Revisar funciones/comportamientos con el cliente y
            revisar según sea necesario;
FindetareaTarea I.1.3
I.1.4       Aislar aquellos elementos de la tecnología a
            implementar en software;
I.1.5       Disponibilidad de información sobre el software
            existente;
I.1.6       Definir viabilidad técnica;
I.1.7       Hacer una estimación rápida del tamaño;
I.1.8       Crear una definición de ámbito;
Findetarea:          Tarea I.1
```

Las tareas y subtareas apuntadas en el refinamiento del lenguaje de diseño del proceso forman la base para una planificación temporal detallada de las actividades del ámbito del concepto.

FIGURA 7.2

Tareas de desarrollo de concepto usando un modelo evolutivo

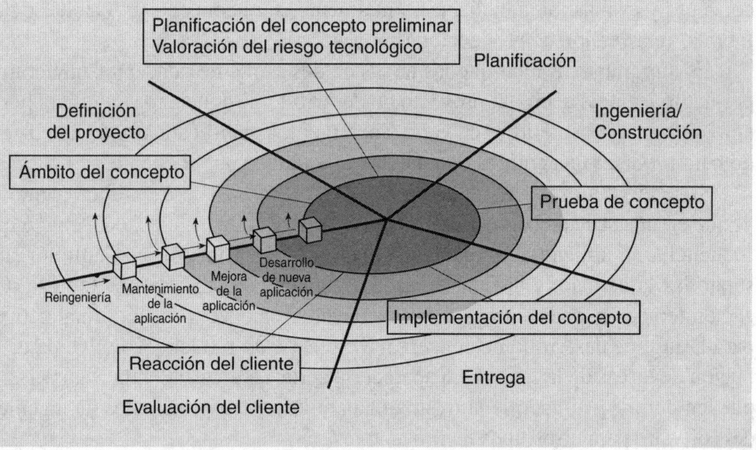

[11] RTF indica que se debe realizar una revisión técnica formal (Capítulo 8).

7.6. DEFINIR UNA RED DE TAREAS

Las tareas y subtareas individuales tienen interdependencias basadas en su secuencia. Además, cuando hay más de una persona implicada en un proyecto de ingeniería del software, es probable que las actividades de desarrollo y tareas se realicen en paralelo. Cuando ocurre esto, las tareas concurrentes deben coordinarse de manera que estén finalizadas cuando tareas posteriores requieran sus resultados.

Una *red de tareas* es una representación gráfica del flujo de tareas de un proyecto. Se emplea a veces como el mecanismo a través del cual se introduce la secuencia de tareas y las dependencias en una herramienta de programación automática de la planificación temporal de un proyecto. En su forma más sencilla (la que se emplea en una planificación temporal macroscópica), la red de tareas muestra las tareas principales de ingeniería del software. La Figura 7.3 muestra una *red de tareas* esquemática para un proyecto de desarrollo de concepto.

La naturaleza concurrente de las actividades de ingeniería del software lleva a varios requisitos importantes de la planificación temporal. Como las tareas paralelas ocurren asíncronamente, el planificador debe determinar las dependencias internas de las tareas para garantizar un progreso continuo hasta su finalización. Además, el gestor del proyecto debería estar al tanto de las tareas que pertenecen al *camino crítico*. Es decir, tareas que deben finalizarse según la planificación temporal si se quiere que el proyecto en general se termine a tiempo. Estos aspectos se tratan con más detalle más adelante en este capítulo.

Es importante resaltar que la red de tareas mostrada en la Figura 7.3 es macroscópica. En una red de tareas detallada (el precursor de la planificación temporal detallada) cada actividad mostrada en la Figura 7.3 se expandiría. Por ejemplo, la Tarea I.1 se expandiría para mostrar todas las tareas detalladas en el refinamiento mostrado en la Sección 7.5

FIGURA 7.3

Una red de tareas para un proyecto de desarrollo de concepto

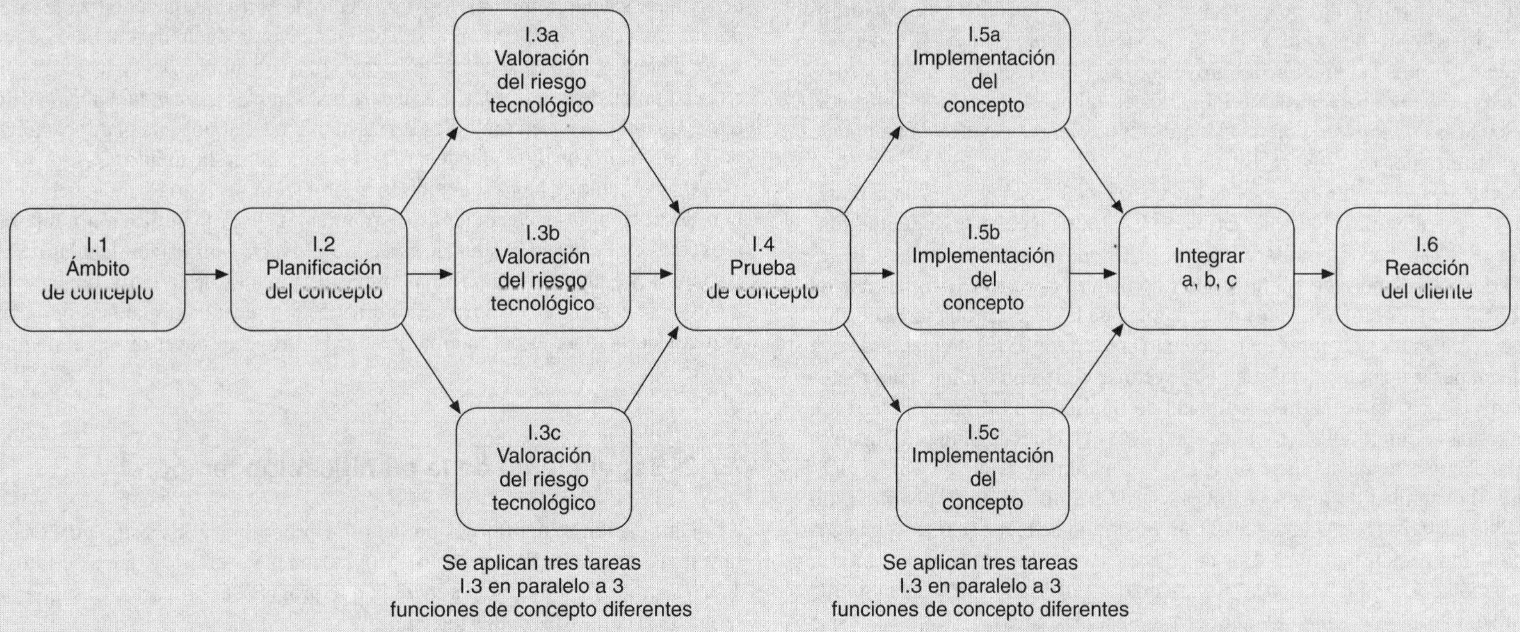

7.7. LA PLANIFICACIÓN TEMPORAL

La planificación temporal de un proyecto de software no difiere mucho del de cualquier esfuerzo de ingeniería multitarea. Por tanto, se pueden aplicar herramientas de planificación temporal de proyectos y técnicas generales al software con pocas modificaciones.

La técnica de evaluación y revisión de programa (PERT) y el *Método del camino crítico* (CPM) [MOD83] son dos métodos de la planificación temporal de un proyecto que pueden aplicarse al desarrollo de software. Ambas técnicas son dirigidas por la información ya desarrollada en actividades anteriores de la planificación del proyecto:

- Estimaciones de esfuerzo.
- Una descomposición de la función del producto.
- La selección del modelo de proceso adecuado.
- La selección del tipo de proyecto y del conjunto de tareas.

Las interdependencias entre las tareas deben definirse empleando una red de tareas. Las tareas, a veces denominadas *estructura de descomposición del trabajo* del proyecto (WBS), se definen para el producto como un todo o para las funciones individuales.

Tanto PERT como CPM proporcionan herramientas cuantitativas que permiten al planificador del software a (1) determinar el *camino crítico* –la cadena de tareas que determina la duración del proyecto; (2) establecer las dimensiones de tiempo *más probables* para las tareas individuales aplicando modelos estadísticos; y (3) calcular las *limitaciones de tiempo* que definen una «ventana» de tiempo de una tarea determinada.

Los cálculos de las limitaciones de tiempo pueden ser muy útiles en la planificación temporal de proyectos de software. El retraso en el diseño de una función, por ejemplo, puede retardar el posterior diseño de otras funciones. Riggs [RIG81] describe importantes limitaciones de tiempo que pueden discernirse de una red PERT o CPM: (1) lo antes posible que puede empezar una tarea cuando las tareas precedentes se completen también lo antes posible; (2) lo más tarde que se puede empezar una tarea antes de que se retrase el tiempo mínimo para finalizar el proyecto; (3) la fecha más temprana de finalización: la suma de la fecha más temprana de inicio y la duración de la tarea; (4) la fecha límite de finalización –la fecha más tardía de inicio sumada a la duración de la tarea; y (5) el *margen total* –la cantidad de tiempo extra o atrasos permitidos en la planificación temporal de las tareas de manera que el camino crítico de la red se mantenga conforme la planificación temporal. Los cálculos de los tiempos límite llevan a la determinación del camino crítico y proporciona al gestor un método cuantitativo para evaluar el progreso a medida que se completan las tareas.

Tanto PERT como CPM se han implementado en varias herramientas automáticas disponibles virtualmente para todos los ordenadores personales [THE93]. Tales herramientas son fáciles de usar y hacen asequibles los métodos de la planificación temporal descritos anteriormente a todos los gestores de proyectos de software.

7.7.1. Gráficos de tiempo

Cuando se crea una planificación temporal de un proyecto de software, el planificador empieza un conjunto de tareas (la estructura de descomposición del trabajo). Si se emplean herramientas automáticas, la descomposición del trabajo es introducida como una red de tareas o esquema de tareas. El esfuerzo, duración y fecha de inicio son las entradas de cada tarea. Además, se asignan las tareas a individuos específicos.

Como consecuencia de esta entrada, se genera un gráfico de tiempo, también denominado *Gráfico Gantt*. Se puede desarrollar un gráfico de tiempo para todo el proyecto. Alternativamente, se pueden desarrollar diferentes gráficos para cada función del proyecto o para cada individuo que trabaje en el proyecto.

La Figura 7.4 ilustra el formato de un gráfico de tiempo. Muestra una parte de la planificación temporal de un proyecto de software que enfatiza la tarea de *ámbito del concepto* (Sección 7.5) para un nuevo producto de software de procesador de textos. Todas las tareas del proyecto (para ámbito del concepto) se listan en la columna de la izquierda. Las barras horizontales indican la duración de cada tarea. Cuando aparecen múltiples barras al mismo tiempo en la planificación temporal, implican concurrencia de tareas. Los rombos indican hitos.

Una vez que se ha introducido la información necesaria para generar el gráfico de tiempo, la mayoría de las herramientas de la planificación temporal de proyectos de software producen *tablas de proyecto* –un listado tabular de todas las tareas del proyecto, sus fechas previstas y reales de inicio y finalización, e informacia varia relativa al tema (Figura 7.5). Empleando las tablas junto con los gráficos de tiempo, le permiten al gestor del proyecto hacer un seguimiento del progreso.

7.7.2 Seguimiento de la planificación temporal

La planificación temporal del proyecto le proporciona al gestor un «mapa de carreteras». Si se ha desarrollado apropiadamente, define las tareas e hitos que deben seguirse y controlarse a medida que progresa el proyecto. El seguimiento se puede hacer de diferentes maneras:

FIGURA 7.4

Un ejemplo de gráfico de tiempo

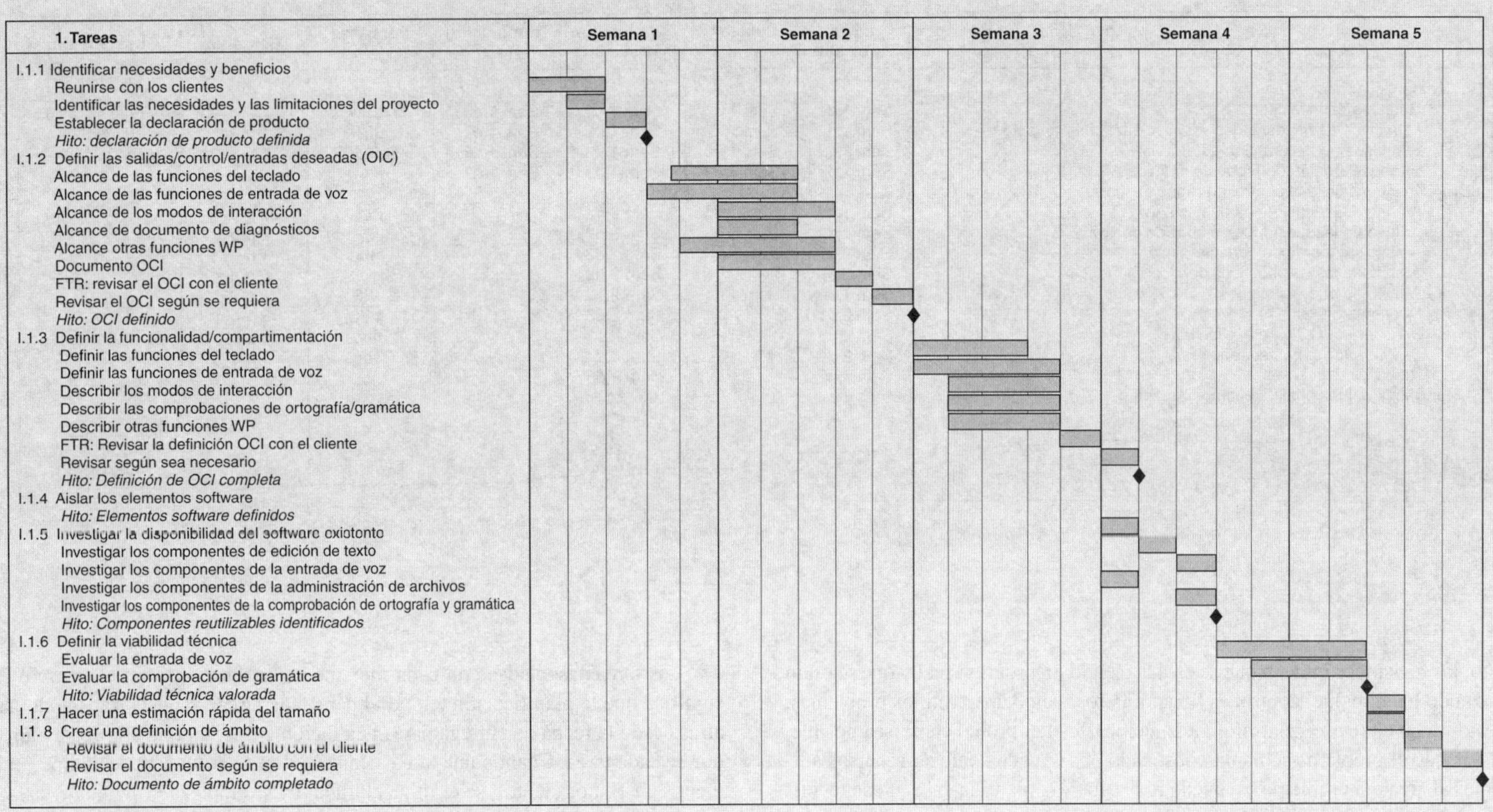

- Realizando reuniones periódicas del estado del proyecto en las que todos los miembros del equipo informa del progreso y de los problemas.
- Evaluando los resultados de todas las revisiones realizadas a lo largo del proceso de ingeniería del software.
- Determinando si se han conseguido los hitos formales del proyecto (los rombos mostrados en la Figura 7.4) en la fecha programada.
- Comparando la fecha real de inicio con las previstas para cada tarea del proyecto listada en la tabla del proyecto (Figura 7.5).
- Reuniéndose informalmente con los profesionales del software para obtener sus valoraciones subjetivas del progreso hasta la fecha y los problemas que se avecinan.

En realidad, todas estas técnicas de seguimiento las utilizan los gestores de proyecto experimentados.

El *control* lo usa el gestor para administrar los recursos del proyecto, enfrentarse a los problemas y dirigir al personal del proyecto. Si las cosas van bien (p. ej.: el proyecto va según la planificación temporal y dentro del presu-

FIGURA 7.5

Un ejemplo de tabla de proyecto

Tareas de trabajo	Inicio previsto	Inicio real	Terminación prevista	Terminación real	Personas asignadas	Esfuerzo	Observaciones
I.1.1 Identificar necesidades y beneficios							
Reunirse con los clientes	Sem 1,d1	Sem 1,d1	Sem 1,d2	Sem 1,d2	BLS	2 p-d	Es previsible que requiera más esfuerzo/tiempo
Identificar las necesidades y limitaciones del proyecto	Sem 1,d2	Sem 1,d2	Sem 1,d2	Sem 1,d2	JPP	1 p-d	
Establecer la declaración de producto	Sem 1,d3	Sem 1,d3	Sem 1,d3	Sem 1,d3	BLS/JPP	1 p-d	
Hito: declaración de producto definida	Sem 1,d3	Sem 1,d3	Sem 1,d3	Sem 1,d3			
I.1.2 Definir las salidas/control/entradas deseadas (OCI)							
Ámbito de las funciones del teclado	Sem 1,d4	Sem 1,d4	Sem 2,d2		BLS	1,5 p-d	
Ámbito de las funciones de entrada de voz	Sem 1,d3	Sem 1,d3	Sem 2,d2		JPP	2 p-d	
Ámbito de los modos de interacción	Sem 2,d1		Sem 2,d3		MLL	1 p-d	
Ámbito de los diagnósticos del documento	Sem 2,d1		Sem 2,d2		BLS	1,5 p-d	
Ámbito de otras funciones WP	Sem 1,d4	Sem 1,d4	Sem 2,d3		JPP	2 p-d	
Documento OCI	Sem 2,d1		Sem 2,d3		MLL	3 p-d	
FRT: revisar OCI con el cliente	Sem 2,d3		Sem 2,d3		Todos	3 p-d	
Revisar OCI según se requiera;	Sem 2,d4		Sem 2,d4		Todos	3 p-d	
Hito: OCI definido	Sem 2,d5		Sem 2,d5				
I.1.3 Definir la funcionalidad/comportamiento							

puesto, las revisiones indican que se está haciendo un progreso real y que se están alcanzando los hitos), el control es liviano. Pero cuando aparecen los problemas, el gestor debe ejercer el control para solucionarlos tan pronto como sea posible. Una vez que el problema se ha diagnosticado [12], se pueden enfocar recursos adicionales al área del problema: se puede redistribuir la plantilla, o se puede redefinir la planificación temporal del proyecto.

Cuando se enfrentan a la presión de una fecha de entrega muy ajustada, los gestores de proyecto utilizan a veces una planificación temporal de proyecto y una técnica de control denominada *time-boxing* (tiempo encajonado) [ZAH95]. Esta estrategia reconoce que puede que no se pueda entregar el producto completo para la fecha límite predefinida. Por tanto, se elige un paradigma incremental (Capítulo 2), y se crea una planificación temporal para cada entrega incremental.

Las tareas asociadas con cada incremento se encajonan en el tiempo. Esto significa que la planificación temporal para cada tarea se ajusta trabajando hacia atrás desde la fecha de entrega para cada incremento. Se pone una «caja» alrededor de cada tarea. Cuando una tarea alcanza el límite de su caja de tiempo (más o menos un 10 por ciento), se termina el trabajo y se empieza la siguiente tarea.

La primera reacción frente al enfoque de encajonamiento de tiempo es a menudo negativa: «¿Si no se ha terminado el trabajo, cómo podemos proseguir?». La respuesta se encuentra en la manera en que se realiza el trabajo. Cuando se llega al límite de la caja de tiempo, es probable que se haya completado el 90 por ciento de la tarea [13]. El restante 10 por ciento, aunque importante, puede (1) retrasarse hasta el siguiente incremento, o (2) completarse más tarde si es necesario. En vez de estar «estancado» en una tarea, el proyecto progresa hacia la fecha de entrega.

[12] Es importante resaltar que un retraso del programa es un síntoma de algún problema oculto. El papel del gestor es diagnosticar cuál es ese problema y actuar para corregirlo.

[13] Un cínico podría recordar el dicho: «El primer 90 por ciento de un sistema se lleva el 90 por ciento del tiempo. El último 10 por ciento del sistema se lleva el 90 por ciento del tiempo».

7.8. EL PLAN DEL PROYECTO

Cada paso en el proceso de ingeniería del software debería obtener un producto del trabajo que puede revisarse y que puede hacer de fundamento para los siguientes pasos. El *plan del proyecto de software* se produce a la culminación de las tareas de planificación. Proporciona información básica de costes y planificación temporal que será empleada a lo largo del proceso de ingeniería del software.

El plan del proyecto de software es un documento relativamente breve dirigido a una audiencia diversa. Debe (1) comunicar el ámbito y recursos a los gestores del software, personal técnico y al cliente; (2) definir los riesgos y sugerir técnicas de aversión al riesgo; (3) definir los costes y planificación temporal para la revisión de la gestión; (4) proporcionar un enfoque general del desarrollo del software para todo el personal relacionado con el proyecto; y (5) describir cómo se garantizará la calidad y se gestionan los cambios. En la Figura 7.6 se presenta una descripción de un plan de proyecto de software.

La presentación de los costes y de la planificación temporal variará dependiendo de la audiencia a la que vaya dirigida. Si el plan es usado como documento interno, se pueden presentar los resultados de cada técnica de costes. Cuando el plan sale fuera de la organización, se proporciona una descomposición comparativa de costes (combinando los resultados de todas las técnicas de costes). Similarmente, el grado de detalle contenido en la sección de la planificación temporal puede variar con la audiencia y la formalidad del plan.

El plan del proyecto no debe ser un documento largo y complejo. Su propósito es ayudar a establecer la viabilidad del esfuerzo de desarrollo del software. El plan se concentra en una declaración general de *el qué* y una declaración específica de cuánto y cuándo. Los pasos subsiguientes en el proceso de ingeniería del software se concentrarán en la definición, desarrollo y mantenimiento.

FIGURA 7.6

Plan del proyecto de software

I. Introducción
   A. Propósito del plan
   B. Ámbito del proyecto y objetivos
      1. Declaración del ámbito
      2. Funciones principales
      3. Aspectos de rendimiento
      4. Restricciones técnicas y de gestión
II. Estimaciones del proyecto
   A. Datos históricos usados para las estimaciones
   B. Técnicas de estimación
   C. Estimaciones de esfuerzo, coste y duración
III. Estrategia de gestión del riesgo
   A. Tabla de riesgo
   B. Estudio de los riesgos a tratar
   C. Plan RSGR para cada riesgo:
      1. Reducción del riesgo
      2. Supervisión del riesgo
      3. Gestión del riesgo (planes de contingencia)
IV. Planificación temporal
   A. Estructura de descomposición del trabajo del proyecto
   B. Red de tareas
   C. Gráfico de tiempo (Gráfico Gantt)
   D. Tabla de recursos
V. Recursos del proyecto
   A. Personal
   B. Hardware y software
   C. Tabla de recursos
VI. Organización del personal
   A. Estructura de equipo (si procede)
   B. Informes de gestión
VII. Mecanismos de seguimiento y control
   A. Garantía de calidad y control
   B. Gestión y control de cambios
VIII. Apéndices

7.9. RESUMEN

La planificación temporal es la culminación de una actividad de planificación, componente primordial de la dirección de proyectos de software. Cuando se combinan métodos de estimación y análisis de riesgo, la planificación temporal se convierte en un mapa a seguir por el gestor del proyecto. La planificación temporal empieza con la descomposición del proceso. Las características del proyecto se emplean para adaptar un conjunto de tareas apropiado al trabajo a realizar. Una red de tareas muestra todas las tareas de ingeniería, sus dependencias de otras tareas y sus duraciones previstas. La red de tareas se usa para calcular el camino crítico del proyecto, un gráfico de tiempo e información varía del proyecto. El gestor del proyecto puede seguir y controlar todos los pasos del proceso de ingeniería del software usando la planificación temporal como directriz.

REFERENCIAS

[BRO95] Brooks, M., *The Mythical Man-Month*, edición Aniversario, Adison-Wesley, 1995.

[MOD83] Moder, J. J., C. R. Philips, y E. W. Davis, *Proyect Management with CPM, PERT and Precedene Diagramming*, Tercera Edición, Van Nostrad Reinhold, 1983.

[PAG85] Page-Jones, M., *Practical Project Management*, Dorset House, 1985, págs. 90-91.

[PUT92] Putman, L, y W. Myers, *Measures for Excellence*, Yourdon Press, 1992.

[RIG81] Riggs, J., *Production Systems Planning, Análisis and Control*, tercera Edición, Wiley, 1981.

[THE93] Thé, L., «Project Management Software That's IS Friendly», *Datamation*, octubre, 1993, págs. 55-58.

[ZAH95] Zahniser, R., «Time-boxing for Top Team Performance», *Software Development*, marzo 1995, págs. 34-38.

PROBLEMAS Y PUNTOS PARA CONSIDERAR

7.1. Las fechas límite «irracionales» son un hecho consumado del negocio del software. ¿Cómo procedería si se encuentra en esta situación?

7.2. ¿Cuál es la diferencia entre una planificación temporal macroscópica y una detallada? ¿Es posible dirigir un proyecto si sólo se desarrolla una planificación temporal macroscópica? ¿Por qué?

7.3. ¿Hay algún caso en el que un hito de un proyecto no está sujeto a una revisión? Si es así, proporcione uno o más ejemplos.

7.4. En la Sección 7.2.1, se presenta un ejemplo de «sobrecarga de comunicaciones» que puede ocurrir cuando mucha gente trabaja en un proyecto de software. Desarrolle un ejemplo que ilustre cómo unos ingenieros expertos, y con buenas experiencias en ingeniería del software y que utilizan revisiónes técnicas formales, pueden mejorar el ritmo de producción de un equipo (comparado con la suma de los ritmos individuales de producción). [Pista: puede asumir que las revisiones reducen las revisiones del trabajo y que esos repasos suponen de un 20 a un 40 por ciento del tiempo de una persona].

7.5. Aunque agregar gente a un proyecto atrasado lo puede retrasar aún más, hay circunstancias en las que no es verdad. Descríbalas.

7.6. La relación entre el personal y el tiempo no es lineal. Usando la ecuación del software de Putman (descrita en la Sección 7.2.2), desarrolle una tabla que relacione el número de gente con la duración del proyecto para un proyecto de software que requiera 50.000 LDC y 15 personas-año de esfuerzo (el parámetro de productividad es 5.000 y B = 0.37). Asuma que el software debe entregarse en 24 meses más o menos 12 meses.

7.7. Asuma que ha sido contratado por una universidad para desarrollar un sistema interactivo para apuntarse a cursos (OLCRS). Primero, actúe como el cliente (¡si usted es un estudiante, le resultará fácil!) y especifique las características de un buen sistema. Alternativamente, su profesor le proporcionará un conjunto de requisitos preliminares para el sistema.

Usando el modelo COCOMO descrito en el Capítulo 5, desarrolle una estimación de esfuerzo y duración par OLCRS. Sugiera cómo: a) definiría las actividades paralelas de trabajo durante el proyecto OLCRS; b) distribuiría el esfuerzo a lo largo del proyecto; c) establecería hitos para el proyecto.

7.8. Usando la Sección 7.3 como directriz, calcule el SCT para OLCRS. Asegúrese de mostrar todo su trabajo. Seleccione un tipo de proyecto y cree un conjunto apropiado de tareas para el proyecto.

7.9. Defina una red de tareas para OLCRS, o alternativamente, para otro proyecto de software que le interese. Asegúrese de mostrar las tareas e hitos y adjuntar las estimaciones de esfuerzo y tiempo para cada tarea. Si es posible, utilice una herramienta de programación automática para realizar este trabajo.

7.10. Si dispone de una herramienta de programación automática, determine el camino crítico para la red definida en el problema 7.8.

7.11. Usando una herramienta de programación automática, determine el camino crítico para la red definida en el problema 7.8.

7.12. Refine una tarea denominada **Plan del proyecto de software** de la misma manera que se refinó el ámbito de concepto en la Sección 7.5.

7.13. Sugiera métodos prácticos que permitan a un gestor supervisar que se cumplen con los costes y con la planificación temporal definidos en el plan del proyecto de software.

OTRAS LECTURAS Y FUENTES DE INFORMACIÓN

Los aspectos de la planificación temporal se cubren en la mayoría de los libros sobre gestión de proyectos de software. WYSOKI y sus colegas (*Effective Project Management*, Wiley, 1995) y WHITEN (*Managing Software development Projects*, segunda edición, Wiley, 1995) consideran el tema en detalle. BODDIE (*Crunch Mode*, Prentice-Hall, 1987) han escrito un libro para todos los gestores que «tienen 90 días para hacer un proyecto de seis meses». GILB (*Principles of Software Engineering Management*, Addison-Wesley, 1988) escribe un estudio provocador sobre la ingeniería del software y su gestión. KERR y HUNTER (*Inside RAD: How to Build Fully Functional Computer Systems in 90 Days or Less*, McGraw-Hill, 1994) estudia aspectos de la planificación temporal de proyectos «acelerados».

THAYER (*Software Engineering Project Management*, IEEE Computer Society Press, 1987) ha editado una detallada antología con un importante contenido sobre la planificación temporal de proyectos. BENNATAN (*Software Project Management: A Practitioner's approach*, McGraw-Hill, 1992), OULD (*Strategies for Software Engineering*, Wiley, 1990), WHITTEN (*Managing Software Development Projects*, Wiley, 1989), y PAGE-JONES (*Practical Project Management*, Dorset House Publishing, New York, 1985), han escrito buenas introducciones sobre la gestión de proyectos, presentando los elementos básicos de estimación, planificación y planificación temporal, seguimiento del proyecto, organización de equipos y otros temas de gestión. YOUL (*Making Software Development Visible*, 1990) ha escrito uno de los pocos libros que hace énfasis en el seguimiento del proyecto.

Un sistema de gestión de software y de métricas, denominado *Web-Integrated Software Metrics Environment* (WISE), proporciona un modelo para dirigir proyectos de software a través de Internet. Los programadores y gestores pueden registrar informes de varios aspectos, seguir el estado de esos aspectos, y ver métricas de proyectos usando exploradores estándar de Internet en:

http://research.ivv.nasa.gov/projects/WISE/wise.html

Se puede encontrar una lista actualizada de referencias en la World Wide Web sobre control y planificación temporal de proyectos en: **htpp:/www. rspa. com**

CAPÍTULO 8

CONTROL DE CALIDAD DEL SOFTWARE

El enfoque de ingeniería del software descrito en este libro se dirige hacia un solo objetivo: producir *software de alta calidad*. Pero a muchos lectores les inquietará la pregunta: «¿Qué es la calidad del software?».

Philip Crosby [CRO79], en su famoso libro sobre calidad, expone esta situación:

> El problema de la gestión de la calidad no es lo que la gente no sabe sobre ella. El problema es lo que creen que saben...
>
> A este respecto, la calidad tiene mucho en común con el sexo. Todo el mundo lo quiere. (Bajo ciertas condiciones, por supuesto). Todo el mundo cree que lo conoce. (Incluso aunque no quiera explicarlo). Todo el mundo piensa que su ejecución sólo es cuestión de seguir las inclinaciones naturales. (Después de todo, nos las arreglamos de alguna forma). Y, por supuesto, la mayoría de la gente piensa que los problemas en estas áreas están producidos por otra gente. (Como si sólo ellos se tomaran el tiempo para hacer las cosas bien).

Algunos desarrolladores de software continúan creyendo que la calidad del software es algo en lo que se empieza a preocupar una vez que se ha generado el código. ¡Nada más lejos de la realidad! *La garantía de calidad del software (SQA, de Software Quality Assurance)* es una actividad de protección (Capítulo 2) que se aplica a lo largo de todo el proceso de ingeniería del software. La SQA engloba: (1) un enfoque de gestión de calidad; (2) tecnología de ingeniería del software efectiva (métodos y herramientas), (3) revisiones técnicas formales que se aplican durante el proceso del software; (4) una estrategia de prueba multiescalada; (5) el control de la documentación del software y de los cambios realizados; (6) un procedimiento que asegure un ajuste a los estándares de desarrollo del software (cuando sea posible); y (7) mecanismos de medición y de generación de informes.

En este capítulo nos centraremos en los aspectos de gestión y en las actividades específicas del proceso que permitan a una organización de software asegurar que hace «las cosas correctas en el momento justo y de la forma correcta». En el Capítulo 18 se presenta una discusión cuantitativa de la calidad.

8.1. CONCEPTOS DE CALIDAD[1]

Se dice que dos copos de nieve no son iguales. Ciertamente cuando se observa caer la nieve, es difícil imaginar que son totalmente diferentes, por no mencionar que cada copo posee una estructura única. Para observar las diferencias entre los copos de nieve, debemos examinar los especímenes muy de cerca, y quizá con un cristal de aumento. En efecto, cuanto más cerca los observemos, más diferencias podremos detectar.

Este fenómeno, *variación entre muestras*, se aplica a todos los productos del hombre así como a la creación natural. Por ejemplo, si dos tarjetas de circuito «idénticas» se examinan muy de cerca, podremos observar que las líneas de cobre sobre las tarjetas difieren ligeramente en geometría, colocación, y grosor. Además, la localización y el diámetro de los orificios de las tarjetas también varían.

---

[1] Esta sección, escrita por Michael Stovsky, se ha adaptado de «Fundamentals of ISO 9000», un libro de trabajo desarrollado para *Essential Software Engineering*, un *vídeo currículum* desarrollado por R. S. Pressman & Associates, Inc., reimpresión autorizada.

Todas las piezas fabricadas según un proceso de ingeniería exhiben alguna variación. La variación entre las muestras puede que no sea obvia sin la ayuda del equipo preciso para medir la geometría, las características eléctricas, u otros atributos de las piezas. Sin embargo, con instrumentos suficientemente sensibles, es probable que se llegue a la conclusión de que dos muestras de cualquier artículo no son exactamente iguales.

¿Se aplica este principio tanto al software como a los artículos físicos? Imagine un programa que, en algún momento de su ejecución, necesite ordenar registros en orden ascendente basándose en algún campo clave. La naturaleza de los registros no es importante. Pueden ser registros de empleados, una base de datos de clientes, coordenadas de mapas para un sistema de control de vuelo en tiempo real, o cualquier otro registro.

El programador que crea la rutina de ordenación (la selecciona de una biblioteca de componentes reutilizables) decide utilizar una ordenación rápida *(quicksort)* para resolver el problema inmediato. ¿Puede distinguir un observador del producto final entre el software de un producto y otro igual que utilice aspectos diferentes, por ejemplo, una ordenación de burbuja? Quizá, pero necesitamos probablemente más información y posiblemente instrumentación sensible para distinguir entre los dos sistemas.

El control de variación es el centro del control de calidad. Un fabricante quiere reducir la variación entre los productos que se fabrican, incluso cuando se realiza algo relativamente sencillo como la duplicación de disquetes. Queremos minimizar la variación entre cualquier pareja de disquetes supuestamente idénticos. Seguramente, esto puede no ser un problema, la duplicación de disquetes es una operación de fabricación trivial y se puede garantizar que se crean duplicados exactos de software.

Necesitamos asegurar que las pistas se sitúen dentro de una tolerancia específica para que la gran mayoría de las disqueteras puedan leer los disquetes. Además, necesitamos asegurar que el flujo magnético para distinguir un 0 de un 1 sea suficiente para que los detecten las cabezas de lectura/escritura. Las máquinas de duplicación de discos aceptan o rechazan la tolerancia. Por consiguiente, incluso un proceso «simple» como la duplicación, puede encontrarse con problemas debidos a la variación entre muestras.

¿De qué manera podría una organización de desarrollo de software necesitar controlar la variación ? De un proyecto a otro, queremos reducir la diferencia entre los recursos necesarios planificados para terminar un proyecto y los recursos reales utilizados, entre los que se incluyen personal, equipo, y tiempo. En general, nos gustaría asegurarnos de que nuestro programa de pruebas abarca un porcentaje conocido del software de una entrega a otra. No sólo queremos reducir el número de defectos que se extraen para ese campo, sino también nos gustaría asegurarnos de que los errores ocultos también se reducen de una entrega a otra. (Es probable que nuestros clientes se molesten si la tercera entrega de un producto tiene diez veces más defectos que la anterior.) Nos gustaría reducir las diferencias en velocidad y precisión de nuestras respuestas de soporte a los problemas de los clientes. La lista se podría ampliar más y más.

8.1.1. Calidad

El *American Heritage Dictionary* define la calidad como «una característica o atributo de algo». Como un atributo de un artículo, la calidad se refiere a las características mensurables: cosas que se pueden comparar con estándares conocidos como longitud, color, propiedades eléctricas, maleabilidad, etc. Sin embargo, el software en su gran extensión, como entidad intelectual, es más difícil de caracterizar que los objetos físicos.

No obstante, sí existen las medidas de características de un programa. Entre estas propiedades se incluyen complejidad ciclomática, cohesión, número de puntos de función, líneas de código, y muchas otras estudiadas en los Capítulos 18 y 23. Cuando se examina un artículo según sus características mensurables, se pueden encontrar dos tipos de calidad: calidad del diseño y calidad de concordancia.

La *calidad de diseño* se refiere a las características que especifican los ingenieros de software para un artículo. El grado de materiales, tolerancias, y especificaciones del rendimiento, todos contribuyen a la calidad del diseño. Cuando se utilizan materiales de alto grado y se especifican tolerancias más estrictas y niveles más altos de rendimiento, la calidad de diseño de un producto aumenta, si el producto se fabrica de acuerdo con las especificaciones.

La *calidad de concordancia* es el grado de cumplimento de las especificaciones de diseño durante su realización. Una vez más, cuanto mayor sea el grado de cumplimento, más alto será el nivel de calidad de concordancia.

En el desarrollo del software, la calidad de diseño acompaña a los requisitos, especificaciones, y el diseño del sistema. La calidad de concordancia es un aspecto centrado principalmente en la implementación. Si la implementación sigue el diseño, y el sistema resultante cumple los objetivos de requisitos y de rendimiento, la calidad de concordancia es alta.

8.1.2. Control de calidad

El control de cambios puede equipararse al control de calidad. Pero, ¿cómo se logra el control de calidad? El *control de calidad* es una serie de inspecciones, revisiones, y pruebas utilizados a lo largo del ciclo de desarrollo para asegurar que cada producto cumple con los requisitos que le han sido asignados. El control de calidad incluye un bucle de realimentación (*feedback*) del proceso que creó el producto. La combinación de medición y realimentación permite afinar el proceso cuando los productos de trabajo creados fallan al cumplir sus especificaciones. Este enfoque ve el control de calidad como parte del proceso de fabricación.

Las actividades de control de calidad pueden ser manuales, completamente automáticas o una combinación de herramientas automáticas e interacción humana. Un concepto clave del control de calidad es que se hayan definido todos los productos y las especificaciones mensurables en las que se puedan comparar los resultados de cada proceso. El bucle de realimentación es esencial para reducir los defectos producidos.

8.1.3. Garantía de calidad

La *garantía de calidad* o *aseguramiento de la calidad* consiste en la auditoría y las funciones de información de la gestión. El objetivo de la garantía de calidad es proporcionar la gestión para informar de los datos necesarios sobre la calidad del producto, por lo que se va adquiriendo una visión más profunda y segura de que la calidad del producto está cumpliendo sus objetivos. Por supuesto, si los datos proporcionados mediante la garantía de calidad identifican problemas, es responsabilidad de la gestión afrontar los problemas y aplicar los recursos necesarios para resolver aspectos de calidad.

8.1.4. Coste de calidad

El *coste de calidad* incluye todos los costes acarreados en la búsqueda de la calidad o en las actividades relacionadas en la obtención de la calidad. Se realizan estudios sobre el coste de calidad para proporcionar una línea base del coste actual de calidad, para identificar oportunidades de reducir este coste, y para proporcionar una base normalizada de comparación. La base de normalización siempre tiene un precio. Una vez que se han normalizado los costes de calidad sobre un precio base, tenemos los datos necesarios para evaluar el lugar en donde hay oportunidades de mejorar nuestros procesos. Es más, podemos evaluar cómo afectan los cambios en términos de dinero.

Los costes de calidad se pueden dividir en costes asociados con la prevención, la evaluación y los fallos. Entre los costes de prevención se incluyen:

- planificación de la calidad,
- revisiones técnicas formales,
- equipo de pruebas,
- formación.

Entre los *costes de evaluación* se incluyen actividades para tener una visión más profunda de la condición del producto «la primera vez a través de» cada proceso. A continuación se incluyen algunos ejemplos de costes de evaluación:

- inspección en el proceso y entre procesos,
- calibrado y mantenimiento del equipo,
- pruebas.

Los *costes de fallos* son los costes que desaparecerían si no surgieran defectos antes del envío de un producto a los clientes. Estos costes se pueden subdividir en costes de fallos internos y costes de fallos externos. Los internos se producen cuando se detecta un error en el producto antes de su envío. Entre estos se incluyen:

- revisión,
- reparación,
- análisis de las modalidades de fallos.

Los *costes de fallos externos* son los que se asocian a los defectos encontrados una vez enviado el producto al cliente. A continuación se incluyen algunos ejemplos de costes de fallos externos:

- resolución de quejas,
- devolución y sustitución de productos,
- soporte de línea de ayuda,
- trabajo de garantía.

Como es de esperar, los costes relativos para encontrar y reparar un defecto aumentan dramáticamente a medida que se cambia de prevención a detección y desde el fallo interno al externo. La Figura 8.1, basada en datos recopilados por Boehm [BOE81], ilustra este fenómeno.

Kaplan y sus compañeros informan de datos anecdóticos más actuales [KAP95] y se basa en un trabajo en la instalación de desarrollo Rochester de IBM:

> Se han dedicado 7.053 horas inspeccionando 200.000 líneas de código con el resultado de 3.112 errores potenciales descubiertos. Dando por sentado un coste de programador de 40 dólares por hora, el coste de eliminar 3.112 defectos ha sido de 282.120 dólares, o aproximadamente unos 91 dólares por defecto.
>
> Compare estos números con el coste de eliminación de defectos una vez que el producto se ha enviado al cliente. Suponga que no ha habido inspecciones, pero que los programadores han sido muy cuidadosos y solamente se ha escapado un defecto por 1.000 líneas de código [significativamente mejor que la media en industria] en el producto enviado. Eso significaría que se tendrían que corregir todavía 200 defectos en la casa del cliente o después de la entrega.

FIGURA 8.1

Coste relativo de corregir un error

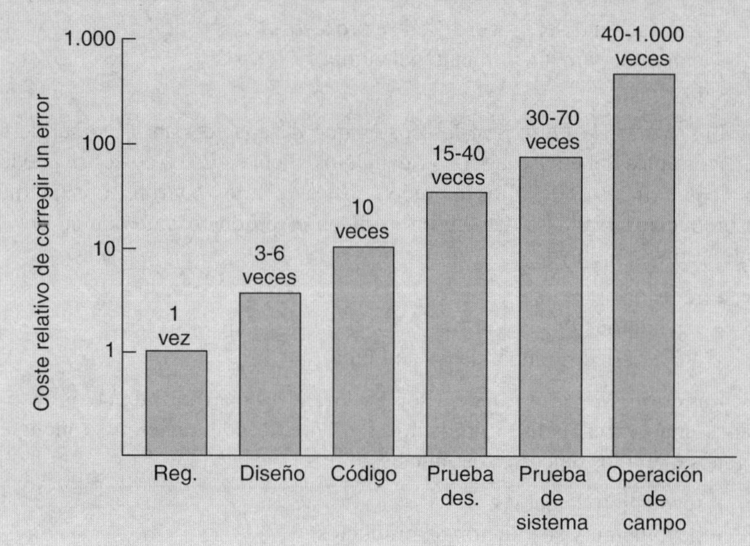

A un coste estimado de 25.000 dólares por reparación de campo, el coste sería de cinco millones de dólares, o aproximadamente 18 veces más caro que el coste total del esfuerzo de prevención de defectos.

Es verdad que IBM produce software utilizado por decenas de miles de clientes y que sus costes por reparación en casa del cliente o después de la entrega puede ser más alto que la media. Esto, de ninguna manera, niega los resultados señalados anteriormente. Aunque la organización media de software tiene costes de reparación después de la entrega que son el 25 por ciento de los de IBM (la mayoría no tienen ni idea de cuales son sus costes), se están imponiendo ahorros en el coste asociados con actividades de garantía y control de calidad.

8.2. LA TENDENCIA DE LA CALIDAD

Hoy en día los responsables expertos de compañías de todo el mundo industrializado reconocen que la alta calidad del producto se traduce en ahorro de coste y en una mejora general. Sin embargo, esto no era siempre el caso. La tendencia de la calidad comenzó en los años cuarenta con el influyente trabajo de W. Edwards Deming [DEM86], y se hizo la primera verificación en Japón. Mediante las ideas de Deming como piedra angular, los japoneses han desarrollado un enfoque sistemático de la eliminación de las causas raíz de defectos en productos. A lo largo de los años setenta y ochenta, su trabajo emigró al mundo occidental y a veces se llama «gestión total de calidad» (GTC) [*total quality management* (TQM)][2]. Aunque la terminología difiere según los diferentes países y autores, normalmente se encuentra una progresión básica de cuatro pasos que forma el fundamento de cualquier programa de GTC.

El primer paso se llama *kaizen* y se refiere a un sistema de mejora continua del proceso. El objetivo de *kaizen* es desarrollar un proceso (en este caso, proceso del software) que sea visible, repetible y mensurable.

El segundo paso, invocado sólo una vez que se ha alcanzado *kaizen*, se llama *atarimae hinshitsu*. Este paso examina lo intangible que afecta al proceso y trabaja para optimizar su impacto en el proceso. Por ejemplo, el proceso de software se puede ver afectado por el cambio de turno de personal de alto nivel, que ya en sí mismo se ve afectado por reorganizaciones dentro de una compañía. Puede ser que una estructura organizativa estable haga mucho para mejorar la calidad del software. *Atarimae hinshitsu* llevaría a la gestión a sugerir cambios en la forma en que ocurre la reorganización.

Mientras que los dos primeros pasos se centran en el proceso, el paso siguiente llamado *kansei* (traducido como «los cinco sentidos») se centra en el usuario del producto (en este caso, software). En esencia, examinando la forma en que el usuario aplica el producto, *kansei* conduce a la mejora en el producto mismo, y potencialmente al proceso que lo creó.

Finalmente, un paso llamado *miryokuteki hinshitsu* amplía la preocupación de la gestión más allá del producto inmediato. Este es un paso orientado a la gestión que busca la oportunidad en áreas relacionadas que se pueden identificar observando la utilización del producto en el mercado. En el mundo del software, *miryokuteki hinshitsu* se podría ver como un intento de detectar productos nuevos y beneficiosos, o aplicaciones que sean una extensión de un sistema ya existente basado en computadora.

Para la mayoría de las compañías, *kaizen* debería ser de preocupación inmediata. Hasta que se haya logrado un proceso de software avanzado (Capítulo 2), no hay muchos argumentos para seguir con los pasos siguientes.

---

[2] Consulte [ART93] para un estudio completo de GTC y su uso en un contexto de software, y [KAP95] para un estudio sobre uso de los criterios Balbridge Award en el mundo del software.

8.3. GARANTÍA (ASEGURAMIENTO) DE CALIDAD DEL SOFTWARE

Hasta el desarrollador de software más agobiado estará de acuerdo con que el software de alta calidad es una meta importante. Pero, ¿cómo definimos la calidad? Un bromista dijo una vez: «Cualquier programa hace algo bien, lo que puede pasar es que no sea lo que nosotros queremos que haga».

En los libros se han propuesto muchas definiciones de calidad del software. Por lo que a nosotros respecta, la calidad del software se define como:

> Concordancia con los requisitos funcionales y de rendimiento explícitamente establecidos, con los estándares de desarrollo explícitamente documentados, y con las características implícitas que se espera de todo software desarrollado profesionalmente.

No hay duda de que la anterior definición puede ser modificada o ampliada. De hecho, no tendría fin una discusión sobre una definición formal de calidad del software. Para los propósitos de este libro, la anterior definición sirve para hacer hincapié en tres puntos importantes:

1. Los requisitos del software son la base de las medidas de la *calidad*. La falta de concordancia con los requisitos es una falta de calidad.
2. Los estándares especificados definen un conjunto de criterios de desarrollo que guían la forma en que se aplica la ingeniería del software. Si no se siguen esos criterios, casi siempre habrá falta de calidad.
3. Existe un conjunto de *requisitos implícitos* que a menudo no se mencionan (p. ej.: el deseo de un buen mantenimiento). Si el software se ajusta a sus requisitos explícitos pero falla en alcanzar los requisitos implícitos, la calidad del software queda en entredicho.

8.3.1. Aspectos de segundo plano

La garantía de calidad es una actividad esencial en cualquier empresa que elabora productos que van a ser usados por otros. Antes del siglo veinte, la garantía de calidad era responsabilidad única de la persona que construía el producto. La primera de función de control y de garantía de calidad formal fue introducida por los laboratorios Bell en 1916 y se extendió rápidamente por toda la industria.

Durante los primeros años de la informática (los años cincuenta y sesenta), la calidad era responsabilidad únicamente del programador. Durante los años setenta se introdujeron estándares de garantía de calidad para el software en los contratos militares para desarrollo de software y se han extendido rápidamente a los desarrollos de software en el mundo comercial [IEEE94]. Ampliando la definición presentada anteriormente, la garantía de calidad del software (SQA) es un «diseño de acciones planificado y sistemático» [SCH87] que se requiere para asegurar la calidad del software. Hoy en día, la implicación es que muchos de los que constituyen una organización tienen responsabilidad de garantía de calidad del software—ingenieros de software, jefes de proyectos, clientes, vendedores, y aquellas personas que trabajan dentro de un grupo de SQA.

El grupo de SQA sirve como representación del cliente en casa. Es decir, la gente que lleva a cabo la SQA debe mirar el software desde el punto de vista del cliente. ¿Satisface de forma adecuada el software los factores de calidad apuntados en el Capítulo 18? ¿Se ha realizado el desarrollo del software de acuerdo con estándares preestablecidos? ¿Han desempeñado apropiadamente sus papeles las disciplinas técnicas como parte de la actividad de SQA? El grupo de SQA intenta responder a éstas y otras preguntas para asegurar que se mantiene la calidad del software.

8.3.2. Actividades de SQA

La garantía (aseguramiento) de calidad del software comprende una gran variedad de tareas, asociadas con dos constitutivos diferentes —los ingenieros de software que realizan trabajo técnico y un grupo de SQA que tiene la responsabilidad de la planificación de garantía de calidad, supervisión, mantenimiento de registros, análisis e informes.

Los ingenieros de software afrontan la calidad (y realizan garantía de calidad) aplicando métodos técnicos sólidos y medidas, realizando revisiones técnicas formales, y llevando a cabo pruebas de software bien planificadas. Solamente las revisiones son tratadas en este capítulo. Los temas de tecnología se estudian en las Partes Tercera a Quinta de este libro.

Las reglas del grupo de SQA tratan de ayudar al equipo de ingeniería del software en la consecución de un producto final de alta calidad. El Instituto de Ingeniería del Software [PAU93] recomienda un conjunto de actividades de SQA que se enfrentan con la planificación de garantía de calidad, supervisión, mantenimiento de registros, análisis e informes. Éstas son las actividades que realizan (o facilitan) un grupo independiente de SQA:

Establecimiento de un plan de SQA para un proyecto. El plan se desarrolla durante la planificación del proyecto y es revisado por todas las partes interesadas. Las actividades de garantía de calidad realizadas por el equipo de ingeniería del software y el grupo SQA son gobernadas por el plan. El plan (Figura 8.5) identifica:

- evaluaciones a realizar,
- auditorías y revisiones a realizar,
- estándares que se pueden aplicar al proyecto,
- procedimientos para información y seguimiento de errores,
- documentos producidos por el grupo SQA,
- realimentación de información (*feedback*) proporcionada al equipo de proyecto del software.

Participación en el desarrollo de la descripción del proceso de software del proyecto. El equipo de ingeniería del software selecciona un proceso para el trabajo que se va a realizar. El grupo de SQA revisa la descripción del proceso para ajustarse a la política de la empresa, los estándares internos del software, los estándares impuestos externamente (p. ej.: ISO 9001), y a otras partes del plan de proyecto del software.

Revisión de las actividades de ingeniería del software para verificar su ajuste al proceso de software definido. El grupo de SQA identifica, documenta y sigue la pista de las desviaciones desde el proceso y verifica que se han hecho las correcciones.

Auditoría de los productos de software designados para verificar el ajuste con los definidos como parte del proceso de software. El grupo de SQA revisa los productos seleccionados; identifica, documenta y sigue la pista de las desviaciones; verifica que se han hecho las correcciones; e informa periódicamente de los resultados de su trabajo al gestor del proyecto.

Asegurar que las desviaciones del trabajo y los productos del software se documenten y se manejen de acuerdo con un procedimiento establecido. Las desviaciones se pueden encontrar en el plan del proyecto, en la descripción del proceso, en los estándares aplicables, o en los productos técnicos.

Registrar lo que no se ajuste a los requisitos e informar a sus superiores. Los elementos que no se ajustan a los requisitos están bajo seguimiento hasta que se resuelven.

Además de estas actividades, el grupo de SQA coordina el control y la gestión de cambios (Capítulo 9) y ayuda a recopilar y a analizar las métricas del software.

8.4. REVISIONES DEL SOFTWARE

Las revisiones del software son un «filtro» para el proceso de ingeniería del software. Las revisiones se aplican en varios momentos del desarrollo del software y sirven para detectar defectos que puedan así ser eliminados. Las revisiones del software sirven para «purificar» las actividades de ingeniería del software que suceden como resultado del análisis, el diseño y la codificación. Freedman y Weinberg [FRE90] argumentan de la siguiente forma la necesidad de revisiones:

> El trabajo técnico necesita ser revisado por la misma razón que los lápices necesitan gomas: *errar es humano*. La segunda razón por la que necesitamos revisiones técnicas es que, aunque la gente es buena descubriendo algunos de sus propios errores, algunas clases de errores se le pasan por alto más fácilmente al que los origina que a otras personas. El proceso de revisión es, por tanto, la respuesta a la plegaria de Robert Burns:
>
> *¡Qué gran regalo sería poder vernos como nos ven los demás!*

Una revisión –cualquier revisión– es una forma de aprovechar la diversidad de un grupo de personas para:

1. señalar la necesidad de mejoras en el producto de una sola persona o un equipo;
2. confirmar las partes de un producto en las que no es necesaria o no es deseable una mejora; y
3. conseguir un trabajo técnico de una calidad más *uniforme*, o al menos más *predecible*, que la que puede ser conseguida sin revisiones, con el fin de hacer más *manejable* el trabajo técnico.

Existen muchos tipos diferentes de revisiones que se pueden llevar adelante como parte de la ingeniería del software. Cada una tiene su lugar. Una reunión informal alrededor de la máquina de café es una forma de revisión, si se discuten problemas técnicos. Una presentación formal de un diseño de software a una audiencia de clientes, ejecutivos y personal técnico es una forma de revisión. Sin embargo, en este libro nos centraremos en la revisión técnica formal —a veces denominada *inspección*. Una revisión técnica formal es el filtro más efectivo desde el punto de vista de garantía de calidad. Llevada a cabo por ingenieros del software (y otros) para los ingenieros del software, la RTF es un medio efectivo para mejorar la calidad del software.

8.4.1. Impacto de los defectos del software sobre el coste

El *IEEE Standard Dictionary of Electrical and Electronics Terms* (IEEE Standard 100-1992) define un *defecto* como una «anomalía del producto». La definición de «fallo» en el contexto del hardware se puede encontrar en IEEE Standard 610.12-1990:

(a) Un defecto en un dispositivo de hardware o componente; por ejemplo, un corto circuito o un cable roto. (b) Un paso incorrecto, proceso o definición de datos en un programa de computadora. Nota: Esta definición se usa principalmente por la disciplina de tolerancia de fallos. En su uso normal, los términos «error» y «fallo» se utilizan para expresar este significado. Consulte también: fallo sensible al dato; fallo sensible al programa; fallos equivalentes; enmascaramiento de fallos; fallo intermitente.

Dentro del contexto del proceso de software, los términos «defecto» y «fallo» son *sinónimos*. Ambos implican un problema de calidad que es descubierto *después* de entregar el software a los usuarios finales. En los primeros capítulos, se utilizó el término «error» para representar un problema de calidad ques es descubierto por los ingenieros del software (u otros) antes de entregar el software al usuario final.

El objetivo primario de las revisiones técnicas formales es encontrar errores durante el proceso de forma que se conviertan en defectos después de la entrega del software. El beneficio obvio de estas revisiones técnicas formales es el descubrimiento de errores al principio para que no se propaguen al paso siguiente del proceso de software.

Una serie de estudios (TRW, Nippon Electric y Mitre Corp., entre otros) indican que las actividades del diseño introducen entre el 50 al 65 por ciento de todos los errores (y en último lugar, todos los defectos) durante el proceso de software. Sin embargo, se ha demostrado que las revisiones técnicas formales son efectivas en un 75 por ciento a la hora de detectar errores [JON86]. Con la detección y la eliminación de un gran porcentaje de errores, el proceso de revisión reduce substancialmente el coste de los pasos siguientes en las fases de desarrollo y de mantenimiento.

Para ilustrar el impacto sobre el coste de la detección anticipada de errores, consideremos una serie de costes relativos que se basan en datos de coste realmente recogidos en grandes proyectos de software [IBM81]. Supongamos que un error descubierto durante el diseño cuesta corregirlo 1,0 unidad monetaria. De acuerdo con este coste, el mismo error descubierto justo antes de que comienza la prueba costará 6,5 unidades; durante la prueba 15 unidades; y después de la entrega, entre 60 y 100 unidades.

8.4.2. Amplificación y eliminación de defectos

Se puede usar un *modelo de ampliación de defectos* [IBM81] para ilustrar la generación y detección de errores durante los pasos de diseño preliminar, diseño detallado y codificación del proceso de ingeniería del software. En la Figura 8.2 se ilustra esquemáticamente el modelo. Cada cuadro representa un paso en el desarrollo del software. Durante cada paso se pueden generar errores que se pasan inadvertidos. La revisión puede fallar en descubrir nuevos errores y errores de pasos anteriores, produciendo un mayor número de errores que pasan inadvertidos. En algunos casos, los errores que pasan inadvertidos desde pasos anteriores se amplifican (factor de ampliación x) con el trabajo actual. Las subdivisiones de los cuadros representan cada una de estas características y el porcentaje de eficiencia para la detección de errores, una función de la profundidad de la revisión.

FIGURA 8.2

Modelo de amplificación de defectos

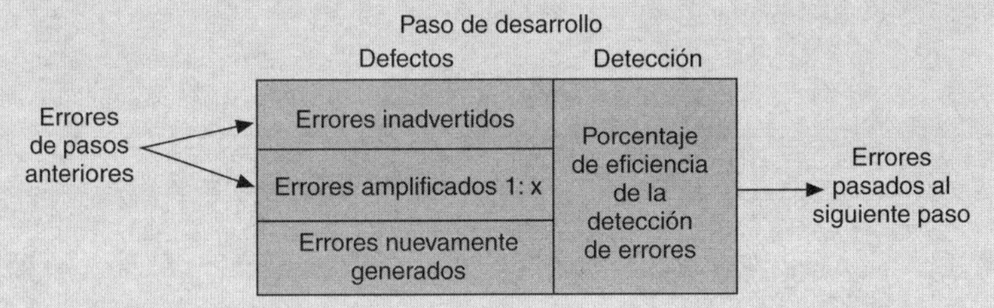

La Figura 8.3 ilustra un ejemplo hipotético de la amplificación de defectos en un proceso de desarrollo de software en el que no se llevan a cabo revisiones. En la Figura se asume que cada paso descubre y corrige el 50 por 100 de los errores que le llegan, sin introducir ningún error nuevo (una suposición muy optimista). Antes de que comience la prueba, se han amplificado diez errores del diseño preliminar a 94 errores. Al terminar quedan doce errores latentes. La Figura 8.4 considera las mismas condiciones, pero llevando a cabo revisiones del diseño y de la codificación dentro de cada paso del desarrollo. En este caso los 10 errores del diseño preliminar se amplifican a 24 antes del comienzo de la prueba. Sólo quedan tres errores latentes. Recordando los costes relativos asociados con el descubrimiento y la corrección de errores, se puede establecer el coste total (con y sin revisiones para nuestro ejemplo hipotético). De acuerdo con la Tabla 8.1, se puede ver que el coste total para el desarrollo y el mantenimiento cuando se realizan revisiones es de 783 unidades. Cuando no hay revisiones, el coste total es de 2.177 unidades: casi tres veces más caro.

Para llevar a cabo revisiones, el equipo de desarrollo debe dedicar tiempo y esfuerzo, y la organización de desarrollo debe gastar dinero. Sin embargo, los resultados del ejemplo anterior no dejan duda de que hemos encontrado el síndrome de «pague ahora o pague, después, mucho más». Las revisiones técnicas formales (para el diseño y otras actividades técnicas) producen un beneficio en coste demostrable. Deben llevarse a cabo.

FIGURA 8.3

Amplificación de defectos: sin revisiones

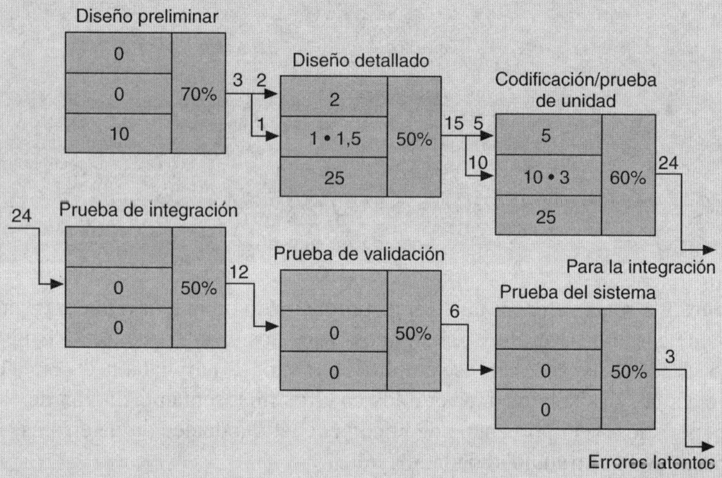

FIGURA 8.4

Amplificación de defectos, llevando a cabo revisiones

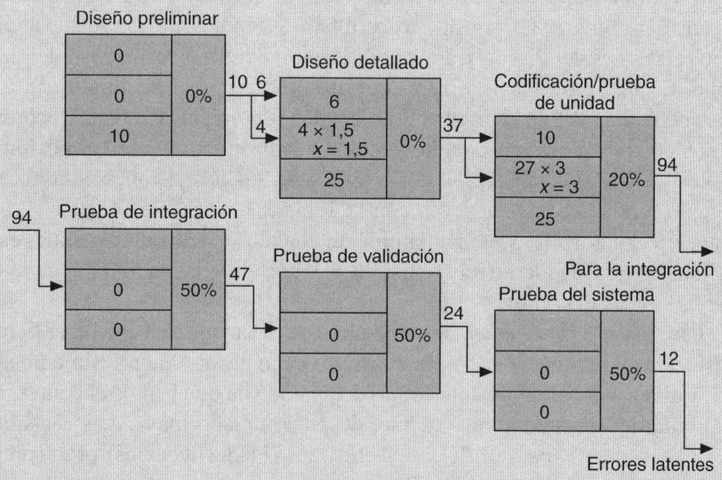

TABLA 8.1

Comparación de costes de desarrollo

Errores encontrados	Número	Coste unitario	Total
Llevando a cabo revisiones			
Durante el diseño	22	1,5	33
Antes de la prueba	36	6,5	234
Durante la prueba	15	15,0	315
Después de la entrega	3	67,0	201
			783
Sin revisiones			
Antes de la prueba	22	6,5	143
Durante la prueba	82	15,0	1230
Después de la entrega	12	67,0	804
			2177

8.5. REVISIONES TÉCNICAS FORMALES

Una revisión técnica formal (RTF) es una actividad de garantía de calidad del software que es llevada a cabo por los ingenieros del software[3]. Los objetivos de la RTF son: (1) descubrir errores en la función, la lógica o la implementación de cualquier representación del software; (2) verificar que el software bajo revisión alcanza sus requisitos; (3) garantizar que el software ha sido representado de acuerdo con ciertos estándares predefinidos; (4) conseguir un software desarrollado de forma uniforme y (5) hacer que los proyectos sean más manejables. Además, la RTF sirve como campo de entrenamiento, permitiendo que los ingenieros más jóvenes puedan observar los diferentes enfoques de análisis, diseño e implementación del software. La RTF también sirve para promover la seguridad y la continuidad, ya que varias personas se familiarizarán con partes del software que, de otro modo, no hubieran visto nunca.

[3] En algunos casos, otros intervinientes (p. ej.: clientes, mercadotecnia, personal de soporte) pueden participar también en revisiones técnicas formales.

La RTF es realmente una clase de revisión que incluye *recorridos*, *inspecciones*, *torneos de revisiones* y otras tareas de revisión técnica del software. Cada RTF se lleva a cabo mediante una reunión y sólo tendrá éxito si es bien planificada, controlada y atendida. En los siguientes párrafos se presentan directrices similares a las de las *inspecciones* [FRE90, GIL93] como representativas para las revisiones técnicas formales.

8.5.1. La reunión de revisión

Independientemente del formato que se elija para la RTF, cualquier reunión de revisión debe acogerse a las siguientes restricciones:

- deben convocarse para la revisión (normalmente) entre tres y cinco personas;
- se debe preparar por adelantado, pero sin que requiera más de dos horas de trabajo a cada persona; y
- la duración de la reunión de revisión debe ser menor de dos horas.

Con las anteriores limitaciones, debe resultar obvio que cada RTF se centra en una parte específica (y pequeña) del software total. Por ejemplo, en lugar de intentar revisar un diseño completo, se hacen inspecciones para cada módulo o pequeño grupo de módulos. Al limitar el centro de atención de la RTF, la probabilidad de descubrir errores es mayor.

El centro de atención de la RTF es un producto: un componente de software (p. ej.: una porción de una especificación de requisitos, un módulo del diseño detallado, un listado en código fuente de un módulo). El individuo que ha desarrollado el producto –el *productor*– informa al jefe del proyecto de que el producto está terminado y que se requiere una revisión. El jefe del proyecto contacta con un *jefe de revisión*, que es el que evalúa la disponibilidad del producto, genera copias del material del producto y las distribuye a dos o tres *revisores* para que se preparen por adelantado. Cada revisor estará entre una y dos horas revisando el producto, tomando notas y también familiarizándose con el trabajo. De forma concurrente, también el jefe de revisión revisa el producto y establece una agenda para la reunión de revisión que, normalmente, queda convocada para el día siguiente.

La reunión de revisión es llevada a cabo por el jefe de revisión, los revisores y el productor. Uno de los revisores toma el papel de *registrador*, o sea, de persona que registra (de forma escrita) todos los sucesos importantes que se produzcan durante la revisión. La RTF comienza con una explicación de la agenda y una breve introducción a cargo del productor. Entonces el productor procede con el «recorrido de inspección» del producto (explica el material), mientras que los revisores exponen sus pegas basándose en su preparación previa. Cuando se descubren problemas o errores válidos, el registrador los va anotando.

Al final de la revisión, todos los participantes en la RTF deben decidir si (1) aceptan el producto sin posteriores modificaciones; (2) rechazan el producto debido a los serios errores encontrados (una vez corregidos, ha de hacerse otra revisión) o (3) aceptan el producto provisionalmente (se han encontrado errores menores que deben ser corregidos, pero sin necesidad de otra posterior revisión). Una vez tomada la decisión, todos los participantes terminan *firmando*, indicando así que han participado en la revisión y que están de acuerdo con las conclusiones del equipo de revisión.

8.5.2. Registro e informe de la revisión

Durante la RTF, uno de los revisores (el registrador) procede a registrar todas las pegas que vayan surgiendo. Al final de la reunión de revisión, resume todas las pegas y genera una *lista de sucesos de revisión*. Además, prepara un *informe sumario de revisión*. El informe sumario de revisión responde a tres preguntas:

1. ¿Qué fue revisado?
2. ¿Quién lo revisó?
3. ¿Qué se descubrió y cuáles son las conclusiones?

El informe sumario de revisión es una página simple (con posibles suplementos). Se adjunta al registro histórico del proyecto y puede ser enviada al jefe del proyecto y a otras partes interesadas.

La lista de sucesos de revisión sirve para dos propósitos: (1) identificar áreas problemáticas dentro del producto y (2) servir como lista de comprobación de *puntos de acción* que guíe al productor para hacer las correcciones. Normalmente se adjunta una lista de conclusiones al informe sumario.

Es importante establecer un procedimiento de seguimiento que asegure que los puntos de la lista de sucesos son corregidos adecuadamente. A menos que se haga así, es posible que las pegas surgidas «caigan en saco roto». Un enfoque consiste en asignar la responsabilidad del seguimiento al revisor jefe. Un enfoque más formal asigna responsabilidad a un grupo independiente de SQA.

8.5.3. Directrices para la revisión

Se deben establecer de antemano directrices para conducir las revisiones técnicas formales, distribuyéndolas después entre los revisores, para ser consensuadas y, finalmente, seguidas. A menudo, una revisión incontrolada puede ser peor que no hacer ningún tipo de revisión.

A continuación se muestra un conjunto mínimo de directrices para las revisiones técnicas formales:

1. *Revisar el producto, no al productor*. Una RTF involucra gente y egos. Conducida adecuadamente, la RTF debe llevar a todos los participantes a un sentimiento agradable de estar cumpliendo su deber. Si se lleva a cabo incorrectamente, la RTF puede tomar el aura de inquisición. Se deben señalar los errores educadamente; el tono de la reunión debe ser distendido y constructivo; no debe intentarse dificultar o batallar. El jefe de revisión debe moderar la reunión para garantizar que se mantiene un tono y una actitud adecuados y debe inmediatamente cortar cualquier revisión que haya escapado al control.
2. *Fijar una agenda y mantenerla*. Un mal de las reuniones de todo tipo es la *deriva*. La RTF debe seguir un plan de trabajo concreto. El jefe de revisión es el que carga con la responsabilidad de mantener el plan de la reunión y no debe tener miedo de cortar a la gente cuando se empiece a divagar.
3. *Limitar el debate y las impugnaciones*. Cuando un revisor ponga de manifiesto una pega, podrá no haber unanimidad sobre su impacto. En lugar de perder el tiempo debatiendo la cuestión, debe registrarse el hecho y dejar que la cuestión se lleve a cabo en otro momento.
4. *Enunciar áreas de problemas, pero no intentar resolver cualquier problema que se ponga de manifiesto*. Una revisión no es una sesión de resolución de problemas. A menudo, la resolución de los problemas puede ser encargada al productor por sí solo o con la ayuda de otra persona. La resolución de los problemas debe ser pospuesta para después de la reunión de revisión.
5. *Tomar notas escritas*. A veces es buena idea que el registrador tome las notas en una pizarra, de forma que las declaraciones o la asignación de prioridades pueda ser comprobada por el resto de los revisores, a medida que se va registrando la información.
6. *Limitar el número de participantes e insistir en la preparación anticipada*. Dos personas son mejores que una, pero 14 no son necesariamente mejores que cuatro. Se ha de mantener el número de participantes en el mínimo necesario. Además, todos los miembros del equipo de revisión deben prepararse por anticipado. El jefe de revisión debe solicitar comentarios (que muestren que cada revisor ha revisado el material).
7. *Desarrollar una lista de comprobación*[4] *para cada producto que haya de ser revisado*. Una lista de comprobaciones ayuda al jefe de revisión a estructurar la reunión de RTF y ayuda a cada revisor a centrarse en los asuntos importantes. Se deben desarrollar listas de comprobaciones para los documentos de análisis, de diseño, de codificación e incluso de prueba.
8. *Disponer recursos y una agenda para las RTF*. Para que las revisiones sean efectivas, se deben planificar como una tarea del proceso de ingeniería del software. Además se debe trazar un plan de actuación para las modificaciones inevitables que aparecen como resultado de una RTF.
9. *Llevar a cabo un buen entrenamiento de todos los revisores*. Por razones de efectividad, todos los participantes en la revisión deben recibir algún entrenamiento formal. El entrenamiento se debe basar en los aspectos relacionados con el proceso, así como las consideraciones de psicología humana que atañen a la revisión. Freedman y Weinberg [FRE90] estiman en un mes la curva de aprendizaje para cada 20 personas que vayan a participar de forma efectiva en las revisiones.
10. *Repasar las revisiones anteriores*. Las sesiones de información pueden ser beneficiosas para descubrir problemas en el propio proceso de revisión. El primer producto que se haya revisado puede establecer las propias directivas de revisión.

Como existen muchas variables (p. ej.: número de participantes, tipo de productos de trabajo, tiempo y duración, enfoque de revisión específico) que tienen impacto en una revisión satisfactoria, una organización de software debería determinar qué método funciona mejor en un contexto local. Porter y sus colegas [POR95] proporcionan una guía excelente para este tipo de experimentos.

8.6. ENFOQUES FORMALES A LA SQA

En las anteriores secciones, se indicó que la calidad del software es trabajo de todos y se puede conseguir mediante un adecuado análisis, diseño, codificación y prueba, así como mediante la aplicación de revisiones técnicas forma-

[4] En el archivo RTF del World Wide Web se puede encontrar amplia información sobre las listas de comprobación de revisión. Para más información consulte «Otras lecturas y Fuentes de Información».

les, de una estrategia de prueba multinivel, un mejor control de la documentación del software y sus modificaciones y la aplicación de estándares de desarrollo de software. Además, la calidad se puede definir en términos de un amplio rango de factores de calidad y se puede medir (indirectamente) mediante una serie de índices y métricas.

En las dos últimas décadas, un pequeño, pero representativo segmento de la comunidad de la ingeniería del software ha argumentado que se requiere un enfoque más formal a la garantía de calidad del software. Se puede argumentar que un programa de computadora es un objeto matemático. Se pueden definir una sintaxis y una semántica rigurosas para todos los lenguajes de programación y un enfoque igualmente riguroso a la especificación de requisitos del software (Capítulo 24). Una vez que el modelo de requisitos (especificación) se ha representado de una manera rigurosa, se pueden aplicar pruebas matemáticas de corrección para demostrar que un programa cumple exactamente sus especificaciones.

Los intentos de probar que los programas están correctos no son nuevos. Dijkstra [DIJ76] y Linger et al. [LIN79], entre otros, recomendaron pruebas de corrección de programas y las unieron a la utilización de conceptos de programación estructurada (Capítulo 14). Hoy en día, se han propuesto una serie de enfoques diferentes de pruebas formales de corrección y se estudian con detalle en los Capítulos 24 y 25.

8.7. GARANTÍA DE CALIDAD ESTADÍSTICA

La garantía de calidad estadística refleja una tendencia creciente en toda la industria de establecer más cuantitativamente la calidad. Para el software, la garantía de calidad estadística implica los siguientes pasos:

1. Se agrupa y se clasifica la información sobre los defectos del software.
2. Se intenta encontrar la causa subyacente de cada defecto (por ejemplo, no concordancia con la especificación, error de diseño, incumplimiento de los estándares, pobre comunicación con el cliente).
3. Mediante el principio de Pareto (el 80 por ciento de los defectos se pueden encontrar en el 20 por ciento de todas las posibles causas), se aísla el 20 por ciento (los «pocos vitales»).
4. Una vez que se han identificado los defectos vitales, se actúa para corregir los problemas que han producido los defectos.

Este concepto relativamente sencillo representa un paso importante hacia la creación de un proceso de ingeniería del software adaptativo en el cual se realizan cambios para mejorar aquellos elementos del proceso que introducen errores.

Para ilustrar el proceso, supongamos que una organización de desarrollo de software recoge información sobre defectos durante un período de un año. Algunos de los defectos se descubren mientras se desarrolla el software. Otros se encuentran después de que el software se haya distribuido al usuario final. Aunque se descubren cientos de errores diferentes, todos se pueden encontrar en una (o más) de las siguientes causas:

- Especificación incompleta o errorea (EIE).
- Mala interpretación de la comunicación del cliente (MCC).
- Desviación deliberada de la especificación (DDE).
- Incumplimiento de los estándares de programación (IEP).
- Error en la representación de los datos (ERD).
- Interfaz de módulo inconsistente (IMI).
- Error en la lógica de diseño (ELD).
- Prueba incompleta o errónea (PIE).
- Documentación imprecisa o incompleta (DII).
- Error en la traducción del diseño al lenguaje de programación (TLP).
- Interfaz hombre-máquina ambigua o inconsistente (IHM).
- Varios (VAR).

Para aplicar la SQA estadística se construye la Tabla 8.2. La tabla indica que EIE, MCC y ERD son las causas vitales que contabilizan el 53 por 100 de todos los errores. Sin embargo, debe observarse que si sólo se consideraran errores serios, se seleccionarían las siguientes causas vitales: EIE, ERD, TLP y ELD. Una vez determinadas las causas vitales, la organización de desarrollo de software puede comenzar la acción correcta. Por ejemplo, para corregir la MCC, el equipo de desarrollo del software podría implementar técnicas que facilitaran la especificación de la aplicación (Capítulo 11) para mejorar la calidad de la especificación y la comunicación con el cliente. Para mejorar el ERD, el equipo de desarrollo del software podría adquirir herramientas CASE para la modelización de datos y realizar revisiones del diseño de datos más rigurosas.

Junto con la recopilación de información sobre defectos, los equipos de desarrollo del software pueden calcular un *índice de errores* (IE) para cada etapa principal del proceso de ingeniería del software[IEE94]. Después del análisis, el diseño, la codificación, la prueba y la entrega, se recopilan los siguientes datos:

E_i = número total de defectos descubiertos durante la etapa *i*-ésima del proceso de ingeniería del software;

S_i = número de defectos graves;

M_i = número de defectos moderados;

T_i = número de defectos leves;

PS = tamaño del producto (LDC, sentencias de diseño, páginas de documentación) en la etapa i-ésima.

w_s, w_m, w_t = factores de peso de errores graves, moderados, y leves, en donde los valores recomendados son $w_s = 10$, $w_m = 3$, $w_t = 1$. Los factores de peso de cada fase deberían agrandarse a medida que el desarrollo evoluciona. Esto favorece a la organización que encuentra los errores al principio.

En cada etapa del proceso de ingeniería del software se calcula un índice de fase, IF_i:

$$\mathrm{IF}_i = w_s(S_i/E_i) + w_m(M_i/E_i) + w_t(T_i/E_i)$$

El índice de errores (IE) se obtiene mediante el cálculo del defecto acumulativo de cada IF_i, asignando más peso a los errores encontrados más tarde en el proceso de ingeniería del software, que a los que se encuentran en las primeras etapas:

TABLA 8.2

Recolección de datos para la SQA estadística

	Total		Grave		Moderado		Leve	
Error	**N.º**	**%**	**N.º**	**%**	**N.º**	**%**	**N.º**	**%**
IEE	205	22	34	27	68	18	103	24
MCC	156	17	12	9	68	18	76	17
DDE	48	5	1	1	24	6	23	5
IEP	25	3	0	0	15	4	10	2
ERD	130	14	26	20	68	18	36	8
IMI	58	6	9	7	18	5	31	7
ELD	45	5	14	11	12	3	19	4
PIE	95	10	12	9	35	9	48	11
DII	36	4	2	2	20	5	14	3
TLP	60	6	15	12	19	5	26	6
IHM	28	3	3	2	17	4	8	2
VAR	56	6	0	0	15	4	41	9
Totales	942	100	128	100	379	100	435	100

$$\mathrm{IE} = \sum (i \times \mathrm{IF}_i)/\mathrm{PS}$$
$$= (\mathrm{IF}_1 + 2\mathrm{IF}_2 + 3\mathrm{IF}_3 + i\mathrm{IF}_i)/\mathrm{PS}$$

Se puede utilizar el índice de errores junto con la información recogida en la Tabla 8.2, para desarrollar una indicación global de la mejora en la calidad del software.

La aplicación de la SQA estadística y el principio de Pareto se pueden resumir en una sola frase: Utilizar el tiempo para centrarse en cosas que realmente interesan, pero primero asegurarse que se entiende qué es lo que realmente interesa. Los profesionales de la industria con experiencia están de acuerdo en que las raíces de la mayoría de los defectos realmente difíciles se pueden encontrar en un número relativamente limitado de causas. De hecho, la mayoría de los profesionales tienen una gran intuición para encontrar las «verdaderas» causas de los defectos del software, pero pocos se han dedicado a recopilar datos sobre sus intuiciones. Siguiendo los pasos básicos de la SQA estadística, se pueden aislar las causas vitales de los defectos y se pueden realizar las correcciones apropiadas.

Un estudio exhaustivo de la SQA estadística se sale del alcance de este libro. Los lectores interesados deberían consultar [SCH87], [KAP95] y [KAN95].

8.8. FIABILIDAD DEL SOFTWARE

No hay duda de que la fiabilidad de un programa de computadora es un elemento importante de su calidad general. Si un programa falla frecuente y repetidamente en su funcionamiento, no importa si el resto de los factores de calidad son aceptables.

La fiabilidad del software, a diferencia de otros factores de calidad, puede ser medida o estimada mediante datos históricos o de desarrollo. La fiabilidad del software se define en términos estadísticos como «la probabilidad de operación libre de fallos de un programa de computadora en un entorno determinado y durante un tiempo específico» [MUS87]. Por ejemplo, un programa X puede tener una fiabilidad estimada de 0,96 durante un intervalo de proceso de ocho horas. En otras palabras, si se fuera a ejecutar el programa X, 100 veces, necesitando ocho horas de tiempo de proceso (tiempo de ejecución), lo probable es que funcione correctamente (sin fallos) 96 de cada 100 veces.

Siempre que se habla de fiabilidad del software, surge la pregunta fundamental: ¿Qué se entiende por el término fallo? En el contexto de cualquier discusión sobre calidad y fiabilidad del software, el fallo es cualquier falta de concordancia con los requisitos del software. Incluso en esta definición existen grados. Los fallos pueden ser simplemente desconcertantes o ser catastróficos. Puede que un fallo sea corregido en segundos mientras que otro lleve semanas o incluso meses. Para complicar más las cosas, la corrección de un fallo puede llevar a la introducción de otros errores que, finalmente, lleven a más fallos.

8.8.1. Medidas de fiabilidad y de disponibilidad

Los primeros trabajos sobre fiabilidad intentaron extrapolar las matemáticas de la teoría de fiabilidad del hardware (p. ej.: [ALV64]) a la predicción de la fiabilidad del software. La mayoría de los modelos de fiabilidad relativos al hardware van más orientados a los fallos debidos al *desajuste* que a los fallos debidos a defectos de diseño. En el hardware, son más probables los fallos debidos al desgaste físico (p. ej.: el efecto de la temperatura, de la corrosión, y los golpes) que los fallos relativos al diseño. Desgraciadamente, para el software lo que ocurre es lo contrario. De hecho, todos los fallos del software, se producen por problemas de diseño o de implementación; el desajuste (consulte el Capítulo 1) no entra en este panorama.

Todavía se debate sobre la relación entre los conceptos clave de la fiabilidad del hardware y su aplicabilidad al software (p. ej. [LIT89], [ROO90]. Aunque todavía falta por establecer un nexo irrefutable, merece la pena considerar unos cuantos conceptos que conciernen a ambos elementos de los sistemas.

Considerando un sistema basado en computadora, una sencilla medida de la fiabilidad es el *tiempo medio entre fallos* (TMEF), donde:

$$\text{TMEF} = \text{TMDF} + \text{TMDR}$$

(Las siglas TMDF y TMDR corresponden a *tiempo medio de fallo* y *tiempo medio de reparación*, respectivamente).

Muchos investigadores argumentan que el TMDF es, con mucho, una medida más útil que los defectos/KLDC. Sencillamente, el usuario final se enfrenta a los fallos, no al número total de errores. Como cada error de un programa no tiene la misma tasa de fallo, la cuenta total de errores no es una buena indicación de la fiabilidad de un sistema. Por ejemplo, consideremos un programa que ha estado funcionando durante 14 meses. Muchos de los errores del programa pueden pasar desapercibidos durante décadas antes de que se detecten. El TMEF de esos errores puede ser de 50 e incluso de 100 años. Otros errores, aunque no se hayan descubierto aún, pueden tener una tasa de fallo de 18 o 24 meses. Incluso aunque se eliminen todos los errores de la primera categoría (los que tienen un gran TMEF), el impacto sobre la fiabilidad dol software será muy escaso.

Además de una medida de la fiabilidad debemos obtener una medida de la *disponibilidad*. La disponibilidad del software es la probabilidad de que un programa funcione de acuerdo con los requisitos en un momento dado, y se define como:

$$\text{Disponibilidad} = \text{TMDF}/(\text{TMDF} + \text{TMDR}) \times 100\ \%$$

La medida de fiabilidad TMEF es igualmente sensible al TMDF que al TMDR. La medida de disponibilidad es algo más sensible al TMDR, una medida indirecta de la facilidad de mantenimiento del software.

8.8.2. Análisis de riesgos y seguridad del software

Leveson [LEV86] discute el impacto del software en sistemas críticos de seguridad, diciendo:

> Antes de que se usara software en sistemas críticos de seguridad, normalmente éstos se controlaban mediante dispositivos electrónicos y mecánicos convencionales (no programables). Las técnicas de seguridad de sistemas se diseñaban para hacer frente a fallos aleatorios en esos dispositivos (no programables). Los errores humanos de diseño no se consideraban porque se suponía que todos los defectos producidos por los errores humanos se podían evitar o eliminar completamente antes de su distribución y funcionamiento.

Cuando se utiliza el software como parte del sistema de control, la complejidad puede aumentar en un orden de magnitud o más. Los defectos sutiles de diseño, producidos por un error humano —algo que se puede descubrir y eliminar en el control convencional basado en el hardware— llegan a ser mucho más difíciles de descubrir cuando se utiliza el software.

La *seguridad del software y el análisis de riesgos* es una actividad de garantía de calidad del software que se centra en la identificación y evaluación de los riesgos potenciales que pueden producir un impacto negativo en el software y hacer que falle el sistema completo. Si se pueden identificar pronto los riesgos en el proceso de ingeniería del software podrán espeficarse las características del diseño del software que permitan eliminar o controlar los riesgos potenciales.

Como parte de la seguridad del software, se puede dirigir un proceso de análisis y modelización. Inicialmente, se identifican los riesgos y se clasifican por su importancia y su grado de riesgo. Por ejemplo, algunos de los riesgos asociados con el control basado en computadora del sistema de conducción de un automóvil podrían ser:

- Produce una aceleración incontrolada que no se puede detener.
- No responde al abatimiento del pedal de freno (al soltar).
- No responde cuando se activa el contacto.
- Pierde o gana velocidad lentamente.

Cuando se han identificado estos riesgos del sistema, se utilizan técnicas de análisis para asignar su gravedad y su probabilidad de ocurrencia[5]. Para que sea efectivo, se tiene que analizar el software en el contexto del sistema completo. Por ejemplo, puede que un sutil error en la entrada del usuario (las personas *son* componentes del sistema) se magnifique por un fallo del software que producen los datos de control que actúan de forma inadecuada sobre un dispositivo mecánico. Si se dan un conjunto de condiciones externas del entorno (y sólo si se dan), la situación inadecuada del dispositivo mecánico producirá un fallo desastroso. Se pueden usar técnicas de análisis, como el análisis del árbol de fallos [VES81], la lógica de tiempo real [JAN86] o los modelos de redes de Petri [LEV87], para predecir la cadena de sucesos que pueden producir los riesgos y la probabilidad de que se dé cada uno de los sucesos que componen la cadena.

El *análisis del árbol de fallos* construye un modelo gráfico de las combinaciones secuenciales y concurrentes de los sucesos que pueden conducir a un estado del sistema o suceso peligroso. Mediante un árbol detallado de fallos desarrollado, es posible observar las consecuencias de una secuencia de fallos interrelacionados que ocurren en diferentes componentes del sistema. La *lógica de tiempo real* (LTR) construye un modelo del sistema mediante la especificación de los sucesos y las acciones correspondientes. El modelo suceso-acción se puede analizar mediante operaciones lógicas para probar las valoraciones de seguridad de los componentes del sistema y su temporización. Se pueden usar los modelos de *redes de Petri* para determinar los riesgos más peligrosos.

Cuando se han identificado y analizado los riesgos, se pueden especificar requisitos del software relacionados con la seguridad. La especificación puede contener una lista de sucesos no deseables y las respuestas del sistema deseadas a dichos sucesos. Así, se indica el papel del software en la gestión de los sucesos no deseables.

Aunque la fiabilidad y la seguridad del software están bastante relacionadas, es importante entender la sutil diferencia que existe entre ellas. La fiabilidad del software utiliza el análisis estadístico para determinar la probabilidad de que pueda ocurrir un fallo del software. Sin embargo, la ocurrencia de un fallo no lleva necesariamente a un riesgo o a un accidente. La seguridad del software examina los modos según los cuales los fallos producen condiciones que pueden llevar a accidentes. Es decir, los fallos no se consideran en vacío, sino que se evalúan en el contexto de un completo sistema basado en computadora.

Un estudio completo sobre seguridad del software y análisis del riesgo va más allá del ámbito de este libro. Para aquellos lectores que estén más interesados, deberían consultar el libro de Leveson [LEV95] sobre este tema.

[5] Este método es análogo al método de análisis de riesgos descrito para la gestión del proyecto de software en el Capítulo 6. La principal diferencia es el énfasis en aspectos de tecnología frente a temas relacionados con el proyecto.

8.9. EL PLAN DE SQA

El *plan de SQA* proporciona un mapa para institucionalizar la garantía de calidad del software. El plan, desarrollado por un grupo de SQA y el equipo del proyecto, sirve como plantilla para actividades de SQA instituidas para cada proyecto de software.

La Figura 8.5 presenta un esquema de los planes de SQA recomendados por el IEEE [IEE94]. Las secciones iniciales describen el propósito y el alcance del documento e indican que esas actividades del proceso del software son abarcadas por la garantía de calidad. Se listan todos los documentos señalados en el plan de SQA y se destacan todos los estándares aplicables. La sección de *Gestión* del plan describe la situación de la SQA dentro de la estructura organizativa; las tareas y las actividades de SQA y su emplazamiento a lo largo del proceso del software; y los papeles y responsabilidades organizativas relativas a la calidad del producto.

La sección de *Documentación* describe (por referencia) cada uno de los productos de trabajo producidos como parte del proceso de software. Entre estos se incluyen:

- documentos del proyecto (p. ej.: plan del proyecto),
- modelos (p. ej.: DERs, jerarquías de clases),
- documentos técnicos (p. ej.: especificaciones, planes de prueba),
- documentos de usuario (p. ej.: archivos de ayuda).

Además, esta sección define el conjunto mínimo de productos de trabajo que se pueden aceptar para lograr alta calidad.

Estándares, prácticas y convenciones lista todos los estándares/prácticas que se aplican durante el proceso de software (p. ej.: estándares de documentos, estándares de codificación, y directrices de revisión). Además, se listan todos los proyectos, procesos (y en algunos casos) métricas de producto que se van a recoger como parte del trabajo de ingeniería del software.

FIGURA 8.5

Planes de garantía de calidad del software ANSI/IEEE Std. 730-1984 y 983-1986

I. Propósito del plan
II. Referencia
III. Gestión
   1. Organización
   2. Tareas
   3. Responsabilidad
IV. Documentación
   1. Propósito
   2. Documentos requeridos de ingeniería del software
   3. Otros documentos
V. Estándares, prácticas, y convenciones
   1. Propósito
   2. Convenciones
VI. Revisiones y auditorías
   1. Propósito
   2. Requisitos de revisión
      a. revisión de los requisitos del software
      b. revisiones del diseño
      c. verificación del software y revisiones de validación
      d. auditoría funcional
      e. auditoría física
      f. auditoría dentro del proceso
      g. revisiones de gestión
VII. Prueba
VIII. Información sobre problemas y acción correctora
IX. Herramientas, técnicas y metodologías
X. Control de códigos
XI. Control de medios
XII. Control de distribución
XIII. Recopilación de registros, mantenimiento y retención
XIV. Formación
XV. Gestión de riesgos

La sección *Revisiones y auditorías* del plan identifica las revisiones y auditorías que se van a llevar a cabo por el equipo de ingeniería del software, el grupo de SQA, y el cliente. Proporciona una visión general del enfoque de cada revisión y auditoría.

La sección *Prueba* hace referencia al plan y procedimiento de pruebas del software (Capítulo 17). También define requisitos de mantenimiento de registros de pruebas. La *Información sobre problemas y acción correctora* define procedimientos para informar, hacer seguimiento y resolver errores y defectos, e identifica las responsabilidades organizativas para estas actividades.

El resto del *plan de SQA* identifica las herramientas y métodos que soportan actividades y tareas de SQA; hace referencia a los procedimientos de gestión de configuración del software para controlar el cambio; define un enfoque de gestión de contratos; establece métodos para reunir, salvaguardar y mantener todos los registros; identifica la formación que se requiere para cumplir las necesidades del plan y define métodos para identificar, evaluar, supervisar y controlar riesgos.

8.10. LOS ESTÁNDARES DE CALIDAD ISO 9000[6]

Un *sistema de garantía de calidad* se puede definir como la estructura organizativa, responsabilidades, procedimientos, procesos y recursos para implementar gestión de calidad [ANS87]. ISO 9000 describe los elementos de garantía de calidad en términos genéricos que pueden aplicarse a cualquier negocio con independencia de los productos o servicios ofrecidos.

Para identificarse con uno de los modelos de sistema de garantía de calidad de ISO 9000, el sistema de calidad y las operaciones de una compañía son examinados minuciosamente por unos auditores externos para ajustarlo a los estándares y a la operación efectiva. Después de un registro correcto, la compañía recibe un certificado avalado por los auditores. Las auditorías de seguimiento cada seis meses aseguran el ajuste continuado a los estándares.

8.10.1. El enfoque ISO en sistemas de garantía de calidad

Los modelos de garantía de calidad ISO 9000 tratan la empresa como una red de procesos interconectados. Para que un sistema de calidad se ajuste a ISO, estos procesos deben afrontar áreas identificadas en el estándar y se deben documentar y practicar como se ha descrito. Documentar un proceso ayuda a que una organización lo entienda, controle y mejore. Es la oportunidad de comprender, controlar y mejorar la red del proceso que ofrece, quizás, el beneficio más grande para las organizaciones que diseñan e implementan los sistemas de calidad de concordancia con ISO.

[6] Esta sección, escrita por Michael Stovsky, se ha adaptado de "Fundamentals of ISO 9000" e "ISO 9001 Standard", cuaderno de ejercicios desarrollado para *Essential Software Engineering*, un *vídeo currículum* desarrollado por R. S. Pressman & Associates, Inc. Reimpresión con autorización.

ISO 9000 describe, en términos generales, los elementos de un sistema de garantía de calidad. Estos elementos incluyen la estructura organizativa, procedimientos, procesos y recursos necesarios para implementar la planificación de la calidad, el control de calidad, la garantía de calidad y la mejora de calidad. Sin embargo, ISO 9000 no describe cómo debería implementar una organización estos elementos del sistema de calidad. Por consiguiente, el reto se encuentra en diseñar e implementar un sistema de garantía de calidad que cumpla los estándares y acople los productos, servicios y cultura de la compañía.

8.10.2. El estándar ISO 9001

ISO 9001 es el estándar de garantía de calidad que se aplica a la ingeniería del software. El estándar contiene 20 requisitos que deben estar presentes en un sistema de garantía de calidad efectiva. Como el estándar ISO 9001 es aplicable a todas las disciplinas de la ingeniería del software, se ha desarrollado un conjunto especial de directrices ISO (ISO 9000-3) para ayudar a interpretar el estándar para su uso en el proceso de software.

Los 20 requisitos descritos por ISO 9001 se enfrentan con los temas siguientes:

1. Responsabilidad de la gestión.
2. Sistema de calidad.
3. Revisión de contrato.
4. Control de diseño.
5. Control de datos y documentos.
6. Compras.
7. Control del producto suministrado por el cliente.
8. Identificación y posibilidad de seguimiento del producto.
9. Control del proceso.
10. Inspección y prueba.
11. Control de inspección, medición y equipo de pruebas.
12. Inspección y estado de prueba.
13. Control de producto no aceptado.
14. Acción correctora y preventiva.
15. Tratamiento, almacenamiento, empaquetamiento, preservación y entrega.
16. Control de registros de calidad.
17. Auditorías internas de calidad.
18. Formación.
19. Servicios.
20. Técnicas estadísticas.

Para que una organización de software se registre como ISO 9001, debe establecer normas y procedimientos que afronten los requisitos señalados anteriormente y que puedan demostrar que se están cumpliendo. Para más información sobre ISO 9001, consulte [SCH94] y [ESE95].

8.11. RESUMEN

La garantía de calidad del software es una «actividad de protección» que se aplica a cada paso del proceso de ingeniería del software. La SQA combina procedimientos para la aplicación efectiva de métodos y herramientas, las revisiones técnicas formales, las técnicas y estrategias de prueba, los procedimientos de control de cambios, los procedimientos de garantía de ajuste a los estándares y los mecanismos de medida e información.

La SQA es complicada por la compleja naturaleza de la calidad del software —un atributo de los programas de computadora que se define como «concordancia con los requisitos definidos explícita e implícitamente». Cuando se considera de forma más general, la calidad del software engloba muchos factores de proceso y de producto diferentes con sus métricas asociadas.

Las revisiones del software son una de las actividades más importantes de la SQA. Las revisiones sirven como filtro para el proceso de ingeniería del software, eliminando defectos mientras que no son costosos de encontrar y corregir. La revisión técnica formal o inspección es una revisión específica que se ha mostrado extremadamente efectiva en el descubrimiento de errores.

Para llevar cabo adecuadamente una garantía de calidad del software, se deben recopilar, evaluar y distribuir todos los datos relacionados con el proceso de ingeniería del software. La SQA estadística ayuda a mejorar la calidad del producto y la del proceso de software. Los modelos de fiabilidad del software amplían las medidas, permitiendo extrapolar los datos recogidos sobre los defectos, a predicciones de tasas de fallo y de fiabilidad.

Resumiendo, recordemos las palabras de Dunn y Ullman [DUN82]: «la garantía de calidad del software es la guía de los preceptos de gestión y de las disciplinas de diseño de la garantía de calidad para el espacio tecnológico y la aplicación de la ingeniería del software». La capacidad de garantizar la calidad es la medida de la madurez de la disciplina de ingeniería. Cuando se sigue de forma adecuada esa guía anteriormente mencionada, lo que se obtiene es la madurez de la ingeniería del software.

REFERENCIAS

[ALV64] von ALVIN, W. H. (ed.), *Reliability Engineering*, Prentice-Hall, 1964.

[ANS87] ANSI/ASQC A3-1987, Quality Systems Terminology, 1987.

[BOE81] BOEHM, B., *Software Engineering Economics*, Prentice-Hall, 1981.

[CRO79] CROSBY, P., *Quality is Free*, McGraw-Hill, 1979.

[DEM86] DEMING, W. W., *Out of the Crisis*, Mit Press 1986.

[DIJ76] DIJKSTRA, E., *A Discipline of Programming*, Prentice-Hall, 1976.

[DUN82] DUNN, R. y R. ULLMAN, *Quality Assurance for Computer Software*, McGraw-Hill, 1982.

[ESE95] «ISO 9000 Software Development», en *Essential Software Engineering*, R.S. Pressman & Associates, Inc. 1995.

[FRE90] FREEDMAN, D. P., y WEIMBERG, G. M., *Handbook of Walkthroughs, Inspections and Technical Reviews*, 3.ª edición, Dorset House, 1990.

[GIL93] GILB, T. y D. GRAHAM, *Software Inspections*, Addison-Wesley 1993.

[IBM81] «Implementating Software Inspections», notas del curso, IBM Systems Sciences Institute, IBM Corporation, 1981.

[IEEE94] *Software Engineering Standards*, edición de 1994, IEEE Computer Society, 1994

[JAN86] JAHANIAN, F., y A. K. MOK, «Safety Analysis of Timing Properties of Real-Time Systems», *IEEE Trans. Software Engineering*, vol. SE-12, n.º 9, septiembre 1986, págs. 890-904.

[JON86] JONES, T. C., *Programming Productivity*, McGraw-Hill, 1986.

[KAN95] KAN, S. H., *Metrics and Models in Software Quality Engineering*, Addison-Wesley, 1995.

[KAP95] KAPLAN, C., R. CLARK y V. TANG, *Secrets of Software Quality: 40 Innovations from IBM*, McGraw-Hill, 1995.

[LEV86] LEVESON, N.G., «Software Safety: Why, What, and How», *ACM Computing Surveys*, vol. 18, n.º 2, junio 1986, págs. 125-163.

[LEV87] LEVESON, N. G., y J.L. STOLZY, «Safety Analysis using Petri Nets», *IEEE Trans. Software Engineering*, vol. SE-13, n.º 3, marzo 1987, págs. 386-397.

[LEV95] LEVESON, N.G., *Safeware: System Safety and Computers*, Addison-Wesley, 1995.

[LIN79]LINGER, R., H. MILLS y B. WITT, Structured Programming, Addison-Wesley, 1979.

[LIT89] LITTLEWOOD, B., «Forecasting Software Reliability», *en Software Reliability: Modelling and Identification* (S. Bittani, de.), Springer-Verlag, 1989, págs. 141-209.

[MUS87] MUSA, J. D., A. IANNINO, y K. OKUMOTO, *Engineering and Managing Software with Reliability Measures*, McGraw-Hill, 1987.

[PAU93] PAULK, M. *et al.*, *Capability Maturity Model for Software*, Software Engineering Institute, Carnegie Mellon University, Pittsburgh, PA, 1993.

[POR95] PORTER, A., H. SIY, C. A. TOMAN, y L. G. VOTTA, «An Experiment to Assess the Cost-Benefits of Code Inspections in Large Scale Software Development», *Proc. 3rd ACM SIGSOFT Symposium on the Foundations of Software Engineering*, Washington, DC, octubre 10-13, ACM Press, págs. 92-103.

[ROO90] ROOK, J., *Software Reliability Handbook*, Elsevier, 1990.

[SCH87] SCHULMEYER, G. C. y J.L. McMANUS (eds.), *Handbook of Software Quality Assurance*, Van Nostrand Reinhold, 1987.

[SCH94] ACHMAUCH, C. H., *ISO 9000 for Software Developers*, ASQC Quality Press, Milwaukee, WI, 1994.

[VES81] VESELEY, W.E. et al., *Fault Tree Handbook*, U.S Nuclear Regulatory Commision, NUREC-0492, enero 1981.

PROBLEMAS Y PUNTOS PARA CONSIDERAR

8.1. Al principio del capítulo se señaló «el control de variación está en el centro del control de calidad». Como todos los programas que se crean son diferentes unos de otros, ¿cuáles son las variaciones que se buscan y cómo se controlan?

8.2. ¿Es posible evaluar la calidad del software si el cliente no se pone de acuerdo sobre lo que se supone que ha de hacer?

8.3. La calidad y la fiabilidad son conceptos relacionados, pero son fundamentalmente diferentes en varias formas. Discútalas.

8.4. ¿Puede un programa ser correcto y aún así no ser fiable? Explique por qué.

8.5. ¿Puede un programa ser correcto y aún así no exhibir una buena calidad? Explique por qué.

8.6. ¿Por qué a menudo existen fricciones entre un grupo de ingeniería del software y un grupo independiente de garantía de calidad del software? ¿Es esto provechoso?

8.7. Si se le da la responsabilidad de mejorar la calidad del software en su organización. ¿Qué es lo primero que haría? ¿Qué sería lo siguiente?

8.8. Además de los errores, ¿hay otras características claras del software que impliquen calidad? ¿Cuáles son y cómo se pueden medir directamente?

8.9. Una revisión técnica formal sólo es efectiva si todo el mundo se la prepara por adelantado. ¿Cómo descubriría que uno de los participantes no se la ha preparado? ¿Qué haría si fuera el jefe de revisión?

8.10. Algunas personas piensan que una RTF debe evaluar el estilo de programación al igual que la corrección. ¿Es una buena idea? ¿Por qué?

8.11. Revise la Tabla 8.2 y seleccione las cuatro causas «pocas pero vitales» de errores serios y moderados. Sugiera acciones correctoras basándose en la información presentada en otros capítulos.

8.12. Una organización utiliza un proceso de ingeniería del software de cinco pasos en el cual los errores se encuentran de acuerdo a la siguiente distribución de porcentajes:

Paso	Porcentaje de errores encontrados
1	20 %
2	15 %
3	15 %
4	40 %
5	10 %

Mediante la información de la Tabla 8.2 y la distribución de porcentajes anterior, calcule el índice de defectos global para dicha organización. Suponga que PS = 100.000.

8.13. Investigue en los libros sobre fiabilidad del software y escriba un artículo que explique un modelo de fiabilidad del software. Asegúrese de incluir un ejemplo.

8.14. El concepto de TMEF del software sigue abierto a debate. ¿Puede pensar en algunas razones para ello?

8.15. Considere dos sistemas de seguridad crítica que estén controlados por una computadora. Liste al menos tres peligros para cada uno de ellos que se puedan relacionar directamente con los fallos del software.

8.16. Adquiera una copia de ISO 9001 e ISO 9000-3. Prepare una presentación que trate tres requisitos ISO 9001 y cómo se aplican en el contexto del software.

OTRAS LECTURAS Y FUENTES DE INFORMACIÓN

Los libros de Crosby [CRO79] y Deming [DEM86] son unas excelentes presentaciones a nivel de gestión de los beneficios de los programas formales de garantía de calidad. Aunque no se centran en el software, ambos libros son una lectura obligada para los gestores *senior* con responsabilidades en el desarrollo de software. Gluckman y Roome (*Everyday Heros of the Quality Movement*, Dorset House, 1993) humaniza los aspectos de calidad contando la historia de los jugadores en el proceso de calidad. Kan (*Metrics and Models in Software Quality Engineering*, Addison-Wesley, 1995) presenta una visión cuantitativa de la calidad del software.

Durante los últimos años se han escrito docenas de libros sobre aspectos de garantía de calidad: La lista siguiente es una pequeña muestra de fuentes útiles:

Clapp, J. A. et al., *Software Quality Control, Error Analysis and Testing*, Noyes Data Corp., Park Ridge, 1995.

Dobbins, J. H., *Software Quality Assurance and Evaluation*, ASQC Quality Press, Milwaukee, WI, 1990.

Dunn, R. H. y Ullman, R.S., *TQM for Computer Software*, McGraw-Hill, 1994.

Fenton, N., R. Whitty y Y. Iizuka, *Software Quality Assurance and Measurement: Worldwide Industrial Applications*, Chapman & Hall, 1994.

Ferdinand, A. E., *Systems, Software, and Quality Engineering*, Van Nostrand Reinhold, 1993.

Ince, D., *ISO 9001 and Software Quality Assurance*, McGraw-Hill, 1994.

Ince, D., *An Introduction to Software Quality Assurance and Implementation*, McGraw-Hill, 1994.

Sanders, J., *Software Quality: A Framework for Success in Software Development*, Addison-Wesley, 1994.

Schulmeyer, G. G. y J. I. McManus, *Total Quality Management for Software*, Van Nostrand Reinhold, 1992.

SUMMER, F. H., *Software Quality Assurance*, MacMillan, 1993

WALLMULLER, E., *Software Quality Assurance*: A Practical Approach, Prentice-Hall, 1995.

WEINBERG, G. M., *Quality Software Management*, 3 volúmenes, Dorset House, 1992, 1993, 1994.

WESNER, J. W., J. M. HIATT y D. C. TRIMBLE, *Winning with Quality: Applying Quality Principles in Product Development*, Addison-Wesley, 1995.

Una antología editada por WHEELER, BRYKCZYNSKI y MEESON *(Software Inspection: Industry Best Practice*, IEEE Computer Society Press, 1996) presenta información útil sobre esta importante actividad de SQA. FRIEDMAN y VOAS (*Software Assessment*, Wiley, 1995) estudian los soportes y métodos prácticos para asegurar la fiabilidad y la seguridad de programas de computadora.

La mayoría del trabajo publicado sobre la fiabilidad del software y la seguridad del software se puede encontrar en las últimas publicaciones técnicas. LYU *(Handbook of Software Reliability Engineering*, McGraw-Hill, 1996) ha editado un manual completo sobre la fiabilidad del software acompañado por disquete con valiosos datos sobre los fallos del software y tres herramientas de fiabilidad. PHAM estudia la investigación en la modelización de la fiabilidad (*Software Reliability and Testing*, IEEE Computer Society Press, 1995). *Proceedings of the Symposium on Software Reliability (Software Engineering Notes*, special issue, August 1995) es un compendio excelente del último trabajo.

Para SQA y para temas relacionados se dispone de una variedad razonablemente grande de fuentes de Internet. **comp.software-eng** y **comp.software.testing** a menudo tratan temas de SQA.

En American Society for Quality Control Web se puede encontrar información general sobre SQA:

http://www.asqc.org/

Quality Assurance Resources Online es un grupo de información relacionada con la calidad y grupos accesibles por World Wide Web:

http://www.quality.org/qc/homepage.html

Se pueden encontrar breves discusiones y bibliografías sobre temas de SQA en:

http://hissa.ncsl.nist.gov/sw_assurance/

Software Testing Laboratories, Inc. presenta una gran gama de publicaciones y de discusiones sobre la garantía de calidad del software:

http://www.stlabs.com

El archivo WWW de revisiones técnicas formales es el depósito en línea más amplio que se dispone para información sobre revisiones técnicas formales, e incluye una bibliografía extensa. Listas de comprobación de revisiones y otra información se puede encontrar en:

http://www.ics.hawaii.edu/~siro/

http://www.ics.hawaii.edu/~johnson/FTR/

La NASA Formal Inspections Page contiene un Formal Inspection Guidebook y un estándar para el proceso de inspección.

http://satc.gsfc.nasa.gov/fi/fipage.html

Un depósito extenso de información sobre sistemas críticos de seguridad, seguridad del software, y análisis de riesgos se pueden encontrar en:

http://www.comlab.ox.ac.uk/archive/safety.html

Una guía extensa para ISO 9000 se puede encontrar en:

http://www.outland.ileaf.com/isoguide.html

Información adicional sobre ISO 9000 y temas de calidad relacionados se pueden obtener de:

ISO Web Site

http://haas.berkeley.edu/~seidel/iso.html

FAQ sobre estándares ISO

http://www.bedrock.com/patents/readings/standrds.html

Una bibliografía de ISO 9000

http://www.exit109.com/~leebee/bibliog.htm

Una lista actualizada de referencias World Wide Web para la garantía de calidad del software se puede encontrar en: **http://www.rspa.com**

CAPÍTULO 9

GESTIÓN DE LA CONFIGURACIÓN DEL SOFTWARE

Cuando se construye software de computadora, los cambios son inevitables. Y los cambios aumentan el grado de confusión entre los ingenieros del software que están trabajando en el proyecto. La confusión surge cuando *no* se han analizado los cambios antes de realizarlos, no se han registrado antes de implementarlos, no se les han comunicado a aquellas personas que necesitan saberlo o no se han controlado de manera que mejoren la calidad y reduzcan los errores. Babich [BAB86] se refiere a este asunto cuando dice:

> El arte de coordinar el desarrollo de software para minimizar...la confusión, se denomina gestión de configuración. La gestión de configuración es el arte de identificar, organizar y controlar las modificaciones que sufre el software que construye un equipo de programación. La meta es maximizar la productividad minimizando los errores.

La *gestión de configuración del software* (GCS) es una actividad de autoprotección que se aplica a lo largo del proceso de ingeniería del software. Como el cambio se puede producir en cualquier momento, las actividades de GCS sirven para (1) identificar el cambio, (2) controlar el cambio, (3) garantizar que el cambio se implementa adecuadamente y (4) informar del cambio a todos aquellos a los que les interese.

Es importante distinguir claramente entre el mantenimiento del software y la gestión de configuración del software. El mantenimiento es un conjunto de actividades de ingeniería del software que se producen después de que el software se haya entregado al cliente y esté en funcionamiento. La gestión de configuración del software es un conjunto de actividades de seguimiento y control que comienzan cuando se inicia el proyecto de desarrollo del software y termina sólo una vez que el software queda fuera de la circulación.

Uno de los objetivos principales de la ingeniería del software es mejorar la facilidad con la que se pueden implantar los cambios y reducir la cantidad de esfuerzo necesario para implementarlos. En este capítulo, trataremos las actividades específicas que nos permiten gestionar los cambios.

9.1. GESTIÓN DE LA CONFIGURACION DEL SOFTWARE

El resultado del proceso de ingeniería del software es una información que se puede dividir en tres amplias categorías: (1) programas de computadora (tanto en forma de código fuente como ejecutable), (2) documentos que describen los programas de computadora (tanto técnicos como de usuario) y (3) datos (contenidos en el programa o externos a él). Los elementos que componen toda la información producida como parte del proceso de ingeniería del software se denominan colectivamente *configuración del software*.

A medida que progresa el proceso de ingeniería del software, el número *de elementos de configuración del software* (ECS) crece rápidamente. Una *especificación del sistema* produce un *plan del proyecto del software* y una *especificación de requisitos del software* (así como otros documentos relativos al hardware). A su vez, éstos producen otros documentos para crear una jerarquía de información. Si simplemente cada ECS produjera otros ECS, no habría prácticamente confusión. Desgraciadamente, en el proceso entra en juego otra variable: el *cambio*. El cambio se puede producir en cualquier momento y por cualquier razón. De hecho, la primera ley de la ingeniería de sistemas [BER80] establece: *Sin importar en qué momento del ciclo de vida del sistema nos encontremos, el sistema cambiará y el deseo de cambiarlo persistirá a lo largo de todo el ciclo de vida.*

¿Cuál es el origen de estos cambios? La respuesta a esta pregunta es tan variada como los cambios mismos. Sin embargo, hay cuatro fuentes fundamentales de cambios:

- nuevos negocios o condiciones comerciales que dictan los cambios en los requisitos del producto o en las normas comerciales,
- nuevas necesidades del cliente que demandan la modificación de los datos producidos por sistemas de información, funcionalidades entregadas por productos o servicios entregados por un sistema basado en computadora,
- reorganización y/o reducción del volumen comercial que provoca cambios en las prioridades del proyecto o en la estructura del equipo de ingeniería del software,
- restricciones presupuestarias o de planificación que provocan una redefinición del sistema o producto.

La gestión de configuración del software es un conjunto de actividades desarrolladas para gestionar los cambios a lo largo del ciclo de vida del software de computadora. La GCS es una actividad de garantía de calidad del software que se aplica en todas las fases del proceso de ingeniería del software. En las siguientes secciones examinaremos las tareas y los conceptos importantes de la GCS que nos ayudan a gestionar los cambios.

9.1.1. Líneas base

El cambio es algo normal en el desarrollo del software. Los clientes quieren modificar los requisitos. El equipo de desarrollo desea modificar el enfoque técnico . Los gestores desean modificar el enfoque del proyecto.

¿Por qué todas estas modificaciones? La respuesta es realmente muy sencilla. A medida que pasa el tiempo, todo el mundo sabe más (sobre lo que necesita, sobre el mejor enfoque al problema y sobre cómo hacerlo ganando dinero). Este conocimiento adicional es la fuerza motriz de la mayoría de los cambios y nos lleva a sentenciar algo que difícilmente aceptan la mayoría de los ingenieros del software: ¡La mayoría de los cambios están justificados!

Una *línea base* es un concepto de gestión de configuración del software que nos ayuda a controlar los cambios sin impedir seriamente los cambios justificados. La IEEE (Estándar IEEE 610.12-1990) define una línea base como:

> Una especificación o producto que se ha revisado formalmente y sobre los que se ha llegado a un acuerdo, y que de ahí en adelante sirve como base para un desarrollo posterior y que puede cambiarse solamente a través de procedimientos formales de control de cambios.

Una forma de describir la línea base es mediante una analogía:

> Considere las puertas de la cocina de un gran restaurante. Para evitar colisiones, una puerta está marcada como SALIDA y la otra como ENTRADA. Las puertas tienen topes que hacen que sólo se puedan abrir en la dirección apropiada.
>
> Si un camarero recoge un pedido en la cocina, lo coloca en una bandeja y luego se da cuenta de que ha cogido un plato equivocado, puede cambiar el plato correcto rápida e informalmente antes de salir de la cocina.
>
> Sin embargo, si abandona la cocina, le da el plato al cliente y luego se le informa de su error, debe seguir el siguiente procedimiento: (1) mirar en la orden de pedido si ha habido algún error; (2) disculparse insistentemente; (3) volver a la cocina por la puerta de ENTRADA; (4) explicar el problema, etc.

Una línea base es análoga a un plato mientras pasa por las puertas de la cocina de un restaurante. Antes de que un elemento de configuración del software se convierta en una línea base, el cambio se puede llevar a cabo rápida e informalmente. Sin embargo, una vez que se establece una línea base, pasamos, de forma figurada, por una puerta de un solo sentido. Se pueden llevar a cabo los cambios, pero se debe aplicar un procedimiento formal para evaluar y verificar cada cambio.

En el contexto de la ingeniería del software, definimos una línea base como un punto de referencia en el desarrollo del software que queda marcado por el envío de uno o más elementos de configuración del software y la aprobación del ECS obtenido mediante una revisión técnica formal (Capítulo 8). Por ejemplo, los elementos de una *especificación de diseño* se documentan y se revisan. Se encuentran errores y se corrigen. Cuando todas las partes de la especificación se han revisado, corregido y aprobado, la especificación de diseño se convierte en una línea base. Sólo se pueden realizar cambios futuros en la arquitectura del software (contenidos en la especificación de diseño) tras haber sido evaluados y aprobados. Aunque se pueden definir las líneas base con cualquier nivel de detalle, las líneas base más comunes son las que se muestran en la Figura 9.1.

La progresión de acontecimientos que conducen a un línea base se ilustra en la Figura 9.2. Las tarea de la ingeniería del software producen una o más ECS. Una vez que un ECS se ha revisado y aprobado, se coloca en una *base de datos del proyecto* (también denominada *biblioteca del proyecto* o *depósito –repository– de software*).

Cuando un miembro del equipo de ingeniería del software quiere hacer modificaciones en un ECS de línea base, se copia de la base de datos del proyecto a un área de trabajo privada del ingeniero. Sin embargo, este ECS extraído puede modificarse sólo si se siguen los controles GCS (tratados más adelante en este capítulo). Las flechas punteadas de la Figura 9.2 muestran el camino de modificación de una línea base ECS.

FIGURA 9.1

Líneas base

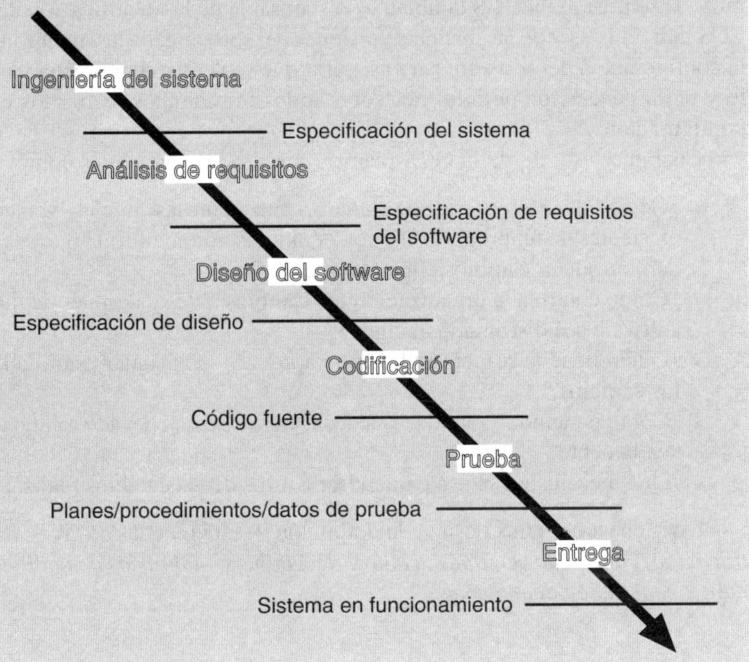

9.1.2. Elementos de configuración del software

Ya hemos definido un elemento de configuración del software como la información creada como parte del proceso de ingeniería del software. Llevado al extremo, se puede considerar un ECS como una sección individual de una gran especificación o cada caso de prueba de un gran conjunto de pruebas. De forma más realista, un ECS es un documento, un conjunto completo de casos de prueba o un componente de un programa dado (por ejemplo, una función de C++ o un paquete de ADA).

Los siguientes ECS son el objetivo de las técnicas de gestión de configuración y forman un conjunto de líneas base:

FIGURA 9.2

ECS de línea base y base de datos del proyecto

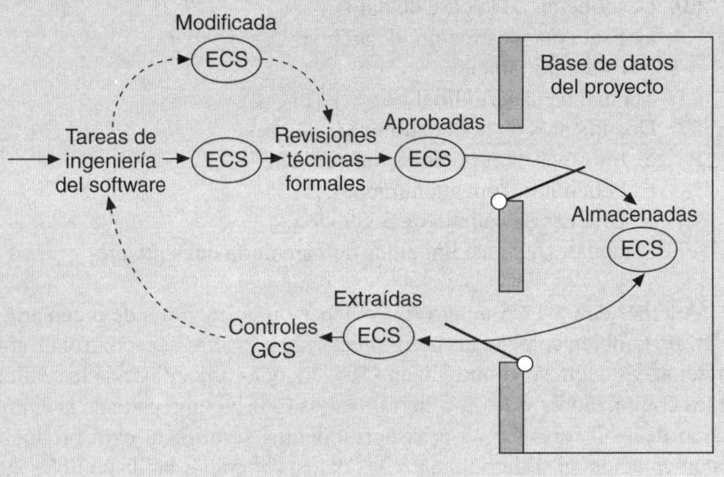

1. Especificación del sistema.
2. Plan del proyecto de software.
3. Especificación de requisitos del software.
   a. Modelos de análisis gráficos.
   b. Especificaciones de proceso.
   c. Prototipo(s).
   d. Especificación matemática.
4. Manual preliminar de usuario.
5. Especificación de diseño.
   a. Descripción del diseño de datos.
   b. Descripción del diseño arquitectónico.
   c. Descripciones del diseño de los módulos.
   d. Descripciones del diseño de las interfaces.
   e. Descripciones de los objetos (si se utilizan técnicas orientadas a objetos).
6. Listados del código fuente.
7. Especificación de las pruebas.
   a. Plan y procedimiento de prueba.
   b. Casos de prueba y resultados registrados.

8. Manuales de operación y de instalación.
9. Programa ejecutable.
   a. Código ejecutable de módulo.
   b. Módulos enlazados.
10. Descripción de la base de datos.
    a. Esquema y estructura de archivos.
    b. Contenido inicial.
11. Manual de usuario final.
12. Documentos de mantenimiento.
    a. Informes de problemas del software.
    b. Peticiones de mantenimiento.
    c. Órdenes de cambio de ingeniería.
13. Estándares y procedimientos de ingeniería del software.

Además de los ECS anteriores, muchas organizaciones de ingeniería del software también colocan las herramientas de software bajo control de configuración. Es decir, se «inmovilizan» las versiones específicas de los editores, de los compiladores y de otras herramientas CASE como parte de la configuración del software. Como esas herramientas se utilizan para producir la documentación, el código fuente y los datos, deberán estar disponibles cuando se realicen cambios en la configuración del software. Aunque no es normal que haya problemas, es posible que una nueva versión de una herramienta (p. ej.: un compilador) produzca resultados diferentes que la versión original. Por esta razón, las herramientas, al igual que el software que ayudan a producir, deben constituirse en líneas base como parte de un proceso completo de gestión de configuración.

En realidad, los ECS se organizan como objetos de configuración que han de ser catalogados en la base de datos del proyecto con un nombre único. Un objeto de configuración tiene un nombre y unos atributos y está «conectado» a otros objetos mediante relaciones. En la Figura 9.3, los objetos de configuración **especificación de diseño, modelo de datos, módulo N, código fuente** y **especificación de prueba**, están definidos por separado. Sin embargo, cada objeto está relacionado con otros como muestran las flechas. Una flecha curvada representa una relación de composición. Es decir, **modelo de datos** y **módulo N** son parte del objeto especificación de diseño. Una flecha recta con dos puntas representa una interrelación. Si se lleva a cabo un cambio sobre el objeto **código fuente**, las interrelaciones permiten al ingeniero de software determinar qué otros objetos (y ECS) pueden verse afectados[1].

[1] Estas relaciones se tratan en la Sección 9.2.1 y la estructura de la base de datos del proyecto se trata con detalle en el Capítulo 29.

9.2. EL PROCESO DE GCS

La gestión de configuración del software es un elemento importante de garantía de calidad del software. Su responsabilidad principal es el control de cambios. Sin embargo, la GCS también es responsable de la identificación de los ECS individuales y de las distintas versiones del software, de las auditorías de la configuración del software para asegurar que se desarrollan adecuadamente y de la generación de informes sobre todos los cambios realizados en la configuración.

Cualquier estudio de la GCS plantea una serie de preguntas complejas:

- ¿Cómo identifica y gestiona una organización las muchas versiones existentes de un programa (y su documentación) de forma que se puedan introducir cambios eficientemente?
- ¿Cómo controla la organización los cambios antes y después de que el software sea distribuido al cliente?
- ¿Quién tiene la responsabilidad de aprobar y de asignar prioridades a los cambios?
- ¿Cómo podemos garantizar que los cambios se han llevado a cabo adecuadamente?
- ¿Qué mecanismo se usa para avisar a otros de los cambios realizados?

Estas cuestiones nos llevan a la definición de cinco tareas de GCS: *Identificación, control de versiones, control de cambios, auditorías de configuración* y *generación de informes.*

9.3. IDENTIFICACIÓN DE OBJETOS EN LA CONFIGURACIÓN DEL SOFTWARE

Para controlar y gestionar los elementos de configuración, se debe identificar cada uno de forma única y luego organizarlos mediante un enfoque orientado a objetos. Se pueden identificar dos tipos de objetos [CHO89]: *objetos básicos y objetos compuestos.*[2] Un objeto básico es una «unidad de texto» creado por un ingeniero del software durante el análisis, diseño, codificación o pruebas. Por ejemplo, un objeto básico podría ser una sección de una especificación de requisitos, un listado fuente de un módulo o un conjunto de casos de prueba que se usan para ejercitar el código. Un objeto compuesto es una colección de objetos básicos y de otros objetos compuestos. De acuerdo con

[2] Como mecanismos para representar una versión completa de la configuración del software se ha propuesto el concepto de objeto agregado [GUS89].

FIGURA 9.3

Objetos de configuración

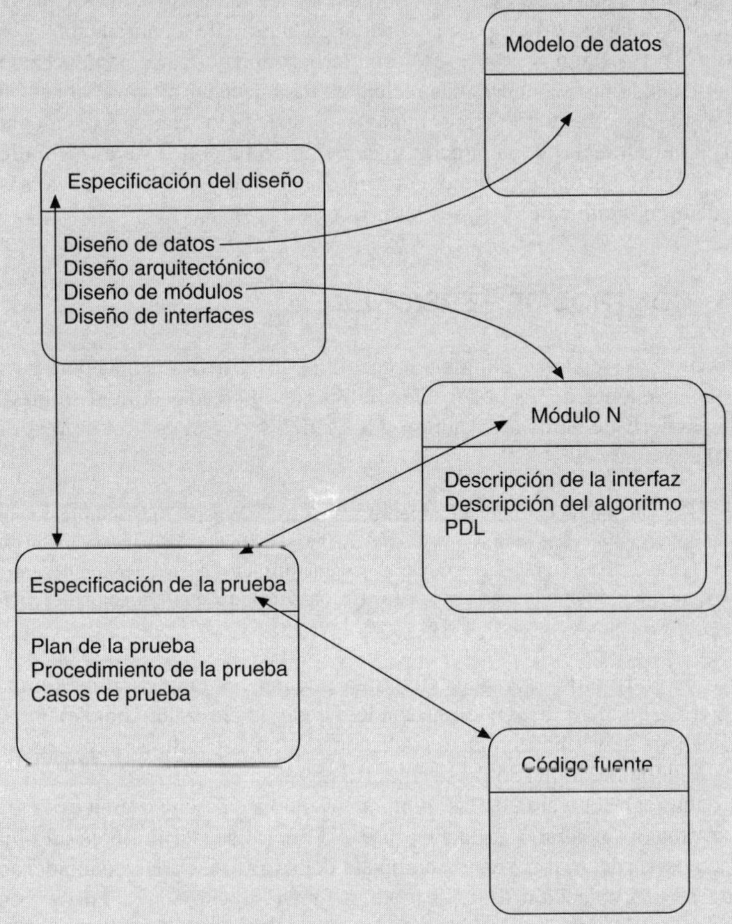

la Figura 9.3, la **especificación de diseño** es un objeto compuesto. Conceptualmente, se puede ver como una lista de referencias con nombre (identificadas) que especifican objetos básicos, tales como **modelo de datos** y **módulo N**

Cada objeto tiene un conjunto de características distintas que le identifican de forma única: un nombre, una descripción, una lista de recursos y una «realización». El nombre del objeto es una cadena de caracteres que identifica al objeto sin ambigüedad. La descripción del objeto es una lista de elementos de datos que identifican:

- El tipo de ECS (p.ej.: documento, programa, datos) que está representado por el objeto.
- Un identificador del proyecto; y la información de la versión y/o el cambio.

Los recursos son «entidades que proporciona, procesa, referencia o son, de alguna otra forma, requeridas por el objeto» [CHO89]. Por ejemplo, los tipos de datos, las funciones específicas e incluso los nombres de las variables pueden ser considerados recursos de objetos. La realización es una referencia a la «unidad de texto» para un objeto básico y *nulo* para un objeto compuesto.

La identificación del objeto de configuración también debe considerar las relaciones existentes entre los objetos identificados. Un objeto puede estar identificado como **<parte-de>**un objeto compuesto. La relación **<parte-de>** define una jerarquía de objetos. Por ejemplo, utilizando esta sencilla notación.

```
Diagrama E-R 1.4 <parte de> modelo de datos;

Modelo de datos <parte-de> especificación de diseño;

Creamos una jerarquía de ECS.
```

No es realista asumir que la única relación entre los objetos de la jerarquía de objetos se establece mediante largos caminos del árbol jerárquico. En muchos casos, los objetos están interrelacionados entre ramas de la jerarquía de objetos. Por ejemplo, el **modelo de datos** está interrelacionado con los diagramas de flujo de datos (suponiendo que se usa el análisis estructurado) y también está interrelacionado con un conjunto de casos de prueba para una clase particular de equivalencia. Las relaciones a través de la estructura se pueden representar de la siguiente forma:

Modelo de datos <interrelacionado> modelo de flujo de datos;
Modelo de datos <interrelacionado> caso de prueba de la clase m;

En el primer caso, la interrelación es entre objetos compuestos, mientras que en el segundo caso, la relación es entre un objeto compuesto (**modelo de datos**) y un objeto básico (**caso de prueba de la clase m**).

Las interrelaciones entre los objetos de configuración se pueden representar con un *lenguaje de interconexión de módulos* (LIM) [NAR87]. Un LIM describe las interdependencias entre los objetos de configuración y permite construir automáticamente cualquier versión de un sistema.

El esquema de identificación de los objetos de software debe tener en cuenta que los objetos evolucionan a lo largo del proceso de ingeniería del software. Antes de que un objeto se convierta en una línea base, puede cambiar varias veces, e incluso cuando ya es un línea base, los cambios se presentan con bastante frecuencia. Se puede crear un *grafo de evolución* [GUS89] para cualquier objeto. El grafo de evolución describe la historia de los cambios de un objeto y aparece ilustrado en la Figura 9.4. El objeto de configuración 1.0 pasa la revisión y se convierte en el objeto 1.1. Algunas correcciones y cambios mínimos producen las versiones 1.1.1 y 1.1.2, que van seguidas de una actualización importante, resultando el objeto 1.2. La evolución de objeto 1.0 sigue hacia 1.3 y 1.4, pero, al mismo tiempo, una gran modificación del objeto produce un nuevo camino de evolución, la versión 2.0. A ambas versiones se les sigue dando soporte.

Se pueden realizar cambios en cualquier versión, aunque no necesariamente en todas, ¿Cómo puede el desarrollador establecer las referencias de todos los módulos, documentos y casos de prueba de la versión 1.4? ¿Cómo puede saber el departamento comercial los nombres de los clientes que en la actualidad tienen la versión 2.1? ¿Cómo podemos estar seguros de que los cambios en el código fuente de la versión 2.1 han sido reflejados adecuadamente en la correspondiente documentación de diseño? Un elemento clave para responder a todas estas preguntas es la identificación.

FIGURA 9.4

Grafo de evolución

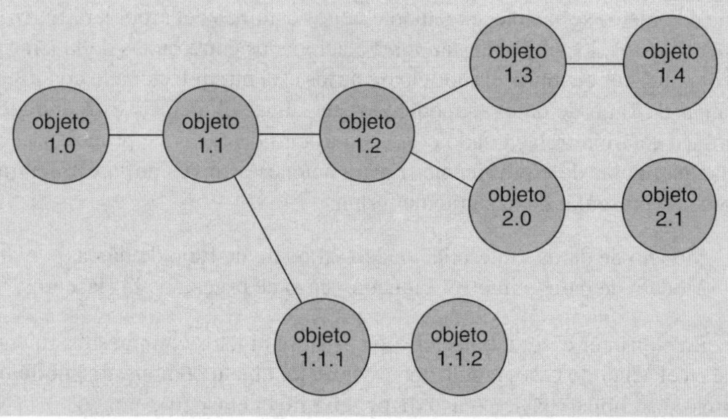

Se han desarrollado varias herramientas automáticas (p. ej.: CCC, RCS, SCCS, Ayudante-de-Campo) para ayudar en la tarea de identificación (y otras de GCS). En algunos casos, se diseña la herramienta para mantener copias completas de las versiones más recientes, Para acceder a las versiones anteriores (de documentos o de programas), se «restan» los cambios (catalogados por la herramienta) de la versión más reciente [TIC82]. Este esquema hace que la versión actual esté inmediatamente accesible y que todas las demás se encuentren fácilmente.

9.4. CONTROL DE VERSIONES

El control de versiones combina procedimientos y herramientas para gestionar las versiones de los objetos de configuración creadas durante el proceso de ingeniería del software. Clemm [CLE89] describe el control de versiones en el contexto de la GCS:

> La gestión de configuración permite a un usuario especificar configuraciones alternativas del sistema de software mediante la selección de las versiones adecuadas. Esto se puede gestionar asociando atributos a cada versión del software y permitiendo luego especificar [y construir] una configuración describiendo el conjunto de atributos deseado.

Los «atributos» que se mencionan pueden ser tan sencillos como un número específico de versión asociado a cada objeto o tan complejos como una cadena de variables lógicas (indicadores) que especifiquen tipos de cambios funcionales aplicados al sistema [LIE89].

Una representación de las diferentes versiones de un sistema es el grafo de evolución mostrado en la Figura 9.4. Cada nodo del grafo es un objeto agregado, es decir, una versión completa del software. Cada versión del software es una colección de ECS (código fuente, documentos, datos) y cada versión puede estar compuesta de diferentes *variantes*.

Para ilustrar este concepto, consideremos una versión de un sencillo programa que está compuesta por los componentes 1, 2, 3, 4 y 5 (Figura 9.5).[3] El

[3] En este contexto, el término «componente» se refiere a todos los objetos compuestos y objetos básicos de un ECS de línea base. Por ejemplo, un componente de «entrada» puede estar construido por seis módulos de software distintos, cada uno responsable de una subfunción de entrada.

FIGURA 9.5

Versiones y variantes

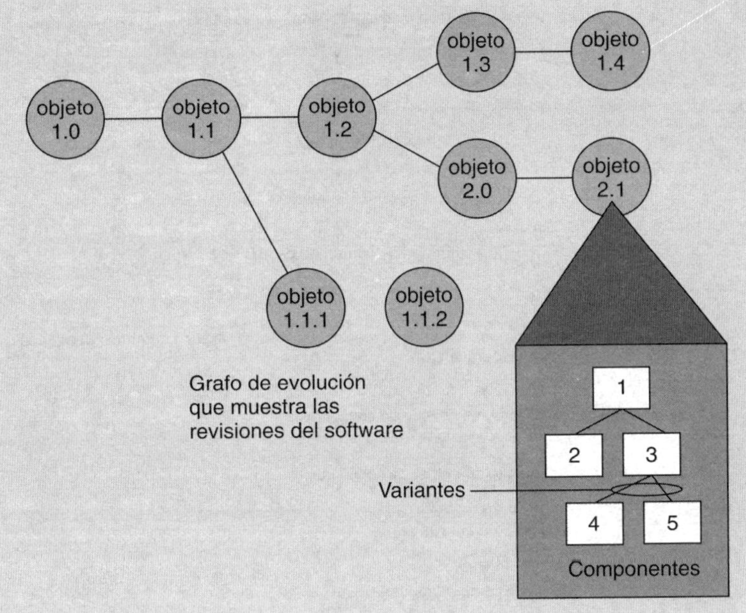

FIGURA 9.6

Representación en fondo de objetos de los componentes, variantes y versiones [REI89]

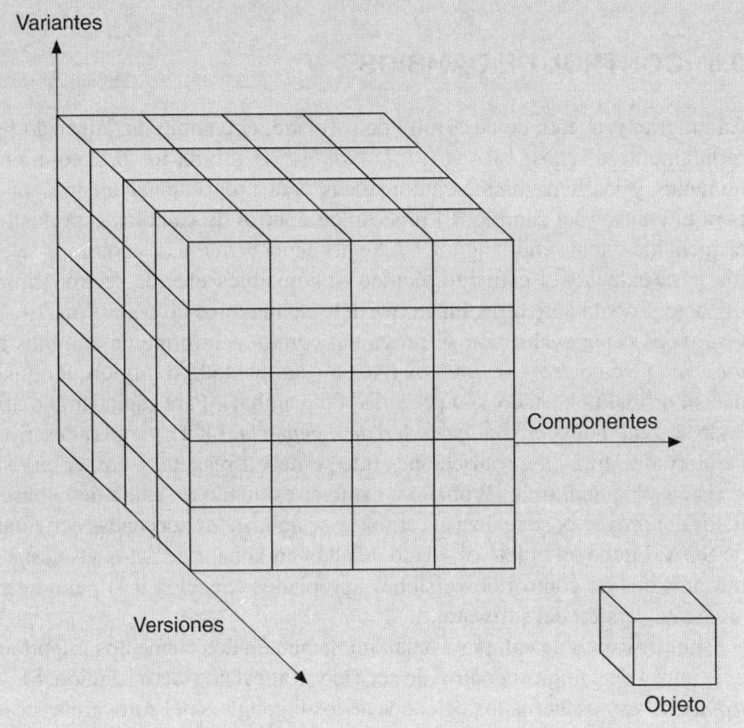

componente 4 sólo se usa cuando el software se implementa para monitores de color. El componente 5 se implementa cuando se dispone de monitor monocromo. Por tanto, se pueden definir dos variantes de la versión: (1) componentes 1, 2, 3 y 4; (2) componentes 1, 2, 3 y 5.

Para construir la variante adecuada de una determinada versión de un programa, a cada componente se le asigna una «tupla de atributos» (una lista de características que definen si se ha de utilizar el componente cuando se va a construir una determinada versión del software). A cada variante se le asigna uno o más atributos. Por ejemplo, se podría usar un atributo *color* para definir qué componentes se deben incluir para soporte de monitores en color.

Otra forma de establecer los conceptos de la relación entre componentes, variantes y versiones (revisiones) es representarlas como un *fondo de objetos* [REI89]. De acuerdo con la Figura 9.6, la relación entre los objetos de configuración y los componentes, las variantes y las versiones se puede representar con un espacio tridimensional.

Un componente consta de una colección de objetos del mismo nivel de revisión. Una variante es una colección diferente de objetos del mismo nivel de revisión y, por tanto, coexiste en paralelo con otras variantes. Una nueva versión se define cuando se realizan cambios significativos en uno o más objetos.

En la pasada década se propusieron diferentes enfoques automatizados para el control de versiones. La principal diferencia entre los distintos enfoques está en la sofisticación de los atributos que se usan para construir versiones y variantes específicas de un sistema y en la mecánica del proceso de construcción. En los primeros sistemas, como SCCS [ROC75], los atributos eran valores numéricos. En los sistemas posteriores, como RCS [TIC82], se usaban claves de revisión simbólicas. Los sistemas modernos, como NSE o DSEE [ADA89], crean especificaciones de versiones que se pueden utilizar para construir variantes o nuevas versiones. Estos sistemas también incorporan el concepto de línea base, evitando así la modificación (o eliminación) incontrolada de una versión particular.

9.5. CONTROL DE CAMBIOS

En un gran proyecto de desarrollo de software, el cambio incontrolado lleva rápidamente al caos. El *control de cambios* combina los procedimientos humanos y las herramientas automáticas para proporcionar un mecanismo para el control del cambio. El proceso de control de cambios está ilustrado esquemáticamente en la Figura 9.7. Se hace una *petición de cambio*[4] y se evalúa para calcular el esfuerzo técnico, los posibles efectos secundarios, el impacto global sobre otras funciones del sistema y los costes estimados. Los resultados de la evaluación se presentan como un informe de cambios a la *autoridad de control de cambios* (ACC) (una persona o grupo que toma la decisión final del estado y la prioridad del cambio). Para cada cambio aprobado se genera una *orden de cambio de ingeniería* (OCI). La OCI describe el cambio a realizar, las restricciones que se deben respetar y los criterios de revisión y de auditoría. El objeto a cambiar es «dado de baja» de la base de datos del proyecto; se realiza el cambio y se aplican las adecuadas actividades de SQA. Luego, el objeto es «dado de alta» en la base de datos y se usan los mecanismos de control de versiones apropiados (Sección 9.4) para crear la siguiente versión del software.

Los procesos de «alta» y «baja» implementan dos elementos importantes del control de cambios: control de acceso y control de sincronización. El *control de acceso* gobierna los derechos de los ingenieros del software a acceder y modificar objetos de configuración concretos. El *control de sincronización* asegura que los cambios en paralelo, realizados por personas diferentes, no se sobreescriben mutuamente[HAR89].

El flujo de control de acceso y de sincronización está esquemáticamente ilustrado en la Figura 9.8. De acuerdo con una petición de cambio aprobada y una OCI, un ingeniero del software da de baja a un objeto de configuración. Una función de control de acceso comprueba que el ingeniero tiene autoridad para dar de baja el objeto y el control de sincronización bloquea el objeto en

FIGURA 9.7

El proceso se control de cambios

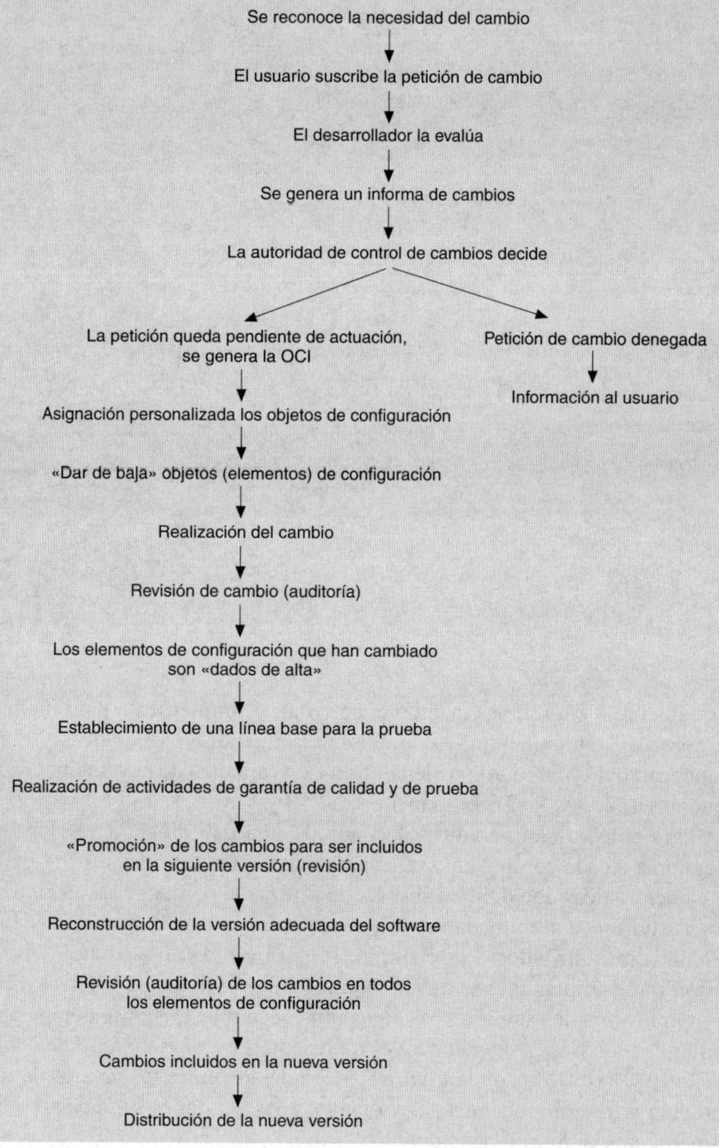

[4] Aunque muchas de las peticiones de cambio se reciben durante la fase de mantenimiento, en este estudio tomamos un punto de vista más amplio. Una petición de cambio puede aparecer en cualquier momento durante el proceso de ingeniería del software.

FIGURA 9.8

Control de acceso y de sincronización

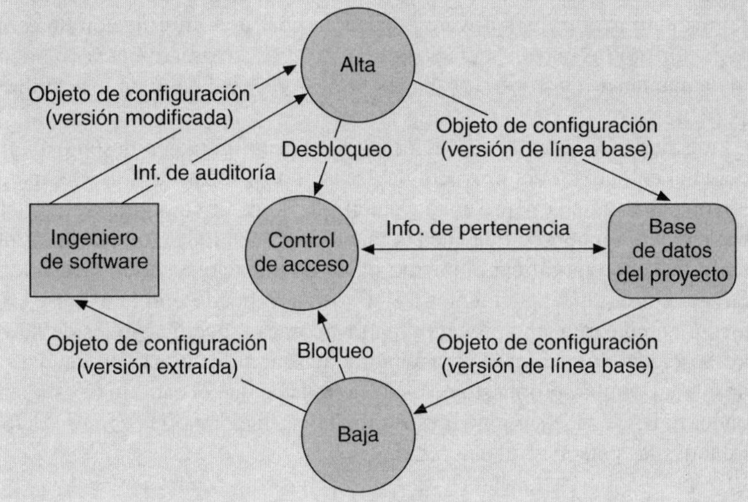

la base de datos del proyecto, de forma que no se puedan hacer más actualizaciones hasta que se haya reemplazado con la nueva versión.

Fíjese que se pueden dar de baja otras copias, pero no se podrán hacer otras actualizaciones. El ingeniero del software modifica una copia del objeto de línea base, denominada versión extraída. Tras la SQA y la prueba apropiada, se da de alta la versión modificada del objeto y se desbloquea el nuevo objeto de línea base.

Puede que algunos lectores empiecen a sentirse incómodos con el nivel de burocracia que implica el proceso anterior. Esta sensación es normal. Sin la protección adecuada, el control de cambios puede ralentizar el progreso y crear un papeleo innecesario. La mayoría de los ingenieros del software que disponen de mecanismos de control de cambios (desgraciadamente la mayoría no tienen ninguno) han creado varios niveles de control para evitar los problemas mencionados anteriormente.

Antes de que un ECS se convierta en una línea base, sólo es necesario aplicar *un control de cambios informal*. El que haya desarrollado el ECS en cuestión podrá hacer cualquier cambio justificado por el proyecto y por los requisitos técnicos (siempre que los cambios no impacten en otros requisitos del sistema más amplios que queden fuera del ámbito de trabajo del encargado del desarrollo). Una vez que el objeto ha pasado la revisión técnica formal y ha sido aprobado, se crea la línea base. Una vez que el ECS se convierte en una línea base, aparece el *control de cambios a nivel de proyecto*. Ahora, para hacer un cambio, el encargado del desarrollo debe recibir la aprobación del gestor del proyecto (si el cambio es «local») o de la ACC si el cambio impacta en otros ECS. En algunos casos, se dispensa de generar formalmente las peticiones de cambio, los informes de cambio y las OCI. Sin embargo, hay que hacer una evaluación de cada cambio así como un seguimiento y revisión de los mismos.

Cuando se distribuye el producto de software a los clientes, se instituye el *control de cambios formal*. El procedimiento de control de cambios formal es el que aparece definido en la Figura 9.7.

La autoridad de control de cambios (ACC) desempeña un papel activo en el segundo y tercer nivel de control. Dependiendo del tamaño y de las características del proyecto de software, la ACC puede estar compuesta por una persona –el gestor del proyecto– o por varias personas (p. ej.: representantes del software, del hardware, de la ingeniería del software de bases de datos, del soporte o del departamento comercial). El papel de la ACC es el de tener una visión general, o sea, evaluar el impacto del cambio fuera del ECS en cuestión. ¿Cómo impactará el cambio en el hardware? ¿Cómo impactará en el rendimiento? ¿Cómo alterará el cambio la percepción del cliente sobre el producto? ¿Cómo afectará el cambio a la calidad y a la fiabilidad? La ACC se plantea estas y otras muchas cuestiones.

9.6. AUDITORÍA DE LA CONFIGURACIÓN

La identificación, el control de versiones y el control de cambios ayudan al equipo de desarrollo de software a mantener un orden que, de otro modo, llevaría a una situación caótica y sin salida. Sin embargo, incluso los mecanismos más correctos de control de cambios hacen un seguimiento al cambio sólo hasta que se ha generado la OCI. ¿Cómo podemos asegurar que el cambio se ha implementado correctamente? La respuesta es doble: (1) *revisiones técnicas formales* y (2) *auditorías de configuración del software*.

Las revisiones técnicas formales (presentadas en detalle en el Capítulo 8) se centran en la corrección técnica del elemento de configuración que ha sido modificado. Los revisores evalúan el ECS para determinar la consistencia con otros ECS, las omisiones o los posibles efectos secundarios. Se debe llevar a cabo una revisión técnica formal para cualquier cambio que no sea trivial.

Una auditoría de configuración del software complementa la revisión técnica formal al comprobar características que generalmente no tiene en cuenta la revisión. La auditoría se plantea y responde las siguientes preguntas:

1. ¿Se ha hecho el cambio especificado en la OCI? ¿Se han incorporado modificaciones adicionales?
2. Se ha llevado a cabo una revisión técnica formal para evaluar la corrección técnica?
3. ¿Se han seguido adecuadamente los estándares de ingeniería del software?
4. ¿Se han «recalcado» los cambios en el ECS? ¿Se han especificado la fecha del cambio y el autor? ¿Reflejan los cambios los atributos del objeto de configuración?
5. ¿Se han seguido procedimientos del GCS para señalar el cambio, registrarlo y divulgarlo?
6. ¿Se han actualizado adecuadamente todos los ECS relacionados?

En algunos casos, las preguntas de auditoría se incluyen en la revisión técnica formal. Sin embargo, cuando la GCS es una actividad formal, la auditoría de la GCS se lleva a cabo independientemente por el grupo de garantía de calidad.

9.7. INFORMES DE ESTADO

La *generación de informes de estado de la configuración* (a veces denominada *contabilidad de estado*) es una tarea de GCS que responde a las siguientes preguntas: (1) ¿Qué pasó? (2) ¿Quién lo hizo? (3) ¿Cuándo pasó? (4) ¿Qué más se vio afectado?

En la Figura 9.7 se ilustra el flujo de información para la generación de informes de estado de la configuración (IEC). Cada vez que se asigna una nueva identificación a un ECS (o una identificación actualizada) se genera una entrada en el IEC. Cada vez que la ACC aprueba un cambio (o sea, se expide una OCI), se genera una entrada en el IEC. Cada vez que se lleva a cabo una auditoría de configuración, los resultados aparecen como parte de una tarea de generación de un IEC. La salida del IEC se puede situar en una base de datos interactiva [TAY85] de forma que los encargados del desarrollo o del mantenimiento del software puedan acceder a la información de cambios por categorías clave. Además, se genera un IEC regularmente con intención de mantener a los gestores y a los profesionales al tanto de los cambios importantes.

La generación de informes de estado de la configuración desempeña un papel vital en el éxito del proyecto de desarrollo de software. Cuando aparece involucrada mucha gente es muy fácil que se dé el síndrome de que «la mano izquierda ignora lo que hace la mano derecha». Puede que dos programadores intenten modificar el mismo ECS con intenciones diferentes y conflictivas. Un equipo de ingeniería del software puede emplear meses de esfuerzo en construir un software a partir de unas especificaciones de hardware obsoletas. Puede que la persona que descubra los efectos secundarios serios de un cambio propuesto no está enterada de que el cambio se está realizando. El IEC ayuda a eliminar esos problemas, mejorando la comunicación entre todas las personas involucradas.

9.8. ESTÁNDARES DE GCS

Durante las dos últimas décadas se han propuesto varios estándares de gestión de configuración del software. Los primeros estándares, como MIL-STD-483, DOD-STD-480 A y MIL-STD-1521A, están orientados y basados en el software desarrollado para aplicaciones militares. Sin embargo, estándares más recientes del ANSI/IEEE, como los estándares 828-1983, 1042-1987 y 1028-1988 [IEE94], se pueden aplicar a software comercial y se recomiendan tanto para grandes como para pequeñas organizaciones de ingeniería del software.

9.9. RESUMEN

La gestión de configuración del software es una actividad de protección que se aplica a lo largo de todo el proceso de ingeniería del software. La GCS identifica, controla, audita e informa de las modificaciones que invariablemente se dan al desarrollar el software una vez que ha sido distribuido a los clientes. Cualquier información producida como parte del proceso de ingeniería del software se convierte en parte de una configuración del software. La configuración se organiza de tal forma que sea posible un control organizado de los cambios.

La configuración del software está compuesta por un conjunto de objetos interrelacionados, también denominados elementos de configuración del software, que se producen como resultado de alguna actividad de ingeniería del software. Además de los documentos, los programas y los datos, también se puede poner bajo control de configuración el entorno de desarrollo utilizado.

Una vez que se ha desarrollado y revisado un objeto de configuración, se convierte en una línea base. Los cambios sobre un objeto de línea base llevan a la creación de una nueva versión del objeto. La evolución de un programa se puede seguir examinando la historia de revisiones de todos los objetos de su configuración. Los objetos básicos y los compuestos forman un asociación de objetos que refleja las variantes y las versiones creadas. El control de versiones es un conjunto de procedimientos y herramientas que se usan para gestionar el uso de los objetos.

El control de cambios es una actividad procedimental que asegura la calidad y la consistencia a medida que se realizan cambios en los objetos de la configuración. El proceso de control de cambios comienza con una petición de cambio, lleva a una decisión de proseguir o no con el cambio y culmina con una actualización controlada del ECS que se ha de cambiar.

La auditoría de configuración es una actividad de SQA que ayuda a asegurar que se mantiene la calidad durante la realización de cambios. Los informes de estado proporcionan información sobre cada cambio a aquellos que tienen que estar informados.

REFERENCIAS

[ADA89] ADAMS, E., M. HONDA y T. MILLER, «Object Management in a CASE Environment», *Proc. 11th Intl. Conf. Software Engineering*, IEEE, Pittsburg, PA, mayo 1989, pp. 154-163.

[BAB86] BABICH, W. A., *Software Configuration Management*, Addison-Wesley, 1986.

[BER80] BERSOFF, E. H., V. D. HENDERSON y S. G. SIEGEL, *Software Configuration Management*, Prentice-Hall, 1980.

[CHO89] CHOI, S. C. y W. SCACCHI, «Assuring the Correctness of a configured Software Description», *Proc. 2nd Intl. Workshop on Software configuration Management*, ACM, Princeton, NJ, octubre, 1989, pp. 66-75.

[CLE89] CLEMM, G. M., «Replacing Version Control with Job Control», *Proc. 2nd Intl. Workshop on Software configuration Management*, ACM, Princeton, NJ, octubre, 1989, pp. 162-169.

[GUS89] GUSTAVSSON, A., «Maintaining the Evaluation of Software Objects in an Integrated Environment», *Proc. 2nd Intl. Workshop on Software configuration Management*, ACM, Princeton, NJ, octubre, 1989, pp. 114-117.

[HAR89] HARTER, R., «Configuration Management», *HP Professional*, vol. 3, N.° 6, junio 1989.

[IEE94] *Software Engineering Standards*, 1994 edition, IEEE Computer Society, 1994.

[LIE89] LIE, A. *et al.*, «Change Oriented Versioning in a Software Engineeering Database», *Proc. 2nd Intl. Workshop on Software configuration Management*, ACM, Princeton, NJ, octubre, 1989, pp. 56-65

[NAR87] NARAYANASWAMY, K. y W. SCACCHI, «Maintaining Configurations of Evolving Software Systems», *IEEE Trans. Software Engineering*, vol. SE-13, n.° 3, marzo 1987, pp. 324-334.

[REI89] REICHENBERGER, C., «Orthogonal Version Management», *Proc. 2nd Intl. Workshop on Software configuration Management*, ACM, Princeton, NJ, octubre, 1989, pp. 137-140.

[ROC75] ROCHKIND, M., «The Source Code Control System», *IEEE Trans. Software Engineering*, vol. SE-1, n.° 4, diciembre 1975, pp. 364-370.

[TAY85] TAYLOR, B., «A Database Approach to Configuration Management for Large Projects», *Proc. Conf Software Maintenance—1985*, IEEE, noviembre 1985, pp. 15-23.

[TIC82] TCHY, W. F., «Design, Implementation and Evaluation of a Revision Control System», *Proc. 6th Intl. Conf. Software Engineering*, IEEE, Tokyo, septiembre 1982, pp. 58-67.

PROBLEMAS Y PUNTOS PARA CONSIDERAR

9.1. ¿Por qué es cierta la primera ley de la ingeniería de sistemas? ¿Cómo afecta a nuestra percepción de los paradigmas de la ingeniería del software?

9.2. Exponga las razones de la existencia de líneas base con sus propias palabras.

9.3. Asuma que es el gestor de un pequeño proyecto. ¿Qué líneas base definiría para el proyecto y cómo las controlaría?

9.4. Diseñe un sistema de base de datos que permita a un ingeniero del software guardar, obtener referencias de forma cruzada, buscar, actualizar, cambiar, etc., todos los elementos de configuración del software importantes. ¿Cómo manejaría la base de datos de diferentes versiones de un mismo programa? ¿Se manejaría de forma diferente el código fuente que la documentación? ¿Cómo se evitaría que dos programadores hicieran cambios diferentes sobre el mismo ECS al mismo tiempo?

9.5. Investigue un poco sobre bases de datos orientadas a objetos y escriba un artículo que describa cómo se podrían usar en el contexto de la GCS.

9.6. Utilice un modelo E-R (Capítulo 12) para describir las interrelaciones entre los ECS (objetos) de la Sección 9.1.2.

9.7. Investigue sobre herramientas de GCS existentes y describa cómo implementan el control de versiones, de cambios y de objetos de configuración en general.

9.8. Las relaciones <parte-de> e <interrelacionado> representan relaciones sencillas entre los objetos de configuración. Describa cinco relaciones adicionales que pudieran ser útiles en el contexto de la base de datos del proyecto.

9.9. Investigue sobre una herramienta de GCS existente y describa cómo implementa los mecanismos de control de versiones. Alternativamente, lea dos o tres de los artículos a los que se hace referencia en este capítulo e investigue en las estructuras de datos y los mecanismos que se usan para el control de versiones.

9.10. Utilizando la Figura 9.7 como guía, desarrolle un esquema de trabajo más detallado aún para el control de cambios. Describa el papel de la ACC y sugiera formatos para la petición de cambio, el informe de cambios y el IEC.

9.11. Desarrolle una lista de comprobaciones que se pueda utilizar en las auditorías de configuración.

9.12. ¿Cuál es la diferencia entre una auditoría de GCS y una revisión técnica formal? ¿Se pueden juntar sus funciones en una sola revisión? ¿Cuáles son los pros y los contras?

OTRAS LECTURAS Y FUENTES DE INFORMACIÓN

La literatura sobre gestión de configuración del software ha crecido significativamente durante los últimos años.

AYER y PATRINNOSTRO (*Software Configuration Management*, McGraw-Hill, 1992) presentan un buen resumen para los que todavía no se han introducido en el tema. Otro libro de estos mismos autores (*Documenting the Software Process*, McGraw-Hill, 1992) es una completa guía para el desarrollo y gestión de la documentación. BERLACK (*Software Configuration Management*, Wiley, 1992) presenta un estudio de conceptos de GCS, haciendo hincapié en la importancia de la base de datos del proyecto *(repository)* y de las herramientas de gestión de cambios. BABICH [BAB86] es un abreviado pero efectivo tratado de aspectos pragmáticos de la gestión de la configuración del software.

BUCKLEY (*Implementing Configuration Management*, IEEE Computer Society Press, 1993) estudia enfoques de gestión de configuración para todos los elementos de un sistema (hardware, software y firmware con unos detallados tratamientos de las principales actividades de GC). RAWLINGS (*SCM for*

Network Development Environments, McGraw-Hill, 1994) es el primer libro de GCS en tratar el asunto con un énfasis específico en el desarrollo de software en un entorno de red. WHITGIFT (*Methods and Tools for Software Configuration Management*, Wiley, 1991) contiene una razonable cobertura de todos los temas importantes de GCS, pero se distingue por su tratamiento de aspectos del entorno de las bases de datos del proyecto y CASE. ARNOLD y BOHNER (*Software Change Impact Analysis*, IEEE Computer Society Press, 1996) han editado una antología que estudia cómo analizar el impacto del cambio dentro de sistemas complejos basados en software.

Hay varias fuentes en Internet disponibles para obtener información sobre GCS. El grupo de noticias **comp.software.config-mgmt** se dedica a aspectos de la gestión de configuración, incluyendo estudios sobre herramientas GCS. La *Configuration Management Yellow Pages* contiene muchas referencias sobre información y herramientas de GCS y pueden encontrarse en:

http://www.cs.colorado.edu/users/andre/configuration_management.html

Se pueden obtener referencias sobre las FAQ de gestión de configuración del software así como otra información sobre GCS en:

http://www.iac.honeywell.com/Pub/Tech/CM/index.html
http://www.loria.fr/~molli/cm/cm-FAQ/tools_top.html

Se puede obtener información sobre la gestión de configuración del software en el contexto del modelo SEI de madurez de capacidad (Capítulo 2) en:

http://www.sei.cmu.edu/

Se puede encontrar una lista actualizada de referencias en la World Wide Web sobre gestión de configuración del software en: **http://www.rspa.com**

PARTE III

MÉTODOS CONVENCIONALES DE LA INGENIERÍA DEL SOFTWARE

En esta parte de *Ingeniería del Software. Un enfoque Práctico*, estudiamos los conceptos técnicos, métodos y mediciones aplicables al análisis, diseño y prueba del software. En los siguientes capítulos, se estudian las siguientes cuestiones:

- ¿Cómo se define el software dentro del contexto de un sistema más grande y dónde desempeñan sus papeles (*roles*) la ingeniería de productos y de información?
- ¿Cuáles son los conceptos y principios básicos aplicables al análisis de los requisitos del software?
- ¿Qué es el análisis estructurado y cómo permiten sus diversos modelos entender a un ingeniero del software los datos, la función y el comportamiento?
- ¿Cuáles son los conceptos y principios básicos que se aplican a la actividad de diseño del software?
- ¿Cómo se crean los modelos de diseño de datos, arquitectura, procedimiento e interfaces?
- ¿Cuáles son las singulares características de los sistema de tiempo real y cómo afectan estas características a la manera de analizar y diseñar los sistemas?
- ¿Cuáles son los conceptos y principios básicos aplicables a la prueba del software?
- ¿Cómo se emplean los métodos de prueba de la caja negra y de la caja blanca para diseñar casos de prueba eficaces?
- ¿Cuál es la estrategia de la prueba del software?
- ¿Qué métricas técnicas hay disponibles para evaluar la calidad de los modelos de análisis y diseño, código fuente y casos de prueba?

Una vez que se hayan contestado estas cuestiones, entenderá cómo construir software usando un enfoque disciplinado de ingeniería.

CAPÍTULO 10

INGENIERÍA DE SISTEMAS

Hace cuatrocientos ochenta años, Maquiavelo dijo: «No hay nada más difícil de llevar a cabo, más peligroso de realizar o de éxito más incierto que tomar el liderazgo en la introducción de un nuevo orden de cosas...». Durante el último cuarto del siglo veinte, los sistemas basados en computadora han introducido un nuevo orden. Aunque la tecnología ha conseguido grandes avances desde que habló Maquiavelo, sus palabras siguen sonando a verdad.

La ingeniería del software ocurre como consecuencia de un proceso denominado *ingeniería de sistemas de computadora*. En lugar de concentrarse únicamente en el software, la ingeniería de sistemas de computadora se concentra en una variedad de elementos, analizando, diseñando y organizando esos elementos en un sistema que pueden ser un producto, un servicio o una tecnología para la transformación de información o control de información.

El proceso de ingeniería del software es denominado *ingeniería de la información* cuando el contexto del trabajo de ingeniería se enfoca a una empresa. Cuando hay que construir un producto,[1] el proceso se denomina *ingeniería de producto.*[2]

Ambas ingenierías de la información y de producto intentan poner orden al desarrollo de sistemas basados en computadoras. Aunque cada una se aplica en un dominio de aplicaciones diferente, ambas intentan poner al software en su contexto. Es decir, tanto la ingeniería de la información como la de producto trabajan para asignar un papel al software de computadora y para establecer los enlaces que unen al software con otros elementos de un sistema basado en computadora.

[1] En este contexto, el término «producto» incluye todo, desde teléfonos móviles a sistemas de alta tecnología únicos (p. ej.: un sistema de control de tráfico aéreo).

[2] En realidad, el término «ingeniería de sistemas de computadora» se emplea a menudo en este contexto. Sin embargo, en este libro, el término «ingeniería de sistemas de computadora» es genérico y se usa para acompasar *la ingeniería de la información* con la *ingeniería de productos.*

10.1. SISTEMAS BASADOS EN COMPUTADORA

La palabra «sistema» es posiblemente el término más usado y abusado del léxico técnico. Hablamos de sistemas políticos y de sistemas educativos, de sistemas de aviónica y de sistemas de fabricación, de sistemas bancarios y de sistemas de locomoción. La palabra no nos dice gran cosa. Usamos el adjetivo para describir el «sistema» y para entender el contexto en que se emplea. El diccionario Webster define «sistema» como «un conjunto o disposición de cosas relacionadas de manera que forman una unidad o u todo orgánico...un conjunto de hechos, principios, reglas, etc., clasificadas y dispuestas de manera ordenada mostrando un plan lógico de unión de las partes...un método o plan de clasificación o disposición... una manera establecida de hacer algo; método; procedimiento...». Se proporcionan cinco definiciones más en el diccionario, pero no se sugiere un sinónimo preciso. «Sistema» es una palabra especial.

Tomando prestada la definición del diccionario Webster, definimos un sistema basado en computadora como:

> Un conjunto o arreglo de elementos que están organizados para realizar un objetivo predefinido procesando información.

La meta puede ser soportar alguna función de negocio o desarrollar un producto que pueda venderse para generar beneficios. Para conseguir el objetivo, un sistema basado en computadora hace uso de varios elementos del sistema:

Software. Programas de computadora, estructuras de datos y su documentación que sirven para hacer efectivo el método lógico, procedimiento o control requerido.

Hardware. Dispositivos electrónicos que proporcionan capacidad de cálculo y dispositivos electromecánicos (p. ej.: sensores, motores, bombas) que proporcionan una función externa.

Personas. Usuarios y operadores del hardware y software.

Base de datos. Una gran colección de información organizada a la que se accede por medio del software.

Documentación. Manuales, formularios y otra información descriptiva que retrata el empleo y/o operación del sistema.

Procedimientos. Los pasos que definen el empleo específico de cada elemento del sistema o el contexto procedimental en que reside el sistema.

Los elementos se combinan de varias maneras para *transformar* la información. Por ejemplo, un departamento de mercadotecnia transforma la información bruta de ventas en un perfil del típico comprador del producto, y un robot transforma un archivo de órdenes que contiene instrucciones específicas en un conjunto de señales de control que provocan alguna acción física específica. Tanto la creación de un sistema de información para asesorar a un departamento de mercadotecnia como el software de control para el robot requieren de la ingeniería de sistemas de computadora.

Una característica complicada de los sistemas basados en computadora es que los elementos que componen un sistema pueden también representar un macroelemento de un sistema aún más grande. El *macroelemento* es un sistema basado en computadora que es parte de un sistema más grande basado en computadora. Por ejemplo, consideremos un «sistema de automatización de una fábrica» que es esencialmente una jerarquía de sistemas mostrada en la Figura 10.1.

En el nivel inferior de la jerarquía tenemos una máquina de control numérico, robots y dispositivos de entrada de información. Cada uno es un sistema basado en computadora por derecho propio. Los elementos de la máquina de control numérico incluyen hardware electrónico y electromecánico (p. ej.: procesador y memoria, motores, sensores); software (para comunicaciones, control de la máquina e interpolación); personas (el operador de la máquina); una base de datos (el programa CN almacenado); documentación y procedimientos. Se podría aplicar una descomposición similar a los dispositivos de entrada de información y al robot. Todos son sistemas basados en computadora.

En el siguiente nivel de la jerarquía (Figura 10.1), se define una *célula de fabricación*. La célula de fabricación es un sistema basado en computadora que puede tener elementos propios (p. ej.: computadoras, fijaciones mecánicas) y también integra los macroelementos que hemos denominado máquina de control numérico, robot y dispositivo de entrada de información.

Para resumir, la célula de fabricación y sus macroelementos están compuestos de elementos del sistema con las etiquetas genéricas: software, hardware, personas, base de datos, procedimientos y documentación. En algunos casos, los macroelementos pueden compartir un elemento genérico. Por ejemplo, el robot y la máquina CN podrían ser manejadas por el mismo operador (el elemento personas). En otros casos, los elementos genéricos son exclusivos de un sistema.

FIGURA 10.1

Un sistema de sistemas

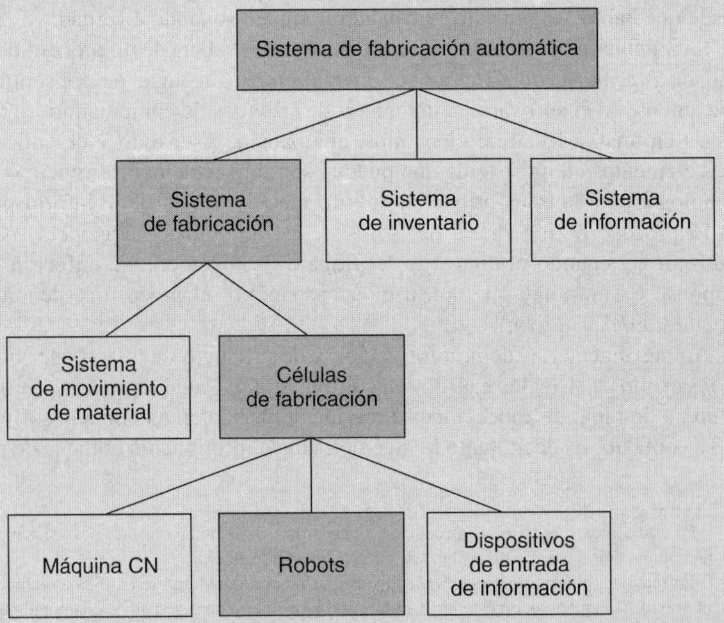

El papel del ingeniero de sistemas es definir los elementos de un sistema específico basado en computadora en el contexto de la jerarquía global de sistemas (macroelementos). En las siguientes secciones, examinamos las tareas que constituyen la ingeniería de sistemas de computadoras.

10.2. LA JERARQUÍA DE LA INGENIERÍA DE SISTEMAS DE COMPUTADORA

Independientemente del dominio de enfoque, la ingeniería de sistemas de computadora comprende una colección de métodos para navegar de arriba abajo y de abajo arriba en la jerarquía ilustrada en la Figura 10.2. El proceso de la ingeniería de sistemas de computadora empieza normalmente con una «vista global». Es decir, se examina el dominio entero del negocio o del producto para asegurarse de que se puede establecer el contexto de negocio o tecnológico apropiado.

La visión global se refina para enfocarse totalmente en un dominio de interés específico. Dentro de un dominio específico, se analiza la necesidad de elementos del sistema (p. ej.: información, software, hardware, personas). Finalmente, se inicia el análisis, diseño y construcción del elemento del sistema deseado. En la parte alta de la jerarquía se establece un contexto muy amplio y en la parte baja se llevan a cabo actividades técnicas detalladas, realizadas por la disciplina de ingeniería correspondiente (p. ej.: ingeniería hardware o software).[3]

Expuesto de una manera algo más formal, la vista global (VG) se compone de un conjunto de dominios (D_i), que pueden ser un sistema o un sistema de sistemas por derecho propio.

$$VG = \{D_1, D_2, D_3, ..., D_n\}$$

Cada dominio se compone de elementos específicos (E_j), cada uno de los cuales realiza un papel para alcanzar el objetivo y las metas del dominio:

$$D_i = \{E_1, E_2, E_3, ..., E_m\}$$

Finalmente, cada elemento se implementa especificando los componentes técnicos (C_k) que le dan la funcionalidad necesaria a un elemento.

[3] En algunas situaciones, sin embargo, los ingenieros de sistemas deben considerar primero los elementos individuales del sistema y/o los requisitos detallados. Empleando este enfoque, los subsistemas se describen de abajo a arriba considerando primero los componentes constituyentes detallados del subsistema.

FIGURA 10.2

La jerarquía de la ingeniería de sistemas de computadora

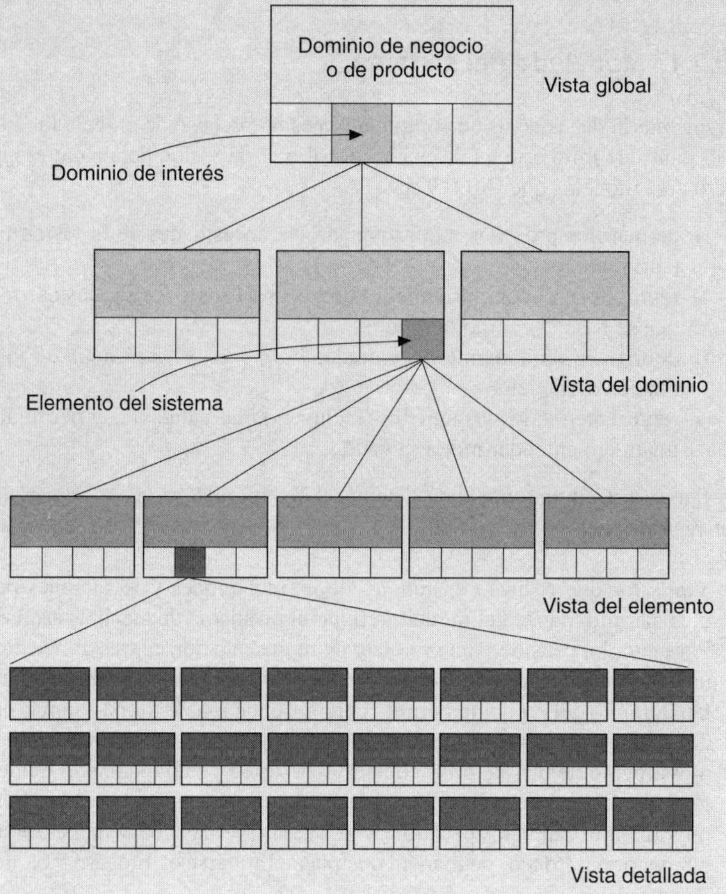

$$E_j = \{C_1, C_2, C_3, ..., C_k\}$$

En el contexto software, un componente podría ser un programa de computadora, un componente de programa reutilizable, un módulo, una clase u objeto o incluso una sentencia de lenguaje de programación.

Es importante resaltar que el ingeniero de sistemas va estrechando el enfoque de su trabajo a medida que se mueve hacia abajo en la jerarquía descrita anteriormente. Sin embargo, la visión global retrata una clara definición de la funcionalidad general que permitirá al ingeniero entender el dominio, y finalmente, el sistema o el producto en el contexto apropiado.

10.2.1. Modelado del sistema

La ingeniería de sistemas de computadora es un proceso de modelado. Tanto si el punto de mira está en la visión global o en la visión detallada, el ingeniero crea modelos que [MOT92]:

- definan los procesos que satisfagan las necesidades de la visión bajo consideración;
- representen el comportamiento de los procesos y los supuestos en los que se basa el comportamiento;
- definan explícitamente las entradas *exógenas*[4] y *endógenas* de información al modelo;
- representen todos las uniones (incluyendo las salidas) que permitan al ingeniero entender mejor la visión.

Para construir un modelo de sistema, el ingeniero debería considerar algunas restricciones:

1. *Supuestos* que reducen el número de permutaciones y variaciones posibles, permitiendo así al modelo reflejar el problema de manera razonable. Por ejemplo, considere un producto de representación en tres dimensiones usado por la industria de entretenimiento para crear animaciones realistas. Un dominio del producto permite la representación de formas humanas en 3D. Las entradas a este dominio comprenden la habilidad de introducir movimiento de un «actor» humano vivo, desde vídeo o creando modelos gráficos. El ingeniero de sistemas hace ciertos supuestos sobre el rango de movimientos humanos permitidos (p. ej.: las piernas no pueden enrollarse alrededor del tronco) de manera que puede limitarse el proceso y el rango de entradas.
2. *Simplificaciones* que permiten crear el modelo a tiempo. Para ilustrarlo, considere una compañía de productos de oficina que vende y suministra una amplia variedad de fotocopiadoras, faxes y equipos similares. El ingeniero de sistemas está modelando las necesidades de la organización suministradora y está trabajando para entender el flujo de información que engendra una orden de suministro. Aunque una orden de suministro puede generarse desde muchos orígenes, el ingeniero categoriza solamente dos fuentes: demanda interna o petición externa. Esto permite una partición simplificada de entradas necesaria para generar una orden de trabajo.
3. *Limitaciones* que ayudan a delimitar el sistema. Por ejemplo, se está modelando un sistema de aviónica para un avión de próxima generación. Como el avión tendrá un diseño de dos motores, todos los dominios de supervisión de la propulsión se modelarán para albergar un máximo de dos motores y sus sistemas redundantes asociados.
4. *Restricciones* que guían la manera de crear el modelo y el enfoque que se toma al implementar el modelo. Por ejemplo, la infraestructura tecnológica para el sistema de representación en tres dimensiones descrita anteriormente es un solo procesador basado en un Power-PC. La complejidad de cálculo de los problemas deben restringirse para encajar en los límites de proceso impuestos por el procesador.
5. *Preferencias* que indican la arquitectura preferida para toda la información, funciones y tecnología. La solución preferida entra a veces en conflicto con otros factores restrictivos. Aunque, la satisfacción del cliente es a menudo tomada en cuenta hasta el punto de realizar su enfoque preferido.

El modelo de sistema resultante (desde cualquier visión) puede reclamar una solución completamente automática, semiautomática, o un enfoque manual. De hecho, es posible a menudo caracterizar modelos de cada tipo que sirven de soluciones alternativas para el problema que tenemos entre manos. En esencia, el ingeniero de sistemas modifica simplemente la influencia relativa de los diferentes elementos del sistema (personas, hardware, software) para crear modelos de cada tipo.

10.2.2. Ingeniería de la información: una visión general

La meta de la ingeniería de la información (II) es definir arquitecturas que permitan a las empresas emplear la información eficazmente. Además, la ingeniería de la información trabaja para creando un plan global para implementar aquellas arquitecturas [SPE93]. Se deben analizar y diseñar tres arquitecturas diferentes dentro del contexto de objetivos y metas de negocio:

[4] Las entradas exógenas unen un constituyente de una visión dada con otros constituyentes al mismo o a otros niveles; las entradas endógenas unen componentes individuales de un constituyente en una visión particular.

- Arquitectura de datos
- Arquitectura de aplicaciones
- Infraestructura de la tecnología

La *Arquitectura de datos* proporciona una estructura para las necesidades de información de un negocio o de una función de negocio. Los ladrillos de la arquitectura son los objetos de datos (que serán estudiados en el Capítulo 12) que emplea la empresa. Los objetos de datos fluyen entre las funciones de negocio, están organizados dentro de una base de datos y son transformados para proporcionar información que satisfaga las necesidades del negocio.

La *Arquitectura de aplicación* comprende aquellos elementos de un sistema que transforman objetos dentro de la arquitectura de datos por algún propósito del negocio. En el contexto de este libro, consideramos normalmente que la arquitectura de aplicación es el sistema de programas (software) que realiza esta transformación. Sin embargo, en un contexto más amplio, la arquitectura de aplicación podría incorporar el papel de las personas (p. ej.: cliente/servidor) que ha sido diseñado para implementar estas tecnologías.

La *Infraestructura de la tecnología* proporciona el fundamento de las arquitecturas de datos y de aplicaciones. La infraestructura comprende el hardware y el software empleados para dar soporte a las aplicaciones y datos. Esto incluye computadoras y redes de computadora, enlaces de telecomunicaciones, tecnologías de almacenamiento y la arquitectura (p. ej.: cliente/servidor) diseñada para implementar estas tecnologías.

Para modelar las arquitecturas de sistema descritas anteriormente, se define una jerarquía de actividades de ingeniería de la información. Como muestra la Figura 10.3, la visión global se consigue a través del *planificación de la estrategia de información* (PEI).[5] PEI ve a todo el negocio como una entidad y aísla los dominios del negocio (p. ej.: ingeniería, fabricación, mercadotecnia, finanzas, ventas) importantes para la totalidad de la empresa. PEI define los objetos de datos visibles a nivel empresa, sus relaciones y cómo fluyen entre los dominios del negocio [MAR90].

La vista del dominio se trata con una actividad II denominada *análisis del área de negocio* (AAN). Hares [HAR93] describe AAN de la siguiente manera:

> AAN se ocupa de identificar en detalle la información (en la forma de tipos de entidad[Objeto datos]) y los requisitos de las funciones (en la forma de procesos) de áreas de negocio seleccionadas [dominios] identificadas durante el PEI, averiguando sus interacciones (en forma de matrices). Se ocupa solamente de especificar qué se requiere en un área de negocio.

FIGURA 10.3

La jerarquía de la ingeniería de la información

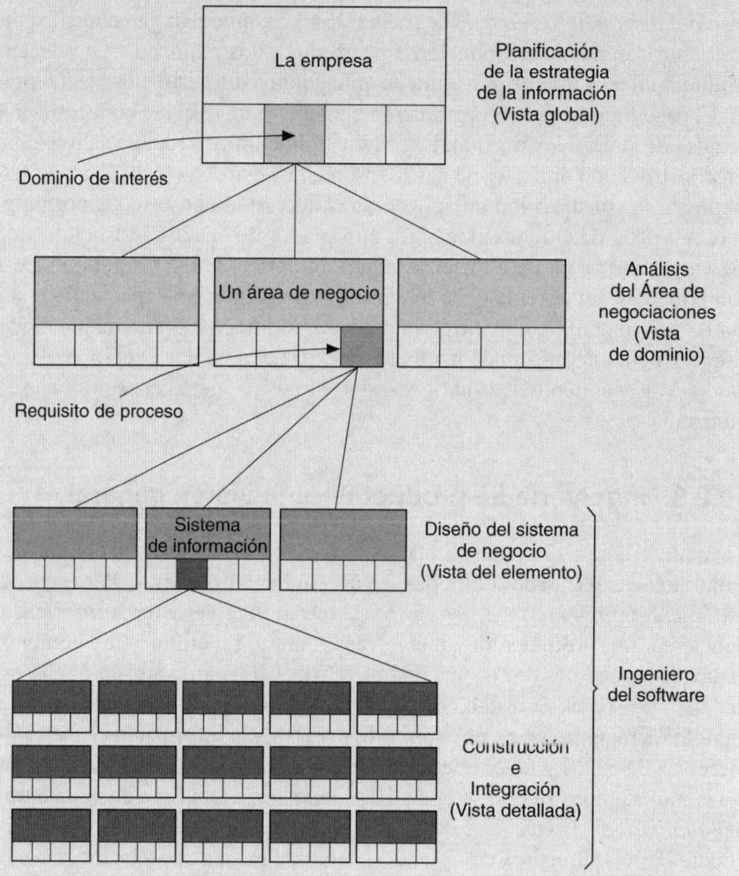

A medida que el ingeniero de información comienza el AAN, el enfoque se estrecha hacia un dominio del negocio específico. El AAN ve el área del negocio como una entidad y aísla las funciones de negocio y procedimientos que permiten al área del negocio lograr sus objetivos y metas.

El AAN, al igual que el PEI, define objetos de datos, sus relaciones y cómo fluye la información. Pero a este nivel, estas características están deli-

[5] Debería recalcarse que la terminología usada en la Figura 10.3 no se emplea consistentemente en la literatura. Sin embargo, todos los que consideran el asunto se dirigen al área de enfoque implicado en cada actividad II.

mitadas por el área de negocio que se está analizando. El resultado de AAN es aislar las áreas de oportunidad en las que los sistemas de información pueden prestar soporte al área de negocio.

Una vez que se ha aislado un sistema de información para un desarrollo posterior, la II hace una transición a la ingeniería del software. Invocando un paso del *diseño de sistema de negocio* (DSN), se modelan los requisitos básicos de un sistema de información específico y estos requisitos se traducen en arquitectura de datos, arquitectura de aplicación e infraestructura tecnológica.

El paso final de la II (construcción e integración, C&I) se concentra en los detalles de la implementación. La arquitectura e infraestructura se implementan construyendo una base de datos apropiada y estructuras internas de datos, mediante la construcción de aplicaciones que están constituidas por programas. Y seleccionando los elementos apropiados de una infraestructura tecnológica para dar soporte al diseño creado durante el DSN. Cada uno de estos componentes del sistema debe integrarse para formar una aplicación o sistema de información completo. La actividad de integración también coloca al nuevo sistema de información en el contexto del área de negocio, realizando todo el entrenamiento de usuario y soporte logístico para conseguir una suave transición.

10.2.3. Ingeniería de productos: una visión general

La meta de la ingeniería de productos es traducir el deseo de un cliente, de un conjunto de capacidades definidas, en un producto operativo[6]. Para conseguir esta meta, la *ingeniería de producto* (como la ingeniería de la información) debe crear una arquitectura y una infraestructura. La arquitectura comprende cuatro componentes de sistema distintos: software, hardware, datos (bases de datos) y personas. Se establece una *infraestructura de soporte* e incluye la tecnología requerida para unir los componentes y la información (p. ej.: documentos, CD-ROM, vídeo) que se emplea para dar soporte a los componentes.

Como se muestra en la Figura 10.4, la visión global se consigue a través del *análisis del sistema*. Los requisitos generales del producto se obtienen del cliente. Estos requisitos comprenden necesidades de información y control, funcionalidad del producto y comportamiento, rendimiento general del producto, diseño, restricciones de la interfaz y otras necesidades especiales. Una vez que se conocen estos requisitos, la misión del análisis del sistema es asignar funcionalidad y comportamiento a cada uno de los cuatro componentes mencionados anteriormente.

[6] La ingeniería de productos también se aplica al desarrollo de los sistemas de alta tecnología únicos (p. ej.: un sistema de control de tráfico aéreo).

FIGURA 10.4

La jerarquía de la ingeniería de productos

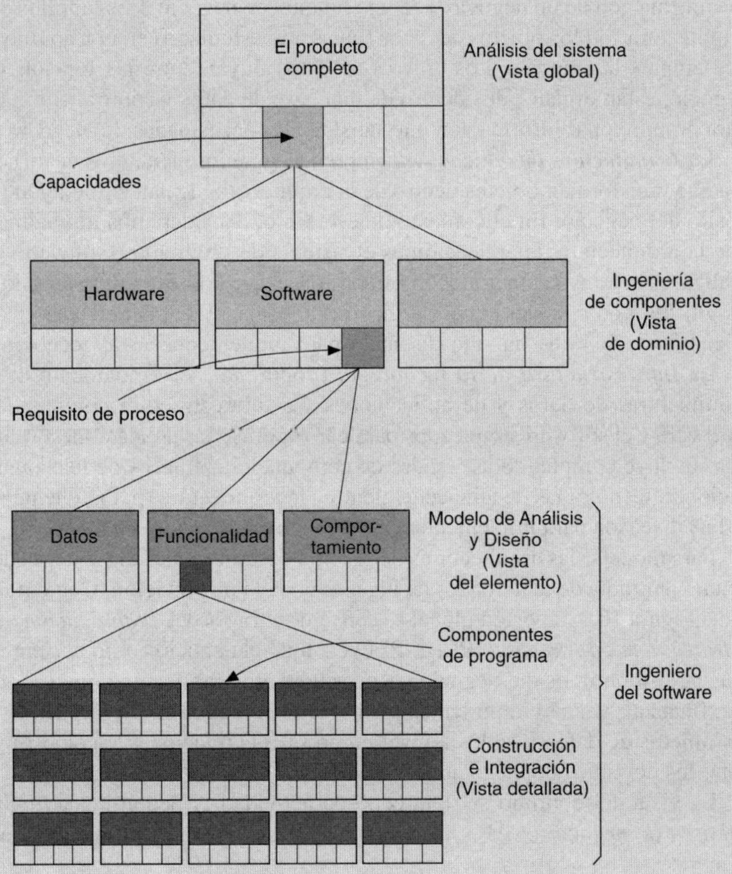

Una vez que se ha hecho la asignación, comienza la ingeniería de componentes. La ingeniería de componentes es, de hecho, un conjunto de actividades concurrentes que se dirigen separadamente a cada uno de los componentes del sistema: la ingeniería del software, ingeniería hardware, ingeniería humana e ingeniería de bases de datos. Cada una de estas disciplinas de ingeniería toma una vista de dominio específica, pero es importante resaltar que las disciplinas de ingeniería deben establecer y mantener una comunicación activa entre ellas. Parte del papel del análisis de sistemas es establecer los mecanismos de interfaz que permitirán que esto suceda.

La visión de elemento para la ingeniería de productos es la disciplina de ingeniería aplicada a la asignación de componentes. Para la ingeniería del software, esto significa *actividades de modelado del análisis y diseño* (cubierto en detalle en posteriores capítulos) y *actividades de construcción e integración* que comprenden generación de código, pruebas y actividades de soporte. El modelado de análisis asigna requisitos a las representaciones de datos, funciones y comportamiento. El diseño direcciona el modelo de análisis hacia diseños de datos, arquitectónicos, de interfaz y procedimental para el software.

10.3. INGENIERÍA DE LA INFORMACIÓN

Cuando se introdujo por primera vez la automatización en el negocio a primeros de los años 60, las compañías buscaron áreas de oportunidad y simplemente automatizaron funciones de negocio que previamente se hacían manualmente. A medida que pasó el tiempo, los programas individuales de computadora se combinaron para componer aplicaciones de negocio. Las aplicaciones se agruparon en sistemas de información principales que prestaban sus servicios a áreas de negocio específicas. Aunque este enfoque era viable, daba problemas. Los sistemas eran difíciles de «conectar» entre ellos; había información redundante por todos lados; el impacto de los cambios en aplicaciones que sirvieran en un área de negocio era difícil de prever y mucho más difícil de implementar; y los programas antiguos sobrevivían a su utilidad, pero la falta de recursos hacía que se utilizaran más allá de lo que daban de sí.

En su libro *Reingineering the Corporation*, Hammer y Champy [HAM93] dice:

> La tecnología de la información desempeña un papel (rol) crucial en la reingeniería de negocio, pero es fácil que pase desapercibido. La moderna tecnología punta de la información forma parte de todos los esfuerzos de reingeniería, la ayuda esencial que permite a las compañías actualizar la ingeniería de sus procesos de negocio. Pero para repetir lo que se dice a menudo sobre el dinero y el gobierno, no por añadir computadoras [y software] a un problema de negocio se regenera su ingeniería.

El objetivo global de la ingeniería de la información es aplicar «tecnología de información» de la mejor manera que satisfaga las necesidades generales del negocio. Para conseguirlo, la II debe empezar por analizar los objetivos y metas de negocio, entendiendo las muchas áreas de negocio que deben trabajar juntas para conseguir esos objetivos y metas, y después debe definir las necesidades de información de cada área de negocio y del negocio en su totalidad. Sólo después de hacer esto la II hace la transición al dominio más técnico de la ingeniería del software; el proceso, donde los sistemas de información, aplicaciones y programas son analizados, diseñados y construidos.

10.4. PLANIFICACIÓN DE LA ESTRATEGIA DE LA INFORMACIÓN

El primer paso de la ingeniería de la información es la *Planificación de la estrategia de la información* (PEI). Los objetivos generales del PEI son (1) definir los objetivos y metas del negocio que sean estratégicos, (2) aislar los factores de éxito críticos que permitirán al negocio alcanzar esos objetivos y metas, (3) analizar el impacto de la tecnología y automatización en las metas y objetivos y (4) analizar la información existente para determinar su papel en la consecución de las metas y objetivos. El PEI también crea un *modelo de datos a nivel de negocio* que define los objetos de datos clave y sus relaciones entre ellos y con otras áreas de negocio.

Los términos «objetivos» y «metas» toman un significado específico en la PEI. Un objetivo es una declaración general de dirección. Por ejemplo, un objetivo de negocio de un fabricante de teléfonos móviles podría ser reducir el coste de fabricación del producto. Las metas definen un curso de acción cuantitativo. Para conseguir el objetivo señalado antes, el fabricante podría establecer las siguientes metas:

- Disminuir la proporción de desechos en un 20 por ciento en 9 meses.
- Ganar una concesión del 10 por ciento en el precio de los suministradores.
- Rediseñar el teclado para reducir el coste de montaje en un 30 por ciento.
- Automatizar el montaje manual de los componentes.
- Implementar un sistema de control de producción de tiempo real.

Los objetivos tienden a ser estratégicos. Las metas son tácticas.

Los *factores críticos de éxito* (FCE) pueden estar unidos a un objetivo o a una meta individual. Si se quiere conseguir un objetivo o una meta, debe estar presente un FCE. Por tanto la planificación de gestión debe tenerlo presente. Por ejemplo, los FCE del objetivo anterior podrían ser:

- Una estrategia global de gestión de calidad para la organización de la producción.

- Entrenamiento y motivación de los trabajadores.
- Máquinas de mayor fiabilidad.
- Piezas de mayor calidad.
- Un «plan de ventas» para convencer a los suministradores que reduzcan los precios.
- Dpeionibilidad de plantilla de ingenieros.

El *análisis del impacto tecnológico* examina los objetivos y las metas y proporciona una indicación de aquellas tecnologías que tendrán un impacto directo o indirecto en el éxito de su consecución. El ingeniero de la información pondera las siguientes cuestiones: ¿Cómo es de crítica la tecnología para el logro de un objetivo de negocio? ¿Está dpeionible la tecnología actualmente? ¿Cómo modificará la tecnología el modo de hacer negocios? ¿Cuáles son los costes directos e indirectos? ¿Cómo debería el negocio adaptar o extender los objetivos y metas para adecuarse a la tecnología?

Como todas las áreas de negocio hacen algún uso de las tecnologías de la información, el PEI debe identificar también lo que existe actualmente y cómo se emplea para alcanzar los objetivos y las metas. La reingeniería de procesos de negocio (BPR, *Business Process Reeingineering*) es una actividad que examina los sistemas existentes con la intención de rediseñarlos para satisfacer mejor las necesidades del negocio. En el Capítulo 27 se estudia la BPR.

10.4.1. Modelado de la empresa

El modelado de la empresa crea una visión en tres dimensiones de un negocio. La primera dimensión se ocupa de la estructura de organización (organigrama) y de las funciones que se realizan dentro de las áreas de negocio definidas en el organigrama. La segunda dimensión descompone la función de negocio para aislar los procesos que hacen que ocurra dicha función. Finalmente, la tercera dimensión relaciona los objetivos, metas y FCE con la organización y sus funciones. Además, el modelado de la empresa crea un modelo de datos a nivel de negocio que define objetos de datos y sus relaciones con otros elementos del modelo de empresa.

La organización del negocio (Figura 10.5) se define en la clásica jerarquía de unidad de negocio (p. ej.: un organigrama). Cada caja del organigrama representa un área de negocio de la compañía. Como todas las jerarquías, generalmente es posible desplegar las cajas dentro del organigrama hasta que se reflejen los pequeños grupos de trabajo o incluso los individuos.

Sin embargo, para los propósitos del PEI, las áreas de negocio es todo lo que se necesita.

FIGURA 10.5

Creación de un organigrama y emparejando las áreas de negocio a las funciones

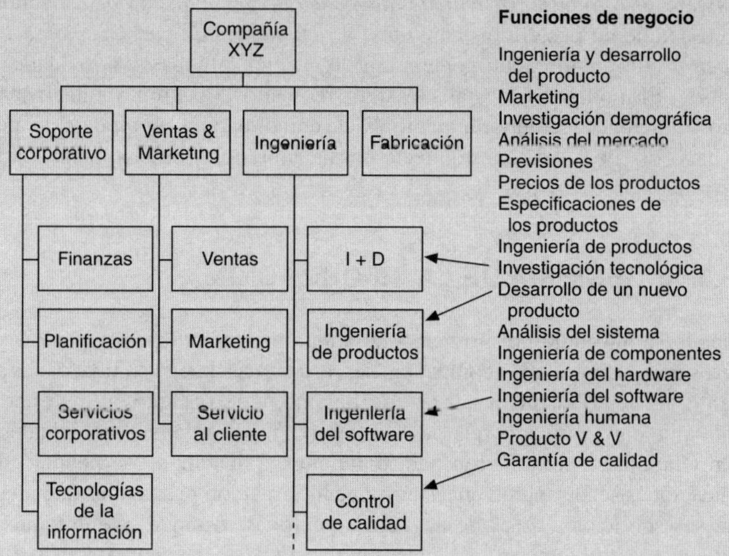

Se identifican las funciones de negocio y se definen los procesos necesarios para implementar las funciones de negocio. Cada una de las funciones de negocio es relacionada con el área de negocio de su responsabilidad (Figura 10.5). En general una *función de negocio* es una actividad en marcha que debe realizarse para dar soporte al negocio global. Puede describirse normalmente como una frase sustantiva. Un *proceso de negocio* es una transformación que acepta entradas específicas y produce resultados específicos. Puede describirse generalmente como una frase verbal.

Para ilustrar como se refina una función de negocio en un conjunto de procesos de soporte, considere la función de análisis de mercado mostrada en la Figura 10.5. A continuación se muestra un proceso de refinamiento:

Análisis del mercado:

- Recoger datos de todos los cuestionarios de ventas.
- Recoger información de todas las ventas.

- Analizar la información de los cuestionarios y de las ventas.
- Desarrollar un perfil del comprador.
- Comparar el perfil con la investigación demográfica.
- Estudiar las tendencias de las compras de la industria.
- Establecer grupos de estudio para sacar una conclusión de las ventas.
- Diseñar esbozos de materiales de ventas.
- Probar los materiales de ventas y refinarlos.
- Finalizar el enfoque de ventas.

Cada uno de los pasos del proceso podría refinarse aún más para proporcionar un mapa detallado para realizar la función de negocio.

Durante el BPR, el ingeniero de la información no se tiene que preocupar de las áreas de posibles automatizaciones. La intención es simplemente entender y modelar el negocio.

10.4.2. Modelado de datos al nivel de negocio

El *modelado de datos al nivel de negocio* [SCH92] es una actividad de modelado de empresa que se concentra en los objetos de datos (también denominados entidades) necesarios para alcanzar las funciones de negocio señaladas en la Sección 10.4.1. En el ámbito de negocio, los objetos de datos típicos son los productores y los consumidores de información (p. ej.: un cliente), cosas (p. ej.: un informe), acontecimientos (p. ej.: una conferencia de ventas), puestos de la organización (p. ej.: un Vicepresidente de ingeniería); unidades de los organigramas (p. ej.: Ventas y Marketing), lugares (p. ej.: la célula de fabricación) o estructuras de la información (p. ej.: un archivo de un empleado). Un objeto de datos contiene un conjunto de atributos que define algún aspecto, cualidad, característica o descriptor de la información que describe. Por ejemplo, durante el modelado de empresa un ingeniero de la información podría definir el objeto de datos **cliente**. Para describir con más detenimiento **cliente**, se definen los siguientes atributos:

Objeto: **Cliente**
Atributos:
Nombre
Nombre de la compañía
Clasificación del empleo y autorización de compra
Dirección del negocio e información de contacto
Intereses en producto(s)
Compra(s) anterior(es)
Fecha del último contacto
Estado del contacto

FIGURA 10.6

Descripción de las relaciones entre los objetos de datos en el ámbito de negocio

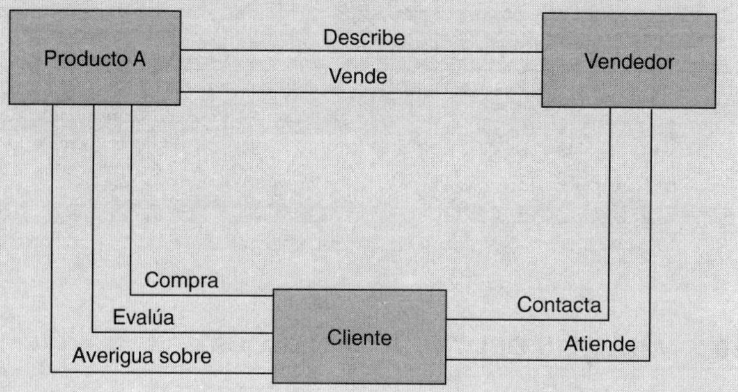

Una vez que se ha definido un conjunto de objetos de datos, se identifican sus relaciones. Una *relación* indica cómo están conectados unos objetos con otros. Por ejemplo, considere los objetos **cliente**, **producto A** y **vendedor.** Un ingeniero de la información crea un diagrama[7] (Figura 10.6) para describir estas relaciones. Refiriéndonos a la figura, las relaciones implican una conexión entre los objetos de datos. En general, las relaciones se pueden leer en las dos direcciones; de ahí que, un **cliente** *compra* el **producto A** y el **producto A** *es comprado por* el **cliente**. En realidad se proporciona información adicional como parte del modelo de datos, pero posponemos su estudio hasta el Capítulo 12.

La culminación de la actividad PEI es la creación de una serie de matrices de referencia cruzada que establecen las relaciones globales entre la organización (y sus áreas de negocio), los objetivos y metas de negocio, las funciones de negocio y los objetos de datos. Se muestran ejemplos de tales matrices en la Figura 10.7.

[7] Este diagrama, denominado *modelo entidad-relación*, se estudia en detalle en el Capítulo 12.

FIGURA 10.7

Matrices típicas de referencias cruzadas usadas durante el PEI

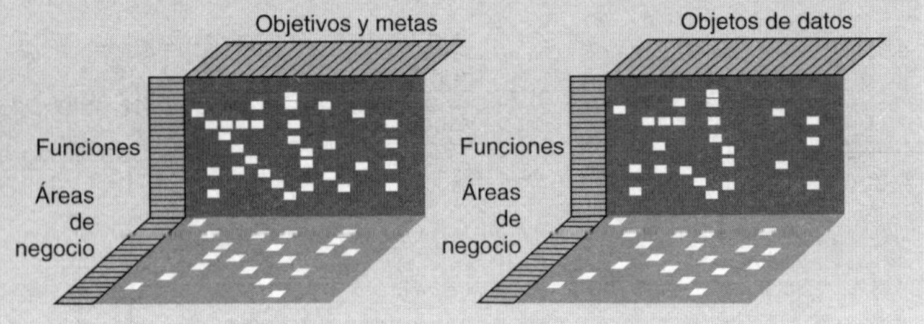

10.5. ANÁLISIS DEL ÁREA DE NEGOCIO

En su libro sobre ingeniería de la información, Martin [MAR90] describe el análisis del área de negocio de la siguiente manera:

> El análisis de áreas de negocio (AAN) establece un marco detallado para construir una empresa basada en la información. Estudia un área de negocio cada vez y la analiza con detalle. Utiliza diagramas y matrices para modelar y registrar los datos y actividades de la empresa, y para dar una clara visión de las complicadas y sutiles maneras en que se relacionan los diferentes aspectos de la información de la empresa.

Durante el AAN, nuestro punto de mira se desplaza de la visión global a la visión de dominio. Para modelar «las complicadas y sutiles maneras en que se relacionan los diferentes aspectos de la información de la empresa», el ingeniero de la información debe describir cómo se usan y transforman los objetos de datos (descritos durante el PEI y refinados durante el AAN) dentro de cada área de negocio y cómo las funciones de negocio y los procesos dentro de cada área de negocio transforman estos objetos de datos. En esencia, se analizan y modelan datos tanto exógenos como endógenos para cada área de negocio.

Para realizar este trabajo, AAN emplea varios modelos diferentes:

- Modelos de datos (ahora refinados al nivel de área de negocio).
- Modelos de flujo de proceso.
- Diagramas de descomposición de procesos.
- Una variedad de matrices de referencias cruzadas.

Los objetos de datos definidos durante PEI se refinan para el uso dentro de cada área de negocio. Por ejemplo, el objeto de datos **cliente** descrito en la sección anterior es empleado por el departamento de ventas. Después de evaluar las necesidades del departamento de ventas (un análisis del dominio ventas), la definición original de **cliente** se refina aún más para satisfacer las necesidades de ventas:

Objeto: **Cliente**
Atributos:
  Nombre
  Nombre de la compañía → Objeto: **Compañía**
  Clasificación del empleo y autorización de compra
  Dirección de negocio e información de contacto
  Interés en producto(s)
  Compra(s) anterior(es)
  Fecha del último contacto → registro de contactos
  Estado del contacto → estado del último contacto
  → Próxima fecha de contacto
  → Naturaleza recomendada de contacto

El atributo *nombre de la compañía* ha sido modificado para apuntar a otro objeto denominado **Compañía.** Este objeto contiene no sólo el nombre de la compañía sino también información adicional sobre el tamaño de la compañía, sus requisitos de compras, el nombre de otros contactos, etc. Esta información será útil en el dominio ventas. Se han añadido y modificado otros atributos como se ha indicado anteriormente.

10.5.1. Modelado del proceso

El trabajo realizado dentro de un área de negocio comprende un conjunto de funciones de negocio que se refinan más en los procesos de negocio. Para ilustrarlo, considere una versión simplificada de la función ventas tratada en la Sección 10.4.2. Los procesos que se dan para conseguir ventas son:

Función ventas:

- Establecer contacto con el cliente.
- Proporcionar documentación del producto e información relacionada con él.
- Considerar cuestiones y detalles.
- Proporcionar una evaluación del producto.
- Aceptar la orden de ventas.

FIGURA 10.8

Modelo de flujo de proceso para la función ventas

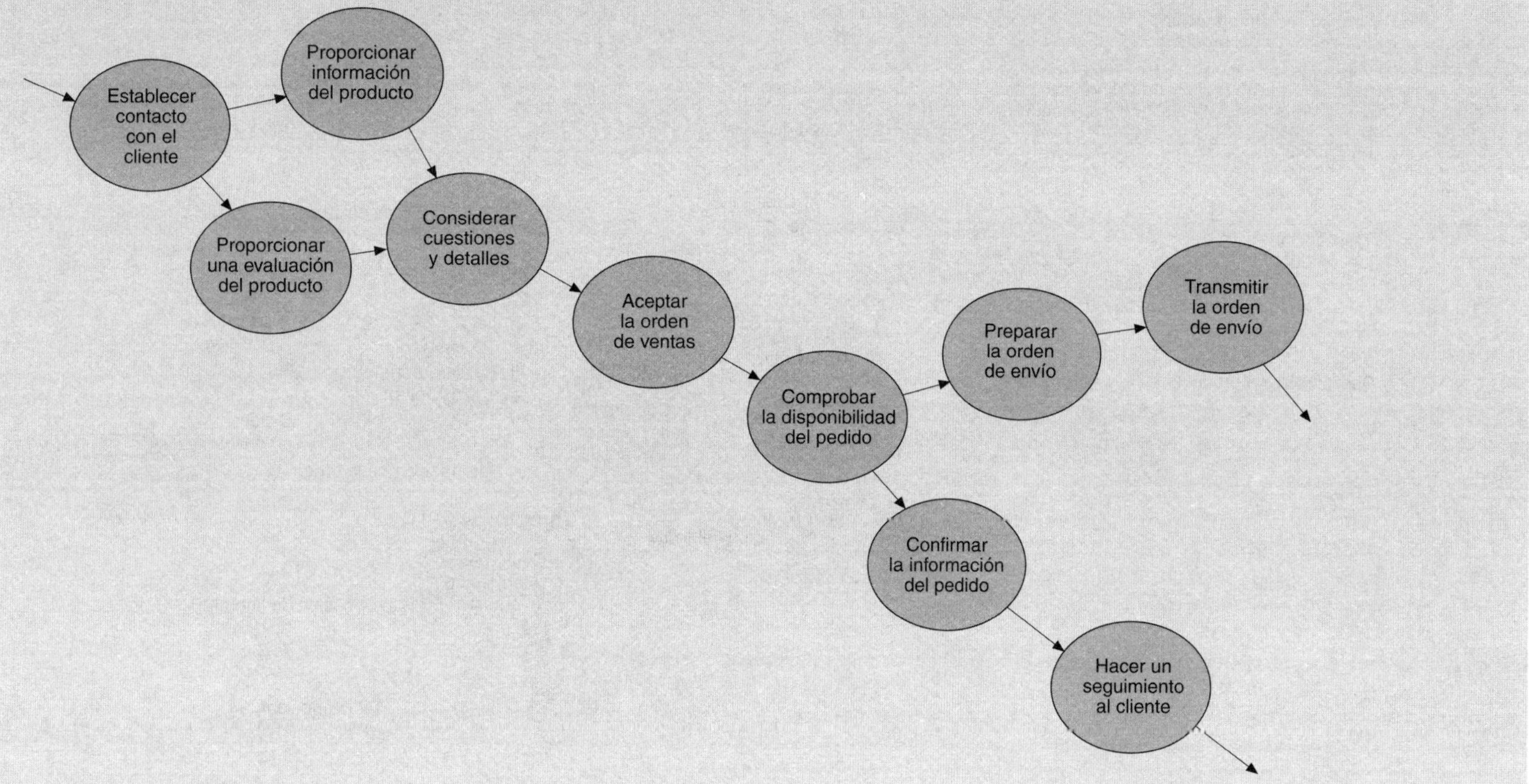

- Comprobar la dpeionibilidad del pedido.
- Preparar la orden de envío.
- Confirmar con el cliente el pedido, los precios y la fecha de envío.
- Transmitir la orden de envío al departamento de distribución.
- Hacer un seguimiento al cliente.

Se puede desarrollar un diagrama del flujo del proceso (Figura 10.8) para esta secuencia del proceso. Debería tenerse en cuenta que cada función relevante de negocio puede refinarse de la misma manera.

10.5.2. Modelado del flujo de información

El modelo de flujo del proceso está integrado con el modelo de datos para proporcionar una indicación de cómo fluye la información a través del área de negocio. Se muestran los objetos de datos de entrada y salida para cada proceso, proporcionando una indicación de cómo el proceso transforma la información (Figura 10.9) para conseguir una función de negocio.

Una vez que se ha creado un conjunto de modelos de flujo del proceso, el

FIGURA 10.9

Agregar flujo de información al modelo de flujo de proceso para la función ventas

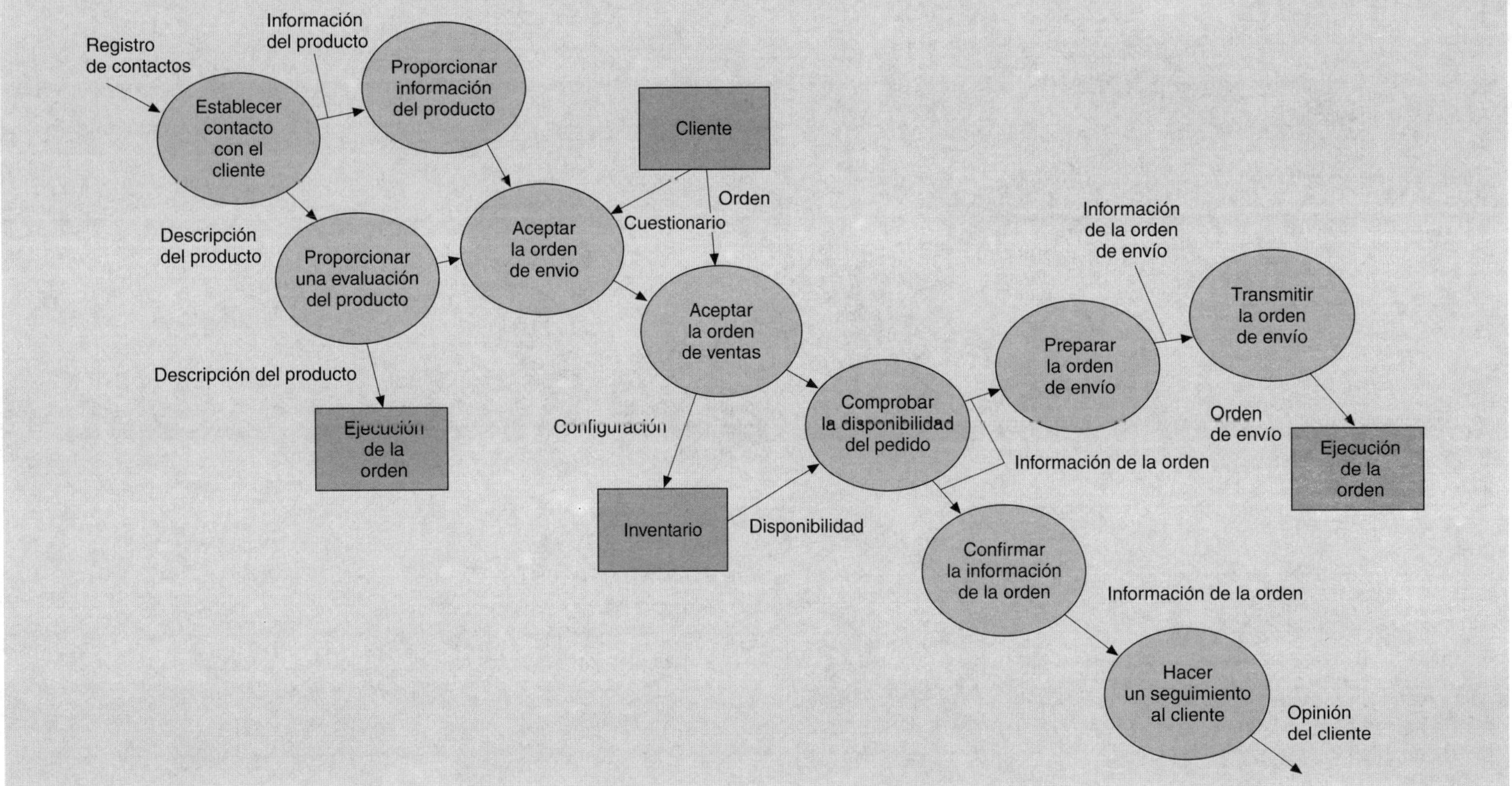

ingeniero de la información (junto con otros) examina cómo se puede rediseñar el proceso existente (p. ej.: [HAM93], [JAY94]) y dónde se podrían modificar o sustituir los sistemas o aplicaciones de información actuales por otras tecnologías de la información más eficaces.

El modelo de proceso revisado se emplea como base para la especificación de software nuevo o revisado para dar soporte a la función de negocio.

La visión de dominio establecida durante el AAN sirve como base para el diseño, construcción e integración del sistema de negocio (pasos de la II que forman parte del proceso de ingeniería del software). Los pasos se estudiarán en capítulos posteriores.

10.6. INGENIERÍA DE PRODUCTOS

La ingeniería de productos (también denominada *ingeniería de sistemas de computadora*) es una actividad de resolución de problemas. Se localiza, analiza y asigna la información, función y comportamiento del producto deseado a componentes individuales de ingeniería. El ingeniero de sistemas empieza por los objetivos y metas definidas para el producto por el cliente y procede a modelar estos requisitos de manera que los asigna a un conjunto de componentes de ingeniería —software, hardware, datos (y bases de datos) y personas. Los componentes se unen con una *infraestructura de soporte* —la tecnología necesaria para integrar los componentes y la información (p. ej.: documentos, CD-ROM, vídeo) que se emplea para dar soporte a los componentes.

La génesis de la mayoría de los nuevos productos y sistemas empiezan con un concepto bastante oscuro de la función deseada. Por tanto, el ingeniero de sistemas debe dirigirse a los requisitos del producto mediante la identificación del ámbito de la función y rendimiento deseado. Por ejemplo, no es suficiente con decir que el software de control para el robot en un sistema automático de fabricación «responderá rápidamente si una bandeja de piezas está vacía». El ingeniero de sistemas debe definir (1) qué es lo que le indica al robot que la bandeja está vacía, (2) los límites precisos de tiempo (en segundos) en los que se espera que responda el software y (3) qué forma debe adquirir la respuesta. Es decir, el ingeniero de sistemas debe describir los acontecimientos que dirigen el comportamiento del robot, la naturaleza del comportamiento y los límites cuantitativos asignados al comportamiento.

Una vez que se han delimitado la función, rendimiento, restricciones e interfaces, el ingeniero de sistemas se dirige a la tarea denominada *asignación*. Durante la asignación, se asigna una función a uno o más componentes de ingeniería. A menudo se proponen y evalúan asignaciones alternativas. Para ilustrar el proceso de asignación, consideremos un macro elemento del sistema de automatización de la fábrica: el sistema de clasificación de cinta transportadora (SCCT) que se introdujo en el Capítulo 5. Al ingeniero de sistemas se le presenta la siguiente (algo confusa) declaración de objetivos para el SCCT:

> El sistema SCCT debe desarrollarse de manera que las cajas que se mueven a lo largo de la cinta transportadora sean identificadas y ordenadas en uno de los seis contenedores al final de la cinta. Las cajas pasarán a través de una estación clasificadora donde se identificarán. Basándose en un número de identificación impreso en un lateral de la caja (se proporciona un código de barras equivalente), las cajas se mandarán a los contenedores apropiados. Las cajas pasan aleatoriamente y están igualmente espaciadas. La línea se mueve lentamente.

Se describe el sistema SCCT esquemáticamente en la Figura 5.1. Antes de continuar, haga una lista de preguntas que haría si fuera el ingeniero de sistemas.

Entre las muchas preguntas que deberían hacerse y responderse están las siguientes:

1. ¿Cuántos números de identificación diferentes deben procesarse y cuál es su formato?
2. ¿Cuál es la velocidad de la cinta transportadora en metros por segundo y cuál es la distancia en metros entre las cajas?
3. ¿A qué distancia está la estación clasificadora de los contenedores?
4. ¿A qué distancia están separados los contenedores?
5. ¿Qué debería pasar si una caja no tiene el número de identificación o es incorrecto?
6. ¿Qué ocurre cuando un contenedor se llena?
7. ¿Hay que pasar la información sobre el destino de las cajas y contenido de los contenedores a algún sitio del sistema automático de fábrica? ¿Se necesita la información en tiempo real?
8. ¿Qué margen de error/fallos es aceptable?
9. ¿Qué piezas de la cinta transportadora existen y están operativas?
10. ¿Qué restricciones de planificación temporal y de presupuesto se han impuesto?

Fíjese que las cuestiones anteriores se enfocan en la función, rendimiento, flujo y contenido de la información. El ingeniero de sistemas no le pregunta al cliente *cómo* se debe hacer la tarea; más bien, el ingeniero pregunta *qué* se necesita.

Asumiendo que se obtienen respuestas razonables, el ingeniero de sistemas desarrolla varias asignaciones alternativas. Fíjese en que se asignan funciones y rendimientos a diferentes elementos genéricos del sistema en cada asignación.

> **Asignación 1**. Un operador clasificador se entrena y se sitúa en la estación clasificadora. Lee las cajas y las coloca en el contenedor apropiado.

La asignación 1 representa una solución puramente manual (pero efectiva) al problema del SCCT. El componente primario de ingeniería es la *persona* (el operador clasificador). La persona realiza todas funciones de clasificación. Puede ser necesaria alguna documentación (en forma de tabla que relacione el número de identificación con el contenedor, y unos procedimientos para el entrenamiento del operador. Por tanto, está asignación utiliza únicamente los elementos persona y documentación.

> **Asignación 2**. Se colocan un lector de código de barras y un controlador en la estación clasificadora. El código de barras se pasa a un controlador programable que controla el mecanismo de separación. El separador desplaza la caja al contenedor apropiado.

Para la asignación 2 se emplean componentes hardware (lector de código de barras, control programable, separador hardware, etc.), software (para el lector de código de barras y el controlador programable) y base de datos (una tabla de consulta que relacione los números de identificación de las cajas con el contenedor) para proporcionar una solución totalmente automática. Es probable que cada uno de estos componentes tenga sus correspondientes manuales y otra documentación, añadiendo otro componente.

Asignación 3. Se colocan un lector de código de barras y un controlador en la estación de clasificación. La salida del código de barras se pasa a un brazo del robot que coge la caja y la lleva al contenedor correspondiente.

La asignación 3 emplea un macro elemento: el robot. Como la asignación 2, esta asignación emplea hardware, software, una base de datos y documentación como componentes de ingeniería. El robot es un macro elemento del SCCT y contiene en sí mismo un conjunto de componentes de ingeniería.

Examinando las tres asignaciones alternativas para el SCCT, debería ser obvio que se puede asignar la misma función a diferentes componentes. Para elegir la asignación más efectiva se debería aplicar un conjunto de criterios comparativos a cada alternativa.

Los siguientes criterios comparativos rigen la selección de la configuración de un producto basándose en una asignación específica de función y rendimiento a los elementos de un sistema genérico:

Consideraciones del proyecto. ¿Se puede construir la configuración dentro de los límites establecidos de costes y planificación temporal? ¿Cuál es el riesgo asociado con esas estimaciones?
Consideraciones de negocio. ¿Representa la configuración la solución más ventajosa? ¿Puede ponerse en el mercado con éxito? ¿Justificarán los beneficios el riesgo del desarrollo?
Análisis técnico. ¿Existe la tecnología para desarrollar todos los elementos del sistema? ¿Están garantizados el funcionamiento y el rendimiento? ¿Se puede mantener adecuadamente la configuración? ¿Existen recursos técnicos? ¿Cuál es el riesgo asociado con la tecnología?
Evaluación de fabricación. ¿Tenemos dpeionibles instalaciones y equipos de fabricación? ¿Hay alguna escasez de componentes necesarios? ¿Se puede llevar a cabo adecuadamente la garantía de calidad?
Aspectos humanos. ¿Tenemos dpeionibles personal entrenado para el desarrollo y fabricación? ¿Existen problemas políticos? ¿Entiende el cliente qué es lo que debe hacer el sistema?
Interfaces del entorno. ¿Tiene la configuración propuesta una interfaz apropiada con el entorno exterior del sistema? ¿Se maneja de manera inteligente la comunicación entre máquinas, y entre humanos y máquinas?
Consideraciones legales. ¿Introduce esta configuración un riesgo indebido de obligaciones legales? ¿Se pueden proteger adecuadamente los aspectos de la propiedad? ¿Hay alguna posibilidad de infracción?

Examinamos algunos de estos aspectos con más detalle más adelante en este capítulo.

Es importante resaltar que el ingeniero de sistemas debería considerar también soluciones ya de negocio para el problema del cliente ¿Existe ya algún sistema similar? ¿Pueden comprarse a terceros las partes principales de una opción?

La aplicación de los criterios comparativos permite la selección de una configuración específica del sistema y la especificación de la función y rendimiento asignados al hardware, software (y firmware), personal, bases de datos, documentación y procedimientos. Esencialmente, el ámbito de la función y rendimiento es asignada a cada uno de los componentes de ingeniería del producto. El papel de la ingeniería del hardware, ingeniería del software, ingeniería humana y de la ingeniería de bases de datos es refinar el ámbito y producir un componente de producto operativo que pueda integrarse debidamente con otros componentes.

10.6.1. Análisis del sistema

El *análisis del sistema* se lleva a cabo con los siguientes objetivos en mente: (1) identificar la necesidad del cliente; (2) evaluar el concepto del sistema para establecer la viabilidad; (3) realizar un análisis técnico y económico; (4) asignar funciones al hardware, software, personal, bases de datos y otros elementos del sistema; (5) establecer las restricciones de presupuesto y planificación temporal; y (6) crear una definición de sistema que forme el fundamento de todo el trabajo de ingeniería subsiguiente. Se requiere un gran dominio del hardware y del software (así como de la ingeniería humana y de bases de datos) para conseguir con éxito los objetivos mencionados anteriormente.

10.6.2. Identificación de necesidades

El primer paso del proceso de análisis del sistema afecta a la identificación de la necesidad. El analista (ingeniero de sistemas) se reúne con el cliente y el usuario final (si es otro distinto que el cliente). El cliente puede ser el representante de una compañía, el departamento de mercadotecnia de la compañía del analista (cuando se está definiendo un producto), u otro departamento técnico (cuando hay que desarrollar un sistema interno). Como en la ingeniería de la información, la intención es entender los objetivos del producto y definir las metas necesarias para alcanzar esos objetivos.

Una vez que se han identificado las metas globales, el analista pasa a la evaluación de la información suplementaria: ¿Existe la tecnología para construir el sistema? ¿Qué recursos especiales de desarrollo y fabricación serán necesarios? ¿Qué límites se han puesto al presupuesto y a la planificación temporal? Si el nuevo sistema es un producto a desarrollar para venderlo a muchos clientes, se plantean además las siguientes cuestiones: ¿Cuál es el mercado potencial del producto? ¿Cómo es comparativamente este producto con los de la competencia? ¿Qué posición ocupa este producto en la línea general de producción de la compañía?

La información reunida durante el paso de identificación de necesidades es especificada en un *documento conceptual del sistema*. El documento conceptual original es preparado a veces por el cliente antes de las reuniones con el analista. Invariablemente, la comunicación cliente-analista origina modificaciones en el documento.

10.6.3. Estudio de la viabilidad

Todos los proyectos son posibles: ¡si se tiene infinitos recursos y tiempo! Desgraciadamente, el desarrollo de un sistema o producto basado en computadora es muy probable que esté plagado de escaseces de recursos y de fechas de entrega difíciles (o totalmente no realistas). Es necesario y prudente evaluar la viabilidad de un proyecto cuanto antes. Se pueden evitar meses o años de esfuerzo, miles o millones de dólares y un bochorno profesional indecible si se reconoce un sistema mal concebido en la pronta fase de definición.

La viabilidad y el análisis de riesgo están relacionadas de muchas maneras. Si el riesgo del proyecto es alto (por alguna de las razones tratadas en el Capítulo 6), la viabilidad de producir software de calidad se reduce. Durante la ingeniería de producto, sin embargo, concentramos nuestra atención en cuatro áreas principales de interés:

Viabilidad económica. Una evaluación del coste de desarrollo sopesado con los ingresos netos o beneficios obtenidos del sistema o producto desarrollado.

Viabilidad técnica. Un estudio de función, rendimiento y restricciones que puedan afectar a la consecución de un sistema aceptable.

Viabilidad legal. Determinar cualquier infracción, violación o responsabilidad legal en que se podría incurrir por el desarrollo del sistema.

Alternativas. Una evaluación de los enfoques alternativos al desarrollo del sistema o producto.

No es necesario un *estudio de viabilidad* para sistemas en que la justificación económica es obvia, el riesgo técnico es bajo, se esperan pocos problemas legales y no existe ninguna alternativa razonable. Sin embargo, si falla alguna de las condiciones anteriores, se debería hacer un estudio del área en cuestión.

La justificación económica es generalmente la consideración fundamental para la mayoría de sistemas (notables excepciones incluyen a veces los sistemas de defensa nacional, sistemas obligados por ley, y aplicaciones de alta tecnología tales como el programa espacial)[8]. La justificación económica incluye una amplia gama de aspectos a tener en cuenta como son el análisis de costes/beneficios, las estrategias de ingresos de la empresa a largo plazo, el impacto en otros productos o centros de beneficios, coste de recursos necesarios para el desarrollo y crecimiento potencial del mercado.

La viabilidad tecnológica es frecuentemente el área más difícil de valorar en esta etapa del proceso de ingeniería del producto. Como los objetivos, funciones y rendimiento son poco claros, cualquier cosa parece posible si se hacen las suposiciones correctas. Es esencial que el proceso de análisis y definición se realice en paralelo con una valoración de la viabilidad técnica. De esta manera se pueden juzgar especificaciones concretas a medida que se establecen.

Las consideraciones que están asociadas normalmente con la viabilidad técnica son:

Riesgo de desarrollo. ¿Puede diseñarse el elemento del sistema de manera que se consigan la función y rendimiento necesario dentro de las restricciones descubiertas durante el análisis?

Dpeionibilidad de recursos. ¿Tenemos dpeionible una plantilla cualificada para desarrollar el elemento del sistema en cuestión? ¿Tenemos dpeionibles otros recursos necesarios (hardware y software) para construir el sistema?

Tecnología. ¿Ha progresado la tecnología respectiva hasta un punto que sea capaz de soportar el sistema?

Los desarrolladores de sistemas basados en computadora son optimistas por naturaleza. (¿Quién más sería tan valiente como para intentar lo que hacemos habitualmente?) Sin embargo, durante una evaluación de viabilidad técnica, debería prevalecer una actitud cínica si no pesimista. Un juicio equivocado en esta etapa puede ser desastroso.

---

[8] Esto está empezando a cambiar a medida que progresan los intentos de reducir el presupuesto del gobierno. Hoy en día, todos los sistemas deberían estar justificados económicamente.

La viabilidad legal comprende una gama muy amplia de aspectos que incluyen contratos, responsabilidades legales, infracciones y un montón de trampas frecuentemente desconocidas para el personal técnico. El estudio sobre temas legales y software está más allá del alcance de este libro. El lector interesado en el tema debería ver [SCO89].

El grado con que se consideran las alternativas está a menudo limitado por restricciones de tiempo y costes; sin embargo, no debería despreciarse una variación legítima por no estar «subvencionada».

El estudio de viabilidad puede documentarse como un informe aparte para la alta gestión e incluido como apéndice a la especificación del sistema. Aunque el formato del estudio de viabilidad puede variar, el esquema proporcionado en la Figura 10.10 cubre los temas más importantes.

El estudio de viabilidad es revisado primero por el jefe del proyecto (para valorar la fiabilidad del contenido) y por la dirección (para valorar el estado del proyecto). El estudio debería concluir en una decisión «adelante/abandonamos». Debería resaltarse que se tomarán otras decisiones de este tipo durante los pasos de planificación, especificación y desarrollo tanto de ingeniería hardware como software.

FIGURA 10.10

Esquema del estudio de la viabilidad

I. Introducción.
   A. Declaración del problema.
   B. Entorno de implementación.
   C. Restricciones.
II. Resumen de gestión y recomendaciones.
   A. Objetivos importantes.
   B. Comentarios.
   C. Recomendaciones.
   D. Impacto.
III. Alternativas.
   A. Configuraciones alternativas del sistema.
   B. Criterios empleados en la selección del enfoque final.
IV. Descripción del sistema.
   A. Exposición abreviada del ámbito.
   B. Viabilidad de los elementos asignados.
V. Análisis de coste/beneficio.
VI. Evaluación del riesgo técnico.
VII. Consideraciones legales.
VIII. Otros temas específicos del proyecto.

10.6.4. Análisis económico

Entre la información más importante contenida en un estudio de viabilidad está el *análisis coste/beneficio*: una valoración de la justificación económica para un proyecto de sistema basado en computadora. El análisis costes/beneficios determina los costes para el desarrollo del proyecto y los pondera con los beneficios tangibles (p. ej.: medible directamente en dinero) y beneficios intangibles del sistema.

El análisis coste/beneficio es complicado por criterios que varían con las características del sistema a desarrollar, el tamaño relativo del proyecto y los beneficios esperados de la inversión como parte del plan estratégico de la compañía. Además, muchos beneficios obtenidos de los sistemas basados en computadora son intangibles (p. ej.: mejor calidad de diseño gracias a una optimización frecuente, mayor satisfacción del cliente gracias al control programable y mejores decisiones de negocio gracias a los datos de ventas preanalizados y reformateados). Las comparaciones cuantitativas directas pueden ser difíciles de conseguir.

Como hemos dicho antes, el análisis de beneficios variará dependiendo de las características del sistema. Para ilustrarlo, considere los beneficios de los sistemas de información de gestión [KIN78] mostrados en la Tabla 10.1 La mayoría de los sistemas de proceso de datos se desarrollan con «mejor calidad, cantidad de información, prontitud u organización» como objetivo primordial. Por tanto, los beneficios señalados en la Tabla 10.1 se concentran en el acceso a la información y su impacto en el entorno del usuario. Los beneficios que podrían asociarse con un programa de análisis de ingeniería científica o con un producto basado en computadora podrían diferir sustancialmente.

Los costes asociados con el desarrollo de un sistema basado en computadora [KIN78] se listan en la Tabla 10.2. El analista puede estimar cada coste y usar después el desarrollo y los costes sucesivos para determinar la recuperación de lo invertido, un punto de beneficio cero y un periodo de rentabilidad.

El siguiente extracto [FRI77] puede caracterizar el análisis coste/beneficio:

> Como la retórica política después de las elecciones, el análisis de costes/beneficios puede olvidarse después del comienzo de la implementación del proyecto. Sin embargo, es extremadamente importante porque ha sido el vehículo por el que se ha obtenido la aprobación de la gestión.

TABLA 10.1

Posibles beneficios de un sistema de información*

Beneficios en las tareas de cálculo e impresión.
- Reducción en los costes por unidad de cálculo e impresión (CR).
- Mayor precisión en las tareas de cálculo (ER).
- Capacidad de cambiar rápidamente las variables y valores en los programas de cálculo (IF).
- Mayor velocidad de cálculo e impresión.

Beneficios en las tareas de mantenimiento del almacenamiento de información.
- Capacidad de recoger y almacenar «automáticamente» datos de los registros (CR, IS, ER).
- Mantenimiento más completo y sistemático de los registros (CR, ER).
- Capacidad mejorada de registro en términos de espacio y costes (CR).
- Estandarización del mantenimiento de registros (CR, IS).
- Aumento de la cantidad de datos que se pueden almacenar por registro (CR, IS).
- Aumento en la seguridad en el almacenamiento de registros (ER, CR, MC).
- Mejora en la portabilidad de los registros (IF, CR, IS).

Beneficios en las tareas de búsqueda de registros.
- Recogida más rápida de registros (IS).
- Capacidad mejorada de acceso a registros en bases de datos grandes (IF).
- Capacidad mejorada de cambiar registros en bases de datos (IF, CR).
- Capacidad de enlazar emplazamientos que necesitan capacidad de búsqueda a través de telecomunicaciones (IF, IS).
- Capacidad mejorada de crear registros de accesos a registros y por quién (ER, MC).
- Capacidad de hacer auditoría y analizar las actividades de búsqueda de registros (MC, ER).

Beneficios en la capacidad de reestructuración del sistema.
- Capacidad de cambiar simultáneamente clases enteras de registros (IS, IF, CR).
- Capacidad de mover grandes archivos de datos (IS,IF).
- Capacidad de crear nuevos archivos incorporando aspectos de otros archivos (IS, IF).

Beneficios en la capacidad de análisis y simulación.
- Capacidad de realizar simultánea y rápidamente cálculos complejos.
- Capacidad de crear simulaciones de fenómenos complejos para responder a preguntas del tipo «¿Qué pasaría si...?».
- Capacidad de agregar grandes cantidades de datos útiles para la planificación y toma de decisiones (MC, IF).

Beneficios en el control del proceso y los recursos.
- Reducción de la necesidad de fuerza de trabajo en el proceso y control de recursos (CR).
- Capacidad mejorada de «sintonía fina» del proceso, como el de las líneas de montaje (CR, MC, IS, ER).
- Capacidad mejorada de mantener una supervisión continua de los recursos (MC, ER, IF).

* Abreviaturas: CR = Reducción o eliminación de costes; ER = Reducción de errores; IF = Incremento Flexibilidad; IS = Aumento del ritmo de la actividad; MC = Mejora en la planificación o control de gestión.

Fuente: King y Schrems [KIN78], p.23. Impreso con autorización.

TABLA 10.2

Posibles costes de un sistema de información

Costes de elaboración.
- Costes de consulta.
- Costes de alquiler o de compra de los equipos.
- Costes de instalación de los equipos.
- Costes de modificación del emplazamiento de los equipos (aire acondicionado, seguridad, etc.).
- Costes del capital.
- Costes de gestión y de personal .

Costes de puesta en marcha.
- Costes del software del sistema operativo.
- Costes de la instalación de los equipos de comunicaciones (líneas telefónicas y de datos).
- Costes del personal para la puesta en marcha.
- Costes de contratación de personal y alquileres.
- Costes de interrupción en el resto de la organización.
- Costes de gestión necesarios para dirigir la actividad inicial.

Costes relacionados con el proyecto.
- Costes de adquisición del software de aplicación.
- Costes de las modificaciones del software para que encajen con los sistemas locales.
- Costes de personal, gastos generales, etc., del desarrollo de aplicaciones internas.
- Costes de entrenamiento del personal en el uso de las aplicaciones.
- Costes de recogida de información y procedimientos de instalación.
- Costes de preparación de la documentación.
- Costes de la supervisión del desarrollo.

Costes del proceso.
- Costes de mantenimiento del sistema (hardware, software e instalaciones).
- Costes de suministros (electricidad, teléfono, etc.).
- Costes de depreciación del hardware.
- Costes del personal involucrado en la gestión de los sistemas de información, operación y actividades de planificación.

Fuente: King y Schrems [KIN78], p.24. Impreso con autorización.

Sólo invirtiendo tiempo para evaluar la viabilidad reducimos las posibilidades de una grave situación embarazosa (o peor) en etapas posteriores del proyecto de un sistema. El esfuerzo empleado en el análisis de la viabilidad de un proyecto aunque lleve a la cancelación del mismo no es un esfuerzo en vano.

10.6.5. Análisis técnico

Durante el análisis técnico, el analista evalúa los principios técnicos del sistema al mismo tiempo que se recoge información adicional sobre el rendimiento, fiabilidad, características de mantenimiento y productividad. En algunos casos, esta fase del análisis del sistema también incluye una cierta cantidad de investigación y diseño.

El análisis técnico empieza con una valoración de la viabilidad técnica del sistema propuesto. ¿Qué tecnologías se requieren para lograr el funcionamiento y rendimiento del sistema? ¿Qué nuevos materiales, métodos, algoritmos o procesos se necesitan y cuál es su riesgo de desarrollo? ¿Cómo afectarán estos aspectos tecnológicos a los costes?

Las herramientas dpeionibles para un análisis técnico se obtienen de técnicas de optimización y modelos matemáticos, probabilidades y estadísticas, teoría de colas y de control, por nombrar unas pocas[9]. Es importante resaltar, sin embargo, que no siempre es posible una evaluación analítica. El modelado (tanto matemático como físico) es un mecanismo eficaz para el análisis técnico de sistemas basados en computadora.

Blanchard y Fabrycky [BLA81] definen un conjunto de criterios para el uso de modelos durante el análisis técnico de sistemas:

1. El modelo debería representar la dinámica de la configuración del sistema a evaluar de manera tan simple que se pueda entender y manipular, pero tan fidedigna a la realidad operativa que ofrezca resultados.
2. El modelo debería reseñar los factores más relevantes para el problema en cuestión y suprimir (con discreción) aquellos que no son tan importantes.
3. El modelo debería realizarse de manera muy completa incluyendo *todos* los factores relevantes y debería ser fiable en términos de repetición de resultados.
4. El diseño del modelo debería ser tan sencillo que permita resolver problemas con prontitud. Si el analista o el gestor no pueden utilizar el modelo de manera eficaz y rápida, es de poco valor. Si el modelo es grande y muy complejo, puede ser apropiado para desarrollar una serie de modelos más pequeños en los que los resultados de unos puedan ser los datos de entrada de otro. También, puede ser aconsejable evaluar un elemento específico del sistema independientemente de los otros elementos.
5. El diseño del modelo debería incorporar capacidad de modificación o expansión para permitir la evaluación de factores adicionales según se requiera. El desarrollo de un modelo de éxito a menudo incluye una serie de pruebas antes de conseguir el objetivo final. Los intentos iniciales pueden sugerir vacíos de información que no son aparentes a simple vista y que pueden sugerir consecuentemente cambios en los beneficios.

Los resultados obtenidos del análisis técnico forman la base para otra decisión de «continuar/abandonar» sobre el sistema. Si el riesgo técnico es grave, si los modelos indican que no se puede conseguir la función o rendimiento deseados, si las piezas no encajan perfectamente unas con otras, ¡hay que buscar un nuevo planteamiento!

10.7. MODELADO DE LA ARQUITECTURA DEL SISTEMA

Todos los sistemas basados en computadora pueden modelarse como la transformación de la información empleando una arquitectura del tipo entrada-proceso-salida. Hatley y Pirbhai [HAT87] han extendido esta visión para incluir dos características adicionales del sistema: proceso de la interfaz de usuario y proceso del mantenimiento y autocomprobación. Aunque estas características adicionales no están presentes en todos los sistemas basados en computadora, son muy comunes y su especificación hace más robusto cualquier modelo de sistema. Mediante la representación de entrada, proceso, salida, proceso de la interfaz de usuario y de autocomprobación, un ingeniero de sistemas puede crear un modelo de componentes de sistema que establezca el fundamento para análisis de requisitos posteriores y etapas de diseño en cada una de las disciplinas de ingeniería.

Para desarrollar el modelo de sistema, se emplea *un esquema de arquitectura* [HAT87]. El ingeniero de sistemas asigna elementos a cada una de las cinco regiones de tratamiento del esquema: (1) Interfaz de usuario, (2) entrada, (3) tratamiento y control del sistema, (4) salida y (5) mantenimiento y autocomprobación. En la Figura 10.11 se muestra el formato del esquema de arquitectura.

Como casi todas las técnicas de modelado usadas en la ingeniería del software y de sistemas, el esquema de arquitectura permite al analista crear una jerarquía en detalle. En la parte alta de la jerarquía reside el *diagrama de contexto de la arquitectura* (DCA).

El diagrama de contexto «establece el límite de información entre el sistema que se está implementando y el entorno en que va a operar» [HAT87]. Es decir, el DCA define todos los suministradores externos de información

[9] Un tipo de herramientas CASE, denominadas herramientas de simulación y prototipo, pueden ayudar mucho en el análisis técnico. Estas herramientas se estudian en el Capítulo 29.

FIGURA 10.11

Plantilla de arquitectura [HAT87]

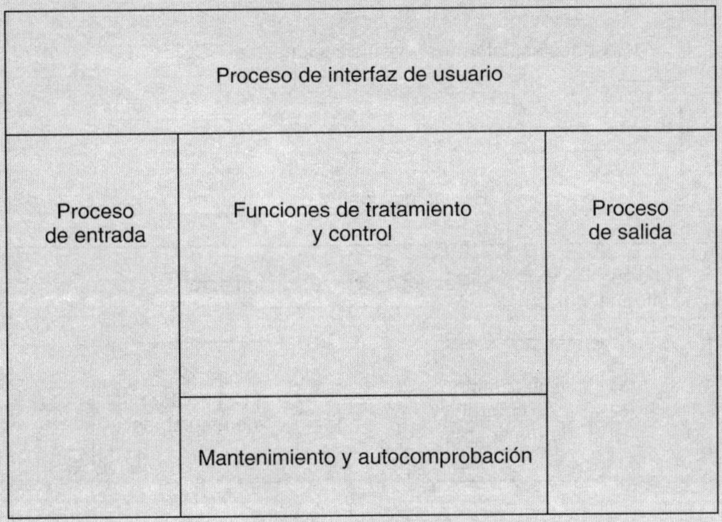

FIGURA 10.12

Diagrama de contexto de Arquitectura del SCCT (ampliado)

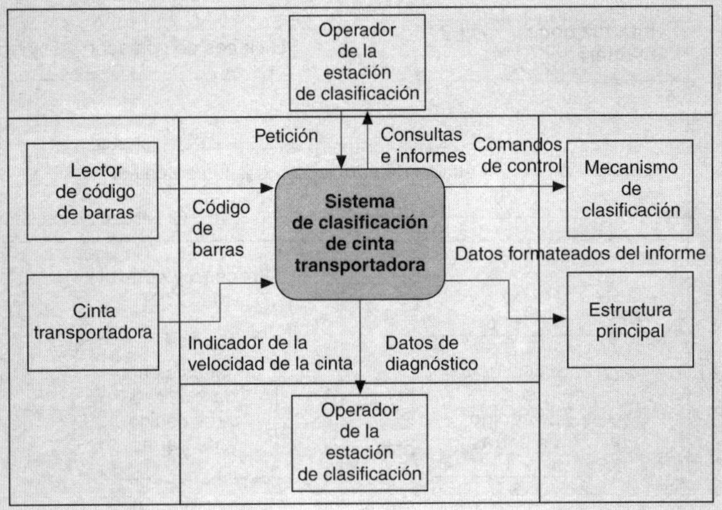

que emplea el sistema, todos los consumidores externos de información creados por el sistema y todas las entidades que se comunican a través de la interfaz o realizan mantenimiento y autocomprobación.

Para ilustrar el empleo del DCA, considere una versión ampliada del sistema de clasificación de cinta transportadora (SCCT) estudiado anteriormente en este capítulo. La versión ampliada utiliza un PC en la estación clasificadora. El PC ejecuta todo el software del SCCT; interacciona con el lector de código de barras para leer parte de los números de cada caja; interacciona con la cinta transportadora vigilando los equipos para adquirir velocidad en dicha cinta; almacena todos los números de pieza clasificados; interacciona con el operador de la estación clasificadora para producir una variedad de informes y diagnósticos; envía señales de control al hardware separador para clasificar las cajas; y se comunica con la estructura central de la automatización de la fábrica. En la Figura 10.12 se muestra el DCA para SCCT (ampliado).

Cada caja de la Figura 10.12 representa una *entidad externa*, es decir, un suministrador o consumidor de información del sistema. Por ejemplo, el **lector del código de barras** produce información que es introducida en el sistema SCCT. El símbolo para todo el sistema (o a niveles más bajos, subsistemas principales) es un rectángulo con las esquinas redondeadas. De ahí que, SCCT se representa en la región de proceso y control en el centro del DCA. Las flechas etiquetadas mostradas en el DCA representan información (datos y control) que va desde el entorno exterior al sistema SCCT. La entidad externa **lector del código de barras** produce una entrada de información etiquetada como **código de barras**.

En esencia, el DCA sitúa a cualquier sistema en el contexto de su entorno exterior.

El ingeniero de sistemas refina el diagrama de contexto de arquitectura estudiando con más detalle el rectángulo sombreado de la Figura 10.12. Se identifican los subsistemas principales que permiten funcionar al sistema clasificador de cinta transportadora dentro del contexto definido por el DCA. En la Figura 10.13 los subsistemas principales[10] se definen en un *diagrama de*

[10] Hatkley y Pirbhai [HAT87] las denominan *módulos del sistema*.

FIGURA 10.13

Diagrama de flujo de arquitectura para el SCCT (ampliado)

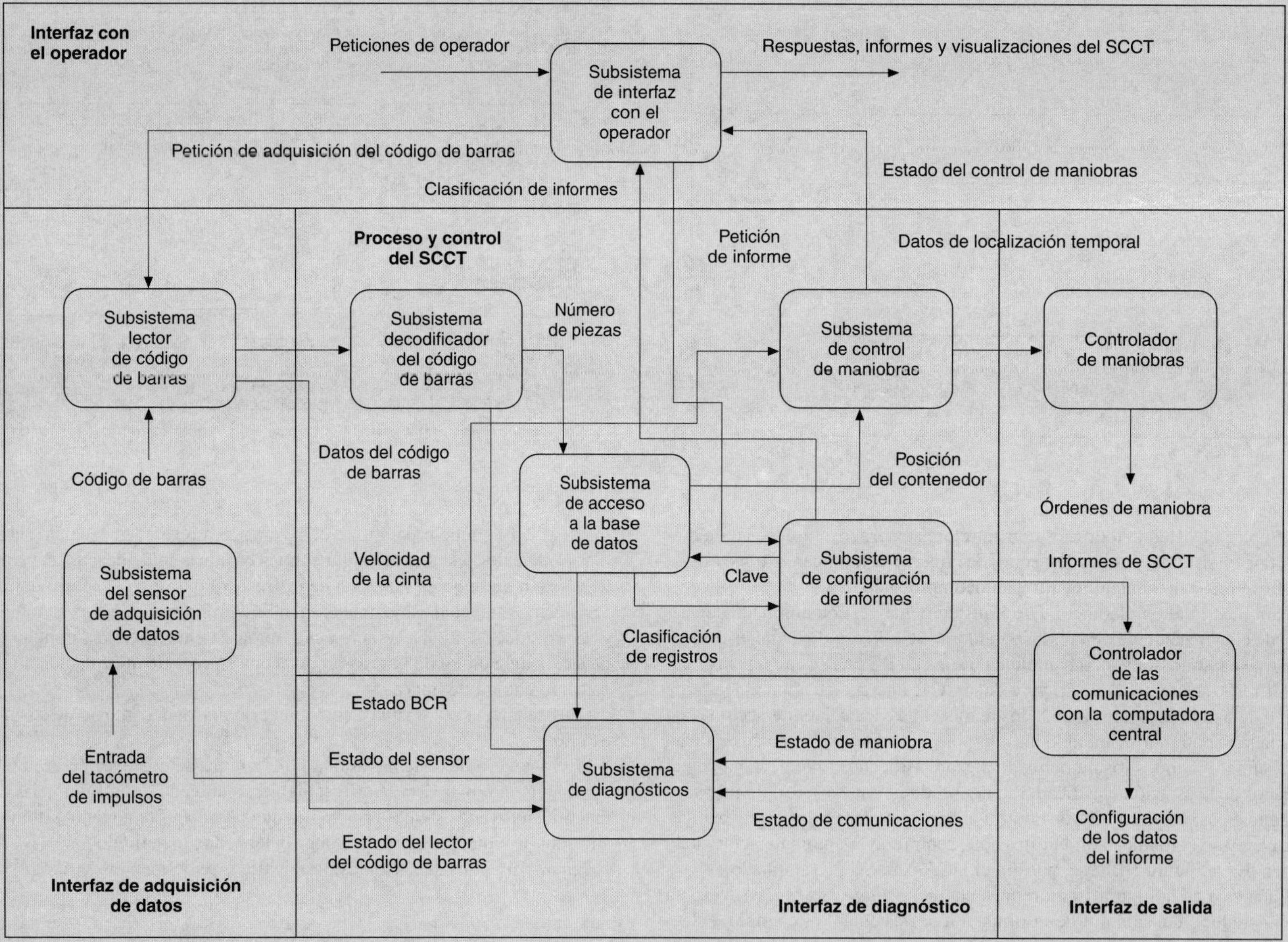

*flujo de la arquitectura (*DFA) que se obtiene del DCA. El flujo de información a través de las regiones del DCA se usa para guiar al ingeniero de sistemas en el desarrollo de DFA (un esquema más detallado del SCCT). El diagrama de flujo de la arquitectura muestra los subsistemas principales y el flujo de las líneas de información importantes (datos y control). Además, el esquema de arquitectura divide el proceso del subsistema en cada una de las cinco regiones de proceso estudiadas anteriormente. En este punto, cada uno de los subsistemas puede contener uno o más elementos del sistema (p. ej.: hardware, software, personas) tal y como los ha asignado el ingeniero de sistemas.

FIGURA 10.14

Construcción de una jerarquía DFA

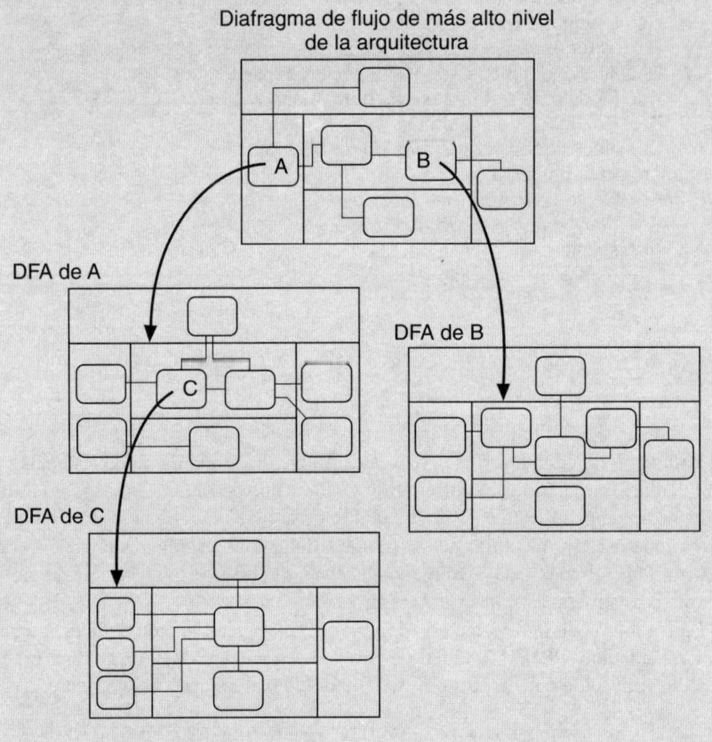

El diagrama de flujo de la arquitectura inicial (DFA) se convierte en el nudo superior de una jerarquía de DFA. Cada rectángulo redondeado del DFA original puede expandirse en otra plantilla de arquitectura dedicada exclusivamente a ella. Este proceso se ilustra esquemáticamente en la Figura 10.14. Cada uno de los DFA del sistema puede usarse como punto de partida de subsiguientes fases de ingeniería para el subsistema que se describe.

Se pueden especificar (delimitar) los subsistemas y la información que fluyen entre ellos para los subsiguientes trabajos de ingeniería. Elementos importantes de la especificación del sistema son una descripción narrativa de cada subsistema y una definición de todos los datos que fluyen entre los subsistemas.

10.8. MODELADO Y SIMULACIÓN DEL SISTEMA

Hace ya casi tres décadas, R.M. Graham [GRA69] hizo un comentario crítico sobre la manera en que se construían los sistemas basados en computadora: «Construimos sistemas igual que los hermanos Wright construían aviones: construimos todo el sistema, lo empujamos barranco abajo, le dejamos que se estrelle y empezamos de nuevo». De hecho, para al menos una clase de sistema *—el sistema reactivo—* lo continuamos haciendo hoy en día.

Muchos sistemas basados en computadora interaccionan con el mundo real de forma reactiva. Es decir, los acontecimientos del mundo real son vigilados por el hardware y el software que componen el sistema y basándose en esos eventos, el sistema aplica su control sobre las máquinas, procesos e incluso las personas que motivan los acontecimientos. Los sistemas de tiempo real y sistemas empotrados pertenecen a menudo a la categoría de sistemas reactivos.

Desgraciadamente, los desarrolladores de sistemas reactivos luchan a veces para hacerlos funcionar correctamente. Hasta hace poco, ha sido difícil predecir el rendimiento, la eficacia y el comportamiento de estos sistemas antes de construirlos. Realmente, la construcción de muchos sistemas de tiempo real era una aventura. Las sorpresas (la mayoría desagradables) no se descubrían hasta que el sistema era construido y «arrojado colina abajo». Si el sistema se estrellaba debido a un funcionamiento incorrecto, comportamiento inapropiado o escaso rendimiento, cogíamos las piezas y empezábamos de nuevo.

Muchos sistemas de la categoría de los reactivos controlan máquinas y/o procesos (p. ej.: aerolíneas de negocio o refinerías de petróleo) que deben operar con extrema fiabilidad. Si el sistema falla, podrían ocurrir pérdidas económicas o humanas significativas. Por este motivo, el enfoque descrito por Graham es penoso y peligroso.

Hoy en día se utilizan herramientas CASE en el modelado y simulación de sistemas para ayudar a eliminar sorpresas cuando se construyen sistemas reactivos basados en computadora. Estas herramientas se aplican durante el proceso de ingeniería del sistema, mientras se están especificando las necesidades del hardware, software, bases de datos y de personas. Las herramientas de modelado y simulación capacitan al ingeniero de sistemas para probar una especificación del sistema. En el Capítulo 29 se estudian brevemente los detalles técnicos y técnicas especiales de modelado que se emplean para llevar a cabo estas pruebas.

10.9. ESPECIFICACIÓN DEL SISTEMA

La *especificación del sistema* es un documento que sirve como fundamento para la ingeniería hardware, software, de bases de datos y humana. Describe la función y el rendimiento de un sistema basado en computadora y las restricciones que gobernarán su desarrollo. La especificación delimita cada elemento del sistema asignado. Por ejemplo, proporciona al ingeniero del software una indicación del papel del software dentro del contexto del sistema en su totalidad y los distintos subsistemas descritos en los diagramas de flujo de arquitectura. La especificación del sistema también describe la información (datos y control) que se introduce y se saca del sistema.

En la Figura 10.15 se presenta un esquema recomendado de especificación de sistema. Debe resaltarse, sin embargo, que este es uno de los muchos esquemas que pueden emplearse para definir un documento de descripción de sistema. El formato y contenido real lo dictarán los estándares de software o de ingeniería de sistemas, de computadora o bien las costumbres y preferencias locales.

FIGURA 10.15

Esquemas de la especificación de sistema

I. Introducción.
   A. Ámbito y propósito del documento.
   B. Visión general.
      1. Objetivos.
      2. Restricciones.
II. Descripción funcional y de los datos.
   A. Arquitectura del sistema.
      1. Diagrama de contexto de la arquitectura.
      2. Descripción del DCA.
III. Descripciones de los subsistemas.
   A. Especificación del diagrama de la arquitectura para el subsistema *n*.
      1. Diagrama de flujo de la arquitectura.
      2. Descripción del módulo del sistema.
      3. Aspectos de rendimiento.
      4. Restricciones de diseño.
      5. Asignación de los componentes del sistema.
   B. Diccionario de la arquitectura.
   C. Diagramas y descripción de la interconexión de la arquitectura.
IV. Resultados del modelado y simulación del sistema.
   A. Modelo de sistema usado para la simulación.
   B. Resultados de la simulación.
   C. Necesidades especiales de rendimiento
V. Aspectos del proyecto.
   A. Costes previstos del desarrollo.
   B. Planificación temporal prevista.
VI. Apéndices.

10.10. RESUMEN

Un sistema de alta tecnología comprende varios componentes: software, hardware, personas, bases de datos, documentación y procedimientos. La ingeniería de sistemas de computadora ayuda a traducir las necesidades del cliente en un modelo de sistema que utiliza uno o más de estos componentes.

La ingeniería de sistemas de computadora empieza tomando una «visión global». Se analizan el dominio de negocio o producto para establecer todos los requisitos básicos. El enfoque se estrecha entonces a una «visión de dominio», donde cada uno de los elementos del sistema se analiza individualmente. Cada elemento es asignado a uno o más componentes de ingeniería que son entonces estudiados por la disciplina de ingeniería correspondiente.

La ingeniería de la información es un enfoque de la ingeniería de sistemas de computadora que se usa para definir arquitecturas que permitan a un negocio utilizar la información eficazmente. La intención de la ingeniería de la información es crear minuciosas arquitecturas de datos, una arquitectura de aplicación y una infraestructura tecnológica que satisfaga las necesidades de la estrategia de negocio y los objetivos y metas de cada área de negocio.

La ingeniería de la información comprende una planificación de la estrategia de la información (PEI), un análisis del área de negocio (AAN) y un análisis específico de aplicación que de hecho forman parte de la ingeniería del software.

La ingeniería de productos es un enfoque de la ingeniería de sistemas de computadora que empieza con el análisis del sistema. El ingeniero de sistemas identifica las necesidades del cliente, determina la viabilidad económica y técnica, y asigna funciones y rendimientos al software, hardware, personas y bases de datos; los componentes clave de la ingeniería. Se produce un modelo arquitectónico del sistema o producto y se desarrollan representaciones de cada subsistema principal. Finalmente, el ingeniero de sistemas puede crear un modelo de sistema reactivo que pueda emplearse como base para una simulación del rendimiento y del comportamiento. La tarea del ingeniero de sistemas culmina con la creación de una especificación del sistema; un documento que configura el fundamento de todos los trabajos de ingeniería siguientes.

La ingeniería de sistemas de computadora demanda una intensa comunicación entre el cliente y el ingeniero de la información o de sistemas. El cliente debe entender los objetivos del sistema y ser capaz de establecerlos con claridad. El ingeniero debe saber qué preguntas efectuar, qué consejos dar y qué investigaciones realizar. Si la comunicación tiene éxito y se crea un modelo completo del sistema, se establece un sólido fundamento para la construcción del sistema.

REFERENCIAS

[BLA81] BLANCHARD, B. S., y W. J. FABRICKY, *Systems Engineering and Analysis*, Prentice-Hall, 1981, pág. 270.

[FRI77] FRIED, L. «Performing Cost Benefit Analysis», System Development Management, Auerbach Publishers, Pennsauken, NJ, 1977.

[GRA69] GRAHAM, R. M., en *Proceedings* 1969 NATO *Conference on Software Engineering*, 1969.

[HAM93] HAMMER, M., y J. CHAMPY, *Reengineering the Corporation*, Harper collings, 1993, pág. 83.

[HAR93] HARES, J. S., *Information Engineeering for the Advanced Practitioner*, Wiley, 1993, págs. 12-13.

[HAT87] HATLEY, D. J., e I. A. PIRBHAI, *Strategies for Real-Time System Specification*, Dorset House, 1987.

[JAY94] JAYCHANDRA, Y., *Reengineering the Networked Enterprise*, McGraw-Hill, 1994.

[KIN78] KING, J., y E. SCHREMS, «Cost Benefit Analysis in Information Systems Development and Operation», *ACM Computing Surveys*, vol. 10, N.° 1, marzo 1978, pág. 19-34.

[MAR90] MARTIN J., *Information Engineering: Book II- Planning and Analysis*, Prentice-Hall, 1990.

[RIS92] RISHE, N. *Database Design*, McGraw-Hill, 1992.

[MOT92] MOTAMARRI, S., «Systems Modeling and Description», *Software Engineering Note*, vol.17, N.° 2, abril 1992, págs. 57-63.

[SCII92] SCHEER, A., y A. HARS, «Extending Data Modeling to Cover the Whole Enterprise», *Communication of the ACM*, vol. 35, N.° 4, septiembre 1992, págs. 166-172.

[SCO89] SCOTT, M. D., *Computer Law*, Wiley, 1989.

[SPE93] SPEWAK, S., *Enterprise Architecture Planning*, QED Publishing, 1993.

PROBLEMAS Y PUNTOS PARA CONSIDERAR

10.1. Encuentre tantos sinónimos como pueda de la palabra «sistema». ¡Buena suerte!

10.2. Construya un «sistema de sistemas» similar al de la Figura 10.1 para un sistema grande (diferente al mostrado). Su jerarquía debería extenderse hacia abajo hasta los elementos simples del sistema (hardware, software, etc.) por lo menos en una rama del «árbol».

10.3. Seleccione un gran sistema o producto con el que esté familiarizado. Defina el conjunto de dominios que describen la visión global de él. Describa el conjunto de elementos que compongan uno o dos dominios. Para un elemento, identifique los componentes técnicos con los que hay que hacer ingeniería.

10.4. Seleccione un gran sistema o producto con el que esté familiarizado. Establezca los supuestos, simplificaciones, limitaciones, restricciones y preferencias que deberían haberse hecho para construir un modelo de sistema eficaz (y realizable).

10.5. La ingeniería de la información intenta definir la arquitectura de datos y de aplicación así como la infraestructura tecnológica. Describa qué significan estos términos y ponga un ejemplo.

10.6. La planificación de la estrategia de la información empieza por la definición de objetivos y metas. Ponga ejemplos de cada uno de los dominios de negocio.

10.7. Ha decidido empezar un negocio con envío de órdenes por correo electrónico. Como quiere llevar su negocio con eficacia, decide hacer algo de ingeniería de información. Empiece por el PEI. Construya un sencillo modelo de empresa que incluya un organigrama, esquemas de funciones y de los procesos de negocio y un modelo de datos en el ámbito del negocio.

10.8. Asumamos que una de las áreas de negocio que ha identificado para el negocio de software por correo (problema 10.7) es el proceso de pedidos por teléfono. Haga un AAN para desarrollar un modelo de datos y diagrama de flujo del proceso detallado para esta área de negocio.

10.9. Un ingeniero de sistemas puede venir de una de tres procedencias: el desarrollo de sistemas, el cliente o una tercera organización. Discuta los pros y contras de cada procedencia. Describa a un ingeniero de sistemas «ideal».

10.10. Añada al menos cinco cuestiones a la lista desarrollada en la Sección 10.6 para el SCCT. Invente dos asignaciones adicionales para el SCCT.

10.11. Su profesor les repartirá una descripción de alto nivel de un sistema o producto basado en computadora.

a. Desarrolle un conjunto de cuestiones que debería preguntar como ingeniero de sistemas.

b. Proponga al menos dos asignaciones diferentes para el sistema basándose en las respuestas de su profesor a sus preguntas.

c. En clase, compare sus respuestas con las de sus compañeros.

10.12. Desarrolle una lista de comprobación para los atributos a considerar cuando hay que evaluar la viabilidad de un sistema o producto. Estudie la interacción entre los atributos e intente proporcionar un método para puntuar cada uno de manera que se obtenga una «puntuación de viabilidad».

10.13. Investigue las técnicas de contabilidad que se emplean para un análisis detallado de coste/beneficio de un sistema basado en computadora que requiera algo de fabricación y montaje de hardware. Intente escribir un libro de directrices que pueda aplicar un gestor técnico.

10.14. Desarrolle un diagrama de contexto de arquitectura (DCA) y diagramas de flujo de arquitectura (DFA) para el sistema basado en computadora que prefiera (o uno asignado por su profesor).

10.15. Escriba una descripción de un módulo de sistema que pudiera estar contenido en la especificación de diagrama de arquitectura de uno o más de los subsistemas definidos en los DFA desarrollados para el Problema 10.14.

10.16. Investigue documentación sobre herramientas CASE y escriba una breve narración describiendo cómo trabajan las herramientas de modelado y simulación. [Alternativa: Reúna información de dos o más vendedores de CASE que suministren herramientas de modelado y simulación y valore las similitudes y las diferencias.]

10.17. Basándose en la documentación que le proporcione su profesor, desarrolle una pequeña especificación de sistema para uno de los siguientes sistemas basados en computadora:

a. Un sistema de edición de vídeo digital no lineal

b. Un escáner digital para ordenador personal

c. Un sistema de correo electrónico

d. Un sistema para apuntarse a la universidad

e. Un proveedor de acceso a Internet

f. Un sistema interactivo de reservas de hoteles

g. Un sistema de interés local

Asegúrese de crear los modelos de arquitectura descritos en la Sección 10.8.

10.18. ¿Existen características de un sistema que no se puedan establecer durante las actividades de ingeniería de sistemas de computadora? Describa las características, si existen, y explique por qué se debe retrasar su consideración a fases posteriores de la ingeniería.

10.19. ¿Existen situaciones en las que se pueda abreviar o eliminar completamente la especificación formal del sistema? Explíquelo.

OTRAS LECTURAS Y FUENTES DE INFORMACIÓN

MARTIN (*Information Engineering*, 3 volúmenes, Prentice-Hall, 1989, 1990, 1991) presenta un estudio detallado de los tópicos de la ingeniería de la información. Los libros de HARES [HAR93], SPEWAK [SPE93] y FLYNN y FRAGOSO-DÍAZ (*Information Modeling: An International Perspective*, Prentice-Hall, 1996) también tratan el tema con detalle.

Como es un tópico interdisciplinario, la ingeniería de productos es un tema difícil. Los libros de ARMSTRONG y SAGE (*Introduction to Sistem Engineering*, Wiley, 1997), MARTIN (*Systems Engineering Guidebook*, CRC Press,

1996), WYMORE (*Model-Based Systems Engineering*, CRC Press, 1993), LACY (*System Engineering Management*, McGraw-Hill, 1992), ASLAKSEN y BELCHER (*Systems Engineering,* Prentice-Hall, 1992), ATHEY (*Systematic Systems Approach*, Prentice-Hall, 1982) y BLANCHARD y FABRICKY [BLA81] estudian el proceso de ingeniería de sistemas de computadora (con diferente énfasis en ingeniería) y proporcionan una valiosa directriz.

Una excelente tutoría sobre IEEE de THAYER y DORFMAN (*System and Software Requirements Engineering*, IEEE Computer Society Press, 1990) trata la interrelación entre el sistema y aspectos del análisis de requisitos a nivel software. Un volumen compañero de los mismos autores (*Standards, Guidelines and examples:Systems and Software Requirements Engineering*, IEEE Computer Society Press, 1990) presenta un detallado tratado de estándares y directrices para el trabajo de análisis.

Los libros de ROBERTSON y ROBERTSON (*Complete Systems Analysis*, Dorset House, 1994), SILVER y SILVER (*Systems Analysis and Design*, Addison-Wesley, 1989), MODELL (*A Professional's Guide to system Analysis*, McGraw-Hill, 1988), y MCMENAMIN y PALMER (*Essential Systems Analysis,* Yourdon Press, 1984) proporcionan útiles estudios sobre la tarea de análisis de sistemas tal y como se aplica en el mundo de los sistemas de información. Cada uno contiene suplementos con estudios de CASE que ilustran los problemas, enfoques y soluciones que pueden aplicarse durante el análisis de sistemas.

Para los lectores involucrados activamente en el trabajo con sistemas o interesados en un estudio más sofisticado del tema, los libros de GERALD WEINBERG (*An Introduction to General System Thinking*, Wiley-Interscience, 1976, y *On the Design of Stable Systems*, Wiley-Interscience, 1979) se han convertido en clásicos y proporcionan un excelente tratado de «ideas generales sobre sistemas» que conduce implícitamente a un enfoque general del análisis de sistemas y diseño.

Los libros más recientes de WEINBERG (*General Principles of Systems Design*, Dorset House, 1988, y *Rethinking Systems Analysis and Design*, Dorset House, 1988) continúan con la tradición de sus trabajos anteriores.

Se puede obtener una lista muy completa de referencias a otros servidores de información sobre la «Ciencia de sistemas» en:

http://www.sea.uni-linz.ac.at

Las siguientes páginas web tratan sobre investigaciones y aplicaciones prácticas de la ingeniería de sistemas de computadora y de la información:

Teoría de Sistemas e Ingeniería de la Información

http://www.cast.uni-linz.ac.at/st/

Iniciación a la Ingeniería de la información

http://www2.echo.lu/programmes/en/fact_sheets/elpub2001.html

Página de bienvenida a la Ingeniería de Sistemas

http://rs712b.gsfc.nasa.gov/704/704home.html

Se puede encontrar una lista actualizada de referencias en la World Wide Web sobre Ingeniería de la información e Ingeniería de productos en: **http://www.rspa.com**

CAPÍTULO 11

CONCEPTOS Y PRINCIPIOS DEL ANÁLISIS

Para el éxito de un desarrollo de software es esencial una comprensión total de los requisitos del software. No importa lo bien diseñado o codificado que esté un programa si no se ha analizado correctamente, pues defraudará al usuario y frustrará al desarrollador.

La tarea del análisis de requisitos es un proceso de descubrimiento, refinamiento, modelado y especificación. Se refina en detalle el ámbito del software, inicialmente establecida por el ingeniero de sistemas y refinada durante la planificación temporal del proyecto de software. Se crean modelos de los requisitos de datos, flujo de información y control, y del comportamiento operativo. Se analizan soluciones alternativas y se asignan a diferentes elementos del software.

Tanto el desarrollador como el cliente tienen un papel activo en el análisis y especificación de los requisitos. El cliente intenta reformular su concepto a veces confuso de función software y rendimiento en detalles concretos. El desarrollador actúa como un interrogador, como consultor y como persona que resuelve problemas.

El análisis y la especificación de los requisitos puede parecer una tarea relativamente sencilla, pero las apariencias engañan. El contenido de comunicación es muy denso. Abundan las ocasiones para las malas interpretaciones o falta de información. Es muy probable que haya ambigüedad. El dilema al que se enfrenta el ingeniero del software puede entenderse muy bien repitiendo la famosa frase de un cliente anónimo: «Sé que cree que entendió lo que piensa que dije, pero no estoy seguro de que se dé cuenta de que lo que escuchó no es lo que yo quise decir».

11.1. ANÁLISIS DE REQUISITOS

El análisis de los requisitos es una tarea de ingeniería del software que cubre el hueco entre la definición del software a nivel sistema y el diseño del software (Figura 11.1).

El análisis de requisitos permite al ingeniero de sistemas especificar la función y el rendimiento del software, indica la interfaz del software con otros elementos del sistema y establece las restricciones que debe cumplir el software. El análisis de requisitos permite al ingeniero del software (a menudo llamado *analista* en esta función) refinar la definición del software y construir los modelos de los dominios de datos, funcional y de comportamiento que van a ser tratados por el software. El análisis de requisitos proporciona modelos al diseñador del software que pueden traducirse en el diseño de datos, arquitectónico, de interfaz y procedimental. Finalmente, la especificación de requisitos proporciona al diseñador y al cliente los medios para valorar la calidad una vez que se ha construido el software.

El análisis de requisitos del software puede dividirse en cinco áreas de esfuerzo: (1) reconocimiento del problema, (2) evaluación y síntesis, (3) modelado, (4) especificación y (5) revisión.

Inicialmente, el analista estudia la especificación del sistema (si existe alguna) y el *plan del proyecto de software*. Es importante entender el software en el contexto de un sistema y revisar el ámbito del software que se empleó para generar las estimaciones de la planificación. A continuación, se debe establecer la comunicación para el análisis de manera que nos garantice un

FIGURA 11.1

Análisis y puente entre la ingeniería de sistemas y el diseño de software

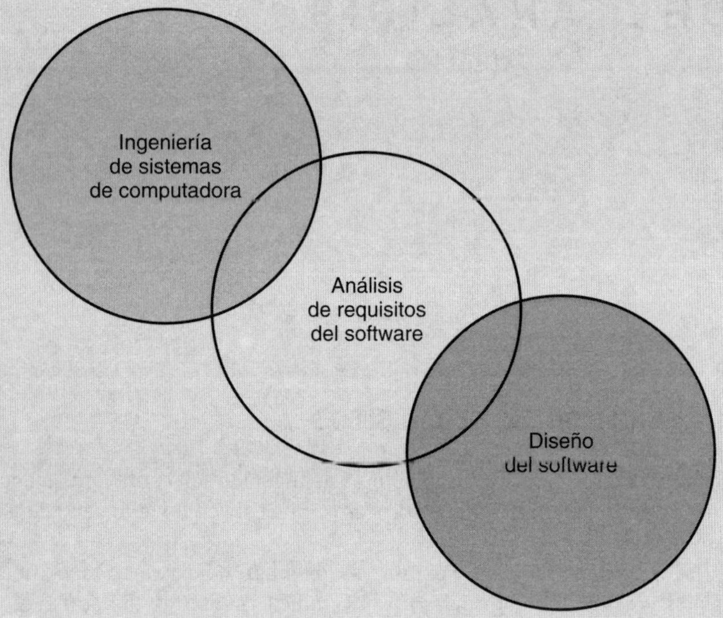

correcto reconocimiento del problema. La meta del analista es el reconocimiento de los elementos básicos del problema tal y como los percibe el usuario o el cliente.

La evaluación del problema y la síntesis de la solución es la siguiente área principal de esfuerzo en la análisis. El analista debe definir todos los objetos de datos observables externamente, evaluar el flujo y contenido de la información, definir y elaborar todas las funciones del software, entender el comportamiento del software en el contexto de acontecimientos que afectan al sistema, establecer las características de la interfaz del sistema y descubrir restricciones adicionales del diseño.

Cada una de estas tareas sirve para describir el problema de manera que se pueda sintetizar un enfoque o solución global.

Por ejemplo, un mayorista de recambios de automóviles necesita un sistema de control de inventario. El analista averigua que los problemas del sistema manual que se emplea actualmente son: (1) incapacidad de obtener rápidamente el estado de un componente; (2) dos o tres días de media para actualizar un archivo a base de tarjetas; (3) múltiples órdenes repetidas para el mismo vendedor debido a que no hay manera de asociar los vendedores con los componentes, etc. Una vez que se han identificado los problemas, el analista determina qué información va a producir el nuevo sistema y qué información se le proporcionará al sistema[1]. Por ejemplo, el cliente desea un informe diario que indique qué piezas se han tomado del inventario y cuántas piezas similares quedan. El cliente indica que los encargados del inventario registrarán el número de identificación de cada pieza cuando salga del inventario.

Una vez evaluados los problemas actuales y la información deseada (entradas y salidas), el analista empieza a sintetizar una o más soluciones. Para empezar, se definen en detalle los datos, las funciones de tratamiento y el comportamiento del sistema. Una vez que se ha establecido esta información, se consideran las arquitecturas básicas para la implementación. Un enfoque cliente/servidor parecería apropiada, pero ¿está dentro del ámbito esbozado en el plan software? Parece que sería necesario un sistema de gestión de bases de datos, pero, ¿está justificada la necesidad de asociación del usuario/cliente? El proceso de evaluación y síntesis continúa hasta que ambos, el analista y el cliente, se sienten seguros de que se puede especificar adecuadamente el software para posteriores fases de desarrollo.

A lo largo de la evaluación y síntesis de la solución, el enfoque primario del analista está en el «qué» y *no* en el «cómo». *¿Qué* datos produce y consume el sistema, *qué* funciones debe realizar el sistema, *qué* interfaces se definen y qué restricciones son aplicables? [2]

Durante la actividad de evaluación y síntesis de la solución, el analista crea modelos del sistema en un esfuerzo de entender mejor el flujo de datos y de control, el tratamiento funcional y el comportamiento operativo y el contenido de la información. El modelo sirve como fundamento para el diseño del software y como base para la creación de una especificación del software.

Es importante recalcar que no es posible una especificación detallada en esta etapa. El cliente puede no estar seguro de lo que quiere. El desarrollador puede no estar seguro de que un enfoque específico consiga apropiadamente el funcionamiento y rendimiento adecuados. Por estas y otras muchas razones, se puede llevar a cabo un enfoque alternativo del análisis de requisitos, denominado *creación de prototipos o prototipado* (Capítulo 2). Tratamos la creación de prototipos más adelante en este capítulo.

---

[1] En realidad, mucha de esta información se adquiriría como parte de una actividad de ingeniería de la información (Capítulo 10) si se llevara a cabo.

[2] Davis [DAV93] argumenta que los términos «qué» y «cómo» son demasiado vagos. Puede leer su libro si desea leer un interesante debate del tema.

11.2. TÉCNICAS DE COMUNICACIÓN

El análisis de requisitos del software siempre empieza con la comunicación entre dos o más partes. Un *cliente* tiene un problema que pretende sea resuelto con una solución basada en computadora.

Un desarrollador responde a la solicitud de ayuda del cliente. La comunicación ha empezado. Pero como ya hemos señalado, el camino de la comunicación al entendimiento está a menudo lleno de baches.

11.2.1. Inicio del proceso

La técnica de análisis más usada para cubrir el hueco de comunicación entre el cliente y el desarrollador y para empezar el proceso de comunicación es llevar a cabo una reunión o entrevista preliminar. La primera reunión entre el ingeniero del software (el analista) y el cliente puede compararse con la primera cita entre dos adolescentes. Nadie sabe qué decir o preguntar; los dos están preocupados de que lo que digan sea malentendido; ambos piensan qué pasará (los dos pueden tener expectativas radicalmente diferentes); los dos están deseando que aquello termine, pero, al mismo tiempo, ambos desean que la cita sea un éxito.

Sin embargo, hay que empezar la comunicación. Gause y Weinberg [GAU89] sugieren que el analista empiece preguntando *cuestiones de contexto libre*. Es decir, un conjunto de preguntas que llevarán a un entendimiento básico del problema, qué solución busca, la naturaleza de la solución que se desea y la efectividad del primer encuentro. El primer conjunto de cuestiones de contexto libre se enfoca sobre el cliente, los objetivos generales y los beneficios esperados. Por ejemplo, el analista podría preguntar:

- ¿Quién está detrás de la solicitud de este trabajo?
- ¿Quién utilizará la solución?
- ¿Cuál será el beneficio económico del éxito de una solución?
- ¿Hay alguna otra alternativa para la solución que necesita?

El siguiente conjunto de preguntas permite al analista obtener un mejor entendimiento del problema y al cliente comentar sus opiniones sobre la solución:

- ¿Cómo caracterizaría una «buena» salida (resultado) generada para una buena solución?
- ¿A qué tipo de problema(s) va dirigida esta solución?
- ¿Puede mostrarme (o describirme) el entorno en que se utilizará la solución?
- ¿Hay aspectos o restricciones especiales del rendimiento que afecten a la manera de enfocar la solución?

El último conjunto de preguntas se concentra en la eficacia de la reunión. Gauge y Weinberg [GAU89] las denominan «meta-preguntas» y proponen la siguiente lista (abreviada):

- ¿Es usted la persona adecuada para responder a estas preguntas? ¿Sus respuestas son «oficiales»?
- ¿Son adecuadas mis preguntas para el problema que tiene usted?
- ¿Estoy preguntando demasiado?
- ¿Hay alguien más que pueda proporcionar información adicional?
- ¿Hay algo más que debería preguntarle?

Estas preguntas (y otras) ayudarán a «romper el hielo» e iniciar la comunicación tan esencial para el éxito del análisis. Pero el formato de reunión tipo «pregunta y respuesta» no es un enfoque que haya tenido mucho éxito. De hecho , esta sesión de preguntas y respuestas debería emplearse solamente en el primer encuentro y sustituirse después por una modalidad que combine elementos de resolución del problema, negociación y especificación. En la siguiente sección se presenta un enfoque a reuniones de este tipo.

11.2.2. Técnicas para facilitar las especificaciones de una aplicación

Los clientes y los ingenieros del software a menudo tienen una mentalidad inconsciente de «nosotros y ellos». En vez de trabajar como un equipo para identificar y refinar los requisitos, cada uno define por derecho su propio «territorio» y se comunica a través de una serie de memorandos, papeles de posiciones formales, documentos y sesiones de preguntas y respuestas. La historia ha demostrado que este método no funciona muy bien. Abundan los malentendidos, se omite información importante y nunca se establece una buena relación de trabajo.

Con estos problemas en mente es por lo que algunos investigadores independientes han desarrollado un enfoque orientado al equipo para la reunión de requisitos que se aplica durante las primeras fases del análisis y especificación. Denominadas *Técnicas para facilitar las especificaciones de la aplicación* (TFEA), este enfoque es partidario de la creación de un equipo conjunto de clientes y desarrolladores que trabajan juntos para identificar el problema, proponer soluciones, negociar diferentes enfoques y especificar un conjunto preliminar de requisitos de la solución [ZAH90]. Hoy en día, las TFEA son empleadas de forma general por los sistemas de información, pero la técnica ofrece un potencial de mejora en aplicaciones de todo tipo.

Se han propuesto muchos enfoques diferentes de TFEA[3]. Cada uno utiliza un escenario ligeramente diferente, pero todos aplican alguna variación en las siguientes directrices básicas:

- La reunión se celebra en un lugar neutral y acuden tanto los clientes como los desarrolladores.
- Se establecen normas de preparación y de participación.
- Se sugiere una agenda lo suficientemente formal como para cubrir todos los puntos importantes pero lo suficientemente informal como para animar el libre flujo de ideas.
- Un «coordinador» (que puede ser un cliente, un desarrollador o un tercero) que controle la reunión.
- Se usa un «mecanismo de definición» (que puede ser hojas de trabajo, gráficos, carteles o pizarras).
- El objetivo es identificar el problema, proponer elementos de solución, negociar diferentes enfoques y especificar un conjunto preliminar de requisitos de la solución en una atmósfera que permita alcanzar el objetivo.

Para comprender mejor el flujo de acontecimientos tal y como ocurren en una reunión TFEA, presentamos un pequeño escenario que esboza la secuencia de acontecimientos que llevan a la reunión, los que ocurren en la reunión y los que la siguen.

En las reuniones iniciales entre el desarrollador y el cliente (Sección 11.2.1) se dan preguntas y respuestas básicas que ayudan a establecer el ámbito del problema y la percepción global de una solución. Fuera de estas reuniones iniciales, el cliente y el desarrollador escriben una «solicitud de producto» de una o dos páginas. Se selecciona lugar, fecha y hora de reunión TFEA y se elige un *coordinador*. Se invita a participar a representantes de ambas organizaciones; la del cliente y la de desarrollo. Se distribuye la solicitud de producto a los asistentes antes de la fecha de reunión.

Mientras se revisa la solicitud días antes de la reunión, se pide a todos los asistentes que hagan una lista de objetos que formen parte del entorno del sistema, otros objetos que debe producir el sistema y objetos que usa el sistema para desarrollar sus funciones. Además, se pide a todos los asistentes que hagan otra lista de *servicios* (procesos o funciones) que manipulan o interactúan con los objetos. Finalmente, se desarrollan también listas de *restricciones* (p. ej.: costes, tamaño, peso) y *criterios de rendimiento* (p. ej.: velocidad, precisión). Se informa a los asistentes que no se espera que las listas sean exhaustivas, pero que sí que reflejen su punto de vista del sistema.

Por ejemplo[4], imagínese que a un equipo de trabajo TFEA de una compañía de productos para el consumidor se le ha dado la siguiente descripción del producto:

> Nuestras investigaciones indican que el mercado de sistemas de seguridad para el hogar está creciendo a un ritmo del 40 por ciento anual. Nos gustaría entrar en este mercado construyendo un sistema de seguridad para el hogar basado en un microprocesador que proteja y/o reconozca varias situaciones indeseables tales como irrupciones ilegales, fuego, inundaciones y otras. El producto, provisionalmente llamado HogarSeguro, utilizará los sensores adecuados para detectar cada situación, puede programarse por el propietario del hogar y llamará automáticamente a una agencia de vigilancia cuando se detecte alguna de estas situaciones.

En realidad, se proporcionaría considerablemente más información en esta fase. Pero incluso con información adicional, habría ambigüedades presentes, existirán omisiones probablemente y podrían ocurrir errores. Por ahora, la «descripción de producto» anterior bastará.

El equipo TFEA está compuesto por representantes de mercadotecnia, ingeniería del software y del hardware y de la fabricación. Participará un coordinador externo.

Todos los componentes del equipo TFEA (Figura 11.2) desarrollan las listas descritas anteriormente. Los objetos descritos para HogarSeguro podrían incluir detectores de humo, sensores de ventanas y puertas, detectores de movimientos, una alarma, un acontecimiento (se ha activado un sensor), un panel de control, una pantalla, números de teléfono, una llamada de teléfono, etc. La lista de servicios podría incluir la instalación de la alarma, vigilancia de los sensores, marcado de teléfono, programación del panel de control y lectura de la pantalla (fíjese que los servicios actúan sobre los objetos). De igual manera, todos los asistentes TFEA desarrollarán una lista de restricciones (p. ej.: el sistema debe tener un coste de fabricación de menos de 200$, debe tener una interfaz amigable con el usuario y debe conectar directamente con una línea telefónica estándar) y de criterios de rendimiento (p. ej.: un acontecimiento detectado por un sensor debe reconocerse en un segundo; se debería implementar un esquema de prioridad de acontecimientos).

---

[3] Dos de los enfoques más populares de TFEA son *Desarrollo conjunto de aplicaciones* (JAD), desarrollado por IBM, y *The METHOD*, desarrollado por Performance Resources, Inc., Falls Church, VA.

[4] Este ejemplo (con extensiones y variaciones) se empleará para ilustrar métodos importantes de ingeniería del software en muchos de los capítulos siguientes. Como ejercicio, sería útil que realizara su propia reunión TFEA y desarrollara un conjunto de listas.

FIGURA 11.2

La reunión TFEA

Cuando empieza la reunión, el primer tema de estudio es la necesidad y justificación del nuevo producto, pues todo el mundo debería estar de acuerdo en que el desarrollo (o adquisición) del producto está justificada. Una vez que se ha conseguido el acuerdo, cada participante presenta sus listas para su estudio. Las listas pueden exponerse en las paredes de la habitación usando largas hojas de papel, pinchadas o pegadas, o escritas en una pizarra. Idealmente debería poderse manejar separadamente cada entrada de las listas para poder combinarlas, borrarlas o añadir otras. En esta fase, está estrictamente prohibido el debate o las críticas.

Una vez que se han presentado las listas individuales sobre un tema, el grupo crea una lista combinada. La lista combinada elimina las entradas redundantes y añade las ideas nuevas que se les ocurran durante la presentación, pero no se elimina nada más. Cuando se han creado las listas combinadas de todos los temas, sigue el estudio —moderado por el coordinador—. La lista combinada es ordenada, ampliada o redactada de nuevo para reflejar apropiadamente el producto o sistema que se va a desarrollar. El objetivo es desarrollar una lista de consenso por cada tema (objetos, servicios, restricciones y rendimiento). Después estas listas se ponen a parte para utilizarlas posteriormente.

Una vez que se han completado las listas de consenso, el equipo se divide en subequipos; cada uno trabaja para desarrollar una *mini-especificación* de una o más entradas de cada lista. La mini-especificación es una elaboración de la palabra o frase contenida en una lista. Por ejemplo, la mini-especificación del objeto **panel de control** de HogarSeguro podría ser:

- montado en la pared;
- tamaño aproximadamente de 9 × 5 pulgadas;
- contiene el teclado estándar de 12 teclas y teclas especiales;
- contiene una pantalla LCD de la forma mostrada en el bosquejo (no presentado aquí);
- toda la interacción del cliente se hace a través de las teclas usadas para activar o desactivar el sistema;
- software para proporcionar una directriz de empleo, recordatorios, etc., conectado a todos los sensores.

Cada subequipo presenta entonces sus mini-especificaciones a todos los asistentes TFEA para estudiarlas. Se realizan nuevos añadidos, eliminaciones y se sigue elaborando. En algunos casos, el desarrollo de algunas mini-especificaciones descubrirá nuevos objetos, servicios, restricciones o requisitos de rendimiento que se añadirán a las listas originales. Durante todas los estudios, el equipo sacará a relucir aspectos que no podrán resolverse durante la reunión. Se hará una lista de estas ideas para tratarlas más adelante.

Una vez que se han completado las mini-especificaciones, cada asistente de la TFEA hace una lista de criterios de validación del producto/sistema y presenta su lista al equipo. Se crea así una lista de consenso de criterios de validación. Finalmente, uno o más participantes (o algún tercero) es asignado para escribir el borrador entero de especificación con todo lo expuesto en la reunión TFEA.

TFEA no es la panacea de los problemas que se encuentran en las primeras reuniones de requisitos, pero el enfoque de equipo proporciona las ventajas de muchos puntos de vista, estudio y refinamiento instantáneo y un paso adelante hacia el desarrollo de una especificación.

11.2.3. Despliegue de la función de calidad

El *despliegue de la función calidad* (DFC) es una técnica de gestión de calidad que traduce las necesidades del cliente en requisitos técnicos del software. Originalmente desarrollado en Japón y usado por primera vez en Kobe Shipyard of Mitsubishi Heavy Industries, Ltd. A primeros de los años 70, DFC «se concentra en maximizar la satisfacción del cliente» [ZUL92]. Para conseguirlo, DFC hace énfasis en entender lo que resulta valioso para el cliente y después desplegar estos valores a lo largo del proceso de ingeniería.

DFC identifica tres tipos de requisitos [ZUL92]:

Requisitos normales. Se declaran objetivos y metas para un producto o sistema durante las reuniones con el cliente. Si estos requisitos están presentes, el cliente quedará satisfecho. Ejemplos de requisitos normales podrían ser peticiones de tipos de presentación gráfica, funciones específicas del sistema y niveles definidos de rendimiento.

Requisitos esperados. Estos requisitos son implícitos al producto o sistema y pueden ser tan fundamentales que el cliente no los declara explícitamente. Su ausencia sería motivo de una insatisfacción significativa. Ejemplos de requisitos esperados son: facilidad de interacción hombre-máquina, buen funcionamiento y fiabilidad general, y facilidad de instalación del software.

Requisitos innovadores. Estas características van más allá de las expectativas del cliente y suelen ser muy satisfactorias. Por ejemplo, se pide un software procesador de textos con las características estándar. El producto entregado contiene ciertas capacidades de diseño de página que resultan muy válidas y que no eran esperadas.

En realidad, el DFC se extiende a todo el proceso de ingeniería [AKA90]. Sin embargo, muchos conceptos DFC son aplicables al problema de la comunicación con el cliente a que se enfrenta un ingeniero del software durante las primeras fases del análisis de requisitos. Presentamos una visión general sólo de estos conceptos (adaptados al software de computadora) en los párrafos siguientes.

En las reuniones con el cliente el *despliegue de función* se emplea para determinar el valor de cada función requerida para el sistema. El *despliegue de información* identifica tantos los objetos de datos como los acontecimientos que el sistema debe producir y consumir. Estos están unidos a las funciones. Finalmente, la *exposición de tareas* examina el comportamientos del sistema o producto dentro del contexto de su entorno. El *análisis de valor* es llevado a cabo para determinar la prioridad relativa de requisitos determinada durante cada uno de los tres despliegues mencionados anteriormente.

El DFC utiliza observaciones y entrevistas con el cliente, emplea encuestas y examina datos históricos (p. ej.: informes de problemas) como datos de base para la actividad de recogida de requisitos. Estos datos se traducen después en una tabla de requisitos –denominada *tabla de opinión del cliente*– que se revisa con el cliente. Entonces se usa una variedad de diagramas, matrices y métodos de evaluación para extraer los requisitos esperados e intentar obtener requisitos innovadores [BOS91].

11.3. PRINCIPIOS DEL ANÁLISIS

Durante las dos pasadas décadas, los investigadores han identificado los problemas del análisis y sus causas y han desarrollado varias notaciones de modelado y sus correspondientes conjuntos de heurísticas para solucionarlos. Cada método de análisis tiene su punto de vista. Sin embargo, todos los métodos de análisis se relacionan por un conjunto de principios operativos:

1. Debe representarse y entenderse el dominio de información de un problema.
2. Deben definirse las funciones que debe realizar el software.
3. Debe representarse el comportamiento del software (como consecuencia de acontecimientos externos).
4. Deben dividirse los modelos que representan información, función y comportamiento de manera que se descubran los detalles por capas (o jerárquicamente).
5. El proceso de análisis debería ir desde la información esencial hasta el detalle de la implementación.

Aplicando estos principios, el analista se aproxima al problema sistemáticamente. Se examina el dominio de información de manera que pueda entenderse completamente la función. Se emplean modelos para poder comunicar de forma compacta las características de la función y su comportamiento. Se aplica la partición para reducir la complejidad. Son necesarias las visiones esenciales y de implementación del software para acomodar las restricciones lógicas impuestas por los requisitos del procesamiento y las restricciones físicas impuestas por otros elementos del sistema.

Además de los principios operativos de análisis mencionados anteriormente, Davis [DAV95a] sugiere un conjunto[5] de principios directrices para la «ingeniería de requisitos»:

- *Entender el problema antes de empezar a crear el modelo de análisis*. Hay tendencia a precipitarse en busca de una solución, incluso antes de entender el problema. ¡Esto lleva a menudo a un elegante software para el problema equivocado!
- *Desarrollar prototipos que permitan al usuario entender como será la interacción hombre-máquina*. Como el concepto de calidad del software se basa a menudo en la opinión sobre la «amigabilidad» de la interfaz, el desarrollo de prototipos (y la iteración que se produce) es altamente recomendable.

[5] Aquí se menciona sólo un pequeño subconjunto de los principios de ingeniería de requisitos de Davis. Para obtener más información, véase [DAV95a].

- *Registrar el origen y la razón de cada requisito.* Éste es el primer paso para establecer un seguimiento hasta el cliente
- *Usar múltiples planteamientos de requisitos.* La construcción de modelos de datos, funcionales y de comportamiento le proporcionan al ingeniero del software tres puntos de vista diferentes. Esto reduce la probabilidad de que se olvide algo y aumenta la probabilidad de reconocer la falta de consistencia.
- *Dar prioridad a los requisitos.* Las fechas ajustadas de entrega pueden impedir la implementación de todos los requisitos del software. Si se aplica un modelo de proceso incremental (Capítulo 2), se deben identificar los requisitos que se van a entregar en la primera entrega.
- *Trabajar para eliminar la ambigüedad.* Como la mayoría de los requisitos están descritos en un lenguaje natural, abunda la oportunidad de ambigüedades. El empleo de revisiones técnicas formales es una manera de descubrir y eliminar la ambigüedad.

Un ingeniero del software que se aprenda estos principios de memoria es muy probable que desarrolle una especificación del software que proporcione un excelente fundamento para el diseño.

11.3.1. El dominio de la información

Todas las aplicaciones software pueden denominarse colectivamente *procesamiento de datos*. Es interesante que este término contenga una clave para nuestro entendimiento de los requisitos del software. El software se construye para procesar *datos*, para transformar datos de una forma a otra, es decir, para aceptar entrada de información, manipularla de alguna manera, y producir una salida de información. Esta declaración fundamental de objetivo es cierta tanto si construimos software por lotes para un sistema de nóminas o software dedicado de tiempo real para controlar el flujo de combustible de un motor de automóvil.

Es importante recalcar, sin embargo, que el software también procesa acontecimientos. Un acontecimiento representa algún aspecto de control del sistema y no es más que un dato binario (es encendido o apagado, verdadero o falso, allí o no). Por ejemplo, un sensor de presión detecta la presión que excede de un valor seguro y envía una señal de alarma al software de vigilancia.

La señal de alarma es un acontecimiento que controla el comportamiento del sistema. Por tanto, los datos (números, caracteres, imágenes, sonidos, etc.) y el control (acontecimientos) residen dentro del *dominio de la información* de un problema.

El primer principio operativo de análisis requiere el examen del dominio de la información. Este dominio contiene tres visiones diferentes de los datos y del control a medida que se procesa cada uno en un programa de computadora: (1) contenido de la información y relaciones, (2) flujo de la información y (3) estructura de la información. Para entender completamente el dominio de la información, debería estudiarse cada una de estas visiones.

El *contenido de la información* representa los objetos individuales de datos y de control que componen alguna colección mayor de información a la que transforma el software. Por ejemplo, el objeto datos **cheque** es una composición de varios componentes de información importantes: el nombre del beneficiario, la cantidad neta a pagar, el importe bruto, deducciones, etc. Por tanto, el *contenido* de **cheque** es definido por los *atributos* necesarios para crearlo. Similarmente, el contenido de un objeto de control denominado **estado del sistema** podría definirse por una cadena de bits. Cada bit representa un elemento diferente de información que indica si un dispositivo en particular está en línea o fuera de línea.

Los objetos de datos y de control pueden relacionarse con otros objetos de datos o de control. Por ejemplo, el objeto de datos cheque tiene una o más relaciones con los objetos **empleado, banco** y otros. Durante el análisis del dominio de la información, se deberían definir estas relaciones.

El *flujo de la información* representa cómo cambian los datos y el control a medida que se mueven dentro de un sistema. Como se muestra en la Figura 11.3, los objetos de entrada se transforman para intercambiar información (datos/o control), hasta que se transforman en información de salida. A lo

FIGURA 11.3

Flujo y transformación de la información

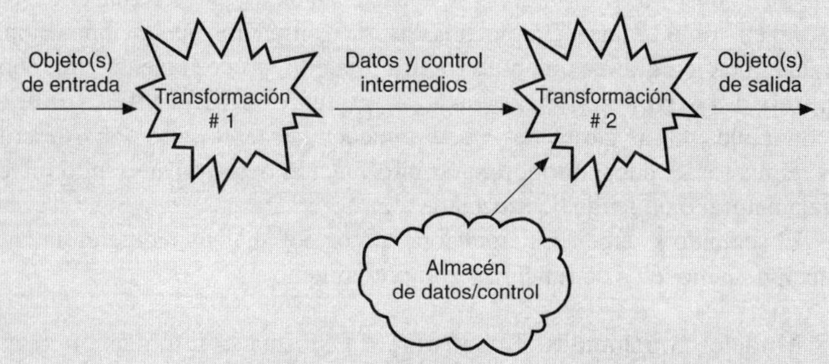

largo de este camino de transformación (o caminos), se puede introducir información adicional de un *almacén de datos* (p. ej.: un archivo en disco o memoria intermedia). Las transformaciones que se aplican a los datos son funciones o subfunciones que debe realizar un programa. Los datos y control que se mueven entre dos transformaciones (funciones) definen la interfaz de cada función.

La *estructura de la información* representa la organización interna de los elementos de datos o de control. ¿Hay que organizar los elementos de datos o de control como una tabla de dimensión-*n* o como una estructura jerárquica en árbol?

Dentro del contexto de la estructura, ¿qué información está relacionada con otra información? ¿Está contenida toda la información en una sola estructura o se van a utilizar varias? ¿Cómo se relaciona la información de una estructura con la de otra? Estas preguntas y otras se responden mediante una valoración de la estructura de la información. Debería resaltarse que la *estructura de datos*, un concepto afín que se estudiará más adelante en este libro, se refiere al diseño e implementación de la estructura de la información.

11.3.2. Modelado

Los modelos se crean para entender mejor la entidad que se va a construir. Cuando la entidad es algo físico (un edificio, un avión, una máquina), podemos construir un modelo idéntico en forma, pero más pequeño. Sin embargo, cuando la entidad que se va a construir es software, nuestro modelo debe tomar una forma diferente. Debe ser capaz de modelar la información que transforma el software, las funciones (y subfunciones) que permiten que ocurran las transformaciones y el comportamiento del sistema cuando ocurren estas transformaciones.

Durante el análisis de los requisitos del software, creamos modelos del sistema a construir. Los modelos se concentran en lo que debe hacer el sistema, no en cómo lo hace. En muchos casos, los modelos que creamos emplean una notación gráfica que muestra información, procesamiento, comportamiento del sistema y otras características con diferentes símbolos reconocibles. Otras partes del modelo pueden ser texto puro. Para describir los requisitos se puede proporcionar información descriptiva usando un lenguaje natural o un lenguaje especializado.

El segundo y tercer principios operativos del análisis requieren la construcción de modelos de función y comportamiento.

Modelos funcionales. El software transforma la información, y para hacerlo, debe realizar al menos tres funciones genéricas: entrada, procesamiento y salida. Cuando se crean modelos funcionales de una aplicación, el ingeniero del software se concentra en funciones específicas del problema. El modelo funcional empieza con un sencillo modelo a nivel de contexto (p. ej.: el nombre del software que se va a construir). Después de una serie de iteraciones, se consiguen más y más detalles funcionales, hasta que se consigue representar una minuciosa definición de toda la funcionalidad del sistema.

Modelos de comportamiento. La mayoría del software responde a los acontecimientos del mundo exterior. Esta característica estímulo-respuesta forma la base del modelo del comportamiento. Un programa de computadora siempre está en un *estado*, un modo de comportamiento observable exteriormente (p. ej.: esperando, calculando, imprimiendo, haciendo cola) que cambia sólo cuando ocurre algún acontecimiento. Por ejemplo, el software permanecerá en el *estado de espera* hasta que (1) un reloj interno le indique que ha pasado cierto intervalo de tiempo, (2) un acontecimiento externo (p. ej.: un movimiento del ratón) provoca una interrupción, o (3) un sistema externo señala al software que actúe de alguna manera. Un modelo de comportamiento crea una representación de los estados del software y los acontecimientos que causan que cambie de estado.

Los modelos creados durante el análisis de requisitos desempeñan unos papeles muy importantes:

- El modelo ayuda al analista a entender la información, la función y el comportamiento del sistema, haciendo por tanto más fácil y sistemática la tarea de análisis de requisitos.
- El modelo se convierte en el punto de mira para la revisión y por tanto la clave para determinar si se ha completado, su consistencia y la precisión de la especificación.
- El modelo se convierte en el fundamento para el diseño, proporcionando al diseñador una representación esencial del software que pueda trasladarse al contexto de la implementación.

Los métodos de análisis estudiados en los Capítulos 12 y 20 son de hecho métodos de modelado. Aunque el método de modelado empleado es a menudo cuestión de preferencias personales (o de la organización), la actividad de modelado es fundamental para un buen trabajo de análisis.

11.3.3. Partición

A menudo los problemas son demasiado grandes o complejos para entenderlos globalmente. Por este motivo, tendemos a hacer una *partición* (dividir) de estos problemas en partes que puedan entenderse fácilmente y establecer las interacciones entre las partes de manera que se pueda conseguir la función global. El cuarto principio operativo del análisis sugiere que se pueden partir los dominios de la información, funcional y de comportamiento.

En esencia, la partición descompone un problema en sus partes constitutivas. Conceptualmente, establecemos una representación jerárquica de la información o de la función y después partimos el elemento de orden superior (1) exponiendo más detalles cada vez al movernos verticalmente en la jerarquía o (2) descomponiendo el problema si nos movemos horizontalmente en la jerarquía. Para ilustrar estos enfoques de partición, reconsideremos el sistema de seguridad HogarSeguro descrito en la Sección 11.2.2. La asignación de software para HogarSeguro (obtenido como consecuencia de las actividades de ingeniería del sistema y de las reuniones TFEA) puede establecerse en los párrafos siguientes:

> El software de HogarSeguro permite al propietario configurar el sistema de seguridad cuando se instala, vigila todos los sensores conectados al sistema de seguridad e interactúa con el propietario a través de un teclado y teclas funcionales del panel de control de HogarSeguro mostrado en la Figura 11.4.
>
> Durante la instalación, el panel de control de HogarSeguro se emplea para «programar» y configurar el sistema. A cada sensor se le asigna un número y un tipo, se programa una contraseña para armar y desarmar el sistema y se introducen el (los) número(s) de teléfono que se marcará cuando un sensor detecte un acontecimiento que haga saltar la alarma.
>
> Cuando un sensor detecta un acontecimiento, el software invoca una alarma sonora asociada al sistema. Después de un retardo especificado por el propietario durante la configuración del sistema, el software marca un número de teléfono de una empresa de seguridad y proporciona información sobre la dirección, informando de la naturaleza del acontecimiento detectado. El número se volverá a marcar cada 20 segundos hasta que se obtenga la conexión telefónica.
>
> Toda la interacción con HogarSeguro es manejada por un subsistema de interacción con el usuario que lee la entrada de información proporcionada a través del teclado y las teclas funcionales, las pantallas que presentan mensajes y el estado del sistema en la pantalla LCD. La interacción con el teclado toma la siguiente forma...

Los requisitos del software de HogarSeguro pueden analizarse partiendo los dominios de información, funcional y de comportamiento del producto. Para ilustrarlo, partiremos el dominio funcional del problema. La Figura 11.5 ilustra una descomposición horizontal del software HogarSeguro. El problema se parte mediante la representación de las funciones constitutivas del software HogarSeguro, moviéndose horizontalmente en la jerarquía funcional. En el primer nivel de la jerarquía aparecen tres funciones principales.

FIGURA 11.4

Panel de control de HogarSeguro (en capítulos posteriores se detallará una descripción de las funciones del panel)

FIGURA 11.5

HogarSeguro: partición horizontal de una función

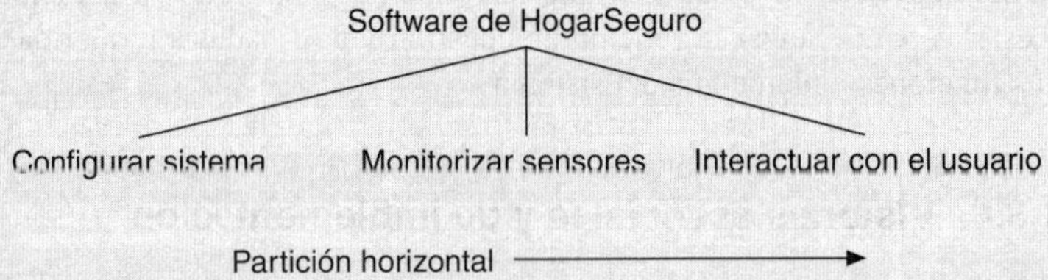

Las subfunciones asociadas con una función principal de HogarSeguro pueden examinarse mediante la exposición vertical detallada en la jerarquía, tal y como se ilustra en la Figura 11.6. Moviéndose hacia abajo a lo largo de un camino, por ejemplo la función **sensores de vigilancia**, la partición se hace vertical para mostrar mayores niveles de detalle funcional.

El enfoque de partición que hemos aplicado a las funciones de HogarSeguro puede aplicarse también al dominio de la información y al de comporta-

FIGURA 11.6

HogarSeguro: partición vertical de la función

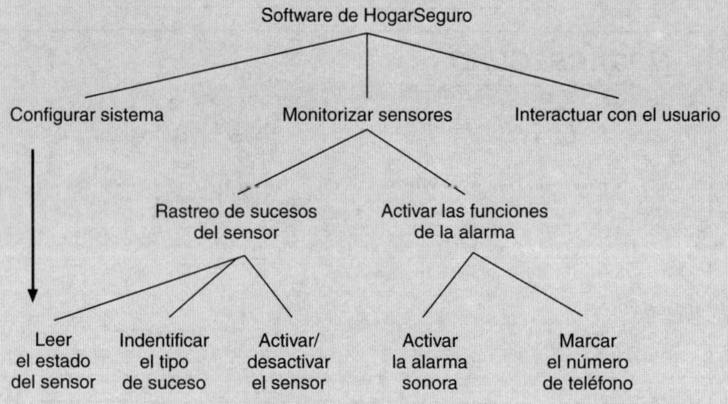

miento. De hecho, la partición del flujo de la información y del comportamiento del sistema (tratados en el Capítulo 12) proporcionará una visión más profunda de los requisitos del sistema. A medida que se parte el sistema, se obtienen las interfaces entre las funciones. Los datos y elementos de control que se mueven a través de una interfaz deberían restringirse a las entradas necesarias para realizar la función en cuestión y a las salidas requeridas por otras funciones o elementos del sistema.

11.3.4. Visiones esenciales y de implementación[6]

Una *visión esencial* de los requisitos del software presenta las funciones a conseguir y la información a procesar mínimos sin tener en cuenta los detalles de la implementación. Por ejemplo, la visión esencial de la función de HogarSeguro **leer el estado del sensor** no tiene nada que ver con la forma física de los datos o el tipo de sensor que se emplea. De hecho, se podría argumentar que **leer estado** sería un nombre más apropiado para esta función, ya que ignora totalmente los detalles del mecanismo de entrada. Igualmente, un *modelo de datos* esencial del elemento datos **número de teléfono** (implicado en la función **marcar número de teléfono**) puede representarse en esta fase independientemente de la estructura de los datos (si es que hay alguna) usada para implementar el elemento datos. Enfocando nuestra atención en la esencia del problema en las primeras fases del análisis de requisitos, dejamos abiertas nuestras opciones para especificar los detalles de implementación durante fases posteriores de especificación de requisitos y diseño del software.

La *visión de implementación* de los requisitos del software introduce la manifestación en el mundo real de las funciones de procesamiento y las estructuras de la información. En algunos casos, se desarrolla una representación física en la primera fase del diseño del software. Sin embargo, la mayoría de los sistemas basados en computadora se especifican de manera que se acomode a ciertos detalles de implementación. Un dispositivo de entrada de información a HogarSeguro podría ser un sensor de perímetro (no un perro guardián, un guardia de seguridad o una trampa). El sensor detecta una entrada no autorizada al detectar una ruptura en un circuito electrónico. Las características generales del sensor deberían tenerse en cuenta como parte de la especificación de los requisitos del software. El analista debe reconocer las restricciones impuestas por elementos predefinidos del sistema (el sensor) y considerar la visión de implementación de la función y de la información cuando tal visión es apropiada.

Ya hemos comentado anteriormente que el análisis de los requisitos del software debería concentrarse en *qué* es lo que debe hacer el software, en vez de *cómo* se implementará el procesamiento. Sin embargo, la visión de implementación no debería interpretarse necesariamente como una representación del *cómo*. Más bien, un modelo de implementación representa el modo actual de operación, es decir, la asignación existente o propuesta de todos los elementos del sistema. El modelo esencial (de función o datos) es genérico en el sentido de que la realización de la función no se indica explícitamente.

11.4. CREACIÓN DE PROTOTIPOS DEL SOFTWARE

El análisis hay que hacerlo independientemente del paradigma de ingeniería del software que se aplique. Sin embargo, la *forma* que toma este análisis varía. En algunos casos es posible aplicar los principios operativos del análisis y obtener un modelo de software del que se pueda desarrollar un diseño. En otras situaciones, se realizan recopilaciones de requisitos (por TFEA, DFC u otras técnicas de *brainstorming* [JOR89]), se aplican los principios del análisis y se construye un modelo del software a fabricar denominado *prototipo* para que lo valore el cliente y el desarrollador. Finalmente, hay circunstancias

[6] Mucha gente utiliza términos visión «lógica» y «física» para referirse al mismo concepto.

que requieren la construcción de un prototipo al comienzo del análisis, ya que el modelo es el único medio a través del cual se pueden obtener eficazmente los requisitos. El modelo evoluciona después hacia la producción del software.

Boar [BOA84] justifica la técnica de la creación de prototipos de esta manera:

> Los métodos actuales más recomendados para definir los requisitos de sistemas de negocio están diseñados para establecer un conjunto definitivo, completo, consistente y correcto de requisitos antes de que el usuario diseñe, construya, vea o experimente el sistema. La habitual y repetitiva experiencia industrial indica que a pesar del uso de técnicas rigurosas, en muchos casos los usuarios todavía rechazan las aplicaciones por no considerarlas correctas o completas cuando se han terminado. Consecuentemente se necesita una cara y prolongada revisión para armonizar la especificación original con la prueba definitiva de las necesidades operativas reales. En el peor de los casos, en vez de hacer una remodelación del sistema entregado, se abandona. Los desarrolladores pueden construir y probar en contra de las especificaciones pero los usuarios aceptan o rechazan en función de las realidades operativas actuales y verdaderas.

Aunque la cita anterior representa una visión extremista, su argumento fundamental es de peso. En muchos (pero no todos) los casos, la construcción de un prototipo, emparejada probablemente con métodos sistemáticos de análisis, supone un enfoque eficaz de la ingeniería del software.

11.4.1. Selección del enfoque de creación de prototipos

El paradigma de creación de prototipos puede ser cerrado o abierto. El enfoque cerrado se denomina a menudo *prototipo desechable*. Este prototipo sirve únicamente como una basta demostración de los requisitos. Después se desecha, y se hace una ingeniería del software con un paradigma diferente. Un enfoque abierto, denominado *prototipo evolutivo*, emplea el prototipo como primera parte de una actividad de análisis a la que seguirá el diseño y la construcción. El prototipo del software es la primera evolución del sistema terminado.

Antes de poder elegir un enfoque abierto o cerrado, es necesario determinar si se puede crear un prototipo del sistema a construir. Se pueden definir varios factores candidatos a la creación de prototipos [BOA84]: área de aplicación, complejidad, características del cliente y del proyecto[7].

En general, cualquier aplicación que cree pantallas visuales dinámicas, interactúe intensamente con el ser humano, o demande algoritmos o procesamiento de combinaciones que deban crearse de manera progresiva, es un buen candidato para la creación de un prototipo. Sin embargo, estas áreas de aplicación deben ponderarse con la complejidad de la aplicación. Si una aplicación candidata (una con las características reseñadas anteriormente) va a requerir el desarrollo de decenas de miles de líneas de código antes de poder realizar cualquier función demostrable, es muy probable que sea demasiado compleja para crear un prototipo[8]. Si se puede hacer una partición a su complejidad, puede ser posible crear prototipos de porciones del software.

Como el cliente debe interactuar con el prototipo en fases posteriores, es esencial que (1) se destinen recursos del cliente a la evaluación y refinamiento del prototipo, y (2) el cliente sea capaz de tomar decisiones inmediatas sobre los requisitos. Finalmente, la naturaleza del proyecto de desarrollo tendrá una gran influencia en la capacidad de crear un prototipo. ¿Desea y es capaz la gestión del proyecto de trabajar con el método del prototipo? ¿Tenemos disponibles herramientas para la creación de prototipos? ¿Tienen experiencia los desarrolladores con los métodos de creación de prototipos?

Andriole [AND92] sugiere un conjunto de seis cuestiones que ayudarán en la selección del enfoque de creación de prototipos:

- ¿Entiende el cliente y el desarrollador el dominio de la aplicación para la que se va a construir el software?
- ¿Se puede modelar el problema?
- ¿Está el cliente suficientemente seguro de los requisitos básicos del sistema?
- ¿Están suficientemente establecidos los requisitos y tienen posibilidad de ser razonablemente estables?
- ¿Hay requisitos ambiguos?
- ¿Hay contradicciones en los requisitos?

La Figura 11.7 indica conjuntos típicos de respuestas a estas cuestiones y el correspondiente enfoque de prototipo sugerido.

[7] Se puede encontrar otro útil estudio sobre los factores candidatos de «cuando hacer un prototipo» en [DAV95b].

[8] En algunos casos, se pueden construir rápidamente prototipos extremadamente complejos usando técnicas de cuarta generación o componentes software reutilizables.

FIGURA 11.7

Selección del enfoque apropiado de creación de prototipo

Pregunta	Prototipo desechable	Prototipo evolutivo	Trabajo preliminar adicional requerido
¿Se entiende el dominio de la aplicación?	Sí	Sí	No
¿Se puede modelar el problema?	Sí	Sí	No
¿Está el cliente suficientemente seguro de los requisitos básicos del sistema?	Sí/No	Sí/No	No
¿Están establecidos los requisitos y son estables?	No	Sí	Sí
¿Hay requisitos ambiguos?	Sí	No	Sí
¿Hay contradicciones en los requisitos?	Sí	No	Sí

11.4.2. Métodos y herramientas para el desarrollo de prototipos

Para que la creación del prototipo de software sea efectivo, debe desarrollarse rápidamente para que el cliente pueda valorar los resultados y recomendar los cambios oportunos. Para poder crear *prototipos rápidos*, hay disponibles tres clases genéricas de métodos y herramientas (p. ej.: [AND92], [TAN89]): técnicas de cuarta generación, componentes de software reutilizables, y especificaciones formales y entornos para prototipos.

Técnicas de cuarta generación. Las técnicas de cuarta generación (4GT) comprenden una amplia gama de lenguajes de consulta e informes de bases de datos, generadores de programas y aplicaciones y de otros lenguajes no procedimentales de muy alto nivel. Como las técnicas 4GT permiten al ingeniero del software generar código ejecutable rápidamente, son ideales para la creación rápida de prototipos.

Componentes de software reutilizables. Otro enfoque para crear prototipos rápidos es ensamblar, más que construir, el prototipo mediante un conjunto de componentes software existentes. Un componente software puede ser una estructura de datos (o una base de datos) o un componente arquitectónico de software (p. ej.: un programa) o un componente procedimental (p. ej.: un módulo). En todos los casos se debe diseñar el componente software de manera que permita ser reutilizado sin un conocimiento detallado de su funcionamiento interno.

La combinación de prototipos con la reutilización de componentes de programa sólo funcionará si se desarrolla un sistema bibliotecario de manera que los componentes existentes estén catalogados y puedan recogerse. Aunque se han desarrollado varias herramientas para cubrir esta necesidad (p. ej.: [ARN87]), todavía queda mucho trabajo por hacer en este área.

Debería resaltarse que se puede usar un producto software existente como prototipo de un «nuevo y mejorado» producto competitivo. En cierta manera, ésta es una forma de reutilización en la creación de prototipos software.

Especificaciones formales y entornos para prototipos. Durante las pasadas dos décadas, se han desarrollado varios lenguajes formales de especificación y herramientas como sustitutos de las técnicas de especificación con lenguaje natural.

Hoy en día, los desarrolladores de estos lenguajes formales están desarrollando entornos interactivos que (1) permitan al analista crear interactivamente una especificación basada en lenguaje de un sistema o software, (2) invoquen herramientas automáticas que traducen la especificación basada en el lenguaje en código ejecutable, y (3) permitan al cliente usar el código ejecutable del prototipo para refinar los requisitos formales.

11.5. ESPECIFICACIÓN

No hay duda de que el modo de especificación tiene mucho que ver con la calidad de la solución. Los ingenieros del software que se han visto forzados a trabajar con especificaciones incompletas, inconsistentes o engañosas han experimentado la frustración y confusión que invariablemente provocan. La calidad, la fecha de entrega y el alcance del software son las que sufren las consecuencias.

11.5.1. Principios de la especificación

La especificación, independientemente del modo como la realicemos, puede verse como un proceso de representación. Los requisitos se representan de manera que como fin último lleven al éxito de la implementación del software. A continuación se proponen algunos principios de especificación adaptados del trabajo de Balzer y Goldman [BAL86]:

1. Separar la funcionalidad de la implementación.
2. Desarrollar un modelo del comportamiento deseado de un sistema que comprenda datos y las respuestas funcionales de un sistema a varios estímulos del entorno.

3. Establecer el contexto en que opera el software especificando la manera en que otros componentes del sistema interactúan con él.
4. Definir el entorno en que va a operar el sistema e indicar como «una colección de agentes altamente entrelazados reaccionan a estímulos del entorno (cambios de objetos) producidos por esos agentes» [BAL86].
5. Crear un modelo intuitivo en vez de un diseño o modelo de implementación.
6. Reconocer que «la especificación debe ser tolerante a un posible crecimiento si no es completa». Una especificación es siempre un modelo —una abstracción— de alguna situación real (o prevista) que normalmente suele ser compleja. De ahí que será incompleta y existirá a muchos niveles de detalle.
7. Establecer el contenido y la estructura de una especificación de manera que acepte cambios.

Esta lista de principios básicos proporciona la base para representar los requisitos del software. Sin embargo, los principios deben traducirse en realidad. En la siguiente sección examinamos un conjunto de directrices para la creación de una especificación de requisitos.

11.5.2. Representación

La Figura 11.8 es un ejemplo clásico de una buena especificación. El dibujo, tomado de un trabajo de Galileo (Circa 1638), se usa como suplemento del texto que describe su método para analizar la resistencia de una viga. Incluso sin el texto que le acompaña, el diagrama ayuda a comprender qué es lo que hay que hacer.

Ya hemos visto que los requisitos del software pueden especificarse de varias maneras. Sin embargo, si los requisitos se muestran en papel o en un medio electrónico de representación (¡y debería ser casi siempre así!), merece la pena seguir este sencillo grupo de directrices:

El formato de la representación y el contenido deberían estar relacionados con el problema. Se puede desarrollar un esbozo general del contenido de la especificación de los requisitos del software. Sin embargo, las formas de representación contenidas en la especificación es probable que varíen con el área de aplicación. Por ejemplo, la especificación de un sistema automático de fabricación utilizaría diferente simbología, diagramas y lenguaje que la especificación de un compilador de un lenguaje de programación.

La información contenida dentro de la especificación debería estar escalonada. Las representaciones deberían revelar capas de información de manera que el lector se pueda mover en el nivel de detalle requerido.

La numeración de párrafos y diagramas debería indicar el nivel de detalle que se muestra. A veces merece la pena presentar la misma información con diferentes niveles de abstracción para ayudar a su comprensión.

Los diagramas y otras formas de notación deberían restringirse en número y ser consistentes en su empleo. Las notaciones confusas o inconsistentes, tanto gráficas como simbólicas, degradan la comprensión y fomentan errores.

FIGURA 11.8

Representación de una especificación (Fuente: *Discorsi e Dimostrazioni Matematiche ubtorno a due nuovo science*, Leyden, 1638; de J. D. Bernal, Science in History, London, Watts, 1969.)

Las representaciones deben permitir revisiones. Seguramente el contenido de una especificación cambiará. Idealmente, debería haber herramientas CASE disponibles para actualizar todas las representaciones afectadas por cada cambio.

Los investigadores han llevado a cabo numerosos estudios (p. ej.: [HOL95], [CUR85]) sobre los factores humanos asociados con la especificación. Parece haber pocas dudas de que la simbología y la distribución afectan a la comprensión. Sin embargo, los ingenieros del software parecen tener preferencias individuales por especificaciones simbólicas y diagramas específicos. La familiaridad es a menudo la raíz de las preferencias de una persona, pero otros factores más tangibles tales como la disposición espacial, formas fácilmente reconocibles y el grado de formalidad dictan normalmente la elección individual.

11.5.3. La especificación de los requisitos del software

La especificación de los requisitos del software se produce en la culminación de la tarea de análisis. La función y rendimiento asignados al software como parte de la ingeniería de sistemas se refinan estableciendo una completa descripción de la información, una descripción detallada de la función y del comportamiento, una indicación de los requisitos del rendimiento y restricciones del diseño, criterios de validación apropiados y otros datos pertinentes a los requisitos. La Oficina Nacional de Estándares, IEEE (estándar núm. 830-1984) y el Departamento de Defensa de los EE.UU. han propuesto formatos para las especificaciones de requisitos del software (así como otra documentación sobre ingeniería del software). Para nuestros propósitos, sin embargo, se puede usar el esquema simplificado presentado en la Figura 11.9 como estructura para la especificación.

La *introducción* establece las metas y objetivos del software, describiéndolo en el contexto del sistema basado en computadora. De hecho, la introducción puede no ser mas que el alcance del software en el documento de planificación.

La *descripción de la información* proporciona una detallada descripción del problema que el software va a resolver. Se documentan el contenido de la información y sus relaciones, flujo y estructura. Se describen las interfaces hardware, software y humanas para los elementos externos del sistema y para las funciones internas del software.

En la *descripción funcional* se describen todas las funciones requeridas para solucionar el problema. Se proporciona una descripción del proceso de cada función; se establecen y justifican las restricciones del diseño; se establecen las características del rendimiento; y se incluyen uno o más diagramas para representar gráficamente la estructura global del software y las interacciones entre las funciones software y otros elementos del sistema. La sección de las especificaciones *descripción del comportamiento* examina la operativa del software como consecuencia de acontecimientos externos y características de control generadas internamente.

Probablemente la más importante, e irónicamente, la sección más a menudo ignorada de una especificación de requisitos del software son los criterios de validación. ¿Cómo reconocemos el éxito de una implementación?

FIGURA 11.9

Esquema de especificación de los requisitos del software

I. Introducción.
   A. Referencia del sistema.
   B. Descripción general.
   C. Restricciones del proyecto de software.
II. Descripción de la información.
   A. Representación del contenido de la información.
   B. Representación del flujo de la información.
      1. Flujo de datos.
      2. Flujo de control.
III. Descripción funcional.
   A. Partición funcional.
   B. Descripción funcional.
      1. Descripción del procesamiento.
      2. Restricciones/limitaciones.
      3. Requisitos de rendimiento.
      4. Restricciones de diseño.
      5. Diagramas de soporte.
   C. Descripción del control.
      1. Especificación del control.
      2. Restricciones de diseño.
IV. Descripción del comportamiento.
   A. Estados del sistema.
   B. Eventos y acciones.
V. Criterios de validación .
   A. Límites del rendimiento.
   B. Clases de pruebas.
   C. Respuesta esperada del software.
   D. Consideraciones especiales.
VI. Bibliografía .
VII. Apéndice.

¿Qué clases de pruebas se deben llevar a cabo para validar la función, el rendimiento y las restricciones? Ignoramos esta sección porque para completarla se necesita una profunda comprensión de los requisitos del software, algo que a menudo no poseemos en esta fase. Sin embargo, la especificación de los criterios de validación actúa como una revisión implícita de todos los demás requisitos. Es esencial invertir tiempo y prestar atención a esta sección.

Finalmente, la especificación de requisitos del software incluye una *bibliografía* y un *apéndice*. La bibliografía contiene las referencias a todos los documentos relacionados con el software. Aquí se incluye cualquier otra documentación de ingeniería del software, referencias técnicas, libros publicados y estándares. El apéndice contiene información que complementa la especificación. Como apéndices se pueden presentar tablas de datos, descripciones detalladas de algoritmos, gráficos, dibujos y otros materiales.

En muchos casos una especificación de requisitos del software puede estar acompañada de un prototipo ejecutable (que en algunos casos puede sustituir a la especificación), un prototipo en papel o un *manual de usuario preliminar*. El manual de usuario preliminar presenta al software como una caja negra. Es decir, se pone gran énfasis en las entradas del usuario y las salidas (resultados) obtenidas. El manual puede servir como una valiosa herramienta para descubrir problemas en la interfaz hombre-máquina.

11.6. REVISIÓN DE LA ESPECIFICACIÓN

La revisión de la especificación de requisitos del software (y/o prototipo) es llevada a cabo tanto por el desarrollador del software como por el cliente. Como la especificación forma el fundamento para el diseño y las subsiguientes actividades de ingeniería del software, se debería poner extremo cuidado al realizar la revisión.

Inicialmente la revisión se lleva a cabo a nivel *macroscópico*. A este nivel, los revisores intentan asegurarse de que la especificación está completa, es consistente y exacta. Se estudian las siguientes cuestiones.

- ¿Permanecen las metas y objetivos declarados para el software consistentes con las metas y objetivos del sistema?
- ¿Se han descrito todas las interfaces importantes de todos los elementos del sistema?
- ¿Están adecuadamente definidos el flujo y la estructura de la información para el dominio del problema?
- ¿Son claros los diagramas? ¿Son autosuficientes sin texto suplementario?
- ¿Permanecen las funciones principales dentro del ámbito y se han descrito adecuadamente?
- ¿Es consistente el comportamiento del software con la información que debe procesar y con las funciones que debe realizar?
- ¿Son realistas las restricciones del diseño?
- ¿Se han considerado los riesgos tecnológicos del desarrollo?
- ¿Se han considerado requisitos alternativos del software?
- ¿Se han establecido en detalle los criterios de validación? ¿Son adecuados para describir un buen sistema?
- ¿Existen inconsistencias, omisiones o redundancias?
- ¿Se ha estado en contacto permanente con el cliente?
- ¿Ha revisado el usuario el manual de usuario preliminar o el prototipo?
- ¿Cómo afectan a las estimaciones de la planificación?

Para desarrollar las respuestas a muchas de las cuestiones anteriores, la revisión puede enfocarse en un nivel detallado. Aquí, nuestra preocupación está en la redacción de la especificación. Se intenta descubrir los problemas que pueden estar ocultos dentro del contenido de la especificación. Se sugieren las siguientes directrices para una revisión detallada de la especificación.

- Tenga cuidado con los conectores persuasivos (p. ej.: ciertamente, por tanto, claramente, obviamente, siguiendo lo anterior), y pregúntese «¿Por qué?».
- Tenga cuidado con los términos imprecisos (p. ej.: algunos, a veces, a menudo, normalmente, ordinariamente, en la mayoría de los casos, mayoritariamente); busque una clarificación.
- Cuando se dan listas incompletas, asegúrese de que comprende todos los elementos. Las claves son: «etc., y así sucesivamente, tales como».
- Asegúrese de que los rangos establecidos no contienen supuestos no declarados (p. ej.: *Los códigos válidos van de 10 a 100*. ¿Enteros? ¿Reales? ¿Hexadecimales?).
- Cuidado con los verbos de significados imprecisos como «manejado, rechazado, procesado, ignorado, eliminado». Pueden interpretarse de muchas maneras
- Cuidado con los pronombres de significados ambiguos (p. ej.: *El módulo I/O se comunica con el módulo de validación de datos y se activa su indicador de control*. ¿El indicador de control de quién?)
- Busque frases que impliquen certidumbre (p. ej.: siempre, todos, cada, ninguno, nunca), y exija pruebas.
- Cuando un término es definido explícitamente en un sitio, intente substituir la definición por otras apariciones del término.
- Cuando se describe una estructura con palabras, dibújela para ayudar a su comprensión.
- Cuando se especifica un cálculo, haga al menos dos ejemplos.

Una vez que se ha completado la revisión, se firma la especificación de requisitos del software por el cliente y el desarrollador. La especificación se convierte en un «contrato» para el desarrollo del software. Las peticiones de cambios en los requisitos una vez que se ha finalizado la especificación no se eliminarán, pero el cliente debe saber que cada cambio a posteriori significa una ampliación del ámbito del software, y por tanto pueden aumentar los costes y prolongar los plazos de la planificación temporal del proyecto.

Incluso con los mejores procedimientos de revisión, siempre persisten algunos problemas comunes de especificación. La especificación es difícil de «probar» de manera significativa, por lo que pueden pasar inadvertidas ciertas inconsistencias y omisiones. Durante la revisión, se pueden recomendar cambios a la especificación. Puede ser extremadamente difícil valorar el impacto global de un cambio; es decir, ¿cómo afecta el cambio en una función a los requisitos de las demás? Los modernos entornos de ingeniería del software (Capítulo 29) incorporan herramientas CASE desarrolladas para ayudar a resolver estos problemas.

11.7. RESUMEN

El análisis de requisitos es la primera fase técnica del proceso de ingeniería del software. En este punto se refina la declaración general del ámbito del software en una especificación concreta que se convierte en el fundamento de todas las actividades siguientes de la ingeniería del software.

El análisis debe enfocarse en los dominios de la información, funcional y de comportamiento del problema. Para entender mejor lo que se requiere, se crean modelos, los problemas sufren una partición y se desarrollan representaciones que muestran la esencia de los requisitos y posteriormente los detalles de la implementación.

En muchos casos, no es posible especificar completamente un problema en una etapa tan temprana. La creación de prototipos ofrecen un enfoque alternativo que produce un modelo ejecutable del software en el que se pueden refinar los requisitos. Se necesitan herramientas especiales para poder realizar adecuadamente la creación de prototipos.

Como resultado del análisis se desarrolla la especificación de requisitos del software. La revisión es esencial para asegurarse de que el cliente y el desarrollador tienen el mismo concepto del sistema. Desgraciadamente, incluso con los mejores métodos, la cuestión es que el problema sigue cambiando.

REFERENCIAS

[AKA90] AKAO, Y. (ed), *Quality Finction Deployment:Integrating Customer Requirements in Product Design* (Traducido por G.Mazur), Productivty Press, Cambridge MA, 1990

[AND92] ANDRIOLE, S. *Rapid Application Protityping*, QED, 1992

[ARN87] ARNOLD, S. P. y S. L. STEPOWAY, «The Reuse System: Cataloging and Retrieval of Reusable Software», *Proc. COMPCOM*, 1987, págs. 376-379.

[BAL86] BALZER, R. y N. GOODMAN, «Principles of Good Specification and their Implications for Specification Languages», en *Software Specification Techniques* (N.Gehani y A.D. McGettrick, eds.), Addison-Wesley, 1986, págs. 25-39.

[BOA84] BOAR, B., *Application Prototyping*, Wiley-Interscience, 1984.

[BOS91] BOSSERT, J. L., *Quality Function Deployment:A Practitioner's Approach*, ASQC Press, 1991

[CUR85] CURTIS, B., *Human Factors in Software Development*, IEEE Computer Society Press, 1985

[DAV93] DAVIS, A., *Software Requirements: Objects, Functions and States*, Prentice-Hall, 1993.

[DAV95a] DAVIS, A., *201 Principles of Software Development*, McGraw-Hill, 1995.

[DAV95b] DAVIS, A., «Software Prototipyng», en *Advanced in Computers*, vol. 40, Academic Press, 1995.

[GAU89] GAUSE, D. C. y G. M. WEINBERG, *Exploring Requirements: Quality Before Design*, Dorset House, 1989.

[HOL95] HOLTZBLATT, K. y E. CARMEL (eds.), *Requirements Gathering: The Human Factor*, un número especial de *Communications of the ACM*, vol.38, núm. 5, mayo 1995.

[JOR89] JORDAN, P. W. et al., «Software Storming: Combining Rapid Prototyping and Knowledge Engineering», *IEEE Computer*, vol. 22, núm. 5, mayo 1989.

[TAN89] TANIK, M. M. y R. T. YEH (eds.) «Rapid Prototyping in Software Development», un número especial *de IEEE Computer*, vol. 22, núm. 5, mayo 1989.

[ZAH90] ZAHNISER, R. A., «Building Software in Groups», *American Programmer*, vol.3, núms. 7/8, julio/agosto 1990.

[ZUL92] ZULTNER, R., «Quality Function Deployment for Software: Satisfying Customers», *American Programmer*, febrero 1992, págs. 28-41.

PROBLEMAS Y PUNTOS PARA CONSIDERAR

11.1. El análisis de requisitos del software es indudablemente la fase de comunicación más intensa del proceso de ingeniería del software. ¿Por qué suele romperse frecuentemente este enlace de comunicación?

11.2. Suele haber serias repercusiones políticas cuando comienza el análisis de requisitos del software (y/o análisis de un sistema). Por ejemplo, los trabajadores pueden creer que la seguridad de su trabajo puede verse amenazada por un nuevo sistema automático. ¿Qué origina tales problemas? ¿Se pueden llevar a cabo las tareas de análisis de manera que se minimicen estas repercusiones políticas?

11.3. Estudie su percepción de formación y currículum ideal de un analista de sistemas.

11.4. A lo largo de todo el capítulo nos referimos al «cliente». Describa el «cliente» desde el punto de vista de los desarrolladores de sistemas de información, de los constructores de productos basados en computadora y de los constructores de sistemas. ¡Tenga cuidado, el problema puede ser más complejo de lo que parece!

11.5. Desarrolle un «kit» de técnicas de especificación de aplicación (TFEA). El kit debería incluir un conjunto de directrices para llevar a cabo una reunión TFEA, materiales para facilitar la creación de listas y otros elementos que pudieran ayudar en la definición de requisitos.

11.6. Su profesor dividirá la clase en grupos de cuatro a seis estudiantes. La mitad del grupo hará el papel del departamento de mercadotecnia y la otra mitad el de la ingeniería del software. Su trabajo consiste en definir los requisitos del sistema de seguridad HogarSeguro descrito en este capítulo. Celebre una reunión TFEA usando las directrices estudiados en el capítulo.

11.7. ¿Se puede decir que un manual preliminar de usuario es una forma de prototipo? Razone su respuesta.

11.8. Analice el dominio de la información de HogarSeguro. Represente (usando la notación que crea apropiada) el flujo, el contenido y cualquier estructura de la información que le parezca relevante.

11.9. Haga una partición del dominio funcional de HogarSeguro. Inicialmente haga una partición horizontal; después haga la partición vertical.

11.10. Cree las representaciones de implementación y esencial del sistema HogarSeguro.

11.11. Construya un prototipo en papel (o uno real) de HogarSeguro. Asegúrese de mostrar la interacción del propietario y el funcionamiento global del sistema.

11.12. Intente identificar componentes software de HogarSeguro que podrían ser «reutilizables» en otros productos o sistemas. Intente clasificar esos componentes.

11.13. Desarrolle una especificación escrita de HogarSeguro usando el esquema propuesto en la Figura 11.9. [Nota: Su profesor le sugerirá qué secciones completar en este momento]. Asegúrese de aplicar las cuestiones descritas en la revisión de la especificación.

11.14. ¿En qué se diferencian sus requisitos de los de otros compañeros que intentaron crear una solución para HogarSeguro? ¿Quién construyó un «Panda»? ¿Quién construyó un «Mercedes»?

OTRAS LECTURAS Y FUENTES DE INFORMACIÓN

El análisis de los requisitos es una actividad de intensa comunicación. Si falla la comunicación, incluso el mejor enfoque técnico se quedará corto. Los libros de GAUSE y WEINBERG (*Are your lights on?*, Dorset House, 1991), DAVIS [DAV93] y KILOV y ROSS (*Information Modeling: An Object-Oriented Approach*, Prentice-Hall, 1994) contienen excelentes estudios de los principios y conceptos del análisis de requisitos. Un libro de ensayos cortos de JACKSON (*Software Requirements and Specifications*, Addison-Wesley, 1995) presenta la opinión y directrices de uno de los expertos en este campo.

WOOD y SILVER presentan un minucioso tratado de un método de recogida de requisitos, *Diseño Conjunto de Aplicación* (*Joint Application Design*, Segunda edición, Wiley, 1995). También se ofrecen valiosas directrices para llevar a cabo reuniones TFEA en los libros de COHEN (*Quality Function Deployment*, Adisson-Wesley, 1995), GAUSE y WEINBERG [GAU89], y ZAHNISER [ZAH90]. Los autores estudian los mecanismos de una reunión eficaz, métodos de *brainstorming*, enfoques que se pueden utilizar para clarificar resultados y otros varios aspectos útiles. Un libro de MARTIN (*User Centered Requirements Analysis*, Prentice-Hall, 1988) también estudia la necesidad de una comunicación eficaz entre el cliente y el desarrollador.

El análisis del dominio de la información es un principio fundamental del análisis de requisitos. Los libros de MATTISON (*The Object-Oriented Enterprise*, McGraw-Hill, 1994), TILLMAN (*A Practical Guide to Logical Data Modelling*, McGraw.Hill, 1993), y MODELL (*Data Analysis, Data Modeling and Classification*, McGraw-Hill, 1992) cubren varios aspectos de este importante tema. GEHANI y MCGETTRICK (*Software Specification Techniques*, Adisson-Wesley, 1986) han editado una importante antología de artículos sobre temas del análisis del software, que va desde los principios básicos de la especificación a entornos avanzados de especificación y diseño. Se pueden obtener los resultados de las investigaciones más actuales en *Proceedings of the International Symposium on Requirements Engineering* patrocinado por el IEEE.

El libro de BOAR sobre creación de prototipos de aplicaciones [BOA84] y un libro de CONNELL y SHAFER (*Structured Rapid Prototyping*, Prentice-Hall, 1989) presentan, con un estilo claro, esta importante técnica de análisis para sistemas de información. Sin embargo, muchos temas tratados por los autores pueden aplicarse a otros sectores de aplicación. The *Proceedings of the International Conference on Rapid Prototyping* patrocinado por el IEEE presenta un excelente repaso de los avances en el desarrollo rápido de prototipos.

Puede adquirirse *The Requirements Engineering Newsletter* (una publicación en línea) en:

http://web.cs.city.ac.uk/homes/acwf/rehome.html

Se puede obtener una extensa bibliografía sobre ingeniería de requisitos en:

http://www.ida.liu.se/labs/aslab/people/joaka/re-bib.html

Se puede encontrar información adicional sobre ingeniería de requisitos, modelado de la empresa y temas relacionados en:

http://mijuno.larc.nasa.gov/dfc/re.html

Finalmente, podrá encontrar una lista actualizada de referencias en la World Wide Web relacionadas con actividades de análisis del software en: **http://www.rspa.com**

CAPÍTULO 12

MODELADO DEL ANÁLISIS

En un nivel técnico la ingeniería del software empieza con una serie de tareas de modelado que llevan a una especificación completa de los requisitos y a una representación del diseño general del software a construir. El modelo de análisis, realmente un conjunto de modelos, es la primera representación técnica de un sistema. Con los años se han propuesto muchos métodos para el modelado del análisis. Sin embargo, ahora dos tendencias dominan el modelado del análisis. El primero, *análisis estructurado*, es un método clásico y se describe en este capítulo. El otro enfoque, *análisis orientado a objetos*, se estudia con detalle en el Capítulo 20. En la Sección 12.8 se presenta una breve visión general de otros métodos de análisis comúnmente usados.

El análisis estructurado es una actividad de construcción de modelos. Mediante una notación que satisface los principios de análisis operacional estudiados en el Capítulo 11, creamos modelos que representan el contenido y flujo de la información (datos y control); partimos el sistema funcionalmente, y según los distintos comportamientos establecemos la esencia de lo que se debe construir. El análisis estructurado no es un método sencillo que se aplica siempre de la misma forma por todos los que lo usan. Más bien, es una amalgama que ha evolucionado durante los últimos veinte años.

Probablemente no exista otro método de ingeniería del software que haya despertado tanto interés, que haya sido probado (y a menudo descartado y vuelto a probar) por tanta gente, que haya provocado tantas críticas y tanta controversia. Sin embargo, el método ha evolucionado dentro de la comunidad de la ingeniería del software. En su principal libro sobre este tema, Tom DeMarco [DEM79] describe el análisis estructurado de la siguiente forma:

> Volviendo sobre los problemas y fallos reconocidos para la fase de análisis, se puede sugerir que necesitamos añadir los siguientes al conjunto de fines de la fase de análisis:
>
> - Los productos del análisis han de ser de mantenimiento muy sencillo. Esto concierne concretamente al documento final [especificación de requisitos del software].
> - Se deben tratar los problemas de gran tamaño mediante algún método efectivo de partición. La especificación mediante novelas victorianas ya no existe.
> - Siempre que sea posible, deben utilizar gráficos.
> - Tenemos que diferenciar las consideraciones lógicas [esenciales] y las físicas [de implementación].
>
> Como mínimo necesitamos...
>
> - Algo que nos ayude a hacer una partición de los requisitos y a documentar esas divisiones antes de especificar...
> - Algún método de seguimiento y evaluación de interfaces...
> - Nuevas herramientas para describir la lógica y la táctica, algo mejores que descripciones narrativas...

Con estas palabras, DeMarco establece los objetivos principales de un método de análisis que se ha convertido en el más utilizado en todo el mundo. En este capítulo examinaremos este método y sus ampliaciones.

12.1. BREVE HISTORIA

Al igual que muchas de las contribuciones importantes a la ingeniería del software, el análisis estructurado no fue introducido en un sólo artículo o libro clave que incluyera un tratamiento completo del tema. Los primeros trabajos sobre modelos de análisis aparecieron a finales de los años 60 y principios de los 70, pero la primera aparición del enfoque de análisis estructurado fue como complemento de otro tema importante: el «diseño estructurado». Los investigadores (p. ej.: [SET74], [YOU78] necesitaban una notación gráfica para representar los datos y los procesos que los transforman. Esos procesos quedarían finalmente establecidos en una arquitectura de diseño.

El término «análisis estructurado» fue popularizado por DeMarco [DEM79]. En su libro sobre esta materia, DeMarco presentó y denominó los símbolos gráficos que permitirían a un analista crear modelos de flujo de información; sugirió heurísticas para utilizar esos símbolos; sugirió el uso de un *diccionario de datos* y *descripciones de procesamiento* como complementos a los modelos de flujo de información y presentó numerosos ejemplos que ilustraban el uso de ese nuevo método. En los años siguientes, Page-Jones [PAG80], Gane y Sarson [GAN82] y muchos otros propusieron variaciones en el enfoque del análisis estructurado. En todos los casos, el método se centraba en aplicaciones de sistemas de información y no proporcionaba una notación adecuada para los aspectos de control y de comportamiento de los problemas de ingeniería de tiempo real.

A mediados de los años 80, comenzaron a hacerse dolorosamente evidentes las deficiencias del análisis estructurado (cuando se intentaba aplicar el método a aplicaciones orientadas al control). Las «ampliaciones» para tiempo real fueron introducidas por Ward y Mellor [WAR85] y, más tarde, por Hatley y Pirbhai [HAT87]. Con esas ampliaciones, se consiguió un método de análisis más robusto que podía ser aplicado de forma efectiva a problemas de ingeniería. En la actualidad, se está intentando desarrollar una notación consistente [BRU88] y se están publicando tratamientos modernos que permitan acomodar el uso de herramientas CASE (ingeniería del software asistida por computadora) [YOU89].

12.2. ELEMENTOS DEL MODELO DE ANÁLISIS

El modelo de análisis debe lograr tres objetivos primarios: (1) describir lo que requiere el cliente, (2) establecer una base para la creación de un diseño de software, y (3) definir un conjunto de requisitos que se puedan validar una vez que se ha construido el software. Para lograr estos objetivos, el modelo de análisis extraído durante el análisis estructurado toma la forma ilustrada en la Figura 12.1.

En el centro del modelo se encuentra el *diccionario de datos* (un depósito que contiene definiciones de todos los objetos de datos consumidos y producidos por el software). Tres diagramas diferentes rodean el núcleo. El *diagrama entidad-relación (DER)* representa las relaciones entre los objetos de datos. El DER es la notación que se usa para realizar la actividad de modelado de datos. Los atributos de cada objeto de datos señalados en el DER se pueden describir mediante una *descripción de objetos de datos*.

El *diagrama de flujo de datos (DFD)* sirve para dos propósitos: (1) proporcionar una indicación de cómo se transforman los datos a medida que se avanza en el sistema, y (2) representar las funciones (y subfunciones) que transforman el flujo de datos. El DFD proporciona información adicional que se usa durante el análisis del dominio de información y sirve como base para el modelo de función. En una *especificación de proceso (EP)* se encuentra una descripción de cada función representada en el DFD.

FIGURA 12.1

La estructura del modelo de análisis

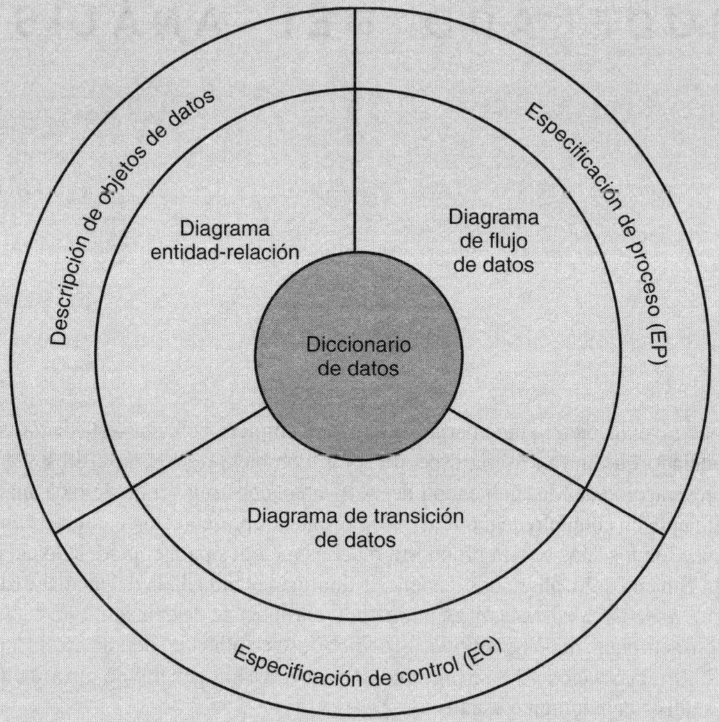

El *diagrama de transición de estados* (DTE) indica cómo se comporta el sistema como consecuencia de sucesos externos. Para lograr esto, el DTE representa los diferentes modos de comportamiento (llamados *estados*) del sistema y la manera en que se hacen las transiciones de estado a estado. El DTE sirve como la base del modelado de comportamiento. Dentro de la *especificación de control* (EC) se encuentra más información sobre los aspectos de control del software.

El modelo de análisis acompaña a cada diagrama, especificación y descripción, y al diccionario señalado en la Figura 12.1. Un estudio más detallado de estos elementos del modelo de análisis se presenta en las secciones siguientes.

12.3. MODELADO DE DATOS

El modelado de datos responde a una serie de preguntas específicas importantes para cualquier aplicación de procesamiento de datos. ¿Cuáles son los *objetos de datos* primarios que va a procesar el sistema? ¿Cuál es la composición de cada objeto de datos y qué atributos describe el objeto? ¿Dónde residen actualmente los objetos? ¿Cuál es la relación entre los objetos y los procesos que los transforman?

Para responder estas preguntas, los métodos de modelado de datos hacen uso del diagrama entidad-relación (DER). El DER, descrito con detalle más adelante en esta sección, permite que un ingeniero del software identifique objetos de datos y sus relaciones mediante una notación gráfica. En el contexto del análisis estructurado, el DER define todos los datos que se introducen, se almacenan, se transforman y se producen dentro de una aplicación.

El diagrama entidad-relación se centra solo en los datos (y por consiguiente satisface el primer principio operacional de análisis), representando una «red de datos» que existe para un sistema dado. El DER es específicamente útil para aplicaciones en donde los datos y las relaciones que gobiernan los datos son complejos. A diferencia del diagrama de flujo de datos (estudiado en la Sección 12.4 y usado para representar como se transforman los datos), el modelado de datos estudia los datos independientemente del procesamiento que los transforma.

12.3.1. Objetos de datos, atributos y relaciones

El modelo de datos se compone de tres piezas de información interrelacionadas: el objeto de datos, los atributos que describen el objeto de datos, y la relación que conecta objetos de datos entre sí.

Objetos de datos: Un *objeto de datos* es una representación de cualquier composición de información compuesta que deba comprender el software. Por *composición de información*, entendemos todo aquello que tiene un número de propiedades o atributos diferentes. Por tanto, el «ancho» (un valor sencillo) no sería un objeto de datos válido, pero **dimensiones** (incorporando altura, ancho y profundidad) se podría definir como objeto.

FIGURA 12.2

Objetos de datos, atributos y relaciones

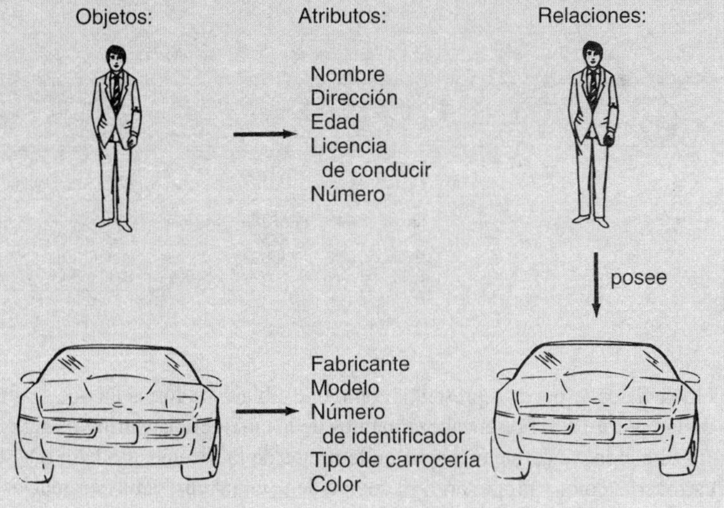

Un objeto de datos puede ser una entidad externa (p. ej.: cualquier cosa que produce o consume información), una cosa (p. ej.: un informe o una pantalla), una ocurrencia (p. ej.: una llamada telefónica) o suceso (p. ej.: una alarma), un papel (p. ej.: un vendedor), una unidad de la organización (p. ej.: departamento de contabilidad), un lugar (p. ej.: almacén) o una estructura (p. ej.: un fichero). Por ejemplo, una **persona** o un **coche** (Figura 12.2) se pueden ver como un objeto de datos en el sentido en que cualquiera se puede definir según un conjunto de atributos. La *descripción del objeto de datos* incorpora el objeto de datos y todos sus atributos.

Los objetos de datos se relacionan con otros. Por ejemplo, **persona** puede *poseer* **coche**, en donde la relación *poseer* implica una conexión específica entre **persona** y **coche**. Las relaciones siempre se definen por el contexto del problema que se está analizando.

Un objeto de datos encapsula datos *solamente* –no hay referencia dentro de un objeto de datos a operaciones que actúan en el dato[1]. Por consiguiente, el

[1] Esta distribución separa al objeto de datos de la *clase* u *objeto* definidos como parte del paradigma orientado a objetos que se estudia en la parte cuarta de este libro.

FIGURA 12.3

Representación tabular del objeto de datos

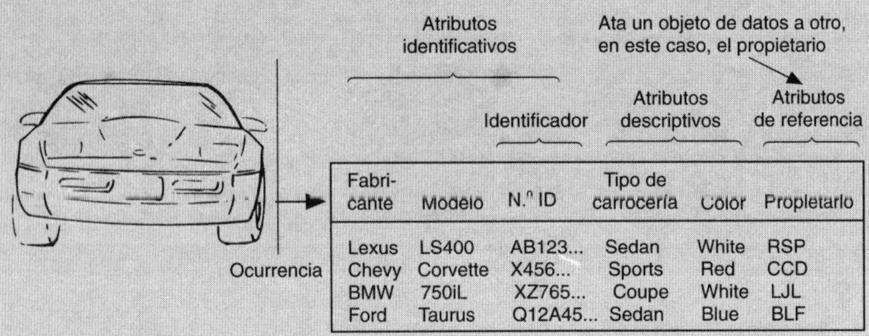

Fabricante	Modelo	N.º ID	Tipo de carrocería	Color	Propietario
Lexus	LS400	AB123...	Sedan	White	RSP
Chevy	Corvette	X456...	Sports	Red	CCD
BMW	750iL	XZ765...	Coupe	White	LJL
Ford	Taurus	Q12A45...	Sedan	Blue	BLF

objeto de datos se puede representar como una tabla de la forma en que se muestra en la Figura 12.3. Los encabezamientos de la tabla reflejan atributos del objeto. En este caso, se define un coche en términos de fabricante, modelo, ID#, tipo de carrocería, color y propietario. El cuerpo de la tabla representa ocurrencias del objeto de datos. Por ejemplo, un chevy Corvette es una ocurrencia del objeto de datos **coche**.

Atributos. Los atributos definen las propiedades de un objeto de datos y toman una de las tres características diferentes. Se pueden usar para (1) nombrar una ocurrencia del objeto de datos, (2) describir la ocurrencia, o (3) hacer referencias a otra ocurrencia en otra tabla. Además, uno o varios atributos se definen como un identificador, es decir, el atributo identificador supone una «clave» cuando queramos encontrar una instancia del objeto de dato. En algunos casos, los valores para los identificadores son únicos, aunque esto no es un requisito. Haciendo referencia al objeto de datos coche, un identificador razonable podría ser ID#.

El conjunto de atributos apropiado para un objeto de datos dado se determina mediante el entendimiento del contexto del problema. Los atributos para coche descritos anteriormente podrían servir para una aplicación que usara un Departamento de vehículos de motor, pero estos atributos serían menos útiles para una compañía de automóviles que necesite fabricar software de control. En este último caso, los atributos de coche podrían incluir también ID#, tipo de carrocería, y color, pero muchos atributos adicionales (p. ej.: código interior, tipo de tren de conducción, designador de paquetes de embellecedor, tipo de transmisión) se tendrían que añadir para que **coche** sea un objeto significativo en el contexto del control de fabricación.

FIGURA 12.4

Relaciones

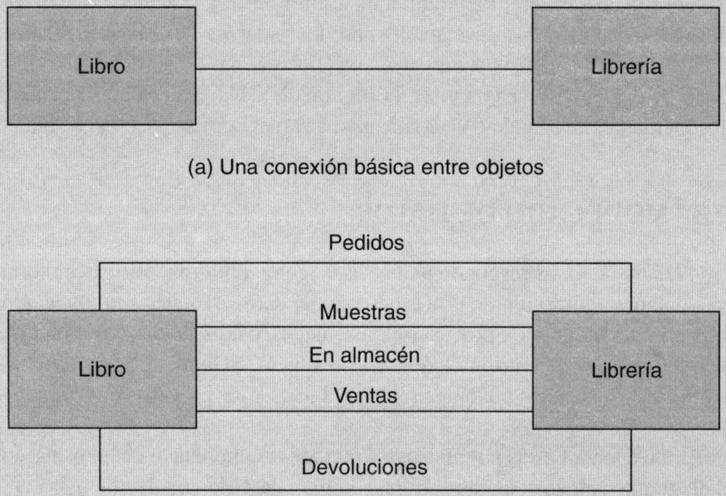

(a) Una conexión básica entre objetos

(b) Relaciones entre objetos

Relaciones. Los objetos de datos se conectan entre sí de muchas formas diferentes. Considere dos objetos de datos, **libro** y **librería**. Estos objetos se pueden representar mediante la notación simple señalada en la Figura 12.4a. Se establece una conexión entre **libro** y **librería** porque los dos objetos se relacionan. Pero, ¿qué son relaciones? Para determinar la respuesta, debemos comprender el papel del libro y librería dentro del contexto del software que se va a construir. Podemos definir un conjunto de *parejas objeto-relación* que definen las relaciones relevantes. Por ejemplo,

- Una librería pide libros.
- Una librería muestra libros.
- Una librería almacena libros.
- Una librería vende libros.
- Una librería devuelve libros.

Las relaciones *pide, muestra, almacena, vende* y *devuelve* define las conexiones relevantes entre **libro** y **librería**. La Figura 12.4b ilustra estas parejas objeto-relación gráficamente.

Es importante destacar que las parejas objeto-relación tienen dos direcciones; esto es, se pueden leer en cualquier dirección. Una librería *pide* libros o los libros son *pedidos por* una librería[2].

12.3.2. Cardinalidad y modalidad

Los elementos básicos del modelado de datos –objetos de datos, atributos y relaciones– proporcionan la base del entendimiento del dominio de información de un problema. Sin embargo, también se debe comprender la información adicional relacionada con estos elementos básicos.

Hemos definido un conjunto de objetos y representado las parejas objeto-relación que los limitan. Pero una simple referencia: el **objeto X** que *se relacionan con* el **objeto Y** no proporciona información suficiente para los propósitos de la ingeniería del software. Debemos comprender la cantidad de ocurrencias del **objeto X** que están relacionadas con ocurrencias del **objeto Y**. Esto nos conduce al concepto del modelado de datos llamado *cardinalidad*.

Cardinalidad. El modelo de datos debe ser capaz de representar el número de ocurrencias de objetos que se dan en una relación. Tillman [TIL93] define la cardinalidad de una pareja objeto-relación de la forma siguiente:

> La cardinalidad es la especificación del número de ocurrencias de un [objeto] que se relaciona con ocurrencias de otro [objeto]. La cardinalidad normalmente se expresa simplemente como «uno» o «muchos». Por ejemplo, un marido puede tener solo una esposa (en la mayoría de las culturas), mientras que un padre puede tener muchos hijos. Teniendo en consideración todas las combinaciones de «uno» y «muchos», dos [objetos] se pueden relacionar como:

- Uno a uno (1:1): Una ocurrencia de un [objeto] «A» se puede relacionar a una y sólo una ocurrencia del objeto «B», y una ocurrencia de «B» se puede relacionar sólo con una ocurrencia de «A». Por ejemplo, un marido puede tener sólo una esposa, y una esposa sólo un marido (al menos aquí en New Jersey).
- Uno a muchos (1:N): Una ocurrencia del [objeto] «A» se puede relacionar a una o muchas ocurrencias del objeto «B», pero una de «B» se puede relacionar sólo a una ocurrencia de «A». Por ejemplo, una madre puede tener muchos hijos, pero un hijo sólo puede tener una madre.
- Muchos a muchos (M:N): Una ocurrencia del [objeto] «A» puede relacionarse con una o más ocurrencias de «B», mientras que una de «B» se puede relacionar con una o más de «A». Por ejemplo, un tío puede tener muchos sobrinos, mientras que un sobrino puede tener muchos tíos.

La cardinalidad define «el número máximo de relaciones de objetos que pueden participar en una relación» [TIL93]. Sin embargo, no proporciona una indicación de si un objeto de datos en particular debe o no participar en la relación. Para especificar esta información, el modelo de dato añade *modalidad* a la pareja objeto-relación.

Modalidad. La modalidad de una relación es cero si no hay una necesidad explícita de que ocurra una relación o de que sea opcional. La modalidad es 1 si una ocurrencia de la relación es obligatoria. Para ilustrarlo, consideremos el software que utiliza una compañía telefónica local para procesar peticiones de reparación. Un cliente indica que hay un problema. Si se diagnostica que un problema es relativamente simple, sólo se requiere una única acción de reparación. Sin embargo, si el problema es complejo, se pueden requerir múltiples acciones de reparación. La Figura 12.5 ilustra la relación, cardinalidad y modalidad entre los objetos de datos **cliente** y **acción de reparación**.

En la figura, se establece una relación de cardinalidad de *1 a muchos*. Esto es, se puede proporcionar un sólo cliente con cero o muchas acciones de reparación[3]. Los símbolos[4] que aparecen en la conexión de la relación que están junto a los rectángulos del objeto de datos indican la cardinalidad. La barra vertical indica 1, y la que está dividida en tres indica muchas. La modalidad se indica por los símbolos más lejanos del rectángulo del objeto de datos. La segunda barra vertical a la izquierda indica que debe haber un cliente para que ocurra una acción de reparación. El círculo de la derecha indica que puede no existir acción de reparación para el tipo de problema informado por el usuario.

12.3.3. Diagramas entidad-relación

La pareja objeto-relación (estudiada en la Sección 12.3.1) es la piedra angular del modelo de datos. Estas parejas se pueden representar gráficamente mediante el *diagrama entidad-relación (DER)*[5]. El DER fue propuesto originalmente por

[2] Para evitar cualquier ambigüedad, se debe considerar la manera en que se etiqueta una relación. Por ejemplo, si no se considera el contexto para una relación bidireccional, la Figura 12.4b podría interpretarse erróneamente como libros *piden* librerías. En tales casos, se necesita volver a escribir la frase.

[3] Puede haber una situación en la que no se requiera una acción de reparación.

[4] Es importante destacar que se han propuesto muchos símbolos diferentes para representar relaciones, cardinalidad y modalidad. En la Sección 12.3.4 se presentan notaciones alternativas.

[5] Hoy en día el término «entidad de dato» o «entidad» se ha sustituido por «objeto de datos». Sin embargo, el término «entidad» sigue siendo parte del nombre de la notación gráfica para las parejas objeto-relación.

FIGURA 12.5

Cardinalidad y modalidad

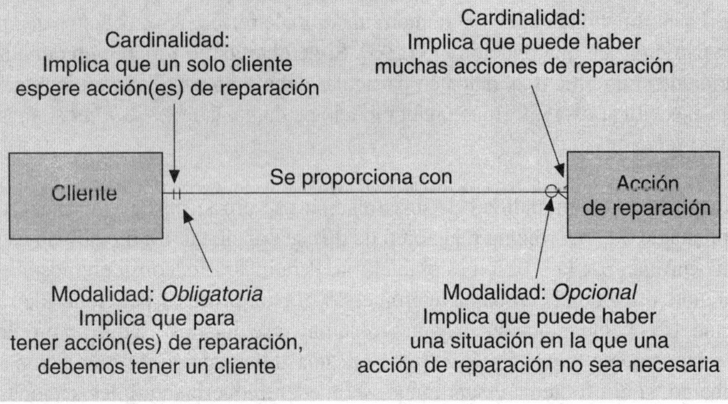

FIGURA 12.6

Un DER y una tabla de objetos de datos simples (Nota: En este DER la relación «construye» se indica mediante un rombo sobre la línea de conexión entre los objetos de datos.)

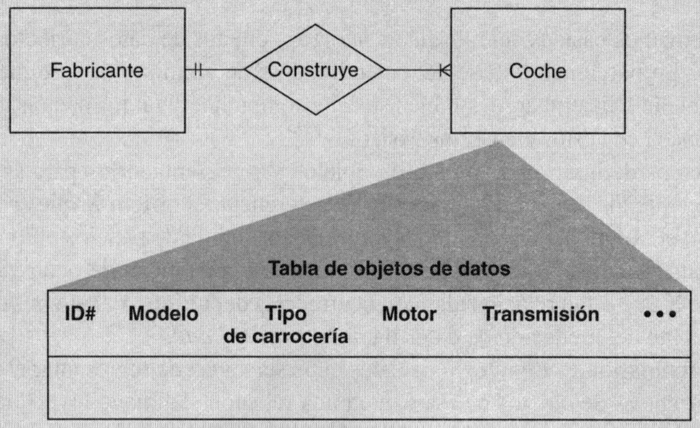

Peter Chen [CHE77] para el diseño de sistemas de bases de datos relacionales y ha sido ampliado por otros. Se identifica un conjunto de componentes primarios para el DER: objetos de datos, atributos, relaciones y varios indicadores tipo. El propósito primario del DER es representar objetos de datos y sus relaciones.

La notación DER rudimentaria ya se ha introducido en la Sección 12.3. Los objetos de datos son representados por un rectángulo etiquetado. Las relaciones se indican mediante una línea etiquetada conectando objetos. En algunas variaciones del DER, la línea de conexión contiene un rombo que se etiqueta con la relación. Las *conexiones* entre objetos de datos y relaciones se establecen mediante una variedad de símbolos especiales que indican cardinalidad y modalidad (Sección 12.3.2).

La relación entre los objetos de datos **coche** y **fabricante** se representarían como se muestra en la Figura 12.6. Un fabricante constuye uno o muchos coches. Dado el contexto implicado por el DER, la especificación del objeto de datos **coche** (consulte la tabla de objetos de datos de la Figura 12.6) sería radicalmente diferente de la primera especificación (Figura 12.3). Examinando los símbolos al final de la línea de conexión entre objetos, se puede ver que la modalidad de ambas incidencias es obligatoria (las líneas verticales).

Ampliando el modelo, representamos un DER extremadamente simplificado (Figura 12.7) del elemento de distribución del negocio de los automóviles. Se han introducido nuevos objetos de datos, **transportista** y **distribuidor**. Además, las relaciones nuevas *–transporta, contrata, autoriza* y *almacena–* indican cómo los objetos de datos de la figura se asocian entre sí. Las tablas para cada objeto de datos del DER, se tendría que desarrollar de acuerdo con las reglas introducidas al comienzo del capítulo.

Además de la notación básica de DER básica introducida en las Figuras 12.6 y 12.7, el analista puede representar *jerarquías de tipos de objetos de datos*. En muchas ocurrencias, un objeto de datos realmente puede representar una clase o categoría de información. Por ejemplo, el objeto de datos **coche** puede categorizarse como doméstico, europeo o asiático. La notación del DER mostrada en la Figura 12.8 representa esta categorización en forma de jerarquía. La notación del DER también proporciona un mecanismo que representa la asociabilidad entre objetos. Un *objeto de datos asociativo* se representa como se muestra en la Figura 12.9. En la figura, los objetos de datos que modelan los subsistemas individuales se asocian con el objeto de datos **coche**.

El modelado de datos y el diagrama entidad relación proporcionan al analista una notación concisa para examinar datos dentro del contexto de una aplicación de procesamiento de datos. En la mayoría de los casos, el enfoque del modelado de datos se utiliza para crear una parte del modelo de análisis, pero también se puede utilizar para el diseño de bases de datos y para soportar cualquier otro método de análisis de requisitos.

FIGURA 12.7

DER ampliado

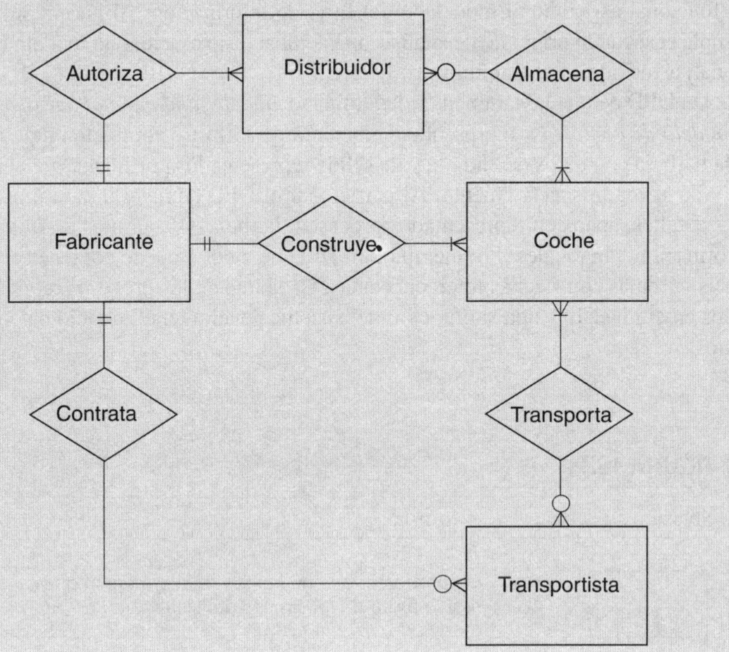

12.4. MODELADO FUNCIONAL Y FLUJO DE INFORMACIÓN

La información se transforma a medida que *fluye* por un sistema basado en computadora. El sistema acepta entradas en una gran variedad de formas, aplica elementos de hardware, software y humanos para transformar la entrada en salida, y produce salida en una gran variedad de formas. La entrada puede ser una señal de control transmitida por un controlador, una serie de números escritos por un enlace de una red o un archivo voluminoso de datos recuperado de un CD-ROM. La transformación puede ser, desde una sencilla comparación lógica, hasta un complejo algoritmo numérico o un mecanismo de reglas de inferencia de un sistema experto. La salida puede ser el encendido de un diodo de emisión de luz (DEL) o

FIGURA 12.8

Jerarquía tipo de objetos de datos

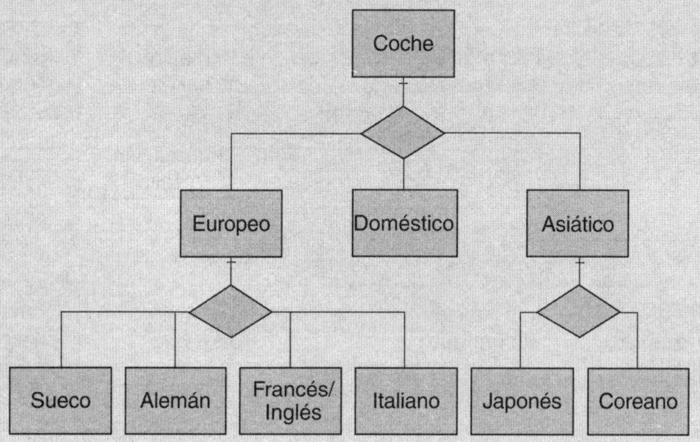

FIGURA 12.9

Asociación de objetos de datos

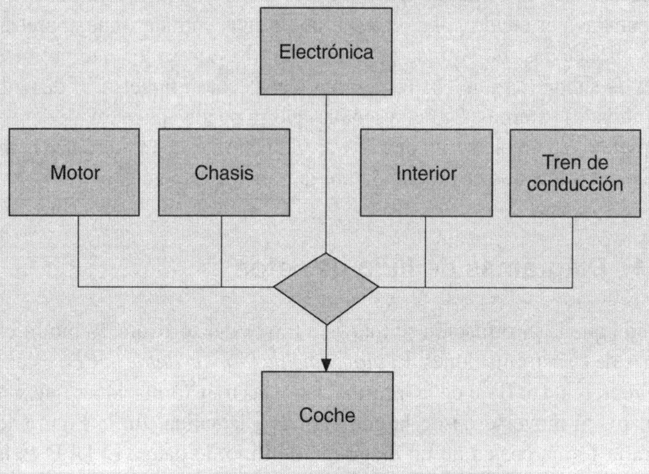

FIGURA 12.10

Modelo del flujo de información

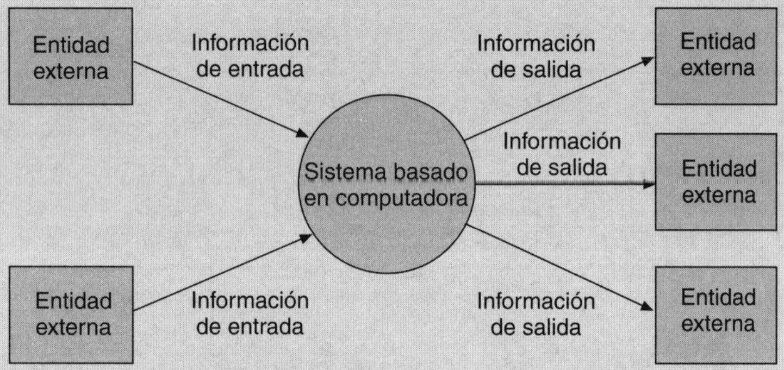

un informe de doscientas páginas. Efectivamente, podemos crear un *modelo de flujo* para cualquier sistema de computadora, independientemente del tamaño y de la complejidad.

El análisis estructurado es una técnica del modelado del flujo y del contenido de la información. Tal como muestra la Figura 12.10, el sistema basado en computadora se representa como una transformación de información. Se representa el funcionamiento general del sistema como una única transformación de información, que en la figura aparece como una *burbuja*. En entidades externas, representadas por cuadros, se originan una o más entradas, que aparecen como flechas etiquetadas. La entrada conduce a la transformación que produce información de salida (también se representa con flechas etiquetadas) dirigida hacia otras entidades externas. Se debe señalar que se puede aplicar el modelo al sistema completo o a un elemento de software. La clave está en presentar la información que entra y la que es producida por la transformación.

12.4.1. Diagramas de flujo de datos

A medida que la información se mueve a través del software, es modificada por una serie de transformaciones. El *diagrama de flujo de datos (DFD)* es una técnica que representa el flujo de la información y las transformaciones que se aplican a los datos al moverse desde la entrada hasta la salida. En la Figura 12.10 se muestra la forma básica de un diagrama de flujo de datos. El DFD es también conocido como *grafo de flujo de datos* o como *diagrama de burbujas*.

Se puede usar el diagrama de flujo de datos para representar un sistema o software a cualquier nivel de abstracción. De hecho, los DFD pueden ser divididos en niveles que representen un mayor flujo de información y un mayor detalle funcional. Por consiguiente, el DFD proporciona un mecanismo para el modelado funcional así como el modelado del flujo de información. Al hacer esto, se cumple el segundo principio de análisis operacional (esto es, crear un modelo funcional) estudiado en el Capítulo 11.

Un DFD de nivel 0 también es denominado *modelo fundamental del sistema* o *modelo de contexto* y representa al elemento de software completo como una sola burbuja con datos de entrada y de salida representados por flechas de entrada y de salida, respectivamente. Al particionar el DFD de nivel 0 para mostrar más detalles, aparecen representados procesos (burbujas) y caminos de flujo de información adicionales. Por ejemplo, un DFD de nivel 1 puede contener cinco o seis burbujas con flechas interconectadas. Cada uno de los procesos representados en el nivel 1 es una subfunción del sistema general en el modelo del contexto.

FIGURA 12.11

Notación DFD básica

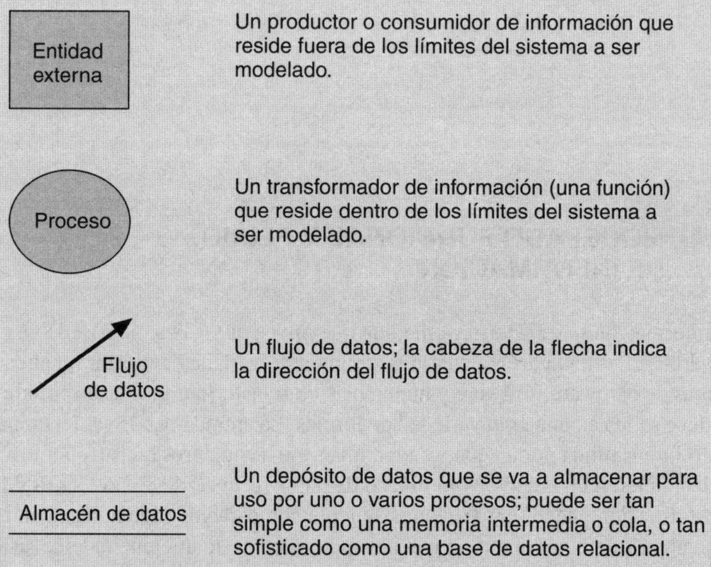

En la Figura 12.11 se ilustra la notación[6] básica que se usa para crear un DFD. El rectángulo se usa para representar una *entidad externa*, es decir, un elemento del sistema (p. ej.: hardware, una persona, otro programa), u otro sistema que produzca información a ser transformada por el software o que reciba información producida por el software. Un círculo representa un *proceso* o *transformación* que se aplica a los datos (o al control) y los cambia de alguna forma. Todas las flechas de un diagrama de flujo de datos deben estar etiquetadas. La línea doble representa un *almacén de datos* (información almacenada que es utilizado por el software). La sencillez de la notación DFD es una de las razones por las que las técnicas de análisis estructurado son ampliamente utilizadas.

Es importante señalar que el diagrama no proporciona ninguna indicación explícita de la secuencia de procesamiento. El procedimiento o la secuencia puede estar implícitamente en el diagrama, pero la representación procedimental explícita generalmente queda pendiente hasta el diseño del software.

Como ya indicamos antes, se puede refinar cada una de las burbujas en distintos niveles para mostrar un mayor detalle. La Figura 12.12 ilustra este concepto. El modelo fundamental del sistema F muestra la entrada principal *A* y la salida final *B*. Refinamos el modelo F en las tansformaciones f_1 a f_7. Observe que se debe mantener la *continuidad del flujo de información*, es decir, que la entrada y la salida de cada refinamiento debe ser la misma. Este concepto, a veces denominado *balanceo*, es esencial para el desarrollo de modelos consistentes. Un mayor refinamiento de f_4 muestra más detalle en la forma de las transformaciones f_{41} a f_{45}. De nuevo, la entrada (X, Y) y la salida (Z) permanecen inalteradas.

El diagrama de flujo de datos es una herramienta gráfica que puede ser muy valiosa durante el análisis de requisitos del software. Sin embargo, el diagrama puede llevar a confusión si se confunde su función con la del gráfico de flujo (*flowchart*). Un diagrama de flujo de datos representa el flujo de la información sin representación explícita de la lógica de procesamiento (p. ej.: condiciones o bucles). ¡No se trata de un gráfico de flujo (*flowchart*) con elementos redondeados!

La notación básica que se usa para desarrollar un DFD no es en sí misma suficiente para describir los requisitos del software. Por ejemplo, una flecha de un DFD representa un objeto de dato que entra o sale de un proceso. Un almacén de datos representa alguna colección organizada de datos. Pero, ¿cuál es el *contenido* de los datos implicados en las flechas o en el almacén? Si la flecha (o el almacén) representan una colección de objetos, ¿cuáles son? Para responder a estas preguntas, aplicamos otro componente de la notación básica del análisis estructurado, el *diccionario de datos*[7]. El formato y el uso del diccionario de datos se explica más adelante.

[6] En la Sección 12.4.2 se estudian ampliaciones de la notación básica.

[7] También se utiliza el término «diccionario de requisitos».

FIGURA 12.12

Refinamiento del flujo de información

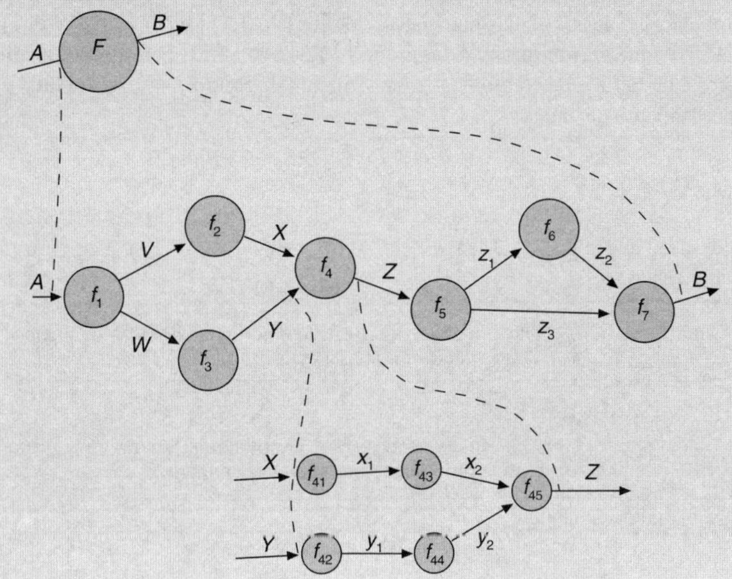

Finalmente, la notación gráfica representada en la Figura 12.11 debe ser ampliada con texto descriptivo. Se puede usar una especificación del proceso (EP) para especificar los detalles de proceso que implica una burbuja del DFD. La narrativa de procesamiento describe la entrada a la burbuja, el algoritmo que se aplica a esa entrada y la salida que se produce. Además, la EP indica las restricciones y limitaciones impuestas al proceso, las características de rendimiento que son relevantes al proceso y las restricciones de diseño que puedan tener influencia en la forma de implementar el proceso.

12.4.2. Ampliaciones para sistemas de tiempo real

Muchas aplicaciones de software son dependientes del tiempo y procesan más información orientada al control de datos. Un sistema de tiempo real debe interactuar con el mundo real en períodos de tiempo que vienen determinados por el mundo real. El control de naves o de procesos de fabricación, los productos de consumo y la instrumentación industrial son algunas de entre las cientos de aplicaciones del software de tiempo real.

Para que resulte adecuado el análisis del software de tiempo real, se han propuesto varias ampliaciones para la notación básica del análisis estructurado. Esas ampliaciones, desarrolladas por Ward y Mellor [WAR85] y por Hatley y Pirbhai [HAT87], que se muestran en las Figuras 12.13 y 12.14, permiten al analista representar el flujo de control y el procesamiento de control, así como el flujo y el procesamiento de datos.

FIGURA 12.13

Ampliaciones a la notación del análisis estructurado para sistemas de tiempo real desarrolladas por Ward y Mellor [WAR85]

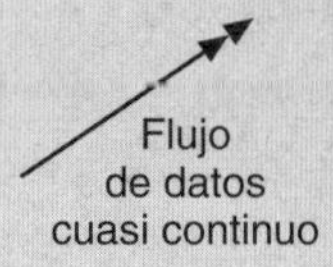

Un objeto de datos que entra o sale de un proceso de una forma «continua».

Un transformador de control o de «sucesos», acepta control como entrada y produce control como salida.

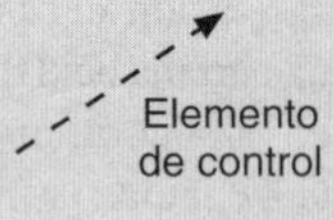

Un elemento de control o suceso: toma un valor lógico o discreto; la cabeza de la flecha indica la dirección del flujo de control.

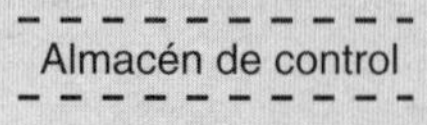

Un depósito d elementos de control que se guardan para ser usados por uno o más procesos.

Múltiples ocurrencias equivalentes del mismo proceso; se usa cuando se crean procesos múltiples en un sistema multitarea.

FIGURA 12.14

Ampliaciones a la notación del análisis estructurado para sistemas de tiempo real desarrolladas por Hatley y Pirbhai [HAT85]

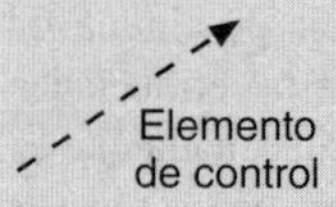

Un elemento de control o suceso; toma un valor lógico o discreto; la cabeza de la flecha indica la dirección del flujo de control.

La barra vertical es una referencia a una especificación de control (EC) que describe el comportamiento de un sistema y define cómo se activan los procesos a consecuencia de los sucesos.

12.4.3. Ampliaciones de Ward y Mellor

Ward y Mellor [WAR85] amplían la notación básica del análisis estructurado para que se adapte a las siguientes demandas impuestas por los sistemas de tiempo real:

- Flujo de información que es recogido o producido de forma continua en el tiempo.
- Información de control que pasa por el sistema y el procesamiento de control asociado.
- Ocurrencias múltiples de la misma transformación que se encuentran a menudo en situaciones de multitarea.
- Estados del sistema y mecanismos que producen transición de estados en el sistema.

En un porcentaje significativo de aplicaciones de tiempo real, el sistema debe monitorizar la información *continua en el tiempo* generada por algún proceso del mundo real. Por ejemplo, puede que se haga necesario un sistema de monitorización de pruebas en tiempo real para máquinas de turbina de gas, para que se supervise la velocidad de la turbina, la temperatura del combustible y la presión, todo ello de forma continuada. La notación del flujo de datos convencional no hace distinciones entre datos discretos y datos continuos en el tiempo. Una ampliación de la notación básica del análisis estructurado que se muestra en la Figura 12.15, proporciona un mecanismo para representar el flujo de datos conti-

FIGURA 12.15

Flujo de datos continuo en el tiempo

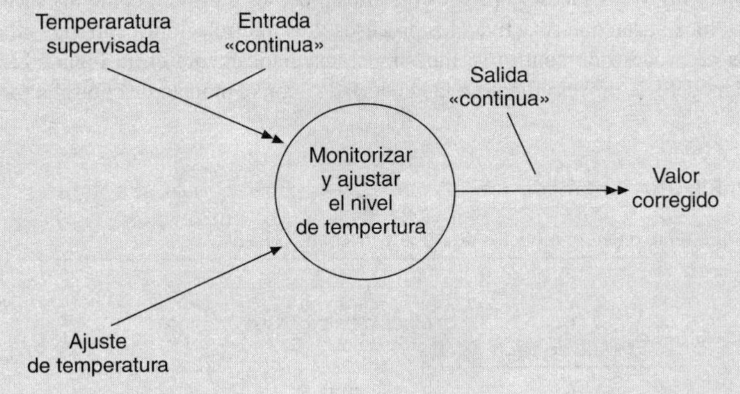

nuo en el tiempo. Para representar el flujo continuo en el tiempo se usa la flecha de dos cabezas, mientras que el flujo de datos discreto se representa con una flecha de una sola cabeza. En la figura, se mide continuamente la **temperatura supervisada**, mientras que sólo se proporciona un valor para el **ajuste de temperatura**. El proceso de la figura produce una salida continua, **valor corregido**.

La distinción entre flujo de datos discretos y continuo en el tiempo tiene implicaciones importantes, tanto para el ingeniero del sistema como para el diseñador del software. Durante la creación del modelo del sistema, podrá aislar los procesos que pueden ser críticos para el rendimiento (es muy usual que la entrada y salida de datos continuos en el tiempo dependan del rendimiento). Al crear el modelo físico o de implementación, el diseñador debe establecer un mecanismo para la recolección de datos continuos en el tiempo. Obviamente, el sistema digital recolecta datos en una forma cuasicontinua utilizando técnicas de muestreo de alta velocidad. La notación indica donde se necesita hardware de conversión analógica a digital y qué transformaciones requerirán con mayor probabilidad un software de alto rendimiento.

En los diagramas de flujo de datos convencionales no se representa explícitamente el control o *flujos de sucesos*. De hecho, al analista se le advierte de que ha de excluir específicamente la representación del flujo de control del diagrama de flujo de datos. Esta exclusión es demasiado restrictiva cuando se trata de aplicaciones de tiempo real y es por ello que se ha desarrollado una notación especializada para la representación del flujo de sucesos y del procesamiento de control.

FIGURA 12.16

Flujos de datos y de control utilizando la notación de Ward y Mellor [WAR85]

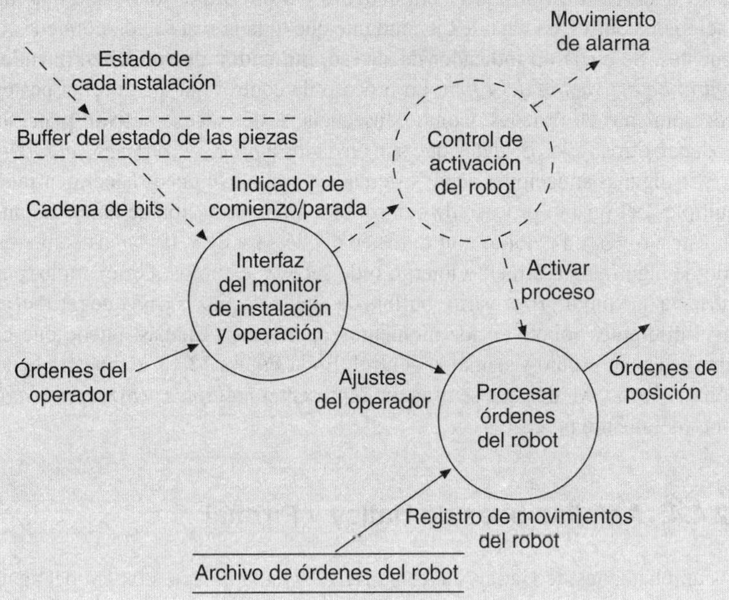

Siguiendo con los convenios establecidos para los diagramas de flujo de datos, el flujo de datos se representa mediante flechas con trazo continuo. Sin embargo, *el flujo de control* se representa mediante flechas de trazo discontinuo o sombreadas. Un proceso que sólo maneja flujos de control es denominado *proceso de control*, se representa analógicamente mediante una burbuja con trazo discontinuo.

El flujo de control puede ser una entrada directa de un proceso convencional o de un proceso de control. La Figura 12.16 ilustra el flujo de control y su procesamiento, utilizando la notación de Ward y Mellor. La figura ilustra el planteamiento de mayor nivel de un flujo de datos y de control de una célula de fabricación[8]. A medida que se van colocando los componentes que serán ensamblados

[8] Las células de fabricación se usan en aplicaciones de automatización de fábricas. Contienen computadoras y máquinas automáticas (p. ej.: robots, máquinas de control numérico, fijaciones especiales) y llevan a cabo una operación discreta de fabricación bajo control de la computadora.

por un robot, un bit de estado se incorpora en un **buffer del estado de las piezas** (un almacén de control) que indica la presencia o ausencia de cada componente. La información de sucesos contenida en el **buffer del estado de las piezas** se pasa como una **cadena de bits** a un proceso, *interfaz del monitor de instalación y operación*. El proceso leerá **órdenes del operador** sólo cuando la información de control, cadena de bits, indique que toda la instalación contiene componentes. Se envía un indicador de suceso, **indicador de comienzo/parada**, al *control de activación del robot*, un proceso de control que permite un posterior procesamiento de órdenes. Como consecuencia, del suceso **activar proceso** se producen otros flujos de datos que son enviados a *procesar órdenes del robot*.

En algunas situaciones en un sistema de tiempo real puede haber ocurrencias múltiples del mismo proceso de control o de transformación de datos. Se puede dar este caso en un entorno multitarea en el que se activan las tareas como resultado de algún procesamiento interno o de sucesos externos. Por ejemplo, puede que haya que monitorizar varios buffers de estado de piezas para que puedan activarse diferentes robots en los momentos oportunos. Además, puede que cada robot tenga su propio sistema de control. En la Figura 12.13 se muestra la notación de Ward y Mellor que se usa para representar *múltiples ocurrencias equivalentes* del mismo proceso.

12.4.4. Ampliaciones de Hatley y Pirbhai

Las ampliaciones de Hatley y Pirbhai [HAT87] a la notación básica del análisis estructurado se centra en la creación de símbolos gráficos adicionales y mayores referencias orientadas al control del software en las fases de representación y especificación. Refiriéndonos a la Figura 12.14, de nuevo se usa una flecha de trazo discontinuo para representar el flujo de control o de sucesos. A diferencia de Ward y Mellor, Hatley y Pirbhai sugieren que se represente por separado la notación de trazo continuo de la de trazo discontinuo. Así, se define un *diagrama de flujo de control* (DFC). El DFC contiene los mismos procesos que el DFD, pero muestra el flujo de control en lugar de datos. En lugar de representar directamente los procesos de control dentro del modelo de flujo, se usa una referencia de notación (una barra sólida) a una *especificación de control* (EC). En esencia, se puede considerar la barra como una «ventana» ante una «ejecución» (la EC) que controla los procesos (las burbujas) representados en el DFD, de acuerdo con los sucesos que pasan a través de la ventana. Se usa la EC, que se describe en detalle en la Sección 12.6.4, para indicar (1) cómo se comporta el software cuando se detecta un suceso o una señal de control y (2) qué procesos se invocan como consecuencia de la ocurrencia del suceso. Se usa una *especificación de procesamiento* para describir el procesamiento interno de los procesos representados en el diagrama de flujo.

Usando la notación descrita en las Figuras 12.11 y 12.14, junto con la información adicional contenida en EP y EC, Hatley y Pirbhai crean un modelo de sistema de tiempo real. Para representar los datos y los procesos que los manejan se usan los diagramas de flujo de datos. Los diagramas de flujo de control muestran cómo fluyen los sucesos entre los distintos procesos e ilustran cómo los sucesos externos hacen que se activen los procesos. Las interrelaciones entre los modelos de proceso de control se muestran esquemáticamente en la Figura 12.17. El modelo de procesamiento está «conectado» con el modelo de control a través

FIGURA 12.17

La relación entre modelos de datos y de control [HAT87]

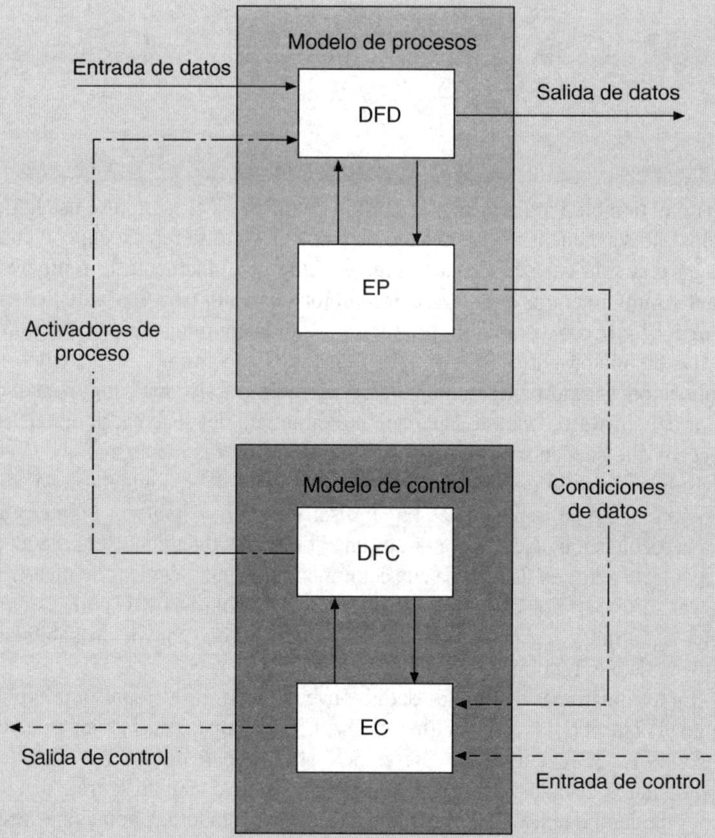

de las *condiciones de datos*. El modelo de control está «conectado» con el modelo de procesos mediante la información de activación de procesos contenida en la EC.

Una condición de datos se produce cuando los datos de entrada de un proceso hacen que se produzca una salida de control. La Figura 12.18 ilustra esta situación en una parte del modelo de flujo para un sistema de monitorización y control automatizado de válvulas de presión de una refinería de petróleo. El *proceso comprobar y convertir presión* implementa el algoritmo descrito en el pseudocódigo EP que se muestra. Cuando la presión absoluta del tanque es mayor que el máximo permitido, se genera un suceso **presión alta**. Observe que cuando se usa la notación de Hatley y Pirbhai, el flujo de datos se muestra como parte de un DFD, mientras que el flujo de control se encuentra en un diagrama de flujo de control. Para determinar qué es lo que ocurre cuando se produce este suceso, debemos comprobar la EC.

La especificación de control (EC) contiene varias herramientas importantes del modelado. Para indicar qué procesos se activan por un suceso dado que fluye por la barra vertical, se usa una *tabla de activación de procesos* (descrita en la Sección 12.6.4). Por ejemplo, una tabla de activación de procesos (TAP) para la Figura 12.18 podría indicar que el suceso **presión alta** haría que se invocara un proceso *reducir presión del tanque* (que no se muestra). Además de la TAP, la EC puede contener un *diagrama de transición de estados* (DTE). El DTE es un modelo de comportamiento que se basa en la definición de un *conjunto de estados del sistema* y se describe en la sección siguiente.

FIGURA 12.18

Condiciones de datos

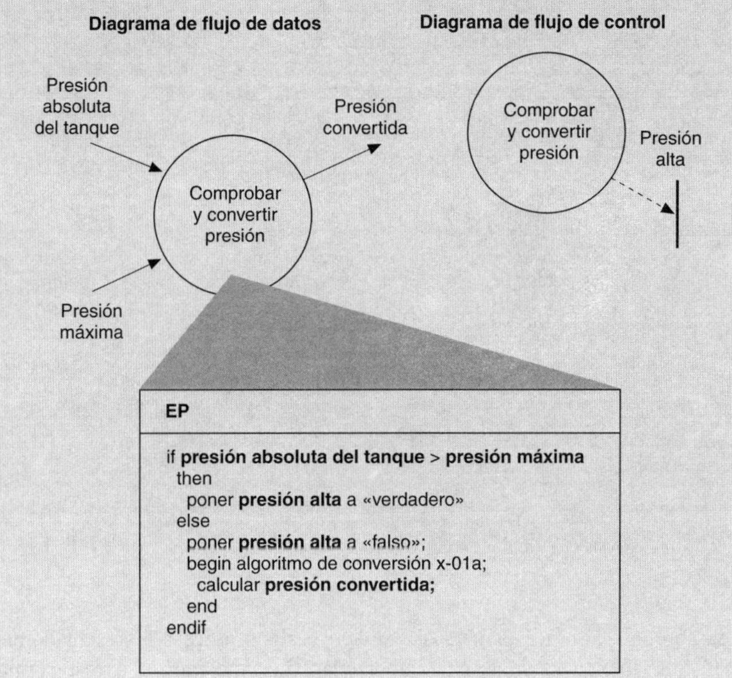

12.5. MODELADO DEL COMPORTAMIENTO

El modelado del comportamiento es uno de los principios fundamentales de todos los métodos de análisis de requisitos. Sin embargo, sólo algunas versiones ampliadas del análisis estructurado ([WAR85], [HAT87]) proporcionan una notación para este tipo de modelado. El diagrama de transición de estados[9] representa el comportamiento de un sistema que muestra los estados y los sucesos que hacen que el sistema cambie de estado. Además, el DTE indica qué acciones (p. ej.: activación de procesos) se llevan a cabo como consecuencia de un suceso determinado.

Un *estado* es un modo observable de comportamiento. Por ejemplo, estados para un sistema de monitorización y de control para que las válvulas de presión descritas en la Sección 12.4.4 puedan estar en *estado de monitorización, estado de alarma, estado de liberación de presión* y otros. Cada uno de estos estados representa un modo de comportamiento del sistema. Un diagrama de transición de estados indica cómo se mueve el sistema de un estado a otro.

Para ilustrar el uso de las ampliaciones de comportamiento y de control de Hatley y Pirbhai, consideremos el software empotrado en una máquina fotocopiadora de oficina. La fotocopiadora lleva a cabo un número de funciones que están definidas en el nivel 1 de DFC que se muestra en la Figura 12.19. Se debe señalar que se requiere el refinamiento adicional del flujo de datos y la definición de cada elemento de datos (mediante un diccionario de datos).

En la Figura 12.20 se muestra un flujo de control para el software de fotocopiadora. Los flujos de control se muestran entrando y saliendo procesos individuales y la «ventana» EC. Por ejemplo, los sucesos **estado de alimentación de papel** y **comienzo/parada** fluyen dentro de la barra de EC. Esto implica que

[9] En lugar de un diagrama también se puede usar una representación tabular de las transiciones de estados. Para una mayor información, consulte [HAT87].

FIGURA 12.19

DFD de nivel 1 paa el software de fotocopiadora

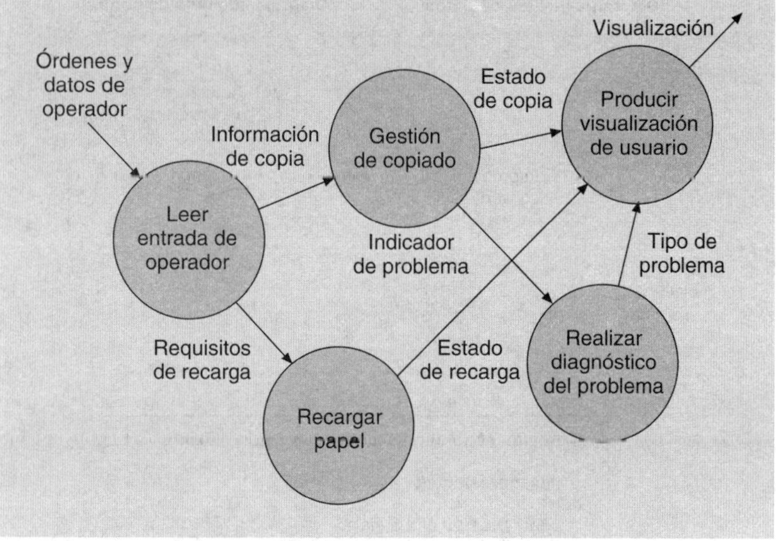

FIGURA 12.20

CFD de nivel 1 para el softwae de fotocopiadora

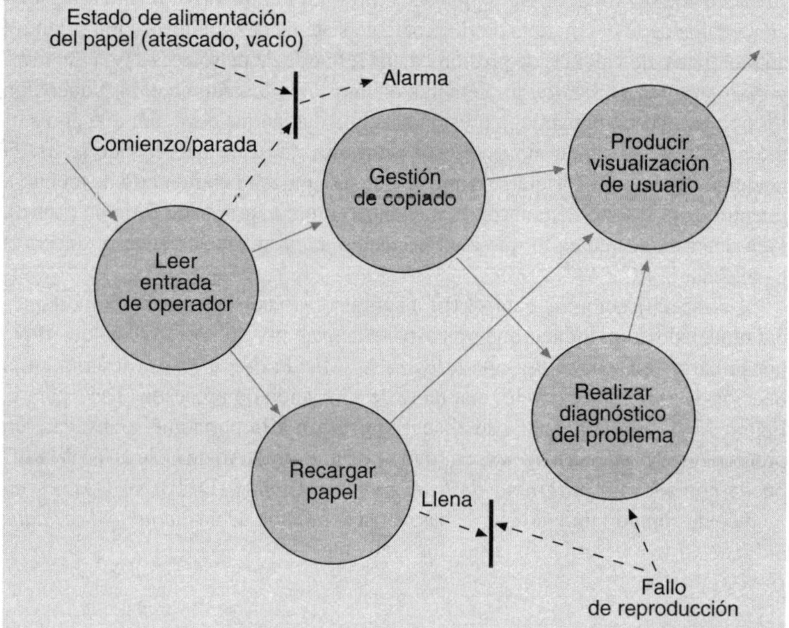

cada uno de estos sucesos hará que se active algún proceso representado en el DFC. Si se fuera a examinar internamente la EC, se mostraría el suceso **comienzo/parada** para activar/desactivar el proceso de *gestión de copiado*. De forma similar, el suceso **atascada** (parte del estado de alimentación del papel) activaría *realizar diagnóstico del problema*. Se debería destacar que todas las barras verticales dentro del DFC se refieren a la misma EC.

Un flujo de suceso se puede introducir directamente en el proceso como muestra **fallo de reproducción**. Sin embargo, este flujo no activa el proceso, sino que proporciona información de control para el algoritmo de proceso. Las flechas del flujo de datos se han sombreado ligeramente con propósitos ilustrativos, pero en realidad se muestran como parte de un diagrama de flujo de control.

Un diagrama de transición de estados simplificado para el software de fotocopiadora descrito anteriormente se muestra en la Figura 12.21. Los rectángulos representan estados del sistema y las flechas representan *transiciones* entre estados. Cada flecha está etiquetada con una expresión en forma de fracción. La parte superior indica el suceso (o sucesos) que hace(n) que se produzca la transición. La parte inferior indica la acción que se produce como consecuencia del suceso. Así, cuando la bandeja de papel está llena, y el botón de comienzo ha sido pulsado, el sistema pasa del estado *leyendo órdenes* al estado *realizando copias*. Observe que los estados no se corresponden necesariamente con los procesos de forma biunívoca. Por ejemplo, el estado *realizando copias* englobaría tanto el proceso *gestión de copiado* como el proceso *producir visualización de usuario* que aparecen en la Figura 12.20.

12.6. MECANISMOS DEL ANÁLISIS ESTRUCTURADO

En la sección anterior, hemos visto las notaciones básica y ampliada del análisis estructurado. Para poder utilizarlas eficazmente en el análisis de requisitos del software, se ha de combinar esa notación con un conjunto de heurísticas que permitan al ingeniero del software derivar un buen modelo de análisis. Para ilustrar el uso de esas heurísticas, en el resto de este capítulo utilizaremos una versión adap-

FIGURA 12.21

Diagramas de transición de estados simplificado para el software de fotocopiadora

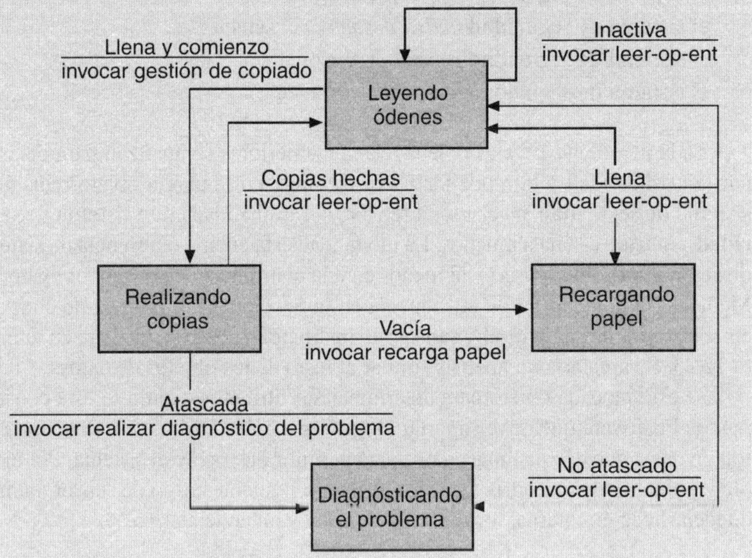

tada de las ampliaciones de Hatley y Pirbhai [HAT87] a la notación básica del análisis estructurado.

En la secciones siguientes, se examina cada uno de los pasos que se debe seguir para desarrollar modelos completos y precisos mediante el análisis estructurado. A lo largo de este examen, se usará la notación presentada en la Sección 12.4, y se presentarán con algún detalle otras formas de notación ya aludidas anteriormente.

12.6.1. Creación de un diagrama entidad-relación

El diagrama de entidad-relación permite que un ingeniero del software especifique los objetos de datos que entran y salen de un sistema, los atributos que definen las propiedades de estos objetos, y las relaciones entre los objetos. Al igual que la mayoría de los elementos del modelo de análisis y las relaciones entre objetos, el DER se construye de una forma interactiva. Se toma el enfoque siguiente:

1. Durante la recopilación de requisitos, se pide que los clientes listen las «cosas» que afronta el proceso de la aplicación y/o del negocio. Estas «cosas» evolucionan en una lista de objetos de datos de entrada y de salida así como entidades externas que producen o consumen información.
2. Tomando un objeto cada vez, el analista y el cliente definen si existe una conexión (sin especificarlo en ese momento) o no entre ese objeto de datos y otros objetos.
3. Siempre que existe una conexión, el analista y el cliente crean una o varias parejas de objeto-relación.
4. Para cada pareja objeto-relación se explora la cardinalidad y la modalidad.
5. Interactivamente se continúan los pasos del 2 al 4 hasta que se hayan definido todas las parejas objeto-relación. Es normal descubrir omisiones a medida que el proceso continúa. Objetos y relaciones nuevos se añadirán invariablemente a medida que crezca el número de interacciones.
6. Se definen los atributos de cada entidad.
7. Se formaliza y se revisa el diagrama entidad-relación.
8. Se repiten los pasos del 1 al 7 hasta que se termina el modelado de datos.

Para ilustrar el uso de estas directrices básicas, usaremos el ejemplo del sistema de seguridad HogarSeguro tratado en el Capítulo 11. A continuación, reproducimos la narrativa de procesamiento para HogarSeguro:

> El software HogarSeguro permite al propietario de la vivienda configurar el sistema de seguridad al instalarlo; supervisa todos los sensores conectados al sistema de seguridad, e interactúa con el propietario mediante un teclado numérico y unas teclas de función que se encuentran en el panel de control HogarSeguro de la Figura 11.4.
>
> Durante la instalación, se usa el panel de control HogarSeguro para «programar» y configurar el sistema. Cada sensor tiene asignado un número y un tipo; existe una contraseña para activar y desactivar el sistema, y se introduce(n) número(s) de teléfono con los que contactar cuando se produce un suceso detectado por un sensor.
>
> Cuando el software detecta un suceso de un sensor, hace que suene una alarma audible que está incorporada en el sistema. Tras un retardo, especificado por el propietario durante la configuración del sistema, el software marca un número de teléfono de un servicio de vigilancia, proporciona información sobre la situación, e informa sobre la naturaleza del suceso detectado. Cada 20 segundos se volverá a marcar el número hasta que se consiga establecer la comunicación.
>
> Toda la interacción con Hogarseguro está gestionada por un subsistema de interacción con el usuario que lee la información introducida a través del tecla-

> do numérico y de las teclas de función, muestra mensajes de petición y la información sobre el estado del sistema en el monitor LDC. La interacción por teclado adquiere la siguiente forma...

Las discusiones entre el analista y el cliente indican la lista siguiente (parcial) de «cosas» que son importantes para el problema:

- propietario
- panel de control
- sensores
- sistema de seguridad
- servicio de vigilancia

Tomando estas «cosas» una a una, se exploran las conexiones. Para realizar esto, se dibuja cada objeto y se señalan las líneas que conectan objetos. Por ejemplo, la Figura 12.22 muestra que existe una conexión directa entre **propietario** y **panel de control, sistema de seguridad** y **servicio de vigilancia**. Existe una conexión única entre **sensor** y **sistema de seguridad**, y así sucesivamente.

FIGURA 12.22

Establecimiento de conexiones

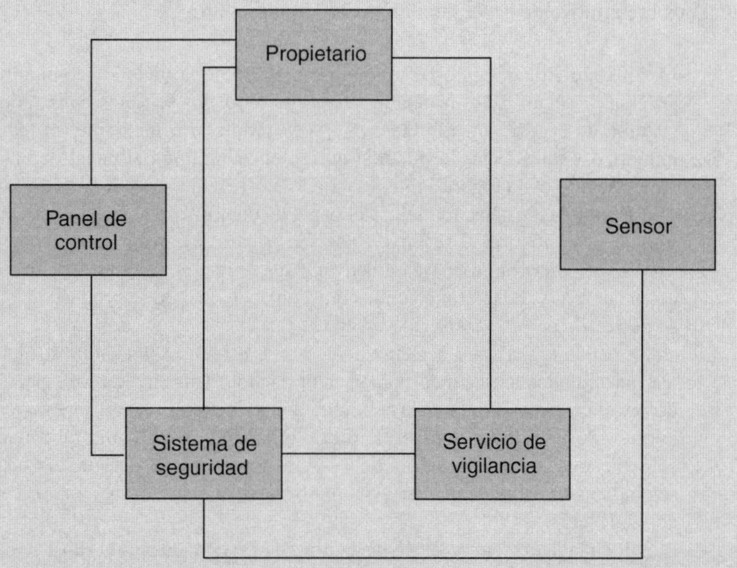

Una vez que se han definido todas las conexiones, se identifican una o varias parejas objeto-relación para cada conexión. Por ejemplo, la conexión entre **sensor** y **sistema de seguridad** se determina para que tenga las parejas objeto-relación siguientes:

el **sistema de seguridad** *supervisa* el **sensor**
el **sistema de seguridad** *activa/desactiva* el **sensor**
el **sistema de seguridad** *prueba* el **sensor**
el **sistema de seguridad** *programa* el **sensor**

Cada una de las parejas objeto-relación anteriores se analizan para determinar la cardinalidad y la modalidad. Por ejemplo, en la pareja objeto-relación el **sistema de seguridad** *supervisa* el **sensor**, la cardinalidad entre **sistema de seguridad** y **sensor** es una a muchos. La modalidad está en una ocurrencia de **sistema de seguridad** (obligatoria) y al menos en una ocurrencia de **sensor** (obligatorio). Mediante la notación DER introducida en la Sección 12.3, la línea de conexión entre **sistema de seguridad** y **sensor** se modificaría, como se muestra en la Figura 12.23. Se aplicaría un análisis similar al resto de los objetos de datos.

Se estudia cada objeto para determinar sus atributos. Como se está considerando el software que debe soportar HogarSeguro, los atributos se deberían centrar en datos que deban almacenarse para permitir que opere el sistema. Por ejemplo, el objeto sensor podría tener los taributos siguientes: tipo de sensor, número de identificación interna, localización de zona y nivel de alarma.

FIGURA 12.23

Desarrollo de relaciones y cadinalidad/modalidad.

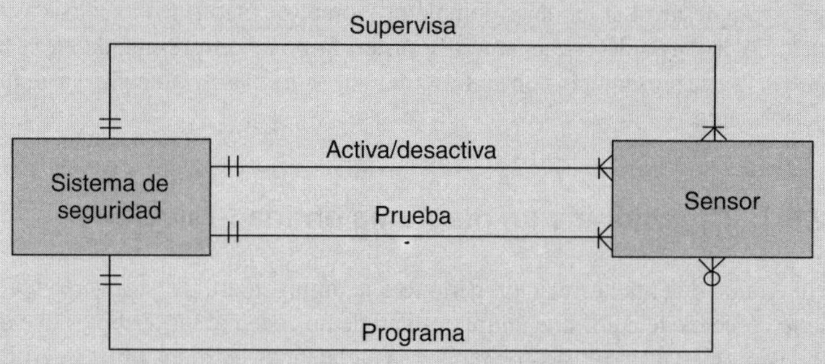

12.6.2. Creación de un modelo de flujo de datos

El diagrama de flujo de datos (DFD) permite al ingeniero del software desarrollar los modelos del ámbito de información y del ámbito funcional al mismo tiempo. A medida que se refina el DFD en mayores niveles de detalle, el analista lleva a cabo implícitamente una descomposición funcional del sistema a la vez que se esfuerza en conseguir los cuatro principios del análisis operacional. Al mismo tiempo, el refinamiento del DFD produce un refinamiento de los datos a medida que se mueven a través de los procesos que componen la aplicación.

Unas pocas directrices sencillas pueden ayudar de forma considerable durante la elaboración de un diagrama de flujo de datos; (1) el diagrama de flujo de datos de nivel 0 debe representar el software/sistema como una sola burbuja; (2) se deben anotar cuidadosamente las entradas y las salidas principales; (3) el refinamiento debe comenzar aislando los procesos, los objetos de datos y los almacenes de datos que sean candidatos a ser representados en el siguiente nivel; (4) todas las flechas y las burbujas deben ser rotuladas con nombres significativos; (5) entre sucesivos niveles se debe mantener la *continuidad del flujo de información*; (6) se deben refinar las burbujas de una en una. Hay una tendencia natural a complicar en exceso el diagrama de flujo de datos. Esto ocurre cuando el analista intenta reflejar demasiados detalles demasiado pronto o representa aspectos procedimentales en detrimento del flujo de información.

En la Figura 12.24 se muestra el DFD de nivel 0 para HogarSeguro. Las entidades externas principales (cuadrados) producen información para ser usada por el sistema y consumen información generada por el sistema. Las flechas etiquetadas representan objetos de datos u objetos de datos de tipo jerárquico. Por ejemplo, **órdenes y datos de usuario** engloba todas las órdenes de configuración, todas las órdenes de activación/desactivación, todas las variadas interacciones y todos los datos que se introducen para cualificar o ampliar una orden.

FIGURA 12.24

DFD de nivel contextual para *HogarSeguro*.

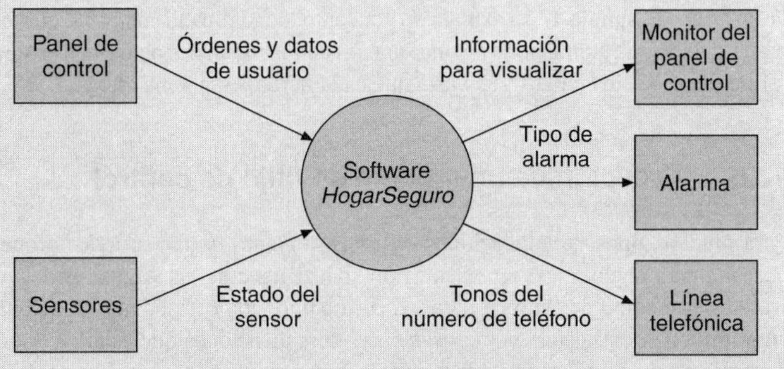

Ahora tenemos que expandir el DFD de nivel 0 a un modelo de nivel 1. Pero, ¿cómo lo hacemos? Una sencilla, pero efectiva, técnica consiste en realizar un «análisis gramatical» de la narrativa del procesamiento que describe la burbuja de nivel contextual. Es decir, aislar todos los nombres (y sentencias nominales) y todos los verbos (y sentencias verbales) de la narrativa presentada arriba. Para ilustrarlo, reproducimos de nuevo la narrativa de procesamiento, subrayando las primeras ocurrencias de los nombres y las primeras ocurrencias de los verbos en cursiva. (Se debería señalar que se omiten los nombres y los verbos que son sinónimos y no se apoyan directamente en el proceso de modelado.)

> El software HogarSeguro *permite* al propietario de la vivienda *configurar* el sistema de seguridad al *instalarlo*; *supervisa* todos los sensores *conectados* al sistema de seguridad e *interactúa* con el propietario a través de un teclado numérico y unas teclas de función que *se encuentran* en el panel de control de HogarSeguro que se muestra en la Figura 11.4.
>
> Durante la instalación, se usa el panel de control de HogarSeguro para *«programar»* y *configurar* el sistema. Cada sensor tiene *asignado* un número y un tipo, existe una contraseña maestra para *activar* y *desactivar* el sistema, y se *introduce(n)* un(os) número(s) de teléfono(s) con los que *contactar* cuando se produce un suceso detectado por un sensor.
>
> Cuando el software *detecta* un suceso, invoca una alarma audible que está incorporada en el sistema. Tras un retardo, *especificado* por el propietario durante la configuración del sistema, el programa marca un número de teléfono de un servicio de vigilancia, *proporciona* información sobre la localización e *informa* sobre la naturaleza del suceso detectado. Cada 20 segundos *se volverá a marcar* el número de teléfono hasta que *se consiga establecer* la comunicación.
>
> Toda la interacción con HogarSeguro está gestionada por un subsistema de interacción con el usuario que *lee* la información introducida a través del teclado numérico y de las teclas de función, *muestra* mensajes de petición en un monitor LDC y muestra información sobre el estado del sistema en el monitor LDC. La interacción por teclado toma la siguiente forma...

De acuerdo con el análisis gramatical, comienza a aparecer un patrón. Todos los verbos son procesos de HogarSeguro, es decir, deben estar en última instancia representados como burbujas en el consiguiente DFD. Todos los nombres son, o bien entidades externas (cuadrados), objetos de datos o de control (flechas) o almacenes de datos (líneas dobles). Además, los nombres y los verbos están relacionados entre sí (p. ej.: cada sensor tiene *asignado* un número y un tipo). Por tanto, con el análisis gramatical de la narrativa de procesamiento de una burbuja de cualquier nivel del DFD, podemos generar mucha información útil sobre cómo proceder en el refinamiento del siguiente nivel. Usando esa información, obtenemos el DFD de nivel 1 que se muestra en la Figura 12.25. El proceso de nivel contextual de la Figura 12.24 se ha expandido en siete procesos, derivados de un examen del análisis gramatical. De forma similar se ha derivado el flujo de información entre los procesos del nivel 1.

Se debe tener en cuenta que entre los niveles 0 y 1 se ha mantenido la continuidad del flujo de información. Se pospone hasta la Sección 12. la elaboración de los contenidos de las entradas y las salidas de los DFD de niveles 0 y 1.

Se pueden refinar en posteriores niveles los procesos representados en el DFD de nivel 1. Por ejemplo, se puede refinar el proceso *monitorizar sensores* al DFD de nivel 2 que se muestra en la Figura 12.26. Podemos observar de nuevo que se mantiene la continuidad del flujo de información entre los niveles.

El refinamiento de los DFD continúa hasta que cada burbuja representa una función sencilla, es decir, hasta que el proceso que representa la burbuja realiza una función que se puede implementar fácilmente como una componente del programa. En el Capítulo 13 se explica un concepto, denominado *cohesión*, que sirve para establecer la simplicidad de una función dada. Por ahora, pensemos en que el refinamiento de los DFD sigue hasta que cada burbuja sea «una idea».

FIGURA 12.25

DFD de nivel 1 para HogarSeguro

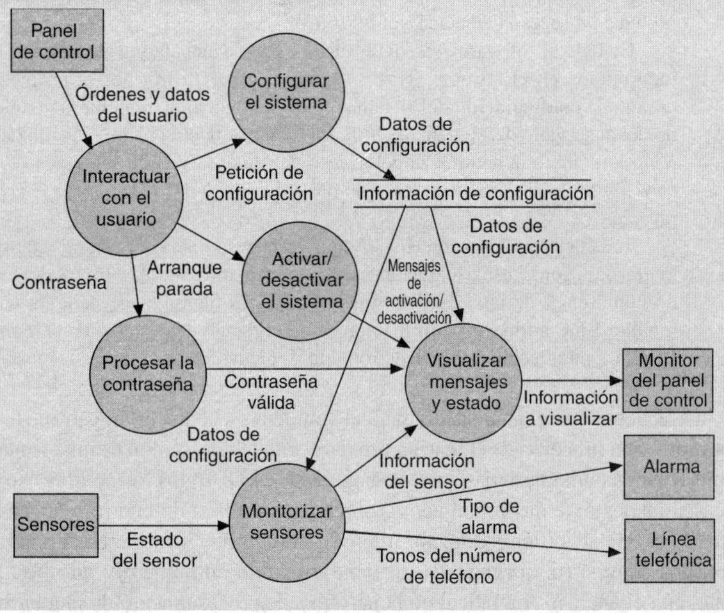

FIGURA 12.26

DFD de nivel 2 que refina el proceso *monitorizar sensores*

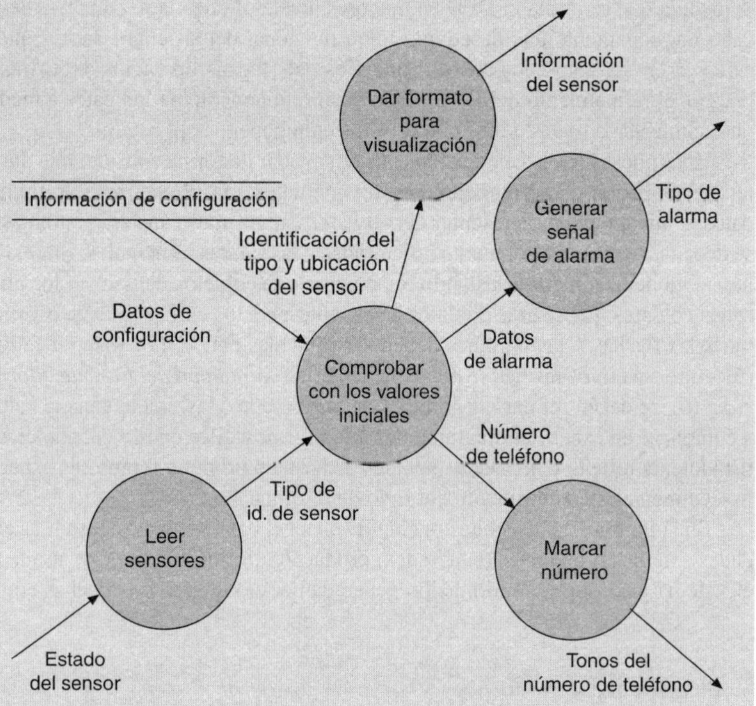

12.6.3. Creación de un modelo de flujo de control

Para muchos tipos de aplicaciones de procesamiento de datos, todo lo que se necesita para obtener una representación significativa de los requisitos del software es el modelo de flujo de datos. Sin embargo, como ya hemos mencionado anteriormente, existe una numerosas clase de aplicaciones que están «conducidas» por sucesos en lugar de por los datos, que producen información de control más que informes o visualizaciones, que procesan información con fuertes limitaciones de tiempo y rendimiento. Tales aplicaciones requieren un modelado del flujo de control además del modelado del flujo de información.

La notación gráfica que se requiere para crear un diagrama de flujo de control ya ha sido presentada en la Sección 12.4.4. Recordando la forma en que se crea un DFC, lo primero es «eliminar» del modelo de flujo de datos todas las flechas de flujo de datos[10]. Luego, se añaden al diagrama los sucesos y los elementos de control (flechas con línea discontinua), así como «ventanas» (barras verticales) a las especificaciones de control. Pero, ¿cómo se seleccionan los sucesos?

Ya hemos señalado que los sucesos o los elementos de control se implementan como valores lógicos (p. ej.: *verdadero* o *falso*, *sí* o *no*, *1* o *0*) o como una lista discreta de condiciones (*vacía, atascada, llena*). Para seleccionar posibles candidatos a sucesos, se pueden sugerir las siguientes directrices:

- Listar todos los sensores que son «leídos» por el software.
- Listar todas las condiciones de interrupción.
- Listar todos los «interruptores» que son accionados por el operador.
- Listar todas las condiciones de datos.
- De acuerdo con el análisis de nombres y verbos que se aplicó a la narrativa de procesamiento, revisar todos los «elementos de control» como posibles entradas/salidas de EC.
- Describir el comportamiento del sistema identificando sus estados; identificar cómo se alcanza cada estado y definir las transiciones entre los estados.
- Centrarse en las posibles omisiones –un error muy común en la especificación del control (por ejemplo, preguntarse si existe alguna otra forma en la que se puede llegar a un estado o salir de él).

En la Figura 12.27 se ilustra un DFC de nivel 1 para el software HogarSeguro. Entre los sucesos y los elementos de control que aparecen están **suceso de sensor** (p. ej.: un sensor ha detectado una anomalía), **indicador de parpadeo** (una señal para que el monitor LCD parpadee) e **interruptor de comienzo/parada** (una señal para encender y apagar el sistema). Un suceso fluye a una ventana EC desde el mundo exterior, ello implica la activación por la EC de uno o más procesos de los que aparecen en el DFC. Cuando un elemento de control emana de un proceso y fluye a una ventana EC, ello implica el control y la activación de algún proceso o de una entidad externa.

[10] Para que resulte más instructivo, en la figura se han dejado las flechas de flujo de datos como líneas punteadas. En la práctica, se eliminan completamente.

FIGURA 12.27

DFC de nivel 1 para HogarSeguro

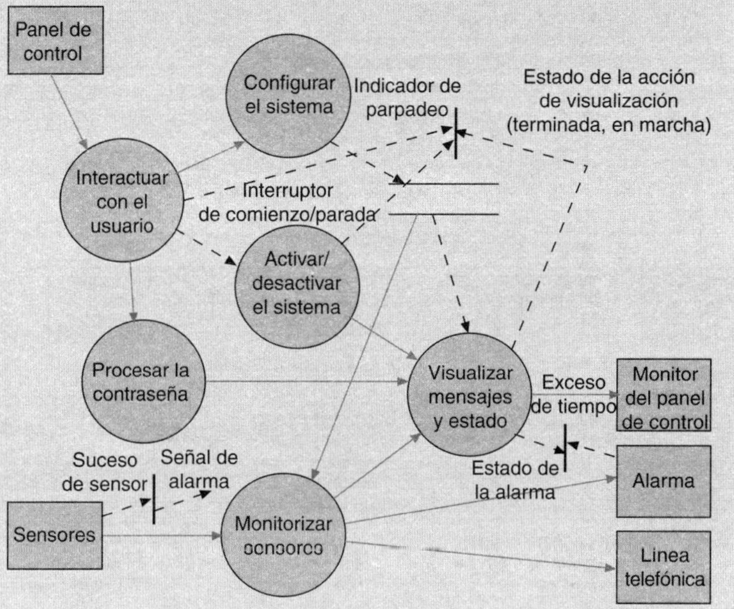

12.6.4. La especificación de control

La especificación de control (EC) representa el comportamiento del sistema (al nivel al que se ha hecho referencia) de dos formas diferentes. La EC contiene un diagrama de transición de estados DTE que es una *especificación secuencial* del comportamiento. También puede contener una tabla de activación de procesos (TAP), una *especificación combinatoria* del comportamiento. En la Sección 12.4.4 se presentaron los atributos inherentes de la EC. Ahora es el momento de examinar un ejemplo de esta importante notación del modelado del análisis estructurado.

La Figura 12.28 refleja un *diagrama de transición de estados* para el modelo de flujo de nivel 1 de *HogarSeguro*. Las flechas de transición etiquetadas indican cómo responde el sistema a los sucesos a medida que pasa por los cuatro estados definidos en este nivel. Estudiando el DTE, un ingeniero del software puede

FIGURA 12.28

Diagrama de transición de estados para HogarSeguro

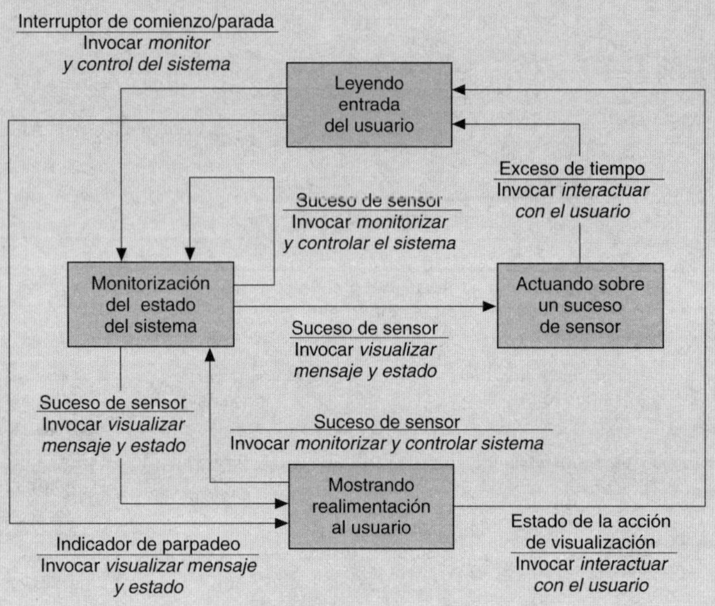

FIGURA 12.29

Tabla de activación de procesos para HogarSeguro

Sucesos de entrada						
Suceso de sensor	0	0	0	0	1	0
Indicador de parpadeo	0	0	1	1	0	0
Interruptor de comienzo/parada	0	1	0	0	0	0
Estado de la acción de visualización						
Terminada	0	0	0	1	0	0
En marcha	0	0	1	0	0	1
Exceso de tiempo	0	0	0	0	0	1
Salida						
Señal de alarma	0	0	0	0	1	0
Activación de procesos						
Monitorizar y controlar el sistema	0	1	0	0	1	1
Activar/desactivar el sistema	0	1	0	0	0	0
Visualizar mensajes y estado	1	0	1	1	1	1
Interactuar con el usuario	1	0	0	1	0	1

determinar el comportamiento del sistema y lo que es más importante, comprobar si hay «lagunas» en el comportamiento especificado. Por ejemplo, el DTE (Figura 12.28) indica que sólo se produce una transición desde el estado *leyendo entrada del usuario* cuando se encuentra un **interruptor de comienzo/parada**, produciéndose una transición al estado *supervisando el estado del sistema*. En efecto, no parece haber ninguna forma, aparte de la ocurrencia de **suceso de sensor**, que permita al sistema volver al estado *leyendo entrada del usuario*. Esto es un error de la especificación y, desgraciadamente, podría no haber sido detectado y corregido durante la revisión, examine el DTE para determinar si existe alguna otra anomalía.

Una representación algo diferente del modo de comportamiento es la *tabla de activación de procesos* (TAP). La TAP representa la información contenida en el DTE dentro del contexto de los procesos, no de los estados. Es decir, la tabla indica los procesos (burbujas) del modelo de flujo que serán invocados cuando se produzca un suceso. Se puede usar la TAP como una guía para el diseñador que tenga que construir una actuación que controle los procesos representados en ese nivel. En la Figura 12.29 se muestra una TAP para el modelo de flujo de nivel 1 de *HogarSeguro*.

La EC describe el comportamiento del sistema, pero no nos proporciona información sobre el funcionamiento interno de los procesos que son activados como resultado de ese comportamiento. En la siguiente sección se discute la notación del modelado que proporciona esa información.

12.6.5. Especificación del proceso

Se usa la especificación del proceso (EP) para describir todos los procesos del modelo de flujo que aparecen en el nivel final de refinamiento. El contenido de la especificación de procesamiento puede incluir una narrativa, una descripción en *lenguaje de descripción de programa (LDP)*[11] del algoritmo del proceso, ecuaciones matemáticas, tablas, diagramas o gráficos. Al proporcionar una EP que

[11] El lenguaje de descripción de programa se usa a menudo como notación del diseño procedimental y se describe con detalle en el Capítulo 14.

FIGURA 12.30

Especificación de procesamiento para un proceso de un DFD

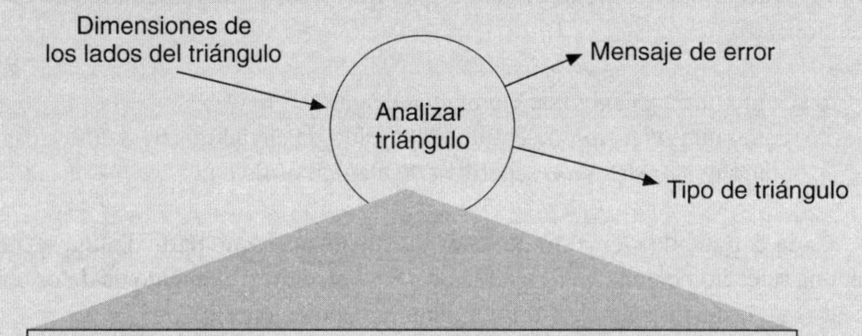

EP. Narrativa de procesamiento para analizar el triángulo

El proceso analizar-triángulo acepta los valores A, B y C que representan las dimensiones de los valores de un triángulo. el proceso comprueba los valores de las dimensiones para ver si son todos valores positivos. Si se encuentra un valor negativo, se produce un mensaje de error. El proceso evalúa los datos de entrada validados para determinar si las dimensiones definen un triángulo válido y, si es así, a partir de las dimensiones, detecta el tipo de triángulo –equilátero, isósceles o escaleno– de que se trata. Ese tipo es lo que se da como salida.

acompañe cada burbuja del modelo de flujo, el ingeniero del software crea una «mini-especificación» que sirve como primer paso para la creación de la especificación de requisitos del software y constituye una guía para el diseño de la componente de programa que implementará el proceso.

Para ilustrar el uso de la EP, consideremos una aplicación del software en la que se analizan las dimensiones de varios objetos geométricos para identificar la forma del objeto. Se lleva a cabo el refinamiento del diagrama de flujo de datos de nivel contextual hasta que se deriven los procesos del nivel 2. Uno de ellos, denominado *analizar triángulo*, aparece reflejado en Figura 12.30. Primero se escribe una narrativa de la EP de *analizar triángulo* en castellano tal como muestra la figura. Si en esta etapa se desea incluir detalles algorítmicos adicionales, se puede incluir como parte de la EP su representación en lenguaje de descripción de programa (Figura 12.31). Sin embargo, muchos piensan que se debe posponer la version en LDP hasta que comience el diseño.

FIGURA 12.31

Especificación de procesamiento, usando LPD, para un proceso de un DFD

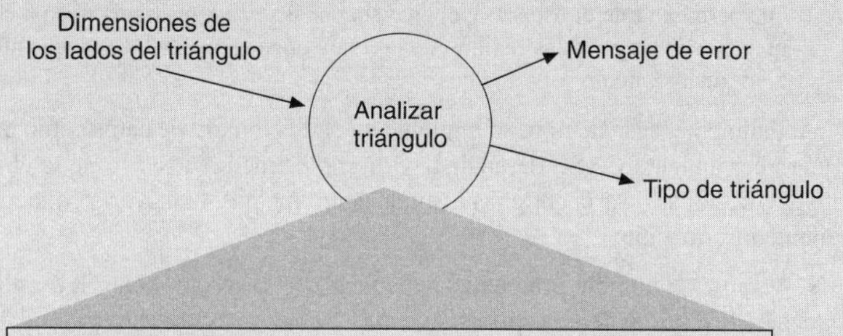

EP. Lenguaje de descripción para analizar el triángulo

```
procedure analizar triángulo
  leer las dimensiones de los lados;
  if alguna dimensión es negativa then producir mensaje de error;
    then begin
      if la mayor dimensión es menor que la suma de las otras dos
      then begin
      determinar el número de los lados iguales;
      if tres lados son iguales then el tipo es equilátero;
      if dos lados son iguales then el tipo es isósceles;
      if no hay lados iguales then el tipo es escaleno;
      producir el tipo de triángulo como salida;
      end;
    else tipo = 0 como salida, indicando que no existe triángulo;
  endif
endproc
```

12.7. EL DICCIONARIO DE DATOS

El modelo de análisis acompaña representaciones de objetos de datos, funciones y control. En cada representación los objetos de datos y/o elementos de control desempeñan un papel importante.

Por consiguiente, es necesario proporcionar un enfoque organizado para representar las características de cada objeto de datos y elemento de control. Esto se realiza con el diccionario de datos.

Se ha propuesto el *diccionario de datos* como gramática casi formal para describir el contenido de los objetos definidos durante el análisis estructurado. Esta importante notación de modelado ha sido definida de la siguiente forma [YOU89]:

> El diccionario de datos es un listado organizado de todos los elementos de datos que son pertinentes para el sistema, con definiciones precisas y rigurosas que permiten que el usuario y el analista del sistema tengan una misma comprensión de las entradas, salidas, de las componentes de los almacenes y [también] de los cálculos intermedios.

Actualmente, casi siempre se implementa el diccionario de datos como parte de una «herramienta CASE de análisis y diseño estructurados». Aunque el formato del diccionario varía entre las distintas herramientas, la mayoría contiene la siguiente información:

- *Nombre*: el nombre principal del elemento de datos o de control, del almacén de datos, o de una entidad externa.
- *Alias*: otros nombres usados para el nombre.
- *Dónde se usa/cómo se usa*: un listado de los procesos que usan el elemento de datos o de control y cómo lo usan (p. ej.: como entrada al proceso, como salida del proceso, como almacén de datos, como entidad externa).
- *Descripción del contenido*: el contenido representado mediante una notación.
- *Información adicional*: otra información sobre los tipos de datos, los valores implícitos (si se conocen), las restricciones o limitaciones, etc.

Una vez que se introducen en el diccionario de datos un nombre y sus alias, se debe revisar la consistencia de las denominaciones. Es decir, si un equipo de análisis decide denominar un elemento de datos recién derivado como **xyz**, pero en el diccionario ya existe otro llamado **xyz**, la herramienta CASE que soporta el diccionario muestra un mensaje de alerta sobre la duplicidad de nombres. Esto mejora la consistencia del modelo de análisis y ayuda a reducir errores.

La información de «dónde se usa/cómo se usa» se registra automáticamente a partir de los modelos de flujo. Cuando se crea una entrada del diccionario, la herramienta CASE inspecciona los DFD y los DFC para determinar los procesos que usan el dato o la información de control y cómo lo usan. Aunque esto pueda no parecer importante, realmente es una de las mayores ventajas del diccionario. Durante el análisis, hay una corriente casi continua de cambios. Para proyectos grandes, a menudo es bastante difícil determinar el impacto de un cambio. Algunas de las preguntas que se plantea el ingeniero del software son «¿dónde se usa este elemento de datos? ¿qué más hay que cambiar si lo modificamos? ¿cuál será el impacto general del cambio?». Al poder tratar el diccionario de datos como una base de datos[12], el analista puede hacer preguntas basadas en «dónde se usa/cómo se usa» y obtener respuestas a peticiones similares a las anteriores.

La notación usada para desarrollar una descripción del contenido, se ilustra en la Figura 12.32, permite al analista representar los *datos compuestos* (esto es, un objeto de datos) en una de las tres formas fundamentales de construcción:

1. Como una *secuencia* de elementos de datos.
2. Como una *selección* de entre un conjunto de elementos de datos.
3. Como una *agrupación* repetitiva de elementos de datos.

Cada entrada de elemento de datos que aparezca como parte de una secuencia, una selección o una repetición puede a su vez ser otro elemento de datos compuesto que necesite un mayor refinamiento en el diccionario.

Para ilustrar el uso del diccionario de datos y la notación de descripción de contenido que se muestra en la Figura 12.32, volvamos al DFD de nivel 2 y del proceso *monitorizar el sistema* de HogarSeguro, mostrado en la Figura 12.26. Refiriéndonos a la figura, especificamos el elemento de datos **número de teléfono**. ¿Qué es exactamente un número de teléfono? ¿Puede ser un número local de siete dígitos, una extensión de cuatro digitos, o una secuencia de 14 dígitos para llamadas de larga distancia? El diccionario de datos nos proporciona una definición precisa de **número de teléfono** para el DFD en cuestión. Además, indica dónde y cómo se usa este elemento de datos y cualquier información adicional que le sea relevante. La entrada del diccionario de datos comienza de la siguiente forma:

FIGURA 12.32

Notación de descripción de contenido para un diccionario de datos

Construcción del dato	Notación	Significado
	=	está compuesto de
Secuencia	+	y
Selección	[I]	o bien-o
Repetición	$\{\ \}^n$	n repeticiones de
	( )	datos opcionales
	* *	delimita comentarios

[12] En realidad, el diccionario de datos puede ser un elemento de una base de información mayor de la herramienta CASE. Esto se discute en el Capítulo 20.

nombre: **número de teléfono**
alias: ninguno
dónde se usa/cómo se usa: *comprobar con ajustes iniciales* (salida)
marcar número (entrada)
descripción:
número de teléfono = [extensión local | número exterior]

La descripción de contenido anterior se debe leer como: **número de teléfono** está compuesto o bien por una **extensión local** (que se usa en grandes compañías) o un **número exterior**. La **extensión local** y el **número exterior** son datos compuestos y deben ser refinados en otras sentencias de descripción de contenido. Continuando con la descripción de contenido:

número de teléfono = [extensión local | número exterior]
extensión local = [2001 | 2002... | 2999]
número exterior = 9 + [número local | número de larga distancia]
número local = prefijo + número de acceso
número de larga distancia = código de área + número local
prefijo = [795 | 799 | 874 | 877]
número de acceso = *cualquier cadena de cuatro dígitos*

La descripción de contenido es expandida hasta que se hayan representado como datos elementales (elementos que no requieren más expansión) o hasta que todos los elementos de datos compuestos aparecen representados en términos bien conocidos y sin ambigüedad para cualquier lector (p. ej.: todo el mundo sabe que el código de área está compuesto por 2 ó 3 dígitos y empieza por un 9). También es importante tener en cuenta que una especificación de dato elemental a menudo restringe el sistema. Por ejemplo, la definición de **prefijo** indica que sólo se pueden acceder localmente centralitas de cuatro ramificaciones.

El diccionario de datos define sin ambigüedad los elementos de datos, aunque podemos asumir que el número de teléfono representado por DFD de la Figura 12.26 puede contener un número de acceso de larga distancia de 14 dígitos, la descripción del contenido del diccionario de datos nos indica que esos números no son parte de los datos que se van a usar.

Para grandes sistemas basados en computadora el diccionario de datos crece rápidamente en tamaño y en complejidad. De hecho, es extremadamente difícil mantener manualmente el diccionario. Por esta razón, se deben usar herramientas CASE.

12.8. UNA VISIÓN GENERAL DE OTROS MÉTODOS CLÁSICOS DE ANÁLISIS

Durante los últimos años se han utilizado otros métodos valiosos de análisis de requisitos del software en la industria. Mientras que todos siguen los principios del análisis operacional tratados en el Capítulo 11, cada uno introduce una notación y heurística diferentes para construir el modelo de análisis. En esta sección, se presenta una visión general muy breve de los tres métodos más comunes. Para más información, el lector que esté interesado puede consultar las referencias señaladas [13].

12.8.1. Desarrollo de sistemas estructurados de datos

El *Desarrollo de sistemas estructurados de datos* DSED), también denominado metodología Warnier-Orr, evolucionó desde un trabajo pionero sobre el análisis del dominio de información realizado por J. D. Warnier [WAR74, WAR81]. Warnier desarrolló una notación para representar la jerarquía de información mediante las tres construcciones por secuencia, selección y repetición, y demostró que la estructura del software se podría derivar directamente de la estructura de datos.

Ker Orr [ORR77, ORR81] amplió el trabajo de Warnier para acompañar una visión algo más extensa del dominio de información en el Desarrollo de Sistemas Estructurados de Datos. El DSED estudia el flujo de información y características funcionales así como la jerarquía de datos.

12.8.2. Desarrollo de Sistemas Jackson

El *Desarrollo de Sistemas Jackson* (DSJ) evolucionó fuera del trabajo realizado por M. A. Jackson [JAC75, JAC83] sobre el análisis de dominio de la información y su relación con el diseño de programas y sistemas. Similar de alguna manera con el enfoque de Warnier y DSED, DSJ se centra en los modelos del dominio de información del «mundo real». Según dice Jackson [JAC83], «el desarrollador comienza creando un modelo de la realidad con el que se relaciona el sistema, la realidad que proporciona tema, el tema del sistema...».

[13] En el Capítulo 24 se trata con detalle el enfoque formal de métodos para la especificación de requisitos del software.

Para realizar el DSJ, el analista aplica los pasos siguientes:

Entidades y acciones. Mediante un enfoque bastante similar a las técnicas de análisis orientadas a objetos descritos en el Capítulo 20, se identifican las entidades (personas, objetos u organizaciones que un sistema necesita para producir o utilizar información) y acciones (los sucesos que ocurren en el mundo real que afectan a las entidades).

Estructura de entidades. Acciones que afectan a cada entidad se ordenan por tiempo y se representan con Diagramas Jackson (una notación tipo árbol).

Modelado inicial. Las entidades y acciones se representan como un modelo de proceso; se definen las conexiones entre el modelo y el mundo real.

Planificación del sistema. Se evalúan y se especifican las características de planificación de procesos.

Implementación. El hardware y el software se especifican como un diseño.

Los tres últimos pasos de DSJ se ajustan lo más posible al diseño del sistema o del software.

12.8.3. SADT

El *análisis estructurado y la técnica de diseño* (*structured analysis and design technique*) (SADT)[14] es una técnica que se ha utilizado mucho como una notación para definición de sistemas, representaciones de procesos, análisis de requisitos del software y diseño de sistema/software [ROS77, ROS85].

SADT se compone de procedimientos que permiten al analista descomponer las funciones del software (o sistema); una notación gráfica, el *actigrama* y *datagrama* SADT que comunica las relaciones de información (datos y control) y función dentro del software, y las directrices de control de proyectos para aplicar la metodología.

La metodología SADT es acompañada de herramientas automáticas para poder soportar procedimientos de análisis y de disposiciones organizativas de cómo utilizar correctamente las herramientas. Se especifican las revisiones y los hitos, permitiendo la validación de la comunicación desarrollador-cliente.

12.9. RESUMEN

El análisis estructurado es el método más usado para el modelado de requisitos, utiliza el modelo de datos y el modelo de flujos para crear la base de un adecuado modelo de análisis. Utilizando el diagrama entidad-relación, el ingeniero del software crea una representación de todos los objetos de datos que son importantes para el sistema. Los sistemas de datos y flujo de control son la base de representación de la transformación de datos y control. Al mismo tiempo, estos métodos son usados para crear un modelo funcional del software y proveerse de un mecanismo para dividir funciones. Después, crea un modelo de comportamiento usando el diagrama de transición de estados y un modelo de contenido de los datos con un diccionario de datos. Las especificaciones de los procesos y del control proporcionan una elaboración adicional de los detalles.

La notación original para el análisis estructurado fue desarrollada para aplicaciones de procesamiento de datos convencionales, pero ahora hay ampliaciones que permiten aplicar el método a los sistemas de tiempo real. El análisis estructurado está soportado por una larga lista de herramientas CASE que ayudan en la creación de cada elemento del modelo y también en el mantenimiento de la consistencia y de la corrección.

REFERENCIAS

[BUR88] BRUYN, W. *et al.*, «ESML: An Extended Systems Modeling Language Based on the Data Flow Diagram», *ACM Software Engineering Notes*, vol. 13, n.° 1, enero 1988, págs. 58-67.

[CHE77] CHEN, P., *The Entity-Relationship Approach to Logical Database Design*, QED Information systems, 1977.

[DEM79] DEMARCO, T., *Structured Analysis and System Specification*, Prentice-Hall, 1979.

[GAN82] GANE, T. y C. SARSON, *Structured Systems Analysis*, McDonnell Douglas, 1982.

[HAT87] HATLEY, D. J. y I. A. PIRBHAI, *Strategies for Real-Time System Specification*, Dorset House, 1987.

[JAC75] JACKSON, M. A., *Principles of Program Design*, Academic Press, 1975.

[JAC83] JACKSON, M. A., *System Development*, Prentice-Hall, 1983.

[ORR77] ORR, K. T., *Structured Systems Development*, Yourdon Press, New York, 1977.

[14] SADT es una marca registrada de Softech, Inc.

[ORR81] ORR, K. T., *Structured Requirements Definition*, Ken Orr & Associates, Inc., Topeka, KS, 1981.

[PAG80] PAGE-JONES, M., *The Practical Guide to Structured Systems Design*, Yourdon Press, 1980.

[ROS77] ROSS, D. y K. SCHOMAN, «Structured Analysis for Requirements Definitions», *IEEE Trans. Software Engineering*, vol. 3, n.° 1, enero 1977, págs. 6-15.

[ROS85] ROSS D., «Applications and Extensions of SADT», *IEEE Computer*, vol. 18, n.° 4, abril 1984, págs. 25-35.

[STE74] STEVENS, W. P., G. J. MYERS y L. L. CONSTANTINE, «Structured Design», *IBM Systems Journal*, vol. 13, n.° 2, 1974, págs. 115-139.

[TIL93] TILLMAN, G. A., *A Practical Guide to Logical Data Modeling*, McGraw-Hill, 1993.

[WAR74] WARNIER, J. D., *Logical Construction of Programs*, Van Nostrand Reinhold, 1974.

[WAR81] WARNIER, J. D., *Logical Constuction of Programs*, Van Nostrand Reinhold, 1981.

[WAR85] WARD, P. T. y S. J. MELLOR, *Structured Development for Real-Time Systems*, tres volúmenes, Yourdon Press, 1985.

[YOU78] YOURDON, E. N. y CONSTANTINE, L. L., *Structured Design*, Yourdon Press, 1978.

[YOU89] YOURDON, E. N., *Modern Structured Analysis*, Yourdon Press, 1990.

PROBLEMAS Y PUNTOS PARA CONSIDERAR

12.1. Reconozca al menos tres de las diferencias que se mencionan en la Sección 12.1 y escriba un breve artículo que refleje el cambio a lo largo del tiempo de la concepción del análisis estructurado. En una sección de conclusiones, sugiera formas en las que crea que cambiará el método en el futuro.

12.2. Se le pide que construya uno de los sistemas siguientes:

a. Un sistema de registro de cursos basado en red para su universidad.

b. Un sistema de procesamiento de pedidos para un publicista de correo directo de producto de software de computadora.

c. Un sistema simple de facturas para una empresa pequeña.

d. Un producto de software que sustituya Rolodex.

e. Un producto de libro de cocina automatizado.

Seleccione el sistema que le sea de interés y desarrolle un diagrama entidad-relación que describa los objetos de datos, relaciones y atributos.

12.3. ¿Qué diferencia hay entre cardinalidad y modalidad?

12.4. Dibuje un modelo de nivel de contexto (DFD de nivel 0) para uno de los cinco sistemas que se listan en el problema 12.2. Escriba una especificación de procesamiento a nivel de contexto para el sistema.

12.5. Mediante el DFD de nivel de contexto desarrollado en el problema 12.4, desarrolle diagramas de flujo de datos de nivel 1 y nivel 2. Utilice un «analizador gramatical» en la narrativa de procesamiento a nivel de contexto para que se inicie en este tema. Recuerde especificar todo el flujo de información etiquetando todas las flechas entre burbujas. Utilice nombres significativos para cada transformación.

12.6. Desarrolle DFC, EC, EP y un diccionario de datos para el sistema que seleccionó en el problema 12.2. Intente construir su modelo tan completo como sea posible.

12.7. ¿Significa el concepto de continuidad del flujo de información que si una flecha de flujo aparece como entrada en el nivel 0, entonces en los subsiguientes niveles debe aparecer una flecha de flujo como entrada? Explique su respuesta.

12.8. Usando las ampliaciones de Ward y Mellor descritas en las Figuras 12.19 y 12.20, rehaga el modelo de flujo contenido en la figura 12.20. ¿Cómo encaja la EC que se indica en la Figura 12.20? Ward y Mellor no usan esa notación.

12.9. Usando las ampliaciones de Hatley y Pirbhai, rehaga el modelo de flujo contenido en la Figura 12.16. ¿Cómo encaja el modelo de control que se indica en la Figura 12.16? Hatley y Pirbhai no usan esa notación.

12.10. Describa con sus propias palabras un flujo de sucesos.

12.11. Desarrolle un modelo de flujo completo para el software de fotocopiadora discutido en la Sección 12.5. Puede utilizar las ampliaciones de Ward y Mellor o las de Hatley y Pirbhai. Asegúrese de desarrollar para el sistema un diagrama de transición de estados detallado.

12.12. Complete la especificación de procesamiento para el software HogarSeguro que se ha presentado en la Figura 12.25, describiendo los mecanismos de interacción entre el usuario y el sistema. ¿Su información adicional cambiará los modelos de flujo de *HogarSeguro* que aparecen en este capítulo? Si es así, ¿cómo?

12.13. El departamento de obras públicas de una gran ciudad ha decidido desarrollar un sistema basado en computadora para el seguimiento y reparación de baches (SSRB). A medida que se informa sobre cada bache, se le asigna un número de identificación y se guarda con la calle en la que se encuentra, su tamaño (en una escala de 1 a 10), su posición (en el medio, a un lado, etc.), su distrito (determinado a partir de la calle) y una prioridad de reparación (determinada a partir de su tamaño). A cada bache se asocian datos de petición de obra, incluyendo la ubicación y el tamaño, la brigada, el equipamiento asignado, las horas de reparación, el estado del bache (obra en curso, reparado, reparación temporal, no reparado), la cantidad de material de relleno usado y el coste de la reparación (calculado con las horas dedicadas, el número de trabajadores, el material y el equipamiento usados). Finalmente, se crea un archivo de daños para mantener la información sobre los daños reportados debido a la existencia del bache, incluyendo el nombre del ciudadano, su dirección, su número de teléfono, el tipo de daño y el coste de subsanamiento del daño. El sistema SSRB es un sistema interactivo. Utilice el análisis estructurado para modelar SSRB.

12.14. Se va a desarrollar un sistema de procesamiento de textos basados en computadoras personales. Investigue durante algunas horas sobre el área de aplicación y lleve a cabo una reunión TFEA (Capítulo 11) con sus compañeros de clase para un modelo de requisitos del sistema utilizando el análisis estructurado (su instructor le ayudará a coordinarlo). Construya un modelo de requisitos del sistema mediante el análisis estructurado).

12.15. Se va a desarrollar un sistema de monitorización en tiempo real de máquinas de turbina de gas. Proceda como en el Problema 12.14.

12.16. Se va a desarrollar un sistema de control de fabricación para una planta de ensamblaje de automóviles. Proceda como en el Problema 12.14.

12.17. Se va a desarrollar el software para un videojuego. Proceda como en el Problema 12.14.

12.18. Contacte con cuatro o cinco vendedores de herramientas CASE para análisis estructurado. Revise sus folletos y escriba un breve artículo que resuma las características generales y las que se distingan a unas herramientas de las otras.

OTRAS LECTURAS Y FUENTES DE INFORMACIÓN

Existen literalmente docenas de libros publicados sobre el análisis estructurado. Todos cubren el tema de forma adecuada, pero sólo unos pocos constituyen magníficos trabajos. El libro de DEMARCO [DEM79] sigue siendo una buena introducción de la notación básica. Los libros de HOFFER *et al.* (*Modern Systems Analysis and Design*, Benjamin-Cummings, 1996), MODELL (*Systems Analysis*, 2.ª edición, McGraw-Hill, 1996), ROBERTSON y ROBERTSON (*Complete Systems Analysis*, 2 vol., Dorset House, 1994) y PAGE-JONES (*The Practical Guide to Structued Systems Design*, 2.ª edición, Prentice-Hall, 1988) son referencias muy valiosas. El libro de YOURDON sobre este tema [YOU89] sigue siendo el tratado más extenso publicado hasta la fecha. Para mayor énfasis en la ingeniería, [WAR85] y [HAT87] son los libros preferidos. KIRNER («A tool for Analysis of Real-Time Specification Methods», *Software Engineering Notes*, julio de 1993) presenta una bibliografía excelente de métodos de análisis de tiempo real. El grupo de Internet **comp.realtime** contiene a menudo discusiones de métodos de especificación y de análisis de tiempo real.

Se han desarrollado muchas variaciones sobre el análisis estructurado durante la última década. CUTTS (*Structured Systems Analysis and Design Methodology*, Van Nostrand Reinhold, 1990) y HARES (*SSADM for the Advanced Practitioner*, Wiley, 1990) describen SSADM como una variación del análisis estructurado que se utiliza enormemente por toda Europa y Estados Unidos.

REINGRUBER y GREGORY (*Data Modeling Handbook*, Wiley, 1995) y TILLMAN [TIL93] presentan manuales detallados para crear modelos de datos de calidad de industria. KIM y SALVATORES («Comparing Data Modeling Formalism», *Communications of the ACM*, junio de 1995) han escrito una comparación excelente de métodos de modelado de datos. Un libro interesante de HAY (*Data Modeling Patterns*, Dorset Houe, 1995) presenta los «patrones» comunes demodelos de datos que se encuentran en muchas empresas diferentes. En KOWAL (*Behaviour Models: Specifying User's Expectations*, Prentice-Hall) se puede encontrar un tratamiento detallado del modelado de comportamiento.

Un estudio completo de las herramientas CASE que está disponible para el modelado de análisis ha sido preparado por el Software Technology Support Center (*Requirements Analysis and Design Technology Report*, marzo de 1994) el STSC es una organización promocionada por el gobierno ubicada en Hill Air Force en Utah. Una bibliografía breve sobre métodos de análisis de requisitos y referencias a otras bibliografías sobre el análisis de funciones y el desempleo del análisis de funciones se puede encontrar en:

http://mijuno.larc.nasa.gov/dfc/biblio/reqengBiblio.html

Muchos vendedores importantes de CASE proporcionan páginas Web que contienen información sobre herramientas del análisis estructurado. Un conjunto completo de referencias se puede obtener en:

http://www.qucis.queensu.ca/Software-Engineering/toolcat.html

Un manual breve sobre el análisis estructurado se puede examinar en:

http://cscmosaic.albany.edu/~gangolly/ssa1.html

Una lista actualizada de referencias World Wide Web para el modelado de análisis del software se puede encontrar en: **http://www.rspa.com**

CAPÍTULO 13

CONCEPTOS Y PRINCIPIOS DEL DISEÑO

El diseño es el primer paso en la fase de desarrollo de cualquier producto o sistema de ingeniería. Podría definirse como «*el proceso de aplicar distintas técnicas y principios con el propósito de definir un dispositivo, un proceso o un sistema con suficiente detalle como para permitir su realización física*» [TAY59].

El objetivo del diseñador es producir un modelo o representación de una entidad que se va a construir posteriormente. El proceso mediante el cual se desarrolla el modelo combina la intuición y los criterios basados en la experiencia en la construcción de entidades similares, un conjunto de principios y/o heurísticas que guían la evolución del modelo, un conjunto de criterios que permiten juzgar la calidad y un proceso de iteración (repetición) que lleva como fin último a una representación definitiva del diseño.

Al igual que los enfoques de diseño de ingeniería en otras disciplinas, el diseño del software cambia continuamente a medida que evolucionan nuevos métodos, mejores análisis y perspectivas más amplias. Al contrario que el diseño mecánico o electrónico, el diseño de software está en una fase relativamente temprana de su evolución. Nos hemos tomado en serio el diseño del software (en contraposición a la «programación» o «código escrito») hasta sólo las tres últimas décadas. Por tanto, la metodología de diseño del software carece de la profundidad, flexibilidad y naturaleza cuantitativa que se asocia normalmente con otras disciplinas de diseño de ingeniería más clásicas. Sin embargo, existen métodos de diseño del software; hay disponibles criterios de calidad de diseño y se puede aplicar una notación específica. En este capítulo, exploramos los conceptos y principios fundamentales aplicables a todo el diseño del software. Los Capítulos 14 y 21 examinan varios métodos de diseño del software.

13.1. DISEÑO E INGENIERÍA DEL SOFTWARE

El diseño del software se sitúa en el núcleo técnico del proceso de ingeniería del software y se aplica independientemente del paradigma de desarrollo utilizado.

Suponiendo que se hayan analizado y especificado los requisitos del software, el diseño del software es la primera de las tres actividades técnicas —*diseño, codificación y prueba*— necesarias para construir y verificar el software. Cada actividad transforma la información de manera que se obtenga finalmente un software válido.

Cada uno de los elementos del modelo de análisis (Capítulo 12) proporciona información necesaria para crear un modelo de diseño. El flujo de información durante el diseño del software se ilustra en la Figura 13.1. Los requisitos del software, manifestados por los datos y los modelos funcional y de comportamiento, componen la fase de diseño. Mediante el empleo de uno de los métodos de diseño (estudiados en capítulos posteriores), la fase de diseño produce un diseño de datos, un diseño arquitectónico, un diseño de interfaz y un diseño procedimental.

El *diseño de datos* transforma el modelo de dominio de la información, creado durante el análisis, en las estructuras de datos necesarias para implementar el software. Los objetos de datos y las relaciones definidas en el diagrama entidad-relación y el contenido detallado de datos del diccionario de datos proporciona la base para la actividad de diseño de datos.

El *diseño arquitectónico* define la relación entre los principales elementos estructurales del programa. Esta representación del diseño —la estructura modular de un programa de computadora— se puede obtener del modelo de

FIGURA 13.1

Transformación del modelo de análisis en un diseño del software

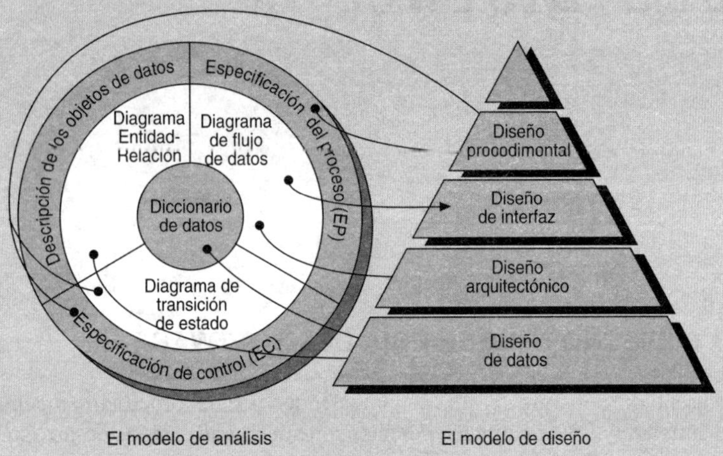

análisis y de la interacción de subsistemas definidos dentro del modelo de análisis.

El *diseño de interfaz* describe cómo se comunica el software consigo mismo, con los sistemas que operan con él y con los operadores que lo emplean.

Una interfaz implica un flujo de información (p. ej.: datos y/o control). Por tanto, los diagramas de flujo de datos y control proporcionan la información necesaria para el diseño de la interfaz.

El *diseño procedimental* transforma elementos estructurales de la arquitectura del programa en una descripción procedimental de los componentes de software. La información que se obtiene de EP, EC y DTE sirve de base para el diseño procedimental.

Durante el diseño tomamos decisiones que afectarán al éxito de la construcción del software, e igualmente importante, la facilidad con la que se podrá mantener. Pero, ¿por qué es tan importante el diseño?

La importancia del diseño del software se puede decir con una sola palabra: *calidad*. El diseño es el lugar donde se fomenta la calidad en el desarrollo del software. El diseño nos proporciona representaciones del software en las que se pueden valorar la calidad. El diseño es la única manera de traducir con precisión los requisitos del cliente en un sistema o producto software. El diseño del software sirve como fundamento para todas las fases posteriores de ingeniería y mantenimiento del software. Sin el diseño, nos arriesgamos a construir un sistema inestable, que fallará en cuanto se le hagan pequeños cambios; que puede ser difícil de probar; uno cuya calidad no se pueda valorar hasta bien avanzado el proceso de software, cuando quede poco tiempo y se haya invertido ya mucho dinero.

13.2. EL PROCESO DE DISEÑO

El diseño del software es un proceso iterativo a través del cual se traducen los requisitos en una representación del software. Inicialmente, el anteproyecto muestra una visión holística del software. Es decir, el diseño se representa a un alto nivel de abstracción, un nivel que se puede seguir hasta requisitos específicos de datos, funcionales y de comportamiento. A medida que ocurren iteraciones del diseño, el refinamiento subsiguiente lleva a representaciones del diseño de mucho menor nivel de abstracción. Estos todavía pueden ser seguidos hasta los requisitos, pero la conexión es mucho más sutil.

13.2.1. Diseño y calidad del software

A lo largo del proceso de diseño, se evalúa la calidad del diseño con una serie de *revisiones técnicas formales* estudiadas en el Capítulo 8. McGlaughlin [McG91] sugiere tres características que sirven de directrices para la evaluación de un buen diseño:

- El diseño debe implementar todos los requisitos explícitos contenidos en el modelo de análisis y debe acomodar todos los requisitos implícitos que desea el cliente.
- El diseño debe ser una guía que puedan leer y entender los que construyan el código y los que prueban y mantienen el software.
- El diseño debería proporcionar una completa idea de lo que es el software, enfocando los dominios de datos, funcional y de comportamiento desde la perspectiva de la implementación.

Cada una de estas características es de hecho una objetivo del proceso del diseño. Pero, ¿cómo se alcanza cada uno de estos objetivos?

Para evaluar la calidad de una representación del diseño, se deben establecer unos criterios técnicos para un buen diseño. Más adelante en este capítulo, trataremos los criterios de calidad del diseño con detalle. Por ahora, presentamos los siguientes consejos:

1. Un diseño debería presentar una organización jerárquica que haga un uso inteligente del control entre los componentes del software[1].
2. El diseño debería ser modular; es decir, se debería hacer una partición lógica del software en elementos que realicen funciones y subfunciones específicas.
3. Un diseño debería contener abstracciones de datos y procedimentales.
4. Un diseño debería producir módulos (p. ej.: subrutinas o procedimientos) que presenten características funcionales independientes.
5. Un diseño debería conducir a interfaces que reduzcan la complejidad de las conexiones entre los módulos y el entorno exterior.
6. Se debería producir un diseño usando un método que pudiera repetirse según la información obtenida durante el análisis de requisitos del software.

Estos criterios no se consiguen por casualidad. El proceso de diseño del software exige un buen diseño a través de la aplicación de principios fundamentales de diseño, metodología sistemática y una revisión exhaustiva.

13.2.2. La evolución del diseño del software

La evolución del diseño del software es un proceso imparable que se ha expandido durante las tres pasadas décadas. Antiguamente el diseño se centraba en los criterios de desarrollo de programas modulares [DEN73] y métodos para refinar la arquitectura software de una manera descendente en la jerarquía [WIR71]. Los aspectos procedimentales de la definición del diseño evolucionaron hacia una filosofía denominada *programación estructurada* [DAH71, MIL72]. Algunos trabajos posteriores proponían métodos para la transformación del flujo de datos [STE74] o de la estructura de datos [JAC75, WAR74] en una definición del diseño. Enfoques del diseño más recientes (p. ej.: [JAC92], [GAM95]) proponen un enfoque *orientado a objeto* para la obtención del diseño.

Muchos métodos de diseño que han surgido de los trabajos mencionados anteriormente se aplican en la industria. Al igual que los métodos de análisis estudiados en el Capítulo 12, todos los métodos de diseño del software presentan unas heurísticas y notaciones únicas, así como una visión algo particular de cómo lograr la calidad del diseño. Sin embargo, todos estos métodos tienen unas características comunes: (1) un mecanismo para la transformación de un modelo de análisis en una representación del diseño, (2) una notación para representar componentes funcionales y sus interfaces, (3) heurísticas para el refinamiento y la partición y (4) consejos para valorar la calidad.

Independientemente del método de diseño que se emplee, un ingeniero del software debería aplicar un conjunto de principios fundamentales y conceptos básicos al diseño de datos, arquitectónico, de interfaz y procedimental. Estos principios y conceptos se consideran en las siguientes secciones.

13.3. PRINCIPIOS DEL DISEÑO

El diseño del software es un proceso y un modelo a la vez. El proceso de diseño es un conjunto de pasos repetitivos que permiten al diseñador describir todos los aspectos del software a construir. Hay que aclarar, sin embargo, que el proceso de diseño no es un simple «libro de cocina». La capacidad creativa, la experiencia acumulada, el sentido del «buen» software y un empeño global en la calidad son factores críticos del éxito del diseño.

El modelo del diseño es el equivalente a los planos de una casa para un arquitecto. Empieza representando la totalidad de lo que se va a construir (p. ej.: una representación tridimensional de la casa) y lentamente lo va refinando para proporcionar una directriz para construir cada detalle (p. ej.: el plano de las cañerías). Similarmente, el modelo de diseño creado para el software proporciona varias visiones diferentes del programa de computadora.

Los principios básicos del diseño permiten al ingeniero del software navegar en el proceso de diseño. Davis [DAV95] sugiere un conjunto[2] de principios para el diseño del software que han sido adaptados y ampliados en la siguiente lista:

- *El proceso de diseño no debería ponerse «orejeras».* Un buen diseñador debería considerar enfoques alternativos, juzgando cada uno en base a los requisitos del problema, los recursos disponibles para hacer el trabajo y los conceptos de diseño que se presentan en la Sección 13.4.
- *Se debería poder seguir los pasos del diseño hasta el modelo de análisis.* Como un solo elemento del modelo de diseño se refiere a menudo a múltiples requisitos, es necesario tener los medios para hacer un seguimiento de cómo ha satisfecho los requisitos el modelo de diseño.
- *El diseño no debe inventar nada que ya esté inventado.* Los sistemas se construyen usando un conjunto de estructuras de diseño, muchas de las cuales ya se han utilizado anteriormente. Estas estructuras, a menudo denominadas componentes de diseño reutilizables, deben considerarse

[1] Debería recalcarse que los buenos diseños orientados a objetos no presentan necesariamente esta característica. Vea los Capítulos 19 y 21 para obtener más detalles.

[2] Sólo se comenta un pequeño subconjunto de los principios del diseño de Davis. Para más información, vea [DAV95].

siempre antes que reinventar nada. ¡El tiempo es corto y los recursos limitados! El tiempo invertido en diseño debe concentrarse en representar ideas verdaderamente nuevas y en integrar aquellas estructuras que ya existen.

- El diseño debería «minimizar la distancia intelectual» [DAV95] entre el software y el problema tal y como existe en el mundo real. Es decir, la estructura del diseño del software debería (cuando sea posible) imitar la estructura del dominio del problema.
- *El diseño debería presentar uniformidad e integración.* Un diseño es uniforme si parece que sólo una persona desarrolló todo el conjunto. Se deberían definir normas de estilo y de formato para un equipo de diseño antes de comenzar el trabajo de diseño.

  Un diseño está integrado si se tiene cuidado en definir las interfaces entre los componentes del diseño.
- *El diseño debería estructurarse para admitir cambios.* Muchos de los conceptos de diseño que se estudian en la siguiente sección permiten al diseño conseguir este principio.
- *El diseño debería estructurarse para degradarse poco a poco, incluso cuando se enfrenta a datos, sucesos o condiciones operativas aberrantes.* Un programa bien diseñado no debería «explotar» nunca. Debería diseñarse para aceptar circunstancias inusuales, y si debe terminar el procesamiento, hacerlo de una manera suave.
- *El diseño no es escribir código y escribir código no es diseñar.* Incluso cuando se crean diseños procedimentales detallados para los componentes de un programa, el nivel de abstracción del modelo de diseño es mayor que el del código fuente. Las únicas decisiones de diseño hechas a nivel de código se refieren a los pequeños detalles de implementación que permiten codificar el diseño procedimental.
- *Se debería valorar la calidad del diseño mientras se crea, no después de terminarlo.* Existe una variedad de conceptos de diseño (Sección 13.4) y medidas de diseño (Capítulos 18 y 23) disponibles para ayudar al diseñador en la valoración de la calidad.
- *Se debería revisar el diseño para minimizar los errores conceptuales (semánticos).* A veces hay tendencia a concentrarse en minucias cuando se revisa el diseño, no dejándonos los árboles ver el bosque. El diseñador debe asegurarse de que se revisan los elementos conceptuales principales del diseño (omisiones, ambigüedades, inconsistencias) antes de preocuparse de la sintaxis del modelo de diseño.

Cuando se aplican apropiadamente los principios de diseño señalados anteriormente, el ingeniero del software crea un diseño que muestre factores de calidad externos e internos [MAY88]. *Los factores de calidad externos* son aquellas propiedades del software que pueden observar los usuarios (p. ej.: velocidad, fiabilidad, corrección, utilidad)[3]. Los *factores de calidad internos* son importantes para los ingenieros del software. Permiten un diseño de alta calidad desde la perspectiva técnica. Para conseguir los factores de calidad interna, el diseñador debe entender los conceptos básicos del diseño.

13.4. CONCEPTOS DEL DISEÑO

Durante las pasadas tres décadas han evolucionado un conjunto de conceptos fundamentales de diseño del software. Aunque ha variado el grado de interés en cada concepto a lo largo de los años, todos han pasado la prueba de los años. Cada uno aporta al diseñador del software un fundamento desde el que se pueden aplicar métodos de diseño más sofisticados. Todos ayudan al ingeniero del software a responder a las siguientes preguntas:

- ¿Qué criterios pueden emplearse para la partición del software en componentes individuales?
- ¿Cómo se extraen la función o la estructura de datos de una representación conceptual del software?
- ¿Hay criterios uniformes que definen la calidad técnica de un diseño de software?

M. A. Jackson dijo una vez: «El principio de la sabiduría de un ingeniero del software es reconocer la diferencia entre conseguir que funcione un programa, y hacerlo bien» [JAC75]. Los conceptos fundamentales del diseño del software proporcionan la estructura necesaria para «hacerlo bien».

13.4.1. Abstracción

Cuando consideramos una solución modular para cualquier problema, se pueden plantear muchos *niveles de abstracción.* Al nivel superior de abstracción, se establece una solución en términos amplios usando el lenguaje del entorno del problema. A niveles más bajos, se toma una orientación más procedimental. Se conjuga la terminología orientada al problema con la terminología orientada a la implementación en un esfuerzo para plantear una solución. Finalmente, al nivel inferior de abstracción, la solución se establece de manera que pueda implementarse directamente. Wasserman [WAS83] proporciona una útil definición:

[3] El Capítulo 18 hace un estudio más completo de los factores de calidad.

> [L]a noción psicológica de «abstracción» permite concentrarse en un problema a un nivel de generalización independientemente de los detalles de nivel inferior; la abstracción también permite trabajar con conceptos y términos que son familiares en el entorno del problema sin tener que transformarlos en una estructura poco familiar...

Cada fase del proceso de ingeniería del software es un refinamiento en el nivel de abstracción de la solución software. Durante la ingeniería de sistemas, el software es asociado como un elemento de un sistema basado en computadora. Durante el análisis de los requisitos del software, la solución software se establece en términos «que sean familiares en el entorno del problema». A medida que nos movemos a través del proceso de diseño, se reduce el nivel de abstracción. Finalmente, se alcanza el nivel inferior de abstracción cuando se construye el código.

A medida que nos movemos a través de diferentes niveles de abstracción, trabajamos para crear *abstracciones* procedimentales y de datos. Una *abstracción procedimental* es una secuencia dada de instrucciones que tiene una función específica y limitada. Un ejemplo de abstracción procedimental sería la palabra «abrir» en una puerta. «Abrir» implica una larga secuencia de pasos procedimentales (p. ej.: ir a la puerta; alcanzar y coger la manilla; girar la manilla y tirar de la puerta; alejarse de la puerta, etc.). Una *abstracción de datos* es una colección determinada de datos que describen un objeto de datos.

En el contexto de la abstracción procedimental *abrir* indicado anteriormente, podemos definir una abstracción de datos denominada **puerta**. Como cualquier objeto de datos, la abstracción de datos para puerta comprendería un conjunto de atributos que describen la puerta (p. ej.: tipo de puerta, dirección de apertura, mecanismo de apertura, peso, dimensiones). Seguidamente la abstracción procedimental *abrir* haría uso de la información contenida en los atributos de la abstracción de datos **puerta.**

Algunos lenguajes de programación (p. ej.: Ada, Modula, CLU) proporcionan mecanismos para la creación de tipos de datos abstractos. Por ejemplo, el *paquete* Ada es un mecanismo de lenguaje de programación que proporciona soporte tanto para la abstracción de datos como de procedimientos. El tipo abstracto de datos original se emplea como plantilla o estructura de datos genérica a partir de la cual se pueden *obtener instantáneamente* otras estructuras de datos.

La *abstracción de control* es la tercera forma de abstracción usada en el diseño del software. Como las abstracciones de datos y procedimentales, la abstracción de control implica un mecanismo de control del programa sin especificar detalles internos. Un ejemplo de una abstracción de control es el semáforo de sincronización [KAI83] usado para coordinar las actividades de un sistema operativo.

13.4.2. Refinamiento

El *refinamiento paso a paso* (*Stepwise*) es una estrategia de diseño descendente propuesta por Niklaus Wirth [WIR71]. La arquitectura de un programa se desarrolla refinando sucesivamente niveles de detalle procedimental. Se desarrolla una jerarquía descomponiendo un enunciado macroscópico de función (una abstracción procedimental) al estilo paso a paso hasta que se llega a los enunciados del lenguaje de programación.

> En cada paso (del refinamiento), se descomponen una o varias instrucciones del programa en cuestión en instrucciones más detalladas. Esta descomposición sucesiva o refinamiento de especificaciones termina cuando todas las instrucciones se expresan en términos de cualquier lenguaje subyacente de programación... A medida que se refinan las tareas, también hay que refinar los datos, descomponerlos o estructurarlos y es natural refinar las especificaciones del programa y los datos en paralelo.
>
> Cada paso de refinamiento implica algunas decisiones de diseño. Es importante que... el programador esté al tanto de los criterios subyacentes (para las decisiones de diseño) y la existencia de soluciones alternativas...

El proceso de refinamiento del programa propuesto por Wirth es análogo al proceso de refinamiento y partición que se emplea durante el análisis de requisitos. La diferencia está en el nivel de detalle de implementación considerado, no en el enfoque.

El refinamiento es, de hecho, un proceso de *elaboración*. Empezamos con un enunciado de función (o descripción de información) definida a un alto nivel de abstracción. Es decir, el enunciado describe la función o la información conceptualmente, pero no proporciona ninguna información sobre los procesos internos de la función o la estructura interna de la función. En el refinamiento el diseñador va elaborando el enunciado original, proporcionando más detalles con cada refinamiento (elaboración) sucesivo.

La abstracción y el refinamiento son conceptos complementarios. La abstracción permite a un diseñador especificar procedimientos y datos y aun así, suprimir detalles de bajo nivel. El refinamiento ayuda al diseñador a revelar detalles de bajo nivel a medida que progresa el diseño. Ambos conceptos ayudan al diseñador a crear un modelo de diseño completo a medida que evoluciona el diseño.

13.4.3. Modularidad

El concepto de modularidad en el software de computadora se ha propugnado al menos durante cuatro décadas.

La arquitectura del software (descrita en la Sección 13.4.4) conlleva modularidad; es decir, se divide el software en componentes identificables y tratables por separado, denominados *módulos*, que están integrados para satisfacer los requisitos del programa.

Se ha dicho que «modularidad es el atributo del software que permite a un programa ser manejable intelectualmente» [MYE78]. Un software monolítico (p. ej.: un programa grande compuesto de un solo módulo) no puede ser entendido fácilmente por un lector. El número de caminos de control, ámbito de referencia, número de variables y la complejidad global harían su comprensión casi imposible. Para ilustrar este punto, considere el siguiente argumento basado en observaciones sobre soluciones de problemas humanos.

Sea $C(x)$ una función que define la complejidad percibida de un problema x, y $E(x)$ una función que defina el esfuerzo (en tiempo) requerido para solucionar el problema x. Para dos problemas, p_1 y p_2, si

$$C(p_1) > C(p_2) \qquad (13.1a)$$

se sigue que

$$E(p_1) > E(p_2) \qquad (13.1b)$$

Como caso general, este resultado es intuitivamente obvio. Lleva más tiempo resolver un problema difícil.

Otra interesante característica se ha descubierto durante la experimentación en la resolución de problemas humanos. Y es,

$$C(p_1 + p_2) > C(p_1) + C(p_2) \qquad (13.2)$$

La Ecuación 13.2 implica que la complejidad percibida de un problema que combina p_1 y p_2 es mayor que la complejidad percibida cuando cada problema se considera por separado. Considerando la Ecuación 13.2 y la condición implicada por las Ecuaciones 13.1, se sigue que

$$E(p_1 + p_2) > E(p_1) + E(p_2) \qquad (13.3)$$

Esto lleva a una conclusión: «divide y vencerás»: es más fácil resolver un problema complejo cuando se rompe en piezas manejables. El resultado expresado en la desigualdad (13.3) tiene importantes implicaciones por lo que respecta a la modularidad y al software. Es, de hecho, un argumento para la modularidad.

Es posible concluir de la desigualdad (13.3) que si subdividimos el software indefinidamente, ¡el esfuerzo requerido para desarrollarlo sería mínimo! Desgraciadamente, intervienen otras fuerzas, que hacen esta conclusión (tristemente) falsa. Como muestra la Figura 13.2, el esfuerzo (costes) para desarrollar un módulo de software individual disminuye a medida que crece el número total de módulos. Dado el mismo conjunto de requisitos, más módulos significa menor tamaño individual del módulo. Sin embargo, a medida que crece el número de módulos, el esfuerzo (costes) asociados con la integración de módulos también crece. Estas características llevan a una curva de coste total mostrada en la figura. Hay un número, M, de módulos que resultaría en un coste de desarrollo mínimo, pero no tenemos la sofisticación necesaria para predecir M con seguridad.

FIGURA 13.2

Modularidad y costes del software

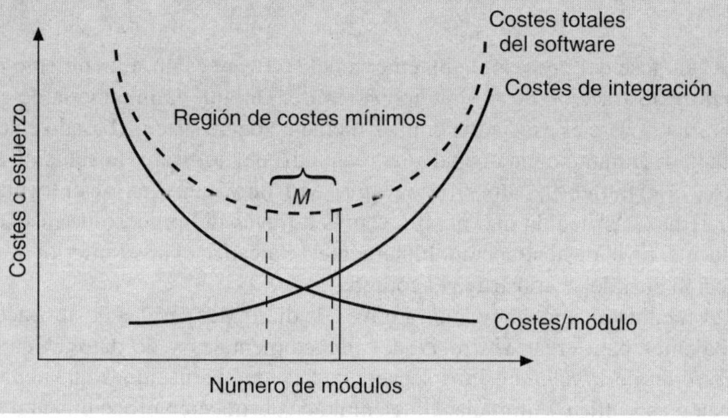

Las curvas mostradas en la Figura 13.2 proporcionan una útil directriz cuando se considera la modularidad. Deberíamos modularizar, pero hay que tener cuidado de permanecer cerca de M. Se debería evitar modularizar de más o de menos. Pero, ¿cómo conocemos «los alrededores de M» ? ¿Cuánto deberíamos modularizar el software? Las respuestas a estas preguntas requieren la comprensión de otros conceptos del diseño estudiados más adelante en este capítulo.

Otra importante cuestión surge cuando se considera la modularidad. ¿Cómo definimos un módulo apropiado de un tamaño dado? La respuesta está en el (los) método(s) usado(s) para definir los módulos dentro de un sistema [4]. Meyer [MEY88] define cinco criterios que nos permiten evaluar un

[4] Los capítulos 14 y 21 tratan métodos de diseño.

método de diseño con respecto a su capacidad de definir un sistema modular eficaz:

Capacidad de descomposición modular. Si un método de diseño proporciona un mecanismo sistemático de descomposición del problema en subproblemas, reducirá la complejidad del problema global, consiguiendo, por tanto, una solución modular eficaz.
Capacidad de empleo de componentes modulares. Si un método de diseño permite ensamblar componentes de diseño existentes (reutilizables) en un nuevo sistema, proporcionará una solución modular que no invente nada ya inventado.
Capacidad de comprensión modular. Si se puede entender un módulo como una unidad por sí sola (sin referencias a otros módulos) será más fácil de construir y de cambiar.
Continuidad modular. Si pequeños cambios a los requisitos del sistema provocan cambios en los módulos individuales, en vez de cambios generalizados en el sistema, se minimizará el impacto de los efectos secundarios de los cambios.
Protección modular. Si se da una condición aberrante dentro de un módulo y los efectos se restringen dentro de ese módulo, se minimizará el impacto de los efectos secundarios de los errores.

Finalmente, es importante resaltar que un sistema puede diseñarse modularmente, aunque su implementación deba ser «monolítica». Hay situaciones (p. ej.: software de tiempo real, software empotrado) en que es inaceptable la introducción de una relativamente mínima sobrecarga de velocidad y de memoria (p. ej.: subrutinas, procedimientos). En tales situaciones el software puede y debería diseñarse con modularidad como filosofía predominante. El código se puede desarrollar «en línea».

Aunque el código fuente del programa no parezca modular a primera vista, se ha mantenido la filosofía y el programa proporcionará los beneficios de un sistema modular.

13.4.4. Arquitectura del software

La *arquitectura del software* alude a «la estructura global del software y las maneras en que esa estructura proporciona integridad conceptual a un sistema» [SHA95a]. En su forma más simple, la arquitectura es la estructura jerárquica de los componentes del programa (módulos), la manera de interactuar de estos componentes, y la estructura de los datos usados por estos componentes. En un sentido más amplio, sin embargo, los «componentes» pueden generalizarse para representar los elementos principales del sistema y sus interacciones[5].

Un objetivo del diseño del software es crear una versión arquitectónica de un sistema. Esta versión sirve como estructura desde la que se pueden llevar a cabo actividades de diseño más detalladas. Un conjunto de estructuras arquitectónicas permite al ingeniero del software reutilizar conceptos a nivel diseño.

Shaw y Garlan [SHA95a] describen un conjunto de propiedades que deberían especificarse como parte de un diseño arquitectónico:

Propiedades estructurales. Este aspecto de la representación del diseño arquitectónico define los componentes de un sistema (p. ej.: módulos, objetos, filtros) y la manera en que se empaquetan estos componentes e interactúan los unos con los otros. Por ejemplo, los objetos se empaquetan para «encapsular» tanto los datos como el proceso que manipula los datos y para interactuar a través de la invocación de métodos (Capítulo 19).
Propiedades extra-funcionales. La descripción del diseño arquitectónico debería ocuparse de cómo consigue la arquitectura del diseño los requisitos de rendimiento, capacidad, fiabilidad, seguridad, adaptabilidad y otras características del sistema.
Familias de sistemas relacionados. El diseño arquitectónico debería dibujarse con estructuras imagen de las que se encuentran comúnmente en el diseño de familias de sistemas similares. En definitiva, el diseño debería tener la capacidad de utilizar bloques de construcción arquitectónica reutilizados.

Dada la especificación de estas propiedades, el diseño arquitectónico puede representarse usando uno o más modelos diferentes [GAR95]. Los *modelos estructurales* representan la arquitectura como una colección organizada de componentes de programa. Los modelos de estructuras aumentan el nivel de abstracción de diseño intentando identificar estructuras de diseño arquitectónico repetibles (patrones) que se pueden encontrar en tipos similares de aplicaciones. Los *modelos dinámicos* tratan los aspectos del comportamiento de la arquitectura del programa, indicando como puede cambiar la estructura o la configuración del sistema en función de los acontecimientos externos.

Los *modelos de proceso* se concentran en el diseño del negocio o del proceso técnico que debe tener el sistema. Finalmente, los *modelos funcionales* pueden usarse para representar la jerarquía funcional de un sistema.

---

[5] Por ejemplo, los componentes arquitectónicos de un sistema cliente/servidor se representan a diferentes niveles de abstracción. Vea el Capítulo 28 para más detalle.

Se han desarrollado diferentes *lenguajes de descripción arquitectónica* (LDA) para representar los modelos mencionados anteriormente [SHA95b]. Aunque se han propuesto muchos LDA diferentes, la mayoría proporcionan mecanismos para describir componentes de sistema y la manera en que se conectan unos con otros.

13.4.5. Jerarquía de control

La *jerarquía de control*, también denominada *estructura del programa*, representa la organización (a menudo jerárquica) de componentes del programa (módulos) e implica una jerarquía de control. No representa aspectos procedimentales del software tales como secuencias de procesos, ocurrencia/orden de decisiones o repetición de operaciones.

Se usan muchas notaciones diferentes para representar la jerarquía de control. La más común es el diagrama en árbol (Figura 13.3) que representa la jerarquía. Sin embargo, otras notaciones, tales como los diagramas Warnier-Orr [ORR77] y Jackson [JAC83] pueden usarse con igual efectividad[6]. Para facilitar estudios posteriores de la estructura, definimos unas pocas simples medidas y términos. En la Figura 13.3, *profundidad* y *anchura* proporcionan una indicación del número de niveles de control y el ámbito global de control, respectivamente. El *grado de salida* es una medida del número de módulos que son controlados directamente por otro módulo. El *grado de entrada* indica cuántos módulos controlan directamente un módulo dado.

FIGURA 13.3

Terminología de la estructura

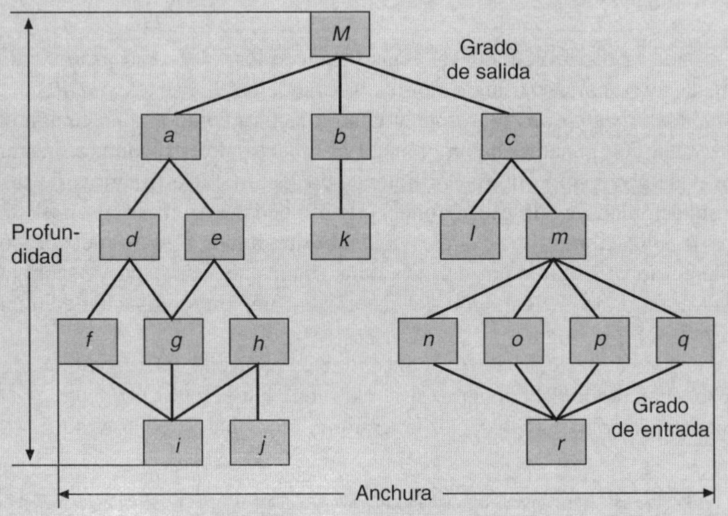

La relación de control entre los módulos se expresa de la siguiente manera: un módulo que controla otro módulo se dice que es *superior* a él; inversamente, un módulo controlado por otro se dice que es *subordinado* del controlador [YOU79]. Por ejemplo, como se muestra en la Figura 13.3, el módulo *M* es superior a los módulos *a*, *b* y *c*. El módulo *h* es subordinado del módulo *e* y finalmente sería subordinado de *M*. Las relaciones horizontales en anchura (p. ej.: entre los módulos *d* y *e*), aunque se pueden expresar en la práctica, no hacen falta definirlas con una terminología explícita.

La jerarquía de control también representa dos características sutilmente diferentes de la arquitectura del software: *visibilidad* y *conectividad*. La visibilidad indica el conjunto de componentes de programa que pueden invocarse o usarse sus datos por un componente dado, incluso cuando esto se realiza indirectamente. Por ejemplo, un módulo en un sistema orientado a objetos puede tener acceso a un amplio abanico de atributos de datos que haya heredado, pero sólo utiliza unos pocos de estos atributos de datos. Todos los atributos son visibles para el módulo. La conectividad indica el conjunto de componentes que son invocados directamente o usados sus datos por un componente determinado. Por ejemplo, un módulo que causa directamente que otro empiece la ejecución, está conectado con él[7].

13.4.6. Partición estructural

La estructura del programa debería partirse tanto horizontalmente como verticalmente. Como se muestra en la Figura 13.4a, la *partición horizontal* define ramas separadas de la jerarquía modular para cada función principal del programa. Los módulos de control, representados con un sombreado más oscuro, se usan para coordinar la comunicación entre ellos y la ejecución de

[6] Para los diseños orientados a objetos (Capítulo 21), el concepto de estructura de programa es menos obvio.

[7] En el Capítulo 19, exploramos el concepto de la herencia en el software orientado a objetos. Un componente de programa puede heredar una lógica de control y/o datos de otro componente sin referencia explícita en el código fuente. Los componentes de esta clase serían visibles, pero no estarían directamente conectados. La Figura 13.3 indica la conectividad de módulos de programa.

las funciones del programa. El enfoque más simple de la partición horizontal define tres particiones: entrada, transformación de datos (a menudo denominada *procesamiento*) y salida. La partición horizontal de la arquitectura proporciona distintos beneficios:

- proporciona software más fácil de probar
- lleva a un software más fácil de mantener
- propaga menos efectos secundarios
- proporciona software más fácil de ampliar

Como las funciones principales se desacoplan las unas de las otras, los cambios tienden a ser menos complejos y las ampliaciones del sistema (algo muy común) tienden a ser más fáciles de conseguir sin efectos secundarios. En la parte negativa, la partición horizontal causa a menudo el paso de más datos a través de interfaces de módulos y puede complicar el control global del flujo del programa (si el procesamiento requiere un paso de una función a otra rápidamente).

FIGURA 13.4

Partición arquitectónica

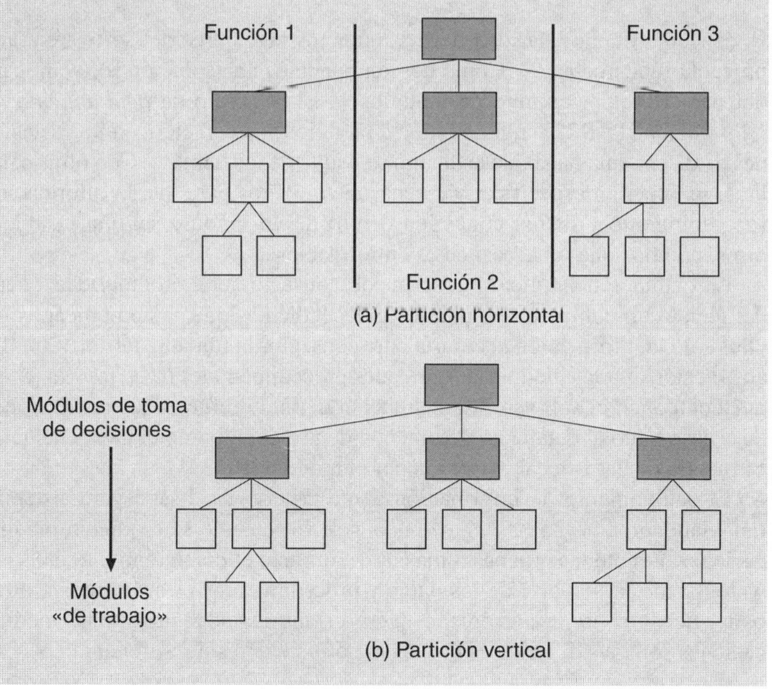

La *partición vertical* (Figura 13.4b), a menudo denominada *factoring (descomposición en factores),* sugiere que el control (toma de decisiones) y el trabajo se distribuyan descendentemente en la arquitectura del programa. Los módulos del nivel superior deberían realizar funciones de control y poco trabajo de procesamiento. Los módulos que residen en la parte baja de la arquitectura deberían ser los trabajadores, realizando todas las tareas de entrada, cálculo y salida.

La naturaleza de los cambios en las arquitecturas de programa justifica la necesidad de la partición vertical. Un cambio en el módulo de control (en la parte alta de la arquitectura) tendrá mayor probabilidad de propagar efectos secundarios a los módulos subordinados a él. Un cambio en un módulo de trabajo, dado su bajo nivel en la estructura, es menos probable que cause la propagación de efectos secundarios. En general, los cambios en los programas de computadora giran alrededor de la entrada, cálculos o transformación y la salida. Es mucho menos probable que cambie la estructura global de control del programa (p. ej.: su comportamiento básico). Por esta razón las arquitecturas de partición vertical tienen menos probabilidad de ser susceptibles a efectos secundarios cuando se hacen cambios y tendrán por tanto mejor capacidad de mantenimiento, un factor clave para la calidad.

13.4.7. Estructura de datos

La *estructura de datos* es una representación de la relación lógica entre los elementos individuales de datos. Como la estructura de la información afectará invariablemente al diseño procedimental final, la estructura de datos es tan importante como la estructura del programa en la representación de la arquitectura del software.

La estructura de datos dicta las alternativas de organización, métodos de acceso, capacidad de asociación y procesamiento de la información. Libros enteros (p. ej.: [AHO83], [KRU84], [GAN89]) se han dedicado a estos temas y un estudio completo está más allá del alcance de este libro. Sin embargo, es importante entender los métodos clásicos disponibles para organizar la información y los conceptos que subyacen en las jerarquías de la información.

La organización y complejidad de la estructura de datos están limitadas sólo por el ingenio del diseñador. Hay, sin embargo, unas pocas estructuras clásicas de datos que forman la base para construir estructuras más sofisticadas.

Un *elemento escalar* es la forma más simple de todas las estructuras de datos. Como implica su nombre, un elemento escalar representa un simple elemento de información que puede ser tratado por un identificador; es decir, se puede acceder especificando una sola dirección en la unidad de almacenamiento.

Cuando se organizan los elementos escalares como una lista o grupo contiguo, se forma un *vector secuencial*. Los vectores son las más comunes de las estructuras de datos y abren la puerta a la indexación variable de la información.

Cuando se amplía el vector secuencial a dos, tres y finalmente a un número arbitrario de dimensiones, se crea un espacio *n-dimensional*. El espacio *n*-dimensional más común es la matriz de dos dimensiones. En la mayoría de los lenguajes de programación, se denomina *array (matriz)* a un espacio *n*-dimensional .

Se pueden organizar los elementos, vectores y espacios en una variedad de formatos. Una *lista enlazada* es una estructura de datos que organiza elementos escalares, vectores o espacios no contiguos (denominadas nodos) de manera que les permita ser procesados como una lista. Se pueden agregar nodos en cualquier punto de la lista redefiniendo punteros para acomodar la nueva entrada a la lista.

Otras estructuras de datos incorporan o están construidas usando las estructuras fundamentales descritas anteriormente. Por ejemplo, una *estructura de datos jerárquica* se implementa usando listas multienlazadas que contienen elementos escalares, vectores y posiblemente espacios *n*-dimensionales.

Las estructuras jerárquicas se encuentran normalmente en aplicaciones que requieran categorización y capacidad de asociación de la información. La categorización implica un agrupamiento de información por alguna categoría genérica (p. ej.: todos los automóviles diesel o todos los microprocesadores de 64 bits).

La capacidad de asociación implica la habilidad de asociar información de diferentes categorías; por ejemplo, encontrar todas las entradas en la categoría de microprocesadores que cuesten menos de 15.000 pesetas (subcategoría costo), que vayan a 100 Mhz (subcategoría ciclos) y que se fabriquen por compañías americanas (subcategoría compañía).

Es importante resaltar que las estructuras de datos, como las estructuras de programas, pueden representarse a diferentes niveles de abstracción. Por ejemplo, una **pila** es un modelo conceptual de una estructura de datos que puede implementarse como un vector o como una lista enlazada. Dependiendo en el nivel de detalle del diseño, los procesos internos de la **pila** pueden especificarse o no.

13.4.8. Procedimiento del software

La estructura de programa define la jerarquía de control sin tener en cuenta la secuencia de procesamiento y las decisiones. El procedimiento del software se centra en los detalles de procesamiento de cada módulo individualmente.

El procedimiento debe proporcionar una especificación exacta del procesamiento, incluyendo la secuencia de acontecimientos, puntos exactos de decisión, operaciones repetitivas e incluso la organización / estructura de los datos.

Hay, por supuesto, una relación entre la estructura y el procedimiento. El procesamiento indicado para cada módulo debe incluir una referencia a todos los módulos subordinados al módulo que se describe. Es decir, una representación procedimental del software se distribuye en capas como se ilustra en la Figura 13.5.

13.4.9. Ocultamiento de información

El concepto de modularidad lleva a todos los ingenieros del software a una pregunta fundamental: «¿Cómo descomponemos una solución software para obtener el mejor conjunto de módulos?». El principio de *ocultamiento de información* [PAR72] sugiere que los módulos «se caractericen por decisiones de diseño que haga que cada uno se oculte de los demás». Con otras palabras, se deberían especificar y diseñar los módulos para que la información (procedimiento y datos) contenida dentro de un módulo sea inaccesible a otros módulos que no necesiten esa información.

La ocultación implica que se puede conseguir una modularidad eficaz definiendo un conjunto de módulos independientes que se comunican entre ellos sólo la información necesaria para conseguir la función del software. La abstracción ayuda a definir las entidades procedimentales (o de información) que componen el software. La ocultación define y refuerza las restricciones de acceso tanto al detalle procedimental dentro del módulo como a cualquier estructura de datos local empleada por el módulo [ROS75].

El ocultamiento de información como criterio de diseño para sistemas modulares proporciona sus mayores beneficios cuando se requieren modificaciones durante las pruebas o más tarde, durante el mantenimiento del software. Como la mayoría de los datos y procedimientos están ocultos a otras partes del software, los errores inadvertidos introducidos durante las modificaciones son más difíciles de propagar a otros lugares del software.

FIGURA 13.5

El procedimiento se distribuye en capas

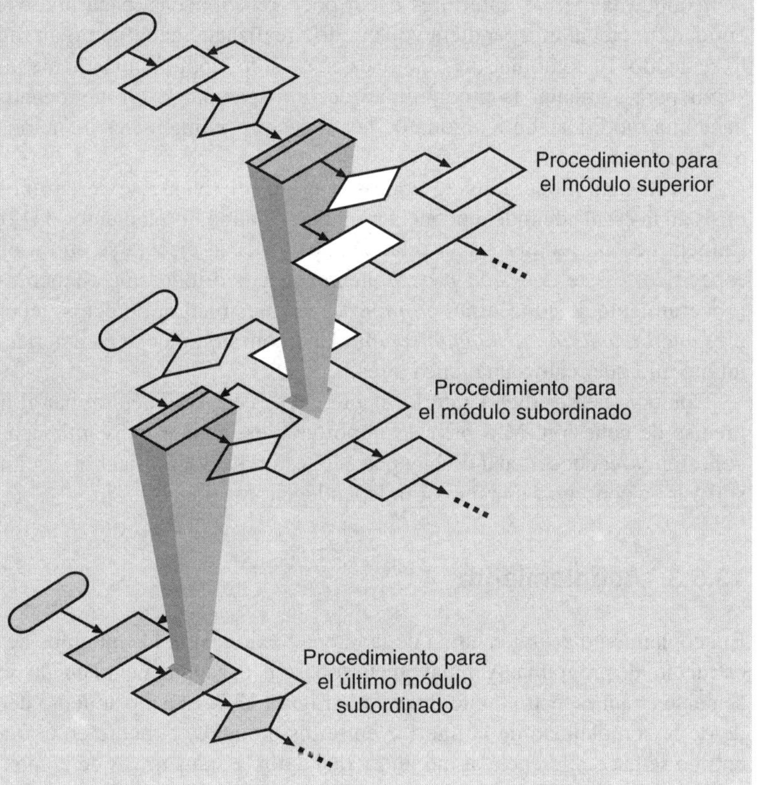

13.5. DISEÑO MODULAR EFECTIVO

Los conceptos fundamentales del diseño descritos en la sección anterior sirven para incentivar diseños modulares. De hecho, la modularidad se ha convertido en un enfoque admitido en todas las disciplinas de la ingeniería. Un diseño modular reduce la complejidad (ver la Sección 13.4.3), facilita los cambios (un aspecto crítico de la capacidad de mantenimiento del software), y hace más fácil la implementación al fomentar el desarrollo en paralelo de diferentes partes de un sistema.

13.5.1. Independencia funcional

El concepto de *independencia funcional* es un producto directo de la modularidad y de los conceptos de abstracción y ocultamiento de información. En referencias obligadas sobre el diseño del software, Parnas [PAR72] y Wirth [WIR71] aluden a técnicas de refinamiento que mejoran la independencia del módulo. Trabajos posteriores de Stevens, Wyers y Constantine [STE74] consolidaron el concepto.

La independencia funcional se consigue desarrollando módulos con una función «única» y una «aversión» a excesiva interacción con otros módulos. Dicho de otra manera, queremos diseñar software de manera que cada módulo trate una subfunción específica de los requisitos y tenga una sencilla interfaz cuando se vea desde otras partes de la estructura del programa. Es justo preguntarse por qué es importante la independencia. El software con una *modularidad efectiva* (p. ej.: módulos independientes), es más fácil de desarrollar porque la función se puede compartimentar y las interfaces se simplifican (considere las ramificaciones cuando el desarrollo se hace en equipo). Los módulos independientes son más fáciles de mantener (y probar) porque los efectos secundarios causados por la modificación del diseño/código están limitados, la propagación de errores es reducida y se pueden usar módulos reutilizados. En resumen, la independencia funcional es la clave para un buen diseño y el diseño es la clave de la calidad del software.

La independencia se mide usando dos criterios cualitativos: cohesión y acoplamiento. La *cohesión* es una medida de la fuerza relativa funcional de un módulo. El *acoplamiento* es una medida de la interdependencia relativa entre los módulos.

13.5.2. Cohesión

La cohesión es una extensión natural del concepto de ocultación de información descrito en la Sección 13.4.9. Un módulo con cohesión realiza una sola tarea dentro de un procedimiento software, requiriendo poca interacción con los procedimientos que se realizan en otras partes del programa. Dicho de manera sencilla, un módulo con cohesión debería (idealmente) hacer una sola cosa.

La cohesión puede representarse como un «espectro» mostrado en la Figura 13.6. Siempre debemos buscar la cohesión más alta, aunque la parte media del espectro es a menudo aceptable. La escala de la cohesión no es lineal. Es decir, la parte baja de la cohesión es mucho «peor» que el rango medio, que es casi tan «bueno» como la parte alta de la escala. En la práctica, un diseñador no debe preocuparse de categorizar la cohesión en un módulo

FIGURA 13.6

Cohesión

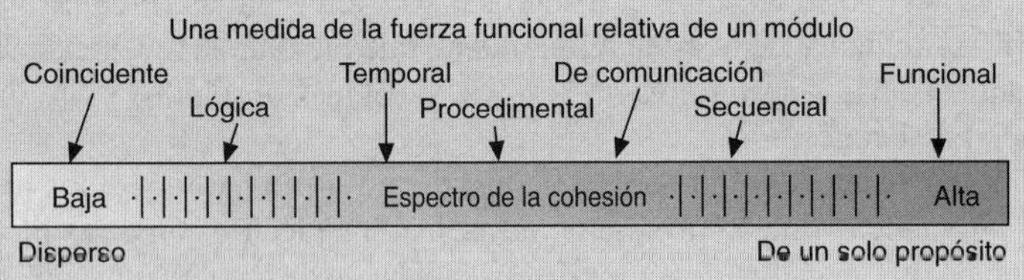

específico. Más bien, debería entenderse el concepto global y evitar niveles inferiores de cohesión cuando se diseñan los módulos.

Para ilustrar (de forma algo irónica) la parte baja del espectro, relatamos la siguiente historia:

> A finales de los años 60 la mayoría de los gestores de CPD empezaron a darse cuenta del valor de la modularidad. Desgraciadamente muchos de los programas existentes eran de un bloque (p. ej.: ¡20.000 líneas de Fortran sin documentar con una subrutina de 2.500 líneas!). Para transformar un programa de computadora grande a la última tecnología, un gestor pidió a su personal que modularizaran el programa. Además, había que hacerlo «en su tiempo libre».
>
> Contra la espada y la pared, un miembro de la plantilla preguntó (inocentemente) la longitud adecuada de un módulo. «Setenta y cinco líneas de código», fue la respuesta. Consiguió un lápiz rojo y una regla, midió la distancia lineal que ocupaban 75 líneas de código fuente y dibujó una línea roja en el listado fuente, y después otra y otra. Cada línea indicaba el límite de un módulo. ¡Esta técnica es justo lo que se dice desarrollar software con increíble cohesión!

Un módulo que realiza un conjunto de tareas poco relacionadas las unas con las otras, si es que tienen algo que ver, se denomina *coincidentalmente cohesivo*. Un módulo que realiza tareas relacionadas lógicamente (p. ej.: un módulo que produce toda las salidas independientemente del tipo) es de *cohesión lógica*. Cuando un módulo contiene tareas relacionadas por el hecho de que todas deben hacerse en el mismo intervalo de tiempo, este módulo presenta *cohesión temporal*.

Como ejemplo de poca cohesión, considere un módulo que realiza el procesamiento de errores de un paquete de análisis de ingeniería. El módulo es invocado cuando los datos calculados exceden de unos límites preestablecidos. Realiza las siguientes tareas: (1) calcula datos suplementarios basándose en los datos calculados originalmente; (2) produce un informe del error (con contenido gráfico) en la estación de trabajo del usuario; (3) realiza los siguientes cálculos pedidos por el usuario; (4) actualiza una base de datos; y (5) activa un menú de selección para el siguiente procesamiento.

Aunque las tareas anteriores están poco relacionadas, cada una es una entidad funcional independiente que podría realizarse mejor como un módulo separado. El combinar las funciones en un solo módulo únicamente puede servir para aumentar la probabilidad de propagación de errores cuando se hace una modificación a alguna de las tareas procedimentales mencionadas anteriormente.

Los niveles moderados de cohesión están relativamente cerca unos de otros en la escala de independencia modular. Cuando los elementos de procesamiento de un módulo están relacionados y deben ejecutarse en un orden específico, existe *cohesión procedimental*. Cuando todos los elementos de procesamiento se concentran en un área de la estructura de datos, tenemos presente la *cohesión de comunicación*. Una cohesión alta se caracteriza por un módulo que realiza una única tarea.

Como ya hemos dicho anteriormente, no es necesario determinar el nivel preciso de cohesión. Más bien, lo importante es intentar conseguir una alta cohesión y reconocer cuando hay poca cohesión para modificar el diseño del software y conseguir una mayor independencia funcional.

13.5.3. Acoplamiento

El acoplamiento es una medida de la interconexión entre los módulos de una estructura de programa. Al igual que la cohesión, el acoplamiento puede representarse en un espectro como muestra la Figura 13.7. El acoplamiento depende de la complejidad de la interfaz entre los módulos, el punto en el que se entra o se hace referencia al módulo y qué datos pasan a través de la interfaz.

En el diseño del software, intentamos conseguir el menor nivel posible de acoplamiento. Las conexiones sencillas entre los módulos hacen que el software sea más fácil de entender y menos dado al «efecto ola» [STE74] causado cuando ocurren errores en un lugar y se propagan a través del sistema.

La Figura 13.8 proporciona ejemplos de diferentes tipos de acoplamiento de módulo. Los módulos *a* y *d* son subordinados a módulos diferentes. Ninguno está relacionado y por tanto no ocurre ningún acoplamiento directo. El módulo *c* está subordinado al módulo *a* y se accede a él por medio de una lista convencional de argumentos a través de la cual se pasan los datos. Mientras esté presente una sola lista de argumentos (p. ej.: se pasan datos simples; existe una correspondencia de elementos uno a uno), se presenta un bajo acoplamiento (*acoplamiento de datos* en el espectro) en esta porción de la estruc-

FIGURA 13.7

Acoplamiento

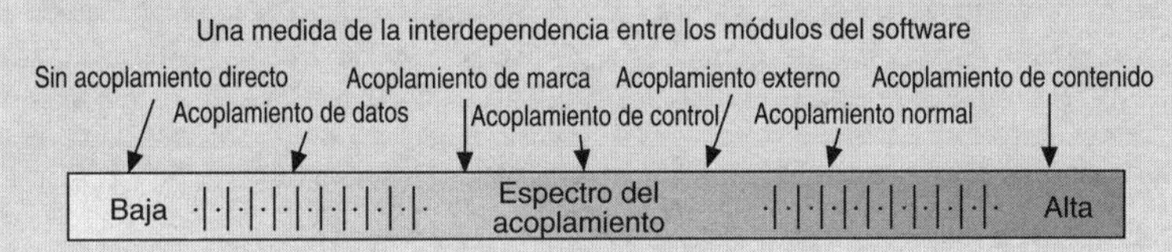

tura. Se da una variante del acoplamiento de datos, denominado *acoplamiento de marca* (*stamp*), cuando una porción de la estructura de datos (en vez de argumentos simples) se pasa a través de la interfaz del módulo. Esto es lo ocurre entre los módulos *b* y *a*.

A niveles moderados, el acoplamiento se caracteriza por el paso del control entre los módulos.

El *acoplamiento de control* es muy común en la mayoría de los diseños del software y se muestra en la Figura 13.8, donde se pasa un «indicador de control» (una variable que controla las decisiones en un módulo subordinado o superior) entre los módulos *d* y *e*.

FIGURA 13.8

Tipos de acoplamiento

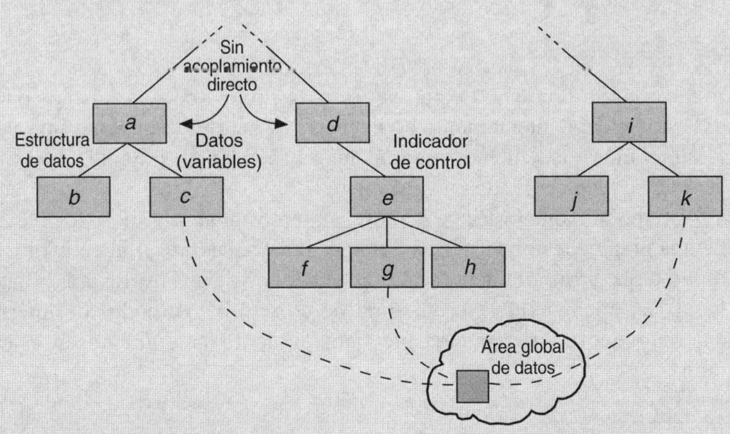

Cuando los módulos están atados a un entorno externo al software se dan niveles relativamente altos de acoplamiento. Por ejemplo, la I/O(Entrada/Salida) acopla un módulo a dispositivos, formatos y protocolos de comunicaciones específicos. El acoplamiento externo es esencial, pero debería limitarse a unos pocos módulos en una estructura. También aparece un acoplamiento alto cuando varios módulos hacen referencia a un área global de datos. El *acoplamiento común*, tal como se denomina este modo, se muestra en la Figura 13.8. Los módulos *c*, *g* y *k* acceden a elementos de datos de un área global de datos (p. ej.: un archivo de disco, Fortran COMMON, tipos de datos externos en el lenguaje de programación C). El módulo *c* inicializa el elemento. Más tarde el módulo *g* recalcula y actualiza el elemento. Asumamos que ocurre un error y que *g* actualiza el elemento incorrectamente. Mucho más adelante en el procesamiento, el módulo *k* lee el elemento, intenta procesarlo y falla, haciendo que aborte el software. La causa aparente del aborto es el módulo *k* y la causa real, el módulo *g*. El diagnóstico de problemas en estructuras con un acoplamiento común es costoso en tiempo y es difícil. Sin embargo, esto no significa necesariamente que el uso de datos globales sea «malo». Significa que el diseñador del software debe ser consciente de las potenciales consecuencias del acoplamiento común y tener especial cuidado de prevenirse de ellos.

El grado más alto de acoplamiento, *acoplamiento de contenido*, ocurre cuando un módulo hace uso de datos o de información de control mantenidos dentro de los límites de otro módulo. El acoplamiento de contenido también puede ocurrir cuando se realiza una bifurcación hacia la mitad de un módulo. Este modo de acoplamiento puede y debe evitarse.

Los modos de acoplamiento tratados anteriormente ocurren por decisiones de diseño tomadas durante el desarrollo de la estructura del programa. Sin embargo, se pueden introducir variantes del acoplamiento externo durante la codificación. Por ejemplo, el compilar acopla el código fuente con atributos específicos (y a menudo no estándares) del compilador; el acoplamiento del sistema operativo (SO) se produce por la vinculación del diseño y del código resultante con «servicios» del sistema operativo, que pueden causar estragos cuando se hagan cambios en el SO.

13.6. HEURÍSTICAS DE DISEÑO PARA UNA MODULARIDAD EFECTIVA

Una vez desarrollada la estructura del programa, se puede conseguir una modularidad efectiva aplicando los conceptos de diseño introducidos anteriormente en este capítulo. La arquitectura del programa se manipula de acuerdo con un conjunto de heurísticas (directrices o consejos) que se presentan en esta sección.

I. Evaluar la «primera iteración» de la estructura del programa para reducir el acoplamiento y mejorar la cohesión. Una vez que se ha desarrollado la estructura del programa, se puede *explosionar o implosionar* los módulos con vistas a mejorar la independencia del módulo. Un módulo explosionado se convierte en dos o más módulos en la estructura final del programa. Un módulo *implosionado* (de agregación) es el resultado de combinar el procesamiento implicado en dos o más módulos.

Un módulo explosionado se suele dar cuando existe un componente común de proceso en dos o más módulos y puede redefinirse como un módulo cohesivo diferente. Cuando se espera un acoplamiento alto, se puede a veces implosionar un módulo para reducir el paso de control, referencia a datos globales y la complejidad de la interfaz.

II. Intentar minimizar las estructuras con mucho grado de salida; intentar concentrar a medida que aumenta la profundidad. La estructura mostrada dentro de la nube en la Figura 13.9 no hace un empleo eficaz del de la partición. Todos los módulos están al mismo nivel debajo de un solo módulo de control. En general, se muestra una distribución más razonable de control en la estructura de arriba. La estructura toma una forma oval, indicando varias capas de control y módulos de alta utilidad en las capas inferiores.

III. Mantener el alcance del efecto de un módulo dentro del alcance del control de ese módulo. Se define el ámbito del efecto de un módulo *e* como todos los demás módulos afectados por una decisión tomada en el módulo *e*. El alcance del control del módulo *e* son todos los módulos subordinados al módulo *e*. Como se muestra en la Figura 13.9, si el módulo *e* toma una decisión que afecta el módulo *r*, tenemos una violación de la heurística III, porque el módulo *r* queda fuera del alcance de control del módulo *e*.

IV. Evaluar las interfaces de los módulos para reducir la complejidad, la redundancia y mejorar la consistencia. La complejidad de la interfaz de un módulo es una causa principal de errores en el software. Las interfaces deberían diseñarse para pasar información de manera sencilla y deberían ser consistentes con la función del módulo. La inconsistencia de una interfaz (p. ej.: datos aparentemente no relacionados pasados a través de una lista de argumentos u otra técnica) es una indicación de poca cohesión. El módulo en cuestión debería reevaluarse.

V. Definir módulos cuya función sea predecible, pero evitar módulos que sean demasiado restrictivos. Un módulo es predecible cuando puede tratarse como una caja negra; es decir, se producirán los mismos datos externos independientemente de los detalles del procesamiento interno[8]. Los módulos que tienen «memoria» interna pueden ser impredecibles a no ser que se tenga cuidado en su empleo.

FIGURA 13.9

Estructuras de programa.

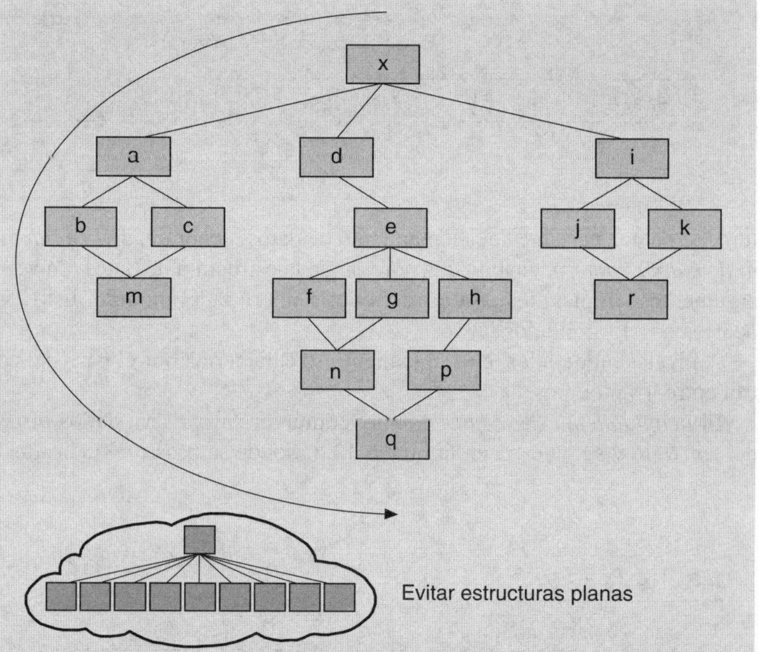

Un módulo que restringe el procesamiento a una sola subfunción exhibe una gran cohesión y es bien visto por los diseñadores. Sin embargo, un módulo que arbitrariamente restringe el tamaño de una estructura de datos local, las opciones dentro del flujo de control o los modos de interfaz externa requerirá invariablemente mantenimiento para quitar esas restricciones.

[8] Un módulo de «caja negra» es una abstracción procedimental.

VI. Intentar conseguir módulos de «entrada controlada», evitando «conexiones patológicas». Esta heurística de diseño advierte contra el acoplamiento de contenido. El software es más fácil de entender y por tanto más fácil de mantener cuando los módulos que se interaccionan están restringidos y controlados. Las *conexiones patológicas* se refieren a bifurcaciones o referencias en el medio de un módulo.

VII. Empaquetar el software basándose en las restricciones del diseño y los requisitos de portabilidad. El *empaquetamiento* alude a las técnicas usadas para ensamblar software para un entorno procedimental específico. Las restricciones de diseño dictan a veces que un programa se «superponga» a sí mismo en memoria. Cuando tenga que pasar esto, puede ser necesario reorganizar la estructura de diseño para agrupar los módulos por el grado de repetición, frecuencia de acceso e intervalos entre llamadas. Además, los módulos opcionales o de «un solo uso» pueden separarse en la estructura de manera que sean superpuestos eficazmente.

13.7. EL MODELO DEL DISEÑO

Los principios y conceptos de diseño tratados en este capítulo establecen el fundamento para la creación del modelo de diseño que comprende representaciones de datos, arquitectura, interfaces y procedimientos. Como antes en el modelo de análisis, en el modelo de diseño cada una de esas representaciones de diseño está atada a las otras y a todas se le puede hacer un seguimiento hasta los requisitos del software.

En la Figura 13.1, el modelo de diseño se representó como una pirámide. El simbolismo de esta forma es importante. Una pirámide es un objeto extremadamente estable con una base muy amplia y un centro de gravedad muy bajo. Como la pirámide, nosotros queremos crear un diseño del software que sea estable. Establecemos una amplia base en el diseño de datos, una región media estable en el diseño arquitectónico y de interfaz, y una parte superior aplicando diseño procedimental, creamos así un modelo de diseño que no se «tambalee» fácilmente con los vientos de los cambios.

Es interesante resaltar que algunos programadores continúan diseñando implícitamente, llevando a cabo el diseño procedimental a la vez que escriben el código. Esto es lo mismo que coger la pirámide de diseño y ponerla apoyada sobre la punta: resulta un diseño extremadamente inestable. El más mínimo cambio puede hacer que caiga la pirámide (y el programa).

Los métodos que llevan a la creación del modelo de diseño se tratan en los Capítulos 14 y 21 (para sistemas orientados a objetos). Todos los métodos permiten al diseñador crear un diseño estable conforme a los conceptos fundamentales que conducen a un software de alta calidad.

13.8. LA DOCUMENTACIÓN DEL DISEÑO

El documento esbozado en la Figura 13.10 puede usarse como plantilla para una *especificación del diseño*. Cada párrafo numerado trata diferentes aspectos del modelo de diseño. Las secciones numeradas de la especificación del diseño se completan a medida que el diseñador refina su representación del software.

El alcance global del esfuerzo de diseño se describe en la Sección I (los números de sección se refieren al esquema de la especificación del diseño). Mucha de la información contenida en esta sección se obtiene de la *especificación del sistema* y del modelo de análisis (*especificación de los requisitos del software*).

La Sección II presenta el diseño de datos, describiendo estructuras externas de archivos, estructuras internas de datos y referencias cruzadas que conectan objetos de datos a archivos específicos. La sección III, el diseño arquitectónico, indica cómo se ha obtenido la arquitectura del programa del modelo de análisis. Se utilizan gráficos de estructuras (una representación de la estructura del programa) para representar la jerarquía del módulo.

Las Secciones IV y V evolucionan en cuanto comienzan los diseños de la interfaz y de los procedimientos. Se representan las interfaces externas e internas del programa y se describe un detallado diseño de la interfaz hombre-máquina. Se describen inicialmente los módulos (elementos de software tratables separadamente; subrutinas, funciones o procedimientos) con una narrativa de procesamiento. La narrativa del procesamiento explica la función procedimental de un módulo. Más adelante se usa una herramienta de diseño procedimental para traducir la narrativa en una descripción estructurada.

La Sección VI de la especificación de diseño contiene una *referencia cruzada de requisitos*. El propósito de esta matriz de referencia cruzada es (1) establecer que se han satisfecho todos los requisitos por el diseño del software y (2) indicar qué módulos son críticos para la implementación de los requisitos específicos.

La primera fase en el desarrollo de la documentación de pruebas está contenida en la Sección VII del documento del diseño. Una vez que se han establecido la estructura del software y las interfaces, podemos desarrollar directrices para probar módulos individuales y la integración del paquete entero. En algunos casos, se da paralelamente una detallada especificación del procedimiento de prueba con el diseño. En tales casos, esta sección puede eliminarse de la especificación del diseño.

Las restricciones de diseño, tales como limitaciones físicas de memoria o la necesidad de una interfaz externa especializada puede dictar requisitos especiales para ensamblar o empaquetar el software. Algunas consideraciones especiales causadas por la necesidad de superposición (*overlay*) de pro

FIGURA 13.10

Esquema de la especificación de diseño

I. Ámbito.
   A. Objetivos del sistema.
   B. Principales requisitos del software.
   C. Restricciones de diseño, limitaciones.

II. Diseño de datos.
   A. Objetos de datos y estructuras de datos resultantes.
   B. Estructuras de archivo y bases de datos.
      1. Estructura externa de archivo.
         a. estructura lógica.
         b. descripción del registro lógico.
         c. método de acceso.
      2. Datos globales.
      3. Referencia cruzada de datos y archivo.

III. Diseño arquitectónico.
   A. Revisión de datos y del flujo de control.
   B. Estructura del programa.

IV. Diseño de interfaz.
   A. Especificación de la interfaz hombre-máquina.
   B. Normas de diseño de la interfaz hombre-máquina.
   C. Diseño de la interfaz externa.
      1. Interfaces con datos externos.
      2. Interfaces con sistemas o dispositivos externos.
   D. Normas de diseño de la interfaz interna.

V. Diseño procedimental.
   Para cada módulo:
   A. Descripción del proceso.
   B. Descripción de la interfaz.
   C. Descripción del lenguaje de diseño (u otro).
   D. Módulos usados.
   E. Estructuras de datos internos.
   F. Comentarios/restricciones/limitaciones.

VI. Referencia cruzada de requisitos.

VII. Recursos de pruebas.
      1. Directrices para las pruebas.
      2. Estrategia de integración.
      3. Consideraciones especiales.

VIII. Notas especiales.

IX. Apéndices.

grama, gestión de la memoria virtual, procesamiento de alta velocidad, u otros factores pueden causar modificaciones en el diseño obtenidas del flujo o estructura de la información. En la Sección VII se exponen los requisitos y consideraciones para el empaquetamiento del software. Secundariamente, esta sección describe el enfoque que se usará para transferir el software al cliente.

La sección IX de la especificación del diseño contiene datos complementarios. Descripciones de algoritmos, procedimientos alternativos, tablas de datos, extractos de otros documentos y otra información relevante se presenta como una nota especial o como un apéndice particular. Se puede aconsejar desarrollar un *manual preliminar de instalación/operación*.

13.9 RESUMEN

El diseño es el núcleo técnico de la ingeniería del software. Durante el diseño, se desarrollan, revisan y documentan refinamientos progresivos de estructuras de datos, arquitectura del programa, interfaces y detalles procedimentales. El diseño da como resultado representaciones del software para valorar la calidad.

Durante las tres pasadas décadas se han propuesto varios principios y conceptos fundamentales de diseño del software. Los principios del diseño guían al ingeniero del software a medida que progresa el proceso de diseño. Los conceptos del diseño proporcionan criterios básicos para su calidad .

La modularidad (tanto en el programa como en los datos) y el concepto de abstracción permiten al diseñador simplificar y reutilizar componentes del software. El refinamiento proporciona un mecanismo para representar capas sucesivas de detalles funcionales. La estructura del programa y de los datos contribuyen a una visión global de la arquitectura del software, mientras que el procedimiento proporciona el detalle necesario para implementar los algoritmos.

La ocultación de información y la independencia funcional proporcionan heurísticas para conseguir una modularidad efectiva.

Terminamos nuestro estudio de los fundamentos del diseño con las palabras de Glen Myers [MYE78] :

> Intentamos resolver el problema dándonos prisa en el proceso de diseño de manera que haya suficiente tiempo al final del proyecto para descubrir errores que se cometieron por correr en el proceso de diseño...

La moraleja es: ¡*No corras durante el diseño*! Un buen diseño merece la pena.

No hemos terminado nuestro estudio sobre el diseño. En el capítulo siguiente, se tratan métodos de diseño. Estos métodos, combinados con los fundamentos de este capítulo y otros métodos del Capítulo 21, forman la base de una visión completa del diseño del software.

REFERENCIAS

[AHO83] AHO, A. V., J. HOPCROFT y J. ULLMAN, *Data structures and Algorithms*, Addison-Wesley, 1983.

[CAI75] CAINE, S. y K. GORDON, «PDL-A Tool for Software Design», *in Proc. Natl. Computer Conf.*, AFIPS Press, 1975, págs. 271-276.

[CUR85] CURTIS, B., *Human Factors in Software Development*, segunda edición, IEEE Computer society Press, 1985.

[DAH72] DAHL, O., E. DIJKSTRA, y C. HOARE, *Structured Programming*, Academic Press, 1972.

[DAV95] DAVIS, A., *201 Principles of Software Development*, McGraw-Hill, 1995.

[DEN73] DENNIS, J., «Modularity», en *Advanced Course on Software Engineering*, F. L. BAUER (ed), Springer-Verlag, New York, 1973, págs. 128-182.

[GAM95] GAMMA, E. *et al.*, *Design Patterns*, Addison-Wesley, 1995.

[GAN89] GONNET, G., *Handbook of Algorithms and Dara Structures*, segunda edición, Addison-Wesley, 1989.

[GAR95] GARLAN D., y M. SHAW, «An Introduction to Software Architecture», en *Advances in Software Engineering and Knowledge Engineering*, vol I, V. AMBRIOLA y G. TORTORA (eds.), World Scientific Publishing Company, 1995.

[JAC75] JACKSON, M. A., *Principles of Program Design*, Academic Press, 1975.

[JAC83] JACKSON, M. A., *System development*, Prentice-Hall, 1983.

[JAC92] JACOBSON, Y., *Object-Oriented Softwrae Engineering*, Addison-Wesley, 1992.

[KAI83] KAISER, S. H., *The Design Of Operating Systems for Small Computer Systems*, Wiley Interscience, 1983, págs. 594ff.

[KRU84] KRUSE, R. L., *Data Structures and Program Design*, Prentice-Hall, 1984.

[McG91] MCGLAUGHLIN, R., «Some Notes on Program Design», *Software Engineering* Notes, vol. 16, n.º 4, octubre 1991, págs. 53-54.

[MEY88] MEYER, B., *Object-Oriented Software Construction*, Prentice-Hall, 1988.

[MIL72] MILLS, H. D., «Mathematical Foundations for Structured Programming», Technical Report FSC 71-6012, IBM Corp., Federal Systems Division, Gainthersburg, MD, 1972.

[MYE78] MYERS, G., *Composite Structured Design*, Van Nostrand Reinhold, 1978.

[ORR77] ORR, K. T., *Structured Systems Development*, Yourdon Press, New York, 1977.

[PAR72] PARNAS, D. L., «On Criteria To Be Used in Decomposing Systems into Modules», *CACM*, vol. 14, núm. 1, abril 1972, págs. 221-227.

[PET81] PETERS, L. J., Software Design: Methods and Techniques, *Yourdon Press*, New York, 1981.

[ROS75] ROSS, D. J., Goodenough, y C. Irvine, «Software Engineering Process, Principles and Goals», *IEEE Computer*, vol. 8, núm. 5, mayo 1975.

[SHA95a] SHAW, M. y D. GARLAN, «Formulations and Formalisms in Software Arquitecture», *Volume 1000-Lecture Notes in Computer Science*, Springer-Verlag, 1995.

[SHA95b] SHAW M. et al., «Abstractions for Software Arquitecture and Tools to Supágsort Them», *IEEE Trans. Software Engineering*, vol. 21, n.º 4, abril 1995, págs. 314-335.

[STE74] STEVENS, W., G. MYERS y L. CONSTANTINE, «Structured Design», IBM *Systems Journal*, vol. 13, núm. 2, 1974, págs. 115-139.

[TAY59] TAYLOR, E. S., *An Interim Report on Engineering Design*, Massachusetts Institute of Technology, Cambridge, MA, 1959.

[WAR74] WARNIER, J., *Logical Construction of Programs*, Van Nostrand Reinhold, 1974.

[WAS83] WASSERMAN, A., «Information Systems Design Methodology», en *Software Design Techniques*, P. FREEMAN y A. WASSERMAN (eds.), cuarta edición, IEEE Computer Society Press, 1983, p. 43.

[WIR71] WIRTH, N., «Program Development by Stepwise refinement», *CACM*,vol 14, núm. 4, 1971, págs. 221-227.

[YOU79] YOURDON, E. y L. CONSTANTINE, *Structured Design*, Prentice-Hall, 1979.

PROBLEMAS Y PUNTOS PARA CONSIDERAR

13.1. ¿Se diseña software cuando se «escribe» un programa? ¿Qué es lo que hace diferente el diseño del software de la codificación?

13.2. Desarrolle tres principios de diseño adicionales para agregar a los anotados en la Sección 13.3.

13.3. Proporcione ejemplos de tres abstracciones de datos y las abstracciones procedimentales que pueden usarse para manipularlos.

13.4. Aplique un «enfoque de refinamiento paso a paso» para desarrollar tres niveles diferentes de abstracción procedimental para uno o más de los siguientes programas:

a. Desarrolle un dispositivo para rellenar los cheques que, dada una cantidad numérica en pesetas, imprima la cantidad en letra tal y como se requiere normalmente.

b. Resuelva iterativamente las raíces de una ecuación.

c. Desarrolle un simple algoritmo *round-robin* de planificación para un sistema operativo.

13.5. ¿Hay algún caso en que la desigualdad 13.2 puede no ser cierta? ¿Cómo afectaría ese caso a la modularidad?

13.6. ¿Cuándo debería implementarse un diseño modular como un software monolítico? ¿Cómo se puede hacer esto? ¿Es el rendimiento la única justificación para la implementación de software monolítico?

13.7. Desarrolle al menos cinco niveles de abstracción para uno de los siguientes problemas software:

a. Una aplicación bancaria para el cliente.

b. Un paquete 3D de transformación para aplicaciones gráficas de computadora.

c. Un intérprete de lenguaje BASIC

d. Un controlador de un robot con dos grados de libertad.

e. Cualquier problema en el que se ponga de acuerdo con su profesor

Conforme disminuye el grado de abstracción, su foco de atención puede concentrarse de manera que en el último nivel (código fuente) sólo haya que describir una tarea única.

13.8. Obtenga el papel original de Parnas [PAR72] y resuma el ejemplo software que usa para ilustrar la descomposición de un sistema en módulos. ¿Cómo se utiliza la ocultación de información para conseguir la descomposición?

13.9. Estudie la relación entre el concepto de ocultación de información como atributo de una modularidad eficaz y el concepto de independencia del módulo.

13.10. Revise algunos de sus desarrollos software recientes y puntúe todos los módulos (con una escala del 1-bajo al 7-alto). Ponga ejemplos de su mejor y peor trabajo.

13.11. Algunos lenguajes de programación de alto nivel soportan el procedimiento interno como construcción modular. ¿Cómo afecta esta construcción al acoplamiento? ¿Y a la ocultación de información?

13.12. ¿Cómo están relacionados los conceptos de acoplamiento y movilidad del software? Aporte ejemplos para apoyar su teoría.

13.13. Estudie cómo la partición estructural puede ayudar a que el software sea más fácil de mantener.

13.14 ¿Cuál es el propósito de desarrollar una arquitectura de programa descompuesta en factores?

13.15. Describa el concepto de ocultación de información con sus propias palabras.

13.16. ¿Por qué es buena idea mantener el alcance de efecto de un módulo dentro de su alcance de control?

OTRAS LECTURAS Y FUENTES DE INFORMACIÓN

Una antología editada por FREEMAN y WASSERMAN contiene una excelente recopilación histórica de importantes documentos sobre el diseño del software (*Software Design Techniques*, cuarta edición, IEEE, 1983).

Este documento de tutoría reimprime muchos de los documentos clásicos que han formado la base de las tendencias actuales en el diseño del software. Se pueden encontrar buenos estudios de los fundamentos del diseño del software en libros de MYERS [MYE78], PETERS [PET81], MACRO (*Software Engineering: Concepts and Management*, Prentice-Hall, 1990), y SOMMERVILLE (*Software Engineering*, Addison-Wesley, 5.ª edición, 1996). MCCONNELL (*Code Complete*, Microsoft Press, 1993) presenta un excelente estudio de los aspectos prácticos del diseño de software de alta calidad.

Se puede encontrar una valiosa recopilación de diferentes notaciones de diseño en un libro de MARTIN y MCCLURE (*Diagramming Techniques for Analysts and Programmers*, Prentice-Hall, 1985). STEVENS (*Software Design: Concepts and Methods*, Prentice-Hall, 1990) presenta un valioso tratamiento de diseño de datos, arquitectónico y procedimental). WITT y sus colegas (*Software Design*, Van Nostrand Reinhold, 1993) cubren también el tema minuciosamente. Los aspectos del diseño involucrados en la creación eficaz de arquitecturas software es tratada por SHAW y GARLAN en su libro (*Software Architectures*, Prentice-Hall, 1995) y en una antología editada por COPLIEN y SCHMIDT (*Pattern Languages of Program Design*, Addison-Wesley, 1995).

Se pueden encontrar tratados rigurosos matemáticos del software y de los fundamentos del diseño en libros de JONES (*Software Development: A Rigorous Approach*, Prentice.Hall, 1980), WULF (*Fundamental Structures of Computer Science*, Addison-Wesley, 1981), y BRASSARD y BRATLEY (*Fundamentals of Algotithmics*, Prentice-Hall, 1995). Todos estos textos ayuda a aportar un fundamento teórico fundamental para comprender el software. KRUSE (*Data Structures and Program Design*, Prentice-Hall, 1994) y TUCKER et al.

(*Fundamental of Computing II:Abstarction, Data Structures, and Large Software Systems,* McGraw-Hill, 1995) presentan información valiosa sobre estructuras de datos. Medidas de la calidad del diseño, desde el punto de vista técnico como de gestión, se tratan en el libro de CARD y GLASS (*Measuring Software Design Quality*, Prentice- Hall, 1990).

Se pueden encontrar estudios generales de aspectos del diseño en el grupo de noticias de Internet **comp.software-eng** y en otros mucho más.

Se estudia un entorno integrado de diseño del software en:

http://www-ksl.standford.edu/KSL_Abstracts/KSL-91-73.html

Se pueden obtener varios artículos en línea sobre el diseño del software así como otra información actual en la Association for Software Design en:

http://pcd.standford.edu/asd/index.html

Se ha llevado a cabo mucha investigación en el área de arquitecturas. Puede obtenerse una excelente guía técnica del asunto en:

http://www.stars.reston.paramax.com/arch/guide.html

Se pueden encontrar referencias de trabajos actuales en:

http://www.cs.cmu.edu/~shaw/Shawparts/ArchPubs.html
http://www.sei.cmu.edu/technology/architecture
http://www2.umassd.edu/SECenters/SAResources.html

Se puede encontrar una lista actualizada de referencias en la World Wide Web sobre el diseño del software en: **http://www.rspa.com**

CAPÍTULO 14

MÉTODOS DE DISEÑO

El diseño se ha descrito como un proceso multifase en el que se sintetizan representaciones de la estructura de datos, estructura del programa, características de la interfaz y detalles procedimentales desde los requisitos de la información. Esta descripción es ampliada por Freeman [FRE80]:

> El diseño es una actividad en la que se toman decisiones importantes, frecuentemente de naturaleza estructural. Comparte con la programación un interés por la abstracción de la representación de la información y secuencias de procesamiento, pero el nivel de detalle es muy diferente en ambos casos. El diseño construye representaciones coherentes y bien planificadas de los programas concentrándose en las interrelaciones de los componentes al mayor nivel y en las operaciones lógicas implicadas en los niveles inferiores...

Como dijimos en el capítulo anterior, el diseño es dirigido por la información. Los métodos de diseño del software se obtienen del estudio de cada uno de los tres dominios del modelo de análisis. El dominio de los datos, el funcional y el de comportamiento sirven de directriz para la creación del diseño.

En este capítulo se introducen los métodos requeridos para crear cada una de las capas del modelo de diseño (Figura 13.1). El objetivo es proporcionar un enfoque sistemático para la obtención del diseño (el anteproyecto desde el que se construye el software).

14.1. DISEÑO DE DATOS

El diseño de datos es la primera (y alguien diría que la más importante) de las cuatro actividades de diseño que se llevan a cabo durante la ingeniería del software.

El impacto de la estructura de datos en la estructura del programa y la complejidad procedimental hace que el diseño de los datos tenga una profunda influencia en la calidad del software. Los conceptos de ocultación de información y abstracción de datos proporcionan el fundamento para un enfoque del diseño de datos.

El proceso de diseño de datos lo resume Wasserman [WAS80]:

> La actividad principal del diseño de datos es seleccionar representaciones lógicas de objetos de datos (estructuras de datos) identificadas durante la fase de definición y especificación de requisitos. El proceso de selección puede incluir el análisis de estructuras alternativas para determinar el diseño más eficaz o puede incluir simplemente el empleo de un conjunto de módulos (un «paquete») que proporcione las operaciones deseadas sobre alguna representación de un objeto.
>
> Una actividad relacionada importante durante el diseño es identificar aquellos módulos del programa que deben operar directamente sobre las estructuras de datos lógicas. De esta manera se puede restringir el alcance de efecto de las decisiones individuales sobre el diseño de datos.

Independientemente de las técnicas de diseño que se emplean, unos datos bien diseñados pueden conducir a una mejor estructura y modularidad del programa, y a una menor complejidad procedimental.

Wasserman [WAS80] ha propuesto un conjunto de principios que pueden emplearse para especificar y diseñar datos. En realidad, el diseño de datos empieza durante la creación del modelo de análisis (Capítulo 12). Recordando que el análisis de requisitos y el diseño a menudo se solapan, consideramos el siguiente conjunto de principios [WAS80] para la especificación de datos:

1. *Los principios del análisis sistemático aplicados a la función y al comportamiento deberían aplicarse también a los datos.* Invertimos mucho tiempo y esfuerzo en obtener, revisar y especificar los requisitos funcionales y el diseño preliminar. Las representaciones de objetos de datos, relaciones, flujo de datos y contenido también deberían desarrollarse y revisarse, se deberían estudiar las organizaciones alternativas de datos y debería evaluarse el impacto del modelado de datos sobre el diseño del software. Por ejemplo, la especificación de una lista enlazada con múltiples anillos puede satisfacer los requisitos de los datos pero puede llevar a un diseño del software poco flexible.
2. *Todas las estructuras de datos y las operaciones a llevar a cabo en cada una de ellas deberían estar claramente identificadas.* El diseño de una estructura de datos eficaz debe tener en cuenta las operaciones que se van a llevar a cabo sobre dicha estructura de datos (vea [AHO83]). Por ejemplo, imagínese una estructura de datos hecha con un conjunto de elementos de datos diversos. La estructura de datos se va a manipular con varias funciones software principales. Después de la evaluación de la operación realizada sobre la estructura de datos, se define un tipo de datos abstracto para usarlo en el diseño del software subsiguiente. La especificación de los tipos de datos abstractos puede simplificar considerablemente el diseño del software.
3. *Se debería establecer un diccionario de datos y usarlo para definir el diseño de los datos y del programa.* El concepto de diccionario de datos se introdujo en el Capítulo 12. Un diccionario de datos representa explícitamente las relaciones entre los objetos de datos y las restricciones de los elementos de una estructura de datos. Los algoritmos que deben aprovecharse de estas relaciones específicas pueden definirse más fácilmente si existe una especificación de datos tipo diccionario.
4. *Las decisiones de diseño de datos de bajo nivel debería dejarse para el final del proceso de diseño.* Se puede usar un proceso de refinamiento paso a paso para el diseño de datos. Es decir, la organización general de datos puede definirse durante el análisis de requisitos, refinarse durante los trabajos preliminares de diseño y especificarse en detalle durante iteraciones posteriores del diseño. El enfoque descendente del diseño de datos proporciona ventajas análogas al enfoque descendente del diseño de software: se diseñan y evalúan primeramente los atributos estructurales principales de manera que se pueda establecer la arquitectura de los datos.
5. *La representación de las estructuras de datos debería conocerla sólo aquellos módulos que deban hacer uso directo de los datos contenidos dentro de la estructura.* El concepto de ocultación de información y el concepto relacionado de acoplamiento proporciona una importante visión de la calidad del diseño del software. El Principio 5 alude a la importancia de estos conceptos a si como «la importancia de separar la visión lógica de un objeto de datos de su visión física» [WAS80].
6. *Debería desarrollarse una biblioteca de estructuras de datos útiles y de las operaciones que se les pueden aplicar.* Las estructuras de datos y las operaciones deberían considerarse como recursos para el diseño del software. Las estructuras de datos pueden diseñarse para que se puedan reutilizar. Una biblioteca de plantillas de estructuras de datos (tipos de datos abstractos) puede reducir el esfuerzo del diseño y de la especificación de datos.
7. *Un diseño del software y un lenguaje de programación debería soportar la especificación y realización de los tipos abstractos de datos.* La implementación (y el correspondiente diseño) de una estructura de datos sofisticada puede hacerse excesivamente difícil si no existen los medios de especificación directa de la estructura. Por ejemplo, la implementación (o diseño) de una estructura de lista enlazada o de una matriz heterogénea multinivel sería difícil si el lenguaje de programación multinivel fuera Fortran porque este lenguaje no soporta la especificación directa de estas estructuras de datos.

Los principios descritos anteriormente forman una base para un enfoque de diseño de datos que puede integrarse en las fases de definición y desarrollo del proceso de ingeniería del software. Como hemos dicho anteriormente en este libro, es esencial una clara definición de la información para el éxito del desarrollo del software.

14.2. DISEÑO ARQUITECTÓNICO

El objetivo primario del *diseño arquitectónico* es desarrollar una estructura de programa modular y representar las relaciones de control entre los módulos. Además, el diseño arquitectónico combina la estructura del programa y las estructura de datos, definiendo interfaces que permiten el flujo de datos a través del programa.

Para entender la importancia del diseño de la arquitectura, presentamos una breve historia de la vida diaria:

> Ha ahorrado algo de dinero, ha comprado un precioso terreno y ha decidido construir la casa de sus sueños. Como no tiene experiencia en tales asuntos, va a ver a un constructor y le explica sus deseos: número y tamaño de las habitaciones, estilo contemporáneo, gimnasio (¡por supuesto!), techos de catedral, montones de vidrieras, etc.

El constructor escucha cuidadosamente, le pregunta algunas cuestiones y después le dice que tendrá un diseño en algunas semanas.

Mientras espera impacientemente su llamada, se imagina muchas (y tremendamente caras) versiones de su nueva casa. ¿Con qué me sorprenderá? Finalmente, suena el teléfono y se le convoca en la oficina del constructor.

Abriendo una gran carpeta, el constructor despliega un diagrama de las tuberías del baño del segundo piso y empieza a explicárselo con gran lujo de detalles.

«Pero y ¿qué hay del diseño general?», le pregunta.

«No se preocupe», dice el constructor, «ya llegaremos a eso más adelante».

¿Le parece algo inusual el enfoque del constructor? ¿Le parece adecuada la última respuesta del constructor? ¡Por su puesto que no! Usted quiere ver la maqueta de la casa, el plano de la planta y otra información que le proporcione una visión arquitectónica. Y sin embargo, muchos desarrolladores actúan como el constructor de nuestra historia. Se concentran en las «tuberías» (detalles procedimentales y código) excluyendo la arquitectura del software. El método de diseño presentado en esta sección anima al ingeniero del software a concentrarse en el diseño arquitectónico antes de preocuparse de las tuberías.

14.2.1. Contribuciones

El diseño arquitectónico (y generalmente el diseño del software) tiene sus orígenes en antiguos conceptos de diseño que defendían la modularidad [DEN73], el diseño descendente [WIR71] y la programación estructurada [DAH72, LIN79]. Stevens, Myers y Constantine [STE74] propusieron tempranamente el diseño del software basado en el flujo de datos a través de un sistema. Los primeros trabajos se refinaron y se presentaron en libros de Myers [MYE78] y de Yourdon y Constantine [YOU79].

Trabajos más recientes sobre el diseño arquitectónico de software han desarrollado un enfoque mucho más sofisticado. Un libro de Shaw y Garlan [SHA95] y artículos de Dean [DEA95] y Marconi [MOR95] son representativos de la concentración en el desarrollo de formalismos para representar modelos y pautas de diseño arquitectónico.

14.2.2. Áreas de aplicación

Todos los métodos de diseño del software tiene sus puntos fuertes y débiles. Un factor de selección importante del método de diseño es la amplitud de aplicaciones a las que se puede aplicar. El diseño orientado al flujo de datos es compatible con un amplio rango de áreas de aplicación. De hecho, como todo el software puede representarse con un diagrama de flujo de datos, un método de diseño que haga uso del diagrama podría teóricamente aplicarse en todos los desarrollos software. Un enfoque orientado al flujo de datos para diseñar es particularmente útil cuando se procesa secuencialmente la información y no existe ninguna estructura jerárquica formal.

Por ejemplo, las aplicaciones de control de microprocesador; procedimientos complejos de análisis numéricos; control de procesos y muchas otras aplicaciones de software científico y de ingeniería pertenecen a esta categoría. Las técnicas de diseño orientado al flujo de datos son aplicables también en aplicaciones de procesamiento por datos y pueden aplicarse eficazmente incluso cuando existen estructuras jerárquicas de datos.

Hay casos, sin embargo, en los que la consideración del flujo de datos es, como mucho, un aspecto marginal. En tales aplicaciones (p. ej.: sistemas de bases de datos, sistemas expertos, interfaces orientadas a objetos), pueden ser más apropiados otros métodos de diseño.

14.3. EL PROCESO DEL DISEÑO ARQUITECTÓNICO

El diseño orientado al flujo de datos es un método de diseño arquitectónico que permite una cómoda transición desde el modelo de análisis a una descripción del diseño de la estructura del programa. La transición desde el flujo de información (representado como un diagrama de flujo de datos) a una estructura se realiza en un proceso de cinco pasos: (1) se establece el tipo de flujo de información; (2) se indican los límites del flujo; (3) se convierte el DFD en la estructura del programa; (4) se define la jerarquía de control descomponiéndola mediante *particionamiento*; y (5) se refina la estructura resultante usando medidas y heurísticas de diseño. El tipo de flujo de información es lo que determina el método de conversión requerido en el paso 3. En las siguientes secciones examinamos los dos tipos de flujo.

14.3.1. Flujo de transformación

En el modelo fundamental de sistema (nivel 0 del diagrama de flujo de datos), la información debe introducirse y obtenerse del software en forma de «mundo exterior». Por ejemplo, los datos escritos con un teclado, los tonos en una línea telefónica y las imágenes en el monitor de la computadora son formas de información del mundo exterior. Tales datos externos deben convertirse a un formato interno para el procesamiento. La cronología de los datos puede ilustrarse en la Figura 14.1. La información entra en el sistema a lo largo de caminos que transforman los datos externos a un formato interno y se

FIGURA 14.1

Flujo de información

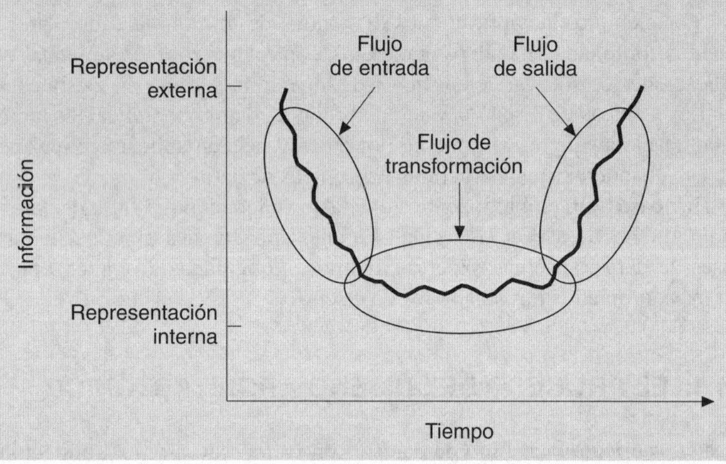

FIGURA 14.2

Flujo de transacción

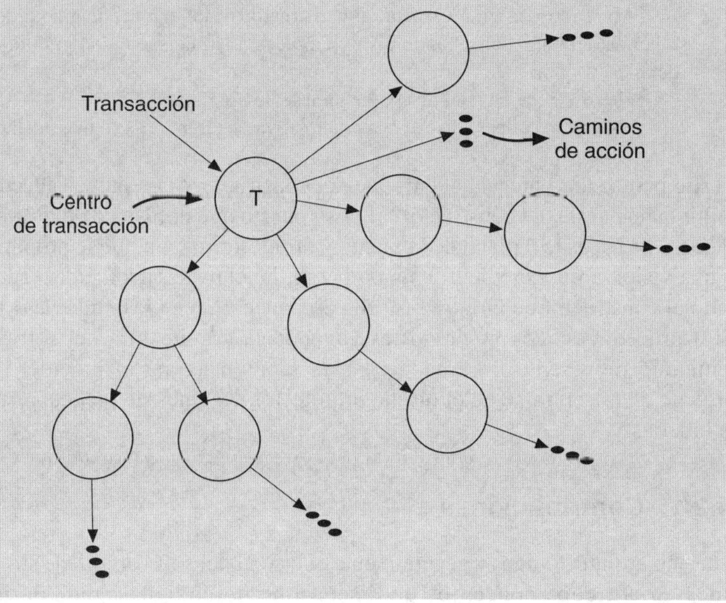

identifica como *flujo de entrada*. En el interior del software se produce una transición. La información entrante se pasa a través de un *centro de transformación* y empieza a moverse a lo largo de caminos que ahora conducen hacia «fuera» del software. Los datos que se mueven a lo largo de estos caminos se denominan *flujo de salida*. El flujo general de datos ocurre de manera secuencial y sigue un, o unos pocos, caminos «directos». Cuando un segmento de un diagrama de flujo de datos presenta estas características, lo que tenemos presente es un *flujo de transformación*.

14.3.2. Flujo de transacción

El modelo fundamental de sistema implica un flujo de transformación; por tanto, es posible caracterizar todo el flujo de datos en esta categoría. Sin embargo, el flujo de información está caracterizado a menudo por un único elemento de datos, denominado *transacción*, que desencadena otros flujos de información a lo largo de uno de los muchos caminos posibles. Cuando un DFD toma la forma mostrada en la Figura 14.2, lo que tenemos es un *flujo de transacción*.

El flujo de transacción se caracteriza por datos que se mueven a lo largo de un camino de entrada que convierte la información del mundo exterior en una transacción. La transacción se evalúa y basándose en ese valor, se inicia el flujo a lo largo de uno de muchos *caminos de acción*. El centro del flujo de información del que parten los caminos de acción se denomina *centro de transacción*.

Debería recalcarse que dentro del DFD de un sistema grande, ambos flujos de transformación y de transacción pueden presentarse. Por ejemplo, en un flujo orientado a transacción, el flujo de información a lo largo de un camino de acción puede tener características de flujo de transformación.

14.4. ANÁLISIS DE LAS TRANSFORMACIONES

El *análisis de las transformaciones* es un conjunto de pasos de diseño que permite convertir un DFD, con características de flujo de transformación, en

FIGURA 14.3

DFD a nivel de contexto para HogarSeguro

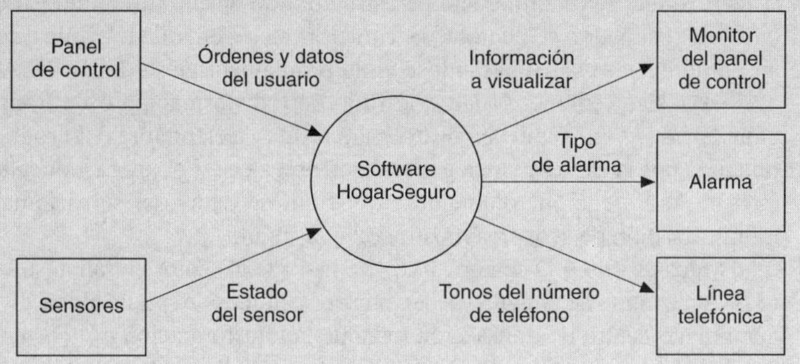

una plantilla predefinida para la estructura del programa. En esta sección se describe el análisis de las transformaciones aplicando los pasos de diseño a un sistema de ejemplo: una parte del software de HogarSeguro presentado en capítulos anteriores.

14.4.1. Un ejemplo

El sistema de seguridad HogarSeguro, presentado anteriormente en este libro, es representativo de muchos productos y sistemas basados en computadora en uso actualmente. El producto vigila el mundo real y reacciona ante cambios que encuentra. También interacciona con el usuario a través de una serie de entradas por teclado y visualizaciones alfanuméricas. El nivel 0 del diagrama de flujo de datos de HogarSeguro, reproducido del Capítulo 12, se muestra en la Figura 14.3.

Durante el análisis de requisitos, se habrán creado más modelos detallados del flujo para HogarSeguro. Además, se crearían las especificaciones de control y proceso, un diccionario de datos y varios modelos de comportamiento[1].

14.4.2. Pasos del diseño

El ejemplo anterior se usará para ilustrar cada paso en el análisis de las transformaciones. Los pasos empiezan con una reevaluación del trabajo hecho durante el análisis de requisitos y después evoluciona hacia el desarrollo de la estructura del programa.

Paso 1. Revisar el modelo fundamental del sistema. El modelo fundamental del sistema comprende el DFD de nivel 0 y la información que lo soporta.

En realidad el paso de diseño empieza con una evaluación de la *especificación del sistema* y de la *especificación de requisitos del software*. Ambos documentos describen el flujo y la estructura de la información en la interfaz del software. Las Figuras 14.3 y 14.4 muestran el nivel 0 y 1 del flujo de datos del software HogarSeguro.

FIGURA 14.4

Nivel 1 del DFD de HogarSeguro

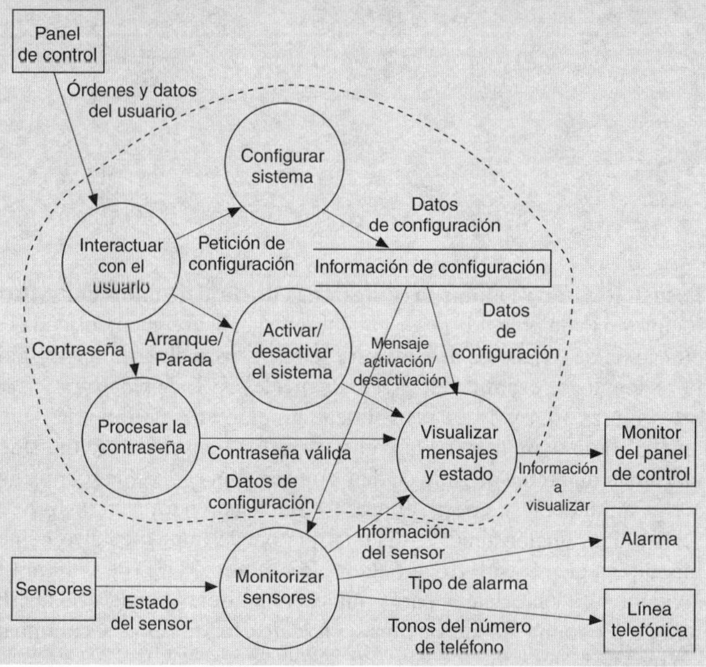

[1] A los lectores que no hayan leído los Capítulos 11 y 12 se les recomienda que lo hagan ahora antes de continuar con este capítulo.

FIGURA 14.5

Nivel 2 del DFD que refina el proceso de monitorizar sensores

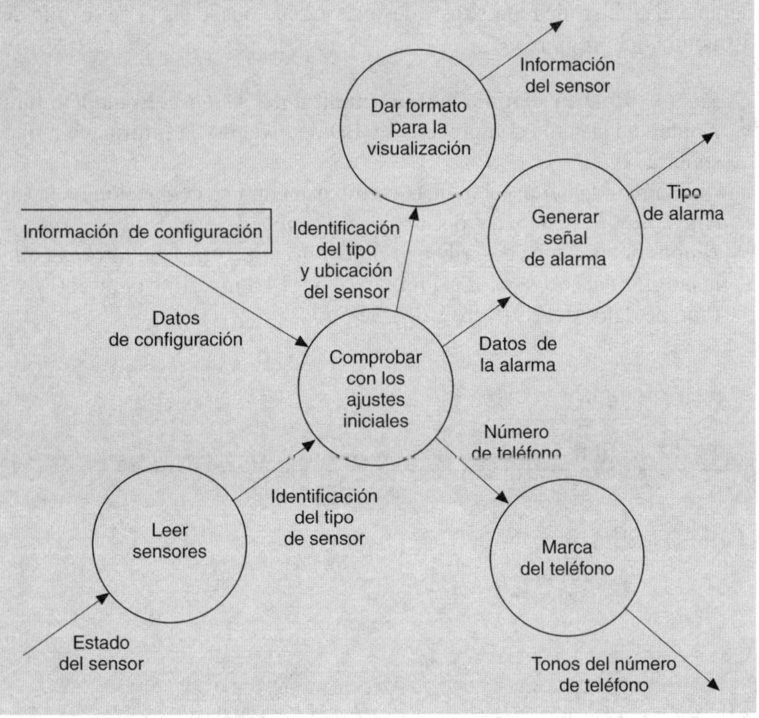

Paso 2. Revisar y refinar los diagramas de flujo de datos del software. La información obtenida de los modelos de análisis contenidos en la especificación de requisitos del software se refina para obtener mayor detalle. Por ejemplo, se examinan los DFD de niveles 1 y 2 de *monitorizar sensores* (Figuras 14.4 y 14.5) y se obtiene un diagrama de flujo de datos de nivel 3 como se muestra en la Figura 14.6. En el nivel 3, cada transformación en el diagrama de flujo de datos presenta una *cohesión* relativamente alta (Capítulo 13). Es decir, el proceso implicado por una transformación realiza una función única y distinta que puede implementarse como un módulo en el software HogarSeguro. Por tanto, el DFD de la figura 14.6 contiene suficiente detalle para establecer un diseño «inicial» de la estructura de programa del subsistema de *monitorizar sensores* y continuamos sin más refinamiento.

Paso 3. Determinar si el DFD tiene características de flujo de transformación o de transacción. En general, el flujo de información dentro de un sistema puede representarse siempre como una transformación. Sin embargo, cuando se encuentra una característica obvia de transacción (Figura 14.2), se recomienda una estructura de diseño diferente. En este paso, el diseñador selecciona la característica general del flujo (de la amplitud del software) basándose en la propia naturaleza del DFD. Además, se aíslan regiones locales de flujo de transformación o de transacción. Estos *subflujos* pueden usarse para refinar la estructura del programa obtenida por la característica general que prevalece. Por ahora, concentramos nuestra atención solamente en el flujo de datos del subsistema de monitorización de sensores mostrado en la Figura 14.6.

Evaluando el DFD (Figura 14.6), vemos que los datos entran al software por un camino de entrada y salen por tres caminos de salida. No se distingue ningún centro de transacción (aunque la transformación *establecer las condiciones de alarma* podría percibirse como tal). Por tanto, se asumirá una característica general de transformación para el flujo de información.

Paso 4. Aislar el centro de transformación especificando los límites de los flujos de entrada y salida. En la sección precedente el flujo de entrada se describió como un camino en el que la información se convierte de formato externo en interno; el flujo de salida convierte de formato interno a externo. Los límites del flujo de entrada y el de salida son interpretables. Es decir, los diseñadores pueden elegir puntos ligeramente diferentes como límites de flujo. De hecho, se pueden obtener soluciones de diseño alternativas variando la posición de los límites de flujo. Aunque hay que tener cuidado cuando se seleccionan los límites, una variación de una burbuja a lo largo de un camino de flujo tendrá generalmente poco impacto en la estructura final del programa.

Los límites de flujo del ejemplo se ilustran como curvas sombreadas que van verticales a través del flujo en la Figura 14.6. Las transformaciones (burbujas) que forman el centro de transformación se encuentran entre los dos límites sombreados que van de arriba abajo en el dibujo. Se podría argumentar algún cambio para reajustar los límites (p. ej.: se podría proponer un límite del flujo de entrada que separe *leer sensores*, de *adquirir información de respuesta*). El énfasis en este paso del diseño debería ponerse en seleccionar límites razonables, en vez de largas disquisiciones sobre la colocación de las separaciones.

Paso 5. Realizar una «descomposición de primer nivel». La estructura del programa representa una distribución descendente del control. La *descomposición en partes* provoca una estructura de programa en la que los

FIGURA 14.6

Nivel 3 del DFD de *monitorizar sensores* con los límites de flujo

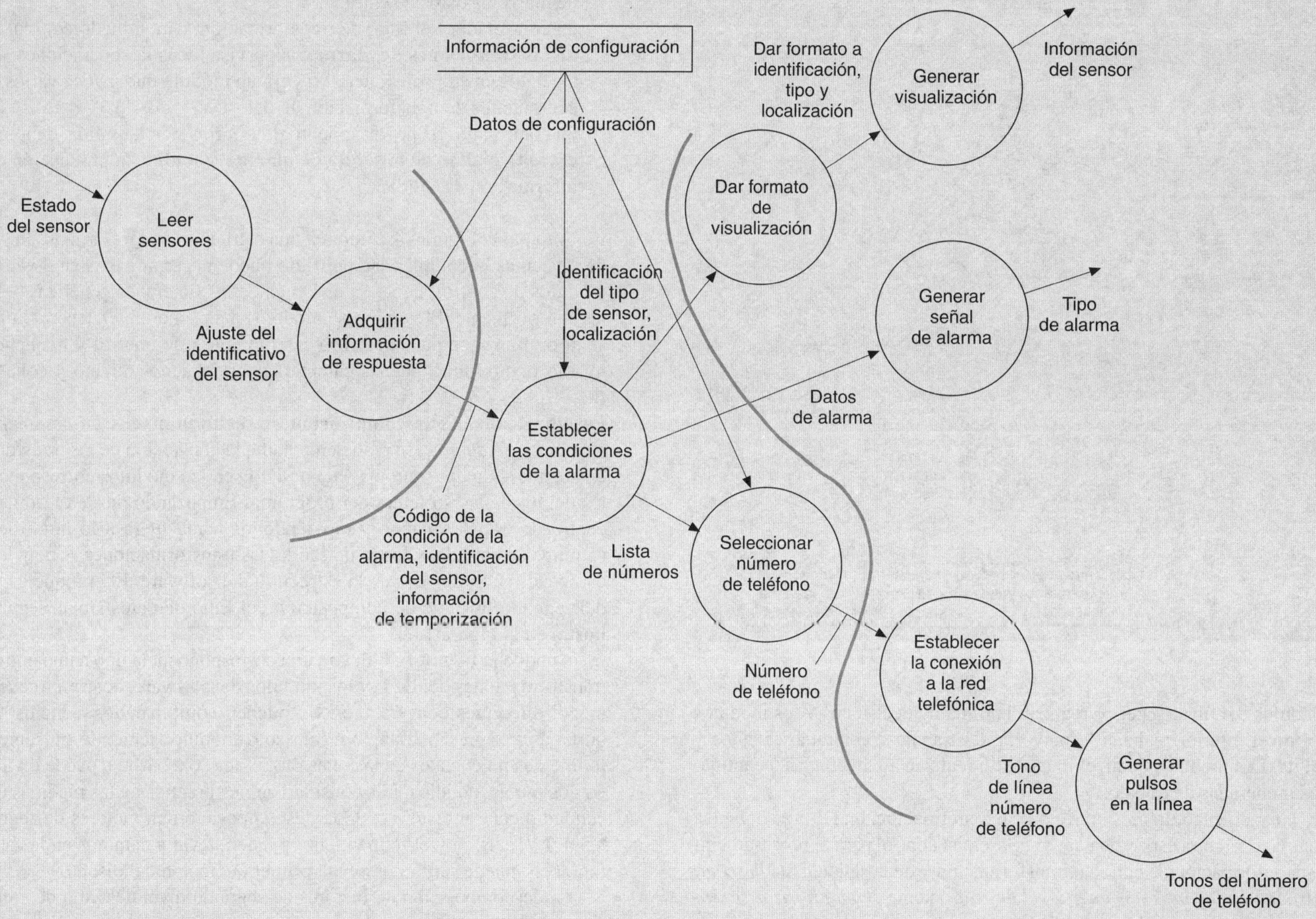

FIGURA 14.7

Descomposición de primer nivel para la monitorización de sensores

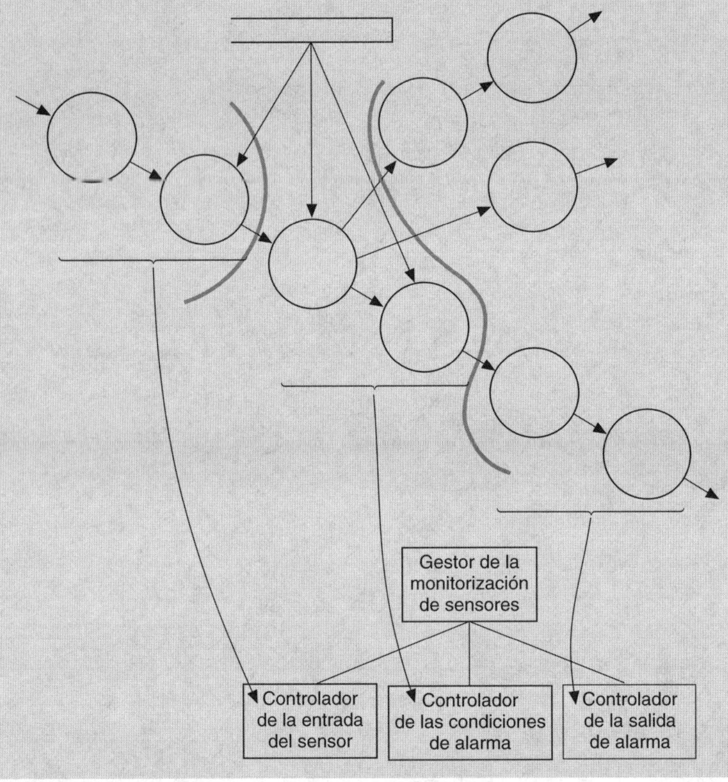

módulos del nivel superior realizan la toma de decisiones y los módulos del nivel inferior realizan la mayoría del trabajo de entrada, cálculos y salida. Los módulos de nivel intermedio realizan algún control y cantidades moderadas de trabajo.

Cuando encontramos un flujo de transformación, un DFD se organiza en una estructura específica que proporciona control para el procesamiento de información de entrada, transformación y de la salida. Esta *descomposición en factores o primer nivel* del subsistema de *monitorizar sensores* se ilustra en la Figura 14.7. Un controlador principal, denominado **gestor de monitorización de sensores**, reside en la parte superior de la estructura del programa y sirve para coordinar las siguientes funciones de control subordinadas:

un controlador de procesamiento de la información de entrada denominado **controlador de la entrada del sensor**, coordina la recepción de todos los datos de entrada;
un controlador del flujo de transformación, denominado **controlador de las condiciones de alarma**, supervisa todas las operaciones sobre los datos en su forma interna (p. ej.: un módulo que invoca varios procedimientos de transformación de datos;
un controlador de procesamiento de información de salida, denominado **controlador de la salida de alarma**, coordina la producción de la información de salida.

Aunque la Figura 14.7 implica una estructura con tres ramas, en grandes sistemas la complejidad del flujo puede hacer que existan dos o más módulos de control, uno para cada una de las funciones genéricas descritas anteriormente. El número de módulos del primer nivel debería limitarse al mínimo que pueda realizar las funciones de control y mantener al mismo tiempo unas buenas características de acoplamiento y cohesión.

Paso 6. Realizar «descomposición de segundo nivel». *La descomposición de segundo nivel* se realiza mediante la conversión de las transformaciones individuales (burbujas) de un DFD en los módulos correspondientes dentro de la estructura del programa. Empezando desde el límite del centro de transformación y moviéndonos hacia fuera a lo largo de los caminos de entrada, y luego de salida, las transformaciones se convierten en niveles subordinados de la estructura del software. El enfoque general del segundo nivel de descomposición del flujo de datos HogarSeguro se ilustra en la Figura 14.8.

Aunque la Figura 14.8 ilustra una correspondencia uno a uno entre las transformaciones del DFD y los módulos del software, ocurren frecuentemente diferentes conversiones. Se pueden combinar dos o incluso tres burbujas y representarlas como un solo módulo (teniendo presente los problemas potenciales de la cohesión), o una sola burbuja puede dividirse en dos o más módulos. Las consideraciones prácticas y las medidas de la calidad dictan el resultado de la descomposición en factores de segundo nivel. La revisión y el refinamiento pueden llevar a cambios en la estructura, pero puede servir como una primera iteración del diseño.

La descomposición de factores de segundo nivel del flujo de entrada sigue de igual manera. La descomposición en factores se realiza de nuevo moviéndose hacia fuera desde el límite del centro de transformación

FIGURA 14.8

Descomposición de factores de primer nivel de monitorizar sensores

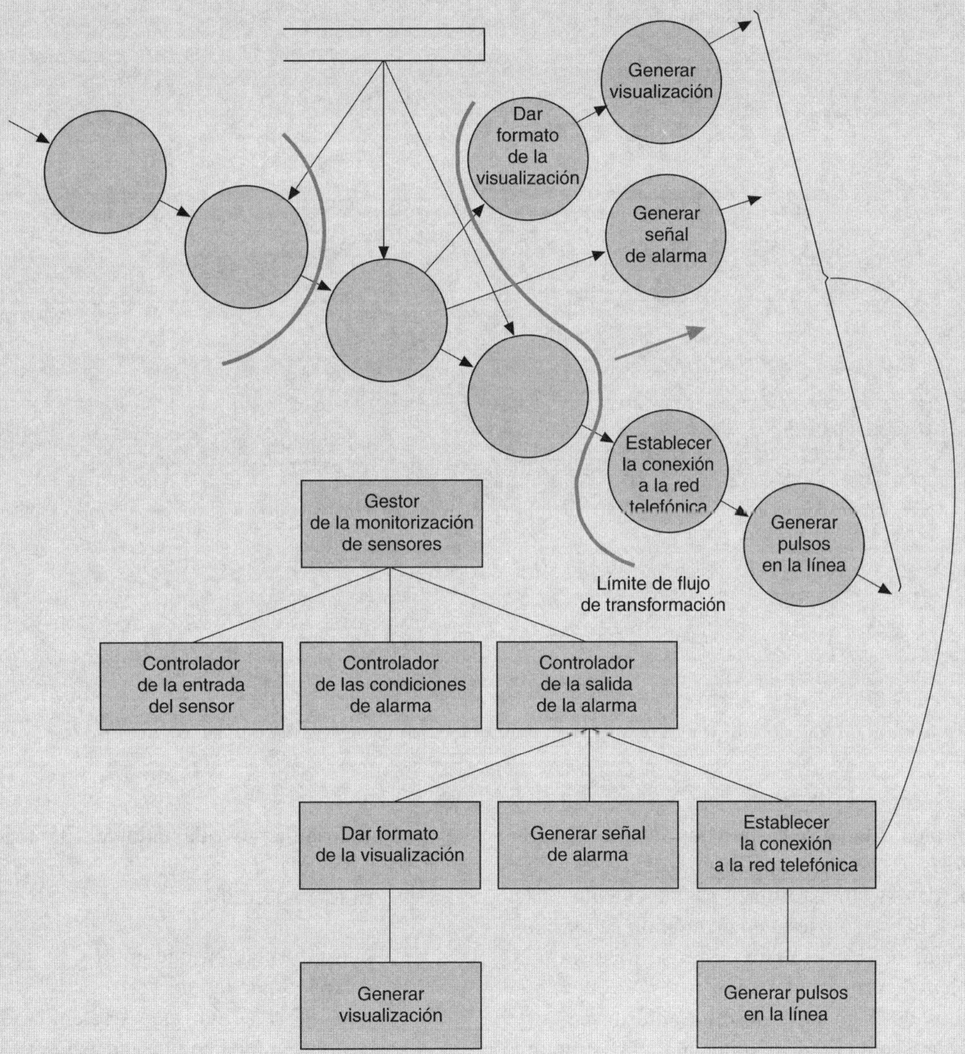

FIGURA 14.9

Primera estructura del programa para *monitorizar sensores*

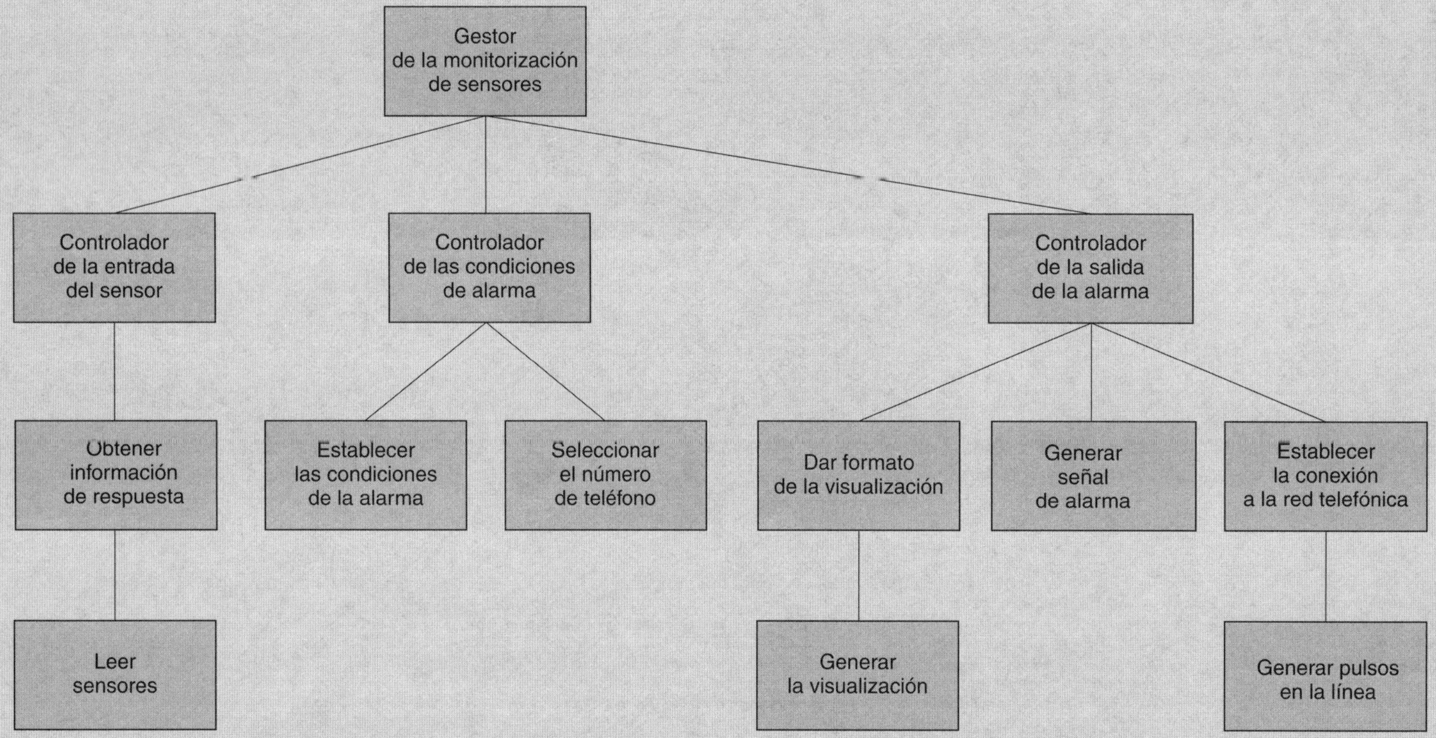

correspondiente al flujo de entrada. El centro de transformación del software del subsistema de *monitorizar sensores* se direcciona de manera algo diferente. Cada conversión de datos o transformaciones de cálculo de la porción de transformación del DFD se convierte en un módulo subordinado al controlador de transformación. En la Figura 14.9 se muestra una estructura de programa completa de primera iteración.

Los módulos direccionados de la manera descrita anteriormente y mostrados en la Figura 14.9 representan un diseño inicial de la estructura del programa. Aunque los módulos se nombran de manera que indiquen su función, se debería escribir para cada uno un breve texto que explique su procesamiento (adaptado del EP creado durante la modelación de análisis) de cada uno.

El texto describe:

- la información que entra y la que sale fuera del módulo (una descripción de la interfaz);
- la información que es retenida en el módulo, por ejemplo, datos almacenados en una estructura de datos local;
- una descripción procedimental que indique los principales puntos de decisión y las tareas

- un pequeño estudio de las restricciones y características especiales (p. ej.: archivo I/O, características dependientes del hardware, requisitos especiales de tiempo).

El texto explicativo sirve como una primera generación de la especificación de diseño. Sin embargo, se dan más refinamientos y adiciones regularmente durante este periodo de diseño.

Paso 7. Refinar la estructura inicial del programa usando heurísticas para mejorar la calidad del software. Una primera estructura de programa siempre puede refinarse aplicando los conceptos de independencia de módulos (Capítulo 13). Los módulos *se incrementan o reducen* para producir una descomposición razonable, buena cohesión, acoplamiento mínimo y lo más importante, una estructura que se pueda implementar sin dificultad, probarse sin confusión y mantenerse sin problemas.

Los refinamientos se rigen por consideraciones prácticas y por el sentido común. Hay veces, por ejemplo, que el controlador del flujo de datos de entrada es totalmente innecesario, o se requiere cierto procesamiento de entrada en un módulo subordinado al controlador de transformación, o no se puede evitar un alto acoplamiento debido a datos generales, o no se pueden lograr las características estructurales óptimas (vea la Sección 13.6) no se pueden lograr.

Los requisitos del software junto con el buen juicio son los árbitros finales.

Se pueden hacer muchas modificaciones a la primera estructura desarrollada para el subsistema de *monitorizar sensores* de HogarSeguro: (1) El controlador del flujo de entrada se puede eliminar porque es innecesario cuando sólo hay que manejar un solo camino de flujo de entrada. (2) La subestructura generada del flujo de transformación puede reducirse en el módulo **establecer las condiciones de la alarma** (que incluirá ahora el procesamiento implicado por **seleccionar número de teléfono**). El controlador de transformación no será necesario y la pequeña disminución en la cohesión es tolerable. (3) Los módulos **dar formato de visualización** y **generar la visualización** pueden unirse (asumimos que dar formato de visualización es bastante simple) en un nuevo módulo denominado **producir visualización.** En la Figura 14.10 se muestra la estructura del software refinada del subsistema de *monitorizar sensores*.

El objetivo de los siete puntos anteriores es desarrollar una representación general del software. Es decir, una vez que se ha definido la estructura, podemos evaluar y refinar la arquitectura del software viéndola en su conjunto.

FIGURA 14.10

Estructura refinada del programa para monitorizar sensores

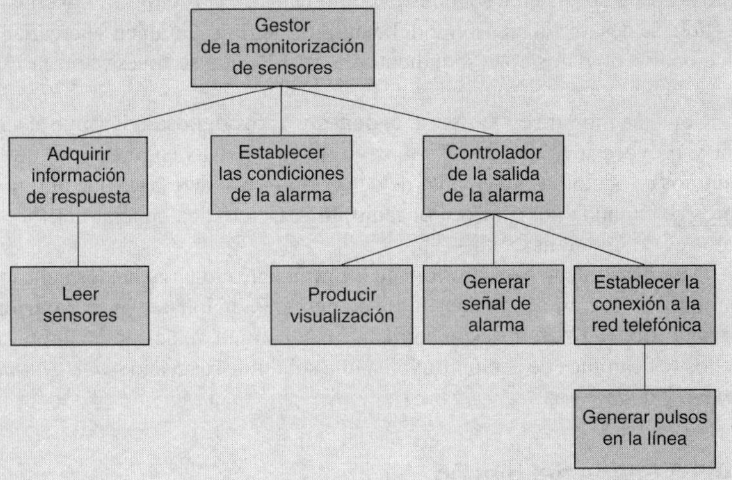

Las modificaciones hechas ahora requieren poco trabajo adicional, pero pueden tener un gran impacto en la calidad y capacidad de mantenimiento del software.

El lector debería reflexionar un momento y considerar la diferencia entre el enfoque de diseño descrito anteriormente y el proceso de «escribir programas». Si el código es la única representación del software, el desarrollador tendrá grandes dificultades en evaluar o refinar a nivel general u holístico y, de hecho, tendrá dificultad en que «los árboles le dejen ver el bosque».

14.5. ANÁLISIS DE LAS TRANSACCIONES

En muchas aplicaciones software, un solo elemento de datos inicia uno o varios de los flujos de información que llevan a cabo una función derivada por el elemento de datos iniciador. El elemento de datos, denominado *transacción*, y sus características de flujo correspondientes se trataron en la Sección 14.3.2. En esta sección consideramos los pasos de diseño usados para tratar el flujo de transacción.

14.5.1. Un ejemplo

El análisis de las transacciones se ilustrará considerando el subsistema *de interacción con el usuario* del software HogarSeguro. El nivel 1 del flujo de datos de este subsistema se muestra como parte de la Figura 14.4. Refinando el flujo, se desarrolla un nivel 2 del diagrama de flujo (también se crearían un diccionario de datos correspondiente, EC y EP) que se muestra en la Figura 14.11.

Como se muestra en la figura, **órdenes y datos del usuario** fluye al sistema y provoca un flujo de información adicional a lo largo de uno de tres caminos de acción. Un elemento de datos, **tipo de orden**, hace que el flujo de datos se expanda del centro. Por tanto, la característica general del flujo de datos es de tipo transacción.

Debería recalcarse que el flujo de información a lo largo de dos de los tres caminos de acción acomodan flujos de entrada adicionales (p. ej.: **parámetros y datos del sistema**) son entradas en el camino de acción «configurar». Todos los caminos de acción fluyen a una sola transformación, *mostrar mensajes y estado*.

14.5.2 Pasos del diseño

Los pasos del diseño para el análisis de las transacciones son similares y en algunos casos idénticos a los pasos para el análisis de las transformaciones (Sección 14.4). La principal diferencia estriba en la conversión del DFD en la estructura del software.

Paso 1. Revisar el modelo fundamental del sistema.

Paso 2. Revisar y refinar los diagramas de flujo de datos para el software.

Paso 3. Determinar si el DFD tiene características de flujo de transformación o de transacción. Los pasos 1, 2 y 3 son idénticos a los correspondientes pasos del análisis de las transformaciones. El DFD mostrado en la Figura 14.11 tiene la clásica característica de flujo de transacción. Sin embargo, el flujo a lo largo de dos de los caminos de acción que emanan desde la burbuja *invocar el procesamiento de la orden* parece tener características de flujo de transformación. Por tanto, se deben establecer los límites de flujo para ambos tipos de flujos.

Paso 4. Identificar el centro de transacción y las características de flujo a lo largo de cada camino de acción. La posición del centro de transacción se puede discernir inmediatamente del DFD. El centro de transacción está en el origen de varios caminos de acción que fluyen radialmente desde él. Para el flujo mostrado en la Figura 14.11, la burbuja *invocar el procesamiento de la orden* es el centro de transacción.

El camino de entrada (por ejemplo el camino de flujo a lo largo del que se recibe una transacción) y todos los caminos de acción deben aislarse. Los límites que definen un camino de recepción y los caminos de acción también se muestran en la figura. Se debe evaluar las características individuales de flujo de cada camino de acción. Por ejemplo, el camino «de la contraseña» (mostrado incluido en un área sombreada en la Figura 14.11) tiene características de transformación. Los flujos de entrada, de transformación y de salida se indican con límites.

Paso 5. Transformar el DFD en una estructura de programa adecuada al procesamiento de la transacción. El flujo de transacción se convierte en una estructura de programa que contiene una rama de entrada y una rama de distribución. La estructura de la rama de entrada se desarrolla de la misma manera que para un análisis de transformación. Empezando por el centro de transacción, las burbujas que hay a lo largo del camino de entrada se convierten en módulos. La estructura de la rama de distribución contiene un módulo distribuidor que controla todos los módulos de acción subordinados. Cada camino de flujo de acción del DFD se convierte en una estructura que corresponde a sus características específicas de flujo. Este proceso se ilustra en la Figura 14.12.

Considerando el flujo de datos del subsistema de *interacción del usuario,* la descomposición de primer nivel del paso 5 se muestra en la Figura 14.13. Las burbujas *leer órdenes del usuario* y *activar/desactivar el sistema* se convierten directamente en la estructura del programa sin la necesidad de módulos intermedios de control. El centro de transacción, *invocar el procesamiento de la orden*, se convierte directamente en un módulo distribuidor con el mismo nombre. Los controladores de la configuración del sistema y procesamiento de la contraseña se obtienen como se indica en la Figura 14.12.

Paso 6. Descomponer y refinar la estructura de transacción y la estructura de todos los caminos de acción. Cada camino de acción del diagrama de flujo de datos tiene sus propias características de flujo de información. Ya hemos dicho anteriormente que se pueden encontrar flujos de transformación o de transacción. La «subestructura» relacionada con el camino de acción se desarrolla usando los pasos estudiados en esta sección y en la anterior.

Por ejemplo, considere el flujo de información del procesamiento de

FIGURA 14.11

Nivel 2 de DFD para el subsistema de *interacción del usuario* con límites del flujo

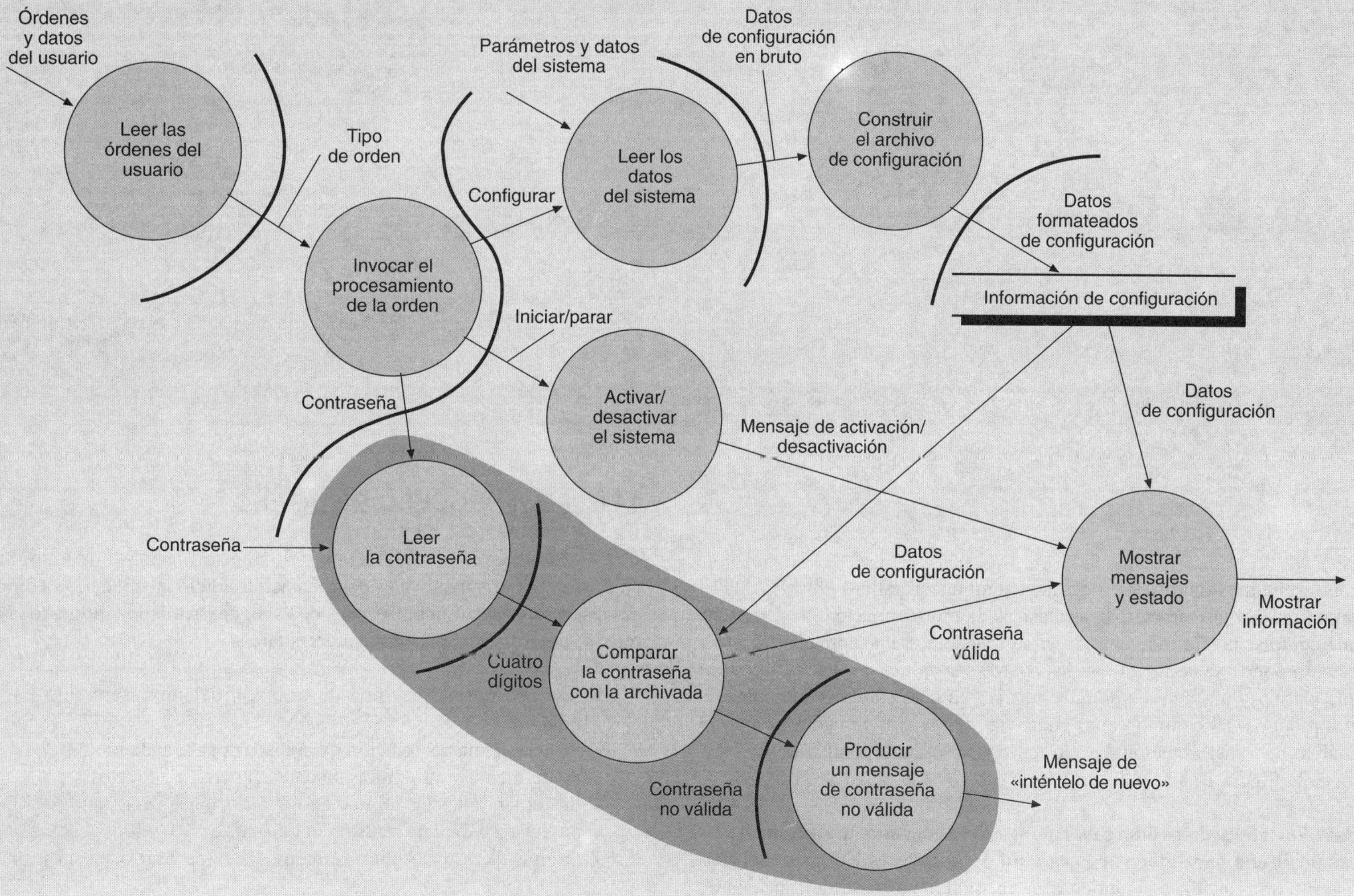

FIGURA 14.12

Análisis de transacción

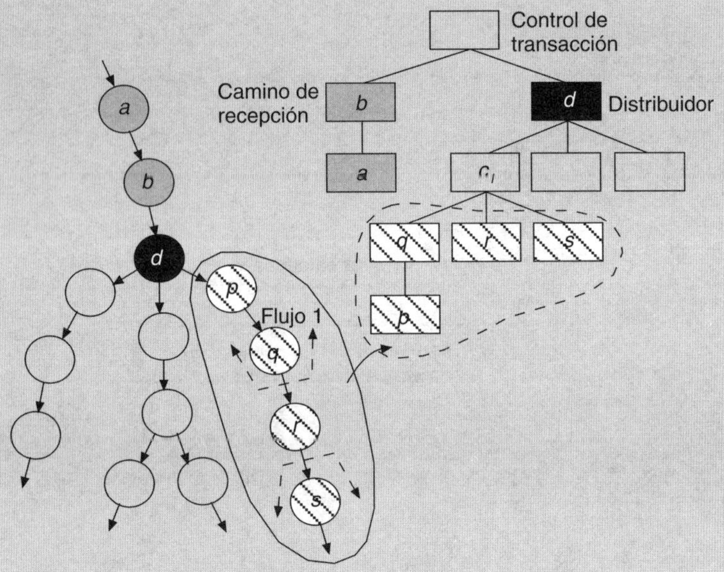

FIGURA 14.13

Descomposición en factores de primer nivel del subsistema *interacción del usuario*

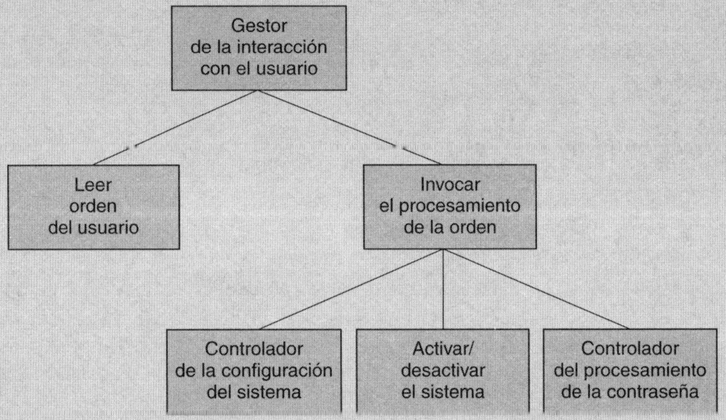

contraseña mostrado (dentro del área sombreada) en la Figura 14.11. El flujo presenta las características clásicas de transformación. Se introduce una contraseña (flujo de entrada) y se transmite a un centro de transformación donde se compara con las contraseñas almacenadas. Se produce una alarma y un mensaje de advertencia (flujo de salida) si no coincide con ninguna. El camino «configurar» se dibuja similarmente usando el análisis de transformación. La estructura de programa resultante se muestra en la Figura 14.14.

Paso 7. Refinar la primera estructura del programa usando heurísticas de diseño para mejorar la calidad del software. Este paso del análisis de transacción es idéntico al correspondiente paso del análisis de transformación. En ambos métodos de diseño se deben considerar cuidadosamente criterios tales como independencia del módulo, conveniencia (eficacia de implementación y prueba) y facilidad de mantenimiento a medida que se proponen modificaciones estructurales.

14.6. POSTPROCESO DE DISEÑO

El éxito de la aplicación del análisis de transformación o de transacción se complementa añadiendo la documentación adicional requerida como parte del diseño arquitectónico. Después de haber desarrollado y refinado la estructura, se deben completar las siguientes tareas:

- Se debe desarrollar una descripción del procesamiento para cada módulo.
- Se aporta una descripción de la interfaz para cada módulo.
- Se definen las estructuras de datos generales y locales.
- Se anotan todas las limitaciones/restricciones del diseño.
- Se lleva a cabo una revisión del diseño.
- Se considera una «optimización» (si es necesario y está justificada).

Un texto explicativo del procesamiento es (idealmente) una delimitada descripción sin ambigüedades del procesamiento que ocurre dentro de un módulo. La narrativa describe el procesamiento, las tareas, las decisiones y la entrada / salida.

FIGURA 14.14

Primera estructura del programa del subsistema *interacción con el usuario*

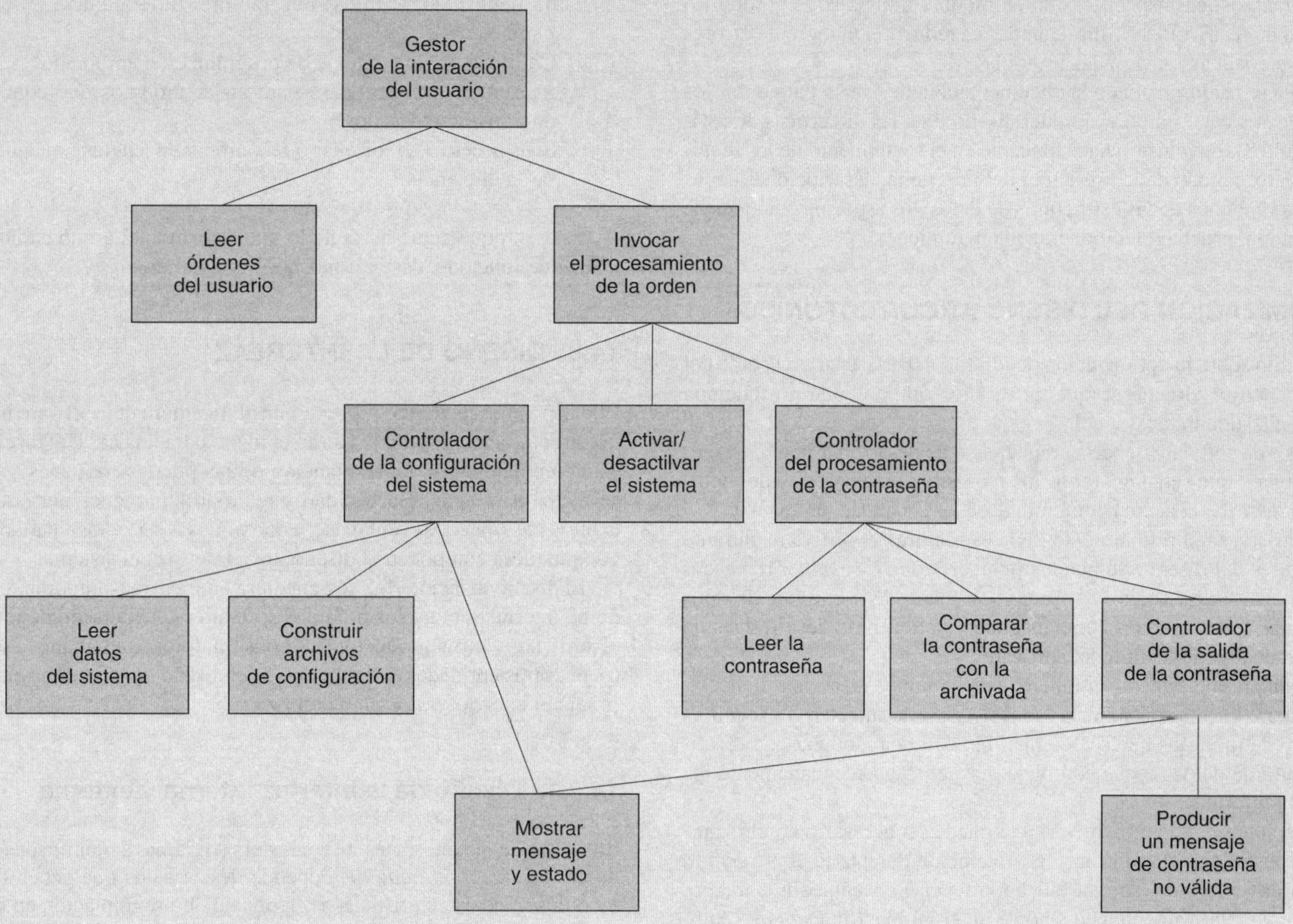

La descripción de la interfaz requiere el diseño de interfaces internas de módulo, interfaces externas del sistema y la interfaz hombre-computadora. Estos temas se estudian en la Sección 14.8.

El diseño de estructuras de datos puede tener un profundo impacto en la estructura del programa y en los detalles procedimentales de cada módulo. Las técnicas descritas en el Capítulo 12 establecen el modelo básico de datos e identifican todos los objetos de datos importantes. Estos sirven después de base para el diseño de las estructuras general y local de datos.

También se documentan las restricciones / limitaciones de cada módulo. Algunos aspectos típicos que pueden tratarse incluyen: la restricción de tipo o formato de datos, las limitaciones de memoria o de tiempo, delimitar los valores o cantidades de las estructuras de datos, los casos especiales no considerados y las características específicas de un módulo individual. El propósito de una sección de restricciones / limitaciones es reducir el número de errores debidos a características funcionales asumidas.

Una vez que se ha desarrollado la documentación de diseño para todos los módulos, se lleva a cabo una revisión del diseño (vea las directrices de revisión del Capítulo 8). La revisión hace hincapié en el seguimiento de los requisitos del software, calidad de la estructura del programa, descripciones de las interfaces, descripciones de las estructuras de datos, los aspectos prácticos de la implementación, prueba y facilidad de mantenimiento.

14.7. OPTIMIZACIÓN DEL DISEÑO ARQUITECTÓNICO

Cualquier estudio sobre la optimización del diseño debería estar precedida del siguiente comentario: «Recuerde que un diseño "óptimo" que no funciona tiene un valor cuestionable».

El diseñador de software debería preocuparse de desarrollar una representación del software que satisfaga todos los requisitos funcionales y de rendimiento, y que merezca la aceptación basándose en la calidad del diseño.

Hay que insistir en el refinamiento de la estructura del programa durante las primeras fases del diseño. Se pueden obtener, refinar y evaluar representaciones alternativas para decidir el «mejor» enfoque. Este enfoque de optimización es una de las grandes ventajas que se obtienen de desarrollar una representación de la arquitectura del software.

Es importante resaltar que la simplicidad estructural a menudo refleja elegancia y eficacia. La optimización del diseño debería intentar conseguir el menor número de módulos que sea compatible con una modularidad efectivay la estructura de datos menos compleja que satisfaga adecuadamente los requisitos de la información.

Para aplicaciones de rendimiento crítico, puede ser necesario «optimizar» durante fases posteriores del diseño y posiblemente durante la construcción del código. El ingeniero del software debería tener en cuenta, sin embargo, que un porcentaje relativamente pequeño de un programa (típicamente, entre un 10-20 por ciento) ocupa un gran porcentaje del tiempo de procesamiento (50-80 por ciento). Es razonable proponer el siguiente enfoque para el software de rendimiento crítico:

1. Desarrollar y refinar la estructura del programa sin preocuparse de la optimización del rendimiento crítico.
2. Usar herramientas CASE que simulan el rendimiento en tiempo de ejecución para aislar áreas de ineficacia.
3. Durante iteraciones posteriores del diseño, seleccionar los módulos sospechosos de «devorar tiempo» y desarrollar cuidadosamente procedimientos (algoritmos) que mejoren la eficiencia en el empleo del tiempo.
4. Codificar en un lenguaje de programación apropiado.
5. Instrumentar el software para aislar módulos que consuman mucho tiempo de procesador.
6. Si es necesario, rediseñar o recodificar en lenguaje máquina para mejorar la eficiencia.

Este enfoque sigue un dictado que se estudiará en un capítulo posterior: «Haz que funcione, después haz que vaya rápido».

14.8. DISEÑO DE LA INTERFAZ

El diseño arquitectónico proporciona al ingeniero del software una imagen de la estructura del programa. Como el plano para una casa, el diseño general no está completo sin la representación de las puertas, ventanas y conexiones a servicios para agua, electricidad y teléfono (sin mencionar la televisión por cable). Las «puertas, ventanas y conexiones a servicios» para el software de computadora componen el diseño de la interfaz del sistema.

El diseño de la interfaz se concentra en tres áreas importantes: (1) el diseño de interfaces entre los módulos software; (2) el diseño de interfaces entre el software y otros productores y consumidores no humanos de información (p. ej.: otras entidades externas); y (3) el diseño de la interfaz entre el hombre (p. ej.: el usuario) y la computadora.

14.8.1. Diseño de la interfaz interna y externa

El diseño de las interfaces internas del programa, denominadas a veces *diseño de interfaz intermodular*, depende de los datos que deben fluir entre los módulos y las características del lenguaje de programación en el que se va a implementar el software[2]. En general, el modelo de análisis contiene mucha

[2] Los lenguajes de programación convencionales usan típicamente una lista de argumentos para transferir datos a través de las interfaces. Los lenguajes orientados a objetos usan mensajes para llevar a cabo la transferencia de datos. Los aspectos del diseño en estos dos casos son diferentes.

de la información requerida para el diseño de interfaces intermodulares. El diagrama de flujo de datos (Capítulo 12) describe como se transforman los objetos de datos al moverse a través del sistema. Las transformaciones (p. ej.: burbujas) del DFD se convierten en módulos dentro de la estructura del programa (Secciones 14.4 y 14.5). Por tanto, las flechas (objetos de datos) que fluyen hacia dentro y hacia fuera de cada transformación DFD deben convertirse en un diseño para la interfaz del módulo que corresponda a esa transformación DFD.

El diseño de la interfaz externa empieza con una evaluación de cada entidad externa representada en los DFD del modelo de análisis. Se determinan los requisitos de datos y control de la entidad externa, y se diseñan las apropiadas interfaces externas. Por ejemplo, el software HogarSeguro estudiado anteriormente en este capítulo requiere interfaces con varios sensores de seguridad externos. El diseño de la interfaz externa para cada sensor se basa en los datos y elementos de control específicos requeridos para el sensor.

Ambos diseños de interfaces internas y externas deben acoplarse con algoritmos de validación de datos y corrección de errores dentro del módulo. Como los efectos secundarios se propagan a través de las interfaces del programa, es esencial comprobar todo el flujo de datos de módulo a módulo (o con el mundo exterior) para asegurarse de que los datos se ajustan a los límites establecidos durante el análisis de requisitos.

14.8.2. Diseño de la interfaz de usuario

En el prefacio de su libro sobre el diseño de interfaces de usuario, Ben Shneiderman [SHN87] dice:

> La frustración y la ansiedad son partes de la vida diaria para muchos usuarios de sistemas de información computarizados. Luchan por aprender el lenguaje de órdenes o sistemas de selección de menús que se suponen que están para ayudar a hacer su trabajo. Algunas personas se enfrentan a casos tan graves de *shocks* informáticos, terror en el terminal o neurosis en la red que les impiden utilizar los sistemas informatizados.

Los problemas a los que alude Shneiderman son reales. Todos hemos encontrado «interfaces» difíciles de aprender y usar, confusas, poco amigables y, en muchos casos, frustrantes. Sin embargo, alguien gastó energía y tiempo en construir estas interfaces y probablemente no creó esos problemas a propósito.

El diseño de la interfaz de usuario tiene tanto que ver con el estudio de las personas como con los aspectos de la tecnología. ¿Quién es el usuario? ¿Cómo aprende el usuario a interactuar con el nuevo sistema basado en computadora? ¿Cómo interpreta el usuario la información producida por el sistema? ¿Qué es lo que espera el usuario del sistema? Éstas son unas pocas de las cuestiones que deben hacerse y contestarse como parte del diseño de la interfaz de usuario.

14.9. DISEÑO DE LA INTERFAZ HOMBRE-MÁQUINA

El proceso general para diseñar el interfaz de usuario empieza con la creación de diferentes modelos de función del sistema (tal y como se percibe desde fuera). Se definen las tareas orientadas al hombre y a la máquina, requeridas para conseguir la función del sistema; se consideran los aspectos de diseño aplicables a todos los diseños de interfaz; se usan herramientas para crear el prototipo e implementar el modelo de diseño y se evalúa la calidad del resultado.

14.9.1. Modelos de diseño de interfaz

Cuatro modelos diferentes entran en juego cuando hay que diseñar una interfaz hombre-máquina (IHM). El ingeniero del software crea *un modelo de diseño*, el «ingeniero del software» establece un *modelo de usuario,* el usuario final desarrolla una imagen mental que se denomina a menudo el *modelo del usuario* o la percepción del sistema, y los creadores del sistema crean una *imagen del sistema* [RUB88]. Desgraciadamente, estos modelos pueden diferir significativamente. El papel del diseñador de interfaces es reconciliar estas diferencias y obtener una representación consistente de la interfaz.

Un *modelo de diseño* del sistema completo incorpora representaciones de datos, arquitectónicas, de interfaces y procedimentales del software. La especificación de requisitos puede establecer ciertas restricciones que ayudan a definir al usuario del sistema, pero el diseño de interfaz es a menudo secundario en comparación con el modelo de diseño[3].

El *modelo de usuario* muestra el perfil de los usuarios finales del sistema. Para construir una interfaz de usuario eficaz, «todo diseño debería empezar con el conocimiento de los usuarios a los que va dirigido, incluyendo perfiles de su edad, sexo, capacidades físicas, estudios, historial cultural o étnico, motivación, metas y personalidad» [SHN87]. Además, los usuarios se pueden categorizar como:

---

[3] Por supuesto, no es como debería ser. Para los sistemas interactivos, el diseño de interfaz es tan importante como el diseño de los datos, arquitectónico o procedimental.

- *Novatos*: sin conocimientos sintácticos[4] del sistema y escaso conocimiento semántico[5] de la aplicación o del uso de la computadora en general;
- *Usuarios esporádicos, con conocimientos*: conocimiento semántico razonable de la aplicación, pero que recuerda vagamente la información sintáctica necesaria para usar la interfaz; y
- *Usuarios frecuentes, con conocimientos*: buenos conocimientos semánticos y sintácticos que a menudo conduce al «síndrome del usuario potente», es decir, individuos que buscan accesos directos y modos abreviados de interacción.

La *percepción del sistema* (modelo del usuario) es la imagen del sistema que lleva en la cabeza el usuario final. Por ejemplo, si el usuario de un procesador de textos particular se le pidiera describir su operación, la percepción del sistema guiaría su respuesta. La exactitud de la descripción dependería del perfil de usuario (p. ej.: los novatos darían una respuesta esquemática como mucho) y de la familiaridad general con el software en el dominio de la aplicación. Un usuario que comprende el funcionamiento de los procesadores de texto totalmente, pero que sólo ha trabajado con este procesador de textos específico, podría ser capaz, de proporcionar una descripción más completa de su función que el novato que ha estado semanas intentando aprenderse el sistema.

La *imagen del sistema* combina la manifestación exterior del sistema basado en computadora (el aspecto y sensación de la interfaz), con toda la información de soporte (libros, manuales, cintas de vídeo) que describen la sintaxis y semántica del sistema. Cuando coinciden la imagen del sistema y la percepción del sistema, los usuarios se sienten a gusto con el software y lo utilizan eficazmente. Para conseguir esta «fusión» de modelos, el modelo de diseño debe desarrollarse para acomodar la información contenida en el modelo del usuario y la imagen del sistema debe reflejar fielmente la información sintáctica y semántica sobre la interfaz. La interrelación entre los modelos se muestra en la Figura 14.15.

Los modelos descritos en esta sección son «abstracciones de lo que está haciendo el usuario o de lo que piensa que está haciendo, o de lo que otro piensa que debería estar haciendo cuando usa un sistema interactivo» [MON84]. En resumen, estos modelos permiten al diseñador de interfaz satisfacer el elemento clave del diseño de interfaz de usuario: «Conocer al usuario, conocer las tareas».

[4] En este contexto el *conocimiento sintáctico* se refiere a la mecánica necesaria para usar la interfaz eficazmente.

[5] El *conocimiento semántico* se refiere al sentido subyacente de la aplicación: una comprensión de las funciones que se realizan, el significado de los datos de entrada y de salida y las metas y los objetivos del sistema.

FIGURA 14.15

Modelos de diseño de interfaz relacionados

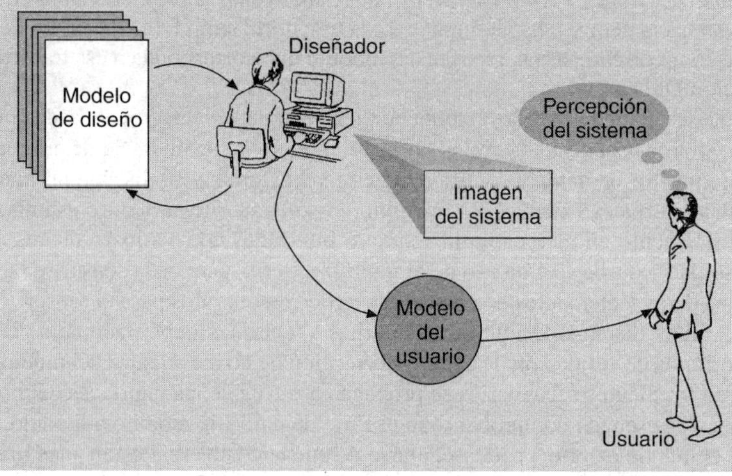

14.9.2. Análisis y modelado de tareas

El *análisis y modelado de tareas* puede aplicarse para entender las tareas que realizan comúnmente los usuarios (cuando usan un manual o un enfoque semiautomático) y después orientarlas en un conjunto similar de tareas (pero no necesariamente idénticas) que se implementan en el contexto de IHM (Interfaz hombre-máquina). Esto se puede llevar a cabo mediante la observación o estudiando una especificación existente de una solución basada en computadora y obteniendo un conjunto de tareas de usuario que implante el modelo del usuario, el modelo de diseño y la percepción del sistema.

Independientemente del enfoque general del análisis de tareas, el ingeniero del software debe definir y clasificar las tareas. Un enfoque es hacer una elaboración paso a paso (Capítulo 13). Por ejemplo, imagínese que una pequeña compañía de software quiere construir un sistema de diseño asistido por computadora explícitamente para diseñadores de interiores. Observando un diseñador trabajando, el ingeniero se fija que el diseño de interiores se compone de varias tareas principales: distribución del mobiliario, selección de telas y materiales, selección de cortinas y papeles o pinturas, presentación (al cliente), costes y compras.

Cada una de estas tareas principales pueden elaborarse y dividirse en subtareas. Por ejemplo, la distribución del mobiliario se puede refinar y obtener las siguientes tareas: (1) dibujar el plano del suelo basándose en las dimensiones de la habitación; (2) colocar las ventanas y las puertas en su sitio; (3) usar plantillas de muebles para dibujar un esbozo del mobiliario a escala en el plano del suelo; (4) mover los dibujos de los muebles para obtener los mejores sitios donde colocarlos; (5) etiquetar todos los dibujos de los muebles; (6) dibujar las dimensiones para mostrar las posiciones y (7) dibujar una vista en perspectiva para el cliente. Se puede usar el mismo enfoque para cada una de las otras tareas principales.

Las subtareas de la 1 a la 7 se podrían refinar más adelante. Las subtareas de la 1 a la 6 se realizarán manipulando información y realizando acciones con la interfaz de usuario. Por otro lado, la tarea 7 se puede hacer automáticamente con el software y se requiere poca interacción directa por parte del usuario. El modelo de diseño de la interfaz debería acomodar todas estas tareas de manera que sean compatibles con el modelo de usuario (el perfil del típico diseñador de interiores) y con la percepción del sistema (lo que espera el diseñador de interiores de un sistema automático).

Un enfoque alternativo del análisis de tareas toma un punto de vista orientado a objetos[6]. El ingeniero del software observa los objetos físicos que utiliza el diseñador de interiores y las acciones que se aplican a cada objeto. Por ejemplo, la plantilla de mobiliario sería un objeto en este enfoque del análisis de tareas. El diseñador de interiores *seleccionaría* la plantilla apropiada, la *movería* a una posición en el plano del suelo, *trazaría* el dibujo de los muebles, etc. El modelo de diseño de la interfaz no describiría los detalles de la implementación para cada una de estas acciones, pero definiría las tareas del usuario que consiguen el resultado final (dibujar los esquemas de los muebles en el plano del suelo).

Una vez que se ha definido cada tarea o acción, empieza el diseño de la interfaz. Los primeros pasos en el proceso de diseño de la interfaz [NOR86] se puede llevar a cabo usando el siguiente enfoque:

1. Establecer los objetivos e intenciones de la tarea.
2. Analizar cada objetivo / intención en una secuencia de acciones específicas.
3. Especificar la secuencia de la acción tal y como se ejecutará a nivel de la interfaz.
4. Indicar el estado del sistema; por ejemplo, ¿cómo es la interfaz cuando se realiza una acción de la secuencia?
5. Definir los mecanismos de control, por ejemplo, los dispositivos y acciones disponibles para el usuario para alterar el estado del sistema.
6. Mostrar como afectan los mecanismos de control al estado del sistema.
7. Indicar como interpreta el usuario el estado del sistema por la información que le proporciona a través de la interfaz.

14.9.3. Aspectos del diseño

A medida que evoluciona el diseño de la interfaz del usuario, emergen casi siempre cuatro aspectos comunes del diseño: el tiempo de respuesta del sistema, las facilidades de ayuda al usuario, la manipulación de la información de errores y el etiquetado de órdenes. Desgraciadamente, muchos diseñadores no tratan estos aspectos hasta relativamente tarde en el proceso de diseño (a veces la primera indicación de un problema no aparece hasta que tenemos disponible un prototipo en funcionamiento). Casi siempre provoca revisiones innecesarias, retrasos del proyecto y frustración del cliente. Es mucho mejor establecer cada una como un aspecto del diseño a considerar al principio del diseño del software, cuando todavía los cambios son fáciles de realizar y los costes son bajos.

El tiempo de respuesta del sistema es *la* queja principal de muchos sistemas interactivos. En general, el tiempo de respuesta de un sistema se mide desde el momento en que el usuario realiza alguna acción de control (p. ej.: pulsa la tecla de INTRO o hace *clic* con el ratón) hasta que responde el software con la salida o acción deseada.

El tiempo de respuesta del sistema tiene dos características importantes: *duración* y *variabilidad*. Si la duración del tiempo de respuesta de un sistema es demasiado largo, el resultado inevitable es la frustración y estrés del usuario. Sin embargo, un tiempo de respuesta demasiado corto puede ser también perjudicial si la interfaz le mete prisas al usuario. Una respuesta rápida puede forzar al usuario a correr y, por tanto, a cometer errores.

La variabilidad se refiere a la desviación del tiempo medio de respuesta, y en muchos aspectos, es la característica más importante del tiempo de respuesta. Una variabilidad pequeña permite al usuario establecer un ritmo, incluso si el tiempo de respuesta es relativamente largo. Por ejemplo, es preferible un segundo de retardo a una orden que un retardo que varía de 0,1 a 2,5 segundos. En este segundo caso, el usuario está siempre desequilibrado, preguntándose siempre si ha ocurrido algo diferente detrás de bastidores.

[6] Vea la Parte Cuarta de este libro para obtener mas información sobre el punto de vista orientado a objetos.

Casi todos los usuarios de un sistema interactivo basado en computadora necesitan la ayuda de vez en cuando. En algunos casos, una pregunta fácil dirigida a un compañero con más conocimientos basta. En otros, la única opción puede ser hacer una detallada investigación en un conjunto amplio de manuales de usuario. En muchos casos, sin embargo, el software moderno proporciona una ayuda en línea que permite al usuario responder una pregunta o resolver un problema sin abandonar la interfaz.

Encontramos dos tipos diferentes de ayudas: la *integrada* y la *agregada* [RUB88]. *Una ayuda integrada* se diseña en el software desde el principio. Es a menudo sensible al contexto, permitiendo al usuario seleccionarla de los temas relacionados con las acciones que se realizan comúnmente.

- Obviamente, esto reduce el tiempo necesario para que el usuario obtenga la ayuda y aumenta la «amigabilidad» de la interfaz. Una *ayuda agregada* se añade al software después de que se haya construido el sistema. En muchos aspectos, es realmente un manual de usuario en línea con limitada capacidad de consulta. El usuario puede tener que buscar en una lista de cientos de temas para encontrar una ayuda apropiada, haciendo a menudo muchos falsos intentos y recibiendo mucha información que no viene al caso. No hay duda de que es preferible el enfoque de la ayuda integrada al de la agregada.

Cuando se plantea una ayuda se deben tratar varios aspectos del diseño [RUB88]:

- ¿Estará disponible la ayuda para todas las funciones del sistema y en todo momento durante la interacción con el sistema? Las opciones incluyen desde sólo un subconjunto de todas las funciones y acciones hasta la ayuda para toda las funciones.
- ¿Cómo pedirá el usuario la ayuda? Las opciones pueden ser un menú de ayuda, una tecla de función especial y una orden AYUDA.
- ¿Cómo se representará la ayuda? Las opciones incluyen una ventana diferente, una referencia a un documento escrito (algo menos que ideal) y una sugerencia de una o dos líneas en un lugar fijo de la pantalla.
- ¿Cómo vuelve el usuario a la interacción normal? Las opciones incluyen un botón de vuelta en el monitor y una tecla de función o secuencia de control.
- ¿Cómo se estructurará la información de ayuda? Las opciones van desde una estructura «plana» en la que toda la información es accesible a través de una palabra clave a una jerarquía estratificada de información que proporciona cada vez más detalles a medida que el usuario se mete más en la estructura y el uso de hipertexto.

Los mensajes de error y advertencias son «malas noticias» enviadas a los usuarios de sistemas interactivos cuando algo ha ido mal. En el peor de los casos, los mensajes de error o advertencias ofrecen información inútil o engañosa y sirven sólo para aumentar la frustración del usuario. Pocos usuarios de computadoras no han topado alguna vez con un error del tipo:

ERROR GRAVE DEL SISTEMA—14 A

En algún lugar debe existir una explicación del error 14 A; si no, ¿por qué habrían añadido los diseñadores la identificación? No obstante el mensaje de error no proporciona ninguna indicación real de los que está mal o dónde buscar para obtener información adicional. Un mensaje de error presentado como arriba no hace nada por aliviar la ansiedad del usuario o para ayudar a corregir el problema.

En general, todos los mensajes de error o de advertencia producidos por un sistema interactivo deberían tener las siguientes características:

- El mensaje debería describir el problema en un argot que pueda entender el usuario.
- El mensaje debería proporcionar una información constructiva para recuperarse del error.
- El mensaje debería indicar cualquier consecuencia negativa del error (p. ej.: archivos de datos potencialmente dañados) de manera que el usuario pueda comprobarlos para asegurarse de que no ha ocurrido (o corregirlos si lo están).
- El mensaje debería ir acompañado por una señal audible o visible. Es decir, se podría generar un pitido para acompañar a la visualización del mensaje, o el mensaje podría parpadear momentáneamente o mostrarse en un color fácilmente reconocible como el «color de error».
- El mensaje no debería hacer juicios. Es decir, el texto nunca debería culpar al usuario.

Como a nadie le gustan realmente las malas noticias, a pocos usuarios les gustará el mensaje de error, no importa lo bien diseñado que esté. Pero una filosofía eficaz de mensajes de error puede ayudar mucho a mejorar la calidad de un sistema interactivo y reducirá significativamente la frustración del usuario cuando ocurran problemas.

Las órdenes escritas con el teclado fueron durante un tiempo la forma más común de interacción entre el usuario y el software del sistema, y fue comúnmente usado para aplicaciones de todo tipo. Hoy en día el uso de interfaces orientadas a ventanas, señalización y elección han reducido la dependencia del teclado, pero muchos usuarios continúan prefiriendo un modo de interacción orientado a órdenes. En muchas situaciones, se proporciona al usuario una opción: las funciones software se pueden seleccionar de un menú estático o desplegable, o invocado a través de alguna secuencia de órdenes con el teclado.

Cuando se proporcionan órdenes como modo de interacción surgen varios aspectos del diseño:

- ¿Tendrán todas las opciones del menú su correspondiente orden?
- ¿Qué formato deben tener las órdenes? Las opciones incluyen una secuencia de control (p. ej.: ∧**P**); teclas de función y una palabra escrita.
- ¿Será difícil aprender y recordar las órdenes? ¿Qué se puede hacer si se olvida una orden? (Véase el estudio sobre la ayuda en esta sección).
- ¿Puede el usuario personalizar o abreviar las órdenes?

En un número creciente de aplicaciones, los diseñadores de interfaces proporcionan una *ayuda para macros de órdenes* que permite al usuario almacenar una secuencia de órdenes usadas habitualmente bajo un nombre definido por el usuario. En vez de escribir cada orden individualmente (y repetitivamente), se escribe la macro de órdenes y se ejecutan todas las órdenes implicadas en secuencia.

En una configuración ideal, se debería establecer convenios para el uso de órdenes de forma común a todas las aplicaciones. Es confuso y a menudo propicio a errores para el usuario tener que escribir ∧**D** para copiar un objeto gráfico en una aplicación y ∧**D** para borrarlo en otra aplicación. El potencial de error es obvio.

14.9.4. Herramientas de implementación

El proceso de diseño de la interfaz de usuario es iterativo. Es decir, se crea un modelo de diseño, se implementa como prototipo[7], lo examinan los usuarios (que encajan con el modelo de usuario descrito anteriormente) y se modifica basándose en sus comentarios.

Para adaptarse a este enfoque de diseño iterativo han evolucionado una amplia gama de herramientas de diseño de interfaz y de creación de prototipos. Denominadas *kits de herramientas de interfaz de usuario* o *sistemas de desarrollo de interfaz de usuario (SDIU)*, estas herramientas proporcionan rutinas u objetos que facilitan la creación de ventanas, menús, interacción con dispositivos, mensajes de error, órdenes y muchos otros elementos de un entorno interactivo.

Al utilizar paquetes de software que pueden usar directamente el diseñador y el que lo implemente, o bien por la interfaz de usuario, un SDIU proporciona mecanismos integrados [MYE89] para:

- Gestionar dispositivos de entrada (tales como ratón o teclado);
- Validar las entradas del usuario;
- Manejar errores y mostrar mensajes de error;
- Proporcionar respuestas (p. ej.: eco automático de entradas);
- Proporcionar ayuda y peticiones de información;
- Manejar ventanas y campos, controlando el movimiento del texto dentro de ventanas;
- Establecer conexiones entre el software de aplicación y la interfaz;
- Aislar la aplicación de las funciones de gestión de la interfaz;
- Permitir al usuario personalizar la interfaz.

Las funciones descritas anteriormente se pueden implementar usando un enfoque gráfico o basado en lenguaje.

14.9.5. Evaluación del diseño

Una vez que se ha creado un prototipo de interfaz de usuario que funcione, debe evaluarse para determinar si satisface las necesidades del usuario. El espectro de la evaluación puede ir desde una «ejecución de prueba» informal en la que el usuario proporcione sus sensaciones hasta un estudio diseñado formalmente que use métodos estadísticos para la evaluación de cuestionarios rellenados por una población de usuarios finales.

El ciclo de evaluación de la interfaz de usuario tiene la forma mostrada en la Figura 14.16. Después de completar el diseño preliminar, se crea un prototipo de primer nivel. El prototipo lo evalúa el usuario, quien proporciona al diseñador comentarios directos sobre la eficacia de la interfaz. Además, si se utilizan técnicas formales de evaluación (p. ej.: cuestionarios, hojas de puntuación), el diseñador puede extraer información útil (p. ej.: al 80 por ciento de los usuarios no les gustó el mecanismo para salvar un archivo). Las modificaciones del diseño se hacen basándose en la información que aporta el usuario y se crea el prototipo de siguiente nivel. El ciclo de evaluación continúa hasta que no son necesarias más modificaciones al diseño de la interfaz. Pero, ¿es posible evaluar la calidad de la interfaz de usuario antes de crear un prototipo? Si se pueden descubrir y corregir tempranamente los problemas potenciales, el número de bucles del ciclo de evaluación se reducirá y se acortará la duración del desarrollo.

[7] Hay que resaltar que en algunos casos (p. ej.: pantallas de las cabinas de los aviones) el primer paso sería simular la interfaz en un dispositivo de pantalla en vez de crear un prototipo usando hardware de la cabina.

FIGURA 14.16

El ciclo de evaluación del diseño de la interfaz

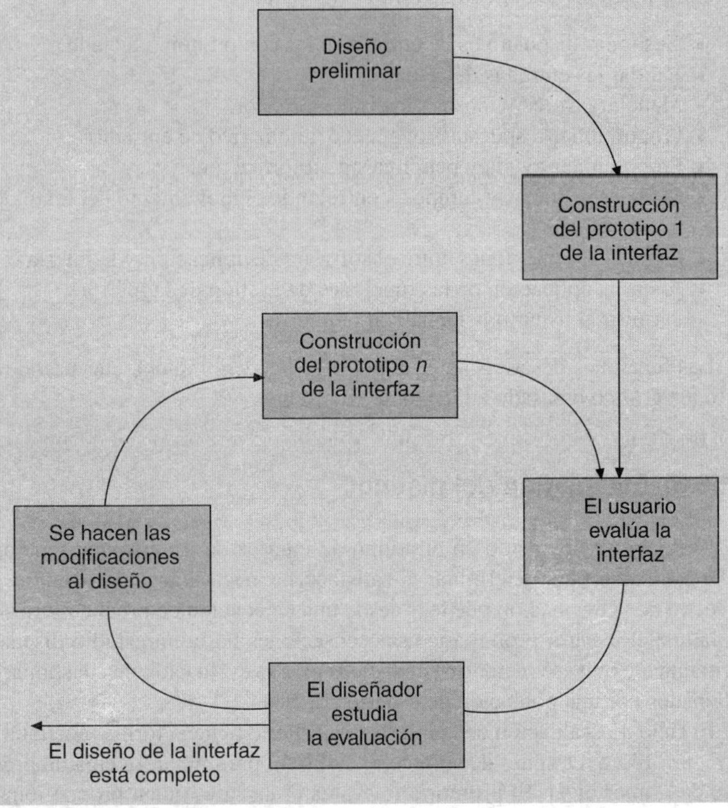

Cuando se ha creado un modelo de diseño de la interfaz, se pueden aplicar varios criterios de evaluación [MOR81] durante las primeras revisiones del diseño:

1. La longitud y complejidad de la especificación escrita del sistema y su interfaz proporcionan una indicación de la cantidad de aprendizaje necesario para los usuarios del sistema.
2. El número de órdenes o acciones especificadas, y el número medio de argumentos por orden proporcionan una indicación del tiempo de interacción y la eficiencia general del sistema.
3. El número de acciones, órdenes y estados del sistema indicados por el modelo de diseño indican la *carga de memorización* de los usuarios del sistema.
4. El estilo de la interfaz, las ayudas y los protocolos de manipulación de errores proporcionan una indicación general de la complejidad de la interfaz y del grado de aceptación del usuario.

Una vez que se ha creado el primer prototipo, el diseñador puede recoger una variedad de datos cuantitativos y cualitativos que le ayudarán a evaluar la interfaz. Para recoger datos cualitativos, se pueden distribuir cuestionarios a los usuarios del prototipo. Las respuestas a las preguntas pueden ser (1) un simple sí/no, (2) numéricas, (3) gradual (subjetiva), o (4) porcentaje (subjetivo). Como ejemplo tenemos:

1. ¿Son fáciles de recordar las órdenes? (sí/no)
2. ¿Cuántas órdenes diferentes empleó?
3. ¿En qué grado le resultó fácil aprender las operaciones básicas del sistema? (Escala del 1 al 5.)
4. ¿Comparados con otras interfaces que haya empleado, como puntuaría ésta? (de los 1 por ciento mejores, 10 por ciento, 25 por ciento, 50 por ciento, por debajo de los 50 por ciento mejores)

Si se desean datos cuantitativos, se puede llevar a cabo un tipo de análisis basado en la observación del usuario durante un cierto tiempo. Se observa a los usuarios durante la interacción y se recogen datos tales como: número de tareas correctamente completadas durante un periodo fijo de tiempo, frecuencia del uso de órdenes, secuencia de órdenes, tiempo invertido en «mirar» al monitor, número de errores, tipo de errores y tiempo de recuperación de éstos, tiempo de utilización de la ayuda y número de referencias de ayuda por periodo fijo de tiempo. Estos datos se usan como guía para la modificación de la interfaz.

Un estudio completo de los métodos de evaluación de la interfaz de usuario está más allá del alcance de este libro. Para más información, vea [LEA88].

14.10. DIRECTRICES PARA EL DISEÑO DE INTERFACES

El diseño de interfaces de usuario se basa profundamente en la experiencia del diseñador y en las anécdotas recogidas en cientos de documentos técnicos y docenas de libros. Muchas fuentes de la literatura (p. ej.: [DUM88]), presentan un conjunto de directrices de diseño de IHM que consiguen una interfaz eficiente y amigable. En esta sección se presentan algunos de los consejos de diseño de IHM más importantes.

Se sugieren tres categorías de consejos de diseño de IHM: interacción general, visualización de la información y entrada de datos.

14.10.1. Interacción general

Las directrices para la interacción general a menudo cruzan la frontera de la visualización de la información, la entrada de datos y el control general del sistema. Por tanto, abarcan todo y se les ignora con gran riesgo. Las siguientes directrices están enfocadas a la interacción general:

Ser consistente. Usar un formato consistente para la selección del menú, introducción de órdenes, visualización de datos y los cientos de otras funciones que incorpora una IHM.

Ofrecer respuestas significativas. Proporcionar al usuario respuestas visuales y auditivas para garantizar que se establece una comunicación en los dos sentidos (entre el usuario y la interfaz).

Pedir verificación de cualquier acción destructiva importante. Si un usuario pide eliminar un archivo, indica que se va a sobrescribir una información sustancial o pide finalizar un programa, debería aparecer un mensaje del tipo «¿Está usted seguro?».

Permitir deshacer la mayoría de las acciones. Las funciones DESHACER o REHACER han salvado a miles de usuarios de millones de horas de frustración. La función deshacer debería estar disponible en todas las aplicaciones interactivas.

Reducir la cantidad de información que se debe memorizar entre acciones. No se debe esperar que el usuario recuerde una lista de números o nombres para reutilizarlos en las subsiguientes funciones. La carga de memorización debería minimizarse.

Buscar la eficiencia en el diálogo, el movimiento y el pensamiento. El número de pulsaciones debería minimizarse, se debería considerar la distancia que debe moverse el ratón entre selecciones al diseñar la distribución del monitor, el usuario no debería encontrarse con situaciones donde se tenga que preguntar «¿y ahora qué significa esto?».

Perdonar los errores. El sistema debería autoprotegerse de los errores que le pueden hacer fallar.

Categorizar las actividades por función y organizar la pantalla de acuerdo a esto. Una de las ventajas del menú desplegable es la capacidad de organizar las órdenes por tipo. En esencia, el diseñador debería intentar conseguir cohesión en la colocación de órdenes y acciones.

Proporcionar ayudas sensibles al contexto. Vea la Sección 14.9.3.

Usar verbos de acción sencillos o frases verbales cortas para nombrar las órdenes. Un nombre largo de orden es más difícil de reconocer y de recordar. También ocupa mucho espacio innecesario en las listas de menú.

14.10.2. Visualización de la información.

Si la información presentada por el IHM es incompleta, ambigua, la aplicación no podrá satisfacer las necesidades del usuario. La información se presenta de muchas maneras diferentes: contexto, dibujos y sonido; por colocación, movimiento y tamaño; usando color, resolución e incluso la omisión. Las siguientes directrices centran su atención en la visualización de la información:

Mostrar sólo la información que sea relevante en el contexto actual. El usuario no debería vagar a través de datos, menús y gráficos extraños para obtener la información relativa a una función específica del sistema.

No abrumar al usuario con datos, utilizar un formato de visualización que le permita una rápida asimilación de la información. Los grafos o esquemas deberían reemplazar a las tablas voluminosas.

Usar etiquetas consistentes, abreviaciones estándar y colores predecibles. El significado de una visualización debería ser obvio sin hacer referencia a fuentes externas de información.

Permitir al usuario mantener el contexto visual. Si se reduce o aumenta la escala de las representaciones gráficas, la imagen original debería presentarse constantemente (en forma reducida en una esquina de la pantalla) de manera que el usuario comprenda la posición relativa de la porción de la imagen que está viendo actualmente.

Producir mensajes de errores significativos. Vea la Sección 14.9.3.

Usar mayúsculas y minúsculas, tabulaciones y agrupamiento del texto para ayudar a entenderlo. Mucha de la información visualizada por un IHM es texto y la distribución y forma del texto tiene un impacto significativo en la facilidad con la que el usuario asimila la información.

Usar ventanas para compartimentar diferentes tipos de información. Las ventanas permiten al usuario mantener muchos tipos diferentes de información de fácil acceso.

Usar presentaciones analógicas para representar información que es más fácilmente asimilable de esta manera. Por ejemplo, una visualización de la presión de una tanque en una refinería de petróleo tendría poco impacto si se utilizara una representación numérica. Sin embargo, si se utilizara una representación tipo termómetro, el movimiento vertical y los cambios de color podrían usarse para indicar unas condiciones de presión peligrosas. Esto proporcionaría al usuario información a la vez absoluta y relativa.

Estudiar la «geografía» disponible en la pantalla y usarla eficientemente. Cuando hay que utilizar múltiples ventanas, debería haber espacio disponible para mostrar por lo menos una porción de cada una. Además, el tamaño de pantalla (un aspecto de la ingeniería de sistemas) debería seleccionarse para albergar el tipo de aplicación que se va a implementar.

14.10.3. Entrada de datos

El usuario emplea la mayor parte del tiempo seleccionando órdenes, introduciendo datos y otras formas de proporcionar entradas al sistema. En muchas aplicaciones, el teclado sigue siendo el medio principal de introducción, pero el ratón, el escáner e incluso los sistemas de reconocimiento de voz están convirtiéndose rápidamente en alternativas efectivas. Las siguientes directrices están enfocadas a la introducción de datos:

Minimizar el número de acciones de entrada de datos que necesita realizar el usuario. Sobre todo, reducir la cantidad de escritura necesaria. Esto se puede conseguir usando el ratón para seleccionar unos conjuntos predefinidos de entrada, usando una «escala deslizante» para especificar los datos de entrada a lo largo de un rango de valores y usando macros que permiten a una sola tecla transformarse en una colección de datos más compleja.

Mantener la consistencia entre la visualización y la introducción de datos. Las características visuales de la visualización (p. ej.: tamaño del texto, color y colocación) deberían llevarse a cabo en el dominio de la entrada.

Permitir al usuario personalizar la entrada. Un usuario experto podría decidir crear órdenes personalizadas o deshacerse de algunos mensajes de advertencia y de verificación de acciones. El IHM debería permitirlo.

La interacción debería ser flexible pero también sintonizarse al modo preferido del usuario de entrada. El modelo de usuario debe guiar en determinar qué modo de entrada es el preferido. Un administrativo podría ser feliz con un teclado, mientras que un gestor podría sentirse más cómodo usando un dispositivo como el ratón.

Desactivar las órdenes que son inapropiadas en el contexto de las acciones actuales. Esto protege al usuario de intentar alguna acción que podría provocar errores.

Dejar al usuario controlar el flujo interactivo. El usuario debería ser capaz de saltarse acciones innecesarias, cambiar el orden de las acciones necesarias (cuando sea posible en el contexto de una aplicación), y recuperarse de las condiciones de errores sin tener que salir del programa.

Proporcionar ayuda en todas las acciones de entrada. Véase la Sección 14.9.3

Eliminar las entradas innecesarias. No pedirle al usuario que especifique unidades en las entradas de datos de ingeniería (a no ser que pudiera haber ambigüedad). No pedirle al usuario que escriba .00 para cantidades enteras de pesetas, proporcionar valores predeterminados siempre que sea posible, y nunca pedirle al usuario que introduzca información que pueda adquirirse automáticamente o calcularse internamente en el programa.

14.11. DISEÑO PROCEDIMENTAL

El diseño procedimental se realiza después de los diseños de datos, arquitectónico y de interfaz. En un mundo ideal, la especificación procedimental necesaria para definir los detalles de los algoritmos se expresarían en un lenguaje natural tal como el inglés. Después de todo, todos los miembros de una organización de desarrollo de software hablan un lenguaje natural (en teoría, al menos), las personas fuera del mundo del software podrían entender mejor la especificación, y no sería necesario un nuevo aprendizaje.

Desgraciadamente, hay un pequeño problema. El diseño procedimental debe especificar los detalles procedimentales sin ambigüedades, y la falta de ambigüedad en el lenguaje natural no es natural. Con un lenguaje natural podemos escribir un conjunto de pasos procedimentales de demasiadas formas diferentes. Frecuentemente el significado correcto depende del contexto. A menudo escribimos como si fuera posible un diálogo con el lector (no lo es). Por éstas u otras muchas razones, se debe utilizar un modo más restringido de representar el detalle procedimental.

14.11.1. Programación estructurada

Los fundamentos del diseño procedimental se forjaron a principios de los años 60 y se afianzaron con el trabajo de Edsgar Dijkstra y sus colegas [BOH66, DIJ65,DIJ76]. A finales de los años 60 Dijkstra y otros propusieron el uso de un conjunto de construcciones lógicas con las que podría formarse cualquier programa. Las construcciones hacían hincapié en el «mantenimiento del dominio funcional». Es decir, todas las construcciones tenían una estructura lógica predecible, se entraba por arriba y se salía por debajo, permitiendo a un lector seguir el flujo procedimental más fácilmente[8].

Las construcciones son *la secuencia, la condición y la repetición*. La secuencia implementa los pasos de procesamiento esenciales en la especificación de un algoritmo, la condición proporciona los medios para seleccionar el procesamiento basándose en alguna ocurrencia lógica y la repetición proporciona los bucles. Estas tres construcciones son fundamentales para la *programación estructurada*, una importante técnica de diseño procedimental.

Las construcciones estructuradas se propusieron para limitar el diseño procedimental del software a un pequeño número predecible de operaciones. La métrica de la complejidad (Capítulo 18) indica que el uso de construcciones estructuradas reduce la complejidad del programa, y por tanto mejora su lectura (compresión), prueba y mantenimiento. El uso de un número limitado de construcciones lógicas también contribuye a un proceso de comprensión humana que los psicólogos denominan fragmentación (troceado o *chunking*). Para entender este proceso, considere cómo está leyendo esta página. No lee letras individuales; más bien, reconoce formas o trozos de letras que forman palabras o frases. Las construcciones estructuradas son fragmentos lógicos que permiten al lector reconocer elementos procedimentales de un módulo en lugar de leer el diseño o el código línea a línea. La comprensión mejora cuando se encuentran formas lógicas fácilmente reconocibles.

Cualquier programa, independientemente del área de aplicación o complejidad técnica, se puede diseñar e implementar usando solamente las tres construcciones estructuradas. Debería recalcarse, sin embargo, que el uso dogmático y exclusivo de estas estructuras puede a veces causar dificultades prácticas. La Sección 14.11.2 estudia este aspecto con mayor detalle.

14.11.2. Notación gráfica del diseño

«Una imagen vale más que mil palabras», pero es importante saber qué imagen y qué 1.000 palabras. Es incuestionable que las herramientas gráficas, tales como los diagramas de flujo o diagramas de cajas, proporcionan una excelentes formas gráficas que describen muy bien el detalle procedimental. Sin embargo, si se emplean mal las herramientas gráficas, una imagen incorrecta puede conducir a un software erróneo.

El *diagrama de flujo* fue en su día la representación gráfica más ampliamente usada para el diseño procedimental. Desgraciadamente, también fue el método del que más se abusó.

El diagrama de flujo es un gráfico muy sencillo. Se usa una caja (cuadrado/rectángulo) para indicar un paso del proceso. Un rombo representa una condición lógica y las flechas indican el flujo de control. La Figura 14.17 ilustra las tres construcciones estructuradas estudiadas en la Sección 14.11.1. La secuencia se representa como dos cajas de procesamiento conectadas por una línea (flecha) de control. La condición, también denominada *if-then-else* se representa como un rombo de decisión que, si es cierto, provoca el procesamiento de la parte *then*, y si es falso, invoca el procesamiento de la parte else. La repetición se representa con dos formas ligeramente diferentes. El *do-while* prueba una condición y ejecuta una tarea de bucle repetidamente mientras se mantenga cierta la condición. Un *repeat-until* ejecuta la tarea de

FIGURA 14.17

Construcciones en diagrama de flujo

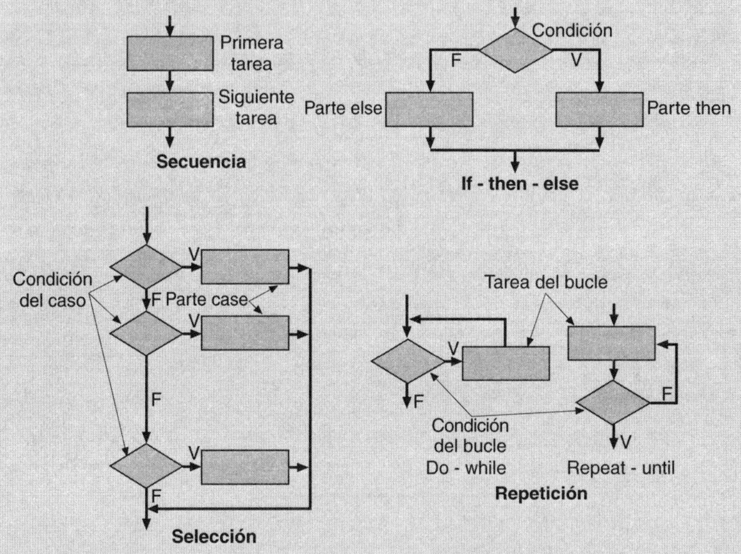

[8] Una característica poco usada pero extremadamente importante de la programación estructurada es la «prueba de corrección». Los diseños procedimentales pueden probarse como correctos a medida que se crean. En el Capítulo 25 se presenta una introducción a la verificación de la corrección de diseño.

bucle primero, después prueba una condición y repite la tarea hasta que falla la condición. La construcción selección (o *select-case*) mostrada en la figura es de hecho una extensión de *if-then-else*. Un parámetro se prueba por decisiones sucesivas hasta que ocurre una condición verdadera y se ejecuta un camino de procesamiento de *parte case*.

Las construcciones estructuradas pueden anidarse unas en otras como muestra la Figura 14.18. En la figura un *repeat-until* forma la *parte then* de un *if-then-else* (mostrado encerrado por la línea discontinua exterior). Otro *if-then-else* forma la *parte else* de la primera condición. Finalmente, la condición propiamente dicha se convierte en un segundo bloque en una secuencia. Anidando construcciones de esta manera, se puede desarrollar un esquema lógico complejo. Debería recalcarse que cualquiera de los bloques en la Figura 14.18 podría referirse a otro módulo, logrando por tanto *la estratificación procedimental* que conlleva la estructura del programa.

En general, el empleo dogmático de construcciones estructuradas exclusivamente puede introducir ineficiencia cuando se requiere salir de un conjunto de bucles anidados o condiciones anidadas. Más importante, la complicación adicional de todas las pruebas lógicas a lo largo del camino de salida puede oscurecer el flujo de control del software, aumentar la posibilidad de error y tener un impacto negativo en su lectura y mantenimiento. ¿Qué podemos hacer?

FIGURA 14.18

Construcciones anidadas

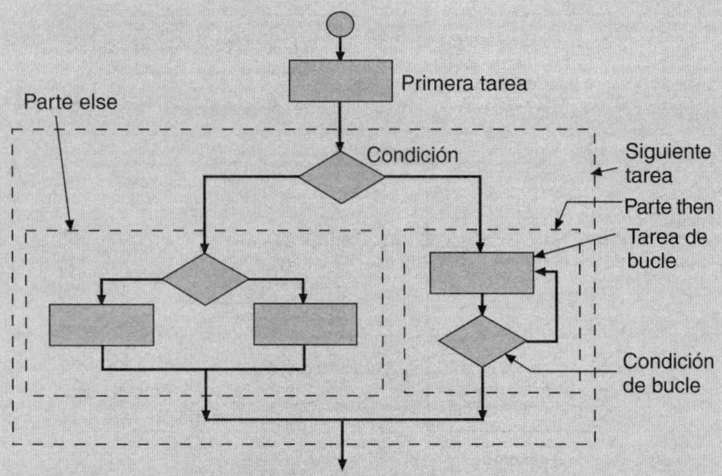

El diseñador tiene dos opciones: (1) La representación procedimental se rediseña de manera que la «rama de escape» no sea necesaria en una posición anidada en el flujo de control; o (2) las construcciones estructuradas se violan de una manera controlada; es decir, se diseña una rama restringida fuera del flujo anidado. La opción 1 es obviamente el enfoque ideal, pero la opción 2 se puede implantar sin romper el espíritu de la programación estructurada.

Otra herramienta de diseño gráfico, el *diagrama de cajas*, surgió del deseo de desarrollar una representación del diseño procedimental que no permitiera la violación de las construcciones estructuradas. Desarrollada por Nassi y Shneiderman [NAS73] y ampliada por Chapin [CHA74], los diagramas (también denominados diagramas Nassi-Shneiderman, diagramas N-S o diagramas Chapin) tienen las siguientes características: (1) dominio funcional (es decir, el alcance de una repetición o de un *if-then-else*) bien definido y claramente visible como representación gráfica; (2) la transferencia arbitraria de control es imposible; (3) el alcance de los datos locales y/o generales se puede determinar fácilmente y (4) la recursividad es fácil de representar.

La representación gráfica de construcciones estructuradas mediante diagramas de cajas se ilustra en la Figura 14.19. El elemento fundamental del diagrama es la caja. Para representar una secuencia se conectan dos cajas seguidas. Para representar un *if-then-else*, a una caja de condición que es seguida por una caja *parte then* y una caja *parte else*. La repetición se dibuja con un límite que encierra el proceso (*parte-do-while* o *parte-repeat-until*) que ha de repetirse. Finalmente, la selección se representa usando la forma gráfica mostrada en la parte inferior derecha de la figura.

Como los diagramas de flujo, un diagrama de cajas está estratificado en múltiples páginas a medida que se refinan los elementos de procesamiento de un módulo. Una «llamada» a un módulo subordinado se puede representar por una caja con el nombre del módulo encerrado en un óvalo.

14.11.3. Notación tabular de diseño

En muchas aplicaciones de software, puede ser necesario un módulo para evaluar una combinación compleja de condiciones y seleccionar las acciones apropiadas basándose en esas condiciones. Las *tablas de decisión* proporcionan una notación que traduce acciones y condiciones (descritas en la narración de procesamiento) a una forma tabular. Es difícil que la tabla se pueda interpretar mal, e incluso puede usarse como entrada interpretable por la máquina para un algoritmo manejado por tabla. En un completo estudio de esta herramienta de diseño, Ned Chapin dice [HUR83]:

FIGURA 14.19

Construcciones de diagrama de caja

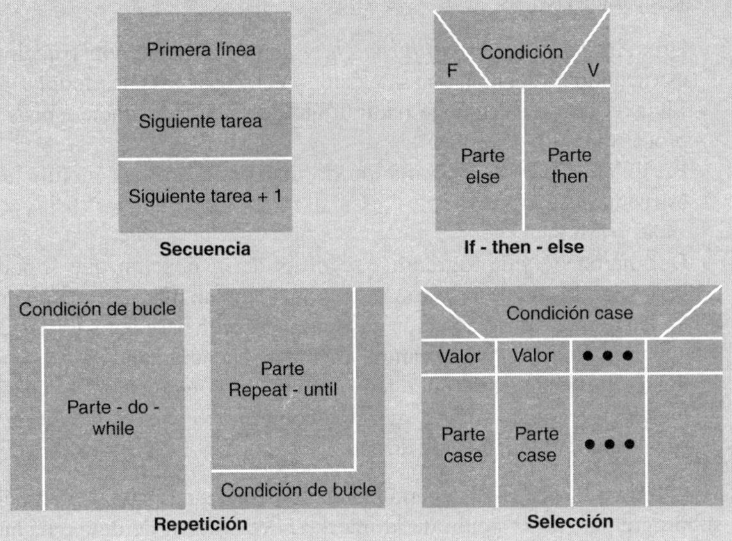

FIGURA 14.20

Nomenclatura de la tabla de decisión

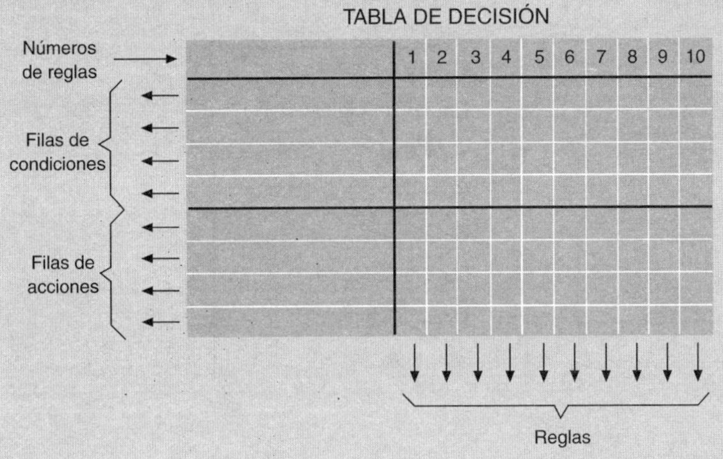

> Algunas herramientas antiguas del software se combinan bien con otras nuevas herramientas y técnicas de la ingeniería del software. Las tablas de decisión son un excelente ejemplo.
>
> Las tablas de decisión precedieron a la ingeniería del software cerca de una década, pero encajaron tan bien con la ingeniería del software que podrían haberse diseñado con tal propósito.

La organización de la tabla de decisión se ilustra en la Figura 14.20. La tabla se divide en cuatro secciones. El cuadrante superior izquierdo contiene una lista de todas las condiciones. El cuadrante inferior izquierdo contiene una lista de todas las acciones posibles basándose en combinaciones de las condiciones. Los cuadrantes de la derecha forman una matriz que indica las combinaciones de las condiciones y las correspondientes acciones que se han de producir para cada combinación específica. Por tanto, cada columna de la matriz puede interpretarse como una regla de procesamiento.

Para desarrollar una tabla de decisión se aplican los siguientes pasos:

1. Hacer una lista de todas las acciones que pueden asociarse con un procedimiento específico (o módulo).
2. Hacer una lista de todas las condiciones (o decisiones tomadas) durante la ejecución del procedimiento.
3. Asociar conjuntos específicos de condiciones con acciones específicas, eliminando combinaciones imposibles de condiciones; alternativamente, desarrollar cualquier permutación posible de combinaciones.
4. Definir *reglas* indicando qué acción o acciones ocurren para un conjunto de condiciones.

Para ilustrar el empleo de una tabla de decisión considere el siguiente extracto de una descripción procedimental para un sistema de facturación de un servicio público:

> Si la cuenta del cliente se factura usando un método de tarificación fijo, se establece un cargo mensual mínimo para consumos menores de 100kWh (kilowatios-hora). En los demás casos, la facturación por computadora aplica la tarifa A. Sin embargo, si la cuenta se factura usando un método de facturación variable, se aplicará la tarifa A para consumos por debajo de 100kWh, con un consumo adicional facturado de acuerdo con la tarifa B.

La Figura 14.21 ilustra una representación de tabla de decisión de la descripción anterior. Cada una de las cinco reglas indica una de cinco condicio-

FIGURA 14.21

Tabla de decisión resultante

		1	2	3	4	5
Condiciones	Cuenta de tarifa fija	V	V	F	F	F
	Cuenta de tarifa variable	F	F	V	V	F
	Consumo < 100 KWH	V	F	V	F	
	Consumo ≥ 100 KWH	F	V	F	V	
Acciones	Cargo mensual mínimo	X				
	Facturación tarifa A		X	X		
	Facturación tarifa B				X	
	Otro tratamiento					X

nes viables (p. ej.: una «V» (verdad) en ambas cuentas de tarificación fija y variable no tiene sentido en el contexto de este procedimiento). Como regla general, la tabla de decisión puede usarse eficazmente para complementar otras notaciones de diseño procedimental.

14.11.4. Lenguaje de diseño de programas

El *lenguaje de diseño de programas* (LDP), también denominado lenguaje estructurado o pseudocódigo, es «un lenguaje rudimentario en el sentido de que utiliza vocabulario de un lenguaje (p. ej.: el inglés) y la sintaxis de otro (p. ej.: lenguaje estructurado de programación)» [CAI75]. En este capítulo se usa LDP como referencia genérica de un lenguaje de diseño.

A primera vista el LDP se parece a cualquier lenguaje de programación moderno. La diferencia entre el LDP y un lenguaje de programación moderno estriba en el empleo de texto descriptivo (p. ej.: inglés) empotrado directamente dentro de las sentencias de LDP. Como el texto descriptivo está incrustado directamente en una estructura sintáctica, el LDP no puede compilarse (al menos por ahora). Sin embargo, los «procesadores» LDP actuales traducen el LDP a una representación gráfica (p. ej.: un diagrama de flujo) de diseño y producen mapas anidados, un índice de operación de diseño, tablas de referencia cruzada y otras informaciones varias.

Un lenguaje de diseño de programas puede ser una simple transposición de un lenguaje tal como el Ada o C. Alternativamente, puede ser un producto comprado específicamente para el diseño procedimental.

Independientemente del origen, un lenguaje de diseño debería tener las siguientes características:

- Una sintaxis fija de *palabras clave* para todas las construcciones estructuradas, declaraciones de datos y características de modularidad;
- Sintaxis libre en lenguaje natural que describa las características del procesamiento.
- Facilidades para la declaración de datos que debería incluir tanto estructuras de datos simples (escalar, matriz) y complejas (listas enlazadas o árboles).
- Definición de subprograma y técnicas de invocación que soporten varios modos de descripción de interfaz. Hoy en día, se usa a menudo un lenguaje de programación de alto nivel como base para el LDP. Por ejemplo, Ada-LDP se usa ampliamente en la comunidad de Ada como una herramienta de definición de diseño. Las construcciones y los formatos en lenguaje Ada se mezclan con el texto explicativo en inglés para formar el lenguaje de diseño.

Una sintaxis básica LDP debería incluir construcciones para: la definición de subprogramas, descripción de la interfaz, declaración de datos, técnicas para la *estructuración en bloques*, construcciones de condición, construcciones repetitivas y construcciones de I/O. El formato y las semánticas de alguna de estas construcciones LDP se estudian en la siguiente sección.

Hay que resaltar que se puede ampliar el LDP de manera que incluya palabras clave para multitarea y/o procesamiento concurrente, manipulación de interrupciones, sincronización de procesos y otras muchas características. El diseño de aplicación para el que se va utilizar el LDP debería dictar el formato final del lenguaje de diseño.

14.11.5. Un ejemplo de LDP

Para ilustrar el empleo de LDP, presentamos un ejemplo de diseño procedimental para el software del sistema de seguridad HogarSeguro comentado en capítulos anteriores. El sistema de seguridad HogarSeguro en cuestión vigila alarmas de fuego, humo, ladrones, agua (inundaciones) y temperatura (por ejemplo, se rompe la calefacción mientras el dueño está fuera en invierno); produce una señal de alarma y llama a un servicio de vigilancia, generando un mensaje con voz sintetizada. En el LDP que se muestra a continuación, ilustramos algunas de las construcciones importantes señaladas en la Sección 14.11.4.

Recuerde que el LDP no es un lenguaje de programación. El diseñador puede adaptar como se requiera sin preocuparse de cometer errores de sintaxis. Sin embargo, el diseño del software de vigilancia debería revisarse (¿ve algún problema?) y refinarse antes de poder escribir el código. El siguiente LDP define una elaboración del diseño procedimental para el procedimiento del **monitor de seguridad***.

```
PROCEDURE security.monitor;
INTERFACE RETURNS system.status;
TYPE signal IS STRUCTURE DEFINED
   name IS STRING LENGTH VAR;
   adress IS HEX device location;
   bound.value IS upper bound SCALAR;
   message IS STRING LENGTH VAR;
END signal TYPE;
TYPE system.status IS BIT (4);
TYPE alarm.type DEFINED
   smoke.alarm IS INSTANCE OF signal;
   fire.alarm IS INSTANCE OF signal;
   water.alarm IS INSTANCE OF signal;
   temp.alarm IS INSTANCE OF signal;
   burglar.alarm IS INSTANCE OF signal;
TYPE phone.number IS area code + 7-digit number;
   o
   o
   o
initialize all sysstem ports and reset all hardware;
CASE OF control.panel.switches (cps):
   WHEN cps = "test" SELECT
      CALL alarm PROCEDURE WITH
         "on" for test.time in seconds;
   WHEN cps = "alarm.off" SELECT
      CALL alarm PROCEDURE WITH
         "off";
      WHEN cps ="new.bound.temp" SELECT
      CALL keypad.input PROCEDURE;
      WHEN cps ="burglar.alarm.off" SELECT
         deactivate signal [burglar.alarm];
   o
   o
   o
   DEFAULT none;
 ENDCASE
 REPEAT UNTIL activate.switch is turned off
   reset all signal.values and switches;
   DO FOR alarm.type = smoke, fire, water, temp, burglar;
         READ adress [alarm.type] signal.value;
         IF signal.value>bound [alarm.type]
            THEN phone.message = message [alarm.type];
            set alarm.bell to "on" for alarm.timeseconds;
         PARBEGIN
            CALL alarm PROCEDURE WITH «on», alarm.time in seconds;
            CALL phone PROCEDURE WITH message [alarm.type]
            phone.number;
         ENDPAR
      ELSE skip
      ENDIF
      ENDFOR
   ENDREP
   END security.monitor
```

FIGURA 14.22

Notación de diagrama de estructura de control

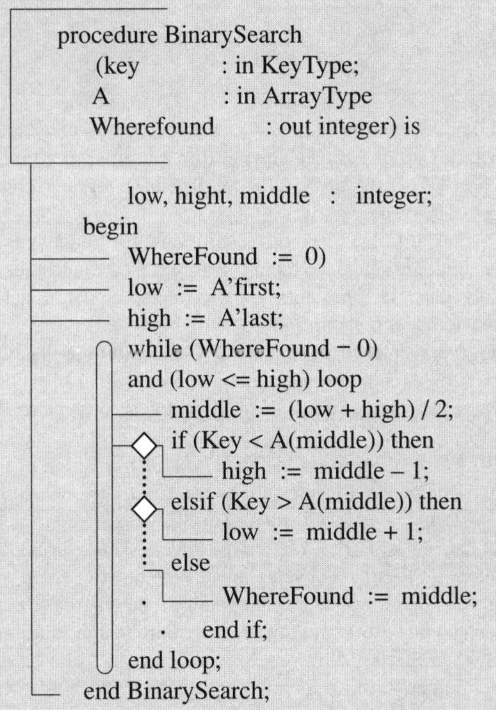

* Se mantiene el algoritmo original en inglés para conservar el propósito del autor *(N. del T.)*.

Fíjese que el diseñador del procedimiento del monitor de seguridad ha usado una nueva construcción PARBEGIN....ENDPAR que especifica un *bloque paralelo*. Todas las tareas especificadas dentro del bloque PARBEGIN se ejecutan en paralelo. En este caso, no se consideran los detalles de implementación.

El lenguaje de diseño de programas es usado a menudo con herramientas de diseño CASE que en algunos casos incluyen un componente gráfico en la representación del diseño procedimental. Por ejemplo, el *diagrama de estructura de control* (DEC) [CRO96] puede usarse junto con código fuente de lenguaje de programación o LDP. El texto del diseño se amplía con símbolos gráficos que representan todas las construcciones importantes de programación estructurada y los formatos especiales de lenguaje (p. ej.: la tarea Ada o *rendezvous*). La notación DEC se ilustra en la Figura 14.22.

Surge una cuestión natural en cualquier estudio sobre la notación de diseño: «¿Qué notación es realmente la mejor?», Cualquier respuesta a esta cuestión es claramente subjetiva y se encuentra abierta a debate.

Sin embargo, parece que el lenguaje de diseño de programas ofrece la mejor combinación de características. El LDP puede incrustarse directamente en listados de fuentes, mejorando la documentación y haciendo menos difícil el mantenimiento. La edición puede hacerse con cualquier editor o procesador de textos; ya existen los procesadores automáticos y el potencial para la «generación de código automática» es alto.

Sin embargo, tampoco se saca en consecuencia que otras notaciones de diseño sean necesariamente inferiores al LDP. La naturaleza gráfica de los diagramas de flujo y diagramas de cajas proporciona una perspectiva sobre el flujo de control que prefieren muchos diseñadores; el preciso contenido de las tablas de decisión es una excelente herramienta para aplicaciones controladas por tablas; y muchas otras representaciones de diseño (p. ej.: vea [PET81], [SOM89]), no presentadas en ente libro, ofrecen sus propias ventajas únicas. En el análisis final, la elección de una herramienta de diseño puede estar más íntimamente relacionada con factores humanos que con atributos técnicos.

14.12. RESUMEN

El diseño del software comprende cuatro actividades diferentes pero relacionadas: diseño de datos, diseño arquitectónico, diseño de interfaz y diseño procedimental. Cuando se han completado todas estas actividades de diseño, se logra un completo modelo de diseño para el software.

El diseño de datos traduce los objetos de datos definidos en el modelo de análisis a estructuras de datos que residen dentro del software. Los atributos que describen los objetos de datos, las relaciones entre éstos y su empleo dentro del programa influyen en la elección de las estructuras de datos.

El método de diseño arquitectónico presentado en este capítulo usa las características del flujo de la información descritas en el modelo de análisis para obtener la estructura del programa. Un diagrama de flujo de datos se direcciona en la estructura del programa usando uno de los dos enfoques de análisis: análisis de transformación y/o análisis de transacción. El análisis de transformación se aplica a un flujo de información que muestra límites claros entre los datos de entrada y los de salida. El DFD se direcciona en una estructura que asigna control a la entrada, procesamiento y salida a lo largo de tres jerarquías de módulo separadas en descomposición. El análisis de transacción se aplica cuando un solo elemento de información hace que el flujo se ramifique a lo largo de uno de los muchos caminos. El DFD se direcciona en una estructura que asigna control a una subestructura que adquiere y evalúa la transacción. Otra subestructura controla todas las acciones potenciales de procesamiento basadas en una transacción.

El diseño de interfaz comprende programas de interfaces internos y externos, y el diseño de la interfaz de usuario. Al diseño de las interfaces internas y externas les guía la información obtenida del modelo de análisis. El proceso de diseño de la interfaz del usuario empieza con el análisis y modelado de tareas, una actividad de diseño que define las tareas del usuario y las acciones que emplean enfoques de elaboración u orientación a objetos. Se estudian los aspectos del diseño tales como tiempo de respuesta, estructura de órdenes, manipulación de errores y ayudas y se refina un modelo de diseño para el sistema. Se emplean varias herramientas de implementación para crear un prototipo para que lo evalúe el usuario. Un conjunto de directrices genéricas de diseño gobiernan la interacción general, la visualización de la información y la entrada de datos.

La notación de diseño, junto con los conceptos de programación estructurada, permiten al diseñador representar detalles procedimentales de manera que se facilite la traducción a código. Hay disponibles notaciones gráficas, tabulares y de texto.

Los métodos de diseño presentados en este capítulo llevan a un modelo de diseño del software. Se desarrolla la estructura de datos, se establece la arquitectura del programa, se definen los módulos y se establecen las interfaces. Este proyecto de implementación forma la base de todo el subsiguiente trabajo de ingeniería del software.

REFERENCIAS

[AHO83] AHO, A. V., J. HOPCROFT y J. ULLMAN, *Data Structures and Algorithms*, Addison-Wesley, 1983

[BOH66] BOHM, C., y G. JACOPINI, «Flow Diagrams, Turing Machines and Languajes with Only Two Formation Rules», *CACM*, vol. 9 núm. 5, mayo 1966, págs. 366-371.

[CAI75] CAINE, S., y K. GORDON, «PDL: A Tool for Software Design», en *Proc. Natl. Computer Conference*, AFIPS Press, 1975, págs. 271-276.

[CHA74] CHAPIN, N., «A New Format for Flowcharts», *Software—Practice and Experience*, vol. 4 núm. 4, 1974, págs. 341-357.

[CRO96] CROSS, J. H., K. H. CHANG y T. D. HENDRIX, «Grasp/Ada 95—Visualization with Control Structure Diagrams», *CrossTalk Journal of Defence Software Engineering*, enero 1996, vol.9, núm. 1, págs. 20-24.

[DAH72] DAHL, O., E. DIJKSTRA y C. HOARE, *Structured Programming*, Academic Press, 1972.

[DEA95] DEAN, T. R. y J. R. CORDY, «A sytactic Theory of Software Architecture», *IEEE Trans. Software Engineering*, vol. 21, núm. 4, abril 1995, págs. 302-313.

[DEN73] DENNIS, J. B., «Modularity», en *Advanced Course on Software Engineering*, F. L. Bauer (ed.), Springer-Verlag, New York, 1973, págs. 128-182.

[DIJ65] DIJKSTRA, E., «Programming Considered as a Human Activity», en *Proc. 1965 IFIP Congress*, North Holland Publishing Co., págs. 128-182.

[DIJ76] DIJKSTRA, E., «Structured Programming» in *Software Engineering, Concepts and Techniques*, J. BUXTON *et al.* (eds.), Van Nostrand Reinhold, 1976.

[DUM88] DUMAS, J. S., *Designing User Interfaces for Software*, Prentice-Hall, 1988.

[FRE80] FREEMAN, P., «The Contest of Design», in *Software Design Techniques*, tercera ed., P. FREEMAN and A. WASSERMAN (eds.), IEEE Computer Society Press, págs. 2-4.

[GOM84] GOMAA, H., «A Software Design Method for Real Time Systems», *CACM*, vol. 7 núm. 9, septiembre 1984, págs. 938-949.

[HUR83] HURLEY, R. B., *Desision Tables in Software Engineering*, Van Nostrand Reinhold, 1983.

[LEA88] LEA, M., «Evaluating User Interface Designs», *User Interface Design for Computer Sysems*, Halstead Press (Wiley), 1988.

[LIN79] LINGER, R. C, H. D. MILLS y B. I. WITT, *Structured Programming*, Addison-Wesley, 1979.

[MON84] MONK, A. (ed.), *Fundamentals of Human-Computer Interaction*, Academic Press, 1984.

[MOR81] MORAN, T. P., «The Command Language Grammar: A Representation for the User Interface of Interactive Computer Systems», *Intl. Journal of Man-Machine Studies*, vol. 15, págs. 3-50.

[MOR95] MORICONI, M., X. QIAN y R. A. RIEMENSCHNEIDER, «Correct Architecture Refinement», *IEEE Trans. Software Engineering*, vol.21, núm. 4, abril 1995, págs. 356-372.

[MYE78] MYERS, G., *Composite Structured Design*, Van Nostrand Reinhold, 1978.

[MYE89] MYERS, B. A., «User Inerface Tolls: Introduction and Survey», *IEEE Software*, enero 1989, págs. 15-23.

[NAS73] NASSI, I., y B. SHNEIDERMAN, «Flowchart Tecniques for Structured Programming», *SIGPLAN Notices*, ACM, agosto 1973.

[NOR86] NORMAN, D. A., «Cognitive Engineering», en *User Centered Systemas Design*, Lawrence Erlbaun Associates, New Jersey, 1986.

[PET81] PETERS, L. J., «Software Design: Methods and Techniques», *Yourdon Press*, New York, 1981.

[RUB88] RUBIN, T., *User Interface Design for Computer Systems*, Halstead Press (Wiley), 1988.

[SHA95] SHAW, M. y D. GARLAN, «Formulations and Formalisms in Software Architecture», *Volume 1000—Lecture Notes in Computer Science*, Springer-Verlag, 1995.

[SHN87] SHNEIDERMAN, B., *Designing the User Interface*, Addison-Wesley, 1987.

[SOM89] SOMMERVILLE, I., *Software Engineering*, tercera edición, Addison-Wesley, 1989.

[STE74] STEVENS, W., G. MYERS y L. CONSTANTINE, «Structured Design», *IBM System Journal*, vol.13, núm. 2, 1974, págs. 115-139.

[WAS80] WASSERMAN, A., «Principles of Systematic Data Design and Implementation», en *Software Design Techniques*, (P. FREEMAN y A. WASSERMAN, eds.) tercera ed., IEEE Computer Society Press, 1980, págs. 287-293.

[WIR71] WIRTH, N., «Program Development by Stepwise Refinement», *CACM*, vol. 14, núm. 4, 1971, págs. 221-227.

[YOU79] YOURDON, E. y L. CONSTANTINE, *Structured Design*, Prentice-Hall, 1979.

PROBLEMAS Y PUNTOS PARA CONSIDERAR

14.1. Escriba un documento de tres a cinco páginas que contenga directrices para la selección de estructuras de datos basándose en la naturaleza del problema. Empiece delimitando las clásicas estructuras de datos que se encuentran en el software y después describiendo los criterios para la selección de éstos para tipos particulares de problemas.

14.2. Algunos diseñadores sostienen que todo el flujo de datos se puede tratar como orientado a transformaciones. Estudie como afectará esta opinión a la estructura del software que se obtiene cuando un flujo orientado a transacción es tratado como de transformación. Utilice un flujo de ejemplo para ilustrar los puntos importantes.

14.3. Si no lo ha hecho, complete el Problema 12.13 del Capítulo 12. Utilice los métodos de diseño descritos en este capítulo para desarrollar una estructura de programa para el PHTRS.

14.4. Proponga un enfoque al diseño de aplicaciones de software de tiempo real que use técnicas orientadas al flujo de datos. Para empezar su estudio, haga una lista de problemas con los sistemas de tiempo real (p. ej.: interrupciones) que hacen algo rígida la aplicación directa del diseño orientado al flujo de datos.

14.5. Mediante un diagrama de flujo de datos y una descripción del procesamiento, describa un sistema basado en computadora que tenga unas características de flujo de transformación singulares. Defina los límites del flujo y transforme el DFD en la estructura software usando una técnica de las descritas en la Sección 14.4.

14.6. Mediante un diagrama de flujo de datos y una descripción de procesamiento, describa un sistema basado en computadora que tenga unas características de flujo de transacción claras. Defina los límites del flujo y direccione el DFD en una estructura software utilizando la técnica descrita en la Sección 14.5.

14.7. Usando los requisitos obtenidos en un estudio hecho en clase, complete los DFD y el diseño arquitectónico para el ejemplo HogarSeguro presentado en las Secciones 14.4 y 14.5. Valore la independencia funcional de todos los módulos. Documente su diseño.

14.8. Para lectores con experiencia en diseño de compiladores: desarrolle un DFD para un compilador sencillo, valore sus características de flujo generales y obtenga una estructura de programa mediante las técnicas descritas en este capítulo. Proporcione descripciones del procesamiento de cada módulo.

14.9. ¿Cómo encaja el concepto de módulos recursivos (p. ej.: módulos que se invocan a si mismos) en la filosofía de diseño, y en las técnicas presentadas en este capítulo?

14.10. Utilizando el DFD mostrado en la Figura 14.23, aplique un análisis de transacción al DFD y obtenga una estructura de programa. Las caracterís-

FIGURA 14.23

Problema 14.10.

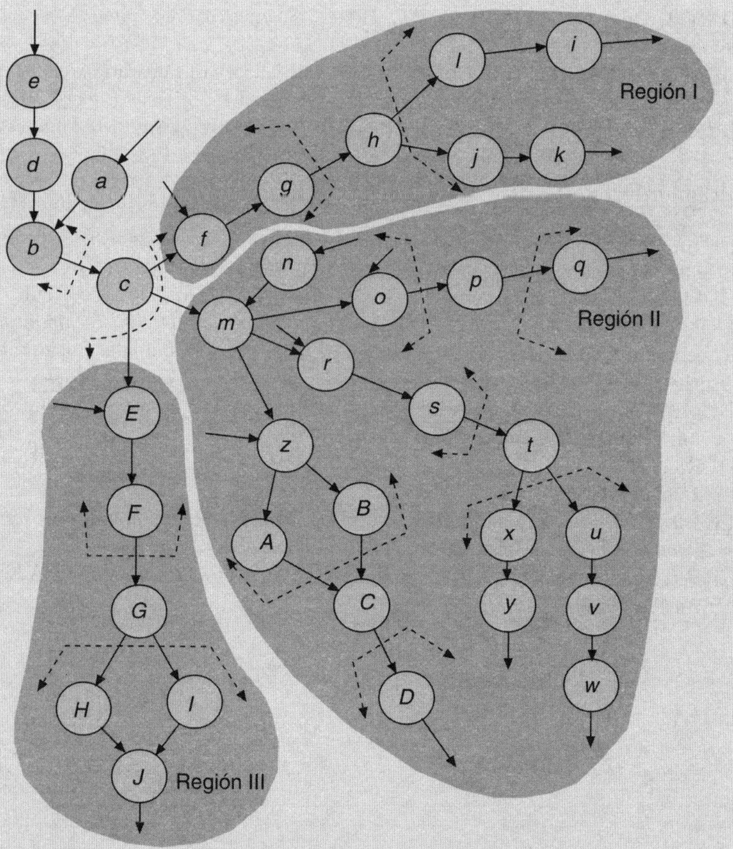

ticas generales del flujo se asumirá que son de flujo de transacción (con el centro de transacción en la transformación c). El flujo en la región I es de transformación; el flujo en la región II es de transacción con subflujos de transformación tal como se muestra; el flujo en la región III es de transformación. Su estructura de programa debería tener módulos que correspondan uno a uno con las transformaciones de la figura. Será necesario obtener varios módulos de control.

14.11. Estudie las ventajas y dificultades relativas de aplicar un diseño orientado al flujo de datos en las siguientes áreas:

a. Aplicaciones de microprocesador empotrado
b. Análisis de ingeniería/científico
c. Gráficos de computadora
d. Diseño de sistemas operativos
e. Aplicaciones de negocio
f. Diseño de sistemas de gestión de bases de datos
g. Diseño de software de comunicaciones
h. Diseño de compiladores
i. Aplicaciones de control de proceso
j. Aplicaciones de inteligencia artificial

14.12. Dado un conjunto de requisitos que le proporcione su profesor (o un conjunto de requisitos de un problema en el que esté trabajando actualmente) desarrolle un diseño completo incluyendo toda la documentación. Lleve a cabo una revisión del diseño (Capítulo 8) para valorar la calidad de su diseño. Este problema debe asignarse a un equipo en vez de a un solo individuo.

14.13. Describa la peor interfaz con la que haya trabajado y haga una crítica en relación a los conceptos introducidos en este capítulo. Describa la mejor interfaz con la que haya trabajado y haga una crítica en relación a los conceptos descritos en este capítulo.

14.14. Considere una de las siguientes aplicaciones interactivas:

a. Un sistema editorial de sobremesa.
b. Un sistema de diseño asistido por computadora.
c. Un sistema de diseño de interiores (como el que se describe en la Sección 14.9.2)
d. Un sistema automático para apuntarse a cursos para la Universidad
e. Un sistema de gestión de biblioteca
f. Una cabina electoral de nueva generación
g. Un sistema de banco en casa
h. Una aplicación interactiva asignada por su profesor

Desarrolle un modelo de diseño, un modelo de usuario, una imagen del sistema y una percepción del sistema para cualquiera de los sistemas anteriores.

14.15. Realice un análisis de tareas detallado para cualquiera de los sistemas de la lista del Problema 14.14. Emplee un enfoque detallado u orientado a objetos.

14.16. Continuando con el Problema 14.15, aplique el proceso de diseño de siete pasos descrito en este capítulo.

14.17. Describa su enfoque de las ayudas de usuario del modelo de diseño y análisis de tareas que ha realizado como parte de los Problemas 14.15 y 14.16.

14.18. Proporcione algunos ejemplos que ilustren por qué la variación del tiempo de respuesta puede ser un problema.

14.19. Desarrolle un enfoque que integre automáticamente los mensajes de error y las ayudas de usuario. Es decir, que el sistema reconozca automáticamente el tipo de error y proporcione una ventana de ayuda con sugerencias para solucionarlo. Realice un diseño del software razonablemente completo que considere las estructuras de datos y los algoritmos apropiados.

14.20. Desarrolle un cuestionario para la evaluación de una interfaz que contenga veinte preguntas genéricas que se puedan aplicar a la mayoría de los interfaces. Complete con diez compañeros de clase el cuestionario para un sistema interactivo que utilicen todos. Resuma las respuestas y expóngalas al resto de la clase.

14.21. Intente añadir al menos cinco directrices de diseño adicionales a cada categoría estudiada en la Sección 14.10.

14.22. Se ha escrito mucho sobre el tema de la programación estructurada. Escriba un breve documento que resalte los argumentos publicados –pros y contras– sobre el uso exclusivo de construcciones estructuradas.

Los Problemas 23 al 31 pueden representarse mediante cualquier notación de diseño procedimental de los que se han estudiado en este capítulo. Su profesor puede asignar notaciones específicas a problemas específicos.

14.23. Desarrolle un diseño procedimental para módulos que implemente las siguientes clases: Shell-Metznersort; heapsort; BSST (árbol). Consulte un libro sobre estructuras de datos si no está familiarizado con estas clases.

14.24. Desarrolle un diseño procedimental para una interfaz interactiva de usuario que consulte información básica de ingresos por impuestos. Cree sus propios requisitos y asuma que todos los cálculos de impuestos los realizan otros módulos.

14.25. Desarrolle un diseño procedimental para una función de limpieza de espacio para un esquema de partición variable de gestión de memoria. Defina todas las estructuras de datos apropiadas en la representación del diseño. Consulte algún libro sobre sistemas operativos para más información.

14.26. Desarrolle un diseño procedimental para un programa que acepte un texto de longitud arbitraria como entrada, y produzca una lista de palabras y su frecuencia de aparición como salida.

14.27. Desarrolle un diseño procedimental de un programa que integre numéricamente una función *f* entre los límites *a* y *b*.

14.28. Desarrolle un diseño procedimental para una máquina general de Turing que acepte un conjunto de cuadruplicados como entradas del programa y produzca las salidas que se especifiquen.

14.29. Desarrolle un diseño procedimental para un programa que solucione el problema de las Torres de Hanoi. Muchos libros sobre inteligencia artificial tratan este problema con detalle.

14.30. Desarrolle un diseño procedimental para todas las partes principales de un analizador LR para un compilador. Consulte libros sobre diseño de compiladores.

14.31. Desarrolle un diseño procedimental para un algoritmo de cifrado/descifrado a su elección.

OTRAS LECTURAS Y FUENTES DE INFORMACIÓN

En la mayoría de los libros dedicados a la ingeniería del software hay tratados sobre el diseño del software. Se pueden encontrar tratados más rigurosos del tema en FEIJS (*Formalization of Design Methods*, Prentice-Hall, 1993), WITT y colaboradores (*Software Achitecture and Design Principles*, Thomson Publishing, 1994) y BUDGEN (*Software Design*, Addison-Wesley, 1994).

Se pueden encontrar representaciones completas de diseños orientados a flujos de datos en MYERS [MYE78], YOURDON y CONSTANTINE [YOU79], BUHR (*Systems Design with Ada*, Prentice-Hall, 1984) y PAGE-JONES (*The Practical Guide to Structured Systems Design*, segunda edición, Prentice-Hall, 1988). Estos libros están dedicados solamente al diseño y proporcionan unas completas tutorías en el enfoque de flujo de datos.

La literatura sobre interfaces hombre-máquina y factores humanos ha proliferado mucho durante la última década. Libros de THIMBLEY (*The User Interface Design Book*, Addison-Wesley, 1989), BARFIELD (*The User Interface: Concepts and Design*, Addison-Wesley, 1993), NIELSEN (*Usability Engineering*, Academic Press, 1993), PREECE (*A Guide to Usability*, Addison-Wesley, 1993) y LEE (*Object-Oriented GUI Aplication Development*, Prentice-Hall, 1994) proporcionan unos valiosos tratados sobre el tema. Los libros de RUBINSTEIN y HERSH (*The Human Factor*, Digital Press, 1984), DUMAS [DUM88], HELANDER (*Handbokk of Human-Computer Interaction*, Elsevier Science Publishers, 1988) y LAUREL (*The Art of Human-Computer Interface Design*, Addison-Wesley, 1990) contienen valiosas listas de consejos sobre diseño de interfaces. NORMAN (*The Psychology of Everiday Things*, Basic Books, 1988) usa ejemplos de la vida ordinaria para resaltar diseños malos y buenos. Defiende que los buenos diseños de interfaces se basan en nuestras mejores habilidades de percepción mientras que los interfaces malos luchan contra ellos.

El trabajo de LINGER, MILLS y WITT (*Structured Programming—Theory and Practice*, Addison-Wesley, 1979) sigue siendo un tratado definitivo del tema. El texto contiene un buen LDP así como detallados estudios de las ramificaciones de la programación estructurada. Otros libros que se concentran en aspectos del diseño procedimental incluyen los libros de BENTLEY (*Programming Pearls,* Addison-Wesley, 1986, y *More Programming Pearls*, Addison-Wesley,1988) y DAHL, DIJKSTRA y HOARE (*Structured Programming*,Academic Press, 1972).

Se puede encontrar una colección de artículos y comentarios de los métodos de diseño del software en la página Web de la Asociación para el Diseño del Software:

http://www-pcd.standford.edu/asd/info/articles/

Se encuentran disponibles una bibliografía, referencias y un estudio avanzado sobre la tecnología de la arquitectura del software y una «Directriz sobre la tecnología de la arquitectura del software» en:

http://www.stars.reston.unisysgsg.com/arch/guide.html
http://www.sci.cmu.edu/technology/architecture/bibliography.html

Se puede encontrar una edición en línea *(on-line)* del clásico libro de GEO WIEDERHOLD (*Database Design*, tercera edición, McGraw-Hill, 1988) en:

http://db.standford.edu/pub/gio/dbd/intro.html

Se puede encontrar una breve tutoría «Comentarios sobre Diseño de interfaces hombre-máquina» en:

http://infolabwww.kub.nl:2080/w3thesis/Hci/user_centered.html

LEWIS y RIEMAN han proporcionado un libro de texto *on-line* como shareware) titulado *Task Centered User Interface Design* en:

ftp://ftp.cs.colorado.edu/pub/cs/distribs/clewis/HCI-Design-Book/

Se puede encontrar una lista actualizada de referencias en la Worl Wide Web sobre métodos de diseño en: **http://www.rspa.com**

CAPÍTULO 15

DISEÑO PARA SISTEMAS DE TIEMPO REAL

El diseño de sistemas de tiempo real es la tarea más excitante y compleja que puede ser acometida por un ingeniero del software. Por su propia naturaleza, el software para sistemas de tiempo real requiere técnicas de análisis, diseño y prueba que son desconocidas en otras áreas de aplicación.

El software de tiempo real está muy acoplado con el mundo real. Es decir, el software de tiempo real debe responder al ámbito del problema (el mundo real) en un tiempo dictado por el ámbito del problema. Debido a que el software de tiempo real debe operar bajo restricciones de rendimiento muy rigurosas, el diseño del software está conducido frecuentemente, tanto por la arquitectura del hardware como por la del software, por las características del sistema operativo, por los requisitos de la aplicación y, tanto por los extras del lenguaje de programación como por aspectos de diseño.

En su libro sobre software de tiempo real, Robert Glass [GLA83] da una útil introducción al tema de los sistemas de tiempo real:

> La computadora digital se ha convertido en una máquina omnipresente en la vida diaria de todos nosotros. Las computadoras nos permiten ver juegos, así como contar el tiempo, optimizar el gasto de gasolina de nuestras últimas generaciones de coches y programar nuestros aparatos... [En la industria, las computadoras controlan máquinas, coordinan procesos y crecientemente, sustituyen prácticas manuales y reconocimiento humano con sistemas automáticos y de inteligencia artificial.]
>
> Todas estas interacciones con las computadoras –sean útiles o intrusivas– son ejemplos de computación en tiempo real. La computadora está controlando algo que interactúa con la realidad sobre una base de tiempo. De hecho, el tiempo es la esencia de la interacción... Un sistema de tiempo real insensible puede ser peor que no tener ningún sistema.

No hace más de una década, el desarrollo de software de tiempo real se consideraba un arte negro, aplicado por brujos ungidos, que guardaban celosamente su mundo cerrado. Hoy, no queda ya tanta brujería. Aún así, no hay duda de que la ingeniería del software de tiempo real requiere prácticas especiales. En este capítulo examinaremos el software de tiempo real y trataremos algunas de las prácticas requeridas para construirlo.

15.1. CONSIDERACIONES SOBRE LOS SISTEMAS

Como cualquier sistema basado en computadora, un sistema de tiempo real debe integrar hardware, software, personas y elementos de una base de datos, para conseguir adecuadamente un conjunto de requisitos funcionales y de rendimiento. En el Capítulo 10 examinamos la tarea de asignación, para sistemas basados en computadora, e indicamos que el ingeniero de sistemas debe definir funciones y rendimiento entre los elementos del sistema. El problema para los sistemas de tiempo real es realizar la asignación adecuada. El rendimiento en tiempo real es frecuentemente tan importante como la función, pero las decisiones de asignación relativas al rendimiento son, frecuentemente, difíciles de hacer con seguridad. ¿Puede un algoritmo de procesamiento cumplir severas restricciones de tiempo o debe construirse un hardware especial para hacer el trabajo? ¿Puede un sistema operativo cumplir nuestras necesidades para un manejo eficiente de interrupciones, multitareas y comunicaciones, o debemos construir un ejecutable a medida? ¿Puede el software especificado, acoplado con el software propuesto, cumplir los criterios de rendimiento? Éstas y otras muchas preguntas deben ser respondidas por el ingeniero de sistemas de tiempo real.

Un tratamiento amplio de todos los elementos de los sistemas de tiempo real escapa al ámbito de este libro. Entre las distintas buenas fuentes de información están [SAV85], [ELL94] y [SEL94]. Sin embargo, es importante que comprendamos cada uno de los elementos de un sistema de tiempo real antes de dedicarnos al análisis del software y a aspectos de diseño.

Everett [EVE95] define tres características que diferencian el desarrollo de software de tiempo real de otros de esfuerzos de ingeniería del software:

- *El diseño de un sistema de tiempo real está limitado por recursos.* El recurso primario de un sistema de tiempo real es el tiempo. Es esencial terminar una tarea definida dentro de un número dado de ciclos de CPU. Además, otros recursos del sistema, tales como el tamaño de memoria, se tienen que adecuar al tiempo necesario para lograr los objetivos del sistema.
- *Los sistemas de tiempo real son compactos, aunque complejos.* Aunque un sistema de tiempo real puede contener un millón de líneas de código, la parte crítica en tiempo del software representa comúnmente un porcentaje muy pequeño del total. Es este porcentaje pequeño de código el que es más complejo (desde un punto de vista algorítmico).
- *Los sistemas de tiempo real funcionan a menudo sin la presencia de un usuario.* Por consiguiente, el software de tiempo real debe detectar problemas que conduzcan a fallos y automáticamente se recuperen de estos problemas antes de que haya daños en los datos y en el entorno controlado.

En la sección siguiente, examinamos algunos de los atributos clave que diferencian sistemas de tiempo real de otros tipos de software de computadora.

15.2. SISTEMAS DE TIEMPO REAL[1]

Los sistemas de tiempo real generan alguna acción en respuesta a sucesos externos. Para realizar esta función, ejecutan una adquisición y control de datos a alta velocidad bajo varias restricciones de tiempo y fiabilidad. Debido a que estas restricciones son muy rigurosas, los sistemas de tiempo real están frecuentemente dedicados a una única aplicación.

Los sistemas de tiempo real se utilizan extensamente en diversas aplicaciones como sistemas de control, operativa militar, electrónica para el consumidor, control de procesos, automatización industrial, investigación médica y científica, gráficos de computadora, comunicaciones locales y largo alcance, sistemas aeroespaciales, prueba asistida por computadora y un vasto abanico de instrumentación industrial.

[1] Basado en el artículo, «Real Time Systems» de H. J. Hinden y W. B. Rausch-Hinden [HIN83]. Reproducido con permiso de *Electronic Design* y Hayden Publishing.

15.2.1. Aspectos de integración y rendimiento

Globalmente, un sistema de tiempo real enfrenta al ingeniero de sistemas con difíciles decisiones sobre el hardware y sobre el software. Los aspectos de asignación asociados con el hardware para los sistemas de tiempo real escapan al ámbito de este libro (véase [SAV85] para información adicional). Una vez que el elemento software ha sido asignado, se establecen los requisitos detallados del software y debe desarrollarse un diseño fundamental del software. Entre los muchos aspectos relativos al diseño de tiempo real están: la coordinación entre las tareas de tiempo real, el procesamiento de interrupciones del sistema, el manejo de E/S para asegurar que no se pierden datos, la especificación de las ligaduras de tiempo externas del sistema y el asegurar la precisión de su base de datos.

Cada diseño de tiempo real relativo al software debe ser aplicado en el contexto de *rendimiento* del sistema. En la mayoría de los casos, el rendimiento de un sistema de tiempo real se mide como una o más características relativas al tiempo, pero también se utilizan otras medidas, tales como la tolerancia al fallo.

Algunos sistemas de tiempo real se han diseñado para aplicaciones en las que sólo el tiempo de respuesta o la transferencia de datos es crítica. Otras aplicaciones de tiempo real requieren la optimización de ambos parámetros bajo unas condiciones de carga extremas. Y lo que es más, los sistemas de tiempo real deben manejar sus cargas máximas, mientras se ejecutan varias tareas simultáneamente.

Puesto que el rendimiento de un sistema de tiempo real se determina principalmente por el *tiempo de respuesta* del sistema y su ratio de transferencia de datos, es importante comprender estos dos parámetros. El tiempo de respuesta del sistema es el tiempo en el que un sistema debe detectar un suceso interno o externo y responder con una acción. Frecuentemente, la deteccion del suceso y la generación de la respuesta son tareas sencillas. Es el procesamiento de la información sobre el suceso para determinar la respuesta adecuada lo que puede implicar algoritmos complejos que consumen mucho tiempo.

Entre los parámetros clave que afectan al tiempo de respuesta está el *cambio de contexto* y la *latencia de la interrupcion*. El cambio del contexto se refiere al tiempo y sobre carga para conmutar entre tareas, y la latencia de interrupción es el tiempo que pasa antes de que el cambio sea realmente posible. Otros parámetros que afectan al tiempo de respuesta son la velocidad de cálculo y el acceso a memorias masivas.

La *velocidad de transferencia de datos* indica con qué rapidez se introducen o salen del sistema los datos series o paralelos, tanto analógicos como digitales. Los vendedores de hardware, frecuentemente, subrayan los valores de tiempo y capacidad como características de rendimiento. Sin embargo, las especificaciones hardware para rendimiento son normalmente medidas aisladas y, frecuentemente, dicen poco respecto a la determinación del rendimiento global de un sistema de tiempo real. Por tanto, el rendimiento del dispositivo de E/S, la latencia del bus, el tamaño del buffer, el rendimiento del disco y una serie de otros factores, aunque importantes, son sólo parte de la historia del diseño de sistema de tiempo real.

Los sistemas de tiempo real se necesitan normalmente para procesar un flujo continuo de datos de llegada. El diseño debe asegurar que no falte ningún dato. Además, un sistema de tiempo real debe responder a los sucesos que son asíncronos. Por tanto, la secuencia de llegada y el volumen de los datos, no pueden predecirse fácilmente de antemano.

Aunque todas las aplicaciones de software deben ser fiables, los sistemas de tiempo real hacen una especial demanda de fiabilidad, reinicialización y recuperación de fallos. Debido a que el mundo real está siendo supervisado y controlado, la pérdida de supervisión o control (o ambos) es intolerable en muchas circunstancias (p. ej.: un sistema de control de tráfico aéreo). Consecuentemente, los sistemas de tiempo real contienen mecanismos de restauración y recuperación de fallos y, frecuentemente, tienen incorporados redundancias para asegurar la restauración.

Sin embargo, la necesidad de fiabilidad ha estimulado un continuo debate sobre si los sistemas en línea (*on-line*), tales como los sistemas de reserva de billetes y los cajeros automáticos de los bancos, también son de tiempo real. Por otra parte, tales sistemas interactivos deben responder a interrupciones externas dentro de tiempos de respuesta prescritos en el orden de un segundo. Por otra parte, no ocurre ninguna catástrofe si falla uno de esos sistemas en cumplir los requisitos de respuesta; en vez de ello, sólo se consigue una degradación del sistema.

15.2.2. Manejo de interrupciones

Una característica que sirve para distinguir a los sistemas de tiempo real de cualquier otro tipo es el *manejo de interrupciones*. Un sistema de tiempo real debe responder a un estímulo externo *–interrupción–* en un tiempo dictado por el mundo externo. Debido a que, frecuentemente, se presentan múltiples estímulos (interrupciones), deben establecerse prioridades e interrupciones prioritarias. En otras palabras, la tarea más importante debe siempre ser servida dentro de las restricciones de tiempo predefinidas, independientemente de otros sucesos.

El manejo de interrupciones supone, no sólo almacenar información, de forma que la computadora pueda establecer correctamente la tarea interrumpida, sino también evitar interbloqueos y bucles sin fin. El enfoque global para el manejo de interrupciones se ilustra en la Figura 15.1. El flujo normal de procesamiento es «interrumpido» por un suceso que es detectado por el hardware del procesador. Un *suceso* es cualquier ocurrencia que necesita un servicio inmediato y puede ser generado por hardware o por software. Se salva el estado del programa interrumpido (es decir, se guardan todos los contenidos de los registros, los bloques de control, etc.) y se pasa el control a una rutina de servicio de interrupción, que bifurca al software apropiado para el manejo de la interrupción. Al terminar el servicio de la interrupción, se restaura el estado de la máquina y continúa el flujo normal de procesamiento.

FIGURA 15.1

Interrupciones

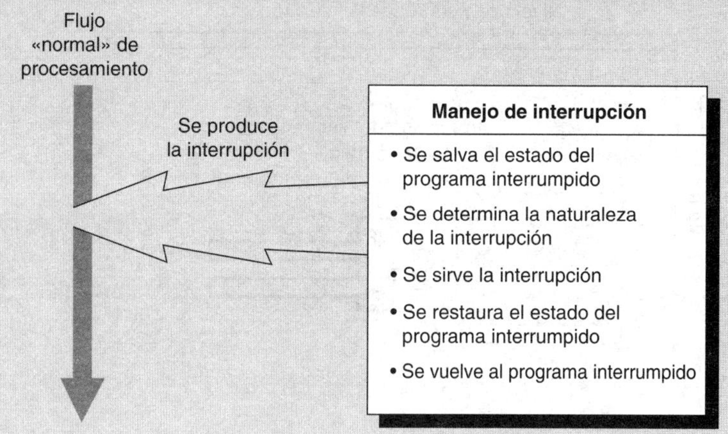

En muchas situaciones, el servicio de interrupción de un suceso puede a su vez ser interrumpido por otro suceso de mayor prioridad. Pueden establecerse niveles de prioridad de interrupciones (Figura 15.2).

Si se permite accidentalmente a un proceso de prioridad más baja interrumpir a uno de prioridad mayor, puede ser difícil de restaurar los procesos en el orden correcto y puede producirse un bucle sin fin.

Para manejar las interrupciones y cumplir también las restricciones de tiempo del sistema, muchos sistemas operativos de tiempo real hacen cálculos dinámicamente para determinar si pueden cumplirse los objetivos del sistema. Estos cálculos dinámicos se basan en la frecuencia media de ocurrencia de sucesos, la cantidad de tiempo que le lleva el servirlos (si pueden ser servidos) y las rutinas que pueden interrumpirlos y temporalmente evitar su servicio.

Si los cálculos dinámicos muestran que es imposible manejar los sucesos que pueden ocurrir en el sistema y también cumplir las restricciones de tiempo, el sistema debe decidir sobre un plan de acción. Un posible esquema consiste en almacenar en un buffer los datos, de forma que puedan ser procesados rápidamente cuando el sistema esté preparado.

FIGURA 15.2

Un ejemplo de niveles de prioridad de interrupciones

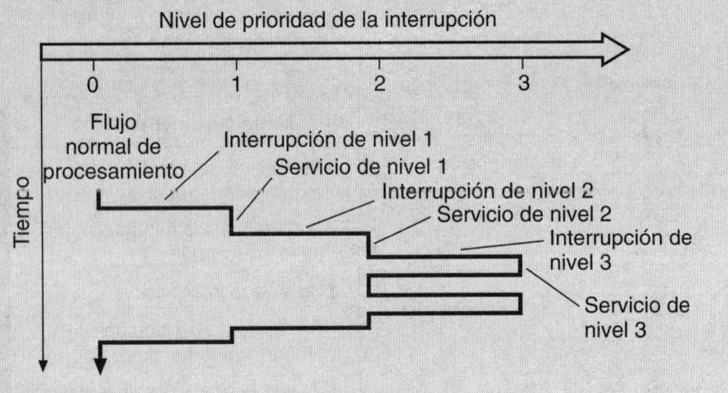

15.2.3. Bases de datos de tiempo real

Como muchos sistemas de procesamiento de datos, los sistemas de tiempo real, frecuentemente, van junto con una función de gestión de base de datos. Sin embargo, puede parecer que las *bases de datos distribuidas* constituyen el método preferido en los sistemas de tiempo real, debido a que la multitarea es muy común y que los datos se procesan frecuentemente en paralelo. Si la base de datos es distribuida y no centralizada, las tareas individuales pueden acceder a sus datos de forma más rápida, fiable y con menos cuellos de botella. El uso de una base de datos distribuida para aplicaciones de tiempo real divide el «tráfico» de entrada/salida y acorta las colas de las tareas en espera, para acceder a una base de datos. Además, un fallo de una base de datos raramente causará el fallo del sistema entero si se construyen con redundancia.

Las eficiencias del rendimiento conseguido mediante el uso de una base de datos distribuida, debe ser sopesada frente a cualquier problema potencial asociado con la partición y copia de los datos. Aunque la redundancia de los datos mejora el tiempo de respuesta, suministrando múltiples fuentes de información, los requisitos de copia para los archivos distribuidos también producen problemas logísticos y de sobrecarga, puesto que todas las copias de los archivos deben ser actualizadas. Además, el uso de base de datos distribuida introduce el problema de *control de concurrencia*. El control implica la sincronización de las bases de datos de forma que todas las copias tengan la misma y correcta información disponible para los accesos.

El método convencional para el control de concurrencia se basa en lo que se conoce como *bloqueo* y *marcas de tiempo*. En intervalos regulares, se inician las siguientes tareas: (1) la base de datos es «bloqueada», de forma que se asegure el control de concurrencia; no se permite E/S; (2) se realiza la actualización requerida; (3) la base de datos es desbloqueada; (4) los archivos son validados para asegurar que todas las actualizaciones se han hecho correctamente; (5) se reconoce que la actualización se ha terminado. Todas las tareas de bloqueo están supervisadas por un reloj maestro (es decir, marcas de tiempo [*time stamps*]). Los retardos implicados en estos procedimientos, así como los problemas para evitar actualizaciones inconsistentes e interbloqueos, se mitigan por el amplio uso de las bases de datos distribuidas.

Sin embargo, se han desarrollado algunas técnicas para aumentar la velocidad de actualización y resolver el problema de concurrencia. Una de éstas, llamada *protocolo del escritor exclusivo*, mantiene la consistencia de los archivos replicados permitiendo que sólo una tarea de escritura actualice un archivo en exclusiva. Por tanto, elimina la gran sobrecarga de los procedimientos de bloqueo y marca de tiempo.

15.2.4. Sistemas operativos de tiempo real

Algunos sistemas operativos de tiempo real (SOTR) son aplicables a una gran gama de configuraciones de sistemas, mientras que otros están orientados a un enfoque particular o incluso microprocesador, independientemente del entorno electónico circundante. Un SOTR logra sus capacidades mediante una combinación de características de software y (crecientemente) una variedad de capacidades de microcódigo implementadas en hardware.

Hoy, dos amplias clases de sistemas operativos se utilizan para los trabajos de tiempo real: (1) un SOTR diseñado exclusivamente para aplicaciones de tiempo real y (2) sistemas operativos de propósito general que se han reforzado para suministrar capacidades de tiempo real. El uso de un *gestor de tiempo real* hace factible el rendimiento en tiempo real para un sistema operativo de propósito general. Comportándose como software de aplicación, el gestor ejecuta varias funciones del sistema operativo –particularmente las que afectan al rendimiento de tiempo real– de una forma más rápida y eficiente que el sistema operativo de propósito general.

Todos los sistemas operativos deben tener un mecanismo de planificación de prioridades, pero un SOTR debe dar un *mecanismo de prioridades* que permita que las interrupciones de prioridad alta tengan precedencia sobre la menos importante. Además, debido a que las interrupciones ocurren es respuesta a sucesos asíncronos no recurrentes, deben ser servidas sin consumir primero un tiempo de carga de un programa de disco. Consecuentemente, para garantizar el tiempo de respuesta requerido, un sistema operativo de tiempo real debe tener un mecanismo de *bloqueo de memoria*, es decir, mantener unos mínimos programas en memoria principal, de forma que se evite la sobrecarga del almacenamiento en ella.

Para determinar qué tipo de sistema operativo de tiempo real es más adecuado a una aplicación, pueden definirse y evaluarse medidas de la calidad de SOTR. El tiempo de cambio de contexto y el de latencia de interrupción (discutido anteriormente) determinan la capacidad de manejo de interrupciones, el aspecto más importante de un sistema de tiempo real. El tiempo de cambio de contexto es el tiempo que el sistema operativo se toma para almacenar el estado de la computadora y los contenidos de los registros, de forma que pueda volver a la tarea de procesamiento después de servir a la interrupción.

La latencia de interrupción, el tiempo máximo que pasa antes de que el sistema pueda conmutar a una tarea, ocurre porque en un sistema operativo existen frecuentemente caminos de procesamiento críticos, en los que no se puede volver a entrar, que deben ser terminados antes de que pueda procesarse una interrupción.

La longitud de estos caminos (el número de instrucciones requeridas antes de que el sistema pueda servir a una interrupción) indica el tiempo perdido en el caso peor. El caso peor se presenta si una interrupción de alta prioridad se genera inmediatamente después de que el sistema entra en un camino crítico entre una interrupción y un servicio de interrupción. Si el tiempo es demasiado largo, el sistema puede perder un trozo irrecuperable de datos. Es imporante para el diseñador conocer el tiempo de retraso, de forma que el sistema pueda compensarlo.

Muchos sistemas operativos ejecutan procesamiento multitarea o concurrente, otro requisito importante para los sistemas de tiempo real. Pero para ser viable en la operación en tiempo real, el solapamiento del sistema debe ser bajo, en términos de tiempo de conmutación y espacio de memoria usado.

15.2.5. Lenguajes de tiempo real

Debido a los requisitos especiales de rendimiento y de fiabilidad demandados por los sistemas de tiempo real, es importante la elección del lenguaje de programación. Pueden usarse con efectividad muchos lenguajes de programación de propósito general (p. ej.: C, FORTRAN, Modula-2) para aplicaciones de tiempo real. Sin embargo, una clase llamada «lenguajes de tiempo real» (p. ej.: Ada, Jovial, HAL/S, Chill y otros) se utilizan frecuentemente en aplicaciones especializadas de comunicaciones y militares.

Varias características hacen a un lenguaje de tiempo real diferente de un lenguaje de propósito general. Éstas incluyen la capacidad de multitarea, las construcciones para implementación directa de funciones de tiempo real y las características modernas de programación que ayuden a asegurar la corrección del programa.

Es importante que el lenguaje de programación soporte directamente la multitarea debido a que los sistemas de tiempo real deben responder a sucesos asíncronos que ocurren simultáneamente. Aunque muchos SOTR dan capacidades de multitarea, frecuentemente existe software de tiempo real empotrado sin un sistema operativo. En vez de ello, las aplicaciones empotradas se escriben en un lenguaje que da un soporte de tiempo real suficiente para la ejecución del programa en tiempo real. El soporte de tiempo de ejecución requiere menos memoria que un sistema operativo y puede ser adaptado a una aplicación, incrementando así el rendimiento.

15.2.6. Sincronización y comunicación de tareas

Un sistema de multitarea debe suministrar un mecanismo por el que las tareas se pasen información unas a otras, así como para asegurar su sincronización. Para estas funciones, los sistemas operativos y los lenguajes con soporte de tiempo real, utilizan frecuentemente semáforos de colas, buzones o sistemas de mensajes. Los semáforos suministran sincronización y señalización pero no contienen información. Los mensajes son similares a los semáforos excepto en que ellos llevan una información asociada. Por otra parte, los buzones no señalizan la información sino que la contienen.

Los *semáforos de colas* son primitivas de software que ayudan a gestionar el tráfico. Suministran un método para dirigir varias colas, por ejemplo, colas de tareas en espera de recursos, acceso a base de datos, o dispositivos, así como colas de recursos y dispositivos. Los semáforos coordinan (sincronizan) las tareas en espera con lo que estén esperando, sin dejar que las tareas o recursos interfieran entre sí.

En un sistema de tiempo real, los semáforos se utilizan frecuentemente para implementar y gestionar *buzones*. Los buzones se almacenan temporalmente en lugares (también llamados *buffers* o *almacenes de mensajes*) para enviar mensajes de un proceso a otro. Un proceso produce una información, la sitúa en el buzón y luego señala a un proceso consumidor que hay una información en el buzón para que la utilice.

Algunos métodos para los sistemas operativos de tiempo real (SOTR) o sistemas de soporte en tiempo de ejecución ven los buzones como la forma más eficiente de implementar comunicaciones entre procesos. Algunos sistemas de tiempo real suministran un lugar para enviar y recibir referencias a los datos del buzón. Esto elimina la necesidad de transferir todos los datos, ahorrando así tiempo y sobrecarga.

Un tercer método para la comunicación y sincronización entre procesos es un sistema de mensajes. Con un sistema de mensajes, un proceso envía un mensaje a otro. El último se activa entonces automáticamente por el sistema de soporte de tiempo de ejecución o sistema operativo para que procese el mensaje. Tal sistema incurre en sobrecarga debido a la transferencia real de la información, pero suministra una mayor flexibilidad y facilidad de uso.

15.3. ANÁLISIS Y SIMULACIÓN DE SISTEMAS DE TIEMPO REAL

En la sección anterior se ha tratado un conjunto de atributos dinámicos que no pueden separarse de los requisitos funcionales de un sistema de tiempo real:

- Manejo de interrupciones y cambio de contexto.
- Tiempo de respuesta.
- Razón de transferencia de datos y tiempo invertido.
- Asignación de recursos y manejo de prioridades.
- Sincronización de tareas y comunicación entre tareas.

Puede especificarse cada uno de estos atributos de rendimiento, pero es extremadamente difícil verificar si los elementos del sistema consiguen las respuestas deseadas, si los recursos del sistema serán suficientes para satisfacer los requisitos computacionales o si los algoritmos de procesamiento se ejecutarán con la velocidad suficiente.

El análisis de sistemas de tiempo real requiere modelización y simulación que permitan al ingeniero de sistemas establecer aspectos de «tiempo y tamaño». Aunque se han propuesto varias técnicas en la literatura (p. ej.: [LIU90], [WIL90], [ZUC89]), podemos asegurar que los métodos analíticos para el análisis y diseño de sistemas de tiempo real están aún en su infancia.

15.3.1. Herramientas matemáticas para el análisis de sistemas de tiempo real

Thomas McCabe [MCC85] ha propuesto un conjunto de herramientas matemáticas, que facilitan al ingeniero de sistemas la modelización de los elementos de un sistema de tiempo real y establecen aspectos de tiempo y de tamaño. Basado en las técnicas de análisis de flujo de datos (Capítulo 12), el método de McCabe facilita al analista el modelado de los elementos hardware y software de un sistema de tiempo real; representa el control de una forma probabilística; aplica el análisis de redes, teoría de colas y grafos y un modelo matemático markoviano [GRO85] para obtener el tiempo del sistema y el tamaño del recurso. Desafortunadamente, las matemáticas caen fuera del interés de muchos lectores de este libro, por lo que es difícil hacer una explicación detallada del trabajo de McCabe. Sin embargo, una visión general de la técnica dará una útil visión del método analítico para los ingenieros de sistemas de tiempo real.

La técnica de análisis de tiempo real de McCabe se aplica a un modelo de flujo de datos del sistema de tiempo real. Sin embargo, en vez de usar un DFD de una forma convencional, McCabe [MCC85] pretende que las transformaciones (burbujas) de un DFD pueden representarse como estados del proceso de una cadena de Markov (un modelo de colas probabilístico), y que, a su vez, los flujos de datos pueden representarse como transiciones entre los estados del proceso. El analista puede asignar probabilidades de transición a cada camino del flujo de datos. Refiriéndonos a la Figura 15.3, un valor

$$0 < p_{ij} \leq 1{,}0$$

puede ser especificado para cada camino del flujo, donde p_{ij} representa la probabilidad de que el flujo pase entre el proceso i y el proceso j. Los procesos se corresponden con transformaciones de la información en el DFD (burbujas).

Cada proceso, en un modelo como DFD, puede contener un «coste unitario» que representa el tiempo de ejecución estimado (o real) requerido para ejecutar su función y un «valor de entrada», que describe el número de interrupciones del sistema correspondiente al proceso. El modelo se analiza entonces usando un conjunto de herramientas matemáticas que calculan: (1) el número esperado de visitas a un proceso; (2) el tiempo gastado en el sistema cuando el procesamiento comienza en un proceso específico, y (3) el tiempo total empleado por el sistema.

FIGURA 15.3

DFD como un modelo para red de colas

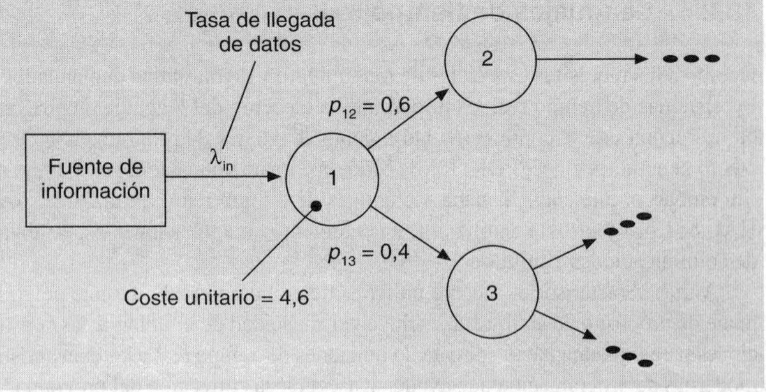

Para ilustrar la técnica de McCabe con un ejemplo realista, consideremos un DFD para un sistema contador electrónico de medidas mostrado en la Figura 15.4. El diagrama de flujo de datos tiene la forma estándar, pero la identificación del flujo de datos ha sido sustituida por p_{ij}. Un modelo de red de colas obtenido del DFD se muestra en la Figura 15.5. Los valores lambda (λ_i) corresponden a la tasa de llegada (llegadas por segundo) en cada proceso. Dependiendo del tipo de cola encontrada, el analista debe determinar información estadística, tal como la tasa de servicio media (tiempo de ejecución medio por proceso), la varianza de la tasa de servicio, la varianza de la tasa de llegada y así sucesivamente.

La tasa de llegada para cada proceso se determina usando las probabilidades

FIGURA 15.4

Ejemplo de DFD (modificado) para el análisis de tiempo real (Con permiso de McCabe & Associates.)

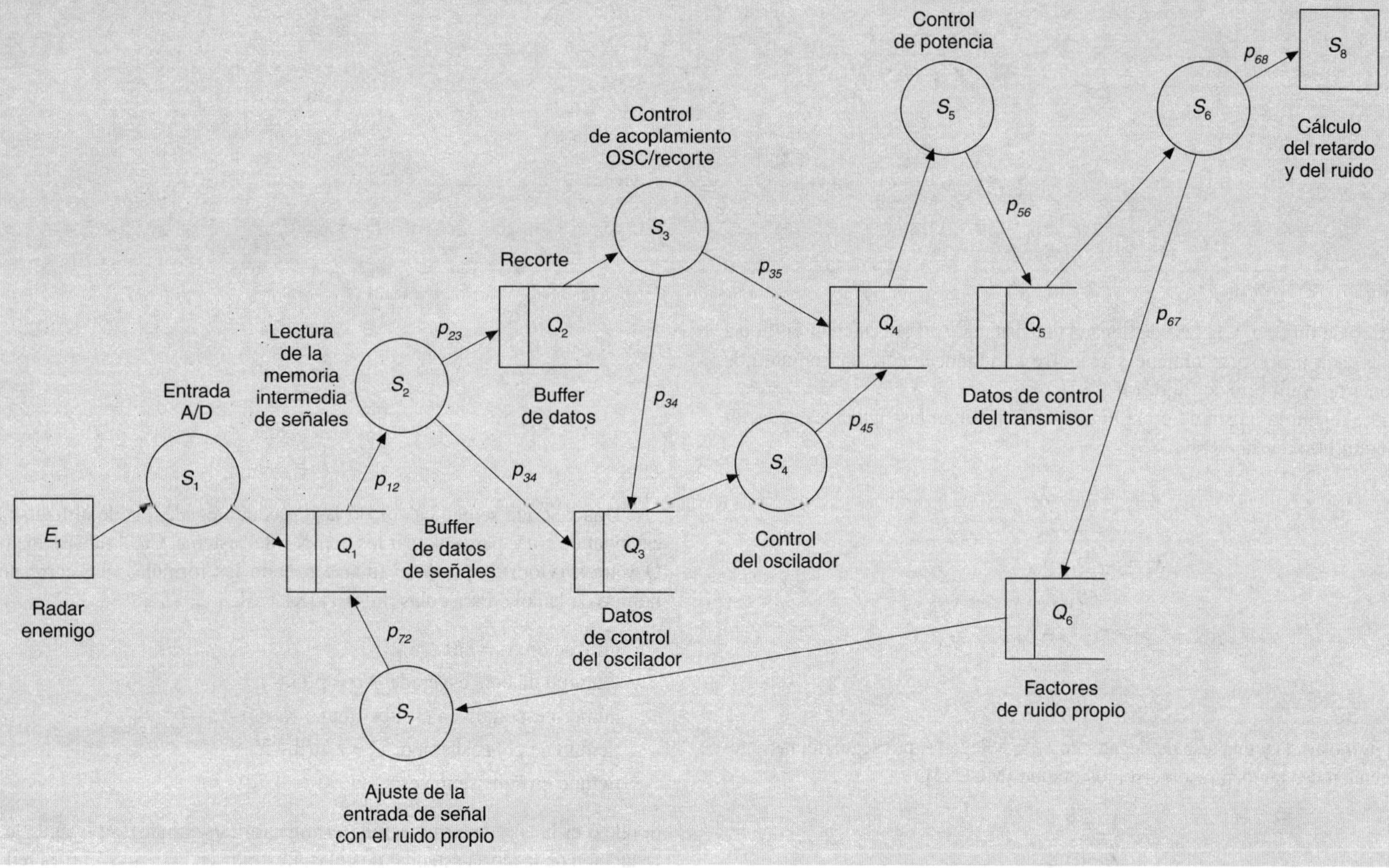

FIGURA 15.5

Modelo de red de colas obtenido a partir del diagrama de flujo (Con permiso de McCabe & Associates.)

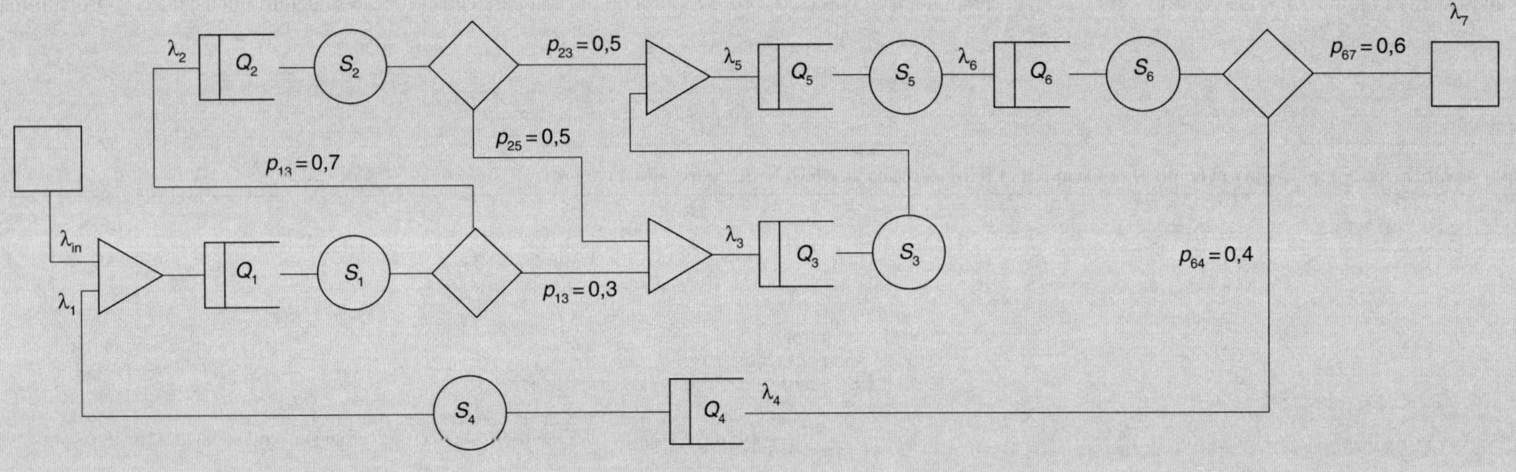

del camino de flujo, p_{ij} y la tasa de llegada del sistema, l_{in}. Para calcular el flujo a través de cada proceso se obtiene y resuelve simultáneamente un conjunto de ecuaciones de equilibrio de flujo [MCC85]:

Para el ejemplo mostrado en la Figura 15.5, resultan las siguientes ecuaciones de equilibrio de flujo [MCC85]:

$$\lambda_1 = \lambda_{in} + \lambda_4$$
$$\lambda_2 = p_{12}\,\lambda_1$$
$$\lambda_3 = p_{13}\lambda_1 + p_{23}\,\lambda_2$$
$$\lambda_4 = p_{64}\,\lambda_6$$
$$\lambda_5 = p_{25}\,\lambda_2 = \lambda_3$$
$$\lambda_6 = \lambda_5$$
$$\lambda_7 = p_{67}\,\lambda_6$$

Para la p_{ij} mostrada y una tasa de llegada de $\lambda_{in} = 5$ llegadas por segundo, las anteriores ecuaciones pueden resolverse, resultando [MCC85]:

$$\lambda_1 = 8{,}3$$
$$\lambda_2 = 5{,}8$$
$$\lambda_3 = 5{,}4$$
$$\lambda_4 = 3{,}3$$
$$\lambda_5 = 8{,}3$$
$$\lambda_6 = 8{,}3$$
$$\lambda_7 = 5{,}0$$

Una vez que se han calculado las tasas de llegada, puede utilizarse la teoría estándar de colas para calcular los tiempos del sistema. Cada subsistema (una cola Q y un servidor S) puede evaluarse usando las fórmulas que correspondan al tiempo de la cola. Para colas (m/m/1) [KLI75]:

utilización: $\rho = \lambda/\mu$
longitud de cola esperada: $Nq = \rho^2(1 - \rho)$
número esperado en el subsistema: $N_s = \rho_1/(1 - \rho)$
tiempo de cola esperado: $T_q = \lambda/\mu(\mu - \lambda)$
tiempo en subsistema esperado: $T_s = 1/(\mu - \lambda)$

donde μ es la tasa de terminación (terminaciones/segundo). Aplicando la regla de reducción de la teoría estándar de colas, ilustrada en la Figura 15.6, la red de colas

FIGURA 15.6

Reglas de reducción de una red de colas

(a) *Regla de serie* — Las llegadas son servidas por el subsistema en serie
T_x = Tiempo en el sistema (retardo)

$$T_{series} = T_1 + T_2$$

(b) *Regla de paralelo* — Las llegadas son servidas por el subsistema en paralelo

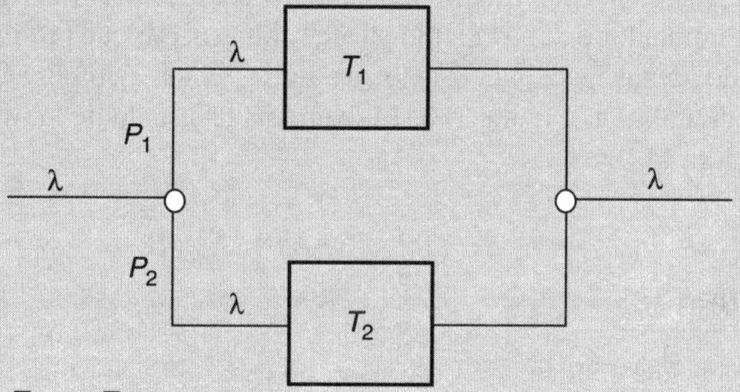

$$T_{paralelo} = \frac{p_1 T_1 + p_2 T_2}{p_1 + p_2}$$

p_1 = probabilidad de entrar en el servidor 1 del sistema

p_2 = probabilidad de entrar en el servidor 2 del sistema

(c) *Regla de bucle* — Un servidor con retardo $T(\lambda\mu)$ y un bucle de «realimentación» con probabilidad de bucle P

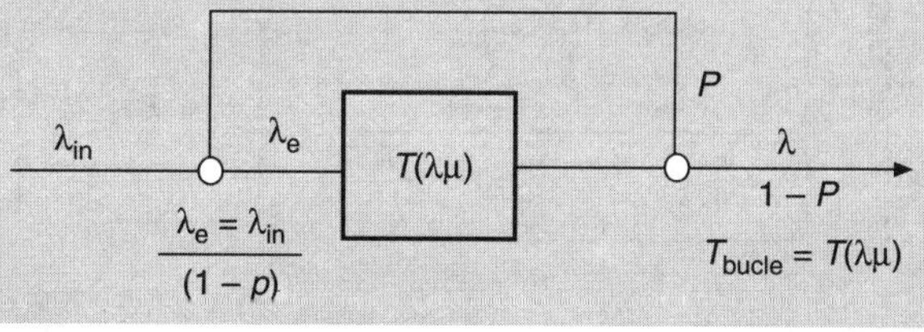

original (Figura 15.5) obtenida del diagrama de flujo de datos (Figura 15.4), puede simplificarse aplicando los pasos mostrados en la Figura 15.7. El tiempo total del sistema es de 2,37 segundos.

Obviamente, la precisión del método de análisis de McCabe es sólo tan buena como las estimaciones para la probabilidad de flujos, tasa de llegada y tasa de terminación. Sin embargo, pueden conseguirse significativos beneficios, tomando una visión más analítica de los sistemas de tiempo real durante el análisis. Citando a McCabe [MCC85]:

> Cambiando variables como la tasa de llegada, la tasa de interrupción, la probabilidad de separación, la estructura de prioridades, la disciplina de cola, las configuraciones, los requisitos, la implementación y las variaciones físicas,

FIGURA 15.7

Simplificación de la red de colas

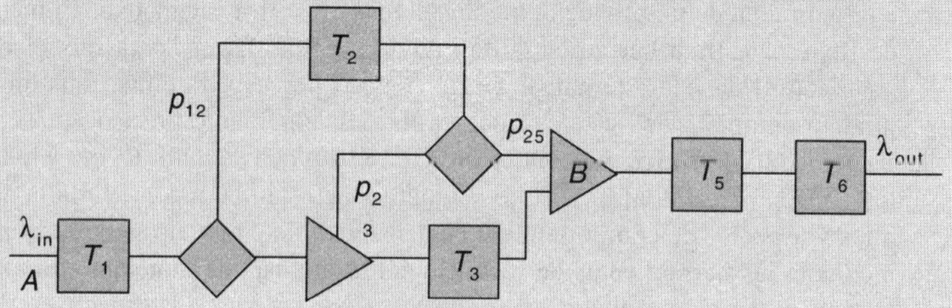

Paso 1. Abstracción adicional de una red de colas

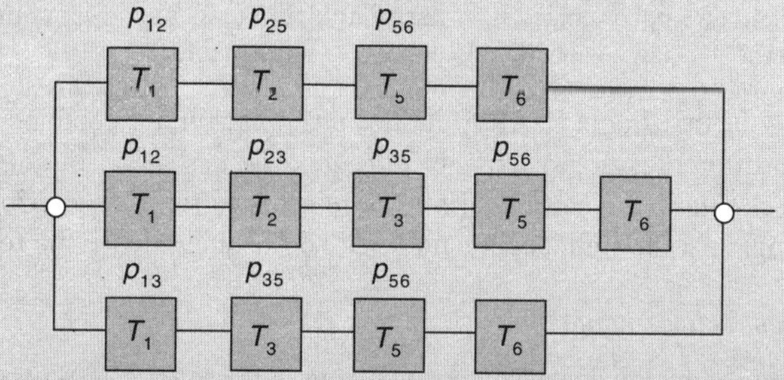

Paso 2. Equivalente de una red de colas que muestra todos los posibles pasos dentro de la red

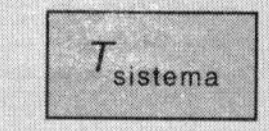

Paso 3. Reducción final

podemos fácilmente mostrar al gestor del programa qué efecto tendrán sobre el sistema manejado. Estas metodologías interactivas son necesarias para llenar un vacío en la modelización de especificaciones de tiempo real.

15.3.2. Técnicas de simulación y modelado

El análisis matemático de un sistema de tiempo real se puede utilizar como método para entender el rendimiento proyectado. Sin embargo, un número creciente de técnicos de software de tiempo real utilizan herramientas de simulación y de modelado que no sólo analizan el rendimiento del sistema, sino que permiten al ingeniero del software construir un prototipo, ejecutarlo y de esta forma ganar conocimiento sobre el comportamiento del sistema.

i-Logix (una empresa que desarrolla herramientas para ingenieros de sistemas) [ILO89] trata la razón fundamental que se esconde detrás de la modelización y de la simulación para sistemas de tiempo real:

> La comprension del comportamiento de un sistema en su entorno durante un determinado tiempo, casi siempre se hace en las fases de diseño, implementación y prueba de un proyecto, mediante ensayo y error interactivo. El método de Statemate [una herramienta de ingeniería de software para modelado y simulación] da una alternativa a este costoso proceso. Permite construir un modelo completo del sistema que sea lo suficientemente preciso como para fiarse de él y lo suficientemente claro como para que sea útil. El modelo trata los conceptos habituales de flujo y función, pero también contempla la dinámica y aspectos de comportamiento del sistema. Este modelo se puede probar mediante las herramientas de recuperación y análisis de Statemate, que proporcionan varios mecanismos para inspeccionar y depurar la especificación y la recuperación de la información a partir de ella. Mediante la prueba del modelo de implementación, el ingeniero del sistema puede ver cómo se comportará el sistema especificado cuando se implemente.

El enfoque de i-Logix [HAR90] utiliza una notación que combina tres planteamientos diferentes del sistema: el *diagrama de actividad*, el *diagrama de módulos* y el *diagrama de estado*. En los siguientes párrafos se describe el enfoque de i-Logix para la simulación y modelado de sistemas de tiempo real[2].

Planteamiento conceptual

Los conceptos funcionales se tratan mediante *actividades* que representan las capacidades de proceso del sistema. Un ejemplo de actividad es ocuparse de una petición de confirmación de un cliente en un sistema de reserva de vuelos o, también, la actualización de la situación de un avión en un sistema de aviónica. Las actividades se pueden anidar, formando una jerarquía que constituye una descomposición funcional del sistema. Los elementos de información, como la distancia a un objetivo o el nombre de un cliente, serán básicamente el flujo entre las actividades y también se podrían guardar en almacenes de datos. Este planteamiento funcional del sistema se captura mediante *diagramas de actividad*, que son parecidos a los diagramas de flujo de datos convencionales.

Los aspectos del comportamiento dinámico, normalmente llamados aspectos de control, se tratan mediante *diagramas de estado*. Aquí, los estados (o modos) se pueden anidar y enlazar de varias formas para representar el comportamiento secuencial o concurrente. Por ejemplo, una computadora de misiones de vuelo podría estar en uno de tres estados: aire-aire, aire-tierra o navegación. Al mismo tiempo, puede estar en el estado de control de vuelo automático o en el de control manual. Las transiciones entre estados se desencadenan normalmente mediante sucesos, que se pueden modificar según las condiciones. Por ejemplo, el mover cierto conmutador de una válvula puede ser un suceso que produzca la transición del estado de navegación al estado aire-tierra. Como ejemplo sencillo, considere el reloj digital de la Figura 15.8. El diagrama de estado de la imagen se muestra en la Figura 15.9.

FIGURA 15.8

Prototipo del reloj digital (Cortesía de i-Logix.)

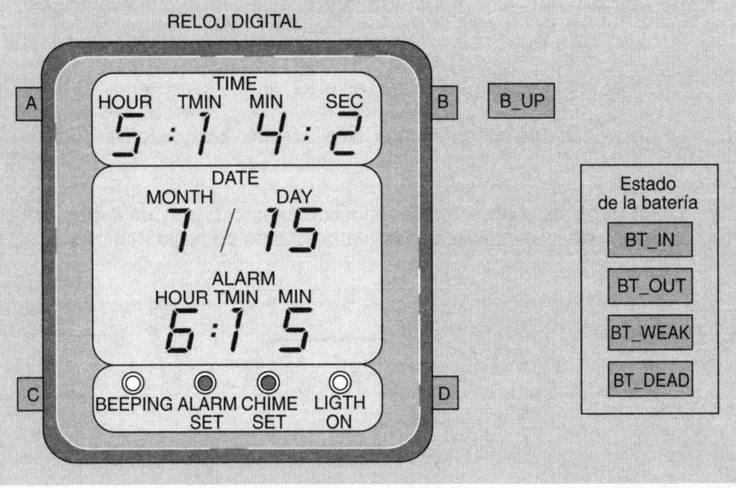

[2] El texto que se muestra a continuación, que describe Statemate®, se ha adaptado de [ILO89], con permiso de i-Logix Inc.

FIGURA 15.9

Diagrama de estado para el reloj digital (cortesía de i-Logix)

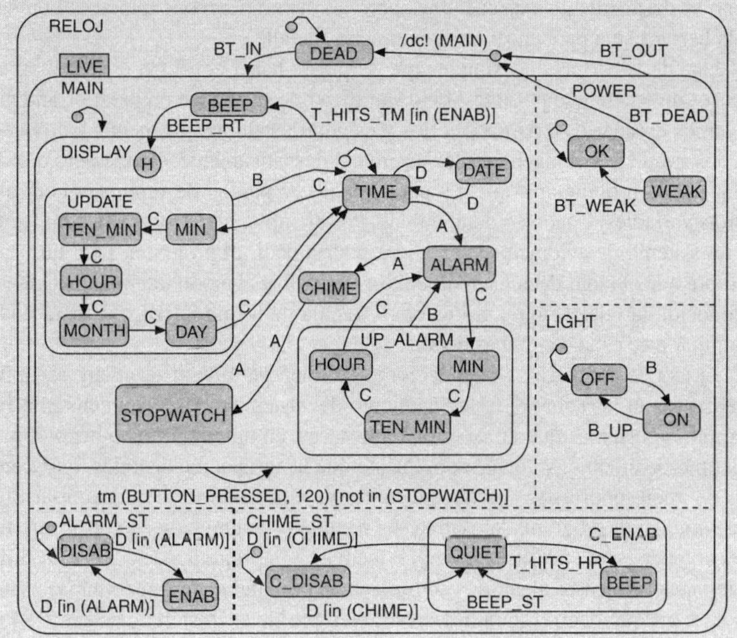

Estos dos planteamientos del sistema están integrados de la siguiente forma. Normalmente, existe un diagrama de estado llamado *actividad de control*, asociado con cada nivel de un diagrama de actividad, cuyo papel es controlar las actividades y flujos de datos de ese nivel [esto se parece un poco a la relación entre modelos de flujo y la EC descrita en el Capítulo 12]. Un diagrama de estado es capaz de ejercer control sobre las actividades. Por ejemplo, pueden darse actividades para iniciar y parar, y suspender y reanudar su trabajo. Es capaz de cambiar los valores de las variables y, por lo tanto, afectar al proceso llevado a cabo por las actividades. También es capaz de enviar señales a otras actividades y, por lo tanto, hacer que modifiquen su propio comportamiento. Además de ser capaz de generar acciones, un diagrama de estado que ejerza control es capaz de percibir acciones que estén llevando a cabo otros diagramas de estado. Por ejemplo, si un diagrama de estado comienza una actividad o incrementa el valor de una variable, otro diagrama de estado puede percibir el suceso y utilizarlo para desencadenar una transición.

Es importante darse cuenta de que los diagramas de actividad y los diagramas de estado están fuertemente relacionados, pero no son representaciones diferentes de la misma cosa. Los diagramas de actividad, por sí solos, son incompletos como modelo del sistema, puesto que no representan el comportamiento. Los diagramas de estado también son incompletos, ya que sin actividades no tienen nada que controlar. Juntos, un diagrama de actividad y sus diagramas de estado para el control, proporcionan un modelo conceptual. El diagrama de actividad es la estructura del modelo; su descomposición de las capacidades del sistema es la jerarquía de la especificación dominante, mientras que sus diagramas de estado para el control son la fuerza del comportamiento del sistema.

Planteamiento físico

Una especificación que utilice diagramas de actividad y diagramas de estado como forma para el modelo conceptual es una excelente base, pero no es un sistema real. Lo que falta son los medios para describir el sistema en una perspectiva física (implementación) y los medios para asegurar que el sistema está implementado de forma que se corresponda con la especificación. Una parte importante de esto es describir la descomposición física del sistema y sus relaciones con el modelo conceptual.

Los aspectos físicos se tratan en Statemate mediante el lenguaje de *diagramas de módulos*. Los términos «físicos» y «módulo» se usan genéricamente para denotar componentes de un sistema, sean hardware, software o mezcla de ambos. Igual que las actividades en el diagrama de actividad, los módulos se pueden ordenar en una jerarquía para mostrar la descomposición del sistema en sus componentes y subcomponentes. Los módulos se conectan mediante líneas de flujo, que se pueden considerar como portadores de información entre módulos.

Análisis y simulación

Una vez que se ha construido el modelo conceptual, consistente en el diagrama de actividad y sus diagramas de estado que ejercen control, se puede analizar y probar totalmente. El modelo podría describir el sistema completo, desde el nivel superior de detalle hasta el inferior, o podría ser sólo una especificación parcial.

Primero, tenemos que asegurarnos de que el modelo es sintácticamente correcto. Esto da origen a muchas pruebas relativamente inmediatas: por ejemplo, que los diagramas no estén descaradamente incompletos (falta de nombres o etiquetas, flechas suspendidas); que las definiciones de elementos no gráficos, como sucesos y condiciones, sólo empleen operaciones permitidas, etc. La comprobación de sintaxis también implica pruebas más sutiles, como que las entadas y salidas sean correctas. Un ejemplo de esto es la prueba de los elementos que se utilizan en el diagrama de estado, pero que no son ni entrada ni les afecta internamente, como por ejemplo, un suceso encendido que se pretende que produzca una transición en el diagrama de estado, pero que no está definido en el diagrama de actividad como una entrada. Todas estas pruebas, normalmente, reciben el nombre de *pruebas de consistencia y de compleción* y la mayoría de ellas son análogas a la comprobación realizada por un compilador antes de la verdadera compilación de un lenguaje de programación.

Ejecución de escenarios

Un modelo sintácticamente correcto describe con precisión algún sistema. Sin embargo, podría no ser el sistema que teníamos en mente. De hecho, el sistema descrito podría ser bastante imperfecto –la corrección sintáctica no garantiza la corrección de la función o del comportamiento–. El objetivo real del análisis del modelo es darse cuenta de si, en realidad, describe el sistema deseado. El análisis debe permitirnos conocer más sobre el modelo que se ha construido, para examinar cómo se comportará el sistema basado en dicho modelo, y para verificar que ciertamente cumple las expectativas. Esto requiere un lenguaje de modelización con algo más que una sintaxis formal. También requiere que el modelo utilizado para crear el modelo reconozca la semántica formal.

Si el modelo está basado en una semántica formal, el ingeniero del sistema puede ejecutar el modelo. El ingeniero puede crear y ejecutar un *escenario* que permita «pulsar» botones y observar el comportamiento del modelo antes de que el sistema esté realmente construido. Por ejemplo, para emplear un modelo de una máquina de cajero automático (MCA), tendremos los siguientes pasos: (1) se crea el modelo conceptual; (2) el ingeniero desempeña el papel de cliente y de la computadora del banco, generando sucesos como la inserción de la tarjeta bancaria, la pulsación de botones y la llegada de información del nuevo balance; (3) se supervisa la reacción del sistema a estos sucesos; (4) se observan las inconsistencias en el comportamiento; (5) se modifica el modelo conceptual para que refleje el comportamiento correcto; (6) se repite el proceso hasta que surge el sistema deseado.

El ingeniero del sistema ejecuta escenarios y observa gráficamente la respuesta del sistema. Los elementos «activos» del sistema (p. ej.: estados en los que está el sistema en ese momento y las actividades que se encuentran activas) se destacan gráficamente, y la ejecución dinámica da como resultado una representación animada del modelo. La ejecución de un escenario simula la ejecución del sistema en tiempo real y sigue la pista de la información dependiente del tiempo. En cualquier momento de la ejecución, el ingeniero puede preguntar por el estado de cualquier otro elemento no gráfico, como el valor de una variable o de una condición.

Programación de simulaciones

Un escenario permite al ingeniero del sistema realizar el modelo interactivamente. Sin embargo, a veces, puede desearse una simulación más extensa. Puede ser necesario evaluar el rendimiento bajo condiciones aleatorias, tanto en situaciones típicas como atípicas. Para situaciones en las que se desee una simulación más extensa de un modelo de tiempo real, el *Simulation Control Language* (LCS –lenguaje de control de simulación), permite al ingeniero retener el control general de cómo se desarrollan las ejecuciones, pero al mismo tiempo, explotar la potencia de la herramienta para encargarse de muchos detalles.

Una de las cosas más simples que se puede hacer con LCS es leer listas de sucesos de un archivo por lotes. Esto significa que se pueden preparar de antemano largos escenarios o partes de ellos y ejecutarlos automáticamente. Esto puede ser observado por el ingeniero del sistema. Alternativamente, el ingeniero del sistema puede programar con LCS para establecer puntos de ruptura y controlar ciertas variables, estados o condiciones. Por ejemplo, al ejecutar una simulación de un sistema de aviónica, el ingeniero podría pedir al programa LCS que pare siempre que el radar detecte un objetivo y se cambie al modo interactivo. Una vez reconocida la «detección», el ingeniero trabaja de forma interactiva, para poder examinar este estado con más detalle.

El uso de escenarios y simulaciones también permite al ingeniero recopilar estadísticas útiles sobre el funcionamiento del sistema que se va a construir. Por ejemplo, podríamos querer saber cuántas veces, en un vuelo típico del avión, el radar pierde un objetivo detectado. Puesto que la agrupación de todos los escenarios de vuelo podría ser una tarea difícil para el ingeniero, se puede desarrollar una simulación programada usando los resultados acumulados de otros guiones para obtener estadísticas (por ejemplo, medias). Un programa de control de simulación genera sucesos aleatorios en función de probabilidades predefinidas. Así, a los sucesos que ocurren raramente (por ejemplo, la exclusión de asientos en un avión de combate) se les puede asignar probabilidades bajas, mientras que a otros se les asignan probabilidades más altas y así se hace realista la selección aleatoria de sucesos. De cara a poder recopilar las estadísticas deseadas, insertamos los puntos de ruptura apropiados en el programa LCS.

Traducción automática a código

Una vez que ha construido el modelo del sistema, se puede traducir en su totalidad a código ejecutable mediante una función de creación de prototipos. Los diagramas de actividades y sus diagramas de estado que ejercen control se pueden traducir a un lenguaje de programación de alto nivel como Ada o C. Hoy en día, el uso básico del código resultante es el de observar un sistema funcionando bajo circunstancias que están lo más cerca posible del mundo real. Por ejemplo, el código del prototipo se puede ejecutar en un simulador nuevo del entorno objetivo o en el propio entorno final. El código producido por tales herramientas CASE debe considerarse como de «prototipo». No es código final o de producción. Consecuentemente, podría no siempre reflejar el rendimiento preciso en tiempo real del sistema en cuestión. Sin embargo, es útil para comprobar el rendimiento del sistema en circunstancias cercanas a las del mundo real.

15.4. DISEÑO EN TIEMPO REAL

El diseño de software de tiempo real debe incorporar todos los conceptos fundamentales (véase el Capítulo 13) asociados con el software de alta calidad. Además, el software de tiempo real posee un conjunto único de problemas para el diseñador:

- Representación de interrupciones y cambio de contexto.
- Concurrencia, tal como se manifiesta en multitarea y multiprocesamiento.
- Comunicación y sincronización entre tareas.
- Amplias variaciones en las tasas de datos y comunicación.
- Representación de las restricciones de tiempo.
- Requisitos especiales para manejo de errores y recuperación de fallos.
- Procesamiento asíncrono.
- Acoplamiento necesario e inevitable con sistemas operativos, hardware y otros elementos externos del sistema.

Merece la pena considerar un conjunto de principios especializados de diseño que son particularmente importantes durante el diseño de sistemas de tiempo real. Kurki-Suonio [KUR93] trata el modelo de diseño para software de tiempo real «reactivo»:

> Todo razonamiento, tanto formal como intuitivo, se lleva a cabo con abstracciones. Por consiguiente, es importante comprender cuáles son las clases de propiedades fundamentales de la abstracción en cuestión. En relación con los sistemas reactivos, se da importancia a esto por la necesidad más acuciante de métodos formales, y por el hecho de que no se ha alcanzado un consenso general sobre los modelos que se deberían utilizar. Los formalismos rigurosos de sistemas reactivos se encuentran en un rango entre álgebras de procesos y lógicas temporales, para concretar modelos basados en estados y redes de Petri, y diferentes escuelas siguen argumentando sobre sus méritos relativos.

Kurki-Suonio [KUR93] define un grupo de «principios de modelado» a tenerse en cuenta en el diseño del software de tiempo real:

Atomicidad explícita. Es necesario definir «acciones atómicas» explícitamente como parte del modelo de diseño de tiempo real. Una acción o suceso atómico es una función bien limitada que puede ser ejecutada por una tarea simple o concurrentemente por varias tareas. Una acción atómica es invocada sólo por esas tareas («participantes») que la requieran, y los resultados de su ejecución afectan solo a esos participantes; no se ve afectada ninguna otra parte del sistema.

Entrelazado. Aunque el procesamiento puede ser concurrente, la historia de algún cálculo se debería caracterizar de forma que se pueda obtener mediante una secuencia lineal de acciones. Comenzando por un estado inicial, una primera acción se activa y se ejecuta. Como resultado de esta acción, el estado se modifica y aparece una segunda acción. Debido a que pueden ocurrir varias acciones en cualquier estado dado, se pueden producir resultados (historias) a partir del mismo estado inicial. «Este no-determinismo es esencial en modelado entrelazado de concurrencias» [KUR93].

Historias y justicia no determinante. Se asume que la historia del procesamiento de un sistema reactivo es infinita. Con esto se quiere decir que el procesamiento continúa indefinidamente o «balbucea» hasta que algún suceso hace que el procesamiento continúe. Los requisitos de «*justicia*» evitan que se pare el sistema en algún momento arbitrario.

Principio de sistema cerrado. Un modelo de diseño de un sistema de tiempo real debería abarcar el software y el entorno en el que reside el software. «Las acciones, por tanto, pueden hacer una partición en las acciones de las que el sistema es responsable, y en las que se asume que va a ejecutar el entorno» [KUR93].

Estructuración del estado. Un sistema de tiempo real se puede modelar como un conjunto de objetos[3], teniendo éstos un estado por sí mismo.

El ingeniero del software debería considerar cada uno de los conceptos destacados anteriormente a medida que el diseño de un sistema de tiempo real evoluciona.

En las dos últimas décadas, se han propuesto varios métodos de diseño de software de tiempo real para tratar de resolver algunos de estos problemas. Algunos métodos de diseño son extensiones de alguna de las tres clases de metodología de diseño discutida ya en los Capítulos 14 y 21, es decir, flujos de datos [WAR85], [HAT87]; de estructura de datos [JAC83] o métodos orientados a objetos [LEV90]. Otras, introducen un método completamente distinto, usando modelos de máquinas de estados finitos o sistemas de paso de mensajes, redes de Petri o lenguajes especializados como base del diseño. Un estudio completo del diseño de software para sistemas de tiempo real está más allá del ámbito de este libro. Para más detalles, el lector debería consultar [LEV90], [SHU92], [SEL94] y [GOM95].

---

[3] Consulte la Parte Cuarta del libro.

15.5. RESUMEN

El diseño de software de tiempo real abarca los aspectos del diseño convencional de software aunque, al mismo tiempo, introduce un nuevo conjunto de criterios y aspectos de diseño. Debido a que el software de tiempo real debe responder a sucesos del mundo real en un tiempo dictado por dichos sucesos, cualquier tipo de diseño (arquitectónico, procedimental y de datos) se vuelve más complejo.

Es difícil, y frecuentemente impracticable, separar el diseño del software de los aspectos orientados a grandes sistemas. Debido a que el software de tiempo es conducido por reloj o por sucesos, el diseñador debe considerar la función y rendimiento del hardware y del software. El procesamiento de interrupciones y la tasa de transferencia de datos, las bases de datos distribuidas y los sistemas operativos, los lenguajes de programación especializados y los métodos de sincronización, son algunos de los asuntos que debe considerar el diseñador de sistemas de tiempo real.

El análisis de sistemas de tiempo real abarca tanto el modelado matemático, como la simulación. Los modelos de colas y de redes facilitan al ingeniero de sistemas establecer el tiempo global de respuesta, la razón de procesamiento y otros aspectos de tiempo y tamaño. Las herramientas de análisis formal suministran un mecanismo para la simulación de sistemas de tiempo real.

El diseño del software para sistemas de tiempo real puede ser realizado sobre una metodología convencional de diseño que abarca diseño orientado al flujo de datos u orientado a objetos proporcionando una notación y enfoque que se orienta hacia las características de los sistemas de tiempo real. Alternativamente, los métodos de diseño que hacen uso de la notación única o de lenguajes especializados también se pueden aplicar.

El diseño del software para sistemas de tiempo real sigue siendo un reto. Se han hecho progresos y existen métodos, pero una valoración realista de las últimas tecnologías sugiere que queda mucho por realizar.

REFERENCIAS

[ELL94] ELLISON, K. S., *Developing Real-Time Embedded Software in a Market Driven Company*, Wiley, 1994.

[EVE95] EVERETT, W. W., «Realiability and Saety of Real-Time Systems», *Computer*, mayo 1995, págs. 13-16.

[GLA83] GLASS, R. L., *Real-Time Software*, Prentice-Hall, 1983.

[GOM95] GOMAA, H., *Software design Methods for Concurrent and Real-Time Systems*, Addison-Wesley, 1995.

[GRO85] GROSS, D., y C. M. HARRIS, *Fundamentals of Queuing Theory*, 2.ª edición, Wiley, 1985.

[HAR88] HAREL, D., «On Visual Formalisms», *Communications of the ACM*, vol. 31, núm. 5, mayo 1988, págs. 514-530.

[HAR90] HAREL, D. et al., «STATEMATE: A Working Environment for the Development of Complex Reactive Systems», *IEEE Trans. Software Engineering*, vol. 16, núm. 3, abril 1990, págs. 403-414.

[HAR92] HAREL, D., «Biting The Bullet: Toward a Brighter Future for System Development», *Computer*, enero 1992, págs. 8-24.

[HIN83] HINDEN, H. J. y W. B. RAUCH-HINDEN, «Real-Time Systems», *Electronic Design*, enero 6, 1983, págs. 288-311.

[ILO89] «The Statemate Approach to Complex Systems», I-Logix Inc., Burlington, MA, 1989.

[JAC83] JACKSON, M., *System Development*, Van Nostrand Reinhold, 1983.

[KLI75] KLEINROCK, L., *Queueing Systems*, Volume 1: Theory, Wiley, 1975.

[KUR93] KURKI-SUONIO, R., «Stepwise Design of Real-Time Systems», *IEEE Trans. Software Engineering*, vol. 19, núm. 1, enero 1993, págs. 56-69.

[LEV90] LEVI, S. T. y A. K. AGRAWALA, *Real-Time System Design*, McGraw-Hill, 1990.

[LIU90] LIU, L. Y. y R. K. SHYAMASUNDAR, «Static Analysis of Real-Time Distributed Systems», *IEEE Trans. Software Engineering*, vol. 6, núm. 3, abril 1990, págs. 373-388.

[MCC85] MCCABE, T. J. et al., «Structured Real-Time Analysis and Design», *COMPSAC-85, IEEE*, octubre 1985, págs. 40-51.

[SAV85] SAVITSKY, S., *Real-Time Microprocessor Systems*, Van Nostrand Reinhold, 1985.

[SEL94] Selic, B., G. Gullekson y P. Ward, *Real-Time Object-Oriented Modeling*, Wiley, 1994.

[SHU92] SHUMATE, K., y KELLER, *Software Specification and Design-A Disciplined Approach for Real-Time Systems*, Wiley, 1992.

[WAR85] WARD, P. T. y S. J. MELLOR, *Structured Development for Real-Time Systems*, tres volúmenes, Yourdon Press, 1985, 1986.

[WIL90] WILSON, R. G. y B. H. KROGH, «Petri Net Tools for the Specification and Analysis of Discrete Controllers», *IEEE Trans. Software Engineering*, vol. 16, núm. 1, enero 1990, págs. 39-50.

[WOO90] WOOD, M. y T. BARRET, «A Real-Time Primer», *Embedded Systems Programming*, vol. 3, núm. 2, febrero 1990, págs. 20-28.

[ZUC89] ZUCCONI, L. «Techniques and Experiences in Capturing Requirements for Real-Time Systems», *ACM Software Engineering Notes*, vol. 14, núm. 6, octubre, págs. 51-55.

PROBLEMAS Y PUNTOS PARA CONSIDERAR

15.1. Indique cinco ejemplos de sistemas de tiempo real basados en computadora. Indique qué «estímulos» alimentan al sistema y qué dispositivos o situaciones controla o supervisa el sistema.

15.2. Obtenga información sobre un sistema operativo de tiempo (RTOS) comercial y escriba un breve artículo que presente una discusión sobre las características internas del RTOS. ¿Qué características especiales están presentes; cómo se manejan las interrupciones y cómo se efectúa la sincronización de tareas en el RTOS?

15.3. Escriba una breve comparación de las construcciones de tiempo real en los lenguajes de programación ADA y Modula-2. ¿Suministran estas construcciones beneficios distintos a los de otros lenguajes, tales como C o PASCAL?

15.4. Proporcione tres ejemplos en los que los semáforos sean un mecanismo apropiado de sincronización de tareas.

15.5. La técnica de análisis para sistemas de tiempo real presentada en la Sección 15.3 da por supuesto un conocimiento de los modelos de encolamientos. Haga alguna investigación usando las referencias indicadas, y:

a. Describa cómo se obtiene la Figura 15.5 de la Figura 15.4.

b. Muestre cómo se obtienen las ecuaciones de equilibrio de flujo a partir de de la Figura 15.5.

15.6. Obtenga información sobre una o más herramientas de análisis formales para sistemas de tiempo real (Sección 15.3.2). Escriba un artículo que indique su uso en la especificación y diseño de un sistema de tiempo real.

OTRAS LECTURAS Y FUENTES DE INFORMACIÓN

HATLEY y PIRBHAI [HAT87] y WARD y MELLOR (*Structured Development for Real-Time Systems,* Yourdon Press, 1986) son los libros más ampliamente usados para el análisis y diseño de sistemas de tiempo real. MATTAI (*Real Time Systems*, Prentice Hall, 1996) afronta estructuras de programas, análisis de sincronización mediante teorías de planificación temporal, especificación y verificación de sistemas de tiempo real. COOLING (*Software Design for Real-Time Systems*, Thomsen Publising, 1996) considera la aplicación de métodos de especificación formales para aplicaciones dependientes del tiempo. ELLISON (*Developing Real-Time Software in a Market Driven Company*, Wiley, 1994) considera aspectos técnicos y de gestión para el desarrollo en tiempo real.

HEATH (*Real-Time Software Techniques*, Van Nostrand Reinhold, 1991) se centra en los aspectos de implementación para el diseño y desarrollo de software de control de máquinas de tiempo real. Los libros de SHUMATE y KELLER (*Software Specification and Design –A disciplined Approach for Real-Time Systems*, Wiley, 1992) y de BRAEK y OYSTEIN (*Engineering Real Time System*, Prentice-Hall, 1993) proporcionan una riqueza de información en el modelado de análisis y de diseños para software de tiempo real. KLEIN (*A practitioner's Handbook for Real-Time Analysis: Guide to Rate Monotonic Analysis for Real-Time Systems*, Kluwer Academic Publishers, 1994) afronta el análisis matemático detallado que se requiere para predecir el comportamiento de sincronización de muchos sistemas de tiempo real. MAHAR y colaboradores (*Object-Oriented Technology for Real-Time Systems*, Prentice-Hall, 1996) y LEVI y AGRAWALA [LEV90] consideran los sistemas de tiempo real desde la perspectiva de tecnologías de objetos.

VAN TILBORG y KOOB (*Foundations of Real-Time Systems*, Kluwer Academic Publishers, 1992) y KRISHUA y LEE (*Readings in Real-Time Systems*, IEEE Computer Society Press, 1993) han editado los dos manuales excelentes sobre los sistemas de tiempo real. SCHIEBE (*Real Time Systems Engineering and Applications*, Kluwer Academic Publishers, 1994) ha editado una antología que afronta los métodos de ingeniería requeridos para hardware y software de tiempo real.

Fuentes para el diseño de sistemas de tiempo real se distribuyen en muchas Webs especializadas en software y en ingeniería del software. El grupo de Internet **comp.realtime** es una fuente para el estudio de la sincronización. El comité técnico del IEEE sobre sistemas de tiempo real presenta una gama de páginas Web para temas sobre tiempo real en:

http://cs-www.bu.edu/pub/ieee-rts/Home.html

Más información sobre sistemas empotrados de tiempo real, prototipos como enfoque de diseño, y una variedad de recursos de tiempo real y trabajos seleccionados se pueden obtener en:

http://borneo.gmd.de

http://wwwsel.iit.nrc.ca/harmony.html
http://www.cera2.com/ebox.htm
http://www.ee.umd.edu/serts/
http://www.cs.unc.edu/dirt/real-time.html

Información sobre revistas de Ingeniería de Tiempo Real se pueden obtener en:

http://www.primenet.com/~magpub/RTE_home_page.html

y las PFH (preguntas frecuentes) del grupo **comp.realtime** se pueden obtener de:

ftp://rtfm.mit.edu/usenet/comp.realtime

Una lista actualizada de referencias World Wide Web para el diseño de software para tiempo real se pueden encontrar en: **http://www.rspa.com**

CAPÍTULO 16

MÉTODOS DE PRUEBA DEL SOFTWARE

Nunca se dará suficiente importancia a la prueba del software y sus implicaciones en la calidad del software. Citando a Deutsch [DEU79]:

> El desarrollo de sistemas de software implica una serie de actividades de producción en las que las posibilidades de que aparezca el fallo humano son enormes. Los errores pueden empezar a darse desde el primer momento del proceso, en el que los objetivos... pueden estar especificados de forma errónea o imperfecta, así como [dentro de] posteriores pasos de diseño y desarrollo... Debido a la imposibilidad humana de trabajar y comunicarse de forma perfecta, el desarrollo de software ha de ir acompañado de una actividad que garantice la calidad.

La prueba del software es un elemento crítico para la garantía de calidad del software y representa una revisión final de las especificaciones, del diseño y de la codificación.

La creciente inclusión del software como un elemento más de muchos sistemas y la importancia de los «costes» asociados a un fallo del mismo están motivando la creación de pruebas minuciosas y bien planificadas. No es raro que una organización de desarrollo de software emplee entre el 30 y el 40 por ciento del esfuerzo total de un proyecto en la prueba. En casos extremos, la prueba del software para actividades críticas (p. ej.: control de tráfico aéreo, control de reactores nucleares) puede costar ¡de tres a cinco veces más que el resto de los pasos de la ingeniería del software juntos!

En este capítulo, veremos los fundamentos de la prueba del software y las técnicas de diseño de casos de prueba. Los fundamentos de la prueba del software definen los objetivos esenciales de la prueba de software. El diseño de casos de prueba se centra en un conjunto de técnicas para la creación de casos de prueba que satisfagan los objetivos globales de la prueba. En el Capítulo 17 se presentarán las estrategias de prueba y la depuración del software.

16.1. FUNDAMENTOS DE LA PRUEBA DEL SOFTWARE

La prueba presenta una interesante contrariedad para el ingeniero de software. Durante las fases anteriores de definición y de desarrollo, el ingeniero intenta construir el software partiendo de un concepto abstracto y llegando a una implementación tangible. A continuación, llega la prueba. El ingeniero crea una serie de casos de prueba que intentan «demoler» el software construido. De hecho, la prueba es uno de los pasos de la ingeniería del software que se puede ver (por lo menos, psicológicamente) como destructivo en lugar de constructivo.

La gente que desarrolla software es, por naturaleza, constructiva. La prueba requiere que se descarten ideas preconcebidas sobre la «corrección» del software que se acaba de desarrollar y se supere cualquier conflicto de intereses que aparezcan cuando se descubran errores. Beizer [BEI90, pág. 1] describe eficientemente esta situación cuando plantea:

> Existe un mito que dice que si fuéramos realmente buenos programando, no habría errores que buscar. Si tan sólo fuéramos realmente capaces de concentrarnos, si todo el mundo empleara técnicas de codificación estructuradas, el diseño descendente, las tablas de decisión, si los programas se escribieran en un lenguaje apropiado, si tuviéramos las balas de plata adecuadas, entonces no habría errores. Así es el mito. Según el mito, existen errores porque somos malos en lo que hacemos, y si somos malos en lo que hacemos, deberíamos sentirnos culpables por ello. Por tanto, la prueba, con el diseño de casos de

prueba, es un reconocimiento de nuestros fallos, lo que implica una buena dosis de culpabilidad. Y lo tediosa que es la prueba es un justo castigo a nuestros errores. ¿Castigados por qué? ¿Por ser humanos? ¿Culpables por qué? ¿Por no conseguir una perfección inhumana? ¿Por no poder distinguir entre lo que otro programador piensa y lo que dice? ¿Por no tener telepatía? ¿Por no resolver los problemas de comunicación humana que han estado presentes... durante cuarenta siglos?

¿Debe infundir culpabilidad la prueba? ¿Es realmente destructiva? La respuesta a estas preguntas es «¡No!». Sin embargo, los objetivos de la prueba son algo diferentes de lo que podríamos esperar.

16.1.1. Objetivos de la prueba

En un su clásico libro sobre la prueba del software, Glen Myers [MYE79] establece varias normas que pueden servir acertadamente como objetivos de la prueba:

1. La prueba es un proceso de ejecución de un programa con la intención de descubrir un error.
2. Un buen caso de prueba es aquel que tiene una alta probabilidad de mostrar un error no descubierto hasta entonces.
3. Una prueba tiene éxito si descubre un error no detectado hasta entonces.

Los objetivos anteriores suponen un cambio importante de punto de vista. Nos quitan la idea que, normalmente, tenemos de que una prueba tiene éxito si no descubre errores. Nuestro objetivo es diseñar pruebas que sistemáticamente saquen a la luz diferentes clases de errores, haciéndolo con la menor cantidad de tiempo y de esfuerzo.

Si la prueba se lleva a cabo con éxito (de acuerdo con el objetivo anteriormente establecido), descubrirá errores en el software. Como ventaja secundaria, la prueba demuestra hasta qué punto las funciones del software parecen funcionar de acuerdo con las especificaciones y parecen alcanzarse los requisitos de rendimiento. Además, los datos que se van recogiendo a medida que se lleva a cabo la prueba proporcionan una buena indicación de la fiabilidad del software y, de alguna manera, indican la calidad del software como un todo. Sin embargo, hay una cosa que no puede hacer la prueba:

> La prueba no puede asegurar la ausencia de defectos, sólo puede demostrar que existen defectos en el software.

Es importante tener en cuenta esta frase (bastante pesimista) mientras se lleva a cabo la prueba.

16.1.2. Principios de la prueba

Antes de la aplicación de métodos para el diseño de casos de prueba efectivos, un ingeniero del software deberá entender los principios básicos que guían las pruebas del software. Davis [DAV95] sugiere un conjunto[1] de principios de prueba que se han adaptado para usarlos en este libro:

- *A todas las pruebas se les debería poder hacer un seguimiento hasta los requisitos del cliente.* Como hemos visto, el objetivo de la prueba del software es descubrir errores. Se entiende que los defectos más graves (desde el punto de vista del cliente) son aquellos que impiden al programa cumplir sus requisitos.
- *Las pruebas debería planificarse mucho antes de que empiecen.* La planificación de las pruebas (Capítulo 17) pueden empezar tan pronto como esté completo el modelo de requisitos. La definición detallada de los casos de prueba puede empezar tan pronto como el modelo de diseño se ha consolidado. Por tanto, se pueden planificar y diseñar todas las pruebas antes de generar ningún código.
- *El principio de Pareto es aplicable a la prueba del software.* Dicho de manera sencilla, el principio de Pareto implica que al 80 por ciento de todos los errores descubiertos durante las pruebas surgen al hacer un seguimiento de sólo el 20 por ciento de todos los módulos del programa. El problema, por supuesto, es aislar estos módulos sospechosos y probarlos concienzudamente.
- *Las pruebas deberían empezar por «lo pequeño» y progresar hacia «lo grande».* Las primeras pruebas planeadas y ejecutadas se centran generalmente en módulos individuales del programa. A medida que avanzan las pruebas, desplazan su punto de mira en un intento de encontrar errores en grupos integrados de módulos y finalmente en el sistema entero (Capítulo 17).
- *No son posibles las pruebas exhaustivas.* El número de permutaciones de caminos para incluso un programa de tamaño moderado es excepcionalmente grande (vea la Sección 16.2 para un estudio más avanzado). Por este motivo, es imposible ejecutar todas las combinaciones de caminos durante las pruebas. Es posible, sin embargo, cubrir adecuadamente la lógica del programa y asegurarse de que se han aplicado todas las condiciones del diseño procedimental.

[1] Aquí se presenta sólo un pequeño subconjunto de los principios de ingeniería de requisitos de Davis. Para obtener más información, vea [DAV95].

- *Para ser más efectivas, las pruebas deberían ser conducidas por un equipo independiente.* Por «más efectivas» queremos referirnos a pruebas con la más alta probabilidad de encontrar errores (el objetivo principal de la prueba). Por las razones que se expusieron anteriormente en este capítulo y que se estudian con más detalle en el Capítulo 17, el ingeniero del software que creó el sistema no es el más adecuado para llevar a cabo las pruebas para el software.

16.1.3. Facilidad de prueba

En circunstancias ideales, un ingeniero del software diseña un programa de computadora, un sistema, o un producto con la «facilidad de prueba» en mente. Esto permite a los encargados de las pruebas diseñar casos de pruebas más fácilmente. Pero, ¿qué es la «facilidad de prueba»? James Bach[2] describe la facilidad de prueba de la siguiente manera:

> La facilidad de prueba del software es simplemente lo fácil que se puede probar un programa de computadora. Como la prueba es tan profundamente difícil, merece la pena saber qué se puede hacer para hacerlo más sencillo. A veces los programadores están dispuestos a hacer cosas que faciliten el proceso de prueba y una lista de comprobación de posibles puntos de diseño, características, etc., puede ser útil a la hora de negociar con ellos.

Existen, de hecho, métricas que podrían usarse para medir la facilidad de prueba en la mayoría de sus aspectos. A veces, la facilidad de prueba se usa para indicar lo adecuadamente que un conjunto particular de pruebas va a cubrir un producto. También es empleada por los militares para indicar lo fácil que se puede comprobar y reparar una herramienta en plenas maniobras. Esos dos significados no son lo mismo que «facilidad de prueba del software». La siguiente lista de comprobación proporciona un conjunto de características que llevan a un software fácil de probar.

Operatividad. «Cuanto mejor funcione, más eficientemente se puede probar».

- El sistema tiene pocos errores (los errores añaden sobrecarga de análisis y de generación de informes al proceso de prueba).
- Ningún error bloquea la ejecución de las pruebas.
- El producto evoluciona en fases funcionales (permite un desarrollo o prueba simultáneos).

Observabilidad. «Lo que ves es lo que pruebas».

- Se genera una salida distinta para cada entrada.
- Los estados y variables del sistema están visibles o se pueden consultar durante la ejecución.
- Los estados y variables anteriores del sistema están visibles o se pueden consultar (p. ej.: registros de transacción).
- Todos los factores que afectan a los resultados están visibles.
- Un resultado incorrecto se identifica fácilmente.
- Los errores internos se detectan automáticamente a través de mecanismos de autocomprobación.
- Se informa automáticamente de los errores internos.
- El código fuente es accesible.

Controlabilidad. «Cuanto mejor podamos controlar el software, más se puede automatizar y optimizar».

- Todos los resultados posibles se pueden generar a través de alguna combinación de entrada.
- Todo el código es ejecutable a través de alguna combinación de entrada.
- El ingeniero de pruebas puede controlar directamente los estados y las variables del hardware y del software.
- Los formatos de entradas y resultados son consistentes y estructurados.
- Las pruebas pueden especificarse, automatizarse y reproducirse convenientemente.

Capacidad de descomposición. «Controlando el ámbito de las pruebas, podemos aislar más rápidamente los problemas y llevar a cabo mejores pruebas de regresión».

- El sistema de software está construido con módulos independientes
- Los módulos del software se pueden probar independientemente.

Simplicidad. «Cuanto menos haya que probar, más rápidamente podremos probarlo».

- Simplicidad funcional (p. ej.: el conjunto de características es el mínimo necesario para cumplir los requisitos).
- Simplicidad estructural (p. ej.: la arquitectura es modularizada para limitar la propagación de fallos).
- Simplicidad de código (p. ej.: se adopta un estándar de código para facilitar la inspección y el mantenimiento).

[2] Los siguientes párrafos son Copyright 1994 de James Bach y se han adaptado de un tablón de Internet que apareció inicialmente en el grupo de noticias **comp.software-eng**. Este material se ha usado con permiso.

Estabilidad. «Cuanto menos cambios, menos interrupciones a las pruebas».

- Los cambios del software son infrecuentes.
- Los cambios del software están controlados.
- Los cambios del software no invalidan las pruebas existentes.
- El software se recupera bien de los fallos.

Facilidad de comprensión. «Cuanta más información tengamos, más inteligentes serán las pruebas».

- El diseño se ha entendido perfectamente.
- Las dependencias entre los componentes internos, externos y compartidos se han entendido perfectamente.
- Se han comunicado los cambios del diseño.
- La documentación técnica es instantáneamente accesible.
- La documentación técnica está bien organizada.
- La documentación técnica es específica y detallada.
- La documentación técnica es exacta.

Los atributos sugeridos por James Bach los puede emplear el ingeniero del software para desarrollar una configuración del software (p. ej.: programas, datos y documentos) que pueda probarse.

¿Y qué pasa con las pruebas mismas? Kaner, Falk y Nguyen [KAN93] sugieren los siguientes atributos de una «buena» prueba:

1. *Una buena prueba tiene una alta probabilidad de encontrar un error.* Para alcanzar esta meta, el responsable de la prueba debe entender el software e intentar desarrollar una imagen mental de cómo podría fallar el software. Idealmente, las clases de fallos están muy estudiadas. Por ejemplo, un tipo de fallo potencial en una IGU (interfaz gráfica de usuario)* es no reconocer adecuadamente la posición del ratón. Se diseñaría un conjunto de pruebas para ejercitar el ratón en un intento por demostrar un error en el reconocimiento de la posición del ratón.
2. *Una buena prueba no debe ser redundante.* El tiempo y los recursos para las pruebas son limitados. No hay motivo para realizar una prueba que tiene el mismo propósito que otra. Todas las pruebas deberían tener un propósito diferente (incluso si es sutilmente diferente). Por ejemplo, un módulo del software de HogarSeguro[3] está diseñado para reconocer una contraseña de usuario para actiar o desactivar el sistema. En un esfuerzo por descubrir un error en la entrada de la contraseña, el responsable de la prueba diseña una serie de pruebas que introducen una secuencia de contraseñas. Se introducen contraseñas válidas y no válidas (secuencias de cuatro números) en pruebas separadas. Sin embargo, cada contraseña válida/no válida debería analizar una forma diferente de fallo. Por ejemplo, la contraseña no válida 1234 no debería ser aceptada por un sistema programado para reconocer 8080 como la contraseña correcta. Si 1234 es aceptada, tenemos presente un error. Otra prueba, digamos 1235, tendría el mismo propósito que 1234 y es, por tanto, redundante. Sin embargo, la entrada no válida 8081 o 8180 tiene una sutil diferencia, intentando demostrar que existe un error para las contraseñas «parecidas» pero no idénticas a la contraseña correcta.
3. *Una buena prueba debería ser «la mejor de la cosecha»* [KAN93]. En un grupo de pruebas que tienen similar propósito, las limitaciones de tiempo y recursos pueden abogar por la ejecución de sólo un subconjunto de estas pruebas. En tales casos, se debería emplear la prueba que tenga la más alta probabilidad de descubrir una clase entera de errores.
4. *Una buena prueba no debería ser ni demasiado sencilla ni demasiado compleja.* Aunque es posible a veces combinar una serie de pruebas en un caso de prueba, los posibles efectos secundarios de este enfoque pueden enmascarar errores. En general, cada prueba debería realizarse separadamente.

16.2. DISEÑO DE CASOS DE PRUEBA

El diseño de pruebas para el software o para otros productos de ingeniería puede requerir tanto esfuerzo como el propio diseño inicial del producto. Sin embargo, los ingenieros del software, por razones que ya hemos tratado, a menudo tratan la prueba como algo sin importancia, desarrollando casos de prueba que «parezcan adecuados», pero que tienen poca garantía de ser completos. Recordando el objetivo de la prueba, debemos diseñar pruebas que tengan la mayor probabilidad de encontrar el mayor número de errores con la mínima cantidad de esfuerzo y tiempo posible.

Durante las dos pasadas décadas han evolucionado una gran variedad de métodos de diseño de casos de prueba para el software. Estos métodos proporcionaban un enfoque sistemático a la prueba. Más importante aún, los métodos proporcionaban un mecanismo de ayuda para asegurar lo completas que eran las pruebas y para conseguir la mayor probabilidad de descubrimiento de errores en el software.

Cualquier producto de ingeniería (y de muchos otros campos) puede comprobarse de una de estas dos formas: (1) conociendo la función específica para la

* En inglés GUI (*Graphical user interface*).

[3] HogarSeguro es un sistema de seguridad para el hogar que se ha usado como aplicación de ejemplo en capítulos anteriores.

que fue diseñado el producto, se pueden llevar a cabo pruebas que demuestren que cada función es completamente operativa, y al mismo tiempo buscando errores en cada función; (2) conociendo el funcionamiento del producto, se pueden desarrollar pruebas que aseguren que «todas las piezas encajan», o sea, que la operación interna se ajusta a las especificaciones y que todos los componentes internos se han comprobado de forma adecuada. El primer enfoque de prueba se denomina *prueba de caja negra* y el segundo, *prueba de caja blanca.*

Cuando se considera el software de computadora, la prueba de caja negra se refiere a las pruebas que se llevan a cabo sobre la interfaz del software. O sea, los casos de prueba pretenden demostrar que las funciones del software son operativas, que la entrada se acepta de forma adecuada y que se produce un resultado correcto, así como que la integridad de la información externa (p. ej.: archivos de datos) se mantiene. Una prueba de caja negra examina algunos aspectos del modelo fundamental del sistema sin tener mucho en cuenta la estructura lógica interna del software.

La prueba de caja blanca del software se basa en el minucioso examen de los detalles procedimentales. Se comprueban los caminos lógicos del software proponiendo casos de prueba que ejerciten conjuntos específicos de condiciones y/o bucles. Se puede examinar el «estado del programa» en varios puntos para determinar si el estado real coincide con el esperado o mencionado.

A primera vista parecería que una prueba de caja blanca muy profunda nos llevaría a tener «programas cien por cien correctos». Todo lo que tenemos que hacer es definir todos los caminos lógicos, desarrollar casos de prueba que los ejerciten y evaluar los resultados; o sea, generar casos de prueba que ejerciten exhaustivamente la lógica del programa. Desgraciadamente, la prueba exhaustiva presenta ciertos problemas logísticos. Incluso para pequeños programas, el número de caminos lógicos posibles puede ser enorme. Por ejemplo, considere un programa de 100 líneas de código en lenguaje C. Después de la declaración de algunos datos básicos, el programa contiene dos bucles que se ejecutan de 1 a 20 veces cada uno, dependiendo de las condiciones especificadas en la entrada. Dentro del bucle interior, se necesitan cuatro construcciones *if-then-else*. ¡Existen aproximadamente 10^{14} caminos posibles que se pueden ejecutar en este programa!

Para poner de manifiesto el significado de este número, supongamos que hemos desarrollado un procesador de pruebas mágico («mágico» porque no existe tal procesador) para hacer una prueba exhaustiva. El procesador puede desarrollar un caso de prueba, ejecutarlo y evaluar los resultados en un milisegundo. Trabajando las 24 horas del día, 365 días al año, el procesador trabajaría durante 3170 años para probar el programa. Esto irremediablemente causaría estragos en la mayoría de los planes de desarrollo. La prueba exhaustiva es imposible para los grandes sistemas de software.

La prueba de caja blanca, sin embargo, no se debe desechar como impracticable. Se puede elegir y ejercitar una serie de caminos lógicos importantes. Se pueden comprobar las estructuras de datos más importantes para ver su validez.

Se pueden combinar los atributos de la prueba de caja blanca así como los de caja negra, para llegar a un método que valide la interfaz del software y asegure selectivamente que el funcionamiento interno del software es correcto.

16.3. PRUEBA DE CAJA BLANCA

La prueba de caja blanca, denominada a veces *prueba de caja de cristal* es un método de diseño de casos de prueba que usa la estructura de contol del diseño procedimental para obtener los casos de prueba. Mediante los métodos de prueba de caja blanca, el ingeniero del software puede obtener casos de prueba que (1) garanticen que se ejercita por lo menos una vez todos los *caminos independientes* de cada módulo; (2) ejerciten todas las decisiones lógicas en sus vertientes *verdadera* y *falsa*; (3) ejecuten todos los bucles en sus límites y con sus límites operacionales, y (4) ejerciten las estructuras internas de datos para asegurar su validez.

En este momento, se puede plantear una pregunta razonable. ¿Por qué emplear tiempo y energía preocupándose de (y probando) las minuciosidades lógicas cuando podríamos emplear mejor el esfuerzo asegurando que se han alcanzado los requisitos del programa? O, dicho de otra forma, ¿por qué no empleamos todas nuestras energías en la prueba de caja negra? La respuesta se encuentra en la naturaleza misma de los defectos del software (p. ej.: [JON81]):

- *Los errores lógicos y las suposiciones incorrectas son inversamente proporcionales a la probabilidad de que se ejecute un camino del programa.* Los errores tienden a introducirse en nuestro trabajo cuando diseñamos e implementamos funciones, condiciones o controles que se encuentran fuera de lo normal. El procedimiento habitual tiende a hacerse más comprensible (y bien examinado), mientras que el procesamiento de «casos especiales» tiende a caer en el caos.
- *A menudo creemos que un camino lógico tiene pocas posibilidades de ejecutarse cuando, de hecho, se puede ejecutar de forma normal.* El flujo lógico de un programa a veces no es nada intuitivo, lo que significa que nuestras suposiciones intuitivas sobre el flujo de control y los datos nos pueden llevar a tener errores de diseño que sólo se descubren cuando comienza la prueba del camino.
- *Los errores tipográficos son aleatorios.* Cuando se traduce un programa a código fuente en un lenguaje de programación, es muy probable que se den algunos errores de escritura. Muchos serán descubiertos por los mecanismos de comprobación de sintaxis, pero otros permanecerán sin detectar hasta que comience la prueba. Es igual de probable que haya un error tipográfico en un oscuro camino lógico que en un camino principal.

Cada una de estas razones nos da un argumento para llevar a cabo las pruebas de caja blanca. La prueba de caja negra, sin tener en cuenta cómo sea de completa, puede pasar por alto los tipos de errores que acabamos de señalar. Como estableció Beizer [BEI90]: «Los errores se esconden en los rincones y se aglomeran en los límites». Es mucho más fácil descubrirlos con la prueba de caja blanca.

16.4. PRUEBA DEL CAMINO BÁSICO

La *prueba del camino básico* es una técnica de prueba de caja blanca propuesta inicialmente por Tom McCabe [MCC76]. El método del camino básico permite al diseñador de casos de prueba obtener una medida de la complejidad lógica de un diseño procedimental y usar esa medida como guía para la definición de un *conjunto básico* de caminos de ejecución.

Los casos de prueba obtenidos del conjunto básico garantizan que durante la prueba se ejecuta por lo menos una vez cada sentencia del programa.

16.4.1. Notación de grafo de flujo

Antes de considerar el método del camino básico se debe introducir una sencilla notación para la representación del flujo de control, denominada *grafo de flujo* (o *grafo del programa*)[4]. El grafo de flujo representa el flujo de control lógico mediante la notación ilustrada en la Figura 16.1. Cada construcción estructurada (Capítulo 14) tiene su correspondiente símbolo en el grafo de flujo.

Para ilustrar el uso de un grafo de flujo, consideremos la representación del diseño procedimental en la Figura 16.2a. En ella se usa un diagrama de flujo para representar la estructura de control del programa. En la Figura 16.2b, cada círculo, denominado *nodo* del grafo de flujo, representa una o más sentencias procedimentales. Un solo nodo puede corresponder a una secuencia de *cuadros* de proceso y a un rombo de decisión. Las flechas del grafo de flujo, denominadas *aristas* o *enlaces*, representan flujo de control y son análogas a las flechas del diagrama de flujo. Una arista debe terminar en un nodo, incluso aunque el nodo no represente ninguna sentencia procedimental (p. ej.: véase el símbolo para la construcción *if-then-else*). Las áreas delimitadas por aristas y nodos se denominan *regiones*. Cuando contabilizamos las regiones incluimos el área exterior del grafo, contando como otra región más[5].

[4] Realmente, el método del camino básico se puede llevar a cabo sin usar grafos de flujo. Sin embargo, sirven como herramienta útil para ilustrar el método.

[5] En la Sección 16.6.1 viene un estudio más detallado de los grafos y su empleo en las pruebas.

FIGURA 16.1

Notación de grafo de flujo

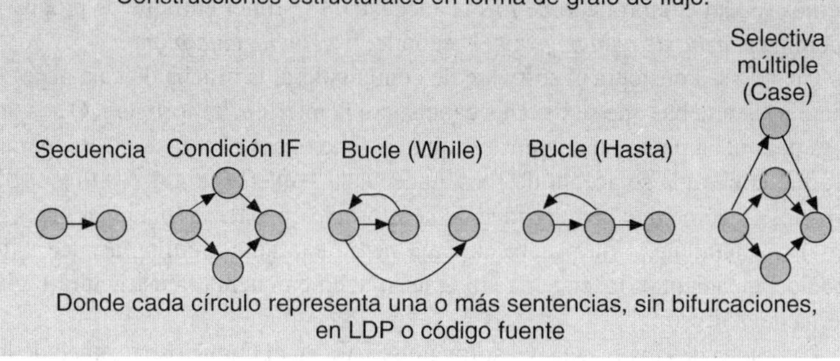

Cualquier representación del diseño procedimental se puede traducir a un grafo de flujo. En la Figura 16.3 se muestra un segmento de lenguaje de diseño de programas (LDP) y su correspondiente grafo de flujo. Se puede observar que se han numerado las sentencias LDP y que en el grafo de flujo se usa la misma numeración.

Cuando en un diseño procedimental se encuentran condiciones compuestas, la generación del grafo de flujo se hace un poco más complicada. Una condición compuesta se da cuando aparecen uno o más operadores lógicos (OR, AND, NAND, NOR) en una sentencia condicional.

En la Figura 16.4 el segmento en LDP se traduce en el grafo de flujo anexo. Se crea un nodo aparte por cada una de las condiciones *a* y *b* de la sentencia IF *a* OR *b*. Cada nodo que contiene una condición se denomina *nodo predicado* y está caracterizado porque dos o más aristas emergen de él.

16.4.2. Complejidad ciclomática

La *complejidad ciclomática* es una métrica del software que proporciona una medición cuantitativa de la complejidad lógica de un programa. Cuando se usa en el contexto del método de prueba del camino básico, el valor calculado como complejidad ciclomática define el número de *caminos independientes* del *conjunto básico* de un programa y nos da un límite superior para el número de pruebas que se deben realizar para asegurar que se ejecuta cada sentencia al menos una vez.

FIGURA 16.2

Notación de grafo de flujo

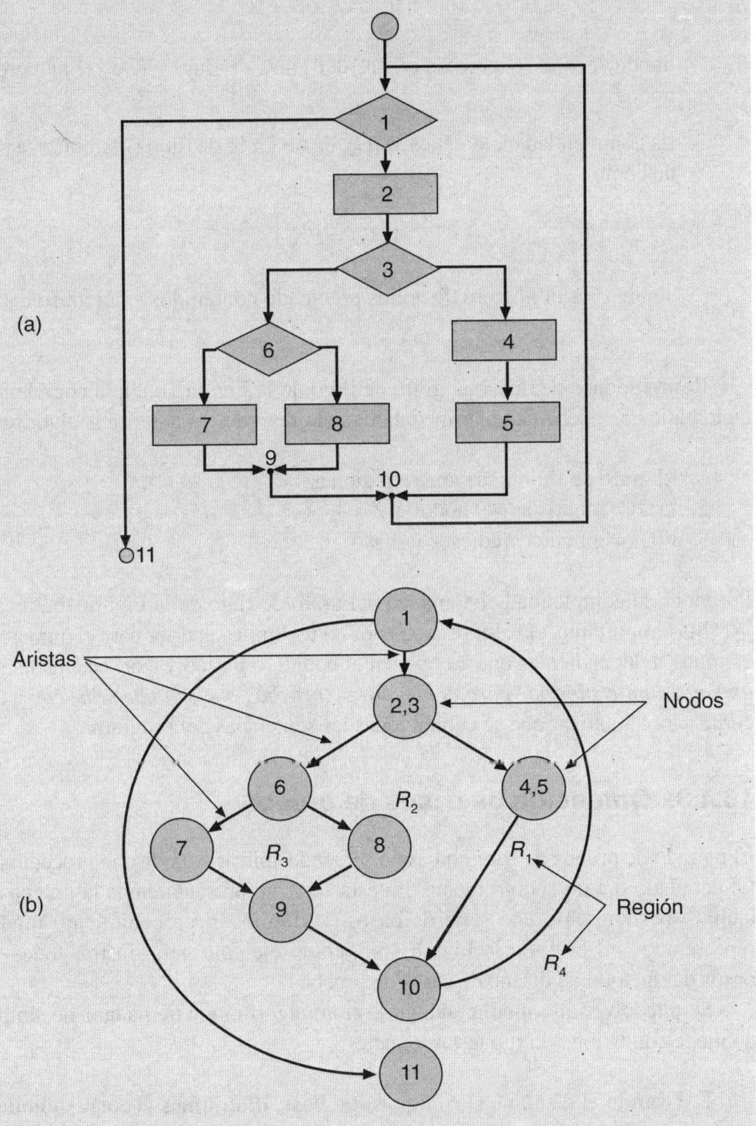

FIGURA 16.3

Traducción de LDP a grafo de flujo

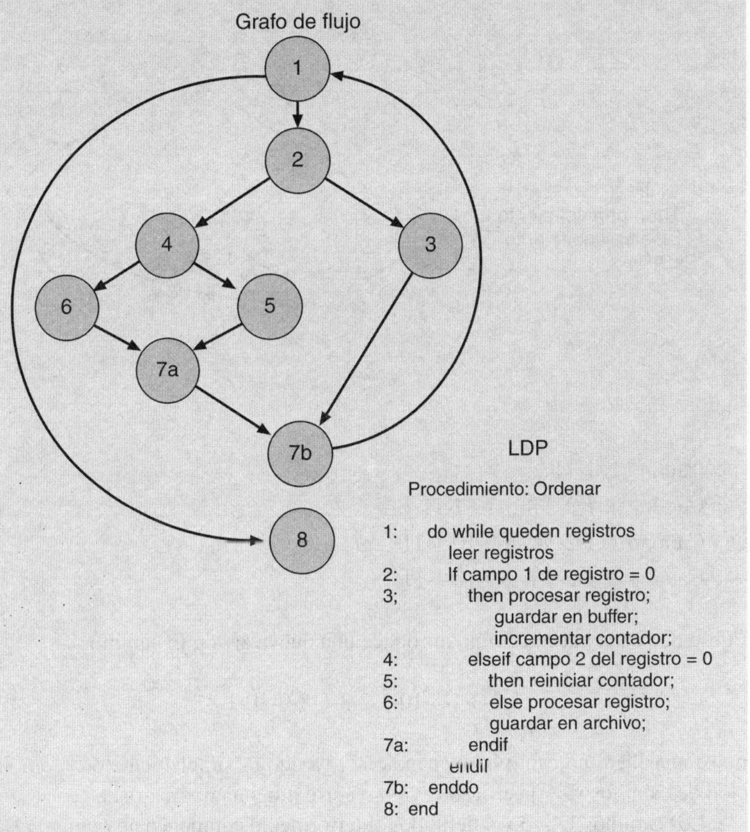

Un camino independiente es cualquier camino del programa que introduce por lo menos un nuevo conjunto de sentencias de proceso o una nueva condición.

En términos del grafo de flujo, un camino independiente está constituido por lo menos por una arista que no haya sido recorrida anteriormene a la definición del camino. Por ejemplo, para el grafo de flujo de la Figura 16.2b, un conjunto de caminos independientes sería:

FIGURA 16.4

Lógica compuesta

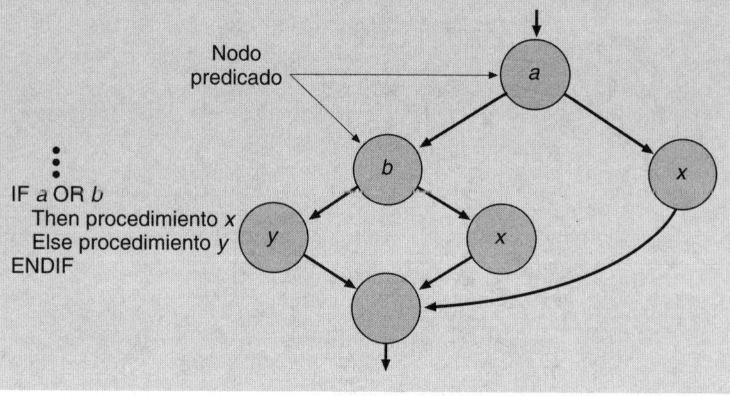

Camino 1: 1-11

Camino 2: 1-2-3-4-5-10-1-11

Camino 3: 1-2-3-6-8-9-10-1-11

Camino 4: 1-2-3-6-7-9-10-1-11

Fíjese que cada nuevo camino introduce una nueva arista. El camino

1-2-3-4-5-10-1-2-3-6-8-9-10-1-11

no se considera un camino independiente, ya que es simplemente una combinación de caminos ya especificados y no recorre ninguna nueva arista.

Los caminos 1, 2, 3 y 4 definidos anteriormente componen un *conjunto básico* para el grafo de flujo de la Figura 16.2b. O sea, se pueden diseñar pruebas que fuercen la ejecución de esos caminos (un conjunto básico), se garantizará que se habrá ejecutado al menos una vez cada sentencia del programa y que cada condición se habrá ejecutado en sus vertientes verdadera y falsa. Se debe hacer hincapié en que el conjunto básico no es único. De hecho, de un mismo diseño procedimental se pueden obtener varios conjuntos básicos diferentes.

¿Cómo sabemos cuántos caminos hemos de buscar? El cálculo de la complejidad ciclomática nos da la respuesta. La complejidad ciclomática está basada en la teoría de grafos y nos da una métrica del software extremadamente útil. La complejidad se puede calcular de tres formas:

1. El número de regiones del grafo de flujo coincide con la complejidad ciclomática.
2. La complejidad ciclomática, $V(G)$, de un grafo de flujo G se define como

$$V(G) = A - N + 2$$

donde A es el número de aristas del grafo de flujo y N es el número de nodos.

3. La complejidad ciclomática, $V(G)$, de un grafo de flujo G también se define como

$$V(G) = P + 1$$

donde P es el número de nodos predicado contenidos en el grafo de flujo G.

Refiriéndonos de nuevo al grafo de flujo de la Figura 16.2b, la complejidad ciclomática se puede calcular mediante cualquiera de los anteriores algoritmos:

1. El grafo de flujo tiene cuatro regiones.
2. $V(G)$ = 11 aristas – 9 nodos + 2 = 4
3. $V(G)$ = 3 nodos predicado + 1 = 4

Por tanto, la complejidad ciclomática del grafo de flujo de la Figura 16.2b es 4.

Más importante, el valor de V(G) nos da un límite superior para el número de caminos independientes que componen el conjunto básico y, consecuentemente, *un valor límite superior para el número de pruebas que se deben diseñar y ejecutar* para garantizar que se cubren todas las sentencias del programa.

16.4.3. Obtención de casos de prueba

El método de prueba de camino básico se puede aplicar a un diseño procedimental detallado o a un código fuente. En esta sección, presentaremos la prueba del camino básico como una serie de pasos. Usaremos el procedimiento **media**, representado en LDP en la Figura 16.5, como ejemplo para ilustrar todos los pasos del método de diseño de casos de prueba.

Se puede ver que **media**, aunque con un algoritmo extremadamene simple, contiene condiciones compuestas y bucles.

1. **Usando el diseño o el código como base, dibujamos el correspondiente grafo de flujo**. Creamos un grafo usando los símbolos y las normas de

FIGURA 16-5

LDP para diseño de pruebas con nodos identificados

```
PROCEDURE media;
   *  Este procedimiento calcula la media de 100 o menos números que
      se encuentren entre unos límites; también calcula el total de
      entradas y el total de números válidos.

   INTERFACE RETURNS media, total. entrada, total.válido;
   INTERFACE ACEPTS valor, mínimo, máximo;

   TYPE valor [1:100] IS SCALAR ARRAY;
   TYPE media, total. entrada, total. válido;
      Mínimo, máximo, suma IS SCALAR;
   TYPE i IS INTEGER;
  ┌i = 1;
1 │total, entrada = total, válido =0;
  │suma = 0;                           2
  └DO WHILE VALOR [i] <> -999  and total.entrada < 100  3
  4  Incrementar total.entrada en 1;
  5  IF valor [i] > = mínimo  AND  valor [i] <= máximo  6
       │THEN incrementar total.válido en 1;
     7 │      suma = suma + valor [i];
       │ELSE ignorar
   8 │ENDIF
     │Incrementar i en 1;
 9 ENDDO
   If total.válido > 0  10
 11 THEN media = suma/total.válido;
 12 ──► ELSE media = –999;
 13 ENDIF
END media
```

FIGURA 16.6

Grafo de flujo del procedimiento media

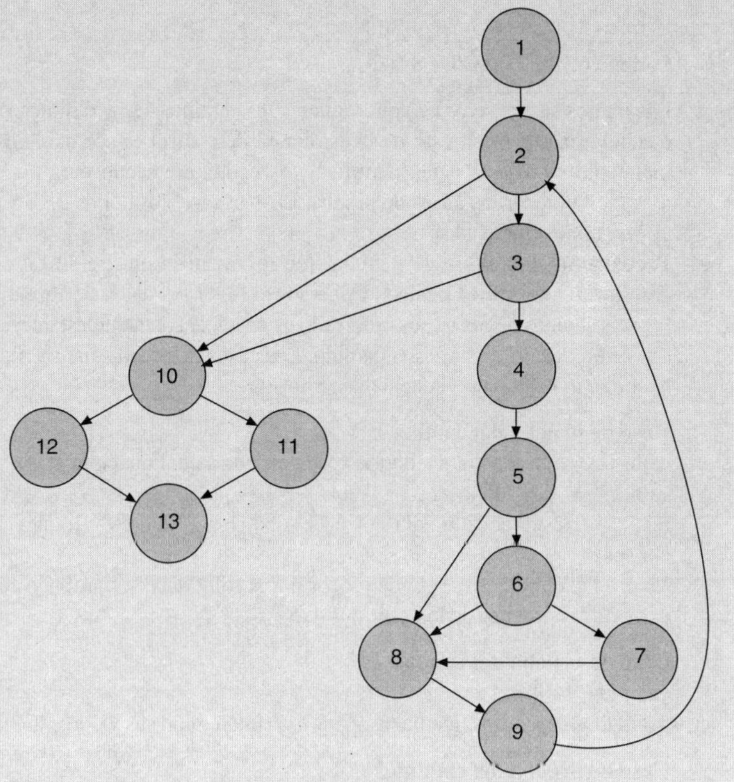

construcción presentadas en la Sección 16.4.1. Refiriéndonos al LDP de **media** de la Figura 16.5, se crea un grafo de flujo numerando las sentencias de LDP que aparecerán en los correspondientes nodos del grafo de flujo. El correspondiente grafo de flujo aparece en la Figura 16.6.

2. **Determinamos la complejidad ciclomática del grafo de flujo resultante.** La complejidad ciclomática, V(G), se determina aplicando uno de los algoritmos descritos anteriormente. Se debe tener en cuenta que se puede determinar V(G) sin desarrollar el grafo de flujo, contando todas las sentencias condicionales del LDP (para el procedimiento **media** las condiciones compuestas cuentan como 2) y añadiendo 1.

En la Figura 16.6,

$$V(G) = 6 \text{ regiones}$$

$$V(G) = 17 \text{ aristas} - 13 \text{ nodos} + 2 = 6$$

$$V(G) = 5 \text{ nodos predicado} + 1 = 6$$

3. **Determinamos un conjunto básico de caminos linealmente independientes.** El valor de V(G) nos da el número de caminos linealmente independientes de la estructura de control del programa. En el caso del procedimiento **media**, hay que especificar seis caminos:

Camino 1: 1-2-10-11-13

Camino 2: 1-2-10-12-13

Camino 3: 1-2-3-10-11-13

Camino 4: 1-2-3-4-5-8-9-2-...

Camino 5: 1-2-3-4-5-6-8-9-2-...

Camino 6: 1-2-3-4-5-6-7-8-9-2-...

Los puntos suspensivos (...) que siguen a los caminos 4, 5 y 6 indican que cualquier camino del resto de la estructura de control es aceptable. Normalmente merece la pena identificar los nodos predicado para que sea más fácil obtener los casos de prueba. En este caso, los nodos 2, 3, 5, 6 y 10 son nodos predicado.

4. **Preparamos los casos de prueba que forzarán la ejecución de cada camino del conjunto básico**. Debemos escoger los datos de forma que las condiciones de los nodos predicado estén adecuadamente establecidas, con el fin de comprobar cada camino. Los casos de prueba que satisfacen el conjunto básico previamente descrito son:

Caso de prueba del camino 1:
valor (k) = entrada válida, donde $k < i$ definida a continuación
valor (i) = –999, donde $2 \leq i \leq 100$
resultados esperados: media correcta sobre los k valores y totales adecuados
Nota: el camino 1 no se puede probar por sí solo; debe ser probado como parte de las pruebas de los caminos 4, 5 y 6.

Caso de prueba del camino 2:
valor (1) = –999
resultados esperados: media = –999; otros totales con sus valores iniciales

Caso de prueba del camino 3:
intento de procesar 101 o más valores
los primeros 100 valores deben ser válidos
resultados esperados: igual que en el caso de prueba 1

Caso de prueba del camino 4:
valor (i) = entrada válida donde $i < 100$
valor (k) < mínimo, para $k < i$
resultados esperados: media correcta sobre los k valores y totales adecuados

Caso de prueba del camino 5:
valor (i) = entrada válida donde $i < 100$
valor (k) > máximo, para $k \leq i$
resultados esperados: media correcta sobre los n valores y totales adecuados

Caso de prueba del camino 6:
valor (i) = entrada válida donde $i < 100$
resultados esperados: media correcta sobre los n valores y totales adecuados

Ejecutamos cada caso de prueba y comparamos los resultados obtenidos con los esperados. Una vez terminados todos los casos de prueba, el responsable de la prueba podrá estar seguro de que todas las sentencias del programa se han ejecutado por lo menos una vez.

Es importante darse cuenta de que algunos caminos independientes (p. ej.: el camino 1 de nuestro ejemplo) no se pueden probar de forma aislada. O sea, la combinación de datos requerida para recorer el camino no se puede conseguir con el flujo normal del programa. En tales casos, estos caminos se han de pobar como parte de otra prueba de camino.

16.4.4. Matrices de grafos

El procedimiento para obtener el grafo de flujo e incluso la determinación de un conjunto de caminos básicos es susceptible de ser mecanizado. Para desarrollar una herramienta de software que ayude en la prueba del camino básico, puede ser bastante útil una estructura de datos denominada *matriz de grafo*.

Una matriz de grafo es una matriz cuadrada cuyo tamaño (o sea, el número de filas y de columnas) es igual al número de nodos del grafo de flujo. Cada fila y cada columna corresponde a un nodo específico y las entradas de la matriz corresponden a las *conexiones* (aristas) entre los nodos. En la Figura 16.7 se muestra un sencillo ejemplo de un grafo de flujo con su correspondiente matriz de grafo [BEI90].

En la figura, cada nodo del grafo de flujo está identificado por un número, mientras que cada arista lo está por su letra. Se sitúa una entrada en la matriz por cada conexión entre dos nodos. Por ejemplo, el nodo 3 está conectado con el nodo 4 por la arista b.

Hasta aquí, la matriz de grafo no es nada más que una representación tabular del grafo de flujo. Sin embargo, añadiendo un *peso de enlace* a cada entrada de la matriz, la matriz de grafo se puede convertir en una potente herramienta para la evaluación de la estructura de control del programa durante la prueba. El peso de enlace nos da información adicional sobre el flujo de control. En su forma más sencilla, el peso de enlace es 1 (existe una conexión) o 0 (no existe conexión).

A los pesos de enlace se les puede asignar otras propiedades más interesantes:

- La probabilidad de que un enlace (arista) sea ejecutado.
- El tiempo de procesamiento asociado al recorrido de un enlace.
- La memoria requerida durante el recorrido de un enlace.
- Los recursos requeridos durante el recorrido de un enlace.

FIGURA 16.7

Matriz de conexiones

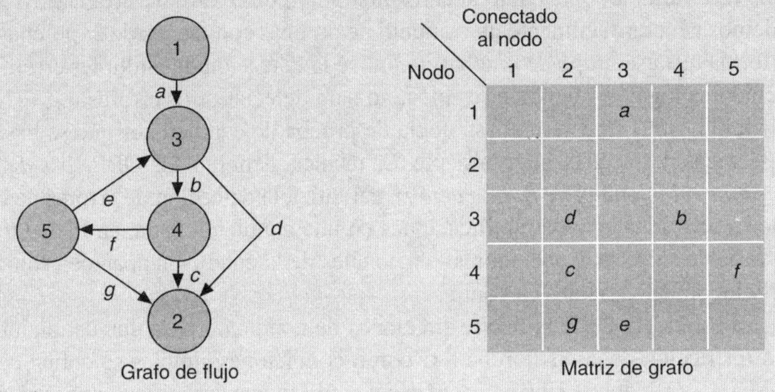

FIGURA 16.8

Matriz de conexiones

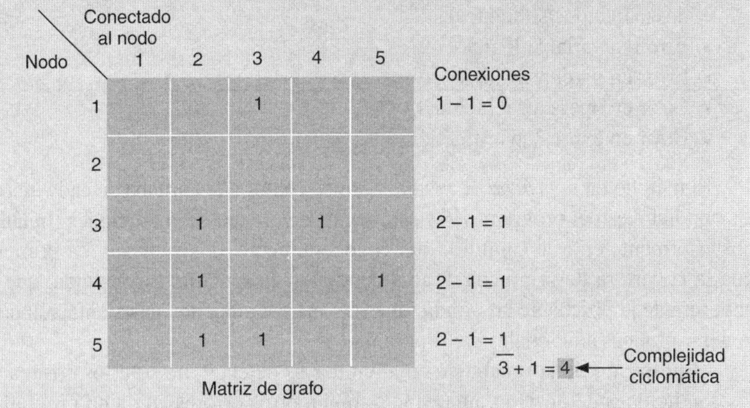

Para ilustrarlo, usaremos la forma más simple de peso, que indica la existencia de conexiones (0 o 1). La matriz de grafo de la Figura 16.7 se rehace tal y como se muestra la Figura 16.8. Se ha reemplazado cada letra por un 1, indicando la existencia de una conexión (se han excluido los ceros por claridad). Cuando se representa de esta forma, la matriz se denomina *matriz de conexiones*. En la Figura 16.8, cada fila con dos o más entradas representa un nodo predicado. Por tanto, los cálculos aritméticos que se muestran a la derecha de la matriz de conexiones nos dan otro nuevo método de determinación de la complejidad ciclomática (Sección 16.4.2).

Beizer [BEI90] proporciona un tratamiento profundo de otros algoritmos matemáticos que se pueden aplicar a las matrices de grafos. Mediante estas técnicas, el análisis requerido para el diseño de casos de prueba se puede automatizar parcial o totalmente.

16.5. PRUEBA DE LA ESTRUCTURA DE CONTROL

La técnica de prueba del camino básico descrita en la Sección 16.4 es una de las muchas técnicas para la *prueba de la estructura de control*. Aunque la prueba del camino basico es sencilla y altamente efectiva, no es suficiente por sí sola. En esta sección se tratan otras variantes de la prueba de estructura de control. Estas variantes amplían la cobertura de la prueba y mejoran la calidad de la prueba de caja blanca.

16.5.1. Prueba de condición[6]

La prueba de condición es un método de diseño de casos de prueba que ejercita las condiciones lógicas contenidas en el módulo de un programa. Una *condición simple* es una variable lógica o una expresión relacional, posiblemente precedida con un operador NOT («¬»). Una *expresión relacional* adquiere la siguiente forma:

$$E_1 < \text{operador-relacional} > E_2$$

donde E_1 y E_2 son expresiones aritméticas y < operador-relacional > puede ser alguno de los siguientes: «<», «≤», «=», «≠» («¬ =» (desigualdad), «>» o «≥». Una *condición compuesta* está formada por dos o más condiciones simples, operadores lógicos y paréntesis. Suponemos que los operadores lógicos permitidos en una condición compuesta incluye OR («|»), AND («&») y NOT («¬»). A una condición sin expresiones relacionadas se la denomina *expresión lógica*.

Por tanto, los tipos posibles de componentes en una condición puede ser un operador lógico, una variable lógica, un par de paréntesis lógicos (que rodean a una condición simple o compuesta), un operador relacional o una expresión aritmética.

---

[6] Las Secciones 16.5.1 y 16.5.2 se han adaptado de [TAI89] con permiso del profesor K. C. Tai.

Si una condición es incorrecta, entonces es incorrecto al menos un componente de la condición. Así, los tipos de errores de una condición pueden ser los siguientes:

- Error en operador lógico (existencia de operadores lógicos incorrectos/desaparecidos/sobrantes).
- Error en variable lógica.
- Error en paréntesis lógico.
- Error en operador relacional.
- Error en expresión aritmética.

El método de la *prueba de condiciones* se centra en la prueba de cada una de las condiciones del programa. Las estrategias de prueba de condiciones (tratadas posteriormente en este capítulo) tienen generalmente, dos ventajas. La primera, que la cobertura de la prueba de una condición es sencilla. La segunda, que la coberura de la prueba de las condiciones de un programa da una orientación para generar pruebas adicionales del programa.

El propósito de la prueba de condiciones es detectar, no sólo los errores en las condiciones de un programa, sino también otros errores en dicho programa. Si un conjunto de pruebas de un programa P es efectivo para detectar errores en las condiciones que se encuentran en P, es probable que el conjunto de pruebas también sea efectivo para detectar otros errores en el programa P. Además, si una estrategia de prueba es efectiva para detectar errores en una condición, entonces es probable que dicha estrategia también sea efectiva para detectar errores en el programa.

Se han propuesto una serie de estrategias de prueba de condiciones. La *prueba de ramificaciones* es posiblemente la estrategia de prueba de condiciones más sencilla. Para una condición compuesta C, es necesario ejecutar al menos una vez las ramas verdadera y falsa de C y cada condición simple de C [MYE79].

La *prueba del dominio* [WHI80] requiere la realización de tres o cuatro pruebas para una expresión relacional. Para una expresión relacional de la forma

$$E_1 < \text{operador-relacional} > E_2$$

se requieren tres pruebas, para comprobar que el valor de E_1 es mayor, igual o menor que el valor de E_2, respectivamente [HOW82]. Si el <operador-relacional> es incorrecto y E_1 y E_2 son correctos, entonces estas tres pruebas garantizan la detección de un error del operador relacional. Para detectar errores en E_1 y E_2, la prueba que haga el valor de E_1 mayor o menor que el de E_2 debe hacer que la diferencia entre estos dos valores sea lo más pequeña posible.

Para una expresión lógica con n variables, habrá que realizar las 2^n pruebas posibles ($n > 0$). Esta estrategia puede detectar errores de un operador, de una variable y de un paréntesis lógico, pero sólo es práctica cuando el valor de n es pequeño.

También se pueden obtener pruebas sensibles a error para expresiones lógicas [FOS84, TAI87]. Para una expresión lógica singular (una expresión lógica en la cual cada variable lógica sólo aparece una vez) con n variables lógicas ($n > 0$), podemos generar fácilmente un conjunto de pruebas con menos de 2^n pruebas, de tal forma que ese grupo de pruebas garantice la detección de múltiples errores de operadores lógicos y también sea efectivo para detectar otros errores.

Tai [TAI89] sugiere una estrategia de prueba de condiciones que se basa en las técnicas destacadas anteriormente. La técnica, denominada OBR (*prueba del operador relacional y de ramificación*), garantiza la detección de errores de operadores relacionales y de ramificaciones en una condición dada, en la que todas las variables lógicas y operadores relacionales de la condición aparecen sólo una vez y no tienen variables en común.

La estrategia OBR utiliza restricciones de condición para una condición C. Una restricción de condición para C con n condiciones simples se define como $(D_1, D_2, ..., D_n)$, donde Di $(0 < i \leq n)$ es un símbolo que especifica una restricción sobre el resultado de la i-ésima condición simple de la condición C. Una restricción de condición D para una condición C se cubre o se trata en una ejecución de C, si durante esta ejecución de C, el resultado de cada condición simple de C satisface la restricción correspondiente de D.

Para una variable lógica B, especificamos una restricción sobre el resultado de B, que consiste en que B tiene que ser verdadero (v) o falso (f). De forma similar, para una expresión relacional, se utilizan los símbolos >, = y < para especificar restricciones sobre el resultado de la expresión.

Como ejemplo, consideremos la condición

$$C_1\text{: } B_1 \ \& \ B_2$$

donde B_1 y B_2 son variables lógicas. La restricción de condición para C_1 es de la forma (D_1, D_2), donde D_1 y D_2 son «v» o «f». El valor (v, f) es una restricción de condición para C_1 y se cubre mediante la prueba que hace que el valor de B_1 sea verdadero y el valor de B_2 sea falso. La estrategia de prueba OBR requiere que el conjunto de restricciones {(v, v), (f, v), (v, f)} sea cubierto mediante las ejecuciones de C_1. Si C_1 es incorrecta por uno o más errores de operador lógico, por lo menos un par del conjunto de restricciones forzará el fallo de C_1.

Como segundo ejemplo, consideremos una condición de la forma

$$C_2\text{: } B_1 \ \& \ (E_3 = E_4)$$

donde B_1 es una expresión lógica y E_3 y E_4 son expresiones aritméticas. Una restricción de condición para C_2 es de la forma (D_1, D_2), donde D_1 es «v» o «f» y D_2 es >, = o <.

Puesto que C_2 es igual que C_1, excepto en que la segunda condición simple de C_2 es una expresión relacional, podemos construir un conjunto de restricciones para C_2 mediante la modificación del conjunto de restricciones {(v, v), (f, v), (v, f)} definido para C_1 obsérvese que «v» para ($E_3 = E_4$) implica «=» y que «f» para ($E_3 = E_4$) implica «<» o «>». Al reemplazar (v, v) y (f, v) por (v,=) y (f,=), respectivamente y reemplazando (v, f) por (v, <\<>) y (v, >), el conjunto de restricciones resultante para C_2 es {v,=), (f, =), (v, <), (v, >)}. La cobertura del conjunto de restricciones anterior garantizará la detección de errores del operador relacional o lógico en C_2.

Como tercer ejemplo, consideremos una condición de la forma

$$C_3\text{: } (E_1 > E_2)\ \&\ (E_3 = E_4)$$

donde E_1, E_2, E_3 y E_4 son expresiones aritméticas. Una restricción de condición para C_3 es de la forma (D_1, D_2) donde todos los D_1 y D_2 son >, = o <. Puesto que C_3 es igual que C_2 excepto en que la primera condición simple de C_3 es una expresión relacional, podemos construir un conjunto de restricciones para C_3 mediante la modificación del conjunto de restricciones para C_2, obteniendo

$$\{(>, =), (=, =), (<, =), (>, >), (>, <)\}$$

La cobertura de este conjunto de restricciones garantizará la detección de errores de operador relacional en C_3.

16.5.2. Prueba de flujo de datos

El método de *prueba de flujo de datos* selecciona caminos de prueba de un programa de acuerdo con la ubicación de las definiciones y los usos de las variables del programa. Se han estudiado y comparado varias estrategias de prueba de flujo de datos (p. ej.: [FRA88], [NTA88], [FRA93]).

Para ilustrar el enfoque de prueba de flujo de datos, supongamos que a cada sentencia de un programa se le asigna un número único de sentencia y que las funciones no modifican sus parámetros o las variables globales. Para una sentencia con *S* como número de sentencia,

DEF(S) = {*X*|la sentencia *S* contiene una definición de *X*}
USO(S) = {*X*|la sentencia *S* contiene un uso de *X*}

Si la sentencia *S* es una sentencia *if* o de bucle, su conjunto DEF estará vacío y su conjunto USO estará basado en la condición de la sentencia *S*. La definición de una variable *X* en una sentencia *S* se dice que está *viva* en una sentencia *S'* si existe un camino de la sentencia *S* a la sentencia *S'* que no contenga otra definición de *X*.

Una *cadena de definición-uso* (o *cadena* DU) de una variable *X* tiene la forma [*X*, *S*, *S'*], donde *S* y *S'* son números de sentencia, *X* está en DEF(*S*) y en USO(*S'*) y la definición de *X* en la sentencia *S* está viva en la sentencia *S'*.

Una sencilla estrategia de prueba de flujo de datos se basa en requerir que se cubra al menos una vez cada cadena DU. Esta estrategia se conoce como *estrategia de prueba* DU. Se ha demostrado que la prueba DU no garantiza que se cubran todas las ramificaciones de un programa. Sin embargo, solamente no se garantiza el cubrimiento de una ramificación en situaciones raras como las construcciones *if-then-else* en las que la parte *then* no tiene ninguna definición de variable y no existe la parte *else*.

En esta situación, la prueba DU no cubre necesariamente la rama *else* de la sentencia *if* superior.

La estrategias de prueba de flujo de datos son últiles para seleccionar caminos de prueba de un programa que contenga sentencias *if o de bucles* anidados. Para ilustrar esto, consideremos la aplicación de la prueba DU para seleccionar caminos de prueba para el LDP que sigue:

```
proc x
    B1;
  do while C1
   if C2
     then
      if C4
       then B4;
       else B5;
      endif;
     else
      if C3
       then B2;
       else B3;
      endif;
    endif;
   enddo;
   B6;
end proc;
```

Para aplicar la estrategia de prueba DU para seleccionar caminos de prueba del diagrama de flujo de control, necesitamos conocer las definiciones y los usos de las variables de cada condición o cada bloque del LDP. Asumimos que la variable *X* es definida en la última sentencia de los bloques B1, B2, B3, B4 y B5, y que se usa en la primera sentencia de los bloques B2, B3, B4, B5 y B6. La estrategia de prueba DU requiere una ejecución del camino más corto de cada B_i, $0 < i \leq 5$, a cada B_j, $1 < j \leq 6$. (Tal prueba también cubre cualquier uso de la variable *X* en las condiciones C1, C2, C3 y C4). Aunque hay veinticinco cadenas DU de la variable X, sólo necesitamos cinco caminos para cubrir la cadena DU. La razón es que se necesitan cinco caminos para cubrir la cadena DU de X desde B_i, $0 < i \leq 5$, hasta B6, y las otras cadenas DU se pueden cubrir haciendo que esos cinco caminos contengan iteraciones del bucle.

Se ha de tener en cuenta que si aplicamos la estrategia de pruebas de ramificación para seleccionar caminos de prueba en el LDP anterior, no necesitamos ninguna información adicional. Para seleccionar caminos del diagrama para la prueba OBR, necesitamos conocer la estructura de cada condición o bloque. (Tras seleccionar un camino del programa, necesitamos determinar si el camino es factible para el programa, es decir, si existe al menos una entrada que ejercite ese camino).

Dado que las sentencias de un programa están relacionadas entre sí de acuerdo con las definiciones de las variables, el enfoque de prueba de flujo de datos es efectivo para la protección contra errores. Sin embargo, los problemas de medida del cubrimiento de la prueba y de selección de caminos de prueba para la prueba de flujo de datos son más difíciles que los correspondientes problemas para la prueba de condiciones.

16.5.3. Prueba de bucles

Los bucles son la piedra angular de la inmensa mayoría de los algoritmos implementados en software. Y, sin embargo, les prestamos normalmente poca atención cuando llevamos a cabo la prueba del software.

La prueba de bucles es una técnica de prueba de caja blanca que se centra exclusivamente en la validez de las construcciones de bucles. Se pueden definir cuatro clases diferentes de bucles [BEI90]: *bucles simples, bucles concatenados, bucles anidados* y *bucles no estructurados* (Figura 16.9).

FIGURA 16.9

Bucles

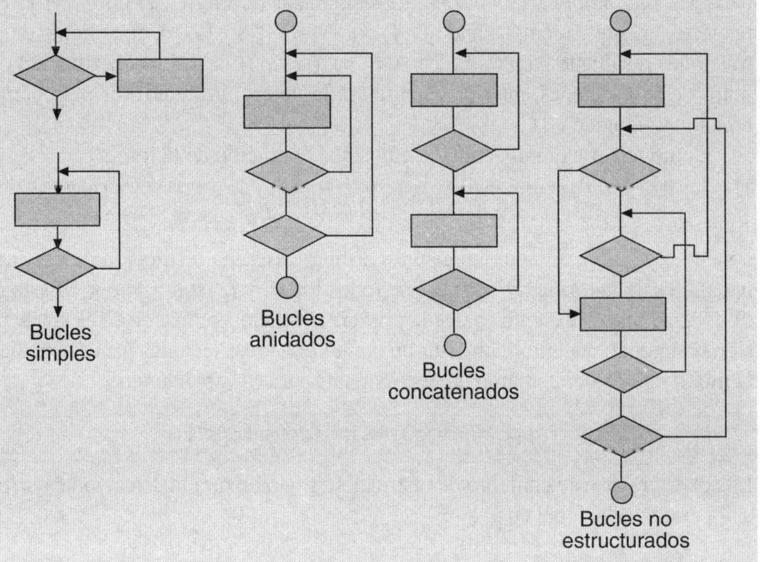

Bucles simples. A los bucles simples se les debe aplicar el siguiente conjunto de pruebas, donde n es el número máximo de pasos permitidos por el bucle:

1. Pasar por alto totalmente el bucle.
2. Pasar una sola vez por el bucle.
3. Pasar dos veces por el bucle.
4. Hacer m pasos por el bucle con $m < n$.
5. Hacer $n - 1$, n y $n + 1$ pasos por el bucle.

Bucles anidados. Si extendiéramos el enfoque de prueba de los bucles simples a los bucles anidados, el número de posibles pruebas aumentaría geométricamente a medida que aumenta el nivel de anidamiento. Esto llevaría a un número impracticable de pruebas. Beizer [BEI90] sugiere un enfoque que ayuda a reducir el número de pruebas:

1. Comenzar por el bucle más interior. Establecer o configurar los demás bucles con sus valores mínimos.
2. Llevar a cabo las pruebas de bucles simples para el bucle más interior, mientras se mantienen los parámetros de iteración (p. ej.: contadores de bucles) de los bucles externos en sus valores mínimos. Añadir otras pruebas para valores fuera de rango o excluidos.
3. Progresar hacia fuera, llevando a cabo pruebas para el siguiente bucle, pero manteniendo todos los bucles externos en sus valores mínimos y los demás bucles anidados en sus valores «típicos».
4. Continuar hasta que se hayan probado todos los bucles.

Bucles concatenados. Los bucles concatenados se pueden probar mediante el enfoque anteriormente definido para los bucles simples, mientras cada uno de los bucles sea independiente del resto. Sin embargo, si hay dos bucles concatenados y se usa el controlador del bucle 1 como valor inicial del bucle 2, entonces los bucles *no* son independientes. Cuando los bucles no son independientes, se recomienda usar el enfoque aplicado para los bucles anidados.

Bucles no estructurados. Siempre que sea posible, esta clase de bucles se deben *rediseñar* para que se ajusten a las construcciones de programación estructurada (Capítulo 14).

16.6. PRUEBA DE CAJA NEGRA

Las pruebas de caja negra se centran en los requisitos funcionales del software. O sea, la prueba de caja negra permite al ingeniero del software obtener conjuntos de condiciones de entrada que ejerciten completamente todos los requisitos funcionales de un programa. La prueba de caja negra *no* es una alternativa a las técnicas de prueba de caja blanca. Más bien se trata de un enfoque complementario que intenta descubrir diferentes tipos de errores que los métodos de caja blanca.

La prueba de caja negra intenta encontrar errores de las siguientes categorías: (1) funciones incorrectas o ausentes, (2) errores de interfaz, (3) errores en estructuras de datos o en accesos a bases de datos externas, (4) errores de rendimiento y (5) errores de inicialización y de terminación.

A diferencia de la prueba de caja blanca, que se lleva a cabo previamente en el proceso de prueba, la prueba de caja negra tiende a aplicarse durante fases posteriores de la prueba (véase el Capítulo 17). Ya que la prueba de caja negra ignora intencionadamente la estructura de control, centra su atención en el campo de la información. Las pruebas se diseñan para responder a las siguientes preguntas:

- ¿Cómo se prueba la validez funcional?
- ¿Qué *clases* de entrada compondrán unos buenos casos de prueba?
- ¿Es el sistema particularmente sensible a ciertos valores de entrada?
- ¿De qué forma están aislados los límites de una clase de datos?
- ¿Qué volúmenes y niveles de datos tolerará el sistema?
- ¿Qué efectos sobre la operación del sistema tendrán combinaciones específicas de datos?

Mediante las técnicas de prueba de caja negra se obtiene un conjunto de casos de prueba que satisfacen los siguientes criterios [MYE79]: (1) casos de prueba que reducen, en un coeficiente que es mayor que uno, el número de casos de prueba adicionales que se deben diseñar para alcanzar una prueba razonable y (2) casos de prueba que nos dicen algo sobre la presencia o ausencia de clases de errores en lugar de errores asociados solamente con la prueba que estamos realizando.

16.6.1. Métodos de prueba basados en grafos

El primer paso en la prueba de caja negra[7] es entender los objetos[8] que se modelan en el software y las relaciones que conectan a estos objetos. Una vez que se ha llevado a cabo esto, el siguiente paso es definir una serie de pruebas que verifique que «todos los objetos tienen entre ellos las relaciones esperadas» [BEI95]. Dicho de otra manera. La prueba del software empieza creando un grafo de objetos importantes y sus relaciones y después diseñando una serie de pruebas que cubran el grafo de manera que se ejerciten todos los objetos y sus relaciones para descubrir los errores.

Para llevar a cabo estos pasos, el ingeniero del software empieza creando un grafo (una colección de *nodos* que representan objetos); *enlaces* que representan las relaciones entre los objetos; *pesos de nodos* que describen las propiedades de un nodo (p. ej.: un valor específico de datos o comportamiento de estado) y *pesos de enlaces* que describen alguna característica de un enlace[9].

En la Figura 16.10a se muestra una representación simbólica de un grafo. Los nodos se representan como círculos conectados por enlaces que toman diferentes formas. Un enlace dirigido (representado por una flecha) indica que una relación se mueve sólo en una dirección. Un *enlace bidireccional*, también denominado *enlace simétrico*, implica que la relación se aplica en ambos sentidos. Los enlaces paralelos se usan cuando se establecen diferentes relaciones entre los nodos del grafo. Como ejemplo sencillo, consideremos una porción de un grafo de una aplicación de proceso de textos (Figura 16.10b) donde:

objeto # 1 = **selección en el menú archivo nuevo**
objeto # 2 = **ventana del documento**
objeto # 3 = **texto del documento**

Como se muestra en la figura, una selección del menú en **archivo nuevo** genera una **ventana de documento**. El peso del nodo de **ventana de documento** proporciona una lista de los atributos de la ventana que se esperan cuando se genera una ventana. El peso del enlace indica que la ventana se tiene que generar

---

[7] La prueba de caja negra se denomina a veces *prueba de comportamiento* o *prueba de partición*.

[8] En este contexto, el término «objeto» comprende los objetos de datos que se estudiaron en los Capítulos 11 y 12, así como objetos de programa tales como módulos o colecciones de sentencias del lenguaje de programación.

[9] Si los conceptos anteriores suenan vagamente familiares, recordemos que los grafos se usaron también en la Sección 16.4.1 para crear un grafo del programa para el método de la prueba del camino básico. Los nodos del grafo del programa contenían instrucciones (objetos de programa) caracterizados como representaciones de diseño procedimental o como código fuente y los enlaces dirigidos indicaban el flujo entre estos objetos del programa. Aquí, se extiende el uso de los grafos para incluir la prueba de caja negra.

FIGURA 16.10

(a) Notación de grafo; (b) Un sencillo ejemplo

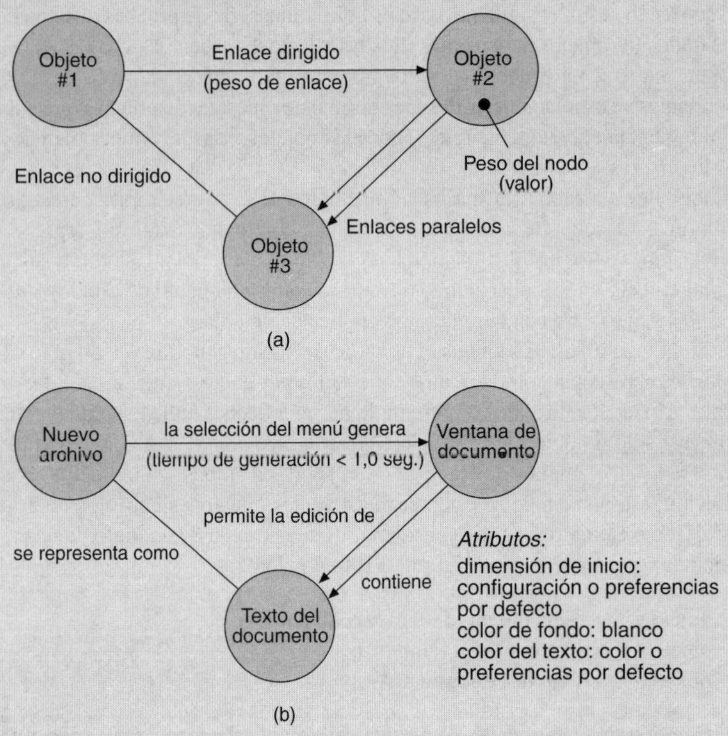

en menos de 1,0 segundos. Un enlace no dirigido establece una relación simétrica entre **selección en el menú archivo nuevo** y **texto del documento**, y los enlaces paralelos indican las relaciones entre la **ventana del documento** y el **texto del documento**. En realidad, se debería generar un grafo bastante más detallado como precursor al diseño de casos de prueba. El ingeniero del software obtiene entonces casos de prueba atravesando el grafo y cubriendo cada una de las relaciones mostradas.

Estos casos de prueba están diseñados para intentar encontrar errores en alguna de las relaciones.

Beizer [BEI95] describe un número de métodos de prueba de comportamiento que pueden hacer uso de los grafos:

Modelación del flujo de transacción. Los nodos representan los pasos de alguna transacción (p. ej.: los pasos necesarios para una reserva en una línea aérea usando un servicio en línea) y los enlaces representan las conexiones lógicas entre los pasos (p. ej.: **información.vuelo.entrada** *es seguida* de **validación/disponibilidad.procesamiento**). El diagrama de flujo de datos (Capítulo 12) puede usarse para ayudar en la creación de grafos de este tipo.

Modelación de estado finito. Los nodos representan diferentes estados del software observables por el usuario (p. ej.: cada una de las «pantallas» que aparecen cuando un telefonista coge una petición por teléfono) y los enlaces representan las transiciones que ocurren para moverse de estado a estado (p. ej.: **información-petición** *se verifica durante* la **búsqueda-disponibilidad-inventario** y *es seguido* por la **entrada-información-factura-cliente**). El diagrama estado-transición (Capítulo 12) puede usase para ayudar en la creación de grafos de este tipo.

Modelación del flujo de datos. Los nodos son objeto de datos y los enlaces son las transformaciones que ocuren para convertir un objeto de datos en otro. Por ejemplo, el nodo **FICA.impuesto.retenido** (FIR) *se calcula de* **sueldos.brutos** (SB) usando la relación FIR = 0,062 × SB.

Modelación de planificación. Los nodos son objetos de programa y los enlaces son las conexiones secuenciales entre esos objetos. Los pesos de enlace se usan para especificar los tiempos de ejecución requeridos al ejecutarse el programa.

Un estudio detallado de cada uno de estos métodos de prueba basados en grafos está más allá del alcance de este libro. El lector interesado debería consultar [BEI95] para ver un estudio detallado. Merece la pena, sin embargo, proporcionar un resumen genérico del enfoque de pruebas basadas en grafos.

Las pruebas basadas en grafos empiezan con la definición de todos los nodos y pesos de nodos. O sea, se identifican los objetos y los atributos. El modelo de datos (Capítulo 12) puede usarse como punto de partida, pero es importante tener en cuenta que muchos nodos pueden ser objetos de programa (no representados explícitamente en el modelo de datos). Para proporcionar una indicación de los puntos de inicio y final del grafo, es útil definir unos *nodos de entrada y salida*.

Una vez que se han identificado los nodos, se deberían establecer los enlaces y los pesos de enlaces. En general, conviene nombrar los enlaces, aunque los enlaces que representan el flujo del control entre los objetos de programa no es necesario nombrarlos.

En muchos casos, el modelo de grafo puede tener bucles (p. ej.: un camino a través del grafo en el que se encuentran uno o más nodos más de una vez). La prueba de bucles (Sección 16.5.3) se puede aplicar también a nivel de comportamiento (caja negra). El grafo ayudará a identificar aquellos bucles que hay que probar.

Cada relación es estudiada separadamente de manera que se puedan obtener casos de prueba. La *transitividad* de relaciones secuenciales es estudiada para determinar cómo se propaga el impacto de las relaciones a través de objetos definidos en el grafo. La transitividad puede ilustrarse considerando tres objetos **X, Y** y **Z**. Consideremos las siguientes relaciones:

X *es necesaria para calcular* **Y**
Y *es necesaria para calcular* **Z**

Por tanto, se ha establecido una relación transitiva entre **X** y **Z**:

X *es necesaria para calcular* **Z**

Basándose en esta relación transitiva, las pruebas para encontrar errores en el cálculo de **Z** deben considerar una variedad de valores para **X** e **Y**.

La *simetría* de una relación (enlace de grafo) es también una importante directriz para diseñar casos de prueba. Si un enlace es bidireccional (simétrico) es importante probar esta característica. La característica UNDO [BEI95] en muchas aplicaciones de ordenadores personales implementa una limitada simetría. O sea, UNDO permite deshacer una acción después de haberse completado. Esto debería pobarse minuciosamente y todas las excepciones (p. ej.: lugares donde no se puede usar UNDO) deberían apuntarse. Finalmente, todos los nodos del grafo deberían tener una relación que conduzca de vuelta a ellos mismos; en esencia, un bucle de «no acción» o «acción nula». Estas relaciones *reflexivas* deberían probarse también.

Cuando empieza el diseño de casos de prueba, el primer objetivo es conseguir la *cobertura de nodo*. Esto significa que las pruebas deberían diseñarse para demostrar que ningún nodo se ha omitido inadvertidamente y que los pesos de nodos (atributos de objetos) son correctos.

A continuación se trata la *cobertura de enlaces*. Todas las relaciones se prueban basándose en sus propiedades. Por ejemplo, una relación simétrica de prueba para demostrar que es, de hecho, bidireccional. Una relación transitiva se prueba para demostrar que existe transitividad. Una relación reflexiva se prueba para asegurarse de que hay un bucle nulo presente. Cuando se han especificado los pesos de enlace, se diseñan las pruebas para demostrar que estos pesos son válidos. Finalmente, se invocan las pruebas de bucles (Sección 16.5.3).

16.6.2. Partición equivalente

La *partición equivalente* es un método de prueba de caja negra que divide el dominio de entrada de un programa en clases de datos de los que se pueden derivar casos de prueba. Un caso de prueba ideal descubre de forma inmediata una clase de errores (p. ej.: proceso incorrecto de todos los datos de caracteres) que, de otro modo, requerirían la ejecución de muchos casos antes de detectar el error genérico. La partición equivalente se dirige a la definición de casos de prueba que descubran clases de errores, reduciendo así el número total de casos de prueba que hay que desarrollar.

El diseño de casos de prueba para la partición equivalente se basa en una evaluación de las clases de equivalencia para una *condición de entrada*. Mediante conceptos introducidos en la sección anterior, si un conjunto de objetos puede unirse por medio de relaciones simétricas, transitivas y reflexivas, entonces existe una clase de equivalencia [BEI]. Una *clase de equivalencia* representa un conjunto de estados válidos o no válidos para condiciones de entrada. Típicamente, una condición de entrada es un valor numérico específico, un rango de valores, un conjunto de valores relacionados o una condición lógica. Las clases de equivalencia se pueden definir de acuerdo con las siguientes directrices:

1. Si una condición de entrada especifica un *rango*, se define una clase de equivalencia válida y dos no válidas.
2. Si una condición de entrada requiere un *valor* específico, se define una clase de equivalencia válida y dos no válidas.
3. Si una condición de entrada especifica un miembro de un *conjunto*, se define una clase de equivalencia válida y una no válida.
4. Si una condición de entrada es *lógica*, se define una clase de equivalencia válida y una no válida.

Como ejemplo, consideremos los datos contenidos en una aplicación de automatización bancaria. El usuario puede «llamar» al banco usando su ordenador personal, dar su contraseña de seis dígitos y continuar con una serie de órdenes clave que desencadenarán varias funciones bancarias. El software proporcionado por la aplicación bancaria acepta datos en la siguiente forma:

Código de área: en blanco o un número de tres dígitos.
Prefijo: número de tres dígitos que no comience por 0 o 1.
Sufijo: número de cuatro dígitos.
Contraseña: valor alfanumérico de seis dígitos.
Ordenes: «comprobar», «depositar», «pagar factura», etc.

Las condiciones de entrada asociadas con cada elemento de la aplicación bancaria se pueden especificar como:

Código de área:	condición de entrada, *lógica* –el código de área puede estar o no presente.
	condición de entrada, *rango* –valores definidos entre 200 y 999, con excepciones específicas.
Prefijo:	condición de entrada, *rango* –valor especificado >200 sin dígitos 0.

Sufijo: condición de entrada, *valor* –longitud de cuatro dígitos.
Contraseña: condición de entrada, *lógica* –la palabra clave puede estar o no presente;
condición de entrada, *valor* –cadena de seis caracteres.
Orden: condición de entrada, *conjunto* –contenido en las órdenes listadas anteriormente.

Aplicando las directrices para la obtención de clases de equivalencia, se pueden desarrollar y ejecutar casos de prueba para cada elemento de datos del campo de entrada. Los casos de prueba se seleccionan de forma que se ejercite el mayor número de atributos de cada clase de equivalencia a la vez.

16.6.3. Análisis de valores límite

Por razones que no están del todo claras, los errores tienden a darse más en los límites del campo de entrada que en el «centro». Por ello, se ha desarrollado el *análisis de valores límites* (AVL) como técnica de prueba.

El análisis de valores límite nos lleva a una elección de casos de prueba que ejerciten los valores límite.

El análisis de valores límite es una técnica de diseño de casos de prueba que complementa a la partición equivalente. En lugar de seleccionar cualquier elemento de una clase de equivalencia, el AVL lleva a la elección de casos de prueba en los «extremos» de la clase. En lugar de centrarse solamente en las condiciones de entrada, el AVL obtiene casos de prueba también para el campo de salida [MYE79].

Las directrices de AVL son similares en muchos aspectos a las que proporciona la partición equivalente:

1. Si una condición de entrada especifica un rango delimitado por los valores *a* y *b*, se deben diseñar casos de prueba para los valores *a* y *b* y para los valores justo por debajo y justo por encima de *a* y *b*, respectivamente.
2. Si una condición de entrada especifica un número de valores, se deben desarrollar casos de prueba que ejerciten los valores máximo y mínimo. También se deben probar los valores justo por encima y justo por debajo del máximo y del mínimo.
3. Aplicar las directrices 1 y 2 a las condiciones de salida. Por ejemplo, supongamos que se requiere una tabla de «temperatura/presión» como salida de un programa de análisis de ingeniería. Se deben diseñar casos de prueba que creen un informe de salida que produzca el máximo (y el mínimo) número permitido de entradas en la tabla.
4. Si las estructuras de datos internas tienen límites preestablecidos (p. ej.: una matriz que tenga un límite definido de 100 entradas) hay que asegurarse de diseñar un caso de prueba que ejercite la estructura de datos en sus límites.

La mayoría de los ingenieros del software llevan a cabo de forma intuitiva alguna forma de AVL. Aplicando las directrices que se acaban de exponer, la prueba de límites será más completa y, por tanto, tendrá una mayor probabilidad de detectar errores.

16.6.4. Prueba de comparación

Hay situaciones (p. ej.: aviónica de aeronaves, control de planta nuclear) en las que la fiabilidad del software es algo absolutamente crítico. En ese tipo de aplicaciones, a menudo se utiliza hardware y software redundante para minimizar la posibilidad de error. Cuando se desarrolla software redundante, varios equipos de ingeniería del software separados desarrollan versiones independientes de una aplicación, usando las mismas especificaciones. En esas situaciones, se deben probar todas las versiones con los mismos datos de prueba, para asegurar que todas proporcionan una salida idéntica. Luego, se ejecutan todas las versiones en paralelo y se hace una comparación en tiempo real de los resultados, para garantizar la consistencia.

Con las lecciones aprendidas de los sistemas redundantes, los investigadores (p. ej.: [BRI87]) han sugerido que, para las aplicaciones críticas, se deben desarrollar versiones de software independientes, incluso aunque sólo se vaya a distribuir una de las versiones en el sistema final basado en computadora. Esas versiones independientes son la base de una técnica de prueba de caja negra denominada *prueba de comparación* o *prueba mano a mano* [KNI89].

Cuando se han producido múltiples implementaciones de la misma especificación, a cada versión del software se le proporciona como entrada los casos de prueba diseñados mediante alguna otra técnica de caja negra (p. ej.: la partición equivalente).

Si las salidas producidas por las distintas versiones son idénticas, se asume que todas las implementaciones son correctas. Si la salida es diferente, se investigan todas las aplicaciones para determinar el defecto responsble de la diferencia en una o más versiones. En la mayoría de los casos, la comparación de las salidas se puede llevar a cabo mediante una herramienta automática.

La prueba de comparación no es infalible. Si el error se encuentra en la especificación a partir de la cual se han desarrollado todas las versiones, lo más probable es que todas las versiones reflejen ese error. Además, si todas las versiones independientes producen unos resultados idénticos, pero erróneos, la prueba de comparación no detectará el error.

16.7. PRUEBA DE ENTORNOS Y APLICACIONES ESPECIALIZADAS

A medida que el software se ha hecho más complejo, ha crecido también la necesidad de enfoques de pruebas especializadas. Los métodos de pruebas de caja blanca y de caja negra tratados en las Secciones 16.5 y 16.6 son aplicables a todos los entornos, arquitecturas y aplicaciones pero a veces se necesitan unas directrices y enfoques únicos para las pruebas. En esta sección se estudian directrices de prueba para entornos, arquitecturas y aplicaciones especializadas en que pueden encontrarse los ingenieros del software.

16.7.1. Prueba de interfaces gráficas de usuario

Las interfaces gráficas de usuario (IGU) presentan interesantes desafíos para los ingenieros de software. Debido a los componentes reutilizables provistos como parte de los entornos de desarrollo de las IGU, la creación de la interfaz de usuario se ha convertido en menos costosa en tiempo y más exacta. Al mismo tiempo, la complejidad de las IGU ha aumentado, originando más dificultad en el diseño y ejecución de los casos de prueba.

Dado que las IGU modernas tienen la misma apariencia y filosofía, se puede obtener una serie de pruebas estándar. Las siguientes cuestiones pueden servir de directrices para la creación de una serie de pruebas genéricas para las IGU:

Para ventanas:

- ¿Se abrirán las ventanas basándose en órdenes basadas en el teclado o en un menú?
- ¿Se puede ajustar el tamaño, mover y desplegar la ventana?
- ¿Está todo el contenido de la información dentro de la ventana accesible adecuadamente con el ratón, teclas de función, flechas de dirección y teclado?
- ¿Se regenera adecuadamente cuando se sobrescribe y se vuelve a abrir?
- ¿Están operativas todas las funciones relacionadas con la ventana?
- ¿Están disponibles y desplegados apropiadamente en la ventana todos los menús emergentes, barras de herramientas, barras deslizantes, cuadros de diálogo, botones, iconos y otros controles importantes?
- Cuando se despliegan varias ventanas, ¿se representa adecuadamente el nombre de cada ventana?
- ¿Está resaltada adecuadamente la ventana activa?
- Si se utiliza multitarea, ¿están actualizadas todas las ventanas en los momentos adecuados?
- ¿Causan las selecciones múltiples o incorrectas del ratón dentro de la ventana efectos secundarios inesperados?
- ¿Están de acuerdo con las especificaciones los indicadores de audio y/o de color de la ventana o como consecuencia de operaciones de la ventana?
- ¿Se cierra adecuadamente la ventana?

Para menús emergentes y operantes con el ratón

- ¿Se muestra la barra de menú apropiada en el contexto apropiado?
- ¿Despliega la barra de menú de la aplicación características relacionadas con el sistema (p. ej.: la pantalla de un reloj)?
- ¿Funcionan adecuadamente las operaciones de despliegue?
- ¿Funcionan adecuadamente los menús de escape, paletas y barras de herramientas?
- ¿Están listadas adecuadamente todas las funciones del menú y subfunciones emergentes?
- ¿Son todas las funciones del menú accesibles con el ratón?
- ¿Es correcto el tipo, tamaño y formato del texto?
- ¿Es posible invocar todas las funciones del menú usando su orden alternativa de texto?
- ¿Están resaltadas las funciones del menú (o difuminadas) dependiendo del contexto de las operaciones actuales de la ventana?
- ¿Se ejecutan todas las funciones de cada menú como se anunciaba?
- ¿Son suficientemente claros los nombres de las funciones del menú?
- ¿Hay ayuda disponible para cada elemento del menú y es sensible al contexto?
- ¿Se reconocen apropiadamente las operaciones del ratón a lo largo de todo el contexto interactivo?
- ¿Si se necesitan múltiples *clics*, están apropiadamente reconocidos en el contexto?
- ¿Si el ratón tiene varios botones, son reconocidos apropiadamente en el contexto?
- ¿Cambian adecuadamente el cursor, el indicador de procesamiento (p. ej.: un reloj) y puntero al invocar diferentes operaciones?

Entrada de datos

- ¿Se repiten y son introducidos adecuadamente los datos alfanuméricos en el sistema?
- ¿Funcionan adecuadamente los modos gráficos de entrada de datos (p. ej.: una barra deslizante)?

- ¿Se reconocen adecuadamente los datos no válidos?
- ¿Son inteligibles los mensajes de entrada de datos?

Además de las directrices anteriores, se pueden utilizar grafos de modelación de estado finito (Sección 16.6.1) para obtener una serie de pruebas dirigidas a objetos de datos y de programa específicos importantes para la IGU.

Debido a la gran cantidad de permutaciones asociadas con las operaciones de la IGU, las pruebas deberían enfocarse utilizando herramientas automáticas. En los últimos años ha aparecido en el mercado una amplia gama de herramientas de prueba para IGU. Para obtener más información, vea el Capítulo 29.

16.7.2. Prueba de arquitecturas cliente/servidor

Las arquitecturas cliente/servidor (p. ej.: [BER92], [VAS93]) representan un desafío significativo para los responsables de la prueba del software. La naturaleza distribuida de los entornos cliente/servidor, los aspectos de rendimiento asociados con el proceso de transacciones, la presencia potencial de diferentes plataformas hardware, las complejidades de las comunicaciones de red, la necesidad de servir a múltiples clientes desde una base de datos centralizada (o en algunos casos, distribuida) y los requisitos de coordinación impuestos al servidor se combinan todos para hacer las pruebas de las arquitecturas C/S y del software residente en ellas, considerablemente más difíciles que la prueba de aplicaciones individuales. De hecho, los estudios recientes sobre la industria indican un significativo aumento en el tiempo invertido y los costes de las pruebas cuando se desarrollan entornos C/S. Para más información sobre pruebas de cliente/servidor, vea el Capítulo 28.

16.7.3. Prueba de documentación y de ayuda

El término «prueba de software» hace imaginarnos gran cantidad de casos de prueba preparados para ejecutar programas de computadora y los datos que manejan. Recordando la definición de software presentada en el primer capítulo de este libro, es importante darse cuenta de que la prueba debe extenderse al tercer elemento de la configuración del software: la documentación[10].

Los errores en la documentación pueden ser tan destructivos para la aceptación del programa como los errores en los datos o en el código fuente. Nada es más frustrante que seguir fielmente el manual de usuario y obtener resultados o comportamientos que no coinciden con los anticipados por el documento. Por esta razón, la prueba de documentación debería ser una parte importante de cualquier plan de pruebas del software.

La prueba de documentación se puede enfocar en dos fases. La primera fase, la revisión técnica formal (Capítulo 8), examina el documento para comprobar la claridad editorial. La segunda fase, la prueba en vivo, utiliza la documentación junto al uso del programa real.

Es sorprendente, pero la prueba en vivo de la documentación se puede enfocar usando técnicas análogas a muchos de los métodos de prueba de caja negra estudiados en la Sección 16.6. Se pueden emplear pruebas basadas en grafos para describir el empleo del programa; se pueden emplear el análisis de la partición equivalente o de los valores límites para definir varias clases de entradas e interacciones asociadas. El manejo del programa se sigue entonces con la documentación:

- ¿Describe con exactitud la documentación como conseguir cada modo de empleo?
- ¿Es exacta la descripción de cada secuencia de interacción?
- ¿Son exactos los ejemplos?
- ¿Son consistentes con el programa real la terminología, las descripciones del menú y las respuestas del sistema?
- ¿Es relativamente fácil localizar ayuda en la documentación?
- ¿Se pueden solucionar problemas fácilmente con la documentación?
- ¿Son exactos y completos la tabla de contenido y el índice?
- ¿Facilita el diseño del documento (distribución, tipos de letra, indentación, grafos) la comprensión y rápida asimilación de la información?
- ¿Están descritos con gran detalle los mensajes de error para el usuario en el documento?
- Si se utilizan enlaces de hipertexto, ¿son exactos y completos?

La única manera viable de responder a estas cuestiones es que un equipo independiente (p. ej.: usuarios seleccionados) pruebe la documentación en el contexto del empleo del programa. Se anotan todas las discrepancias y se definen las áreas de ambigüedad o puntos débiles del documento para reescribirlas.

16.7.4. Prueba de sistemas de tiempo real

La naturaleza asíncrona y dependiente del tiempo de muchas aplicaciones de tiempo real (Capítulo 15), añade un nuevo y potencialmente difícil elemento a la complejidad de las pruebas: el tiempo. El responsable del diseño de casos de prueba no sólo tiene que considerar los casos de prueba de caja blanca y de caja negra, sino también el tratamiento de sucesos (p. ej.: proceso de interrupciones),

[10] En este contexto, *documentación* se refiere a manuales impresos y facilidad de ayudas en línea (*on-line*).

la temporización de los datos y el paralelismo de las tareas (procesos) que manejan los datos. En muchas situaciones, los datos de prueba proporcionados al sistema de tiempo real cuando se encuentra en un determinado estado darán un proceso correcto, mientras que al proporcionárselos en otro estado llevarán a un error.

Por ejemplo, un software de tiempo real que controla una moderna fotocopiadora puede aceptar interrupciones del operador (p. ej.: el operador de la máquina pulsa teclas de control tales como «inicialización» u «oscurecimiento») sin error cuando la máquina se encuentra en el estado de hacer fotocopias (estado de «copia»). Esas mismas interrupciones del operador, cuando se producen estando la máquina en estado de «atasco», pueden producir un código de diagnóstico que indique la situación del atasco (un error).

Además la estrecha relación que existe entre el software de tiempo real y su entorno de hardware también puede introducir problemas en la prueba. Las pruebas del software deben considerar el impacto de los fallos del hardware sobre el proceso del software. Puede ser muy difícil simular de forma realista esos fallos.

Todavía han de evolucionar mucho los métodos generales de diseño de casos de prueba para sistemas de tiempo real. Sin embargo, se puede proponer una estrategia en cuatro pasos:

Prueba de tareas. El primer paso de la prueba de sistemas de tiempo real consiste en probar cada tarea independientemente[11]. Es decir, se diseñan pruebas de caja blanca y de caja negra y se ejecutan para cada tarea. Durante estas pruebas, cada tarea se ejecuta independientemente. La prueba de la tarea ha de descubrir errores en la lógica y en el funcionamiento, pero no los errores de temporización o de comportamientos.

Prueba de comportamiento. Utilizando modelos del sistema creados con herramientas CASE (véase la Sección 15.3), es posible simular el comportamiento del sistema en tiempo real y examinar su comportamiento como consecuencia de sucesos externos. Estas actividades de análisis pueden servir como base del diseño de casos de prueba que se llevan a cabo cuando se ha construido el software de tiempo real. Utilizando una técnica parecida a la partición equivalente (Sección 16.6.2), se pueden categorizar los sucesos (p. ej.: interrupciones, señales de control, datos) para la prueba. Por ejemplo, los sucesos para la fotocopiadora pueden ser interrupciones del usuario (p. ej.: reinicialización del contador), interrupciones mecánicas (p. ej.: atasco de papel), interrupciones del sistema (p. ej.: bajo nivel de tinta) y modos de fallo (p. ej.: rodillo excesivamente caliente). Se prueba cada uno de esos sucesos individualmente y se examina el comportamiento del sistema ejecutable para detectar errores que se produzcan como consecuencia del proceso asociado a esos sucesos. Se puede comparar el comportamiento del modelo del sistema (desarrollado durante el análisis) con el software ejecutable para ver si existe concordancia. Una vez que se ha probado cada clase de sucesos, al sistema se le presentan sucesos en un orden aleatorio y con una frecuencia aleatoria. Se examina el comportamiento del software para detectar errores de comportamiento.

Pruebas intertareas. Una vez que se han aislado los errores en las tareas individuales y en el comportamiento del sistema, la prueba se dirige hacia los errores relativos al tiempo. Se prueban las tareas asíncronas que se sabe que comunican con otras, con diferentes tasas de datos y cargas de procesos para determinar si se producen errores de sincronismo entre las tareas. Además, se prueban las tareas que se comunican mediante colas de mensajes o almacenes de datos, para detectar errores en el tamaño de esas zonas de almacenamiento de datos.

Prueba del sistema. El software y el hardware están integrados, por lo que se lleva a cabo una serie de pruebas completas del sistema (Capítulo 17) para intentar descubrir errores en la interfaz software-hardware.

La mayoría de los sistemas de tiempo real procesan interrupciones. Por tanto, es esencial la prueba del manejo de estos sucesos lógicos. Usando el diagrama estado-transición y la especificación de control (Capítulo 12), el responsable de la prueba desarrolla una lista de todas las posibles interrupciones y del proceso que ocurre como consecuencia de la interrupción. Se diseñan después pruebas para valorar las siguientes características del sistema:

- ¿Se han asignado y gestionado apropiadamente las prioridades de interrupción?
- ¿Se gestiona correctamente el procesamiento para todas las interrupciones?
- ¿Se ajusta a los requisitos el rendimiento (p. ej.: tiempo de proceso) de todos los procedimientos de gestión de interrupciones?
- ¿Crea problemas de funcionamiento o rendimiento la llegada de un gran volumen de interrupciones en momentos críticos?

Además se deberían probar las áreas de datos globales que se usan para transferir información como parte del proceso de una interrupción para valorar el potencial de generación de efectos colaterales.

[11] En este contexto, vemos una tarea como un programa aparte que acepta entradas y produce salidas. Una tarea puede estar compuesta por varios módulos y puede probarse utilizando los métodos estudiados anteriormente en este capítulo.

16.8. RESUMEN

El principal objetivo del diseño de casos de prueba es obtener un conjunto de pruebas que tengan la mayor probabilidad de descubrir los defectos del software. Para llevar a cabo este objetivo, se usan dos categorías diferentes de técnicas de diseño de casos de prueba: prueba de caja blanca y prueba de caja negra.

Las pruebas de caja blanca se centran en la estructura de control del programa. Se obtienen casos de prueba que aseguren que durante la prueba se han ejecutado por lo menos una vez todas las sentencias del programa y que se ejercitan todas las condiciones lógicas. La prueba del camino básico, una técnica de caja blanca, hace uso de grafos de programa (o matrices de grafos) para obtener el conjunto de pruebas linealmente independientes que aseguren la total cobertura. la prueba de condiciones y del flujo de datos ejercita más aún la lógica del programa y la prueba de los bucles complementa a otras técnicas de caja blanca, proporcionando un procedimiento para ejercitar bucles de distintos grados de complejidad.

Heztel [HET84] describe la prueba de caja blanca como «prueba a pequeña escala». Esto se debe a que las pruebas de caja blanca que hemos considerado en este capítulo son típicamente aplicadas a pequeños componentes de programas (p. ej.: módulos o pequeños grupos de módulos). Por otro lado, la prueba de caja negra amplía el enfoque y se puede denominar «prueba a gran escala».

Las pruebas de caja negra son diseñadas para validar los requisitos funcionales sin fijarse en el funcionamiento interno de un programa. Las técnicas de prueba de caja negra se centran en el ámbito de información de un programa, de forma que se proporcione una cobertura completa de prueba. Los métodos de prueba basados en grafos exploran las relaciones entre los objetos del programa y su comportamiento. La partición equivalente divide el campo de entrada en clases de datos que tienden a ejercitar determinadas funciones del software. El análisis de valores límite prueba la habilidad del programa para manejar datos que se encuentran en los límites aceptables.

Los métodos de prueba especializados comprenden una amplia gama de capacidades del software y áreas de aplicación. Las interfaces gráficas de usuario, las arquitecturas cliente/servidor, la documentación y ayudas y los sistemas de tiempo real requieren directrices y técnicas especializadas para la prueba del software.

A menudo, los desarrolladores de software experimentados dicen que «la prueba nunca termina, simplemente se transfiere de usted (el ingeniero del software) al cliente. Cada vez que el cliente usa el programa, lleva a cabo una prueba». Aplicando el diseño de casos de prueba, el ingeniero del software puede conseguir una prueba más completa y descubrir y corregir así el mayor número de errores antes de que comiencen las «pruebas del cliente».

REFERENCIAS

[BEI90] BEIZER, B., *Software Testing Techniques*, segunda edición, Van Nostrand Reinhold, 1990.

[BEI95] BEIZER, B., *Black-Box Testing*, Wiley, 1995.

[BER92] BERSON, A., *Client/Server Architectures*, McGraw-Hill, 1992.

[BRI87] BRILLIANT, S. S., J. C. KNIGHT, y N. G. LEVENSON, «The Consistent Comparison Problem in N-Version Software», *ACM Software Engineering Notes*, vol. 12, n.° 12, enero 1987, pp. 29-34.

[DAV85] DAVIS, A., 201 *Principles of Software Development*, McGraw-Hill, 1995.

[DEU79] DEUTSCH, M., «Verification and Validation», in *Software Engineering*, R. JENSEN y C. TONIES (eds.), Prentice-Hall, 1979, pp. 329-408.

[DUN84] DUNN, R., *Software Defect Removal*, McGraw-Hill, 1984.

[FOS84] FOSTER, K. A., «Sensitive Test Data for Boolean Expressions», *ACM Software Engineering Notes*, vol. 9, n.° 2, abril, 1984, pp. 120-125.

[FRA88] FRANKL, P. G. y E. J. WEYUKER, «An Applicable Family of Data Flow Testing Criteria», *IEEE Trans. Software Engineering*, vol. 14, n.° 10, octubre 1988, pp. 1483-1498.

[FRA93] FRANKL, P. G. y S. WEISS «An Experimental Comparison of the Effectiveness of Branch Testing and Data Flow», *IEEE rans. Software Engineering*, vol. 19, n.° 8, agosto 1993, pp. 770-787.

[HET84] HETZEL, W., *The Complete Guide to Software Testing*, QED Information Sciences, Inc., Wellesley, MA, 1984.

[HOW82] HOWDEN, W. E., «Weak Mutation Testing and the Completeness of Test Cases», *IEEE Trans. Software Engineering*, vol. SE-8, n.° 4, julio 1982, pp. 371-379.

[JON81] JONES, T. C., *Programming Productivity: Issues for the 80's*, IEEE Computer Society Press, 1981.

[KAN93] KANER, C., J. FALK, y H. Q. NGUYEN, *Testing Computer Software*, 2.ª edición, Van Nostrand Reinhold, 1993.

[KNI89] KNIGHT, J., y P. AMMANN, «Testing Software Using Multiple Version», Software Productivity Consortium, eport n.° 89029N, Reston VA, junio 1989.

[MCC76] MCCABE, T., «A Software Complexity Measure», *IEEE Trans. Software Engineering*, vol. 2, diciembre 1976, pp. 308-320.

[MYE79] MYERS, G., *The Art of Software Testing*, Wiley, 1979.

[NTA88] NTAFOS, S. C., «A comparison of Some Structural Testing Strategies», *IEE Trans. Software Engineering*, vol. 16, n.° 6, junio 1988, pp. 868-874.

[TAI87] TAI, K. C. y H. K. SU, «Test Generation for Boolean Expresions», *Proc. COMPSAC'87*, octubre 1987, pp. 278-283.

[TAI89] TAI, K. C., «What to Do Beyond Branch Testing», *ACM Software Engineering Notes*, vol. 14, n.° 2, abril, 1989, pp. 58-61.

[VAS93] VASKEVITCH, D., *Client/Server Strategies*, IDG Books, 1993.

[WHI80] WHITE, L. J. y E. I. COHEN, «A Domain Strategie for Program Testing», *IEEE Trans. Software Engineering*, vol. SE-6, n.° 5, mayo 1980, pp. 247-257.

PROBLEMAS Y PUNTOS PARA CONSIDERAR

16.1. Myers [MYE79] usa el siguiente programa como autocomprobación de su capacidad para especificar una prueba adecuada: un programa lee tres valores enteros. Los tres valores se interpretan como representación de la longitud de los tres lados de un triángulo. El programa imprime un mensaje indicando si el triángulo es escaleno, isósceles o equilátero. Desarrolle un conjunto de casos de prueba que considere que probarán de forma adecuada este programa.

16.2. Diseñe e implemente el programa especificado en el Problema 16.1 (con tratamiento de errores cuando sea necesario). Obtenga un grafo de flujo para el programa y aplique la prueba del camino básico para desarrollar casos de prueba que garanticen la comprobación de todas las sentencias del programa. Ejecute los casos y muestre sus resultados.

16.3. ¿Se le ocurren algunos objetivos de prueba adicionales que no se hayan mencionado en la Sección 16.1.1?

16.4. Aplique la técnica de prueba del camino básico a cualquiera de los programas que haya implementado en los Problemas 14.23 a 14.31.

16.5. Especifique, diseñe e implemente una herramienta de software que calcule la complejidad ciclomática para el lenguaje de programación que quiera. Utilice la matriz de grafo como estructura de datos operativa en el diseño.

16.6. Lea a Beizer [BEI90] y determine cómo puede ampliar el programa desarrollado en el Problema 16.5 para que incluye varios *pesos de enlace*. Amplíe la herramienta para que procese las probabilidades de ejecución o los tiempos de proceso de enlaces.

16.7. Use el enfoque de prueba de condiciones descrito en la Sección 16.5.1 para diseñar un conjunto de casos de prueba para el programa creado en el Problema 16.2.

16.8. Mediante el enfoque de prueba de flujo de datos descrito en la Sección 16.5.2, cree una lista de cadenas de definición-uso para el programa creado en el Problema 16.2.

16.9. Diseñe una herramienta automática que reconozca los bucles y los clasifique como indica la Sección 16.5.3.

16.10. Amplíe la herramienta descrita en el Problema 16.9 para que genere casos de prueba para cada categoría de bucle, cuando los encuentre. Será necesario llevar a cabo esta función de forma interactiva con el encargado de la prueba.

16.11. Dé por lo menos tres ejemplos en los que la prueba de caja negra pueda dar la impresión de que «todo está bien», mientras que la prueba de caja blanca pudiera descubrir errores. Indique por lo menos tres ejemplos en los que la prueba de caja blanca pueda dar la impresión de que «todo está bien», mientras que la prueba de caja negra pudiera descubrir errores.

16.12. ¿Podría una prueba exhaustiva (incluso si fuera posible para pequeños programas) garantizar que un programa es al 100 por cien correcto?

16.13. Usando el método de la partición equivalente, obtenga un conjunto de casos de prueba para el sistema *HogarSeguro* descrito anteriormente en el libro.

16.14. Mediante el análisis de valores límite, obtenga un conjunto de casos de prueba para el sistema PHTRS descrito en el Problema 12.13.

16.15. Seleccione una IGU específica para un programa cn el que esté familiarizado y diseñe una serie de pruebas para ejercitar la IGU.

16.16. Pruebe un manual de usuario (o una ayuda) de una aplicación que utilice frecuentemente. Encuentre al menos un error en la documentación.

OTRAS LECTURAS Y FUENTES DE INFORMACIÓN

Para aquellos lectores que deseen información adicional sobre la prueba del software, existen varios libros excelentes. MYERS [MYE79] permanece como un texto clásico, cubriendo con considerable detalle las técnicas de caja negra. BEIZER [BEI90] da una amplia cobertura de las técnicas de caja blanca, introduciendo cierto nivel de rigor matemático que a menudo se echa en falta en otros tratados sobre la prueba. Su libro posterior [BEI95] presenta un tratado conciso de métodos importantes. PERRY (*Effective Methods for Sfotware Testing*, Wiley-QED, 1995), MARNIK (*The Craft of Software Testing*, Prentice-Hall, 1995) y FREEMAN y VOAS (*Software Assesment: Reliability, Sfety, Testability*, Wiley 1995) presentan buenas introducciones a las estrategias y tácticas de las pruebas. MOSLEY (*The Handbook of MIS Application Software Testing*, Prentice-Hall, 1993) estudia aspectos de las pruebas para grandes sistemas de información, y MARKS (*Testing Very Big Systems*, McGraw-

Hill, 1992) estudia los aspectos especiales que deben considerarse cuando se prueban grandes sistemas de programación. JORGENSEN (*Software Testing: A Craftman's Approach*, CRC Press, 1995) presenta un detallado estudio de una gran variedad de métodos de prueba de caja blanca y de caja negra. RUBIN (*Handbook of Usability Testing , Wiley, 1994*) ha escrito una útil directriz para aquellos que deban ejercitar interfaces humanas.

HOWDEN (*Functional Program Testing and analysis*, McGraw-Hill, 1987) presenta un riguroso estudio matemático que intenta unificar diferentes estrategias de diseño de casos de prueba. PERRY (*How to Test Software Packages*, Wiley, 1986) proporciona directrices prácticas y útiles listas de comprobación para probar software comprado (así como software desarrollado internamente). MILLER y HOWDEN (*Software Testing and Validation Techniques*, 2.ª edición, IEEE Computer Society Press, 1981) han editado una excelente antología de antiguos documentos sobre pruebas.

Una excelente fuente de información sobre herramientas automáticas para la prueba de software es *Testing tools Reference Guide* (Software Quality Engineering, Inc., Jacksonville, FL, actualizado anualmente). Este directorio contiene descripciones de cientos de herramientas de prueba, categorizadas por la actividad de prueba, plataforma de hardware y soporte de software.

El grupo de noticias de Internet **comp.software.testing** contiene un debate, estudio y directrices sobre todos los aspectos de la prueba del software. La revista *Testing Techniques Newsletter* (TTN), Edición en línea (*on-line*), está disponible por Internet y se le envía correo electrónico mensualmente. Proporciona información de uso general para la comunidad de prueba del software. Para más información, contacte con: **ttb@soft.com**

Los laboratorios Software Testing Laboratories y el Software Testing Institute proporcionan información útil sobre la prueba del software. Se puede obtener información sobre le entrenamiento y publicaciones en:

http://www.stlabs.com/default.htm
http://www.metonet.com/~sarcher/sti/

Se puede encontrar un archivo con todos los artículos publicados en el grupo de noticias **comp.software.testing** en:

http://tsunami.jpl.nasa.gov/TEL-bin/browse

La organización Reliable Software Technologies ha desarrollado una base de datos sobre la prueba del software que puede encontrarse en:

http://www.rstcorp.com

Se puede adquirir una variedad de publicaciones sobre verificación y prueba del software en:

http://www.rai.com/soft_eng/indexes/svt.html

Bugnet, un periódico en línea (*on-line*) sobre «errores de computadora, problemas técnicos, incompatibilidades... y sus soluciones», puede encontrarse en:

http://www.pacificrim.net/~bugnet/

Se puede encontrar una lista actualizada de referencias de la World Wide Web sobre la prueba del software en: **http://www.rspa.com**

CAPÍTULO 17

ESTRATEGIAS DE PRUEBA DEL SOFTWARE

Una estrategia de prueba del software integra las técnicas de diseño de casos de prueba en una serie de pasos bien planificados que dan como resultado una correcta construcción del software. Y lo que es más importante, una estrategia de prueba del software proporciona un mapa a seguir para el responsable del desarrollo del software, a la organización de control de calidad y al cliente: un mapa que describe los pasos que hay que llevar a cabo como parte de la prueba, cuándo se deben planificar y realizar esos pasos, y cuánto esfuerzo, tiempo y recursos se van a requerir. Por tanto, cualquier estrategia de prueba debe incorporar la planificación de la prueba, el diseño de casos de prueba, la ejecución de las pruebas y la agrupación y evaluación de los datos resultantes.

Una estrategia de prueba del software debe ser suficientemente flexible para promover la creatividad y la adaptabilidad necesarias para adecuar la prueba a todos los grandes sistemas basados en software. Al mismo tiempo, la estrategia debe ser suficientemente rígida para promover un seguimiento razonable de la planificación y la gestión a medida que progresa el proyecto. Shooman [SHO83] trata estas cuestiones:

> En muchos aspectos, la prueba es un proceso individualista y el número de tipos diferentes de pruebas varía tanto como los diferentes enfoques de desarrollo. Durante muchos años, nuestra única defensa contra los errores de programación era un cuidadoso diseño y la propia inteligencia del programador. Ahora nos encontramos en una era en la que las técnicas modernas de diseño [y las revisiones técnicas formales] nos ayudan a reducir el número de errores iniciales que se encuentran en el código de forma inherente. De forma similar, los diferentes métodos de prueba están empezando a agruparse en varias filosofías y enfoques diferentes.

Estas filosofías y enfoques constituyen lo que nosotros llamaremos *estrategia*. En el Capítulo 16 se presentó la tecnología de prueba del software [1]. En este capítulo centraremos nuestra atención en las estrategias de prueba del software.

17.1. UN ENFOQUE ESTRATÉGICO PARA LA PRUEBA DEL SOFTWARE

La prueba es un conjunto de actividades que se pueden planificar por adelantado y llevar a cabo sistemáticamente. Por esta razón se debe definir en el proceso de la ingeniería del software una *plantilla* para la prueba del software: un conjunto de pasos en los que podamos situar los métodos específicos de diseño de casos de prueba.

Se han propuesto varias estrategias de prueba del software en distintos libros. Todas proporcionan al desarrollador de software una plantilla para la prueba y todas tienen las siguientes características generales:

- La prueba comienza en el nivel de módulo [2] y trabaja «hacia fuera», hacia la integración de todo el sistema basado en computadora.
- Según el momento son apropiadas diferentes técnicas de prueba.
- La prueba la lleva a cabo el responsable del desarrollo del software y (para grandes proyectos) un grupo independiente de pruebas.

---

[1] La prueba de sistemas orientados a objetos se estudia en el Capítulo 22.

[2] Para los sistemas orientados a objetos, la prueba empieza a nivel de clase o de objeto. Vea más detalles en el Capítulo 22.

- La prueba y la depuración son actividades diferentes, pero la depuración se debe incluir en cualquier estrategia de prueba.

Una estrategia de prueba del software debe incluir pruebas de bajo nivel que verifiquen que todos los pequeños segmentos de código fuente se han implementado correctamente, así como pruebas de alto nivel que validen las principales funciones del sistema frente a los requisitos del cliente. Una estrategia debe proporcionar una guía al profesional y proporcionar un conjunto de hitos para el jefe de proyecto. Debido a que los pasos de la estrategia de prueba se dan a la vez cuando aumenta la presión de los plazos fijados, se debe poder medir el progreso y los problemas deben aparecer lo antes posible.

17.1.1. Verificación y validación

La prueba del software es un elemento de un tema más amplio que, a menudo, se le conoce como *verificación y validación* (V&V). La verificación se refiere al conjunto de actividades que aseguran que el software implementa correctamente una función específica. La validación se refiere a un conjunto diferente de actividades que aseguran que el software construido se ajusta a los requisitos del cliente. Bohem [BOE81] lo define de otra forma:

Verificación: «¿Estamos construyendo el producto correctamente?»
Validación: «¿Estamos construyendo el producto correcto?»

La definición de V&V comprende muchas de las actividades a las que nos hemos referido como garantía de calidad del software (SQA).

Recordando el estudio de SQA del Capítulo 8. Las actividades necesarias para conseguirlo pueden verse como un conjunto de bloques representados en la Figura 17.1. Los métodos de la ingeniería del software proporcionan la base a partir de la cual se construye la calidad.

Los métodos de análisis, de diseño y de construcción (codificación) actúan para mejorar la calidad al proporcionar técnicas uniformes y resultados predecibles. Las revisiones técnicas formales (inspecciones) ayudan a asegurar la calidad de los productos que son consecuencia de cada etapa de la ingeniería del software. A lo largo del proceso, la medición y el control se aplican sobre cada elemento de una configuración del software. Los estándares y los procedimientos ayudan a asegurar la uniformidad y un proceso formal de SQA impone una «filosofía de calidad total».

La prueba constituye el último bastión desde el que se puede evaluar la calidad y, de forma más pragmática, descubrir los errores. Pero la prueba no se debe ver como una red de seguridad. Como se suele decir: «No se puede probar la calidad. Si no está ahí antes de comenzar la prueba, no estará cuando se termine». La calidad se incorpora en el software durante el proceso de ingeniería del software. La aplicación adecuada de los métodos y de las herramientas, las revisiones técnicas formales efectivas y una sólida gestión y medición, conducen a la calidad, que se confirma durante la prueba.

FIGURA 17.1

Obtención de calidad del software

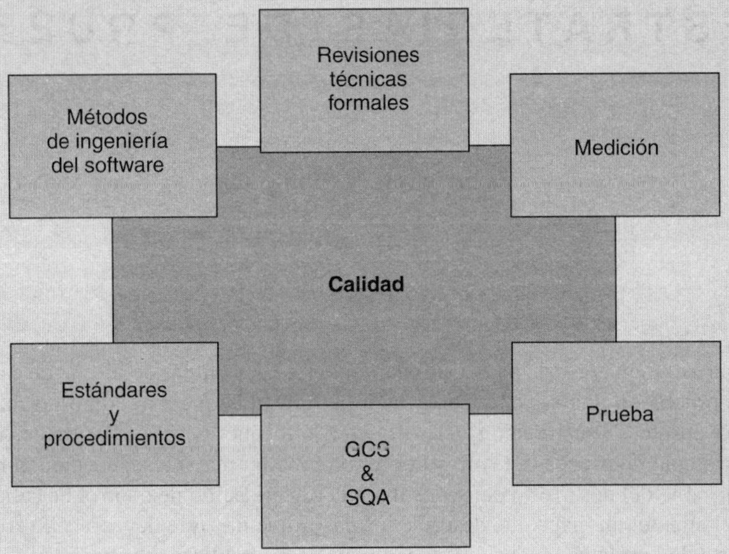

Miller [MIL77] relaciona la prueba del software con la garantía de calidad al establecer que «la motivación subyacente de la prueba de programas es confirmar la calidad del software con métodos que se pueden aplicar de forma económica y efectiva, tanto a grandes como a pequeños sistemas».

Es importante darse cuenta de que la verificación y la validación comprenden un amplio rango de actividades de SQA que incluyen revisiones técnicas formales, auditorías de configuración y calidad, supervisión del rendimiento, simulación, estudio de la viabilidad, revisión de la documentación, revisión de la base de datos, análisis de algoritmos, prueba de desarrollo, prueba de cualificación y prueba de instalación [WAL89]. Aunque la prueba desempeña un papel extremadamente importante en V&V, también son necesarias muchas otras actividades.

17.1.2. Organización para la prueba del software

En cualquier proyecto de software existe un conflicto de intereses inherente que aparece cuando comienza la prueba. Se pide a la gente que ha construido el software que lo pruebe.

Esto parece totalmente inofensivo: después de todo, ¿quién puede conocer mejor un programa que los que lo han desarrollado? Desgraciadamente, esos mismos programadores tienen un gran interés en demostrar que el programa está libre de errores, que funciona de acuerdo con las especificaciones del cliente y que estará listo de acuerdo con los plazos y el presupuesto. Cada uno de estos intereses se convierte en inconveniente a la hora de encontrar errores a lo largo del proceso de prueba.

Desde un punto de vista psicológico, el análisis y el diseño del software (junto con la codificación) son tareas *constructivas*. El ingeniero de software crea un programa de computadora, su documentación y sus estructuras de datos asociadas. Al igual que cualquier constructor, el ingeniero de software está orgulloso del edificio que acaba de construir y se enfrenta a cualquiera que intente sacarle defectos. Cuando comienza la prueba, aparece una sutil, aunque firme intención de «romper» lo que el ingeniero del software ha construido. Desde el punto de vista del constructor, la prueba se puede considerar (psicológicamente) *destructiva*. Por tanto, el constructor anda con cuidado, diseñando y ejecutando pruebas que demuestren que el programa funciona, en lugar de detectar errores. Desgraciadamente, los errores seguirán estando. Y si el ingeniero de software no los encuentra, ¡el cliente si lo hará!

A menudo, existen ciertos malentendidos que se pueden deducir equivocadamente de la anterior discusión: (1) el responsable del desarrollo no debería entrar en el proceso de prueba; (2) el software debe ser «puesto a salvo» de extraños que puedan probarlo de forma despiadada; (3) los encargados de la prueba sólo aparecen en el proyecto cuando comienzan las etapas de prueba. Todas estas frases son incorrectas.

El responsable del desarrollo del software siempre es responsable de probar las unidades individuales (módulos) del programa, asegurándose de que cada una lleva a cabo la función para la que fue diseñada. En muchos casos, también se encargará de la *prueba de integración*, el paso de prueba que lleva a la construcción (y prueba) de la estructura total del sistema. Sólo una vez que la arquitectura del software esté completa entra en juego un grupo independiente de prueba.

El papel del *grupo independiente de prueba* (GIP) es eliminar los inherentes problemas asociados con el hecho de permitir al constructor que pruebe lo que ha construido. Una prueba independiente elimina el conflicto de intereses que, de otro modo, estaría presente. Después de todo, al personal del equipo que forma el grupo independiente se le paga para que encuentre errores.

Sin embargo, el responsable del desarrollo del software no entrega simplemente el programa al GIP y se desentiende. El responsable del desarrollo y el GIP trabajan estrechamente a lo largo del proyecto de software para asegurar que se realizan pruebas exhaustivas. Mientras se realiza la prueba, el desarrollador debe estar disponible para corregir los errores que se van descubriendo.

El GIP es parte del equipo del proyecto de desarrollo de software en el sentido de que se ve implicado durante el proceso de especificación y sigue implicado (planificación y especificación de los procedimientos de prueba) a lo largo de un gran proyecto. Sin embargo, en muchos casos, el GIP informa a la organización de garantía de calidad del software, consiguiendo de este modo un grado de independencia que no sería posible si fuera una parte de la organización de desarrollo del software.

17.1.3. Una estrategia de prueba del software

El proceso de ingeniería del software se puede ver como una espiral, como se ilustra en la Figura 17.2. Inicialmente, la ingeniería del sistema define el papel del software y conduce al análisis de los requisitos del software, donde se establece el dominio de información, la función, el comportamiento, el rendimiento, las restricciones y los criterios de validación del software.

Al movernos hacia el interior de la espiral, llegamos al diseño y, por último, a la codificación. Para desarrollar software de computadora, damos vuel-

FIGURA 17.2

Estrategia de prueba

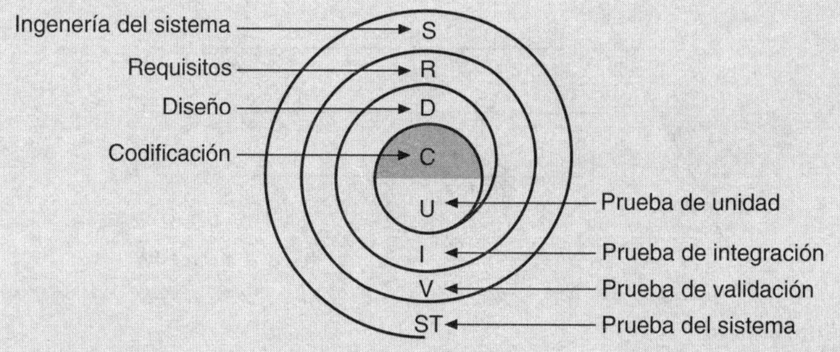

tas en espiral a través de una serie de flujos o líneas que disminuyen el nivel de abstracción en cada vuelta.

También se puede ver la estrategia para la prueba del software en el contexto de la espiral (Figura 17.2). La *prueba de unidad* comienza en el vértice de la espiral y se centra en cada unidad del software, tal como está implementada en código fuente. La prueba avanza, al movernos hacia fuera de la espiral, hasta llegar a la *prueba de integración*, donde el foco de atención es el diseño y la construcción de la arquitectura del software. Dando otra vuelta por la espiral hacia fuera, encontramos la *prueba de validación*, donde se validan los requisitos establecidos como parte del análisis de requisitos del software, comparándolos con el sistema que ha sido construido. Finalmente, llegamos a la *prueba del sistema*, en la que se prueban como un todo el software y otros elementos del sistema. Para probar software de computadora nos movemos hacia fuera por una espiral que, a cada vuelta, aumenta el alcance de la prueba.

Si consideramos el proceso desde el punto de vista procedimental, la prueba, en el contexto de la ingeniería del software, realmente es una serie de cuatro pasos que se llevan a cabo secuencialmente. Esos pasos se muestran en la Figura 17.3. Inicialmente, la prueba se centra en cada módulo individualmente, asegurando que funcionan adecuadamente como una unidad. De ahí el nombre de *prueba de unidad*. La prueba de unidad hace un uso intensivo de las técnicas de prueba de caja blanca, ejercitando caminos específicos de la estructura de control del módulo para asegurar un alcance completo y una detección máxima de errores. A continuación se deben ensamblar o integrar los módulos para formar el paquete de software completo. La *prueba de integración* se dirige a todos los aspectos asociados con el doble problema de verificación y de construcción del programa. Durante la integración, las técnicas que más prevalecen son las de diseño de casos de prueba de caja negra, aunque se pueden llevar a cabo algunas pruebas de caja blanca con el fin de asegurar que se cubren los principales caminos de control. Después de que el software se ha integrado (construido), se dirigen un conjunto de *pruebas de alto nivel*. Se deben comprobar los criterios de validación (establecidos durante el análisis de requisitos). La *prueba de validación* proporciona una seguridad final de que el software satisface todos los requisitos funcionales, de comportamiento y de rendimiento. Durante la validación se usan exclusivamente técnicas de prueba de caja negra.

FIGURA 17.3

Pasos de prueba del software

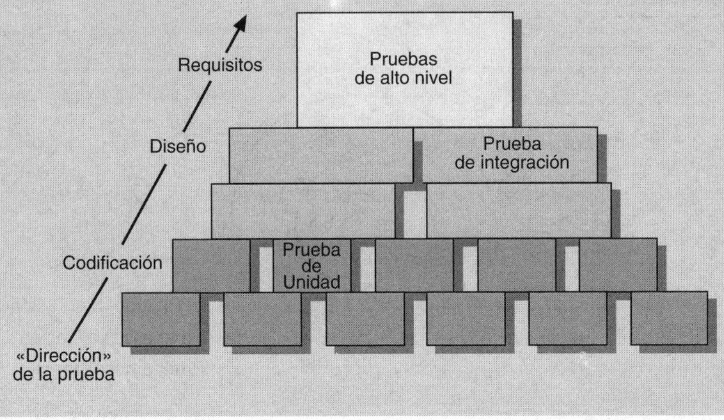

El último paso de prueba de alto nivel queda fuera de los límites de la ingeniería del software, entrando en el más amplio contexto de la ingeniería de sistemas de computadora. El software, una vez validado, se debe combinar con otros elementos del sistema (p. ej.: hardware, gente, bases de datos). La *prueba del sistema* verifica que cada elemento encaja de forma adecuada y que se alcanza la funcionalidad y el rendimiento del sistema total.

17.1.4. Criterios para completar la prueba

Cada vez que se trata la prueba del software surge una pregunta clásica: ¿Cuando hemos terminado la prueba, cómo sabemos que hemos probado lo suficiente? Desgraciadamente, no hay una respuesta definitiva a esta pregunta, pero hay algunas respuestas prácticas y nuevos intentos de base empírica.

Una respuesta a la pregunta anterior es: «La prueba nunca termina, ya que el responsable del desarrollo del software carga o pasa el problema al cliente». Cada vez que el cliente/usuario ejecuta un programa de computadora, dicho programa se está probando con un nuevo conjunto de datos. Este importante hecho subraya la importancia de otras actividades de garantía de calidad del software. Otra respuesta (algo cínica, pero sin embargo cierta) es: «Se termina la prueba cuando se agota el tiempo o el dinero disponible para tal efecto».

Aunque algunos profesionales se sirvan de estas respuestas como argumento, un ingeniero de software necesita un criterio más riguroso para determinar cuando se ha realizado la prueba suficiente. Musa y Ackerman [MUS89] sugieren una respuesta basada en un criterio estadístico: «No, no podemos tener la certeza absoluta de que el software nunca fallará, pero en base a un modelo estadístico de corte teórico y validado experimentalmente, hemos realizado las pruebas suficientes para decir, con un 95 por ciento de certeza, que la probabilidad de funcionamiento libre de fallo de 1.000 horas de CPU, en un entorno definido de forma probabilística, es al menos 0,995».

Mediante el modelado estadístico y la teoría de fiabilidad del software, se pueden desarrollar modelos de fallos del software (descubiertos durante la prueba) como una función del tiempo de ejecución. Una versión del modelo de fallos, denominado *modelo logarítmico de Poisson de tiempo de ejecución*, adquiere la siguiente forma:

$$f(t) = (1/p)\ln(l_0 pt + 1) \qquad (17.1)$$

donde $f(t)$ = número acumulado de fallos que se espera que se produzcan una vez que se ha probado el software durante una cierta cantidad de tiempo de ejecución t,

l_0 = la intensidad de fallos inicial del software (fallos por unidad de tiempo) al principio de la prueba

p = la reducción exponencial de intensidad de fallo a medida que se encuentran los errores y se van haciendo las correcciones.

La intensidad de fallos instantánea, $l(t)$se puede obtener mediante la derivada de $f(t)$:

$$l(t)= l_0 / (l_0\, pt + 1) \qquad (17.2)$$

Mediante la relación de la ecuación (17.2), los que realizan la prueba pueden predecir la disminución de errores a medida que avanza la prueba. La intensidad de error real se puede trazar junto a la curva predecida (Figura 17.4). Si los datos reales recopilados durante la prueba y el modelo logarítmico de Poisson de tiempo de ejecución están razonablemente cerca unos de otros, sobre un número de puntos de datos, el modelo se puede usar para predecir el tiempo de prueba total requerido para alcanzar una intesidad de fallos aceptablemente baja.

Mediante la agrupación de métricas durante la prueba del software y haciendo uso de los modelos de fiabilidad del software existentes, es posible desarrollar directrices importantes para responder a la pregunta: ¿cuándo terminamos la prueba? No hay duda de que todavía queda mucho trabajo por hacer antes de que se puedan establecer reglas cuantitativas para la prueba, pero los enfoques empíricos que existen actualmente son considerablemente mejores que la pura intuición.

17.2. ASPECTOS ESTRATÉGICOS

Más adelante en este capítulo, exploramos una estrategia sistemática para la prueba del software. Pero incluso la mejor estrategia fracasará si no se tratan una serie de aspectos invalidantes.

FIGURA 17.4

Intensidad de fallos en función del tiempo de ejecución

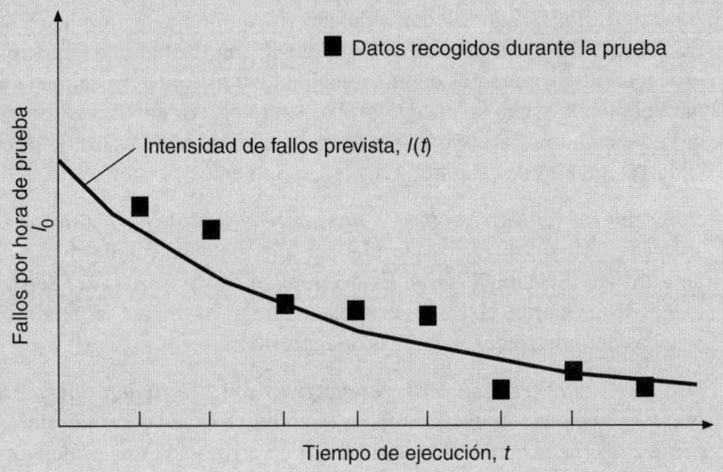

Tom Gilb [GIL95] plantea que se deben abordar los siguientes puntos si se desea implementar con éxito una estrategia de prueba del software:

Especificar los requisitos del producto de manera cuantificable mucho antes de que comiencen las pruebas. Aunque el objetivo principal de la prueba es encontrar errores, una buena estrategia de prueba también evalúa otras características de la calidad tales como la transportabilidad, facilidad de mantenimiento y facilidad de uso (Capítulo 18). Todo esto debería especificarse de manera que sea medible para que los resultados de la prueba no sean ambiguos.

Establecer los objetivos de la prueba de manera explícita. Se deberían establecer en términos medibles los objetivos específicos de la prueba. Por ejemplo la efectividad de la prueba, la cobertura de la prueba, tiempo medio de fallo, el coste para encontrar y arreglar errores, densidad de fallos remanente o frecuencia de ocurrencia, y horas de trabajo por prueba de regresión deberían establecerse dentro de la planificación de la prueba [GIL95].

Comprender qué usuarios va a tener el software y desarrollar un perfil para cada categoría de usuario. Usar casos (Capítulo 20), que describan el escenario de interacción para cada clase de usuario pudiendo reducir el esfuerzo general de prueba concentrando la prueba en el empleo real del producto.

Desarrollar un plan de prueba que haga hincapié en la «prueba de ciclo rápido». Gilb [GIL95] recomienda que un equipo de ingeniería del software «aprenda a probar en ciclos rápidos (2 por ciento del esfuerzo del proyecto) de incrementos de funcionalidad y/o mejora de la calidad útiles para el cliente y que se puedan probar sobre el terreno». La realimentación generada por estas pruebas de ciclo rápido puede usarse para controlar los niveles de calidad y las correspondientes estrategias de prueba.

Construir un software «robusto» diseñado para probarse a sí mismo. El software debería diseñarse de manera que use técnicas de depuración anti-errores (Sección 17.3.1). Es decir, el software debería ser capaz de diagnosticar ciertas clases de errores. Además, el diseño debería incluir pruebas automatizadas y pruebas de regresión.

Usar revisiones técnicas formales efectivas como filtro antes de la prueba. Las revisiones técnicas formales (Capítulo 8) pueden ser tan efectivas como las pruebas en el descubrimiento de errores. Por este motivo, las revisiones pueden reducir la cantidad de esfuerzo de prueba necesaria para producir software de alta calidad.

Llevar a cabo revisiones técnicas formales para evaluar la estrategia de prueba y los propios casos de prueba. Las revisiones técnicas formales pueden descubrir inconsistencias, omisiones y errores claros en el enfoque de la prueba. Esto ahorra tiempo y también mejora la calidad del producto.

Desarrollar un enfoque de mejora continua al proceso de prueba. Debería medirse la estrategia de prueba. Las métricas agrupadas durante la prueba deberían usarse como parte de un enfoque estadístico de control del proceso para la prueba del software.

17.3. PRUEBA DE UNIDAD

La prueba de unidad centra el proceso de verificación en la menor unidad del diseño del software: el módulo. Usando la descripción del diseño procedimental como guía, se prueban los caminos de control importantes, con el fin de descubrir errores dentro del límite del módulo.

La complejidad relativa de las pruebas y de los errores descubiertos está limitada por el alcance estricto establecido por la prueba de unidad. La prueba de unidad siempre está orientada a caja blanca y este paso se puede llevar a cabo en paralelo para múltiples módulos.

17.3.1. Consideraciones sobre la prueba de unidad

Las pruebas que se dan como parte de la prueba de unidad están esquemáticamente ilustradas en la Figura 17.5. Se prueba la *interfaz* del módulo para asegurar que la información fluye de forma adecuada hacia y desde la unidad de programa que está siendo probada. Se examinan las estructuras de datos locales para asegurar que los datos que se mantienen temporalmente conser van su integridad durante todos los pasos de ejecución del algoritmo. Se prue-

FIGURA 17,5

Prueba de unidad

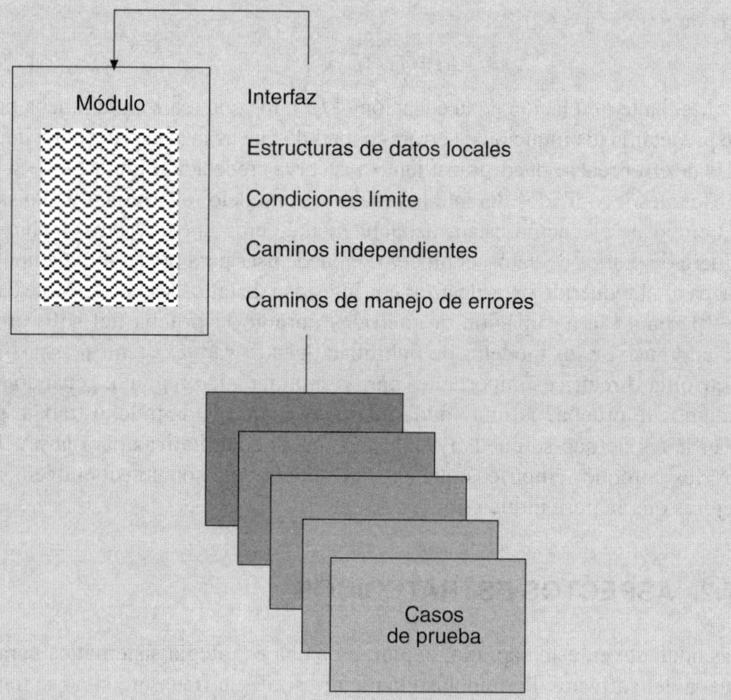

ban las *condiciones límite* para asegurar que el módulo funciona correctamente en los límites establecidos como restricciones de procesamiento. Se ejercitan todos los caminos independientes (caminos básicos) de la estructura de control con el fin de asegurar que todas las sentencias del módulo se ejecutan por lo menos una vez. Y, finalmente, se prueban todos los caminos de manejo de errores.

Antes de iniciar cualquier otra prueba es preciso probar el flujo de datos de la interfaz del módulo. Si los datos no entran correctamente, todas las demás pruebas no tienen sentido. Myers [MYE79], en su libro sobre prueba del software, propone una lista de comprobaciones para la prueba de interfaces:

1. ¿Es igual el número de parámetros de entrada al número de argumentos?
2. ¿Coinciden los atributos de los parámetros y los argumentos?
3. ¿Coinciden los sistemas de unidades de los parámetros y de los argumentos?
4. ¿Es igual el número de argumentos transmitidos a los módulos de llamada que el número de parámetros?
5. ¿Son iguales los atributos de los argumentos transmitidos a los módulos de llamada y los atributos de los parámetros?
6. ¿Son iguales los sistemas de unidades de los argumentos transmitidos a los módulos de llamada y de los parámetros?
7. ¿Son correctos el número de los atributos y el orden de los argumentos de las funciones incorporadas?
8. ¿Existen referencias a parámetros que no estén asociados con el punto de entrada actual?
9. ¿Entran sólo argumentos alterados?
10. ¿Son consistentes las definiciones de variables globales entre los módulos?
11. ¿Se pasan las restricciones como argumentos?

Cuando un módulo lleve a cabo E/S externa, se deben llevar a cabo pruebas de interfaz adicionales. Nuevamente, de Myers [MYE79]:

1. ¿Son correctos los atributos de los archivos?
2. ¿Son correctas las sentencias ABRIR/CERRAR?
3. ¿Coinciden las especificaciones de formato con las sentencias de E/S?
4. ¿Coincide el tamaño del buffer con el tamaño del registro?
5. ¿Se abren los archivos antes de usarlos?
6. ¿Se tienen en cuenta las condiciones de fin-de-archivo?
7. ¿Se manejan los errores de E/S?
8. ¿Hay algún error textual en la información de salida?

Las estructuras de datos locales de cada módulo son una fuente potencial de errores. Se deben diseñar casos de prueba para descubrir errores de las siguientes categorías:

1. Tipificación impropia o inconsistente.
2. Inicialización o valores implícitos erróneos.
3. Nombres de variables incorrectos (mal escritos o truncados).
4. Tipos de datos inconsistentes.
5. Excepciones de desbordamiento por arriba o por abajo, o de direccionamiento.

Además de las estructuras de datos locales, durante la prueba de unidad se debe comprobar (en la medida de lo posible) el impacto de los datos globales sobre el módulo.

Durante la prueba de unidad, la comprobación selectiva de los caminos de ejecución es una tarea esencial. Se deben diseñar casos de prueba para detectar errores debidos a cálculos incorrectos, comparaciones incorrectas o flujos de control inapropiados. Las pruebas del camino básico y de bucles son técnicas muy efectivas para descubrir una gran cantidad de errores en los caminos.

Entre los errores más comunes en los cálculos están: (1) precedencia aritmética incorrecta o mal interpretada; (2) operaciones de modo mezcladas; (3) inicializaciones incorrectas; (4) falta de precisión; (5) incorrecta representación simbólica de una expresión. Las comparaciones y el flujo de control están fuertemente emparejadas (p. ej.: el flujo de control cambia frecuentemente tras una comparación).

Los casos de prueba deben descubrir errores como: (1) comparaciones ente tipos de datos distintos; (2) operadores lógicos o de precedencia incorrectos; (3) igualdad esperada cuando los errores de precisión la hacen poco probable; (4) variables o comparaciones incorrectas; (5) terminación de bucles inapropiada o inexistente; (6) fallo de salida cuando se encuentra una iteración divergente y (7) bucles que manejan variables modificadas de forma inapropiada.

Un buen diseño exige que las condiciones de error sean previstas de antemano y que se dispongan unos caminos de manejo de errores que redirijan o terminen de una forma limpia el proceso cuando se dé un error. Yourdon [YOU75] llama a este enfoque *antipurgado*. Desgraciadamente, existe una tendencia a incorporar la manipulación de errores en el software y así no probarlo nunca. Como ejemplo, sirve una historia real:

> Mediante un contrato se desarrolló un importante sistema de diseño interactivo. En un módulo de proceso de transacciones un bromista puso el siguiente mensaje de manipulación de error que aparecía tras una serie de pruebas condicionales que invocaban varias ramificaciones del flujo de control: ¡ERROR! NO HAY FORMA DE QUE VD. LLEGUE HASTA AQUÍ. ¡Este «mensaje de error» fue descubierto por un cliente durante la fase de puesta a punto!

Entre los errores potenciales que se deben comprobar cuando se evalúa la manipulación de errores están:

1. Descripción ininteligible del error.
2. El error señalado no se corresponde con el error encontrado
3. La condición de error hace que intervenga el sistema antes que el mecanismo de manejo de errores
4. El proceso de la condición excepcional es incorrecto
5. La descripción del error no proporciona suficiente información para ayudar en la localización de la causa del error.

La prueba de límites es la última (y probablemente, la más importante) tarea del paso de la prueba de unidad. El software falla frecuenemente en sus condiciones límite. Es decir, con frecuencia aparece un error cuando se procesa el elemento *n*-ésimo de un array *n*-dimensional, cuando se hace la *i*-ésima repetición de un bucle de *i* pasos o cuando se encuentran los valores máximo o mínimo permitidos. Los casos de prueba que ejerciten las estructuras de datos, el flujo de control y los valores de los datos por debajo, en y por encima de los máximos y los mínimos son muy apropiados para descubrir estos errores.

FIGURA 17.6

Entorno para la prueba de unidad

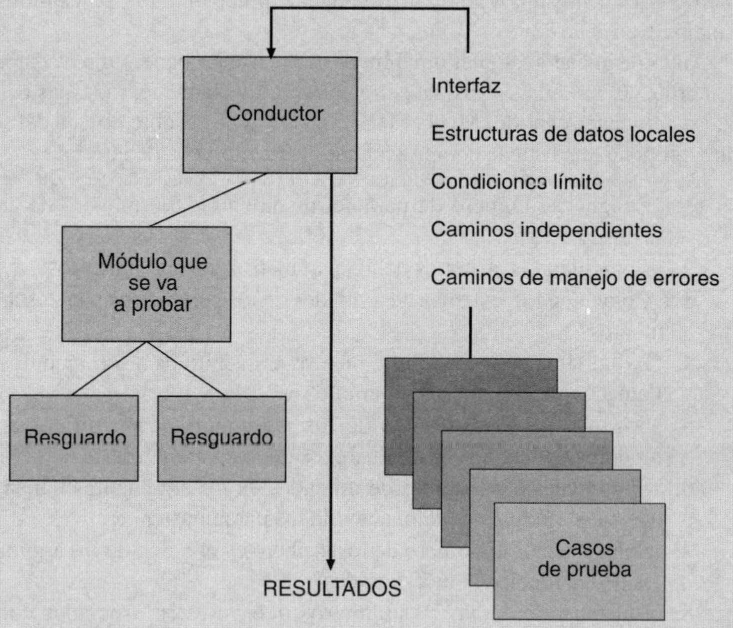

17.3.2. Procedimientos de la prueba de unidad

Normalmente, se considera a la prueba de unidad como algo adjunto al paso de codificación. El diseño de casos de prueba de unidad comienza una vez que se ha desarrollado, revisado y verificado en su sintaxis el código a nivel de fuente. Un repaso de la información del diseño proporciona directrices para el establecimiento de los casos de prueba que más probablemente descubrirán errores de las categorías previamente mencionadas. Cada caso de prueba debe ir acompañado de un conjunto de resultados esperados.

Debido a que un módulo no es un programa independiente, se debe desarrollar para cada prueba de unidad un software que controle y/o resguarde. En la Figura 17.6 se ilustra el entorno para la prueba de unidad. En la mayoría de las aplicaciones, un conductor no es más que un «programa principal» que acepta los datos del caso de prueba, pasa estos datos al módulo (a ser probado) e imprime los resultados importantes.

Los resguardos sirven para reemplazar módulos que están subordinados (llamados por) al módulo que hay que probar. Un resguardo o un «subprograma simulado» usa la interfaz del módulo subordinado, lleva a cabo una mínima manipulación de datos, imprime una verificación de entrada y vuelve.

Los conductores y los resguardos son una sobrecarga de trabajo. Es decir, ambos son software que debe desarrollarse pero que no se entrega con el producto de software final. Si se mantienen simplificados los conductores y los resguardos, el trabajo adicional real es relativamente pequeño. Desgraciadamente, muchos módulos no se pueden probar en una unidad de forma adecuada con un «simple» software adicional. En tales casos, la prueba completa se pospone hasta que se llegue al paso de prueba de integración (donde también se usan conductores o resguardos).

La prueba de unidad se simplifica cuando se diseña un módulo con un alto grado de cohesión. Cuando un módulo sólo se dirige a una función, se reduce el número de casos de prueba y los errores se pueden predecir y descubrir más fácilmente.

17.4. PRUEBA DE INTEGRACIÓN[3]

Un neófito del mundo del software podría, una vez que se les ha hecho la prueba de unidad a todos los módulos, cuestionar de forma aparentemente legítima lo siguiente: «Si todos funcionan bien por separado, ¿por qué dudar de que funcionen todos juntos?». Por supuesto, el problema es «ponerlos juntos» (interacción). Los datos se pueden perder en una interfaz; un módulo puede tener un efecto adverso e inadvertido sobre otro; las subfunciones, cuando se combinan, pueden no producir la función principal deseada; la imprecisión aceptada individualmente puede crecer hasta niveles inaceptables; y las estructuras de datos globales pueden presentar problemas; desgraciadamente, la lista sigue y sigue.

La prueba de integración es una técnica sistemática para construir la estructura del programa mientras que, al mismo tiempo, se llevan a cabo pruebas para detectar errores asociados con la interacción. El objetivo es coger los módulos probados en unidad y construir una estructura de programa que esté de acuerdo con lo que dicta el diseño.

A menudo hay una tendencia a intentar una integración no incremental; es decir, a construir el programa mediante un enfoque de *«big bang»*. Se combinan todos los módulos por anticipado. Se prueba todo el programa en conjunto. ¡Normalmente se llega al caos! Se encuentra un gran conjunto de errores. La corrección se hace difícil, puesto que es complicado aislar las causas al tener delante el programa entero en toda su estensión. Una vez que se corrigen esos errores aparecen otros nuevos y el proceso continúa en lo que parece ser un ciclo sin fin.

La *integración incremental* es la antítesis del enfoque del *«big bang»*. El programa se construye y se prueba en pequeños segmentos en los que los errores son más fáciles de aislar y de corregir, es más probable que se puedan probar completamente las interfaces y se puede aplicar un enfoque de prueba sistemática. En las siguientes secciones se tratan varias estrategias de integración incremental diferentes.

FIGURA 17.7

Integración descendente

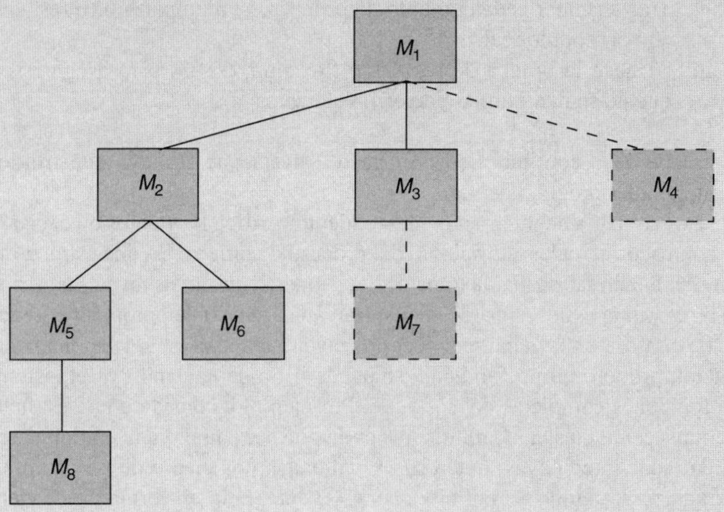

17.4.1. Integración descendente

La integración descendente es un planteamiento incremental a la construcción de la estructura de programas. Se integran los módulos moviéndose hacia abajo por la jerarquía de control, comenzando por el módulo de control principal (programa principal). Los módulos subordinados (de cualquier modo subordinados) al módulo de control principal se van incorporando en la estructura, bien de forma *primero-en-profundidad*, o bien de forma *primero-en-anchura*.

Como se muestra en la Figura 17.7, la integración primero-en-profundidad integra todos los módulos de un camino de control principal de la estructura. La selección del camino principal es, de alguna manera, arbitraria y dependerá de las características específicas de la aplicación. Por ejemplo, si se elige el camino a mano izquierda, se integrarán primero los módulos M_1, M_2 y M_5. A continuación se integrará M_8 o M_6 (si es necesario para un funcionamiento adecuado de M_2). Acto seguido se construyen los caminos de control central y derecho. La integración *primero-en-anchura* incorpora todos los módulos directamente subordinados a cada nivel, moviéndose por la estructura de forma horizontal. Según la figura, los primeros módulos que se integran son M_2, M_3 y M_4. A continuación sigue el siguiente nivel de control, M_5, M_6, etc.

El proceso de integración se realiza en una serie de cinco pasos:

1. Se usa el módulo de control principal como controlador de la prueba, disponiendo de resguardos para todos los módulos directamente subordinados al módulo de control principal.

[3] Las estrategias de integración para sistemas orientados a objetos se tratan en el Capítulo 22.

2. Dependiendo del enfoque de integración elegido (es decir, primero-en-profundidad o primero-en-anchura) se van sustituyendo los resguardos subordinados uno a uno por los módulos reales.
3. Se llevan a cabo pruebas cada vez que se integra un nuevo módulo.
4. Tras terminar cada conjunto de pruebas, se reemplaza otro resguardo con el módulo real.
5. Se hace la prueba de regresión (Sección 17.4.3) para asegurarse de que no se han introducido errores nuevos.

El proceso continúa desde el paso 2 hasta que se haya construido la estructura del programa entero.

La estrategia de integración descendente verifica los puntos de decisión o de control principales al principio del proceso de prueba. En una estructura de programa bien fabricada, la toma de decisiones se da en los niveles superiores de la jerarquía y, por tanto, se encuentran antes. Si existen problemas generales de control, es esencial reconocerlos cuanto antes. Si se selecciona la integración primero-en-profundidad, se puede ir implementando y demostrando las funciones completas del software. Por ejemplo, considere una estructura de transacción clásica (Capítulo 14) en la que se requiere una compleja serie de entradas interactivas, obtenidas y validadas por medio de un camino de entrada. Ese camino de entrada puede ser integrado en forma descendente. Así, se puede demostrar todo el proceso de entradas (para posteriores operaciones de transacción) antes de que se integren otros elementos de la estructura. La demostración anticipada de las posibilidades funcionales es un generador de confianza tanto para el desarrollador como para el cliente.

La estrategia descendente parece relativamente fácil, pero, en la práctica, pueden surgir algunos problemas logísticos. El más común de estos problemas se da cuando se requiere un proceso de los niveles más bajos de la jerarquía para poder probar adecuadamente los niveles superiores. Al principio de la prueba descendente, los módulos de bajo nivel se reemplazan por *resguardos*; por tanto, no pueden fluir datos significativos hacia arriba por la estructura del programa. El responsable de la prueba tiene tres opciones: (1) retrasar muchas de las pruebas hasta que los resguardos sean reemplazados por los módulos reales; (2) desarrollar resguardos que realicen funciones limitadas que simulen los módulos reales; o (3) integrar el software desde el fondo de la jerarquía hacia arriba. La Figura 17.8 ilustra varias clases de resguardos típicas, desde la más simple (resguardo A) hasta la más compleja (resguardo D).

El primer enfoque (retrasar pruebas hasta reemplazar los resguardos por los módulos reales) hace que perdamos cierto control sobre la correspondencia de ciertas pruebas específicas con la incorporación de determinados módulos. Esto puede dificultar la determinación de las causas del error y tiende a violar la naturaleza altamente restrictiva del enfoque descendente. El segundo enfoque es factible pero puede llevar a un significativo incremento del esfuerzo a medida que los resguardos se hagan más complejos. El tercer enfoque, denominado *prueba ascendente*, se estudia en la siguiente sección.

FIGURA 17.8

Resguardos

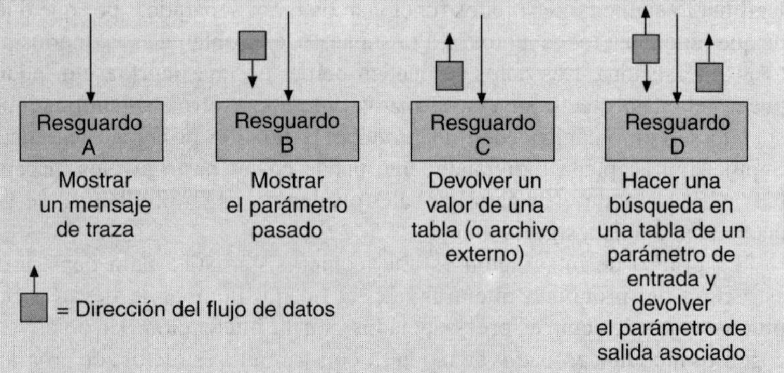

17.4.2. Integración ascendente

La prueba de la integración ascendente, como su nombre indica, empieza la construcción y la prueba con los *módulos atómicos* (es decir, módulos de los niveles más bajos de la estructura del programa). Dado que los módulos se integran de abajo hacia arriba, el proceso requerido de los módulos subordinados a un nivel dado siempre están disponibles y se elimina la necesidad de resguardos.

Se puede implementar una estrategia de integración ascendente mediante los siguientes pasos:

1. Se combinan los módulos de bajo nivel en *grupos* (a veces denominados *construcciones*) que realicen una subfunción específica del software.
2. Se escribe un controlador (un programa de control de la prueba) para coordinar la entrada y la salida de los casos de prueba.
3. Se prueba el grupo.
4. Se eliminan los controladores y se combinan los grupos moviéndose hacia arriba por la estructura del programa.

FIGURA17.9

Integración ascendente

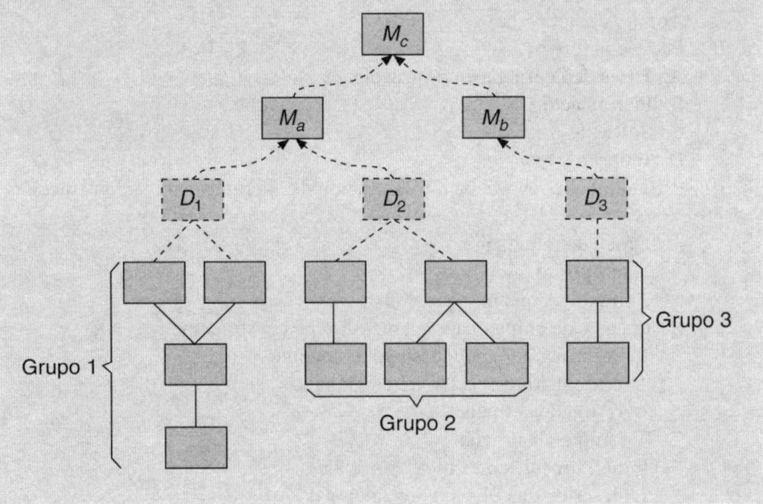

FIGURA 17.10

Controladores o Conductores

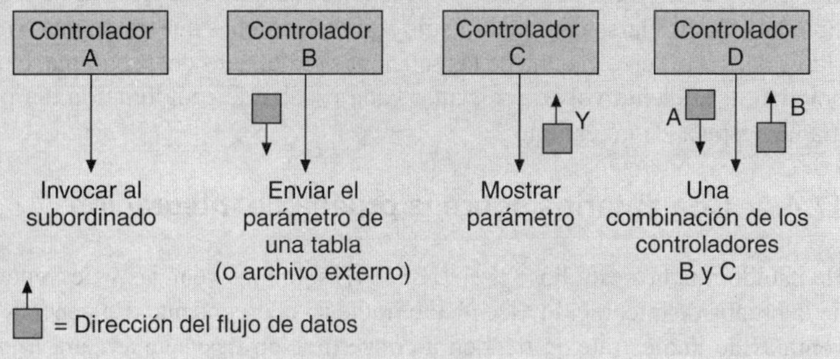

La integración sigue el esquema ilustrado en la Figura 17.9. Se combinan los módulos para formar los grupos 1, 2 y 3. Cada uno de los grupos se somete a prueba mediante un controlador (mostrado como un bloque punteado). Los módulos de los grupos 1 y 2 son subordinados de M_a . Los controladores D_1 y D_2 se eliminan y los grupos interaccionan directamente con M_a. De forma similar, se elimina el controlador D_3 del grupo 3 antes de la integración con el módulo M_b . Tanto M_a como M_b se integrarán finalmente con el módulo M_c y así sucesivamente. En la Figura 17.10 se muestran diferentes categorías de controladores.

A medida que la integración progresa hacia arriba, disminuye la necesidad de controladores de prueba diferentes. De hecho, si los dos niveles superiores de la estructura del programa se integran de forma descendente, se puede reducir sustancialmente el número de controladores y se simplifica enormemente la integración de grupos.

17.4.3. Prueba de regresión

Cada vez que se añade un nuevo módulo como parte de una prueba de integración, el software cambia. Se establecen nuevos caminos de flujo de datos, pueden ocurrir nuevas E/S y se invoca una nueva lógica de control. Estos cambios pueden causar problemas con funciones que antes trabajaban perfectamente. En el contexto de una estrategia de prueba de integración, la prueba de regresión es volver a ejecutar un subconjunto de pruebas que se han llevado a cabo anteriormente para asegurarse de que los cambios no han propagado efectos colaterales no deseados.

En un contexto más amplio, las pruebas con éxito (de cualquier tipo) dan como resultado el descubrimiento de errores, y los errores hay que corregirlos. Cuando se corrige el software, se cambia algún aspecto de la configuración del software (el programa, su documentación o los datos que lo soportan). La *prueba de regresión* es la actividad que ayuda a asegurar que los cambios (debidos a las pruebas o por otros motivos) no introducen un comportamiento no deseado o errores adicionales.

La prueba de regresión se puede hacer manualmente, volviendo a realizar un subconjunto de todos los casos de prueba o utilizando herramientas automáticas de reproducción de captura. Las *herramientas de reproducción de captura* permiten al ingeniero del software capturar casos de prueba y los resultados para la subsiguiente reproducción y comparación. El conjunto de pruebas de regresión (el subconjunto de pruebas a realizar) contiene tres clases diferentes de casos de prueba:

- Una muestra representativa de pruebas que ejercite todas las funciones del software.
- Pruebas adicionales que se centran en las funciones del software que se van a ver probablemente afectadas por el cambio.

- Pruebas que se centran en los componentes del software que han cambiado.

A medida que progresa la prueba de integración, el número de pruebas de regresión puede crecer demasiado. Por tanto, el conjunto de pruebas de regresión debería diseñarse para incluir sólo aquellas pruebas que traten una o más clases de errores en cada una de las funciones principales del programa. No es práctico ni eficiente volver a ejecutar cada prueba de cada función del programa después de un cambio.

17.4.4. Comentarios sobre la prueba de integración

Ha habido muchos estudios (p. ej.: [BEI84]) sobre las ventajas y desventajas de la prueba de integración ascendente frente a la descendente. En general, las ventajas de una estrategia tienden a convertirse en desventajas para la otra estrategia. La principal desventaja del enfoque descendente es la necesidad de resguardos y las dificultades de prueba que pueden estar asociados con ellos. Los problemas asociados con los resguardos pueden quedar compensados por la ventaja de poder probar de antemano las principales funciones de control. La principal desventaja de la integración ascendente es que «el programa como entidad no existe hasta que se ha añadido el último módulo» [MYE79]. Este inconveniente se resuelve con la mayor facilidad de diseño de casos de prueba y con la falta de resguardos.

La selección de una estrategia de integración depende de las características del software y, a veces, de la planificación del proyecto. En general, el mejor compromiso puede ser un enfoque combinado (a veces denominado *prueba de sandwich*) que use la descendente para los niveles superiores de la estructura del programa, junto con la ascendente para los niveles subordinados.

A medida que progresa la prueba de integración, el responsable de las pruebas debe identificar los módulos críticos. Un módulo crítico es aquel que tiene una o más de las siguientes características: (1) está dirigido a varios requisitos del software; (2) tiene un mayor nivel de control (está relativamente alto en la estructura del programa); (3) es complejo o propenso a errores (se puede usar la complejidad ciclomática como indicador); o (4) tiene unos requisitos de rendimiento muy definidos. Los módulos críticos deben probarse lo antes posible. Además, las pruebas de regresión se deben centrar en el funcionamiento de los módulos críticos.

17.4.5. Documentación de la prueba de integración

Un plan global para la integración del software y una descripción de las pruebas específicas deben quedar documentadas en una *especificación de prueba*.

FIGURA 17.11

Esquema de la especificación de la prueba

I. Ámbito de la prueba
II. Plan de la prueba
    A. Fases de la prueba y construcciones
    B. Planificación
    C. Software adicional
    D. Entorno y recursos
III. Procedimiento de prueba n (descripción de la prueba para la construcción de *n*)
    A. Orden de integración
        1. propósito
        2. módulos que hay que probar
    B. Pruebas de unidad para los módulos en construcción
        1. descripción de pruebas para el módulo *n*
        2. descripción del software adicional
        3. resultados esperados
    C. Entorno de la prueba
        1. herramientas o técnicas especiales
        2. descripción del software adicional
    D. Datos de los casos de prueba
    E. Resultados esperados para la construcción de *n*
IV. Resultados de prueba obtenidos
V. Referencias
VI. Apéndices

La especificación es un resultado del proceso de ingeniería del software y forma parte de la configuración del software. La Figura 17.11 presenta un esquema de una especificación de prueba que puede usarse como marco de trabajo para este documento.

El «Ámbito de la prueba» resume las características funcionales, de rendimiento y de diseño interno específicas que van a probarse. Se delimita el esfuerzo de prueba, se describen los criterios de terminación de cada fase de prueba y se documentan las restricciones de la planificación.

La sección «Plan de prueba» describe la estrategia general para la integración. La prueba se divide en fases y construcciones que tratan características específicas funcionales y de comportamiento del software. Por ejemplo, la prueba de integración para un sistema de computadora CAD orientado a gráficos podría dividirse en las siguientes fases de prueba:

- interacción con el usuario (selección de órdenes; creación de dibujos; representación visual; proceso y representación de errores)
- manipulación y análisis de datos (creación de símbolos; dimensionamiento; rotación; cálculo de propiedades físicas).
- proceso y generación de información visual (visualización bidimensional; visualización tridimensional; gráficos y diagramas)
- gestión de bases de datos (acceso; actualización; integridad; rendimiento).

Cada una de estas fases y subfases (presentadas entre paréntesis) define una categoría funcional principal del software y puede generalmente estar asociada a un dominio específico de la estructura del programa.

Por tanto, las construcciones del programa (grupos de módulos) se crean para corresponder a cada fase.

En todas las fases de prueba se siguen los siguientes criterios con sus correspondientes pruebas:

Integridad de interfaz. Se prueban las interfaces internas y externas a medida que se incorpora cada módulo (o grupo) a la estructura.

Validez funcional. Se llevan a cabo pruebas diseñadas para descubrir errores funcionales.

Contenido de la información. Se llevan a cabo pruebas diseñadas para descubrir errores asociados con las estructuras de datos globales o locales.

Rendimiento. Se llevan a cabo pruebas diseñadas para verificar los límites de rendimiento establecidos durante el diseño del software.

En esta sección de la especificación de prueba se estudian estos criterios y sus pruebas asociadas.

Como parte de la sección «Plan de prueba» también se incluye el estudio de una planificación temporal de la integración, del software adicional y temas asociados. Se establecen fechas de comienzo y finalización para cada fase y se definen «ventanas de disponibilidad» para las unidades de módulo probadas. Una breve descripción del software adicional (resguardos y controladores) se centrará en aquellas características que puedan requerir un esfuerzo especial. Por último, se describe el entorno y los recursos de prueba. En esta sección se pueden estudiar algunos temas como configuraciones inusuales del hardware, simuladores exóticos y técnicas o herramientas de prueba especiales.

En la sección «Procedimiento de prueba» se describe de forma detallada el procedimiento de prueba requerido para llevar a cabo el plan de prueba. De acuerdo con el punto III de la especificación de prueba, se describe el orden de integración y las pruebas correspondientes a cada fase de integración. Asimismo se incluye una lista con todos los casos de prueba (anotados para una posterior referencia) y los resultados esperados.

En la cuarta sección de la especificación de prueba se registra la historia de los resultados reales de la prueba, de los problemas y de las peculiaridades. La información contenida en esta sección puede ser vital para el mantenimiento del software. En las dos últimas secciones se presentan unas referencias y apéndices apropiados.

Como todos los demás elementos de la configuración del software, el formato de la especificación de prueba se puede ajustar a las necesidades particulares de cada organización de desarrollo del software. Sin embargo, es importante resaltar que la estrategia de integración, contenida en el plan de prueba, y los detalles de la prueba, descritos en el procedimiento de prueba, son ingredientes esenciales que deben estar siempre presentes.

17.5. PRUEBA DE VALIDACIÓN

Tras la culminación de la prueba de integración, el software está completamente ensamblado como un paquete; se han encontrado y corregido los errores de interfaz y puede comenzar una serie final de pruebas del software: la *prueba de validación.* La validación puede definirse de muchas formas, pero una simple (aunque vulgar) definición es que la validación se consigue cuando el software funciona de acuerdo con las expectativas razonables del cliente. En este punto, un desarrollador de software estricto podría protestar: «¿Qué o quién es el árbitro de las *expectativas razonables*?».

Las expectativas razonables están definidas en la especificación de requisitos del software—un documento (Capítulo 12) que describe todos los atributos del software visibles para el usuario. La especificación contiene una sección denominada «Criterios de validación». La información contenida en esa sección forma la base del enfoque a la prueba de validación.

17.5.1. Criterios de la prueba de validación

La validación del software se consigue mediante una serie de pruebas de caja negra que demuestran la conformidad con los requisitos. Un plan de prueba traza las clases de pruebas que se han de llevar a cabo, y un procedimiento de prueba define los casos de prueba específicos en un intento por descubrir errores de acuerdo con los requisitos. Tanto el plan como el procedimiento estarán diseñados para asegurar que se satisfacen todos los requisitos funcionales, que se alcanzan todos los requisitos de rendimiento, que la documentación es correcta e inteligible y que se alcanzan otros requisitos (p. ej.: transportabilidad, compatibilidad, recuperación de errores, facilidad de mantenimiento).

Una vez que se procede con cada caso de prueba de validación, puede darse una de las dos condiciones siguientes: (1) las características de funcionamiento o de rendimiento están de acuerdo con las especificaciones y son aceptables o (2) se descubre una desviación de las especificaciones y se crea una lista de deficiencias. Las desviaciones o errores descubiertos en esta fase del proyecto raramente se pueden corregir antes de la terminación planificada. A menudo es necesario negociar con el cliente un método para resolver las deficiencias.

17.5.2. Revisión de la configuración

Un elemento importante del proceso de validación es la *revisión de la configuración*. La intención de la revisión es asegurarse de que todos los elementos de la configuración del software se han desarrollado apropiadamente, se han catalogado y están suficientemente detallados para soportar la fase de mantenimiento durante el ciclo de vida del software. La revisión de la configuración, a veces denominada *auditoría*, se ha estudiado con más detalle en el Capítulo 9.

17.5.3. Pruebas alfa y beta

Es virtualmente imposible que un constructor de software pueda preveer cómo usará *realmente* el programa el usuario. Se pueden malinterpretar las instrucciones de uso; se pueden utilizar habitualmente extrañas combinaciones de datos y una salida que puede parecer clara para el responsable de las pruebas puede ser ininteligible para el usuario.

Cuando se construye software a medida para un cliente, se llevan a cabo una serie de *pruebas de aceptación* para permitir que el cliente valide todos los requisitos. Las realiza el usuario final en lugar del responsable del desarrollo del sistema, una prueba de aceptación puede ir desde un informal «paso de prueba» hasta la ejecución sistemática de una serie de pruebas bien planificadas. De hecho, la prueba de aceptación puede tener lugar a lo largo de semanas o meses, descubriendo así errores acumulados que pueden ir degradando el sistema.

Si el software se desarrolla como un producto que se va a usar por muchos clientes, no es práctico realizar pruebas de aceptación formales para cada uno de ellos. La mayoría de los constructores de productos de software llevan a cabo un proceso denominado *prueba alfa y beta* para descubrir errores que parezca que sólo el usuario final puede descubrir.

La prueba alfa se lleva a cabo en el lugar de desarrollo pero por un cliente. Se usa el software de forma natural con el desarrollador como observador del usuario y registrando los errores y los problemas de uso. Las pruebas alfa se llevan a cabo en un entorno controlado.

La prueba beta se lleva a cabo por los usuarios finales del software en los lugares de trabajo de los clientes. A diferencia de la prueba alfa, el desarrollador no está presente normalmente. Así, la prueba beta es una aplicación «en vivo» del software en un entorno que no puede ser controlado por el desarrollor. El cliente registra todos los problemas (reales o imaginarios) que encuentra durante la prueba beta e informa a intervalos regulares al desarrollador. Como resultado de los problemas informados durante la prueba beta, el desarrollador del software lleva a cabo modificaciones y así prepara una versión del producto de software para toda la clase de clientes.

17.6. PRUEBA DEL SISTEMA

Al principio de este libro, pusimos énfasis en el hecho de que el software es sólo un elemento de un sistema mayor basado en computadora. Finalmente, el software es incorporado a otros elementos del sistema (p. ej.: nuevo hardware, información) y realizan una serie de pruebas de integración del sistema y de validación. Estas pruebas caen fuera del ámbito del proceso de ingeniería del software y no las realiza únicamente el desarrollador del software. Sin embargo, los pasos dados durante el diseño del software y durante la prueba pueden mejorar enormemente la probabilidad de éxito en la integración del software en el sistema.

Un problema típico de la prueba del sistema es la «delegación de culpabilidad». Esto ocurre cuando se descubre un error y cada uno de los creadores de cada elemento del sistema echa la culpa del problema a los otros. En vez de verse envuelto en esta absurda situación, el ingeniero del software debe anticiparse a los posibles problemas de interacción y : (1) diseñar caminos de manejo de errores que prueben toda la información procedente de otros elementos del sistema; (2) llevar a cabo una serie de pruebas que simulen la presencia de datos en mal estado o de otros posibles errores en la interfaz del software; (3) registrar los resultados de las pruebas como «evidencia» en el caso de que se le señale con el dedo; (4) participar en la planificación y el diseño de pruebas del sistema para asegurarse de que el software se prueba de forma adecuada.

La prueba del sistema, realmente, está constituida por una serie de pruebas diferentes cuyo propósito primordial es ejercitar profundamente el sistema basado en computadora. Aunque cada prueba tiene un propósito diferente, todas trabajan para verificar que se han integrado adecuadamente todos los elementos del sistema y que realizan las funciones apropiadas. En las siguientes secciones examinamos los tipos de pruebas del sistema [BEI84] valiosos para sistemas basados en software.

17.6.1. Prueba de recuperación

Muchos sistemas basados en computadora deben recuperarse de los fallos y continuar el proceso en un tiempo previamente especificado. En algunos casos, un sistema debe ser tolerante con los fallos; es decir, los fallos del proceso no deben hacer que cese el funcionamiento de todo el sistema.

En otros casos, se debe corregir un fallo del sistema en un determinado periodo de tiempo para que no se produzca un serio daño económico.

La *prueba de recuperación* es una prueba del sistema que fuerza el fallo del software de muchas formas y verifica que la recuperación se lleva a cabo apropiadamente. Si la recuperación es automática (llevada a cabo por el propio sistema) hay que evaluar la corrección de la inicialización, de los mecanismos de recuperación del estado del sistema, de la recuperación de datos y del proceso rearranque. Si la recuperación requiere la intervanción humana, hay que evaluar los tiempos medios de reparación para determinar si están dentro de unos límites aceptables.

17.6.2. Prueba de seguridad

Cualquier sistema basado en computadora que maneje información sensible o lleve a cabo acciones que puedan perjudicar (o beneficiar) impropiamente a las personas es un posible objetivo para entradas al sistema impropias o ilegales. Este acceso al sistema incluye un amplio rango de actividades: *«piratas informáticos»* que intentan entrar en los sistemas por deporte, empleados disgustados que intentan penetrar por venganza e individuos deshonestos que intentan penetrar para obtener ganancias personales ilícitas.

La *prueba de seguridad* intenta verificar que los mecanismos de proteción incorporados en el sistema lo protegerán, de hecho, de accesos impropios. Para citar a Beizer [BEI84]: «Por supuesto, la seguridad del sistema debe ser probada en su invulnerabilidad frente a un ataque frontal, pero también debe probarse en su invulnerabilidad a ataques por los flancos o por la retaguardia».

Durante la prueba de seguridad, el responsable de la prueba desempeña el papel de un individuo que desea entrar en el sistema. ¡Todo vale! Debe intentar conseguir las claves de acceso por cualquier medio, puede atacar al sistema con software a medida, diseñado para romper cualquier defensa que se haya construido, debe bloquear el sistema, negando así el servicio a otras personas, debe producir a propósito errores del sistema, intentando acceder durante la recuperación o debe curiosear en los datos sin protección, intentando encontrar la clave de acceso al sistema, etc.

Con tiempo y recursos suficientes, una buena prueba de seguridad terminará por acceder en el sistema. El papel del diseñador del sistema es hacer que el coste de la entrada ilegal sea mayor que el valor de la información obtenida.

17.6.3. Prueba de resistencia

Durante los pasos de prueba anteriores, las técnicas de caja blanca y de caja negra daban como resultado la evaluación del funcionamiento y del rendimiento normales del programa. Las *pruebas de resistencia* están diseñadas para enfrentar a los programas con situaciones anormales. En esencia, el sujeto que realiza la prueba de resistencia se pregunta: ¿A qué potencia puedo ponerlo a funcionar antes de que falle?

La prueba de resistencia ejecuta un sistema de forma que demande recursos en cantidad, frecuencia o volúmenes anormales. Por ejemplo: (1) diseñar pruebas especiales que generen diez interrupciones por segundo, cuando las normales son una o dos; (2) incrementar las frecuencias de datos de entrada en un orden de magnitud con el fin de comprobar cómo responden las funciones de entrada; (3) ejecutar casos de prueba que requieran el máximo de memoria o de otros recursos; (4) diseñar casos de prueba que puedan dar problemas en un sistema operativo virtual o (5) diseñar casos de prueba que produzcan excesivas búsquedas de datos residentes en disco. Esencialmente, el responsable de la prueba intenta romper el programa.

Una variante de la prueba de resistencia es una técnica denominada prueba de *sensibilidad*. En algunas situaciones (la más común se da con algoritmos matemáticos), un rango de datos muy pequeño dentro de los límites de una entrada válida para un programa puede producir un proceso exagerado e incluso erróneo o una profunada degradación del rendimiento. Esta situación es análoga a una singularidad en una función matemática. La prueba de sensibilidad intenta descubrir combinaciones de datos dentro de una clase de entrada válida que pueda producir inestabilidad o un proceso incorrecto.

17.6.4. Prueba de rendimiento

Para sistemas de tiempo real y sistemas empotrados, es inaceptable el software que proporciona las funciones requeridas pero no se ajusta a los requisitos de rendimiento. La *prueba de rendimiento* está diseñada para probar el rendimiento del software en tiempo de ejecución dentro del contexto de un sistema integrado. La prueba de rendimiento se da durante todos los pasos del proceso de la prueba. Incluso al nivel de unidad, se debe asegurar el rendimiento de los módulos individuales a medida que se llevan a cabo las pruebas de caja blanca. Sin embargo, hasta que no están completamente integrados todos los elementos del sistema no se puede asegurar realmente el rendimiento del sistema.

Las pruebas de rendimiento, a menudo, van emparejadas con las pruebas de resistencia y, frecuentemente, requieren *instrumentación* tanto de software como de hardware. Es decir, muchas veces es necesario medir la utilización de recursos (p. ej.: ciclos de procesador), de un modo exacto. La instrumentación externa puede monitorizar los intervalos de ejecución, los sucesos ocurridos (p. ej.: interrupciones) y muestras de los estados de la máquina en un funcionamiento normal. Instrumentando un sistema, el encargado de la prueba puede descubrir situaciones que lleven a degradaciones y posibles fallos del sistema.

17.7. EL ARTE DE LA DEPURACIÓN

La prueba del software es un proceso que puede planificarse y especificarse sistemáticamente. Se puede llevar a cabo el diseño de casos de prueba, se puede definir una estrategia y se pueden evaluar los resultados en comparación con las expectativas prescritas.

La *depuración* ocurre como consecuencia de una prueba efectiva. Es decir, cuando un caso de prueba descubre un error, la depuración es el proceso que provoca la eliminación del error. Aunque la depuración puede y debe ser un proceso ordenado, sigue teniendo mucho de arte. Un ingeniero del software, al evaluar los resultados de una prueba, se encuentra frecuenemente con una indicación «sintomática» de un problema en el software. Es decir, la manifestación externa de un error, y la causa interna del error pueden no estar relacionados de una forma obvia. El proceso mental, apenas comprendido, que conecta un síntoma con una causa es la depuración.

17.7.1. El proceso de depuración

La depuración no es una prueba, pero siempre ocurre como consecuencia de la prueba[4]. Como se muestra en la Figura 17.12, el proceso de depuración comienza con la ejecución de un caso de prueba. Se evalúan los resultados y

FIGURA 17.12

Depuración

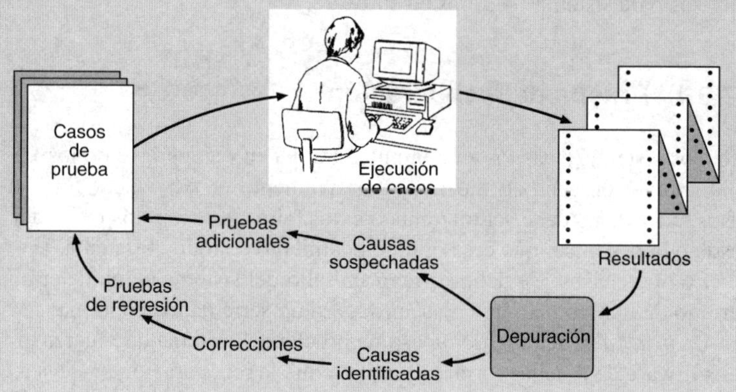

aparece una falta de correspondencia entre los esperados y los encontrados realmente. En muchos casos, los datos que no concuerdan son un síntoma de una causa subyacente que todavía permanece oculta. El proceso de depuración intenta hacer corresponder el síntoma con una causa, llevando así a la corrección del error.

El proceso de depuración siempre tiene uno de los dos resultados siguientes: (1) se encuentra la causa, se corrige y se elimina; o (2) no se encuentra la causa. En este último caso, la persona que realiza la depuración debe sospechar la causa, diseñar un caso de prueba que ayude a confirmar sus sospechas y el trabajo vuelve hacia atrás a la corrección del error de una forma iterativa.

¿Por qué es tan difícil la depuración? Todo parece indicar que la respuesta tiene más que ver con la psicología humana (véase la siguiente sección) que con la tecnología del software. Sin embargo, varias características de los errores nos dan algunas pistas:

1. El síntoma y la causa pueden ser geográficamente remotos entre sí. Es decir, el síntoma puede aparecer en una parte del programa, mientras que la causa está localizada en otra parte muy alejada. Las estructuras de programa fuertemente acopladas (Capítulo 14) resaltan esta situación.
2. El síntoma puede desaparecer (temporalmente) al corregir otro error.

[4] Al decir esta frase, tomamos el punto de vista más amplio que se puede tener de la prueba. No sólo ha de llevar a cabo la prueba el equipo de desarrollo antes de entregar el software, sino que el cliente/usuario prueba el software cada vez que lo usa.

3. El síntoma puede realmente estar producido por algo que no es un error (p. ej.: inexactitud en los redondeos).
4. El síntoma puede estar causado por un error humano que no sea fácilmente detectado.
5. El síntoma puede ser el resultado de problemas de temporización en vez de problemas de proceso.
6. Puede ser difícil reproducir exactamente las condiciones de entrada (p. ej.: una aplicación de tiempo real en la que el orden de la entrada no está determinado).
7. El síntoma puede aparecer de forma intermitente. Esto es particularmente corriente en sistemas empotrados que acoplan el hardware y el software de manera confusa.
8. El síntoma puede ser debido a causas que se distribuyen por una serie de tareas ejecutándose en diferentes procesadores [CHE90].

Durante la depuración encontramos errores que van desde lo ligeramente inesperado (p. ej.: un formato de salida incorrecto) hasta lo catastrófico (p. ej.: el sistema falla, produciéndose serios daños económicos o físicos). A medida que las consecuencias de un error aumentan, crece la presión por encontrar su causa. A menudo la presión fuerza a un ingeniero de software a corregir un error introduciendo dos más.

17.7.2. Consideraciones psicológicas

Desgraciadamente, todo parece indicar que la habilidad en la depuración es un rasgo innato del ser humano. A ciertas personas se les da bien y a otras no. Aunque las manifestaciones experimentales de la depuración están abiertas a muchas interpretaciones, se han detectado grandes variaciones en la destreza para la depuración de distintos programadores con el mismo bagaje de formación y de experiencia.

Hablando de los aspectos humanos de la depuración, Shneiderman [SHN80] manifiesta:

> La depuración es una de las partes más frustrantes de la programación. Contiene elementos de resolución de problemas o de rompecabezas, junto con el desagradable reconocimiento de que se ha cometido un error. La enorme ansiedad y la no inclinación a aceptar la posibilidad de cometer errores hace que la tarea sea extremadamente difícil. Afortunadamente, también se da un gran alivio y disminuye la tensión cuando el error es finalmente... corregido.

Aunque puede resultar difícil «aprender» a depurar, se pueden proponer varios enfoques del problema. En la siguiente sección los examinamos.

17.7.3. Enfoques de la depuración

Independientemente del enfoque que se utilice, la depuración tiene un objetivo primordial: encontrar y corregir la causa de un error en el software. El objetivo se consigue mediante una combinación de una evaluación sistemática, de intuición y de suerte. Bradley [BRA85] describe el enfoque de la depuración de la siguiente forma:

> La depuración es una aplicación directa del método científico desarrollado hace 2500 años. La base de la depuración es la localización de la fuente del problema [la causa] mediante partición binaria, manejando hipótesis que predigan nuevos valores a examinar.

Tomemos un sencillo ejemplo que no tiene que ver con el software: en mi casa no funciona una lámpara. Si no funciona nada en la casa, la causa debe estar en el circuito principal de fusibles o fuera de la casa; miro fuera para ver si hay un apagón en todo el vecindario. Conecto la sospechosa lámpara a un enchufe que funcione y una aparato que funcione en el circuito sospechoso. Así se sigue la secuencia de hipótesis y de pruebas.

En general, existen tres enfoques que se pueden proponer para la depuración [MYE79]:

- Fuerza bruta
- Vuelta atrás
- Eliminación de causas

La categoría de depuración por la *fuerza bruta* es probablemente la más común y menos eficiente a la hora de aislar la causa del error en el software. Aplicamos los métodos de depuración por fuerza bruta cuando todo lo demás falla. Mediante una filosofía de «dejar que la computadora encuentre el error», se hacen volcados de memoria, trazas de ejecución y se cargan multitud de sentencias WRITE en el programa. Esperamos que en algún lugar de la gran cantidad de información generada encontremos alguna pista que nos lleve a la causa de un error. Aunque la gran cantidad de información producida nos puede llevar finalmente al éxito, lo más frecuente es que se desperdicie tiempo y esfuerzo. ¡Primero se debe usar la inteligencia!

La *vuelta atrás* es un enfoque más normal para la depuración, que se puede usar con éxito para pequeños programas. Partiendo del lugar donde se descubre el síntoma, se recorre hacia atrás (manualmente) el código fuente hasta que se llega a la posición de error. Desgraciadamente, a medida que aumenta el número de líneas del código, el número de posibles caminos de vuelta se hace difícilmente manejable.

El tercer enfoque para la depuración *–eliminación de causas–* se manifiesta mediante inducción o deducción e introduce el concepto de partición binaria. Los datos relacionados con la ocurrencia del error se organizan para aislar las posibles causas. Se llega a una «hipótesis de causa» y se usan los datos anteriores para probar o revocar la hipótesis. Alternativamente, se desarrolla una lista de todas las posibles causas y se llevan a cabo pruebas para eliminar cada una. Si alguna prueba inicial indica que determinada hipótesis de causa en particular parece prometedora, se refinan los datos con el fin de intentar aislar el error.

Cada uno de los enfoques anteriores puede complementarse con herramientas de depuración. Podemos usar una gran cantidad de compiladores de depuración, ayudas dinámicas para la depuración («trazadores»), generadores automáticos de casos de prueba, volcados de memoria y mapas de referencias cruzadas. Sin embargo, las herramientas no son un sustituto de la evaluación cuidadosa basada en un completo documento del diseño del software y un código fuente claro.

Cualquier discusión sobre los enfoques para la depuración y sus herramientas no estaría completa sin mencionar un poderoso aliado: ¡otras personas! Cualquiera de nosotros podrá recordar haber estado dando vueltas en la cabeza durante horas o días a un error persistente. Desesperados, le explicamos el problema a un colega con el que damos por casualidad y le mostramos el listado. Instantáneamente (parece), se descubre la causa del error. Nuestro colega se aleja sonriendo ladinamente. Un punto de vista fresco, no embotado por horas de frustración, puede hacer maravillas. Una máxima final para la depuración puede ser: «¡Cuando todo lo demás falle, pide ayuda!».

Una vez que se ha encontrado un error, hay que corregirlo. Pero como ya hemos podido observar, la corrección de un error puede introducir otros errores y hacer más mal que bien. Van Vleck [VAN89] sugiere tres preguntas sencillas que debería preguntarse todo ingeniero de software antes de hacer la «corrección» que elimine la causa del error:

1. ¿Se repite la causa del error en otra parte del programa? En muchas situaciones, el defecto de un programa está producido por un patrón de lógica erróneo que se puede repetir en cualquier lugar. La consideración explícita del patrón lógico puede terminar en el descubrimiento de otros errores.
2. ¿Cuál es el «siguiente error» que se podrá presentar a raíz de la corrección que hoy voy a realizar? Antes de hacer la corrección, se debe evaluar el código fuente (o mejor, el diseño) para determinar el emparejamiento de la lógica y las estructuras de datos. Si la corrección se realiza en una sección del programa altamente acoplada, se debe tener cuidado al realizar cualquier cambio.
3. ¿Qué podríamos haber hecho para prevenir este error la primera vez? Esta pregunta es el primer paso para establecer un método estadístico de garantía de calidad del software (Capítulo 8). Si corregimos tanto el proceso como el producto, se eliminará el error del programa actual y se puede eliminar de todos los futuros programas.

17.8. RESUMEN

La prueba del software contabiliza el mayor porcentaje del esfuerzo técnico del proceso de desarrollo de software. Todavía estamos comenzando a comprender las sutilezas de la planificación sistemática de la prueba, de su ejecución y de su control.

El objetivo de la prueba de software es descubrir errores. Para conseguir este objetivo, se planifica y se ejecutan una serie de pasos: pruebas de unidad, de integración, de validación y del sistema. Las pruebas de unidad y de integración se centran en la verificación funcional de cada módulo y en la incorporación de los módulos en una estructura de programa. La prueba de validación demuestra el seguimiento de los requisitos del software y la prueba del sistema valida el software una vez que se ha incorporado en un sistema superior.

Cada paso de prueba se lleva a cabo mediante una serie de técnicas sistemáticas de prueba que ayudan en el diseño de casos de prueba. Con cada paso de prueba se amplía el nivel de abstracción con el que se considera el software.

A diferencia de la prueba (una actividad sistemática y planificada), la depuración se puede considerar un arte. A partir de una indicación sintomática de un problema, la actividad de la depuración debe rastrear la causa del error. De entre los recursos disponibles durante la depuración, el más valioso puede ser el apoyo de otros ingenieros de software.

El requisito de que el software sea cada vez de mayor calidad exige un enfoque más sistemático de la prueba. Citando a Dunn y Ullman [DUN82]:

> Lo que se requiere es una estrategia global, que se extienda por el espacio estratégico de la prueba, tan deliberada en su metodología como lo fue el desarrollo sistemático en el que se basaron el análisis, el diseño y la codificación.

En este capítulo hemos examinado el espacio estratégico de la prueba, considerando los pasos que tienen la mayor probabilidad de conseguir el fín último de la prueba: encontrar y subsanar los defectos de una manera ordenada y efectiva.

REFERENCIAS

[BEI84] BEIZER, B., *Software System Testing and Quality Assurance*, Van Nostrand Reinhold, 1984.

[BOE81] BOEHM, B., *Software Engineering Economics*, Prentice-Hall, 1981, p. 37.

[BRA85] BRADLEY, J. H., «The science and Art of Debugging», Computerworld, 19 de agosto, 1985, pp. 35-38.

[BRO73] BROWN, A., y W. SAMPSON, *Programming Debugging*, American Elsevier, 1973.

[CHE90] CHEUNG, W. H., J. P. BLACK y E. MANNING, « A Framework for Distributed Debugging», *IEEE Software*, enero de 1990, pp. 106-115.

[DUN82] DUNN, R. y R. ULLMAN, *Quality Assurance for Computer Software*, McGraw-Hill, 1982, p. 158.

[GIL95] GILB, T., «What We Fail To Do In Our Current Testing Culture», *Testing Techniques Newsletter*, (edición *on-line*, **ttn@soft.com**), Software Research, Inc, San Francisco, enero de 1995.

[MILL77] MILLER, E., «The Philosophy of Testing», en *Program Testing Techniques*, IEEE Computer Society Press, 1977, pp. 1-3.

[MUS89] MUSA, J. D. y Ackerman, A. F., «Quantifying Software Validation: When to Stop Testing?», *IEEE Software*, mayo de 1989, pp. 19-27.

[MYE79] MYERS, G., *The Art of Software Tests*, Wiley, 1979.

[SHO83] SHOOMAN, M. L., *Software Engineering*, McGraw-Hill, 1983.

[SHN80] SHNEIDERMAN, B., *Software Psychology*, Winthrop Publishers, 1980, p. 28.

[VAN89] VAN BLECK, T., «Three Questions About Each Bug You find», *ACM Software Engineering Notes*, vol. 14, nº 5, julio de 1989, pp. 62-63.

[WAL89] WALLANCE, D. R. y R. U. FUJII, «Software Verification and Validation: An Overview», *IEEE Software*, mayo de 1989, pp. 10-17.

[YOU75] YOURDON, E., *Techniques of Program Structure and Design*, Prentice-Hall, 1975.

PROBLEMAS Y PUNTOS PARA CONSIDERAR

17.1. Con sus propias palabras, describa las diferencias entre verificación y validación. ¿Utilizan las dos los métodos de diseño de casos de prueba y las estrategias de prueba?

17.2. Haga una lista de algunos problemas que puedan estar asociados con la creación de un grupo independiente de prueba. ¿Están formados por las mismas personas el GIP y el grupo SQA?

17.3. ¿Es siempre posible desarrollar una estrategia de prueba de software que use la secuencia de pasos de prueba descrita en la Sección 17.1.3? ¿Qué posibles complicaciones pueden surgir para sistemas empotrados?

17.4. Si sólo pudiera seleccionar tres métodos de diseño de casos de prueba para aplicarlos durante la prueba de unidad, ¿cuáles serían y por qué?

17.5. Agrege por lo menos tres cuestiones adicionales a cada segmento de la lista de comprobaciones de la prueba de unidad que se presentan en la Sección 17.3.1.

17.6. El concepto de «antipurgado» (Sección 17.3.1) es una manera extremadamente efectiva de proporcionar asistencia de depuración integrada cuando se descubre un error.
a. Desarrolle una serie de directrices para el antipurgado
b. Estudie las ventajas de usar la técnica
c. Estudie las desventajas.

17.7. Desarrolle una estrategia de prueba de integración para cualquiera de los sistemas implementados en los Problemas 14.23 a 14.31. Defina las fases de prueba, indique el orden de integración, especifique el software de prueba adicional y justifique el orden de integración. Suponga que todos los módulos han sido probados en unidad y están disponibles. [Nota: puede ser necesario comenzar trabajando un poco con el diseño inicialmente].

17.8. ¿Cómo puede afectar la planificación del proyecto a la prueba de integración?

17.9. ¿Es posible o incluso deseable la prueba de unidad en cualquier circunstancia? Ponga ejemplos que justifiquen su respuesta.

17.10. ¿Quién debe llevar a cabo la prueba de validación: el desarrollador del software o el usuario? Justifique su respuesta.

17.11. Desarrolle una estrategia de prueba completa para el sistema HogarSeguro descrito anteriormente en este libro. Documéntela en una especificación de prueba.

17.12. Como proyecto de clase, desarrolle una guía de depuración para su instalación. La guía debe proporcionar consejos orientados al lenguaje y al sistema que se hayan aprendido con las malas experiencias. Comience con un esbozo de los temas que se tengan que revisar por la clase y su profesor. Publique la guía para otras personas de su entorno local.

OTRAS LECTURAS Y FUENTES DE INFORMACIÓN

Se puede encontar un estudio detallado sobre las estrategias de prueba en los libros de KIT (*Software Testing in the Real World*, Addison-Wesley, 1995), EVANS (*Productive Software Test Management*, Wiley-Interscience, 1984), Hetzel (*The Complete Guide to Software Testing*, QED Information Sciences, 1984), BEIZER [BEI84], OULD y UNWIN (*Testing in Software Development*, Cambridge University Press, 1986), MARKS (*Testing Very Big Systems*, McGraw-Hill, 1992) y KANER y colaboradores (*Testing Computer Software*, segunda edición, Van Nostrand Reinhold, 1993). Cada uno define los pasos para una estrategia efectiva, proporciona un conjunto de técnicas y directrices y sugiere procedimientos para controlar y hacer un seguimiento a los procesos de prueba. HUTCHESON (*Software Testing Methods and Metrics*, McGraw-Hill, 1996) presenta unos métodos y estrategias de prueba pero también proporciona un estudio detallado de cómo se puede usar la medición para conseguir una prueba efectiva.

Para aquellos que construyen productos de software, el libro de GUNTHER (Management *Methodology for Software Product Engineering*, Wiley-Interscience, 1978) sigue siendo útil guía para el establecimiento y realización de unas estrategias de prueba efectivas. Además, PERRY (*How to Test Software Packages*, Wiley, 1986) proporciona y información útil tanto para el que construye el producto como para el comprador. MOSLEY (*Real World Issues in Client-Server Software Testing*, Prentice-Hall, 1996) trata las estrategias y técnicas para probar aplicaciones basadas en cliente/servidor.

Un libro de DUNN (*Software Defect Removal*, McGraw-Hill, 1984) contiene unas directrices para la depuración. BEIZER BEI84 presenta una interesante «taxonomía de errores» que puede conducir a unos métodos efectivos para la planificación de pruebas. MCCONNELL (*Code Complete*, Microsoft Press, 1993) presenta unos pragmáticos consejos sobre las pruebas de unidad y de integración así como sobre la depuración.

Las fuentes de Internet sobre la prueba del software se presentan en las secciones «Otras lecturas y fuentes de información» de los Capítulos 16 al 22.

CAPÍTULO 18
MÉTRICAS TÉCNICAS DEL SOFTWARE

Un elemento clave de cualquier proceso de ingeniería es la medición. Empleamos medidas para entender mejor los atributos de los modelos que creamos. Pero, fundamentalmente, empleamos las medidas para valorar la calidad de los productos de ingeniería o los sistemas que construimos.

A diferencia de otras disciplinas, la ingeniería del software no está basada en leyes cuantitativas básicas de la Física. Las medidas absolutas, tales como el voltaje, la masa, la velocidad o la temperatura no son comunes en el mundo del software. En su lugar, intentamos obtener un conjunto de medidas indirectas que dan lugar a métricas que proporcionan una indicación de la calidad de algún tipo de representación del software. Como las medidas y métricas del software no son absolutas, están abiertas a debate. Fenton [FEN91] trata este aspecto cuando dice:

> La medición es el proceso por el que se asignan números o símbolos a los atributos de las entidades en el mundo real, de tal manera que las definan de acuerdo con unas reglas claramente definidas....
>
> En las ciencias físicas, medicina y, más recientemente, en las ciencias sociales, somos ahora capaces de medir atributos que previamente pensábamos que no eran medibles.... Por supuesto, tales mediciones no están tan refinadas como las de las ciencias físicas..., pero existen [y se toman importantes decisiones basadas en ellas]. Sentimos que la obligación de intentar «medir lo no medible» para mejorar nuestra comprensión de entidades particulares es tan poderosa en la ingeniería del software como en cualquier disciplina.

Pero algunos miembros de la comunidad del software continúan argumentando que el software no es medible o que se deberían posponer los intentos de medición hasta que comprendamos mejor el software y los atributos que habría que emplear para describirlo. Esto es un error.

Aunque las métricas técnicas para el software de computadora no son absolutas, nos proporcionan una manera sistemática de valorar la calidad basándose en un conjunto de «reglas claramente definidas». También le proporcionan al ingeniero del software una visión interna en el acto en vez de a posteriori. Esto permite al ingeniero descubrir y corregir problemas potenciales antes de que se conviertan en defectos catastróficos.

En el Capítulo 4 estudiábamos las métricas del software tal y como se aplican a nivel de proceso y de proyecto. En este capítulo, nuestro punto de atención se desplaza a las medidas que se pueden emplear para valorar la calidad del producto según se va desarrollando. Estas medidas de atributos internos del producto le proporcionan al desarrollador de software una indicación en tiempo real de la eficacia del análisis, del diseño y de la estructura del código, la efectividad de los casos de prueba, y la calidad global del software a construir.

18.1. CALIDAD DEL SOFTWARE

Incluso los desarrolladores del software más hastiados estarán de acuerdo en que un software de alta calidad es una de las metas más importantes. Pero, ¿cómo definimos la calidad? Un bromista dijo una vez: «Todos los programas hacen algo bien, sólo que puede que no sea exactamente lo que nosotros queremos que hagan».

En el Capítulo 8 propusimos diferentes maneras de interpretar la calidad del software e introdujimos una definición que hacía hincapié en la concordancia con los requisitos funcionales y de rendimiento explícitamente establecidos, los estándares de desarrollo explícitamente documentados y las características implícitas que se esperan de todo software desarrollado profesionalmente.

No cabe duda de que la definición anterior podría modificarse o ampliarse y discutirse eternamente. Para los propósitos de este libro, la definición sirve para hacer énfasis en tres puntos importantes:

1. Los requisitos del software son la base de las medidas de la calidad. La falta de concordancia con los requisitos es una falta de calidad[1].
2. Unos estándares específicos definen un conjunto de criterios de desarrollo que guían la manera en que se hace la ingeniería del software. Si no se siguen los criterios, habrá seguramente poca calidad.
3. Existe un conjunto de requisitos implícitos que ha menudo no se nombran (por ejemplo, facilidad de mantenimiento). Si el software cumple con sus requisitos explícitos pero falla en los implícitos, la calidad del software no será fiable.

La calidad del software es una compleja mezcla de factores que variarán a través de diferentes aplicaciones y según los clientes que las pidan. En las siguientes secciones, se identifican los factores de la calidad del software y se describen las actividades humanas necesarias para conseguirlos.

18.1.1. Factores de Calidad de McCall

Los factores que afectan a la calidad del software se pueden categorizar en dos amplios grupos: (1) factores que se pueden medir directamente (p. ej.: defectos por punto de función) y (2) factores que se pueden medir sólo indirectamente (p. ej.: facilidad de uso o de mantenimiento). En todos los casos debe aparecer la *medición*. Debemos comparar el software (documentos, programas, datos) con un dato y llegar a una conclusión sobre la calidad.

McCall y sus colegas [MCC77] propusieron una útil categorización de factores que afectan a la calidad del software. Estos *factores de calidad del software*, mostrados en la Figura 18.1, se concentran en tres aspectos importantes de un producto software: sus características operativas, su capacidad de cambios y su adaptabilidad a nuevos entornos.

Refiriéndose a los factores anotados en la Figura 18.1, McCall proporciona las siguientes descripciones:

[1] Es importante resaltar que la calidad se extiende a los atributos técnicos de los modelos de análisis, de diseño y de codificación. Los modelos que presentan una alta calidad (en el sentido técnico) darán lugar a un software de una alta calidad desde el punto de vista del cliente.

FIGURA 18.1

Factores de calidad de software de McCall

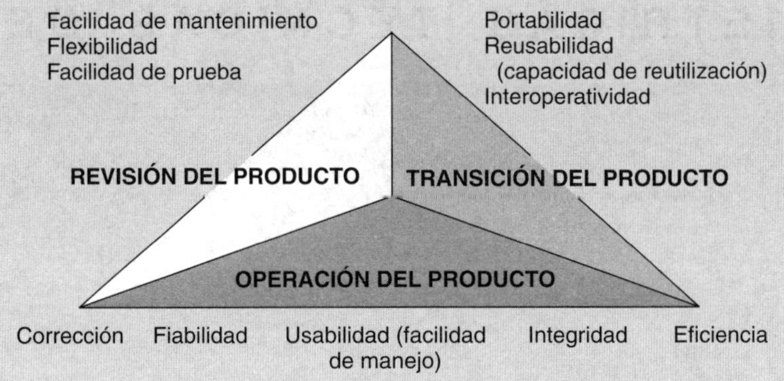

Corrección. Hasta dónde satisface un programa su especificación y logra los objetivos de la misión del cliente.
Fiabilidad. Hasta dónde se puede esperar que un programa lleve a cabo su función pretendida con la exactitud requerida. Hay que hacer notar que se han propuesto otras definiciones de fiabilidad más completas (vea el Capitulo 8).
Eficiencia. La cantidad de recursos informáticos y código necesaria para que un programa realice su función.
Integridad. Hasta dónde se puede controlar el acceso al software o a los datos por personas no autorizadas.
Usabilidad (facilidad de manejo). El esfuerzo necesario para aprender, operar, preparar los datos de entrada e interpretar las salidas (resultados) de un programa.
Facilidad de mantenimiento. El esfuerzo necesario para localizar y arreglar un error en un programa. (Ésta es una definición muy limitada.)
Flexibilidad. El esfuerzo necesario para modificar un programa operativo.
Facilidad de prueba. El esfuerzo necesario para probar un programa para asegurarse de que realiza su función pretendida.
Portabilidad. El esfuerzo necesario para transferir el programa de un entorno de sistema hardware y/o software a otro.
Reusabilidad (capacidad de reutilización). Hasta dónde se puede volver a emplear un programa [o partes de un programa] en otras aplicaciones, en relación al empaquetamiento y alcance de las funciones que realiza el programa.
Interoperatividad. El esfuerzo necesario para acoplar un sistema con otro.

Es difícil y en algunos casos imposible, desarrollar medidas directas de los factores de calidad anteriores. Por tanto, se definen y emplean un conjunto de métricas para desarrollar expresiones para todos los factores de acuerdo con la siguiente relación:

$$F_q = c_1 \times m_1 + c_2 \times m_2 + \ldots + c_n \times m_n$$

donde F_q es un factor de calidad del software, c_n son coeficientes de regresión y m_n son las métricas que afectan al factor de calidad. Desgraciadamente, muchas de las métricas definidas por McCall pueden medirse solamente de manera subjetiva. Las métricas pueden ir en forma de lista de comprobación que se emplea para «puntuar» atributos específicos del software [CAV78]. El esquema de puntuación propuesto por McCall es una escala del 0 (bajo) al 10 (alto). Se emplean las siguientes métricas en el esquema de puntuación:

Facilidad de auditoría. La facilidad con la que se puede comprobar el cumplimiento de los estándares.
Exactitud. La exactitud de los cálculos y del control.
Estandarización de comunicaciones. El grado de empleo de estándares de interfaces, protocolos y anchos de banda.
Compleción. El grado con que se a logrado la implementación total de una función.
Concisión. Lo compacto que es el programa en términos de líneas de código.
Consistencia. El empleo de un diseño uniforme y de técnicas de documentación a lo largo del proyecto de desarrollo del software.
Estandarización de datos. El empleo de estructuras y tipos de datos estándares a lo largo del programa.
Tolerancia al error. El daño causado cuando un programa encuentra un error.
Eficiencia de ejecución. El rendimiento del funcionamiento de un programa.
Capacidad de expansión. El grado con que se pueden ampliar el diseño arquitectónico, de datos o procedimental.
Generalidad. La amplitud de aplicación potencial de los componentes del programa.
Independencia del hardware. El grado con que se desacopla el software del hardware donde opera.
Instrumentación. El grado con que el programa vigila su propio funcionamiento e identifica los errores que ocurren.
Modularidad. La independencia funcional (Capítulo 13) de componentes de programa.
Operatividad. La facilidad de operación de un programa.
Seguridad. La disponibilidad de mecanismos que controlan o protegen los programas y los datos.
Autodocumentación. El grado en que el código fuente proporciona documentación significativa.
Simplicidad. El grado de facilidad con que se puede entender un programa.
Independencia del sistema software. El grado de independencia del programa respecto a las características de lenguaje de programación no estándar, características del sistema operativo y otras restricciones del entorno.
Trazabilidad. La capacidad de seguir una representación del diseño o un componente real del programa hasta los requisitos.
Formación. El grado en que ayuda el software a manejar el sistema a los nuevos usuarios.

La relación entre los factores de calidad del software y las métricas de la lista anterior se muestra en la Figura 18.2. Debería decirse que el peso que se asigna a cada métrica depende de los productos y negocios locales.

18.1.2. FURPS*
(Funcionality, Usability, Reliability, Performance, Supportability)

Los factores de calidad descritos por McCall y sus colegas [MCC77] representan sólo una de las muchas listas de comprobación sugeridas para la calidad del software. Hewlett-Packard [GRA87] ha desarrollado un conjunto de factores de calidad del software al que se le ha dado el acrónimo de FURPS: funcionalidad, facilidad de empleo, fiabilidad, rendimiento y capacidad de soporte. Los factores de calidad FURPS provienen de trabajos anteriores, definiendo los siguientes atributos para cada uno de los cinco factores principales:

- *La funcionalidad* se valora evaluando el conjunto de características y capacidades del programa, la generalidad de las funciones entregadas y la seguridad del sistema global.
- La *facilidad de uso* se valora considerando factores humanos (Capítulo 14), la estética, consistencia y documentación general.
- La *fiabilidad* se evalúa midiendo la frecuencia y gravedad de los fallos, la exactitud de las salidas (resultados), el tiempo medio entre fallos (TMEF), la capacidad de recuperación de un fallo y la capacidad de predicción del programa.
- El *rendimiento* se mide por la velocidad de procesamiento, el tiempo de respuesta, consumo de recursos, rendimiento efectivo total y eficacia.

---

* Siglas originales utilizadas por Hewlet-Packard. *(N. del T.)*

FIGURA 18.2

Factores y métricas de calidad

Factor de calidad \ Métrica de la calidad del software	Corrección	Fiabilidad	Eficiencia	Integridad	Mantenimiento	Flexibilidad	Capacidad de pruebas	Portabilidad	Reusabilidad (capacidad de reutilización)	Interoperatividad	Usabilidad (facilidad de manejo)
Facilidad de auditoría				x			x				
Exactitud		x									
Estandarización de comunicaciones										x	
Compleción	x										
Complejidad		x				x	x				
Concisión			x		x	x					
Consistencia	x	x			x	x					
Estandarización de datos										x	
Tolerancia a errores		x									
Eficiencia de ejecución			x								
Capacidad de expansión						x					
Generalidad						x		x	x	x	
Independencia del hardware								x	x		
Instrumentación				x	x		x				
Modularidad		x			x	x	x	x	x	x	
Operatividad			x								x
Seguridad				x							
Autodocumentación					x	x	x	x	x		
Simplicidad		x			x	x	x				
Independencia del sistema								x	x		
Trazabilidad	x										
Facilidad de formación											x

(Adaptado de Arthur, L. A., Measuring Programmer Productivity and Software Quality, Wiley-Interscience, 1985.)

- La *capacidad de soporte* combina la capacidad de ampliar el programa (extensibilidad), adaptabilidad y servicios (estos tres atributos representan un término más común—mantenimiento), así como capacidad de hacer pruebas, compatibilidad, capacidad de configuración [la capacidad de organizar y controlar elementos de la configuración del software (Capítulo 9)], la facilidad de instalación de un sistema y la facilidad con que se pueden localizar los problemas.

Los factores de calidad FURPS y atributos descritos anteriormente pueden usarse para establecer métricas de la calidad para todas las actividades del proceso del software.

18.1.3. La transición a una visión cuantitativa

En las secciones precedentes se estudiaron un conjunto de factores cualitativos para la «medición» de la calidad del software. Intentamos desarrollar medidas exactas de la calidad del software frustradas a veces por la naturaleza subjetiva de la actividad. Cavano y McCall [CAV78] estudian esta situación:

> La determinación de la calidad es un factor clave en los acontecimientos diarios: concursos de cata de vinos, acontecimientos deportivos [por ejemplo, la gimnasia], concursos de talento, etc. En estas situaciones, la calidad se juzga de la manera más fundamental y directa: comparación de objetos unos al lado de los otros bajo condiciones idénticas y con conceptos predeterminados. El vino puede ser juzgado de acuerdo con su claridad, color, bouquet, sabor, etc. Sin embargo, este tipo de juicio es muy subjetivo; para que tenga algo de valor, debe hacerse por un experto.
>
> La subjetividad y la especialización también influyen en la determinación de la calidad del software. Para resolver este problema, se necesita una definición de calidad del software más exacta así como una manera de obtener medidas cuantitativas de la calidad del software para hacer un análisis objetivo.... Como no existe el conocimiento absoluto, no deberíamos esperar poder medir la calidad del software exactamente, ya que cada medición es parcialmente imperfecta. Jacob Bronkowski describió esta paradoja del conocimiento de la siguiente manera: «Año tras año ingeniamos instrumentos más exactos con los que observar la naturaleza con más exactitud. Y cuando miramos las observaciones estamos desconcertados de ver que todavía son confusas, y tenemos la sensación de que son tan inciertas como siempre».

En las siguientes secciones, examinamos un conjunto de métricas del software que pueden aplicarse a la valoración cuantitativa de la calidad del software. En todos los casos, las métricas representan medidas indirectas; es decir, realmente nunca medimos la *calidad* sino alguna manifestación de la calidad. El factor que lo complica es la relación exacta entre la variable que se mide y la calidad del software.

18.2. UNA ESTRUCTURA PARA LAS MÉTRICAS TÉCNICAS DEL SOFTWARE

Como dijimos en la introducción de este capítulo, la medición asigna números o símbolos a atributos de entidades en el mundo real. Para conseguirlo se necesita un modelo de medición que comprenda un conjunto consistente de reglas. Aunque la teoría de la medición (por ejemplo, [KYB84]) y su aplicación al software (por ejemplo, [DEM81], [BRI96]) son temas que están más allá del alcance de este libro, merece la pena establecer una estructura fundamental y un conjunto de principios básicos para la medición de métricas técnicas para el software.

18.2.1. El reto de las métricas técnicas

Durante las pasadas dos décadas, muchos investigadores han intentado desarrollar una sola métrica que proporcione una medida completa de la complejidad del software. Fenton [FEN94] caracteriza esta investigación como una búsqueda del «imposible santo grial». Aunque se han propuesto docenas de medidas de complejidad [ZUS90], cada una tiene un punto de vista diferente de lo que es la complejidad y qué atributos de un sistema llevan a la complejidad. Por analogía, considere una métrica para evaluar un coche atractivo. Algunos observadores podrían hacer énfasis en el diseño de la carrocería, otros podrían hacer hincapié en las características mecánicas, otros podrían valorar el precio, o el rendimiento, o la economía de consumo o la capacidad de reutilizarlo cuando se vaya a tirar. Como cualquiera de estas características puede competir con las otras, es difícil obtener un solo valor del «atractivo» del coche. Lo mismo ocurre con el software.

Pero existe la necesidad de medir y controlar la complejidad del software. Y si es difícil de obtener un solo valor de esta «métrica de calidad», si debería ser posible desarrollar medidas de diferentes atributos internos del programa (p. ej.: modularidad efectiva, independencia funcional y otros atributos tratados en el Capítulo 13).

Estas medidas y las métricas obtenidas de ellas pueden usarse como indicadores independientes de la calidad de los modelos de análisis y de diseño. Pero también surgen problemas aquí. Fenton [FEN94] lo advierte cuando dice:

> El peligro de intentar encontrar medidas que caractericen tantos atributos diferentes es que inevitablemente las medidas tienen que satisfacer objetivos incompatibles. Esto es contrario a la teoría de representación de la medición.

Aunque la declaración de Fenton es correcta, mucha gente argumenta que la medición técnica llevada a cabo durante las primeras fases del proceso del software les proporciona a los desarrolladores de software un consistente y objetivo mecanismo para valorar la calidad.

Conviene preguntarse, no obstante, qué validez tienen las métricas técnicas. Es decir, ¿cómo están de relacionadas las métricas técnicas con la fiabilidad y la calidad a largo plazo de un sistema basado en computadora? Fenton [FEN91] trata esta cuestión de la siguiente manera:

> A pesar de las intuitivas conexiones entre la estructura interna de los productos software [métricas técnicas] y su producto externo, y los atributos del proceso, ha habido, de hecho, muy pocos intentos científicos para establecer relaciones específicas. Hay varias razones para ello; la que se menciona más a menudo es la imposibilidad de llevar a cabo experimentos.

Todos los desafíos mencionados anteriormente son motivo de precaución, pero no es motivo de desprecio de las métricas técnicas[2]. La medición es esencial si se desea conseguir calidad.

18.2.2. Principios de medición

Antes de introducir una serie de métricas técnicas que (1) ayuden a la evaluación de los modelos de análisis y de diseño, (2) proporcionen una indicación de la complejidad de diseños procedimentales y código fuente, y (3) ayuden en el diseño de pruebas más efectivas, es importante entender los principios básicos de la medición. Roche [ROC94] sugiere un proceso de medición que se puede caracterizar por cinco actividades:

- *formulación*: la obtención de medidas y métricas del software apropiadas para la representación de software en cuestión
- *colección*: el mecanismo empleado para acumular datos necesarios para obtener las métricas formuladas
- *análisis*: el cálculo de las métricas y la aplicación de herramientas matemáticas

[2] Se ha producido una gran cantidad de literatura sobre las métricas del software (por ejemplo, vea [FEN94], [ROC94] para obtener unas extensas bibliografías) y es común la crítica de métricas específicas (incluyendo algunas de las presentadas en este capítulo). Sin embargo, muchas de las críticas se concentran en aspectos esotéricos y pierden el objetivo primario de la medición en el mundo real: ayudar al ingeniero a establecer una manera sistemática y objetiva de conseguir una visión interna de su trabajo y mejorar la calidad del producto como resultado.

- *interpretación*: la evaluación de los resultados de las métricas en un esfuerzo por conseguir una visión interna de la calidad de la representación
- *realimentación (feedback)*: recomendaciones obtenidas de la interpretación de métricas técnicas transmitidas al equipo software

Los principios que se pueden asociar con la formulación de las métricas técnicas son los siguientes [ROC94]:

- Los objetivos de la mediación deberían establecerse antes de empezar la recogida de datos.
- Todas las técnicas sobre métricas deberían definirse sin ambigüedades.
- Las métricas deberían obtenerse basándose en una teoría válida para el dominio de aplicación (por ejemplo, las métricas para el diseño han de dibujarse sobre conceptos y principios básicos de diseño y deberían intentar proporcionar una indicación de la presencia de un atributo que se considera beneficioso).
- Hay que hacer las métricas a medida para acomodar mejor productos y procesos específicos [BAS84].

Aunque la formulación es un punto de arranque crítico, la recogida y análisis son las actividades que dirigen el proceso de medición. Roche [ROC94] sugiere los siguientes principios para estas actividades:

- Siempre que sea posible, la recogida de datos y el análisis debe automatizarse.
- Se deberían aplicar técnicas estadísticas válidas para establecer las relaciones entre los atributos internos del producto y las características de la calidad externas (por ejemplo, ¿está correlacionado el nivel de complejidad arquitectónico con el número de defectos descubiertos en la producción?).
- Se deberían establecer unas directrices de interpretación y recomendaciones para todas las métricas.

Además de los principios apuntados anteriormente, el éxito de una actividad de métrica está ligada al soporte de gestión. Se deben considerar los fondos, la formación y la promoción si se quiere establecer y mantener un programa de medición técnica.

18.2.3. Características fundamentales de las métricas del software

Se han propuesto cientos de métricas para el software, pero no todas proporcionan un soporte práctico para el desarrollador de software. Algunas demandan mediciones que son demasiado complejas, otras son tan esotéricas que pocos profesionales tienen la esperanza de entenderlas, y otras violan las nociones básicas intuitivas de lo que realmente es el software de alta calidad.

Ejiogu [EJI91] define un conjunto de atributos que deberían acompañar a las métricas efectivas del software. La métrica obtenida y las medidas que conducen a ello deberían ser:

- *Simple y fácil de calcular*. Debería ser relativamente fácil aprender a obtener la métrica y su cálculo no debería demandar un esfuerzo o cantidad de tiempo inusuales.
- *Empírica e intuitivamente persuasiva*. La métrica debería satisfacer las nociones intuitivas del ingeniero sobre el atributo del producto en cuestión (p. ej.: una métrica que mide la cohesión de un módulo debería aumentar su valor a medida que crece el nivel de cohesión).
- *Consistente y objetiva*. La métrica debería siempre producir resultados sin ambigüedad. Un tercer equipo debería ser capaz de obtener el mismo valor de métrica usando la misma información del software.
- *Consistente en el empleo de unidades y tamaños*. El cálculo matemático de la métrica debería emplear medidas que no conduzcan a extrañas combinaciones de unidades. Por ejemplo, multiplicando el número de personas de un equipo por las variables del lenguaje de programación en el programa resulta una sospechosa mezcla de unidades que no son intuitivamente persuasivas.
- *Independiente del lenguaje de programación*. Las métricas deberían basarse en el modelo de análisis, modelo de diseño o en la propia estructura del programa. No deberían depender de los caprichos de la sintaxis o semántica del lenguaje de programación.
- *Un eficaz mecanismo para la realimentación de calidad*. La métrica debería proporcionar al desarrollador de software información que le lleve a un producto final de mayor calidad.

Aunque la mayoría de las métricas de software satisfacen las características anteriores, algunas de las métricas comúnmente empleadas dejan de cumplir una o dos. Un ejemplo es el punto de función (tratado en el Capítulo 4 y en este capítulo). Se puede argumentar [3] que el atributo *consistente y objetivo* falla porque un equipo ajeno independiente puede no ser capaz de obtener el mismo valor del punto de función que otro equipo que use la misma información del software. ¿Deberíamos entonces rechazar la medida PF? La respuesta es «¡por supuesto que no!». La PF proporciona una útil visión interna y por tanto proporciona un valor claro, incluso si no satisface un atributo perfectamente.

[3] Fíjese que se puede hacer un contra argumento igualmente vigoroso. Tal es la naturaleza de las métricas del software.

18.3. MÉTRICAS DEL MODELO DE ANÁLISIS

El trabajo técnico en la ingeniería del software empieza con la creación del modelo de análisis[4]. En esta fase se obtienen los requisitos y se establece el fundamento para el diseño. Por tanto, son deseables las métricas técnicas que proporcionan una visión interna a la calidad del modelo de análisis.

Aunque han aparecido en la literatura relativamente pocas métricas de análisis y especificación, es posible adaptar métricas obtenidas para la aplicación de un proyecto (Capítulo 4) para emplearlas en este contexto.

Esta métricas examinan el modelo de análisis con la intención de predecir el «tamaño» del sistema resultante. Es probable que el tamaño y la complejidad del diseño estén directamente relacionadas.

18.3.1. Métricas basadas en la función

La métrica de punto de función (PF) (Capítulo 4) se puede usar como medio para predecir el tamaño de un sistema que se va a obtener de un modelo de análisis. Para ilustrar el empleo de la métrica de PF en este contexto, consideramos una sencilla representación del modelo de análisis mostrada en la Figura 18.3. En la figura se representa un diagrama de flujo de datos (Capítulo 12) de una función del software HogarSeguro[5]. La función gestiona la interacción con el usuario, aceptando una contraseña de usuario para activar/desactivar el sistema y permitiendo consultas sobre el estado de las zonas de seguridad y varios sensores de seguridad. La función muestra una serie de mensajes de petición y envía señales apropiadas de control a varios componentes del sistema de seguridad.

El diagrama de flujo de datos se evalúa para determinar las medidas clave necesarias para el cálculo de la métrica de punto de función (Capítulo 4):

- número de entradas del usuario
- número de salidas del usuario
- número de consultas del usuario
- número de archivos
- número de interfaces externas

[4] El modelo de análisis comprende representaciones de datos, función y comportamiento. Para más información, vea los Capítulos 11 y 12.

[5] HogarSeguro es un sistema de seguridad para el hogar que se ha usado como aplicación de ejemplo en capítulos anteriores.

FIGURA 18.3

Parte del modelo de análisis de HogarSeguro

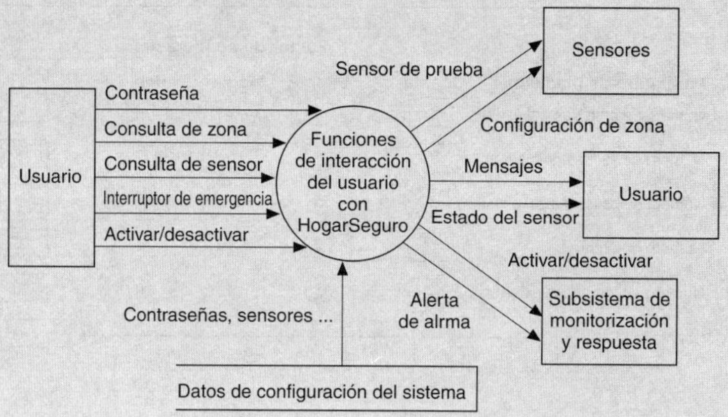

Tres entradas del usuario: **contraseña, interruptor de emergencia** y **activar/desactivar** aparecen en la figura junto con dos consultas: **consulta de zona** y **consulta de sensor**. Se muestra un archivo (**archivo de configuración del sistema**). También están presentes dos salidas de **usuarios (mensajes** y **estados del sensor**) y cuatro interfaces externas (**sensor de prueba, configuración de zona, activar/desactivar** y **alerta de alarma**). Estos datos, junto con la complejidad apropiada, se muestran en la Figura 18.3.

La *cuenta total* mostrada en la Figura 18.4 debe ajustarse usando la Ecuación 4.1:

$$PF = \text{cuenta-total} \times (0{,}65 + 0{,}01 \times \Sigma F_i)$$

Donde cuenta-total es la suma de todas las entradas PF obtenidas de la Figura 18.3 y F_i (i =1 a 14) son «los valores de ajuste de complejidad». Para el propósito de este ejemplo, asumimos que ΣF_i es 46 (un producto moderadamente complejo). Por tanto:

$$PF = 50 \times [0{,}65 + (0{,}01 \times 46)] = 56$$

Basándose en el valor previsto de PF obtenido del modelo de análisis, el equipo del proyecto puede estimar el tamaño global de implementación de las funciones de interacción de HogarSeguro. Asuma que los datos de los que se disponen indican que un PF supone 60 líneas de código (se va a usar un len-

FIGURA 18.4

Cálculo de puntos de función: función de interacción del usuario de HogarSeguro

Parámetro de medición	Cuenta		Factor de ponderación Simple	Media	Compleja		
Número de entradas del usuario	3	×	(3)	4	6	=	9
Número de salidas del usuario	2	×	(4)	5	7	=	8
Número de consultas del usuario	2	×	(3)	4	6	=	6
Número de archivos	1	×	(7)	10	15	=	7
Número de interfaces externas	4	×	(5)	7	10	=	20
Cuenta total							50

guaje orientado a objetos) y que en un esfuerzo de un mes-persona se producen 12 PF. Estos datos históricos proporcionan al gestor del proyecto una importante información de planificación basada en el modelo de análisis en lugar de en estimaciones preliminares.

18.3.2. La métrica *bang*

Al igual que la métrica de punto de función, la *métrica bang* puede emplearse para desarrollar una indicación del tamaño del software a implementar como consecuencia del modelo de análisis. Desarrollada por Tom DeMarco [DEM82], la métrica *bang* es «una indicación independiente de la implementación del tamaño del sistema». Para calcular la métrica *bang*, el desarrollador de software debe evaluar primero un conjunto de *primitivas* (elementos del modelo de análisis que no se subdividen más en el nivel de análisis). Las primitivas [DEM82] se determinan evaluando el modelo de análisis y desarrollando cuentas para los siguientes elementos[6]:

Primitivas funcionales (PFu). Transformaciones (burbujas) que aparecen en el nivel inferior de un diagrama de flujo de datos (Capítulo 12).

Elementos de datos (ED). Los atributos de un objeto de datos, los elementos de datos son datos no compuestos y aparecen en el diccionario de datos.

Objetos (OB). Objetos de datos tal y como se describen en el Capítulo 11.

Relaciones (RE). Las conexiones entre objetos de datos tal y como se describen en el Capítulo 12.

Estados (ES). El número de estados observables por el usuario en el diagrama de transición de estado (Capítulo 12).

Transiciones (TR). El número de transiciones de estado en el diagrama de transición de estado (Capítulo 12).

Además de las seis primitivas apuntadas arriba, se determinan las cuentas adicionales para:

Primitivas modificadas de función manual (PMFu). Funciones que caen fuera del límite del sistema y que deben modificarse para acomodarse al nuevo sistema.

Elementos de datos de entrada (EDE). Aquellos elementos de datos que se introducen en el sistema.

Elementos de datos de salida (EDS). Aquellos elementos de datos que se sacan del sistema.

Elementos de datos retenidos (EDR). Aquellos elementos de datos que son retenidos (almacenados) por el sistema.

Muestras *(tokens)* de datos (TC_i). Las muestras de datos (elementos de datos que no se subdividen dentro de una primitiva funcional) que existen en el límite de la *i*-ésima primitiva funcional (evaluada para cada primitiva).

Conexiones de relación (RE_i). Las relaciones que conectan el *i*-ésimo objeto en el modelo de datos con otros objetos.

DeMarco [DEM82] sugiere que la mayoría del software se puede asignar a uno de los dos dominios siguientes, *dominio de función o dominio de datos*, dependiendo de la relación RE/PFu. Las aplicaciones de dominio de función (encontradas comúnmente en aplicaciones de ingeniería y científicas) hacen hincapié en la transformación de datos y no poseen generalmente estructuras de datos complejas. Las aplicaciones de dominio de datos (encontradas comúnmente en aplicaciones de sistemas de información) tienden a tener modelos de datos complejos.

[6] El acrónimo apuntado en paréntesis a continuación de la primitiva se emplea para denotar la *cuenta* de la primitiva particular; por ejemplo, PFu indica el número de primitivas funcionales presente en un modelo de análisis.

RE/PFu < 0,7 implica una aplicación de dominio de función
0,8 < RE/PFu < 1,4 implica una aplicación híbrida
RE/PFu > 1,5 implica una aplicación de dominio de datos

Como diferentes modelos de análisis harán una partición del modelo con mayor o menor grado de refinamiento, DeMarco sugiere que se emplee una cuenta media de muestra *(token)* por primitiva

$$TC_{avg} = \Sigma TC_i/PFu$$

para controlar la uniformidad de la partición a través de muchos diferentes modelos dentro del dominio de una aplicación.

Para calcular la métrica *bang* para aplicaciones de dominio de función, se emplea el siguiente algoritmo:

```
Asignar a bang un valor inicial 0;
Hacer mientras queden primitivas funcionales por evaluar
  Calcular contador de muestra alrededor del límite de la
  primitiva i;
  Calcular el incremento PFu corregido(IPFuC);
  Asignar la primitiva a una clase;
  Evaluar la clase y anotar el peso valorado;
  Multplicar IpFuC por el peso valorado;
  bang = bang + ponderación IpFuC;
FinHacer
```

La cuenta-token se calcula determinando cuántos símbolos léxicos *(tokens)* diferentes son «visibles» [DEM82] dentro de la primitiva. Es posible que el número de símbolos léxicos *(tokens)* y el número de elementos de datos sea diferente, si los elementos de datos pueden moverse desde la entrada a la salida sin ninguna transformación interna. La IPFuC corregida se determina de una tabla publicada por DeMarco. A continuación se presenta una versión muy abreviada:

TC_i	IPFuC
2	1,0
5	5,8
10	16,6
15	29,3
20	43,2

La ponderación valorada apuntada en el algoritmo anterior se calcula de dieciséis clases diferentes de primitivas funcionales definidas por DeMarco. Se asigna una ponderación que va de 0,6 (encaminamiento simple de datos) a 2,5 (funciones de gestión de datos) dependiendo de la clase de la primitiva.

Para aplicaciones de dominio de datos, se calcula la métrica *bang* mediante el siguiente algoritmo:

```
Asignar a bang un valor inicial 0;
Hacer mientras queden objetos por evaluar en el modelo de datos;
  calcular la cuenta de relaciones del objeto i;
  calcular el incremento de OB corregido (IOBC);
  bang = bang + IOBC;
FinHacer
```

El IOBC corregido se determina también de una tabla publicada por DeMarco. A continuación se muestra una versión abreviada:

RE_i	IOBC
1	1,0
3	4,0
6	9,8

Una vez que se ha calculado la métrica *bang*, se puede emplear el historial anterior para asociarla con el esfuerzo y el tamaño. DeMarco sugiere que las organizaciones se construyan sus propias versiones de tablas IPFuC y IOBC para calibrar la información de proyectos completos de software.

18.3.3. Métricas de la calidad de especificación

Davis y sus colegas [DAV93] proponen una lista de características que pueden emplearse para valorar la calidad del modelo de análisis y la correspondiente especificación de requisitos: especificidad (ausencia de ambigüedad), compleción, corrección, comprensión, capacidad de verificación, consistencia interna y externa, capacidad de logro, concisión, trazabilidad, capacidad de modificación, exactitud y capacidad de reutilización. Además, los autores apuntan que las especificaciones de alta calidad deben estar almacenadas electrónicamente, ser ejecutables o al menos interpretables, anotadas por importancia y estabilidad relativas, con su versión correspondiente, organizadas, con referencias cruzadas y especificadas al nivel correcto de detalle.

Aunque muchas de las características anteriores parecen ser de naturaleza cualitativa, Davis [DAV93] sugiere que todas puedan representarse usando una o más métricas[7]. Por ejemplo, asumimos que hay n_r requisitos en una especificación, tal como

$$n_r = n_f + n_{nf}$$

[7] Un estudio completo de las métricas de calidad de especificación está más allá del alcance de este capítulo. Vea [DAV93] para más detalles.

donde n_f es el número de requisitos funcionales y n_{nf} es el número de requisitos no funcionales (por ejemplo, rendimiento).

Para determinar la *especificidad* (ausencia de ambigüedad) de los requisitos, Davis sugiere una métrica basada en la consistencia de la interpretación de los revisores para cada requisito:

$$Q_1 = n_{ui} / n_r$$

donde n_{ui} es el número de requisitos para los que todos los revisores tuvieron interpretaciones idénticas. Cuanto más cerca de 1 esté el valor de Q, menor será la ambigüedad de la especificación.

La *compleción* de los requisitos funcionales pueden determinarse calculando la relación

$$Q_2 = n_u / (n_i \times n_s)$$

donde n_u es el número de requisitos de función únicos, n_i es el número de entradas (estímulos) definidos o implicados por la especificación y n_s es el número de estados especificados. La relación Q_2 mide el porcentaje de funciones necesarias que se han especificado para un sistema. Sin embargo, no trata los requisitos no funcionales. Para incorporarlos a una métrica global completa, debemos considerar el grado de validación de los requisitos.

$$Q_3 = n_c / (n_c + n_{nv})$$

donde n_c es el número de requisitos que se han validado como correctos y n_{nv} el número de requisitos que no se han validado todavía.

18.4. MÉTRICAS DEL MODELO DE DISEÑO

Es inconcebible que el diseño de un nuevo avión, un nuevo chip de computadora o un nuevo edificio de oficinas se realizara sin definir las medidas del diseño, sin determinar las métricas para varios aspectos de la calidad del diseño y usarlas para guiar la evolución del diseño. Y sin embargo, el diseño de sistemas complejos basados en computadora a menudo consigue proseguir sin virtualmente ninguna medición. La ironía es que las métricas de diseño para el software están disponibles, pero la gran mayoría de los desarrolladores de software continúan sin saber que existen.

Las métricas de diseño para el software, como otras métricas del software, no son perfectas. Continúa el debate sobre su eficacia y cómo deberían aplicarse. Muchos expertos argumentan que se necesita más experimentación hasta que se puedan emplear las métricas de diseño. Y sin embargo, el diseño sin medición es una alternativa inaceptable.

En las siguientes secciones examinamos algunas de las métricas de diseño más comunes para el software de computadora. Aunque ninguna es perfecta, todas pueden proporcionar al diseñador una mejor visión interna y ayudar a que el diseño evolucione a un nivel superior de calidad.

18.4.1. Métricas de diseño de alto nivel

Las métricas de diseño de alto nivel se concentran en las características de la arquitectura del programa (Capítulo 14) con énfasis en la estructura arquitectónica y en la eficiencia de los módulos. Estas métricas son de caja negra en el sentido que no requieren ningún conocimiento del trabajo interno de un módulo en particular del sistema.

Card y Glass [CAR90] definen tres medidas de la complejidad del diseño del software: *complejidad estructural*, *complejidad de datos* y *complejidad del sistema*. La complejidad estructural, $S(i)$, de un módulo i se define de la siguientes manera:

$$S(i) = f^2_{out}(i) \qquad (18.1)$$

donde $f_{out}(i)$ es la expansión[8] del módulo i.

La complejidad de datos, $D(i)$, proporciona una indicación de la complejidad en la interfaz interna de un módulo i y se define como :

$$D(i) = v(i) / [\, f_{out}(i) + 1] \qquad (18.2)$$

donde $v(i)$ es el número de variables de entrada y salida que entran y salen del módulo i.

Finalmente, la complejidad del sistema, $C(i)$, se define como la suma de las complejidades estructural y de datos, y se define como:

$$C(i) = S(i) + D(i) \qquad (18.3)$$

A medida que crecen los valores de complejidad, la complejidad arquitectónica o global del sistema también aumenta. Esto lleva a una mayor probabilidad de que aumente el esfuerzo necesario para la integración y las pruebas.

Una métrica de diseño arquitectónico de alto nivel anterior propuesta por Henry y Kafura [HEN81] también emplea la expansión y la concentración. Los autores definen una métrica de complejidad de la forma:

$$\text{MHK} = \text{longitud } (i) \times [\, f_{in}(i) + f_{out}(i)]^2 \qquad (18.4)$$

[8] Como se dijo en el estudio introducido en el Capítulo 13, la *expansión* indica el número de módulos inmediatamente subordinados al módulo i, es decir, el número de módulos que son invocados directamente por el módulo i.

donde la longitud (i) es el número de sentencias en lenguaje de programación en el módulo (i) y f_{in} (i) es la concentración del módulo i. Henry y Kafura amplían la definición de concentración y expansión presentada en este libro para incluir no sólo el número de conexiones de control del módulo (llamadas al módulo), sino también el número de estructuras de datos del que el módulo i recoge (concentración) o actualiza (expansión) datos. Para calcular el MHK durante el diseño, puede emplearse el diseño procedimental para estimar el número de sentencias del lenguaje de programación del módulo i. Como en las métricas de Card y Glass mencionadas anteriormente, un aumento en la métrica de Henry-Kafura conduce a una mayor probabilidad de que también aumente el esfuerzo de integración y pruebas del módulo.

Fenton [FEN91] sugiere varias *métricas de morfología* simples (por ejemplo, forma) que permiten comparar diferentes arquitecturas de programa mediante un conjunto de dimensiones directas. En la Figura 18.5, se pueden definir las siguientes métricas:

$$\text{tamaño} = n + a$$

Donde n es número de nodos (módulos) y a es el número de arcos (líneas de control). Para la arquitectura mostrada en la Figura 18.5,

$$\text{tamaño} = 17 + 18 = 35$$

FIGURA 18.5

Métricas de morfología

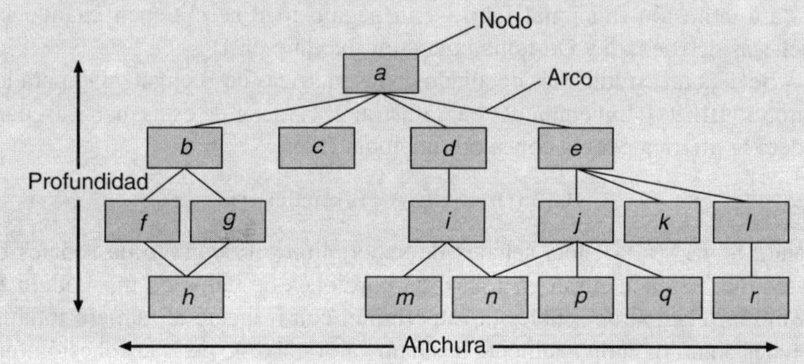

profundidad = el camino más largo desde el nodo raíz (parte más alta) a un nodo hoja. Para la arquitectura mostrada en la Figura 18.5, profundidad = 4.

anchura = máximo número de nodos de cualquier nivel de la arquitectura. Para la arquitectura mostrada en la Figura 18.5, anchura = 6.

$$\text{Relación arco-a-nodo, } r = a/n,$$

que mide la densidad de conectividad de la arquitectura y puede proporcionar una sencilla indicación del acoplamiento de la arquitectura. Para la arquitectura mostrada en la Figura 18.5, $r = 18/17 = 1{,}06$.

El Mando de sistemas de la Fuerza Aérea americana [USA87] ha desarrollado varios indicadores de calidad del software basados en características medibles del diseño de un programa de computadora. Empleando conceptos similares a los propuestos en IEEE Std. 982.1-1988 [IEEE94], la Fuerza Aérea utiliza información obtenida del diseño de datos y arquitectónico para obtener un *índice de calidad de la estructura del diseño* (ICED) que va desde 0 a 1.

Se deben comprobar los siguientes valores para calcular el ICED [CHA89]:

S_1 = el número total de módulos definidos en la arquitectura del programa

S_2 = el número de módulos que para funcionar correctamente dependen de la fuente de datos de entrada o producen datos que se van a emplear en algún otro lado [en general, los módulos de control (entre otros) no formarían parte de S_2]

S_3 = el número de módulos que para que funcionen correctamente dependen de procesos previos

S_4 = el número de elementos de base de datos (incluye todos los objetos de datos y todos los atributos que definen los objetos)

S_5 = el número total de elementos únicos de base de datos

S_6 = el número de segmentos de base de datos (registros diferentes u objetos individuales)

S_7 = el número de módulos con una salida y una entrada (el proceso de excepciones no se considera de salida múltiple)

Una vez que se han determinado los valores S_1 a S_7 para un programa de computadora, se pueden calcular los siguientes valores intermedios:

Estructura del programa: D_1, donde D_1 se define como sigue: si el diseño arquitectónico se desarrolló usando un método determinado (por ejemplo, diseño orientado a flujo de datos o diseño orientado a objetos), entonces $D_1 = 1$, de otra manera $D_1 = 0$.

Independencia del módulo: $D_2 = 1 - (S_2/S_1)$

Módulos no dependientes de procesos previos: $D_3 = 1 - (S_3/S_1)$

Tamaño de la base de datos: $D_4 = 1 - (S_5/S_4)$

Compartimentación de la base de datos: $D_5 = 1 - (S_6/ S_4)$

Característica de entrada/salida del módulo: $D_6 = 1 - (S_7/ S_1)$

Con estos valores intermedios calculados, el ICED se obtiene de la siguiente manera:

$$\text{ICED} = \Sigma w_i D_i \qquad (18.5)$$

donde $i = 1$ a 6, w_i es el peso relativo de la importancia de cada uno de los valores intermedios y $\Sigma w_i = 1$ (si todos los D_i tienen el mismo peso, entonces $w_i = 0{,}167$).

Se puede determinar y comparar el valor del ICED de diseños anteriores con un diseño actualmente en desarrollo. Si el ICED es significativamente inferior a la media, se aconseja seguir trabajando en el diseño y revisión. Igualmente, si hay que hacer grandes cambios a un diseño ya existente, se puede calcular el efecto de estos cambios en el ICED.

18.4.2. Métricas de diseño en los componentes

Las métricas de diseño a nivel de componentes se concentran en las características internas de los componentes del software e incluyen medidas de la cohesión, acoplamiento y complejidad del módulo. Estas tres medidas pueden ayudar al desarrollador de software a juzgar la calidad de un diseño a nivel de componentes.

Las métricas presentadas en esta sección son de «caja blanca» en el sentido de que requieren conocimiento del trabajo interno del módulo en cuestión. Las métricas de diseño en los componentes se pueden aplicar una vez que se ha desarrollado un diseño procedimental. También se pueden retrasar hasta tener disponible el código fuente.

Métricas de cohesión. Bieman y Ott [BIE94] definen una colección de métricas que proporcionan una indicación de la cohesión (Capítulo 13) de un módulo. Las métricas se definen con cinco conceptos y medidas:

Porción de datos. Dicho simplemente, una porción de datos es una marcha atrás a través de un módulo que busca valores de datos que afectan a la localización del módulo en el que empezó la marcha atrás. Debería resaltarse que se pueden definir tanto *porciones de programas* (que se centran en enunciados y condiciones) como porciones de datos.

Símbolos léxicos (tokens) de datos. Las variables definidas para un módulo pueden definirse como señales de datos para el módulo.

Señales de unión. El conjunto de señales de datos que se encuentran en uno o más porciones de datos.

Señales de superunión. Las señales de datos comunes a todas las porciones de datos de un módulo.

Pegajosidad. La pegajosidad relativa de una señal de unión es directamente proporcional al número de porciones de datos que liga.

Bieman y Ott desarrollan métricas para cohesiones funcionales fuertes (CFF), cohesiones funcionales débiles (CFD), y pegajosidad (el grado relativo con el que las señales de unión ligan juntas porciones de datos). Estas métricas se pueden interpretar de la siguiente manera [BIE94]:

> Todas estas métricas de cohesión tienen valores que van desde 0 a 1. Tienen un valor de 0 cuando un procedimiento tiene más de una salida y no muestra ningún atributo de cohesión indicado por una métrica particular. Un procedimiento sin señales de superunión, sin señales comunes a todas las porciones de datos, no tiene una cohesión funcional fuerte (no hay señales de datos que contribuyan a todas las salidas). Un procedimiento sin señales de unión, es decir, sin señales comunes a más de una porción de datos (en procedimientos con más de una porción de datos), no muestra una cohesión funcional débil y ninguna adhesividad (no hay señales de datos que contribuyan a más de una salida).

La cohesión funcional fuerte y la pegajosidad se obtienen cuando las métricas de Bieman y Ott toman un valor máximo de 1.

Se deja un estudio más detallado de las métricas de Bieman y Ott para los autores [BIE94]. Sin embargo, para ilustrar el carácter de estas métricas, considere la métrica para la cohesión funcional fuerte:

$$\text{CFF}(i) = \text{SU}(\text{SA}(i))/\text{señales}\ (i)$$

donde SU(SA(i)) denota señales de superunión (el conjunto de señales de datos que se encuentran en todas las porciones de datos de un módulo i). Como la relación de señales de superunión con respecto al número total de señales en un módulo i aumenta hasta un valor máximo de 1, la cohesión funcional del módulo también aumenta.

Métricas de acoplamiento. El acoplamiento de módulo proporciona una indicación de la «conectividad» de un módulo con otros módulos, datos globales y el entorno exterior. En el Capítulo 13, el acoplamiento se estudió en términos cualitativos.

Dhama [DHA95] ha propuesto una métrica para el acoplamiento del módulo que combina el acoplamiento de flujo de datos y de control, acoplamiento global y acoplamiento de entorno. Las medidas necesarias para calcular el acoplamiento de módulo se definen en términos de cada uno de los tres tipos de acoplamiento apuntados anteriormente.

Para el acoplamiento de flujo de datos y de control:

d_i = número de parámetros de datos de entrada
c_i = número de parámetros de control de entrada
d_o = número de parámetros de datos de salida
c_o = número de parámetros de control de salida

Para el acoplamiento global:

g_d = número de variables globales usadas como datos
g_c = número de variables globales usadas como control

Para el acoplamiento de entorno:

w = número de módulos llamados (expansión)
r = número de módulos que llaman al módulo en cuestión (concentración)

Usando estas medidas, se define un indicador de acoplamiento de módulo, m_c, de la siguiente manera:

$$m_c = k/M$$

donde $k = 1$ es una constante de proporcionalidad[9].

$$M = d_i + a \cdot c_i + d_o + b \cdot c_o + g_d + c \cdot g_c + w + r$$

donde

$$a = b = c = 2.$$

[9] El autor [DHA95] advierte que los valores de k y a, b y c (tratados en la siguiente ecuación) pueden ajustarse a medida que se van verificando experimentalmente.

Cuanto mayor es el valor de m_c, menor es el acoplamiento de módulo. Por ejemplo, si un módulo tiene un solo parámetro de entrada y salida de datos, no accede a datos globales y es llamado por un solo módulo:

$$m_c = 1/(1 + 0 + 1 + 0 + 0 + 0 + 1 + 0) = 1/3 = 0{,}33$$

Deberíamos esperar que un módulo como éste presentara un acoplamiento bajo. De ahí que, un valor de $m_c = 0{,}33$ implica un acoplamiento bajo. Por el contrario, si un módulo tiene 5 parámetros de salida y 5 parámetros de entrada de datos, un número igual de parámetros de control, accede a 10 elementos de datos globales y tiene una concentración de 3 y una expansión de 4,

$$m_c = 1/(5 + 2 \cdot 5 + 5 + 2 \cdot 5 + 10 + 0 + 3 + 4) = 0{,}02$$

el acoplamiento implicado es grande.

Para que aumente la métrica de acoplamiento a medida que aumenta el grado de acoplamiento, se puede definir una métrica de acoplamiento revisada como:

$$C = 1 - m_c$$

donde el grado de acoplamiento no aumenta linealmente entre un valor mínimo en el rango de 0,66 hasta un máximo que se aproxima a 1,0.

Métricas de complejidad. Se pueden calcular una variedad de métricas del software para determinar la complejidad del flujo de control del programa. Muchas de éstas se basan en una representación denominada grafo de flujo. Tal y como se dijo en el Capítulo 16, un grafo es una representación compuesta de nodos y enlaces (también denominados filos). Cuando se dirigen los enlaces (aristas), el grafo de flujo es un grafo dirigido.

McCabe [MCC94] identifica un número importante de usos para las métricas de complejidad:

> Las métricas de complejidad pueden emplearse para predecir la información crítica sobre la fiabilidad y mantenimiento de sistemas software de análisis automáticos de código fuente [o información de diseño procedimental]. Las métricas de complejidad también realimentan la información durante el proyecto de software para ayudar a controlar la [actividad de diseño]. Durante las pruebas y el mantenimiento, proporcionan una detallada información sobre los módulos software para ayudar a resaltar las áreas de inestabilidad potencial.

La métrica de complejidad más ampliamente usada (y debatida) para el software es la *complejidad ciclomática*, originalmente desarrollada por Thomas McCabe [MCC76, MCC89] y estudiado con detalle en la Sección 16.4 2.

La métrica de McCabe proporciona una medida cuantitativa para probar la dificultad y una indicación de la fiabilidad última. Estudios experimentales indican una fuerte correlación entre la métrica de McCabe y el número de errores que existen en el código fuente, así como el tiempo requerido para encontrar y corregir dichos errores.

McCabe también defiende que la complejidad ciclomática puede emplearse para proporcionar una indicación cuantitativa del tamaño máximo del módulo. Recogiendo datos de varios proyectos de programación reales, ha averiguado que una complejidad ciclomática de 10 parece ser el límite práctico superior para el tamaño de un módulo. Cuando la complejidad ciclomática de los módulos excedían ese valor, resultaba extremadamente difícil probar adecuadamente el módulo. Vea en el Capítulo 16 un estudio sobre la complejidad ciclomática como guía para el diseño de casos de prueba de caja blanca.

Zuse [ZUS90] presenta un tratado enciclopédico de no menos de 18 diferentes categorías de métricas de complejidad del software. El autor presenta las definiciones básicas de las métricas en cada categoría (p. ej.: hay un número de variaciones en la métrica de complejidad ciclomática) y después las analiza y critica. El trabajo de Zuse es el más completo publicado hasta hoy en día.

18.4.3. Métricas de diseño de interfaz

Aunque existe una significativa cantidad de literatura sobre el diseño de interfaces hombre-máquina (vea el Capítulo 14), se ha publicado relativamente poca información sobre métricas que proporcionen una visión interna de la calidad y facilidad de empleo de la interfaz.

Sears [SEA93] sugiere la *conveniencia de la representación* (CR) como una valiosa métrica de diseño para interfaces hombre-máquina. Una IGU (Interfaz Gráfica de Usuario) típica usa entidades de representación —iconos gráficos, texto, menús, ventanas y otras— para ayudar al usuario a completar tareas. Para realizar una tarea dada usando una IGU, el usuario debe moverse de una entidad de representación a otra. Las posiciones absolutas y relativas de cada entidad de representación, la frecuencia con que se utilizan y el «coste» de la transición de una entidad de representación a la siguiente contribuirán a la conveniencia de la interfaz.

Para una representación específica (p. ej.: un diseño de una IGU específica), se pueden asignar costes a cada secuencia de acciones de acuerdo con la siguiente relación:

$$\text{Costes} = \Sigma\ [\text{frecuencia de transición } (k) \times \text{costes de transición } (k)] \qquad (18.7)$$

donde k es la transición específica de una entidad de representación a la siguiente cuando se realiza una tarea específica. Esta suma se da con todas las transiciones de una tarea en particular o conjunto de tareas requeridas para conseguir alguna función de la aplicación. El coste puede estar caracterizado en términos de tiempo, retraso del proceso o cualquier otro valor razonable, tal como la distancia que debe moverse el ratón entre entidades de la representación.

La conveniencia de la representación se define como:

$$\text{CR} = 100 \times [(\text{coste de la representación óptima CR})/(\text{coste de la representación propuesta})] \qquad (18.8)$$

donde CR = para una representación óptima.

Para calcular la representación óptima de una IGU, la superficie de la interfaz (el área de la pantalla) se divide en una cuadrícula. Cada cuadro de la cuadrícula representa una posible posición de una entidad de la representación. Para una cuadrícula con N posibles posiciones y K diferentes entidades de representación para colocar, el número posible de distribuciones se representa de la siguiente manera [SEA93]:

$$\text{Número posible de distribuciones} = [N!/(K! \times (N-K)!] \times K! \qquad (18.9)$$

A medida que crece el número de posiciones de representación, el número de distribuciones posibles se hace muy grande. Para encontrar la representación óptima (menor coste), Sears [SEA93] propone un algoritmo de búsqueda en árbol.

La CR se emplea para valorar diferentes distribuciones propuestas de IGU y la sensibilidad de una representación en particular a los cambios en las descripciones de tareas (por ejemplo, cambios en la secuencia y/o frecuencia de transiciones). El diseñador de interfaces puede emplear el cambio en la conveniencia de la representación, ΔCR, como guía en la elección de la mejor representación de IGU para una aplicación en particular.

Es importante apuntar que la selección de un diseño de IGU puede guiarse con métricas tales como CR, pero el árbitro final debería ser la respuesta del usuario basada en prototipos de IGU. Nielsen y Levy [NIE94] informan que «Existe una gran posibilidad de éxito si se elige una interfaz basándose solamente en la opinión del usuario. El rendimiento medio de tareas de usuario y su satisfacción con la IGU están altamente relacionadas».

18.5. MÉTRICAS DEL CÓDIGO FUENTE

La teoría de Halstead de la *ciencia del software* [HAL77] es «probablemente la mejor conocida y más minuciosamente estudiada... medidas compuestas de la complejidad (software)» [CUR80]. La ciencia software propuso las primeras «leyes» analíticas para el software de computadora[10].

La ciencia del software asigna leyes cuantitativas al desarrollo del software de computadora. La teoría de Halstead se obtiene de un supuesto fundamental [HAL77]: «el cerebro humano sigue un conjunto de reglas más rígido (en el desarrollo de algoritmos) de lo que se imagina...». La ciencia del software usa un conjunto de medidas primitivas que pueden obtenerse una vez que se ha generado o estimado el código después de completar el diseño. Estas medidas se listan a continuación.

n_1: el número de operadores diferentes que aparecen en el programa
n_2: el número de operandos diferentes que aparecen en el programa
N_1: el número total de veces que aparece el operador
N_2: el número total de veces que aparece el operando

Para ilustrar cómo se obtienen estas medidas primitivas, consulte el sencillo programa SORT [FIT78] mostrado en la Figura 18.6.

Halstead usa las medidas primitivas para desarrollar expresiones para la *longitud* global del programa; *volumen* mínimo potencial para un algoritmo; el volumen real (número de bits requeridos para especificar un programa); el *nivel del programa* (una medida de la complejidad del software); *nivel del lenguaje* (una constante para un lenguaje dado); y otras características tales como esfuerzo de desarrollo, tiempo de desarrollo e incluso el número esperado de fallos en el software.

Halstead expone que la longitud N se puede estimar como:

$$N = n_1 \log_2 n_1 + n_2 \log_2 n_2 \qquad (18.10)$$

y el volumen de programa se puede definir como:

$$V = N \log_2 (n_1 + n_2) \qquad (18.11)$$

Se debería tener en cuenta que V variará con el lenguaje de programación y representa el volumen de información (en bits) necesarios para especificar un programa. Para el módulo SORT mostrado en la Figura 18.6 se muestra [FIT78] que el volumen para la versión FORTRAN es de 204. El volumen para un lenguaje ensamblador equivalente sería de 328. Como sospechamos, requiere más esfuerzo especificar un programa en lenguaje ensamblador.

[10] Se debería resaltar que las «leyes» de Halstead han generado una substancial controversia y que no todo el mundo está de acuerdo con que la teoría subyacente sea correcta. Sin embargo, se han realizado verificaciones experimentales de las averiguaciones de Halstead para varios lenguajes de programación (p. ej.: [FEL89]).

FIGURA 18.6

Operadores y operandos de un programa sencillo (Fuente: A. Fitzsimmons y T. Love, «A review and Evaluation of Software Science», ACM Computing Surveys, vol. 10, n.º 1, marzo 1978. Copyright 1978, Association of Computing Machinery, Inc. Reproducido con permiso.)

Programa de ordenación por intercambio

```
      SUBROUTINE SORT (X,N)
      DIMENSION X(N)
      IF (N.LT.2) RETURN
      DO 20 I = 2,N
         DO 10 J = 1,I
         IF (X(I).GE.X(J)) GO TO 10
            SAVE = X(I)
            X(I) = X(J)
            X(J) = SAVE
   10 CONTINUE
   20 CONTINUE
      RETURN
      END
```

Operadores del programa de ordenación por intercambio

	Operador	Cuenta
	1 End of statement	7
	2 Array subscript	6
	3 =	5
	4 IF ( )	2
	5 DO	2
	6 ,	2
	7 End of program	1
	8 .L.T.	1
	9 .G.E.	1
n_1 =	10 GO TO 10	1
		$28 = N_1$

Operandos del programa de ordenación por intercambio

	Operando	Cuenta
	1 X	6
	2 I	5
	3 J	4
	4 N	2
	5 2	2
	6 SAVE	2
n_2 =	7 1	1
		$22 = N_2$

Teóricamente, debe existir un volumen mínimo para un algoritmo. Halstead define una relación de volumen L como la relación de volumen de la forma más compacta de un programa con respecto al volumen real del programa. Por tanto, L debe ser siempre menor de uno. En términos de medidas primitivas, la relación de volumen se puede expresar como

$$L = 2/n_1 \times n_2/N_2 \qquad (18.12)$$

Halstead propuso que todos los lenguajes pueden categorizarse por nivel de lenguaje, l, que variará según los lenguajes. Halstead creó una teoría que suponía que el nivel de lenguaje fuera constante para un lenguaje dado, pero otro trabajo [ZEL81] indica que el nivel de lenguaje es función tanto del lenguaje como del programador.

Los siguientes valores de nivel de lenguaje se han obtenido empíricamente:

Lenguaje	**Media/l**
Inglés prosaico	2,16
PL/1	1,53
ALGOL/68	2,12
FORTRAN	1,14
Ensamblador	0,88

Parece que el nivel de lenguaje implica un nivel de abstracción en la especificación procedimental. Los lenguajes de alto nivel permiten la especificación del código a un nivel más alto de abstracción que el lenguaje ensamblador (orientado a máquina).

El trabajo de Halstead se presta a la verificación experimental y de echo se ha desarrollado una gran labor de investigación en la ciencia software. Un estudio de este trabajo estaría más allá del alcance de este libro, pero puede decirse que se ha llegado a un buen acuerdo entre lo previsto analíticamente y los resultados experimentales. Para más información, vea [ZUS90] y [FEN91].

18.6. MÉTRICAS PARA PRUEBAS

Aunque se ha escrito mucho sobre métricas del software para pruebas (por ejemplo, [HET93]), la mayoría de las métricas propuestas se concentran en el proceso de prueba, no en las características técnicas de las pruebas mismas. En general, los responsables de las pruebas deben fiarse en las métricas de análisis, diseño y código para que les guíen en el diseño y ejecución de los casos de prueba.

Las métricas basadas en la función (Sección 18.3.1) pueden emplearse para predecir el esfuerzo global de las pruebas. Se pueden juntar y correlacionar varias características a nivel de proyecto (p. ej.: esfuerzo y tiempo para las pruebas, errores descubiertos, número de casos de prueba producidos) de proyectos anteriores con el número de PF producidos por un equipo del proyecto. El equipo puede después predecir los valores «esperados» de estas características del proyecto actual.

La métrica bang puede proporcionar una indicación del número de casos de prueba necesarios para examinar las medidas primitivas tratadas en la Sección 18.3.2. El número de primitivas funcionales (PFu), elementos de datos (ED), objetos (OB), relaciones (RE), estados (ES) y transiciones (TR) pueden emplearse para predecir el número y tipos de pruebas de la caja negra y blanca del software. Por ejemplo, el número de pruebas asociadas con la interfaz hombre-máquina se puede estimar examinando (1) el número de transiciones (TR) contenidas en la representación estado-transición del IHM y evaluando las pruebas requeridas para ejecutar cada transición, (2) el número de objetos de datos (OB) que se mueven a través de la interfaz y (3) el número de elementos de datos que se introducen o salen.

Las métricas de diseño de alto nivel proporcionan información sobre la facilidad o dificultad asociada con la prueba de integración (Capítulo 17) y la necesidad de software especializado de prueba (p. ej.: matrices y controladores). La complejidad ciclomática (una métrica de diseño de componentes) se encuentra en el núcleo de las pruebas de caminos básicos, un método de diseño de casos de prueba presentado en el Capítulo 16. Además, la complejidad ciclomática puede usarse para elegir módulos como candidatos para pruebas más profundas (Capítulo 17). Los módulos con gran complejidad ciclomática tienen más probabilidad de tendencia a errores que los módulos con menor complejidad ciclomática.

Por esta razón, el analista debería invertir un esfuerzo extra para descubrir errores en el módulo antes de integrarlo en un sistema. El esfuerzo de las pruebas también se puede estimar usando métricas obtenidas de medidas de Halstead (Sección 18.5). Usando la definición del volumen de un programa, V, y nivel de programa, NP, el esfuerzo de la ciencia del software, puede calcularse como:

$$NP = 1/\,[(n_1/2) \times (N_2/n_2)] \qquad (18.13a)$$

$$e = V/NP \qquad (18.13b)$$

El porcentaje del esfuerzo global de pruebas a asignar a un módulo k se puede estimar usando la siguiente relación:

$$\text{porcentaje de esfuerzo de pruebas } (k) = e(k)/\Sigma\, e(i) \qquad (18.14)$$

donde $e(k)$ se calcula para el módulo k usando las ecuaciones (18.13) y la suma en el denominador de la ecuación (18.14) es la suma del esfuerzo de la ciencia del software a lo largo de todos los módulos del sistema.

A medida que se van haciendo las pruebas, tres medidas diferentes proporcionan una indicación de la compleción de las pruebas. Una medida de la *amplitud de las pruebas* proporciona una indicación de cuantos requisitos (del número total de ellos) se han probado. Esto proporciona una indicación de la compleción del plan de pruebas. La *profundidad de las pruebas* es una medida del porcentaje de los caminos básicos independientes probados en relación al número total de estos caminos en el programa. Se puede calcular una estimación razonablemente exacta del número de caminos básicos sumando la complejidad ciclomática de todos los módulos del programa. Finalmente, a medida que se van haciendo las pruebas y se recogen los datos de los errores, se pueden emplear los *perfiles de fallos* para dar prioridad y categorizar los errores descubiertos. La prioridad indica la severidad del problema. Las categorías de los fallos proporcionan una descripción de un error, de manera que se puedan llevar a cabo análisis estadísticos de errores.

18.7. MÉTRICAS DEL MANTENIMIENTO

Todas las métricas del software presentadas en este capítulo pueden usarse para el desarrollo de nuevo software y para el mantenimiento del existente. Sin embargo, se han propuesto métricas diseñadas explícitamente para actividades de mantenimiento.

El estándar IEEE 982.1-1988 [IEE94] sugiere un *índice de madurez del software* (IMS) que proporciona una indicación de la estabilidad de un producto software (basada en los cambios que ocurren con cada versión del producto). Se determina la siguiente información:

M_T = número de módulos en la versión actual
F_c = número de módulos en la versión actual que se han cambiado
F_a = número de módulos en la versión actual que se han añadido
F_d = número de módulos de la versión anterior que se han borrado en la versión actual

El índice de madurez del software se calcula de la siguiente manera:

$$\text{IMS} = [M_T - (F_a + F_c + F_d)]/M_T \qquad (18.15)$$

A medida que el IMS se aproxima a 1,0 el producto se empieza a estabilizar. El IMS puede emplearse también como métrica para la planificación de las actividades de mantenimiento del software. El tiempo medio para producir una versión de un producto software puede correlacionarse con el IMS desarrollándose modelos empíricos para el mantenimiento.

18.8. RESUMEN

Las métricas del software proporcionan una manera cuantitativa de valorar la calidad de los atributos internos del producto, permitiendo por tanto al ingeniero valorar la calidad antes de construir el producto. Las métricas proporcionan la visión interna necesaria para crear modelos efectivos de análisis y de diseño, un código sólido y pruebas minuciosas.

Para que sea útil en el contexto del mundo real, una métrica del software debe ser simple y calculable, persuasiva, consistente y objetiva. Debería ser independiente del lenguaje de programación y proporcionar un *feedback* (información de los resultados) eficaz para el desarrollador de software.

Las métricas del modelo de análisis se concentran en la función , los datos y el comportamiento (los tres componentes del modelo de análisis). El punto de función y la métrica *bang* proporcionan medidas cuantitativas para evaluar el modelo de análisis. Las métricas del diseño consideran aspectos de alto nivel, del nivel de componentes y de diseño de interfaz. Las métricas de diseño de alto nivel consideran los aspectos arquitectónicos y estructurales del modelo de diseño. Las métricas de diseño de nivel de componentes proporcionan una indicación de la calidad del módulo estableciendo medidas indirectas de la cohesión, acoplamiento y complejidad. Las métricas de diseño de interfaz proporcionan una indicación de la conveniencia de la representación de una IGU.

La ciencia del software proporciona un intrigante conjunto de métricas a nivel de código fuente. Usando el número de operadores y operandos presentes en el código, la ciencia del software proporciona una variedad de métricas que pueden usarse para valorar la calidad del programa.

Se han propuesto pocas métricas técnicas para un empleo directo en las pruebas y mantenimiento del software. Sin embargo, se pueden emplear muchas otras métricas técnicas para guiar el proceso de las pruebas y como mecanismo para valorar la facilidad de mantenimiento de un programa de computadora.

REFERENCIAS

[BAS84] BASILI, V. R. y D. M. WEISS, «A Metjodology for Collecting Valid Software Engineering Data», *IEEE Trans. Software Engineering*, vol. SE-10, 1984, págs. 728-738.

[BIE94] BIEMAN, J. M. y L. M. OTT, «Measuring Functional Cohesion», *IEEE Trans. Software Engineering*, vol. 20, N.° 8, agosto 1994, págs. 308-320.

[BRI96] BRIAND, L.C., S. MORASCA y V. R. BASILI, «Property-Based Software Engineering Measurement», *IEEE Trans. Software Engineering*, vol. 22, n.° 1, enero 1996, págs. 68-85.

[CAR90] CARD, D. N. y R. L. GLASS, *Measuring Software Design Quality*, Prentice-Hall, 1990.

[CAV78] CAVANO, J. P. y J. A. MCCALL, «Aframework for Measurement of Software Quality», Proc. *ACM Software Quality Assurance Workshop*, noviembre 1978, págs. 133-139.

[CHA89] CHARETTE, R. N., *Software Engineering Risk Analysis and Management*, McGraw-Hill/Intertext, 1989.

[CUR80] CURTIS, W., «Management and Experimentation in Software Engineering», *Proc. IEEE*, vol. 68, n.° 9, septiembre 1980.

[DAV93] DAVIS, A. *et al.*, «Identifying and Measuring Quality in a Software Requirements Specification, *Proc. Primer simposium internacional de métrica software*, IEEE, Baltimore, MD, mayo 1993, págs. 141-152.

[DEM81] DEMILLO, R. A. y R. J. Lipton, «Software Project Forecasting», en *Software Metrics*, A. J. Perlis, F. G. Sayward y M. Shaw (eds.), MIT Press, 1981, págs. 77-89.

[DEM82] DEMARCO, T., *Controlling Software Projects*, Yourdon Press, 1982.

[DHA95] DHAMA, H., «Quantitative Models of Cohesión and Coupling in Software», *Journal of Systems and Software*, vol. 29, n.° 4, abril 1995.

[EJI95] EJIOGU, L., *Software Engineering with Formal Métrics*, QED Publishing, 1991.

[FEL89] FELICAN, L. y G. ZALATEU, «Validating Halstead's theory for Pascal Programs», *IEEE Trans. Software Engineering*, vol. 15, n.° 2, diciembre 1989, págs. 1.630-1.632.

[FEN91] FENTON, N. *Software Metrics*, Chapman & Hall, 1991.

[FEN94] FENTON N., «Software Measurement: A Necessary Scientific Basis», *IEEE Trans. Software Engineering*, vol. 20, n.° 3, marzo 1994, págs. 199-206.

[FIT78] FITZSIMMONS, A. y T. LOVE, «A Review and Evaluation of Software Science», *ACM Computing Surveys*, vol 10, n.° 1, marzo 1978, págs. 3-18.

[GRA87] GRADY, R. B. y D. L. CASWELL, *Software Metrics: Establishing a Company-Wide Program*, Prentice-Hall 1987.

[HAL77] HALSTEAD, M., *Elements of Software Science*, North Holland, 1977.

[HEN81] HENRY S., y D. KAFURA, «Software Structure Metrics Based on Information Flow», *IEEE Trans. Software Engineering*, vol. SE-7, n.° 5, septiembre de 1981, págs. 510-518.

[HET93] HETZEL, B., *Making Software Measurement Work*, QED Publishing, 1993.

[IEE94] *IEEE Software Engineering Standards*, edición de 1994, IEEE, 1994.

[KYB84] KYBURG, H. E., *Theory and Measurement*, Cambridge University Press, 1984.

[MCC76] MCCABE, T. J., «A Software Complexity Measure», *IEEETrans. Software Engineering*, vol. 2, diciembre 1976, págs. 308-320.

[MCC77] MCCALL, J., P. RICHARDS y G. WALTERS, «Factors in Software Quality», tres volúmenes, NTIS AD-A049-014, 015, 055, noviembre 1977.

[MCCC89] MCCABE, T. J. y C. W. BUTLER, «Design Complexity Measurement and Testing», *CACM*, vol. 32, n.° 12, diciembre 1989, págs. 1415-1425.

[MCC94] MCCABE T.J., y A.H. Watson, «Software Complexity», *Crosstalk*, vol. 7, N.º 12, diciembre 1994, págs. 5-9.

[NIE94] NIELSEN, J. y J. Levy, «Measurement Usability: Prefernces vs. Performance», *CACM*, vol. 37, n.° 4, abril 1994, págs. 65-75.

[ROC94] ROCHE, J. M., «Software Metrics and Measurement Principles», *Software Engineering Notes*, ACM, vol. 19, n.° 1, enero 1994, págs. 76-85.

[SEA93] SEARS, A., «Layout Appropriateness: A Metric for Evaluating User Interface Widget Layout», *IEEE Trans. Software Engineering*, vol.19, N.º 7, julio 1993, págs. 707-719.

[USA87] *Management Quality Insight*, AFCSP 800-14 (U.S. Air Force), enero 20, 1987.

[ZEL81] ZELKOWITZ, M., private communication, 1981.

[ZUS90] ZUSE, H., *Software Complexity: Measures and Methods*, DeGruyter, Nueva York, 1990.

PROBLEMAS Y PUNTOS A CONSIDERAR

18.1. La teoría de la medición es un tema avanzado que tiene una gran influencia en las métricas del software. Mediante [FEN91], [ZUS90] y [KYB84] u otras fuentes, escriba una pequeña redacción que recoja los principales principios de la teoría de la medición. Proyecto individual: Prepare una conferencia sobre el tema y expóngala en clase.

18.2. Los factores de calidad de McCall se desarrollaron durante los años 70. Casi todos los aspectos de la informática han cambiado dramáticamente desde que se desarrollaron, y sin embargo, los factores de McCall todavía se aplican en el software moderno. ¿Puede sacar alguna conclusión basada en este hecho?

18.3. ¿Por qué no se puede desarrollar una única métrica que lo abarque todo para la complejidad o calidad de un programa?

18.4. Revise el modelo de análisis que desarrolló como parte del Problema 12.13. Mediante las directrices de la Sección 18.3.1, desarrolle una estimación del número de puntos de función asociados con PHTRS.

18.5. Revise el modelo de análisis que desarrolló como parte del problema 12.13. Mediante las directrices de la Sección 18.3.2, desarrolle cuentas primitivas para la métrica *bang*. ¿El sistema PHTRS es de dominio de función o de datos?

18.6. Calcule el valor de la métrica bang usando las medidas que desarrolló en el Problema 18.5.

18.7. Cree un modelo de diseño completo para un sistema propuesto por su profesor. Calcule la complejidad estructural y de datos usando las métricas descritas en la Sección 18.4.1 Calcule también las métricas de Henry-Kafura y de morfología para el modelo de diseño.

18.8. Un sistema de información grande tiene 1.140 módulos. Hay 96 módulos que realizan funciones de control y coordinación, y 490 cuya función depende de un proceso anterior. El sistema procesa aproximadamente 220 objetos de datos con una media de tres atributos por objeto de datos. Hay 140 elementos de base de datos únicos y 90 segmentos de base de datos diferentes. 600 módulos tienen un solo punto de entrada y de salida. Calcule el ICDE del sistema.

18.9. Investigue el trabajo de Bieman y Ott [BIE94] y desarrolle un ejemplo completo que ilustre el cálculo de su métrica de cohesión. Asegúrese de indicar cómo se determinan las porciones de datos, señales de datos, y señales de unión y superunión.

18.10. Seleccione cinco módulos de un programa de computadora existente. Mediante la métrica de Dhama descrita en la Sección 18.4.2, calcule el valor de acoplamiento de cada módulo.

18.11. Desarrolle una herramienta de software que calcule la complejidad ciclomática de un módulo de lenguaje de programación. Elija el lenguaje.

18.12. Desarrolle una herramienta de software que calcule la conveniencia de la representación de una IGU. Esa herramienta debería permitirle asignar el coste de transición entre las entidades de la representación. [Nota: fíjese en que el tamaño potencial del número de las alternativas de representación crece mucho a medida que aumenta el número de posibles posiciones de cuadrícula.]

18.13. Desarrolle una pequeña herramienta de software que realice un análisis Halstead de un código fuente de un lenguaje de programación de su elección.

18.14. Haga una investigación y escriba un documento sobre la relación entre las métricas de calidad del software de Halstead y la de McCabe (con respecto a la cuenta de errores). ¿Son convincentes los datos? Recomiende unas directrices para la aplicación de estas métricas.

18.15. Investigue documentos recientes en busca de métricas específicamente diseñadas para el diseño de casos de prueba. Exponga los resultados en clase.

18.16. Un sistema heredado tiene 940 módulos. La última versión requiere el cambio de 90 de estos módulos. Además, se añaden 40 módulos nuevos y se quitaron 12 módulos antiguos. Calcule el índice de madurez del software del sistema.

OTRAS LECTURAS Y FUENTES DE INFORMACIÓN

Sorprendentemente hay un gran número de libros dedicados a las métricas del software, aunque la mayoría están enfocados a métricas de procesos y proyectos excluyendo las métricas técnicas. Los libros de CARD y GLASS [CAR90], ZUSE [ZUS90], FENTON [FEN91], EJIOGU [EJI91], MOELLER y PAULISH (*Software Metrics*, Chapman & Hall, 1993) y HETZEL [HRT93] tratan todos sobre las métricas técnicas con más o menos detalle. Además, merece la pena examinar los siguientes libros:

CONTE, S. D., H. E. DUNSMORE y V.Y. SHEN, *Software Engineering Metrics and Models,* Benjamin Cummings, 1984.

GRADY, R. B., *Practical Software Metrics for Project Management and Process Improvement*, Prentice-Hall, 1992.

GRADY, R. B. y D. L. CASWELL, *Practical Software Metrics for Project Management and Process Improvement*, Prentice-Hall, 1992.

PERLIS, A., F. SAYWARD y M. SHAW, *Software Metrics: An Analysis and Evaluation*, MIT Press, 1981

SHEPPARD, M., *Software Engineering Metrics*, McGraw-Hill, 1992.

La teoría de la medición del software la presentan DENVIR, HERMAN y WHITTY en una edición de una colección de documentos (*Proceedings of the International BCS-FACS Workshop: Formal Aspects of Measurement*, Springer-Verlag,1992). SHEPPERD (*Foundations of Software Measurement*, Prentice-Hall, 1996) también trata la teoría de la medición con detalle.

En [IEEE94] se presenta un completo resumen de docenas de útiles métricas del software. En general, se han centrado los estudios de todas las métricas en las «primitivas» (medidas) esenciales necesarias para calcular las métricas y las relaciones apropiadas para efectuar el cálculo. El apéndice proporciona un buen estudio y muchas referencias.

El Laboratorio de mediciones software de la universidad de Magdeburg ha reunido una extensa bibliografía sobre métricas software cubriendo temas como el proceso, proyecto y métricas de producto, pudiéndose encontrar en:

http://irb.cs.uni-magdeburg.de/se/metrics_eng.html

Varias compañías asesoras se han especializado en métricas del software. Sus páginas Web contienen información muy útil:

Software Productivity Research, Inc.	**http://www.spr.com/**
Quantitative Software Management, Inc.	**http://www.qsm.com/**

El Departamento de Defensa de los Estados Unidos y otras agencias gubernamentales tiene activos programas de métricas que se describen en los siguientes lugares:

http://www.army.mil/optec-pg/homepage.htm
http://vislab-www.nps.navy.mil/~sm/metrics.shtml

El Centro de Productividad del Software de Canadá también tiene un activo programa software que proporciona herramientas y manuales así como otras informaciones útiles en:

http://www.spc.ca/spc/metrovrv.htm

Tenemos disponible un conjunto de materiales educativos hechos a medida de las necesidades de la industria y de la enseñanza, denominado METKIT en:

http://www.sbu.ac.uk/~csse/metkit.html

El profesor HORST ZUSE ha recopilado una extensa base de datos de métricas técnicas con unas 500 entradas, también tiene escrita una historia *on-line* de las métricas del software con extensas referencias bibliográficas:

http://www.cs.tu-berlin.de/~zuse/3-hist.html

Se puede encontrar una lista actualizada de referencias en la World Wide Web sobre métricas técnicas en: **http://www.rspa.com**

PARTE IV

INGENIERÍA DEL SOFTWARE ORIENTADA A OBJETOS

En esta parte de *Ingeniería del software: Un Enfoque Práctico* consideramos los conceptos, métodos y medidas técnicas aplicables para el análisis, diseño y prueba del software orientado a objetos. En los capítulos que siguen responderemos las siguientes preguntas:

- ¿Cuáles son los principios y conceptos básicos aplicables al pensamiento orientado a objetos?
- ¿Cómo deben planificarse y dirigirse proyectos de software orientado a objetos?
- ¿Qué es el análisis orientado a objetos y cómo le permiten al ingeniero de software los distintos modelos, comprender las clases, sus relaciones y comportamientos?
- ¿Qué es un «caso de uso» y cómo puede aplicarse al análisis de los requisitos de un sistema?
- ¿Cómo varían los enfoques convencionales y orientados a objetos?
- ¿Cuáles son los componentes del modelo de diseño orientado a objetos?
- ¿Cómo se utilizan los «patrones» en la creación de un diseño orientado a objetos?
- ¿Cuáles son los conceptos y principios básicos aplicables a las pruebas de software orientado a objetos?
- ¿Cómo cambian las estrategias de prueba y los métodos de diseño de casos de prueba cuando se considera el software orientado a objetos?
- ¿Qué métricas técnicas están disponibles para evaluar la calidad del software orientado a objetos?

Una vez que se respondan estas preguntas, usted entenderá cómo analizar, diseñar, implementar y probar el software usando el paradigma de orientación a objetos.

CAPÍTULO 19

CONCEPTOS Y PRINCIPIOS ORIENTADOS A OBJETOS

Vivimos en un mundo de objetos. Estos objetos existen en la naturaleza, en entidades hechas por el hombre, en los negocios y en los productos que usamos. Ellos pueden ser clasificados, descritos, organizados, combinados, manipulados y creados. Por esto no es sorprendente que se proponga una visión orientada a objetos para la creación de sofware de computadora, una abstracción que modela el mundo de forma tal que nos ayuda a entenderlo y gobernarlo mejor.

Un enfoque orientado a objetos para el desarrollo de software se propuso por primera vez a finales de los años 60. Sin embargo, las tecnologías de objetos [1] han necesitado casi veinte años para llegar a ser ampliamente usadas. Durante la primera mitad de los años 90, la ingeniería del software orientada a objetos se convirtió en el paradigma de elección para muchos productores de software y un creciente número de sistemas de información y profesionales de la ingeniería. A medida que pase el tiempo las tecnologías de objetos sustituirán a los enfoques clásicos de desarrollo de software. Una pregunta importante es «¿Por qué?».

La respuesta (como muchas otras respuestas a interrogantes sobre ingeniería del software) no es sencilla. Algunas personas argumentarían que los profesionales del software sencillamente añoraban un nuevo enfoque, pero esta visión es muy simplista. Las tecnologías de objeto llevan un número de beneficios inherentes que proporcionan ventajas a los niveles de dirección y técnico.

[1] El término «tecnologías de objetos» se usa a menudo para encerrar todos los aspectos de una visión orientada a objetos e incluye el análisis, diseño y métodos de prueba, lenguajes de programación, herramientas, bases de datos, y las aplicaciones que fueron creadas usando el enfoque orientado a objetos.

Las tecnologías de objeto llevan a reutilizar y la reutilización (de componentes de software) lleva a un desarrollo de software más rápido y programas de mejor calidad [2]. El software orientado a objetos es más fácil de mantener debido a que su estructura es inherentemente descompuesta.

Esto lleva a menores efectos colaterales cuando se deben hacer cambios y provoca menos frustración en el ingeniero del software y el cliente. Adicionalmente, los sistemas orientados a objetos son más fáciles de adaptar y escalar (p. ej.: ejemplo, pueden crearse grandes sistemas ensamblando subsistemas reutilizables).

En este capítulo introducimos los principios y conceptos básicos que forman el fundamento para la comprensión de tecnologías de objeto. A través del resto de la cuarta parte de este libro consideramos métodos que forman la base para un enfoque de ingeniería en la creación de productos y sistemas orientados a objetos.

19.1. EL PARADIGMA ORIENTADO A OBJETOS

Durante muchos años el término orientado a objetos (OO) se usó para significar un enfoque de desarrollo de software que usaba uno de los lenguajes orientados a objetos (Ada 95, C++, Eiffel, Smalltalk). Hoy en día el paradigma OO encierra una completa visión de la ingeniería del software. Edward Berard hace notar esto cuando declara [BER93].

[2] Una discusión detallada de reutilización del software se presenta en el Capítulo 26.

> Los beneficios de la tecnología orientada a objetos se fortalecen si se usa antes y durante el proceso de ingeniería del software. Esta tecnología orientada a objetos considerada debe hacer sentir su impacto en todo el proceso de ingeniería del software. Un simple uso de programación orientada a objetos (POO) no brindará los mejores resultados. Los ingenieros del software y sus directores deben considerar estos elementos como análisis de requisitos orientado a objetos (AROO), del diseño orientado a objetos (DOO), análisis del dominio orientado a objetos (ADOO), de sitemas de gestión de bases de datos orientadas a ojeto (SGBDOO) y de ingeniería del software orientada a objetos asistida por computadora (ISOOAC).

El lector familiarizado con el enfoque convencional de ingeniería del software (presentada en la tercera parte de este libro) puede reaccionar ante esta declaración con esta pregunta: «¿Cuál es la gran ventaja? Usamos el análisis, diseño, la programación, las pruebas y otras tecnologías relacionadas cuando realizamos ingeniería del software según métodos clásicos. ¿Por qué debe ser la OO diferente?». Ciertamente, ¿por qué debe ser la OO diferente? En pocas palabras, ¡no debiera!

En el Capítulo 2, examinamos un número de modelos de procesos diferentes para la ingeniería del software. Aunque ninguno de estos modelos pudo sea adaptado para su uso con OO, la mejor selección reconocería que los sistemas OO tienden a evolucionar con el tiempo. Por esto, un modelo evolutivo de proceso acoplado con un enfoque que fomenta el ensamblaje (reutilización) de componentes es el mejor paradigma para ingeniería del softwae OO. En la Figura 19.1 el modelo de proceso de ensamblaje de componentes (Capítulo 2) ha sido empotrado por la ingeniería del software OO.

El proceso OO se mueve a través de una espiral evolutiva que comienza con comunicación con el usuario. Es aquí donde se define el dominio del problema y se identifican las clases básicas del problema (tratadas más tarde en este capítulo). La planificación y el análisis de riesgos establecen una base para el plan del proyecto OO. El trabajo técnico asociado con la ingeniería del software OO sigue el camino iterativo mostrado en la caja sombreada. La ingeniería del software OO hace hincapié en la reutilización. Por lo tanto, las clases se buscan en una biblioteca (de clases OO existentes) antes de construirse. Cuando una clase no puede encontrarse en la biblioteca, el desarrollador de software aplica análisis orientado a objetos (AOO), diseño orientado a ojetos (DOO), programación orientada a objetos (POO) y pruebas orientadas a objetos (PrOO) para crear la clase y los objetos derivados de la clase. La nueva clase se pone en la biblioteca de tal manera que pueda ser reutilizada en el futuro.

La visión orientada a ojetos demanda un enfoque evolutivo de la ingeniería del software. Como veremos a través de éste y los próximos capítulos, será excesivamente difícil de definir las clases necesarias para un gran sistema o producto en una sola iteracción. A medida que el análisis OO y los modelos de diseño evolucionan, se vuelve aparente la necesidad de clases adicionales. Es por esta razón por lo que el paradigma arriba descrito trabaja mejor para la OO. Otras discusiones del modelo de proceso OO se presenta en la Sección 19.4.1.

FIGURA 19.1

El modelo de proceso OO

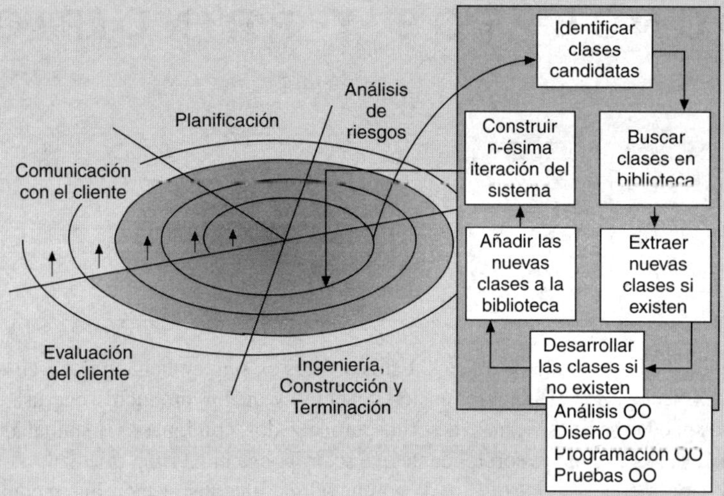

19.2. CONCEPTOS DE ORIENTACIÓN A OBJETOS

Cualquier discusión sobre ingeniería del software orientada a objetos debe comenzar por el término «orientado a objetos». ¿Qué es un punto de vista orientado a objetos? ¿Por qué se considera un método orientado a objetos? ¿Qué es un objeto? Durante años, han existido muchas opiniones diferentes (p. ej.: [BER93], [TAY90], [STR88], [BOO86]) sobre las respuestas correctas a estas preguntas. En los párrafos siguientes trataremos de sintetizar las más comunes de éstas.

Para entender la visión orientada a objetos, consideremos un ejemplo de un objeto del mundo real –la cosa sobre la que usted está sentado ahora mismo–, una silla. La **silla** es un miembro (el término «instancia» también se usa) de una clase mucho más grande de objetos que llamaremos **mobiliario**. Un conjunto de atri-

FIGURA 19.2

Herencia de clase a objeto

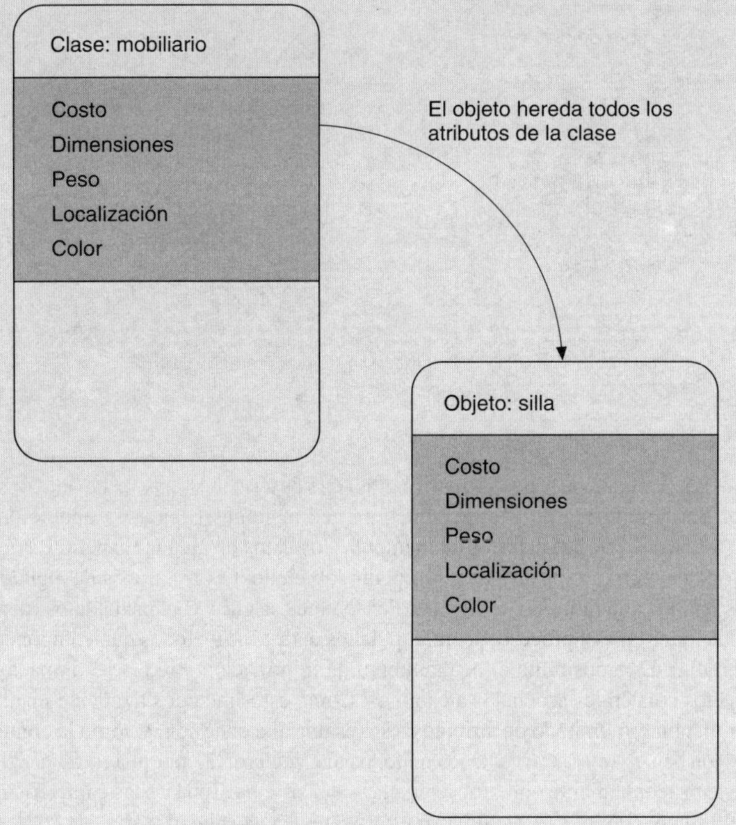

butos genéricos puede asociarse con cada objeto, en la clase **mobiliario**. Por ejemplo, todo mueble tiene un costo, dimensiones, peso, localización y color, entre otros muchos posibles atributos. Éstos son aplicables a cualquier elemento sobre el que se hable, una mesa o silla, un sofá o un armario. Como **silla** es un miembro de la clase **mobiliario**, silla *hereda* todos los atributos definidos para la clase. Este concepto se ilustra en la Figura 19.2.

Una vez definida la clase, los atributos pueden reutilizarse al crear nuevas instancias de la clase. Por ejemplo, supongamos que debemos definir un nuevo objeto llamado **sillesa** (un cruce entre una silla y una mesa) que es un miembro de la clase **mobiliario**. La **sillesa** hereda todos los atributos de **mobiliario**.

Hemos intentado definir una clase describiendo sus atributos, pero algo falta. Todo objeto en la clase **mobiliario** puede manipularse de varias maneras. Puede comprarse y venderse, modificarse físicamente (p. ej.: usted puede eliminar una pata o pintar el objeto de púrpura) o moverse de un lugar a otro. Cada una de estas *operaciones* (otros términos son «servicios» o «métodos») modificará uno o más atributos del objeto. Por ejemplo, si el atributo *localización* es un dato compuesto definido (usando la notación del diccionario de datos del Capítulo 12) como:

localización = edificio + piso + habitación

entonces una operación denominada *mover* modificaría uno o más de los elementos dato (*edificio, piso* o *habitación*) que conforman el atributo *localización*. Para hacer esto, *mover* debe tener «conocimiento» sobre estos elementos. La operación *mover* puede usarse para una silla o una mesa, debido a que ambas son instancias de la clase **mobiliario**. Todas las operaciones válidas (p. ej.: *comprar, vender, pesar*) de la clase **mobiliario** están «conectadas» a la definición del objeto como se muestra en la Figura 19.3 y son heredadas por todas las instancias de esta clase.

El objeto **silla** (y todos los objetos en general) encapsula datos (los valores de los atributos que definen la silla), operaciones (las acciones que se aplican para cambiar los atributos de la silla), otros objetos (pueden definirse objetos compuestos [EVB89]), constantes (fijar valores) y otra información relacionada. El encapsulamiento significa que toda esta información se encuentra empaquetada bajo un nombre y puede reutilizarse como una especificación o componente de programa.

Ahora que hemos introducido algunos conceptos básicos, resultará más significativa una definición más formal de la «orientación a objetos». Coad y Yourdon [COA90] definen el término de la siguiente forma:

orientación a objetos = objetos + clasificación + herencia + comunicación

Ya hemos introducido tres de estos conceptos. Pospondremos el tratamiento sobre la comunicación para más adelante.

19.2.1. Clases y objetos

Los conceptos fundamentales que llevan a un diseño de alta calidad (Capítulo 13) son igualmente aplicables a sistemas desarrollados usando métodos convencionales y orientados a objetos. Por esta razón, un modelo OO de software de computadora debe exhibir abstracciones de datos y procedimientos que conducen a una modularidad eficaz. Una clase es un concepto OO que encapsula las abstracciones

FIGURA 19.3

Herencia de operaciones de clase a objeto

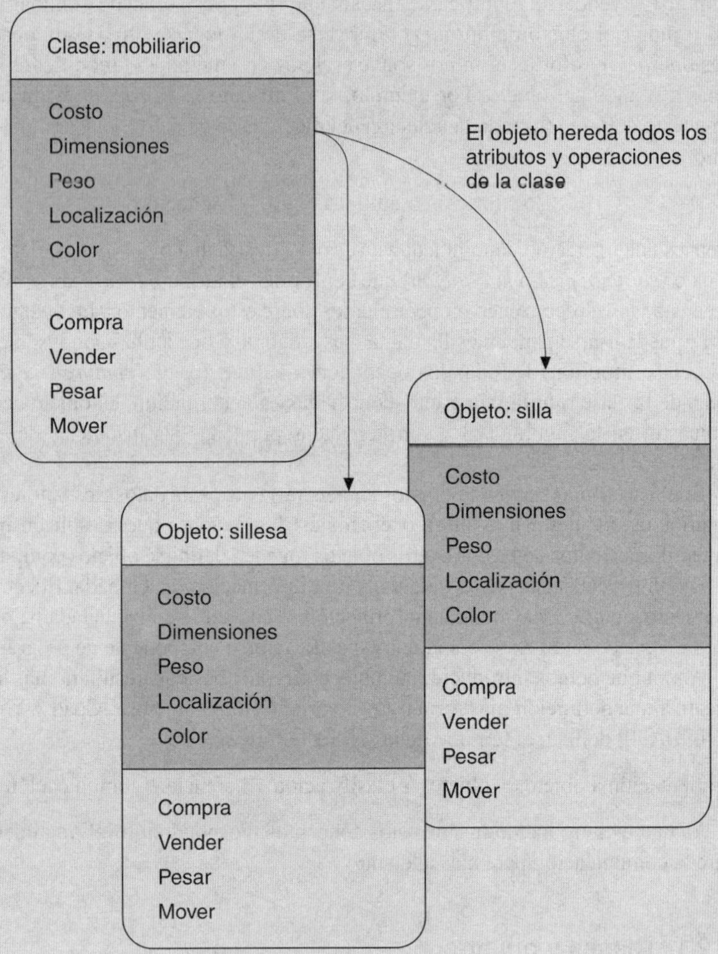

de datos y procedimientos que se requieren para describir el contenido y comportamiento de alguna entidad del mundo real. Taylor [TAY90] usa la notación que se muestra a la derecha de la Figura 19.4 para describir una clase (y objetos derivados de una clase).

FIGURA 19.4

Representación alternativa de una clase orientada a objetos

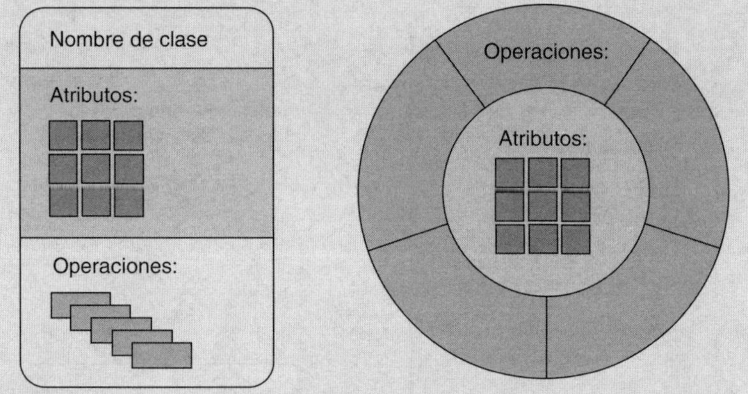

Las abstracciones de datos (atributos) que describen la clase están encerradas por una «muralla» de abstracciones procedimentales (llamadas operaciones, métodos o servicios) capaces de manipular los datos de alguna manera. La única forma de alcanzar los atributos (y operar sobre ellos) es ir a través de alguno de los métodos que forman la muralla. Por lo tanto, la clase encapsula datos (dentro de la muralla) y el proceso que manipula los datos (los métodos que componen la muralla). Esto posibilita el ocultamiento de información y reduce el impacto de efectos colaterales asociados a cambios. Como estos métodos tienden a manipular un número limitado de atributos, esto es una alta cohesión, y como la comunicación ocurre sólo a través de los métodos que encierra la «muralla», la clase tiende a un acoplamiento con otros elementos del sistema. Todas estas características del diseño (Capítulo 13) conducen a software de alta calidad.

Puesto de otra manera, una clase es una descripción generalizada (por ejemplo una plantilla, un patrón o una copia) que describe una colección de objetos similares. Por definición, todos los objetos que exiten dentro de una clase heredan sus atributos y las operaciones disponibles para la manipulación de los atributos. Una *superclase* es una colección de clases y una *subclase* es una instancia de una clase.

Estas definiciones implican la existencia de una *jerarquía de clases* en la cual los atributos y operaciones de la superclase son heredados por subclases que pueden añadir, cada una de ellas, atributos «privados» y métodos. Una jerarquía de clases para la clase **mobiliario** se ilustra en la Figura 19.5.

FIGURA 19.5

Una jerarquía de clases

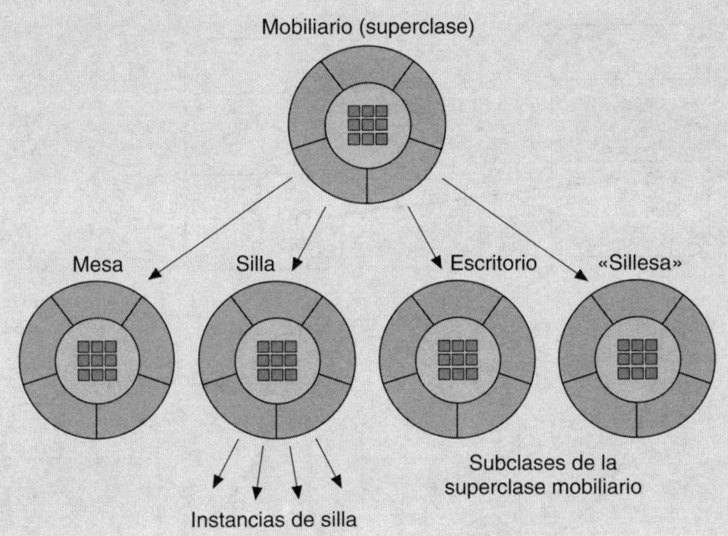

19.2.2. Atributos

Ya hemos visto que los atributos están asociados a clases y objetos, y que ellos describen la clase o el objeto de alguna manera. Un estudio de los atributos es presentado por Champeaux y sus colegas [CHA93]:

> Las entidades de la vida real están a menudo descritas con palabras que indican características estables. La mayoría de los objetos físicos tienen características tales como forma, peso, color y tipo de material. Las personas tienen características incluyendo fecha de nacimiento, padres, nombres y color de los ojos. Una característica puede verse como una relación binaria entre una clase y cierto dominio.

La relación binaria anteriormente señalada implica que un atributo puede tomar un valor definido por un dominio enumerado. En la mayoría de los casos, un dominio es simplemente un conjunto de valores específicos. Por ejemplo, suponga que una clase **coche** tiene un atributo *color*. El dominio de valores de *color* es {blanco, negro, plata, gris, azul, rojo, amarillo, verde}. En situaciones más complejas, el dominio puede ser un conjunto de clases. Continuando el ejemplo, la clase **coche** también tiene un atributo *motor* que abarca los siguientes valores de dominio: {valor 15 opción económica, 16 válvulas opción deportiva, 24 válvulas opción deportiva, 32 válvulas opción de lujo}. Cada una de las opciones indicadas tiene un conjunto de atributos específicos de ella.

Las características (valores del dominio) pueden aumentarse asignando un valor por defecto (característica) a un atributo. Por ejemplo, el atributo *motor* destacado antes tiene el valor por defecto 16 válvulas opcion deportiva. Esto puede ser también útil para asociar una probabilidad con una característica particular a través de pares <valor, probabilidad>. Considere el atributo color para coche. En algunas aplicaciones (p. ej.: planificación de la producción) puede ser necesario asignar una probabilidad a cada uno de los colores (blanco y negro son más probables como colores de coches).

19.2.3. Operaciones, métodos y servicios

Un objeto encapsula datos (representados como una colección de atributos) y los algoritmos que procesan estos datos. Estos algoritmos son llamados *operaciones, métodos* o *servicios* [3] y pueden ser vistos como módulos en un sentido convencional.

Cada una de las operaciones encapsuladas por un objeto proporciona una representación de uno de los comportamientos del objeto. Por ejemplo, la operación *DeterminarColor* para el objeto **automóvil** extraerá el color almacenado en el atributo *color*. La consecuencia de la existencia de esta operación es que la clase **automóvil** ha sido diseñada para recibir un estímulo [JAC92] (llamaremos al estímulo un «mensaje») que requiere el color de una instancia particular de una clase. Cada vez que un objeto recibe un estímulo, éste inicia un cierto comportamiento. Éste puede ser tan simple como determinar el color del coche o tan complejo como la iniciación de una cadena de estímulos que se pasan entre una variedad de objetos diferentes. En este último caso, considere un ejemplo en el cual el estímulo inicial recibido por el objeto n.º 1 resulta en una generación de otros dos estímulos que se envían al objeto n.º 2 y al objeto n.º 3. Las operaciones encapsuladas por el segundo y tercer objetos actúan sobre el estímulo devolviendo información necesaria para el primer objeto. El objeto n.º 1 usa entonces la información devuelta para satisfacer el comportamiento demandado por el estímulo inicial.

19.2.4. Mensajes

Los mensajes son el medio a través del cual los objetos interactúan. Usando la terminología introducida en la sección precedente, un mensaje estimula la ocurren-

[3] En el contexto de este estudio usamos el término «operaciones», pero «métodos» y «servicios» son igualmente populares.

FIGURA 19.6

Paso de mensajes entre objetos

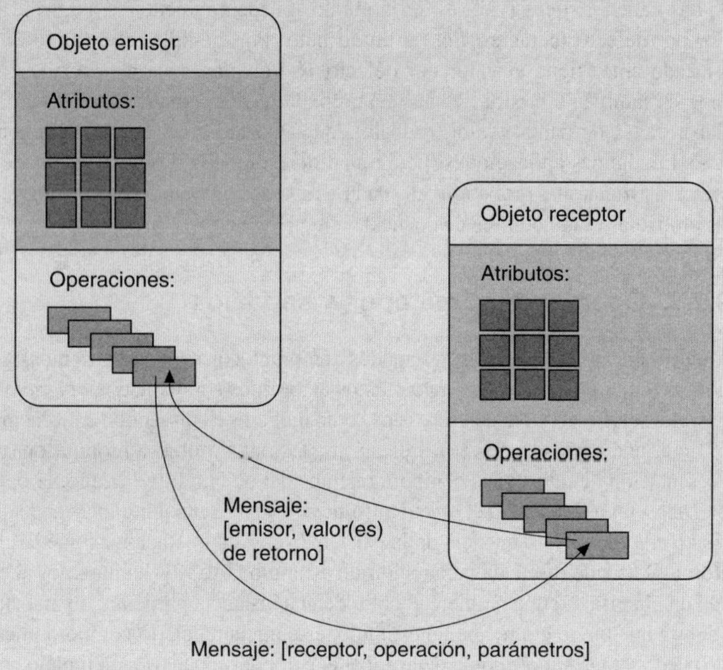

FIGURA 19.7

Paso de mensajes

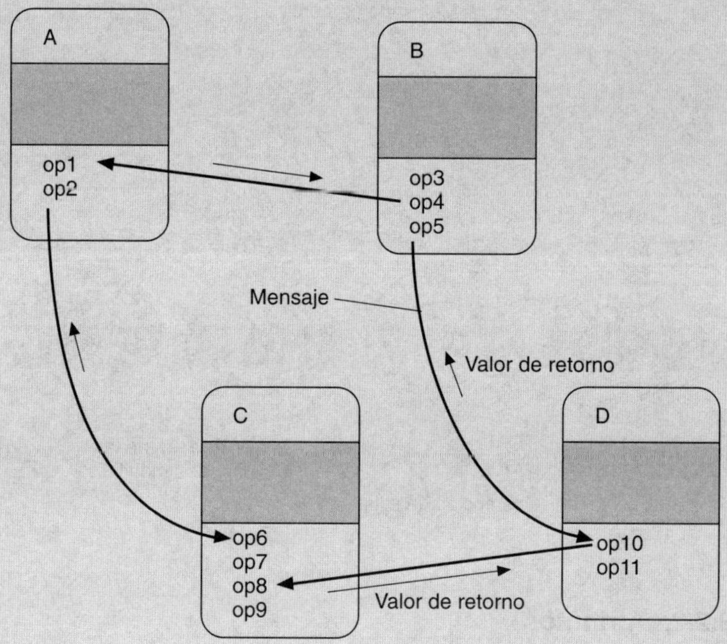

cia de cierto comportamiento en el objeto receptor. El comportamiento se realiza cuando se ejecuta una operación.

La interacción entre objetos se ilustra esquemáticamente en la Figura 19.6. Una operación dentro de un *objeto emisor* genera un mensaje de la forma:

mensaje: [destino, operación, parámetros]

donde *destino* define el objeto *receptor* el cual es estimulado por el mensaje, *operación* se refiere al método que recibe el mensaje y *parámetros* proporciona información requerida para el éxito de la operación.

Como un ejemplo de paso de mensajes dentro de un sistema OO, considere los objetos que se muestran en la Figura 19.7. Los cuatro objetos, **A, B, C** y **D** se comunican unos con otros a través del paso de mensajes. Por ejemplo, si el objeto **B** requiere el proceso asociado con la operación *op10* del objeto **D**, el primero enviaría a **D** un mensaje que contendría:

mensaje: [**D**, *op10*, <datos>]

Como parte de la ejecución de *op10*, el objeto **D** puede enviar un mensaje al objeto **C** de la forma:

mensaje: [**C,** *op08*, <datos>]

C encuentra *op08*, al ejecuta, y entonces envía un valor de retorno apropiado a **D**. La operación *op10* completa su ejecución y envía un valor de retorno a **B**.

Cox [COX86] describe el intercambio entre objetos de la siguiente manera:

> Se solicita de un objeto que ejecute una de sus operaciones enviándole un mensaje que le informa acerca de lo que debe hacer. El [objeto] receptor responde al mensaje eligiendo primero la operación que implementa el nombre del mensaje, ejecutando dicha operación y después devolviendo el control al objeto que origina la llamada.

El paso de mensajes mantiene comunicados un sistema orientado a objetos. Los mensajes proporcionan una visión interna del comportamiento de objetos individuales, y del sistema OO como un todo.

19.2.5. Encapsulamiento, herencia y polimorfismo

Aunque la estructura y terminología introducida entre las Secciones 19.2.1 y 19.2.4 diferencian los sistemas OO a partir de sus componentes convencionales, tres características de sistemas orientados a objetos los hacen únicos. Como ya hemos observado, las clases OO y los objetos derivados de ella encapsulan los datos y las operaciones que trabajan sobre estos en un único paquete. Esto proporciona un número importante de beneficios:

- Los detalles de implementación interna de datos y procedimientos están ocultos al mundo exterior (ocultamiento de la información). Esto reduce la propagación de efectos colarerales cuando ocurren cambios.
- Las estructuras de datos y las operaciones que las manipulan están mezcladas en una entidad sencilla: la clase. Esto facilita la reutilización de componentes.
- Las interfaces entre objetos encapsulados están simplificadas. Un objeto que envía un mensaje no se tiene que preocupar de los detalles de estructuras de datos internas en el objeto receptor. Por tanto, se simplifica la interacción y el acoplamiento del sistema tiende a reducirse.

La herencia es una de las diferencias clave entre sistemas convencionales y sistemas OO. Una subclase **Y** hereda todos los atributos y operaciones asociadas con su superclase **X**. Esto significa que todas las estructuras de datos y algoritmos originalmente diseñados e implementados para **X** están inmediatamente disponibles para **Y** (no es necesario más trabajo extra). La reutilización se realiza directamente. Cualquier cambio en los datos u operaciones contenidas dentro de una superclase se hereda inmediatamente por todas las subclases que se derivan de la superclase [4]. Debido a esto, la jerarquía de clases se convierte en un mecanismo a través del cual los cambios (a altos niveles) pueden propagarse inmediatamente a través de todo el sistema.

[4] Los términos «descendientes» y «ascendientes» [JAC92] son usados a veces para reemplazar a «subclase» y «superclase», respectivamente.

FIGURA 19.8a

Jerarquía de clases original

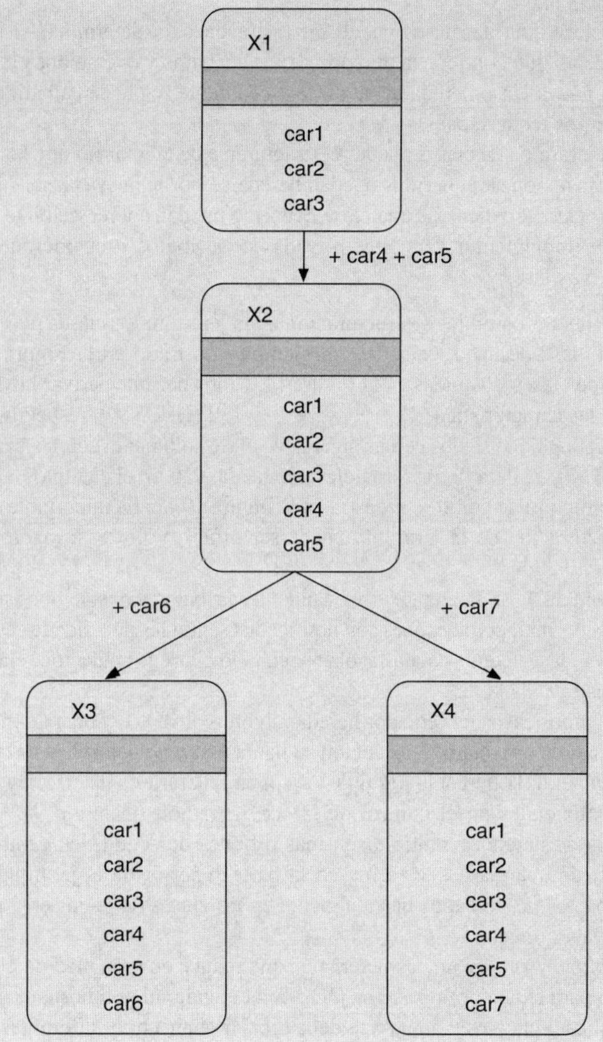

Es importante destacar que en cada nivel de la jerarquía de clases, pueden añadirse nuevos atributos y operaciones a aquellos que han sido heredados de niveles superiores de la jerarquía. De hecho, cada vez que se debe crear una nueva clase, el ingeniero de software tiene varias opciones:

- La clase puede diseñarse y construirse de la nada. Esto es, no se usa la herencia.
- La jerarquía de clases puede ser rastreada para determinar si una clase ascendiente contiene la mayoría de los atributos y operaciones requeridas.
- La nueva clase hereda de su clase ascendiente, y pueden añadirse los elementos requeridos.
- La jerarquía de clases puede reestructurarse de tal manera que los atributos y operaciones requeridos puedan heredarse por la nueva clase.
- Las características de una clase existente pueden sobreescribirse y se pueden implementar versiones privadas de atributos u operaciones para la nueva clase.

Para ilustrar cómo la reestructuración de la jerarquía de clases puede conducirse a la clase deseada, considere el ejemplo mostrado en la Figura 19.8. La jerarquía de clases ilustradas en la Figura 19.8a nos permite derivar las clases **X3** y **X4** con las características 1, 2, 3, 4, 5 y 6, y 1, 2, 3, 4, 5 y 7, respectivamente [5]. Ahora, suponga que se desa crear una nueva clase solamente con las características 1, 2, 3, 4 y 8. Para derivar esta clase, llamada **X2b** en el ejemplo, la jerarquía debe reestructurarse como se muestra en la Figura 19.8b. Es importante notar que la reestructuración de la jerarquía puede ser difícil, y por esta razón, se usa a veces la *anulación*.

En esencia, la anulación ocurre cuando los atributos y operaciones se heredan de manera normal, pero después son notificados según las necesidades específicas de la nueva clase. Como señala Jacobson, cuando ocure la anulación, «la herencia no es transitiva» [JAC92].

En algunos casos, es tentador heredar algunos atributos y operaciones de una clase y otros de otra clase. Esta acción se llama *herencia múltiple* y es controvertida. En general, la herencia múltiple complica la jerarquía de clases y crea problemas potenciales en el control de la configuración (Capítulo 9). Como las secuencias de herencia múltiple son más difíciles de seguir, los cambios en la definición de una clase que reside en la parte superior de la jerarquía pueden tener impactos no deseados originalmente en las clases definidas en zonas inferiores de la arquitectura.

El *polimorfismo* es una característica que reduce en gran medida el esfuerzo necesario para extender un sistema OO. Para entender el polimorfismo, considere una aplicación convencional que debe dibujar cuatro tipos diferentes de gráficos: gráficos de líneas, gráficos de «tarta», histogramas y diagramas de Kiviat.

[5] Para los propósitos de este ejemplo, «características» pueden ser atributos u operaciones.

FIGURA 19.8b

Jerarquía de clases original

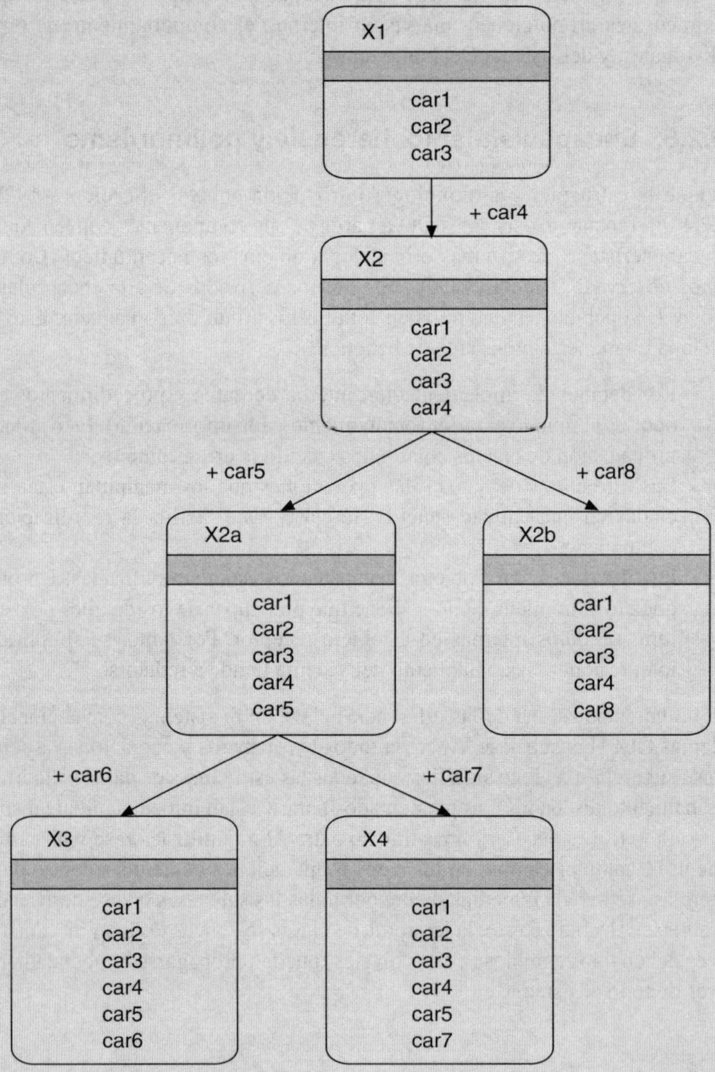

Idealmente, una vez que se han recogido los datos necesarios para un tipo particular de gráfico, el gráfico debe dibujarse él mismo. Para realizar esto en una aplicación convencional (y mantener la cohesión entre módulos), será necesario desarrollar módulos de dibujo para cada tipo de gráfico. Entonces, dentro del diseño para cada tipo de gráfico, se deberá añadir una lógica de control semejante a la que sigue:

```
case of tipo_grafico:
  if tipo_grafico = grafico_linea then DibujarLinea (datos) ;
  if tipo_grafico = grafico_tarta then DibujarTarta (datos) ;
  if tipo_grafico = grafico_histograma then DibujarHisto (datos) ;
  if tipo_grafico = grafico_kiviat then DibujarKiviat (datos) ;
end case;
```

Aunque este diseño es razonablemente evidente, añadir nuevos tipos de gráficos puede ser artesanal o complicado. Un nuevo módulo de dibujo deberá crearse para cada tipo de gráfico y entonces la lógica de control deberá ser actualizada para cada gráfico.

Para resolver este problema en un sistema OO, cada uno de los gráficos mencionados arriba se convierte en una subclase de una clase general llamada **gráfico**. Usando un concepto llamado *sobrecarga* [TAY90], cada subclase define una operación llamada *dibujar*. Un objeto puede enviar un mensaje *dibujar* a cualquiera de los objetos instanciados de cualquiera de las subclases. El objeto que recibe el mensaje invocará su propia operación *dibujar* para crear el gráfico apropiado. Por esto, el diseño mostrado anteriormente se reduce a:

```
tipo_grafico dibujar
```

Cuando se debe añadir un nuevo tipo de gráfico al sistema, se crea una subclase con su propia operación *dibujar*. Pero no se requieren cambios dentro de un objeto que quiere dibujar un gráfico pues el mensaje `tipo_grafico dibujar` permanece sin cambiar. En resumen, el polimorfismo permite que un número de operaciones diferentes tengan el mismo nombre. Esto reduce el acoplamiento entre objetos, haciendo a cada uno más independiente.

19.3. IDENTIFICACIÓN DE LOS ELEMENTOS DE UN MODELO DE OBJETOS

Los elementos de un modelo de objetos –clases y objetos, atributos, operaciones y mensajes– fueron cada uno definidos y examinados en la sección precedente. Pero, ¿cómo podemos hacer para identificar estos elementos en un problema real? Las secciones que siguen presentan una serie de directrices informales que nos ayudarán en la identificación de los elementos de un modelo de objetos.

19.3.1. Identificación de clases y objetos

Si usted observa a su alrededor en una habitación, existen un conjunto de objetos físicos que pueden ser fácilmente identificados, clasificados y definidos (en términos de atributos y operaciones). Pero cuando usted «observa» el espacio de un problema en una aplicación de software, los objetos pueden ser más difíciles de identificar.

Podemos empezar a identificar objetos[6] examinando el planteamiento del problema o (usando la terminología del Capítulo 12) realizando un «análisis sintáctico gramatical» en la narrativa del sistema que se va a construir. Los objetos se determinan subrayando cada nombre o cláusula nominal e introduciéndola en una tabla simple. Los sinónimos deben destacarse. Si se requiere del objeto que implemente una solución, entonces éste formará parte del *espacio de solución*; en otro caso, si un objeto se necesita solamente para describir una solución, ésta forma parte del *espacio del problema*. Pero, ¿qué debemos buscar una vez que se han aislado todos los nombres?

Los objetos se manifiestan ellos mismos de alguna de las formas mostradas en la Figura 19.9. Los objetos pueden ser:

- *entidades externas* (p. ej.: otros sistemas, dispositivos, personas) que producen o consumen información a usar por un sistemas computacional;
- *cosas* (p. ej.: informes, presentaciones, cartas, señales) que son parte del dominio de información del problema;
- *ocurrencias* o *eventos*[7] (p. ej.: una transferencia de propiedad o la terminación de una serie de movimientos en un robot) que ocurren dentro del contexto de operación del sistema;
- *papeles* o *roles* (p. ej.: director, ingeniero, vendedor) desempeñados por personas que interactúan con el sistema;
- *unidades organizacionales* (p. ej.: división, grupo, equipo) que son relevantes en una aplicación;
- *lugares* (p. ej.: planta de producción o muelle de carga) que establece el contexto del problema y la función general del sistema; o
- *estructuras* (p. ej.: sensores, vehículos de cuatro ruedas o computadoras) que definen una clase de objetos o, en casos extremos, clases relacionadas de objetos.

La clasificación mostrada anteriormente es una de las muchas que se han propuesto en la literatura. Por ejemplo, Budd [BUD96] sugiere una taxonomía de

[6] Realmente, el AOO actualmente trata de definir clases desde las cuales se instancian objetos. Debido a esto cuando aislamos objetos potenciales, también identificamos miembros de clase potenciales.

[7] En este contexto, el término «evento» representa cualquier ocurrencia. No implica necesariamente control como es el caso del Capítulo 12.

FIGURA 19.9

Cómo se manifiestan los objetos

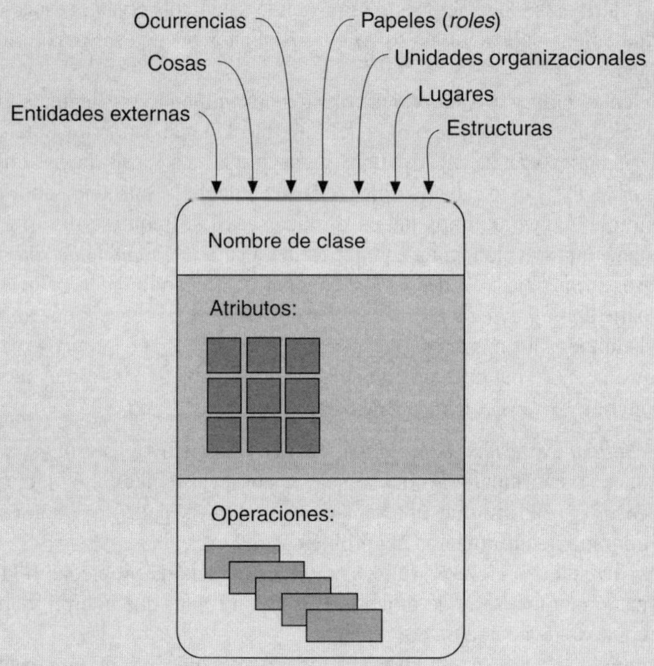

clases que incluye productores (fuentes) y consumidores (sumideros) de datos, administradores de datos, clases vistas u observadores, y clases de ayuda.

También es importante destacar lo que no son los objetivos. En general, un objeto nunca debe tener un «nombre procedimental imperativo» [CAS89]. Por ejemplo, si los desarrolladores de un software para un sistema gráfico médico definieron un objeto con el nombre **inversión de imagen**, estarían cometiendo un error sutil. La **imagen** obtenida por el software pudiera ser, en efecto, un objeto (es un elemento que forma parte del dominio de información). La *inversion* de la imagen es una operación que se aplica al objeto. Es como si se definiera *inversión* como una operación del objeto **imagen**, pero no sería definido como objeto separado que signifique «*inversión de imagen*». Como establece Cashman [CAS89], «el objetivo de la orientación a objetos es encapsular, pero manteniendo separados, datos y operaciones sobre estos datos».

Para ilustrar como pueden definirse los objetos durante las primeras etapas del análisis, volvamos al ejemplo del sistema de seguridad HogarSeguro, introducido anteriormente en este libro. En el Capítulo 12, realizamos un «análisis sintático gramatical» sobre la narrativa de procesamiento para el sistema HogarSeguro. La narrativa de procesamiento se reproduce a continuación:

> El software HogarSeguro le permite al propietario de la casa configurar el sistema de seguridad una vez que este se instala, controla todos los sensores conectados al sistema de seguridad, e interactúa con el propietario a través de un teclado numérico y teclas de función contenidas en el panel de control de HogarSeguro mostrado en la Figura 11.4
>
> Durante la instalación, el panel de control de HogarSeguro se usa para «programar» y configurar el sistema. A cada sensor se le asigna un número y tipo, se programa una contraseña maestra para activar y desactivar el sistema, y se introducen números de teléfono para marcar cuando un evento sea detectado por un sensor.
>
> Cuando se reconoce un evento de sensor, el software invoca una alarma audible asociada al sistema. Después de un tiempo de espera especificado por el propietario durante las actividades de configuración del sistema, el software marca un número de teléfono de un servicio de control, proporciona información acerca de la localización, e informa de la naturaleza del evento detectado. El número será remarcado cada 20 segundos hasta obtener una conexión telefónica.
>
> Toda la interacción con Hogarseguro está gestionada por un subsistema de interacción con el usuario que toma la entrada a partir del teclado numérico y teclas de función, y muestra mensajes y el estado del sistema en la pantalla LCD. La interacción con el teclado toma la siguiente forma...

Extrayendo los nombres podemos proponer varios objetos potenciales:

Objeto/Clase potencial	Clasificación General
propietario	papel (rol) o entidad externa
sensor	entidad externa
panel de control	entidad externa
instalación	ocurrencia
sistema (sinónimo sistema de seguridad)	cosa
número, tipo	*no son objetos, son atributos de sensor*
contraseña maestra	cosa
número de teléfono	cosa
evento de sensor	ocurrencia
alarma audible	entidad externa
servicio de control	unidad organizacional o entidad externa

La lista anterior se continuará hasta que todos los nombres de la descripción del proceso sean considerados. Note que hemos llamado a cada entrada en la lista un objeto *potencial*. Debemos considerar cada uno de ellos antes de tomar una decisión final.

Coad y Yourdon [COA91] sugieren seis características de selección que deben ser usadas cada vez que un analista considera si incluye o no un objeto potencial en el modelo de análisis:

1. *Información retenida*: el objeto potencial será de utilidad durante el análisis solamente si la información acerca de él debe recordarse para que el sistema funcione;
2. *Servicios necesarios*: el objeto potencial debe poseer un conjunto de operaciones identificables que pueden cambiar de alguna manera el valor de sus atributos;
3. *Atributos múltiples*: durante el análisis de requisitos, se debe centrar la atención en la información principal (un objeto con un solo atributo puede, en efecto, ser útil durante el diseño, pero seguramente será mejor presentado como un atributo de otro objeto durante la actividad de análisis);
4. *Atributos comunes*: puede definirse un conjunto de atributos para el objeto potencial, los cuales son aplicables a todas las ocurrencias del objeto;
5. *Operaciones comunes*: puede definirse un conjunto de operaciones para el objeto potencial, las cuales son aplicables a todas las ocurrencias del objeto;
6. *Requisitos esenciales*: entidades externas que aparecen en el espacio del problema y producen o consumen información esencial para la producción de cualquier solución para el sistema serán casi siempre definidas como objetos en el modelo de requisitos.

Para ser considerado un objeto válido a incluir en el modelo de requisitos, un objeto potencial debe satisfacer todas (o casi todas) las características anteriores. La decisión de incluir objetos potenciales en el modelo de análisis es algo subjetivo, y una evaluación posterior puede llegar a dscartar un objeto o reincluirlo. Sin embargo, el primer paso del AOO debe ser la definición de objetos, y la consiguiente toma de decisiones (incluso subjetivas). Teniendo esto en cuenta, aplicamos las características selectivas a la lista de objetos potenciales de HogarSeguro (véase tabla a continuación).

Debe notarse que (1) la lista anterior no incluye todo, los objetos adicionales deben añadirse para completar el modelo; (2) algunos de los objetos potenciales rechazados serán atributos de los objetos aceptados (por ejemplo *número* y *tipo* son atributos de **sensor**, y *contraseña maestra* y *número de teléfono* pueden convertirse en atributos de **sistema**); y (3) diferentes descripciones del problema pueden provocar la toma de diferentes decisiones de «aceptación o rechazo» (por ejemplo si cada propieario tiene su propia contraseña o fue identificado por impresiones de voz, el objeto **propietario** cumpliría las características 1 y 2 y hubiera sido aceptado).

Objeto/Clase potencial	Característica Aplicable
propietario	rechazado: fallan 1, 2 aunque 6 sea aplicable
sensor	aceptada: todas son aplicables
panel de control	aceptada: todas son aplicables
instalación	rechazada
sistema (sinónimo sistema de seguridad)	aceptada: todas son aplicables
número, tipo	rechazada: falla 3, atributos del sensor
contraseña maestra	rechazada: falla 3
número de teléfono	rechazada: falla 3
evento de sensor	aceptada: todas son aplicables
alarma audible	aceptada: 2, 3, 4, 5, 6 aplicables
servicio de control	rechazado: fallan 1, 2 aunque 6 sea aplicable

19.3.2. Especificación de atributos

Los atributos describen un objeto que ha sido seleccionado para ser incluido en el modelo de análisis. En esencia, son los atributos que definen al objeto, que clarifican lo que se representa con el objeto en el contexto del espacio del problema. Por ejemplo, si tratáramos de construir un sistema que rastree estadísticas para jugadores profesionales de *baseball*, los atributos del objeto **jugador** serían muy diferentes de los atributos del mismo objeto cuando se use dentro del contexto del sistema de pensiones para jugadores profesionales. En el primero, atributos tales como nombre, posición, promedio de bateo, porcentaje de estancia en el campo de juego, años jugados y juegos jugados pueden ser relevantes. En el segundo caso algunos de estos atributos serían relevantes, pero otros serían reemplazados (o potenciados) por atributos como salario medio, crédito total, opciones elegidas para el plan de pensión, dirección postal y otras.

Para desarrollar un conjunto significativo de atributos para un objeto, el analista puede estudiar de nuevo la narrativa de proceso (o descripción del ámbito del alcance) para el problema y seleccionar aquellos elementos que razonablemente «pertenecen» al objeto. Además, para cada objeto debe responderse la siguiente interrogante: «Qué elementos (compuestos y/o simples) definen completamente al objeto en el contexto del problema actual?».

Para ilustrar esto, consideremos el objeto **sistema** definido para HogarSeguro. Anteriormente ya indicamos que el propietario puede configurar el sistema de seguridad para reflejar la información acerca de los sensores, sobre la respuesta de la alarma, sobre la activación/desactivación, sobre identificación, etc. Usando la notación de la descripción del contenido definida para el diccionario de datos y presentada en el Capítulo 12, podríamos representar estos elementos de datos compuestos de la siguiente manera:

información de sensores = tipo de sensor + número del sensor + umbral de alarma

información de respuesta de la alarma = tiempo de retardo + número de teléfono + tipo de alarma

información de activación/desactivación = contraseña maestra = cantidad de intentos permitidos + contraseña temporal

información de identificación = ID del sistema + verificación de número de teléfono + estado del sistema

Cada uno de los elementos de datos a la derecha del signo de igualdad puede volver a definirse en un nivel elemental. Pero para nuestros propósitos ellos encierran una lista razonable de atributos para el objeto **sistema** (porción sombreada de la Figura 19.10).

FIGURA 19.10

El objeto **sistema** con operaciones asociadas

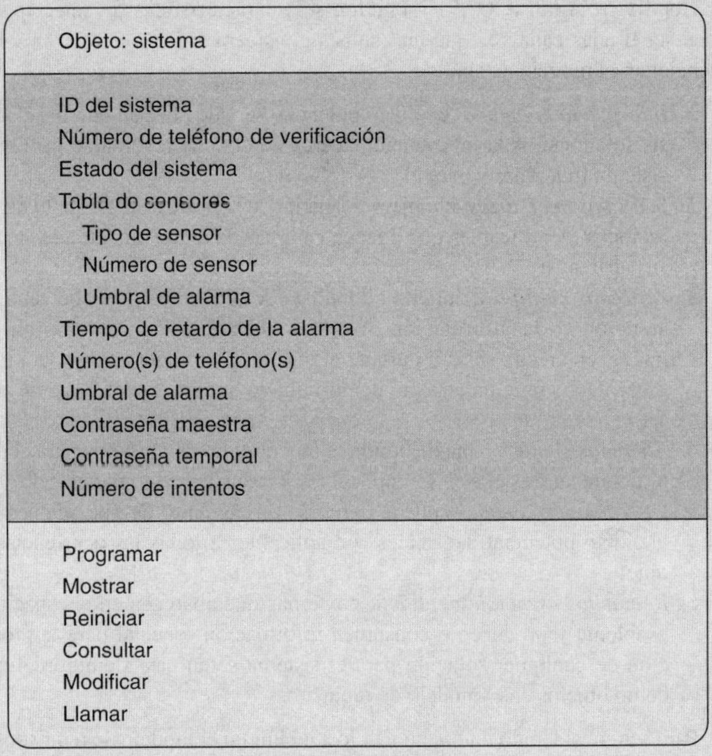

19.3.3. Definición de operaciones

Las operaciones definen el comportamiento de un objeto y cambian, de alguna manera, los atributos de dicho objeto. Más concretamente, una operación cambia valores de uno o más atributos contenidos en el objeto. Por lo tanto, una operación debe tener «conocimiento» de la naturaleza de los atributos de los objetos y deben ser implementadas de manera tal que permita manipular las estructuras de datos que han sido derivadas de dichos atributos.

Aunque existen muchos tipos diferentes de operaciones, estas pueden clasificarse en tres grandes categorías: (1) operaciones que *manipulan*, de alguna manera, datos (p. ej.: añadiendo, eliminando, reformateando, seleccionando); (2) operaciones que realizan *algún cálculo*; y (3) operaciones que *monitorizan* un objeto frente a la ocurrencia de un suceso de control.

En una primera iteración para obtener un conjunto de operaciones para los objetos del modelo de análisis, el analista puede estudiar de nuevo la narrativa de proceso (o descripción del ámbito) del problema y seleccionar aquellas operaciones que razonablemente pertenecen al objeto. Para realizar esto, se estudia de nuevo el análisis gramatical y se aíslan los verbos. Algunos de estos verbos serán operaciones legítimas y pueden conectarse fácilmente a un objeto específico. Por ejemplo, de la narrativa de proceso de HogarSeguro, presentada anteriormente en este capítulo, vemos que «al sensor se le asigna un número y un tipo» o que «se programa una contraseña maestra para activar y desactivar el sistema». Estas dos frases indican varias cosas:

- que una operación de *asignación* es relevante para el objeto **sensor**;
- que una operación de *programar* se le aplicará al objeto **sistema**;
- que activar y desactivar son operaciones aplicables al sistema (o sea que el *estado del sistema* puede en última instancia definirse usando notación del diccionario de datos) como

estado del sistema = [activado | desactivado]

Tras una investigación más detallada, es probable que haya que dividir la operación *programar* en varias suboperaciones más específicas requeridas para configurar el sistema. Por ejemplo, *programar* implica especificar números de teléfonos, configurar características del sistema (p. ej.: crear la tabla de sensores, introducir las características de las alarmas), e introducir la(s) contraseña(s), pero por ahora, especificaremos *programar* como una operación simple.

Junto con el análisis sintáctico gramatical, podemos ganar información interna extra en otras operaciones si consideramos la *comunicación* que ocurre entre objetos. Como hemos visto, los objetos se comunican pasando mensajes de uno a otro. Los mensajes que se pasan entre los objetos implican un conjunto de operaciones que deben estar presentes.

19.3.4. Fin de la definición del objeto

La definición de operaciones es el último paso para completar la especificación del objeto. En la Sección 19.3.3 las operaciones se eligieron a partir de un examen gramatical de la narrativa de proceso del sistema. Las operaciones adicionales pueden determinarse considerando la «historia de la vida» [COA91] de un objeto y los mensajes que se pasan entre objetos definidos por el sistema.

La historia de la vida genérica de un objeto puede definirse reconociendo que dicho objeto debe ser creado, modificado, manipulado o leído de manera diferente, y posiblemente borrado. Para el objeto **sistema**, esto puede expandirse para reflejar actividades conocidas que ocurren durante su vida (en este caso, durante el tiempo que HogarSeguro se mantiene operativo). Algunas de las operaciones pueden determinarse a partir de comunicaciones semejantes entre objetos. Por ejemplo, el **evento sensor** enviará un mensaje a **sistema** para *mostrar en pantalla* la localización y número del evento; el **panel de control** enviará un mensaje de *reinicialización* para actualizar el *estado del sistema* (un atributo); la **alarma audible** enviará un mensaje de *consulta*, el **panel de control** enviará un mensaje de *modificación* para cambiar uno más atributos sin reconfigurar el objeto **sistema** por completo; el **evento sensor** enviará un mensaje para llamar al número(s) de teléfono(s) contenido(s) en el objeto. Podrán considerarse otros mensajes para derivar operaciones correspondientes. La definición del objeto resultante se muestra en la Figura 19.10.

Un enfoque similar será usado para cda uno de los objetos definidos para HogarSeguro. Después de haber definido los atributos y operaciones para todos los objetos especificados hasta este punto, se habrán creado los inicios del modelo AOO. Un estudio más detallado del modelo de análisis creado como parte del AOO se presenta en el Capítulo 20.

19.4. GESTIÓN DE PROYECTOS DE SOFTWARE ORIENTADO A OBJETOS

Como examinamos en la Parte Segunda de este libro, la moderna gestión de proyectos de software puede subdividirse en las siguientes actividades:

1. Establecimiento de un marco de proceso común para el proyecto.
2. Uso del marco y de métricas históricas para desarrollar estimaciones de esfuerzo y tiempo.
3. Especificación de productos de trabajo y avances que permitirán la medición del progreso.
4. Definición de puntos de comprobación para asegurar la calidad y el control.
5. Gestión de los cambios que ocurren invariablemente al progresar el proyecto.
6. Seguimiento, *monitorización* y control del progreso.

El director técnico que se enfrente con un proyecto de software orientado a objetos aplica estas seis actividades. Pero debido a la naturaleza unívoca del software orientado a objetos, cada una de estas actividades de gestión tiene un matiz levemente diferente y debe ser enfocado usando un modelo propio.

En las secciones que siguen, exploramos el área de gestión de proyectos orientados a objetos. Los principios de gestion fundamentales serán los mismos, pero la técnica debe ser adaptada de tal manera que un proyecto OO sea dirigido correctamente.

19.4.1. El marco de proceso común para OO

Un *marco de proceso común (MPC)* define un enfoque organizativo para el desarrollo y mantenimiento de software. El MPC identifica el paradigma de ingeniería del software aplicado para construir y mantener el software, así como las tareas, hitos y entregas requeridos. Establece el grado de rigor con el cual se enfocarán los diferentes tipos de proyectos.

El MPC siempre es adaptable de tal manera que siempre cumpla con las necesidades individuales del equipo del proyecto. Ésta es su característica más importante.

Un MPC efectivo para proyectos OO no es un modelo lineal secuencial. Los modelos lineales secuenciales, más conocidos como modelos de ciclo de vida o de cascada, suponen que los requisitos están definidos de principio a fin del proyecto y que las actividades de ingeniería progresan de una manera lineal secuencial. Por su naturaleza, la ingeniería del software orientada a objetos debe aplicar un paradigma que contemple el desarrollo iterativo. Esto es, el software OO evoluciona a través de un número de ciclos. El marco de proceso común usado para dirigir un proyecto OO debe ser evolutivo por naturaleza. Un modelo de proceso para OO fue presentado en la Sección 9.1.

Ed Berard [BER93] y Grady Booch [BOO91], entre otros sugieren el uso de un «modelo recursivo/paralelo» para el desarrollo de software orientado a objetos. En esencia el modelo recursivo/paralelo funciona de la siguiente manera:

- Realizar los análisis suficientes para aislar las clases de problemas y las conexiones más importantes.
- Realizar un pequeño diseño para determinar si las clases y conexiones pueden ser implementadas de manera práctica.
- Extraer objetos reutilizables una biblioteca para construir un prototipo previo.
- Conducir algunas pruebas para descubrir errores en el prototipo.
- Obtener realimentación del cliente sobre el prototipo.
- Modificar el modelo de análisis basándose en lo que se ha aprendido del prototipo, de la realización del diseño y de la realimentación obtenida del cliente.
- Refinar el diseño para acomodar sus cambios.
- Construir objetos especiales (no disponibles en la biblioteca).
- Ensamblar un nuevo prototipo usando objetos de la biblioteca y los objetos que se crearon nuevos.
- Realizar pruebas para descubrir errores en el prototipo.
- Obtener realimentación del cliente sobre el prototipo.

Este enfoque continúa hasta que el prototipo evoluciona hacia una aplicación productiva.

El modelo recursivo/paralelo es muy similar al modelo de proceso OO presentado anteriormente en este capítulo. El progreso se produce iterativamente. Lo que hace diferente al modelo recursivo/paralelo es el reconocimiento de que (1) modelo de análisis y diseño para sistemas OO no puede realizarse a un nivel uniforme de abstracción, y (2) el análisis y diseño pueden aplicarse a componentes independientes del sistema de manera concurrente.

Berard [BER93] describe el modelo de la siguiente manera:

- Descomponer sistemáticamente el problema en componentes altamente independientes.
- Aplicar de nuevo el proceso de descomposición a cada una de las componentes independientes para, a su vez, descomponerlas (la parte recursiva).
- Conducir este proceso de reaplicar la descomposición de forma concurrente sobre todas las componentes (la parte paralela).
- Continuar este proceso hasta cumplir los criterios de compleción.

Es importante observar que el proceso de descomposición mostrado anteriormente es discontinuo si el analista/diseñador reconoce que la componente o subcomponente requerida está disponible en una biblioteca de reutilización.

Para controlar el marco de proceso recursivo/paralelo, el director del proyecto tiene que reconocer que el progreso está planificado y medido de manera incremental. Esto es, las tareas y la planificación del proyecto están unidas a cada una de las «componentes altamente independientes», y el progreso se mide para cada una de estas componentes individualmente.

Cada iteración del proceso recursivo/paralelo requiere planificación, ingeniería (análisis, diseño, extracción de clases, prototipado y pruebas) y actividades de evaluación (Figura 19.11). Durante la planificación, las actividades asociadas con cada una de las componentes independientes del programa son incluidas en la planificación. [Nota: Con cada iteración se ajusta la agenda para acomodar los cambios asociados con la iteración precedente.] Durante las primeras etapas del proceso de ingeniería, el análisis y el diseño ocurren iterativamente. La intención es aislar todos los elementos importantes del análisis OO y de los modelos de diseño. Al continuar el trabajo de ingeniería, se producen versiones incrementales del software. Durante la evaluación se realizan para cada incremento revisiones, evaluaciones del cliente y pruebas, las cuales producen una realimentación que afecta a la siguiente actividad de planificación y el subsiguiente incremento.

19.4.2. Métricas y estimación en proyectos orientados a objetos

Las técnicas de estimación en proyectos de software convencionales requieren estimados de líneas de código (LDC) o puntos de función (PF) como controlador principal de estimación. Las estimaciones realizadas a partir de LDC tienen poco sentido en proyectos OO debido a que el objetivo principal es la reutilización. Las estimaciones a partir de PF pueden usarse de manera efectiva, pues los elementos del dominio de información requeridos se pueden determinar a partir del planteamiento del problema. El análisis de PF puede aportar valores para estimaciones en proyectos OO, pero la medida de PF no provee una granularidad suficiente para ajustes de planificación y esfuerzo a realizar, los cuales se requiere cuando iteramos a través del paradigma recursivo/paralelo.

Lorenz y Kidd [LOR94] sugieren el siguiente conjunto de métricas para proyectos[8]:

Número de guiones de escenario. Un *guión* de escenario[9] es una secuencia detallada de pasos que describen la interacción entre el usuario y la aplicación. Cada guión se organiza en tripletes de la forma:

---

[8] Las métricas técnicas para sistemas OO se discuten detalladamente en el capítulo 23.

[9] El *guión de escenario (scenario script)* definido por Lorenz y Kidd es análogo al *caso de uso* que se examina en el Capítulo 20.

FIGURA 19.11

Secuencia típica de un proceso para un proyecto OO

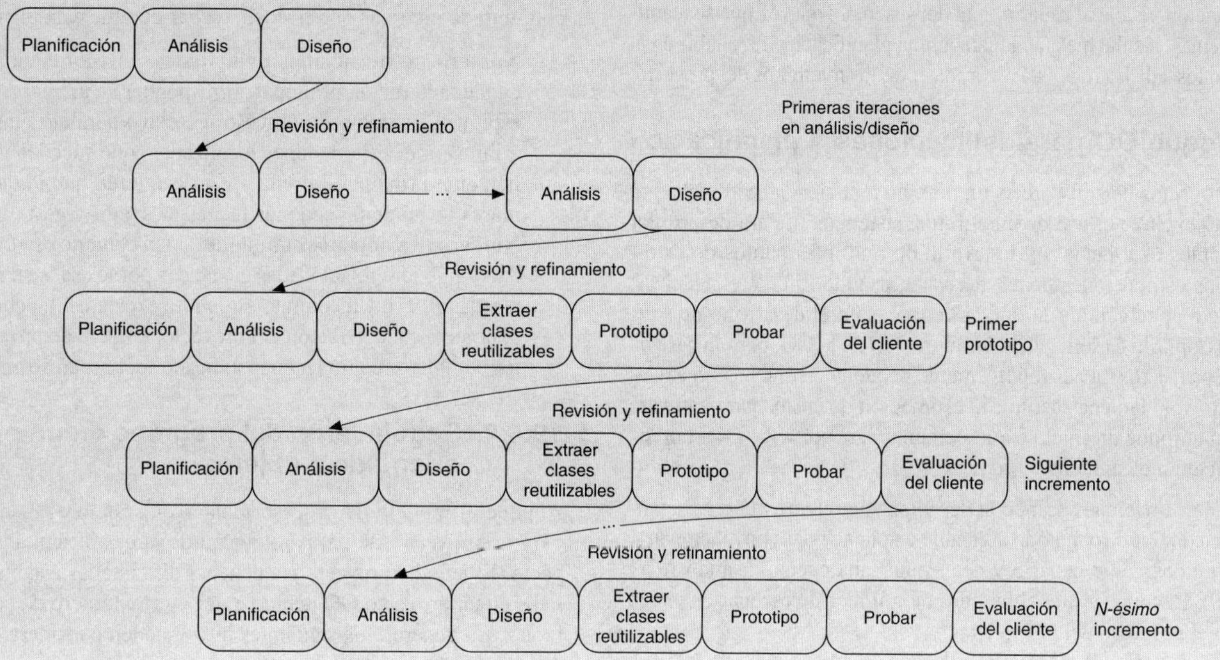

{iniciador, acción, participante}

donde *iniciador* es el objeto que solicita algún servicio (que inicia un mensaje); *acción* es el resultado de la solicitud; y *participante* es el objeto servidor que cumple la petición (solicitud).

El número de guiones de actuación está directamente relacionada al tamaño de la aplicación y al número de casos de prueba que se deben desarrollar para ejercitar el sistema una vez construido.

Número de clases clave. Las clases clave son las «componentes altamente independientes» [LOR94] definidas inicialmente en el AOO. Debido a que estas clases son centrales al dominio del problema, el número de dichas clases es una indicación del esfuerzo necesario para desarrollar el software y de la cantidad potencial de reutilización a aplicar durante el desarrollo del sistema.

Número de clases de soporte. Las clases de soporte son necesarias para implementar el sistema, pero no están directamente relacionadas con el dominio del problema. Como ejemplos podemos tomar las clases de Interfaz Gráfica de Usuario, el acceso a bases de datos y su manipulación y las clases de comunicación. Adicionalmente las clases de soporte se definen iterativamente a lo largo del proceso recursivo/paralelo.

El número de clases de soporte es un indicador del esfuerzo necesario requerido para desarrollar el software y de la cantidad potencial de reutilización a aplicar durante el desarrollo del sistema.

Número promedio de clases de soporte por clase clave. En general las clases clave son conocidas en las primeras etapas del proyecto. Las clases de soporte se definen a lo largo de éste. Si, dado un dominio de problema, se conociera la cantidad promedio de clases de soporte por clase clave, la estimación (basada en la cantidad total de clases) se simplificaría mucho.

Lorenz y Kidd sugieren que las aplicaciones con una IGU poseen entre dos y tres veces más clases de soporte que clases clave. Las aplicaciones sin IGU poseen a lo sumo dos veces más de soporte que clave.

Número de subsistemas. Un subsistema es una agregación de clases que dan soporte a una función visible al usuario final del sistema. Una vez que se identifican los subsistemas, resulta más fácil realizar una planificación razonable en la cual el trabajo en los subsistemas está repartida entre los miembros del proyecto.

19.4.3. Un enfoque OO para estimaciones y planificación

La estimación en proyectos de software es un arte, no una ciencia. Sin embargo, esto en modo alguno excluye el uso de un enfoque sistemático. Para desarrollar estimaciones razonables es esencial el desarrollo de múltiples puntos de datos. Esto significa que las estimaciones deben derivarse usando diferentes técnicas. Estimaciones respecto al esfuerzo y la duración usadas en el desarrollo de software convencional (Capítulo 5) son aplicables al mundo de la OO, pero la base de datos histórica para proyectos OO es relativamente pequeña en muchas organizaciones. Debido a esto vale la pena sustituir la estimación de costos para software convencional por un enfoque diseñado explícitamente para software OO. Lorenz y Kidd [LOR94] sugieren el siguiente enfoque:

1. Desarrollo de estimaciones usando la descomposición de esfuerzos, análisis de PF, y cualquier otro método aplicable a aplicaciones convencionales.
2. Desarrollar guiones de escenario y determinar una cuenta, usando AOO (Capítulo 20). Reconocer que el número de guiones de escenarios puede cambiar con el progreso del proyecto.
3. Determinar la cantidad de clases clave usando AOO.
4. Clasificar el tipo de interfaz para la aplicación y desarrollar un multiplicador para las clases de soporte:

Tipo de Interfaz	Multiplicador
Interfaz no gráfica (No IGU)	2,0
Interfaz de usuario basada en texto	2,25
Interfaz Gráfica de Usario (IGU)	2,5
Interfaz Gráfica de Usuario (IGU) Compleja	3,0

Multiplican el número de clases clave (paso 3) por el multiplicador anterior para obtener una estimación del número de clases de soporte.

5. Multiplicar la cantidad total de clases (clave + soporte) por el número de unidades de trabajo por clase. Lorenz y Kidd sugieren entre 15 y 20 días-persona por clase.
6. Compruebe la estimación respecto a clases multiplicando el número promedio de unidades de trabajo por guión de acción.

La planificación para proyectos orientados a objetos es complicada por la naturaleza iteractiva del marco de trabajo del proceso. Lorenz y Kidd sugieren un conjunto de métricas que pueden ayudar durante esta planificación del proyecto:

Numero de iteraciones principales. Recordando el modelo de proceso OO, una iteración principal corresponderá a un recorrido de 360 grados de la espiral. El modelo de proceso recursivo/paralelo engendrará un número de mini-espirales (iteraciones localizadas) que suceden duante el progreso de la iteración principal. Lorenz y Kidd sugieren que iteraciones de entre 2.5 y 4 meses de duración son más fáciles de seguir y gestionar.

Número de contratos completos. Un contrato es «un grupo de responsabilidades públicas relacionadas generadas por los subsistemas y clases a sus clientes» [LOR94]. Un contrato es un hito excelente, y debe asociarse al menos un contrato a cada iteración del proyecto. Un jefe de proyecto puede usar contratos completos como un buen indicador del progreso en un proyecto OO.

19.4.4. Seguimiento del progreso en un proyecto orientado a objetos

Aunque el modelo de proceso recursivo/paralelo es el mejor marco de trabajo para un proyecto OO, el paralelismo de tareas dificulta el seguimiento del proyecto. El jefe del proyecto puede tener dificultades estableciendo hitos significativos en un proyecto OO debido a que cierto número de cosas están ocurriendo a la vez. En general, los siguientes hitos pueden considerarse «completados» (terminados) al cumplirse los criterios mostrados:

Hito técnico: análisis OO terminado

- Todas las clases, y la jerarquía de clases, están definidas y revisadas.
- Los atributos de clases y las operaciones asociadas a una clase se han definido y revisado.
- Las relaciones entre clases (Capítulo 20) se han establecido y revisado.
- Se ha creado y revisado un modelo de comportamiento.
- Se han marcado clases reutilizables.

Hito técnico: diseño OO terminado

- El conjunto de subsistemas (Capítulo 21) se ha definido y revisado.
- Las clases se han asignado a subsistemas y han sido revisadas.
- Se ha establecido y revisado la asignación de tareas.
- Se han identificado responsabilidades y colaboraciones (Capítulo 21).
- Se han diseñado y revisado los atributos y operaciones.
- El modelo de mensajería (paso de mensajes) se ha creado y revisado.

Hito técnico: programación OO terminada

- Cada nueva clase ha sido implementada en código a partir del modelo de diseño.
- Las clases extraídas (de una biblioteca de reutilización) se han integrado.
- Se ha construido un prototipo o incremento.

Hito técnico: prueba OO

- La corrección y compleción del análisis OO y del modelo de diseño han sido revisados.
- Se ha desarrollado y revisado una red de clases –responsabilidades– colaboraciones (Capítulo 22).
- Se han diseñado casos de prueba y ejecutado pruebas a nivel de clases para cada clase (Capítulo 22).
- Se han diseñado casos de prueba y completado pruebas de agrupamientos (Capítulo 22) y las clases se han integrado.
- Las pruebas a nivel de sistema se han terminado.

Recordando el modelo de proceso recursivo/paralelo examinado anteriormente en este capítulo, es importante destacar que cada uno de estos hitos puede ser visitado nuevamente al entregar diferentes incrementos al usuario.

19.5. RESUMEN

Las tecnologías de objetos reflejan una visión natural del mundo. Los objetos están categorizados en clases y las clases en jerarquías. Cada clase contiene un conjunto de atributos que la describen y un conjunto de operaciones que definen su comportamiento. Los objetos modelan casi todo aspecto identificable del dominio del problema: entidades externas, cosas, ocurrencias, roles, unidades organizacionales, lugares y estructuras pueden ser representadas como objetos. Es importante destacar que, los objetos (y las clases de las que se derivan) encapsulan datos y procesos. Las operaciones de proceso son parte del objeto y se inician al pasarle un mensaje al objeto. Una definición de clase, una vez definida, constituye la base para la reutilización en los niveles de modelado, diseño e implementación. Los objetos nuevos pueden ser instanciados de una clase.

Tres conceptos importantes diferencian el enfoque OO de la ingeniería del software convencional. El encapsulamiento empaqueta datos y las operaciones que manejan estos datos en un objeto simple con denominación. La herencia permite que los atributos y operaciones de una clase sean heredados por todas las subclases y objetos que se instancian de ella. El polimorfismo permite que una cantidad de operaciones diferentes posean el mismo nombre, reduciendo la cantidad de líneas de código necesarias para implementar un sistema y facilita los cambios en caso que se produzcan.

Los productos y sistemas orientados a objetos son producidos usando un modelo evolutivo, algunas veces llamado modelo recursivo/paralelo. El software orientado a objetos evoluciona iterativamente y debe dirigirse teniendo en cuenta que el producto final se desarrollará a partir de una serie de incrementos.

REFERENCIAS

[BER93] BERARD, E. V., *Essays on Object-Oriented Software Engineering*, Addison-Wesley, 1993.

[BOO86] BOOCH, G., «Object-Oriented Development», *IEE Trans. Software Engineering*, vol. SE-12, n.° 2, febrero 1986, pág. 211 ff.

[BOO91] BOOCH, G., *Object-Oriented Design*, Benjammings Cummings, 1991.

[BUD96] BUDD, T., *An introduction to Object-Oriented Programming*, 2.ª edition, Addison-Wesley, 1996.

[CAS89] CASHMAN, M., «Object Oriented Domain Analysis», *CM Software Engineering Notes*, vol. 14, n.° 6, octubre 1989, pág. 67.

[CHA93] DE CHAPEAUX, D., D. LEA y P. FAURE, *Object Oriented System Development*, Addison-Wesley, 1993.

[COA91] COAD, P. y E. YOURDON, *Object Oriented Analysis*, 2.ª edición, Prentice-Hall, 1991.

[COX86] COX, B. J., *Object Oriented Programming*, Addison-Wesley, 1986.

[EVB89] *Object-Oriented Requirements Analysis* (manual del curso). EVB Software Engineering, Inc., Frederick, MD, 1989.

[JAC92] JACOBSON, I., *Object-Oriented Software Engineering*, Addison-Wesley, 1992.

[LOR94] LORENZ, M., y J. KIDD, *Object-Oriented Software Metrics*, Prentice-Hall, 1994.

[STR88] STROUSTRUP, B., «What is Object-Oriented Programming», *IEEE Software*, vol. 5, n.° 3, mayo 1988, págs. 10-20.

[TAY90] TAYLOR, D. A., *Object-Oriented Technology: A Manager's Guide*, Addison-Wesley, 1990.

PROBLEMAS Y PUNTOS PARA CONSIDERAR

19.1. El paradigma orientado a objetos es un tema candente. Se han escrito artículos sobre él a cualquier nivel de sofisticación técnica. Encuentre, con ayuda de la *Guía del lector* de su biblioteca, tres artículos no técnicos (no publicados en anuarios o revistas de ingeniería del software; si se aceptan en revistas de PC) y redacte un breve escrito que resuma lo dicho en ellos.

19.2. En este capítulo no consideramos el caso cuando un objeto nuevo necesita un atributo u operación no contenida en la clase de donde hereda todos sus otros atributos y operaciones. ¿Cómo piensa usted que esto se maneja?

19.3. Realice un estudio y encuentra una solución real al Problema 19.2.

19.4. Haciendo uso de sus propias palabras y unos pocos ejemplos, defina los términos «clase», «encapsulamiento», «herencia» y «polimorfismo».

19.5. Revise los objetos definidos por el sistema HogarSeguro. ¿Existen otros objetos que usted piensa deberían definirse al comenzar el modelado?

19.6. Considere una interfaz gráfica de usuario (IGU) típica. Defina un conjunto de clases (y subclases) para las entidades de la interfaz que típicamente aparecen en la IGU. Asegúrese de definir atributos y operaciones apropiadas.

19.7. Dé un ejemplo de objeto compuesto.

19.8. A usted se le ha asignado la tarea de producir un nuevo software de proceso de textos. Se identifica una clase **documento**. Defina un conjunto de atributos y operaciones relevantes a **documento**.

19.9. Investigue dos lenguajes orientados a objetos diferentes y muestre como se implementan los mensajes en la sintaxis. Dé algunos ejemplos para cada lenguaje.

19.10. Realice un ejemplo concreto de reestructuración de una jerarquía de clases tal y como se describe en el examen de la Figura 19.8.

19.11. Proporcione un ejemplo concreto de herencia múltiple. Investigue uno o más artículos sobre este tema y dé argumentos en contra y a favor de la herencia múltiple.

19.12. Desarrolle un enunciado de ámbito para un sistema solicitado por su instructor. Use el análisis gramatical para aislar clases candidatas, atributos y operaciones para el sistema. Aplique el criterio de selección tratado en la Sección 19.3.1 para determinar si la clase debe usarse en el modelo de análisis.

19.13. Describa, con sus propias palabras, por qué el modelo de proceso recursivo/paralelo es apropiado para sistemas OO.

19.14. Cite tres o cuatro ejemplos específicos de las clases clave y de soporte descritas en la Sección 19.4.2.

OTRAS LECTURAS Y FUENTES DE INFORMACIÓN

La explosión del interés por las tecnologías orientadas a objetos ha resultado de la publicación de literalmente cientos de libros durante la pasada década. El tratamiento abreviado de TAYLOR [TAY90] permanece como la mejor introducción básica al tema. Los libros de BAUDOIN y HOLLOWELL (*Realizing the Object-Oriented Life Cycle*, Prentice-Hall, 1996), KHOSHAFIAN y ABNOUS (*Object-Orientation*, Wiley, 1995), *Meyer* (*Object-Success: A Managers Guide to Object-Orientation*, Prentice-Hall, 1995), BERARD [BER93], WILKIE (*Object-Oriented Software Engineering*, Addison-Wesley) y WINBLAD y colaboradores (*Object-Oriented Software*, Addison-Wesley, 1990) aportan información adicional sobre conceptos básicos, lenguajes, bases de datos e interfaces de usuario.

Una excelente antología de los primeros artículos en temas orientados a objetos ha sido recopilada por PETERSON (*Object-Oriented Computing: Concepts*, IEEE Computer Society Press, 1987). Sigfried (*Understanding Object-Oriented Software Engineering*, IEEE Computer Society Press, 1996) analiza técnicas para la definición de clases y objetos.

La publicación *The OOPSLA Proceedings* que resume la conferencia anual de la ACM sobre sistemas de programación orientada a objetos, está dedicada a temas orientados a objetos y contiene muchos trabajos útiles. *Object Magazine, Journal of Objects-Oriented Programming, C++ Report*, y *The Smalltalk Report* son publicaciones de SIGS Publications, Inc. en Langhorne, Pensilvania. En octubre de 1995 se dedicaron números monográficos de *Communications of the ACM, IEEE Computer* y *Software Development* a tecnologías de objetos.

El grupo de noticias de Internet **comp.object** es una útil fuente de información, estudio y debate en tecnologías de objetos. Las FAQ (Preguntas frecuentes y respuestas) de este grupo de noticias es una de las colecciones de información OO más comprensiva sobre Internet. Esta FAQ contiene un estudio de los conceptos más importantes de la orientación a objetos, además de estudios detallados de lenguajes, bases de datos y herramientas orientadas a objeto, así como de vendedores, esta PFH* puede encontrarse en:

http://www.cs.cmu.edu/Web/Groups/Al/html/faqs/lang/oop/faq.html

Otros debates sobre temas OO pueden encontrarse en **comp.software-eng, comp. databases.object, comp.specificatin** y **comp.testing**. Enlaces a distintos sitios Web, información de archivo, y temas relacionados con tecnologías de objetos pueden obtenerse en:

http://www.eg3.com/object.htm
http://cuiwww.unige.ch/OSG/OOinfo/index.html

Un excelente tutorial OO muy útil para aquellos que se inician en el tema puede verse en:

http://www.soft-design-com/softinfo/objects-html

Resúmenes detallados de varios libros en métodos OO pueden tomarse de:

http://www.amazon.com

Una bibliografía comprensiva con referencias a conceptos, métodos, lenguajes y herramientas puede tomarse en:

http://zgdv.igd.fhg.de/papers/se/oop/

Una colección de artículos, información general, referencias y enlaces muy útiles puede verse en:

http://www.toa.com

Una lista actualizada de referencias de la World Wide Web para tecnologías de objetos puede verse en:

http://www.rspa.com

---

* **FAQ.** Frequentley Asked Questions (Preguntas realizadas frecuentemente y sus respuestas). *(N. del T.)*

CAPÍTULO 20

ANÁLISIS ORIENTADO A OBJETOS

Cuando se tiene que construir un nuevo producto o sistema, ¿cómo lo caracterizamos de forma tal que sea tratado por la ingeniería del software orientado a objetos? ¿Cuáles son los objetos relevantes? ¿Cómo se relacionan entre sí? ¿Cómo se comportan los objetos en el contexto del sistema? ¿Cómo especificamos o modelamos un problema de forma tal que podamos crear un diseño eficaz?

A cada una de estas interrogantes se responde dentro del contexto del análisis orientado a objetos (AOO), primera actividad técnica que se desarrolla como parte de la ingeniería del software OO. El AOO se basa en un conjunto de principios básicos que se introdujeron en el Capítulo 11. Para construir un modelo de análisis se aplican cinco principios básicos: (1) se modela el dominio de la información; (2) se describe la función del módulo; (3) se representa el comportamiento del modelo; (4) los modelos se dividen para mostrar más detalles; y (5) los modelos iniciales representan la esencia del problema mientras que los últimos aportan detalles de la implementación. Estos principios forman la base para el enfoque del AOO presentado en ese capítulo.

El propósito del AOO es definir todas las clases (y las relaciones y comportamientos asociadas con ellas) que son relevantes al problema que se va a resolver. Para cumplirlo se deben ejecutar las siguientes tareas:

1. Los requisitos básicos del usuario deben comunicarse entre el cliente y el ingeniero del software.
2. Identificar las clases (es decir, definir atributos y métodos).
3. Se debe especificar una jerarquía de clases.
4. Representan las relaciones objeto a objeto (conexiones de objetos).
5. Modelar el comportamiento del objeto.
6. Repetir iterativamente las tareas de la 1 a la 5 hasta completar el modelo.

En vez de examinar el problema usando el clásico modelo entada-procesamiento-salida (flujo de información) u otro derivado exclusivamente de estructuras jerárquicas, el AOO introduce nuevos conceptos. Estos nuevos conceptos pueden parecer un poco inusuales, pero son en realidad muy naturales. Coad y Yourdon [COA91] consideran este punto cuando escriben:

> AOO —análisis orientado a objetos— se basa en conceptos que aprendimos en la guardería: objetos y atributos, clases y miembros, un todo y partes. ¿Por qué nos ha llevado tanto tiempo el aplicar estos conceptos al análisis y especificación de sistemas de información? se preguntan todos; quizá hemos estado muy ocupados «siguiendo el flujo» del tradicional análisis estructurado para considerar otras alternativas.

Es importante observar que no existe un acuerdo universal sobre los «conceptos» que sirven de base para el AOO, pero un limitado número de ideas clave se repiten a menudo, y son éstas las que consideraremos en este capítulo.

20.1. ANÁLISIS ORIENTADO A OBJETOS

El objetivo del análisis orientado a ojetos es desarrollar una serie de modelos que describan el software de computadora al trabajar para satisfacer un conjunto de requisitos definidos por el cliente. El AOO, como los métodos de análisis convencional descritos en el Capítulo 12, forman un modelo de análisis multiparte para satisfacer este objetivo. El modelo de análisis ilustra información, funcionamiento y comportamiento dentro del contexto de los elementos del modelo de objetos descrito en el Capítulo 19.

20.1.1. Enfoques convencionales y enfoques OO

¿Es el análisis orientado a objetos realmente diferente del enfoque del análisis estructurado presentado en el Capítulo 12? Aunque el debate continúa, Fichman y Kemerer [FIC92] responden a la pregunta directamente:

> Concluimos que el enfoque del análisis orientado a objetos... representa un cambio radical sobre las metodologías orientadas a procesos tales como el análisis estructurado, pero sólo un cambio incremental respecto a las metodologías orientadas de datos tales como la ingeniería de la información. Las metodologías orientadas a procesos desvían la atención de las prioridades inherentes a los objetos durante el proceso de modelado y conducen a un modelo del dominio del problema que es ortogonal con los tres principios esenciales de la orientación a objetos: encapsulamiento, clasificación de objetos y herencia.

Dicho simplemente, el análisis estructurado toma una visión diferente de los equisitos del modelo entrada-proceso-salida. Los datos se consideran separadamente de los procesos que los transforman. El comportamiento del sistema, aunque importante, tiende a jugar un papel secundario en el análisis estructurado. El enfoque del análisis estructurado hace un fuerte uso de la descomposición funcional (*partición* del diagrama de flujo de datos, Capítulo 12).

Fichman y Kemerer [FIC92] sugieren 11 «dimensiones de modelado» que pueden ser usadas para comparar diferentes métodos de análisis convencional y orientados a objetos:

1. Identificación/clasificación de entidades[1].
2. Relaciones de entidad general a específica y del todo a partes.
3. Otras relaciones de entidad.
4. Descripción de atributos de entidades.
5. Partición (división) de modelos a gran escala.
6. Estados y transiciones entre estados.
7. Especificación detallada de funciones.
8. Descomposición descendente (*top-down*).
9. Secuencias de procesamiento de fin-a-fin.
10. Identificación de servicios exclusivos.
11. Comunicación entre entidades (a través de mensajes o eventos).

Debido a que existen muchas variantes para el análisis estructurado y docenas de métodos disponibles en el AOO (vea la Sección 20.1.3), es difícil desarrollar una comparación generalizada entre los dos métodos. Puede establecerse, sin embargo, que las dimensiones 8 y 9 del modelado siempre están presentes en el análisis estructurado (AE) y raramente aparecen cuando se usa el AOO.

[1] En este contexto, «entidad» se refiere o bien a un objeto de datos (en el sentido del análisis estructurado) o bien a un objeto (en sentido del AOO).

20.1.2. El panorama del AOO

La popularidad de las tecnologías de objetos ha generado docenas de métodos de AOO[2]. Cada uno de ellos introduce un proceso para el análisis de un producto o sistema, un conjunto de modelos que evoluciona fuera del proceso, y una notación que posibilita al ingeniero del software crear cada modelo de una manera consistente. En los párrafos que siguen, se esbozan algunos de los métodos más populares del AOO[3]. El objetivo es brindar una instantánea del proceso de AOO propuesto por los autores del método[4].

El método de Booch. El método de Booch [BOO94] abarca un «micro proceso de desarrollo» y un «macro proceso de desarrollo». El nivel micro define un conjunto de tareas de análisis que se reaplican en cada etapa en el macro proceso. Por esto se mantienen un enfoque evolutivo. El método Booch está soportado por una variedad de herramientas automatizadas. A continuación esbozamos brevemente el micro proceso de desarrollo del AOO de Booch.

- Identificar clases y objetos.
  - Proponer objetos candidatos.
  - Conducir el análisis de comportamiento.
  - Identificar escenarios relevantes (significativos).
  - Definir atributos y operaciones para cada clase.
- Identificar la semántica de clases y objetos.
  - Seleccionar y analizar escenarios.
  - Asignar responsabilidades para alcanzar el comportamiento deseado.
  - Dividir las responsabilidades para equilibrar el comportamiento.
  - Seleccionar un objeto y enumerar sus papeles y responsabilidades.
  - Definir operaciones para satisfacer las responsabilidades.
  - Buscar colaboraciones entre objetos.

[2] Una discusión detallada de stos métodos y sus diferencias está fuera del alcance en este libro. El lector interesado consulte a Berard [BER92] y Graham [GRA94] para una comparación más detallada.

[3] En general los métodos de AOO se identifican usando el (o los) nombre(s) del desarrollador del método, incluso si al método se le ha dado un nombre o acronismo único.

[4] El significado de muchos de los pasos esbozados en las descripciones del proceso que siguen se discutirán en las Secciones 20.3 y 20.4. Debe notarse también que cada uno de estos métodos tiene también una componente de diseño que se discutirá brevemente en el Capítulo 21.

- Identificar relaciones entre clases y objetos.
  Definir las dependencias que existen entre objetos.
  Describir el papel (rol) de cada objeto participante.
  Validar los escenarios por revisión completa.
- Realizar una serie de refinamientos.
  Producir diagramas apropiados para el trabajo realizado en los puntos anteriores.
  Definir jerarquías de clases apropiadas.
  Crear agrupamientos basados en clases comunes.
- Implementar clases y objetos (en el contexto del AOO esto implica complementar el modelo de análisis).

El método de Coad y Yourdon. El método de Coad y Yourdon [COA91] se considera, con frecuencia, como uno de los métodos del AOO más sencillos de aprender. La notación del modelado es relativamente simple y las reglas para desarrollar el modelo de análisis son evidentes. A continuación sigue una descripción resumida del proceso de AOO de Coad y Yourdon.

- Identificar objetos usando el criterio de «qué buscar».
- Definir una estructura de generalización-especificación.
- Definir una estructura de todo-parte.
- Identificar temas (representaciones de componentes de subsistemas).
- Definir atributos.
- Definir servicios.

El método de Jacobson. También llamado ISOO (ingeniería del software orientada a objetos), el método de Jacobson [JAC92] es una versión simplificada de Objectory, un método patentado, también desarrollado por Jacobson. Este método se diferencia de los otros por la importancia que da al *caso de uso* —una descripcion o escenario que describen otros por el gran énfasis en el *caso de uso*— una descripción o escenario que describe cómo el usuario interactúa con el producto o sistema. A continuación sigue un breve esbozo del proceso de AOO de Jacobson:

- Identificar los usuarios del sistema y sus responsabilidades globales.
- Construir un modelo de requisitos.
  Definir los actores y sus responsabilidades.
  Identificar los casos de uso para cada actor.
  Preparar una visión inicial de los objetos del sistema y sus relaciones.
  Revisar el modelo usando los casos de uso como escenarios para determinar su validez.
- Construir un modelo de análisis.
  Identificar objetos de interfaz usando información del tipo actor-interacción.
  Crear vistas estructurales de los objetos de interfaz.
  Representar el comportamiento del objeto.
  Aislar subsistemas y modelos para cada uno.
  Revisar el modelo usando casos de uso coo escenarios para determinar su validez.

El método de Rumbaugh. Rumbaug [RUM91] y sus colegas desarrollaron la Técnica de Modelado de Objetos (OMT)* para el análisis, diseño del sistema y diseño del nivel de objetos. La actividad de análisis crea tres modelos: el modelo de objeto (una representación de objetos, clases, jerarquías y relaciones), el modelo dinámico (una representación del comportamiento del sistema y los objetos) y el modelo funcional (una representación a alto nivel del flujo de información a través del sistema similar al DFD). A continuación se muestra una breve descripción del proceso de AOO de Rumbaugh.

- Desarrollar una declaración del ámbito del problema.
- Desarrollar un modelo de objetos.
  Identificar clases relevantes al problema.
  Definir atributos y asociaciones.
  Definir enlaces de objetos.
  Organizar las clases de objetos usando la herencia.
- Desarrollar un modelo dinámico
  Preparar escenarios.
  Definir eventos y desarrollar una traza de eventos para cada escenario.
  Construir un diagrama de flujo de eventos.
  Desarrollar un diagrama de estados.
  Revisar el comportamiento para comprobar consistencia y compleción.
- Desarrollar un modelo funcional para el sistema.
  Identificar entradas y salidas.
  Usar diagramas de flujo de datos para representar transformaciones del flujo.
  Desarrollar EP (Especificación del proceso en Capítulo 12) para cada función.
  Especificar criterios de restricciones y optimización.

---

* Object Modelling Techniques. *(N. del T.)*

Debe notarse que el trabajo de mezclar los métodos de Booch y Rumbaugh está realizándose ya. El conjunto resultante de notación y heurísticas, se denomina *Unified Method (Método unificado)* ([BOO96], [LOC96]) y combina la importancia de los datos de Rambaugh con el de Booch en el comportamiento y en la operatividad.

El método de Wirfs-Brock. El método de Wirfs-Brock [WIR90] no hace una distinción clara entre las tareas de análisis y diseño. En su lugar, se propone un proceso continuo que comienza con la valoración de una especificación del cliente y termina con el diseño. A continuación se esbozan brevemente las tareas relacionadas con el análisis de Wirfs-Brock.

- Evaluar la especificación del cliente.
- Usar un análisis gramatical para extraer clases candidatas de la especificación.
- Agrupar las clases en un intento de determinar superclases.
- Definir responsabilidades para cada clase.
- Asignar responsabilidades a cada clase.
- Identificar relaciones entre clases.
- Definir colaboraciones entre clases basándose en sus responsabilidades.
- Construir representaciones jerárquicas de clases para mostrar relaciones de herencia.
- Construir un grafo de colaboraciones para el sistema.

Aunque la terminología y etapas del proceso para cada uno de estos métodos de AOO difieren, los procesos generales de AOO son en realidad muy similares. Para realizar un análisis orientado a objetos, un ingeniero del software debería ejecutar las siguientes etapas genéricas.

- Obtener los requisitos del cliente para el Sistema OO.
  Identificar escenarios o casos de uso.
  Construir un modelo de requisitos.
- Seleccionar clases y objetos usando los requisitos básicos como guías.
- Identificar atributos y opeaciones para cada objeto del sistema.
- Definir estructuras y jerarquías que organicen las clases.
- Construir un modelo objeto-relación.
- Construir un modelo objeto-comportamiento.
- Revisar el modelo de análisis OO en relación a los casos de uso/escenarios.

Estas etapas genéricas son considerados en mayor detalle en las Secciones 20.3 y 20.4.

20.2. ANÁLISIS DEL DOMINIO

El análisis en sistemas orientados a objetos puede ocurrir a muchos niveles diferentes de abstracción. Al nivel de negocios o empresas, las técnicas asociadas con el AOO pueden acoplarse con un enfoque de ingeniería de la información (Capítulo 10) en un esfuerzo por definir clases, objetos, relaciones y comportamientos que modelen el negocio por completo. Este nivel de AOO es análogo a la planificación de estrategia de información. En el nivel de áreas de negocios, puede definirse un modelo de objeto que descrita el trabajo de un área específica de negocios (o una categoría de productos o sistemas). Al nivel de las aplicaciones, el modelo de objetos se centra en los requisitos específicos del cliente pues estos afectan la aplicación que se va a construir.

El AOO a su nivel de abstracción más alto (el nivel de empresa) está más allá del alcance de este libro. Los lectores interesados deberían ver a [DUE92], [MAT94], [SUL94] y [TAY95] los cuales hacen un análisis más detallado. Al nivel de abstracción más bajo, el AOO cae dentro del alcance general de la ingeniería del software orientado a objetos y es el centro de atención del resto de las secciones de este capítulo. En esta sección nos centraremos en el AOO que se realiza a un nivel medio de abstracción. Esta actividad, llamada *análisis del dominio*, tiene lugar cuando una organización desea crear una biblioteca de clases reutilizables (o reusables) (componentes) ampliamente aplicables a una categoría completa de aplicaciones.

20.2.1. Análisis de reusabilidad y del dominio

Las tecnologías de objetos están influenciadas por la *reusabilidad* (reutilización). Considere un ejemplo simple. El análisis de los requisitos para nuevas aplicaciones indican la necesidad de 100 clases. Se le asigna a dos equipos la tarea de construir la aplicación. Cada uno debe diseñar y construir un producto final y, a su vez, está compuesto de personas con el mismo nivel de habilidad y experiencia.

El equipo A no tiene acceso a una biblioteca de clases, por lo que debe desarrollar las 100 clases desde el principio. El equipo B usa una biblioteca de clases robusta y encuentra que ya existen 55 clases. Esto es muy similar a que:

1. El equipo B finalizará el proyecto mucho antes que el A.
2. El coste del producto del equipo B será significativamente más bajo que el coste del producto del equipo A.
3. El producto producido por el equipo B tendrá menos defectos distribuibles que los del producto del equipo A.

Aunque el margen por el cual el trabajo del equipo B excederá al del A está abierto a debate, pocos argumentarán que la reusabilidad aporta una ventaja substancial al equipo B.

¿Pero de dónde vino la «biblioteca de clases robusta»? ¿Y cómo se determinó que las entradas de la biblioteca eran apropiadas para su uso en nuevas aplicaciones? Para responder estas preguntas, la organización que creó y mantuvo dicha biblioteca tuvo que aplicar el análisis del dominio.

20.2.2. El proceso de análisis del dominio

Firesmith [FIR93] describe el análisis del dominio del software de la siguiente manera:

> El análisis del dominio del software es la identificación, análisis y especificación de requisitos comunes de un dominio de aplicación específico, normalmente para su *reusabilidad* en múltiples proyectos dentro del mismo dominio de aplicación... [el análisis orientado a objetos del dominio es] la identificación, análisis y especificación de capacidades comunes y *reusables* dentro de un dominio de aplicación específico, en términos de objetos, clases, submontajes y marcos de trabajo comunes...

El «dominio de aplicaciones específico» puede variar desde aviónica a banca, desde juegos de vídeo multimedia hasta aplicaciones dentro de un escáner CAT. El objetivo del análisis del dominio es claro: encontrar o crear aquellas clases ampliamente aplicadas, de tal manera que sean reusables (reutilizables)[5].

Usando la jerga introducida al inicio del libro, el análisis del dominio puede verse como la actividad de cobertura para el proceso del software. Con esto queremos decir que el análisis del dominio es una actividad en curso de la ingeniería del software no ligada a ningun proyecto de software. De cierta forma, el papel de un análisis del dominio es similar al de un maestro tornero dentro de un entorno de fabricación fuerte. El trabajo del maestro tornero es diseñar y construir herramientas que pueden usarse por varias personas que trabajan en aplicaciones similares, pero no necesariamente idénticas.

La Figura 20.1 [ARA89] ilustra las entradas y salidas clave para el proceso de análisis del dominio. Se examinan las fuentes del dominio de conocimiento en un intento de identificar objetos que se puedan reusar a lo largo de todo el dominio. En esencia el análisis del dominio es muy similar a la ingeniería del conocimiento. El ingeniero del conocimiento investiga un área de interés específica, intentando extaer hechos claves que se puedan usar para la construcicón de un sistema experto o una red neuronal artificial. Durante el análisis del dominio ocurre la extracción de objetos (y clases).

5 La tecnología asociada con la reusabilidad del software se examina en detalle en el Capítulo 26.

FIGURA 20.1

Entrada y salida para análisis del dominio

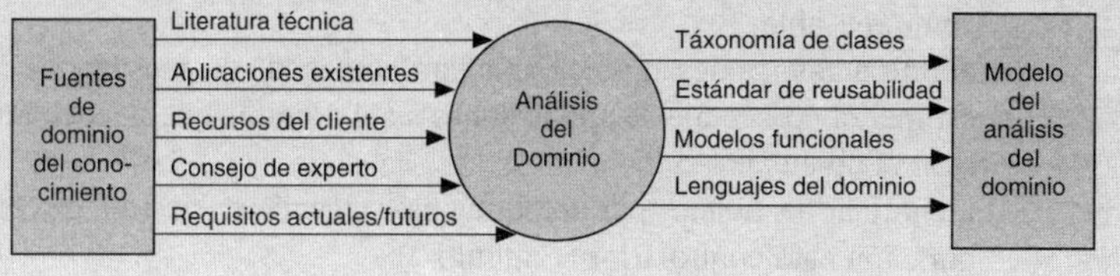

El proceso de análisis del dominio puede caracterizarse por una serie de actividades que comienzan con la identificación del dominio a investigar y finaliza con una especificación de los objetos y clases que caracterizan este dominio. Berard [BE93] sugiere las siguientes actividades:

Definir el dominio a investigar. Para llevar a cabo esta tarea, el analista debe primero aislar el área de negocio, tipo de sistema, o categoría del producto de interés. A continuación, se deben extraer los «elementos» OO y no OO. Los elementos OO incluyen especificaciones, diseños y código para clases de aplicaciones OO ya existentes; clases de soporte (p. ej.: clases de Interfaz Gráfica de Usuario o clases de acceso a base de datos); bibliotecas de componentes comerciales ya desarrolladas (CYD) relevantes al dominio; y casos de prueba.

Los elementos no OO abarcan políticas, procedimientos, planes, estándares y guías; partes de aplicaciones no OO (incluyendo especificación, diseño e información de prueba); métricas; y CYD del software no OO.

Clasificar los elementos extraídos del dominio. Los elementos se organizan en categorías y se establecen las características generales que definen la categoría. Se propone un esquema de clasificación para las categorías y se definen convenciones para la nomenclaturas de cada elemento. Se establecen jerarquías de clasificación en caso de ser apropiado.

Recolectar una muestra representativa de aplicaciones en el dominio. Para realizar esta tarea, el analista debe asegurar que la aplicación en cuestión tiene elementos que caen dentro de las categorías ya definidas. Berard [BER93] observa que durante las primeras etapas de uso de las tecnologías de objetos, una organización del software tendrá muy pocas, si hay alguna, aplicaciones OO. Debido a esto, el analista de dominio debe «identificar los objetos *conceptuales* (opuestos a los *físicos*) en cada aplicación [no OO]».

Analizar cada aplicación dentro de la muestra. Las etapas siguientes [BER93] ocurren durante el proceso de análisis del dominio:

- identificar objetos candidatos reusables;
- indicar las razones que hacen que el objeto haya sido identificado como reusable;
- definir adaptaciones al objeto que también puede ser reusable;
- estimar el porcentaje de aplicaciones en el dominio que pueden reutilizar el objeto; e
- identificar los objetos por nombre y usar técncias de gestión de configuración para controlarlos (Capítulo 9).

Adicionalmente, una vez que se han definido los objetos, el analista debe estimar qué porcentaje de una aplicación típica pudira construirse usando los objetos reusables.

Desarrollar un modelo de análisis para los objetos. El modelo de análisis servirá como base para el diseño y construcción de los objetos del dominio.

Adicionalmente a estas etapas, el analista del dominio también debe crear un conjunto de líneas maestras para la reusabilidad, y desarrollar un ejemplo que ilustre cómo los objetos del dominio pudieran usarse para crear una aplicación nueva.

El análisis del dominio es la primera actividad técnica en una amplia disciplina que algunos llaman *ingeniería del dominio* (Capítulo 26). Cuando un negocio, sistema o producto del dominio es definido como estratégico a largo plazo, puede desarrollarse un esfuerzo continuado para crear una biblioteca reusable robusta. El objetivo es ser capaz de crear software dentro del dominio con un alto porcentaje de componentes *reusables*. Argumentos a favor de un esfuerzo dedicado a la ingeniería del dominio son: bajo costo, mayor calidad y menor tiempo de comercialización.

20.3. COMPONENTES GENÉRICOS DEL MODELO DE ANÁLISIS OO

El proceso de análisis orientado a objetos se adapta a conceptos y principios básicos de análisis discutidos en el Capítulo 11. Aunque la terminología, notación y actividades difieren respecto de los usados en métodos convencionales, el AOO (en su núcleo) resuelve los mismos objetivos subyacentes. Rumbaugh [RUM91] examina esto cuando asegura que:

> El análisis... se ocupa de proyectar un modelo preciso, conciso, comprensible y correcto del mundo real. ...El propósito de análisis orientado a objetos es modelar el mundo real de forma tal que sea comprensible. Para esto usted debe examinar los requisitos, analizar las implicaciones que se deriven de ellos y reafirmar de manera rigurosa. Usted debe abstraer primero características del mundo real y dejar los pequeños detalles para más tarde.

Para desarrollar un «modelo preciso, conciso, comprensible y correcto del mundo real», un ingeniero del software debe seleccionar una de un cierto número de notaciones y procesos del AOO. Como vimos en la Sección 20.1.2, cada método de AOO (y existen docenas de éstos) posee un proceso único y una notación diferente. Y aún más, todos se adaptan a un conjunto de etapas genéricas (Sección 20.1.2) y todos aportan una notación que implementa un conjunto de componentes genéricas de un modelo de análisis OO.

Monarchi y Puhr [MON92] definen un conjunto de componentes de representación genéricos que aparecen en todos los modelos de análisis OO[6]. Los *componentes estáticos* son estructurales por naturaleza, e indican características que se mantienen durante toda la vida operacional de una aplicación. Los *componentes dinámicos* se centran en el control, y son sensibles al tiempo y al tratamiento de eventos. Ellos definen cómo interactúa un objeto con otros a lo largo del tiempo. Los siguientes componentes pueden identificarse [MON92]:

Vista estática de clases semánticas. Una taxonomía de clases típicas se mostró en el Capítulo 19. Se imponen los requisitos y se extraen (y representan) clases como parte del modelo de análisis. Estas clases persisten a través de todo el período de vida de la aplicación y se derivan en base a la semántica de los requisitos del cliente.

Vista estática de los atributos. Toda clase debe describirse explícitamente. Los atributos asociados con la clase aportan una descripción de la clase, así como una indicación inicial de las operaciones relevantes a esta clase.

Vista estática de las relaciones. Los objetos están «conectados» unos a otros de varias formas. El modelo de análisis debe representar las relaciones de manera tal que puedan identificarse las operaciones (que afecten estas conexiones) y que pueda desarrollarse un buen diseño de intercambio de mensajes.

Vista estática de los comportamientos. Las relaciones indicadas anteriormente definen un conjunto de comportamientos que se adaptan al escenario utilizado (casos de uso) del sistema. Estos comportamientos se implementan a través de la definición de una secuencia de operaciones que los ejecutan.

---

[6] Los autores [MON92] aportan también un análisis de 23 métodos de AOO e indican cómo éstos representan estas componentes.

Vista dinámica de la comunicación. Los objetos deben comnicarse unos con otros y hacerlo basándose en una serie de mensajes que provoquen transiciones de un estado a otro del sistema.

Vista dinámica del control y manejo del tiempo. Debe describirse la naturaleza y tiempo de duración de los eventos que provocan transiciones de estados.

Como se muestra en la Figura 20.2, de Champeaux y sus colegas [CHA93] definen una vista ligeramente diferente de las representaciones del AOO. Las componentes estáticas y dinámicas se identifican para el objeto internamente y para las representaciones interobjetos. Una vista dinámica del objeto internamente puede caracterizarse como la *historia de vida del objeto*, esto es, los estados que alcanza el objeto a o largo del tiempo, al realizarse una serie de operaciones sobre sus atributos.

20.4. EL PROCESO DE AOO

El proceso de AOO no comienza con una preocupación por los objetos. Más bien comienza con una comprensión de la manera en la que se usará el sistema: por las personas, si el sistema es de interacción con el hombre; por otras máquinas, si el sistema está envuelto en un control de procesos; o por otros programas; si el sistema coordina y controla otras aplicaciones. Una vez que se ha definido el escenario, comienza el modelado del software.

Las secciones que siguen definen una serie de técnicas que pueden usarse para recopilar requisitos básicos del usuario y después definen un modelo de análisis para un sistema orientado a objetos.

FIGURA 20.2

Representaciones del AOO [CHA93]

	Interioridades del objeto	Representaciones interobjetos
Componentes estáticos	Clases Atributos Operaciones	Relaciones de objetos Estados Transiciones
Componentes dinámicos	Historia de la vida del objeto	Comunicación Temporización

20.4.1. Casos de uso o de utilización *(use cases)*

La recopilación de requisitos es siempre el primer paso en cualquier actividad de análisis del software. Como examinamos en el Capítulo 11, la recopilación de requisitos puede tomar la forma de un rápido encuentro en el cual el cliente y el desarrollador acuerdan definir los requisitos básicos del sistema y del software. Basado en estos requisitos, el ingeniero del software (analista) puede crear un conjunto de escenarios de manera tal que cada uno identifique una parte *(hilo)* del uso que se le dará al sistema a construir. Los escenarios, a menudo llamados *casos de uso* [JAC92], aportan una descripción acerca de cómo el sistema será usado.

Para crear un caso de uso, el analista debe primero identificar los diferentes tipos de personas (o dispositivos) que usan el sistema o producto. Estos *actores* actualmente representan papeles ejecutados por personas (o dispositivos) cuando el sistema está en operación. Definido de una manera más formal un actor es cualquier cosa que se comunique con el sistema o producto y que sea externo a él.

Es importante observar que un actor y un usuario *no* son la misma cosa. Un usuario típico puede desempeñar un cierto número de papeles (*roles*) cuando usa el sistema, mientras que el actor representa una clase de entidades externas (a menudo, pero no siempre, las personas) que sólo desempeñan un único papel. Como ejemplo, consideremos un operador de máquina (un usuario) que interactúa con la computadora de control de una cadena de fabricación que contiene un cierto número de robots y máquinas de control numérico. Después de un cuidadoso estudio de los requisitos, el software para la computadora de control requiere cuatro modos (papeles) diferentes de interacción: modo de programación, modo de prueba, modo de monitorización y modo de tratamiento de errores. Por esto, pueden definirse cuatro actores: el programador, el verificador, el controlador y el reparador de errores. En algunos casos, el operador de la computadora puede realizar estas cuatro tareas. En otros, diferentes personas pueden representar los papeles de cada actor.

Como en otros aspectos del modelo de análisis OO, no se identifican todos los actores durante la primera iteración. Es posible identificar *actores primarios* [JAC92] durante la primera iteración y *actores secundarios* al aprender más sobre el sistema. Los actores primarios interactúan para lograr el funcionamiento requerido del sistema y obtener, de él, el beneficio propuesto. Ellos trabajan directa y frecuentemente con el software. Los actores secundarios existen para dar soporte al sistema de manera tal que los primarios puedan realizar su trabajo.

Una vez que los actores primarios han sido identificados, pueden desarrollarse casos de uso. El caso de uso describe la forma en la cual un actor interactúa con el sistema. Jacobson [JAC92] sugiere un número de cuestiones a responder por el caso de uso:

- ¿Cuáles son las tareas o funciones principales a realizar por el actor?
- ¿Qué información del sistema adquirirá, producirá o cambiará el actor?

- ¿Tendrá el actor que informar al sistema acerca de cambios en el entorno exterior?
- ¿Qué información desea el actor sobre el sistema?
- ¿Desea el actor ser informado sobre cambios inesperados?

En general, un caso de uso es simplemente una narración escrita que describe el papel de un actor al ocurrir la interacción con el sistema.

El sistema de seguridad HogarSeguro, discutido en capítulos anteriores, puede usarse para ilustrar como pueden desarrollarse casos de uso. Recordando los requisitos básicos de HogarSeguro, podemos definir tres actores: el propietario (el usuario), los sensores (dispositivos adjuntos al sistema) y el subsistema de monitorización y respuesta (la estación central que monitoriza HogarSeguro). Para los propósitos de este ejemplo, consideraremos solamente el actor propietario. El propietario interactúa con el producto en un número de formas diferentes:

- Introduce una contraseña para permitir el resto de las interacciones.
- Interroga acerca del estado de una zona de seguridad.
- Interroga acerca del estado de un sensor.
- Presiona el botón de pánico en una emergencia.
- Activa/desactiva el sistema de seguridad.

A continuación tenemos un caso de uso para la activación del sistema:

1. El propietario observa el panel de control de HogarSeguro (Figura 11.4) para determinar si el sistema está listo para las entradas. Si el sistema *no está listo* (preparado), el propietario debe, físicamente, cerrar las ventanas/puertas de tal manera que el indicador de disponibilidad esté presente. (Un indicador de *no listo* implica que un sensor está abierto, por ejemplo que una puerta o ventana s encuentra abierta.)
2. El propietario usa el teclado numérico para escribir una contraseña de cuatro dígitos. La contraseña se compara con la válida almacenada en el sistema. Si esta contraseña es incorrecta, el panel de control emitirá un pitido una vez y se restaurará en espera de entradas adicionales. Si la contraseña es correcta, el panel de control esperará para otras acciones.
3. El propietario selecciona y escribe *permanecer* o *continuar* (véase Figura 11.4) para activa el sistema. *Permanecer* activa solamente los sensores de perímetro (se desactivan sensores internos detectores de movimiento). *Continuar* activa todos los sensores.
4. Cuando ocurre una activación, el propietario podrá observar una luz roja de alarma.

Los casos de uso para otras interacciones del propietario se desarrollarán de manera similar. Es importante notar que cada caso de uso deberá revisarse cuidadosamente. Si algún elemento de la interacción es ambiguo, es probable que una revisión del caso de uso indicará un problema.

Cada caso de uso aporta un escenario no ambiguo de interacción entre un actor y el software. Pueden también usarse para especificar requisitos de tiempo u otras restricciones para el escenario. Por ejemplo, en el caso de uso anterior, los requisitos indican que la activación ocurre 30 segundos después de presionar la tecla *permanecer* o *continuar*. Esta información puede añadirse al caso de uso.

Los casos de uso describen escenarios que pueden percibirse de manera diferente por diferentes actores. Wyder [WYD96] sugiere el uso del despliegue de función de calidad (DFC)[7] para desarrollar un valor de prioridad ponderado para cada caso de uso. Para lograr esto, se evalúan los casos de uso desde el punto de vista definido por todos los actores definidos para el sistema. Se asigna un valor de prioridad a cada caso (p. ej.: un valor entre 1 y 10) por cada actor[8]. Se computa entonces una prioridad promedio, indicando la importancia percibida de cada uno de los casos de uso. Cuando se usa un modelo de proceso iterativo o incremental para la ingeniería del software orientada a objetos, las prioridades pueden influenciar determinando qué funcionalidad del sistema será la primera en liberarse.

20.4.2. Modelado de clases-responsabilidades-colaboraciones

Una vez que se han desarrollado los escenarios de uso básicos para el sistema, es tiempo de identificar las clases candidatas, e indicar sus responsabilidades y colaboraciones. El modelado de clases-responsabilidades-colaboraciones (CRC) [WIR90] aporta un medio sencillo de identificar y organizar las clases que resulten relevantes al sistema o requisitos del producto. Ambler [AMB95] describe el modelado CRC de la siguiente manera:

> Un modelo CRC es realmente una colección de tarjetas índice estándar que representan clases. Las tarjetas están divididas en tres secciones. A lo largo de la cabecera de la tarjeta usted escribe el nombre de la clase. En el cuerpo se listan las responsabilidades de la clase a la izquierda y a la derecha los colaboradores.

En realidad, el modelo CRC puede hacer uso de tarjetas índice virtuales o actuales. El intento es desarrollar una representación organizada de las clases. Las *responsabilidades* son los atributos y operaciones relevantes para la clase. Puesto de forma simple, una responsabilidad es «cualquier cosa que conoce o hace la

[7] El DFC (QFD, en inglés) se examina brevemente en el Capítulo 11.

[8] Idealmente esta evaluación debe realizarse por individuos de la organización o función de negocio representada por un actor.

clase» [AMB95]. Los colaboradores son aquellas clases necesarias para proveer a una clase con la información necesaria para completar una responsabilidad. En general, una colaboración implica una solicitud de información o una solicitud de alguna acción.

Clases

Las pautas básicas para identificar clases y objetos se presentaron en el Capítulo 19. Resumiendo, los objetos se manifiestan en una variedad de formas (Sección 19.3.1): entidades externas, cosas, ocurrencias o eventos, roles, unidades organizacionales, lugares, o estructuras. Una técnica para identificarlos en el contexto de un problema del software es realizar un análisis gramatical con la narrativa de procesamiento para el sistema. Todos los nombres se transforman en objetos potenciales. Sin embargo, no todo objeto potencial podrá incluirse en el modelo CRC. En el Capítulo 19 se definieron seis características de selección: información retenida, servicios necesarios, múltiples atributos, atributos comunes, operaciones comunes y requisitos esenciales. Un objeto potencial debe satisfacer estas seis características para poder ser considerado como posible miembro del modelo CRC.

Firesmith [FIR93] extiende la taxonomía de tipos de clases mostrada anteriormente sugiriendo las siguientes adiciones:

Clases dispositivo. Modelan entidades externas tales como sensores, motores y teclados.

Clases propiedad. Representan alguna propiedad importante del entorno del problema (p. ej.: establecimiento de créditos dentro del contexto de una aplicación de préstamos hipotecarios).

Clases interacción. Modelan interacciones que ocurren entre otros objetos (p. ej.: una adquisición o una licencia).

Adicionalmente, los objetos y clases pueden clarificarse por un conjunto de características:

Tangibilidad. ¿Representa la clase algo tangible o palpable (p. ej.: un teclado o sensor), o representa información más abstracta (p. ej.: una salida prevista)?

Inclusividad. ¿Es la clase *atómica* (es decir, no incluye otras clases) o es *agregada* (incluye al menos un objeto anidado)?

Secuenciabilidad. ¿Es la clase *concurrente* (es decir posee su propio hilo de control) o *secuencial* (es controlada por recursos externos)?

Persistencia. ¿Es la clase *transitoria* (es decir, es creada y eliminada durante la ejecución del programa), *temporal* (es creada durante la ejecución del programa y eliminada una vez que éste termina), o *permanente* (es almacenada en una base de datos)?

Integridad. ¿Es la clase corrompible (es decir, no protege sus recursos de influencias externas) o es segura (la clase refuerza los controles de accesos a sus recursos)?

Usando estas categorías de clases, las tarjetas índice creadas como parte del modelo CRC pueden extenderse para incluir el tipo de la clase y sus características (Figura 20.3).

Responsabilidades

Las pautas básicas para identificar responsabilidades (atributos y operaciones) también fueron presentadas en el Capítulo 19. Para resumir, los atributos representan características estables de una clase, esto es, información sobre la clase que debe retenerse para llevar a cabo los objetivos del sofware especificados por

FIGURA 20.3

Un modelo CRC de tarjeta índice

Nombre de la clase:	
Tipo de la clase: (dispositivo, propiedad, rol, evento, ...)	
Características de la clase: (tangible, atómica, concurrente, ...)	
Responsabilidades:	Colaboradores:

el cliente. Los atributos pueden a menudo extraerse del planteamiento de alcance o discernirse a partir de la comprensión de la naturaleza de la clase. Las operaciones pueden extraerse desarrollando un análisis gramatical sobre la narrativa de procesamiento del sistema. Los verbos se transforman en candidatos a operaciones. Cada operación elegida para una clase exhibe un comportamiento de la clase.

Wirfs-Brock y sus colegas [WIR90] sugieren cinco pautas para especificar responsabilidades para las clases:

1. *La inteligencia del sistema debe distribuirse de manera igualitaria.* Toda aplicación encierra un cierto grado de inteligencia, por ejemplo, lo que sabe el sistema y lo que puede hacer. Esta inteligencia puede distribuirse ente las clases de varias maneras. Las clases «tontas» (aquellas con pocas responsabilidades) pueden modelarse de manera que actúen como sirvientes de unas pocas clases «listas» (aquellas con muchas responsabilidades). Aunque este enfoque hace que el flujo de control dentro de un sistema sea claro, posee algunas desventajas:

   - Concentra toda la inteligencia en pocas clases, haciendo los cambios más difíciles.
   - Tiende a necesitar más clases y por lo tanto el esfuerzo de desarrollo aumenta.

   Por esta razón, la inteligencia del sistema debe distribuirse de manera igualitaria entre las clases de una aplicación. Como cada objeto conoce y actúa sobre algunos pocos elementos (generalmente bien definidos y claros), la cohesión del sistema se ve incrementada. Adicionalmente, los efectos colaterales provocados por cambios tienden a amortiguarse debido a que la inteligencia del sistema se ha descompuesto entre muchos objetos.

   Para determinar si la inteligencia del sistema está distribuida equitativamente, las responsabilidades definidas en cada tarjeta índice del modelo CRC deben ser evaluadas para determinar si cada clase posee una lista de responsabilidades extaordinariamente grande. Esto indica una concentración de inteligencia. Adicionalmente, las responsabilidades de cada clase deben mostrar el mismo nivel de abstracción. Por ejemplo, entre la lista de operaciones de una clase agregada llamada **chequeo de cuenta** existen dos responsabilidades: *balance-de-la-cuenta* y *verificar-talones-cobrados*. La primera operación (responsabilidad) impica un complejo procedimiento matemático y lógico. La segunda es una simple actividad para empleados. Debido a que estas dos actividades no están al mismo nivel de abstracción, *verificar-talones-cobrados* debe situarse dentro de las responsabilidades de la clase **chequear-entradas**, la cual está contenida en la clase agregada **chequeo de cuenta**.

2. *Cada responsabilidad debe establecerse lo más general posible.* Esta línea de trabajo implica que las responsabilidades generales (tanto los atributos como las operaciones) deben residir en la parte alta de la jerarquía de clases (puesto que son genéricas, se aplicarán a todas las subclases). Adicionalmente, debe usarse el polimorfismo (Capítulo 19) para definir las operaciones que generalmente se aplica a la superclase, pero que se implementan de manera diferente en cada una de las subclases.
3. *La información y el comportamiento asociado a ella, debe encontrarse dentro de la misma clase.* Esto implementa el principio OO que llamamos encapsulamiento (Capítulo 19). Los datos y procesos que manipulan estos datos deben empaquetarse como una unidad cohesionada.
4. *La información sobre un elemento debe estar localizada dentro de una clase, no distribuida a través de varias clases.* Una clase simple debe asumir la responsabilidad de almacenamiento y manipulación de un tipo específico de información. Esta responsabilidad no debe compartirse, de manera general, entre un número de clases. Si la información está distribuida, el software se torna más difícil de mantener y probar.
5. *Compartir responsabilidades entre clases relacionadas cuando sea apropiado.* Existen muchos casos en los cuales una gran variedad de objetos exhibe el mismo comportamiento al mismo tiempo. Como un ejemplo, considere un juego de vídeo que debe mostrar los siguientes objetos: **jugador, cuerpo-del-jugador, brazos-del-jugador, cabeza-del-jugador.** Cada uno de estos atributos tiene sus propios atributos (p. ej.: *posición, orientación, color, velocidad*), y todos deben actualizarse y visualizarse al mover el usuario la palanca de mando *(joystick)*. Las responsabilidades *actualizar* y *visualizar* deben, por lo tanto, compartirse por los objetos señalados. El **jugador** sabe cuando algo ha cambiado y se requiere *actualizar*. El colabora con los otros objetos para alcanzar una nueva posición u orientación, pero cada objeto controla su propia *visualización*.

Colaboradores

Las clases cumplen con sus responsabilidades en una de dos maneras: (1) una clase puede usar sus propias operaciones para manipular sus propios atributos, cumpliendo por lo tanto con una responsabilidad particular, o (2) una clase puede colaborar con otras clases.

Wirfs-Brock [WIR90] y sus colegas definen las colaboraciones de la siguiente forma:

> Las colaboraciones representan solicitudes de un cliente a un servidor en el cumplimiento de una responsabilidad del cliente. Una colaboración es la realización de un contrato entre el cliente y el servidor... Decimos que un objeto colabora con

otro, si para ejecutar una responsabilidad, necesita enviar cualquier mensaje al otro objeto. Una colaboración simple fluye en una dirección, representando una solicitud del cliente al servidor. Desde el punto de vista del cliente, cada una de sus colaboraciones está asociada con una responsabilidad particular implementada por el servidor.

Las colaboraciones identifican relaciones entre clases. Cuando todo un conjunto de clases colabora para satisfacer algún requisito, es posible organizarlas en un subsistema (un elemento del diseño).

Las colaboraciones se identifican determinando si una clase puede satisfacer cada responsabilidad. Si no puede, entonces necesita interactuar con otra clase. Por consiguiente, una colaboración.

Como un ejemplo, considere la aplicación HogarSeguro[9]. Como una parte del procedimiento de activación (vea el caso de uso para activación en la sección 20.4.1), el objeto **panel de control** debe determinar si existen sensores abiertos. Se define una responsabilidad llamada *determinar-estado-del-sensor*. Si hay sensores abiertos, el **panel de control** debe poner el atributo *estado* al valor «no listo». La información del sensor puede obtenerse del objeto **sensor**. Por lo tanto, la responsabilidad *determinar-estado-del-sensor* puede ejecutarse solamente si el **panel de control** trabaja en colaboración con el **sensor**.

Para ayudar en la identificación de colaboradores, el analista puede examinar tres relaciones genéricas diferentes entre clases [WIR90]: (1) la relación *es-parte-de*, (2) la relación *tiene-conocimiento-sobre*, y (3) la relación *depende-de*. A través de la creación de un diagrama de relación entre clases (Sección 20.4.4), el analista desarrolla las conexiones necesarias para identificar estas relaciones. Cada una de las tres relaciones genéricas se considera brevemente en los párrafos que siguen.

Todas las clases que forman parte de una clase agregada, están conectadas a ésta a través de una relación *es-parte-de*. Considere las clases definidas para el juego de vídeo mencionado anteriormente, la clase **cuerpo-del-jugador** *es-parte-de* **jugador**, al igual que **cuerpo-del-jugador, brazos-del-jugador** y **cabeza-del-jugador**.

Cuando una clase debe obtener información sobre otra, se establece la relación *tiene-conocimiento-sobre*. La responsabilidad *determinar-estado-del-sensor* es un ejemplo de la relación *tiene-conocimiento-sobre*.

La relación *depende-de* implica que dos clases poseen una dependencia no realizable a través de *tiene-conocimiento-sobre* o *es-parte-de*. Por ejemplo, la **cabeza-del-jugador** debe estar siempre conectada al **cuerpo-del-jugador** (a menos que el juego de vídeo en particular sea muy violento), aunque cada objeto puede existir sin conocimiento directo sobre el otro. Un atributo del objeto **cabeza-del-jugador** llamado *posición-central* se obtiene de la *posición-central* del objeto **cuerpo-del-jugador**. Esta información se obtiene a través de un tercer objeto, **jugador**, el cual la obtiene del **cuerpo-del-jugador**. Por lo tanto, la **cabeza-del-jugador** *depende-de* **cuerpo-del-jugador**.

En todos los casos, el nombre de la clase colaboradora se registra en la tarjeta índice del modelo CRC al lado de la responsabilidad que ha generado dicha colaboración. Por lo tanto, la tarjeta índice contiene una lista de responsabilidades y de colaboraciones correspondientes que posibilitan se realicen las responsabilidades su realización.

Cuando se ha desarrollado un modelo CRC por completo, los representantes del cliente y de las organizaciones de ingeniería del software pueden recorrer el modelo haciendo uso del siguiente enfoque.

1. A todos los participantes de la revisión (del modelo CRC) se les da un subconjunto de las tarjetas índices del modelo CRC. Las tarjetas que colaboran deben estar separadas (esto es, ningún revisor debe poseer dos tarjetas que colaboren).
2. Todos los escenarios de casos de uso deben organizarse en categorías.
3. El director de la revisión lee el caso de uso con atención. Cuando el director llega a un objeto identificado, se traspasa la señal a la persona que posee la clase tarjeta índice correspondiente. Por ejemplo, el caso de uso mencionado en la Sección 20.4.1 contiene la siguiente narración:

   1. El propietario de la casa observa el **panel de control** de HogarSeguro (Figura 11.4) para determinar si el sistema está listo para entrada de datos. Si el sistema *no está listo*, el propietario debe cerrar, físicamente, las ventanas/puertas de tal manera que el indicador esté presente. [Un indicador *no listo* implica que un **sensor** está abierto, esto es que una puerta o ventana está abierta.]

Cuando el director de la revisión llega al «panel de control», en la narrativa del caso de uso, se pasa la señal a la persona que posee la tarjeta **panel de control**. La frase «implica que un sensor está abierto» requiere que la tarjeta índice contenga una responsabilidad que validará esta implicación (la responsabilidad *determinar-estado-del-sensor* realiza esta acción). Al lado de la responsabilidad en la tarjeta índice está el colaborador **sensor**. La señal se pasa entonces al objeto **sensor**.

4. Cuando se pasa la señal, se le pide al que posee la tarjeta de la clase que describa las responsabilidades mencionadas en la tarjeta. El grupo determina si una (o más) de las responsabilidades satisface el requisito del caso de uso.
5. Si las responsabilidades y colaboraciones mencionadas en las tarjetas índice no pueden acomodarse al caso de uso, se hacen modificaciones a

[9] Vea una explicación de las clases de HogarSeguro en la Sección 19.3.

las tarjetas. Esto puede incluir la definición de nuevas clases (y sus correspondientes tarjetas índice CRC) o la especificación de responsabilidades y colaboraciones nuevas o revisadas en tarjetas existentes. Este *modus operandi* continúa hasta terminar el caso de uso.

El modelo CRC es una primera representación del modelo de análisis para un sistema OO. Puede ser «probado» realizando una revisión dirigida por casos de uso derivados del sistema.

20.4.3. Definición de estructuras y jerarquías

Una vez que se han identificado las clases y objetos usando el modelo CRC, el analista comienza a centrarse en la estructura del modelo de clases y las jerarquías resultantes que surgen al emerger clases y subclases. Coad y Yourdon [COA91] sugieren que debe derivarse una *estructura de generalización-especialización (gen-espec)* para las clases identificadas.

Para ilustrarlo considere el objeto **sensor** definido para HogarSeguro y mostrado en la Figura 20.4. Aquí, la generalización, **sensor**, se refina en un conjunto de especializaciones: **sensor de entrada, sensor de humo** y **sensor de movimiento**. Hemos creado una jerarquía de clases simple.

En otros casos, un objeto representado según el modelo inicial puede estar compuesto realmente de un número de partes las cuales pueden definirse a su vez como objetos. Estos objetos agregados pueden representarse como una estructura *todo-partes* [COA91] y se definen usando la notación representada en la Figura 20.5. El triángulo implica el sentido de una relación de ensamblaje. Debe notarse que las líneas de conexión pueden aumentarse con símbolos adicionales (no mostrados) para representar cardinalidad. Estos se adaptan de la notación del modelo entidad-relación descrito en el Capítulo 12.

Las representaciones estructurales proveen al analista de los medios para particionar el modelo CRC y para representar esta partición gráficamente. La expansión de cada clase aporta los detalles necesarios para revisión y para el subsiguiente diseño.

20.4.4. Definición de temas y subsistemas

Un modelo de análisis para una aplicación compleja puede tener cientos de clases y docenas de estructuras. Por esta razón, es necesario definir una representación concisa que sea un resumen de los modelos CRC y estructural descritos anteriormente.

Los subconjuntos de clases que colaboran entre sí para llevar a cabo un conjunto de responsabilidades cohesionadas, se les llama normalmente *temas*

FIGURA 20.4

Notación de la estructura *gen-espec*

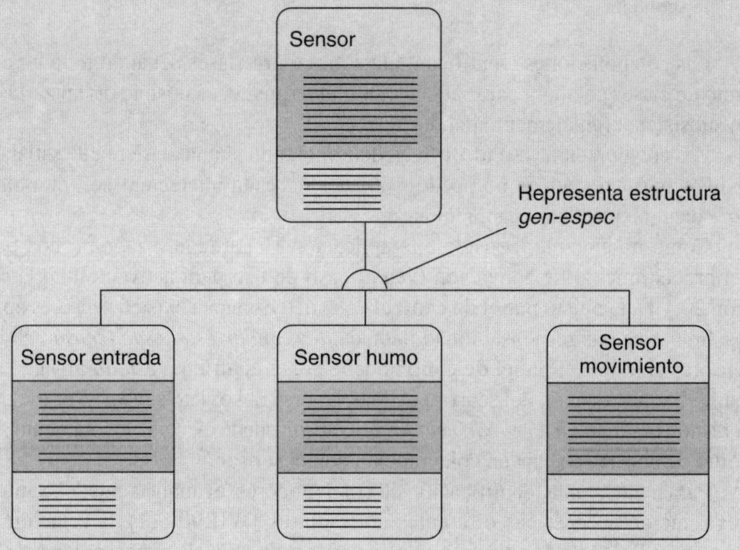

[COA91] o *subsistemas* [WIR90]. Ambos, temas y subsistemas, son abstracciones que aportan una referencia o puntero a los detalles en el modelo de análisis. Si se observa desde el exterior, un tema o subsistema puede tratarse como una caja negra que contiene un conjunto de responsabilidades y que posee sus propios colaboradores (externos). Un subsistema implementa uno o más *contratos* con sus colaboradores externos. Un contrato es una lista específica de solicitudes que los colaboradores pueden hacer a un subsistema[10].

Los subsistemas pueden representarse dentro del contexto del modelo CRC creando una tarjeta índice del subsistema. La tarjeta índice del subsistema indica el nombre del subsistema, los contratos que debe cumplir y las clases u otros subsistemas que soportan el contrato.

Los temas son idénticos a los subsistemas en intención y contenido, pero se representan gráficamente. Por ejemplo, suponga que el panel de control de Hogar-

[10] Recuerde que las clases interactúan usando una filosofía cliente/servidor. En este caso el subsistema es el servidor y el colaborador externo de los clientes.

FIGURA 20.5

Notación de la estructura todo-partes

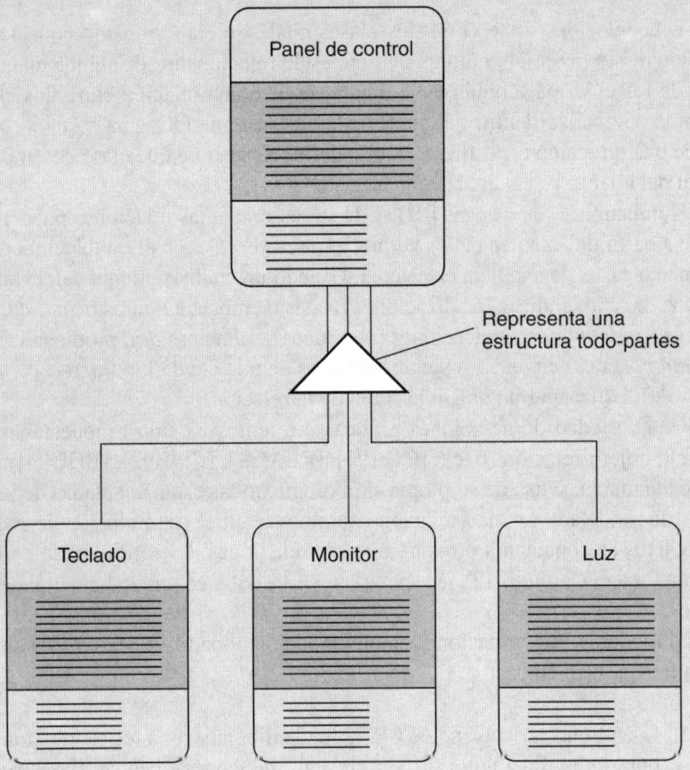

Seguro es considerablemente más complejo que el representado por la Figura 20.5, conteniendo múltiples monitores, una sofisticada distribución de teclas y otras características. Éste pudiera modelarse como una estructura todo-partes mostrada en la Figura 20.6. Si el modelo de requisitos contiene docenas de estas estructuras (HogarSeguro no las tendrá), sería difícil absorber la representación completa de una vez. Definiendo una referencia de temas, como se muestra en la figura, pudiera referenciarse toda la estructura a través de un simple icono (el rectángulo). Las referencias de temas se crean generalmente para cualquier estructura que posea más de cinco o seis objetos.

Al nivel más abstracto, el modelo de AOO contendrá solamente referencias de temas tales como las que se ilustran al inicio de la Figura 20.7. Cada una de las referencias se expandirá a una estructura. Se ilustran las estructuras para los objetos **panel de control** y **sensor** (Figuras 20.6 y 20.4); estructuras para el **sistema, evento sensor** y **alarma audible** se crearán también si estos objetos necesitan más de cinco o seis clasificaciones u objetos ensamblados.

FIGURA 20.6

Referencia de sujeto

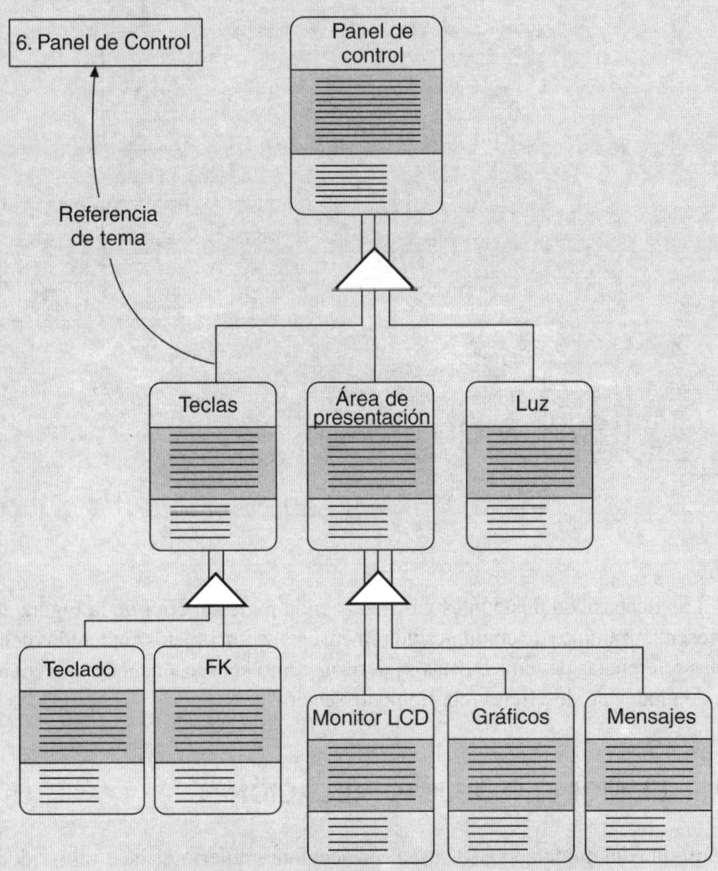

FIGURA 20.7

Un modelo de AOO con referencias de sujeto

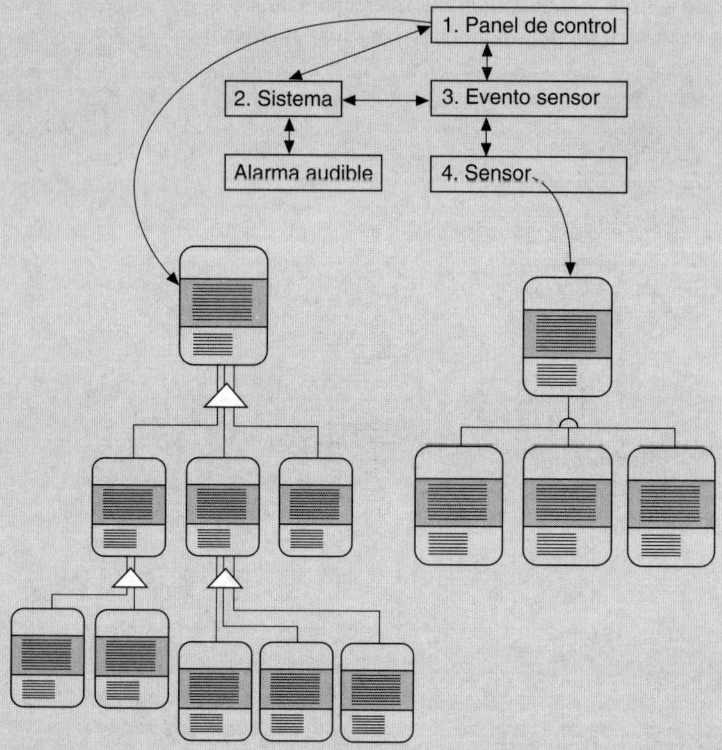

Las flechas con dos puntas mostradas en la parte superior de la Figura 20.7 representan caminos de comunicación (mensajes) entre objetos contenidos dentro de las referencias de temas. Éstas se derivan como consecuencia de las actividades de modelado descritas en la siguiente sección.

20.5. EL MODELO OBJETO-RELACIÓN

El enfoque del modelado CRC usada en secciones anteriores ha establecido los primeros elementos de las relaciones de clases y objetos. El primer paso en el establecimiento de las relaciones es comprender las responsabilidades de cada clase. La tarjeta índice del modelo CRC contiene una lista de responsabilidades. El siguiente paso es definir aquellas clases colaboradoras que ayudan en la realización de cada responsabilidad. Esto establece la «conexión» entre las clases.

Una *relación* existe entre dos clases cualesquiera que estén conectadas [11]. Debido a esto los colaboradores siempre están relacionados de alguna manera. El tipo de relación más común es la binaria (existe una relación entre dos clases). Cuando se analiza dentro del contexto de un sistema OO, una relación binaria posee una dirección específica [12] que se define a partir de que clase desempeña el papel del cliente y cuál actúa como servidor.

Rumbaugh y sus colegas [RUM91] sugieren que las relaciones pueden derivarse a partir del examen de los verbos o frases verbales en el establecimiento del alcance o casos de uso para el sistema. Usando un análisis gramatical, el analista aísla verbos que indican localizaciones físicas o emplazamientos (*cerca de, parte de, contenido en*), comunicaciones (*transmite a, obtenido de*), propiedad (*incorporado por, se compone de*) y cumplimiento de una condición (*dirige, coordina, controla*). Estos aportan una indicación de la relación.

Una variedad de notaciones gráficas diferentes ha sido propuestas para el modelo objeto-relación (p. ej.: [COA91], [RUM91], [EMB92], [BOO94]). Aunque cada una hace uso de su propia simbología, todas están adaptadas de las técnicas de modelado entidad-relación examinadas en el Capítulo 12. En esencia, los objetos se conectan a otros a través de relaciones. La cardinalidad de la conexión (vea el Capítulo 12) se especifica, y se establece una red general de relaciones.

El modelo objeto-relación (como el modelo entidad-relación) puede derivarse en tres pasos o etapas:

1. Usando las tarjetas índice CRC, puede dibujarse una red de objetos colaboradores. La Figura 20.8 representa las conexiones de clase para los objetos de HogarSeguro. Primero se dibujan los objetos conectados por líneas sin etiquetas (no se muestran en la figura) que indican la existencia de alguna relación entre los objetos conectados.
2. Revisando el modelo CRC de tarjetas índices, se evalúan responsabilidades y colaboradores y cada línea de conexión sin etiquetar recibe un nombre. Para evitar ambigüedades, una punta de flecha indica la «dirección» de la relación (Figura 20.8).

---

[11] Otros términos para relación son «asociación» [RUM91] y «conexión» [COA91].

[12] Es importante notar que esta es una salida de naturaleza bidireccional de las relaciones usadas en el modelado de datos (Capítulo 12).

FIGURA 20.8

Definición de la cardinalidad

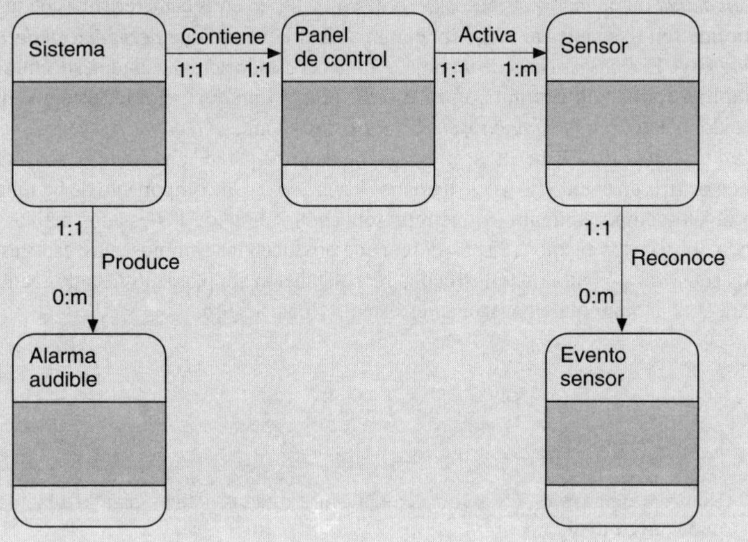

3. Una vez que se han establecido y nombrado las relaciones, se evalúa cada extremo para determinar la cardinalidad (Figura 20.8). Existen cuatro opciones: 0 a 1, 1 a 1, 0 a muchos, o 1 a muchos. Por ejemplo, el sistema HogarSeguro contiene un único panel de control (la cardinalidad 1:1 lo indica). Al menos un sensor debe estar presente para que el panel de control lo active. Sin embargo, varios sensores pueden estar presentes (la relación 1:m lo indica). Un sensor puede reconocer desde 0 a varios eventos de sensor (p. ej.: se detecta humo u ocurre una caída).

Los pasos anteriormente mostrados continúan hasta que se produzca un modelo objeto-relación completo.

En el desarrollo de un modelo objeto-relación, el analista añade aún alguna otra dimensión al modelo de análisis general. No solamente se identifican las relaciones entre objetos, sino que se definen todas las vías importantes de mensajes (Capítulo 19). En nuestra descripción de la Figura 20.7, hicimos referencia a las flechas que conectan símbolos de temas. Estos son también vías de mensajes. Cada flecha implica el intercambio de mensajes entre subsistemas en el modelo.

20.6. EL MODELO OBJETO-COMPORTAMIENTO

El modelo CRC y el de objeto-relación representan elementos estáticos del modelo de análisis OO. Ahora es el momento para hacer una transición al comportamiento dinámico del sistema o producto OO. Para ejecutar este paso debemos representar el comportamiento del sistema como una función de eventos específicos y tiempo.

El modelo *objeto-comportamiento* indica cómo responderá un sistema OO a eventos externos o estímulos. Para crear el modelo, el analista debe ejecutar los siguientes pasos:

1. Evaluar todos los casos de uso (Sección 20.4.1) para comprender totalmente la secuencia de interacción dentro del sistema.
2. Identificar eventos que dirigen la secuencia de interacción y comprender cómo estos eventos se relacionan con objetos específicos.
3. Crear una traza de eventos [RAM91] para cada caso de uso.
4. Construir un diagrama de transición de estados para el sistema.
5. Revisar el modelo objeto-comportamiento para verificar exactitud y consistencia.

Cada uno de estos pasos se discute en las secciones siguientes.

20.6.1. Identificación de eventos con casos de uso

Como vimos en la Sección 20.4.1, el caso de uso representa una secuencia de actividades que incluyen a actores y al sistema. En general, un *evento* ocurre cada vez que un sistema OO y un actor (recuerde que un actor puede ser una persona, un dispositivo o incluso un sistema externo) intercambian información. Recordando la explicación dada en el Capítulo 12, es importante notar que un evento es Booleano. Esto es, un evento *no* es la información que se intercambia; es el hecho que la información ha sido intercambiada.

Un caso de uso se examina por puntos de intercambio de información. Para ilustrarlo, reconsidere el caso de uso descrito en la Sección 20.4.1:

1. El propietario observa el panel de control de HogarSeguro (Figura 11.4) para determinar si el sistema está listo para recibir datos. Si el sistema no está listo, el propietario debe cerrar físicamente ventanas/puertas de tal manera que el indicador de disponibilidad esté presente. [Un indicador no listo implica que el sensor está abierto, por ejemplo, que una puerta o ventana está abierta.]
2. El propietario usa el teclado para teclear una contraseña de cuatro dígitos. La contraseña se compara con la contraseña válida almacenada en el sis-

tema. Si la contraseña es incorrecta, el panel de control avisará una vez y se restaurará por sí mismo para recibir datos adicionales. Si la contraseña es correcta, el panel de control espera por las acciones siguientes.

3. El propietario selecciona y teclea *permanecer* o *continuar* (véase la Figura 11.4) para activar el sistema. *Permanecer* activa solamente los sensores del perímetro (los sensores internos detectores de movimiento están desactivados). *Continuar* activa todos los sensores.
4. Cuando ocurre la activación, el propietario puede observar una luz roja de alarma.

Las porciones de texto subrayadas anteriormente indican eventos. Deberá identificarse un actor para cada evento; la información que se intercambia debe anotarse, y deberán indicarse otras condiciones o restricciones.

Como ejemplo de un evento típico, considere la frase subrayada del caso de uso propietario usa el teclado para teclear una contraseña de cuatro dígitos. En el contexto del modelo de análisis OO, el actor **propietario** transmite un evento al objeto **panel de control**. El evento puede llamarse *entrada de contraseña,* la información transferida son los cuatro dígitos que forman la contraseña, pero ésta no es una parte esencial del modelo de comportamiento. Es importante notar que algunos eventos tienen un impacto explícito en el flujo de control del caso de uso, mientras que otros no impactan directamente en este flujo de control. Por ejemplo, el evento *entrada de contraseña* no cambia explícitamente el flujo de control del caso de uso, pero los resultados del evento *comparar contraseña* (derivada de la interacción contraseña se compara con la contraseña válida almacenada en el sistema) tendrá un impacto explícito en la información y flujo de control del software HogarSeguro.

Una vez que todos los eventos han sido identificados, se asocian a los objetos incluidos. Los actores (entidades externas) y objetos pueden responsabilizarse de la generación de eventos (p. ej.: **propietario** genera el evento *entrada de contraseña*) o reconociendo eventos que han ocurrido en otra parte (p. ej.: el panel de control reconoce el resultado binario del evento *comparar contraseña*).

20.6.2. Representaciones de estados

En el contexto de sistemas OO, deben considerarse dos caracterizaciones de estados:

- El estado de cada objeto cuando el sistema ejecuta su función.
- El estado del sistema observado desde el exterior cuando éste ejecuta su función.

El estado de un objeto adquiere en ambos casos características pasivas y activas [CHAR93]. Un estado pasivo es simplemente el estado actual de todos los atributos de un objeto. Por ejemplo, el estado pasivo del objeto agregado **jugador** (en la aplicación del juego de vídeo examinado anteriormente) incluirá la *posición* y *orientación actual* del jugador (atributos del objeto) así como otras características de jugador que son relevantes al juego (p. ej.: un atributo que indique *permanecen deseos mágicos*). El *estado activo* de un objeto indica el estado actual cuando éste entra en una transformación continua o proceso. El objeto **jugador** poseerá los siguientes estados activos: *en movimiento, en descanso, lesionado, en recuperación, atrapado, perdido* entre otros. Para forzar la transición de un objeto de un estado activo a otro debe ocurrir un evento (a veces, llamado *disparador*). Un componente de un modelo objeto-comportamiento es una representación simple de los estados activos de cada objeto y los eventos (disparadores) que producen los cambios entre estos estados activos. La Figura 20.9 ilustra una representación simple de los estados activos para el objeto **panel de control** en el sistema HogarSeguro.

FIGURA 20.9

Una representación de las transiciones entre estados activos para el objeto **panel de control**

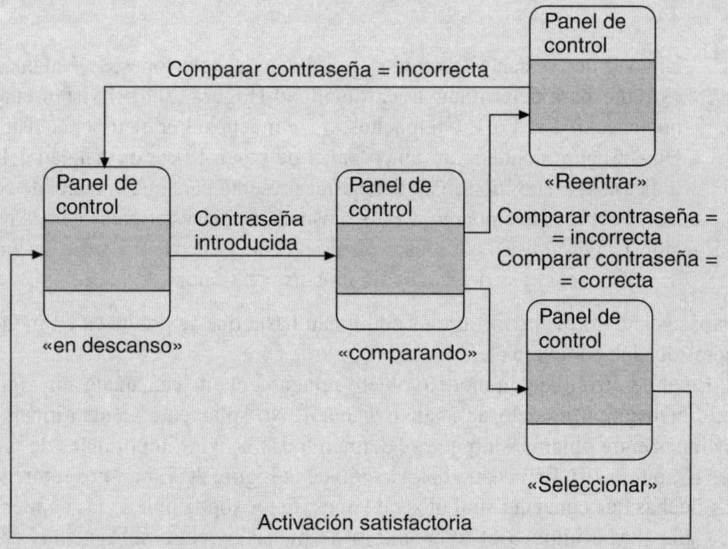

FIGURA 20.10

Una traza parcial de los eventos (*sucesos*) de HogarSeguro

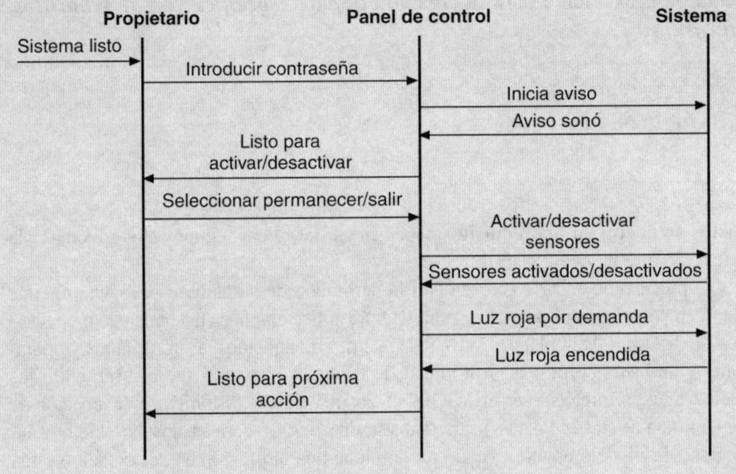

Cada flecha en la Figura 20.9 representa una transición de un estado activo del objeto a otro. Las etiquetas mostradas en cada flecha representan los eventos que disparan la transición. Aunque el modelo de estado activo aporta una visión interna muy útil de la «historia de vida» de un objeto, es posible especificar información adicional para aportar más profundidad en la comprensión del comportamiento de un objeto. Adicionalmente a especificar el evento que provoca la ocurrencia de la transición, el análisis puede también especificar un *guardián* y una *acción* [CHAR93]. Un guardián es una condición Booleana, que debe satisfacerse para posibilitar la ocurrencia de una transición. Por ejemplo, el guardián para la transición desde el estado «en descanso» al de «comparando» en la Figura 20.9 puede determinarse a través del examen del caso de uso:

if (entrada de contraseña = 4 dígitos) then ejecutar transición al estado comparando

En general, el guardián de una transición depende usualmente del valor de uno o más atributos de un objeto. En otras palabras, el guardián depende del estado pasivo del objeto.

Una acción ocurre concurrentemente con la transición o como una consecuencia de ella y generalmente implica una o más operaciones (responsabilidades) del objeto. Por ejemplo, la acción conectada con el evento *contraseña introducida* (Figura 20.9) es una operación que accede a un objeto **contraseña** y realiza una comparación dígito a dígito para validar la contraseña introducida.

El segundo tipo de representación de comportamiento para el AOO considera una representación de estados para el producto general o sistema. Esta representación abarca un modelo simple de traza de eventos [RUM91] que indica cómo los eventos causan las transiciones de objeto a objeto y un diagrama de transición de estados que ilustra el comportamiento de cada objeto durante el procesamiento.

Una vez que los objetos para un caso de uso han sido identificados, el analista crea una representación acerca de cómo los eventos provocan el flujo desde un objeto a otro. Esta representación, llamada *traza de eventos (sucesos)*, es una versión abreviada del caso de uso. Ella representa objetos claves y los eventos que provocan el comportamiento de pasar de objeto a objeto.

La Figura 20.10 ilustra una traza parcial de eventos para el sistema HogarSeguro. Cada una de las flechas representa un evento (derivado de un caso de uso) e indica *cómo* el evento sintoniza su comportamiento entre los objetos de HogarSeguro. El primer evento, *sistema listo*, se deriva del entorno exterior y sintoniza el comportamiento al **propietario**. El propietario teclea una contraseña. El evento *inicia aviso* y *aviso sonoro* indican cómo se canaliza el comportamiento si la contraseña no es válida. Una contraseña válida provoca un retorno al **propietario**. Los eventos restantes y sus trazas siguen el comportamiento como cuando se activa o desactiva el sistema.

FIGURA 20.11

Un diagrama parcial de flujo de evento para HogarSeguro

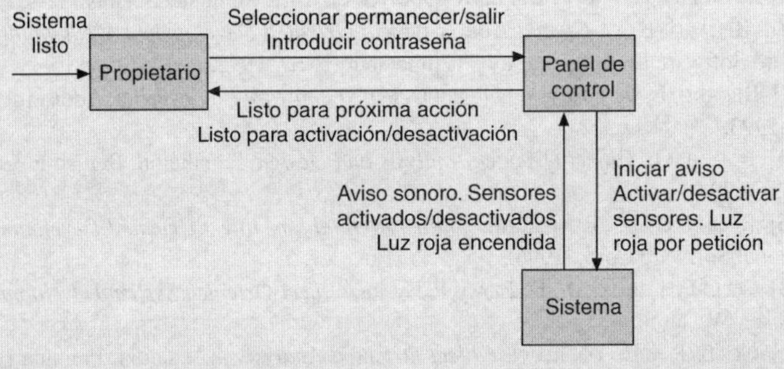

Una vez que se ha desarrollado una traza completa de los eventos, todos aquellos que provoquen transiciones entre objetos del sistema pueden incluirse en un conjunto de eventos de entradas y eventos de salidas (desde un objeto). Esto puede representarse a partir de un *diagrama de flujo de eventos* [RUM91]. Todos los eventos que fluyen hacia y desde un objeto se señalan como muestra la Figura 20.11. Se podrá desarrollar entonces un diagrama de transición de estados (Capítulo 12) para representar el comportamiento asociado con las responsabilidades para cada clase[13].

Como los diagramas estructurados presentados en el Capítulo 12, las representaciones gráficas forman las bases para el modelo de análisis OO y aporta una base excelente para la creación de una *especificación de requisitos del software*.

20.8. RESUMEN

Los métodos de análisis orientado a objetos permiten al ingeniero del software modelar un problema a través de la representación de objetos, atributos, y operaciones como las componentes primarias del modelado. Una amplia variedad de métodos de análisis orientado a objetos han sido propuestos, pero todos poseen un conjunto de características comunes: (1) representación de clases o jerarquías de clases, (2) creación de modelos de objeto-relación, y (3) derivación de modelos objeto-comportamiento.

El análisis de sistemas orientados a objeto ocurre a muchos niveles diferentes de abstracción. Al nivel de negocios o empresarial, las técnicas asociadas con AOO pueden acoplarse con un enfoque de ingeniería de la información. Esta técnica se denomina mormalmente análisis del dominio. Al nivel de aplicación, el modelo de objetos se centra en los requisitos específicos del cliente, pues estos afectan a la aplicación que se va a construir.

El proceso de AOO comienza con la definición de casos de uso, escenarios que describen cómo se debe usar el sistema OO. Se aplica entonces la técnica de modelado clase-responsabilidad-colaborador (CRC) a clases documentos, a sus atributos y operaciones. También aporta una vista inicial de las colaboraciones que ocurren entre los objetos. La etapa siguiente en el AOO es la clasificación de los objetos y la creación de una jerarquía de clases. Pueden usarse subsistemas (temas) para encapsular objetos relacionados. El modelo objeto-relación proporciona una indicación acerca de cómo están interconectadas unas clases con otras, y el modelo objeto-comportamiento indica el comportamiento de objetos individuales y el comportamiento global del sistema OO.

REFERENCIAS

[AMB95] AMBLER, S., «Using Use Clases», *Software Development*, julio 1995, pp. 53-61.

[ARA89] ARANGO, G. y R. PRIETO-DÍAZ, «Domain Analysis: Concepts and Research Directions», en *Domain Analysis: Adquisition of Reusable Information for Software Construction*, G. ARANGO y R. PRIETO-DÍAZ (eds.), IEEE Computer Society Press, 1989.

[BER92] BERARD, E. V., *Comparison of Object Oriented Development Methodologies*, Berard Software Engineering, Inc., Gaithersburg, MD, 1992.

[BER93] BERARD, E. V., *Essays on Object Oriented Software Engineering*, Addison Wesley, 1993.

[BOO94] BOOCH, G., *Object Oriented Analysis and Design*, 2.ª edición, Benjamin Cummings, 1994.

[BOO96] BOOCH, G. y J. RUMBAUGH, *Unified Method for Object Oriented Development*. Rational Software Corp., 1996.

[CHA93] DE CHAMPEAUX, D., D. LEA y P. FAURE, *Object Oriented System Development*, Addison Wesley, 1993.

[COA91] COAD, P. y E. YOURDON, *Object Oriented Analysis*, 2.ª edición, Prentice Hall, 1991.

[DUE93] DUE, R., «Enterprise Modeling: Still in Pursuit», *Database Programming and Design*, noviembre 1992, págs. 62-65.

[EMB92] EMBLEY, D. W., B. D, KURTZ y S. N. WOODFIELD, *Object Oriented Systems Analysis*, Yourdon Press, 1992.

[FIC92] FICHMAN, R. G. y C. F. KEMERER, «Object-Oriented and Conventional Analysis and Design Methodologies», *Computer*, vol. 25, n.º 10, octubre 1992, págs.. 22-39.

[FIR93] FIRESMITH, D. G., *Object Oriented Requirements Analysis and Logical Design*, Wiley, 1993.

[GRA94] GRAHAM I., *Object-Oriented Methods*, Addison-Wesley, 1992.

[JAC92] JACOBSON, I., *Object-Oriented Software Engineering*, Addison-Wesley, 1992.

[LOC96] *Succeding with the Booch and OMT Methods*, Lockheed-Martin y Rational Software Corporation, Addison-Wesley, 1996.

[13] Un excelente tutorial sobre «análisis del comportamiento de objetos» puede encontrarse en [RUB92].

[MAT94] MATTISON, R., *The Object-Oriented Enterprise*, McGraw-Hill, 1994.
[MON92] MONARCHI, D. E. y G. I. PUHR, «A Research Typology for Object-Oriented Analysis and Design», *Communications of the ACM*, vol. 35, n.º 9, septiembre 1992, págs. 35-47.
[RUB92] RUBIN, K. S. y A. GOLDBERG, «Object Behavior Analysis», *Communications of the ACM*, vol. 35, n.º 9, septiembre 1992, págs. 48-62.
[RUM91] RUMBAUGH *et al.*, *Object-Oriented Modeling and Design*, Prentice Hall, 1991.
[SUL94] SULLO, G. C., *Object Engineering*, Wiley, 1994.
[TAY95] TAYLOR, D. A., *Business Engineering with Object Technology*, Wiley, 1995.
[WIR90] WIRFS-BROCK, R., B. WILKERSON y L. WEINER, *Designing Object-Oriented Software*, Prentice Hall, 1990.
[WYD96] WYDER, T., «Capturing Requirements with Use Cases», *Software Development*, febrero 1996, págs. 37-40.

PROBLEMAS Y PUNTOS PARA CONSIDERAR

20.1. Seleccione cinco métodos de análisis orientado a objetos y de análisis estructurado (Capítulo 12) y compárelos usando las dimensiones de modelado propuestas por Fichman y Kemerer [FIC92] en la Sección 20.1.1.

20.2. Desarrolle una presentación en clase de uno de los métodos de AOO examinados en la Sección 20.1.2. Presente el método en el contexto de un ejemplo sencillo. Muestre las áreas donde se use una única notación o enfoque.

20.3. Desarrolle un análisis de dominio abreviado para una de las siguientes áreas:

a. Un sistema de registro de notas para estudiantes universitarios.
b. Un servicio en línea (*on-line*).
c. Servicio al cliente de un banco.
d. Un desarrollador de juegos de vídeo.
e. Un área de aplicación sugerida por su profesor.
f. Asegúrese de aislar las clases que puedan aplicarse a un número de aplicaciones en el dominio.

20.4. Describa con sus propias palabras la diferencia entre los enfoques estáticos y dinámicos de un sistema OO.

20.5. Escriba casos de uso para el sistema HogarSeguro examinado en este libro. Los casos de uso deben representar el escenario requerido para definir una zona de seguridad. Una zona de seguridad abarca un conjunto de sensores que pueden dirigirse, activarse y desactivarse más bien como un conjunto que individualmente. Deben poderse definir 10 zonas de seguridad. Sea creativo en esto, permanezca dentro de los límites del panel de control tal como este se definió al inicio del libro.

20.6. Desarrolle un conjunto de casos de uso para el sistema PHTRS introducido en el Problema 12.13. Tendrá que suponer un conjunto de elementos acerca de la manera en que el usuario interactúa con el sistema.

TABLA 20.1

Aplicaciones propuestas para los Problemas del 20.7 al 20.12
La aplicación PHTRS introducida en el Problema 12.13
Software para un sistema procesador de textos de una computadora personal
Sistema de prueba para la monitorización en tiempo real de motores de turbinas de gas
Software para un sistema de control de producción
Software para un juego de vídeo
Una aplicación de hojas de cálculo
Un paquete para PC de gráficos en 3D
Un sistema sugerido por su profesor

20.7. Desarrolle un conjunto de casos de uso listados en la Tabla 20.1 o para un sistema o producto sugeridos por su profesor. Haga unas pocas horas de investigación sobre el área de la aplicación y dirija una reunión rápida (Capítulo 11) con sus compañeros de clase para desarrollar requisitos básicos (su profesor le ayudará para coordinar esto).

20.8. Desarrolle un conjunto completo de tarjetas índice del modelo CRC para un producto o sistema de su elección como parte del Problema 20.7.

20.9. Dirija una revisión de las tarjetas índice desarrolladas en el Problema 20.8 con sus colegas. ¿Cuántas clases, responsabilidades y colaboradores adicionales fueron añadidos como consecuencia de la revisión?

20.10. Desarrolle una jerarquía de clases para el producto o sistema que eligió como parte del Problema 20.7.

20.11. Desarrolle un conjunto de subsistemas para el producto o sistemas que eligió como parte del Problema 20.7.

20.12. Desarrolle un modelo objeto-relación para el producto o sistema que eligió como parte del Problema 20.7.

20.13. Desarrolle un modelo objeto-comportamiento para el producto o sistema que eligió como parte del Problema 20.7. Asegúrese de listar todos los eventos, dar una traza de eventos, desarrollar un diagrama de flujo de eventos y definir un diagrama de estado para cada clase.

20.14. Describa, con sus propias palabras, cómo determinar los colaboradores para cada clase.

20.15. ¿Qué estrategia propondría usted para definir subsistemas para una colección de clases?

20.16. ¿Qué papel desempeña la cardinalidad en el desarrollo de un modelo objeto-relación?

20.17. ¿Cuál es la diferencia entre un estado activo y pasivo para un objeto?

OTRAS LECTURAS Y FUENTES DE INFORMACIÓN

Docenas de libros se dedican al análisis orientado a objetos. Antes de seleccionar uno, el lector deberá seleccionar un método de AOO que pueda servir a las necesidades específicas y entonces elegir el libro que describa este método. Una recopilación excelente de los métodos disponibles se presenta en [MON92] y [FIC92].

Discusiones detalladas de AOO pueden encontrarse en [BER93], [BOO94], [CHA93], [COA91], [FIR93], [JAC92], [RAM91] y [WIR90]. Adicionalmente los libros de SHLAER y MELLOR (*Object-Oriented Systems Analysis: Modeling the World in States*, Prentice-Hall, 1992), MARTIN y ODELL (*Object-Oriented Analysis and Design* Prentice-Hall, 1992), GOLDSTEIN y ALGER (*Developing Object-Oriented Software for the Macintosh*, Addison-Wesley, 1992) y LORENZ (*Object-Oriented Software Development*, Prentice-Hall, 1993) contienen discusiones muy útiles. El libro de YOURDON y ARGILA (*Case Studies in Object-Oriented Analysis and Design*, Prentice-Hall, 1995) presenta dos casos de estudio reales que ilustran el proceso de AOO en detalle. Otras discusiones de técnicas OO para desarrollo de prototipos se presentan por CONNELL y SHAFER (*Object-Oriented Rapid Prototyping*, Prentice-Hall, 1994) y KRIEF (*Using Object Oriented Labguages for Rapid Protoyping,* Prentice-Hall, 1996).

Igualmente aplicables al AOO son los recursos de Internet señalados en el Capítulo 19. El grupo de noticias de Internet **comp.object** es una fuente útil de información, discusión y debates sobre métodos y herramientas del AOO. La FAQ (Preguntas más Frecuentes) de este grupo de noticias contiene un breve resumen de métodos de AOO y enlaces a otras referencias. Ésta puede encontrarse en:

http://www.cs.cmu.edu/Web/Groups/AI/html/faqs/lang/oop/faq.html

Discusiones de temas de AOO pueden encontrarse a veces en **comp.software-eng** y **comp.specification**. El libro *Comparison of Object-Oriented Development Methodologies* de EDWARD BERARD está disponible. Seleccione «documentos en línea» en:

http://www.toa.com

Información adicional sobre AOO y tecnologías de objeto en general pueden obtenerse en:

http://www.rational.com

Muchas referencias a artículos y libros sobre AOO pueden tomarse en:

http://www.cera2.com/object.htm

Una lista al día de referencias de la World Wide Web para análisis orientado a objetos puede encontrarse en: **http://www.rspa.comx**

CAPÍTULO 21

DISEÑO ORIENTADO A OBJETOS

El *diseño orientado a objetos* (DOO) transforma el modelo de análisis creado usando el análisis orientado a objetos (Capítulo 20) en un modelo de diseño que sirve como un anteproyecto para la construcción del software. A diferencia de los métodos convencionales de diseño del software, el DOO constituye un tipo de diseño que logra un cierto número de diferentes niveles de modularidad. Las componentes principales del sistema están organizados en «módulos» denominados subsistemas. Los datos y las operaciones que manipulan los datos están encapsulados en objetos, una forma modular que es el bloque de construcción de un sistema OO. En suma, el DOO debe describir la organización de datos específicos, de atributos y los detalles procedimentales de las operaciones individuales. Esta representación fragmentada de datos y algoritmos de un sistema OO colaboran a una modularidad general.

La naturaleza única del diseño orientado a objetos descansa en su capacidad de apoyarse en cuatro importantes conceptos de diseño del software: abstracción, ocultación de la información, independencia funcional y modularidd (Capítulo 13). Todos los métodos de diseño del software se afanan en mostrar estas importantes características, pero solamente el DOO aporta un mecanismo que le permite al diseñador alcanzar estas cuatro propiedades con menor complejidad y compromiso.

El trabajo del diseñador del software puede ser agotador. Gamma [GAM95] y sus colegas aportan una imagen razonablemente exacta del DOO cuando plantean que:

> El diseño del software orientado a objetos es duro, y el diseño del software reusable orientado a objetos lo es aún más. Usted debe encontrar objetos pertinentes, distribuirlos en clases con la granularidad correcta, definir interfaces de clases y jerarquías de herencia, y establecer relaciones clave entre ellas. Su diseño debe ser específico al problema actual pero también lo suficientemente general para resolver problemas y requisitos futuros. Se debe evitar también el rediseño, o al menos minimizarlo. Los diseñadores experimentados del software orientado a objetos le dirán que es difícil, si no imposible, de obtener a la primera vez un diseño flexible y reusable. Antes de dar por terminado un diseño, usualmente los diseñadores tratan de reusarlo varias veces, modificándolo cada vez.

El diseño orientado a objetos, la programación orientada a objetos, y las pruebas orientadas a objetos son las actividades de construcción para los sistemas OO. En este capítulo consideraremos la primera etapa de la construcción.

21.1. DISEÑO DE SISTEMAS ORIENTADOS A OBJETOS

En el Capítulo 13 introdujimos el concepto de diseño en pirámide para software convencional. Se definieron y discutieron cuatro capas de diseño: datos, arquitectura, interfaz y procedimental. Para sistemas orientados a objetos también podemos definir un diseño en pirámide, pero las capas son un poco diferentes. Como se muestra en la Figura 21.1, las cuatro capas del diseño OO son:

La capa del subsistema. Contiene una representación de cada no de los subsistemas que le permiten al software conseguir que los requisitos definidos por el cliente e implementar la infraestructura técnica que los soporta.

La capa de clases y objetos. Contiene las jerarquías de clases que permiten crear el sistema usando generalizaciones y especializaciones mejor defi-

FIGURA 21.1

El diseño OO en pirámide

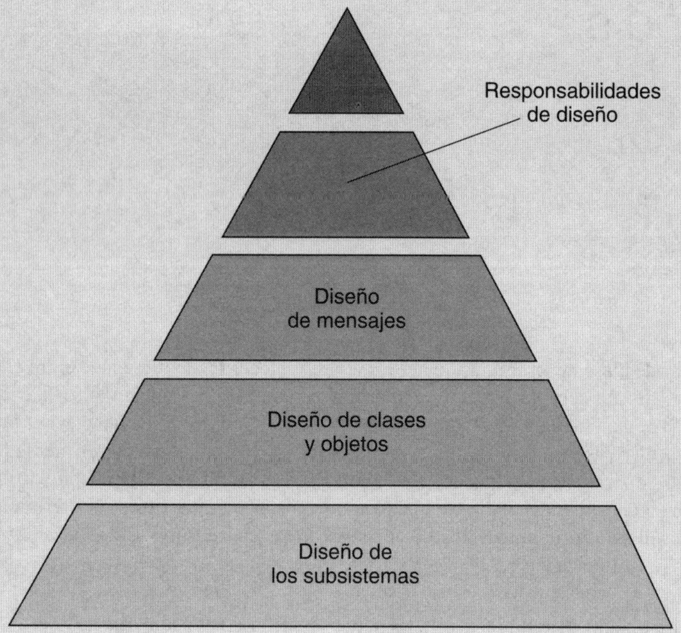

nidas incrementalmente. Esta capa también contiene representaciones de diseño para cada objeto.

La capa de mensajes. Contiene los detalles que le permiten a cada objeto comunicarse con sus colaboradores. Esta capa establece las interfaces externas e internas para el sistema.

La capa de responsabilidades. Contiene las estructuras de datos y el diseño algorítmico para todos los atributos y operaciones de cada objeto.

La pirámide de diseño se centra exclusivamente en el diseño de un producto o sistema específico. Debe notarse, sin embargo, que existe otra «capa» de diseño, la cual forma las bases sobre las que descansa la pirámide. La capa base se centra en el diseño de los *objetos del dominio* (llamados patrones de diseño más tarde en este capítulo). Los objetos del dominio juegan un papel clave en la construcción de la infraestructura para el sistema OO, aportando soporte a las actividades de la interfaz hombre-computadora, gestión de tareas y datos. Los objetos del dominio también pueden usarse para desarrollar el diseño de la aplicación.

21.1.1. El enfoque convencional y el enfoque OO

Los enfoques convencionales para el diseño del software aplican notaciones y conjuntos de heurísticas diferentes para establecer correspondencias entre el modelo de análisis y el de diseño. Recuerde la Figura 13.1. Cada elemento del modelo de análisis convencional se corresponde con una o más capas de modelo de diseño. Como en el diseño del software convencional, el DOO aplica diseño de datos (cuando se representan atributos), diseño de interfaces (cuando se desarrolla un modelo de intercambio de mensajes), y diseño procedimental (en el diseño de operaciones). Sin embargo el diseño arquitectónico es diferente. A diferencia del diseño arquitectónico derivado a partir del uso de métodos de ingeniería del software convencionales, un diseño OO no exhibe una estructura de control jerárquica [1]. De hecho, la «arquitectura» de diseño OO tiene más que ver con las colaboraciones entre objetos que con el flujo de control.

Aunque existe similitud entre los modelos convencionales y los de diseño OO, nos hemos decidido por renombrar las capas de la pirámide de diseño para reflejar más exactamente la naturaleza de un diseño OO. La Figura 21.2 ilustra la relación entre el modelo de análisis OO (Capítulo 20) y el modelo de diseño que se derivará de él [2].

El diseño del subsistema se deriva considerando requisitos generales del cliente (representados con casos de uso) y los eventos y estados observables externamente (el modelo objeto-comportamiento). Se establecen correspondencias para las clases y objetos a través de la descripción de atributos, operaciones y colaboraciones contenidas en el modelo CRC. El diseño de los mensajes se dirige por el modelo objeto-relación, y el diseño de las responsabilidades se obtiene a partir de los atributos, operaciones y colaboraciones descritas en el modelo CRC.

Fichman y Kemerer [FIC92] sugieren 10 componentes de modelado para el diseño que pueden usarse para comparar diversos métodos de diseño convencionales con otros orientados a objetos:

1. Representación de jerarquías de módulos.
2. Especificación de definiciones de datos.
3. Especificación de la lógica procedimental.
4. Indicación de secuencias de procesos fin-a-fin.

[1] Recuerde la discusión de jerarquías de control factorizadas presentada en el Capítulo 13.

[2] Es importante observar que la derivación no siempre es directa. Para discusiones adicionales vea [DAV95].

FIGURA 21.2

Transformación del modelo de análisis OO en un modelo de diseño OO

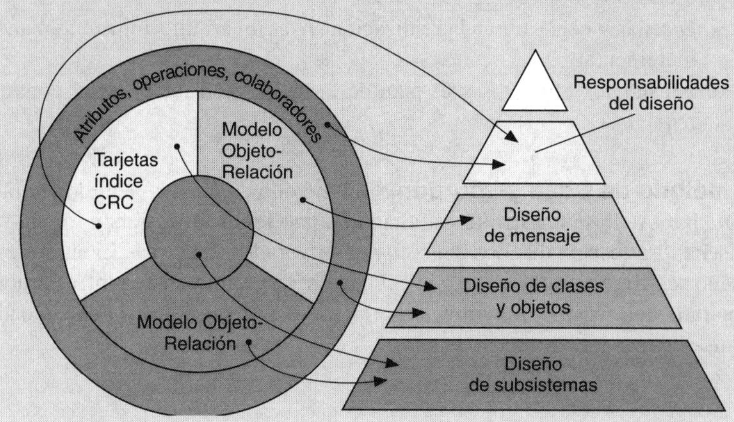

5. Representaciones de estados de objetos y transiciones.
6. Definición de clases y jerarquías.
7. Asignación de operaciones a clases.
8. Definición detallada de las operaciones.
9. Especificación de conexiones de mensajes.
10. Identificación de servicios exclusivos.

Como existen muchos enfoques disponibles de diseño convencional y orientados a objetos, es difícil desarrollar una comparación generalizada entre dos métodos. Puede establecerse, sin embargo, que las dimensiones de modelado de la 5 a la 10 no se soportan usando diseño estructurado (Capítulo 14) o sus derivados.

21.1.2. Asuntos del diseño

Bertrand Meyer [MEY90] sugiere cinco criterios para juzgar la capacidad que posee un método de diseño en lograr la modularidad y los relaciona con el diseño orientado a objetos:

- *Descomponibilidad:* la facilidad con la cual un método de diseño ayuda al diseñador para descomponer un gran problema en subproblemas más sencillos de resolver.
- *Componibilidad:* el grado con el cual un método de diseño asegura que los componentes de un programa (módulos), una vez diseñados y construidos, pueden reusarse para crear otros sistemas.
- *Comprensibilidad:* facilidad de comprensión de un componente de programa sin referencia a otra información o módulos.
- *Continuidad:* la facilidad de hacer pequeños cambios en un programa y hacer que estos se manifiesten por sí mismos en cambios correspondientes solamente en no o unos pocos módulos más; y
- *Protección:* una característica arquitectónica que reducirá la propagación de efectos colaterales si ocurre un error en un módulo dado.

A partir de estos criterios Meyer [MEY90] sugiere cinco principios de diseño básicos que pueden derivarse para arquitecturas modulares: (1) unidades modulares lingüísticas; (2) pocas interfaces; (3) pequeñas interfaces (acoplamientos débiles); (4) interfaces explícitas; y (5) ocultación de la información.

Los módulos están definidos como *unidades modulares lingüísticas* cuando se «corresponden con unidades sintácticas en el lenguaje usado» [MEY90]. Esto es, el lenguaje de programación a usar debe ser capaz de soportar directamente la modularidad definida. Por ejemplo, si el diseñador crea una *subrutina*, incluso los lenguajes de programación clásicos (Fortran C, Pascal) pudieran implementarla como una unidad sintáctica. Pero si se definiera un *paquete* que contiene estructuras de datos y procedimientos, y los identifica como una unidad simple, se necesitaría un lenguaje como Ada (u otro lenguaje orientado a objetos) para representar directamente este tipo de módulo en la sintaxis del lenguaje.

Para lograr un bajo acoplamiento (un concepto de diseño introducido en el Capítulo 13), debe minimizarse el número de interfaces entre módulos (pocas interfaces) y la cantidad de información que se mueve a través de una interfaz (interfaces pequeñas). Cada vez que se comuniquen los módulos, deben realizarlo de una manera obvia y directa (interfaces explícitas). Por ejemplo, si el módulo X y el Y se comunican a través de un área de datos global (lo que hemos llamado enlace común en el Capítulo 13), se viola el principio de interfaces explícitas pues la comunicación entre los módulos no es obvia a un observador externo. Finalmente, logramos el principio de ocultar la información cuando toda la información sobre un módulo está oculta al acceso exterior, a menos que la información se defina explícitamente como «información pública».

Los criterios y principios de diseño presentados en esta sección pueden aplicarse a cualquier método de diseño (p. ej.: podemos aplicarlos a un diseño estructurado). Como veremos, sin embargo, el método de diseño orientado a objetos alcanza cada uno de los principios más eficientemente que otros enfoques y resulta en una arquitectura modular que nos permite cumplir con todos los principios de modularidad más eficientemente.

21.1.3. La visión del DOO

En el Capítulo 20 se presentaron de manera resumida un número de métodos del AOO. Cada uno de los métodos presentados posee su correspondiente proceso para DOO que expande un conjunto de representaciones de diseño y una notación que le permite al ingeniero del software crear un diseño de forma consistente. En los párrafos que siguen, se presentan los correspondientes métodos[3] de DOO de forma resumida. El objetivo es aportar una visión rápida del proceso de DOO propuesto por los autores del método[4].

El método de Booch. Como vimos en el Capítulo 20, el método de Booch [BOO94] abarca un «proceso de micro-desarrollo» y un «proceso de macro-desarrollo». El nivel de micro-desarrollo define un conjunto de tareas de diseño que se reaplican en cada etapa del proceso de macro-desarrollo. Debido a esto, se mantiene un enfoque evolutivo. Una breve descripción del proceso de micro-desarrollo de Booch sigue a continuación:

Planificación arquitectónica:

- Agrupar objetos similares en particiones arquitectónicas separadas.
- Distribuir objetos en capas por niveles de abstracción.
- Identificar escenarios relevantes.
- Crear un prototipo de diseño.
- Validar el prototipo de diseño aplicándolo en escenarios de uso.

Diseño táctico:

- Definir políticas independientes del dominio (es decir, las reglas que gobiernan el uso de operaciones y atributos).
- Definir políticas específicas al dominio para la adiministración de memoria, la gestión de errores y otras funciones de la infraestructura.
- Desarrollar un escenario que describa la semántica de cada política.
- Crear un prototipo para cada política.
- Instrumentar y refinar el prototipo.
- Revisar cada política para asegurar que «transmite su visión arquitectónica» [BOO94].

Planificación de la realización:

- Organizar escenarios desarrollados durante el AOO por prioridad.
- Asignar las correspondientes realizaciones *(releases)* arquitectónicas a los escenarios.
- Diseñar y construir cada realización *(release)* arquitectónica de manera incremental.
- Ajustar los objetivos y el plan de la realización incremental como se requiera.

El método de Coad y Yourdon. El método de Coad y Yourdon para el DOO [COA91] se desarrolló estudiando como realizan su trabajo de diseño «diseñadores especializados del software orientado a objetos». El enfoque de diseño se dirige no solamente a la aplicación, sino también a la infraestructura para la aplicación. Una breve descripción del proceso de DOO de Coad y Yourdon sigue a continuación:

Componente del dominio del problema:

- Agrupar todas las clases específicas al dominio.
- Diseñar una jerarquía de clases apropiada para las clases de aplicación.
- Trabajar, cuando sea apropiado, para simplificar la herencia.
- Refinar el diseño para mejorar el rendimiento.
- Desarrollar una interfaz con el componente de gestión de datos.
- Refinar y añadir objetos e bajo nivel, en caso de ser necesario.
- Revisar el diseño y proponer adiciones al modelo de análisis.

Componente de interacción humana:

- Definir los actores humanos.
- Desarrollar escenarios para las tareas.
- Diseñar una jerarquía de órdenes de usuario.
- Refinar la secuencia de interacción del usuario.
- Diseñar clases relevantes y la jerarquía de clases.
- Integrar adecuadamente las clases de IGU (Interfaz Gráfica de Usuario).

Componente para la gestión de tareas:

- Identificar tipos de tareas (p, ej.: dirigidas por eventos, dirigidas por reloj).
- Establecer prioridades.
- Identificar la tarea que servirá de coordinadora para otras tareas.
- Diseñar objetos apropiados para cada tarea.

[3] En general, los métodos de DOO se identifican usando los nombres de los desarrolladores del método, incluso si al método se le ha dado un único nombre o acronismo.

[4] El significado de muchas de las etapas presentadas en las descripciones a procesos que siguen se examinará en las Secciones 21.3 y 21.4.

La componente para la gestión de datos:

- Diseñar las estructuras de datos y su distribución.
- Diseñar servicios necesarios para manejar las estructuras de datos.
- Identificar las herramientas que puedan ayudar en la implementación de la gestión de datos.
- Diseñar clases apropiadas y la jerarquía de clases.

El método de Jacobson. La actividad de diseño para la ISOO (Ingeniería del Software Orientada a Objetos) [JAC92] es una versión simplificada del método propietario Objectory, también desarrollado por Jacobson. El modelo de diseño hace hincapié en el seguimiento al modelo de análisis ISOO. A continuación puede verse una breve presentación del proceso de DOO de Jacobson:

- Considerar adaptaciones para hacer que el modelo de análisis ideal cumpla con el entorno del mundo real.
- Crear *bloques* como objetos de diseño primario[5].
  Definir un bloque para implementar el análisis de objetos relacionados.
  Identificar bloques de interfaz, bloques de entidades y bloques de control.
  Describir cómo los bloques se comunican durante la ejecución.
  Identificar los estímulos que se pasan entre bloques y su orden de comunicación.
- Crear un diagrama de interaccion que muestre cómo se pasan los estímulos entre bloques.
- Organizar los bloques en subsistemas.
- Revisar el trabajo de diseño.

El método de Rumbaugh. La Técnica de Modelado de Objetos (TMO) [RUM91] abarca una actividad de diseño que encara el diseño de manera que este se conduzca a dos niveles diferentes de abstracción. El diseño del sistema se centra en la distribución de los componentes necesarios para construir un producto o sistema completo. El diseño de objetos enfatiza la distribución detallada de un objeto individual. A continuación se realiza una breve descripción del proceso de DOO de Rumbaugh.

- Realizar un diseño del sistema
  Particionar el modelo de análisis en subsistemas.
  Identificar la concurrencia dictada por el problema.
  Asignar subsistemas a procesadores y tareas.
  Elegir una estrategia básica para la implementación de la gestión de datos.
  Identificar recursos globales y los mecanismos de control requeridos para acceder a ellos.
  Diseñar un mecanismo de control apropiado para el sistema.
  Considerar cómo deben manejarse las condiciones límite.
  Revisar y considerar intercambios.
- Conducir un diseño de objeto.
  Seleccionar operaciones del modelo de análisis.
  Definir algoritmos para cada operación.
  Seleccionar las estructuras de datos apropiadas para los algoritmos.
  Definir todas las clases internas.
  Revisar la organizacion de clases para optimizar el acceso a los datos y mejorar el rendimiento computacional.
  Diseñar los atributos de la clase.
- Implementar mecanismos de control definidos en el diseño del sistema.
- Ajustar la estructura de clase a una herencia fuerte.
- Diseñar el intercambio de mensajes para implementar relaciones entre objetos (asociaciones).
- Empaquetar las clases y asociaciones en módulos.

Como se refirió en el Capítulo 2, existe un trabajo en marcha para unir los métodos de Booch y Rumbaugh ([BOO96], [LOC96]).

El método de Wirfs-Brock. Wirfs-Brock [WIR90] define una secuencia de tareas técnicas en el cual el análisis conduce ineludiblemente al diseño. Una breve descripción de las tareas relacionadas-al-diseño de Wirfs-Brock se indica a continuación:

- Construir *protocolos* para cada clase[6].
  Refinar contratos entre objetos en protocolos refinados.
  Diseñar cada operación (responsabilidad).
  Diseñar cada protocolo (diseño de interfaz).
- Crear una especificación de diseño para cada clase.
  Describir, en detalle, cada contrato.
  Definir responsabilidades privadas.
  Especificar algoritmos para cada operación.
  Observar consideraciones y restricciones especiales.
- Crear una especificación de diseño para cada subsistema.
  Identificar todas las clases encapsuladas.

---

[5] Un bloque es la abstracción de diseño que permite la representación de un objeto agregado.

[6] Un protocolo es una descripción formal de los mensajes a los cuales la clase responderá.

Describir los contratos en detalle para los cuales el subsistema es un servidor.
Observar consideraciones y restricciones especiales.

Aunque la terminología y los pasos del proceso difieren, para cada uno de estos métodos de DOO, los procesos generales de DOO son razonablemente consistentes. Para realizar un diseño orientado a objetos, el ingeniero del software debe seguir las siguientes etapas genéricas:

- Describir cada uno de los subsistemas de manera que sean implementables.
  Asignar subsistemas a procesadores y tareas.
  Elegir una estrategia de diseño para la implementación de la gestión de datos, soporte a interfaz y la gestión de tareas.
  Diseñar un mecanismo apropiado de control para el sistema.
  Revisar y considerar intercambios.
- Diseño de objetos:
  Diseñar cada operación a nivel procedimental.
  Definir toda clase interna.
  Diseñar estructuras de datos internas para los atributos de clase.
- Diseño de mensajes:
  Diseñar el modelo de mensajes a partir del uso de colaboraciones entre objetos y objeto-relación.
- Revisión del modelo de diseño e iterar siempre que sea necesario.

Es importante observar que las etapas de diseño examinadas en esta sección son iterativos. Esto es, pueden ejecutarse incrementalmente, de manera conjunta con actividades de AOO, hasta producir un diseño completo.

21.2. LOS COMPONENTES GENÉRICOS DEL MODELO DE DISEÑO OO

A veces resulta difícil hacer una distinción clara entre el análisis orientado a objetos (Capítulo 20) y el diseño orientado a objetos[7]. En esencia, el análisis orientado a objetos (AOO) es una actividad de clasificación. Esto es, se analiza un problema en un esfuerzo por determinar las clases de objetos que serán aplicables al desarrollarse una solución. El análisis determina también las relaciones y el comportamiento del objeto. El diseño orientado a objetos (DOO) le posibilita al ingeniero del software la posibilidad de indicar los objetos que se derivan de cada clase y cómo estos objetos se interrelacionan unos con otros. Adicionalmente, el DOO ilustra cómo se desarrollan las relaciones entre objetos, cómo se debe implementar el comportamiento y cómo implementar la comunicación entre objetos.

FIGURA 21.3

Flujo del proceso del DOO

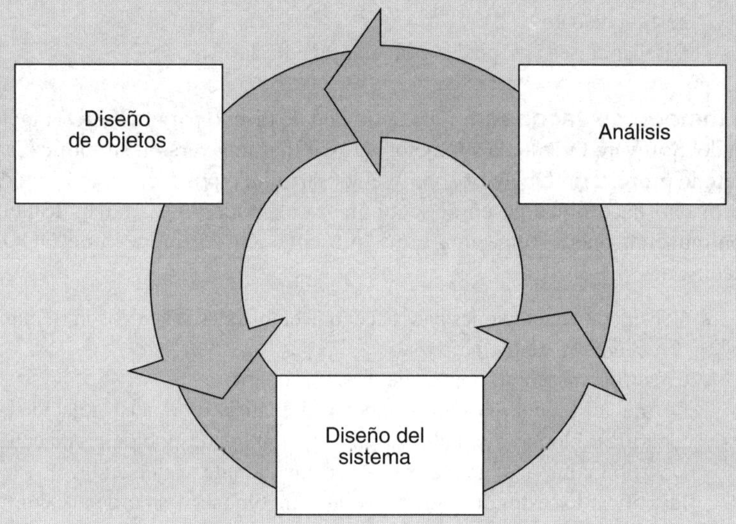

El flujo del proceso genérico desde el análisis hasta el diseño se ilustra en la Figura 21.3. Una vez que se ha desarrollado un modelo de análisis razonablemente completo[8], el ingeniero del software se concentra en el diseño del sistema. Esto se realiza a través de la descripción de los subsistemas necesarios para implementar los requisitos del cliente y el entorno de soporte requerido para su realización.

En la medida que se definen subsistemas, estos deben coordinarse dentro del contexto general de los requisitos del cliente. ¿Qué subsistemas son responsables de qué requisitos del cliente? ¿Dentro de qué subsistemas residen los objetos definidos durante el AOO? ¿Qué subsistemas deben operar concurrentemente y qué componentes del sistema los controlan y coordinan? ¿Cómo se manejan los recursos globales por parte de los subsistemas?

[7] Los lectores que aún no han leído el Capítulo 20 por completo deben hacerlo lo antes posible.

[8] Recuerde que el AOO es una actividad iterativa. Es completamente posible que el modelo de análisis sea revisado como una consecuencia del trabajo de diseño.

Durante el diseño de los subsistemas, es necesario para el ingeniero del software definir cuatro importantes componentes del diseño [COA91]:

- *Dominio del problema*: los subsistemas responsables de la implementación de los requisitos del cliente directamente.
- *Interaccion humana:* los subsistema, que implementan la interfaz de usuario (esto incluye subsistemas reutilizables de Interfaz Gráfica Usuario).
- *Gestión de tareas:* los subsistemas responsables de control y coordinación de tareas concurrentes que pueden empaquetarse dentro de uno o varios subsistemas; y
- *Gestión de datos:* el subsistema que es responsable del almacenamiento y recuperación de objetos.

Cada uno de estos componentes genéricos pueden modelarse (durante el AOO) a través de una serie de clases así como las relaciones y comportamientos que constituyen requisitos. Adicionalmente, los componentes de diseño se implementan definiendo el *protocolo* [WIR90] que describe formalmente el modelo de mensajes para cada uno de los componentes.

Una vez que se ha definido un subsistema y comienza el diseño de cada uno de los componentes mencionados anteriormente, se traslada el énfasis al diseño de objetos. A este nivel los elementos del modelo CRC (Capítulo 20) se convierten a una realización del diseño. En esencia se realiza la conversion ilustrada en la Figura 21.4.

21.3. EL PROCESO DE DISEÑO DEL SISTEMA

Aunque cierto número de autores sugiere modelos de procesos para el diseño de sistemas OO, la secuencia de actividades propuesta por Rumbaugh y sus colegas [RUM91] es uno de los tratamientos más definitivos a este tema. En el resumen presentado en la Sección 21.1.3, se definieron las siguientes etapas:

- Dividir el modelo de análisis en subsistemas.
- Identificar la concurrencia dictada por el problema.
- Asignar subsistemas a procesadores y tareas.
- Elegir una estrategia básica para la implementación de la gestión de datos.
- Identificar los recursos globales y los mecanismos de control necesarios para acceder a ellos.
- Diseñar un mecanismo de control apropiado para el sistema.
- Considerar cómo manipular las condiciones límite.
- Revisar y considerar los intercambios.

En las secciones que siguen, se estudian en más detalle las actividades de diseño relacionadas con estos pasos.

FIGURA 21.4

Conversión del modelo de análisis es un modelo de diseño durante el diseño de objetos

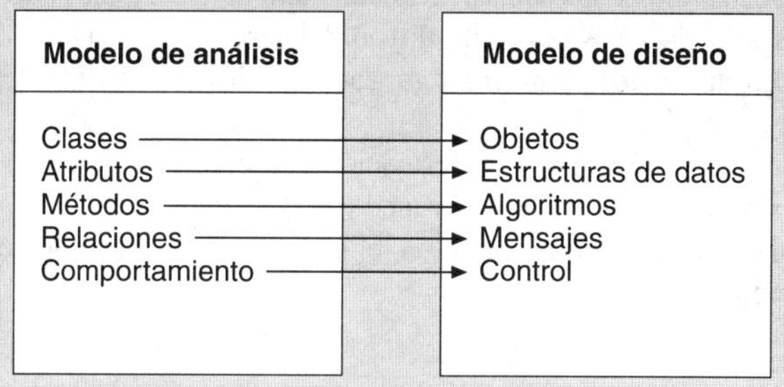

21.3.1. Partición del modelo de análisis

Uno de los principios de análisis fundamentales del análisis es la partición (Capítulo 11). En el diseño de sistemas OO se divide el modelo de análisis para definir colecciones cohesivas de clases, relaciones y comportamientos. Estos elementos del diseño se empaquetan como un subsistema.

En general, todos los elementos de un subsistema comparten alguna propiedad en común. Pueden estar envueltos en la realización de la misma función; pueden residir dentro del mismo producto de hardware; o pueden manejar la misma clase de recursos. Los subsistemas se caracterizan por sus responsabilidades; esto es, un subsistema puede identificarse por los servicios que realiza [RUM91]. Al usarse dentro del contexto del diseño de un sistema OO, un *servicio* es una colección de operaciones que realizan una función específica (p. ej.: manejo de archivos de un procesador de textos, producción de una representación tridimensional, convirtiendo una señal de vídeo analógico en una imagen digital comprimida).

Al definir (y diseñar) subsistemas, éstos deben cumplir con los siguientes criterios de diseño:

- El subsistema debe poseer una interfaz bien definida a través de la cual ocurre toda la comunicación con el resto del sistema.
- Con excepción de un pequeño número de «clases de comunicación», las clases dentro de un subsistema deben colaborar únicamente con otras clases dentro del subsistema.
- El número de subsistemas debe mantenerse pequeño.

- Los subsistemas pueden dividirse internamente para ayudar a reducir la complejidad.

Cuando dos subsistemas se comunican entre sí, se puede establecer un enlace cliente/servidor o punto-a-punto *(peer-to-peer)* [RUM91]. En un *enlace cliente/servidor,* cada uno de los subsistemas toma uno de los papeles que implican el cliente y el servidor. Los servicios fluyen del servidor al cliente en una única dirección. En un *enlace punto-a-punto*, los servicios pueden fluir en cualquier dirección.

El flujo de comunicación e información que implican los enlaces descritos anteriormente pueden representarse usando un diagrama de flujo de datos (Capítulo 12). En este caso, cada «burbuja» en el DFD (Diagrama de Flujo de Datos) es un subsistema.

21.3.2. Concurrencia y asignación de subsistemas

Los aspectos dinámicos del modelo de objeto-comportamiento nos brindan una indicación de concurrencia entre objetos (o subsistemas). Si los objetos (o subsistemas) no están activos al mismo tiempo, no existe necesidad de procesamiento concurrente. Esto significa que los objetos (o subsistemas) pueden implementarse en el mismo hardware procesador. Por otra parte, si los objetos (o subsistemas) deben actuar sobre eventos asíncronamente y al mismo tiempo, se toman como concurrentes. Cuando los subsistemas son concurrentes, existen dos opciones de asignación:

- Asignar cada subsistema a un procesador independiente.
- Asignar los subsistemas al mismo procesador y ofrecer soporte de concurrencia a través de las capacidades del sistema operativo.

Las tareas concurrentes se definen [RUM91] a través el examen del diagrama de estados para cada objeto. Si el flujo de eventos y transiciones indica que sólo existe un único objeto activo en un momento, se establece un *hilo de control*. El hilo de control continúa activo aún cuando un objeto envía un mensaje a otro, durante tanto tiempo como el primer objeto espera por una respuesta. Sin embargo, el primer objeto continúa el procesamiento después de enviar el mensaje, el hilo de control se divide.

Las tareas en un sistema OO se diseñan aislando hilos de control. Por ejemplo, mientras que el sistema HogarSeguro está monitorizando sus sensores, puede estar también marcando el número de la central de monitorización para verificar la conexión. Dado que los objetos envueltos en este comportamiento están activos al mismo tiempo, cada uno representa un hilo de control por separado y cada uno puede definirse como una tarea independiente. Si las actividades de monitorización y marcado ocurriesen secuencialmente, pudiera implementarse una tarea simple.

Para determinar cuál de las asignaciones de procesador, de las mencionadas anteriormente, es la apropiada, el diseñador debe considerar los requisitos de rendimiento, costes y sobrevaloración impuestos por la comunicación entre procesadores.

21.3.3. El componente para la gestión de tareas

Coad y Yourdon [COA91] sugieren la siguiente estrategia para el diseño de los objetos que manejan tareas concurrentes:

- Se determinan las características de la tarea.
- Se definen una tarea coordinadora y los objetos asociados.
- El coordinador y las otras tareas se integran.

Las características de una tarea se determinan a través de la comprensión del cómo se inicia la tarea. Las tareas dirigidas por eventos o por reloj son las que más comúnmente encontramos. Ambas se activan por una interrupción, pero la primera recibe una interrupción de alguna fuente exterior (p. ej.: otro procesador, un sensor) mientras que la última está gobernada por el reloj del sistema.

Adicionalmente a la manera en que una tarea se inicia, se debe determinar también la prioridad y sentido crítico de la tarea. Tareas con una alta prioridad deben tener un acceso inmediato a los recursos del sistema. Aquellas con un alto grado de sentido crítico deben continuar su operación aún cuando la disponibilidad de recursos está reducida o el sistema esté operando con cierto nivel de degradación.

Una vez que se han determinado las características de la tarea, se definen los atributos y operaciones de los objetos requeridos para lograr comunicación y coordinación con otras tareas. La plantilla básica de la tarea (para un objeto tarea) toma la forma [COA91]:

Nombre de tarea: el nombre del objeto.
Descripción: una descripción narrativa acerca del propósito del objeto.
Prioridad: prioridad de la tarea (p. ej.: baja, media, alta).
Servicios: una lista de operaciones que constituyen las responsabilidades del objeto.
Coordinado por: la manera según la cual se invoca el comportamiento del objeto.
Comunicar vía: valores de datos de entrada y salida relevantes a la tarea.

Esta descripción de la plantilla puede entonces traducirse en el modelo de diseño estándar (incorporando una representación de atributos y operaciones) para el o los objetos de tarea.

21.3.4. El componente para la gestión de datos

La gestión de datos abarca dos áreas distintas: (1) la gestión de datos críticos para la propia aplicación, y (2) la creación de una infraestructura para el almacenamiento y recuperación de objetos. En general, la gestión de datos se diseña por capas. La idea es aislar los requisitos de bajo nivel para la gestión de datos de los de alto nivel para la gestión de los atributos del sistema.

Dentro del contexto del sistema, un sistema de gestión de datos se usa a menudo como un almacén común de datos para todos los subsistemas. Los objetos requeridos para manipular esta base de datos son miembros de las clases reusables identificadas usando el análisis de dominio (Capítulo 20) o son suministrados directamente por el vendedor de la base de datos. Una discusión detallada del diseño de bases de datos para sistemas OO está fuera del alcance de este libro[9].

El diseño de la componente para la gestión de datos incluye el diseño de los atributos y operaciones necesarias para la gestión de los datos. Los atributos relevantes se añaden a cada objeto en el dominio del problema y brindan información que responde a la pregunta: ¿cómo me almacenó? Coad y Yourdon [COA91] sugieren la creación de una clase **servidor-de-objetos** «con servicios de (a) informarle a cada objeto que se almacene, y (b) recuperar objetos almacenados para ser usados por otros componentes del diseño».

Como un ejemplo de la gestión de datos para el objeto **sensor** examinado como parte del sistema de seguridad HogarSeguro, el diseño pudiera especificar un fichero plano llamado *sensor*. Cada campo se correspondería con una instancia de **sensor** y contendría los valores de los atributos de sensor para esa instancia. Las operaciones dentro de la clase **servidor-de-objetos** le posibilitarían a un objeto específico su almacenamiento y recuperación cuando sea necesario para el sistema. Para objetos más complejos, puede ser necesario especificar una base de datos relacional o una base de datos orientada a objetos para realizar la misma función.

21.3.5. El componente para la gestión de recursos

Existe una variedad de recursos diferentes disponibles para un sistema o producto OO, y en muchas instancias, los subsistemas compiten por estos recursos al mismo tiempo. Los recursos globales del sistema pueden ser entidades externas (p. ej.: una torre de discos, procesador, o línea de comunicación) o abstracciones (p. ej.: una base de datos, un objeto). Independientemente de la naturaleza del recurso, el ingeniero del software debe diseñar un mecanismo de control sobre él. Rumbaugh y sus colegas [RUM91] sugieren que cada recursos debería ser propiedad de un «objeto guardián». El objeto guardián es el portero del recurso, controlando los accesos a él y moderando las solicitudes en conflicto sobre él.

21.3.6. El componente de interfaz hombre-máquina

Aunque el componente interfaz hombre-máquina (IHM) se implementa dentro del contexto del dominio del problema, la interfaz por sí misma representa un subsistema de importancia crítica para la mayoría de las aplicaciones modernas. El modelo de análisis OO (Capítulo 20) contiene escenarios de uso (llamados casos de uso) y una descripción del papel que tienen los usuarios (llamados actores) al interactuar con el sistema. Esto sirve como dato de entrada al proceso de diseño de la IHM.

Una vez que se han definido el actor y su escenario de uso, se identifica una jerarquía de órdenes, la jerarquía de comandos define las principales categorías de menús del sistema (las ventanas de menús). La jerarquía de comandos se refina iterativamente hasta que cada caso de uso pueda implementarse navegando a través de la jerarquía de funciones.

Como en estos momentos ya existe una amplia variedad de entornos de desarrollo de IHM (p. ej.: MacApp o Windows), el diseño de los elementos de la IGU no es necesario. Existen también clases reusables (con atributos y operaciones apropiados) para ventanas, iconos, operaciones de ratón y una amplia variedad de funciones de interacción. El *implementador* sólo necesita identificar los objetos que poseen las características apropiadas para el dominio de problema.

21.3.7. Comunicación entre subsistemas

Una vez que se ha especificado cada subsistema, es necesario definir las colaboraciones que existen entre ellos. El modelo que usamos para la colaboración objeto-a-objeto puede extenderse a subsistemas de forma general. La Figura 21.5 brinda una representación esquemática de la colaboración. Como señalamos anteriormente en este capítulo, la comunicación puede ocurrir al establecer un enlace cliente/servidor o punto-a-punto. Como muestra la figura, debemos especificar el contrato que existe entre los subsistemas. Recuerde que un contrato brinda indicaciones acerca de las maneras en que un subsistema puede interactuar con otro.

Los siguientes pasos del diseño pueden aplicarse para especificar un contrato para un subsistema [WIR90]:

1. Listar cada solicitud que pueda realizarse por parte de los colaboradores del subsistema. Organizar estas solicitudes según el subsistema y definirlas dentro del marco de uno o más contratos apropiados. Asegúrese de reflejar los contratos heredados desde las superclases.

[9] Los lectores interesados pueden ver [BRO91], [TAY92] o [RAO94].

FIGURA 21.5

Modelo de colaboración entre subsistemas

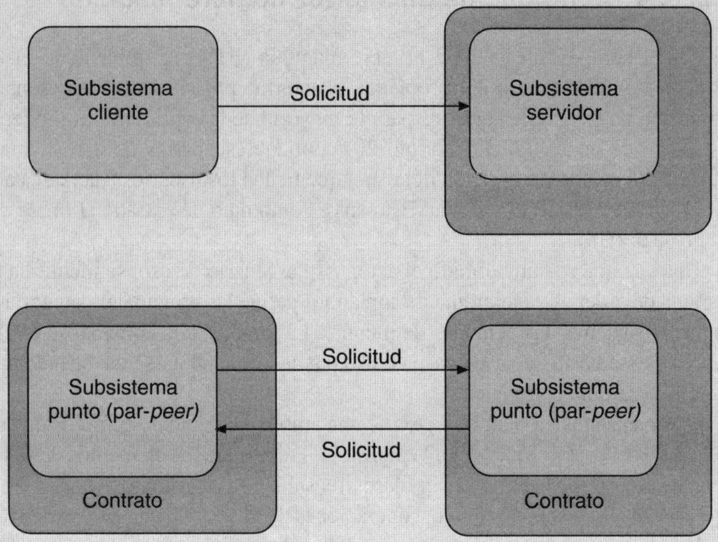

2. Para cada contrato, marque las operaciones (heredadas y privadas) requeridas para implementar las responsabilidades que implica el contrato. Asegúrese de asociar las operaciones con clases específicas que residan dentro del subsistema.
3. Considere un contrato a la vez, cree una tabla de la misma forma a la mostrada por la Figura 21.6. Para cada contrato, se crearán las siguientes entradas en la tabla:

   Tipo: el tipo del contrato (p. ej.: cliente/servidor o punto-a-punto).

   Colaboradores: los nombres de los subsistemas que son partes del contrato.

   Clase: los nombres de las clases (contenidas dentro del subsistema) que soportan servicios implicados por el contrato.

   Operación: los nombres de las operaciones (dentro de la clase) que implican los servicios.

   Formato del mensaje: el formato de mensaje requerido para implementar la interacción entre colaboradores.

FIGURA 21.6

Tabla de colaboraciones del subsistema

Contrato	Tipo	Colaboradores	Clase(s)	Operación(ones)	Formato del Mensaje

Se redactará una descripción apropiada del mensaje para cada interacción entre subsistemas.

4. Si los modos de interacción entre los subsistemas son complejos, se creará un grafo de interacción entre subsistemas, tal como ilustra la Figura 21.7. El grafo de colaboración es similar en forma al diagrama de flujo de eventos examinado en el Capítulo 20. Cada subsistema se representa conjuntamente con sus interacciones con otros subsistemas. Los contratos que se invocan durante una interacción se señalan de la forma mostrada por la figura. Los detalles de la interacción se determinan inspeccionando el contrato en la tabla de colaboraciones del subsistema (Fig. 21.6).

21.4. EL PROCESO DE DISEÑO DE OBJETOS

Para seguir con la metáfora introducida anteriormente en este libro, el diseño de sistemas OO puede verse como el plano arquitectónico de una casa. Este plano especifica el propósito de cada habitación y los mecanismos que conectan las habitaciones unas con otras y con el entorno exterior. Es ahora el momento de dar los detalles necesarios para construir cada habitación.

En el contexto del DOO, el diseño de objetos se centra en las «habitaciones». Debemos desarrollar un diseño detallado de los atributos y operaciones que incluye cada clase, y una especificación completa de los mensajes que conectan la clase con sus colaboradores.

FIGURA 21.7

Gráfico abreviado subsistema-colaborado de HogarSeguro

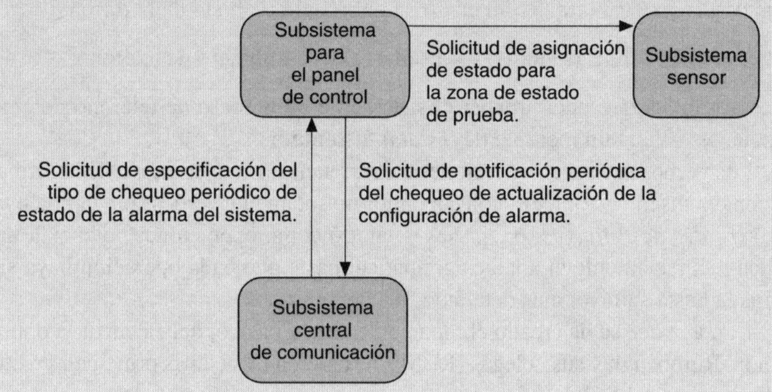

21.4.1. Descripciones de objeto

Una descripción de un objeto (una instancia de una clase o subclase) puede tomar una de estas dos formas [GLO83]:

1. Una *descripción del protocolo* que establece la interfaz de un objeto definiendo cada mensaje que el objeto puede recibir y la correspondiente operación que el mismo ejecuta al recibir el mensaje, y
2. Una *descripción de la implementación* que muestra detalles de ella para cada operación implicada por un mensaje que se pasa al objeto. Los detalles de implementación incluyen información acerca de la parte privada del objeto, esto es, detalles internos acerca de las estructuras de datos que describen los atributos del objeto y detalles procedimentales que describen las operaciones.

La descripción del protocolo no es nada más que un conjunto de mensajes y el comentario correspondiente para cada uno de ellos. Por ejemplo, una porción de la descripción del protocolo para el objeto **sensor de movimiento** (descrito anteriormente) pudiera ser:

MENSAJE (sensor de movimiento) → leer: RETORNA ID sensor, estado sensor;

el cual describe el mensaje necesario para leer desde el sensor. Similarmente,

MENSAJE (sensor de movimiento) → fijar: ENVIA ID sensor, estado sensor;

fija o borra el estado del sensor.

Para un gran sistema con muchos mensajes, es posible a menudo crear categorías de mensajes. Por ejemplo, las categorías de mensajes para el objeto **sistema** de HogarSeguro pudieran incluir mensajes de configuración del sistema, mensajes de monitorización, mensajes de eventos, y otros.

Una descripción de la implementación de un objeto aporta los detalles internos («ocultos») necesarios para la implementación pero que no son necesarios para su invocación. Esto es, el diseñador del objeto debe aportar una descripción de la implementación y debe, por tanto, crear los detalles internos del objeto. Sin embargo, otro diseñador o implementador que usa el objeto u otra instancia del objeto necesita solamente la descripción del protocolo pero no de la implementación.

Una descripción de la implementación se compone de la siguiente información: (1) especificación del nombre del objeto y referencia a su clase; (2) especificación de las estructuras de datos privadas indicando los elementos de datos y tipos; (3) descripción procedimental de cada operación o alternativamente, punteros a tales descripciones procedimentales. La descripción de la implementación debe contener suficiente información para posibilitar el correcto manejo de los mensajes descritos en la descripción del protocolo.

Cox [COX85] caracteriza la diferencia entre la información contenida en la descripción del protocolo y aquella incluida en la descripción de la implementación en términos de «usuarios» y «proveedores» de servicios. Un usuario del servicio brindado por un objeto debe estar familiarizado con el protocolo para invocar el servicio, esto es, para especificar *qué* se desea. El suministrador del servicio (el objeto mismo) debe estar enterado de *cómo* brindar el servicio al cliente, esto es, de los detalles de implementación. Este es el objetivo del encapsulamiento, un concepto introducido en el Capítulo 19.

21.4.2. Diseño de algoritmos y estructuras de datos

Una variedad de representaciones incluidas en el modelo de análisis y el diseño del sistema aportan una especificación de todas las operaciones y atributos. Los algoritmos y estructuras de datos se diseñan usando un enfoque que difiere poco del enfoque del diseño de datos y los procedimientos examinados para la ingeniería del software convencional [10].

[10] Vea el Capítulo 14 para más detalles.

Se crea un algoritmo para implementar la especificación de cada operación. En muchos casos, el algoritmo es una simple secuencia computacional o procedimental que puede implementarse como un módulo del software autocontenido. Sin embargo, si la especificación de la operación es compleja, pudiera ser necesario la modularización de la operación. Para la realización de esta tarea pueden usarse las técnicas convencionales de diseño procedimental.

Las estructuras de datos se diseñan concurrentemente con los algoritmos. Debido a que las operaciones manipulan invariablemente los atributos de una clase, el diseño de las estructuras de datos que mejor reflejan los atributos tendrá una fuerte influencia sobre el diseño algorítmico de las operaciones correspondientes.

Aunque existen muchos tipos diferentes de operaciones, estas pueden generalmente dividirse en tres amplias categorías: (1) operaciones que *manipulan* datos de alguna manera (p. ej.: añadiendo, eliminando, cambiando, seleccionando); (2) operaciones que *realizan cálculos*; y (3) operaciones que *monitorizan* un objeto debido a la ocurrencia de un evento controlador.

Por ejemplo, la narrativa de procesamiento de HogarSeguro contiene los fragmentos de instrucciones: «*se asigna* al sensor un número y tipo» y «se programa una contraseña maestra para *armar* y *desarmar* el sistema». Estas dos frases indican un cierto número de cosas:

- Que una operación de *asignación* es relevante para el objeto **sensor**.
- Que se aplicará una operación de *programar*, al objeto **sistema**; y
- Que *armar* y *desarmar* son operaciones aplicables al **sistema** (o sea, que el estado del sistema puede en última instancia definirse (usando notación de diccionario de datos) como:

estado del sistema = [armado | desarmado]

La operación *programar* se asigna durante el AOO, pero durante el diseño de objetos será refinada en un número de operaciones más específicas, necesarias para configurar el sistema. Por ejemplo, después de discusiones con el ingeniero del producto, el analista, y posiblemente el departamento comercial, el diseñador puede elaborar la narrativa de procesamiento original y redactar el siguiente texto para **programar** [11]:

> Programa le permite al usuario de HogarSeguro el configurar el sistema una vez que este se ha instalado. El usuario puede (1) <u>instalar</u> números de teléfonos; (2) <u>definir</u> tiempos de espera para las alarmas; (3) <u>construir</u> una tabla de sensores que contenga el ID, tipo y localización de cada sensor; y (4) <u>cargar</u> una contraseña maestra.

[11] Se ha añadido el subrayado para aislar los verbos importantes.

Por lo tanto, el diseñador ha refinado la simple operación *programar* y la ha reemplazado por las operaciones *instalar, definir, construir y cargar*. Cada una de estas nuevas operaciones se convierte en parte del objeto **sistema**, tiene conocimiento de las estructuras de datos internas que implementan los atributos del objeto, y se invoca a través del envío de mensajes de objeto de la forma:

MENSAJE (sistema) → instalar: ENVIA número de teléfono;

el cual implica que para proveer el sistema de un número de teléfono de emergencia, se enviará un mensaje de *instalar* **sistema**.

Los verbos se asocian a acciones u ocurrencias. En el contexto de la formalización del diseño de objetos, consideramos no solamente verbos sino también *frases verbales descriptivas* (p. ej.: «es igual a») como operaciones potenciales. Se aplica recursivamente el análisis gramatical hasta que cada operación haya sido refinada hasta su nivel más detallado.

Una vez que se ha creado el modelo de objeto básico, debe ocurrir la optimización. Rumbaugh y sus colegas [RUM91] sugieren tres etapas principales para la optimización del DOO:

- Revisar el modelo objeto-relación para asegurarse que el diseño implementado lleva a una utilización eficiente de los recursos y a una facilidad de implementación. Añada redundancia donde sea necesario.
- Revisar las estructuras de datos atributos y las operaciones algorítmicas correspondientes para aumentar el rendimiento.
- Crear nuevos atributos para preservar información derivada, evitando para esto la repetición de computaciones previas.

Una discusión detallada de la optimización del diseño OO está más allá del alcance de este libro. El lector interesado debe referirse a [RUM91] y [DEC93].

21.4.3. Componentes de programas e interfaces

Un aspecto importante de la calidad del diseño del software es la *modularidad*, esto es, la especificación de *componentes del programa* (módulos) que se combinan para formar un programa completo. El enfoque orientado a objetos define al objeto como una componente del programa la cual está auto-enlazada con otras componentes (p. ej.: datos privados, operaciones). Pero definir objetos y operaciones no es suficiente. Durante el diseño, debemos identificar las *interfaces* que existen entre objetos y la estructura general (considerada desde un punto de vista arquitectónico) de los objetos.

Aunque una componente de programa es una abstracción del diseño, se deberá representar en el contexto del lenguaje de programación con el cual se debe implementar el diseño. Para acomodar el DOO, el lenguaje de programacion a usar en la implementación deberá ser capaz de crear la siguiente componente de programa (modelada según Ada).

```
PACKAGE nombre-componente-programa IS
   TYPE especificación de objetos dato
   .
   .
   .
   PROC especificación de operaciones relacionadas . . .
PRIVATE
   detalles de estructuras de datos de objetos
PACKAGE BOY nombre-componente-programa IS
   PROC operacion.1 (descripción interfaz) IS
   .
   .
   .
   END
   PROC operación.n (descripción interfaz) IS
   .
   .
   .
   END
END nombre-componente-programa
```

En el LDP (lenguaje de diseño de programas) semejante al Ada mostrado anteriormente, una componente de programa se especifica indicando los objetos datos y las operaciones. La *parte-de-especificación* de componentes indica todos los objetos de datos (declarados con la sentencia TYPE) y las operaciones (PROC para *procedimiento*) que actúan sobre ellos. La parte privada (PRIVATE) del componente ofrece por otra parte detalles ocultos de las estructuras de datos y el procesamiento. En el contexto de nuestra discusión anterior, el PACKAGE es similar conceptualmente a los objetos discutidos a lo largo de este Capítulo.

El primer componente de programa a identificar debe ser el módulo de más alto nivel a partir del cual se origina todo el procesamiento y evolucionan todas las estructuras de datos. Refiriéndonos una vez más al ejemplo HogarSeguro, podemos definir el componente de programa de más alto nivel como:

```
PROCEDURE HogarSeguro software
```

El componente del software HogarSeguro puede acoplarse con el diseño preliminar para los siguientes paquetes (objetos):

```
PACKAGE sistema IS
   TYPE sistema datos
   PROC instalar, definir, construir, cargar
   PROC presentar, reiniciar, consultar, modificar, llamar
   PRIVATE
     PACKAGE BOX sistema IS
     PRIVATE
       sistema.id IS STRING LENGTH (8);
       verificación número teléfono, número teléfono, . . .
       IS STRING LENGTH (8);
       sensor mesa DEFINED
         sensor type IS STRING LENGTH (2),
     PROC instalar RECEIVES (número teléfono)
        {diseño detallado de operación instalar}
   .
   .
   .
END sistema
PACKAGE sensor IS
   TYPE sensor datos
   PROC leer, fijar, probar
   PRIVATE
      PACKAGE BODY sensor IS
      PRIVATE
        sensor.id IS STRING LENGTH (8);
        sensor estado IS STRING LENGTH (8);
        características alarma DEFINED
          umbral, tipo señal, nivel señal IS NUMERIC,
        interfaz hardware DEFINED
          tipo, a/d.características, timing.data IS NUMERIC,
END sensor
   .
   .
   .
END SafeHome software
```

Los objetos de datos y las operaciones correspondientes se especifican para cada uno de los componentes de programa para el software HogarSeguro. El paso final en el proceso de diseño de objetos completa toda la información necesaria para implementar completamente las estructuras de datos y tipos contenidos en la porción PRIVATE del paquete y todo el detalle procedimental contenido en el PACKAGE BODY.

Para ilustrar el diseño de detalle de una componente de programa, reconsideraremos el paquete **sensor** descrito anteriormente. Las estructuras de datos para los atributos de sensor ya han sido definidas. Por lo tanto, el primer paso es definir las interfaces para cada una de las operaciones asociadas a **sensor**:

```
PROC leer (sensor.id, sensor estado: OUT);
PROC fijar (alarm characteristics, hardware interface: IN)
PROC probar (sensor.id, sensor estado, características
alarma: OUT);
```

El próximo paso requiere un refinamiento paso a paso para cada operación asociada al paquete **sensor**. Para ilustrar este refinamiento, desarrollamos una narrativa de procesamiento (una estrategia informa) para *leer (read)*:

> Cuando el objeto sensor recibe un mensaje, se invoca el proceso de lectura. Este proceso determina la interfaz y tipo de señal, selecciona la interfaz del sensor, convierte las características A/D a un nivel de señal interno, y compara el nivel de señal interno con un valor de umbral. Si se excede el umbral, el estado del sensor se fija a «evento». En otro caso, el estado del sensor se fija a «no evento». Si se detecta algún error mientras se testea el sensor, el estado del sensor se fija a «error».

Dada la narrativa de procesamiento, puede desarrollarse la descripción LDP del proceso de *leer (read)*.

```
PROC leer (sensor.id, sensor.estado: OUT);
   raw.signal IS BIT STRING
   IF (hardware.interfaz-tipo=«s» &
   alarma.características.senal.tipo=«B»
   THEN
      GET (sensor, exception: sensor estado :=error) raw.
      signal;
      CONVERT raw.signal TO interno.senal.nivel;
      IF interno.senal.nivel>umbral
         THEN sensor estado :=«evento»;
         ELSE sensor estado :=«no evento»;
       ENDIF
   ELSE {el proceso de otros tipos de interfaces se
   especificará}
   ENDIF
   RETURN sensor.id, sensor estado;
END read
```

La representación LDP de la operación *leer (read)* puede traducirse a un lenguaje de implementación apropiado. Se supone que las funciones GET y CONVERT están disponibles como parte de una biblioteca en tiempo de ejecución *(run-time)*.

21.5. PATRONES DE DISEÑO

Los mejores diseñadores en cualquier campo poseen una habilidad innata para ver patrones que caracterizan un problema, y los patrones correspondientes que pueden combinarse para crear una solución. Gamma y sus colegas [GAM95] examinan esto cuando expresan:

> [U]sted encontrará patrones recurrentes de clases y objetos en comunicación en muchos sistemas orientados a objetos. Estos patrones resuelven problemas de diseño específicos y hacen el diseño orientado a objetos más flexible, elegante y en última instancia reusable. Ayudan a los diseñadores a reutilizar diseños de éxitos basando el nuevo diseño en experiencias anteriores. Un diseñador familiarizado con tales patrones puede aplicarlos de manera inmediata a problemas de diseño sin tener que redescubrirlos.

A lo largo del proceso de DOO, el ingeniero del software buscará cada oportunidad de reutilizar patrones de diseño existentes y crear nuevos si no se puede aplicar la reusabilidad.

21.5.1. Descripción de un patrón de diseño

Las disciplinas de ingeniería maduras hacen uso de miles de patrones de diseño. Por ejemplo, un ingeniero mecánico usa un eje enchavetado de dos-pasos como patrón de diseño. Inherentes al patrón existen atributos (los diámetros del eje, las dimensiones del chavetero, etc.) y operaciones (p. ej.: rotación del eje, conexión del eje). Un ingeniero eléctrico usa un circuito integrado (un patrón de diseño en extremo complejo) para resolver un elemento específico de un nuevo problema. Todos los patrones de diseño pueden describirse a través de la especificación de cuatro piezas de información [GAM95]:

- El nombre del patrón.
- El problema al cual se aplica generalmente el patrón.
- Las características del patrón de diseño.
- Las consecuencias de la aplicación del patrón de diseño.

El nombre del patrón de diseño es una abstracción que aporta un significado acerca de su aplicabilidad y objetivos. La descripción del problema indica el entorno y las condiciones que deben existir para hacer aplicable el patrón de diseño. Las características del patrón indican los atributos del diseño que deben ajustarse para permitirle al patrón acomodarse a una variedad de problemas. Estos atributos representan características del diseño según las cuales puede buscarse (p. ej.: a través de una base de datos) el patrón apropiado. Finalmente, las consecuencias asociadas con el uso del patrón de diseño aportan una indicación de las ramificaciones de las decisiones de diseño.

Los nombres de objetos y subsistemas (patrones de diseño potenciales) deben elegirse cuidadosamente. Como se verá en el Capítulo 26, uno de los problemas técnicos claves en la reusabilidad del software es simplemente la imposibilidad de encontrar patrones reusables ya existentes cuando en realidad hay cientos de miles de candidatos. La búsqueda del patrón «correcto» se ayuda fundamentalmente por un nombre de patrón significativo y un conjunto de características que ayuden en la clasificación del objeto [PRE95].

21.5.2. Uso de patrones en el diseño

En un sistema orientado a objetos, los patrones de diseño[12] pueden usarse aplicando los mecanismos diferentes: herencia y composición. La herencia es un concepto OO fundamental y fue descrito en el Capítulo 19. A través del uso de la herencia un patrón de diseño existente se convierte en una plantilla para una subclase nueva. Los atributos y operaciones que existen en el patrón pasan a ser parte de la clase.

La *composición* es un concepto que nos lleva al de objetos agregados. Esto es, un problema puede necesitar objetos que poseen una funcionalidad compleja (en el extremo, un subsistema cumple con esto). El objeto complejo puede ensamblarse a partir de la selección de un conjunto de patrones de diseño y la composición del objeto seleccionado (o subsistema). Cada patrón de diseño se trata como una caja negra, y la comunicación entre ellos ocurre solamente a través de interfaces bien definidas.

Gamma y sus colegas [GAM95] sugieren que la composición de objetos debe ser favorecida por encima de la herencia cuando existen ambas opciones. Antes de crear grandes y a veces inmanejables jerarquías de clases (la consecuencia del sobreuso de la herencia), la composición favorece pequeñas jerarquías de clases y objetos que permanecen centrados en un objetivo. La composición usa patrones de diseño existentes (componentes reusables) de forma inalterada.

21.6. PROGRAMACIÓN ORIENTADA A OBJETOS

Aunque todas las áreas de tecnologías de objeto han recibido una atención significativa dentro de la comunidad del software, ningún tema ha producido más libros, más discusiones, y más debates que la *programación orientada a objetos* (POO). Existen más de 100 libros escritos sobre programación en C++, docenas dedicados a Smalltalk, un número creciente dedicado a Ada95, y muchos libros dedicados a lenguajes OO menos usados.

El punto de vista de la ingeniería del software persigue como fin al AOO y el DOO, y considera POO (codificación) como actividad importante pero secundaria que es dependiente del análisis y el diseño. La razón para esto es simple. Al incrementarse la complejidad de los sistemas, el diseño de la arquitectura del producto final tiene una influencia significativamente más fuerte sobre su éxito que el lenguaje de programación usado. Y aún, la «guerra de los lenguajes» continúa creciendo.

Los detalles de la POO se dejan mejor a los libros dedicados a este tema. El lector interesado deberá referirse a uno o más libros de POO mencionados en «Otras lecturas y fuentes de información» al final de este capítulo.

21.7. RESUMEN

El diseño orientado a objetos traduce el modelo de AOO del mundo real en un modelo específico de implementación que puede realizarse en software. El proceso de DOO puede describirse como una pirámide compuesta de cuatro capas. La capa base se centra en el diseño de los subsistemas que implementan las funciones del sistema más importantes; la capa de las clases especifica la arquitectura de objetos general y la jerarquía de clases necesaria para implementar el sistema; la capa de mensajes indica cómo desarrollar la colaboración entre objetos; y la capa de responsabilidades identifica las operaciones y atributos que caracterizan cada clase.

Como en el AOO, existen varios métodos diferentes de DOO. Aunque cada uno difiere del otro a partir de sus componentes, todos están de acuerdo con la pirámide de diseño y todos enfocan el proceso de diseño a través de dos niveles de abstracción: diseño del sistema y los subsistemas, y diseño de objetos individuales.

Durante el diseño de los subsistemas, se centra el trabajo en la construcción de cuatro componentes: la componente de dominio del problema, la componente de interacción humana, una componente para la gestión de tareas, y una componente para la gestión de datos. La componente del dominio del problema implementa los requisitos del cliente para una aplicación OO. La otra componente ofrece una infraestructura de diseño que posibilita a la aplicación el operar efectivamente. El proceso de diseño de objetos se centra en la descripción de estructuras de datos que implementan atributos de clases, algoritmos que implementan operaciones, y mensajes que permiten establecer colaboraciones y relaciones de objetos.

La programación orientada a objetos extiende el modelo de diseño al dominio ejecutable. Se usa un lenguaje de programación orientada a objetos para traducir las clases, atributos, operaciones y mensajes en una forma que pueda ejecutarse por una máquina.

El diseño orientado a objetos representa un enfoque único para el ingeniero del software. Citando a Tom Lowe [LOV85]:

> Las raíces de los problemas del software pudieran descansar sobre los términos más tradicionales para la descripción de nuestra industria: procesamiento de datos. Nos han enseñado que los datos y el procesamiento son dos «cosas» diferentes las cuales son de alguna manera importantes para nuestro negocio. Esta partición puede ser mucho más detractora de lo que nos damos cuenta.

El DOO ofrece un medio para romper la «partición» entre datos y proceso. Haciéndolo así, se puede mejorar la calidad del software.

[12] Gamma y sus colegas [GAM95] han publicado un catálogo de 23 patrones de diseño para su uso en sistemas OO.

REFERENCIAS

[BIH92] BIHARI, T. y P. GOPINAH, «Object-Oriented Real-Time Systems: Concepts and Examples», *Computer*, vol. 25, n.° 12, diciembre 1992, págs. 25-32.

[BOO94] BOOCH, G., *Object-Oriented Analysis and Design*, 2.ª edición, Benjamin Cummings, 1994.»

[BOO96] BOOCH, G. y J. RUMBAUGH, *Unified Method for Object-Oriented Development*, Rational Software Corp. 1996.

[BRO91] BROWN, A. W., *Object Oriented Databases*, McGraw-Hill, 1991.

[COA91] COAD, P. y E. YOURDON, *Object-Oriented Design*, Prentice-Hall, 1991.

[COX85] COX, B., «Software Ics and Objective-c», *UnixWorld*, primavera, 1985.

[DAV95] DAVIS, A., «Object-Oriented Requirements to Object-Oriented Design: An Easy Transition?», *J. Systems Software*, vol. 30, 1995, págs. 151-159.

[DEC93] DE CHAMPEAUX, D., D. LEA y P. FAURE, *Object-Oriented System Development*, Addison-Wesley, 1993.

[FIC92] FICHMAN, R. y C. KEMERER, «Object-Oriented and Conceptual Design Methdologies», Computer, vol. 25, n.° 10, octubre 1992, págs. 22-39.

[GAM95] GAMMA, E. *et al.*, *Design Patterns*, Addison-Wesley, 1995.

[GOL83] GOLDBERG, A. y D. ROBSON, *Smalltalk-80: The Language and its Implementation*, Addison-Wesley, 1983.

[JAC92] JACOBSON, I., *Object-Oriented Software Engineering*, Addison-Wesley, 1992.

[LOC96] *Succeeding with the Booch and OMT Methods*, Lockheed-Martin y Rational Software Corp., Addison-Wesley, 1996.

[LOV85] LOVE, T., «Message Object Programming: Experiences with Commercial Systems», Productivity Products International, Sandy Hook, CT, 1985.

[MEY90] MEYER, BERTRAND, *Object Oriented Software Construction*, 2.ª edición, Prentice-Halls, 1988.

[PRE95] PREE, W., *Design Patterns for Object-Oriented Software Development*, Addison-Wesley, 1995.

[RAO94] RAO, B. A., *Object-Oriented Databases: Technology, Applications and Products*, McGraw-Hill, 1994.

[RUM91] RUMBAUGH, J. *et al.*, *Object-Oriented Modeling and Design*, Prentice-Hall, 1991.

[TAY92] TAYLOR, D. A., *Object-Oriented Information Systems*, Wiley, 1992.

[WIR90] WIRFS-BROCK, R., B. WILKERSON y L. WEIMER, *Designing Object-Oriented Software*, Prentice-Hall, 1990.

PROBLEMAS Y PUNTOS PARA CONSIDERAR

21.1. La pirámide de diseño para el DOO difiere de alguna manera de la descrita para el diseño del software convencional (Capítulo 13). Vea las referencias y semejanzas de ellas dos.

21.2. ¿Cómo difieren el DOO y el estructurado? ¿Qué aspectos de estos dos métodos de diseño son los mismos?

21.3. Revise los cinco criterios para modularidad eficaz examinados en la Sección 21.1.2. Usando el enfoque de diseño descrito posteriormente en el Capítulo, demuestre cómo se logran estos cinco criterios.

21.4. Seleccione uno de los métodos de DOO presentados en la Sección 21.1.3 y prepare un tutorial de una hora para su clase. Asegúrese de mostrar todas las convenciones gráficas de modelado que sugiere el autor.

21.5. Seleccione un método de DOO *no* presentado en la Sección 21.1.3 (por ejemplo, HOOD), y prepare un tutorial de una hora para su clase. Asegúrese de mostrar todas las convenciones gráficas de modelado que sugiere el autor.

21.6. Analice cómo los casos de uso pueden servir como una fuente importante de información para el diseño.

21.7. Investigue un entorno de desarrollo IGU y muestre cómo el componente de interacción hombre-máquina se implementa en el mundo real. ¿Qué patrones de diseño se ofrecen y cómo se usan?

21.8. La gestión de tareas en sistemas OO puede ser muy compleja. Realice alguna investigación sobre métodos de DOO para sistemas en tiempo real (por ejemplo, [BIH92]) y determine cómo la gestión de tareas se realiza dentro de este contexto.

21.9. Examine cómo el componente de manejo de datos se implementa en un entorno de desarrollo OO típico.

21.10. Escriba un artículo de dos o tres páginas sobre bases de datos orientadas a objetos y analice cómo pueden usarse para desarrollar el componente de gestión de datos.

21.11. ¿Cómo reconoce un diseñador las tareas que deben ser recurrentes?

21.12. Aplique el enfoque del DOO discutido anteriormente en este capítulo para diseccionar el diseño del sistema HogarSeguro. Defina todos los subsistemas relevantes y desarrolle el diseño de objetos para las clases importantes.

21.13. Aplique el enfoque del DOO discutido en este capítulo al sistema PHTRS descrito en el Problema 12.13.

21.14. Describa un juego de vídeo y aplique el enfoque del DOO examinado en este capítulo para representar su diseño.

21.15. Usted es responsable del desarrollo de un sistema de correo electrónico (correo electrónico) a implementarse sobre una red de PC. El sistema de e-mail permitirá a los usuarios escribir cartas dirigidas a otro usuario o a una lista de direcciones específica. Las cartas pueden ser enviadas, copiadas, almacenadas, etc. El sistema de correo electrónico hará uso de las capacidades de procesamiento de texto existentes para escribir las cartas. Usando esta descripción como punto de partida, derive un conjunto de requisitos y aplique las técnicas de DOO para crear un diseño de alto nivel para el sistema de correo electrónico.

21.16. Una nación ubicada en una pequeña isla ha decidido construir un sistema de control de tráfico aéreo (CTA) para su único aeropuerto. El sistema se especifica como sigue:

Todos los aviones que aterrizan en el aeropuerto deben tener un transmisor que transmita el tipo de avión, y los datos del vuelo en un paquete con formato de alta densidad a la estación de CTA de tierra. La estación de CTA de tierra puede interrogar a un avión para solicitar información específica. Cuando la estación de CTA de tierra recibe los datos, esta se desempaqueta y se almacena en una base de datos de aviones. Se crea un monitor de gráficos por ordenador a partir de la información almacenada y se le muestra a un controlador de tráfico. El monitor se actualiza cada 10 segundos. Toda la información es analizada para determinar si existen «situaciones peligrosas». El controlador de tráfico aéreo puede interrogar la base de datos para buscar información específica acerca de cualquier avión que se muestre en pantalla.

Usando el DOO cree un diseño para el sistema de CTA. No intente implementarlo.

OTRAS LECTURAS Y FUENTES DE INFORMACIÓN

La literatura sobre diseño orientado a objetos se está expandiendo rápidamente. Los libros de REIL (*Object-Oriented Design Through Heuristics*, Addison Weley, 1996), GAMMA *et al.* [GAM95], BOOCH [BOO94], JACOBSON [JAC92], RUMBAUGH *et al.* [RUM91], COAD y YOURDON [COA91] y WIRFS-BROCK, WILKERSON y WEINER [WIR90] aportan una excelente visión en profundidad en esta importante área. Adicionalmente, resulta útil la lectura de los siguientes libros:

BERARD, E. V., *Essays on Object-Oriented Software Engineering*, Addison-Wesley, 1993.

DE CHAMPEAUX, D., D. LEA y P. FAURE, *Object-Oriented System Development*, Adison-Wesley, 1993.

COAD, P., D. NORTH y M. MAYFIELD, *Object Models: Strategies, Patterns, and Applications*, Prentice-Hall, 1995.

COLEMAN D. y colaboradores, *Object-Oriented Development: The FUSION Method,* Prentice-Hall, 1994.

HUT, T. F. (ed.), *Object Analysis and Design: Description of Methods*, Wiley, 1994.

MEYER, B., *Reusable Software*, Prentice-Hall, 1995.

PAGE-JONES, M., *What Every Programmer Should Know about Object-Oriented Design*, Dorset House, 1995.

SCHALER, S. y MELLOR, S., *Object Life Cycles: Modeling the World in States*, Prentice-Hall, 1992.

WILKIE, G., *Object-Oriented Software Engineering*, Addison-Weley, 1993.

YOURDON, E., *Object-Oriented Systems Design: An Integrated Approach*, Prentice-Hall, 1994.

YOURDON, E. y otros, *Mainstream Objects*, Prentice-Hall, 1995.

BUSCHMAN y MEUNIER (*Pattern-Oriented Software Architecture*, Wiley, 1996) muestran como los patrones de diseño pueden ayudar en el desarrollo de aplicaciones a gran escala. HUTT (*Object Analysis and Design*, Wiley, 1994) ha editado una colección que presenta y compara 16 métodos de análisis y diseño orientado a objetos.

Se han publicado literalmente cientos de libros sobre programación orientada a objetos (POO). Una muestra de libros específicos de lenguajes de POO se indica a continuación:

Ada95:	BARNES, J, *Programming in Ada95*, Addison-Wesley, 1995.
C++:	ECKEL, B., *C++ inside and Out*, MacGraw-Hill, 1996.
	LAKOS, J., *Large-Scale C++ Software Design*, 1996.
Eiffel:	RIST, R. S y r. Twrwillinger, *Object-Oriented Programming in Eiffel*, 1995.
	MEYER, B., *Object-Oriented Software Construction*, 2.ª edición, Prentice-Hall, 1996.

Java: ARNOLD, K. y J. GOSLING, *The Java Programming Languaje*, ADDISON-WESLEY, 1996.
MANGER, J., *Essential Java*, MacGraw-Hill, 1996.

SmallTalk: LALONDE, W. R. y J. R. PUGH, *Programming in Smalltalk*, Prentice-Hall, 1995.
KLIMAS, E. y colaboradores, *Smalltalk with Style*, Prentice-Hall, 1995.

Los requisitos especiales de sistemas en tiempo real son cubiertos por SELEK y sus colegas (*Real Time Object-Oriented Modeling*, Wiley, 1995). El uso de «marcos de aplicación» como un mecanismo de diseño se considera por LEWIS (editor) y sus colegas (*Object-Oriented Applications Frameworks*, IEEE Computer Society Press, 1995).

Las mismas fuentes de Internet mencionadas en los Capítulos 19 y 20 son aplicables al DOO. El grupo de noticias de Internet **comp.object** y los grupos de noticias dedicados a lenguajes de programación OO (por ejemplo, **comp.lang.C++** y **comp.lang-smalltalk**) son útiles fuentes de información, discusión y debate sobre métodos de DOO, técnicas de programación y herramientas.

Las siguientes fuentes de información (listados sin otro comentario) contienen información muy útil sobre DOO y PROGRAMACIÓN ORIENTADA A OBJETOS, incluyendo referencias adicionales, artículos e información:

http://www.omg.org/
http://osm7.cs.byu.edu
http://www.mcs.com/~woodsman/oteck.html
http://wwwtrese.cs.utwente.nl/index.html

Una lista actualizada de referencias en la World Wide Web para diseño orientado a objetos puede encontrarse en: **http://www.rspa.com**

CAPÍTULO 22

PRUEBAS ORIENTADAS A OBJETOS

En el Capítulo 16 aprendimos que el objetivo de la realización de pruebas es, indicado de manera simple, encontrar el mayor número posible de errores con una cantidad de esfuerzo racional a lo largo de un espacio de tiempo realista. Aunque este objetivo fundamental permanece el mismo para el software orientado a objetos, la naturaleza de los programas OO cambia la estrategia y las tácticas de la prueba.

Pudiera argumentarse que, con la madurez del AOO y el DOO, el mayor grado de reusabilidad (reutilización) de patrones de diseño reducirá la necesidad de pruebas pesadas en sistemas OO. Lo opuesto es exactamente la verdad. Binder [BIN94b] examina esto cuando comenta:

> Cada reutilización es un nuevo contexto de uso y es prudente repetir las pruebas. Parece en consecuencia, que no se requerirán menos pruebas para obtener una alta fiabilidad en sistemas orientados a objetos.

Para probar adecuadamente los sistemas OO, deben hacerse tres cosas: (1) la definición de las pruebas debe ampliarse para incluir técnicas de detección de errores aplicados a los modelos de DOO y AOO; (2) la estrategia para las pruebas de unidad e integración deben cambiar significativamente; (3) el diseño de casos de prueba debe tener en cuenta las características propias del software orientado a objetos.

22.1. AMPLIANDO LA VISIÓN DE LA REALIZACIÓN DE LA PRUEBA

La construcción del software orientado a objetos comienza con la creación de modelos de análisis y diseño (Capítulo 20 y 21). Debido a la naturaleza evolutiva del paradigma de la ingeniería del software OO, estos modelos comienzan con representaciones informales de requisitos del sistema y evolucionan hacia un modelo de clases detallado, conexiones y relaciones entre clases, diseño del sistema y asignaciones, y diseño de objetos (incorporación de un modelo de conectividad entre objetos vía mensajes). En cada etapa, los modelos pueden probarse en un intento por descubrir los errores antes de que se propaguen en la próxima iteración.

Pudiera argumentarse que la revisión de los modelos de análisis y diseño OO es especialmente útil pues las mismas construcciones semánticas (p. ej.: clases, atributos, operaciones, mensajes) aparecen en los niveles de análisis, diseño y codificación. Por esto, un problema en la definición de atributos de clases no descubierto durante el análisis provocará efectos colaterales que pudieran ocurrir si el problema no se descubriera hasta el diseño o codificación (o incluso hasta la próxima iteración del análisis).

Por ejemplo, considere una clase en la cual el número de atributos se definen durante la primera iteración del AOO. Se añade un atributo extraño a la clase (debido a una mala interpretación del dominio del problema). Se especifican entonces dos operaciones para manipular el atributo. Se realiza una revisión y un experto del dominio señala el problema. A través de la eliminación del atributo extraño en esta etapa, se pudieran evitar los siguientes problemas y esfuerzos innecesarios durante el análisis:

1. Se pueden haber generado subclases especiales para acomodar el atributo innecesario o sus excepciones. Se evita el trabajo involucrado en la creación de las clases innecesarias.
2. Una mala interpretación de la definición de la clase puede conducir a relaciones de clases incorrectas o innecesarias.

3. El comportamiento del sistema o sus clases puede ser impropiamente caracterizado para acomodar el atributo extraño.

Si el problema no se descubre durante el análisis y se sigue propagando, pudieran ocurrir los siguientes problemas (y debieran haber sido evitados debido a la revisión anterior) durante el diseño:

1. Puede ocurrir una asignación impropia de clases a subsistemas y/o tareas durante el diseño del sistema.
2. Se realizaría un esfuerzo de trabajo no necesario para crear el diseño procedimental de las operaciones relacionadas con el atributo innecesario.
3. El modelo de intercambio de mensajes sería incorrecto (puesto que los mensajes deben diseñarse para las operaciones que son extrañas).

Si el problema permanece sin detectar durante el diseño y se pasa a la actividad de codificación, se realizará un esfuerzo y desgaste de energía considerable para generar el código que implemente un atributo innecesario, dos operaciones innecesarias, mensajes que dirigen la comunicación entre objetos, y muchos otros temas relacionados. Adicionalmente, la prueba de la clase absorberá más tiempo del necesario. Una vez que el problema ha sido finalmente descubierto, deberán realizarse modificaciones al sistema teniendo en cuenta los siempre presentes efectos colaterales causados por el cambio.

Durante las etapas posteriores de su desarrollo, los modelos de AOO y DOO proporcionan información sustancial acerca de la estructura y comportamiento del sistema. Por esta razón, estos modelos deberán ser sometidos a una revisión rigurosa, previa a la generación del código.

Todos los modelos orientados a objetos deberán probar (en este contexto, el término «prueba» se usa para incorporar técnicas formales de revisión) su corrección (exactitud), compleción y consistencia [MCG94] dentro del contexto de la sintaxis del modelo, semántica y pragmática [LIN94]l.

22.2. MODELOS DE PRUEBAS AOO Y DOO

Los modelos de análisis y diseño no pueden probarse en el sentido convencional, pues no pueden ejecutarse. Sin embargo, pueden usarse las revisiones técnicas formales (Capítulo 8) para examinar la corrección (exactitud) y consistencia de ambos modelos.

22.2.1. Corrección (exactitud) de los modelos de AOO y DOO

La notación y sintaxis usada para representar los modelos de análisis y diseño estará vinculada al método específico de análisis y diseño elegidos para el proyecto. Debido a esto, la corrección sintáctica se juzga según su uso apropiado de la simbología, y cada modelo se revisa para asegurar que se han mantenido las convenciones de modelado propias.

Durante el análisis y diseño, se debe juzgar la corrección semántica basándose en la conformidad del modelo con el dominio del problema del mundo real. Si el modelo refleja el mundo real de manera exacta (a un nivel de detalle apropiado a la etapa de desarrollo en la cual se revisa el modelo) entonces está semánticamente correcto. Para determinar si el modelo realmente refleja el mundo real, deberá ser presentado a los expertos del dominio, quienes examinarán las definiciones de clases y jerarquías en busca de omisiones y ambigüedades. Se evalúan las relaciones de clases (conexiones de instancias) para determinar si reflejan exactamente las conexiones de objetos del mundo real [1].

22.2.2. Consistencia de los modelos de AOO y DOO

La consistencia de los modelos de AOO y DOO pueden juzgarse a través de una «consideración de las relaciones entre entidades en el modelo. Un modelo inconsistente tiene representaciones que por una parte no son correctamente reflejadas en otras partes del modelo» [MCG94].

Para valorar la consistencia, deberán examinarse cada clase y sus conexiones a otras clases. Puede usarse el modelo clase-responsabilidad-colaboración (CRC) y un diagrama de objeto-relación para facilitar esta actividad. Como señalamos en el Capítulo 20, el modelo CRC se compone de tarjetas índice CRC. Cada tarjeta CRC lista el nombre de la clase, sus responsabilidades (operaciones) y colaboradores (otras clases a las que se envían mensajes y de las que depende para el cumplimiento de sus responsabilidades). Las colaboraciones implican una serie de relaciones (p. ej.: conexiones) entre clases del sistema OO. El modelo objeto-relación aporta una representación gráfica de las conexiones entre clases. Toda esta información puede obtenerse del modelo de AOO (Capítulo 20).

[1] Los casos de uso pueden ser de valor inapreciable en el rastreo (seguimiento) de los modelos de análisis y diseño contra los escenarios de uso del mundo real para sistemas OO.

FIGURA 22.1

Un ejemplo de tarjeta índice CRC usada para revisión

Nombre de la clase: **venta a crédito**	
Tipo de clase: evento de transacción	
Características de la clase: tintangible, atómica, secuencial, permanente, protegida.	
Responsabilidades:	Colaboradores:
Leer tarjeta de crédito	Tarjeta de crédito
Obtener autorización	Autorización de crédito
Enviar por correo cantidad de compra	Etiqueta de producto
	Vendedor
	Archivo auditor
Generar factura	Factura

Para evaluar el modelo de clase se recomiendan los siguientes pasos [MCG94]:

1. Revisar el modelo CRC y el de objeto-relación. Hacer un chequeo cruzado para asegurarse que todas las colaboraciones que implica el modelo de AOO se reflejan propiamente en ambos.
2. Inspeccionar la descripción de cada tarjeta índice CRC para determinar si una responsabilidad delegada forma parte de la definición de las colaboradoras. Por ejemplo, considere una clase definida para un sistema de prueba para un punto de venta y llamado **venta a crédito**. Esta clase tiene una tarjeta índice CRC ilustrada en la Figura 22.1.
   Para esta colección de clases y colaboraciones, preguntamos si se cumple una responsabilidad (por ejemplo, *leer tarjeta de crédito*) cuando se delega en el nombre de la colaboradora (**tarjeta de crédito**); esto es, ¿posee la clase tarjeta de crédito una operación que le permite ser leída? En este caso la respuesta es «sí». Se recorre la relación de objetos para asegurarse que todas estas conexiones son válidas.
3. Invertir la conexión para asegurarse que cada colaboradora que se interroga acerca de sus servicios recibe solicitudes de una fuente razonable. Por ejemplo, si la clase **tarjeta de crédito** recibe una solicitud de *cantidad de la compra* de la clase **venta a crédito**, habrá un problema. **Tarjeta de crédito** no conoce la cantidad de la compra.
4. Usando las conexiones invertidas examinadas en el paso 3, determinar si se necesitarían otras clases o si las responsabilidades están apropiadamente agrupadas entre las clases.
5. Determinar si las responsabilidades ampliamente solicitadas pudieran combinarse en una única responsabilidad. Por ejemplo, *leer tarjeta de crédito* y *obtener autorización* ocurren en toda situación. Ellas pudieran combinarse en una responsabilidad llamada *validar solicitud de crédito* que incorpore la obtención del número de la tarjeta de crédito y la autorización.
6. Los pasos del 1 al 5 se aplican iterativamente a cada clase y a lo largo de cada evolución del modelo de AOO.

Una vez que se han creado los modelos de diseño (Capítulo 21), deberían realizarse también revisiones sobre el diseño del sistema y el diseño de los objetos. El diseño del sistema ilustra los subsistemas que componen el producto, la manera en la cual se asignan subsistemas a procesadores, y la asignación de clases a subsistemas. El modelo de objetos presenta los detalles de cada clase y la actividad de intercambio de mensajes necesarios para implementar las colaboraciones entre clases.

El diseño del sistema se revisa a través del examen del modelo objeto-comportamiento desarrollado durante el AOO, y estableciendo correspondencia entre el comportamiento necesario del sistema y los subsistemas diseñados para ejecutar este comportamiento. La concurrencia y asignación de tareas también se revisan dentro del contexto del comportamiento del sistema. Se evalúan los estados del sistema relativos a su comportamiento para determinar cuáles existen concurrentemente.

El modelo de objetos debe probarse contra la red de objeto-relación para asegurar que todos los objetos del diseño contienen los atributos y operaciones necesarios para implementar las colaboraciones definidas por cada tarjeta índice CRC. Adicionalmente, la especificación detallada de los detalles de la operación (p. ej.: los algoritmos que implementan las operaciones) se revisa usando técnicas de inspección convencionales.

22.3. ESTRATEGIAS DE PRUEBAS ORIENTADAS A OBJETOS

La estrategia clásica para ejecutar pruebas sobre software de computadora comienza con la «prueba a pequeña escala» y trabaja moviéndose hacia la «prueba a gran escala». Dicho en la jerga de prueba del software (Capítulo 17), comenzamos con la prueba de unidad, y culminamos con la de *validación y prueba del sistema*. En aplicaciones convencionales, la prueba de unidad se centra en la menor unidad de programa compilable: el subprograma (p. ej.: módulos, subrutinas, procedimientos). Una vez que estas unidades han sido probadas individualmente, se integran en una estructura de programa mientras que se ejecuta una serie de pruebas de regresión para descubrir errores ocasionados al relacionarse los módulos y a los efectos colaterales causados por añadir nuevas unidades. Finalmente, el sistema se prueba globalmente para asegurar que se descubren los errores en los requisitos.

22.3.1. Prueba de unidad en el contexto OO

Al considerar el software orientado a objetos, cambia el concepto de unidad. El encapsulamiento dirige la definición de clases y objetos. Esto significa que cada clase e instancia de clase (objeto) empaqueta los atributos (datos) y las operaciones (también conocidas como métodos o servicios) que manipulan estos datos. En vez de módulos individuales, la menor unidad a probar es la clase u objeto encapsulado. Una clase puede contener un cierto número de operaciones, y una operación particular puede existir como parte de un número de clases diferentes. Por tanto, el significado de prueba de unidad cambia dramáticamente.

No podemos probar con detalle una operación aisladamente (la vista convencional de prueba de unidad) sino como parte de una clase. Para ilustrar, consideremos una jerarquía de clases en la cual la operación *X* se define por la superclase y es heredada por un número de subclases. Cada subclase usa la operación *X*, pero esta se aplica dentro del contexto de atributos y operaciones privadas definidas para cada subclase. Como el contexto en el cual se usa la operación *X* varía de manera sutil, es necesario probar la operación *X* en el contexto de cada subclase. Esto significa que la prueba de la operación *X* en vacío (el enfoque tradicional de la prueba de unidad) es inefectiva en el contexto orientado a objetos.

La *prueba de clases* para el software OO es el equivalente a la prueba de unidad para software convencional[2]. A diferencia de la prueba de unidad del software convencional, el cual tiende a centrarse en el detalle algorítmico de un módulo y los datos que fluyen a lo largo de la interfaz de este, la prueba de clases para software OO está dirigido por las operaciones encapsuladas por la clase y el estado del comportamiento de la clase.

[2] Métodos de diseño de casos de prueba para clases OO se discuten en las Secciones 22.4 a 22.6.

22.3.2. Prueba de integración en el contexto OO

Debido a que el software orientado a objetos no tiene una estructura de control jerárquica, las estrategias convencionales de integración ascendente y descendente poseen un significado pequeño. Adicionalmente, la integración, una a una, de operaciones en una clase (el enfoque de integración convencional) es a menudo imposible debido a «las interacciones directas e indirectas de las componentes que conforman la clase» [BER93].

Existen dos estrategias diferentes para pruebas de integración en sistemas OO [BIN94a]. La primera, *pruebas basadas en hilos*, integra el conjunto de clases necesario para responder a una entrada o evento del sistema. Cada hilo se integra y prueba individualmente. Se aplica la prueba de regresión para asegurar que no ocurren efectos colaterales. El segundo enfoque para la integración, *pruebas basadas en uso*, comienza la construcción del sistema probando aquellas clases (llamadas *clases independientes*) que usan muy pocas (si alguna) de las clases servidor. Después de probar las clases independientes, se comprueba la próxima capa de clases, llamadas *clases dependientes*, que usan las clases independientes. Esta secuencia de capas de pruebas de clases dependientes continúa hasta construir el sistema por completo. A diferencia de la integración convencional, el uso de conductores y resguardos (Capítulo 16) como operaciones de reemplazo debe evitarse cuando sea posible.

La prueba de agrupamiento [MCG94] es uno de los pasos en la prueba de integración del software OO. Aquí, se ejercita un conjunto de clases colaboradoras (determinadas a través del examen de los modelos CRC y objeto-relación) a través del diseño de casos de prueba que intentan descubrir errores en las colaboraciones.

22.3.3. Prueba de validación en un contexto OO

En el nivel de validación o del sistema, los detalles de conexiones de clases desaparecen. Como en el caso del software convencional, la validación del software orientado a objetos se centra en las acciones visibles del usuario y las salidas del sistema reconocibles por éste. Para asistir en la determinación de pruebas de validación, el ejecutor de la prueba debe basarse en los casos de uso (Capítulo 20) que forman parte del modelo de análisis. El caso de uso brinda un escenario que posee una alta probabilidad con errores encubiertos en los requisitos de interacción del cliente.

Los métodos convencionales de prueba de caja negra (Capítulo 16) pueden usarse para dirigir las pruebas de validación. Adicionalmente, se pueden derivar casos de prueba a partir del modelo objeto-comportamiento y del diagrama de flujo de eventos como parte del AOO.

22.4. DISEÑO DE CASOS DE PRUEBA PARA SOFTWARE OO

Los métodos de diseño de casos de prueba para software OO se encuentran en etapa de definición. Sin embargo, se ha sugerido por Berard [BER93] un enfoque general para el diseño OO de casos de prueba:

1. Cada paso de prueba debe estar identificado unívocamente y asociado explícitamente con la clase a probar.
2. Debe establecerse el propósito de la prueba.
3. Desarrollar una lista de pasos de prueba para cada prueba, la cual deberá contener [BER93]:
   a. Una lista de estados especificados para el objeto a probar.
   b. Una lista de mensajes y operaciones a ejercitar como consecuencia de la prueba.
   c. Una lista de excepciones que pueden ocurrir al probar el objeto.
   d. Una lista de condiciones externas (p. ej.: cambios en el entorno externo al software que debe existir para conducir propiamente la ejecución de la prueba).
   e. Información suplementaria que ayudará en la comprensión o implementación de la prueba.

A diferencia del diseño de casos de prueba convencionales, que se orienta a través de una visión entrada-procesamiento-salida del software o por el detalle algorítmico de los módulos individuales, la prueba orientada a objetos se centra en el diseño de secuencias de operaciones apropiadas para ejercitar el estado de una clase.

22.4.1. Implicaciones de los conceptos OO para el diseño de casos de prueba

Como ya hemos visto, la clase OO es el objetivo para el diseño de casos de prueba. Debido al encapsulamiento de atributos y operaciones, la prueba de operaciones fuera de la clase es en general improductivo. Aunque el encapsulamiento es un concepto esencial de diseño para la OO, éste puede crear un obstáculo pequeño para la ejecución de la prueba. Como señala Binder [BIN94a], «la ejecución de pruebas necesita de informes sobre el estado concreto y abstracto de un objeto». Pero, el encapsulamiento puede hacer difícil la obtención de esta información. A menos que se provea de operaciones incorporadas para reportar los valores de los atributos de clases, puede ser difícil de obtener una instantánea del estado de un objeto.

La herencia también conduce a cambios adicionales al diseñador de casos de prueba. Ya hemos notado que cada contexto de nuevo uso necesita la repetición de la prueba, incluso cuando se haya reutilizado. Adicionalmente la herencia múltiple[3] complica adicionalmente la prueba aumentando el número de contextos para los cuales la prueba es necesario [BIN94a]. En caso de que se usen subclases, instanciadas de una superclase, dentro del mismo dominio del problema, es similar a que el conjunto de casos de prueba, derivados de la superclase, pueda usarse al probar la subclase. Sin embargo, si se usa la subclase en un contexto por completo diferente, los casos de prueba de la superclase tendrán poca aplicabilidad y se deberá diseñar un nuevo conjunto de pruebas.

22.4.2. Aplicabilidad de métodos convencionales de diseño de casos de prueba

Los métodos de caja-blanca descritos en el Capítulo 16 pueden aplicarse a las operaciones que se definen para una clase. Técnicas como el camino básico, pruebas en bucle, o flujo de datos pueden ayudar a asegurar que ha sido probada cada sentencia en una operación. Sin embargo, la concisa estructura de muchas operaciones de clase provocan que algunos argumenten que el esfuerzo aplicado en la prueba de tipo caja-blanca pudiera redirigirse mejor hacia pruebas a nivel de clase.

Los métodos de prueba de caja-negra son tan apropiados para sistemas OO como lo son para sistemas desarrollados usando métodos convencionales de ingeniería del software. Como señalamos anteriormente en este capítulo, los casos de uso brindan datos de entrada muy útiles en el diseño de pruebas de caja-negra y basados en estados [AMB95].

22.4.3. Pruebas basadas en fallos[4]

El objetivo de la prueba basada en fallos dentro de sistemas OO es el diseñar pruebas que posean una alta probabilidad en la detección de errores posibles. Como el producto o sistema debe adaptarse a los requisitos del cliente, la planificación preliminar necesaria para la ejecución de pruebas basadas en fallos comienza con el modelo de análisis. El ejecutor de la prueba debe buscar la aparición de errores posibles (p. ej.: aspectos de implementación del sistema que pueden resultar en defectos). Para determinar si estos fallos existen, se diseñan casos de prueba para ejercitar el diseño o el código.

---

[3] Un concepto de diseño OO que usarse con extremo cuidado.

[4] Las Secciones de la 22.4.3 hasta la 22.4.7 han sido adaptadas de un artículo de Brian Marick enviado al grupo de noticias de Internet **comp.testing**. Esta adaptación se incluye con el permiso del autor. Para otras discusiones sobre estos temas, vea a [MAR94].

Considere el siguiente ejemplo[5]. Los ingenieros del software cometen a menudo fallos en los casos extremos del problema. Por ejemplo, al probar una operación de SQRT (raíz cuadrada) que devuelve errores para números negativos, sabemos que debemos probar los casos extremos: un número negativo cerca de cero, y el mismo cero. «El mismo cero» chequea si el programador cometión un error como:

```
if (x < 0) calcular_raíz_cuadrada () ;
```

en vez del correcto:

```
if (x >= 0) calcular_raíz_cuadrada () ;
```

Como otro ejemplo, considere la expresión booleana:

```
if (a && !b || c)
```

La prueba de múltiples condiciones y las técnicas relacionadas prueban ciertos errores posibles en esta expresión, tal como:

«&&» debe ser un «||»
«!» se dejó fuera de donde era necesario
Deben haber paréntesis alrededor de «!b||»

Para cada error posible, diseñamos casos de prueba que fuerzan al fallo de la expresión incorrecta. En la expresión anterior, `(a = 0, b = 0, c = 0)` provocará que el resultado dela evaluación sea falso. Si el «`&&`» hubiera sido un «`||`», el código se hubiera comportado de manera incorrecta y hubiera seguido el camino incorrecto.

Claramente, la efectividad de estas técncias depende en cómo los ejecutores de la prueban perciben un «error posible». Si se detectan errores reales en un sistema OO que no parezcan ser «posibles», entonces este enfoque no resulta mejor que cualquier otra técnica aleatoria de prueba. Sin embargo, si los modelos de análisis y diseño pueden aportar una visión sobre la interioridad de lo que puede estar fallando, entonces la prueba basada en fallos puede encontrar cantidades significativas de fallos con relativamente poco esfuerzo.

Las pruebas de integración buscan errores posibles en comunicación de mensajes. Se han encontrado tres tipos de errores en este contexto: resultado inesperado, operación incorrecta/mensaje usado, invocación incorrecta. Para determinar errores posibles al invocar funciones (operaciones), debe examinarse el comportamiento de la operación.

Las técnicas de integración son aplicables tanto a atributos como a operaciones. Los «comportamientos» de un objeto se definen por los valores asignados a sus atributos. La prueba debe ejercitar a los atributos para determinar si existen valores apropiados para los distintos comportamientos del objeto.

Es importante notar que las pruebas de integración tratan de encontrar errores en el objeto cliente, no en el servidor. Expresado en términos convencionales, el objetivo de la prueba de integración es determinar si existen errores en el código que invoca, no en el invocado. La llamada a la operación se usa como un indicio, una vía para encontrar requisitos de la prueba que emplean el código que invoca la operación.

22.4.4. El impacto de la programación OO en la realización de pruebas

Existen varias formas en las que la programación orientada a objetos impacta en la realización de pruebas. Dependiendo del enfoque de la POO,

- Algunos tipos de errores se tornan menos posibles (no importa para lo que se pruebe).
- Algunos tipos de errores se tornan más posibles (importando para lo que se pruebe).
- Aparecen nuevos tipos de errores.

Cuando se invoca una operación, pudiera resultar difícil de decir exactamente qué código usa. Esto es, la operación puede pertenecer a una entre varias clases. También pudiera resultar difícil de determinar exactamente la clase o tipo de un parámetro. Cuando el código accede al parámetro, éste puede tomar un valor inesperado.

La diferencia puede comprenderse cuando consideramos una llamada a una función convencional:

```
x = func (y) ;
```

Para el software convencional, el realizador de la prueba necesita considerar todos los comportamientos atribuidos a `func` y nada más. En un contexto OO, el ejecutor de la prueba debe considerar los comportamientos de `base::func()`, de `derivada::func()`, y otros. Cada vez que se invoca a `func`, el ejecutor debe considerar la unión de todos los comportamientos diferentes. Esto es más fácil si se han seguido buenas prácticas de diseño OO y la diferencia entre las superclases y subclases (en la jerga de C++, éstas se

[5] El código presentado en ésta y las secciones que siguen usan sintaxis C++. Para mayor información, véase cualquier buen libro de C++.

llaman clases base y derivadas) es limitada. El enfoque de prueba para las clases base y derivadas es esencialmente el mismo. La diferencia es de control.

La prueba de operaciones de clases OO es análoga a probar código que toma una función parámetro y después la invoca. La herencia es una vía conveniente para la producción de operaciones polimórficas. Por la parte donde se llama, lo que interesa no es la herencia, sino el polimorfismo. La herencia no hace la búsqueda de requisitos de la prueba más directa.

Por virtud de la arquitectura y construccion de sistemas OO, ¿son algunos tipos de errores más posibles y otros menos posibles? La respuesta es que «sí» para sistemas OO. Por ejemplo, como los sistemas OO son generalmente más pequeños, tienden a existir más requisitos de integración y más oportunidades de errores en esta integración. Por esto, los errores de integración se tornan más posibles.

22.4.5. Casos de prueba y jerarquía de clases

Como señalamos anteriormente en este capítulo, la herencia no obvia la necesidad de ejecución de pruebas completas en todas las clases derivadas. De hecho, esto puede complicar el proceso de prueba.

Considere la siguiente situación. Una clase **base** contiene las operaciones *heredada* y *refinada*. Una clase **derivada** redefine a *redefinida* para que sirva en un contexto local. Existe poca duda de que sea necesario probar que `derivada::redefinida()` tenga que ser probada, pues ella representa un nuevo diseño y código. Pero ¿se debe probar de nuevo a `derivada::heredada()`?

Si `derivada::heredada()` llama a *redefinida*, y el comportamiento de *redefinida* ha cambiado, `derivada::heredada()` pudiera abusar del nuevo comportamiento. Por esto, este método necesita nuevas pruebas incluso cuando el diseño y código no hayan cambiado. Es importante señalar, sin embargo, que solamente podrá realizarse un subconjunto de todas las pruebas posibles para `derivada::heredada()`. Si parte del código y diseño para *heredada* no dependiera de *redefinida* (es decir, no la llama o no existe código que la llame indirectamente), no se necesitaría volver a probar este código en la clase **derivada**.

`Base::redefinida()` y `derivada::redefinida()` son dos operaciones diferentes con diferentes especificaciones e implementaciones. Cada una tendrá un conjunto de requisitos de prueba derivados de las especificaciones e implementaciones. Estos requisitos de prueba verifican la existencia de errores posibles: errores de integración, de condición, casos extremos y otros. Pero las operaciones parecen ser similares. Sus conjuntos de requisitos se solaparán. Mientras mejor sea el diseño OO, mayor será este solapamiento. Se necesitará derivar nuevas pruebas solamente para aquellos requisitos de `derivada::redefinida()` que no sean satisfechos por las pruebas de `base::redefinida()`.

Resumiendo, las pruebas de `base::redefinida()` se aplican a objetos de la clase **derivada**. Las entradas a las pruebas pudieran ser apropiadas para ambas clases **base** y **derivada**, pero los efectos esperados pudieran diferir en la clase **derivada**.

22.4.6. Diseños de pruebas basadas en escenarios

Los resultados de pruebas basadas en errores no capturan dos tipos principales de errores: (1) especificaciones incorrectas, y (2) interacciones entre subsistemas. Cuando ocurren errores asociados con especificaciones incorrectas, el producto no hace lo que desea el cliente. Puede hacer lo incorrecto, o puede omitir alguna funcionalidad importante. En cualquier circunstancia, la calidad (conformidad con los requisitos) sufre. Los errores asociados con la interacción de subsistemas ocurren cuando el comportamiento de un subsistema crea circunstancias (p. ej.: eventos, flujos de datos) que provocan que otro subsistema falle.

Las *pruebas basadas en escenarios* se concentran en lo que el usuario hace, no en lo que hace el producto. Esto significa capturar las tareas (a través de casos de uso) que el usuario debe realizar, y después aplicarlas a sus variantes como pruebas.

Los escenarios descubren errores de interacción. Para realizar esto, los casos de prueba deben ser más complejos y realistas que los usados en pruebas basadas en errores. Las pruebas basadas en escenarios tienden a utilizar varios subsistemas en una prueba simple (los usuarios no se limitan a sí mismos al uso de un solo subsistema en un momento).

Como ejemplo considere el diseño de pruebas basadas en escenarios para un editor. A continuación los casos de uso:

Caso de uso: *Preparar la versión final*

Fundamentos: No es inusual imprimir la versión «final», leerla y descubrir algunos errores anónimos que no fueran obvios a partir de la imagen en pantalla. En este caso de uso describe la secuencia de eventos que ocurren al producirse esto.

1. Imprimir el documento entero.
2. Moverse por el contenido del documento, cambiando ciertas páginas.
3. Al cambiar cada página, ésta se imprime.
4. Algunas veces se imprimen series de páginas.

Este escenario describe dos cosas: una prueba y unas necesidades específicas del usuario. Las necesidades del usuario son obvias: (1) un método para imprimir páginas por separado y (2) un método para imprimir un rango de páginas. A lo largo de la prueba, existirá la necesidad de probar la edición después de la impresión (así como lo inverso). El ejecutor de la prueba espera descubrir que la función de impresión causa errores en la función de edición; esto es, que las dos funciones del software no son propiamente independientes.

Caso de uso: *Imprimir una nueva copia*

Fundamentos: Alguien solicita al usuario una copia actualizada del documento. Esta debe imprimirse.

1. Abrir el documento.
2. Imprimirlo.
3. Cerrar el documento.

De nuevo, el enfoque de prueba es relativamente obvio. Excepto que este documento no aparece por ninguna parte. Se creó en una tarea previa. ¿Afecta esta tarea anterior a la actual?

En muchos editores modernos, los documentos recuerdan cómo se imprimieron la última vez. Por defecto, se imprimen la próxima vez en esta misma manera. Después del escenario *Preparar la versión final*, solamente seleccionando «imprimir» en el menú y pinchando sobre el botón «Imprimir» en la caja de diálogo, provocará la impresión de la última página corregida. Entonces, de acuerdo con el editor, el escenario correcto deberá ser como a continuación se muestra:

Caso de uso: *Imprimir una nueva copia*

1. Abrir el documento.
2. Seleccionar «Imprimir» en el menú.
3. Chequear si se está imprimiendo un rango de páginas; si es el caso, imprimir el documento entero.
4. Pinchar sobre el botón «Imprimir».
5. Cerrar el documento.

Pero este escenario indica un error potencial de especificación. El editor no hace lo que el usuario razonablemente espera que haga. Los clientes no notarán el chequeo indicado en el paso 3 anterior. Entonces se asombrarán cuando vean que sólo se les imprime una página cuando debían ser cien. Estos usuarios señalan errores de especificación.

Un diseñador de casos de uso pueden olvidar esta dependencia en el diseño de la prueba, pero es equivalente a que el problema se evidencie durante la prueba. El realizador de la prueba tendrá que vérselas con la respuesta probable: «¡Ésta es la manera en que se supone que trabaje!».

22.4.7. Probando la estructura superficial y la estructura profunda

La estructura superficial se refiere a la estructura externamente observable de un programa OO, esto es, la estructura inmediatamente obvia al usuario final. Antes que ejecutar funciones, a los usuarios de muchos sistemas OO se les dan objetos que deben manipular de alguna manera. Pero cualquiera que sea la interfaz, las pruebas aún se basan en tareas de usuario. Capturar estas tareas implica comprender, observar y hablar con el usuario representativo (y con tantos usuarios no representativos como se puedan considerar).

Existirán seguramente alguna diferencia en detalle. Por ejemplo, en un sistema convencional con una interfaz orientada a órdenes, el usuario usará la lista de todas las órdenes como una lista de chequeo de prueba. Si no existen escenarios de prueba para ejercitar una orden, la prueba ha olvidado algunas tareas de usuario (o la interfaz posee órdenes sin utilidad). En una interfaz orientada a objetos, el que realiza la prueba pudiera usar la lista de todos los objetos como una lista de prueba.

Las mejores pruebas se obtienen cuando el diseñador observa al sistema de manera nueva o no convencional. Por ejemplo, si el sistema o producto posee una interfaz basada en órdenes, se derivarán pruebas más completas si el diseñador del caso de prueba imagina que las operaciones son independientes de los objetos. Hágase preguntas tales como «¿pudiera desear el usuario usar esta operación —la cual es aplicables solamente al objeto escáner— mientras trabaja con la impresora?». Cualquiera que sea el estilo de la interfaz, en el diseño de casos de prueba que ejerciten la estructura superficial se deberán usar objetos y operaciones como guías que lleven a tareas olvidadas.

La *estructura profunda* se refiere a los detalles técnicos internos de un programa OO. Esto es, la estructura que aparece a través del examen del diseño y/o el código. La prueba de la estructura en profundidad se diseña para ejercitar dependencias, comportamientos, y mecanismos de comunicación que se han establecido como parte del diseño de subsistemas y objetos del software OO (Capítulo 21).

Los modelos de análisis y diseño se usan como base para la prueba de la estructura profunda. Por ejemplo, el diagrama objeto-relación o el grafo de colaboración de subsistemas ilustran las colaboraciones entre objetos y subsistemas que no sean visibles externamente. El diseñador del caso de prueba preguntará entonces: «¿Habremos capturado (como una prueba) alguna tarea que realice la colaboración señalada en el diagrama objeto-relación o el grafo de colaboración de subsistemas?».

Las representaciones del diseño de jerarquías de clases aportan una visión interna de la estructura de la herencia. Considere una situación en la cual una operación denominada *llamador* solamente posee un argumento, el cual es una referencia a una clase base. ¿Qué sucedería cuando se le pasa a *llamador* una clase base? ¿Cuáles son las diferencias de comportamiento que podrían afectar a *llamador*? Las respuestas a estas interrogantes pueden conducirnos al diseño de caso sespecializados.

22.5. MÉTODOS DE PRUEBA APLICABLES AL NIVEL DE CLASE

En el Capítulo 16, señalamos que las pruebas del software comienzan «a lo pequeño» y lentamente progresan hacia la ejecución de pruebas «de más nivel». La realización de pruebas desde lo más elemental para sistemas OO se centran en una clase simple y los métodos encapsulados por ella. Las *pruebas aleatorias* y el *particionamiento* son métodos que pueden usarse para ejecitar una clase durante las pruebas OO [KIR94].

22.5.1. Pruebas aleatorias para Clases OO

Para tener breves ilustraciones de estos métodos, considere una aplicación bancaria en la cual una clase **cuenta** (*account*) posee las siguientes operaciones: *open* (abrir), *setup* (preparar), *deposit* (depositar), *withdraw balance* (obtener balance), *summarize* (resumir), *creditLimit* (limitarCrédito), y *close* (cerrar) [KIR94][6]. Cada una de estas operaciones puede aplicarse para **cuenta**, pero ciertas restricciones (por ejemplo, la cuenta debe estar abierta antes que puedan aplicarse otras operaciones y cerrada después que se han completado todas las operaciones) se implican por la naturaleza del problema. Incluso con estas restricciones, existen muchas permutaciones de las operaciones. El mínimo comportamiento de la historia de vida de una instancia de **cuenta** incluye las siguientes operaciones:

```
open•setup•deposit•withdraw•close
```

Esto representa la *secuencia mínima de prueba* para **cuenta**. Sin embargo, pudieran ocurrir una amplia variedad de comportamientos dentro de esta secuencia:

```
open•setup•deposit•[deposit | withdraw | balance |summarize |
creditLimit]ⁿ •withdraw•close
```

[6] En este ejemplo se conservan los nombres de las operaciones en inglés para conservar el espíritu del autor. (*N. del T.*)

Puede generarse aleatoriamente una amplia variedad de secuencias de operaciones. Por ejemplo:

Caso de prueba $\#r_1$: `open•setup•deposit•balance •sumarice •withdraw •close`

Caso de prueba $\#r_2$: `open•setup•deposit•withdraw•deposit •balance•creditLimit •withdraw •close`

Se ejecutarán estas y otras pruebas de orden aleatorio para ejercitar las historias de vida de diferentes instancias de clase.

22.5.2. Pruebas de partición al nivel de clase

Las pruebas de partición reducen el número de casos de prueba necesarios para ejercitar la clase de la manera en la que lo hace la partición equivalente (Capítulo 16) para el software convencional. Las entradas y salidas están categorizadas, y los casos de prueba están diseñados para ejercitar cada categoría. Pero cómo se derivan las categorías de partición.

Las *particiones basadas en estados* categorizan las operaciones de clase basándose en su habilidad para cambiar el estado de la clase. Si consideramos de nuevo la clase **account**, las operaciones de estado incluyen *deposit*, y *withdraw*, mientras que las operaciones *balance, summarize* y *creditLimit* no son de estado. Las pruebas se diseñan de manera tal que se ejercitan por separado las operaciones que cambian de estado y las que no lo hacen. Por lo tanto,

Caso de prueba $\#p_1$: `open•setup•deposit•deposit•withdraw •withdraw •close`

Caso de prueba $\#p_2$: `open•setup•deposit•sumarice •creditLimit• withdraw •close`

El caso de prueba $\#p_1$ cambia el estado, mientras que el caso de prueba $\#p_2$ ejercita operaciones que no cambian el estado (otras diferentes de aquellaas en la secuencia de prueba mínima).

La *partición basada en atributos* categoriza las operaciones de clase basándose en los atributos que usan. Para la clase **cuenta**, los atributos, *balance* y *creditLimit* pueden utilizarse para definir particiones. Las operaciones se dividen en tres particiones: (1) operaciones que usan *límite de crédito*, (2) operaciones que modifican el *límite de crédito*, y operaciones que no usan o modifican el *límite de crédito*. Se diseñan entonces secuencias de pruebas para cada partición.

La partición basada en categorías categoriza las operaciones de clases basándose en las funciones genéricas que cada una realiza. Por ejemplo, las operaciones en la clase **cuenta** pueden categorizarse en operaciones de inicialización (*open, setup*), operaciones computacionales (*deposit, withdraw*), solicitudes (*balance, summarize, creditLimit*) y operaciones de terminación (*close*).

22.6. DISEÑO DE CASOS DE PRUEBA INTERCLASES

El diseño de casos de prueba se torna más complicado cuando comienza la integración del sistema OO. Es en esta etapa cuando deben comenzar las pruebas de las colaboraciones entre clases. Para ilustrar la *generación de casos de prueba inter-clases* [KIR94], ampliaremos el ejemplo bancario introducido en la Sección 22.5 incluyendo las clases y colaboraciones señaladas en la Figura 22.2. La dirección de las flechas en la figura ilustra la dirección de los mensajes y las etiquetas indican las operaciones que se invocan como consecuencia de las colaboraciones implicadas por los mensajes.

FIGURA 22.2

Grafo de colaboraciones de clase para una aplicación bancaria [KIR94]

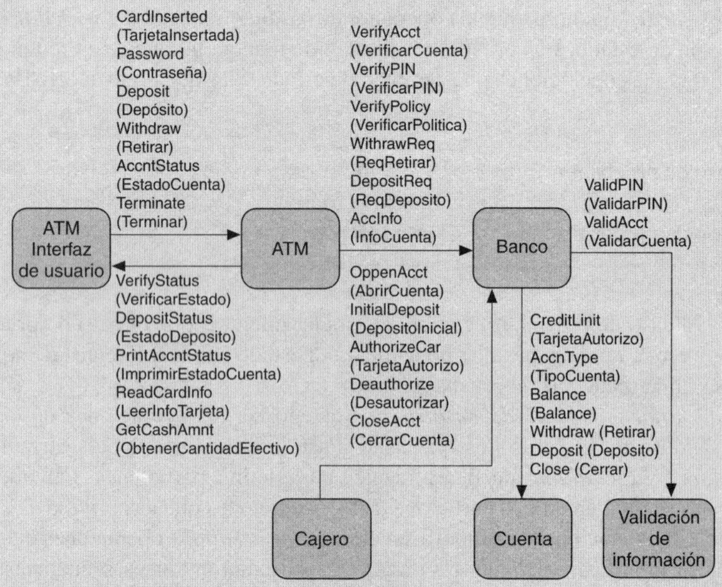

Como en la prueba de clases individuales, las pruebas de colaboraciones entre clases pueden realizarse a través de la aplicación de métodos aleatorios y de particionamiento, así como pruebas basadas en escenarios y pruebas de comportamiento.

22.6.1. Pruebas de clases múltiples

Kirani y Tsai [KIR94] sugieren la siguiente secuencia de pasos para generar casos de pruebas aleatorios para múltiples clases:

1. Para cada clase cliente, usar la lista de operadores de clase para generar una serie de secuencias de prueba aleatorias. Los operadores enviarán mensajes a otras clases servidores.
2. Para cada mensaje que se genera, determinar la clase colaboradora y el operador correspondiente en el objeto servidor.
3. Para cada operador en el objeto servidor (que haya sido invocado por los mensajes enviados desde el objeto cliente), determinar los mensajes que este transmite.
4. Para cada uno de los mensajes, determinar el próximo nivel de operadores que se invocan e incorporarlos en la secuencia de prueba.

Para ilustrar a [KIR94] considere una secuencia de operaciones para la clase **banco** *(bank)* relativas a una clase **ATM** (Figura 22.2):

```
verifyAcct•verifyPIN•[[verifyPolicy•withdrawReq]|depositReq|
acctInfoREQ]n
```

Un caso de prueba aleatorio para la clase **banco** pudiera ser

Caso de prueba #r_3: `verigyAcct•verifyPIN•depositReq`

Para considerar a los colaboradores incluidos en esta prueba, se consideran los mensajes asociados con cada una de las operaciones señaladas en el caso de uso r_3. **Banco** debe colaborar con **ValidationInfo** para ejecutar a *verifyAcct* y *verifyPIN*. **Banco** tiene que colaborar con **cuenta** para ejecutar *depositReq*. Por esto, un nuevo caso de prueba que ejercite las colaboraciones anteriores pudiera ser:

Caso de prueba #r_4: verifyAcct$_{banco}$[validAcct$_{validationInfo}$] •verify PIN$_{Bank}$•[validPIN$_{validationInfo}$•depositReq •[deposit$_{cuenta}$]

El enfoque para *pruebas de partición de clases múltiples* es similar al usado para la prueba de partición de clases individuales. Una clase simple se divide como se examinó en la Sección 22.5.2. Sin embargo, la secuencia de prueba se expande para incluir aquellas operaciones que se invocan a través de los mensajes a las clases colaboradoras. Un enfoque alternativo divide las pruebas basándose en las interfaces a una clase particular. Como se muestra en la Figura 22.1, la clase **banco** recibe mensajes desde las clases **ATM** y **cajero** (*cashier*). Los métodos dentro de **banco** pueden, por lo tanto, probarse particionándolos en aquellos que **ATM** sirve y aquellos que sirve **cajero**. El particionamiento basado en estados (Sección 22.5.2) puede usarse para refinar aún más las particiones.

22.6.2. Pruebas derivadas de modelos de comportamiento

En el Capítulo 20, analizamos el uso del diagrama de transición de estados (DTE) como un modelo que representa el comportamiento dinámico de una clase. El DTE para una clase puede usarse para ayudar a derivar una secuencia de pruebas que ejercitan el comportamiento dinámico de la clase (y aquellas clases que colaboran con ella). La Figura 22.3 [KIR94] ilustra un DTE para la clase **cuenta** examinada anteriormente. En referencia a la figura, las transiciones iniciales se mueven desde el estado *vaciar cuenta* al de *preparar cuenta*. La mayoría de los comportamientos para instancias de la clase ocurren al encontrarse en el estado *trabajo con la cuenta*. Una acción final como retirarTodo o cerrar provoca que la clase **cuenta** realice transiciones a los estados *cuenta no operativa* y *eliminar cuenta*, respectivamente.

Las pruebas a diseñar deberán ser capaces de *abarcar todos los estados* [KIR94]. Esto es, las secuencias de operaciones deberán provocar que la clase **cuenta** ejecute transiciones a través de todos los estados permitidos.

caso de prueba $\#s_1$:
```
open•setupAccnt•deposit(initial)•
withdraw(final)•close
```

Debe notarse que esta secuencia es idéntica a la secuencia de prueba mínima discutida en la Sección 22.5.1. Añadiendo secuencias de prueba adicionales a la mínima secuencia:

caso de prueba $\#s_2$:
```
open•setupAccnt•deposit(initial)•deposit
balance•credit•withdraw(final)•close
```

caso de prueba $\#s_3$:
```
open•setupAccnt•deposit(initial)•deposit
withdraw•acctInfo•withdraw(final)•close
```

FIGURA 22.3

Diagrama de transición de estados para la clase **cuenta** [KIR94]

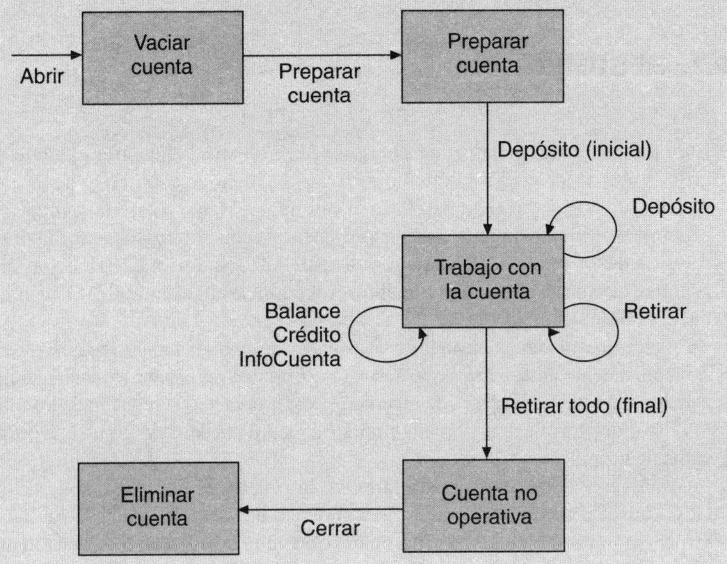

Se podrán derivar aún más casos de prueba para asegurar que se han ejercitado de manera adecuada todos los comportamientos de la clase. En situaciones en las cuales el comportamiento de la clase consiste en colaborar con una o más clases, se usan múltiples DTE para registrar el flujo de comportamiento del sistema.

El modelo de estado puede recorrerse de forma «primero a lo ancho» [MCG94]. En este contexto, *primero a lo ancho* implica que un caso de prueba ejercita una transición simple y que cuando se debe probar una nueva transición solamente se usan transiciones previamente probadas.

Considere el objeto **tarjeta de crédito** examinado en la Sección 22.2.2. El estado inicial de **tarjeta de crédito** es *indefinido* (es decir, no se ha especificado ningún número de tarjeta de crédito). Además de leer la tarjeta de crédito durante una venta, el objeto toma el estado *definido*, esto es, se definen los atributos **número de tarjeta** y **fecha de vencimiento** conjuntamente con identificadores propios del banco. La tarjeta de crédito se *envía* cuando se busca la autorización, y es *aprobada* cuando se recibe la autorización. La transición de la **tarjeta de crédito** de un estado a otro puede probarse derivando casos de uso que provoquen la ocurrencia de la transición. Un enfoque primero a lo ancho en este tipo de pruebas no ejercitará el *envío* antes que haya ejercitado *indefinido* y *definido*. Si lo hizo, hará uso de las transiciones que no hayan sido previamente probadas y violará por lo tanto el criterio de primero a lo ancho.

22.7. RESUMEN

El objetivo general de las pruebas orientadas a objetos –encontrar el número de errores máximo con el mínimo de esfuerzo– es idéntico al objetivo de las pruebas del software convencional. Pero la estrategia y táctica para las pruebas OO difieren significativamente. La visión de la prueba se amplía hasta incluir la revisión de los modelos de análisis y diseño. Adicionalmente, la atención de las pruebas se aparta de la componente procedimental (el módulo) y se mueve hacia la base.

Como los modelos de análisis y diseño y el código fuente resultante, están semánticamente enlazados, las pruebas (en forma de revisiones técnicas) comienzan durante estas actividades de ingeniería. Por esta razón, la revisión de los modelos CRC, objeto-relación y objeto-comportamiento puede verse como una primera etapa de las pruebas.

Una vez que se ha realizado la POO, la prueba de unidad se aplica a cada clase. Las pruebas de clases usan una variedad de métodos: pruebas basadas en errores, pruebas aleatorias y de partición. Cada uno de estos métodos ejercitan las operaciones encapsuladas por la clase. Se diseñan secuencias de pruebas para asegurar que se ejerciten operaciones relevantes. El estado de una clase, representado por los valores de sus atributos, se examina para determinar si existen errores.

Las pruebas de integración pueden realizarse usando estrategias basadas en hilos o basadas en el uso. Las pruebas basadas en hilos integran el conjunto de clases que colaboran para dar respuesta a una entrada o evento. La prueba basada en usos construye el sistema por capas, comenzando con aquellas clases que no hacen uso de clases servidores. Los métodos de diseño de pruebas de integración pueden también hacer uso de pruebas aleatorias y de partición. Adicionalmente, las pruebas basadas en escenarios y aquellas derivadas a partir de modelos de comportamiento pueden usarse para probar una clase y sus colaboradores. Una secuencia de prueba registra el flujo de operaciones a través de las colaboraciones de clases.

La validación de sistemas OO posee una orientación de caja-negra y pueden realizarse a través de la aplicación de los mismos métodos de caja negra examinados anteriormente para software convencional. Sin embargo, la prueba basada en escenarios domina la validación de sistemas OO, haciendo de los casos de uso el principal controlador para las pruebas de validación.

REFERENCIAS

[AMB95] AMBLER, S., «Using Prueba Cases», *Software Development*, julio 1995, págs. 53-61.

[BER93] BERARD, E. V. *Essays on Object-Oriented Software Engineering*, volumen 1, Addison-Wesley, 1993.

[BIN94a] BINDER, R. V., «Testing OO Systems: A Status Report», *American Programmer*, vol. 7, n.° 4, abril 1994, págs. 23-28.

[BIN94b) BINDER, R. V., «Object-Oriented Software Testing», *Communications of the ACM*, vol. 37, n.° 9, septiembre 1994, pág. 29.

[KIR94] KIRANI, S. y W. T. TSAI, «Specification and Verification of Object-Oriented Programs», Technical Report TR 94-96, Computer Science Department, University of Minnesota, diciembre 1994.

[LIN94] LINDLAND, O. I., *et al.*, «Understanding Quality in Conceptual Modeling», *IEEE Software*, vol. 11, n.° 4, julio 1994, págs. 42-49.

[MAR94] MARICK, B., *The Craft of Software Testing*, Prentice-Hall, 1994.

[MCG94] MCGREGOR, J. D. y T. D. KORSON, «Integrated object-Oriented Testing and Development Process», *Communications of the ACM*, vol. 37, n.° 9, septiembre 1994, págs. 59-77.

PROBLEMAS Y PUNTOS PARA CONSIDERAR

22.1. Describa con sus propias palabras por qué la clase es la más pequeña unidad razonable para las pruebas dentro de un sistema OO.

22.2. ¿Por qué debemos probar de nuevo las subclases instanciadas de una clase existente, si ésta ya ha sido probada por completo? ¿Podemos usar los casos de prueba diseñados para dicha clase?

22.3. ¿Por qué debe comenzar la «prueba» con las actividades de AOO y DOO?

22.4. Derive un conjunto de tarjetas índice CRC para HogarSeguro y ejecute los pasos señalados en la Sección 22.2.2 para determinar si existen inconsistencias.

22.5. ¿Cuál es la diferencia entre las estrategias basadas en hilos y aquellas estrategias basadas en uso para las pruebas de integración? ¿Cómo cabe la prueba de agrupación en ellas?

22.6. Aplique la prueba aleatoria y la de partición a tres clases definidas en el diseño del sistema HogarSeguro producido por usted en el Problema 21.12. Produzca casos de prueba que indiquen las secuencias de operaciones que se invocarán.

22.7. Aplique la prueba de múltiples clases y las pruebas derivadas del modelo de comportamiento al diseño de HogarSeguro.

22.8. Obtenga pruebas usando los métodos señalados en los Problemas 22.6 y 22.7 para el sistea PHTRS descrito en el Prolema 21.13.

22.9. Obtenga pruebas usando los métodos señalados en los Problemas 22.6 y 22.7 para juego de vídeo considerado en el Problema 21.14.

22.10. Obtenga pruebas usando los métodos señalados en los Problemas 22.6 y 22.7 para el sistema de *e-mail* considerado en el Problema 21.15.

22.11. Obtenga pruebas usando los métodos señalados en los Problemas 22.6 y 22.7 para el sistema ATC considerado en el Problema 21.16.

22.12. Obtenga cuatro pruebas adicionales usando cada uno de los métodos señalados en los Problemas 22.6 y 22.7 para la aplicación bancaria presentada en las Secciones 22.5. y 22.6.

OTRAS LECTURAS Y FUENTES DE INFORMACIÓN

La literatura para pruebas orientadas a objetos está comenzando a evolucionar. JORGENSEN (*Sortware Testing: A Craftsman's Approach*, CRC Press, 1995) y MCGREGOR y SYKES (*Object-Oriented Software Development*, Van Nostrand Reinhold, 1992) presentan capítulos dedicados a este tema. BEIZER (*Black-Box Testing*, Wiley, 1995) examina una variedad de métodos de diseño de casos de prueba apropiados en un contexto OO. BINDER (*Testing Object-Oriented Systems*, Addison-Wesley, 1996) y MARICK [MAR94] presentan tratamientos detallados de pruebas OO. Adicionalmente, muchos de las fuentes señaladas en el Capítulo 16 son aplicables de manera general a las pruebas OO.

El número de septiembre de 1994 de *Communications of the ACM* está dedicado a las pruebas OO. El mismo número presenta artículos y una bibliografía combinada que cubren un amplio espectro de investigación en las pruebas OO.

El grupo de noticias de Internet **comp.object** tiene noticias ocasionales sobre pruebas OO. Desafortunadamente, las FAQ para este grupo de noticias (aunque de manera comprensiva en muchos aspectos) no se ocupa actualmente de pruebas OO. Discusiones adicionales sobre temas de pruebas OO pueden encontrarse en **comp.software-eng** y **comp.testing**.

Las siguientes páginas Web contienen bibliografías y otras informaciones sobre pruebas OO.

http://www.rbsc.com/pages/ootbib.html
http://donkey.cs.arizona.edu:1994/bib/Object

Las siguientes páginas contienen discusiones sobre pruebas OO:

http://www.cs.washington.edu/homes/gmurphy/testSTApp.html
http://www.stlabs.com/marick/root.htm
http://www.toa.com

Una lista actualizada de referencias de la World Wide Web para pruebas orientadas a objetos puede encontrarse en: **http://www.rspa.com**

CAPÍTULO 23

MÉTRICAS TÉCNICAS PARA SISTEMAS ORIENTADOS A OBJETOS

Al principio de este libro se observaba que las medidas y las métricas son componentes clave de cualquier disciplina de la ingeniería; la ingeniería de software orientada a objetos no es una excepción. Lamentablemente, la utilización de métricas para sistemas orientados a objetos ha progresado con mucha más lentitud que la utilización de los demás métodos orientados a objetos OO. Ed Berard [BER95] nota la ironía de la medida cuando afirma lo siguiente:

> Los especialistas en software parecen tener una relación de amor y odio con las métricas. Por otra parte, las desprecian y desconfían de cualquier cosa que tenga el aspecto de una medida. Señalan con gran rapidez los «errores» de los argumentos de cualquier persona que hable acerca de productos para la medida del software, los procesos de software y (especialmente) los especialistas en software. Por otra parte, estas mismas personas no tienen dificultad ninguna para identificar el mejor lenguaje de programación, las tonterías que hacen los administrativos para «fastidiar» los proyectos, y la metodología correcta para trabajar en determinadas situaciones.

Esta «relación de amor y odio» que aprecia Berard es verdadera. Sin embargo, a medida que los sistemas OO van siendo más comunes, resulta esencial que los ingenieros del software dispongan de mecanismos cuantitativos para estimar la calidad de los diseños y la efectividad de los programas OO.

23.1. OBJETIVO DE LAS MÉTRICAS ORIENTADAS A OBJETOS

Los objetivos principales de las métricas orientadas a objetos son los mismos que los existentes para las métricas derivadas para el software convencional:

- comprender mejor la calidad del producto
- estimar la efectividad del proceso
- mejorar la calidad del trabajo realizado en el nivel del proyecto.

Cada uno de estos objetivos es importante en sí, pero para el ingeniero del software, la calidad del producto debe de ser lo primordial. ¿Cómo se puede medir la calidad de un sistema OO? ¿Qué características del modelo de diseño se pueden estimar para determinar si el sistema será o no fácil de implementar, se podrá probar, será fácil de modificar, y lo que es más importante, resultará admisible para los usuarios finales? Estas cuestiones son las que se tratan a lo largo del resto de este capítulo.

23.2. CARACTERÍSTICAS DISTINTIVAS

Las medidas para cualquier producto de la ingeniería están gobernadas por las características únicas de ese producto. Por ejemplo, no tendría sentido calcular los litros a los cien kilómetros para un automóvil eléctrico. La métrica es correcta para coches convencionales (esto es, de gasolina), pero no resulta aplicable cuando el modo de propulsión cambia de forma radical. El software orientado a objetos es fundamentalmente distinto del software que se desarrolla utilizando métodos convencionales. Por esta razón, las métricas técnicas para sistemas OO deben de ajustarse a las características que distinguen el software OO del software convencional.

Berard [BER95] define cinco características que dan lugar a unas métricas especializadas: localización, encapsulamiento, ocultamiento de información, herencia y técnicas de abstracción de objetos. Se describen brevemente todas estas características en las próximas secciones[1].

23.2.1. Localización

La localización es una característica del software que indica la forma que se concentra la información dentro de un programa. Por ejemplo, los métodos convencionales para la descomposición funcional localizan la información en torno a las funciones, que típicamente se implementan como módulos de procedimientos. Los métodos controlados por datos localizan la información en torno a estructuras de datos específicas. En el contexto OO, la información se concentra mediante el encapsulamiento tanto de datos como de procesos dentro de los límites de una clase u objeto.

Dado que el software convencional hace hincapié en las funciones como mecanismos de localización, las métricas de software se han centrado en la estructura interna o complejidad de las funciones (p. ej.: longitud del módulo, cohesión, o complejidad ciclomática) o bien en la forma en que las funciones se conectan entre sí (p. ej.: acoplamiento de módulos).

Dado que las clases constituyen la unidad básica de los sistemas OO, la localización está basada en los objetos. Por tanto, las métricas deberían de ser aplicables a la clase (objeto) como si se tratara de una entidad completa. Además, la relación entre operaciones (funciones) y clases no es necesariamente uno-a-uno. Por tanto, las métricas que reflejan la forma en que colaboran las clases deben de ser capaces de adaptarse a las relaciones uno-a-muchos y muchos-a-uno.

23.2.2. Encapsulamiento

Berard [BER95] define el encapsulamiento como «el empaquetamiento (o enlazado) de una colección de elementos. Entre los ejemplos de encapsulamiento de bajo nivel [para el software convencional] se cuentan los registros y matrices, [y] los subprogramas (por ejemplo, procedimientos, funciones, subrutinas y párrafos) son mecanismos de nivel medio para el encapsulamiento».

Para los sistemas OO, el encapsulamiento abarca las responsabilidades de una clase, incluyendo sus atributos (y otras clases para objetos agregados) y operaciones, y los estados de la clase, según se definen mediante valores específicos de atributos.

El encapsulamiento influye en las métricas modificando el objetivo de la medida, que pasa de ser un único módulo a ser un paquete de datos (atributos) y de módulos de procesamiento (operaciones). Además, el encapsulamiento impulsa a la medida hasta un nivel de abstracción más elevado. Por ejemplo, en una parte posterior de este capítulo se presentarán métricas asociadas al número de operaciones por clase. Compárese este nivel de abstracción con las métricas convencionales, que se centran en un recuento de condiciones Booleanas (complejidad ciclomática) o de líneas de código.

23.2.3. Ocultamiento de información

El ocultamiento de información suprime (u oculta) los detalles operativos de un componente de un programa. Tan sólo se proporciona la información necesaria para acceder a ese componente a aquellos otros componentes que deseen acceder a él.

Un sistema OO bien diseñado debería de impulsar al ocultamiento de información. Por tanto, aquellas métricas que proporcionen una indicación del grado en que se ha logrado el ocultamiento proporcionarán una indicación de la calidad del diseño OO.

23.2.4. Herencia

La herencia es un mecanismo que hace posible que las responsabilidades de un objeto se propaguen a otros objetos. La herencia se produce a lo largo de todos los niveles de la jerarquía de clases. En general, el software convencional, no admite esta característica.

Dado que la herencia es una característica fundamental de muchos sistemas OO, hay muchas métricas OO que se centran en ella. Entre los ejemplos (que se tratarán más adelante en este capítulo) se cuentan el número de descendientes (número de instancias inmediatas de una clase), número de predecesores (número de generalizaciones inmediatas), y grado de anidamiento de la jerarquía de clases (profundidad de una clase dentro de una jerarquía de herencia).

23.2.5. Abstracción

La abstracción es un mecanismo que permite al diseñador centrarse en los detalles esenciales de algún componente de un programa (tanto si es un dato como si es un proceso) sin preocuparse por los detalles de nivel inferior. Tal

[1] Esta descripción se ha adaptado de [BER95].

como afirma Berard: «La abstracción es un concepto relativo. A medida que se asciende a niveles más elevados de abstracción, se ignoran más y más detalles, esto es, se proporciona una visión más general de un concepto u objeto. A medida que pasamos a niveles más reducidos de abstracción, se presentan más detalles, esto es, se proporciona una visión más específica de un concepto u objeto».

Dado que una clase es una abstracción que se puede visualizar con muchos niveles distintos de detalle, y de muchas maneras diferentes (p. ej.: como una lista de operaciones, como una sucesión de estados, como una serie de colaboraciones), las métricas OO representan las abstracciones en términos de medidas de una clase (p. ej.: número de instancias por clase por aplicación, número de clases parametrizadas por aplicación, y razón de clases parametrizadas a clases no parametrizadas).

23.3. MÉTRICAS PARA EL MODELO DE DISEÑO ORIENTADO A OBJETOS

Gran parte del diseño orientado a objetos es subjetivo-un diseñador experimentado «sabe» como puede caracterizar un sistema OO para que implemente de forma efectiva los requisitos del cliente. Pero a medida que los modelos de diseño OO van creciendo de tamaño y complejidad, puede resultar beneficiosa una visión más objetiva de las características del diseño, tanto para el diseñador experimentado (que gana un mayor conocimiento) como para el menos experimentado (que obtiene una indicación de calidad de la cual de otro modo no dispondría).

Una visión objetiva del diseño debería de tener un componente cuantitativo-y esto nos lleva a las métricas OO. En realidad, las métricas técnicas para sistemas OO se pueden aplicar no solo al modelo de diseño, sino también al modelo de análisis. En las secciones siguientes, se exploran métricas que proporcionan una información de calidad en el nivel de clase OO, y en el nivel de operaciones, así como otras métricas que son aplicables para la gestión y comprobación de proyectos.

23.4. MÉTRICAS ORIENTADAS A CLASES

La clase es la unidad fundamental de todo sistema OO. Por consiguiente, las medidas y métricas para una clase individual, la jerarquía de clases, y las colaboraciones de clases resultarán sumamente valiosas para un ingeniero de software que tenga que estimar la calidad de un diseño. En los capítulos anteriores se ha visto que la clase encapsula a las operaciones (procesamiento) y a los atributos (datos). La clase suele ser el «predecesor» de las subclases (que a veces se denominan «descendientes») que heredan sus atributos de operaciones. La clase suele colaborar con otras clases. Todas estas características se pueden utilizar como base para una medida.

23.4.1. El conjunto de métricas CK

Uno de los conjuntos de métricas de software OO a los que se hace más ampliamente referencia es el propuesto por Chidamber y Kemener [CHI94]. Los autores han propuesto unas métricas de diseño basadas en clases (a las cuales suele aludirse con el nombre de *conjunto de métricas CK*) para sistemas OO[2].

Métodos ponderados por clase (MPC). Supóngase que se definen n métodos de complejidad $c_1, c_2, \ldots, c_n$ para una clase C. La métrica de complejidad específica que se selecciona (p. ej.: la complejidad ciclomática) debe de normalizarse de tal modo que la complejidad nominal para un método tome el valor 1,0.

$$MPC = \Sigma\, c_i$$

para $i = 1$ hasta n

El número de métodos y su complejidad es un indicador razonable de la cantidad de esfuerzo necesaria para implementar y comprobar una clase. Además, cuanto mayor sea el número de métodos, más complejo será el árbol de herencia, (todas las subclases heredan el método de sus predecesores). Finalmente, a medida que el número de métodos crece para una clase dada, es más probable que se vuelva cada vez más específico de la aplicación, imitando por tanto su potencial de reutilización. Por todas estas razones, MPC debería de mantener un valor tan bajo como sea razonable.

Aun cuando podría parecer relativamente sencillo desarrollar un contador del número de metros de una clase, el problema es en realidad más complejo de lo que parece. Churcher y Shepperd [CHU95] examinan este problema precisamente cuando escriben:

> Para contar métodos, es preciso responder a una pregunta fundamental: «¿Pertenece un método solamente a la clase que lo define, o bien pertenece también a todas aquellas clases que lo heredan de forma directa o indirecta?». Las pre-

[2] Chidamber y Kemerer utilizan el término «método» en lugar de utilizar «operaciones». Su utilización del término se refleja en esta sección.

guntas como esta pueden parecer triviales, por cuanto el sistema de ejecución acabará últimamente por resolverlas. Sin embargo, las implicaciones para las métricas pueden ser significativas.

Una posibilidad es restringir el recuento a la clase en curso, ignorando los miembros heredados. La motivación para esto sería que los miembros heredados ya habrán sido contados en la clases en que fueran definidos, así que el incremento de clase es la mejor medida de su funcionalidad, lo que hace refleja su razón para existir. Con objeto de entender lo que hace una clase, la fuente de información más importante son sus propias operaciones. Si una clase no puede responder a un mensaje (esto es, si la clase carece del correspondiente método propio) entonces esa clase pasará el mensaje a su predecesor o predecesores.

En el otro extremo, el recuento podría incluir a todos aquellos métodos definidos en la clase en curso, junto con todos los métodos heredados. Este enfoque hace hincapié en la importancia del espacio de estados, en lugar de hacer hincapié en el incremento de la clase, para comprender la clase.

Entre estos extremos se cuenta un cierto número de posibilidades distintas. Por ejemplo, uno podría restringir el recuento a la clase en curso y a aquellos miembros que hayan sido heredados directamente de su predecesor o predecesores. Este enfoque estaría basado en el argumento consistente en que la especialización de las clases predecesoras es lo que más directamente resulta relevante para el comportamiento de una clase descendiente.

Al igual que la mayoría de las convenciones de recuento en las métricas de software, cualquiera de los enfoques esbozados anteriormente es aceptable, siempre y cuando este enfoque de recuento se aplique de forma consistente siempre que se recoja una métrica.

Árbol de profundidad de herencia (APH). Esta métrica se define como «la longitud máxima desde el nodo hasta la raíz del árbol». [CHI94] en la Figura 23.1, el valor de APH para la jerarquía de clases mostrada es 4.

A medida que crece el APH, es más probable que las clases de niveles inferiores hereden muchos métodos. Esto da lugar a posibles dificultades cuando se intenta predecir el comportamiento de una clase. Una jerarquía de clases profunda (con un valor grande de APH) lleva también a una mayor complejidad de diseño. Por el lado positivo, los valores grandes de APH implican que se pueden reutilizar muchos métodos.

Número de descendientes (NDD). Las subclases que son inmediatamente subordinadas a una clase de la jerarquía de clases se denominan sus *descendientes*. En la Figura 23.1. la clase C_2 tiene tres descendientes-las subclases C_{21}, C_{22} y C_{23}.

A medida que crece el número de descendientes, se incrementa la reutilización, pero también es cierto, que a medida que crece NDD, la abstracción representada por la clase predecesora puede verse diluida. Esto es, existe la posibilidad de que algunos de los descendientes no sean realmente miembros propios de la clase predecesora. A medida que NDD va creciendo, la cantidad de pruebas (que se necesita para ejercitar a cada descendiente en su contexto operativo) crecerá también.

FIGURA 23.1

Una jerarquía de clases

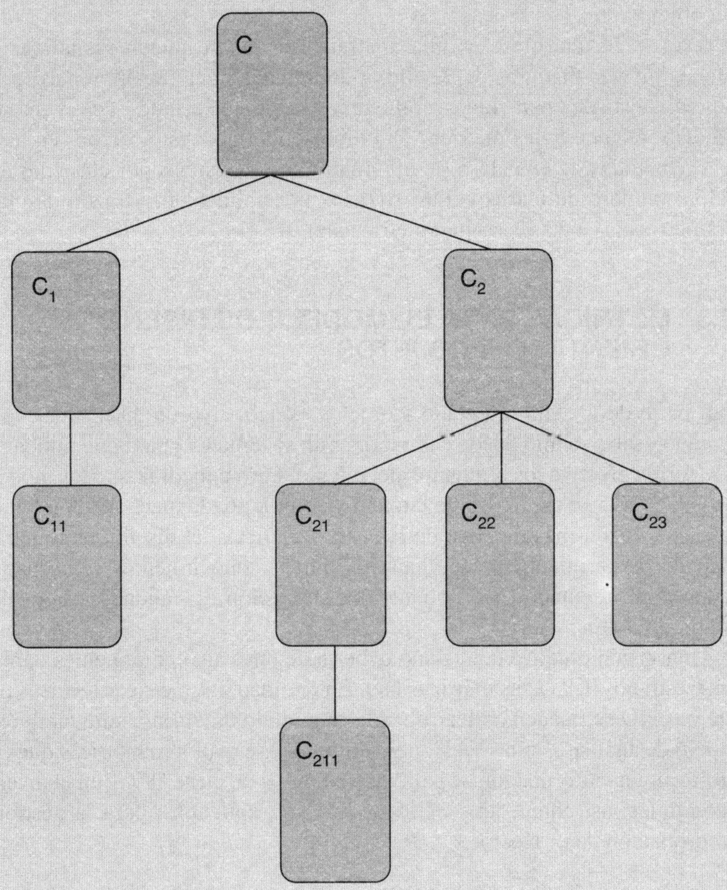

Acoplamiento entre clases objeto (ACO). El modelo CRC (Capítulo 20) se puede utilizar para determinar el valor de ACO. En esencia, ACO es el número de colaboraciones enumeradas para una clase en su tarjeta índice CRC.

A medida que crece ACO, es probable que la reutilizabilidad de la clase vaya descendiendo. Unos valores elevados de ACO complican también las modificaciones y la comprobación que se produce cuando se efectúan modificaciones. En general, los valores de ACO para cada clase deberían de mantenerse en los valores más bajos razonables. Esto es consistente con la línea general que incita a reducir el acoplamiento en el software convencional.

Respuesta para una clase (RPC). El *conjunto de respuesta* de una clase es «un conjunto de métodos que pueden ser ejecutados potencialmente en respuesta a un mensaje recibido por un objeto de esa clase» [CHI94]. RFC se define como el número de métodos existentes en el conjunto de respuestas.

A medida que crece RPC, el esfuerzo necesario para la comprobación crece también, porque la sucesión de comprobación (Capítulo 22) va creciendo. También se sigue que a medida que crece RPC, la complejidad global de diseño de la clase crece también.

Carencia de cohesión en los métodos (CCM). Todo método situado dentro de una clase, C, accede a uno o más atributos (llamados también *variables de instancia*). CCM es el número de métodos que acceden a uno o más de los mismos atributos[3]. Si ningún método accede a los mismos atributos, entonces CCM es 0.

Para ilustrar el caso en que CCM es distinto de 0, considérese una clase con 6 métodos. Cuatro de los métodos tienen en común uno o más atributos (esto es, acceden a atributos comunes). Por consiguiente, CCM = 4.

Si CCM es elevado, los métodos pueden estar acoplados entre sí a través de atributos. Esto incrementa la complejidad del diseño de clases. En general, unos valores elevados para CCM implican que la clase podría diseñarse mejor descomponiéndola en dos o más clases distintas. Aun cuando existen casos en que es justificable un valor elevado de CCM, es deseable mantener un elevado grado de cohesión, esto es, mantener un valor bajo para CCM.

23.4.2. Métricas propuestas por Lorenz y Kidd

En su libro acerca de métricas OO, Lorenz y Kidd [LOR94] dividen las métricas basadas en clases en cuatro amplias categorías: tamaño, herencia, valores internos y valores externos. Las métricas orientadas a tamaños para una clase OO se centran en recuentos de atributos y de operaciones para una clase individual, y promedian los valores para el sistema OO en su totalidad. Las métricas basadas en herencia se centran en la forma en que se reutilizan las operaciones a lo largo y ancho de la jerarquía de clases. Las métricas para valores internos de clase examinan la cohesión (Sección 23.4.1) y asuntos relacionados con el código, y las métricas orientadas a valores externos examinan el acoplamiento y la reutilización.

Véase a continuación una muestra de las métricas propuestas por Lorenz y Kidd[4]:

Tamaño de clase (TC). El tamaño general de una clase se puede determinar empleando las medidas siguientes:

- El número total de operaciones (tanto operaciones heredadas como privadas de la instancia) que están encapsuladas dentro de la clase.
- El número de atributos (tanto atributos heredados como atributos privados de la instancia) que están encapsulados en la clase.

La métrica WMC propuesta por Chidamber y Kemerer (Sección 23.4.1) también es una medida ponderada de tamaño de clase.

Tal como se indicaba anteriormente, unos valores grandes de TC indican que una clase puede tener demasiada responsabilidad, lo cual reducirá la reutilizabilidad de la clase y complicará la implementación y la comprobación. En general, las operaciones públicas o heredadas y los atributos deben de ponderarse con mayor importancia al determinar el tamaño de la clase [LOR94]. Los atributos y operaciones privados hacen posible la especialización, y están más localizados en el diseño.

Los promedios de número de atributos de la clase y de operaciones también se pueden calcular. Cuanto menor sea el valor medio para el tamaño, más probable es que las clases existentes dentro del sistema se puedan reutilizar ampliamente.

Número de operaciones invalidadas por una subclases (NOI). Existen casos en que una subclase sustituye una operación heredada de su superclase por una versión especializada para su propio uso, y a esto se le denomina *invalidación*. Los grandes valores de NOI suele indicar un problema de diseño. Tal como indican Lorenz y Kidd:

> Dado que una subclase debería de ser una especialización de su superclase, debería limitarse a extender los servicios [operaciones] de las superclases. Esto no debería de dar lugar a nuevos nombres de métodos únicos.

[3] La definición formal es un poco más compleja. Véase [CHI94] para más detalle.

[4] Para un tratamiento más completo, véase [LOR94].

Si NOI es elevado, entonces el diseñador ha violado la abstracción implicada por la superclase. Esto da lugar a una jerarquía de clases débil, y a un software OO que pueda resultar difícil de comprobar y modificar.

Número de operaciones añadidas por una subclase (NOA). Las subclases se especializan mediante la adición de operaciones y atributos privados. A medida que crece el valor de NOA, la subclase deriva con respecto a la abstracción implicada por la superclase. En general, a medida que crece la profundidad de la jerarquía de clases (DIT se vuelve grande), el valor de NOA en los niveles inferiores de la jerarquía debería de disminuir.

Índice de especialización (IE). El índice de especialización proporciona una indicación aproximada del grado de especialización de cada una de las subclases existentes en un sistema orientado a objetos.

La especialización se puede alcanzar añadiendo o borrando operaciones, o bien por invalidación.

$$IE = [NOI \times nivel]M_{total}$$

en donde *nivel* es el nivel de la jerarquía de clases en que reside la clase, y M_{total} es el número total de métodos para la clase. Cuanto más elevado sea el valor de SI, más probable es que la jerarquía de clases tenga clases que no se ajustan a la abstracción de la superclase.

23.5. MÉTRICAS ORIENTADAS A OPERACIONES

Dado que la clase es la unidad dominante en los sistemas OO, se han propuesto menos métricas para las operaciones de clases. Churcher y Shepperd [CHU95] describen esto cuando afirman:

> Los resultados de los últimos estudios indican que los métodos tienden a ser pequeños, tanto en términos del número de sentencias como en términos de su complejidad lógica [WIL92], lo cual sugiere que la estructura de conectividad de un sistema pueda resultar más importante que el contenido de los módulos individuales.

Sin embargo, existen algunas ideas que pueden llegar a apreciarse examinando las características medias de las operaciones de clases. Se indican a continuación tres métricas sencillas propuestas por Lorenz y Kidd [LOR94]:

Tamaño medio de operación (TO_{avg}). Aun cuando se podrían utilizar las líneas de código como indicador para el tamaño de operación, la medida LOC adolece de todos los problemas descritos en el Capítulo 4. Por esta razón, el *número de mensajes enviados por la operación* proporciona una alternativa para el tamaño de la operación. A medida que crece el número de mensajes enviados por una única operación, es probable que las responsabilidades no hayan sido bien asignadas dentro de la clase.

Complejidad de operación (CO). La complejidad de una operación se puede calcular empleando cualquiera de las métricas de complejidad (Capítulo 18) propuestas para el software convencional [ZUS90]. Dado que las operaciones deberían de limitarse a una responsabilidad específica, el diseñador debería de esforzarse por mantener el valor de CO tan bajo como sea posible.

Número medio de parámetros por operación (NP_{avg}). Cuanto más grande sea el número de parámetros de la operación, más compleja será la colaboración entre objetos. En general, NPavg debería de mantenerse tan bajo como sea posible.

23.6. MÉTRICAS PARA PRUEBAS ORIENTADAS A OBJETOS

Las métricas de diseño indicadas en las Secciones 23.4 y 23.5 proporcionan una indicación de la calidad del diseño. También proporcionan una indicación general de la cantidad de esfuerzo de pruebas necesario para aplicarlo en un sistema OO.

Binder [BIN94] sugiere una amplia gamma de métricas de diseño que tienen influencia directa en la «comprobabilidad» de un sistema OO. Las métricas se organizan en categorías que reflejan características de diseño importantes:

Encapsulamiento

Carencia de cohesión en métodos (CCM)[5]. Cuanto más alto sea el valor de CCM, más estados será preciso probar para asegurar que los métodos no den lugar a efectos colaterales.

Porcentaje público y protegido (PPP). Los atributos públicos se heredan de otras clases, y por tanto son visibles para esas clases. Los atributos protegidos son una especialización y son privados de alguna subclase específica. Esta métrica indica el porcentaje de atributos de clase

[5] Véase la Sección 23.4.1 para una descripción de LCOM.

que son públicos. Unos valores altos de PPP incrementan la probabilidad de efectos colaterales entre clases. Es preciso diseñar comprobaciones que aseguren que se descubran estos efectos colaterales.

Acceso público a datos miembros (APD). Esta métrica indica el número de clases (o métodos) que pueden acceder a los atributos de otra clase, violando así el encapsulamiento. Unos valores altos de APD dan lugar a un potencial de efectos colaterales entre clases. Es preciso diseñar comprobaciones para asegurar que se descubran estos efectos colaterales.

Herencia

Número de clases raíz (NCR). Esta métrica es un recuento de las jerarquías de clases distintas que se describen en el modelo de diseño. Es preciso desarrollar conjuntos de pruebas para cada una de las clases raíz, y para la correspondiente jerarquía de clases. A medida que crece NCR crece también el esfuerzo de comprobación.

Admisión (ADM). Cuando se utiliza en el contexto OO, la admisión es una indicación de herencia múltiple. ADM > 1 indica que una clase hereda sus atributos y operaciones de más de una clase raíz. Siempre que sea posible, es preciso evitar un valor de ADM > 1.

Número de descendientes (NDD) y profundidad del árbol de herencia (APM)[6]. Tal como se describía en el Capítulo 22, los métodos de superclase tendrán que ser comprobados de nuevo para cada una de las superclases.

Además de las métricas anteriores, Binder [BIN94] define también métricas para la complejidad de clase y para el polimorfismo. Las métricas definidas para la complejidad de clase incluyen tres métricas CK (Sección 23.4.1): Métodos ponderados por clase (MPC), acoplamiento entre clases objeto (ACO) y respuesta para una clase (RPC). Además, se definen también métricas asociadas a recuentos de métodos. Las métricas asociadas al polimorfismo son sumamente especializadas. Lo mejor es dejar su descripción a Binder.

23.7. MÉTRICAS PARA PROYECTOS ORIENTADOS A OBJETOS

Tal como se describía en la Segunda Parte de este libro, el trabajo del administrador de un proyecto es planificar, coordinar, seguir y controlar un proyecto de software. En el Capítulo 19 se describían algunos de los problemas especiales asociados a la gestión de proyectos para proyectos OO. ¿Pero qué sucede con las medidas? ¿Existen métricas OO especializadas que pueda utilizar el administrador del proyecto para disponer de una mejor visión de su progreso? La respuesta, es por supuesto «sí».

La primera actividad que desarrolla el administrador del proyecto es la planificación, y una de las primeras tareas de la planificación es la estimación. Recuerde el modelo evolutivo de procesos[7], en donde se vuelve a visitar la planificación tras cada iteración del software. Por tanto, el plan y sus estimaciones de proyecto se visitan después de cada iteración de AOO, DOO, e incluso POO.

Uno de los problemas fundamentales a los que se enfrenta un administrador de proyectos durante la planificación es la estimación del tamaño implementado del software. El tamaño es directamente proporcional al esfuerzo y la duración. Las métricas OO siguientes [LOR94] pueden aportar ideas acerca del tamaño del software:

Número de guiones de escenario (NGE). El número de guiones de escenario o de casos prácticos (Capítulo 20) es directamente proporcional al número de clases necesarias para satisfacer los requisitos, al número de estados de cada clase, y al número de métodos, atributos y colaboraciones. NGE es un excelente indicador del tamaño del programa.

Número de clases clave (NCC). Las *clases clave* se centran directamente en el dominio del negocio para el problema en cuestión, y tendrán menor probabilidad de ser implementadas mediante reutilización[8]. Por esta razón, unos valores elevados NCC indican que en nuestro camino encontraremos una cantidad notable de trabajo de desarrollo. Lorenz y Kidd [LOR94] sugieren que entre el 20 y el 40 por ciento de todas las clases de un sistema OO típico son clases clave. El resto sirve como infraestructura de apoyo (IGU, comunicaciones, bases de datos, etc.).

Número de subsistemas (NSUB). El número de subsistemas proporciona una idea general de la asignación de recursos, de la planificación (con especial hincapié en el desarrollo en paralelo), y del esfuerzo global de integración.

---

[6] Véase la Sección 23.4.1 para una descripción de NOC y DIT.

[7] El modelo evolutivo de procesos es especialmente adecuado para los sistemas OO (véanse los Capítulos 2 y 19).

[8] Esto solamente será cierto hasta que se desarrolle una biblioteca robusta de componentes reutilizables para un dominio en particular.

Las métricas NGE, NCC, y NSUB se pueden recoger para otros proyectos anteriores OO, y se pueden relacionar con el esfuerzo invertido en el proyecto como un todo y también con las actividades de proceso individuales (p. ej.: AOO, DOO, POO y TOO). Estos datos se pueden utilizar también junto con métricas de diseño descritas anteriormente en este capítulo, con objeto de calcular «métricas de productividad» tales como el número medio de clases por desarrollador o el promedio de métodos por persona y mes. En su conjunto, estas métricas se pueden utilizar para estimar el esfuerzo, la duración, el personal y otras informaciones acerca del proyecto para el proyecto actual.

23.8. RESUMEN

El software orientado a objetos es fundamentalmente distinto del software que se desarrolla empleando métodos convencionales. Por lo tanto, las métricas para los sistemas OO se centran en métricas que se pueden aplicar a las características de diseño y de la clase –localización, encapsulamiento, ocultamiento de información, herencia y técnicas de abstracción de objetos– que hagan única a esa clase.

El conjunto de métricas CK define seis métricas de software orientado a clases que hacen especial hincapié en las clases y en la jerarquía de clases. Este conjunto de métricas desarrolla también métricas para estimar las comprobaciones entre clases y la cohesión de los métodos que residen dentro de una clase. En un nivel orientado a clases, el conjunto de métricas CK se puede complementar con métricas propuestas por Lorenz y Kidd. Entre estas se cuentan las medidas de «tamaño» de la clase, y las métricas que ofrecen ideas generales acerca del grado de especialización para las subclases.

Las métricas orientas a operaciones hacen hincapié en el tamaño y complejidad de operaciones individuales. También hay que tener en cuenta, sin embargo, que el interés principal de las métricas de diseño OO se encuentra en el nivel de la clase.

Se ha propuesto una amplia gama de métricas OO para estimar la prueba de los sistemas OO. Estas métricas hacen hincapié en el encapsulamiento, la herencia, complejidad de clases y polimorfismo.

Las características mensurables del modelo de análisis y de diseño pueden ayudar al gestor del proyecto de un sistema OO a la hora de planificar y seguir las actividades. El número de guiones de escenario (casos de uso), clases clave y subsistemas proporcionan todos ellos información acerca del nivel de esfuerzo requerido para implementar un sistema.

REFERENCIAS

[BER95] BERARD, E., «Metrics for Object-Oriented Software Engineering», publicado en Internet en **comp.software-eng**, 28 de enero de 1995.

[BIN94] BINDER, R., «Testing Object-oriented Systems», *American Programmer*, volumen 7, número 4, abril de 1994, págs. 22-29.

[CHI94] CHIDAMBER, S. R. y C. F. KEMERER, «A Metrics Suite for Object-Oriented Design», *IEEE Trans. Software Engineering*, volumen 20, número 6, junio de 1994, págs. 476-493.

[CHU95] CHURCHER, N. I. y M. J. SHEPPERD, «Towards a Conceptual Framework for Object-Oriented Metrics», *ACM Software Engineering Notes*, volumen 20, número 2, abril de 1995, págs. 69-76.

[LOR94] LORENZ, M. y J. KIDD, *Object-Oriented Software Metrics*, Prentice-Hall, 1994.

[WIL92] WILDE, N. y R. HUITT, «Maintaining Object-Oriented Software», *IEEE Software*, enero de 1993, págs. 75-80.

[ZUS90] ZUSE, H., *Software Complexity: Measures and Methods*, DeGruyter, Nueva York, 1990.

PROBLEMAS Y PUNTOS PARA CONSIDERAR

23.1. Revise las métricas presentadas en este capítulo y en el Capítulo 18. ¿Como podría caracterizar las diferencias sintácticas y semánticas entre las métricas para el software convencional y el software OO?

23.2. ¿En qué forma afecta la localización a las métricas desarrolladas para el software convencional y OO?

23.3. ¿Por qué no se hace más hincapié en las métricas OO que abordan las características específicas de las operaciones residentes dentro de una clase?

23.4. Revise las métricas descritas en este capítulo, y sugiera algunas que aborden de forma directa o indirecta el ocultamiento de información.

23.5. Revise las métricas descritas en este capítulo, y sugiera algunas que aborden de forma directa o indirecta la abstracción.

23.6. Una clase **X** posee 12 operaciones. Se ha calculado la complejidad ciclomática para todas las operaciones del sistema OO y el valor promedio de la complejidad de módulo es 4. Para la clase **X** la complejidad de las operaciones de la 1 a la 12 es 5, 4, 3, 6, 8, 2, 2, 5, 5, 4, 4, respectivamente. Calcular MPC.

23.7. Con respecto a las Figuras 19.8a y b, calcular el valor de APH para cada uno de los árboles de herencia. ¿Cuál es el valor de NDD para la clase **X2** de ambos árboles?

23.8. Acuda a [CHI94] y presente una descripción de una página referente a la definición formal de la métrica CCM.

23.9. En la Figura 19.8b, ¿cuál es el valor de NOA para las clases **X3** y **X4**?

23.10. Con respecto a la Figura 19.8b, suponga que las cuatro operaciones han sido invalidadas en el árbol de herencia (jerarquía de clases), ¿cuál es el valor de IE para esa jerarquía?

23.11. Un equipo de software ha finalizado cinco proyectos hasta la fecha. Los datos siguientes han sido recogidos para todos los tamaños de los proyectos:

N.º de proyecto	NGE	NCC	NSUB	Esfuerzo (días)
1	34	60	3	900
2	55	75	6	1.575
3	122	260	8	4.420
4	45	66	2	990
5	80	124	6	2.480

Se dispone de un proyecto nuevo que se encuentra en las primeras fases de AOO. Se estima que para este proyecto se desarrollarán 95 casos prácticos. Estimar:

a. el número total de clases que serán necesarias para implementar el sistema;
b. la cantidad total de esfuerzo que será necesaria para implementar el sistema.

23.12. Su profesor le proporciona una lista de métricas OO procedente de este capitulo. Calcule los valores de estas métricas para uno o más de los problemas que se indican a continuación:

a. El modelo de diseño para el diseño HogarSeguro.
b. El modelo de diseño para el sistema PHTRS descrito en el Problema 12.13.
c. El modelo de diseño para el juego de vídeo considerado en el Problema 21.14.
d. El modelo de diseño para el correo electrónico considerado en el Problema 21.15.
e. El modelo de diseño para el problema CTA considerado en el Problema 21.16.

OTRAS LECTURAS Y FUENTES DE INFORMACIÓN

Existe toda una gama de libros acerca de AOO, DOO, y TOO (véase «Otras Lecturas y Fuentes de Información» en los Capítulos 20, 21 y 22) que hacen referencia de pasada a las métricas OO, pero hay pocos que aborden el tema con detalle. Los libros de JACOBSON (*Object Oriented Software Engineering*, Addison-Wesley, 1994) y GRAHAM (*Object Oriented Methods,* Addison-Wesley, segunda edición, 1993) proporcionan un tratamiento más extenso que la mayoría.

LORENZ y KIDD [LOR94] y HENDERSEN-SELLERS (*Object Oriented Metrics: Measures of Complexity*, Prentice-Hall, 1996) ofrecen los únicos libros dedicados a métricas OO que se han publicado hasta la fecha. WHITMIRE (*Encyclopaedia of Software Engineering*, J. MARCINIAK (ed.), WILEY, 1994) aporta un capítulo acerca de las métricas OO. Otros libros dedicados a las métricas de software convencional (véase «Otras Lecturas y Fuentes de Información» para los Capítulos 4 y 18) contienen descripciones limitadas de las métricas OO.

La mayor parte de la información acerca de métricas OO se obtendrá a partir de artículos y publicaciones de la literatura técnica. WHITTY (*Object Oriented Metrics: People and Publications*, 1995) ha compilado una de las bibliografías más extensas acerca de métricas orientadas a objetos que se han publicado hasta la fecha. Se puede obtener una versión electrónica en:

http://www.sbu.ac.uk/ ~csse/publications/OOMetrics.html

Las fuentes de Internet indicadas a lo largo de la Cuarta Parte de este libro merecen ser investigadas en busca de descripciones de métricas OO. Adicionalmente, se encontrarán descripciones ocasionales de métricas OO en los grupos de Internet **comp.object, comp.software-eng, comp.specification y comp.testing**.

En los lugares siguientes se hallará información adicional acerca de las métricas OO:

http://www.sbu.ac.uk/~csse/metkit.html
http://louis.ecs.soton.ac.uk/dsse/moops.html
ftp://ftp.sbu.ac.uk/pub/Metrics

Se puede encontrar una lista actualizada de referencias de la World Wide Web para métricas orientadas a objetos en: **http://www.rspa.com**

PARTE V

TEMAS AVANZADOS DE INGENIERÍA DEL SOFTWARE

En esta parte de *Ingeniería del software. Un Enfoque Práctico* se considera un cierto número de temas avanzados que extenderán la comprensión del lector en lo referente a ingeniería del software. En los capítulos siguientes se abarcan las cuestiones siguientes:

- ¿Qué son los «métodos formales» y cómo se utilizan para especificar el software?
- ¿Qué notación y qué preliminares matemáticos se necesitan para describir formalmente el software?
- ¿En qué aspecto difiere el enfoque de sala limpia de ingeniería del software con respecto a los enfoques convencionales?
- ¿Cuáles son las actividades técnicas principales que se llevan a cabo durante el proceso sala limpia?
- ¿Cómo se utiliza la ingeniería de dominios como precursor para construir bibliotecas de componentes reutilizables?
- ¿Qué asuntos técnicos es preciso considerar cuando se inicia un proceso de reutilización?
- ¿Cuáles son los argumentos económicos a favor de la reutilización?
- ¿En qué consiste la reingeniería de procesos de negocios y de qué manera sienta las bases de la reingeniería del software?
- ¿Cuáles son las actividades técnicas clave necesarias para la reingeniería del software?
- ¿En qué forma incide la arquitectura cliente/servidor en la forma en que se construye el software?
- ¿Cuáles son las opciones de arquitectura para establecer un entorno de herramientas CASE?
- ¿Cuáles son las tendencias futuras de la ingeniería del software?

Una vez que se haya respondido a estas preguntas, se comprenderá que estos temas pueden tener un notable impacto en la ingeniería del software a lo largo de la próxima década.

CAPÍTULO 24
MÉTODOS FORMALES

Los métodos de la ingeniería del software se pueden desglosar según un espectro de «formalidad». Los métodos de análisis y diseño descritos anteriormente dentro de este libro se colocarían en el extremo del espectro que corresponde a lo informal o a lo moderadamente riguroso. Se utiliza una combinación de diagramas, textos, tablas, y notaciones sencillas para crear modelos de análisis y diseño.

A continuación se considera el extremo opuesto del espectro de formalidad. Aquí se describe una especificación y un diseño empleando una sintaxis formal y una semántica que especifican el funcionamiento y comportamiento del sistema. La especificación formal tiene una forma matemática (p. ej.: se puede utilizar el cálculo de predicados como base para un lenguaje formal de especificación).

En su descripción introductoria de los métodos formales, Anthony Hall [HAL90] afirma lo siguiente:

> Los métodos formales son objeto de controversia. Quienes los propugnan afirman que pueden revolucionar el desarrollo del [software]. Sus detractores piensan que resultan imposiblemente difíciles. Mientras tanto, para la mayoría de la gente, los métodos formales son tan poco familiares que resulta difícil juzgar estos puntos de vista contrapuestos.

En este capítulo, se exploran los métodos formales y se examina su posible impacto sobre la ingeniería del software en los años venideros.

24.1. CONCEPTOS BÁSICOS

La Enciclopedia de la Ingeniería del Software [MAR94] define los métodos formales de la siguiente forma:

> Los métodos formales que se utilizan para describir sistemas de computadoras son técnicas de base matemática para describir las propiedades del sistema. Estos métodos formales proporcionan marcos de referencia en el seno de los cuales las personas pueden especificar, desarrollar y verificar los sistemas de manera sistemática, en lugar de hacerlo *ad hoc*.
>
> Se dice que un método es formal si posee una base matemática estable, que normalmente vendrá dada por un lenguaje formal de especificación. Esta base proporciona una forma de definir de manera precisa nociones tales como la consistencia y completitud, y, lo que es aun más relevante, la especificación, la implementación y la corrección.

Las propiedades deseadas de una especificación formal-carencia de ambigüedad, consistencia, y completitud-son las metas de todos los métodos de especificación. Sin embargo, la utilización de métodos formales da lugar a una probabilidad mucho mayor de alcanzar estos objetivos ideales. La sintaxis formal de un lenguaje de especificación (Sección 24.4) hace posible interpretar los requisitos o el diseño de una forma única, eliminando esa ambigüedad que suele producirse cuando un lenguaje natural (p. ej.: el español) o una notación gráfica tienen que ser interpretados por algún lector. Las capacidades descriptivas de la teoría de conjuntos y de la notación lógica (Sección 24.2) hacen posible un enunciado claro de los hechos (los requisitos). Para que sean consistentes, los hechos puestos de manifiesto en un lugar de una especificación no deberán verse contradichos en otro lugar de la misma. Se asegura la consistencia mediante una demostración matemática de que los hechos iniciales se pueden hacer corresponder formalmente (empleando reglas de inferencia) con sentencias posteriores existentes dentro de la especificación.

La completitud es difícil de lograr, aun cuando se utilicen métodos formales. Algunos espectros de un sistema pueden dejarse sin definir cuando se esté creando la especificación; quizás otras características se omitan a propósito para ofrecer a los diseñadores una cierta libertad a la hora de seleccionar un enfoque de implementación; además es imposible considerar todos los posibles escenarios operacionales en un sistema grande y complejo. Por último, las cosas pueden simplemente omitirse por error.

Aunque el formalismo proporcionado por las matemáticas tiene un cierto atractivo para algunos ingenieros del software, hay otros (hay quien diría que la mayoría) que no consideran especialmente agradable el punto de vista matemático del desarrollo del software. Para comprender por qué tiene cierto interés un enfoque formal, es preciso considerar en primer lugar las deficiencias asociadas a los enfoques menos formales.

24.1.1. Deficiencias de los enfoques menos formales[1]

Los métodos descritos para el análisis y diseño en las Partes Tercera y Cuarta de este libro hacen un uso habitual del lenguaje natural y de toda una gama de notaciones gráficas. Aun cuando la aplicación cuidadosa de los métodos de análisis y diseño junto con una revisión detallada puede ciertamente llevar a un software de elevada calidad, la torpeza en la aplicación de estos métodos puede crear toda una gama de problemas. La especificación de un sistema puede contener contradicciones, ambigüedades, vaguedades, sentencias incompletas y niveles mezclados de abstracción.

Las *contradicciones* son conjuntos de sentencias que difieren entre sí. Por ejemplo, una parte de la especificación de un sistema puede afirmar que el sistema debe de monitorizar todas las temperaturas de un reactor químico, mientras que otra parte, que quizá haya escrito otro miembro del personal, puede afirmar que solamente será preciso monitorizar las temperaturas que pertenezcan a un determinado intervalo. Normalmente, las contradicciones que se producen en la misma página de la especificación del sistema se pueden detectar con facilidad. Sin embargo, es frecuente que las contradicciones estén separadas por un elevado número de páginas.

Las *ambigüedades* son sentencias que se pueden interpretar de muchas maneras. Por ejemplo, el enunciado siguiente es ambiguo:

> El operador de identidad consta del nombre del operador y la contraseña; la contraseña consta de seis dígitos. Debe de ser visualizada en la pantalla de seguridad, y se depositará en el archivo de registro cuando el operador se conecte con el sistema.

En este extracto, ¿la palabra «debe» alude a la contraseña o a la identidad del operador?

La *vaguedad* suele producirse porque la especificación del sistema es un documento muy voluminoso. Alcanzar un elevado nivel de precisión de forma consistente es una tarea casi imposible. Puede dar lugar a sentencias tales como «la interfaz con el sistema empleada por los operadores del radar debe ser amistosa para con el usuario», o «la interfaz virtual estará basada en simples conceptos globales que sean sencillos de entender y utilizar, y además en escaso número». Una revisión poco detallada de estas afirmaciones podría no detectar la carencia de información útil subyacente.

La *incompletitud* es posiblemente uno de los problemas que se producen más frecuentemente en las especificaciones de sistemas. Por ejemplo, considérese el siguiente requisito funcional:

> El sistema debe de mantener el nivel horario del depósito a partir de los sensores de profundidad situados en el depósito. Estos valores deben de ser almacenados para los últimos seis meses.

Esto describe la parte principal de almacenamiento del sistema. Supongamos que una de las órdenes del sistema es

> La función de la orden PROMEDIO tiene que visualizar en un PC el nivel medio de agua para un sensor concreto entre dos fechas dadas.

Suponiendo que no se ofreciese más información acerca de esta orden, los detalles de la orden estarían gravemente incompletos. Por ejemplo, la descripción de la orden no incluye lo que sucedería si un usuario de sistema especificase una fecha que distase más de seis meses de la fecha actual.

Los *niveles mezclados de abstracción* se producen cuando se entremezclan aleatoriamente unas sentencias muy abstractas con otras sentencias que se encuentran en un nivel de detalle muy inferior. Por ejemplo, las sentencias tales como

> El objetivo del sistema es hacer un seguimiento de *stock* de un almacén.

pueden verse mezcladas con la siguiente

> Cuando el encargado de la *venta* escribe la orden venta será preciso comunicar el número de pedido, el número de identificación del material vendido, y el número de unidades solicitadas. El sistema responderá con una confirmación de que la venta es admisible.

[1] Esta sección y otras de la primera parte de este capítulo se han adaptado del trabajo aportado por Darrel Ince para la versión Europea de la tercera edición de *Ingeniería del software. Un enfoque práctico*.

Aun cuando estas sentencias son importantes en la especificación de un sistema, quienes hacen la especificación suelen arreglárselas para mezclarlas de tal modo que resulta muy difícil analizar la arquitectura funcional global del sistema.

Todos estos problemas son más frecuentes que lo que uno desearía creer. Y cada uno de ellos representa una deficiencia potencial en los métodos convencionales y orientados a objetos de especificación.

24.1.2. Las matemáticas en el desarrollo del software

Las matemáticas poseen muchas propiedades útiles para quienes desarrollan grandes sistemas. Una de las propiedades más útiles es que pueden describir de forma sucinta y exacta una situación física, un objeto, o el resultado de una acción. Cuando un matemático aplicado afirma que la solución de una ecuación particular está dada por la integral

$$\int \mathrm{tg}\ [x^2 + \exp(\cos(x))]$$

no se puede argumentar acerca de la semántica. La persona que resuelva la integral sabrá exactamente *qué* se necesita, aun cuando la *forma* de resolver la integral pueda requerir una cantidad de esfuerzo notable. Por ejemplo, quizá la integral sea susceptible de admitir una solución analítica, o quizá requiera una simulación o algún otro enfoque numérico si es que se conocen los límites superior e inferior de la integral. Idealmente, el desarrollador de software debería de encontrarse en la misma posición que el matemático aplicado. Debería de presentársele una especificación matemática del sistema, y una solución se desarrollaría entonces en términos de una arquitectura de software que implementase la especificación descrita[2].

Otra de las ventajas de la utilización de las matemáticas en el proceso del software es que proporcionan una transición suave entre las actividades de ingeniería del software. No sólo las especificaciones funcionales, sino también los diseños del sistema, se podrán expresar de forma matemática y, por supuesto, el código de programa es una notación matemática, aunque sea un tanto verbosa.

La propiedad fundamental de las matemáticas es que admite la abstracción, y es un excelente medio para el modelado. Dado que es un medio exacto, hay pocas probabilidades de ambigüedad, y las especificaciones se pueden verificar matemáticamente para descubrir complicaciones y falta de completitud, y la vaguedad desaparece por completo. Además, se pueden utilizar las matemáticas para representar niveles de abstracción en la especificación del sistema de forma organizada.

Las matemáticas constituyen una herramienta ideal para el modelado. Hacen posible exhibir el esquema fundamental de la especificación, y ayudan al analista y al especificador del sistema a verificar una especificación a efectos de funcionalidad sin problemas tales como el tiempo de respuesta, las directrices de diseño, las directrices de implementación, y las restricciones del proyecto que siempre estorban. También ayuda al diseñador, porque la especificación de diseño del sistema muestra las propiedades del modelo, y ofrece tan sólo los detalles suficientes para hacer posible llevar a cabo la tarea que tengamos entre manos.

El punto final que hay que indicar acerca de las matemáticas como medio de desarrollo del software es que proporcionan un elevado nivel de verificación. Es posible utilizar una demostración matemática para demostrar que un diseño satisface una especificación, y que algún código de programa es un reflejo correcto de ese diseño.

24.1.3. Conceptos de los métodos formales

El objetivo de esta sección es presentar los conceptos fundamentales implicados en la especificación matemática de sistemas de software, sin abrumar al lector con un excesivo nivel de detalle matemático. Para lograr esto, se utilizarán unos pocos ejemplos definidos:

Ejemplo 1: una tabla de símbolos Se utiliza un programa para mantener una tabla de símbolos. Esta tabla se utiliza frecuentemente en muchos tipos distintos de aplicaciones. Consta de una colección de elementos sin duplicar. Un ejemplo de tabla de símbolos típica es el que se muestra en la Figura 24.1. Representa una tabla utilizada por un sistema operativo para almacenar los nombres de los usuarios del sistema. Otros ejemplos de tablas incluirían la colección de nombres del personal en un sistema de nómina. La colección de nombres de computadoras en un sistemas de comunicaciones de red, y la colección de destinos de un sistema para producir horarios de ferrocarril.

Suponga que la tabla presentada en este ejemplo no consta de más de *MaxIds* miembros de personal. Esta afirmación, que impone una restricción sobre la tabla, es un componente de una condición conocida como *invariante de datos* (se trata de una idea importante a la cual volveremos en repetidas ocasiones a lo largo del capítulo).

---

[2] Llegados aquí, es preciso hacer una advertencia. Las especificaciones del sistema matemático que se presentan en este capítulo no van a ser tan sucintas como la integral. Los sistemas de software son notablemente complejos, y no sería realista esperar que se pudieran identificar mediante una línea de matemáticas.

FIGURA 24.1

Una tabla de símbolos que se emplea para un sistema operativo

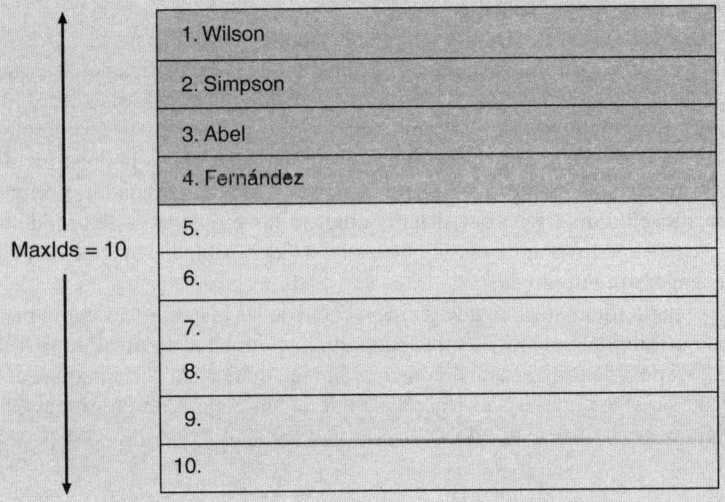

Un *invariante de datos* es una condición que es cierta durante toda la ejecución del sistema que contiene una colección de datos. El invariante de datos que es válido para la tabla de símbolos descrita anteriormente posee dos componentes: (1) que la tabla no contendrá mas de *MaxIds* nombres y (2) que no existirán nombres duplicados en la tabla. En el caso del programa de tablas de símbolos descrito anteriormente, esto significa que, independientemente en el momento en el que se examine la tabla de símbolos durante la ejecución del sistema, siempre contendrá un máximo de *MaxIds* identificadores de personal, y no contendrá duplicados.

Otro concepto importante es el de *estado*. En el contexto de los métodos formales[3], un estado es el dato almacenado al cual accede el sistema y que es alterado por éste. En el ejemplo del programa de la tabla de símbolos, el estado es la tabla de símbolos.

El concepto final es el de *operación*. Una operación es una acción que tiene lugar en un sistema y que lee o escribe datos en un estado. Si el programa de tabla de símbolos se ocupa de añadir y eliminar nombres de personal de la tabla de símbolos, entonces estará asociado a dos operaciones: una operación para añadir un nombre especificado en la tabla de símbolos, y otra operación para eliminar un nombre existente de la tabla. Si el programa proporciona la capacidad de comprobar si un nombre concreto estaba o no en la tabla, entonces será necesaria una operación que proporcione alguna indicación de si el nombre está o no en la tabla.

Las operaciones están asociadas a dos condiciones: las precondiciones y las postcondiciones. Una *precondición* define las circunstancias en que es válida una operación concreta. Por ejemplo, la precondición para una operación que anada un nombre a la tabla de símbolos de identificadores de personal es válida sólo si el nombre que hay que añadir no está almacenado en la tabla y existen menos de *MaxIds* identificadores de personal en la tabla. La *postcondición* de una operación define lo que sucede cuando la operación ha finalizado su acción. Esto se define mediante su efecto sobre el estado. En el ejemplo de la operación que añade un identificador a la tabla de símbolos de identificadores de personal, la postcondición especificaría matemáticamente que la tabla habrá sido incrementada con el nuevo identificador.

Ejemplo 2: Un gestor de bloques Una de las partes más importantes de los sistemas operativos es el subsistema que mantiene archivos que hayan sido creados por usuarios. Una parte del subsistema de archivado es el *gestor de bloques*. Los archivos del almacén de archivos están formados por bloques de espacio que se almacenan en algún dispositivo de almacenamiento de archivos. Durante el funcionamiento de la computadora, los archivos van siendo creados y borrados, lo cual requiere la adquisición y liberación de bloques de espacio. Para abordar este problema, el subsistema de archivo mantendrá una reserva de bloques libres y seguirá también la pista de aquellos bloques que se estén utilizando en ese momento. Cuando se liberen bloques procedentes de un archivo borrado lo normal será añadirlos a una cola de bloques que están a la espera de ser añadidos al conjunto de bloques que no se utilizan. Esto se muestra en la Figura 24.2. En esta figura se muestra un cierto número de componentes: la reserva de bloques no utilizados, los bloques que en la actualidad forman parte de los archivos administrados por el sistema operativo, y aquellos bloques que están esperando para ser añadidos a la reserva de espacio. Los bloques que están a la espera se mantienen en una cola, y cada elemento de la cola contiene un conjunto de bloques procedentes de algún archivo borrado.

Para este subsistema el estado es la colección de bloques libres, la colección de bloques usados y la cola de bloques devueltos. El invariante de datos, expresado en lenguaje natural es:

- No habrá ningún bloque que esté a la vez usado y sin usar.

[3] Recuérdese que el término «estado» se ha utilizado también en los Capítulos 12 y 20 como una representación del comportamiento de un sistema u objetos.

FIGURA 24.2

Un gestor de bloques

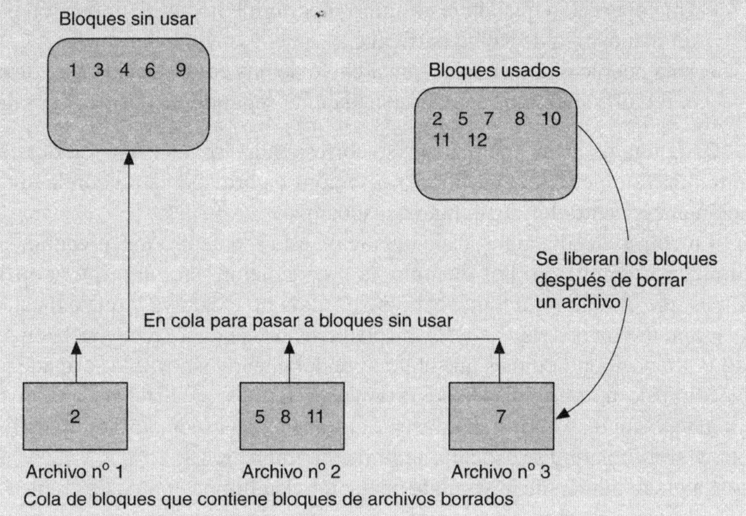

- Todos los conjuntos de bloques almacenados en la cola serán subconjuntos de la colección de bloques utilizados en ese momento.
- No existirán elementos de la cola que contengan los mismos números de bloques.
- La colección de bloques usados y bloques sin usar será la colección total de bloques de que consten los archivos.
- No existirán números de bloques duplicados en la colección de bloques sin usar.
- No existirán números de bloques duplicados en la colección de bloques usados.

Entre las operaciones asociadas a este subsistema se encuentran las siguientes:

- Una operación que añade una colección de bloques al final de la cola.
- Una operación que elimina una colección de bloques usados de la parte anterior de la cola, y los coloca en la colección de bloques sin usar.
- Una operación que comprueba si la cola de bloques está o no vacía.

La precondición de la primera operación es que los bloques que se vayan a añadir deben de encontrarse en la colección de bloques usados. La postcondición es que la colección de bloques debe de añadirse al final de la cola.

La precondición de la segunda operación es que la cola debe de tener al menos un elemento. La postcondición es que los bloques deben de añadirse a la colección de bloques sin usar.

La operación final-comprobar si la cola de bloques proporcionados está o no vacía-no posee precondición. Esto significa que la operación siempre está definida, independientemente del valor que tenga el estado. La postcondición proporciona el valor verdadero si la cola está vacía y falso en caso contrario.

Ejemplo 3: Un concentrador de impresión En los sistemas operativos multitarea, existe un cierto número de tareas que hacen solicitudes para imprimir archivos. Con frecuencia, no se dispone de un número suficiente de dispositivos de impresión para satisfacer simultáneamente todas las solicitudes de impresión en curso. Toda solicitud de impresión que no se pueda satisfacer de forma inmediata se ubicará en una cola a la espera de su impresión. La parte del sistema operativo que abarca la administración de estas colas se conoce con el nombre de **concentrador de impresión**.

En este ejemplo se supone que el sistema operativo no puede emplear más de *DispMax* dispositivos de salida y que cada dispositivo tiene asociada una cola. También se supondrá que cada uno de los dispositivos está asociado a un cierto límite de líneas por archivo que se pueden imprimir. Por ejemplo, un dispositivo de salida que tenga un límite de 1.000 líneas de impresión estará asociado a una cola que contenga tan solo aquellos archivos que no posean más de 1.000 líneas de texto. Los concentradores de impresión suelen imponer esta restricción para evitar las grandes tareas de impresión, que podrían ocupar unos dispositivos de impresión lentos durante periodos sumamente largos. En la Figura 24.3 se muestra una representación esquemática de un concentrador de impresión.

Según se muestra en la figura, el estado del concentrador consta de cuatro componentes: las colas de archivos que esperan para ser impresos, en donde cada cola está asociada a un dispositivo de salida en concreto; la colección de dispositivos de salida controlados por el concentrador; la relación entre dispositivos de salida y el tamaño de archivo máximo que puede imprimir cada uno de ellos; y la relación entre los archivos que esperan para ser impresos y su tamaño en líneas. Por ejemplo, la Figura 24.3 muestra que el dispositivo de salida **LP1,** que posee un límite de impresión de 750 líneas, tiene dos archivos, *fimp* y *personas*, a la espera para ser impresos, y que el tamaño de estos archivos es de 650 líneas y de 700 líneas respectivamente.

FIGURA 24.3

Un concentrador de impresión

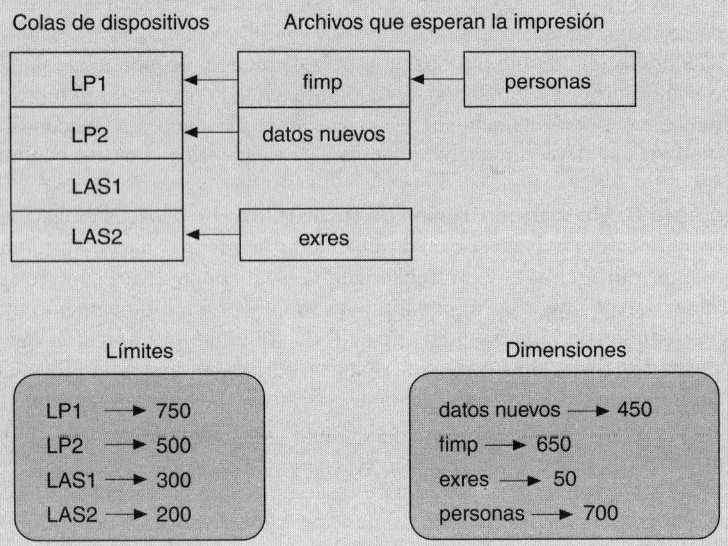

El estado del concentrador se representa mediante los cuatro componentes *colas*, *dispositivos de salida*, *límites* y *tamaños*. El invariante de datos tiene cinco componentes:

- Cada dispositivo de salida está asociado a un límite superior de líneas de impresión.
- Todo dispositivo de salida está asociado a una cola de archivos posiblemente no vacía que están a la espera para ser impresos.
- Todo archivo está asociado a un tamaño.
- Toda cola asociada a un dispositivo de salida contendrá archivos que tengan un tamaño menor que el límite superior de este dispositivo de salida.
- No existirá más de *DispMax* dispositivos de salida que sean administrados por este concentrador.

El concentrador puede tener asociado un cierto número de operaciones. Por ejemplo:

- Una operación que añada un nuevo dispositivo de salida al concentrador junto con su límite de impresión asociado
- Una operación que elimine un archivo de la cola asociada a un determinado dispositivo de salida
- Una operación que añada un archivo a la cola asociada a un dispositivo de salida en particular
- Una operación que altere el límite superior de líneas de impresión para un dispositivo de salida particular
- Una operación que traslade un archivo de una cola asociada a un dispositivo de salida a otra cola asociada a un segundo dispositivo de salida

Cada una de estas operaciones se corresponde con una función del concentrador. Por ejemplo, la primera operación se correspondería con la notificación al concentrador de un nuevo dispositivo.

Tal como sucedía antes, cada operación está asociada a una precondición y a una postcondición. Por ejemplo, la precondición para la primera operación es que el nombre del dispositivo de salida no exista ya y que existan en ese momento menos de *DispMax* dispositivos de salida a efectos del concentrador. La postcondición es que el nombre del nuevo dispositivo se añade a la colección de nombres de dispositivo ya existentes, y se forma una nueva entrada para el dispositivo sin que esta entrada tenga asociados archivos en su cola, y el dispositivo se asocia a su límite de impresión.

La precondición de la segunda operación (la eliminación de un archivo de una cola asociada a un determinado dispositivo de salida) es que el dispositivo sea conocido para el concentrador y que exista al menos una entrada en la cola asociada al dispositivo . La postcondición es que la cabeza de la cola asociada al dispositivo de salida sea eliminada, y se borre su entrada en la parte del concentrador que siga la pista de los tamaños de archivos.

La precondición de la quinta operación descrita anteriormente (el traslado de un archivo de una cola asociada a un dispositivo de salida a la cola asociada a un segundo dispositivo de salida) es:

- El primer dispositivo de salida es conocido para el concentrador.
- El segundo dispositivo de salida es conocido para el concentrador.
- La cola asociada al primer dispositivo contiene el archivo que hay que trasladar.
- El tamaño del archivo es menor o igual que el límite de impresión asociado al segundo dispositivo de salida.

La postcondición es que el archivo será eliminado de una cola y añadido a otra cola.

En cada uno de los ejemplos indicados en esta sección, se han presentado los conceptos clave de la especificación formal. Se ha hecho esto sin hacer hincapié en las matemáticas necesarias para hacer formal la especificación. Consideraremos estas matemáticas en la sección siguiente.

24.2. PRELIMINARES MATEMÁTICOS

Para aplicar de una forma eficiente los métodos formales, el ingeniero del software debe de tener un conocimiento razonable de la noción matemática asociada a conjuntos y a las sucesiones, y a la notación lógica que se emplea en el cálculo de predicados. El objetivo de esta sección es proporcionar una introducción. Para una descripción más detallada se sugiere al lector examinar los libros dedicados a estos temas (por ejemplo, [WIL87], [GRI93] y [ROS95]).

24.2.1. Conjuntos y especificación constructiva

Un *conjunto* es una colección de objetos o elementos. Los conjuntos se utilizan como piedra angular de los métodos formales. Los elementos contenidos dentro de un conjunto son únicos (esto es, no se permiten los duplicados). Los conjuntos que poseen un pequeño número de elementos se escriben entre llaves ({,}) separando mediante comas sus elementos. Por ejemplo, el conjunto

$$\{7, 14, 3, 12\}$$

es una colección de números naturales y contiene cuatro elementos. El conjunto

{C++, Pascal, Ada, COBOL, C}

contiene los nombres de cinco lenguajes de programación. La colección de números

$$\{13, 2, 9, 11, 12, 88, 2\}$$

no es un conjunto porque el elemento 2 se repite.

El orden en que aparecen los elementos dentro de un conjunto no es relevante. El número de elementos del conjunto se conoce con el nombre de cardinalidad. El operador # proporciona la *cardinalidad* de un conjunto. Por ejemplo, la expresión

$$\#\{A, B, C, D\} = 4$$

implica que se ha aplicado el operador de cardinalidad al conjunto mostrado, con un resultado que indica el número de elementos que había en el conjunto.

Hay dos maneras de definir un conjunto. Se puede definir un conjunto por enumeración de sus elementos (esta es la forma en que se han definido los conjuntos indicados anteriormente). El segundo método consiste en crear una *especificación constructiva de conjuntos*. La forma general de los números de un conjunto se especifican empleando una expresión Booleana. Las especificaciones constructivas de conjuntos resultan preferibles a las especificaciones enumeradas, porque hacen posible definir de forma sucinta los conjuntos formados por muchos miembros. También se define explícitamente la regla que se utiliza para construir el conjunto.

Considere el siguiente ejemplo de especificación constructiva:

$$\{n : \mathbb{N} \mid n < 3 \cdot n\}$$

Esta especificación posee tres componentes, una signatura, $n : \mathbb{N}$, un predicado $n < 3$, y un término, n. La *signatura* especifica el intervalo de valores que se considerará cuando se forme el conjunto, el *predicado* (una expresión Booleana) define la forma en que se debe de construir el conjunto, y por último el *término* ofrece la forma general del elemento del conjunto. En el ejemplo anterior, $\mathbb{N}$ denota el conjunto de los números naturales; por tanto, es preciso considerar los números naturales, el predicado indica que solamente se tienen que incluir los números naturales menores que 3, y el término especifica que todos los elementos del conjunto serán de la forma n. Por tanto, la especificación anterior define un conjunto:

$$\{0, 1, 2\}$$

Cuando la forma de los elementos del conjunto es evidente, se puede omitir el término. Por ejemplo, el conjunto anterior se podría especificar en la forma

$$\{\mathrm{n} : \mathbb{N} \mid n < 3\}$$

Los conjuntos que se han descrito anteriormente poseían todos ellos elementos que tienen objetos individuales. También se pueden construir conjuntos formados a partir de elementos que sean pares, ternas, etc., etc. Por ejemplo, la especificación de conjunto

$$\{x,y : \mathbb{N} \mid x + y = 10 \cdot (x,y^2)\}$$

define el conjunto de parejas de números naturales que son de la forma (x, y^2) y en los cuales la suma de x e y es 10. Se trata del conjunto

$$\{(1, 81), (2, 64), (3, 49),...\}$$

Otro ejemplo de especificación constructiva de conjuntos es el conjunto de parejas de números naturales en los cuales el segundo elemento es 3 más que el primer elemento, y en los cuales el primer elemento es mayor que 120. La especificación es

$$\{n : \mathbb{N} \mid n > 120 \cdot (n, n + 3)\}$$

En el ejemplo anterior, resulta tentador utilizar otras variables. Sin embargo, no hay necesidad de hacer esto porque el segundo elemento de la pareja se puede expresar únicamente en términos del primer elemento.

Evidentemente, una especificación constructiva de conjuntos tal como la que se requiere para representar algunos componentes de software de computadoras puede ser considerablemente más complicada que las indicadas anteriormente. Sin embargo, la forma básica y la estructura seguirán siendo las mismas.

24.2.2. Operadores de conjuntos

Se utiliza un conjunto especializado de símbolos para representar las operaciones de conjuntos y las operaciones lógicas. Estos símbolos deben de ser comprensibles para aquel ingeniero del software que tenga intención de aplicar los métodos formales.

El operador $\in$ se utiliza para indicar la pertenencia a un conjunto. Por ejemplo, la expresión

$$x \in X$$

tiene el valor *verdadero* si *x* es miembro del conjunto *X* y el valor *falso* en caso contrario. Por ejemplo, el predicado

$$12 \in \{6, 1, 12, 22\}$$

tiene el valor *verdadero* por cuanto 12 es un miembro del conjunto.

El opuesto del operador $\in$ es el operador . La expresión

$$x \quad X$$

posee el valor *verdadero* si *x* no es miembro del conjunto *X* y *falso* en caso contrario. Por ejemplo, el predicado

$$13 \quad \{13, 1, 124, 22\}$$

posee el valor *falso*.

Los operadores $\subset$ y $\subseteq$ tienen conjuntos como operandos. El predicado

$$A \subset B$$

posee el valor *verdadero* si los miembros del conjunto *A* están contenidos en el conjunto *B* y posee el valor *falso* en caso contrario. De esta forma el predicado

$$\{1, 2\} \subset \{4, 3, 1, 2\}$$

posee el valor *verdadero*. Sin embargo, el predicado

$$\{HD1, LP4, RC5\} \subset \{HD1, RC2, HD3, LP1, LP4, LP6\}$$

posee el valor *falso* porque el elemento RC5 no está contenido en el conjunto que se encuentra a la derecha del operador.

El operador $\subseteq$ es parecido al $\subset$. Sin embargo, si sus operandos son iguales posee el valor *falso*. Consiguientemente, el valor del predicado

$$\{HD1, LP4, RC5\} \subseteq \{HD1, RC2, HD3, LP1, LP4, LP6\}$$

es *verdadero*, y el predicado

$$\{HD1, LP4, RC5\} \subseteq \{HD1, LP4, RC5\}$$

es *falso*.

Un conjunto especial es el conjunto $\emptyset$. Esto se corresponde con el cero de las matemáticas normales. El conjunto vacío contiene la propiedad consistente en que es un subconjunto de todos los demás conjuntos. Dos identidades útiles que implican al conjunto vacío son

$$\emptyset \cup A = A$$

y

$$\emptyset \cap A = \emptyset$$

para todo conjunto *A*. Estas identidades se siguen directamente en la definición de $\cup$ e $\cap$, que se presenta más adelante.

Existe un cierto número de operadores binarios que toman como operadores a conjuntos, y que producen conjuntos como resultados.

Los tres operadores más comunes son el operador de la unión $\cup$, que algunas veces se conoce como «taza»; el operador de intersección $\cap$, que a veces se conoce como «gorra»; y el operador diferencia de conjuntos $\setminus$.

El *operador unión* admite dos conjuntos y forma un conjunto que contiene todos aquellos elementos del conjunto después de eliminar los duplicados. Consiguientemente, el resultado de la expresión

$$\{Archivo1, Archivo2, Impuesto, Compilador\} \cup \{NuevoImpuesto, D2, D3, Archivo2\}$$

es el conjunto

$$\{Archivo1, Archivo2, Impuesto, Compilador, NuevoImpuesto, D2, D3\}$$

El operador de intersección admite dos conjuntos y forma un conjunto que consta de los elementos comunes a los dos anteriores. Por tanto, la expresión

$$\{12, 4, 99, 1\} \cap \{1, 13, 12, 77\}$$

da lugar a un conjunto

$$\{12, 1\}$$

El *operador diferencia de conjuntos*, tal como sugiere su nombre, forma un conjunto eliminando los elementos del segundo operando de entre los elementos del primer operando. Consiguientemente, el valor de la expresión

$$\{\text{Nuevo, Viejo, ArchivoImpuesto, ParSistema}\} \setminus \{\text{Viejo, ParSistema}\}$$

da lugar al conjunto

$$\{\text{Nuevo, ArchivoImpuesto}\}$$

El valor de la expresión

$$\{a, b, c, d\} \cap \{x, y\}$$

será el conjunto vacío ø, El operador siempre proporciona un conjunto; sin embargo, en este caso no existen elementos comunes entre sus operandos, así que el conjunto resultante carecerá de elementos.

El último operador es el *producto cruzado* ×, que a veces se conoce con el nombre de *producto cartesiano*. Este operador posee dos operandos que son conjuntos, cuyo resultado es un conjunto de parejas y cada pareja consta de un elemento tomado del primer operando combinado con un elemento tomado del segundo operando. Un ejemplo de expresión que implica el producto cartesiano es

$$\{1, 2\}\times\{4, 5, 6\}$$

El resultado de esta expresión es

$$\{(1, 4), (1, 5), (1, 6), (2, 4), (2, 5), (2, 6)\}$$

Obsérvese que se combinan *todos* los elementos del primer operando con todos los elementos del segundo operando.

Un concepto importante para los métodos formales es el de *conjunto potencia*. El conjunto potencia de un conjunto es la colección de subconjuntos de ese conjunto. El símbolo que se utiliza para el operador del conjunto potencia en este capítulo es $\mathbb{P}$. Se trata de un operador unario que, cuando se aplica a un conjunto, proporciona el conjunto de subconjuntos de su operando. Por ejemplo,

$$\mathbb{P}\ \{1, 2, 3\}$$

va a ser

$$\{ø, \{1\}, (2\}, \{3\}, \{1, 2\}, \{1, 3\}, \{2, 3\}, \{1, 2, 3)\}.$$

por cuanto todos los conjuntos son subconjuntos de $\{1, 2, 3\}$.

24.2.3. Operadores lógicos

Otro componente importante de los métodos formales es la lógica: Se trata del álgebra de expresiones verdaderas y falsas. El significado de los operadores lógicos comunes es entendido fácilmente por cualquier ingeniero del software. Sin embargo, los operadores lógicos asociados a los lenguajes de programación comunes se escriben utilizando símbolos del teclado que siempre están disponibles. Los operadores matemáticos equivalentes a éstos se muestran en la Tabla 24.1. El único operador lógico que suele faltar de la notación de los lenguajes de programación es el operador *implica*, ⇒. Éste posee dos operandos, y se lee en la forma «el primer operando implica el segundo operando». Por ejemplo,

$$x > 10 \Rightarrow x > 8$$

se lee en la forma «x es mayor que 10 implica que x es mayor que 8».

La *cuantificación universal* es una forma de hacer una afirmación acerca de los elementos del conjunto que es verdadera para todos los miembros de ese conjunto. La cuantificación universal utiliza el símbolo ∀. Un ejemplo de su utilización es

$$\forall i, j : \mathbb{N} \cdot i > j \Rightarrow i^2 > j^2$$

lo cual afirma que para toda pareja de valores del conjunto de los números naturales, si i es mayor que j, entonces i^2 es mayor que j^2.

24.2.4. Sucesiones

Una *sucesión* es una estructura matemática que modela el hecho consistente en que sus elementos están ordenados. Una sucesión s es un conjunto de parejas cuyos elementos oscilan entre 1 y el mayor elemento posible. Por ejemplo,

$$\{(1, \textit{Jones}), (2, \textit{Wilson}), (3, \textit{Shapiro}), (4, \textit{Estévez})\}$$

es una sucesión. Los objetos que forman los primeros elementos de las parejas se conocen en su conjunto con el nombre de *dominio* de una sucesión, y la

TABLA 24.1

Operadores lógicos comunes

y	∧
o	∨
no	¬
implica	⇒

colección de segundos elementos se conoce con el nombre de *intervalo* de la sucesión. En este libro, las sucesiones se indicarán empleando corchetes angulares. Por ejemplo, la sucesión anterior se escribiría normalmente como

<Jones, Wilson, Shapiro, Estévez >.

A diferencia de los conjuntos la duplicación se admite en las sucesiones, y es importante el orden de la sucesión. De esta manera,

<Jones, Wilson, Shapiro> ≠ <Jones, Shapiro, Wilson>

y

<Jones, Wilson, Wilson> ≠ <Jones, Wilson>.

La sucesión vacía se denota mediante <>.

En las especificaciones formales se utiliza un cierto número de operadores de sucesión.

La *concatenación* , ^, es un operador binario que forma una sucesión que se construye añadiendo el segundo operando al final de su primer operando. Por ejemplo,

<2, 3, 34, 1> ^ <12, 33, 34, 200 >

da lugar a la sucesión

<2, 3, 34, 1, 12, 33, 34, 200 >.

Otros operadores que se pueden aplicar a las sucesiones son *cabeza*, *cola*, *frente* y *último*.

El operador *cabeza* extrae el primer elemento de la sucesión; cola proporciona los n-1 elementos finales de una sucesión de longitud n; último extrae el elemento final de la sucesión; y frente proporciona los n-1 elementos de una sucesión de longitud n. Por ejemplo,

cabeza <2, 3, 34, 1, 99, 101 > = 2
cola <2, 3, 34, 1, 99, 101 > = <3, 34, 1, 99, 101 >
último <2, 3, 34, 1, 99, 101 > =101
frente <2, 3, 34, 1, 99, 101 > = <2, 3, 34, 1, 99 >

Dado que una sucesión es un conjunto de parejas, todos los operadores de conjuntos descritos en la Sección 24.2.2 serán aplicables también. Cuando se utilice una sucesión en un estado, será necesario denotarla como tal, indicando la palabra reservada seq. Por ejemplo,

ListaArchivos : *seq ARCHIVOS*
NumUsuarios : $\mathbb{N}$

describen un estado con dos componentes: una sucesión de archivos y un número natural.

24.3. APLICACIÓN DE LA NOTACIÓN MATEMÁTICA PARA LA ESPECIFICACIÓN FORMAL

Para ilustrar el uso de la notación matemática en la especificación formal de un componente de software, se estudia de nuevo el ejemplo del gestor de bloques que se presentaba en la Sección 24.1.3. Para recapitular, un componente importante del sistema operativo de una computadora es el que mantiene los archivos que han sido creados por los usuarios. Una parte de este componente es el gestor de bloques. El gestor de bloques mantiene una reserva de bloques sin utilizar y también sigue la pista de aquellos bloques que se estén utilizando en ese momento. Cuando se liberan los bloques a partir de un archivo borrado, lo normal es añadirlos a una cola de bloques que esperan para ser añadidos a la reserva de bloques no utilizados. Esto se ha representado esquemáticamente en la Figura 24.2. En esta figura se muestra un cierto número de componentes: La reserva de bloques libres (sin utilizar), los bloques que en este momento constituyen los archivos administrados por el sistema operativo, y aquellos bloques ya usados que esperan para ser añadidos a la reserva. Los bloques que esperan se mantienen en la cola, y cada elemento de la cola contiene un conjunto de bloques procedentes de un archivo borrado. El invariante que describe el gestor de bloques posee un cierto número de condiciones:

- Ningún bloque estará marcado simultáneamente como usado y sin usar.
- Todos los conjuntos de bloques almacenados en la cola serán subconjuntos de la colección de bloques usados en ese momento.
- No existirán números de bloques duplicados en la colección de bloques sin usar.
- No existirán elementos de la cola que contengan los mismos números de bloques.
- La colección de bloques usados y de bloques sin usar constituirá la colección total de bloques que constituyan los archivos.
- No existirán números de bloques duplicados en la colección de bloques usados.

Se va a tener un conjunto supuesto *BLOQUES*, que constará de un conjunto formado por todos los números de bloques, y un conjunto *TodosLosBloques*, que será un conjunto de bloques que se encuentren entre 1 y *BloquesMax*. El estado se modelará mediante dos conjuntos y una sucesión. Los dos conjuntos son *usados* y *libres*. Los dos contienen bloques —el conjunto *usados* contiene los bloques que están siendo utilizados en ese momento en archivos, y el conjunto *libres* contiene los bloques que en ese momento están disponibles para la creación de nuevos archivos—. La sucesión contendrá conjuntos de bloques que estén preparados para ser liberados procedentes de archivos que hayan sido borrados. El estado se puede escribir en la forma

$usados, libres : \mathbb{P}\ BLOQUES$

$ColaBloques : seq\ \mathbb{P}\ BLOQUES$

Esto se parece mucho a la declaración de variables de un programa. Afirma que *usados* y *libres* van a ser conjuntos de bloques y que *ColaBloques* va a ser una sucesión, cada uno de cuyos elementos será un conjunto de bloques. El invariante de datos se puede escribir en la forma

$usados \cap libres = \emptyset \wedge$

$usados \cup libres = Todos\ los\ bloqes \wedge$

$\forall i\text{: dom } ColaBloques \cdot ColaBloques\ i \subseteq usados \wedge$

$\forall i,j\text{: dom } ColaBloques \cdot i \neq j \Rightarrow ColaBloques\ i \cap ColaBloqes\ j = \emptyset$

Los componentes matemáticos del invariante de datos coinciden con cuatro de los componentes del lenguaje natural descritos anteriormente. La primera línea del invariante de datos afirma que no existirán bloques comunes en la colección *usados* de bloques y en la colección *libres* de bloques. La segunda línea afirma que la colección de bloques *usados* y de bloques *libres* siempre será igual a la colección completa de bloques del sistemas. La tercera línea indica que el *i*-ésimo elemento de la cola de bloques siempre será un subconjunto de los bloques *usados*. La última línea afirma que si dos elementos de la cola de bloques no son iguales, entonces no existirán componentes comunes en estos dos elementos. Los dos últimos componentes en lenguaje natural del invariante de datos se implementan como consecuencia del hecho consistente en que *usados* y *libres* son conjuntos, y por tanto no contendrán duplicados.

La primera operación que se va a definir es una que elimina un elemento de la parte anterior de la cola de bloques. La precondición es que debe de existir al menos un elemento en la cola :

$$\# ColaBloques > 0$$

La postcondición es que es preciso eliminar la cabeza de la cola y es preciso ubicarla en la colección de bloques libres y es preciso ajustar la cola para mostrar esa eliminación:

$usados' = usados \setminus cabeza\ ColaBloques \wedge$

$libres' = libres \cup cabeza\ ColaBloques \wedge$

$ColaBloques' = cola\ ColaBloques$

Una convención que se utiliza en muchos métodos formales es que el valor de una variable después de una cierta operación lleva el signo prima. Por tanto, el primer componente de la expresión anterior afirma que el nuevo conjunto de bloques *usados* (*usados'*) será igual al conjunto bloques *usados* anterior menos los bloques que hayan sido eliminados. El segundo componente afirma que el nuevo conjunto de bloques *libres* (*libres'*) será el viejo conjunto de bloques *libres* después de añadir la cabeza de la cola de bloques. El tercer componente afirma que la nueva cola de bloques será igual a la cola del viejo valor de la cola de bloques, esto es, a todos los elementos de la cola salvo el primero. Una segunda operación es la que se encarga de añadir una cola de bloques *BloquesA* a la cola de bloques. La precondición es que *BloquesA* sea en ese momento un conjunto de bloques usados:

$Bloques \subseteq usados$

La postcondición es que el conjunto de bloques se añade al final de la cola de bloques y el conjunto de bloques libres y usados permanece invariable:

$ColaBloques' = ColaBloques \wedge \langle Bloques \rangle \wedge$
$usados' = usados \wedge$
$libres' = libres$

No cabe duda de que la especificación matemática de la cola de bloques es considerablemente más rigurosa que una narración en lenguaje natural o un modelo gráfico. Este rigor adicional requiere un cierto esfuerzo, pero los beneficios ganados a partir de una mejora de la consistencia y de la completitud puedan justificarse para muchos tipos de aplicaciones.

24.4. LENGUAJES FORMALES DE ESPECIFICACIÓN

Un lenguaje de especificación formal suele estar compuesto por tres componentes primarios: (1) una *sintaxis* que define la notación específica con la cual se representa la especificación, (2) una *semántica* que ayuda a definir un «universo de objetos» [WIN90] que se utilizará para describir el sistema, y (3) un conjunto de *relaciones* que definen las reglas que indican cuales son los objetos que satisfacen correctamente la especificación.

El *dominio sintáctico* de un lenguaje de especificación formal suele estar basado en una sintaxis derivada de una notación estándar de la teoría de conjuntos y del cálculo de predicados. Por ejemplo, las variables tales como *x*, y y *z* describen un conjunto de objetos que están relacionados con un problema (que a veces se denomina el *dominio de discurso*) y se utilizan en conjunción con los operadores descritos en la Sección 24.2. Aunque la sintaxis suele ser simbólica, también se pueden utilizar iconos (esto es, símbolos gráficos, tales como cuadros, flechas y círculos) si no son ambiguos.

El *dominio semántico* de un lenguaje de especificación indica la forma en que ese lenguaje representa los requisitos del sistema. Por ejemplo, un lenguaje de programación posee un conjunto de semánticas formal que hace posible que el desarrollador de software especifique algoritmos que transforman una entrada en una salida. Una gramática formal (tal como BNF) se puede utilizar para describir la sintaxis del lenguaje de programación. Sin embargo, un lenguaje de programación no es un buen lenguaje de especificación, porque solamente puede representar funciones computables. Un lenguaje de especificación deberá de poseer un dominio semántico más amplio; esto es, el dominio semántico de un lenguaje de especificación debe de ser capaz de expresar ideas tales como «Para todo x de un conjunto infinito A, existe un y de un conjunto infinito B tal que la propiedad P es válida para x e **y**» [WIN90]. Otros lenguajes de especificación aplican una semántica que hace posible especificar el comportamiento del sistema. Por ejemplo, se puede desarrollar una sintaxis y una semántica para especificar los estados y las transiciones entre estados, Los sucesos, y sus efectos sobre las transiciones de estados, o la sincronización y la temporización.

Es posible utilizar distintas abstracciones semánticas para describir un mismo sistema de diferentes maneras. Esto se ha hecho de manera menos formal en los Capítulos 12 y 20. El flujo de datos y el procesamiento correspondiente se describía utilizando el diagrama de flujo de datos, y se representaba el comportamiento del sistema mediante un diagrama de transiciones entre estados. Se empleaba una notación análoga para describir los sistemas orientados a objetos. Es posible utilizar una notación de modelado diferente para representar el mismo sistema. La semántica de cada representación proporciona una visión complementaria del sistema. Para ilustrar este enfoque cuando se utilicen los métodos formales, supóngase que se utiliza un lenguaje de especificación formal para describir el conjunto de sucesos que dan lugar a que se produzca un cierto estado dentro de un sistema. Otra relación formal representa todas aquellas funciones que se producen dentro de un cierto estado. La intersección de estas dos relaciones proporciona una indicación de los sucesos que darán lugar a que se produzcan funciones específicas.

En la actualidad se utiliza toda una gama de lenguajes formales de especificación: CSP [HIN95, HOR85], LARCH [GUT93], VDM [JON91], y Z [SPI88, SPI92] son lenguajes formales de especificación representativos que muestran las características indicadas anteriormente. En este capítulo, se utiliza el lenguaje de especificación Z a efectos de ilustración. Z está asociado a una herramienta automatizada denominada «asistente de demostración» que almacena axiomas, reglas de inferencia, y teoremas orientados a la aplicación que dan lugar a *pruebas de corrección* matemáticas de la especificación [WOO89].

24.5. UTILIZACIÓN DE Z PARA REPRESENTAR UN EJEMPLO DE COMPONENTE DE SOFTWARE

Las especificaciones en Z se estructuran como un conjunto de *esquemas*, son estructuras parecidas a cuadros que presentan variables y que especifican la relación existente entre las variables. Un esquema es en esencia el análogo en especificación formal de la subrutina o procedimiento de un lenguaje de programación. Del mismo modo que los procedimientos y subrutinas se utilizan para estructurar un sistemas, se emplean los esquemas para estructurar una especificación formal.

En esta sección, se utiliza el lenguaje de especificación Z para modelar el ejemplo del gestor de bloques, que se presentaba en la Sección 24.1.3 y se trataba posteriormente en la Sección 24.3. En la Tabla 24.2 se presenta un resumen de la notación del lenguaje Z. El siguiente ejemplo de esquema describe el estado del gestor de bloques y el invariante de datos:

——— *GestorDeBloques* ———

$usados, libres : \mathbb{P}\ BLOQUES$
$ColaBloques : seq\ \mathbb{P}\ BLOQUES$

———

$usados \cap libres = \emptyset \land$
$usados \cup libres = Todos\ los\ bloqes \land$
$\forall i\text{: dom } ColaBloques \cdot ColaBloques\ i \subseteq usados \land$
$\forall i,j\text{: dom } ColaBloques \cdot i \neq j \Rightarrow$
$ColaBloques\ i \cap ColaBloques\ j = \emptyset$

———

El esquema consta de dos partes. La parte que se encuentra por encima de la línea central representa las variables del estado, y la parte que se encuentra por debajo de la línea central describe el invariante de datos. Siempre que un esquema que represente al invariante y al estado se emplee en otro esquema, irá precedido por el símbolo Δ. Por lo tanto, si se utiliza el esquema anterior dentro de un esquema que, por ejemplo, describa una operación, entonces se escribirá en la forma *ΔGestorBloque*. Tal como implica esta última frase, se pueden utilizar los esquemas para describir operaciones. El siguiente ejemplo de esquema describe la operación que elimina un elemento de la cola de bloques:

——— *EliminarBloque* ———

$\Delta GestorBloque$

———

$\#ColaBloques > 0$
$usados' = usados \setminus cabeza\ ColaBloques \land$
$libres' = libres \cup cabeza\ Cola\ Bloques \land$
$ColaBloques' = ColaBloques$

———

TABLA 24.2

Resumen de la notación Z

La notación Z está basada en la teoría de conjuntos con tipos y en la lógica de primer orden. Z proporciona una estructura denominada *esquema*, para describir el estado y las operaciones de una especificación. Los esquemas agrupan las declaraciones de variables con una lista de predicados que limitan los posibles valores de las variables. En Z, el esquema X se define en la forma

—— X ——————————
declaraciones
——————————
predicados
——————————

Las funciones constantes globales se definen en la forma

declaraciones
——————————
predicados

La declaración proporciona el tipo de la función o constante, mientras que el predicado proporciona su valor. En esta tabla solamente se presenta un conjunto abreviado de símbolos de Z.

Conjuntos:

$S : \mathbb{P}\, X$	S se declara como un conjunto de X.
$x \in S$	x es miembro de S.
$x \notin S$	x no es un miembro de S.
$S \subseteq T$	S es un subconjunto de T: Todo miembro de S está también en T.
$S \cup T$	La unión de S y T: Contiene todos los miembros de S o T o ambos.
$S \cap T$	La intersección de S y T: Contiene todos los miembros tanto de S como de T.
$S \setminus T$	La diferencia de S y T: Contiene todos los miembros de S salvo los que están también en T.
$\emptyset$	Conjunto vacío: No contiene miembros.
$\{x\}$	Conjunto unitario: Solamente contiene a x.
$\mathbb{N}$	El conjunto de los números naturales 0, 1, 2,...
$S : \mathbb{F}\, X$	Se declara S como un conjunto finito de X.
$\max(S)$	El máximo del conjunto no vacío de números S.

Funciones:

$f : X >\!\!+\!\!\!\rightarrow Y$	Se declara f como una inyección parcial de X e Y.
$\mathrm{dom}\, f$	El dominio de f: Dícese del conjunto de valores de x para los cuales está definido $f(x)$.
$\mathrm{ran}\, f$	El rango de f: El conjunto de valores qe toma $f(x)$ cuando x recorre el dominio de f.
$f \oplus \{x \rightarrow y\}$	Una función que coincide con f salvo que x se hace corresponder con y.
$\{x\} \lhd f$	Una función igual que f, salvo que x se ha eliminado de su dominio.

Lógica:

$P \wedge Q$	P y Q: Es verdadero si tanto P como Q son verdaderos.
$P \Rightarrow Q$	P implica Q: Es verdadero si bien Q es verdadero o bien P es falso.
$\theta S' = \theta S$	Ningún componente del esquema S cambia en una operación.

La inclusión de *ΔGestorBloque* da lugar a que todas las variables que forman el estado estén disponibles para el esquema *EliminarBloque*, y asegura que el invariante de datos sea válido antes y después de haberse ejecutado la operación.

La segunda operación, que añade una colección de bloques al final de la cola, se representa en la forma

———— *AñadirBloque* ————
ΔGestorBloque
BloquesA? : $\mathbb{P}$ *Bloques*
——————————
BloquesA? $\subseteq$ *usados*
ColaBloques' = *ColaBloques* $\wedge$ < *BloquesA* ?>
usados' = *usados* $\wedge$
libres' = *libres*
——————————

Por convención en Z, toda variable que se lea y que no forme parte del estado irá terminada mediante un signo de interrogación. Consiguientemente *BloquesA*?, que actúa como parámetro de entrada, acaba con un signo de interrogación.

24.6. LOS DIEZ MANDAMIENTOS DE LOS MÉTODOS FORMALES

La decisión de hacer uso de los métodos formales en el mundo real no debe de adoptarse a la ligera. Bowen y Hinchley [BOW94] han acuñado «los diez mandamientos de los métodos formales», como guía para aquellos que estén a punto de embarcarse en este importante enfoque de la ingeniería del software [4].

I. **Seleccionarás la notación adecuada.** Con objeto de seleccionar eficientemente dentro de la amplia gama de lenguajes de especificación formal existentes, el ingeniero del software deberá de considerar el

[4] Esta descripción es una versión sumamente abreviada de [BOW94]. El texto completo, junto con otras informaciones útiles acerca de los métodos formales se pueden obtener a través de Internet en la dirección:

http://www.cl.cam.ac.uk./users/mgh1001.

vocabulario del lenguaje, el tipo de aplicación que haya que especificar, y el grado de utilización del lenguaje.

II. **Formalizarás, pero no de más.** En general, resulta necesario aplicar los métodos formales a todos los aspectos de los sistemas de cierta envergadura. Aquellos componentes que sean críticos para la seguridad serán nuestras primeras opciones, e irán seguidos por aquellos componentes cuyo fallo no se pueda admitir (por razones de negocios).

III. **Estimarás los costes.** Los métodos formales tienen unos costes de arranque considerables. El entrenamiento del personal, la adquisición de herramientas de apoyo, y la utilización de asesores bajo contrato dan lugar a unos costes elevados en la primera ocasión. Estos costes deben de considerarse cuando se esté considerando el beneficio obtenido frente a esa inversión asociada a los métodos formales.

IV. **Poseerás un experto de métodos formales a tu disposición.** El entrenamiento de expertos y la asesoría continua son esenciales para el éxito cuando se utilizan los métodos formales por primera vez.

V. **No abandonarás tus métodos formales de desarrollo.** Es posible, y en muchos casos resulta deseable, integrar los métodos formales con los métodos convencionales y/o con métodos orientados a objetos (Capítulos 12 y 20). Cada uno de estos métodos posee sus ventajas y sus inconvenientes. Una combinación de ambos, aplicada de forma adecuada, puede producir excelentes resultados[5].

VI. **Documentarás suficientemente.** Los métodos formales proporcionan un método conciso, sin ambigüedades, y consistente para documentar los requisitos del sistema. Sin embargo, se recomienda que se adjunte un comentario en lenguaje natural a la especificación formal, para que sirva como mecanismo para reforzar la comprensión del sistema por parte de los lectores.

VII. **No comprometerás los estándares de calidad.** «Los métodos formales no tienen nada de mágico» [BOW94], y por esta razón, las demás actividades de SQA (Capítulo 8) deben de seguir aplicándose cuando se desarrollen sistemas.

VIII. **No serás dogmático.** El ingeniero del software debe de reconocer que los métodos formales no son una garantía de corrección. Es posible (o como algunos dirían, probable) que el sistema final, aun cuando se haya desarrollado empleando métodos formales, siga conteniendo pequeñas omisiones, errores de menor importancia, y otros atributos que no satisfagan nuestras expectativas.

IX. **Comprobarás, comprobarás y volverás a comprobar.** La importancia de la comprobación del software se ha descrito en los Capítulos 16, 17 y 22. Los métodos formales no absuelven al ingeniero del software de la necesidad de llevar a cabo unas comprobaciones exhaustivas y bien planeadas.

X. **Reutilizarás cuanto puedas.** A la larga, la única forma racional de reducir los costes del software y de incrementar la calidad del software pasa por la reutilización (Capítulo 26). Los métodos formales no modifican esta realidad. De hecho, quizás suceda que los métodos formales sean un enfoque adecuado cuando es preciso crear componentes para bibliotecas reutilizables.

24.7. MÉTODOS FORMALES: EL FUTURO

Aun cuando las técnicas de especificación formales, con fundamento matemático, todavía no se utilizan con demasiada frecuencia en la industria, éstas ofrecen ciertamente unas ventajas substanciales con respecto a las técnicas menos formales. Liskov y Bersins [LIS86] resumen esto en la manera siguiente:

> Las especificaciones formales se pueden estudiar matemáticamente, mientras que las especificaciones informales no pueden estudiarse de esta manera. Por ejemplo, se puede demostrar que un programa correcto satisface sus especificaciones, o bien se puede demostrar que dos conjuntos alternativos de especificaciones son equivalentes... Ciertas formas de falta de completitud o de inconsistencia se pueden detectar de forma automática.

Además, la especificación formal elimina la ambigüedad, y propugna un mayor rigor en las primeras fases del proceso de ingeniería del software.

Pero siguen existiendo problemas. La especificación formal se centra fundamentalmente en las funciones y los datos. La temporización, el control, y los aspectos de comportamiento del problema son más difíciles de representar. Además, existen ciertas partes del problema (por ejemplo, las interfaces hombre-máquina) que se especifican mejor empleando técnicas gráficas. Por último, la especificación mediante métodos formales es más difícil de aprender que otros métodos de análisis que se presentan en este libro, y representa «un choque cultural» significativo para algunos especialistas del software. Por esta razón, es probable que las técnicas de especificación formales, matemáticas, pasen a ser el fundamento de una futura generación de herramientas CASE. Cuando esto suceda, es posible que las especificaciones basadas en matemáticas sean adoptadas por un segmento más amplio de la comunidad de la ingeniería del software[6].

[5] La ingeniería del software de la sala limpia (Capítulo 25) es un ejemplo integrado que hace uso de los métodos formales y de una notación más convencional para el desarrollo.

[6] Es importante tener en cuenta que hay otras personas que no están de acuerdo. Véase [YOU94]..

24.8. RESUMEN

Los métodos formales ofrecen un fundamento para entornos de especificación que dan lugar a modelos de análisis más completos, consistentes y carentes de ambigüedad que aquellos que se producen empleando métodos convencionales u orientados a objetos. Las capacidades descriptivas de la teoría de conjuntos y de la notación lógica capacitan al ingeniero del software para crear un enunciado claro de los hechos (requisitos).

Los conceptos subyacentes que gobiernan los métodos formales son: (1) los invariantes de datos-condiciones que son ciertas a lo largo de la ejecución del sistema que contiene una colección de datos; (2) el estado, los datos almacenados a los que accede el sistema y que son alterados por él; y (3) la operación-una acción que tiene lugar en un sistema y que lee o escribe datos en un estado. Una operación queda asociada con dos condiciones: Una precondición y una postcondición.

La matemática discreta —la notación y práctica asociada a los conjuntos y a la especificación constructiva, a los operadores de conjuntos, a los operadores lógicos y a las sucesiones— constituyen la base de los métodos formales. Estas matemáticas están implementadas en el contexto de un lenguaje de especificación formal, tal como Z.

Z, al igual que todos los lenguajes de especificación formal, posee tanto un dominio semántico como un dominio sintáctico. El dominio sintáctico utiliza una simbología que sigue estrechamente a la notación de conjuntos y al cálculo de predicados. El dominio semántico capacita al lenguaje para expresar requisitos de forma concisa. La estructura de Z contiene esquemas, estructuras en forma de cuadro que presentan las variables, y que especifican las relaciones entre estas variables.

La decisión de utilizar métodos formales debe considerar los costes de arranque, así como los cambios puntuales asociados a una tecnología radicalmente distinta. En la mayoría de los casos, los métodos formales ofrecen los mayores beneficios para los sistemas de seguridad crítica y críticos para los negocios.

REFERENCIAS

[BOW94] BOWAN, J. P. y M. G. HINCHLEY, *Ten Commandments of Formal Methods*, Technical Report n.° 350, Computer Laboratory de la Universidad de Cambridge, Reino Unido, septiembre 1994.

[GRI93] GRIES, D. y F. B. SCHNEIDER, *A Logical Approach to Discrete Math*, Springer-Verlag, 1993.

[GUT93] GUTTAG, J. V. y J. J. HORNING, *Larch: Languages and Tools for Formal Specification*, Springer-Verlag, 1993.

[HAL90] HALL, A., «Seven Myths of Formal Methods», *IEEE Software*, septiembre 1990, págs. 11-20

[HOR85] HOARE, C. A. R., *Communicating Sequential Processes*, Prentice-Hall Internacional, 1985.

[HIN95] HINCHLEY, M. G. y S. A. JARVIS, *Concurrent Systems: Formal Development en CSP*, McGraw-Hill, 1995.

[JON91] JONES, C. B., *Systematic Software Development Using DVM*, 2.ª edición, Prentice-Hall, 1991.

[LIS86] LISKOV, B. H. y V. BERZINS, «An Appraisal of Program Specifications», publicado en *Software Specification Techniques*; editores: N. GEHANI y A. T. MCKITTRICK, Addison-Wesley, 1986, pág. 3.

[MAR94] MARCINIAK, J. J. (editor), *Encyclopaedia of Software Engineering*, Wiley, 1994.

[ROS95] ROSEN, K. H., *Discrete Mathematics and Its Applications*, 3.ª edición, McGraw-Hill, 1995

[SPI88] SPIVEY, J. M., *Understanding Z: A Specification Language and Its Formal Semantics*, Cambridge University Press, 1988.

[SPI92] SPIVEY, J. M., *The Z Notation: A Reference Manual*, Prentice-Hall, 1992.

[WIL87] WILTALA, S. A., *Discrete Mathematics: A Unified Approach*, McGraw-Hill, 1987.

[WIN90] WING, J. M., «A Specifier's Introduction to Formal Methods», *IEEE Computer*, vol. 23, n.° 9, septiembre 1990, págs. 8-24.

[WOO89] WOODCOCK, J. C., «Calculating Properties of Z Specifications», *ACM Software Engineering Notes*, vol. 14, n.° 5, julio 1989, págs. 43-54.

[YOU94] YOURDON, E., «Formal Methods», *Guerrilla Programmer*, Cutter Information Corp., octubre 1994.

PROBLEMAS Y PUNTOS PARA CONSIDERAR

24.1. Revisar los tipos de deficiencias asociados a los enfoques menos formales de la ingeniería del software en la Sección 24.1.1. Proporcione tres ejemplos de cada uno de ellos, procedentes de su propia experiencia.

24.2. Los beneficios de las matemáticas como mecanismo de especificación se han descrito con cierta extensión en este capítulo. ¿Existe algún aspecto negativo?

24.3. Se le ha asignado un equipo de software que va a desarrollar software para un fax módem. Su trabajo consiste en desarrollar el «listín telefónico» de la aplicación. La función del listín telefónico admite hasta *NombreMax* nombres de direcciones que serán almacenados junto con los nombres de la compañía, números de fax, y otras informaciones relacionadas. Empleando el lenguaje natural, defina:
a. el invariante de datos
b. el estado
c. las operaciones probables

24.4. Se le ha asignado un equipo de software que está desarrollando software, denominado *DobleMemoria*, y que proporciona una mayor cantidad de memoria aparente para un PC, en comparación con la memoria física. Esto se logra identificando, recogiendo y reasignando bloques de memoria que hayan sido asignados a aplicaciones existentes pero no estén siendo utilizados. Los bloques no utilizados se reasignan a aplicaciones que requieran memoria adicional. Efectuando las suposiciones oportunas, y empleando el lenguaje natural, defina:
a. el invariante de datos
b. el estado
c. las operaciones probables para una función del listín telefónico

24.5. Desarrollar una especificación constructiva para un conjunto que contenga tuplas de números naturales de la forma (x, y, z^2) tales que la suma de x e y es igual a z.

24.6. El instalador de una aplicación basada en PC determina si está presente o no un conjunto de recursos de hardware y software adecuados. Comprueba la configuración de hardware para determinar si están presentes o no diferentes dispositivos (de entre muchos dispositivos posibles) y determina si ya están instaladas las versiones específicas de software del sistema y de controladores. ¿Qué conjunto de operadores se utilizaría para lograr esto? Proporcionar un ejemplo en este contexto.

24.7. Intente desarrollar una expresión empleando la lógica y un conjunto de operadores para la siguiente sentencia: «Para todo x e y, si x es padre de y e y es padre de z, entonces x es abuelo de z. Todas las personas tienen un padre». [Pista: Utilice las funciones $P(x, y)$ y $G(x, z)$ para representar las funciones padre y abuelo, respectivamente].

24.8. Desarrollar una especificación constructiva de conjuntos correspondiente al conjunto de parejas en las cuales el primer elemento de cada pareja es la suma de dos números naturales no nulos, y el segundo elemento es la diferencia de esos dos números. Ambos números deben de estar entre 100 y 200 inclusive.

24.9. Desarrollar una descripción matemática del estado y del invariante de datos para el Problema 24.3. Refinar esta descripción en el lenguaje de especificación Z.

24.10. Desarrollar una descripción matemática del estado y del invariante de datos para el Problema 24.4. Refinar esta descripción en el lenguaje de especificación Z.

24.11. Utilizando la notación Z presentada en la Tabla 24.2, seleccionar alguna parte del sistema de seguridad *HogarSeguro* descrito anteriormente en este libro, e intentar especificarlo empleando Z.

24.12. Empleando una o más de las fuentes de información indicadas en las referencias de este capítulo o en la sección de «Otras Lecturas y Fuentes de Información», desarrollar una presentación de media hora acerca de la sintaxis y semántica básica de un lenguaje de especificación formal y distinto de Z.

OTRAS LECTURAS Y FUENTES DE INFORMACIÓN

Además de los libros utilizados como referencias en este capítulo, se ha publicado un número bastante grande de libros acerca de temas relacionados con los métodos formales a lo largo de los últimos años. Se presenta a continuación un listado de los ejemplos más significativos:

BARDEN, R., S. STEPNEY y D. COOPER, *Z in Practice*, Prentice-Hall, 1994.
BOWEN, J., *Formal Specification and Documentation using Z: a Case Study Approach*, International Thomson Computer Press, 1996.
COOPER, D. y R. BARDEN, *Z in Practice*, Prentice-Hall, 1995.
CRAIGEN, D., S. GERHART y T. RALSTON, *Industrial Application of Formal Methods to Model, Design, Diagnose and Analyze Computer Systems*, Noyes Data Corp., Park Ridge, N. J., 1995.
DILLER, A., *Z: An Introduction to Formal Methods*, 2.ª edición, Wiley 1994.
HINCHEY, M. y J. BOWEN, *Applications of Formal Methods*, Prentice-Hall, 1996.
LANO, J. y H. HAUGHTON (editores), *Object-Oriented Specification Case Studies*, Prentice-Hall, 1993.
RANN, D., J. TURNER y J. WHITWORTH, Z: *A Beginner's Guide*, Chapman & Hall, 1994.
RATCLIFF, B., *Introducing Specification Using Z: A Practical Case Study Approach*, McGraw-Hill, 1995.
D. SHEPPARD, *An Introduction to Formal Specification with Z and VDM*, McGraw-Hill, 1995.

Los ejemplares de septiembre de 1990 de *IEEE Transactions on Software Engineering, IEEE Software,* y *IEEE Computer* estaban dedicados todos ellos a los métodos formales. Siguen siendo una fuente excelente de información útil.

SCHUMAN ha editado un libro que describe los métodos formales y las tecnologías orientadas a objetos (*Formal Object-Oriented Development*, Springer-Verlag, 1996). El libro ofrece líneas generales acerca de la utilización selectiva de métodos formales, y acerca de la forma en que estos métodos se pueden utilizar en conjunción con enfoques OO.

Se encuentra una gran cantidad de información acerca de los métodos formales, incluyendo direcciones de extensas bibliografías, informes técnicos, lenguajes de especificación, herramientas y muchas otras direcciones útiles en el centro de métodos formales de la NASA, y en la Biblioteca Virtual acerca de Métodos Formales:

http://atb-www.larc.nasa.gov/cgi-bin/fm.cgi
http//www.comlab.ox.ac.uk /archive/formal-methods/

Se encontrará una discusión adicional en los grupos de noticias **com.specification.misc** y **com.specification.z**.

Se puede obtener una extensa información acerca de VDM (otro lenguaje de especificación formal) en la dirección:

gopher://nisp.ncl.ac.uk/11/lists-u-z/vdm-forum/files

Se puede obtener información general acerca de los métodos formales, así como artículos de investigación y de situación junto con direcciones de la Red en:

http://www.research.att.com/orgs/ssr/areas.html

Se encontrará una lista actualizada de referencias de la World Wide Web para métodos formales en: **http://www.rspa.com**

CAPÍTULO 25

INGENIERÍA DEL SOFTWARE DE SALA LIMPIA

La utilización integrada de modelado de ingeniería del software convencional, métodos formales, verificación de programas (demostraciones de corrección), y SQA estadística se han combinado en una técnica que puede dar lugar a un software de calidad extremadamente alta. La *ingeniería del software de sala limpia* es un enfoque que hace hincapié en la necesidad de incluir la corrección en el software a medida que éste se desarrolla. En lugar del ciclo clásico de análisis, diseño, comprobación y depuración, el enfoque de sala limpia sugiere un punto de vista distinto [LIN94]:

> La filosofía que subyace a la ingeniería del software de sala limpia consiste en la edición de dependencias de costosos procesos de eliminación de defectos, mediante la escritura de incrementos de código desde un primer momento, y mediante la verificación de su corrección antes de la comprobación. Su modelo de proceso incluye la certificación estadística de calidad de los incrementos de código, a medida que estos se van acumulando en el sistema.

En muchos aspectos, el enfoque de sala limpia eleva la ingeniería del software a otro nivel. Al igual que las técnicas de métodos formales que se presentaban en el Capítulo 24, el proceso de sala limpia hace hincapié en el rigor, en la especificación y en el diseño, y en la verificación formal de cada uno de los elementos del modelo de diseño resultante mediante el uso de pruebas de corrección basadas en fundamentos matemáticos. Al extender el enfoque adoptado en los métodos formales, el enfoque de sala limpia hace hincapié también en técnicas de control estadístico de calidad, incluyendo las comprobaciones basadas en el uso anticipado del software por parte de los clientes.

Cuando el software falla en el mundo real, suelen abundar los peligros a largo plazo así como los peligros inmediatos. Los peligros pueden estar relacionados con la seguridad humana, con pérdidas económicas, o con el funcionamiento efectivo de una infraestructura social y de negocios. La ingeniería del software de sala limpia es un modelo de proceso que elimina los defectos antes de que puedan dar lugar a riesgos graves.

25.1. EL ENFOQUE DE SALA LIMPIA

La filosofía de la «sala limpia» en las técnicas de fabricación de hardware es en realidad algo bastante sencillo: Se trata de una forma efectiva y eficiente en términos de tiempo de establecer un enfoque de fabricación que impida la introducción de defectos de producción. En lugar de fabricar un producto, y dedicarse después a eliminar defectos, el enfoque de sala limpia demanda la disciplina necesaria para eliminar errores en las especificaciones y en el diseño, fabricando entonces el producto de forma «limpia».

La filosofía de sala limpia fue propuesta por primera vez para la ingeniería del software por parte de Mills y sus colegas [MIL87] durante los años 80. Aun cuando las primeras experiencias acerca de este enfoque disciplinado para los trabajos relacionados con el software mostraba promesas significativas [HAU94], no ha alcanzado una utilización especialmente difundida. Henderson [HEN95] sugiere tres posibles razones:

1. La creencia consistente en que la metodología de sala limpia es excesivamente teórica, excesivamente matemática y excesivamente radical para utilizarla en el desarrollo de software real.

2. No propugna una comprobación unitaria por parte de los desarrolladores, sino que la sustituye por una verificación de la corrección y por un control estadístico de la calidad (estos conceptos representan una desviación fundamental con respecto a la forma en que se desarrolla la mayor parte del software en la actualidad).
3. La madurez de la industria de desarrollo del software. El uso de procesos de sala limpia requiere una aplicación rigurosa de procesos definidos en todas las fases del ciclo vital. Dado que la mayor parte de la industria funciona todavía *ad hoc* (según se ha definido por parte del Software Engineering Institute Capability Maturity Model), la industria no ha estado preparada para aplicar estas técnicas.

Aun cuando existen ciertos indicios de verdad en todas las indicaciones expresadas anteriormente, los beneficios potenciales de la ingeniería del software de sala limpia compensan más que sobradamente la inversión requerida para superar la resistencia cultural que se encuentra en el núcleo de estas objeciones.

25.1.1. La estrategia de sala limpia

El enfoque de sala limpia hace uso de una versión especializada del modelo incremental de software (Capítulo 2). Se desarrolla un «tubo de incrementos de software» [LIN94] por parte de equipos de ingeniería del software pequeños e independientes. A medida que se va certificando cada incremento, se integra en el todo. Consiguientemente, la funcionalidad del sistema va creciendo con el tiempo.

La sucesión de tareas de sala limpia para cada incremento se ilustra en la Figura 25.1. Los requisitos globales del sistema o producto se van desarrollando empleando los métodos de ingeniería de sistemas descritos en el Capítulo 10. Una vez que se ha asignado una funcionalidad al elemento de software del sistema, el tubo de la sala limpia comienza sus incrementos. Se producen las tareas siguientes:

Planificación de incrementos. Se desarrolla un plan de proyecto que adopta la estrategia incremental. Se van estableciendo las funcionalidades de cada uno de los incrementos, su tamaño estimado, y un plan de desarrollo de sala limpia. Es preciso tener especial cuidado para asegurar que los incrementos certificados se vayan integrando de forma temporalmente oportuna.

Recolección de requisitos. Mediante el uso de técnicas similares a las presentadas en el Capítulo 11, se desarrolla una descripción más detallada de requisitos del nivel del usuario (para cada incremento).

Especificación de la estructura de cajas. Se utiliza un método de especificación que hace uso de *estructuras de caja* [HEV93] para describir la especificación funcional. Ajustado a los principios de análisis operacional descritos en el Capítulo 11, la estructura de caja «aísla y separa la definición creativa del comportamiento, de los datos, y de los procedimientos para cada nivel de refinamiento».

Diseño formal. Mediante el uso del enfoque de estructura de cajas, el diseño de sala limpia es una extensión natural y sin discontinuidades de la especificación. Aun cuando es posible efectuar una distinción clara entre estas dos actividades, las especificaciones (que se denominan «cajas negras») se refinan iterativamente (dentro de cada incremento) para transformarse en diseños análogos a la arquitectura y a los procedimientos (que se denominan «cajas de estado» y «cajas transparentes», respectivamente).

Verificación de corrección. El equipo de sala limpia lleva a cabo una serie de rigurosas actividades de verificación de corrección aplicadas primero al diseño y después al código. La verificación (Secciones 25.3 y 25.4) comienza con la estructura de cajas del más alto nivel (la especificación) y avanza hacia el detalle de diseño y el código. El primer nivel de verificación de corrección se lleva a cabo aplicando un conjunto de «cuestiones de corrección» [LIN88]. Si este conjunto de preguntas no demuestra que la especificación es correcta, se utilizan métodos más formales (matemáticos) de verificación.

Generación de código, inspección y verificación. Las especificaciones de estructura de caja, que se representan mediante un lenguaje especializado, se traducen al lenguaje de programación adecuado. Se utilizan entonces técnicas estándar de recorrido o de inspección (Capítulo 8) para asegurar el cumplimiento semántico de las estructuras de código y de cajas, y la corrección sintáctica de código. A continuación se efectúa una verificación de corrección para el código fuente.

Planificación de la comprobación estadística. La utilización estimada del software se analiza y se planifica y se diseña un conjunto de casos de prueba que ejerciten la «distribución de probabilidad» de esa utilización (Sección 25.4). Según se muestra en la Figura 25.1, esta actividad de sala limpia se realiza en paralelo con la especificación, la verificación y la generación de código.

Comprobación estadística de utilización. Recordando que es imposible una comprobación exhaustiva del software de computadoras (Capítulo 16), siempre resulta necesario diseñar un conjunto finito de casos de prueba. Las *técnicas estadísticas de utilización* [POO88] ejecutan una

FIGURA 25.1

El modelo de proceso de sala limpia

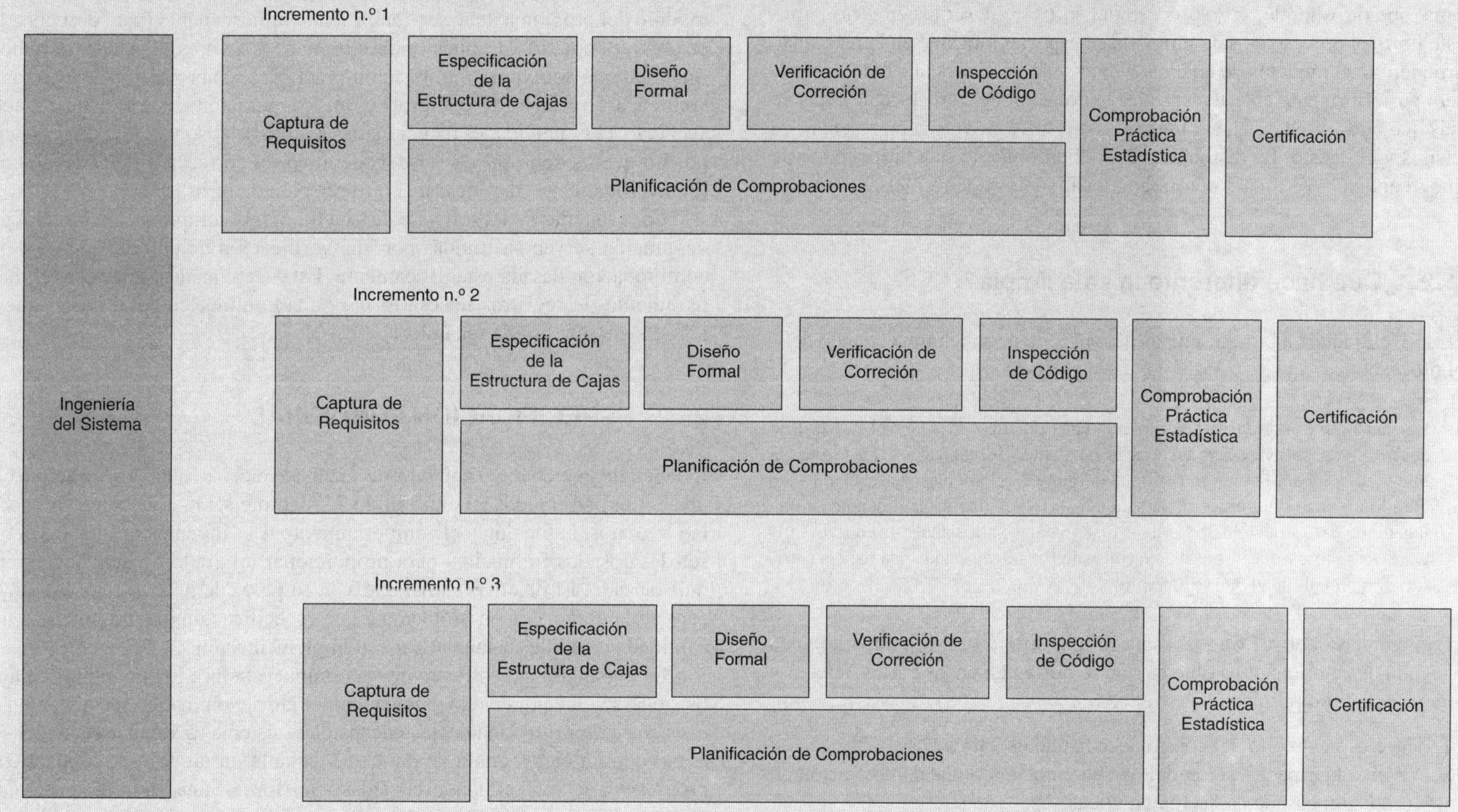

colección de pruebas derivadas de una muestra estadística (la distribución de probabilidad indicada anteriormente) de todas las posibles ejecuciones del programa por parte de todos los usuarios de una cierta población blanca (Sección 25.4).

Certificación. Una vez que han finalizado la verificación, la inspección y la comprobación de utilización (y después de corregir todos los errores) se certifica el incremento como preparado para su integración.

Al igual que otros modelos de proceso del software descritos en otras partes de este libro, el proceso de sala limpia hace especial hincapié en la necesidad de producir unos modelos de análisis y de diseño de muy alta calidad. Según se verá posteriormente en este capítulo, la notación de estructura de cajas no es más que otra forma en que el ingeniero del software puede representar los requisitos y el diseño. La distinción real del enfoque de sala limpia consiste en que se aplica la verificación formal a los modelos de ingeniería.

25.1.2. ¿Qué hace diferente la sala limpia?

Dyer [DYE92] alude a las diferencias del enfoque de sala limpia cuando define el proceso:

> La sala limpia representa el primer intento práctico de poner el proceso de desarrollo del software bajo un control estadístico de calidad con una estrategia bien definida para la mejora continua del proceso. Para alcanzar esta meta, se definió un ciclo vital único de la sala del software, que hacía hincapié en una ingeniería del software basada en las matemáticas para obtener diseños de software correctos, y que se basaba en software basado en estadística para la certificación de fiabilidad de ese software.

La ingeniería del software de sala limpia difiere de los puntos de vista convencionales y orientado a objetos que se presentan en las Partes Tercera y Cuarta de este libro porque:

1. Hace uso explícito del control estadístico de calidad.
2. Verifica la especificación del diseño empleando una demostración de corrección basada en las matemáticas.
3. Hace mucho uso de la comprobación estadística de utilización para descubrir errores de especial incidencia.

Evidentemente, el enfoque de sala limpia aplica la mayor parte, si es que no todos, de los principios básicos de ingeniería del software y conceptos que se han presentado a lo largo de este libro. Son esenciales unos buenos procedimientos de análisis y diseño si es que se desea producir una elevada calidad. Pero la ingeniería de sala limpia diverge de las prácticas de software convencionales al quitar importancia (hay quien diría, eliminar), el papel de la comprobación y depuración unitarios, y al reducir dramáticamente (o eliminar) la cantidad de comprobaciones que son realizadas por quien desarrolla el software [1].

En el desarrollo convencional del software, los errores se aceptan como cosas que pasan. Dado que se considera que los errores son inevitables, cada módulo del programa debe ser comprobado unitariamente (para descubrir los errores) y depurado después (para eliminar los errores). Cuando se publica finalmente el software, la utilización práctica descubre aún más defectos, y comienza otro ciclo de comprobación y depuración. Este trabajo repetido asociado a las actividades mencionadas resulta costoso y cuesta mucho tiempo. Lo que es peor, puede ser degenerativo, la corrección de errores puede (inadvertidamente) dar lugar a la introducción de otros errores.

En la ingeniería del software de sala limpia, la comprobación unitaria y la depuración se ven sustituidas por una verificación de corrección y por una comprobación basada estadísticamente. Estas actividades, junto con el mantenimiento de registros necesario para una continua mejora, hacen que el enfoque de sala limpia sea único.

25.2. ESPECIFICACIÓN FUNCIONAL

Independientemente del método de análisis seleccionado, los principios de operación presentados en el Capítulo 11 siempre serán aplicables. Se modelan los datos, la función y el comportamiento. Los modelos resultantes deben ser desglosados (refinados) para proporcionar un grado de detalle cada vez más elevado. El objetivo global consiste en pasar de una especificación que captura la esencia de un problema a una especificación que proporciona una cantidad de detalle sustancial para su implementación.

La ingeniería del software de sala limpia satisface los principios de análisis operacional por cuanto emplea un método denominado especificación *de estructura de cajas*. Una «caja» encapsula el sistema (o algún aspecto del sistema) con un cierto grado de detalle. Mediante un proceso de refinamiento progresivo, se van refinando las cajas para formar una jerarquía en la cual cada caja tiene *transferencia referencial*: «el contenido de información de cada especificación de caja basta para definir su refinamiento, sin depender

[1] La comprobación se realiza, pero la efectúa un equipo independiente de comprobación.

de la implementación de ninguna otra caja» [LIN94]. Esto capacita al analista para desglosar jerárquicamente el sistema, pasando de la representación esencial situada en la parte superior hasta los detalles específicos de la implementación situados en la parte inferior. Se utilizan tres tipos de cajas:

Caja negra. Esta caja especifica el comportamiento del sistema, o de una parte de un sistema. El sistema (o parte de él) responde a estímulos específicos (sucesos) mediante la aplicación de un conjunto de reglas de transición que hacen corresponder el estímulo con la respuesta.

Caja de estado. Esta caja encapsula los datos de estados y de servicios (operaciones) de forma análoga a los objetos[2]. En esta vista de especificación, se representan las entradas de la caja de estados (los estímulos) y sus salidas (las respuestas). La caja de estados también representa la «historia de estímulos» de la caja negra, esto es, los datos encapsulados en la caja de estado que deben ser mantenidos entre las transiciones implicadas.

Caja transparente. Las funciones de transición que están implicadas en la caja de estados se definen en la caja transparente. Dicho llanamente, la caja transparente contiene el diseño de procedimientos correspondiente a la caja de estados.

FIGURA 25.2

Refinamiento de la estructura de cajas

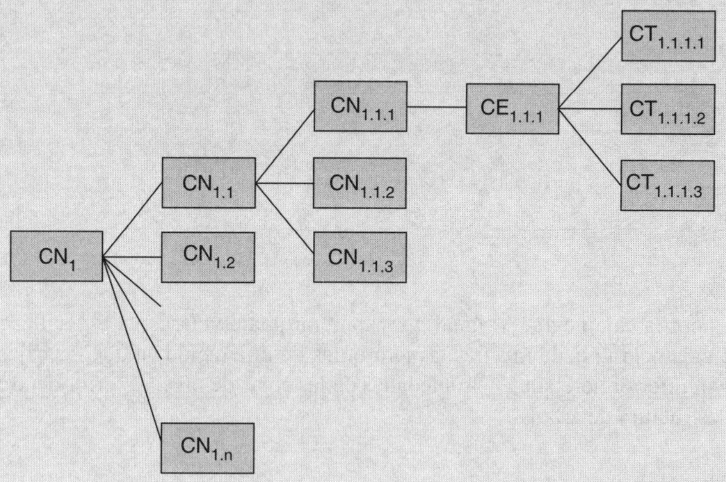

La Figura 25.2 ilustra el enfoque de refinamiento mediante el uso de una especificación de estructura de cajas. Una caja negra (CN_1) define las respuestas de todo un conjunto completo de estímulos. CN_1 se puede refinar en un conjunto de cajas negras, desde $CN_{1.1}$ hasta $CN_{1.n}$, cada una de las cuales aborda una cierta clase de comportamiento. El refinamiento prosigue hasta que se identifique una clase cohesiva de comportamiento (por ejemplo $CN_{1.1.1}$). A continuación se define una caja de estado ($CE_{1.1.1}$) para la caja negra ($CN_{1.1.1}$). En este caso, $CE_{1.1.1}$ contiene todos los datos y servicios necesarios para implementar el comportamiento definido por $CN_{1.1.1}$. Por último, se refina $CE_{1.1.1}$ para formar un conjunto de cajas transparentes ($CT_{1.1.1.n}$) y se especifican los detalles de diseño de procedimientos.

A medida que se va realizando cada uno de estos pasos de refinamiento, se produce también una verificación de la corrección. Se verifican las especificaciones de caja de estado para asegurar que todas y cada una de ellas se ajusten al comportamiento definido por la especificación de la caja negra predecesora. De manera similar, se verifican las especificaciones de caja transparente con respecto a la caja de estados predecesora.

[2] Véase la Cuarta Parte del libro.

Es preciso tener en cuenta que los métodos de especificación basados en métodos formales (Capítulo 24) se pueden utilizar en lugar del enfoque de especificación de estructura de cajas. El único requisito es que se pueda verificar formalmente cada uno de los niveles de especificación.

25.2.1. Especificación de caja negra

Una *especificación de caja negra* es una abstracción que describe la forma en que un sistema responde a unos estímulos empleando la notación que se muestra en la Figura 25.3 [MIL88].

La función *f* se aplica a una sentencia *S** de entradas (estímulos), *S*, y esta función los transforma en una salida (respuesta), *R*. Para componentes sencillos de software, *f*, puede ser una función matemática, pero en general, *f* se describe empleando el leguaje natural (o bien un lenguaje de especificación formal).

Muchos de los conceptos introducidos para sistemas orientados a objetos (Capítulo 19) son aplicables también para la caja negra. Las abstracciones de datos, las operaciones que manipulan estas abstracciones, se ven encapsula-

FIGURA 25.3

Una especificación de caja negra [MIL88]

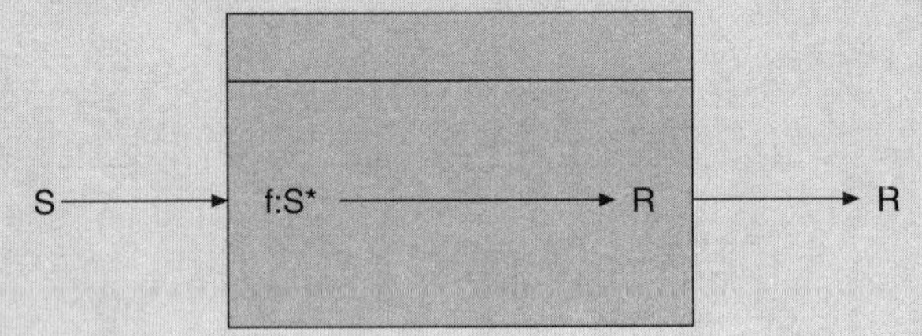

das por la caja negra. Al igual que una jerarquía de clases, la especificación de caja negra puede mostrar las jerarquías de utilización en que las cajas de nivel inferior heredan las propiedades de las cajas de nivel superior dentro de la estructura de árbol.

25.2.2. Especificación de caja de estado

La caja de estado es «una generalización sencilla de una máquina de estado» [MIL88]. Un estado es algún modo observable de comportamiento del sistema (recuérdese la descripción de modelado de comportamiento y de diagramas de transiciones de estados que se ofrece en el Capítulo 12). A medida que se produce el procesamiento, el sistema va respondiendo a sucesos (estímulos) efectuando una transición que parte del estado actual y llega a algún nuevo estado. A medida que se efectúa la transición, puede producirse una acción.

La caja de estado utiliza una abstracción de datos para determinar la transición al estado siguiente, y la acción (respuesta) que se producirá como consecuencia de la transición.

Según se muestra en la Figura 25.4, la caja de estado contiene una caja negra. El estímulo, *S*, que se introduce en la caja negra, procede de alguna fuente externa, y de un conjunto de estados internos del sistema, *T*. Mills proporciona una descripción matemática de la función, *f*, de la caja negra contenida en el seno de la caja de estado:

$$g : S^* \times T^* \rightarrow R \times T$$

en donde *g* es una subfunción que está asociada a un estado específico *t*. Cuando se consideran en su conjunto, las parejas de estados y subfunciones (*t*, *g*) definen la función de caja negra *f*.

25.2.3. Especificación de caja transparente

La especificación de caja transparente está íntimamente relacionada con el diseño de procedimientos y con la programación estructurada. En esencia, la subfunción *g* se encuentra dentro de la caja de estado se ve sustituida por las estructuras de programación estructurada que implementa *g*.

Como ejemplo, considérese la caja transparente que se muestra en la Figura 25.5. La caja negra *g*, que se muestra en la Figura 25.4 se ve sustituida por una sucesión de estructuras que contienen una condicional. Éstas, a su vez, se pueden refinar para formar cajas transparentes del interior a medida que vaya avanzando el procedimiento de refinamiento progresivo.

Es importante tener en cuenta que la especificación de procedimientos descrita en la jerarquía de caja transparente se puede demostrar a efectos de corrección. Este tema se considerará en la sección siguiente.

25.3. REFINAMIENTO Y VERIFICACIÓN DEL DISEÑO

El enfoque de diseño que se utiliza en la ingeniería del software de sala limpia hace mucho uso de la filosofía de programación estructurada (Capítulo 14). Pero en este caso, la programación estructurada se aplica de forma mucho más rigurosa.

FIGURA 25.4

Una especificación de caja de estado [MIL88]

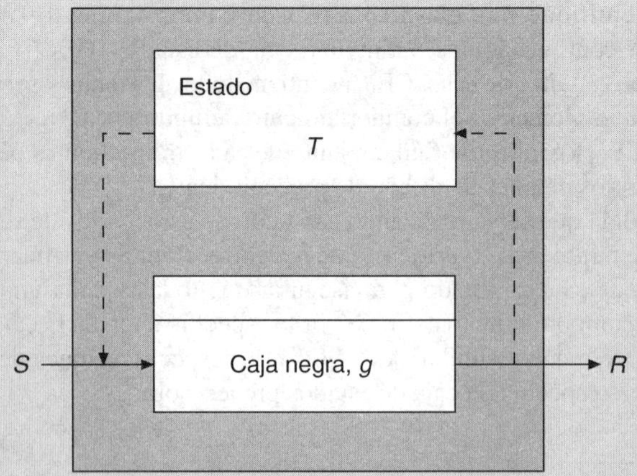

FIGURA 25.5

Una especificación de caja transparente

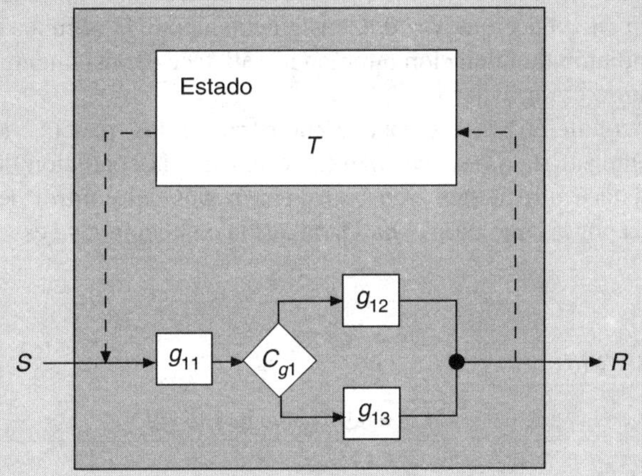

Las funciones básicas de procesamiento (que se describían durante los refinamientos anteriores de la especificación) se refinan ahora utilizando una «expansión progresiva de funciones matemáticas en estructuras de *conectivas lógicas* [esto es, si-entonces-sino] y subfunciones, en donde la expansión se efectúa hasta que todas las funciones identificadas pudieran ser enunciadas directamente en el lenguaje de programación utilizado para la implementación» [DYE92].

El enfoque de programación estructurada se puede utilizar de forma eficiente para refinar la función, pero ¿qué pasa con el diseño de datos? En este aspecto, entra en juego un cierto número de conceptos fundamentales de diseño (Capítulo 13). Los datos del programa se encapsulan como un conjunto de abstracciones a las cuales prestan servicio las subfunciones. Los conceptos de encapsulamiento de datos, ocultamiento de información y los tipos de datos se utilizan entonces para crear el diseño de datos.

25.3.1. Refinamiento y verificación del diseño

Cada especificación de caja transparente representa el diseño de un procedimiento (subfunción) necesario para efectuar una transición de caja de estado. Mediante la caja transparente, se utilizan las estructuras de programación estructurada y de refinamiento progresivo según se ilustra en la Figura 25.6. Una función de programa, *f*, se refina para dar lugar a una sucesión[3] de subfunciones *g* y *h*. Éstas a su vez se refinan para formar estructuras condicionales (*si-entonces-sino* y *mientras-hacer*). Un refinamiento posterior ilustra la elaboración lógica continuada.

En cada nivel de refinamiento, el equipo de sala limpia[4] lleva a cabo una verificación formal de corrección. Para lograr esto, se asocia un conjunto de condiciones genéricas de corrección a las estructuras de programación estructurada. Si se expande una función *f* para dar una sucesión *g* y *h* (según se muestra en la Figura 25.6), entonces la condición de corrección para todas las entradas de *f* es:

- ¿Es cierto que *g* seguido por *h* da lugar a *f*?

Si se refina una función *p* para llegar a una condicional, si $< c >$ entonces *q*, y si no *r*, entonces la condición de corrección para toda entrada de *p* es:

- ¿Siempre que sea cierta la condición $< c >$ es cierto que *q* realiza *p* y siempre que $< c >$ sea falsa, es cierto que *r* realiza *p*?

Si se refina una función *m* en forma de bucle, las condiciones de corrección para todas las entradas de *m* son:

- ¿Está garantizada la finalización?
- ¿Siempre que $< c >$ sea verdadero es cierto que *n* seguido por *m* realiza *m*, y siempre que $< c >$ sea falso, sigue realizándose *m* si se obvia el bucle?

Cada vez que se refina una caja transparente hasta el siguiente nivel de detalle, se aplican las condiciones de corrección indicadas anteriormente.

Es importante tener en cuenta que la utilización de estructuras de programación estructurada restringe el número de comprobaciones de corrección que es preciso efectuar.

Se verifica una sola condición en busca de sucesiones; se verifican dos condiciones para los si-entonces-sino; y se verifican tres condiciones para los bucles.

Con objeto de ilustrar alguna verificación de corrección para un diseño de procedimientos, se utiliza un sencillo ejemplo presentado por primera vez

[3] Véase el Capítulo 14 para una descripción de las estructuras básicas de programación estructurada.

[4] Dado que todo el equipo está implicado en el proceso de verificación, es menos probable que se produzca un error al efectuar la verificación en sí.

FIGURA 25.6

Refinamiento progresivo

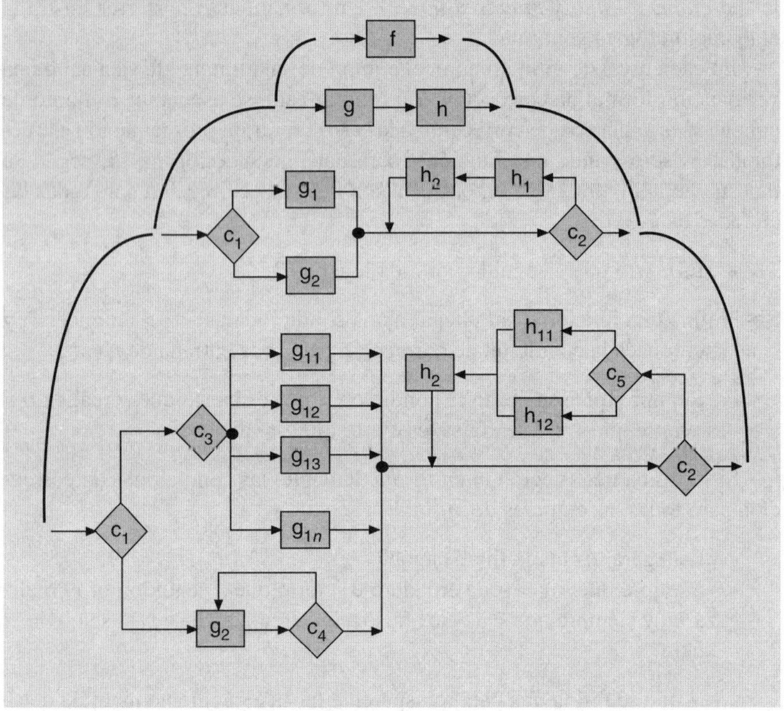

por parte de Linger y sus colegas [LIN79]. Nuestro objetivo es diseñar y verificar un pequeño programa que calcule la parte entera, *y*, de una raíz cuadrada de un entero dado, *x*. El diseño de procedimientos se representa empleando el diagrama de flujo de la Figura 25.7.

Para verificar la corrección de este diseño, es preciso definir las condiciones de *entrada* y de *salida* que se indican en la Figura 25.8. La condición de entrada indica que *x* debe ser mayor o igual que 0. La condición *salida* requiere que *x* permanezca intacta y que adopte un valor situado dentro del intervalo mostrado en la figura. Para demostrar que el diseño es correcto, es necesario demostrar que las condiciones *comienzo, bucle, cont, si,* y *salida* mostradas en la Figura 25.8 son ciertas en todos los casos. En algunas ocasiones se denominan *subdemostraciones*.

1. La condición *comienzo* exige que [x mayor o igual que 0 e $y = 0$]. Basándose en los requisitos del problema, se supone que la condición de entrada es correcta[5]. Consiguientemente, la primera parte de la condición *comienzo*, *x* mayor o igual que 0, se satisface. En el diagrama de flujo, la sentencia que precede inmediatamente a la condición *comienzo* hace que $y = 0$. Consiguientemente, la segunda parte de la condición de iniciación también se satisface. Consiguientemente, *comienzo* es verdadero.
2. La condición *bucle* se puede encontrar de dos maneras: (1) directamente saliendo de *comienzo* (en este caso, la condición del bucle se satisface directamente) o bien (2) a través del control de flujo que pasa por la condición *cont*. Dado que la condición *cont* es idéntica a la

FIGURA 25.7

Cálculo de la parte entera de una raíz cuadrada [LIN79]

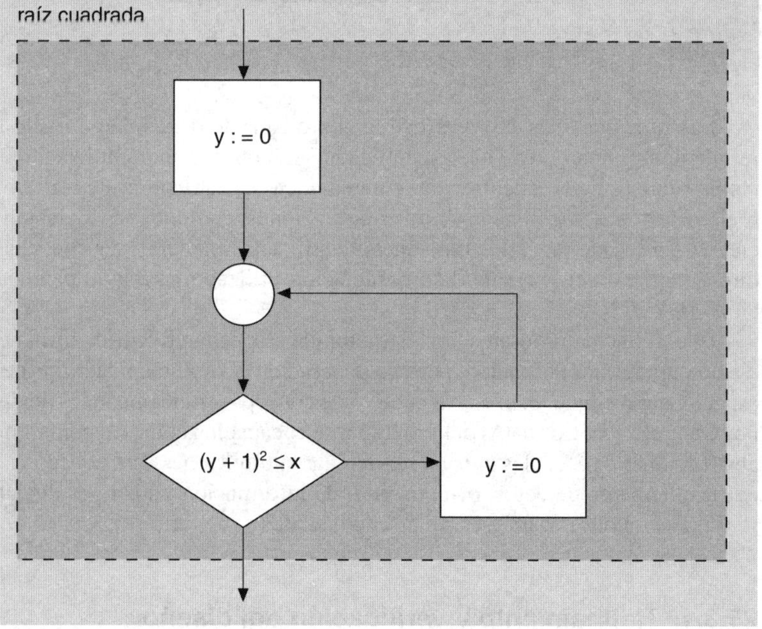

[5] Un valor negativo para una raíz cuadrada carece de significado en este contexto.

FIGURA 25.8

Demostración de la corrección del diseño [LIN79]

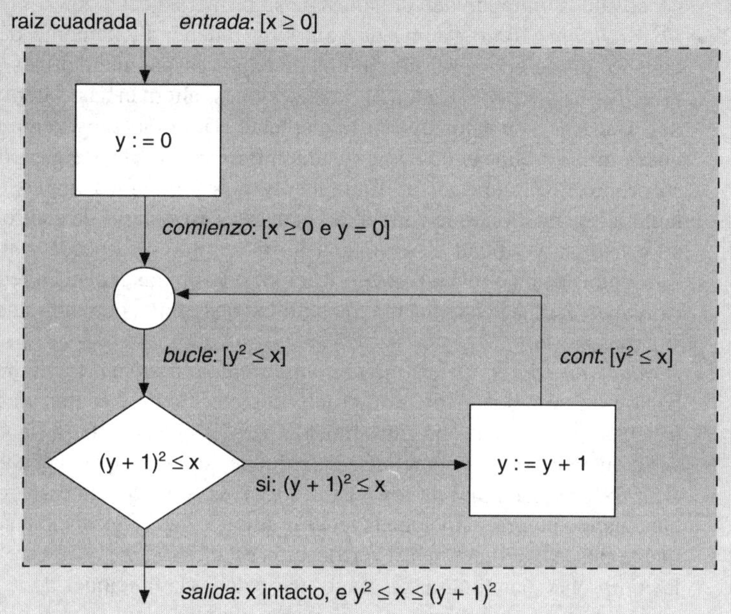

condición bucle, bucle es verdadera independientemente de la rama de flujo que lleve a ella.

3. Se llega a la condición *cont* únicamente después de haber incrementado en 1 el valor de *y*. Además, la ruta de flujo de control llega a *cont* solamente se puede invocar si la condición *si* también es verdadera. Consiguientemente si $(y + 1)^2$ menor o igual que *x*, se sigue que y^2 menor o igual que *x*. La condición *cont* se satisface.
4. La condición *si* se comprueba en la lógica condicional que se muestra. Consiguientemente, la condición *si* debe ser verdadera cuando el flujo de control pase por la vía mostrada.
5. La condición *salida* exige, en primer lugar, que *x* no haya cambiado. Un examen del diseño indica que *x* no aparece en ningún lugar a la izquierda de un operador de asignación. No hay ninguna llamada a función que utilice *x*. Por tanto, queda intacto. Dado que la comprobación condicional $(y + 1)^2$ menor o igual *x* tiene que fallar para alcanzar la condición *salida*, se sigue que $(y + 1)^2$ mayor que *x*. Además, la condición *bucle* debe seguir siendo verdadera (esto es, y^2 menor o igual que *x*). Consiguientemente, $(y + 1)^2$ mayor que **x** e y^2 menor o igual que *x* se pueden combinar para satisfacer la condición de *salida*.

Además, es preciso asegurar que finalice el bucle. Un examen de la condición del bucle indica que dado que *y* se va incrementando y que *x* mayor o igual que 0, el bucle debe terminar eventualmente.

Los cinco pasos indicados anteriormente son una demostración de la corrección del diseño del algoritmo indicado en la Figura 25.7. Ahora estamos seguros de que el diseño calculará, realmente, la parte entera de una raíz cuadrada.

Es posible utilizar un enfoque matemáticamente más riguroso de la verificación del diseño. Sin embargo, una discusión de este tema iría más allá del alcance de este libro. Los lectores interesados pueden acudir a [LIN79].

25.3.2. Ventajas de la verificación del diseño [6]

La verificación de corrección rigurosa de cada uno de los refinamientos del diseño de caja transparente posee un cierto número de ventajas evidentes. Linger [LIN94] las describe de la siguiente manera:

- *Se reduce la verificación a un proceso finito*. La forma anidada y secuencial, en que se organizan las estructuras de control en una caja transparente, define de manera natural una jerarquía que revela las condiciones de corrección que es preciso verificar. Un *axioma de sustitución* [LIN79] nos permite reemplazar las funciones objetivo por sus refinamientos de estructura de control dentro de la jerarquía de subdemostraciones. Por ejemplo, la subdemostración para la función final f1 de la Figura 25.9 requiere demostrar que la composición de las operaciones g1 y g2 con la función final f2 posee sobre los datos el mismo efecto f1. Obsérvese que f2 reemplaza a todos los detalles de su refinamiento dentro de la demostración. Esta sustitución localiza el argumento de demostración en la estructura de control que se está estudiando. De hecho, permite al ingeniero de software realizar las demostraciones en cualquier orden.

[6] Esta sección y las figuras desde la 25.7 hasta la 25.9 se han adaptado de [LIN94]. Se utilizan con permiso del autor.

FIGURA 25.9

Diseño con subdemostraciones [LIN94]

```
[f1]                    f1 = [DO g1; g2; [f2] END] ?
 DO
  g1
  g2
  [f2]                  f2 = [WHILE p1 DO [f3] END] ?
   WHILE
    p1
  DO [f3]               f3 = [DO g3; [f4]; g8 END] ?
    g3
    [f4]                f4 = [IF p2; THEN [f5] ELSE [f6] END] ?
    IF
     p2
    THEN [f5]           f5 = [DO g4; g5 END] ?
     g4
     g5
    ELSE [f6]           f6 = [DO g6; g7 END] ?
     g6
     g7
    END
    g8
  END
END
```

Es imposible asociar una importancia excesiva al positivo efecto que posee sobre la cualidad la reducción de la verificación a un proceso finito. Aun cuando todos, salvo los programas más triviales, muestran un conjunto que en esencia es infinito de rutas de ejecución, se pueden verificar en un número finito de pasos.

- *Permite que los equipos de sala limpia verifiquen todas las líneas de diseño y de código.* Los diseños pueden efectuar la verificación mediante un análisis y discusión en grupo de las bases del teorema de corrección, y pueden producir pruebas escritas cuando se necesite una confianza adicional en algún sistema crítico para vidas o misiones.
- *Da lugar a un nivel de defectos próximo a cero.* Durante una revisión en equipo, se verifica por turnos la corrección de todas y cada una de las estructuras de control. Cada miembro del equipo debe estar de acuerdo en que es correcta cada condición. Por tanto solamente es posible si todos y cada uno de los miembros del equipo verifican incorrectamente una condición. El requisito de acuerdo unánime basado en las verificaciones individuales de resultados da lugar a un software que posee pocos o ningún defecto antes de su primera ejecución.
- *Es escalable.* Todo sistema de software, independientemente de su tamaño, posee unos procedimientos de caja transparente del más alto nivel formados por estructuras de sucesiones, alternancias e iteraciones. Cada uno de estos invoca típicamente a un gran subsistema que posee miles de líneas de código-cada uno de estos subsistemas posee su propio nivel superior de funciones y procedimientos finales. Por tanto, las condiciones de corrección para estas estructuras de control de alto nivel se verifican de la misma forma en que se procede con las estructuras de bajo nivel. Las verificaciones de alto nivel pueden requerir, y merecerá la pena, una mayor cantidad de tiempo, pero no se necesita más teoría.
- *Produce un código mejor que la comprobación unitaria.* La comprobación unitaria solamente comprueba los efectos de ejecutar vías de pruebas seleccionadas de entre muchas vías posibles. Al basar la verificación en la teoría de funciones, el enfoque de sala limpia puede verificar todos y cada uno de los posibles efectos sobre los datos, porque aun cuando un programa pueda tener múltiples vías de ejecución, solamente posee una función. La verificación es además, más eficiente que la comprobación unitaria. La mayor parte de las condiciones de verificación se pueden verificar en unos pocos minutos, pero las comprobaciones unitarias requieren una cantidad notable de tiempo para prepararlas, ejecutarlas, y comprobarlas.

Es importante tener en cuenta que la verificación de diseño debe aplicarse en última instancia al código fuente en sí. En este contexto, suele denominarse verificación de corrección.

25.4. COMPROBACIÓN DE SALA LIMPIA

La táctica y estrategia de la comprobación de la sala limpia es algo fundamentalmente distinto de los enfoques convencionales de comprobación. Los métodos convencionales derivan de un conjunto de casos de prueba para descubrir errores de diseño y de codificación. El objetivo de la comprobación de sala limpia es validar los requisitos de software mediante la demostración de que una muestra estadística de casos prácticos (Capítulo 19) se han ejecutado con éxito.

25.4.1. Comprobación estadística de casos prácticos

El usuario de un programa de computadora no suele necesitar comprender los detalles técnicos del diseño. El comportamiento visible para el usuario de ese programa está controlado por las entradas y sucesos que suelen ser producidos por el usuario. Pero en casos complejos, el espectro posible de entradas y sucesos (esto es, los casos prácticos) pueden ser extremadamente variables. ¿Cuál es el subconjunto de casos prácticos que verifica adecuadamente el comportamiento del programa? Ésta es la primera cuestión que aborda la comprobación estadística de casos prácticos.

La *comprobación estadística de casos prácticos* «equivale a comprobar el software en la forma en que los usuarios tienen intención de utilizarlo» [LIN94]. Para lograr esto, los equipos de comprobación de sala limpia[7] deben determinar la *distribución de probabilidad de utilización* correspondiente al software. La especificación (caja negra) de cada incremento del software se analiza para definir un conjunto de estímulos (entradas o sucesos) que pueden dar lugar a que el software modifique su comportamiento. Basándose en entrevistas con usuarios potenciales, en la creación de escenarios de utilización, y en una comprensión general del dominio de la aplicación, se asigna una probabilidad de utilización a cada uno de los estímulos.

Los casos prácticos se generan para cada uno de los estímulos[8] de acuerdo con la distribución de probabilidad de utilización. Como ejemplo, considérese el sistema de seguridad HogarSeguro descrito anteriormente en este libro. Se está utilizando la ingeniería del software de sala limpia para desarrollar un incremento del software que gestione la interacción del usuario con el teclado del sistema de seguridad. Para este incremento se pueden identificar cinco estímulos, que se enumeran en la Tabla 25.1. El análisis indica el porcentaje de probabilidad de cada estímulo. Para hacer que sea más sencilla la selección de casos de prueba, estas probabilidades se hacen corresponder con intervalos numerados entre 1 y 99 [LIN94].

Para generar una sucesión de casos de prueba de utilización que se ajuste a la distribución de probabilidades de utilización, se genera una serie de números aleatorios entre 1 y 99. El número aleatorio corresponde al intervalo de distribución de probabilidad (Tabla 25.1). Consiguientemente, la sucesión de casos prácticos se define aleatoriamente pero se corresponde con la probabilidad correspondiente de aparición de ese estímulo. Por ejemplo, suponga que se generan las siguientes sucesiones de números aleatorios

TABLA 25.1

Estímulos del programa y distribución de probabilidad

Estímulos del programa	Distribución	Intervalo
Armar/Desarmar (AD)	50 %	1-49
Fijar zona (ZS)	15 %	50-63
Consulta (Q)	15 %	64-78
Prueba (T)	15 %	79-94
Alarma (PA)	5 %	95-99

13-94-22-24-45-56
81-19-31-69-45-9
38-21-52-84-86-97

Se derivan los siguientes casos prácticos mediante la selección de los estímulos adecuados basados en el intervalo de distribución que se muestra en la Tabla 25.1:

AD-T-AD-AD-AD-ZS
T-AD-AD-AD-Q-AD-AD
AD-AD-ZS-T-T-PA

El equipo de comprobación ejecuta los casos prácticos indicados anteriormente (y otros más) y verifica el comportamiento del software frente a la especificación del sistema. La temporización de las pruebas se registra, de modo que sea posible determinar los *intervalos temporales*. Mediante el uso de intervalos temporales, el equipo de certificación puede calcular el *tiempo-mínimo-entre-fallos*. Si se lleva a cabo una larga sucesión de pruebas sin fallo, el TMEF es bajo, y se puede suponer que la fiabilidad del software es elevada.

25.4.2. Certificación

Las técnicas de verificación y comprobación descritas anteriormente en este capítulo dan lugar a componentes de software (y a incrementos completos) que se pueden certificar. En el contexto del enfoque de la ingeniería del software de sala limpia, la *certificación* implica que la fiabilidad (medida por el tiempo mínimo entre fallos, TMEF) podrá ser especificada para cada componente.

[7] Denominados también «equipos de certificación».

[8] Se utilizan herramientas automatizadas con este fin. Para más información, véase [DYE92].

El impacto potencial de componentes de software certificables va más allá de un sencillo proyecto de sala limpia. Los componentes de software reutilizables se pueden almacenar junto con sus escenarios de utilización, con los estímulos del programa, y con las correspondientes distribuciones de probabilidad. Cada uno de los componentes dispondrá de una fiabilidad certificada dentro del escenario de utilización utilizado y dentro del régimen de comprobación descrito. Esta información es sumamente valiosa para otras personas que tengan intención de utilizar estos componentes.

El enfoque de certificación implica cinco pasos [WOH94]:

1. Es preciso crear escenarios de utilización.
2. Se especifica un perfil de utilización.
3. Se generan casos de prueba a partir del perfil.
4. Se ejecutan pruebas y los datos de los fallos se registran y se analizan.
5. Se calcula y se certifica la fiabilidad.

Los pasos del 1 al 4 se han descrito en secciones anteriores. En esta sección, nos concentramos en la certificación de fiabilidad.

La certificación para la ingeniería del software de sala limpia requiere la creación de tres modelos [POO93]:

Modelo de muestreo. La comprobación de software ejecuta *m* casos de prueba aleatorios, y queda certificada si no se produce ningún fallo o si se produce un número de fallos inferior al especificado. El valor de *m* se deriva matemáticamente para asegurar que se alcance la fiabilidad necesaria.

Modelo de componentes. Es preciso certificar un sistema compuesto por *n* componentes. El modelo de componentes capacita al analista para determinar la probabilidad de que falle el componente *i* antes de finalizar el programa.

Modelo de certificación. Se estima y certifica la fiabilidad global del sistema.

Al finalizar la comprobación estadística de utilización, el equipo de certificación posee la información necesaria para proporcionar un software que tenga un TMEF certificado que se habrá calculado empleando todos estos modelos.

Una descripción detallada del cálculo de los modelos de muestreo, de componentes y de certificación va más allá del alcance de este libro. El lector interesado encontrará detalles adicionales en [MUS87], [CUR86] y [POO93].

25.5. RESUMEN

La ingeniería del software de sala limpia es un enfoque formal para el desarrollo del software, que pueda dar lugar a un software que posea una calidad notablemente alta. Emplea la especificación de estructura de cajas (o métodos formales) para el modelado de análisis y diseño, y hace hincapié en la verificación de la corrección, más que en la comprobación, como mecanismo fundamental para hallar y eliminar errores. Se aplica una comprobación estadística de utilización para desarrollar la información de tasa de fallos necesaria para certificar la fiabilidad del software proporcionado.

El enfoque de sala limpia comienza por unos modelos de análisis y diseño que hacen uso de una representación de estructura de cajas. Una «caja» encapsula el sistema (o algún aspecto del sistema) en un determinado nivel de abstracción. Se utilizan cajas negras para representar el comportamiento observable externamente de ese sistema. Las cajas de estado encapsulan los datos y operaciones de ese estado. Se utiliza una caja transparente para modelar el diseño de procedimientos que está implicado por los datos y operaciones de la caja de estados.

Se aplica a verificación de corrección una vez que está completo el diseño de estructura de cajas. El diseño de procedimientos para un componente de software se desglosará en una serie de subfunciones. Para demostrar la corrección de cada una de estas subfunciones, se definen condiciones de salida para cada una de las subfunciones, y se aplica un conjunto de subpruebas. Si se satisfacen todas y cada una de las condiciones de salida, entonces el diseño debe ser correcto.

Una vez finalizada la verificación de corrección, comienza la comprobación estadística de utilización. A diferencia de la comprobación condicional, la ingeniería del software de sala limpia no hace hincapié en la comprobación unitaria o de integración. En su lugar, el software se comprueba mediante la definición de un conjunto de escenarios de utilización, mediante la determinación de las probabilidades de utilización de cada uno de esos escenarios, y mediante la aplicación posterior de comprobaciones aleatorias que satisfagan estas probabilidades. Los registros de error resultantes se combinan con modelos de muestreo, de componentes y de certificación para hacer posible el cálculo matemático de la fiabilidad estimada de ese componente de software.

La filosofía de sala limpia es un enfoque riguroso de la ingeniería del software. Se trata de un modelo de proceso del software que hace hincapié en la verificación matemática de la corrección, y en la certificación de la fiabilidad del software. El resultado final son unas tasas de fallo extremadamente bajas, que sería difícil o imposible de conseguir empleando unos métodos menos formales.

REFERENCIAS

[CUR86] CURRITT, P. A., M. DYER y H. D. MILLS, «Certifying the Reliability of Software», *IEEE Trans, Software Engineering*, vol. SE-12, n.° 1, enero de 1994.

[DYE92] DYER, M., *The Cleanroom Approach to Quality Software Development*, Wiley, 1992.

[HAU94] HAUSLER, P., A. R. LINGER y C. TRAMMEL, «Adopting Cleanroom Software Engineering with a Phased Approach», *IBM Systems Journal*, vol. 33, n.° 1, enero de 1994, págs. 89-109.

[HEN95] HENDERSON, J., «Why isn't Cleanroom the Universal Software development Methodology?», *Crosstalk*, vol. 8 , n.° 5, mayo de 1995, págs. 11-14.

[HEV93] HEVNER, A. R. y H. D. MILLS, «Box Structure Methods for System Development with Objects», *IBM Systems Journal*, vol. 31, n.° 2, febrero de 1993, págs. 232-251.

[LIN79] LINGER, R. M., H. D. MILLS y B. I., WITT, *Structured Programming: Theory and Practice*, Addison-Wesley, 1979.

[LIN88] LINGER, R. M. y H. D. MILLS, «A Case Study in Cleanroom Software Engineering: The IBM COBOL Structuring Facility», *Proc. COMPSAC '88*, Chicago, octubre de 1988.

[LIN94] LINGER, R., «Cleanroom Process Model», *IEEE Software*, marzo de 1994, pp. 50-58.

[MIL87] MILLS, H. D., M. DYER y R. LINGER, «Cleanroom Software Engineering», *IEEE Software*, septiembre de 1987, págs. 19-24.

[MIL88] MILLS, H. D. , «Stepwise Refinement and Verification in Box Structured Systems», *IEEE Computer*, junio de 1988, págs. 23-35

[MUS87] MUSA, J. D., A. IANNINO y K. OKUMOTO, *Engineering and Managing Software with Reliability Measures*, McGraw-Hill, 1987.

[POO88] POORE, J. H. y H. D. MILLS, «Bringing Software Under Statistical Quality Control», *Quality Progress*, noviembre de 1988, págs. 52-55.

[POO93] POORE, J. H., H. D. MILLS y D. MUTCHLER, «Planning and Certifying Software System Reliability», *IEEE Software*, vol. 10, n.° 1, enero de 1993, págs. 88-99.

[WOH94] WOHLIN, C. y P. RUNESON, «Certification of Software Components», *IEEE Trans, Software Engineering*, vol. 20, n.° 6, junio de 1994, págs. 494-499.

PROBLEMAS Y PUNTOS PARA CONSIDERAR

25.1. Si tuviera que seleccionar un aspecto de la ingeniería del software de sala limpia que la hiciera radicalmente distinta de los enfoques convencionales u orientados a objetos de la ingeniería del software, ¿cuál sería?

25.2. ¿Cómo se combinan el modelo de proceso incremental y el trabajo de certificación para construir un software de elevada calidad?

25.3. Empleando la estructura de especificación de cajas, desarrollar un análisis de «primer paso» y unos modelos de diseño para el sistema HogarSeguro.

25.4. Desarrolle una especificación de estructura de cajas para una parte del sistema PHTRS presentado en el Problema 12.13.

25.5. Desarrolle una especificación de estructura de cajas para el sistema de correo electrónico presentado en el Problema 21.15.

25.6. Se define el algoritmo de ordenación por el método de burbujas en la forma siguiente:

```
procedure ordenburbujas;
   var i, t : integer;
   begin
   repeat until t = a[1]
      t:=a[1];
      for j := 2 to n do
         if a[j 1] ] a[j] then begin
            t := a[j-1];
            a[j-1] := a[j];
            a[j] := t;
            end;
   endrep
end;
```

Descomponer el diseño en subfunciones y definir un conjunto de condiciones que hagan posible demostrar que este algoritmo es correcto.

25.7. Documentar una demostración de verificación de corrección para la ordenación por el método de burbujas descrita en el Problema 25.6.

25.8. Seleccionar un componente de programa que se haya diseñado en otro contexto (o bien uno asignado por el instructor) y desarrollar para él una demostración completa de corrección.

25.9. Seleccionar un programa que se utilice regularmente (por ejemplo, un gestor de correo electrónico, un procesador de textos, un programa de hoja de cálculo). Crear un conjunto de escenarios de utilización para ese programa. Definir la probabilidad de utilización de cada escenario, y desarrollar entonces una tabla de estímulos de programa y de distribución de probabilidades parecida a la que se muestra en la Tabla 25.1.

25.10. Para la tabla de estímulos de programa y de distribución de probabilidades desarrollada en el Problema 25.9, utilizar un generador de número aleatorios con objeto de desarrollar un conjunto de casos de prueba para utilizarlo en una comprobación estadística de utilización.

25.11. Con sus propias palabras, describa el objetivo de la certificación en el contexto de la ingeniería del software de sala limpia.

25.12. Escribir un pequeño trabajo que describa las matemáticas utilizadas para definir los modelos de certificación descritos brevemente en la Sección 25.4.2. Utilícense [MUS87], [CUR86] y [POO93] como punto de partida.

OTRAS LECTURAS Y FUENTES DE INFORMACIÓN

El único libro disponible acerca de la ingeniería del software de sala limpia es el publicado por DYER [DYE92]. El *Cleanroom Pamphlet* (Software Technology Support Center, Hill AF Base, UT, abril 1995) contiene reimpresiones de un cierto número de artículos importantes. LINGER [LIN94] es una de las mejores introducciones para este asunto. Asset Source for Software Engineering Technology, ASSET, (Departamento de Defensa de los Estados Unidos) ofrece una excelente obra en seis volúmenes de *Cleanroom Engineering Handbooks*. Se puede entrar en contacto con ASSET mediante **info@source.asset.com**.

MICHAEL DECK de Cleanroom Software Engineering, Inc. ha preparado una bibliografía de temas relacionados con sala limpia. Entre las referencias se cuentan las siguientes:

Generales e introductorias:

COBB, R. H. y H. D. MILLS, «Engineering Software under Statistical Quality Control», *IEEE Software*, noviembre de 1990, págs. 44-54.

COFFEE, P. «Can Mass Testing Fix Windows' Quality Woes?», *PC Week*, 19 de septiembre de 1994, p. 28. Respuestas de *PC Week,* 10 de octubre de 1994, págs. 73 y 78.

DECK, M. D, «Cleanroom Software Engineering: Quality Improvement and Cost Reduction», *Proc. Pacific Northwest Software Quality Conference*, octubre de 1994, págs. 243-258.

HEVNER, A. R., S. A. BECKER y L. B. PEDOWITZ, «Integrated CASE for Cleanroom Development», *IEEE Software*, marzo de 1992, págs. 69-76.

KEUFFEL, W., «Clean Your Room: Formal Methods for the '90s», *Computer Language*, julio de 1992, págs. 39-46.

LINGER, RICHARD C., «Cleanroom Software Engineering for Zero-Defect Software», *Proc. 15th. Intl Conf. on Software Engineering*, mayo de 1993.

LOKAN, C. J., «The Cleanroom Process for Software Development», *The Australian Computer Journal*, vol. 25, núm. 4, noviembre de 1993.

Prácticas de gestión:

DECK, M. D. y P. A. HAUSLER, «Cleanroom Software Engineering: Theory and Practice», *Proc. Software Engineering and Knowledge Engineering 90*, junio de 1990, págs. 71-77.

LINGER, R. C. y SPANGLER, R. A., «The IBM Cleanroom Software Engineering Technology Transfer Program», *Sixth SEI Conf. on Software Engineering Education*, San Diego, California, octubre de 1992.

Especificación, diseño y revisión:

DECK, M. D. «Using Box Structures to Link Cleanroom and Object-Oriented Software Engineering», Technical Report 94.01b, Cleanroom Software Engineering Inc., Boulder, Colorado, 1994.

DYER, M., «Designing Software for Provable Correctness: The Direction for Quality Software», *Information and Software Technology*, vol. 30, núm. 6, julio/agosto de 1988, págs. 331-340.

Comprobación y certificación:

DYER, M., «An Approach to Software Reliability Measurement», *Information and Software Technology*, vol. 29, núm. 8, octubre de 1987, págs. 415-420.

WHITTAKER, J. A. y THOMASON, M. G., «A Markov Chain Model for Statistical Software Testing», *IEEE Trans. on Software Engineering*, octubre de 1994, págs. 812-824.

Casos prácticos e informes de experiencia:

GREEN, S. E., A. KOUCHAKDJIAN y V. R. BASILI, «Evaluation of the Cleanroom Methodology in the Software Engineering Laboratory», *Proc. 14th Annual Software Engineering Workshop*, NASA Goddard Space Flight Center, noviembre de 1989.

HAUSLER, P. A., «A Recent Cleanroom Success Story: The Redwing Project», *Proc. 17th Annual Software Engineering Workshop*, NASA Goddard Space Flight Center, diciembre de 1992.

HEAD, G. E., «Six -Sigma Software Using Cleanroom Software Engineering Techniques», *Hewlett-Packard Journal*, junio de 1994, págs. 40-50.

TANN, L-G., «OS32 and Cleanroom», *Proc. 1st Annual European Industrial Symposium on Cleanroom Software Engineering,* Copenhague, Dinamarca, 1993, págs. 1-40.

TRAMMEL, C. J., BINDER, L. H. y SNYDER, C. E., «The Automated Production Control Documentation System: A Case Study in Cleanroom Software Engineering», *ACM Trans. on Software Engineering and Methodology*, vol. 1, núm. 1, enero de 1992, págs. 81-94.

WOHLIN, C., «Engineering Reliable Software», *Proc. 4th Intl. Symposium on Software Reliability Engineering*, noviembre de 1993, págs. 36-44.

Se pueden encontrar discusiones ocasionales acerca de la ingeniería del software de sala limpia en el grupo de Internet denominado **comp.software-eng**. Se puede encontrar una discusión más detallada de las tecnologías de sala limpia, incluyendo descripciones de los cursos ofrecidos acerca de este tema en el Cleanroom Software Technology Center:

http://www.clearlake.ibm.com/MFG/solutions/cstc.html

Se puede obtener una extensa bibliografía y artículos de FTP que ha sido preparada por la Cleanroom Engineering, Inc., en la siguiente dirección:

http//www.csn.net/~deckm/

Se ha establecido una lista de correo electrónico y un grupo de discusión para los métodos de sala limpia. Se puede obtener información en:

http://www.quality.org/qc/lists/sw-cleanroom.info.txt

Se encontrará una lista actualizada de referencias de la World Wide Web para la ingeniería del software de sala limpia en: **http://www.rspa.com**

CAPÍTULO 26
REUTILIZACIÓN DEL SOFTWARE

Como seres humanos que somos, aprendemos los beneficios de la reutilización en cuanto empezamos a percibir el mundo de forma racional. Se reutiliza prácticamente todo aquello —ideas, objetos, argumentos, abstracciones, procesos— que forma parte de nuestra vida diaria. La conocida frase «reinventar la rueda» lo dice todo. Tiene poco sentido —económica, intelectual o prácticamente— reinventar algo que ya ha sido inventado. La reinvención de la rueda ha asediado a la comunidad del software durante casi cincuenta años.

Peter Freeman [FRE87] describe la reutilización en la forma siguiente:

> La reutilización es un actividad, no un objeto. Se trata de una actividad tan corriente, en general, que la mayor parte de los diccionarios ni siquiera la contienen; se supone que el lector inteligente comprenderá que «reutilizar» significa «usar algo de nuevo». Ya estamos familiarizados con... el reciclaje..., y con la máxima general consistente en hacer que algo «sirva para varias cosas».
>
> En el contexto de la creación de sistemas que hagan uso intensivo del software, la reutilización es simplemente cualquier procedimiento que produce (o ayuda a producir) un sistema mediante la reutilización de algo procedente de algún esfuerzo de desarrollo anterior. La única cuestión es entonces qué se llega a reutilizar y cuál es el procedimiento que, en caso de seguirse, dará lugar a una reutilización que tenga éxito.

En el contexto de la ingeniería del software, la reutilización es tanto una idea vieja como una idea nueva. Los programadores han reutilizado ideas, objetos, argumentos, abstracciones y procesos desde los primeros días de la computación, pero los enfoques de la reutilización han sido *ad hoc*. En la actualidad, es preciso construir en períodos muy breves de tiempo unos sistemas basados en computadoras sumamente complejas y de muy alta calidad. Esto exige un enfoque más organizado de la reutilización.

Sin embargo, surge un cierto número de cuestiones. ¿Es posible construir sistemas complejos ensamblándolos a partir de un catálogo de componentes reutilizables? ¿Puede efectuarse esto de manera eficiente en términos de coste y tiempo? ¿Es posible establecer unos incentivos adecuados para impulsar a los ingenieros de software a reutilizar, y no a reinventar? ¿Está dispuesta la administración a incurrir en los gastos adicionales asociados a la creación de componentes de software reutilizables? ¿Es posible crear la biblioteca de componentes necesaria para llevar a cabo la reutilización de forma tal que estén estos componentes a disposición de quien los necesite? ¿Es posible que los componentes existentes puedan ser encontrados por aquellos que los necesitan?

Estas y muchas otras cuestiones siguen siendo la pesadilla de la comunidad de los investigadores y profesionales de la industria que intentan hacer que la reutilización del software sea un enfoque habitual de la ingeniería del software. En este capítulo se examinarán algunas de las respuestas.

26.1. ASUNTOS DE GESTIÓN [1]

Un rápido estudio de los posibles beneficios de la reutilización del software revelará que se puede ganar mucho más que un simple ahorro de costes

[1] Esta sección contiene una versión editada y reorganizada de una serie de artículos escritos por Edward Berad y publicados en el grupo de Internet **comp.software-eng** en 1994. Se utiliza este material con permiso del autor.

durante el desarrollo del producto del software. Por ejemplo, la reutilización de un componente del software del cual se sabe que es fiable e introduce un menor riesgo que el rediseño y recodificación de ese mismo componente para nueva aplicación. Además, los asuntos de eficiencia también se pueden abordar de forma más efectiva si puede uno centrar su atención en la optimación de un conjunto de componentes reutilizables, en lugar de tener que reoptimar continuamente nuevas versiones de módulos ya existentes.

Sin embargo, los beneficios evidentes de la reutilización suelen verse superados por los problemas organizativos, por la carencia de una verdadera comprensión de la naturaleza de la reutilización del software, y por una estrategia débil o inexistente para impulsar e implementar la tecnología de reutilización. En las secciones siguientes se consideran todos estos temas.

26.1.1. Dificultades para la reutilización

Sigue existiendo una gran confusión en lo tocante a lo que puede significar un mayor énfasis en la reutilizabilidad del software. Aun cuando muchos observadores de la industria reconocen que algunas prácticas de desarrollo del software existentes deberán de cambiar, no parecen ser conscientes de cuales son los objetos específicos que tendrán que ser distintos. Existe un cierto número de dificultades para la reutilización del software. Con objeto de desarrollar una estrategia de reutilización efectiva, los administradores (y los técnicos) deben de entender cuales son estos problemas.

1. Hay pocas compañías y pocas organizaciones que tengan algo que se parezca remotamente a una planificación exhaustiva para la reutilización del software. Aun cuando hay muchas compañías y organizaciones que tienen a alguien que está «investigando» la idea, hay pocas que tengan ninguna intención de implementar este plan en el futuro próximo. La reutilización del software no es en absoluto un asunto «de la máxima prioridad» para muchas firmas de software.
2. Aun cuando existe un número creciente de fabricantes de software que venden en la actualidad herramientas o componentes que proporcionan una asistencia directa para la reutilización del software, la mayoría de los desarrolladores de software no las utilizan. Los productos de software que prestan su apoyo para lograr una reutilización incluyen aquellos que ofrecen un soporte de infraestructura (p. ej.: depósitos de componentes reutilizables, ojeadores), herramientas que ayudan a crear componentes reutilizables y sistemas completos de reutilizabilidad del software; son herramientas y componentes del software diseñados específicamente para ayudar a la reutilización del software y para impulsarla.
3. La cantidad de entrenamiento disponible para ayudar a los ingenieros del software y a los administradores a comprender y a explicar la reutilización es relativamente escasa. No solamente hay pocos vehículos de formación que tengan como blanco la reutilización, sino que además el tema se menciona solo brevemente en la mayoría de las formaciones que abordan la ingeniería del software.
4. Hay muchos especialistas de software que siguen creyendo que la reutilización es «más problema que beneficio». No es infrecuente oír al personal técnico recitar largas listas de las «desventajas de la reutilización del software». Los administradores parecen estar igualmente comprometidos a mantener este estado. Aun cuando los administradores adquieran las herramientas y la formación necesarias para una reutilización rudimentaria del software, la resistencia del personal contra el concepto sigue pudiendo ser elevada.
5. Hay muchas compañías que siguen propugnando las metodologías de desarrollo del software que no facilitan la reutilización (p. ej.: la descomposición funcional), a la vez que desaniman a otras que parecen impulsar la reutilización del software (p. ej.: los enfoques orientados a objetos).
6. Hay pocas compañías que proporcionen incentivos para producir componentes reutilizables de programas. De hecho, sucede exactamente lo contrario. El cliente del proyecto en curso tendrá dudas a la hora de soportar los gastos adicionales necesarios para desarrollar componentes reutilizables. Como resultado, los administradores del proyecto hacen lo posible por realizar el trabajo con componentes de programa que sean tan específicos como sea posible.

Además de los problemas técnicos que es preciso abordar, hay muchos otros asuntos relacionados que tienen su impacto sobre la reutilización. También es preciso considerar los asuntos políticos, de administración, legales, culturales, financieros, de mercadotecnia y de construcción de productos.

26.1.2. Una analogía con el hardware

En la industria del hardware de computadoras, la reutilización es la norma. Por ejemplo, existen chips estándar para UCP, existe una RAM estándar, existen coprocesadores matemáticos estándar y existen chips de ROM estándar. Tanto estos como otros circuitos integrados se utilizan en toda una gama de aplicaciones. Hace mucho tiempo, los ingenieros electrónicos descubrieron que uno de los axiomas de la reutilización más importante era la generalidad.

A diferencia de sus homólogos del software, los ingenieros electrónicos no tienen que verificar, por ejemplo, que todos y cada uno de los *«op-code»* admitidos por una UCP concreta se ejecute dentro de una aplicación específica. Tampoco tienen que demostrar que se utiliza hasta el último byte de RAM. Los ingenieros electrónicos disponen de datos que proporcionan una indicación cuantitativa acerca de la fiabilidad de ese circuito.

¿Cómo se puede aplicar la analogía anterior al software reutilizable? Considere el diseño de un componente de software reutilizable. Para que sea realmente reutilizable, ese componente de software debe de ser utilizable en algún lugar distinto de aquel en el que se está aplicando en la aplicación específica actual (o formando parte dentro de una aplicación). Para incrementar las posibilidades de que suceda esto, el ingeniero del software tiene que hacer que el componente sea más general. De hecho, existen formas bien conocidas de incrementar la generalidad de los componentes del software hasta un nivel muy elevado.

Por supuesto, existen desventajas. Al incrementar la generalidad puede disminuir la eficiencia, o incluso puede aumentar la complejidad. Tanto éstas como otras consideraciones deben de compararse con factores tales como la posible mejora de fiabilidad que se produciría como consecuencia de utilizar un componente conocido ya verificado, y con los ahorros de tiempo y de costes resultantes de la reutilización del software.

Con los años, se ha aprendido mucho acerca de la reutilización del software, aun cuando prosigue el debate acerca de temas específicos, suelen admitirse los puntos siguientes:

- Se puede reutilizar mucho más que el código fuente. De hecho, los diseños, los planes, los datos de comprobación y la documentación (entre otros elementos de la configuración del software) se pueden reutilizar también. La reutilización del código es lo que produce las ganancias menores de productividad y fiabilidad. Se alcanzan unos beneficios bastante mayores al reutilizar los diseños y la documentación asociada al «código fuente reutilizable». Por tanto, la reusabilidad no es un concepto que quede limitada a la codificación.
- La investigación parece indicar, y la práctica parece demostrar, que la mayoría de los productos de software se pueden ensamblar a partir de componentes reutilizables.
- Existen muchas métricas asociadas a la reutilización del software. Oscilan entre las métricas que miden la mera extensión del código fuente y de la documentación reutilizadas en una aplicación, hasta las métricas que miden los efectos de la reusabilidad del software (p. ej.: métricas de productividad del software).

La tecnología de la reutilización del software es ciertamente una colección de cosas. Entre estas cosas se cuentan los componentes reutilizables, las taxonomías, los sistemas de reusabilidad, los conceptos de composición, las metodologías y otros más. Esta tecnología está más relacionada con el tamaño del producto del software que con la escala en la cual se va a producir la reutilización.

Los métodos de diseño de software (Capítulos 14 y 21) desempeñan ciertamente un papel importante en la reutilización del software. Hay algunos métodos que mejoran la reutilización del software; hay otros que se oponen a ella. Desde hace algún tiempo se sabe que los diseños de software deberían de construirse de tal modo que sean fácilmente modificables. Tan sólo ahora empezamos a comprender que al aportar los problemas de reutilización del software a las primeras fases del proceso del software se puede mejorar grandemente el impacto de la reutilización del software. Por último, al estudiar los diseños de muchos sistemas dentro de un determinado dominio de aplicación, se pueden aislar y desarrollar componentes que sean candidatos a la reutilización.

26.1.3. Algunas sugerencias para establecer un enfoque de la reutilización

Los pasos siguientes pueden servir como ayuda para una organización que pretenda efectuar los cambios necesarios para aprovechar por completo el concepto de reusabilidad del software:

1. Establezca un plan interno para la reutilización del software. Este plan puede ayudar a la organización a controlar tanto la calidad como los costes asociados al software.
2. Imponga que la reutilización del software sea parte integrante de cualquier formación técnica y de administración. Esto debería de ser especialmente cierto para la formación orientada a objetos.
3. De acuerdo con el plan de reutilización del software interno, adquiera las herramientas y bibliotecas que contribuyan de la forma más positiva a la reutilización del software.
4. Impulse la utilización de métodos y herramientas de los cuales se haya demostrado que mejoran la reutilización del software.
5. Siga y mida tanto la reutilización del software como el impacto de la reutilización del software. Las decisiones políticas deberían de realizarse con «datos fiables», y no por suposiciones.
6. La administración debe hacer saber que impulsa de forma activa la reutilización del software.
7. Reconozca que se pueden reutilizar más cosas que los simples «módulos». Las herramientas, los datos de prueba, los diseños, los planes, los entornos y otros objetos de software pueden ser reutilizados también.

8. Sobre todo, reconozca que la reutilización del software no es «negocios como de costumbre». Un compromiso con la reutilización del software exigirá algunos cambios. Estos cambios deberán de presentarse de forma efectiva. Recuerde que el concepto de reutilización del software es algo ajeno a la mayor parte del personal técnico y de gestión.

FIGURA 26.1

El modelo de ensamblaje de componentes.

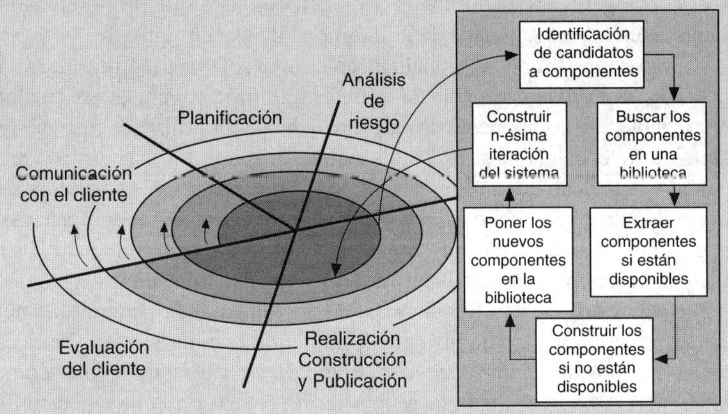

26.2. EL PROCESO DE REUTILIZACIÓN

La reutilización debería ser parte integrante de cualquier proceso de software. En el Capítulo 2, se utilizaba un «modelo de ensamblaje de componentes» (Figura 26.1) para ilustrar la forma en que se puede integrar una biblioteca de componentes reutilizables en el seno de un modelo de proceso evolutivo típico. En una parte posterior de esta sección, se explorará un modelo de proceso que hace hincapié en las actividades que deben de tener lugar para que se produzca la reutilización. En primer lugar, es necesario comprender los «artefactos» que se reutilizan cuando se emplea la ingeniería del software.

26.2.1. Artefactos reutilizables

Ya se ha indicado que la reutilización del software abarca algo más que el simple código fuente. ¿Pero cuánto más? Capers Jones [JON94] define diez artefactos del software que son candidatos para la reutilización:

Planes de proyecto. La estructura básica y gran parte del contenido (p. ej.: el plan SQA) de un plan de proyecto de software (véase la Segunda Parte de este libro) se podrán reutilizar entre proyectos sucesivos. Esto reduce el tiempo necesario para desarrollar el plan y la incertidumbre asociada al establecimiento de planes temporales, al análisis de riesgos, y otras características.

Estimaciones de coste. Dado que es frecuente implementar funciones similares en distintos proyectos, quizá sea posible reutilizar las estimaciones (Capítulo 5) para esas funciones con pocas modificaciones o quizá con ninguna.

Arquitectura. Existen relativamente pocos programas y pocas arquitecturas de datos distintas (Capítulo 13) aun cuando se consideren distintos programas de aplicación. Es posible crear un conjunto de plantillas arquitectónicas genéricas (p. ej.: una arquitectura de procesamiento de transacciones) y se pueden establecer esas plantillas como entornos reutilizables para el diseño.

Especificaciones y modelos de requisitos. Los modelos y especificaciones de clases y objetos (Capítulo 20) son candidatos evidentes para la reutilización. Además, los modelos de análisis (p. ej.: los diagramas de flujo de datos) desarrollados empleando enfoques convencionales de ingeniería del software (Capítulo 12) también se pueden reutilizar.

Diseños. Los diseños arquitectónicos, de datos, de interfaz y de procedimientos desarrollados empleando métodos convencionales (Capítulo 14) son candidatos para la reutilización. Con más frecuencia, los diseños de sistemas y de objetos (Capítulo 21) van a ser reutilizados.

Código fuente. Los componentes verificados de programa escritos en lenguajes de programación compatibles son candidatos para la reutilización.

Documentación del usuario y técnica. Suele ser posible reutilizar grandes porciones de la documentación de usuario y técnica, aun cuando las aplicaciones específicas sean distintas.

Interfaces humanas. Siendo posiblemente el artefacto del software más ampliamente reutilizado, el software de IGU se reutiliza con frecuencia. Dado que puede dar cuenta de casi un 60 por ciento del volumen de código de las aplicaciones, los beneficios de su reutilización son significativos.

Datos. Entre los artefactos más frecuentemente reutilizados, los datos abarcan las tablas internas, listas y estructuras de registros, así como los archivos y bases de datos completas.

Casos de prueba. Siempre que es preciso reutilizar un diseño o un componente de código, el caso de prueba relevante deberá de estar «asociado» a él.

La Tabla 26.1 [JON94] presenta datos anecdóticos (procedentes de proyectos militares y de sistemas) que indican el rendimiento de una inversión de 1$ al cabo de cuatro años y 24 aplicaciones de cada uno de los artefactos indicados más arriba. El impacto global ha sido descrito por Jones [JON94]: «El valor agregado de la reutilización de los diez artefactos genera lo que posiblemente sea el mejor rendimiento de cualquier tecnología de software conocida en este momento».

Es importante tener en cuenta que la reutilización va más allá de los artefactos suministrables que se describían más arriba, y que incluye también elementos del proceso de ingeniería del software. Los métodos específicos de modelado de análisis, las técnicas de inspección, las técnicas de diseño de casos de prueba, los procedimientos de control de calidad y muchas otras aplicaciones de la ingeniería del software se pueden «reutilizar». Por ejemplo, si un equipo de software aplica una ingeniería del software de sala limpia (Capítulo 25) de forma efectiva, el enfoque puede tener relevancia para otro proyecto. Para llevar a cabo esta determinación, es necesario definir un conjunto de funciones de caracterización (Sección 26.3.2) que capaciten a los posibles usuarios de la sala limpia para efectuar una determinación adecuada de su aplicabilidad.

TABLA 26.1

Valor de la reutilización del software durante cuatro años [JON94]

Artefacto reutilizable	Beneficio a cuatro años
Planes de proyectos	$ 2,00
Estimaciones de costes	3,00
Arquitectura	1,50
Modelos y especificaciones de requisitos	3,00
Diseños	5,00
Código fuente	6,00
Documentación de usuario y técnica	1,50
Interfaces humanas	1,00
Datos	3,50
Casos de prueba	3,50

26.2.2. Un modelo de procesos

Se ha propuesto toda una gama de modelos de proceso para la reutilización. Cada uno de ellos hace hincapié en los rastros paralelos en los cuales la ingeniería de dominios (Sección 26.3) se produce de forma concurrente con la ingeniería del software. La ingeniería del dominio efectúa el trabajo necesario para establecer un conjunto de artefactos de software que se pueden reutilizar por parte del ingeniero del software. Estos artefactos se transportan entonces a través de unos «límites» que separan la ingeniería del dominio de la ingeniería del software.

La Figura 26.2 ilustra un modelo de proceso típico que admite explícitamente la reutilización [CHR95]. La ingeniería del dominio crea un modelo del dominio de la aplicación que se utiliza como base para analizar los requisitos del usuario en el flujo de la ingeniería del software. La arquitectura del software (y los puntos de estructura correspondientes, véase la Sección 26.3.3) proporcionan la entrada para el diseño de la aplicación. Finalmente, una vez que se han construido los componentes reutilizables (como parte de la ingeniería del dominio), se ponen a disposición de los ingenieros del software durante la actividad de construcción del software.

26.3. INGENIERÍA DE DOMINIOS

El objetivo de la *ingeniería de dominios* consiste en identificar, construir, catalogar y diseminar un conjunto de artefactos de software que tienen aplicación en el software actual y existente, dentro de un determinado dominio de aplicación. El objetivo global consiste en establecer mecanismos que capaciten a los ingenieros de software para compartir estos artefactos —para reutilizarlos— durante su trabajo aplicados a sistemas nuevos o ya existentes.

La ingeniería de dominios incluye tres actividades principales-análisis, construcción y diseminación. Se presentaba una visión general del análisis del dominio en el Capítulo 20. Sin embargo, este tema se ha revisado en las secciones siguientes. La construcción y diseminación del dominio se consideran en secciones posteriores de este capítulo.

Se podría argumentar que «la reutilización desaparecerá, pero no por eliminación, sino por integración» en el tejido de la práctica de la ingeniería del software [TRA95].

FIGURA 26.2

Un modelo de proceso que hace hincapié en la reutilización

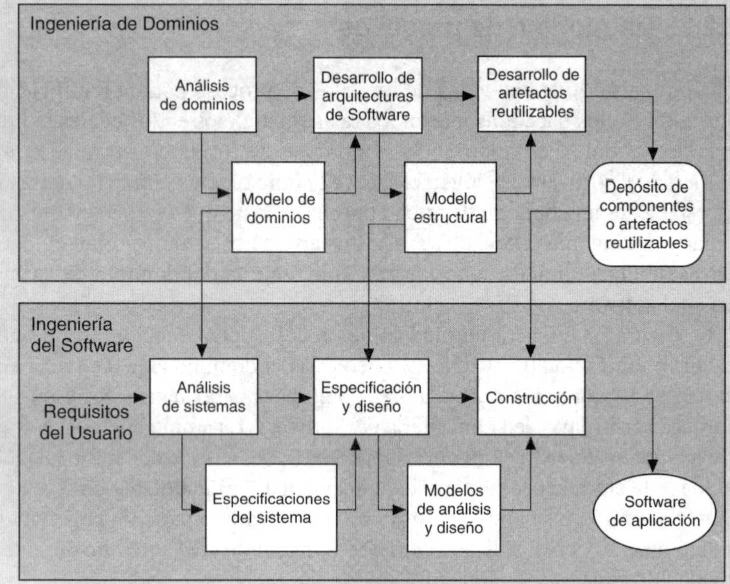

A medida que se hace cada vez más hincapié en la reutilización, hay quienes creen que la ingeniería de dominios pasará a ser tan importante como la ingeniería del software a lo largo de la próxima década.

26.3.1. El proceso de análisis del dominio

En el Capítulo 20, se describía el enfoque global del análisis del dominio en el contexto de la ingeniería del software orientado a objetos. Los pasos del proceso se definían en la forma siguiente:

1. Definir el dominio que hay que investigar.
2. Categorizar los elementos extraídos del dominio.
3. Recoger una muestra representativa de las aplicaciones del dominio.
4. Analizar cada aplicación de la muestra.
5. Desarrollar un modelo de análisis para los objetos.

Es importante tener en cuenta que el análisis del dominio es aplicable a cualquier paradigma de ingeniería del software, y que se puede aplicar tanto para el desarrollo convencional como para el desarrollo orientado a objetos.

Prieto-Díaz [PRI87] expande el segundo paso de análisis del dominio indicado anteriormente y sugiere un enfoque de ocho pasos para la identificación y categorización de artefactos reutilizables:

1. Seleccionar funciones y objetos específicos.
2. Abstraer las funciones y objetos.
3. Definir una taxonomía.
4. Identificar las características comunes.
5. Identificar las relaciones específicas.
6. Abstraer las relaciones.
7. Derivar un modelo funcional.
8. Definir un lenguaje del dominio.

El lenguaje del dominio hace posible la especificación y posterior construcción de aplicaciones dentro del dominio.

Aun cuando los pasos indicados más arriba proporcionan un modelo útil para el análisis del dominio, no proporcionan ninguna guía para decidir cuales son los artefactos de software que son candidatos para la reutilización. Hutchinson y Hindley [HUT88] sugieren el siguiente conjunto de cuestiones pragmáticas como guía para identificar los componentes del software reutilizables:

- ¿Es la funcionalidad del componente un requisito de futuras implementaciones?
- ¿Hasta qué punto es corriente la función del componente dentro del dominio?
- ¿Existe una duplicación de la función del componente dentro del dominio?
- ¿Depende ese componente del hardware?
- ¿Permanece intacto el hardware entre implementaciones?
- ¿Es posible trasladar las partes específicas del hardware a otro componente?
- ¿Está el diseño suficientemente optimizado para la siguiente implementación?
- ¿Es posible parametrizar un componente no reutilizable para que pase a ser reutilizable?
- ¿Es reutilizable ese componente en muchas implementaciones con cambios solo menores?
- ¿Es factible la reutilización por modificación?

- ¿Puede descomponerse un componente no reutilizable para producir componentes reutilizables?
- ¿Hasta qué punto es válida la descomposición del componente para su reutilización?

Una descripción profunda de los métodos de análisis del dominio va más allá del alcance de este libro. Para más información acerca del análisis del dominio, véase [PRI93].

26.3.2. Funciones de caracterización

A veces resulta difícil determinar si un artefacto potencialmente reutilizable es realmente aplicable en una situación determinada. Para llevar a cabo esta determinación, es necesario definir un conjunto de *características del dominio* que serán compartidas por todo el software en el seno del dominio. Una característica del dominio define algún atributo genérico de todos los productos que existen dentro del dominio. Por ejemplo, entre las características genéricas se podría incluir la importancia de la seguridad y fiabilidad, el lenguaje de programación, la concurrencia de procesamiento, y muchos más.

Se puede representar un conjunto de características del dominio para un reutilizable en la forma $\{D_p\}$, en donde cada elemento, D_{pi}, del conjunto representa una característica específica del dominio. El valor asignado a D_{pi}, representa una escala ordinal que es una indicación de la relevancia de esa característica para el artefacto p. Una escala típica [BAS94] podría ser:

1. No es relevante para que la reutilización sea o no adecuada.
2. Sólo es relevante en circunstancias poco comunes.
3. Relevante; se puede modificar el artefacto para poder utilizarlo, a pesar de las diferencias.
4. Es claramente relevante, y si el nuevo software no posee esta característica, la reutilización será ineficiente; la reutilización quizá siga siendo posible.
5. Es claramente relevante, y si el nuevo software no posee esta característica, la reutilización será ineficiente; no es recomendable la reutilización .

Cuando se va a construir un nuevo software, w, dentro del dominio de la aplicación, se deriva para él un conjunto de características del dominio. A continuación se efectúa una comparación entre D_{pi} y D_{wi} para determinar si el artefacto existente p se puede reutilizar efectivamente en la aplicación w.

La Tabla 26.2 [BAS94] enumera características típicas de dominio que pueden tener impacto en la reutilización del software. Estas características del dominio deben de tenerse en cuenta con objeto de reutilizar de forma eficiente un artefacto.

Aun cuando el software que haya que construir exista claramente en el seno de un dominio de aplicación, los artefactos reutilizables situados dentro

TABLA 26.2

Características del dominio que afectan a la reutilización [BAS94]

Producto	Proceso	Personal
Estabilidad de requisitos	Modelo de proceso	Motivación
Software concurrente	Ajuste del proceso	Educación
Restricciones de memoria	Entorno del proceso	Experiencia/formación
Tamaño de aplicación	Restricciones de planificación temporal	• dominio de aplicación
Complejidad de interfaz de usuario	Restricciones presupuestarias	• proceso
Lenguaje(s) de programación	Productividad	• plataforma
Seguridad y fiabilidad		• lenguaje
Requisitos de duración global		Productividad del equipo de desarrollo
Calidad del producto		
Fiabilidad del producto		

de ese dominio deberán de ser analizados con objeto de determinar su aplicabilidad. En algunos casos (esperemos que sea un número limitado), la «reinvención de la rueda» puede seguir siendo la opción más efectiva en términos de coste.

26.3.3. Modelado estructural y puntos de estructura

Cuando se aplica el análisis del dominio, el analista busca tramas repetidas en las aplicaciones que residen dentro del dominio. El *modelado estructural* es un enfoque de ingeniería basado en tramas que opera efectuando la suposición consistente en que todo dominio de aplicación posee tramas repetidas (de función, de datos y de comportamiento), que tienen un potencial de reutilización.

Pollak y Rissman [POL94] describen los modelos estructurales de la forma siguiente:

> Los modelos estructurales constan de un pequeño número de elementos estructurales que manifiestan unas tramas de interacción claras. Las arquitecturas de sistemas que utilizan modelos estructurales se caracterizan por múltiples ensamblajes que están formados por estos elementos de modelo. De esta manera, las complejas interacciones entre los sistemas muchas unidades de arquitectura surgen de sencillas tramas de interacción entre este pequeño número de elementos.

Todo dominio de aplicación se puede caracterizar por un modelo estructural (p. ej.: la aviónica difiere mucho en los aspectos específicos, pero todo el software moderno de este dominio tiene el mismo modelo estructural). Por tanto, el modelo estructural es un artefacto arquitectónico que puede y debe de reutilizarse entre aplicaciones pertenecientes al dominio.

McMahon [MCM95] describe una *punto de estructura* como «una estructura bien diferenciada dentro de un modelo estructural». Los puntos de estructura tienen tres características bien claras:

1. Un punto de estructura es una abstracción que debe de tener un número limitado de instancias. Expresando esto de nuevo en la jerga orientada a objetos (Capítulo 19), el tamaño de la jerarquía de clases debe de ser pequeño. Además, la abstracción debe de repetirse a lo largo de todas las aplicaciones del dominio. En caso contrario, el esfuerzo requerido para verificar, documentar y diseminar ese punto de estructura no puede justificarse en términos de coste.
2. Las reglas que gobiernan la utilización del punto de estructura deben de comprenderse fácilmente. Además, la interfaz con el punto de estructura debe de ser relativamente sencilla.
3. El punto de estructura debe de implementar el ocultamiento de información, ocultando toda la complejidad contenida dentro del punto de estructura en sí. Esto reduce la complejidad percibida del sistema en su conjunto.

Como ejemplo de los puntos de estructura como tramas arquitectónicas de un sistema, considérese el dominio del software de sistemas de alarma. El dominio del sistema puede abarcar sistemas tan simples como HogarSeguro [2] o tan complejos como el sistema de alarma de un proceso industrial. En todos los casos, sin embargo, se encuentra un conjunto de tramas estructurales predecibles:

- Una *interfaz* que capacita al usuario para interactuar con el sistema.
- Un *mecanismo de establecimiento de límites* que permite al usuario establecer límites para los parámetros que hay que medir.
- Un *mecanismo de gestión de sensores* que se comunica con todos los sensores empleados en la monitorización.
- Un *mecanismo de respuesta* que reacciona frente a las entradas proporcionadas por el sistema de gestión de sensores.
- Un *mecanismo de control* que capacita al usuario para controlar la forma en que se efectúa la monitorización.

Cada uno de estos puntos de estructura está integrado en una arquitectura de dominio.

Es posible definir puntos de estructura genéricos que van más allá de un cierto número de dominios de aplicación distintos [STA94]:

Aplicaciones cliente. La IGU, incluyendo todos los menús, paneles y capacidades de entrada y edición de órdenes.

Bases de datos. El depósito de todos los objetos relevantes para el dominio de la aplicación.

Motores de cálculo. Los modelos numéricos y no numéricos que manipulan datos.

Generación de informes. La función que produce salidas de todo tipo.

Editores de aplicación. El mecanismo adecuado para personalizar la aplicación ajustándola a las necesidades de usuarios específicos.

---

[2] El sistema de seguridad HogarSeguro se ha utilizado como ejemplo en capítulos anteriores.

Como alternativa para las líneas de código y para los puntos de función en lo tocante a estimaciones de coste se han sugerido los puntos de estructura [MCM95]. Se presenta una breve descripción de la utilización de los puntos de estructura en la Sección 26.6.2.

26.4. CONSTRUCCIÓN DE COMPONENTES REUTILIZABLES

No hay nada de mágico en la creación de un software que se pueda reutilizar. Los conceptos de diseño tales como la abstracción, el ocultamiento, la independencia funcional, el refinamiento y la programación estructurada, junto con los métodos orientados a objetos, las comprobaciones, SQA y los métodos de verificación de corrección contribuyen todos ellos a la creación de componentes de software reutilizables[3]. En esta sección no se volverán a tratar estos temas. Más bien, se consideran los temas específicos de la reutilización que son complementarios para unas prácticas sólidas de ingeniería del software.

26.4.1. Análisis y diseño para la reutilización

Los componentes de modelo de análisis se han tratado detalladamente en las Partes Tercera y Cuarta de este libro. Los modelos de datos, funcional y de comportamiento (representados mediante toda una gama de notaciones distintas) se pueden crear con objeto de describir lo que debe de realizar una determinada aplicación. A continuación se utilizan unas especificaciones por escrito para describir estos modelos, y obtener como resultado final una descripción completa de los requisitos.

Idealmente, se analiza el modelo de análisis para determinar aquellos elementos del modelo que indican unos artefactos reutilizables ya existentes. El problema consiste en extraer información a partir del modelo de requisitos de forma que pueda llevar a una «coincidencia de especificaciones». Bellinzoni y sus colaboradores [BEL95] describen un enfoque para los sistemas orientados a objetos:

Los componentes se definen y se almacenan como clases de especificación, diseño e implementación con diferentes niveles de abstración (cada clase es una descripción ya realizada de un producto procedente de aplicaciones anteriores). El conocimiento de especificación —conocimiento de desarrollo— se almacena en la forma de clases que *sugieren la reutilización,* y que contienen indicaciones para recuperar componentes reutilizables basándose en su descripción y también para componerlos y ajustarlos una vez recuperados.

Se utilizan herramientas automatizadas para explorar el depósito en un intento de hacer coincidir el requisito indicado en la especificación actual con los descritos para unos componentes reutilizables ya existentes (clases). Las funciones de caracterización (Sección 26.3.2) y las palabras reservadas se emplean como ayuda para hallar componentes potencialmente reutilizables.

Si la coincidencia de especificaciones produce componentes que se ajusten a las necesidades de la aplicación en cuestión, el diseñador puede extraer estos componentes de una biblioteca de reutilización (depósito) y puede utilizarlos para diseñar el nuevo sistema. Si no es posible hallar componentes de diseño, entonces el ingeniero del software debe de aplicar métodos de diseño convencionales u OO para crearlos. Es en este momento —cuando el diseñador comienza a crear un nuevo componente— cuando debe de considerarse el *diseño para la reutilización (DPR).*

Tal como se ha indicado anteriormente, el diseño para la reutilización requiere que el ingeniero del software aplique unos sólidos conceptos y principios de diseño del software (Capítulo 13). Pero las características del dominio de la aplicación también tienen que tenerse en cuenta. Binder [BIN93] sugiere un cierto número de asuntos fundamentales que deben de considerarse[4] como base del diseño para la reutilización:

Datos estándar. Es preciso investigar el dominio de la aplicación, y es preciso identificar las estructuras de datos estándar globales (p. ej.: las estructuras de archivo o toda una base de datos completa). Entonces se pueden caracterizar todos los componentes de diseño para hacer uso de estas estructuras de datos estándar.

Protocolos de interfaz estándar. Deberían de establecerse tres niveles de protocolo de interfaz: La naturaleza de las interfaces intramodulares, el diseño de interfaces técnicas externas (no humanas), y la interfaz hombre-máquina.

Plantillas de programa. El modelo de estructura (Sección 26.3.3) puede servir como plantilla para el diseño arquitectónico de un nuevo programa.

Una vez que se han establecido los datos estándar, las interfaces y las plantillas de programa, el diseñador posee un marco de referencia en el cual puede crear el diseño. Los nuevos componentes que se ajusten a este marco de referencia tendrán una mayor probabilidad de ser reutilizados posteriormente.

[3] Para tener más información acerca de estos temas, véanse los Capítulos 13, 14, 16, 17, 21 y 25.

[4] En general, las preparaciones indicadas para el diseño destinado a la reutilización deberían de llevarse a cabo como parte de la ingeniería del dominio (Sección 27.3).

26.4.2. Métodos de construcción

Al igual que el diseño, la construcción de artefactos reutilizables se basa en métodos de la ingeniería del software que ya se han descrito en otras partes de este libro. La construcción se puede efectuar empleando lenguajes convencionales de programación, de tercera generación, lenguajes de cuarta generación y generadores de código, técnicas de programación visual, o herramientas más avanzadas.

La compañía Netron, Inc. ha desarrollado un ejemplo representativo de las técnicas de construcción más avanzadas [BAS94b]. Se denomina *tecnología de marcos*, y el enfoque de Netron define un conjunto de componentes adaptables y genéricos denominados *marcos*. Al igual que los objetos, los marcos encapsulan datos y operaciones, pero extiende la definición de objeto al incorporar mecanismos que capacitan al ingeniero del software para adaptar el marco mediante la selección, borrado, modificación o iteración de cualquiera de los subcomponentes que componen el marco.

Se construye una aplicación mediante el ensamblaje de componentes procedentes de una jerarquía de marcos. Los marcos que se encuentran en la parte inferior de la jerarquía son análogos a los módulos trabajadores de una arquitectura factorizada (Capítulo 13). Esto es, contienen estructuras de datos y operaciones que efectúan funciones de sistema de bajo nivel (p. ej.: interacción con el sistema operativo, construcción de interfaces, interacción con bases de datos). Los marcos que residen en el punto medio de la jerarquía se centran en funciones relevantes para los dominios de sistemas de información específicos (p. ej.: procesamiento de transacciones, bancos, servicio a clientes). En la parte superior de la jerarquía se encuentra un «marco de especificación» que actúa como «el plano fundamental del sistema y el único cuadro que crea el desarrollador para definir el sistema» [YOU94].

26.4.3. Desarrollo basado en componentes

Cuando la reutilización predomina durante el desarrollo de una aplicación, el enfoque de construcción suele conocerse a veces con el nombre de *desarrollo basado en componentes* o bien *software por componentes*. Como ya se ha visto, la ingeniería de dominios proporciona la biblioteca de componentes reutilizables que son necesarios para el desarrollo basado en componentes. Algunos de estos componentes reutilizables se desarrollan en la propia empresa, otros se podrán extraer de aplicaciones ya existentes, y quizá otros se adquieran en otros fabricantes.

Ahora bien, ¿cómo se puede crear una biblioteca de componentes que posea una estructura consistente, que se puedan adquirir desde toda una gama de fuentes distintas externas e internas, y que sigan siendo susceptibles de ser integrados en cualquier sistema dentro de un dominio de aplicación? La respuesta se encuentra en la adopción de un estándar para estos componentes. Debería de estar presente un conjunto de cuatro «ingredientes arquitectónicos» [ADL95] para implementar el desarrollo basado en componentes:

Un modelo de intercambio de datos. Se trata de mecanismos que capaciten a los usuarios y a las aplicaciones para interactuar y transferir datos (p. ej.: arrastrar y soltar, cortar y pegar), y que deberán de estar definidos para todos los componentes reutilizables. Los mecanismos de intercambio de datos no solamente permiten la transferencia de datos entre hombre y programa y entre componentes, sino que también hacen posible la transferencia entre recursos del sistema (p. ej.: arrastrar un archivo al icono de una impresora para la salida).

Automatización. Debería de estar implementada toda una gama de herramientas, macros y guiones que faciliten la interacción entre componentes reutilizables.

Almacenamiento estructural. Los datos heterogéneos (p. ej.: los datos gráficos, voz, texto y datos numéricos) contenidos en un «documento compuesto» deben de estar organizados y debe de ser posible acceder a ellos como si de una sola estructura de datos se tratase, en lugar de comportarse como si fueran toda una colección de archivos por separado. «Los datos estructurados mantienen un índice descriptivo de estructuras de anidamiento, que las aplicaciones pueden recorrer libremente para localizar, crear o editar los contenidos de datos individuales según lo indique el usuario final» [ADL95].

Modelo de objetos subyacente. El modelo de objetos asegura que los componentes desarrollados en distintos lenguajes de programación que residan en distintas plataformas puedan ser interoperables. Esto es, los objetos deben de ser capaces de comunicarse a través de una red. Para lograr esto, el modelo de objetos define un estándar para la interoperabilidad de componentes. El estándar es independiente del lenguaje y se define empleando un *lenguaje de definición de interfaz* (LDI).

Dado que el posible impacto de la reutilización sobre la industria del software es enorme, un cierto número de compañías importantes y de consorcios industriales[5] han propuesto unos estándares para el software por componentes:

[5] Se presenta una excelente descripción de los estándares «objetos distribuidos» que aquí describimos brevemente en [ORF96].

OpenDoc. Un consorcio de grandes compañías técnicas (incluyendo IBM, Apple y Novell) ha propuesto el estándar OpenDoc para documentos compuestos y software por componentes. El estándar define los servicios, infraestructura de control, y arquitectura que es preciso implementar para hacer posible que los componentes proporcionados por un desarrollador interoperen con componentes proporcionados por otro desarrollador.

OMG/CORBA. El Object Management Group ha publicado una *arquitectura común de solicitud de objetos (OMG/CORBA)*. Los d*istribuidores de solicitudes de objetos (ORB)* proporcionan toda una gama de servicios que hacen posible que los componentes reutilizables (objetos) se comuniquen con otros componentes, independientemente de su ubicación dentro del sistema. Cuando se construyen componentes empleando el estándar de OMG/CORBA, la integración de estos componentes (sin modificación) dentro de un sistema queda garantizada[6].

Para utilizar una metáfora cliente/servidor, los objetos situados dentro de la aplicación cliente solicitan uno o más servicios del servidor de ORB. Las solicitudes se hacen a través de LDI, o bien dinámicamente en el momento de la ejecución. Un depósito de interfaz contiene toda la información necesaria acerca de las solicitudes de servicio y de los formatos de respuesta. CORBA se describe con más detalle en el Capítulo 28.

OLE 2.0. Microsoft ha desarrollado un modelo de componentes de objetos (COM) que proporciona una especificación para utilizar objetos producida por distintos fabricantes dentro de una misma aplicación. La *vinculación e incrustación de objetos (OLE)* forma parte de COM y define una estructura estándar de componentes reutilizables. OLE se utiliza como parte de los sistemas operativos de Microsoft (p. ej.: Windows 95, Windows NT).

¿Cuál de estos estándares dominará la industria? En este momento, no hay una respuesta fácil. En la actualidad, OLE se utiliza más ampliamente (debido a la amplia utilización de las aplicaciones basadas en Windows). Pero muchas herramientas y entornos de desarrollo de OMG/CORBA se están presentando en la actualidad. Para mayor información acerca de los estándares de componentes y de las herramientas que los soportan, véanse [ADL95] y [LIN95].

[6] Los documentos acerca de OMG se pueden encontrar en **http://www.omg.org/**.

26.5. CLASIFICACIÓN Y RECUPERACIÓN DE COMPONENTES

Considere una gran biblioteca universitaria. Están disponibles para su utilización decenas de millares de libros, periódicos y otras fuentes de información. Ahora bien, para acceder a estos recursos, es preciso desarrollar algún sistema de clasificación. Para recorrer este gran volumen de información, los bibliotecarios han definido un esquema de clasificación que incluye un código de clasificación de la biblioteca del congreso, palabras reservadas, nombres de autor, y otras entradas de índice. Todas ellas capacitan al usuario para encontrar el recurso necesario de forma rápida y sencilla.

Considere ahora un gran depósito de componentes. Residen en él decenas de millares de componentes de software reutilizables. ¿Cómo puede hallar el ingeniero del software el componente que necesite? Para responder a esta pregunta, surge otra más. ¿Cómo se describen los componentes de software en términos no ambiguos y fácilmente clasificables? Se trata de cuestiones difíciles, y todavía no se ha desarrollado una respuesta definitiva. En esta sección, se exploran las tendencias actuales que capacitarán a los futuros ingenieros del software para navegar las bibliotecas reutilizables.

26.5.1. Descripción de componentes reutilizables

Un componente de software reutilizable se puede describir de muchas formas, pero la descripción ideal abarca lo que Tracz [TRA90] ha llamado el *Modelo 3C* —concepto, contenido y contexto.

El *concepto* de un componente de software es «una descripción de lo que hace el componente» [WHI95]. La interfaz con el componente se describe por completo, y su semántica —representada dentro del contexto de pre y postcondiciones— se identifica también. El concepto debe de comunicar la intención del componente.

El *contenido* de un componente describe la forma en que se construye el concepto. En esencia, el contenido es una información que queda oculta a los ojos del usuario habitual y que solamente necesita conocer quien intente modificar ese componente.

El *contexto* sitúa el componente de software reutilizable en el seno de su dominio de aplicabilidad, esto es, mediante la especificación de características conceptuales, operacionales y de implementación, el contexto capacita al ingeniero del software para hallar el componente adecuado para satisfacer los requisitos de la aplicación.

Para que resulte útil en un sentido práctico, el concepto, el contenido y el contexto tienen que traducirse a un esquema de especificación concreto. Se han escrito varias docenas de artículos y trabajos acerca de los esquemas de clasificación para componentes de software reutilizables [7]. Los métodos propuestos se pueden descomponer en tres zonas fundamentales: métodos de las ciencias de la documentación y de biblioteconomía, métodos de inteligencia artificial y sistemas de hipertexto. La gran mayoría de los trabajos realizados hasta el momento sugiere la utilización de métodos propios de biblioteconomía para la clasificación de componentes.

La Figura 26.3 presenta una taxonomía de los métodos de indización en biblioteconomía. Los *vocabularios controlados de indización* limitan los términos y sintaxis que se pueden utilizar para clasificar los objetos (componentes). Los vocabularios de iniciación no controlados no imponen restricciones sobre la naturaleza de la descripción. La gran mayoría de los esquemas de clasificación para los componentes de software caen dentro de tres categorías:

FIGURA 26.3

Una taxonomía de métodos de indización procedente de la biblioteconomía [FRA94]

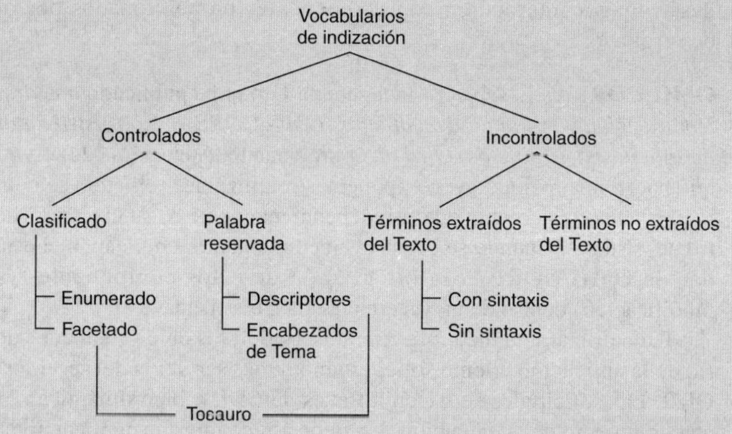

Clasificación enumerada. Se describen los componentes mediante la definición de una estructura jerárquica en la cual se definen clases y diferentes niveles de subclases de componentes de software. Los componentes en sí se enumeran en el nivel más bajo de cualquier ruta de la jerarquía enumerada. Por ejemplo, una jerarquía enumerada para operaciones con ventanas [8] podría ser

operaciones de ventana
  visualización
    abrir
      basados en menú
        open Window
      basados en sistema
        sysWindow
    cerrar
      a través de puntero
        ....
  cambio de tamaño
    a través de órdenes
      setWindowSize, stdResize, shrinkWindow
    por arrastre
      pullWindow, stretchWindow
  reordenación en planos
        ....
  desplazamiento
        ....
  cierre
        ....

La estructura jerárquica de un esquema de clasificación enumerado hace que sea sencillo comprenderlo y utilizarlo. Sin embargo, antes de que sea posible construir una jerarquía, es preciso llevar a cabo una ingeniería del dominio para que esté disponible una cantidad suficiente de conocimientos acerca de las entradas correctas de esa jerarquía.

Clasificación por facetas. Se analiza un cierto área de dominio y se identifica un conjunto de características descriptivas básicas. Estas características, que se denominan *facetas*, reciben entonces diferentes prioridades según su importancia, y se relacionan con un componente. La faceta puede describir la función que lleva a cabo el componente, los datos que se manipulan, el contexto en que se aplican, o cualquier otra característica. El conjunto

[7] [VHI95] contiene una extensa bibligrafía.

[8] Solamente se indica un pequeño subconjunto de todas las operaciones posibles.

de facetas que describen un componente se denomina *descriptor de facetas*. Generalmente, la descripción por facetas se limita a un máximo de siete u ocho facetas.

Como ilustración sencilla del uso de facetas en la clasificación de componentes, considérese un esquema [LIA93] que hace uso del siguiente descriptor de facetas:

{función, tipo de objeto, tipo de sistema}

Cada una de las facetas del descriptor de facetas adopta uno o más valores que en general serán palabras reservadas descriptivas. Por ejemplo, si *función* es una faceta de un componente, entonces entre los valores típicos que se asignen a esta faceta podríamos contar:

función = (*copiar, desde*) o bien (*copiar, sustituir, todo*)

La utilización de múltiples valores de faceta hace posible que la función primitiva *copiar* se refine más exactamente.

Se asignan las palabras reservadas (valores) al conjunto de facetas de cada componente de una cierta biblioteca de reutilización. Cuando un ingeniero del software desea consultar la biblioteca en busca de posibles componentes para un diseño, se especifica una lista de valores y se consulta la biblioteca en busca de posibles candidatos. Se pueden emplear herramientas automatizadas para incorporar una *función de tesauro*. Esto hace posible que la búsqueda abarque no solo las palabras reservadas especificadas por el ingeniero del software, sino también otros sinónimos técnicos de esas mismas palabras reservadas.

Un esquema de clasificación por facetas proporciona al ingeniero del dominio una mayor flexibilidad al especificar descriptores complejos de los componentes [FRA94]. Dado que es posible añadir nuevos valores de facetas con facilidad, el esquema de clasificación por facetas es más fácil de extender y de adaptar que el enfoque de enumeración.

Clasificación de atributos y valores. Se define un conjunto de atributos para todos los componentes de una cierta zona de dominio. A continuación se asignan valores a estos atributos de forma muy parecida a una clasificación por facetas. De hecho, la clasificación de atributos y valores es parecida a la clasificación por facetas con las excepciones siguientes: (1) no hay límite para el número de atributos que se pueden utilizar; (2) no se asignan prioridades a los atributos; y (3) no se utiliza la función de tesauro.

Basándose en un estudio empírico de las anteriores técnicas de clasificación, Frakes y Pole [FRA94] indican que no existe una técnica que sea claramente «la mejor» y que «ningún método es más que moderadamente adecuado en lo tocante a efectividad de búsqueda....». Parece entonces que es preciso realizar un trabajo más extenso en el desarrollo de unos esquemas de clasificación efectivos para las bibliotecas de reutilización.

26.5.2. El entorno de reutilización

La reutilización de componentes de software debe de estar apoyada por un entorno que abarque los elementos siguientes:

- Una *base de datos de componentes* capaz de almacenar componentes de software, así como la información de clasificación necesaria para recuperarlos.
- Un *sistema de gestión de bibliotecas* que proporcione acceso a la base de datos.
- Un *sistema de recuperación de componentes de software* (p. ej.: un distribuidor de solicitudes de objetos) que permita que la aplicación cliente recupere los componentes y servicios del servidor de la biblioteca.
- Unas *herramientas CASE* que presten su apoyo a la integración de componentes reutilizados en un nuevo diseño o implementación.

Cada una de estas funciones interactúa con una biblioteca de reutilización o bien se encuentra incorporada a esta última.

La *biblioteca de reutilización* es un elemento de un depósito CASE más extenso (Capítulo 29) y proporciona posibilidades adecuadas para el almacenamiento de una amplia gama de artefactos reutilizables (p. ej.: especificación, diseño, casos de prueba, guías para el usuario). La biblioteca abarca una base de datos y las herramientas necesarias para consultar esa base de datos y recuperar de ella componentes. Un esquema de clasificación de componentes (Sección 26.5.1) servirá como base para las consultas efectuadas a la biblioteca.

Las consultas suelen caracterizarse mediante el uso del elemento de *contexto* del Modelo 3C que se describía anteriormente. Si una consulta inicial da lugar a una lista voluminosa de candidatos a componentes, entonces se refina la consulta para limitar esa lista. A continuación se extraen las informaciones de *concepto* y *contenido* (después de haber hallado los candidatos a componentes) para ayudar al desarrollador a seleccionar el componente adecuado.

Una descripción detallada de la estructura de las bibliotecas de reutilización y de las herramientas que las gestionan va más allá de los límites de este libro. El lector interesado debería de consultar [HOO91] y [LIN95] para más información.

26.6. ECONOMÍA DE LA REUTILIZACIÓN DEL SOFTWARE

La economía de la reutilización del software tiene un atractivo intuitivo. En teoría, debería de proporcionar a las organizaciones de software unas ventajas notables en lo tocante a la calidad y a tiempos de realización. Éstas, a su vez, deberían de traducirse en unos ahorros de costes. ¿Existen datos reales que presten apoyo a nuestra intuición?

Para responder a esta pregunta primero es preciso comprender lo que se puede reutilizar en un contexto de ingeniería del software, cuales son los costes asociados a la reutilización. Como consecuencia, será posible desarrollar un análisis de costes y de beneficios para la reutilización.

26.6.1. Impacto sobre la calidad, la productividad y el coste

A lo largo de los últimos años, existen notables evidencias procedentes de casos prácticos en la industria (p. ej.: [HEN95], [MCM95], [LIM94]) indican que es posible obtener notables beneficios de negocios mediante una reutilización agresiva del software. Mejoran la calidad del producto, la productividad del desarrollador, y los costes en general.

Calidad. En un entorno ideal, un componente del software que se desarrolle para su reutilización estará verificado en lo tocante a su corrección (véase el Capítulo 25) y no contendrá defectos. En realidad, la verificación formal no se lleva a cabo de forma rutinaria, y los defectos pueden aparecer y aparecen. Sin embargo, con cada reutilización, los defectos se van hallando y van siendo eliminados, y como consecuencia mejora la calidad del componente. Con el tiempo, el componente llega a estar virtualmente libre de defectos.

En un estudio realizado en el Hewlett-Packard, Lim [LIM94] informa que la tasa de defectos para el código reutilizado es de 0,9 defectos por KLDC, mientras que la tasa para el software recién desarrollado es de 4,1 defectos por KLDC. Para una aplicación que esté compuesta por un 68 por ciento de códigos reutilizados, la tasa de defectos será de 2,0 defectos por KLDC (ésta es una mejora del 51 por ciento con respecto a la tasa esperada, si se hubiera desarrollado la aplicación sin reutilización). Henry y Faller [HEN95] informan de una mejora de calidad del 35 por ciento. Aun cuando existen recortes anecdóticos que abarcan un espectro razonablemente amplio en porcentajes de mejora de la calidad, es justo afirmar que la reutilización proporciona un beneficio no despreciable en términos de la calidad y fiabilidad del software proporcionado.

Productividad. Cuando se aplican artefactos reutilizables a lo largo y ancho del proceso del software, se invierte menos tiempo creando los planes, modelos, documentos, código y datos necesarios para crear un sistema fiable. Se sigue que se proporciona un mismo nivel de funcionalidad al cliente con menos esfuerzo. Consiguientemente, mejora la productividad. Aun cuando los informes acerca de las mejoras de productividad son sumamente difíciles de interpretar [9], parece que una reutilización de entre el 30 y el 50 por ciento puede dar lugar a mejoras de productividad que se encuentren entre el intervalo que media entre el 25 y el 40 por ciento.

Coste. El ahorro neto de costes para la reutilización se estima proyectando el coste del proyecto si se hubiera desarrollado éste desde cero, C_s, y restando después la suma de los costes asociados para la reutilización, C_r, y el coste actual del software cuando este finalmente se implanta, C_d.

C_s se puede determinar aplicando una o más de las técnicas de estimación descritas en el Capítulo 5. Los costes asociados a la reutilización, C_r, incluyen [CHR95]:

- Modelado y análisis del dominio.
- Desarrollo de la arquitectura del dominio.
- Incremento de la documentación para facilitar la reutilización.
- Mantenimiento y mejora de artefactos de la reutilización.
- Licencias para componentes adquiridos externamente.
- Creación o adquisición y funcionamiento de un depósito para la reutilización.
- Formación del personal en el diseño y construcción para la reutilización.

Aun cuando los costes asociados al análisis del dominio (Sección 26.4) y la operación de un depósito para la reutilización pueden resultar notables, se pueden amortizar en muchos proyectos. Muchos de los demás costes indicados anteriormente afectan a temas que forma parte de las buenas prácticas de la ingeniería del software, tanto si se considera prioritaria la reutilización como si no.

26.6.2. Análisis de coste empleando puntos de estructura

En la Sección 26.3.3 se definía un punto de estructura como una trama arquitectónica que aparece repetidamente en el seno de un determinado dominio

[9] Existen muchas circunstancias atenuantes (p. ej.: área de aplicación, complejidad del problema, estructura y tamaño del equipo, duración del proyecto, tecnología aplicada) que puede tener su impacto sobre la productividad del equipo de un proyecto.

de aplicaciones. El diseñador del software (o el ingeniero del sistema) puede desarrollar una arquitectura para una nueva aplicación, sistema o producto mediante la definición de una arquitectura del dominio y poblándola entonces con puntos de estructura. Estos puntos de estructura son o bien componentes reutilizables individuales o bien paquetes de componentes reutilizables.

Aun cuando los puntos de estructura sean reutilizables, su adaptación, integración y costes de mantenimiento no serán despreciables. Antes de seguir adelante con la reutilización, el gestor del proyecto debe de entender los costes asociados al uso de puntos de estructura.

Dado que todos los puntos de estructura (y todos los componentes reutilizables en general) poseen una historia pasada, es posible recoger datos de costes para cada uno de ellos. En una situación ideal, los costes de adaptación, integración y mantenimiento asociados a los componentes de una biblioteca de reutilización se mantienen para cada caso de utilización. Entonces es posible analizar estos datos para desarrollar una estimación de costes para el próximo caso en que se utilicen.

Como ejemplo, considérese un nueva aplicación, *X*, que requiere un 60 por cien de código nuevo, y la reutilización de tres puntos de estructura, SP_1, SP_2 y SP_3. Cada uno de estos componentes reutilizables ha sido utilizado en un cierto número de aplicaciones adicionales, y los costes medios de adaptación, integración y mantenimiento están disponibles.

Para estimar el esfuerzo requerido para proporcionar la aplicación *X*, es preciso efectuar el siguiente cálculo:

$$\text{esfuerzo global} = E_{\text{nuevo}} + E_{\text{adaptación}} + E_{\text{integración}}$$

en donde E_{nuevo} es el esfuerzo requerido para construir los nuevos componentes de software (que se determinará empleando las técnicas descritas en el Capítulo 5)
$E_{\text{adaptación}}$ es el esfuerzo requerido para adaptar SP_1, SP_2 y SP_3
$E_{\text{integración}}$ es el esfuerzo requerido para integrar SP_1, SP_2 y SP_3

El esfuerzo necesario para adaptar e integrar SP_1, SP_2 y SP_3 se determina calculando la media de datos históricos recogidos para la adaptación e integración de los componentes reutilizables en otras aplicaciones.

26.6.3. Métricas de reutilización

Se ha desarrollado toda una gama de métricas de software en un intento de medir los beneficios de la reutilización en un sistema basado en computadoras. Los beneficios asociados a la reutilización dentro de un sistema *S* se pueden expresar como el siguiente cociente

$$R_b(S) = [C_{\text{sin reutilización}} - C_{\text{con reutilización}}]/C_{\text{sin reutilización}} \qquad (26.1)$$

en donde $C_{\text{sin reutilización}}$ es el coste de desarrollar S sin reutilización
$C_{\text{reutilización}}$ es el coste de desarrollar S con reutilización

Se sigue que $R_b(S)$ se puede expresar como un valor no dimensional que se encuentra en el intervalo

$$0 \leq R_b(S) \leq 1 \qquad (26.2)$$

Devanbu y sus colaboradores [DEV95] sugieren que (1) R_b se verá afectado por el diseño del sistema; (2) dado que R_b se ve afectado por el diseño, es importante hacer que R_b forme parte de la estimación de alternativas de diseño; y (3) los beneficios asociados a la reutilización estarán íntimamente relacionados con los beneficios en términos de costes de cada uno de los componentes reutilizables individuales. Cuanto más elevado sea el valor de $R_b(S)$, más atractiva se volverá la reutilización.

Se define una medida general de reutilización en los sistemas orientados a objetos, denominada aprovechamiento de reutilización [BAS94a] en la siguiente forma:

$$R_{\text{aprovechado}} = OBJ_{\text{reutilizados}}/OBJ_{\text{construidos}} \qquad (26.3)$$

en donde $OBJ_{\text{reutilizados}}$ es el número de objetos reutilizados en el sistema
$OBJ_{\text{construidos}}$ es el número de objetos construidos para el sistema

Se sigue que a medida que aumenta $R_{\text{aprovechados}}$, también aumenta R_b.

26.7. RESUMEN

La reutilización de componentes proporciona unos beneficios inherentes en lo tocante a calidad del software, productividad del desarrollador y coste general del sistema. Sin embargo, es preciso vencer muchas dificultades antes de que el modelo del proceso de reutilización se utilice ampliamente en la industria.

Un ingeniero del software puede adquirir toda una gama de artefactos reutilizables. Entre estos se cuentan las representaciones técnicas del software (p. ej.: especificación, modelos de arquitectura, diseños y códigos), documentos, datos de prueba e incluso tareas relacionadas con los procesos (p. ej.: técnicas de inspección).

El proceso de reutilización abarca dos subprocesos concurrentes: ingeniería del dominio e ingeniería del software. El objetivo de la ingeniería del dominio consiste en identificar, construir, catalogar y diseminar un conjunto de artefactos de software en un determinado dominio de aplicación. A continuación la ingeniería del software extrae estos artefactos para su reutilización durante el desarrollo de un nuevo sistema.

Las técnicas de análisis y diseño de componentes reutilizables se basan en los mismos principios y conceptos que forman parte de las buenas prácticas de ingeniería del software. Los componentes reutilizables debería de diseñarse en el seno de un entorno que establezca unas estructuras de datos estándar, unos protocolos de interfaz, y unas arquitecturas de programa para todos los dominios de aplicación.

El desarrollo basado en componentes hace uso de un modelo de intercambio de datos, herramientas, almacenamiento estructurado, y un modelo objeto subyacente para construir aplicaciones a partir de componentes ya existentes. El modelo de objetos suele ajustarse a uno o más estándares de componentes (p. ej.: OMG/CORBA) que definen la forma en que una aplicación puede acceder a los objetos reutilizables. Los esquemas de clasificación capacitan al desarrollador para hallar y recuperar componentes reutilizables y se ajustan a un modelo que identifica los conceptos, contenidos y contextos. La clasificación enumerada, la clasificación por facetas y la clasificación por atributos y valores son representativas de muchos esquemas de clasificación de componentes.

La economía de reutilización del software se abarca con una única pregunta: ¿Es eficiente en términos de coste construir menos y reutilizar más? En general, la respuesta es «sí», pero un planificador de proyectos de software debe de considerar los costes no triviales asociados a la adaptación e integración de componentes reutilizables.

REFERENCIAS

[ADL95] ADLER, R. M., «Emerging Standards for Component Software», *IEEE Computer*, vol. 28, n.º 3, marzo de 1995, págs. 68-75.

[BAS94a] BASILI, R. R., L. C. BRIAND y W. M. THOMAS, «Domain Analysis for the Reuse of Software Development Experiences», *Proc. 19th Annual Software Engineering Workshop*, NASA/GSFC, Greenbelt, MD, diciembre de 1994.

[BAS94b] BASSETT, P. G., *What is frame technology?* Netron, Inc., Toronto, Canadá, octubre de 1994.

[BEL95] BELLINZONA R., M. G. GUGINI y B. PERNICI, «Reusing Specifications in OO Applications», *IEEE Software*, marzo de 1994, págs. 65-75.

[BIN93] BINDER, R., «Design for Reuse is for Real», *American Programmer*, vol. 6, n.º 8, agosto de 1993, págs. 30-37.

[CHR95] CHRISTENSEN, S. R., «Software Reuse Initiatives at Lockheed», *CrossTalk*, vol. 8, n.º 5, mayo de 1995, págs. 26-31.

[DEV95] DEVANBU, P. *et al.*, «Analytical and Empirical Study of Representation Methods for Reusable Software Components», Technical Report, Computer Science Department, Universidad de Maryland, agosto de 1995.

[FRA94] FRAKES, W. B. y P. P. POLE, «An Empirical Study of Representation Methods for Reusable Software Components», *IEEE Trans. Software Engineering*, vol. 20, n.º 8, agosto de 1994, págs. 617-630.

[FRE87] FREEMAN, P., «A Perspective on Reusability», en *Software Reusability*, P. Freeman (de.), IEEE Computer Society Press, 1987, págs. 2-3.

[HEN95] HENRY, E. y B. FALLER, «Large Scale Industrial Reuse to Reduce Cost and Cycle Time», *IEEE Software*, septiembre de 1995, págs. 47-53.

[HOO91] HOOPER, J. W. y R. O. CHESTER, *Software Reuse: Guidelines and Methods*, Plenum Press, 1991.

[HUT88] HUTCHINSON, J. W. y P. G. HINDLEY, «A Preliminary Study of Large Scale Software Reuse», *Software Engineering Journal*, vol 3, n.º 5, 1988, págs. 208-212.

[JON94] JONES, C., «The Economics of Object-Oriented Software», *American Programmer*, vol. 7, n.º 10, octubre de 1994, págs. 28-35.

[LIA93] LIAO, H. y WANG, F. «Software Reuse Based on a Large Object-Oriented Library», *Software Engineering Notes*, vol. 18, n.º 1, enero de 1993, págs. 74-80.

[LIM94] LIM, W. C., «Effects of Reuse on Quality, Productivity and Economics», *IEEE Software*, septiembre de 1994, págs. 23-30.

[LIN95] LINTHICUM, D. S., «Component Development (a special feature)», *Application Development Trends*, junio de 1995, págs. 57-78.

[MCM95] MCMAHON, P. E., «Pattern-Based Architecture: Bridging Software Reuse and Cost Management», *CrossTalk*, vol. 8, n.º 3, marzo de 1995, págs. 10-16.

[ORF96] ORFALI, R., D. HARKEY y J. EDWARDS, *The Essential Distributed Objects Survival Guide*, Wiley, 1996.

[POL94] POLLAK, W. y M. RISSMAN, «Structural Models and Patterned Architectures», *IEEE Computer*, vol. 27, n.° 8, agosto de 1994, págs. 67-68.

[PRI87] PRIETO-DÍAZ, R., «Domain Analysis for Reusability», *Proc. COMPSAC'87*, Tokyo, octubre de 1987, págs. 23-29.

[PRI93] PRIETO-DÍAZ, R., «Issues and Experiences in Software Reuse», *American Programmer*, vol. 6, n.° 8, agosto de 1993, págs. 10-18.

[STA94] STARINGER, W., «Constructing Applications from Reusable Components», *IEEE Software*, septiembre de 1994, págs. 61-68.

[TRA90] TRACZ, W., «Where Does Reuse Start?», *Proc. Realities of Reuse Workshop*, Syracuse University CASE Center, enero de 1990.

[TRA95] TRACZ, W., «Third International Conference on Software Reuse (Summary)». *Software Engineering Notes*, vol. 20, n.° 2, abril de 1995, págs. 21-22.

[WHI95] WHITTLE, B., «Models and Languages for Component Description and Reuse», *Software Engineering Notes*, vol. 20, n.° 2, abril de 1995, págs. 76-89.

[YOU94] YOURDON, E., «Software Reuse», *Application Development Strategies*, Cutter Information Corp., vol. VI, n.° 12, diciembre de 1994, p. 11.

PROBLEMAS Y PUNTOS PARA CONSIDERAR

26.1. Uno de los obstáculos principales de la reutilización consiste en hacer que los desarrolladores de software consideren la reutilización de componentes ya existentes, en lugar de volver a inventar otros nuevos. (¡Después de todo, es divertido construir cosas¡) Sugiera tres o cuatro formas distintas en que una organización de software pueda proporcionar incentivos para que los ingenieros de software utilicen la reutilización. ¿Qué tecnologías deberían estar implantadas para apoyar ese esfuerzo de reutilización?

26.2. Entre los «artefactos de reutilización» descritos en este capítulo, se cuentan los planes de proyecto y las estimaciones de costes. ¿Cómo es posible reutilizar estos objetos, y cuáles son los beneficios derivados de hacer esto?

26.3. Lleve a cabo un poquito de investigación acerca de la ingeniería de dominios, y detalle algo más el modelo de procesos esbozado en la Figura 26.2. Identifique las tareas necesarias para el análisis de dominios y para el desarrollo de arquitecturas de software.

26.4. ¿En qué sentido son iguales las funciones de caracterización para las dominios de clasificación y los esquemas de clasificación de componentes? ¿En qué sentido son distintas?

26.5. Desarrolle un conjunto de características del dominio para sistemas de información que sean relevantes para el procesamiento de datos de alumnos de una Universidad.

26.6. Desarrolle un conjunto de características del dominio que sean relevantes para el software de publicación y autoedición.

26.7. Desarrolle un modelo estructural sencillo para un dominio de aplicación que le asigne su instructor, o bien uno con el cual esté familiarizado.

26.8. ¿Qué es un punto de estructura?

26.9. Consiga una copia del estándar OMG/CORBA más reciente, y prepare un trabajo de entre tres y cinco páginas que describa sus puntos principales. Obtenga información de una herramienta de distribución de solicitudes de objetos e ilustre la forma en que esa herramienta se ajusta al estándar.

26.10. Desarrolle una clasificación enumerada para un dominio de aplicación que le asigne su instructor, o para uno con el cual esté familiarizado.

26.11. Desarrolle un esquema de clasificación por facetas para un dominio de aplicación que le asigne su instructor, o bien para uno con el cual esté familiarizado.

26.12. Investigue en la literatura para conseguir datos recientes de calidad y productividad que apoyen la utilización de reutilización. Presente esos datos al resto de la clase.

26.13. Se estima que un sistema orientado a objetos requiere 320 objetos para su finalización. Además, se estima que es posible adquirir 190 objetos procedentes de un depósito ya existente. ¿Cuál es el aprovechamiento de reutilización? Suponga que los objetos nuevos cuestan 1.000 \$, y que se necesitan 600 \$ para adaptar un objeto y 400 \$ para integrarlo. ¿Cuál es el coste estimado del sistema ? ¿Cuál es el valor de R_b?

OTRAS LECTURAS Y FUENTES DE INFORMACIÓN

La literatura dedicada a la reutilización crece rápidamente. LIM (*Managing Software Reuse*, Prentice-Hall, 1996) describe los problemas de administración tales como la justificación de costes y las estrategias para implementar e implantar la reutilización en un entono corporativo. BASSETT (*Framing Software Reuse: Lessons from the Real World*, Yourdon Press, 1996) describe una implementación industrial de herramientas automatizadas para lograr la reutilización de proyectos de sistemas de información a gran escala. KARLSSON ha escrito un enfoque más técnico de la reutilización (*Software Reuse: A Holistic Approach*, Wiley, 1995).

Los tutoriales presentados por FREEMAN (*Software Reusability*, IEEE Computer Society Press, 1987) y TRACZ (*Software Reuse: Emerging Technology*, IEEE Computer Society Press, 1988) son excelentes antologías de artículos primitivos. HOOPER y CHESTER [HOO91] abarcan todos los subtemas importantes, y proporcionan una extensa bibliografía. TRACZ (*Confessions of a Used Program Salesman: Institutionalizing Software Reuse*, Addison-Wesley, 1995) presenta una descripción ligera, pero significativa de los problemas asociados a la creación de una cultura de reutilización. NIERSTRASZ y TSICHRITZIS (*Object-Oriented Software Composition*, Prentice-Hall, 1996) han publicado un libro que presenta los resultados de una serie de proyectos de investigación relacionados con la composición y reutilización de software orientados a objetos.

Las colecciones editadas por BIGGERSTAFF y PERLIS (*Software Reusability*, Volúmenes 1 y 2, ACM Press, 1989) y SCHAEFER, PRIETO-DÍAZ y MATSUMOTO (Software Reusability, Ellis Horwood, Nueva York, 1994) contienen ideas útiles acerca de la investigación y opinión de la actualidad. El ejemplar de septiembre de 1994 de *IEEE Software* es dedicado a la reutilización, y contiene un cierto número de artículos útiles.

Existen libros acerca de los estándares más importantes de reutilización de objetos que han sido escritos por parte de ORFALI (*The Essential Distributed Survival Guide*, Wiley, 1995), MOWBRAY y ZAHAVI (*The Essential CORBA*, Wiley, 1994) y DENNING (*OLE Controls: Inside and Out*, Microsoft Press, 1995). Todos y cada uno de estos libros proporcionan descripciones técnicas detalladas del modelo de objetos.

La revista electrónica *Reuse News* se publica regularmente y se encontrará publicada en un cierto número de grupos de noticias relacionadas con el software, entre los que se cuentan **comp.object** y **comp.software-eng**. En la World Wide Web está disponible una amplia gama de fuentes de información acerca de la reutilización. Muchos de ellos contienen enlaces con otros lugares. Los siguientes centros Web proporcionan FTP para toda una gama de artículos interesantes acerca de la reutilización, incluyendo una discusión de las métricas de reutilización y de otros temas relacionados:

http://rbse.jsc.nasa.gov/eichmann/wisr/wisr.html
http://www.cs.umd.edu/projects/SoftEng/tame/

Los siguientes centros Web contienen información general acerca de la reutilización, artículo técnicos, y/o enlaces con fuentes de información acerca de la reutilización y temas relacionados:

Artículo de reutilización ARPS STARS
http://www.stars.ballston.paramax.com/Papers/ReusePapers.htlm

ASSET
http://source.asset.com/

Un curso de reutilización de software
http://ricis.cl.uh.edu/virt-lib/reuse_courses.html

Consorcio europeo SER
http://www.sema.es/projects/SER

Ingeniería de dominios Loral (Unisys)
http://www.stars.reston.unisygsg.com/process/domain_engineering/DE_guidebook.html

Grupo de gestión de objetos
http://www.omg.org/

Centro de investigación de software del pacífico
http://www.cse.ogi.edu/PacSoft

Información SEI SE
http://www.sei.cmu.edu/

Diseño del software por reutilización
http://www-ksl.stanford.edu/KSL_Abstracts/KSL-92-38.html

Guía para la adopción de la reutilización SPC
http://software.software.org/vcoe/pro-ducts/reuse_adoption_gb.html

Reutilización/reingeniería en la U. de Leipzig
http://rzaix340.rz.unileipzig.de/~siebert/reuse.html

La información acerca de la WWW para mantener una biblioteca de reutilización se encontrará en:

http://www.ncsa.uiuc.edu/SDG/IT94/Proceedings/DDay/werkman/www94.html

Las bibliotecas de software reutilizables de un cierto número de dominios de aplicación diferentes se pueden estudiar explorando los siguientes centros Web:

Depósito de software de defensa
http://ssed1.ims.disa.mil/srp/dsrspage.html

Servicios de biblioteca electrónica (ELSA)
http://rbse.mountain.net/ELSA/

Guía de software de matemáticas
http://gams.nist.gov/

Intercambio nacional de software HPCC
http://www.netlib.org/nse/

Archivos de software público
http://wuarchive.wustl.edu

Biblioteca pública de Ada
http://wuarchive.wustl.edu/languages/ada/

Software reutilizable del departamento de defensa (CARDS)
http://dealer.cards.com/

Reutilización basada en tecnología OO
http://www.sema.es/projects/SER/reboot.html

Se encontrará una lista actualizada de referencias de la World Wide Web acerca de la reutilización del software en: **http://www.rspa.com**

CAPÍTULO 27
REINGENIERÍA

En un artículo seminal escrito para la *Harvard Business Review*, Michael Hammer [HAM90] sentaba las bases para una revolución del pensamiento administrativo acerca de los procesos y la computación en los negocios:

> Ha llegado el momento de dejar de pavimentar los senderos de vacas. En lugar de incrustar unos procesos anticuados en silicio y en software, deberíamos eliminarlos y volver a empezar. Tenemos que «rehacer» la ingeniería de nuestros negocios: hay que utilizar la potencia de la tecnología de la información moderna para rediseñar de forma radical nuestros procesos de negocios, con objeto de lograr unas mejoras dramáticas de su rendimiento.
>
> Todas las compañías funcionan de acuerdo con una gran cantidad de reglas no escritas.... La reingeniería intenta apartarse de las viejas reglas acerca de la forma en que se organizan y desarrollan nuestros negocios.

Al igual que todas las revoluciones, la llamada a las armas de Hammer[1] ha dado lugar tanto a cambios positivos como a otros negativos. Algunas compañías han hecho un esfuerzo legítimo para rehacer su ingeniería, y los resultados han mejorado su competitividad. Otras se han basado únicamente en reducir las dimensiones y hacer subcontratas (en lugar de rehacer su reingeniería) para mejorar sus beneficios. Con excesiva frecuencia, unas organizaciones «reducidas» con poco potencial de futuro crecimiento ha sido el único resultado [DEM95].

¿Cuál es el nexo existente entre la reingeniería de negocio y la ingeniería del software? La respuesta yace en una «vista del sistema».

[1] La notoriedad e influencia de Hammer crecieron de forma vertiginosa cuando escribió en colaboración un best seller, *Reengineering the Corporation* [HAM93].

El software suele ser la realización de las reglas de negocios que describe Hammer. A medida que cambian estas reglas, el software tiene que cambiar también. En la actualidad, existen compañías importantes que poseen decenas de miles de programas de computadora que prestan apoyo para las «viejas reglas del negocio». Cuando los administradores intentan modificar esas reglas para lograr una mayor efectividad y competitividad, el software tiene que adaptarse. En algunos casos, esto implica la creación de nuevos sistemas basados en computadoras sumamente importantes, pero en muchos otros significan modificación y/o reconstrucción de aplicaciones ya existentes para que sean competentes a la hora de satisfacer las necesidades de negocios del siglo veintiuno.

En este capítulo se examina la reingeniería de forma descendente, comenzando por una visión general de la reingeniería de procesos de negocios y pasando entonces a una discusión más detallada de las actividades técnicas que se producen cuando se efectúa una reingeniería del software.

27.1. REINGENIERÍA DE PROCESOS DE NEGOCIO

La *reingeniería de procesos de negocio (Business process reingineering, BPR)* va más allá del ámbito de las tecnologías de la información y de la ingeniería del software. Entre las muchas definiciones (la mayoría de ellas, demasiado abstractas) que se han sugerido para la BPR, se cuenta una publicada en la revista *Fortune* [STE93]: «La búsqueda, e implementación, de cambios radicales en los procesos de negocios para lograr resultados emergentes». Ahora bien, ¿cómo se efectúa la búsqueda, y cómo se lleva a cabo la implementación? O lo que es más importante, ¿cómo podemos estar seguros de que el «cambio radical» que se sugiere va a dar lugar realmente a «resultados emergentes» en lugar de conducirnos a un caos organizativo?

Al principio de los años 90, existía una gran cantidad de exageración en lo tocante a BPR. En la actualidad, el ambiente es menos tenso. De hecho, muchos de quienes propugnaron el principio de la BPR han moderado considerablemente su punto de vista. Sin embargo, nadie duda de la necesidad de hacer que los negocios sean más competitivos. La tecnología de la información es precisamente el medio para alcanzar este fin. El que la BPR tenga su papel sigue debatiéndose en la actualidad.

En esta sección se presenta una visión general de la reingeniería de procesos de negocios. Nuestro objetivo es establecer un contexto en el cual sea posible indicar la reingeniería del software.

27.1.1. Procesos de negocio

Un proceso de negocios es «un conjunto de tareas lógicamente relacionadas que se efectúan con objeto de obtener un determinado resultado de negocios» [DAV90]. Dentro del proceso de negocios, se combinan las personas, los equipos, los recursos materiales y los procedimientos de negocios con objeto de producir un resultado concreto. Entre los ejemplos de procesos de negocios se cuentan:

- el diseño de un nuevo producto
- la adquisición de servicios y suministros
- la contratación de nuevos empleados
- el pago a proveedores

Cada uno de ellos exige un cierto conjunto de tareas, y cada uno de ellos se basa en distintos recursos pertenecientes al negocio.

Cada proceso de negocios posee un cliente bien definido-una persona o grupo que recibe el resultado (p. ej.: una idea, un informe, un diseño, un producto). Además, los procesos de negocios cruzan los límites organizativos. Requieren que participen distintos grupos de la organización en las «tareas lógicamente relacionadas» que definen el proceso.

En el Capítulo 10 se indicaba que todo sistema es en realidad una jerarquía de subsistemas. Los negocios no son una excepción. La Figura 27.1 ilustra la jerarquía en la que funciona BPR. El negocio global se segmenta en un cierto número de sistemas de negocios (también se denominan funciones de negocios). Cada sistema de negocios está compuesto por uno o más procesos de negocio, y cada proceso de negocio esta definido por un conjunto de subprocesos.

FIGURA 27.1

El negocio: una jerarquía de sistemas

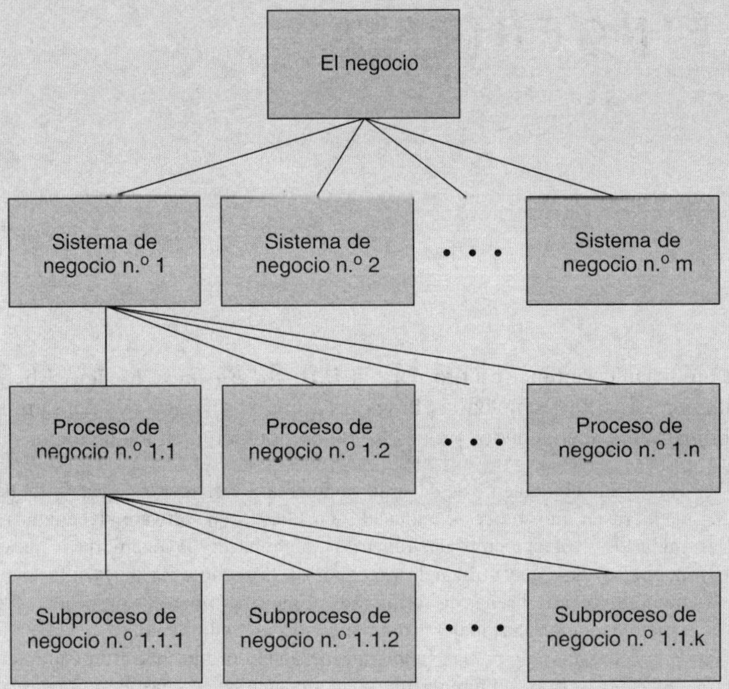

Se puede aplicar la BPR a cualquier nivel de la jerarquía que se muestra en la Figura 27.1, pero a medida que se amplía el ámbito de la BPR (esto es, a medida que se asciende dentro de la jerarquía) los riesgos asociados a la BPR crecen de forma dramática. Por esta razón, la mayor parte de los esfuerzos de BPR se centran en procesos o subprocesos individuales.

Existe una fuerte relación cíclica entre las capacidades de las tecnologías de la información (TI) y la reingeniería de procesos que se produce dentro de un negocio. A medida que crecen las capacidades de TI, pueden generar cambios en los procesos de negocio. La Figura 27.2 ilustra esta relación.

Como ejemplo, considérese una computadora de bolsillo. A medida que se fue extendiendo esta tecnología, dio lugar a cambios en muchos procesos de negocios. Los vendedores podían ofrecer inmediatamente precios para

FIGURA 27.2

La relación entre TI y BPR

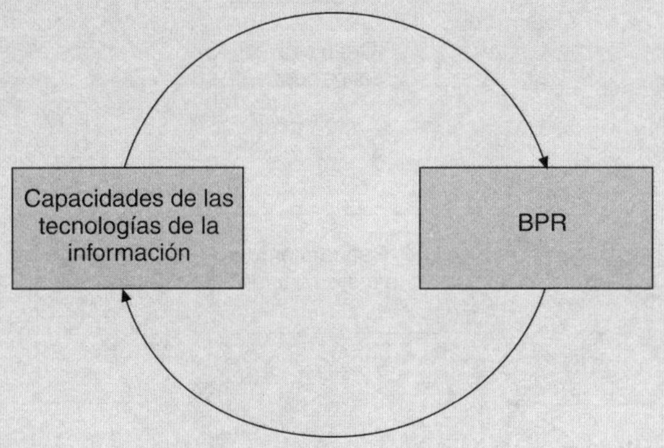

productos o tareas, incluso los más complejos. Desaparecieron los catálogos de productos, y se vieron sustituidos por CD-ROM o disquetes, a los que se podía acceder inmediatamente. A medida que iba cambiando el proceso de venta, el personal de esta especialidad veía oportunidades adicionales. La comunicación con la oficina central era imprescindible, decían. La TI respondió con nuevas computadoras de bolsillo (y el software adecuado) que proporcionaban capacidades de comunicación celular. El ciclo prosigue.

27.1.2. Principios de reingeniería de procesos de negocio

En muchos aspectos, la BPR tiene un objetivo y un ámbito idéntico al proceso de la ingeniería de la información que se describía en el Capítulo 10. En un entorno ideal, la BPR debería de producirse de forma descendente, comenzando por la identificación de los objetivos principales del negocio, y culminando con una especificación mucho más detallada de las tareas que definen un proceso específico de negocios.

Hammer [HAM90] sugiere un cierto número de principios que informan las actividades de la BPR cuando éstas comienzan en el nivel superior (negocios):

Organizarse en torno a los resultados, no en torno a las tareas. Hay muchas compañías que poseen actividades de negocios compartimentadas, de tal modo que no existe una única persona (u organización) que tenga la responsabilidad (o el control) de un cierto resultado de negocios. En tales casos, resulta difícil determinar el estado de trabajo e incluso más difícil depurar los problemas de proceso cuando esto sucede. La BPR debería diseñar procesos que eviten este problema.

Hay que hacer que quienes utilicen la salida del proceso lleven a cabo el proceso. El objetivo de esta recomendación es permitir que quienes necesiten las salidas del negocio controlen todas las variables que les permitan obtener esa salida de forma temporalmente adecuada. Cuanto menor sea el número de personas distintas implicadas en el proceso, más fácil será el camino hacia un resultado rápido.

Hay que incorporar el trabajo de procesamiento de información al trabajo real que produce la información pura. A medida que la TI se va volviendo más distribuida, es posible localizar la mayor parte del procesamiento de información en el seno de la organización que produce los datos puros. Esto localiza el control, reduce el tiempo de comunicación, y pone la potencia de computación en las manos de quienes tienen fuertes intereses en la información que se produce.

Hay que dotar los recursos geográficamente dispersos como si estuviesen centralizados. Las comunicaciones basadas en computadoras se han vuelto tan sofisticadas que es posible situar grupos geográficamente dispersos en una misma «oficina virtual». Por ejemplo, en lugar de emplear tres turnos de ingeniería en una única indicación, una compañía global podría tener un turno en Europa, un segundo turno en Norteamérica, y un tercer turno en Asia. En todos los casos, los ingenieros se comunicarán durante el día, y lo harán empleando redes de un elevado ancho de banda.

Hay que enlazar las actividades paralelas en lugar de integrar sus resultados. Cuando se utilizan diferentes grupos de personal para realizar tareas en paralelo, es esencial diseñar un proceso que exija una continua comunicación y coordinación. En caso contrario, es seguro que se producirán problemas de integración.

Hay que poner el punto de decisión en el lugar en el que se efectúa el trabajo, y hay que incorporar el control al proceso. Empleando la jerga del diseño del software, esto sugiere una estructura organizativa más plana y con menos factorización.

Hay que capturar los datos una sola vez, en el lugar donde se producen. Los datos deberían de estar almacenados en computadoras, de tal modo que una vez que se recojan no sea necesario volver a reintroducirlos nunca.

Todos y cada uno de los principios anteriores representan una visión «totalmente general» de la BPR. Informados por estos principios, los planificadores de negocios y los diseñadores de procesos deben de empezar a procesar el nuevo diseño. En la sección siguiente, se examinará el proceso de BPR con un poco más de detalle.

27.1.3. Un modelo de BPR

Al igual que la mayoría de las actividades de ingeniería, la reingeniería de procesos de negocios es iterativa. Los objetivos de negocios, y los procesos que los logran, deben de adaptarse a un entorno de negocios cambiante. Por esta razón, no existe un principio ni un fin en la BPR, se trata de un proceso evolutivo. Se representa un modelo de la reingeniería de procesos de negocios en la Figura 27.3. Este modelo define seis actividades:

Definición del negocio. Los objetivos de negocios se identifican en el contexto de cuatro controladores principales: Reducción de costes, reducción de tiempos, mejora de calidad, y desarrollo y potenciación del personal. Los objetivos se pueden definir en el nivel de negocios o para un componente específico de ese negocio.

Identificación de procesos. Los procesos que sean críticos para alcanzar las metas definidas en la definición del negocio deben de ser identificados. A continuación se les pueden asignar prioridades por importancia, según su necesidad de cambio, o de cualquier otra forma que resulte adecuada para la actividad de reingeniería.

Evaluación de procesos. Los procesos existentes deben de analizarse y medirse exhaustivamente. Se identificarán las tareas de procesos; los costes y los tiempos consumidos por las tareas de proceso se anotarán cuidadosamente; se aislarán los problemas de calidad y rendimiento.

Especificación y diseño de procesos. Basándose en la información obtenida durante las tres primeras actividades de la BPR, se preparan casos prácticos (Capítulo 20) para cada proceso que haya que rediseñar. En el contexto de la BPR, los casos prácticos identifican un escenario que proporciona algún resultado a algún cliente. Mediante el uso de casos prácticos como especificación del proceso, se diseña para el proceso un nuevo conjunto de tareas (que se ajustan a los principios indicados en la Sección 27.2.1).

Prototipos. Es preciso construir un prototipo del proceso de negocios rediseñado antes de integrarlo por completo en el negocio. Esta actividad «comprueba» el proceso para que sea posible efectuar refinamientos.

FIGURA 27.3

Un modelo de BPR

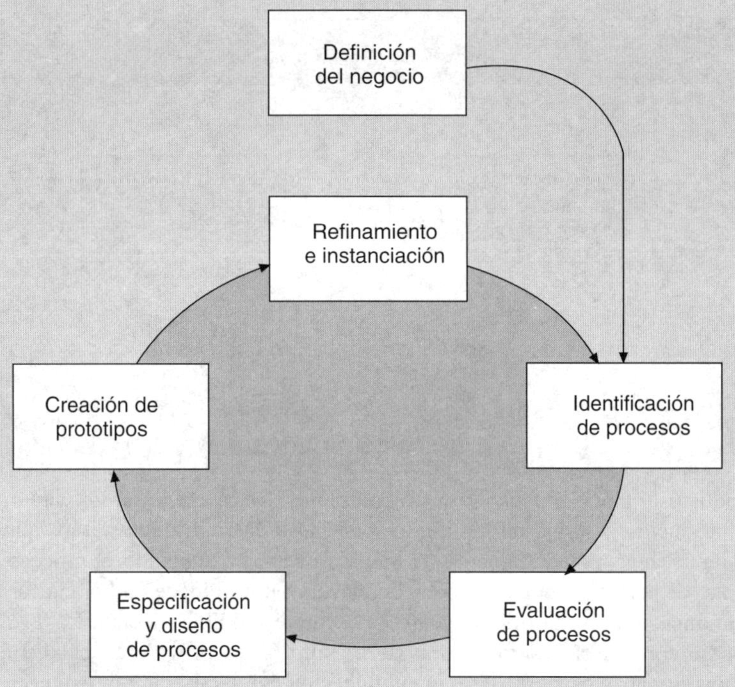

Refinamiento e instanciación. Basándose en la realimentación procedente del prototipo, se refina el proceso de negocios y después se instancia en el seno de un sistema de negocios.

Las actividades de BPR descritas anteriormente se utilizan en algunas ocasiones en conjunción con *herramientas de análisis del flujo de trabajo*. El objetivo de estas herramientas es construir un modelo del flujo de trabajo existente, en un esfuerzo por analizar mejor los procesos existentes. Además, se pueden utilizar para implementar las cuatro primeras actividades descritas en el modelo de procesos las técnicas de modelado que suelen asociarse a las actividades de la ingeniería de la información tales como la planificación de estrategias de planificación y el análisis de áreas de negocios (Capítulo 10).

27.1.4. Advertencias

No es infrecuente que se exagere la importancia de un nuevo enfoque de negocios —en este caso, la BPR— como si fuese la panacea, para después criticarla con tanta severidad que pase a ser un desecho.

A lo largo de los últimos años, se ha producido un notable debate acerca de la eficacia de la BPR (p. ej.: [BLE93], [DIC95]). En un excelente resumen del caso a favor y en contra de la BPR Weisz [WEI95] resume el argumento de la manera siguiente:

> Resulta tentador atacar a la BPR como si se tratase de otra reencarnación de la famosa bala de plata. Desde varios puntos de vista —pensamiento de sistemas, tratamiento de personal, simple historia— habría que predecir unas elevadas tasas de fallo para el concepto, tasas que parecen ser confirmadas por la evidencia empírica. Para muchas compañías, parece que la bala de plata no da en el blanco.
>
> Para otras, sin embargo, el nuevo esfuerzo de la reingeniería ha tenido evidentemente su fruto....

La BPR puede funcionar, si la aplican unas personas motivadas y formadas, que reconozcan que el proceso de reingeniería es una actividad continua. Si la BPR se lleva a cabo de forma efectiva, los sistemas de información se integran mejor con los procesos de negocios. Se puede examinar la reingeniería de aplicaciones más antiguas en el contexto de una estrategia de negocios más amplia, y se pueden establecer de forma inteligente las prioridades de reingeniería del software.

Aun cuando la reingeniería de negocios sea una estrategia rechazada por parte de una compañía, la reingeniería del software es algo que debe de hacerse. Existen decenas de millares de *sistemas heredados* —aplicaciones cruciales para el éxito de negocios grandes y pequeños— que están afectados por una enorme necesidad de ser reconstruidos o rehechos en su totalidad.

27.2. REINGENIERÍA DEL SOFTWARE

Este escenario resulta sumamente conocido: se tiene una aplicación que ha servido para las necesidades del negocio de una compañía durante diez o quince años. A lo largo de este tiempo, ha sido corregida, adaptada y mejorada muchas veces. Las personas se dedicaban a esta tarea con la mejor de las intenciones, pero las buenas prácticas de ingeniería del software siempre se echaban a un lado (por la urgencia de otros problemas). Ahora, la aplicación se ha vuelto inestable. Sigue funcionando, pero cada vez que se intenta efectuar un cambio, se producen efectos colaterales graves e inesperados. Y sin embargo, la aplicación debe de seguir evolucionando. ¿Qué se puede hacer?

El software imposible de mantener no es un problema nuevo. De hecho, el interés cada vez más amplio por la reingeniería del software ha sido desarrollado por un «iceberg» de mantenimiento del software que lleva creciendo desde hace más de treinta años.

27.2.1. Mantenimiento del software

Hace casi treinta años, el *mantenimiento del software* se caracterizaba [CAN72] como un «iceberg». Esperábamos que lo que se veía de forma inmediata fuera lo único que pasaba, pero sabíamos que una enorme masa de problemas potenciales y de costes yacía bajo la superficie. A principios de los años 70, el iceberg de mantenimiento era suficientemente grande para hundir un portaaviones. En la actualidad, podría hundir toda la Armada.

El mantenimiento de software existente puede dar cuenta de más del 60 por ciento de las inversiones efectuadas por una organización de desarrollo, y ese porcentaje sigue ascendiendo a medida que se produce más software [HAN93]. Se puede prever en el horizonte la existencia de organizaciones de desarrollo de software «atascadas en mantenimiento» que ya no puedan producir software nuevo porque todos los recursos disponibles se estarán invirtiendo en el mantenimiento de software viejo.

Los lectores menos avezados en estos temas podrán preguntarse por qué se necesita tanto mantenimiento y por que se invierte tanto esfuerzo. Osborne y Chikofsky [OSB90] ofrecen una respuesta parcial:

> Gran parte del software del que dependemos en la actualidad tiene por término medio entre diez y quince años de antigüedad. Aun cuando estos programas se crearon empleando las mejores técnicas de diseño y codificación conocidas en su época [y la mayoría no lo fueron], se crearon cuando los tamaños de los programas y el espacio de almacenamiento eran las preocupaciones principales. A continuación se trasladaron a las nuevas plataformas, se ajustaron para adecuarlos a cambios de máquina y de sistema operativo, y se mejoraron para satisfacer nuevas necesidades del usuario; y todo esto se hizo sin tener en cuenta la arquitectura global.
>
> El resultado son unas estructuras muy mal diseñadas, una mala codificación, una lógica inadecuada, y una escasa documentación de los sistemas de software que ahora nos piden que mantengamos en marcha...

La naturaleza ubicua del cambio subyace en todos los tipos de trabajo del software. El cambio es algo inevitable cuando se construyen sistemas basados en computadoras; por tanto, debemos desarrollar mecanismos para evaluar, controlar y realizar modificaciones.

Al leer los párrafos anteriores, un lector podría argumentar: «Pero yo no invierto el 60 por ciento de mi tiempo corrigiendo errores de los programas que desarrollo». Por supuesto, el mantenimiento del software es algo que va mucho más allá de «corregir errores». Se puede definir el mantenimiento describiendo las cuatro actividades [SWA76] que se emprenden cuando se publica un programa para su utilización:

- mantenimiento correctivo
- mantenimiento adaptivo
- mejoras o mantenimiento de perfeccionamiento
- mantenimiento preventivo o reingeniería

Tan sólo el 20 por ciento de nuestros esfuerzos de mantenimiento se invertirán «corrigiendo errores». El 80 por ciento restante se dedica a adaptar los sistemas existentes a los cambios de su entorno externo, a efectuar las mejoras solicitadas por los usuarios y a rehacer la ingeniería de las aplicaciones para su posterior utilización. Cuando se considera que el mantenimiento abarca todas estas actividades, es fácil ver por qué absorbe tanto esfuerzo.

27.2.2. Un modelo de procesos de reingeniería del software

La reingeniería requiere tiempo; cuesta unas cantidades significativas de dinero y absorbe recursos que de otro modo podrían dedicarse a preocupaciones más inmediatas. Por todas estas razones, la reingeniería no se lleva a cabo en unos pocos meses, ni siquiera en unos pocos años. La reingeniería de sistemas de información es una actividad que absorberá recursos de las tecnologías de la información durante muchos años. Esta es la razón por la cual toda organización necesita una estrategia pragmática para la reingeniería del software.

Una estrategia realizable irá implicada en un modelo de procesos de reingeniería. Se describirá más tarde este modelo dentro de esta sección, pero veamos en primer lugar algunos principios básicos.

La reingeniería es una tarea de reconstrucción, se puede comprender mejor la reingeniería de sistemas de información si se considera una actividad análoga: la reconstrucción de una casa. Considere la situación siguiente:

> Suponga que ha adquirido una casa que se encuentra en otro estado. Nunca ha llegado a ver realmente la finca, pero la consiguió por un precio sorprendentemente reducido, advirtiéndosele que quizá fuera preciso reconstruirla en su totalidad. ¿Cómo se las arreglaría?

- Antes de empezar a reconstruir, sería razonable inspeccionar la casa. Para determinar si necesita una reconstrucción, usted (o un inspector profesional) crearía una lista de criterios, para que la inspección fuera sistemática.
- Antes de derribar y de reconstruir toda la casa, asegúrese de que la estructura está en mal estado. Si la casa tiene una buena estructura, quizá sea posible «remodelarla» sin reconstruirla (con un coste muy inferior y en mucho menos tiempo).
- Antes de empezar a reconstruir, asegúrese de que entiende la forma en que se construyó el original. Eche una ojeada por detrás de las paredes. Comprenda el cableado, la fontanería y los detalles internos de la estructura. Aun cuando vaya a eliminarlos todos ellos, las ideas que obtendrá le servirán muy bien cuando empiece a construirla.
- Si empieza a reconstruir, utilice tan solo los materiales más modernos y de mayor duración. Quizá le cuesten un poquito más ahora, pero le ayudarán a evitar un mantenimiento costoso y lento en fecha posterior.
- Si se decide a reconstruir, tenga una actitud disciplinada. Haga uso de herramientas que den lugar a una gran calidad, tanto hoy como en el futuro.

Aun cuando los principios anteriores se centran en la reconstrucción de una casa, son aplicables igualmente bien a la reingeniería de sistemas y aplicaciones basados en computadoras.

Para implementar estos principios, se aplica un modelo de proceso de reingeniería del software que define las seis actividades mostradas en la Figura 27.4. En algunas ocasiones, estas actividades se producen de forma secuencial lineal, pero esto no siempre es así. Por ejemplo, quizá la ingeniería inversa (la comprensión del funcionamiento interno del problema) tenga que producirse antes de que pueda comenzar la reestructuración de documentos.

El paradigma de la reingeniería mostrado en la figura es un modelo cíclico. Esto significa que cada una de las actividades presentes como parte del paradigma pueden volver a visitarse en otras ocasiones. Para cualquier ciclo particular, el proceso puede terminar después de cualquiera de estas actividades.

Análisis de inventario. Toda organización de software debería disponer de un inventario de todas sus aplicaciones. El inventario puede no ser más que una hoja de cálculo que contenga la información siguiente:

- nombre de la aplicación
- año en que se creó originalmente
- número de cambios importantes efectuados en ella
- esfuerzo total efectuado para aplicar estos cambios
- fecha del último cambio importante
- esfuerzo aplicado para efectuar el último cambio
- sistema o sistemas en que reside
- aplicaciones con las cuales tiene relación
- base o bases de datos a las que accede
- errores indicados a los largo de los últimos dieciocho meses

FIGURA 27.4

Un modelo de procesos de reingeniería del software

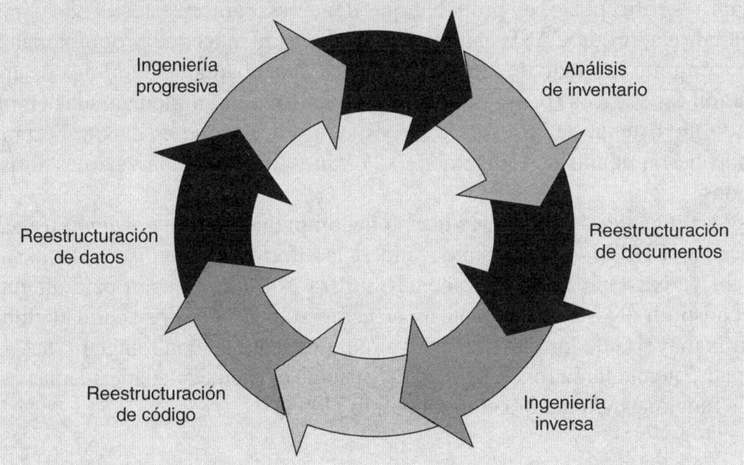

- número de usuarios
- número de máquinas en que está instalada
- complejidad de:
  - arquitectura del programa
  - código
  - documentación
- calidad de la documentación
- mantenibilidad general (valor de escala)
- longevidad del proyecto (en años)
- número estimado de cambios a lo largo de los próximos 36 meses
- coste anual de mantenimiento
- coste anual de funcionamiento
- valor anual de negocios
- importancia para el negocio

La información enumerada anteriormente debería de recogerse para todas las aplicaciones activas. Al ordenar esta información según su importancia para el negocio, longevidad, mantenibilidad actual y otros criterios localmente importantes, aparecen los candidatos para la reingeniería. Entonces es posible asignar recursos de forma inteligente.

Es importante tener en cuenta que la tabla de inventario descrita anteriormente debería de rehabilitarse con un ciclo regular. El estado de las aplicaciones (p. ej.: la importancia con respecto al negocio) puede cambiar en función del tiempo, y como resultado, cambiarán también las prioridades para la reingeniería.

Reestructuración de documentos. Una documentación escasa es la marca de muchos sistemas heredados. ¿Qué se puede hacer al respecto?

> *Opción n.º 1:* La creación de documentación consume muchísimo tiempo. El sistema funciona, y ya nos apañaremos con lo que tengamos. En algunos casos, éste es el enfoque correcto. No es posible volver a crear la documentación para cientos de programas de computadoras. Si un programa es relativamente estático está llegando al final de su vida útil, y es probable que ya experimente pocos cambios: ¡Dejémoslo así¡.

> *Opción n.º 2:* Es preciso actualizar la documentación, pero se tienen unos recursos limitados. Se utilizaría un enfoque del tipo «documentar si se modifica». Quizá no sea necesario volver a documentar por completo la aplicación. Más bien, se documentarán por completo aquellas partes del sistema que estén experimentando cambios en ese momento. Con el tiempo, irá evolucionando una colección de documentación útil y relevante.

> *Opción n.º 3:* El sistema es fundamental para el negocio, y es preciso volver a documentarlo por completo. En este caso, un enfoque inteligente consiste en reducir la documentación al mínimo esencial.

Todas y cada una de estas opciones son viables. Las organizaciones del software deben de seleccionar la que resulte más adecuada para cada caso.

Ingeniería inversa. El término «ingeniería inversa» tiene sus orígenes en el mundo del hardware. Una cierta compañía desensambla un producto del hardware competitivo en un esfuerzo por comprender los «secretos» de diseño y fabricación de su competidor. Estos secretos se podrían comprender fácilmente si se obtuvieran las especificaciones de diseño y fabricación del competidor. Pero estos documentos son privados, y no están disponibles para la compañía que efectúa la ingeniería inversa. En esencia, una ingeniería inversa con éxito da lugar a una o más especificaciones de diseño y fabricación para el producto, mediante el examen de ejemplos reales de ese producto.

La *ingeniería inversa* del software es algo bastante parecido. Sin embargo, en muchos casos, el programa del cual hay que hacer una ingeniería inversa no es un competidor, más bien, es el propio trabajo de la compañía (con frecuencia, efectuado hace muchos años). Los «secretos» que hay que comprender resultan incomprensibles porque no se llegó a desarrollar nunca una especificación. Consiguientemente, la ingeniería inversa del software es el proceso consistente en analizar un programa en un esfuerzo por crear una representación del programa con un nivel de abstracción más elevado que el código fuente. La ingeniería inversa es un proceso de recuperación de diseño. Las herramientas de ingeniería inversa extraen información acerca de los datos, arquitectura y diseño de procedimientos de un programa ya existente.

Reestructuración del código. El tipo más común de reingeniería (en realidad, la aplicación del término «reingeniería» sería discutible en este caso) es la reestructuración de código.

Algunos sistemas heredados tienen una arquitectura de programa relativamente sólida, pero los módulos individuales han sido codificados de una forma que hace difícil comprenderlos, comprobarlos y mantenerlos. En estos casos, el código ubicado dentro de los módulos sospechosos se puede reestructurar.

Para llevar a cabo esta actividad, se analiza el código fuente utilizando una herramienta de reestructuración. Las violaciones de las estructuras de programación estructurada se indican, y entonces se reestructura el código (esto se puede hacer automáticamente). El código reestructurado resultante se revisa y se comprueba para asegurar de que no se hayan introducido anomalías. Se actualiza la documentación interna de código.

Reestructuración de datos. Un programa que posea una estructura de datos débil será difícil de adaptar y de mejorar. De hecho, para muchas aplicaciones, la arquitectura de datos tiene más que ver con la viabilidad a largo plazo del programa que el propio código fuente.

A diferencia de la reestructuración de código, que se produce en un nivel relativamente bajo de abstracción, la estructuración de datos es una actividad de reingeniería a gran escala. En la mayoría de los casos, la reestructuración de datos comienza por una actividad de ingeniería inversa. Se disecciona la arquitectura de datos actual. Cuando es necesario, se definen modelos de datos (Capítulo 12), objetos de datos, atributos y a continuación se revisan las estructuras de datos a efectos de calidad.

Cuando la estructura de datos es débil, (p. ej.: en la actualidad están implementados archivos planos, cuando un enfoque relacional simplificaría muchísimo el procesamiento), entonces se aplica una reingeniería a los datos.

Dado que la arquitectura de datos tiene una gran influencia sobre la arquitectura del programa, y también sobre los algoritmos que lo pueblan, los cambios de los datos darán lugar invariablemente a cambios de arquitectura o bien del nivel de código.

Ingeniería progresiva. En un mundo ideal, las aplicaciones se reconstruyen utilizando un «motor de reingeniería automatizado». Se insertaría el viejo programa en ese motor, que lo analizaría, lo reestructuraría y después regeneraría de forma que exhibiera los mejores aspectos de calidad del software. A corto plazo, es probable que llegue a aparecer este «motor», pero los fabricantes de CASE han presentado herramientas que proporcionan un subconjunto limitado de estas capacidades, que abarcan a dominios de aplicación específicos (p. ej.: aplicaciones que han sido implementadas empleando un sistema de bases de datos específico). Lo que es más importante, estas herramientas de reingeniería se están volviendo cada vez más sofisticadas.

La ingeniería progresiva, que se denomina también *renovación* o *reclamación* [CHI90], no solamente recupera la información de diseño de un software ya existente, sino que además, utiliza esta información para alterar o reconstituir el sistema existente en un esfuerzo por mejorar su calidad global. En la mayoría de los casos, el software procedente de una reingeniería vuelve a implementar la funcionalidad del sistema existente, y añade además nuevas funciones y/o mejora el rendimiento global.

27.3. INGENIERÍA INVERSA

La ingeniería inversa invoca una imagen de «ranura mágica». Se inserta un listado de código no estructurado y no documentado por la ranura, y por el otro lado sale la documentación completa del programa de computadora. Lamentablemente, la ranura mágica no existe. La ingeniería inversa puede extraer la información de diseño aparte del código fuente, pero el nivel de abstracción, la completitud de la documentación, el grado con el cual trabajan al mismo tiempo las herramientas y el analista humano, y la direccionalidad del proceso son sumamente variables [CAS88].

El *nivel de abstracción* de un proceso de ingeniería inversa y las herramientas que se utilicen para realizarlo aluden a la sofisticación de la información de diseño que se puede extraer del código fuente. Idealmente, el nivel de abstracción sería lo más alto posible. Esto es, el proceso de ingeniería inversa debería de ser capaz de derivar sus representaciones de diseño de procedimientos (con un bajo nivel de abstracción); y la información de programas de estructuras de datos (un nivel de abstracción ligeramente más elevado); modelos de flujo de datos y de control (un nivel de abstracción relativamente alto); y modelos de entidades y de relaciones (un elevado nivel de abstracción). A medida que crece el nivel de abstracción se proporciona al ingeniero del software información que le permitirá una comprensión más sencilla de estos programas.

La *completitud* de un proceso de ingeniería inversa alude al nivel de detalle que se proporciona en un determinado nivel de abstracción. En la mayoría de los casos, la completitud decrece a mediada que aumenta el nivel de abstracción. Por ejemplo, dado un listado del código fuente, es relativamente sencillo desarrollar una representación de diseño de procedimientos completa. También se pueden derivar sencillas representaciones del flujo de datos, pero es mucho más difícil desarrollar un conjunto completo de diagramas de flujo de datos o un diagrama de transición de estados.

La completitud mejora en proporción directa con la cantidad de análisis efectuado por la persona que efectúe la ingeniería inversa. La *interactividad* alude al grado con el cual el ser humano se «integra» con unas herramientas automatizadas para crear un proceso de ingeniería inversa efectivo. En la mayoría de los casos, a medida que crece el nivel de abstracción, la interactividad debe de incrementarse o bien la completitud se verá reducida.

Si la *direccionalidad* del proceso de ingeniería inversa es monodireccional, toda la información extraída del código fuente se proporcionará a la ingeniería del software que podrá entonces utilizarla durante la actividad de mantenimiento. Si la direccionalidad es bidireccional, entonces la información que se suministrará a una herramienta de la reingeniería que intentará reestructurar o regenerar el viejo programa.

El proceso de la ingeniería inversa se representa en la Figura 27.5. Antes de que puedan comenzar las actividades de ingeniería inversa, el código fuente no estructurado («sucio») se reestructura (Sección 27.4.1) para que solamente contenga estructuras de programación estructurada[2]. Esto hace que el código fuente sea más fácil de leer y proporciona la base para todas las actividades de la ingeniería inversa subsiguientes.

El núcleo de la ingeniería inversa es una actividad denominada *extracción de abstracciones*. El ingeniero tiene que evaluar el viejo programa y a partir del código fuente (que suele no estar documentado) tiene que extraer una especificación significativa del procesamiento que se realiza, la interfaz de usuario que se aplica, y las estructuras de datos de programa o de la base de datos que se utiliza.

FIGURA 27.5

El proceso de ingeniería inversa [BRE91]

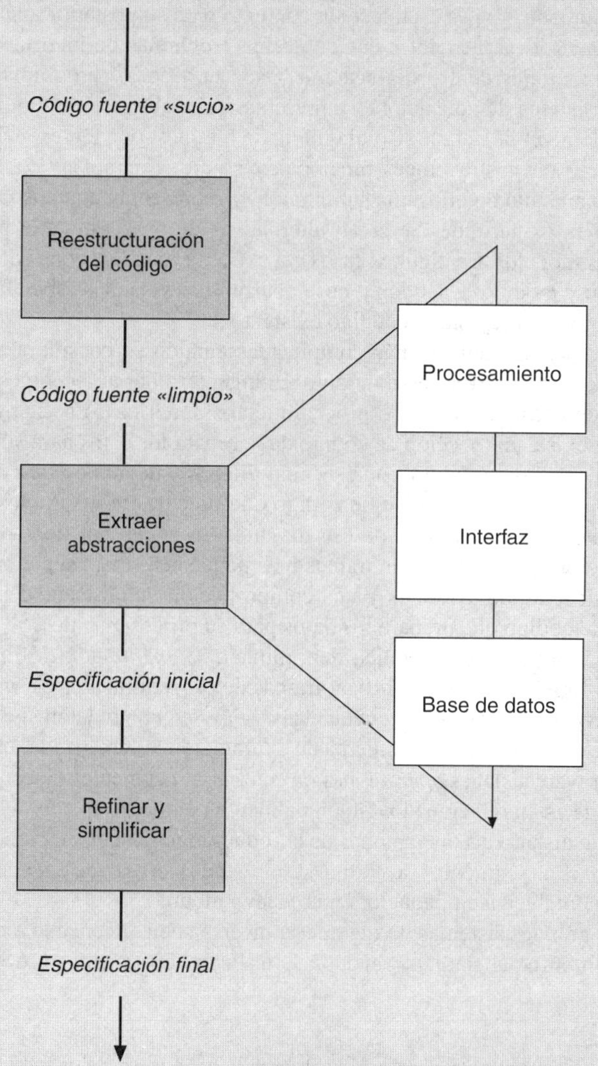

27.3.1. Ingeniería inversa para comprender el procesamiento

La primera actividad real de la ingeniería inversa comienza con un intento de comprender y después extraer abstracciones de procedimientos representadas

[2] El código se puede reestructurar automáticamente empleando un «motor de reestructuración», una herramienta CASE que reestructura el código fuente.

por el código fuente. Para comprender las abstracciones de procedimientos, se analiza el código en distintos niveles de abstracción, sistema, programa, módulo, trama y sentencia.

La funcionalidad general de todo el sistema debe de ser algo perfectamente comprendido antes de que se produzca un trabajo de ingeniería inversa más detallado. Así se establece un contexto para su posterior análisis, y se proporcionan ideas generales acerca de los problemas de interoperabilidad entre aplicaciones dentro del sistema. Cada uno de los programas de que consta el sistema de aplicaciones representará una abstracción funcional con un elevado nivel de detalle. Un diagrama de bloques, que represente la iteración entre estas abstracciones funcionales, se creará también. Los módulos efectúan cada uno de ellos una subfunción, y representan una abstracción de procedimientos definida. Se crean alternativas de procesamiento para cada uno de los modelos. En algunos casos, ya existen especificaciones de sistema, programa, y módulo. Cuando tal cosa ocurre, se revisan las especificaciones para apreciar si se ajustan al código existente[3].

Las cosas se vuelven más complicadas cuando se considera el código que reside en el interior de un módulo. El ingeniero busca secciones de código que representen tramas de procedimientos genéricos. En casi todos los módulos, existe una sección de código que prepara los datos para su procesamiento (dentro del módulo), una sección diferente de código que efectúa el procesamiento, y otra sección de código que prepara los resultados del procesamiento para exportarlos de ese módulo. En el interior de cada una de estas secciones, se encuentran tramas más pequeñas (p. ej.: suele producirse una verificación de los datos y una comprobación de alcances dentro de la sección de código que prepara los datos para su procesamiento).

Se ha sugerido una técnica denominada *segmentación de programas* [NIN94] como forma de identificar tramas de procedimientos de un modelo, y para después volver a empaquetar estas tramas en una función significativa. Mediante el uso de una herramienta de exploración automatizada, el ingeniero del software aísla las *operaciones de enfoque* —segmentos discontinuos de código que están relacionados funcionalmente (semánticamente)—. Una vez que se han aislado las operaciones de enfoque, se aplican operaciones de factorización. Los segmentos de código ya enfocados se extraen del código existente y se vuelven a empaquetar en un nuevo módulo.

Para grandes sistemas, la ingeniería inversa suele efectuarse mediante el uso de un enfoque semiautomático. Se utilizan herramientas CASE (p. ej.: [MAR94]) para «analizar» la semántica del código existente. La salida de este proceso se pasa entonces a unas herramientas de reestructuración y de ingeniería progresiva que completarán el proceso de reingeniería.

[3] Con frecuencia, las especificaciones escritas en fases centradas de la historia del programa no llegan a actualizarse nunca. A medida que se hacen cambios, el código deja de satisfacer esas especificaciones.

27.3.2. Ingeniería inversa para comprender los datos

La ingeniería inversa de datos suele producirse en distintos niveles de abstracción. En el nivel de programa, es frecuente que sea preciso realizar una ingeniería inversa de las estructuras de datos de programa internas, como parte de un esfuerzo global de reingeniería. En el nivel del sistema, es frecuente que se efectúe una reingeniería de las estructuras globales de datos (p. ej.: archivos, bases de datos) para ajustarlas a los nuevos paradigmas de gestión de bases de datos (p. ej.: el paso de unos archivos planos a unos sistemas de bases de datos relacionales u orientados a objetos). La ingeniería inversa de las estructuras de datos globales actuales establecen el escenario para la introducción de una nueva base de datos que abarque todo el sistema.

Estructuras de datos Internas. Las técnicas de ingeniería inversa para datos de programa internos se centran en la definición de clases de objetos[4]. Esto se logra examinando el código del programa con la intención de agrupar variables de programa que estén relacionadas. En muchos casos, la organización de datos en el seno del código identifica los tipos abstractos de datos. Por ejemplo, las estructuras de registros, los archivos, las listas y otras estructuras de datos suelen proporcionar una indicación inicial de las clases.

Breuer y Lano [BRE91] sugieren el enfoque siguiente para la determinación de clases para la ingeniería inversa:

1. Se identifican los indicadores y estructuras de datos locales dentro del programa que registren información importante acerca de las estructuras de datos globales (p. ej.: archivos o bases de datos).
2. Se define la relación entre indicadores y estructuras de datos locales y las estructuras de datos globales. Por ejemplo, se puede activar un indicador cuando está vacío un archivo, o bien una estructura de datos local que puede servir como tampón que contenga los cien últimos registros capturados de una base de datos central.
3. Para toda variable (perteneciente al programa) que represente una matriz o archivo, se enumeran todas las demás variables que tengan una relación lógica con ella.

[4] Para una descripción completa de estos conceptos orientados a objetos, véase el Capítulo 19.

Estos pasos capacitan al ingeniero del software para identificar las clases dentro del programa que interactúan con las estructuras de datos globales.

Estructuras de base de datos. Independientemente de su organización lógica y de su estructura física, las bases de datos permiten definir objetos de datos, y admiten algún método para establecer relaciones entre objetos. Consiguientemente, la reingeniería de un esquema de bases de datos para formar otro exige una comprensión de los objetos ya existentes y de sus relaciones.

Se pueden emplear los pasos siguientes [PRE94] para definir el modelo de datos existente como precursor para una reingeniería que producirá un nuevo modelo de base de datos:

1. *Se construye un modelo de objetos inicial.* Las clases definidas como parte del modelo se pueden conseguir mediante la revisión de registros de una base de datos de archivos planos o de tablas de un esquema relacional. Los objetos contenidos en los registros o tablas pasarán a ser atributos de clases.
2. *Se determinan los candidatos a claves.* Se examinan los atributos para determinar si se utilizarán o no para señalar a otro registro o tabla. Aquellos que sirvan como punteros pasarán a ser candidatos a claves.
3. *Se refinan las clases tentativas.* Se determina si ciertas clases similares pueden o no combinarse en una única clase.
4. *Se definen las generalizaciones.* Se examinan las clases que puedan tener muchos atributos similares para determinar si se debería o no construir una jerarquía de clases con una clase de generalización como precursor de todos sus descendientes.
5. *Se descubren las asociaciones.* Mediante el uso de técnicas análogas al enfoque de CRC (Capítulo 20) se establecen las asociaciones entre clases.

Una vez que se conoce la información definida en los pasos anteriores, se pueden aplicar una serie de transformaciones [PRE94] para hacer corresponder la estructura de la vieja base de datos con una nueva estructura de base de datos.

27.3.3. Ingeniería inversa de interfaces de usuario

A medida que las IGU sofisticadas se van volviendo *de rigueur* para los productos basados en computadoras y para los sistemas de todo tipo, el nuevo desarrollo de interfaces de usuario ha pasado a ser uno de los tipos más comunes de actividades de reingeniería. Ahora bien, antes de que sea posible reconstruir una interfaz de usuario, suele ser necesario que se produzca una actividad de ingeniería inversa.

Para comprender en su totalidad una interfaz de usuario ya existente (IU), es preciso especificar la estructura y comportamiento de la interfaz. Merlo y sus colaboradores [MER93] sugieren tres preguntas básicas a las cuales hay que responder cuando comienza la ingeniería inversa de la IU:

- ¿Cuáles son las acciones básicas que debe de procesar la interfaz, por ejemplo, acciones de teclado y *clics* de ratón?
- ¿Cuál es la descripción compacta de la respuesta del sistema a estas acciones?
- ¿Qué quiere decir una «sustitución», o más exactamente, qué concepto de equivalencia de interfaces es relevante en este caso?

La notación de modelado de comportamiento (Capítulo 12) puede proporcionar una forma de representar las respuestas de las dos primeras preguntas indicadas anteriormente. Gran parte de la información necesaria para crear un modelo de comportamiento se puede obtener mediante la observación de la manifestación externa de la interfaz existente. Ahora bien, es preciso extraer del código la información adicional necesaria para crear el modelo de comportamiento.

Se puede utilizar el *álgebra de procesos* para representar el comportamiento de una interfaz de manera formal. Merlo y colaboradores [MER93] ponen el álgebra de procesos en contenido cuando afirman lo siguiente:

> Al describir los procesos que se producen en las interfaces, una de las novedades más importantes consiste en que ciertos objetos deben estar preparados para responder a las entradas efectuadas por el usuario, que no es posible controlar, si no solamente rechazar. De esta manera, necesita uno capturar la idea de que existen al menos dos entidades activas concurrentes: el sistema y el usuario. En segundo lugar, uno tiene que ser capaz de expresar ciertas opciones «externas» que no se encuentran bajo control del usuario. Estos ingredientes, la reactividad, la concurrencia y las opciones externas resultan básicos para el álgebra de procesos.

La descripción de la interfaz hace uso de *agentes y acciones*. Un agente es algo que da vida a algún aspecto del sistema. Las acciones permiten que los agentes se comuniquen entre sí. En esencia, el álgebra de procesos es una notación taquigráfica para representar la forma en que los agentes y las acciones dan vida a la función de una IU. La sintaxis básica se ha ilustrado en la Figura 27.6.

Como ejemplo, considérese una interfaz moderna que tiene un icono de impresora en una barra de herramientas. La impresora, *P*, es un agente. La

FIGURA 27.6

Notación del álgebra de procesos [MER93].

Nombre	Notación	Significado
Un agente inactivo	0	
Constante	A	el agente A
Prefijo	$a.E$	efectuar acción a y comportarse como agente E
Suma	$E_1 + E_1$	agente E_1 compuesto con agente E_2
Composición	$E_1 \setminus E_2$	comportarse como agente E_1 o como agente E_2
Restricción	$E_1 \setminus L$	el agente E restringido a acciones del conjunto L
Nuevo rótulo	$E[f]$	cambio de nombre del agente E según la función f
Sustitución	E/X	sustituir el agente X por el agente E
Recursividad	$fax(X = E)$	el agente X tal que $X = E$

impresión se puede efectuar también mediante una orden de impresión (acción c) y que se le pasa mediante el teclado a un agente controlador de la impresora, D.

Alternativamente, se puede iniciar un *clic* del ratón (acción m) mediante un agente de menú abatible, M, que interactúa directamente con el controlador de impresora. Empleando el operador de suma definido para la notación del álgebra de procesos e indicado en la Figura 27.6, se puede representar el comportamiento de impresión como:

$$P = c.D + m.M$$

Esto afirma que el agente P se comporta de forma idéntica a la acción c y al comportamiento resultante del agente D o a la acción m y al comportamiento resultante del agente M.

Una descripción detallada del álgebra de procesos y de su utilización en la reingeniería de interfaces va más allá del alcance de este libro. El lector interesado debería de utilizar [MER93] o [MIL89] para más detalles.

27.4. REESTRUCTURACIÓN

La *reestructuración del software* modifica el código fuente y/o los datos en un intento de hacerlo adecuado para cambios futuros. En general, la reestructuración no modifica la arquitectura global del programa. Tiende a centrarse en los detalles de diseño de módulos individuales, y en estructuras de datos locales definidas dentro de los módulos. Si el esfuerzo de la reestructuración se extiende más allá de los límites de los módulos y abarca a la arquitectura del software, la reestructuración pasa a ser ingeniería progresiva (Sección 27.5).

Arnold [ARN89] define un cierto número de beneficios que se pueden lograr cuando se reestructura el software:

- Da lugar a programas de mayor calidad, con mejor documentación y menos complejidad; ajustados a las prácticas de ingeniería del software modernas y a los estándares.
- Reduce la frustración entre ingenieros del software que deban de trabajar con el programa, mejorando por tanto la productividad y haciendo más sencillo el aprendizaje.
- Reduce el esfuerzo requerido para llevar a cabo las actividades de mantenimiento.
- Hace que el software sea más sencillo de comprobar y de depurar.

La reestructuración se produce cuando la arquitectura básica de la aplicación es sólida, aun cuando sus interioridades técnicas necesiten un retoque. Comienza cuando existen partes considerables del software que son útiles todavía, y solamente existe un subconjunto de todos los módulos y todos los datos que requiera una extensa modificación[5].

27.4.1. Reestructuración del código

La reestructuración del código se lleva a cabo para conseguir un diseño que produzca la misma función pero con una mayor calidad que el programa original. En general, las técnicas de reestructuración del código (p. ej.: las técnicas de simplificación lógica de Warnier [WAR74]) modelan la lógica del programa empleando álgebra Booleana, y a continuación aplican una serie de reglas de transformación que dan lugar a una lógica reestructurada. El objetivo es tomar el código en forma de «plato de espaguetis» y derivar a partir de él un diseño de procedimientos que se ajuste a la filosofía de la programación estructurada (Capítulo 14).

27.4.2. Reestructuración de los datos

Antes de que pueda comenzar la reestructuración de datos, es preciso llevar a cabo una ingeniería inversa, un análisis del código fuente. Todas las senten-

[5] En algunas ocasiones, resulta difícil distinguir entre una reestructuración extensa y un nuevo desarrollo. Ambos son casos de *reingeniería*.

cias del lenguaje de programación que contengan definiciones de datos, descripciones de archivos, E/S, y descripciones de interfaz se evaluarán en primer lugar. El objetivo es extraer elementos y objetos de datos, para obtener información acerca del flujo de datos, así como comprender las estructuras de datos ya existentes que se hayan implementado. Esta actividad se denomina a veces *análisis de datos* [RIC89].

Una vez finalizado el análisis de datos, comienza el *rediseño de datos*. En su forma más sencilla se emplea un *paso de estandarización de rediseño de datos* que clarifica las definiciones de datos para lograr una consistencia entre nombres de objetos de datos, o entre formatos de registros físicos en el seno de una estructura de datos o formato de archivo existente. Otra forma de rediseño, denominada *racionalización de nombres de datos*, asegura que todas las convenciones de denominación de datos se ajusten a los estándares locales, y asegure también que se eliminen los alias a medida que fluyen los datos a través del sistema.

Cuando la reestructuración va más allá de la estandarización y de la racionalización, se efectúan modificaciones físicas en las estructuras de datos ya existentes con objeto de hacer que el diseño de datos sea más efectivo. Esto puede significar una traducción de un formato de archivo a otro, o en algunos casos, una traducción de un tipo de base de datos a otra.

27.5. INGENIERÍA PROGRESIVA (DIRECTA)

Un programa con un flujo de control que sea el equivalente gráfico de un plato de espaguetis con «módulos» que tengan 2.000 sentencias de longitud, que posea pocas líneas de comentario significativos en 290.000 sentencias de código fuente, y que no posea otra documentación, debe ser modificado para adecuarlo a los cambiantes requisitos del usuario. Se tienen las opciones siguientes:

1. Puede uno esforzarse por efectuar una modificación tras otra, «luchando» con el diseño implícito y con el código fuente para implementar los cambios necesarios.
2. Se puede intentar comprender el funcionamiento interno más amplio del programa, en un esfuerzo por hacer que las modificaciones sean más efectivas.
3. Se puede rediseñar, recodificar y comprobar aquellas partes del software que requieran modificaciones, aplicando un enfoque de ingeniería del software a todos los segmentos revisados.
4. Se puede rediseñar, recodificar y comprobar el programa en su totalidad, usando herramientas CASE (herramientas de reingeniería) que servirán para comprender el diseño actual.

No existe una única opción «correcta». Las circunstancias pueden imponer la primera opción, aun cuando las otras resulten más deseables.

En lugar de esperar a que se reciba una solicitud de mantenimiento, la organización de desarrollo o de mantenimiento selecciona un programa (1) que seguirá siendo utilizado durante un número determinado de años, (2) que se esté utilizando con éxito en la actualidad y (3) que tenga probabilidades de sufrir grandes modificaciones o mejoras en un futuro próximo. Entonces, se aplican las opciones 2, 3 o 4 de las anteriores[6].

Este enfoque de mantenimiento preventivo fue introducido por Miller [MIL81] con el nombre de «reajuste estructurado». Definía este concepto como «la aplicación de las metodologías de hoy a los sistemas de ayer para prestar apoyo a los requisitos del mañana».

A primera vista, la sugerencia de volver a desarrollar un gran programa cuando ya existe una versión operativa puede parecer más bien extravagante. Sin embargo, antes de emitir un juicio, considérense los puntos siguientes:

1. El coste de mantener una línea de código fuente puede estar entre veinte y cuarenta veces por encima del coste del desarrollo inicial de esa línea.
2. El rediseño de la arquitectura del software (del programa y/o de las estructuras de datos) empleando conceptos de diseño modernos puede facilitar mucho el futuro mantenimiento.
3. Dado que ya existe un prototipo del software, la productividad de desarrollo debería de ser mucho más elevada que la media.
4. En la actualidad, el usuario ya tiene experiencia con el software. Por tanto, los nuevos requisitos y la dirección del cambio se podrán estimar con mucha más facilidad.
5. Las herramientas CASE para la reingeniería automatizarán algunas partes del trabajo.
6. Cuando finalice el mantenimiento preventivo, se dispondrá de una configuración completa del software (documentos, programas y datos).

Cuando una organización de desarrollo de software vende un software como producto, el mantenimiento preventivo se ve como «nuevas versiones» del programa. Un gran desarrollador de software local (p. ej.: un grupo de desarrollo de software de sistemas para una compañía de productos del consumidor de mucho volumen) puede tener entre 500 y 2.000 programas de producción dentro de su dominio de responsabilidad. Se pueden asignar priori-

[6] Antes de seguir adelante, revise el Capítulo 1. Cuando la administración responde correctamente al espectro de una «planta de software que envejece», el nuevo desarrollo pasa a ser obligatorio en muchas companias.

dades a estos programas según su importancia, y a continuación se revisarán esos programas como candidatos para un mantenimiento preventivo.

El proceso de ingeniería del software aplica principios, conceptos y métodos de ingeniería del software para volver a crear las aplicaciones existentes. En la mayoría de los casos, la ingeniería progresiva no se limita a crear un equivalente moderno de un programa anterior. Más bien, se integran los nuevos requisitos y las nuevas tecnologías en ese esfuerzo de reingeniería. El programa desarrollado de nuevo extiende las capacidades de la aplicación anterior.

27.5.1. Ingeniería progresiva para arquitecturas cliente/servidor

A lo largo de la última década, muchas aplicaciones de grandes computadoras han sufrido un proceso de reingeniería para adaptarles a arquitecturas cliente/servidor (C/S) (Capítulo 28). En esencia, los recursos de computación centralizados (incluyendo el software) se distribuyen entre muchas plataformas cliente. Aun cuando se puede diseñar toda una gama de entornos distribuidos distintos, la aplicación típica de computadora central que sufre un proceso de reingeniería para adoptar una arquitectura cliente/servidor posee las características siguientes:

- la funcionalidad de la aplicación migra hacia todas las computadoras cliente;
- se implementan nuevas interfaces IGU en los centros clientes;
- las funciones de bases de datos se le asignan al servidor;
- la funcionalidad especializada (p. ej.: los análisis de computación intensiva) pueden permanecer en el centro del servidor; y
- los nuevos requisitos de comunicaciones, seguridad, archivado y control deben de establecerse tanto en el centro cliente, como en el centro servidor.

Es importante tener en cuenta que la migración desde computadoras centrales a la computación C/S requiere tanto una reingeniería del negocio como una reingeniería del software. Además, es preciso establecer una «infraestructura de red de empresa» [JAY94].

La reingeniería de aplicaciones C/S comienza con un análisis exhaustivo del entorno de negocios que abarca la computadora central existente. Se pueden identificar tres capas de abstracción (Figura 27.7). La base de datos se encuentra en los cimientos de la arquitectura cliente/servidor, y gestiona las transacciones y consultas. Sin embargo, estas transacciones y consultas tienen que ser controladas en el contexto de un conjunto de reglas de negocios (definidas por un proceso de negocios ya existente o que ha experimentado una reingeniería). Las aplicaciones de cliente proporcionan la funcionalidad deseada para la comunidad de usuarios.

FIGURA 27.7

Proceso de reingeniería de aplicaciones de computadoras centrales a cliente/servidor

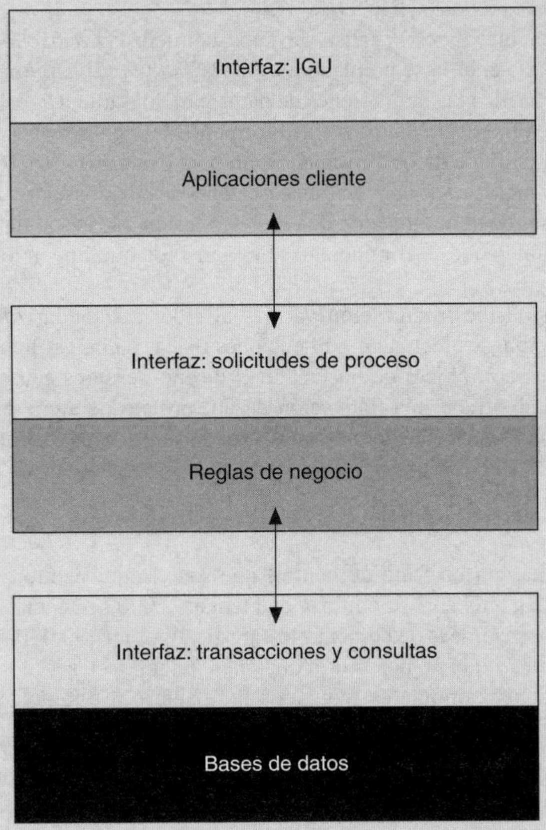

Las funciones del sistema de gestión de bases de datos y existente y la arquitectura de datos de la base de datos existente deben de sufrir un proceso de ingeniería inversa como precedente para el rediseño de la capa de fundamento de la base de datos. En algunos casos, se crea un nuevo modelo de

datos (Capítulo 12). En todos los casos, la base de datos C/S sufre un proceso de reingeniería para asegurar que las transacciones se ejecutan de forma consistente; para asegurar que todas las actualizaciones sean efectuadas únicamente por usuarios autorizados; para asegurar que las reglas de negocios fundamentales se impongan (por ejemplo, antes de borrar el registro de un proveedor, el servidor se asegura de que no exista ningún registro pendiente, contrato o comunicación para ese proveedor); para asegurar que se puedan admitir eficientemente las consultas; y para asegurar que se ha establecido una capacidad de archivado completa.

La capa de reglas de negocios representa un software que está residente tanto en el cliente como en el servidor. Este software lleva a cabo las tareas de control y coordinación para asegurar que las transacciones y consultas entre la aplicación cliente y la base de datos se ajusten a los proceso de negocios establecidos.

La capa de aplicación de cliente implementa las funciones de negocios requeridas por grupos específicos de usuarios finales. En muchos casos, se segmenta una aplicación de computadora central en un cierto número de aplicaciones más pequeñas, sometidas a reingeniería, y adecuadas para su funcionamiento de sobremesa. La comunicación entre aplicaciones de sobremesa (cuando es necesaria) será controlada por la capa de reglas de negocios.

27.5.2. Ingeniería progresiva para arquitecturas orientadas a objetos

La ingeniería del software orientada a objetos está transformándose rápidamente en el paradigma de desarrollo de elección para muchas organizaciones de software. Sin embargo, ¿qué sucede con las aplicaciones existentes y que se hayan desarrollado empleando métodos convencionales? En algunos casos, la respuesta consiste en dejar estas aplicaciones «tal cual». Pero en otros casos, es preciso aplicar una reingeniería a las viejas aplicaciones para que se puedan integrar fácilmente en grandes sistemas orientados a objetos.

La reingeniería del software convencional para producir una implementación orientada a objetos hace uso de muchas de las mismas técnicas descritas en la Cuarta Parte de este libro. En primer lugar, se hace una ingeniería inversa del software existente para que sea posible crear los modelos adecuados de datos, funcional y de comportamiento. Si el sistema que se aplica a la reingeniería extiende la funcionalidad o comportamiento de la aplicación original, se crean casos prácticos (Capítulo 20). Los modelos de datos creados durante la ingeniería inversa se utilizan entonces en conjunción con un modelado CRC (Capítulo 20) para establecer la base para la definición de clases. Las jerarquías de clases, los modelos de relaciones entre objetos, los modelos de comportamiento de objetos, y los subsistemas se definen a continuación, y comienza el diseño orientado a objetos.

A medida que progresa la ingeniería inversa orientada a objetos desde el análisis hasta el diseño, el modelo de proceso de reutilización (Capítulo 26) se podrá invocar también. Si la aplicación existente posee un dominio que ya está poblado por muchas aplicaciones orientadas a objetos, es probable que exista una robusta biblioteca reutilizable, y que sea posible utilizarla durante la ingeniería progresiva.

Para aquellas clases que sea preciso construir partiendo de cero, quizá sea posible reutilizar algoritmos y estructuras de datos procedentes de la aplicación convencional ya existente.

Sin embargo, será preciso volver a diseñarlos para que se ajusten a la arquitectura orientada a objetos.

27.5.3. Ingeniería progresiva para interfaces de usuario

Cuando las aplicaciones migran desde la computadora central a la computadora de sobremesa, los usuarios ya no están dispuestos a admitir unas interfaces arcanas, basadas en caracteres. De hecho, una parte significativa de todos los esfuerzos invertidos en la transición desde la computación de computadora central hasta la arquitectura cliente/servidor se pueden reinvertir en la reingeniería de las interfaces de usuario de la aplicación cliente.

Merlo y colaboradores [MER95] sugieren el modelo siguiente para la reingeniería de interfaces de usuario:

1. *Comprender la interfaz original y los datos que se trasladan entre ella y el resto de la aplicación.* El objetivo es comprender la forma en que los demás elementos del programa interactúan con el código existente que implemente la interfaz. Si se ha de desarrollar una nueva IGU, entonces el flujo de datos entre la IGU y el resto del programa debe de ser consistente con los datos que en la actualidad fluyan entre la interfaz basada en caracteres y el programa.
2. *Remodelar el comportamiento implícito por la interfaz existente para formar una serie de abstracciones que tengan sentido en el contexto de una IGU.* Aun cuando el modo de interacción pueda ser radicalmente distinto, el comportamiento de negocios mostrado por los usuarios de la nueva y vieja interfaz (cuando se consideran en términos de un escenario de utilización) deben de seguir siendo los mismos. La

interfaz rediseñada debe de seguir permitiendo que el usuario muestre el comportamiento de negocios adecuado. Por ejemplo, cuando se efectúa una consulta en una base de datos, la vieja interfaz puede hacer necesaria una larga serie de órdenes basadas en textos para especificar la consulta. La IGU sometida a reingeniería puede hacer más aerodinámica la consulta, reduciéndola a una pequeña secuencia de selecciones con el ratón, pero la intención y contenido de la consulta deben de permanece intactas.

3. *Introducir mejoras que hagan que el modo de interacción sea más eficiente.* Los fallos ergonómicos de la interfaz existente se estudian y se corrigen en el diseno de la nueva IGU.
4. *Construir e integrar la nueva IGU.* La existencia de bibliotecas de clases y de herramientas de cuarta generación puede reducir el esfuerzo requerido para construir la IGU de forma significativa. Sin embargo, la integración con el software de aplicación ya existente puede consumir más tiempo. Es preciso tener cuidado para asegurarse de que la IGU no propague unos efectos colaterales adversos al resto de la aplicación.

27.6. ECONOMÍA DE LA REINGENIERÍA

En un mundo perfecto, todo programa que no se pudiera mantener se retiraría inmediatamente, para ser sustituido por unas aplicaciones de alta calidad, fabricadas mediante reingeniería y desarrolladas empleando las prácticas de la ingeniería del software modernas. Sin embargo, vivimos en un mundo de recursos limitados. La reingeniería consume recursos que se pueden utilizar para otros propósitos de negocios. Consiguientemente, antes de que una organización intente efectuar una reingeniería de una aplicación existente, deberá de llevar a cabo un análisis de costes y beneficios.

Sneed [SNE95] ha propuesto un modelo de análisis de costes y beneficios para la reingeniería. Se definen nueve parámetros:

P_1 = coste de mantenimiento anual actual para una aplicación
P_2 = coste de operación anual actual de una aplicación
P_3 = valor de negocios anual actual de una aplicación
P_4 = coste de mantenimiento anual predicho después de la reingeniería
P_5 = coste de operaciones anual predicho después de la reingeniería
P_6 = valor de negocio actual predicho después de la reingeniería
P_7 = costes de reingeniería estimados
P_8 = fecha de reingeniería estimada
P_9 = factor de riesgo de la reingeniería (P_9 = 1,0 es el valor nominal)
L = vida esperada del sistema (en años)

El coste asociado al mantenimiento continuado de una aplicación candidata (esto es, si no se realiza la reingeniería) se puede definir como:

$$C_{mant} = [P_3 - (P_1 + P_2)] \times L \qquad (27.1)$$

Los costes asociados con la reingeniería se definen empleando la relación siguiente:

$$C_{reing} = [P_6 - (P_4 + P_5) \times (L - P_8) - (P_7 \times P_9)] \qquad (27.2)$$

Empleando los costes presentados en las Ecuaciones 27.1 y 27.2, los beneficios globales de la reingeniería se pueden calcular en la forma siguiente:

$$Beneficio = C_{reing} - C_{mant}$$

El análisis de costes y beneficios presentados en las ecuaciones anteriores se puede llevar a cabo para todas aquellas aplicaciones de alta prioridad que se hayan identificado durante un análisis de inventario (Sección 27.2.2). Aquellas aplicaciones que muestren el mayor beneficio en términos de costes podrán destinarse a la reingeniería, mientras que las demás podrán ser pospuestas hasta que estén disponibles más recursos.

27.7. RESUMEN

La reingeniería se produce en dos niveles distintos de abstracción. En el nivel de negocios, la reingeniería se concentra en el proceso de negocios con la intención de efectuar cambios que mejoren la competitividad en algún aspecto de los negocios. En el nivel del software la reingeniería examina los sistemas y aplicaciones de información con la intención de reestructurarlos o reconstruirlos de tal modo que muestren una mayor calidad.

La reingeniería de procesos de negocio (BPR) define los objetivos de negocios, identifica y evalúa los procesos de negocio ya existentes (en el contexto de los objetivos definidos), especifica y diseña los procesos revisados, y construye prototipos, refina e instancia esos procesos en el seno de un negocio. Al igual que la ingeniería de la información, BPR tiene un objetivo que va más allá del software. El resultado de BPR suele ser la definición de formas en que las tecnologías de la información puedan prestar un mejor apoyo a los negocios.

La reingeniería del software abarca una serie de actividades entre las que se incluye el análisis de inventario, la reestructuración de documentos, la ingeniería inversa, la reestructuración de programas y datos, y la ingeniería progresiva. El objetivo de estas actividades consiste en crear versiones de programas existentes que muestren una mayor calidad, y una mejor mantenibilidad; se trata de programas que sean viables hasta bien entrado el siglo veintiuno.

El análisis de inventarios capacita a la organización para estimar todas y cada una de las aplicaciones sistemáticamente, con la intención de determinar cuales de ellas son candidatos para una reingeniería. La reestructuración de documentos crea un marco de referencia de documentación que es necesario para el apoyo de una cierta aplicación a largo plazo. La ingeniería inversa es el proceso de análisis de un programa con la intención de extraer información acerca de los datos, de su arquitectura, y del diseño de procedimientos. Por último, la ingeniería progresiva reconstruye el programa empleando prácticas de ingeniería moderna del software, y también la información obtenida durante la ingeniería inversa.

Los costes y beneficios de la reingeniería se pueden determinar de forma cuantitativa. El coste del status quo, esto es, los costes asociados al mantenimiento existente de una aplicación se comparan con los costes estimados de la reingeniería, y con la reducción resultante de costes de mantenimiento. En casi todos los casos en que un programa tiene una vida larga y muestra en la actualidad un mantenimiento dificultoso, la reingeniería representa una estrategia de negocios eficiente en términos de costes

REFERENCIAS

[ARN89] ARNOLD, R. S., «Software Restructuring», *Proc. IEEE*, vol. 77, n.° 4, abril de 1989, págs. 607-617.

[BLE93] BLEAKLEY, F. R., «The Best Laid Plans: Many Companies Try Management Fads, Only to See them Flop», *The Wall Street Journal*, 6 de julio de 1993.

[BRE91] BREUER, P. T. y K. LANO, «Creating Specification From Code: Reverse-Engineering Techniques», *Journal of Software Maintenance: Research and Practice*, Volumen 3, Wiley, 1991, págs. 145-162.

[CAN72] CANNING, R., «The Maintenance 'Iceberg'», *EDP Analyzer*, vol. 10, n.° 10, octubre de 1972.

[CAS88] «Case Tools for Reverse Engineering», *CASE Outlook*, CASE Consulting Group, Lake Oswego, OR, vol. 2, n.° 2, 1988, págs. 1-15.

[CHI90] CHIKOFSKY, E. J. y J. H. CROSS, II, «Reverse Engineering and Design Recovery: A Taxonomy», *IEEE Software*, enero de 1990, págs. 13-17.

[DAV90] DAVENPORT, T. H. y J. E. YOUNG, «The New Industrial Engineering: Information Technology and Business Process Redesign», *Sloan Management Review*, verano de 1990, págs. 11-27.

[DEM95] DEMARCO, T., «Lean and Mean», *IEEE Software*, noviembre de 1995, págs. 101-102.

[DIC95] DICKINSON, B. *Strategic Business Reengineering*, LCI Press, 1995.

[HAM90] HAMMER, M., «Reengineer Work: Don't Automate, Obliterate», *Harvard Business Review*, julio/agosto 1990, págs. 104-112.

[HAM93] HAMMER, M. y J. CHAMPY, *Reeingeneering the Corporation*, HarperCollins, 1993.

[HAN93] HANNA, M., «Maintenance Burden Begging for a Remedy», *Datamation*, abril de 1993, págs. 53-63.

[JAY94] JAYCHANDRA, Y., *Re-Engineering the Networked Enterprise*, McGraw-Hill, 1994.

[MAR94] MARKOSIAN, L. et al., «Using an Enabling Technology to Reengineer Legacy Systems», *Communications of the ACM*, vol. 37, n.° 5, mayo de 1994, págs. 58-70.

[MER93] MERLO, E. et al., «Reverse Engineering of User Interfaces», *Proc. Working Conference on Reverse Engineering*, IEEE, Baltimore, MD, mayo de 1993, págs. 171-178.

[MER95] MERLO, E., et al., «Reeingeneering User Interfaces», *IEEE Software*, enero de 1995, págs. 64-73.

[MIL81] MILLER, J., publicado en *Techniques of Program and System Maintenance*, G. Parikh (ed.), Winthrop Publishers, 1981.

[MIL89] MILNER, R., *Communication and Concurrency*, Prentice-Hall, 1989.

[NIN94] NING, J. Q., A. ENGBERTS y W. KOZACZYNSKI, «Automated Support for Legacy Code Understanding», *Communications of the ACM*, vol. 37, n.° 5, mayo de 1994, págs. 42-49.

[OSB90] OSBORNE, W. M. y E. J. CHIKOFSKY, «Fitting Pieces to the Maintenance Puzzle», *IEEE Software*, enero de 1990, págs. 10-11.

[PRE94] PREMERLANI, W. J. y M. R. BLAHA, «An Approach for Reverse Engineering of Relational Databases», *Communications of the ACM*, vol. 37, n.° 5, mayo de 1994, págs. 42-49.

[RIC89] RICKETTS, J. A., J. C. DELMONACO y M. W. WEEKS, «Data Reeingeneering for Application Systems», *Proc. Conf. Software Maintenance*–1989, IEEE, 1989, págs. 174-179.

[SNE95] SNEED, H., «Planning the Reeingeneering of Legacy Systems», *IEEE Software*, enero de 1995, págs. 24-25.

[STE93] STEWART, T. A. «Reeingeneering: The Hot New Managing Tool», *Fortune*, 23 de agosto de 1993, págs. 41-48.

[SWA76] SWANSON, E. B., «The Dimensions of Maintenance», *Proc. 2nd. Intl. Conf. on Software Engineering*, IEEE, octubre de 1976, págs. 492-497.

[WAR74] WARNIER, J. D., *Logical Construction of Programs*, Van Nostrand Reinhold, 1974.

[WEI95] WEISZ, M., «BPR is Like Teenage Sex», *American Programmer*, vol. 8, n.° 6, junio de 1995, págs. 9-15.

PROBLEMAS Y PUNTOS PARA CONSIDERAR

27.1. Considere cualquier trabajo que haya desempeñado en los últimos cinco años. Describa el proceso de negocios en que haya desempeñado un papel. Utilice el modelo BPR descrito en la Sección 27.1.3 para recomendar cambios en el proceso con la intención de hacerlo más eficiente.

27.2. Realice una investigación acerca de la eficacia de la reingeniería de procesos de negocios. Presente argumentos a favor y en contra para este enfoque.

27.3. Su instructor seleccionará uno de los programas que haya desarrollado alguien de la clase durante el curso. Intercambie su programa aleatoriamente con alguien más de la clase. *No le explique* ni recorra con él el programa. A continuación, implemente una mejora (especificada por el instructor) en el programa que haya recibido.

a. Lleve a cabo todas las tareas de ingeniería del software incluyendo un breve recorrido (pero no con el autor del programa).

b. Lleve cuidadosamente la cuenta de todos los errores encontrados durante la comprobación.

c. Describa su experiencia en clase.

27.4. Empleando todos o algunos de los criterios del análisis de inventario descritos en la Sección 27.2.2, intente desarrollar un sistema de calificación del software cuantitativo que pudiera aplicarse a programas ya existentes en un esfuerzo para seleccionar los programas candidatos a la reingeniería.

27.5. Sugiera alternativas del papel y lápiz o de la documentación electrónica convencional que pudieran servir como base para la reestructuración de documentos. [Pista: Piense en nuevas tecnologías descriptivas que se podrían utilizar para comunicar el objetivo del software.]

27.6. Algunas personas creen que las técnicas de inteligencia artificial incrementarán el nivel de abstracción de los procesos de ingeniería inversa. Efectúe una investigación acerca de este asunto (esto es, el uso de IA para ingeniería inversa) y escriba un artículo breve que adopte una cierta postura con respecto a este asunto.

27.7. ¿Por qué es más difícil lograr la completitud a medida que crece el nivel de abstracción?

27.8. ¿Por qué tiene que incrementarse la interactividad si es preciso incrementar la completitud?

27.9. Obtenga literatura de productos correspondiente a tres herramientas de ingeniería inversa, y presente sus características en clase.

27.10. Efectúe una investigación acerca del álgebra de procesos y desarrolle una especificación sencilla de un proceso empleando una notación descrita en la Figura 27.6.

27.11. Existe una diferencia sutil entre la reestructuración y la ingeniería progresiva. ¿En qué consiste?

27.12. Investigue en la literatura para hallar uno o dos artículos que describan casos prácticos de reingeniería de grandes computadoras para producir una arquitectura cliente /servidor. Presente un resumen.

27.13. ¿Cómo determinaría los valores de P_4 a P_7 en el modelo de costes y beneficios presentado en la Sección 27.6?.

OTRAS LECTURAS Y FUENTES DE INFORMACIÓN

La reingeniería es un tema «candente» en la comunidad de la ingeniería del software. Dado que la tecnología que abarca la reingeniería sigue evolucionando, las revistas técnicas son las mejores fuentes de información. La edición de junio de 1995 de *American Programmer*, la edición de enero de 1995 de IEEE Computer, y la edición de mayo de 1994 de *Communications of the ACM* son representativas de muchas revistas que contienen secciones especiales acerca de temas de reingeniería.

Se ha dedicado un número de libros relativamente escaso a la reingeniería del software. Un buen punto de partida (dedicado a la reingeniería de procesos de negocios) es el de HAMMER y CHAMPY, un best-seller [HAM93]. ARNOLD (*Software Reengineering*, IEEE Computer Society Press, 1993) ha publicado una excelente antología de artículos importantes que se centran en las tecnologías de reingeniería del software. Berztiss (*Software Methods for Business Reengineering*, Springer-Verlag, 1996) y SPURR y colaboradores (*Software Assistance for Business Reengineering*, Wiley, 1994) describen las herramientas y técnicas que facilitan la BPR. AIKEN (*Data Reverse Engineering*, McGraw-Hill, 1996) describe la forma de recuperar, reorganizar y reutilizar datos organizativos.

Se encontrará una información extensa acerca de la reingeniería y una bibliografía exhaustiva en la página Web de la Software Reengineering:

http://www.erg.abdn.ac.uk/users/brant/sre/

Los centros siguientes proporcionan información adicional sobre la reingeniería y también otros enlaces:

The Asset Repository
http://source.asset.com

ESEG at UMCP
http://www.cs.umd.edu/projects/SoftEng/tame

REDO Project Archive (Esprit)
http://www.comlab.ox.ac.uk/archive/redo.html

Reverse Engineering-Georgia Tech
http://www.cc.gatech.edu/reverse

UCSD Software Evolution Group
http://www-cse.ucsd.edu/users/wgg/swevolution.html

WWW Virtual Library-SE
http://ricis.cl.uh.edu/virt-lib/software-eng.htm

Reasoning Systems, Inc. ha creado unos «On-Line Bibliography of Reengineering Papers» que están basados en su producto Software Refinery:

http://www.reasoning.com/papers.html

Se encontrará una lista actualizada de referencias de la World Wide Web acerca de la reingeniería del software en: **http://www.rspa.com**

CAPÍTULO 28

INGENIERÍA DEL SOFTWARE CLIENTE/SERVIDOR

Cuando se va a desarrollar un sistema basado en computadoras, el ingeniero se ve limitado por las restricciones impuestas por la tecnología existente, y su situación mejora cuando las nuevas tecnologías ofrecen capacidades que no estuvieran disponibles para los ingenieros anteriores. A principio del siglo, el desarrollo de una nueva generación de máquinas herramienta capaces de mantener unas tolerancias sumamente reducidas capacitó a los ingenieros, que diseñaron un nuevo proceso de fabricación denominado producción en masa. Antes del advenimiento de la nueva tecnología de máquinas herramientas, las máquinas no admitían tolerancias reducidas. Sin tolerancias reducidas, no se podrían haber construido unas partes intercambiables fácilmente ensamblables: la clave de la producción en masa.

La evolución de las arquitecturas de computadora distribuidas ha capacitado a los ingenieros de sistemas y de software para desarrollar nuevos enfoques acerca de la forma en que se estructura el trabajo y acerca de la forma en que se procesa la información en el seno de una organización. Las nuevas estructuras organizativas y los nuevos enfoques de procesamiento de información (p. ej.: sistemas de apoyo de decisiones, software para trabajo en grupos y gestión de gráficos) representan una separación radical con respecto a las tecnologías anteriores, basadas en grandes computadoras y minicomputadoras. Las nuevas arquitecturas de la computación han proporcionado la tecnología que capacita a las organizaciones para aplicar una reingeniería a sus procesos de negocios (Capítulo 27).

En este capítulo [1], se examina una nueva arquitectura dominante para el procesamiento de información-los sistemas *cliente/servidor (C/S)*. Los sistemas cliente/servidor han evolucionado en conjunción con los avances de la computación de sobremesa, con unas nuevas tecnologías de almacenamiento, con una mejora de las comunicaciones por red, y con una mejora de la tecnología de bases de datos. El objetivo de este capítulo es presentar una breve visión general de los sistemas cliente/servidor haciendo especial hincapié en los problemas especiales de ingeniería del software que es preciso abordar cuando se presta apoyo a estos sistemas, y también cuando estos se analizan, diseñan y comprueban.

28.1. ESTRUCTURA DE LOS SISTEMAS CLIENTE/SERVIDOR

Las tecnologías de hardware, de software, de bases de datos y de redes contribuyen todas ellas a las arquitecturas de computadoras distribuidas y cooperativas. En su forma más general, una arquitectura de computadora distribuida y cooperativa se ha ilustrado en la Figura 28.1. Un sistema raíz, que típicamente será una gran computadora, actúa como depósito de los datos corporativos. El sistema raíz está conectado con servidores (que típicamente son estaciones de trabajo potentes, o PC) y que poseen un doble papel. Los

[1] Ciertas partes de este capítulo se han adaptado del material didáctico desarrollado por John Porter para el currículo de Cliente/Servidor que se ofrece en BEI Engineering School de la Universidad de Fairfield. Se reproducen con su permiso.

FIGURA 28.1

Arquitecturas de computadora cooperativa y distribuida en un entorno corporativo

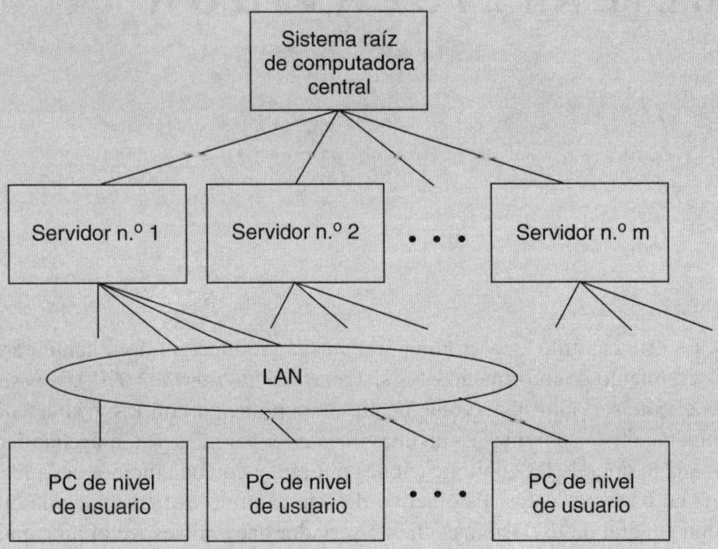

servidores actúan para actualizar y solicitar los datos corporativos mantenidos por el sistema raíz. Además mantienen sistemas departamentales locales y desempeñan un papel clave al poner en red los PC de nivel de usuario a través de una red de área local (LAN).

En una estructura C/S, la computadora que reside por encima de otra computadora (en la Figura 28.1) se denomina *servidor*, y las computadoras de nivel inferior se denominan clientes. Los clientes solicitan servicios [2], y el servidor los proporciona. Sin embargo, en el contexto de la arquitectura representada en la Figura 28.2, se pueden llevar a cabo un cierto número de implementaciones distintas [ORF94]:

Servidores de archivos. El cliente solicita registros específicos de un archivo. El servidor transmite estos registros al cliente a través de la red.

[2] En este contexto, los «servicios» se pueden interpretar simplemente como indicadores de datos, de proceso, o de alguna combinación.

FIGURA 28.2

Opciones de la arquitectura cliente/servidor

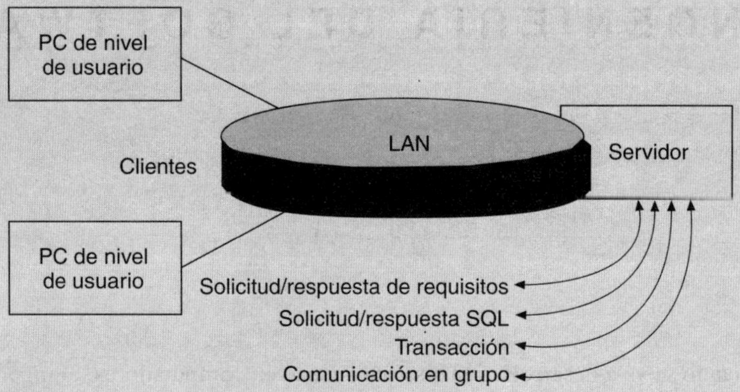

Servidores de bases de datos. El cliente envía solicitudes en *lenguaje de consulta estructurado (SQL)* al servidor. Éstas se transmiten como mensajes a través de la red. El servidor procesa la solicitud SQL y halla la información solicitada, pasando únicamente los resultados al cliente.

Servidores de transacciones. El cliente envía una solicitud que invoca procedimientos remotos en el centro servidor. Los *procedimientos remotos* pueden ser un conjunto de sentencias SQL. Se produce una transacción cuando una solicitud da lugar a la ejecución de procedimientos remotos y a la transmisión del resultado devuelto al cliente.

Servidores de grupos de trabajo. Cuando el servidor proporciona un conjunto de aplicaciones que hacen posible la comunicación entre clientes (y entre las personas que los usan) mediante el uso de texto, imágenes, boletines electrónicos, vídeo y otras representaciones, existe una arquitectura de grupos de trabajo.

28.1.1. Componentes de software para sistemas C/S

En lugar de visualizar el software como una aplicación monolítica que deberá de implementarse en una máquina, el software que es adecuado para una arquitectura cliente/servidor posee varios componentes distintos que se pueden asociar al cliente o la servidor, o se pueden distribuir entre ambas máquinas:

Componente de interacción con el usuario y presentación. Este componente implementa todas las funciones que típicamente se asocian a una interfaz gráfica de usuario (IGU).

Componente de aplicación. Este componente implementa los requisitos definidos por la aplicación en el contexto del dominio en el cual funciona la aplicación. Por ejemplo, una aplicación de negocios podría producir toda una gama de informes impresos basados en entradas numéricas, cálculos, información de una base de datos, y otros aspectos. Una aplicación para trabajo en grupo podría proporcionar las capacidades adecuadas para hacer posible la comunicación mediante un boletín electrónico o correo electrónico. En ambos casos, el software de aplicación se puede descomponer de tal modo que alguno de los componentes residan en el cliente y otros residan en el servidor.

Gestión de bases de datos. Este componente lleva a cabo la manipulación y gestión de datos requerida por una aplicación. La manipulación y gestión de datos puede ser tan sencilla como la transferencia de un registro, o tan compleja como el procesamiento de sofisticadas transacciones SQL.

Además de estos componentes, existe otro bloque de construcción del software, que suele denominarse software intermedio en todos los sistemas C/S. El *software intermedio* consta de elementos de software que existen tanto en el cliente como en el servidor, e incluye elementos de sistemas operativos en red así como un software de aplicación especializado que presta su apoyo a las aplicaciones específicas de bases de datos, a estándares de distribución de solicitudes de objetos (Sección 28.1.5), a tecnologías de trabajo en grupo, a gestión de comunicaciones, y a otras características que facilitan la conexión cliente/servidor. Orfali [ORF94] y colaboradores han aludido al software intermedio como el «sistema nervioso de un sistema cliente/servidor».

28.1.2. Distribución de componentes de software

Una vez que se han determinado los requisitos básicos de una aplicación cliente/servidor, el ingeniero del software debe de decidir la forma en que distribuirá los componentes de software descritos en la Sección 28.1.1 entre el cliente y el servidor. Cuando la mayor parte de la funcionalidad asociada a cada uno de los tres componentes se le asocia al servidor, se ha creado un diseño de *servidor principal* (grueso). A la inversa, cuando el cliente implementa la mayor parte de los componentes de interacción/presentación con el usuario, de aplicación y de bases de datos, se tiene un diseño de *cliente principal* (grueso).

Los clientes principales suelen encontrarse cuando se implementan arquitecturas de servidor de archivo y de servidor de base de datos. En este caso, el servidor proporciona apoyo para la gestión de datos, pero todo el software de aplicación y de IGU reside en el cliente. Los servidores principales son los que suelen diseñarse cuando se implementan sistemas de transacciones y de trabajo en grupo. El servidor proporciona el apoyo de la aplicación necesario para responder a transacciones y comunicaciones que provengan de los clientes. El software de cliente se centra en la gestión de IGU y de comunicaciones.

Se pueden utilizar clientes principales y servidores principales para ilustrar el enfoque general de asignación de componentes de software de cliente/servidor. Sin embargo, un enfoque más granular para la asignación de componentes de software define cinco configuraciones diferentes:

Presentación distribuida. En este enfoque cliente/servidor rudimentario, la lógica de la base de datos y la lógica de la aplicación permanecen en el servidor, típicamente en una computadora central. El servidor contiene también la lógica para preparar información de pantalla, empleando un software tal como CICS. Se utiliza un software especial basado en PC para transformar la información de pantalla basada en caracteres que se transmite desde el servidor en una presentación IGU en un PC.

Presentación remota. En esta extensión del enfoque de presentación distribuida, la lógica primaria de la base de datos y de la aplicación permanecen en el servidor, y los datos enviados por el servidor serán utilizados por el cliente para preparar la presentación del usuario.

Lógica distribuida. Se asignan al cliente todas las tareas de presentación del usuario y también los procesos asociados a la introducción de datos tales como la validación de nivel de campo, la formulación de consultas de servidor, y las solicitudes de informaciones de actualizaciones del servidor. Se asignan al servidor las tareas de gestión de las bases de datos, y los procesos para las consultas del cliente, para actualizaciones de archivos del servidor, para control de versión de clientes, y para aplicaciones de ámbito general de la empresa.

Gestión de datos remota. Las aplicaciones del servidor crean una nueva fuente de datos dando formato a los datos que se han extraído de algún otro lugar (p. ej.: de una fuente de nivel corporativo). Las aplicaciones asignadas al cliente se utilizan para explotar los nuevos datos a los que se ha dado formato mediante el servidor. En esta categoría se incluyen los sistemas de apoyo de decisiones.

Bases de datos distribuidas. Los datos de que consta la base de datos se distribuyen entre múltiples clientes y servidores. Consiguientemente, el cliente debe de admitir componentes de software de gestión de datos así como componentes de aplicación y de IGU.

28.1.3. Líneas generales para distribuir componentes de aplicaciones

Aun cuando no existen reglas absolutas que describan la distribución de componentes de aplicaciones entre el cliente y el servidor, suelen seguirse las siguientes líneas generales:

El componente de presentación/interacción suele ubicarse en el cliente. La disponibilidad de entornos basados en ventanas y de la potencia de cómputo necesaria para una interfaz gráfica de usuario hace que este enfoque sea eficiente en términos de coste.

Si es necesario compartir la base de datos entre múltiples usuarios conectados a través de la LAN, entonces la base de datos suele ubicarse en el servidor. El sistema de gestión de la base de datos y la capacidad de acceso a la base de datos también se asignan al servidor, junto con la base de datos física.

Los datos estáticos que se utilicen como referencia deberían de asignarse al cliente. Esto sitúa los datos más próximos al usuario que tiene necesidad de ellos, y minimiza un tráfico de red innecesario y la carga del servidor.

El resto de los componentes de aplicación se distribuye entre cliente y servidor basándose en la distribución que optimice las configuraciones de cliente y servidor y de la red que los conecta. Por ejemplo, la implementación de una relación mutuamente excluyente implica una búsqueda en la base de datos para determinar si existe un registro que satisfaga los parámetros de una cierta trama de búsqueda. Si no se encuentra ningún registro, se emplea una trama de búsqueda alternativa. Si la aplicación que controla esta trama de búsqueda está contenida en su totalidad en el servidor, se minimiza el tráfico de red. La primera transmisión de la red desde el cliente hacia el servidor contendría los parámetros tanto para la trama de búsqueda primaria como para la trama de búsqueda secundaria. La lógica de aplicación del servidor determinaría si se requiere la segunda búsqueda. El mensaje de respuesta al cliente contendría el registro hallado como consecuencia bien de la primera o bien de la segunda búsqueda. El enfoque alternativo (el cliente implementa la lógica para determinar si se requiere una segunda búsqueda) implicaría un mensaje para la primera recuperación de registros, una respuesta a través de la red si no se halla el registro, un segundo mensaje que contuviera los parámetros de la segunda búsqueda, y una respuesta final que contuviera el registro recuperado. Si en la segunda búsqueda se necesita el 50 por ciento de las veces, la colocación de la lógica en el servidor para evaluar la primera búsqueda e iniciar la segunda si es necesario reduciría de forma significativa el tráfico de red.

La decisión final acerca de la distribución de componentes debería de estar basada no solamente en la aplicación individual sino en la mezcla de aplicaciones que estén funcionando en el sistema. Por ejemplo, una instalación podría contener algunas aplicaciones que requieran un extenso procesamiento de IGU, y muy poco procesamiento central de la base de datos. Esto daría lugar a la utilización de potentes estaciones de trabajo en el lado cliente, y a un servidor muy sencillo. Una vez implantada esta configuración, otras aplicaciones favorecerían el enfoque de cliente principal, para que las capacidades del servidor no tuvieran necesidad de verse aumentadas.

Habría que tener en cuenta que a medida que madura el uso de la arquitectura cliente/servidor, la tendencia es a ubicar la lógica de la aplicación volátil en el servidor. Esto simplifica la implantación de actualizaciones de software cuando se hacen cambios en la lógica de la aplicación [PAU95].

28.1.4. Enlazado de componentes de software C/S

Se utiliza toda una gama de mecanismos distintos para enlazar los distintos componentes de la arquitectura cliente/servidor. Estos mecanismos están incluidos en la estructura de la red y del sistema operativo, y resultan transparentes para el usuario final situado en el centro cliente. Los tipos más comunes de mecanismos de enlazado son:

- *Tubos (pipes)*: se utilizan mucho en los sistemas basados en UNIX; los tubos permiten la mensajería entre distintas máquinas que funcionen con distintos sistemas operativos.
- *Llamadas a procedimientos remotos*: permiten que un proceso invoque la ejecución de otro proceso o módulo que resida en una máquina distinta.
- *Interacción cliente/servidor SQL*: se utiliza para pasar solicitudes SQL y datos asociados de un componente (típicamente situado en el cliente) a otro componente (típicamente el SGBD del servidor). Este mecanismo está limitado únicamente a las aplicaciones SGBDR.

Además, las implementaciones orientadas a objetos de componentes de software C/S dan lugar a una «vinculación» que haga uso de un distribuidor de solicitudes de objetos. Este enfoque se describirá en sección siguiente.

28.1.5. Software intermedio (middleware) y arquitecturas de redistribución de objetos

Los componentes de software C/S descritos en las secciones anteriores están implementados mediante objetos que deben de ser capaces de interactuar entre sí en el seno de una sola máquina (bien sea cliente o servidor) o a través de la red. Un *distribuidor de solicitudes de objetos (ORB)* es un componente de software intermedio que capacita a un objeto que resida en un cliente para enviar un mensaje a un método que esté encapsulado en otro objeto que resida en un servidor. En esencia, el ORB intercepta el mensaje y maneja todas las actividades de comunicación y de coordinación necesarias para hallar el objeto al cual se había destinado el mensaje, para invocar su método, para pasar al objeto los datos adecuados, y para transferir los datos resultantes de vuelta al objeto que generase el mensaje inicialmente.

Un estándar ampliamente difundido para los distribuidores de solicitudes de objetos, llamado CORBA, fue desarrollado por el Object Management Group (OMG). El estándar CORBA [MOW95] se describía brevemente en el Capítulo 26. La estructura básica de una arquitectura CORBA se ilustra en la Figura 28.3.

Cuando se implementa CORBA en un sistema cliente/servidor, los objetos y las clases de objetos (Capítulo 19) residentes tanto en el cliente como en el servidor se definen mediante el uso de un *lenguaje de descripción de interfaz (IDL)*, un lenguaje declarativo que permite que el ingeniero del software defina objetos, atributos, y mensajes que se necesitan para invocarlos. Con objeto de admitir una solicitud para un método residente en el servidor procedente de un objeto residente en el cliente, se crean segmentos vacíos IDL en el cliente y en el servidor. Estos segmentos vacíos proporcionan la pasarela a través de la cual se admiten las solicitudes de objetos a través del sistema C/S.

Dado que las solicitudes de objetos a través de la red se producen en el momento de la ejecución, es preciso establecer un mecanismo para almacenar una descripción del objeto de tal modo que la información pertinente acerca del objeto y de su ubicación esté disponible cuando sea necesario. El depósito de interfaz hace precisamente esto.

Cuando una aplicación cliente necesita invocar un método contenido en el seno de un objeto residente en alguna otra parte del sistema, CORBA utiliza una invocación dinámica para (1) obtener la información pertinente acerca del objeto deseado a partir del depósito de interfaz; (2) crear una estructura de datos con parámetros que habrá que pasar al objeto; (3) crear una solicitud para el objeto; y (4) invocar la solicitud. A continuación se pasa la solicitud al *núcleo ORB* —una parte dependiente de implementación del sistema operativo en red que gestione las solicitudes— y a continuación se satisface la solicitud.

La solicitud se pasa a través del núcleo, y es procesada por el servidor. En el centro servidor un adaptador de objetos almacena la información de clases y de objetos en un depósito de interfaz residente en el servidor, admite y ges

FIGURA 28.3

La arquitectura básica CORBA

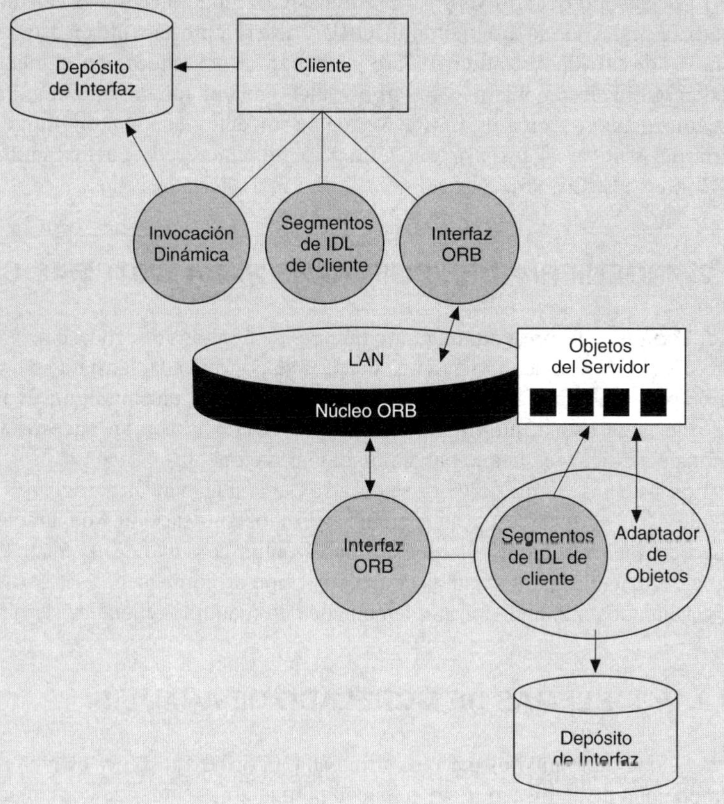

tiona las solicitudes procedentes del cliente, y lleva a cabo otras muchas tareas de gestión de objetos [ORF94]. En el servidor, unos segmentos vacíos IDL, similares a los definidos en la máquina cliente se emplean como interfaz con la implementación del objeto real que reside en el centro servidor.

El desarrollo del software para sistemas C/S modernos está orientado a objetos. Empleando la arquitectura CORBA descrita brevemente en esta sección, los desarrolladores de software pueden crear un entorno en el cual se pueden reutilizar los objetos a lo largo y ancho de una red muy amplia. Para más información acerca de CORBA y de su impacto general sobre la ingeniería del software para sistemas C/S, el lector interesado puede acudir a [ORF96] y a [MOW95].

28.2. INGENIERÍA DEL SOFTWARE PARA SISTEMAS C/S

En el Capítulo 2 se presentó un cierto número de modelos de proceso de software distintos. Aun cuando muchos de ellos se podrían adaptar para su utilización para el desarrollo de software para sistemas C/S, un paradigma evolutivo que haga uso de una ingeniería del software basada en sucesos y/o orientada a objetos es la que parece funcionar mejor.

Los sistemas cliente/servidor se desarrollan empleando las actividades de ingeniería del software clásicas-el análisis, diseño, construcción y depuración-a medida que evoluciona el sistema a partir de un conjunto de requisitos de negocios generales para llegar a ser una colección de componentes de software ya validados que han sido implementados en máquinas cliente y servidor.

28.3. PROBLEMAS DE MODELADO DE ANÁLISIS

La actividad de requisitos para los sistemas C/S difiere poco de los métodos de modelado de análisis que se aplicaban para la arquitectura de computadoras más convencionales. Consiguientemente, los principios básicos de análisis descritos en el Capítulo 11 y los métodos de modelado de análisis presentados en los Capítulos 12 y 20 son igualmente aplicables al software C/S.

Dado que el modelado de análisis evita la especificación de detalles de implementación, sólo cuando se haga la transición al diseño se considerarán los problemas asociados a la asignación de componentes de software al cliente y al servidor[3].

[3] Por ejemplo, una arquitectura C/S que satisfaga CORBA (Sección 28.1.5) tendrá un notable impacto sobre las decisiones de diseño e implementación.

Sin embargo, dado que se aplica un enfoque evolutivo de la ingeniería del software para los sistemas C/S, las decisiones de implementación acerca del enfoque C/S global (p. ej.: cliente principal frente a servidor principal) se podrán hacer durante las primeras iteraciones de análisis y diseño.

28.4. DISEÑO PARA SISTEMAS C/S

Cuando se está desarrollando un software para su implementación empleando una arquitectura de computadoras concreta, el enfoque de diseño debe de considerar el entorno específico de construcción. En esencia, el diseño debería de personalizarse para adecuarlo a la arquitectura del hardware.

Cuando se diseña software para su implementación empleando una arquitectura cliente/servidor, el enfoque de diseño debe de ser «personalizado» para adecuarlo a los problemas siguientes:

- El diseño de datos (Capítulo 14) domina el proceso de diseño. Para utilizar efectivamente las capacidades de un sistema de gestión de bases de datos relacional (SGBDR) o un sistema de gestión de bases de datos orientado a objetos (SGBDOO)[4] el diseño de los datos pasa a ser todavía más significativo que en las aplicaciones convencionales.
- Cuando se selecciona el paradigma controlado por sucesos, el modelado del comportamiento (una actividad de análisis, Capítulo 12), deberá de realizarse y será preciso traducir los aspectos orientados al control implícitos en el modelo de comportamiento al modelo de diseño.
- El componente de interacción/presentación del usuario de un sistema C/S implementa todas aquellas funciones que se asocian típicamente con una interfaz gráfica de usuario (IGU). Consiguientemente, se verá incrementada la importancia del diseño de interfaces (Capítulo 14).
- Suele seleccionarse un punto de vista orientado a objetos para el diseño (Capítulo 21). En lugar de la estructura secuencial que proporciona un lenguaje de procedimientos se proporciona una estructura de objetos mediante la vinculación entre los sucesos iniciados en la IGU y una función de gestión de sucesos que reside en el software basado en el cliente.

Aun cuando prosigue todavía el debate acerca del mejor enfoque de análisis y diseño para los sistemas C/S, los métodos orientados a objetos (Capítulos 20 y 21) parecen ofrecer la mejor combinación de características. Sin embargo, también se pueden adoptar métodos convencionales (Capítulos 12 y 14). La notación convencional para análisis y diseño incluye los diagramas

[4] Los sistemas de gestión de bases de datos SGBDR y orientados a objetos se utilizan mucho en las arquitecturas C/S.

de flujo de datos (DFD), los diagramas de entidades y relaciones (DER), y los diagramas de estructuras[5].

28.4.1. Enfoques de diseño convencional

En los sistemas cliente/servidor, los DFD se puede utilizar para establecer el ámbito del sistema, para identificar las funciones de nivel superior y las áreas de datos temáticas (almacenes de datos), y para permitir la descomposición de funciones de nivel superior. Apartándose del enfoque DFD tradicional, sin embargo, la descomposición se detiene en el nivel de un proceso de negocios elemental, en lugar de proseguir hasta el nivel de procesos atómicos.

En el contexto C/S, se puede definir un *proceso elemental de negocios (EBP)* como un cierto conjunto de tareas que se llevan a cabo sin interrupción por parte de un usuario en los centros cliente. Estas tareas o bien se realizan en su totalidad, o bien no se realizan en absoluto.

El DER adopta también un papel más importante. Sigue utilizándose para descomponer las áreas de datos temáticas (de almacenes de datos) de los DFD con objeto de establecer una visión de alto nivel de la base de datos que haya que implementar empleando un SGBDR. Su nuevo papel consiste en proporcionar la estructura para definir objetos de negocios de alto nivel (Sección 28.4.2).

En lugar de servir como herramienta para una descomposición funcional, el diagrama de estructuras se utiliza ahora como diagrama de ensamblaje, con objeto de mostrar los componentes implicados en la solución de algún proceso de negocios elemental. Estos componentes, que constan de objetos de interfaz, objetos de aplicación y objetos de bases de datos, establecen la forma en la que se van a procesar los datos.

28.4.2. Diseño de bases de datos

El diseño de bases de datos se utiliza para definir y después especificar la estructura de los objetos de negocios que se emplean en el sistema cliente/servidor. El análisis necesario para identificar los objetos de negocios se lleva a cabo empleando los métodos de ingeniería de la información descritos en el Capítulo 10. La notación de modelado de análisis convencional (Capítulo 12), tal como DER, se podrá utilizar para definir objetos de negocios, pero es preciso establecer un depósito de base de datos para capturar la información adicional que no se puede documentar por completo empleando una notación gráfica tal como un DER.

En este depósito, se define un objeto de negocios como una información que es visible para los compradores y usuarios del sistema, pero no para quienes lo implementan. Cada objeto (entidad) identificado en el DER se expande durante el diseño en: Una estructura de datos(p. ej.: un archivo y sus campos relacionados); todas las definiciones que gobiernen los archivos; las relaciones entre los elementos de datos de los registros de archivo; las reglas de validación para esta relaciones; y las reglas de negocios que especifiquen la visión externa del procesamiento que debe de producirse para esos datos.

Es preciso desarrollar toda una gama de informaciones de diseño durante el diseño de la base de datos. Esta información, implementada mediante el uso de una base de datos relacional, se podrá mantener en un depósito de diseño modelado en la Figura 28.4 [POR94]. Se utilizan tablas individuales (el lado izquierdo del diagrama para definir la siguiente información de diseño para la base de datos cliente/servidor:

- *Entidades*: se identifican en el DER del nuevo sistema.
- *Archivos*: que implementan las entidades identificadas en el DER.
- *Relación entre campo y archivo*: establece la disposición de los archivos al identificar los campos que están incluidos en cada archivo.
- *Campos*: define los campos del diseño (el diccionario de datos).
- *Relaciones entre archivos*: identifican los archivos relacionados que se pueden unir para crear vistas lógicas o consultas.
- *Validación de relaciones*: identifica el tipo de relaciones entre archivos o entre archivos y campos que se utilicen para la validación.
- *Tipos de campo*: se utiliza para permitir la herencia de características de campos procedentes de superclases del campo (p. ej.: fecha, texto, número, valor, precio).
- *Tipo de datos*: las características de los datos contenidos en el campo.
- *Tipo de archivo*: se utiliza para identificar cualquiera de las ubicaciones del archivo.
- *Función de campo*: clave, clave externa, atributo, campo virtual, campo derivado, etc.
- *Valores permitidos*: identifica los valores permitidos para los campos de tipo de estado.
- *Reglas de negocios*: reglas para editar, calcular campos derivados, etc.

A medida que las arquitecturas C/S se han ido haciendo más frecuentes, la tendencia a una gestión de datos distribuida se ha visto acelerada. En los sistemas C/S que implementan este enfoque, el componente de gestión de datos reside tanto en el cliente como en el servidor. En el contexto del diseño de bases de datos, un problema fundamental es la *distribución de datos*. Esto es, ¿cómo se distribuyen los datos entre el cliente y el servidor y cómo se dispersan entre los nudos de la red?

Un sistema de base de datos relacional (SGBDR) hace fácil el acceso a datos distribuidos mediante el uso del *lenguaje de consulta estructurado (SQL)*.

[5] Esta notación se trata con detalle en el Capítulo 12.

FIGURA 28.4

DER para el depósito de diseño C/S [POR94]

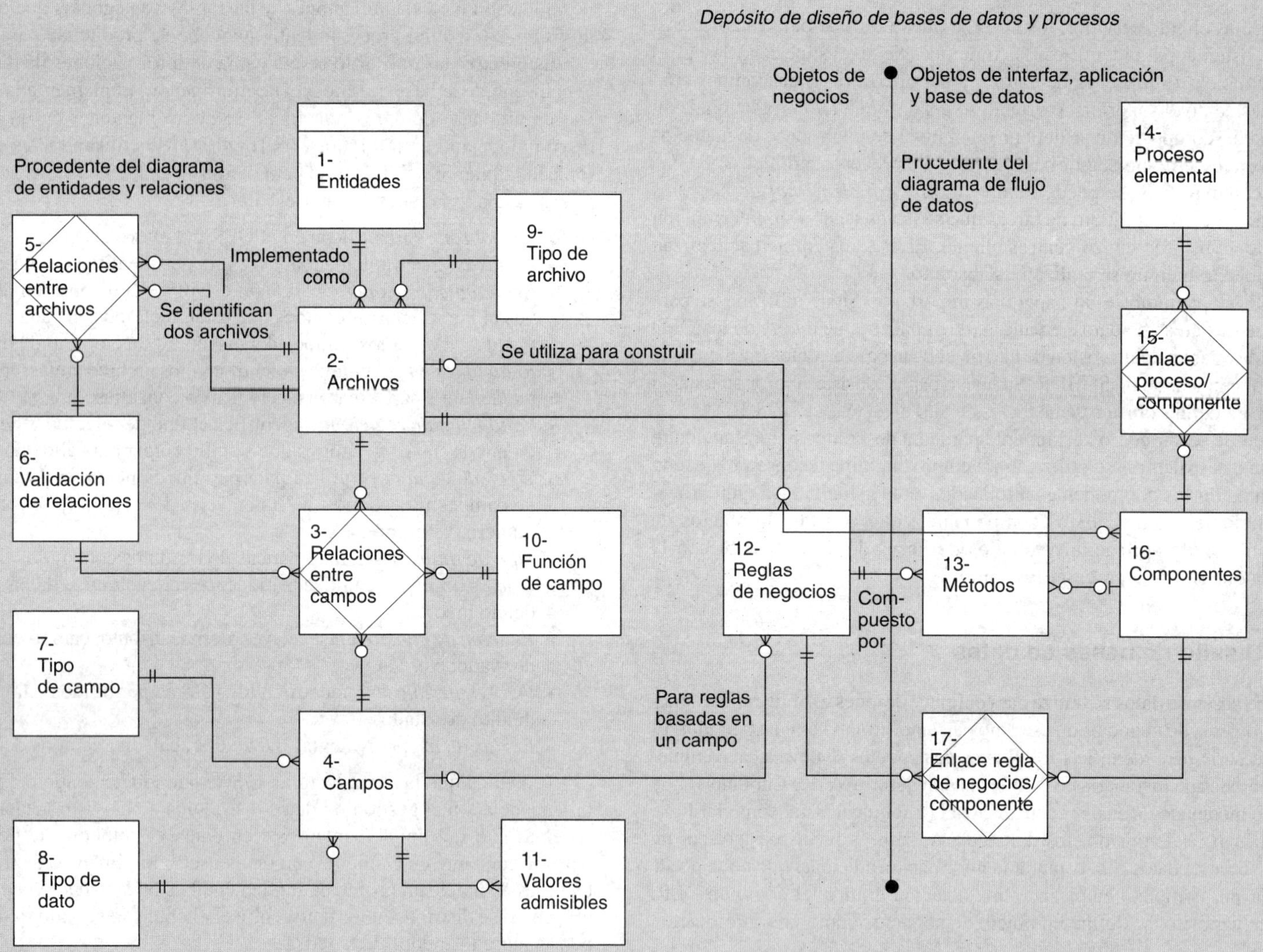

La ventaja de SQL en una arquitectura C/S es que «no requiere navegar» [BER92]. En un SGBDR, los tipos de datos se especifican empleando SQL, pero no se requiere información de navegación. Por supuesto, la implicación de esto es que SGBDR debe de ser suficientemente sofisticado para mantener la ubicación de todos los datos y tiene que ser capaz de definir la mejor ruta hasta ella. En sistemas de bases de datos menos sofisticados, una solicitud de datos debe de indicar a qué hay que acceder y dónde se encuentra. Si el software de aplicación debe de mantener la información de navegación, entonces la gestión de datos se vuelve mucho más complicada por los sistemas C/S.

Es preciso tener en cuenta que también están disponibles para el diseñador [BER92] otras técnicas para la distribución y gestión de datos:

Extracción manual. Se permite al usuario copiar manualmente los datos adecuados de un servidor a un cliente. Este enfoque resulta útil cuando el usuario requiere unos datos estáticos, y cuando se puede dejar el control de la estación en manos del usuario.

Instantánea. Esta técnica automatiza la extracción manual al especificar una «instantánea» de los datos que deberán de transferirse desde un cliente hasta un servidor a intervalos predefinidos. Este enfoque es útil para distribuir unos datos relativamente estáticos que solamente requieran actualizaciones infrecuentes.

Duplicación. Se puede utilizar esta técnica cuando es preciso mantener múltiples copias de los datos en distintos centros (p. ej.: distintos servidores o clientes y servidores). En este caso, el nivel de complejidad se incrementa porque la consistencia de los datos, las actualizaciones, la seguridad, y el procesamiento deben de coordinarse entre los múltiples centros.

Fragmentación. En este enfoque, la base de datos del sistema se fragmenta entre múltiples máquinas. Aunque resulta intrigante en teoría, la fragmentación es excepcionalmente difícil de implementar, y hasta el momento no es frecuente encontrarla.

El diseño de bases de datos, y más específicamente el diseño de bases de datos para sistemas C/S son temas que van más allá del alcance de este libro. El lector interesado puede consultar [BRO91], [BER92], [VAS93] y [ORF94] para una descripción más extensa.

28.4.3. Visión general de un enfoque de diseño

Porter [POR95] sugiere un conjunto de pasos para diseñar un proceso de negocios elemental que combine elementos de diseño convencional con elementos de diseño orientado a objetos. Se supone que se ha desarrollado un modelo de requisitos que defina los objetos de negocios, y que se ha refinado ya antes de comenzar el diseño de los procesos de negocios elementales. Entonces, se utilizan los pasos siguientes para derivar el diseño:

1. Para cada proceso de negocios elemental, se identifican los archivos creados, actualizados, borrados, o a los que se haga alusión.
2. Se utilizan los archivos identificados en el paso 1 como base para definir componentes u objetos.
3. Para cada componente, se recuperan las reglas de negocios y otra información de objetos de negocios que se haya determinado para el archivo relevante.
4. Se determinan las reglas que son relevantes para el proceso, y se descomponen las reglas hasta llegar al nivel de métodos.
5. Según sea necesario, se definen los componentes adicionales que se requieran para implementar los métodos.

Porter [POR95] sugiere una notación de diagramas de estructura especializada (Figura 28.5) para representar la estructura de componentes de un proceso de negocios elemental. Sin embargo, se utiliza una simbología diferente

FIGURA 28.5

Notación de diagrama de estructura para componentes C/S

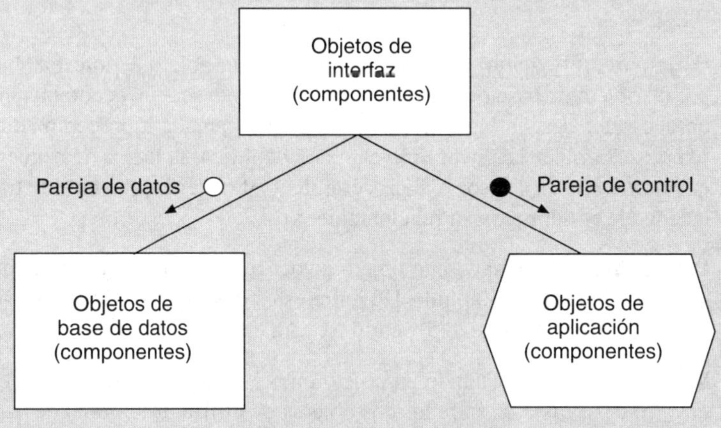

para que el diagrama se ajuste a la naturaleza orientada a objetos del software C/S. En la figura, se encuentran cinco símbolos distintos:

Objeto de interfaz. Este tipo de componente, que también se denomina componente de interacción/presentación con el usuario, se construye típicamente en un único archivo o bien otros archivos relacionados que se hayan unido mediante una consulta. Incluye métodos para dar formato a la interfaz IGU y también la lógica de aplicación residente en el cliente, junto con los controles de la interfaz. También incluye sentencias incrustadas de SQL, que especifican el procesamiento de la base de datos efectuado en el archivo primario con respecto al cual se haya construido la interfaz. Si la lógica de aplicación asociada normalmente a un objeto de interfaz se implementa en un servidor, típicamente mediante el uso de herramientas de software intermedio, entonces la lógica de aplicación que funcione en el servidor deberá de identificarse como un objeto de aplicación por separado.

Objeto de base de datos. Este tipo de componentes se utiliza para identificar el procesamiento de bases de datos tal como la creación o selección de registros que esté basada en un archivo distinto del archivo primario en el cual se haya construido el objeto de interfaz. Es preciso tener en cuenta que si el archivo primario con respecto al cual se construye el objeto de interfaz se procesa de manera distinta, entonces se puede utilizar un segundo conjunto de sentencias SQL para recuperar un archivo en una secuencia alternativa. La técnica de procesamiento del segundo archivo debería de identificarse por separado en el diagrama de estructura, en forma de un objeto de base de datos por separado.

Objeto de aplicación. Es utilizado bien por un objeto de interfaz, bien por un objeto de base de datos, y este componente será invocado bien por un activador de una base de datos o por una llamada a procedimientos remotos. También se puede emplear para identificar la lógica de negocios que normalmente se asocia al procesamiento de interfaz que ha sido trasladado al servidor para su funcionamiento.

Pareja de datos. Cuando un objeto invoca a otro objeto independiente, se pasa un mensaje (Capítulo 19) entre estos dos objetos. El símbolo de pareja de datos (Figura 28.5) se utiliza para denotar este hecho.

Pareja de control. Cuando un objeto invoca a otro objeto independiente y no se pasan datos entre los dos objetos, se utiliza un símbolo de pareja de control.

28.4.4. Iteración del diseño de procesos

El depósito de diseño (Sección 28.4.2) que se utiliza para representar objetos de negocios se emplea también para representar objetos de interfaz, de aplicación y de base de datos (véase el lado derecho de la Figura 28.4). Con respecto a la Figura 28.4, obsérvese que se han identificado las entidades siguientes:

- *Métodos*: describen *cómo* hay que implementar una regla de negocios.
- *Procesos elementales*: definen los procesos de negocios elementales identificados en el modelo de análisis.
- *Enlace proceso/componente*: son parecidos a una lista de materiales en fabricación; estas tablas identifican a los componentes que forman la solución de un proceso de negocios elemental. Es importante tener en cuenta que esta técnica de enlazado permite incluir un componente dado en la solución de múltiples procesos de negocios elementales.
- *Componentes*: describe los componentes mostrados en el diagrama de estructura.
- *Enlaces reglas de negocios/componente*: identifican a los componentes que son significativos para la implementación de una determinada regla de negocios.

Si se implementa un depósito del tipo descrito en la Figura 28.4 empleando un SGBDR, el diseñador tendrá acceso a una herramienta de diseño muy útil que proporciona informes que sirven de ayuda tanto para la construcción como para el futuro mantenimiento del sistema C/S.

28.5. PROBLEMAS DE PRUEBA [6]

La naturaleza distribuida de los sistemas cliente/servidor plantea un conjunto de problemas específicos para los probadores de software. Binder [BIN92] sugiere las siguientes zonas de interés:

- Consideraciones del IGU de cliente
- Consideraciones del entorno blanco y de diversidad de plataformas
- Consideraciones de bases de datos distribuidas (incluyendo datos duplicados)
- Consideraciones de procesamiento distribuido (incluyendo procesos duplicados)
- Entornos de destino que no son robustos
- Relaciones de rendimiento no lineales

[6] Esta sección es una versión muy abreviada y adaptada de un artículo escrito por Daniel Mosley [MOS96]. Se utiliza con permiso del autor.

La estrategia y las tácticas asociadas a la comprobación C/S deben de diseñarse de tal modo que se permita abordar todos y cada uno de los problemas anteriores.

28.5.1. Estrategia general de pruebas C/S

En general, la comprobación (pruebas) de software de cliente/servidor se produce en tres niveles diferentes: (1) Las aplicaciones de cliente individuales se comprueban de modo «desconectado» (el funcionamiento del servidor y de la red subyacente no se consideran); (2) las aplicaciones de software de cliente y del servidor asociado se prueban al unísono, pero no se ejercitan específicamente las operaciones de red; (3) se comprueba la arquitectura completa de C/S, incluyendo el rendimiento y funcionamiento de la red.

Aun cuando se efectúen muchas clases distintas de pruebas en cada uno de los niveles de detalle anteriores, es frecuente encontrar los siguientes enfoques de comprobación para aplicaciones C/S:

Comprobaciones de función de aplicación. Se comprueba la funcionalidad de las aplicaciones cliente empleando los métodos descritos anteriormente en este libro. En esencia, la aplicación se comprueba en solitario en un intento de descubrir errores de su funcionamiento.

Comprobaciones de servidor. Se comprueban la coordinación y las funciones de gestión de datos del servidor. También se considera el rendimiento del servidor (tiempo de respuesta y trasvase de datos en general).

Comprobaciones de bases de datos. Se comprueba la precisión e integridad de los datos almacenados en el servidor. Se examinan las transacciones enviadas por las aplicaciones cliente para asegurar que los datos se almacenen, actualicen y recuperen adecuadamente. También se comprueba el archivado.

Comprobación de transacciones. Se crea una serie de comprobaciones adecuada para comprobar que todas las clases de transacciones se procesen de acuerdo con los requisitos. Las comprobaciones hacen especial hincapié en la corrección de procesamiento, y también en los temas de rendimiento (p. ej.: tiempo de procesamiento de transacciones y comprobación de volúmenes de transacciones).

Comprobaciones de comunicaciones a través de la red. Estas comprobaciones verifican que la comunicación entre los nudos de la red se produzca correctamente, y que el paso de mensaje, las transacciones y el tráfico de red relacionado tenga lugar sin errores. También se pueden efectuar comprobaciones de seguridad de la red como parte de esta actividad de comprobación.

Para llevar a cabo estos enfoques de comprobación, Musa [MUS93] recomienda el desarrollo de perfiles operacionales derivados de escenarios cliente/servidor. Un *perfil operacional* indica la forma en que los distintos tipos de usuarios interactúan con el sistema C/S. Esto es, los perfiles proporcionan una «trama de utilización» que se puede aplicar cuando se diseñan y ejecutan las comprobaciones. Por ejemplo, para un determinado tipo de usuarios, ¿qué porcentaje de las transacciones serán consultas? ¿Actualizaciones? ¿Pedidos?

Para desarrollar el perfil operativo, es preciso derivar un conjunto de *escenarios de usuario* [BIN95]. Cada escenario abarca a quién, dónde, qué, y por qué. Esto es, quién es el usuario, dónde (en la arquitectura física) se produce la interacción con el sistema, cuál es la transacción, y por qué ha sucedido. Se pueden derivar los escenarios durante encuentros FAST (Capítulo 11) o bien mediante discusiones menos formales con los usuarios finales. Sin embargo, el resultado debería ser el mismo. Cada escenario debe proporcionar una indicación de las funciones del sistema que se necesitarán para dar servicio a un usuario concreto, el orden en que serán necesarias esas funciones, los tiempos y respuestas que se esperan, y la frecuencia con la que se utilizará cada una de estas funciones. Entonces se combinan estos datos (para todos los usuarios) para crear el perfil operativo.

La estrategia para comprobar arquitecturas C/S es análoga a la estrategia de comprobación para sistemas basados en software que se describían en el Capítulo 17. La comprobación comienza por comprobar al por menor. Esto es, se comprueba una única aplicación de cliente. La integración de los clientes, del servidor, y de la red se irá comprobando progresivamente. Finalmente, se comprueba todo el sistema como entidad operativa.

La comprobación tradicional visualiza la integración de módulos para subsistemas/sistemas y su comprobación (Capítulo 17) como un proceso descendente, ascendente, o alguna variación de los dos anteriores. La integración de módulos en el desarrollo C/S puede tener algunos aspectos ascendentes o descendentes, pero la integración en proyectos C/S tiende más hacia el desarrollo paralelo y hacia la integración de módulos en todos los niveles de diseño. Por tanto, la comprobación de integración en proyectos C/S se efectúa a veces del mejor modo posible empleando una aproximación no incremental o del tipo «gran explosión».

El hecho de que el sistema no se esté construyendo para utilizar un hardware y un software especificado anteriormente tiene su impacto sobre la comprobación del sistema. La naturaleza multiplataforma en red de los sistemas C/S requiere que se preste bastante más atención a la comprobación de configuraciones y a la comprobación de compatibilidades.

La doctrina de comprobación de configuraciones impone la comprobación del sistema en todos los entornos conocidos de hardware y software en los cuales vaya a funcionar. La comprobación de compatibilidades asegura una interfaz funcionalmente consistente entre plataformas de software y hardware. Por ejemplo, la interfaz de ventanas puede ser visualmente distinta dependiendo del entorno de implementación, pero los mismos comportamientos básicos del usuario deberían de dar lugar a los mismos resultados independientemente de si la interfaz de cliente es el Presentation Manager de OS/2 de IBM, Windows de Microsoft, Macintosh de Apple, o Motif de Open Software Foundation. El GartnerGroup [GAR93] sugiere un plan de comprobaciones cliente/servidor que se esboza en la Figura 28.6.

FIGURA 28.6

Un plan de pruebas de cliente/servidor basado en las recomendaciones de GartnerGroup

1.0 Comprobación de Ventanas (Interfaz Gráfica de Usuario)
1.1 Identificación de Escenarios de Negocios
1.2 Creación de Casos de Prueba
1.3 Verificación
1.4 Herramientas de Comprobación

2.0 Servidor
2.1 Creación de Datos de Prueba
2.2 Comprobación de Volúmenes/Esfuerzo
2.3 Verificación
2.4 Herramientas de prueba

3.0 Conectividad
3.1 Rendimiento
3.2 Comprobación de Volúmenes/Esfuerzo
3.3 Verificación
3.4 Herramientas de prueba

4.0 Calidad Técnica
4.1 Definiciones
4.2 Identificación de defectos
4.3 Métricas
4.4 Calidad del Código
4.5 Herramientas de prueba

5.0 Comprobación Funcional
5.1 Definiciones
5.2 Creación de Datos de Prueba
5.3 Verificación
5.4 Herramientas de prueba

6.0 Comprobación de Sistemas
6.1 Definiciones
6.2 Comprobación de Utilizabilidad
6.3 Encuestas de Satisfacción de Usuarios
6.4 Verificación
6.5 Herramientas de prueba

7.0 Gestión de Comprobaciones
7.1 Equipo de Comprobación
7.2 Planificación de las Comprobaciones
7.3 Recursos Necesarios
7.4 Mecanismos de Comprobación de Análisis, Informes y Seguimiento

28.5.2. Tácticas de pruebas C/S

Aun cuando el sistema C/S no se haya implementado empleando tecnología orientada a objetos, las técnicas de pruebas orientadas a objetos (Capítulo 22) tienen sentido porque los datos y procesos duplicados se pueden organizar en clases de objetos que compartan un mismo conjunto de propiedades. Una vez que se hayan derivado los casos prácticos para una clase de objetos (o su equivalente en un sistema desarrollado convencionalmente), estos casos de prueba deberían de resultar aplicables en general a todas las instancias de esa clase.

El punto de vista OO es especialmente valioso cuando se considera la interfaz gráfica de usuario de los sistemas C/S modernos. La IGU es inherentemente orientada a objetos, y se aparta de las interfaces tradicionales porque tiene que funcionar en muchas plataformas. Además, la comprobación debe de explorar un elevado número de rutas lógicas, porque la IGU crea, manipula y modifica una amplia gama de objetos gráficos. La comprobación se ve complicada aun más porque los objetos pueden estar presentes o ausentes, pueden existir durante un cierto periodo de tiempo, y pueden aparecer en cualquier lugar del escritorio.

Esto significa que el enfoque tradicional de *captura/reproducción* para comprobar interfaces convencionales basadas en caracteres debe de ser modificado para que pueda manejar las complejidades de un entorno IGU. Ha aparecido una variación funcional del paradigma de captura/reproducción denominado *captura/reproducción estructurada* [FAR93] para efectuar comprobaciones de IGU.

La captura/reproducción tradicional registra las entradas tales como las teclas pulsadas y las salidas tales como las imágenes de pantalla que se almacenan para comprobarlas con entradas e imágenes de salida de comprobaciones posteriores. La captura/reproducción estructurada está basada en una visión interna (lógica) de las actividades externas. Las interacciones del programa de aplicación con la IGU se registran como sucesos internos, que se pueden almacenar en forma de «guiones» escritos en Visual Basic de Microsoft, en una de las variantes de C, o en el lenguaje propio del fabricante. Se ha desarrollado una gama de herramientas útiles (p. ej.: [HAY93], [QUI93], y [FAR93] para apoyar este enfoque de comprobación.

Las herramientas que ejercitan las IGU no abarcan las validaciones de datos tradicionales ni tampoco las necesidades de comprobación de rutas. Los métodos de comprobación de caja blanca y caja negra descritos en el Capítulo 16 son aplicables en muchos casos, y las estrategias orientadas a objetos especiales que se presentaban en el Capítulo 22 son adecuadas tanto para el software de cliente como para el software de servidor.

28.6. RESUMEN

Aun cuando los sistemas cliente/servidor pueden adoptar uno o más de los modelos de procesos de software y muchos de los métodos de análisis, diseño y comprobación descritos anteriormente en este libro, las características de arquitectura especiales de C/S requieren una personalización del enfoque de ingeniería del software. En general, el modelo de proceso del software que se aplica a los sistemas C/S tiene una naturaleza evolutiva, y los métodos técnicos suelen tender a enfoques orientados a objetos. El desarrollador debe de describir aquellos objetos que se produzcan en la implementación de los componentes de interacción/representación con el usuario, de base de datos y de aplicación. Los objetos definidos para estos componentes deberán de asociarse bien a la máquina cliente, bien a la máquina servidora, y se pueden vincular a través de un distribuidor de solicitudes de objetos.

Las arquitecturas de distribuidor de solicitudes de objetos sirven de apoyo para los diseños C/S en los cuales los objetos cliente envían mensajes a los objetos servidor. El estándar CORBA hace uso de un lenguaje de definición de interfaz, y los depósitos de interfaz gestionan las solicitudes de objetos independientemente de su ubicación dentro de la red.

El análisis y el diseño de sistemas cliente/servidor hacen uso de diagramas de flujo de datos y de entidades y relaciones, diagramas de estructura modificados, y otras notaciones que se encuentran en el desarrollo de aplicaciones convencionales. Es preciso modificar las estrategias de comprobación para adecuarlas a las comprobaciones que examinan la comunicación a través de la red y el juego entre el software que reside en el cliente y aquel que reside en el servidor.

REFERENCIAS

[BER92] BERSON, A. *Client/Server Architecture*, McGraw-Hill, 1992.

[BIN92] BINDER, R., «A CASE-Based Systems Engineering Approach to Client-Server Development», *CASE Trends*, 1992

[BIN95] BINDER, R., «Scenario-Based Testing for Client Server Systems», *Software Development*, vol. 3, n.° 8, agosto 1995, págs. 43-49.

[BRO91] BROWN, A. W., *Object-Oriented Databases*, McGraw-Hill, 1991.

[FAR93] FARLEY, K. J., «Software Testing For Windows Developers», *Data Based Advisor*, noviembre 1993, págs. 45-46, 50-52.

[GAR93] *The GartnerGroup*, conferencia de presentación, 1993.

[HAY93] HAYES, L. G., «Automated Testing for Everyone», *OS/2 Professional*, noviembre 1993, pág. 51.

[MOS96] MOSLEY, D., «Managing Software Testing in the Client/Server Milieu» (en prensa).

[MOW95] MOWBRAY y ZAHAVI, *The Essential CORBA*, Wiley, 1995.

[MUS93] MUSA, J., «Operational Profiles in Software Reliability Engineering», *IEEE Software*, marzo 1993, págs. 14-32.

[ORF94] ORFALI, R., D. HARKEY y J. EDWARDS, *Essential Client/Server Survival Guide*, Wiley, 1996.

[ORF94] ORFALI, R., D. HARKEY y J. EDWARDS, *The Essential Distributed Objects Survival Guide*, Wiley, 1996.

[PAU95] PAUL, L. G., «Client/Server Deployment», *Computerworld*, 18 de diciembre de 1995.

[POR94] PORTER, J., *O-DES Design Manual*, Fairfield University, 1994.

[POR95] PORTER, J., *Synon Developer's Guide*, McGraw-Hill, 1995.

[QUI93] QUINN, S. R., J. C. WARE y J. SPRAGENS, «Tireless Testers; Automated Tools Can Help Iron Out the Kinks in Your Custom GUI Applications», *Infoworld*, septiembre 1993, págs. 78-79, 82-83, 85.

[VAS93] VASKEVITCH, D., *Client/Server Strategies*, IDG Books, 1993.

PROBLEMAS Y PUNTOS PARA CONSIDERAR

28.1. Empleando publicaciones comerciales o recursos de Internet de información de fondo, defina un conjunto de criterios para evaluar herramientas para la ingeniería del software C/S.

28.2. Sugiera cinco aplicaciones en las cuales un servidor principal parezca una estrategia de diseño adecuada.

28.3. Sugiera cinco aplicaciones en las cuales un cliente principal parezca ser una estrategia de diseño adecuada.

28.4. Efectúe una investigación adicional acerca del estándar CORBA y determine en qué forma se abarca la interoperabilidad entre diferentes ORB proporcionados por distintos fabricantes en la última versión del estándar.

28.5. Investigue un lenguaje de consulta estructurado (SQL) y proporcione un breve ejemplo de la forma en que se podría caracterizar una transacción empleando ese lenguaje.

28.6. Investigue los últimos avances en software para trabajo en grupo y desarrolle una breve presentación para la clase. El instructor puede asignar una función específica a los distintos participantes.

28.7. Una compañía va a establecer una nueva división de ventas por catálogo para vender mercancías de uso frecuente y en exteriores. El catálogo se publicará en la World Wide Web, y se pueden hacer pedidos a través de correo electrónico, mediante el centro Web, y también por teléfono o fax. Se construirá un sistema cliente/servidor para prestar su apoyo al procesamiento de pedidos en el centro de la compañía. Defina un conjunto de objetos de alto nivel que fueran necesarios para el sistema de procesamiento de pedidos, y organice estos objetos en tres categorías de componentes: la presentación/interacción con el usuario, la base de datos y la aplicación.

28.8. Formule reglas de negocios para establecer cuando se puede efectuar un envío si el pago se efectúa mediante tarjeta de crédito, con respecto al sistema descrito en el Problema 28.7. Añada reglas adicionales si el pago se efectúa mediante un cheque.

28.9. Desarrolle un diagrama de transiciones entre estados (Capítulo 12) que defina los sucesos y estados que resultarían visibles para un dependiente de entrada de pedidos que trabajase en un PC cliente en la división de ventas por catálogo (Problema 28.7).

28.10. Ofrezca ejemplos de tres o cuatro mensajes que pudieran dar lugar a una solicitud de un método de cliente mantenido en el servidor.

OTRAS LECTURAS Y FUENTES DE INFORMACIÓN

Aun cuando los métodos básicos de análisis y diseño para arquitecturas cliente/servidor son bastante parecidos a los sistemas más convencionales, es preciso presentar un conocimiento específico de C/S. ORFALI y sus colaboradores [ORF94] han escrito una de las introducciones más legibles a esta tecnología. WATTERSON (*Client/Server Technology for Managers*, Addison-Wesley, 1995) proporciona una visión general introductoria de las tecnologías implicadas, y del interés de aplicación en los primeros sistemas. En un nivel más detallado, NANCE (*Introduction to Networking*, Que Corporation, 1994) y DEWIRE (*Client/Server Computing*, McGraw-Hill, 1993) proporcionan una descripción detallada de los problemas tecnológicos.

TECH-EASE (*Client/Server Computing*, Prentice-Hall, 1996) ha publicado una introducción general a los sistemas y arquitecturas C/S. También merece la pena examinar los libros siguientes:

BERSON, A., *Client/Server Architecture*, 2.ª edición, McGraw-Hill, 1996.
GOGLIA, P. A., *Testing Client/Server Applications*, Wiley, 1993.
INMON, W. H., *Developing Client/Server Applications*, Wiley, 1994.
KOELMEL, R. L., *Implementing Application Solutions in a Client/Server Environment*, Wiley, 1995.
SPOHN, D. L., *Data Network Design*, 2.ª edición, McGraw-Hill, 1996.

Dado que la tecnología cliente/servidor evoluciona con tanta rapidez, las publicaciones de la industria y los recursos de información electrónica pueden ser la mejor fuente de información actualizada. La FAQ del grupo de noticias **comp.client-server** se puede encontrar en:

http://www.abs.net/~lloyd/csfaq.txt

o bien en

ftp://rtfm.mit.edu/pub/usenet/news.answers/client-server-faq

La información acerca de los últimos estándares CORBA se encontrará en:

http://www.omg.org

Una descripción de comprobación de sistemas C/S se encontrará en:

http://www.icon-stl.net/~djmosley

La Client/Server Coffeehouse proporciona un foro para preguntas y respuestas entre profesionales que están intentando implementar tecnologías C/S:

http://www.onr.com/oz/house.html

Se encontrará una lista actualizada de referencias de la World Wide Web para la ingeniería de software cliente/servidor en: **http://www.rspa.com**

CAPÍTULO 29

INGENIERÍA DEL SOFTWARE ASISTIDA POR COMPUTADORA

Todo el mundo ha oído ese proverbio que habla de los hijos del zapatero: el zapatero está tan ocupado haciendo zapatos para los demás que sus niños no tienen sus propios zapatos. A lo largo de los últimos veinte años, muchos ingenieros del software han sido los «hijos del zapatero». Aun cuando estos profesionales técnicos han construido complejos sistemas que automatizan el trabajo de otras personas, han empleado muy poca automatización por sí mismos. De hecho, hasta hace poco tiempo la ingeniería del software era fundamentalmente una actividad manual en la cual las herramientas [1] se utilizaban solamente en las últimas fases del proceso.

En la actualidad, los ingenieros de software han recibido por fin su primer par de zapatos nuevos —*la ingeniería del software asistida por computadora (CASE)*—. Los zapatos no vienen con tanta variedad como querrían, a veces son un poco duros y en algunos casos resultan incómodos, no proporcionan una sofisticación suficiente para los que gustan de vestir bien, y no siempre coinciden con la ropa que utilizan los desarrolladores de software. Ahora bien, suponen una prenda absolutamente esencial en el guardarropa del desarrollador del software y, con el tiempo, se volverán más cómodos, se utilizarán con más facilidad, y resultarán mejor adaptados a las necesidades de cada uno de los desarrolladores.

En los capítulos anteriores de este libro se ha intentado proporcionar una comprensión razonable de lo que sucede entre bastidores en la tecnología de la ingeniería del software. En este capítulo, nuestro centro de interés se desplaza hacia las herramientas y entornos que ayudarán a automatizar el proceso del software.

29.1. ¿QUÉ SIGNIFICA *CASE*?

El mejor taller de un artesano —sea mecánico, carpintero o ingeniero del software— tiene tres características fundamentales: (1) una colección de herramientas útiles que le ayudarán en todos los pasos de la construcción de un producto; (2) una disposición organizada que permite hallar rápidamente las herramientas y permite utilizarlas con eficiencia; y (3) un artesano muy capaz que comprenda la forma de utilizar las herramientas de manera efectiva. Los ingenieros del software reconocen ahora que necesitan más herramientas y más variadas (las herramientas manuales no sirven para satisfacer las demandas de los sistemas basados en computadoras de la actualidad), y necesitan un taller organizado y eficiente en el cual puedan ubicar sus herramientas.

El taller de la ingeniería del software se denomina un *entorno de apoyo de proyectos integrados* (y se describirá posteriormente en este capítulo), y el conjunto de herramientas que llena ese taller se denomina *ingeniería del software asistida por computadora (CASE).*

Las herramientas CASE son un complemento de la caja de herramientas del ingeniero del software. CASE proporciona al ingeniero la posibilidad de automatizar actividades manuales y de mejorar su visión general de la ingeniería. Al igual que las herramientas de ingeniería y de diseño asistidos por

[1] En muchos casos, las únicas herramientas disponibles para el ingeniero del software eran compiladores y editores de texto. Estas herramientas abarcan nada más la codificación, una actividad que no debería de ocupar más del 20 por ciento del proceso global del software.

computadora que utilizan los ingenieros de otras disciplinas, las herramientas CASE ayudan a asegurar que la calidad sea algo diseñado antes de llegar a construir el producto.

29.2. BLOQUES BÁSICOS DE CASE

La ingeniería del software asistida por computadora puede ser tan sencilla como una única herramienta que preste su apoyo para una única actividad de ingeniería del software, o bien puede ser tan compleja como todo un entorno que abarque herramientas, una base de datos, personas, hardware, una red, sistemas operativos, estándares, y otros mil componentes más. Los bloques de construcción de CASE se ilustran en la Figura 29.1. Cada bloque de construcción forma un fundamento para el siguiente, estando las herramientas situadas en la parte superior del montón. Es interesante tener en cuenta que el fundamento de los entornos CASE efectivos tiene relativamente poco que ver con las herramientas de ingeniería del software en sí. Más bien, los entornos que tienen éxito para la ingeniería del software se construyen basándose en una *arquitectura de entorno* que abarca un hardware adecuado y un software de sistema adecuado. Además, la arquitectura del entorno debe de considerar los patrones de trabajo humano que se aplicarán durante el proceso de ingeniería del software.

FIGURA 29.1

Bloques de construcción CASE

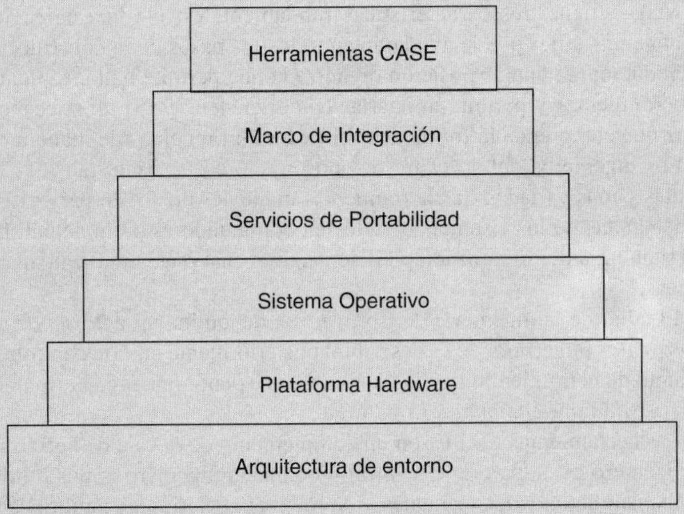

Las arquitecturas del entorno, que constan de una plataforma hardware y de un apoyo de sistema operativo (incluyendo el software de red y de gestión de la base de datos), constituye los fundamentos de CASE. Pero el entorno CASE en sí requiere otros bloques de construcción. Existe un conjunto de *servicios de portabilidad* que proporciona un puente entre las herramientas CASE y su *marco de referencia de integración* y la arquitectura del entorno. El marco de referencia de integración es una colección de programas especializados que capacitan a las herramientas CASE individuales para comunicarse entre sí, para crear una base de datos del proyecto, y para mostrar el mismo aspecto al usuario final (el ingeniero del software). Los servicios de portabilidad permiten que las herramientas CASE y su marco de referencia de integración migren entre distintas plataformas del hardware y sistemas operativos sin un mantenimiento adaptativo que resulte significativo.

Los bloques de construcción representados en la Figura 29.1 representan un fundamento exhaustivo para la integración de herramientas CASE. Sin embargo, la mayor parte de las herramientas CASE que se utilizan en la actualidad no han sido construidas empleando todos los bloques de construcción que se describen más arriba. De hecho, algunas herramientas CASE siguen siendo «soluciones puntuales». Esto es, se utiliza una herramienta para que preste su apoyo en una actividad de ingeniería del software concreta (p. ej.: análisis y modelado), pero esta herramienta no se comunica directamente con otras, no está unida a una base de datos del proyecto, y no forma parte de *un entorno integrado CASE (I-CASE)*. Aun cuando esta situación no es ideal, se puede utilizar una herramienta CASE bastante eficientemente, aunque se trate de una solución puntual.

Los niveles relativos de integración CASE se muestran en la Figura 29.2. En el extremo inferior del espectro de integración se encuentra la *herramienta individual* (solución puntual). Cuando las herramientas individuales proporcionan capacidades adecuadas para el *intercambio de datos* (tal como hace la mayoría), el nivel de integración mejora ligeramente. Estas herramientas producen su salida en un formato estándar que debería de resultar compatible con otras herramientas que sean capaces de leer ese formato. En algunos casos, los constructores de herramientas CASE complementarias trabajan a la vez para formar un *puente* entre herramientas (p. ej.: una herramienta de análisis y diseño que se enlaza con un generador de código). Mediante el uso de este enfoque, la sinergía entre herramientas puede producir unos resultados finales que sería difícil crear empleando cada una de las herramientas por separado. La *integración de fuente única* se produce cuando un único vende-

FIGURA 29.2

Opciones integradas

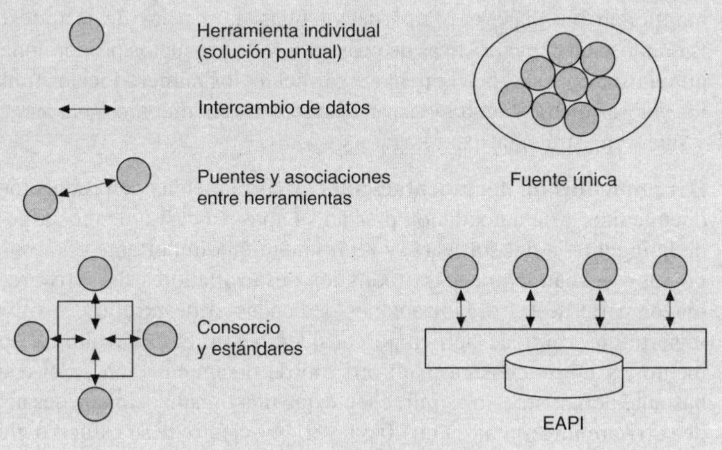

dor de herramientas CASE integra un cierto número de herramientas distintas y las vende en forma de paquete. Aun cuando este enfoque es bastante eficiente, la arquitectura cerrada de la mayoría de los entornos de fuente única evita una adición sencilla de herramientas procedentes de otros fabricantes.

En el extremo superior del espectro de integración se encuentra el *entorno de apoyo de proyectos integrado (EAPI)*. Se crean estándares para cada uno de los bloques de construcción descritos anteriormente. Los fabricantes de herramientas CASE utilizan estos estándares EAPI para construir herramientas que sean compatibles con el EAPI, y que por tanto sean compatibles entre sí.

29.3. UNA TAXONOMÍA DE HERRAMIENTAS CASE[2]

Existe un cierto número de riesgos que son inherentes siempre que se intenta efectuar una categorización de las herramientas CASE. Existe una sutil implicación consistente en que para crear un entorno CASE efectivo uno debe de implementar todas las categorías de herramientas —esto es, sencillamente, incierto—. Se puede crear una confusión (o un antagonismo) al ubicar una herramienta específica dentro de una categoría, cuando otras personas pueden creer que pertenece a otra categoría. Quizá algunos lectores piensen que se ha omitido toda la categoría completa, eliminando por tanto un conjunto de herramientas completo para su inclusión en el entorno CASE global. Además, una categorización sencilla tiende a ser plana-esto es, no se muestra la interacción jerárquica de herramientas o las relaciones que existen entre ellas. A pesar de estos riesgos, es necesario crear una taxonomía de herramientas CASE, para comprender mejor la amplitud de CASE y para comprender mejor los puntos en los que se pueden aplicar estas herramientas dentro del proceso del software.

Las herramientas CASE se pueden clasificar por su función, por su papel como instrumentos para administradores o personal técnico, por su utilización en los distintos pasos del proceso de ingeniería del software, por la arquitectura de entorno (hardware y software) que les presta su apoyo, o incluso por su origen o su coste [QED89]. La taxonomía que se presenta más abajo utiliza como criterio principal la función.

Herramientas de la ingeniería de la información. Al modelar los requisitos de información estratégica de una organización, las *herramientas de la ingeniería de la información* proporcionan un «metamodelo» del cual se derivan sistemas de información específicos. En lugar de centrarse en los requisitos de una aplicación específica, estas herramientas CASE modelan la información de negocios cuando ésta se transfiere entre distintas entidades organizativas en el seno de una compañía. El objetivo primordial de las herramientas de esta categoría consiste en representar objetos de datos de negocios, sus relaciones, y la forma en que fluyen estos objetos de datos entre distintas zonas de negocio en el seno de la compañía.

Modelado de procesos y herramientas de administración. Si una organización intenta mejorar un proceso de negocios (o de software) lo primero que debe de hacer es entenderlo. Las herramientas de modelado de procesos (que también se denominan herramientas «de tecnología de procesos») se utilizan para representar los elementos clave del proceso de modo que sea posible entenderlo mejor. Estas herramientas también pueden proporcionar vínculos con descripciones de procesos que ayuden a quienes estén implicados en el proceso de comprender las tareas que se requieren para llevar a cabo ese proceso. Además, las herramientas de administración de procesos pueden proporcionar vínculos con otras herramientas que proporcionen un apoyo para actividades de proceso ya definidas.

[2] Las fuentes para los fabricantes que ofrecen herramientas representativas de cada una de las categorías presentadas en las secciones que siguen se han enumerado en «Otras lecturas y fuentes de información» al final de este capítulo.

Herramientas de planificación de proyectos. Las herramientas de esta categoría se concentran en dos áreas primordiales: estimación de esfuerzos de proyecto y de costes de software, y planificación de proyectos. Las herramientas de estimación calculan el esfuerzo estimado, la duración del proyecto y el número recomendado de personas empleando una o más de las técnicas presentadas en el Capítulo 5. Las herramientas de planificación de proyectos capacitan al administrador para definir todas las tareas del proyecto (la estructura de desglose de tareas), para crear una red de tareas (normalmente empleando una entrada gráfica), para representar las interdependencias entre tareas y para modelar la cantidad de paralelismo que sea posible para ese proyecto (Capítulo 7).

Herramientas de análisis de riesgos. La identificación de riesgos potenciales y el desarrollo de un plan para mitigar, monitorizar y administrar esos riesgos tiene una importancia fundamental en los grandes proyectos. Las herramientas de análisis de riesgos capacitan al administrador del proyecto para construir una tabla de riesgos (Capítulo 6) proporcionando una guía detallada en la identificación y análisis de riesgos.

Herramientas de administración de proyectos. La planificación del proyecto y el plan del proyecto deben de seguirse y de monitorizarse de forma continua. Además, el gestor deberá de utilizar las herramientas que recojan métricas que en última instancia proporcionen una indicación de la calidad del producto del software. Las herramientas de esta categoría suelen ser extensiones de herramientas de planificación de proyectos.

Herramientas de seguimiento de requisitos. Cuando se desarrollan grandes sistemas, el sistema proporcionado suele no satisfacer los requisitos especificados por el cliente. El objetivo de las herramientas de seguimiento de requisitos es proporcionar un enfoque sistemático para el aislamiento de requisitos, comenzando por la solicitud del cliente de una propuesta (RFP) o especificación. Las herramientas de trazado de requisitos típicas combinan una evaluación de textos por interacción humana, con un sistema de gestión de bases de datos que almacena y categoriza todos y cada uno de los requisitos del sistema que se «analizan» a partir de la RFP o especificación original.

Herramientas de métricas y gestión. Las métricas de software mejoran la capacidad del administrador para controlar y coordinar el proceso del software y la capacidad del ingeniero para mejorar la calidad del software que se produce. Las métricas y herramientas de medida actuales se centran en procesos, proyectos y características del producto. Las herramientas orientadas a la administración capturan métricas específicas del proyecto (p. ej.: LDC/persona-mes, defectos por punto de función) que proporcionan una indicación global de productividad o de calidad. Las herramientas orientadas técnicamente determinan métricas técnicas (Capítulos 18 y 23) que proporcionan una mejor visión de la calidad del diseño o del código. Muchas de las herramientas métricas avanzadas mantienen una base de datos de medidas de medias de la industria. Basándose en características de proyectos y de productos proporcionados por el usuario, estas herramientas «califican» los número locales frente a los valores medios de la industria (y frente al rendimiento local anterior) y sugieren estrategias para llegar a mejoras.

Herramientas de documentación. Las herramientas de producción de documentos y de autoedición prestan su apoyo a casi todos los aspectos de la ingeniería del software, y representan una importante oportunidad de «aprovechamiento» para todos los desarrolladores de software. La mayor parte de las organizaciones dedicadas al desarrollo de software invierte una cantidad de tiempo considerable en el desarrollo de documentos, y en muchos casos el proceso de documentación en sí resulta bastante deficiente. No es infrecuente que una organización de desarrollo de software invierta hasta un 20 o un 30 por ciento de su esfuerzo global de desarrollo de software en la documentación. Por esta razón, las herramientas de documentación suponen una oportunidad importante para mejorar la productividad.

Herramientas de software de sistema. CASE es una tecnología de estaciones de trabajo. Por tanto, el entorno CASE debe adaptarse a un software de sistema en red de alta calidad, al correo electrónico, a los boletines electrónicos y a otras capacidades de comunicaciones.

Herramientas de control de calidad. La mayor parte de las herramientas CASE que afirman que tienen como principal interés el control de calidad son en realidad herramientas métricas que hacen una auditoría del código fuente para determinar si se ajusta o no a ciertos estándares del lenguaje. Otras herramientas extraen métricas técnicas (Capítulo 18) en un esfuerzo por extrapolar la calidad del software que se está construyendo.

Herramientas de gestión de bases de datos. El software de gestión de bases de datos sirve como fundamento para establecer una base de datos CASE (depósito), que también se denominará base de datos del proyecto (Capítulo 9). Dado el énfasis acerca de los objetos de configuración, las herramientas de gestión de bases de datos para CASE pueden evolucionar a partir de los sistemas de gestión de bases de datos relacionales (SGBDR) para transformarse en sistemas de gestión de bases de datos orientadas a objetos (SGBDOO).

Herramientas de gestión de configuración de software. La gestión de configuración de software (GCS) se encuentra en el núcleo de todos los entornos CASE. Las herramientas pueden ofrecer su asistencia en las cinco tareas principales de GCS: identificación, control de versiones, control de cambios, auditoría y contabilidad de estados. La base de datos CASE proporciona un mecanismo para identificar todos los elementos de configuración y relacionarlo con otros elementos; el proceso de control que se describía en el Capítulo 9 se puede implementar con ayuda de herramientas especializadas; un acceso sencillo a los elementos de configuración individuales facilita el proceso de auditoría; y las herramientas de comunicación CASE pueden mejorar enormemente la contabilidad de estados (ofreciendo información acerca de los cambios a todos aquellos que necesiten conocerlos).

Herramientas de análisis y diseño. Las herramientas de análisis y diseño capacitan al ingeniero del software para crear modelos del sistema que haya que construir. Los modelos contienen una representación de los datos, de la función y del comportamiento (en el nivel de análisis), así como caracterizaciones del diseño de datos, arquitectura, procedimientos e interfaz. Al efectuar una comprobación de la consistencia y validez del modelo, las herramientas de análisis y diseño proporcionan al ingeniero del software un cierto grado de visión en lo tocante a la representación del análisis, y le ayudan a eliminar errores antes de que se propaguen al diseño, o lo que es peor, a la propia implementación.

Herramientas PRO/SIM. Las herramientas PRO/SIM (de prototipos y simulación) [NIC90] proporcionan al ingeniero del software la capacidad de predecir el comportamiento de un sistema en tiempo real antes de llegar a construirlo. Además, capacitan al ingeniero del software para desarrollar simulaciones del sistema de tiempo real que permitirán al cliente obtener ideas acerca de su funcionamiento, comportamiento, y respuesta antes de la verdadera implementación.

Herramientas de desarrollo y diseño de interfaz. Las herramientas de desarrollo y diseño de interfaz son en realidad un conjunto de primitivas de componente de programas tales como menús, botones, estructuras de ventanas, iconos, mecanismos de desplazamiento, controladores de dispositivos etc. Sin embargo, estos conjuntos de herramientas se están viendo sustituidos por herramientas de generación de prototipos de interfaz que permiten una rápida creación en pantalla de sofisticadas interfaces de usuario, que se ajustan al estándar de interfaz que se haya adoptado para el software.

Herramientas de generación de prototipos. Se puede utilizar toda una gama de herramientas de generación de prototipos. Los *generadores de pantallas* permiten al ingeniero del software definir rápidamente la disposición de la pantalla para aplicaciones interactivas. Otras herramientas de prototipos CASE más sofisticadas permiten la creación de un diseño de datos, acoplado con las disposiciones de la pantalla y de los informes simultáneamente. Muchas herramientas de análisis y diseño proporciona extensiones que ofrecen alguna opción de generación de prototipos. Las herramientas PRO/SIM generan un esqueleto de código fuente en Ada y C para las aplicaciones de ingeniería (en tiempo real). Por último, una gama de herramientas de cuarta generación poseen también características de generación de prototipos.

Herramientas de programación. La categoría de herramientas de programación abarca los compiladores, editores, y depuradores que están disponibles para prestar su apoyo en la mayoría de los lenguajes de programación convencionales. Además, los entornos de programación orientados a objetos (OO), los lenguajes de cuarta generación, los entornos de programación gráfica, los generadores de aplicaciones, y los lenguajes de consulta de bases de datos residen también en esta categoría.

Herramientas de integración y comprobación. En su directorio de herramientas de comprobación de software, Software Quality Engineering [SQE95] define las siguientes categorías de herramientas de comprobación:

- *Adquisición de datos*: herramientas que adquieren datos que se utilizarán durante la comprobación.
- *Medida estática*: herramientas que analizan el código fuente sin ejecutar casos de prueba.
- *Medida dinámica*: herramientas que analizan el código fuente durante la ejecución.
- *Simulación*: herramientas que simulan las funciones del hardware o de otros elementos externos.
- *Administración de comprobaciones*: herramientas que prestan su asistencia en la planificación, desarrollo y control de las comprobaciones.
- *Herramientas de funcionalidad cruzada*: se trata de herramientas que cruzan los límites de las categorías anteriores.

Debería tenerse en cuenta que muchas de las herramientas de comprobación poseen características que abarcan dos o más de las categorías anteriores.

Herramientas de análisis estático. Las herramientas de análisis estático prestan su asistencia al ingeniero del software a efectos de derivar casos prácticos. Se utilizan tres tipos distintos de herramientas estáticas de comprobación en la industria: Herramientas de comprobación basadas en código, lenguajes de comprobación especializados, y herramientas de comprobación basadas en requisitos. Las *herramientas de comprobación basadas en código* admiten un código fuente (o PDL) como entrada, y efectúan un cierto número de análisis que dan lugar a la generación de casos de prueba. Los *lenguajes de comprobación especializados* (p. ej.: ATLAS) capacitan al ingeniero del software para escribir detalladas especificaciones de comprobación que describirán todos los casos de prueba y la logística de su ejecución. Las herramientas de comprobación basadas en requisitos aíslan requisitos específicos del usuario y sugieren casos de prueba (o clases de comprobaciones) que ejerciten estos requisitos.

Herramientas de análisis dinámico. Las herramientas de análisis dinámico interactúan con un programa que se esté ejecutando, comprueban la cobertura de rutas, comprueban las afirmaciones acerca del valor de variables específicas y en general instrumentan el flujo de ejecución del programa. Las herramientas dinámicas pueden ser bien intrusivas, bien no intrusivas. Las *herramientas intrusivas* modifican el software que hay que comprobar mediante sondas que se insertan (instrucciones adicionales) y que efectúan las actividades mencionadas anteriormente. Las *herramientas de comprobación no intrusivas* utilizan un procesador hardware por separado que funciona en paralelo con el procesador que contenga el programa que se está comprobando.

Herramientas de gestión de comprobación. Las herramientas de gestión de comprobación se utilizan para comprobar y coordinar la comprobación de software para cada uno de los pasos principales de comprobación (Capítulo 17). Las herramientas de esta categoría administran y coordinan la comprobación de regresiones, efectúan comparaciones que determinan las diferencias entre la salida real y la esperada, y efectúan comprobaciones por lotes de programas con interfaces interactivas entre hombre y máquina. Además de las funciones indicadas anteriormente, muchas herramientas de gestión de comprobaciones sirven también como controladores de comprobación genéricos. Un controlador de comprobación lee uno o más casos de prueba de algún archivo de pruebas, da formato a los datos de prueba para que se ajusten a las necesidades del software que se está probando, e invoca entonces al software que sea preciso comprobar.

Herramientas de comprobación cliente/servidor. El entorno C/S exige unas herramientas de comprobación especializadas que ejerciten la interfaz gráfica de usuario y los requisitos de comunicaciones en red para el cliente y el servidor.

Herramientas de reingeniería. La categoría de herramientas de reingeniería se puede subdividir en las funciones siguientes:

- *Herramientas de ingeniería inversa para producir especificaciones*: se toma el código fuente como entrada y se generan modelos gráficos de análisis y diseño estructurados, listas de utilización y otras informaciones de diseño.
- *Herramientas de reestructuración y análisis de código*: se analiza la sintaxis del programa, se genera una gráfica de control de flujo y se genera automáticamente un programa estructurado; y
- *Herramientas de reingeniería para sistemas en línea*: se utilizan para modificar sistemas de bases de datos en línea (p. ej.: para convertir archivos IDMS o DB2 traduciéndolos a un formato de entidades y relaciones).

Muchas de las herramientas anteriores están limitadas a lenguajes de programación específicos (aun cuando se abarcan la mayoría de los lenguajes principales) y requieren un cierto grado de interacción con el ingeniero del software.

Las herramientas de ingeniería inversa y progresiva de la próxima generación harán un uso mucho mayor de técnicas de inteligencia artificial, aplicando una base de conocimientos que sea específica del dominio de la aplicación (esto es, un conjunto de reglas de descomposición que se aplicarían a todos los programas de una cierta zona de aplicación tal como el control de fabricación o la aviónica). El componente de inteligencia artificial asistirá en la descomposición y reconstrucción del sistema, pero seguirá requiriendo una interacción con un ingeniero de software a lo largo del ciclo de la reingeniería.

29.4. ENTORNOS CASE INTEGRADOS

Aun cuando se pueden obtener beneficios a partir de herramientas CASE individuales que abarquen actividades de ingeniería del software por separado, la verdadera potencia de CASE solamente se puede lograr mediante la integración. Los beneficios del *CASE integrado (I-CASE)* incluyen (1) una transferencia suave de información (modelos, programas, documentos, datos) entre una herramienta y otra, y entre un paso de ingeniería y el siguiente; (2)

una reducción del esfuerzo necesario para efectuar actividades globales tales como la administración de configuración de software, el control de calidad y la producción de documentos; (3) un aumento del control del proyecto que se logra mediante una mejor planificación, monitorización y comunicación; y (4) una mejor coordinación entre los miembros del personal que estén trabajando en grandes proyectos de software.

Ahora bien, I-CASE también presenta desafíos significativos. En cada acción exige unas representaciones consistentes de la información de la ingeniería del software, unas interfaces estandarizadas entre herramientas, un mecanismo homogéneo para la comunicación entre el ingeniero de software y todas sus herramientas, y un enfoque efectivo que capacite a I-CASE para desplazarse a lo largo de distintas plataformas de hardware y distintos sistemas operativos. Aun cuando las soluciones de los problemas implícitos en estos desafíos se han propuesto ya, los entornos I-CASE generales sólo empiezan a emerger en la actualidad.

El término «integración» implica tanto la «combinación» como el «cierre». La I-CASE combina toda una gama de herramientas diferentes y de informaciones distintas de tal modo que hace posible el cierre de la comunicación entre herramientas, entre personas, y entre procesos de software. Se integran las herramientas de tal modo que la información de ingeniería del software esté disponible para todas las herramientas que se necesiten; la utilización se integra de tal modo que se proporcione un aspecto común para todas las herramientas; y se integra una filosofía de desarrollo, implicando un enfoque de ingeniería del software estandarizado que aplique prácticas modernas y métodos ya probados.

Para definir la *integración* en el contexto del proceso del software, es necesario establecer un conjunto de requisitos para I-CASE. Un entorno CASE integrado debería de [FOR89a]:

- proporcionar un mecanismo para compartir la información de ingeniería del software entre todas las herramientas que estén contenidas en el entorno;
- hacer posible que un cambio de un elemento de información se siga hasta los demás elementos de información relacionados;
- proporcionar un control de versiones y una gestión de configuración general para toda la información de la ingeniería del software;
- permitir un acceso directo y no secuencial a cualquiera de las herramientas contenidas en el entorno;
- establecer un apoyo automatizado para un contexto de procedimientos para el trabajo de la ingeniería del software que integra las herramientas y los datos en una estructura de desglose de trabajo estandarizada (Capítulo 7);
- capacitar a los usuarios de cada una de las herramientas para experimentar una utilización consistente en la interfaz hombre-máquina;
- permitir la comunicación entre ingenieros del software; y
- recoger métricas tanto de gestión como técnicas que se puedan utilizar para mejorar el proceso y el producto.

Para alcanzar estos objetivos, cada uno de los bloques de construcción de una arquitectura CASE (Figura 29.1) debe de encajar con los demás sin costuras. Según se muestra en la Figura 29.3, los bloques de construcción fundamentales —arquitectura del entorno, plataforma hardware y sistema operativo— deben de «unirse» a través de un conjunto de servicios de portabilidad a un *marco de referencia de integración* que alcance los objetivos indicados anteriormente.

29.5. LA ARQUITECTURA DE INTEGRACIÓN

Un equipo de ingeniería del software utiliza herramientas CASE, los métodos correspondientes, y un marco de referencia de proceso con objeto de crear un conjunto de informaciones de ingeniería del software. El marco de referencia de integración facilita la transferencia de información desde y hacia ese conjunto de informaciones. Para lograr esto, deben de existir los siguientes com-

FIGURA 29.3

Elementos de I-CASE

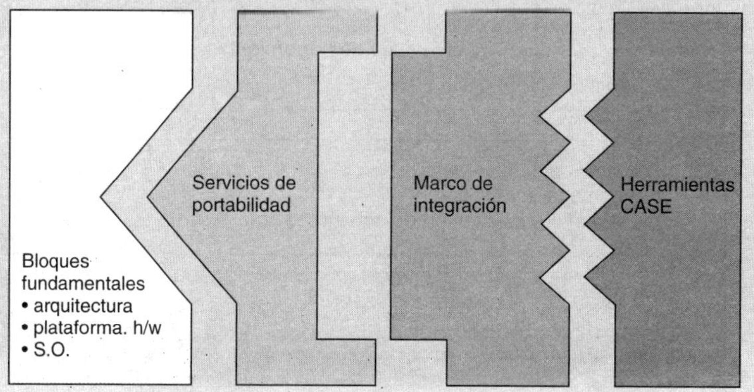

ponentes de arquitectura: una base de datos para almacenar la información, un sistema de administración de objetos que gestione los cambios efectuados en la información, un mecanismo de control de herramientas que coordine la utilización de herramientas CASE, y una interfaz de usuario que proporcione una ruta consistente entre las acciones efectuadas por el usuario y las herramientas contenidas en el entorno. La mayoría de los modelos (p. ej.: [FOR90], [SHA95]) del marco de referencia de integración representan a estos componentes como si fueran capas. Se muestra en la Figura 29.4 un modelo sencillo del marco de referencia que representa únicamente los componentes indicados más arriba.

La *capa de interfaz de usuario* (Figura 29.4) incorpora un conjunto de herramientas de interfaz estandarizado, con un protocolo de presentación común. El *kit de herramientas de interfaz* contiene software para la gestión de la interfaz hombre-máquina, y una biblioteca de objetos de visualización. Ambos proporcionan un mecanismo consistente para la comunicación entre

FIGURA 29.4

Modelo de arquitectura para el marco de referencia de integración.

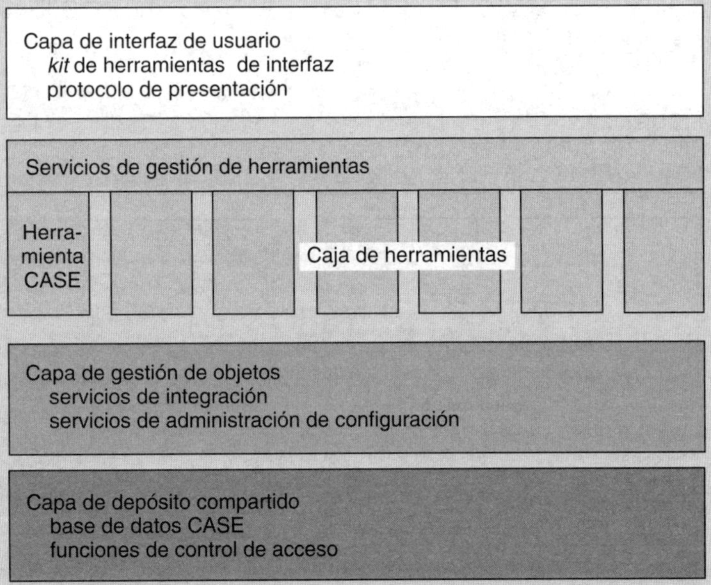

la interfaz y las herramientas CASE individuales. El *protocolo de presentación* es el conjunto de líneas generales que proporciona a todas las herramientas CASE un mismo aspecto. Las convenciones de distribución de pantalla, los nombres de menú y la organización, los iconos, los nombres de los objetos, la utilización del teclado y el ratón, y el mecanismo para acceder a las herramientas se definen todos ellos como parte del protocolo de presentación.

La *capa de herramientas* contiene un conjunto de servicios de gestión de herramientas con las herramientas CASE en sí. Los *servicios de gestión de herramientas (TMS)* controlan el comportamiento de las herramientas dentro del entorno. Si se emplea multitarea durante la ejecución de una o más herramientas, TMS efectúa la sincronización y comunicación multitarea, coordina el flujo de información desde el depósito y sistema de gestión de objetos a las herramientas, realiza las funciones de seguridad y auditoría y recoge métricas acerca de la utilización de herramientas.

La *capa de gestión de objetos (OML)* lleva a cabo las funciones de gestión de configuración que se describían en el Capítulo 8. En esencia, el software de esta capa de la arquitectura de marco de referencia proporciona el mecanismo para la integración de herramientas. Cada herramienta CASE se «enchufa» en la capa de gestión de objetos. Funcionando en conjunción con el depósito CASE, la OML proporciona los *servicios de integración* —un conjunto de módulos estándar que acoplan las herramientas con el depósito—. Además, la OML proporciona los servicios de gestión de configuración haciendo posible la identificación de todos los objetos de configuración, llevando a cabo el control de versiones, y proporcionando apoyo para el control de cambios, las auditorías y la contabilidad de estados.

La *capa de depósito compartido* es la base de datos CASE[3] y las funciones de control de acceso que hacen posible que la capa de gestión de objetos interactúe con la base de datos. La integración de datos se logra mediante las capas de gestión de objetos y de depósito compartido.

29.6. EL DEPÓSITO (*REPOSITORY*) CASE

El *Diccionario Webster* define la palabra «depósito» como «todo objeto o persona que se considera como centro de acumulación o almacenamiento»[4]. Durante las primeras fases de la historia del desarrollo del software, el depósito era en realidad una persona-el programador que tenía que recordar la

[3] En el Capítulo 9 nos referíamos al depósito con el nombre de base de datos del proyecto.

[4] Algunas otras de las definiciones de esta palabra resultan igualmente intrigantes cuando se considera el estado actual de la práctica de ingeniería del software: «(1) una habitación en la cual se ponen cosas para su seguridad; (2) un edificio para mostrar objetos; (3) un nicho funerario».

ubicación de toda la información relevante para un determinado proyecto de software, que tenía que recordar información que nunca se había escrito, y reconstruir información que se había perdido. Tristemente, el uso de una persona como «el centro de acumulación y almacenamiento» (aun cuando se ajusta a la definición del diccionario), no funciona demasiado bien. En la actualidad, el depósito es una «cosa», una base de datos que actúa como centro tanto para la acumulación como para el almacenamiento de información de ingeniería del software. El papel de la persona (del ingeniero del software) es interactuar con el depósito empleando herramientas CASE integradas con él.

En este libro, se utiliza un determinado número de términos distintos para hacer alusión al lugar de almacenamiento de la información de la ingeniería del software: base de datos CASE, base de datos del proyecto, base de datos de entorno de apoyo de proyecto integrado (IPSE), diccionario de datos (una base de datos limitada) y depósito. Aun cuando existen sutiles diferencias entre algunos de estos términos, todos ellos se refieren a la cosa, al centro de acumulación y almacenamiento.

29.6.1. El papel del depósito en I-CASE

El depósito de un entorno I-CASE es el conjunto de mecanismos y de estructuras de datos que consiguen la integración entre datos y herramientas y entre datos y datos. Proporciona las funciones y herramientas de un sistema de gestión de bases de datos[5], pero además, el depósito lleva a cabo o precipita las funciones siguientes [FOR89b]:

- *integridad de datos*: incluye funciones para validar las entradas efectuadas en el depósito, para asegurar la consistencia entre objetos relacionados, y para efectuar automáticamente modificaciones «en cascada» cuando un cambio efectuado en un objeto exige algún cambio en otros objetos relacionados con él.
- *información compartida*: proporciona un mecanismo para compartir información entre múltiples desarrolladores y entre múltiples herramientas, gestiona el control multiusuario a los datos, y bloquea/desbloquea objetos para que los cambios no se superpongan inadvertidamente.

[5] Aun cuando muchos investigadores puedan pensar que un sistema de gestión de bases de datos es el enfoque correcto, hay quienes piensan que un SGBD relacional puede realizar esta tarea correctamente.

- *integración datos-herramientas*: establece un modelo de datos al que pueden acceder todas las herramientas del entorno I-CASE, controla el acceso a los datos, y lleva a cabo las funciones de gestión de configuración adecuadas;
- *integración datos-datos*: el sistema de gestión de bases de datos relaciona los objetos de datos de tal modo que se puedan llevar a cabo las demás funciones;
- *imposición de la metodología*: el modelo E-R de datos almacenado en el depósito puede implicar un paradigma específico de ingeniería del software, como mínimo, las relaciones y los objetos definen un conjunto de pasos que será preciso realizar para construir el contenido del depósito; y
- *estandarización de documentos*: la definición de objetos de la base de datos da lugar directamente a un enfoque estándar para la creación de documentos de ingeniería del software.

Para realizar estas funciones, se define el depósito en términos de un *metamodelo*. El metamodelo determina la forma en que se almacena la información en el depósito, la forma en que las herramientas pueden acceder a los datos y estos datos pueden ser visualizados por los ingenieros de software, el grado hasta el cual se puede mantener la seguridad e integridad de los datos, y la facilidad con que se puede extender el modelo ya existente para admitir nuevas necesidades [WEL89].

El metamodelo es la plantilla en la cual se sitúa la información de ingeniería del software. Los metamodelos de entidades y relaciones se pueden crear también, pero también se están considerando otros modelos más sofisticados. Una descripción detallada de estos modelos va más allá del alcance de este libro. Para más información, el lector interesado podría consultar [WEL89], [SHA95] y [GRI95].

29.6.2. Características y contenidos[6]

Las características y contenido del depósito se entienden especialmente bien examinándolo desde dos perspectivas: ¿Qué es lo que hay que almacenar en el depósito, y qué servicios específicos son los que proporciona el depósito? En general, los tipos de cosas que habrá que almacenar en el depósito incluyen:

- el problema que hay que resolver
- información acerca del dominio del problema

[6] Esta sección se ha adaptado de [FOR89b] con permiso de CASE Consulting Group.

- la solución del sistema a medida que vaya surgiendo
- las reglas e instrucciones relativas al proceso de software (metodología) que se está siguiendo
- el plan del proyecto, sus recursos y su historia
- información acerca del contexto organizativo

En la Tabla 29.1 se ha incluido una lista detallada de tipos de representaciones, documentos y productos que se almacenan en el depósito CASE.

Un depósito CASE robusto proporciona dos clases distintas de servicios: (1) los tipos de servicios que puede uno esperar de cualquier sistema de gestión de bases de datos sofisticado; y (2) servicios que son específicos de un entorno CASE.

Muchos requisitos del depósito son iguales a los de aplicaciones típicas que se construyen tomando como base un sistema de gestión de bases de datos comercial (SGBD). De hecho, muchos de los depósitos CASE actuales hacen uso de un SGBD (normalmente relacional u orientado a objetos) como tecnología de gestión de datos básica. Las características de un SGBD estándar en un depósito CASE que preste su apoyo para la gestión de información de desarrollo del software incluye lo siguiente:

Almacenamiento de datos no redundante. El depósito CASE proporciona un único lugar para el almacenamiento de toda la información pertinente al desarrollo de los sistemas de software, eliminando una duplicación que supone un desperdicio y es potencialmente proclive a errores.

Acceso de alto nivel. El depósito proporciona un mecanismo de acceso a los datos común de tal modo que no sea preciso duplicar las capacidades de gestión de datos en todas las herramientas CASE.

Independencia de datos. Las herramientas CASE de las aplicaciones blanco se aíslan del almacenamiento físico para que no se vean afectadas cuando cambie la configuración.

Control de transacciones. El depósito gestiona las interacciones entre múltiples partes de tal modo que se mantiene la integridad de los datos cuando existen usuarios concurrentes, y en caso de fallo del sistema. Esto suele implicar un bloqueo de registros, admisiones de dos fases, registros de transacciones, y procedimientos de recuperación.

Seguridad. El depósito proporciona mecanismos para controlar quién puede visualizar y modificar la información contenida en él. Como mínimo, el deposito debería de imponer contraseñas multinivel y niveles de permiso que fueran asignados a usuarios individuales. El depósito debería de proporcionar también asistencia para copias de seguridad y restauraciones automáticas, y también para archivar grupos seleccionados de informaciones, por ejemplo, por proyectos o por aplicaciones.

Consultas e informes de datos *ad hoc*. El depósito permite acceder directamente a su contenido mediante una interfaz de usuario cómoda tal como SQL, o mediante un *browser* orientado a formularios, haciendo

TABLA 29.1

Contenido de un depósito CASE [FOR89B]

Información de la empresa
- Estructura organizativa
- Análisis de área de negocios
- Funciones de negocios
- Reglas de negocios
- Modelos de procesos (escenarios)
- Arquitectura de la información

Diseño de aplicaciones
- Reglas de metodología
- Representaciones gráficas
- Diagramas de sistema
- Estándares de denominación
- Reglas de integridad de referencia
- Estructuras de datos
- Definiciones de proceso
- Definiciones de clase
- Árboles de menú
- Criterios de rendimiento
- Restricciones temporales
- Definiciones de pantalla
- Definiciones de informes
- Definiciones lógicas
- Lógicas de comportamiento
- Algoritmos
- Reglas de transformación

Construcción
- Código fuente; código objeto
- Instrucciones de construcción del sistema
- Imágenes binarias
- Dependencias de configuración
- Información de cambios

Validación y verificacion
- Plan de comprobación; casos de prueba de los datos
- Guiones de comprobaciones de regresión
- Resultados de comprobaciones
- Análisis estadísticos
- Métricas de calidad de software

Información de gestión del proyecto
- Planes de proyecto
- Estructura de desglose de tareas
- Estimaciones; planes
- Carga de recursos; informe de problemas
- Solicitudes de cambios; informes de estado
- Información de auditoría

Documentación del sistema
- Documentos de requisitos
- Diseños internos/externos
- Manuales de usuario

posible un análisis definido por el usuario que va más allá de los informes estándar proporcionados por el conjunto de herramientas CASE.

Apertura. Los depósitos suelen proporcionar un mecanismo de importación/exportación sencillo que hace posible las cargas o transferencias de información al por mayor. Las interfaces suelen ser una transferencia de archivos ASCII plana o una interfaz estándar SQL. Algunos depósitos poseen interfaces de nivel superior que reflejan la estructura de sus metamodelos.

Apoyo multiusuario. Un depósito robusto debe de permitir que múltiples desarrolladores trabajen en una aplicación al mismo tiempo. Debe de gestionar el acceso concurrente a la base de datos mediante múltiples herramientas y por parte de múltiples usuarios, con arbitraje de accesos y con bloqueos en el nivel de archivos o registros. Para los entornos basados en redes, el apoyo multiusuario implica también que el depósito dispondrá de una interfaz con protocolos y capacidades de red comunes.

El entorno CASE también efectúa demandas especiales con respecto al depósito que van más allá de lo que está disponible directamente en un SGBD comercial. Las características especiales de los depósitos CASE incluyen:

Almacenamientos de estructuras de datos sofisticadas. El depósito debe de admitir tipos de datos complejos tales como diagramas, documentos y archivos, así como sencillos elementos de datos. Un depósito también incluye un modelo de información (o metamodelo) que describe la estructura, relaciones y semántica de los datos almacenados en él. El metamodelo debe de poder extenderse para dar cabida a nuevas representaciones y a informaciones organizativas únicas. El depósito no solamente almacena modelos y descripciones de los sistemas en desarrollo, sino también los metadatos asociados (esto es, una información adicional que describe la información de ingeniería del software en sí, tal como el momento en que se ha creado un componente de diseño concreto, su estado actual, y la lista de componentes de los cuales depende).

Imposición de una integridad. El modelo de información del depósito contiene también reglas, o políticas, que describen reglas de negocios válidas y otras restricciones y requisitos acerca de la información que se inserta en el depósito (directamente o a través de una herramienta CASE). Se puede emplear una posibilidad denominada *activador* para activar las reglas asociadas a un objeto siempre que este sea modificado, lo cual hace posible verificar la validez de los modelos de diseño en tiempo real.

Interfaz de herramientas ricas en términos semánticos. El modelo de información del depósito (el metamodelo) contiene una semántica que hace posible que toda una gama de herramientas interpreten el significado de los datos almacenados en el depósito. Por ejemplo, un diagrama de flujo de datos creado mediante un herramienta CASE se almacena en el depósito en un formulario basado en el modelo de información e independiente de toda representación interna que pueda utilizar la herramienta en sí. Entonces otra herramienta CASE puede interpretar el contenido del depósito y emplear la información según la necesite para su tarea. De este modo, la semántica almacenada en un depósito permite compartir datos entre una gama de herramientas, por oposición a las conversiones específicas entre herramientas o entre «puentes».

Gestión de procesos/proyectos. Un depósito contiene información no sólo acerca de la aplicación de software en sí, sino también acerca de las características de cada proyecto particular, y del proceso general de la organización para ingeniería del software (fases, tareas y productos). Esto abre posibilidades para la coordinación automatizada de la actividad de desarrollo técnico con la actividad de gestión del proyecto. Por ejemplo, la actualización del estado de las tareas de un proyecto se podría efectuar automáticamente o bien como resultado de la utilización de herramientas CASE. La actualización de estado se podría hacer muy fácil para los desarrolladores, sin tener que abandonar el entorno de desarrollo normal. La asignación de tareas y consultas también se puede gestionar por correo electrónico. Los informes de problemas, las tareas de mantenimiento, las actualizaciones de cambios, y los estados de reparación se pueden coordinar y monitorizar mediante herramientas que accedan al depósito.

Las siguientes características del depósito son abarcadas todas ellas por la gestión de configuración del software (Capítulo 9). Se vuelven a examinar aquí para hacer hincapié en su interrelación con los entornos I-CASE.

Versiones. A medida que progresa un proyecto, se irán creando muchas versiones de productos individuales. El depósito debe de ser capaz de guardar todas estas versiones para hacer posible una gestión efectiva de las versiones de los productos, y para permitir que los desarrolladores vuelvan a las versiones anteriores durante la comprobación y depuración. Las versiones se efectúan con un algoritmo de compresión para minimizar la reserva de espacio, y permiten la regeneración de cualquier versión anterior con un cierto coste de procesamiento.

Seguimiento de dependencias y gestión de cambios. El depósito gestiona una amplia variedad de relaciones entre los elementos de datos almacenados en él. Entre estas se cuentan las relaciones entre entidades y procesos de la empresa, entre las partes de un diseño de aplicación, entre componentes del diseño y la arquitectura de la información de la empresa, entre elementos de diseño y productos, etc. Algunas de las relaciones son meramente asociaciones, y algunas son dependencias o relaciones obligatorias. El mantenimiento de estas relaciones entre objetos de desarrollo se denomina *administración de enlaces*.

La capacidad de seguir la pista de todas estas relaciones es crucial para la integridad de la información almacenada en el depósito y para la generación de productos basados en ella, y es una de las contribuciones más importantes que efectúa el concepto de depósito para la mejora del proceso de desarrollo del software. Entre las muchas funciones que apoya la gestión de enlaces se cuenta la capacidad de identificar y estimar los efectos del cambio. A medida que los diseños evolucionan para satisfacer nuevos requisitos, la capacidad de identificar todos los objetos que puedan verse afectados hace posible una estimación más precisa del coste, del tiempo no operativo, y del grado de dificultad. También se ayuda a evitar efectos colaterales inesperados que en caso contrario darían lugar a defectos y a fallos del sistema.

Seguimiento de requisitos. Una función especial que depende de la gestión de enlaces es el *seguimiento de requisitos*. Ésta es la capacidad de seguir la pista de todos los componentes de diseño y de todos los productos que resulten de una especificación de requisitos concreta (seguimiento progresivo) así como la capacidad de identificar el requisito que haya generado cualquier producto dado (seguimiento regresivo).

Gestión de configuración. Otra función que depende de la gestión de enlaces es la gestión de configuraciones. La capacidad de gestión de configuraciones está íntimamente relacionada con la gestión de enlaces, y con las capacidades de seguimiento de versiones para seguir la pista de una serie de configuraciones que representarán hitos específicos del proyecto o de versiones de producción. La gestión de versiones proporciona las versiones necesarias, y la gestión de enlaces sigue la pista de las interdependencias. Por ejemplo, la gestión de configuraciones suele proporcionar una característica de *construcción* para automatizar el proceso de transformación de componentes de diseño en productos ejecutables.

Seguimiento de una auditoría. Relacionada con la gestión de cambio está la necesidad de un seguimiento de auditoría que establezca informaciones adicionales acerca de cuándo, por qué, y por quién son efectuados los cambios. En realidad, no es un requisito difícil para un depósito que posea un modelo de información robusto. La información acerca de las modificaciones efectuadas en el código fuente se puede introducir en forma de atributos de objetos específicos del depósito. Un mecanismo de activación en el depósito resultará útil para solicitar al desarrollador o a la herramienta que esté utilizando que inicie la introducción de información de auditoría (tal como la razón del cambio) siempre que se modifique un elemento de diseño.

29.7. RESUMEN

Las herramientas de ingeniería del software asistida por computadora abarcan todos los pasos del proceso del software, y también aquellas actividades generales que se aplican a lo largo de todo el proceso. CASE combina un conjunto de bloques de construcción que comienzan en el nivel del hardware y del software de sistema operativo y finaliza en las herramientas individuales.

En este capítulo se ha considerado una taxonomía de herramientas CASE. Las categorías abarcan tanto las actividades de gestión como las técnicas, e incluyen la mayor parte de las áreas de aplicación del software. Todas las categorías de herramientas se han considerado como «soluciones puntuales».

El entorno I-CASE combina mecanismos de integración para datos, herramientas e interacción hombre-computadora. La integración de datos se puede conseguir mediante el intercambio directo de información, mediante estructuras de archivo comunes, mediante datos compartidos o interoperabilidad, o a través del uso de un depósito I-CASE completo. La integración de herramientas se puede diseñar de forma personalizada por parte de fabricantes que trabajen a la vez, o bien se puede lograr mediante un software de gestión que se proporcione como parte del depósito.

La integración entre hombre y computadora se logra mediante estándares de interfaz que se están volviendo cada vez más comunes a lo largo y ancho de toda la industria. Se diseña una arquitectura de integración para facilitar la integración de los usuarios con las herramientas, de las herramientas entre sí, de las herramientas con los datos, y de los datos con otros datos.

Se ha aludido al depósito CASE con el nombre de «bus de software». La información pasa por él, y va circulando de herramienta en herramienta a medida que progresa el proceso de software. Pero el depósito es mucho más que un «bus». También se trata de un lugar de almacenamiento que combina sofisticados mecanismos para integrar herramientas CASE mejorando consiguientemente el proceso mediante el cual se desarrolla el software. El depósito es una base de datos relacional u orientada a objetos que es el «centro de acumulación y almacenamiento» de la información de ingeniería del software.

REFERENCIAS

[FOR89a] FORTE, G., «In Search of the Integrated Environment», *CASE Outlook*, marzo/abril de 1989, págs. 5-12.

[FOR89b] FORTE, G., «Rally Round the Repository», *CASE Outlook*, diciembre de 1989, págs. 5-27.

[FOR90] FORTE, G., «Integrated CASE: A Definition», *Proc. 3rd. Annual TEAM-WORKERS Intl. User's Group Conference*, Cadre Technologies, Providence, RI, marzo de 1990.

[GRI95] GRIFFEN, J., «Repositories: Data Dictionary Descendant Can Extend Legacy Code Investment», *Application Development Trends*, abril de 1995, págs. 65-71.

[NIC90] NICHOLS, K. M., «Performance Tools», *IEEE Software*, mayo de 1990, pp. 21-23.

[QED89] *CASE: The Potential and the Pitfalls*, QED Information Sciences, Inc., Wellsley, MA. 1989.

[SHA95] SHARON, D. y R. BELL, «Tools that Binal: Creating Integrated Environments», *IEE Software*, marzo de 1995, págs. 76-85.

[SQE95] *Testing Tools Reference Guide*, Software Quality Engineering, Jacksonville, FL, 1995.

[WEL89] WELKE, R. J., «Meta Systems on Meta Models», *CASE Outlook*, diciembre de 1989, págs. 35-45.

PROBLEMAS Y PUNTOS A CONSIDERAR

29.1. Haga una lista de todas las herramientas de desarrollo de software que utilice. Organícelas de acuerdo con la taxonomía presentada en este capítulo.

29.2. ¿Cuáles son las ventajas de la arquitectura de entorno de desarrollo de software «a la vieja usanza» que hacían uso de una computadora central y terminales? ¿Cuáles son los inconvenientes?

29.3. Empleando las ideas presentadas en el Capítulo 14 y/o en el Capítulo 19, ¿cómo cree Vd. que deberían de construirse los servicios de portabilidad?

29.4. Construya un prototipo en papel para una herramienta de gestión de proyectos que abarque las categorías indicadas en la Sección 29.3. Utilice la Segunda Parte de este libro para obtener información adicional.

29.5. Lleve a cabo una investigación acerca de los sistemas de gestión de bases de datos orientados a objetos. Discuta por qué un SGBDOO sería ideal para herramientas GCS.

29.6. Recoja información de productos acerca de al menos tres herramientas de diseño y análisis. Desarrolle una matriz que compare sus características.

29.7. Recoja información de productos acerca de dos herramientas PRO/SIM. Desarrolle una matriz que compare sus características.

29.8. Recoja información de productos acerca de al menos tres herramientas de codificación de cuarta generación. Desarrolle una matriz que compare sus características.

29.9. ¿Existen situaciones en las cuales las herramientas de comprobación dinámicas sean «la única forma posible»? De ser así, ¿cuáles son?

29.10. Describir otras actividades humanas en las cuales la integración de un conjunto de herramientas haya proporcionado un mayor beneficio que la utilización de cada una de esas herramientas de forma individual. No utilice ejemplos de computación.

29.11. Describa lo que quiere decir la integración entre herramientas y datos con sus propias palabras.

29.12. En diferentes lugares de este capítulo se utilizan los términos «metamodelo» y «metadatos». Describa lo que significan estos términos empleando sus propias palabras.

29.13. ¿Se le ocurre algún elemento de configuración adicional que pudiera incluirse entre los contenidos del depósito mostrados en la Tabla 29.1? Haga una lista.

OTRAS LECTURAS Y FUENTES DE INFORMACIÓN

En los años 80 se publicó un cierto número de libros acerca de CASE, en un esfuerzo por aprovechar el gran interés existente en la industria en aquel momento. Posteriormente, han aparecido relativamente pocos libros acerca de este tema. De los libros que se han publicado, muchos adolecen de uno o más de los problemas siguientes: (1) el libro se centra únicamente en una estrecha banda de herramientas (p. ej.: análisis y diseño) aun cuando afirma que abarca una categoría más amplia; (2) el libro invierte relativamente poco tiempo dedicado a CASE y pasa más tiempo investigando (con frecuencia, bastante mal) los métodos subyacentes que proporcionan las herramientas; (3) el libro invierte poco tiempo en describir los problemas de integración; y (4) la presentación ha quedado desfasada como consecuencia de un excesivo hincapié en productos CASE específicos. Los libros que siguen han evitado por lo menos alguno de estos fallos:

BRAITHWAITE, K. S., *Application Development Using CASE Tools,* Academic Press, 1990.
FISHER, C., *CASE*: *Using Software Development Tools*, Wiley, 1988.
Gane, C., *Computer-Aided Software Engineering: The Methodologies, the Products and the Future*, Prentice-Hall, 1990.
LEWIS, T. G, *Computer-Aided Software Engineering*, Van Nostrand Reinhold, 1990.
MCCLURE, C., *CASE is Software Automation,* Prentice-Hall, 1988.

Una antología de CHIKOFSKY (*Computer-Aided Software Engineering*, IEEE Computer Society Press, 1988) contiene una colección útil de artículos primitivos acerca de CASE, y también sobre entornos de desarrollo de software. Las mejores fuentes de información actuales acerca de herramientas CASE son las revistas técnicas y las notas procedentes de la industria.

Aun cuando existe un gran interés en los entornos I-CASE y en los depósitos CASE, hay relativamente pocos libros que traten con detalle estos temas. GARG y JAZAYERI (*Process Centered Software Engineering Environments*, IEEE Computer Society Press, 1995) consideran los entornos de desarrollo que son controlados por modelos de procesos. Los libros de BRERETON (*Software Engineering Environments*, Wiley, 1988), CHARETTE (*Software Engineering Environments*, McGraw-Hill, 1986) y BARSTOW, SHROBE y SANDEWALL (*Interactive Programming Environments*, McGraw-Hill, 1984) presentan diferentes puntos de vista acerca del entorno CASE «ideal» y proporcionan un suplemento histórico de la información presentada en este capítulo.

El IEEE Estándar 1209 (*Evaluation and Selection of CASE Tools*) presenta un conjunto de líneas generales para evaluar herramientas CASE para «procesos de gestión de proyectos, procesos de predesarrollo, procesos de desarrollo, procesos de postdesarrollo y procesos integrales». *Automated Software Engineering* (Kluwer Academic Publishers, URL: **http://www.wkap.nl**) es una revista que describe nuevos avances en herramientas de software.

Está disponible una amplia gama de información acerca de herramientas CASE en la World Wide Web. Todo fabricante importante de CASE mantiene su propio centro, y se ha desarrollado un gran número de compendios de herramientas. Se ha desarrollado un extenso índice de herramientas CASE que podrá encontrarse en:

http://www.cern.ch/PTTOOL/SoftKnow.html

Hay muchos fabricantes CASE que proporcionan centros Web. Se puede obtener un conjunto extenso de enlaces, organizados por categorías de herramientas en la dirección:

http://www.qucis.queensu.ca/Software-Engineering/toolcat.html

Se puede conseguir acceso directo a herramientas CASE gratuitas y shareware así como un directorio de Centros Web de fabricantes CASE en la página de Herramientas CASE:

http://osiris.sunderland.ac.uk/sst/casehome.html

Se pueden obtener copias electrónicas de distintos estándares de integración de herramientas (incluyendo PCTE) en El MIT Microsystems Lab:

http://www-mtl.mit.edu/CFI/Whole_server.html

Muchas de las referencias electrónicas incluidas en capítulos anteriores contienen direcciones de herramientas CASE específicas.

Se encontrará una lista actualizada de referencias de la World Wide Web para la ingeniería de software cliente/servidor en: **http://www.rspa.com**

CAPÍTULO 30

EL FUTURO

En los 29 capítulos que precedían a éste, se ha explorado un proceso de ingeniería del software. Se han presentado procedimientos de gestión y métodos técnicos, principios básicos y técnicas especializadas, actividades orientadas a personas y tareas adecuadas para su automatización, notación de papel y lápiz y herramientas CASE. Se ha afirmado que la medida, la disciplina, y un especial interés por la calidad darán lugar a un software que satisfaga las necesidades del usuario, a un software fiable, a un software mantenible, a un software que sea *mejor*. Y sin embargo, nunca se ha prometido que la ingeniería del software fuera una panacea.

A medida que vamos avanzando hacia el comienzo de un nuevo siglo, la tecnología de software y de sistemas sigue siendo un desafío para todo profesional del software y para toda compañía que construya sistemas basados en computadoras. Max Hopper [HOP90] sugiere el estado actual del asunto cuando afirma lo siguiente:

> Dado que los cambios de la tecnología de la información, se están volviendo tan rápidos y tan estrictos, y dado que las consecuencias de quedarse atrás son tan irreversibles, las compañías tienen que dominar la tecnología o morir... Hay que pensar en ello como en un molino de tecnología. Las compañías tendrán que correr cada vez más de prisa tan solo para quedar en el mismo lugar.

Los cambios de la tecnología de la ingeniería del software son ciertamente «rápidos y estrictos», pero al mismo tiempo el progreso suele ser bastante lento. Para cuando llegue el momento en que se toma la decisión de adaptar un nuevo método (o una nueva herramienta), la decisión de llevar a cabo la formación necesaria para comprender su aplicación, y la decisión de introducir la tecnología en la cultura del desarrollo del software, ya ha surgido algo nuevo (e incluso mejor) y comienza de nuevo el proceso.

En este capítulo, se examinan las tendencias futuras. Nuestro intento no es explorar todas las áreas de investigación que resulten prometedoras. Tampoco lo es mirar en una «bola de cristal» y pronosticar el futuro, más bien, se intentará explorar el ámbito del cambio y la forma en que el cambio en sí va a afectar al proceso del software en los años venideros.

30.1. IMPORTANCIA DEL SOFTWARE, SEGUNDA PARTE

La importancia del software de computadora se puede enunciar de muchas formas. En el Capítulo 1, se caracterizaba el software como diferenciador. La función proporcionada por el software diferencia los productos, los sistemas y los servicios y proporciona una ventaja competitiva en el mercado. Sin embargo el software es más que un diferenciador. Los programas, documentos y datos que constituyen el software ayudan a generar el artículo más importante que pueda adquirir cualquier individuo, negocio o gobierno: la información. Pressman y Herron [PRE91] describen el software de la forma siguiente:

> El software de computadora es una de las pocas tecnologías clave que tendrán un impacto significativo en casi todos los aspectos de la sociedad moderna durante los años 90. Se trata de un mecanismo para automatizar negocios, industrias y gobiernos, un medio para transferir nuevas tecnologías, un método para capturar valiosa experiencia para que sea utilizada por otras personas, un medio para diferenciar los productos de una compañía de los productos de sus competidores, y una ventana que permite examinar el conocimiento colectivo de una corporación. El software es crucial para casi todos los aspectos del

negocio. Pero de muchas maneras, el software es también una tecnología oculta. Encontramos el software (frecuentemente, sin darnos cuenta) cuando nos desplazamos hasta nuestro trabajo, cuando efectuamos cualquier compra, cuando nos detenemos en el banco, cuando hacemos una llamada telefónica, cuando visitamos al médico o cuando realizamos cualquiera de los cientos de actividades diarias que reflejan la vida moderna.

El software está en todas partes, y sin embargo, hay muchas personas en puestos de responsabilidad que tienen poca o ninguna comprensión de lo que realmente es, como se construye, o de lo que significa para las instituciones que controla (y a las cuales controla). Hay algo más importante, y es que tienen muy poca idea de los peligros y oportunidades que ofrece el software.

La omnipresencia del software nos lleva a una conclusión sencilla: siempre que una tecnología tiene un impacto amplio, un impacto que puede salvar vidas o ponerlas en peligro, construir negocios o destruirlos, informar a los jefes de gobierno o confundirlos, es preciso «manejarla con cuidado».

30.2. EL ÁMBITO DEL CAMBIO

El cambio en las técnicas que poseen un impacto en la computación parece adoptar una progresión que se podría denominar la *regla 5-5-5* [1]. Parece que un concepto fundamentalmente nuevo pasa de la idea inicial a ser un producto de mercado de masas en unos quince años [2]. Durante los cinco primeros años, la nueva idea se formula, y va evolucionando hasta ser un prototipo que se utiliza para demostrar los conceptos básicos. El prototipo experimental será refinado por los científicos ingenieros a lo largo de los cinco años siguientes, y los primeros productos (que reflejan una nueva idea) se presentan durante este tiempo. Los cinco últimos años se invierten introduciendo el producto (y sus descendientes) en el mercado. Hacia el final de los quince años (5-5-5), una idea que tenga un cierto mérito metodológico puede crecer hasta abarcar un mercado de muchos billones de dólares (Figura 30.1) [3]. Aun cuando la regla 5-5-5 es tan sólo una aproximación, el ciclo vital de quince años desde la idea inicial hasta un mercado extenso parece ser una escala razonable con la cual se podrá medir el cambio evolutivo en el negocio de la computación.

FIGURA 30.1

La regla 5-5-5

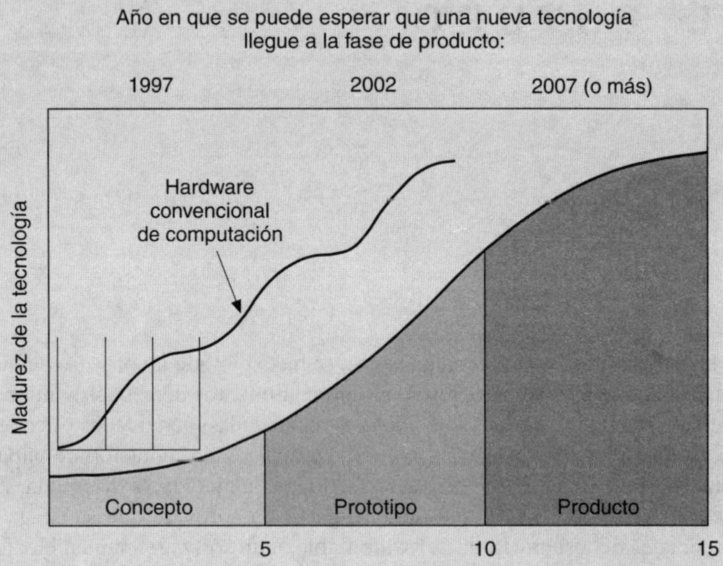

Los cambios de la computación ocurridos a lo largo de las cuatro últimas décadas se han visto controlados por avances en las «ciencias físicas» —física, química, ciencia de los materiales e ingeniería—. La regla 5-5-5 parece funcionar razonablemente bien cuando se derivan nuevas técnicas de una base de las ciencias físicas. Sin embargo, durante las próximas décadas, los avances revolucionarios de la computación pueden muy bien verse impulsados por las «ciencias blandas» —psicología humana, neuropsicología, sociología, filosofía y otras—. El periodo de gestación para las técnicas derivadas de estas disciplinas es muy difícil de predecir.

Por ejemplo, el estudio de la inteligencia humana se ha desarrollado durante siglos, y tan solo ha dado lugar a una comprensión parcial de la psicología del pensamiento y de la neurofisiología del cerebro. Sin embargo, se han efectuado unos progresos apreciables durante los últimos treinta años. La información derivada de las ciencias blandas se está utilizando para crear un nuevo enfoque del software —las redes neurales artificiales [WAS89]— que podría dar lugar al aprendizaje de las máquinas y a la solución de problemas

---

[1] Las ideas de esta descripción fueron sugeridas en primer lugar en una presentación [HOR90] realizada por Michael Horner de Digital Equipment Corporation.

[2] Suponemos, por supuesto, que la idea es buena y que están disponibles los recursos suficientes para darle vida.

[3] El periodo de gestación para el nuevo hardware de computación es apreciablemente más rápido y se ha yuxtapuesto en la Figura 30.1: la vida de un nuevo chip procesador, desde su concepción hasta que ya está obsoleto, es en la actualidad de 4 años.

«difusos» que hasta el momento ha sido imposible resolver empleando sistemas de computadoras convencionales.

La influencia de las ciencias blandas puede ayudar a moldear la dirección en la investigación en computación en las ciencias duras. Por ejemplo, el diseño de «futuras computadoras» puede verse guiado más por una comprensión de la fisiología del cerebro que por una comprensión de la microelectrónica convencional.

Los cambios que afectarán a la ingeniería del software a lo largo de la próxima década se verán influenciados desde cuatro direcciones simultáneas: (1) las personas que realicen el trabajo; (2) el proceso que apliquen; (3) la naturaleza de la información; y (4) la tecnología de computación subyacente. En las próximas secciones, examinaremos con más detalle todos estos componentes: las personas, los procesos, la información y la tecnología.

30.3. LAS PERSONAS Y LA FORMA EN QUE CONSTRUYEN SISTEMAS

Toda compañía que deba de construir un sistema basado en computadoras moderno se enfrenta a un dilema. El software requerido para los sistemas de alta tecnología se vuelve cada vez más complejo, y el tamaño de los programas resultantes aumenta de forma proporcional. En un cierto momento, un programa que requería 100.000 líneas de código se consideraba una gran aplicación. En la actualidad, el programa medio para una aplicación de una computadora personal (p. ej.: procesadores de texto, hojas de cálculo, programas de gráficos) suele tener un tamaño muchas veces mayor. Los programas que se construyen para su utilización en control industrial, en diseño asistido por computadora, en sistemas de información, en instrumentación electrónica, en automatización de fábricas, y en casi todas las demás aplicaciones «de uso industrial» suelen superar el 1.000.000 de líneas de código[4].

El rápido crecimiento del tamaño del programa «medio» nos va a presentar pocos problemas si no fuera por un único hecho: a medida que crece el tamaño del programa, crece también el número de personas que tienen que trabajar en el programa. La experiencia indica que a medida que crece el número de personas presentes en un equipo de un proyecto de software, la productividad general del grupo puede disminuir. Una forma de soslayar este problema sería crear un cierto número de equipos de ingeniería del software (Capítulo 3), compartimentando consiguientemente a la gente en grupos de trabajo individuales. Sin embargo, a medida que crece el número de equipos de la ingeniería del software, la comunicación entre estos equipos se vuelve tan difícil y requiere tanto tiempo como la comunicación entre individuos. O lo que es peor, la comunicación (tanto entre individuos como entre equipos) tiende a ser poco eficiente, esto es, se invierte demasiado tiempo para transferir demasiada poca información, y con toda frecuencia hay información importante que «se pierde en el camino».

Si la comunidad de la ingeniería del software ha de enfrentarse eficientemente al problema de la comunicación, las tendencias futuras de los ingenieros del software deben de incluir unos cambios radicales en la forma en que las personas y los individuos se comunican entre sí. El correo electrónico, los boletines electrónicos, y las videoconferencias centralizadas son ahora frecuentes como mecanismos para conectar grandes números de personas a una red de información. La importancia de estas herramientas en el contexto del trabajo de ingeniería del software no puede exagerarse. Con un correo electrónico eficiente, o con un sistema de boletín electrónico, el problema que ha encontrado un ingeniero de software en New York pude verse resuelto con la ayuda de un colega de Tokyo. En un sentido muy real, los boletines electrónicos y los centros Web se están transformando en depósitos de conocimiento que permiten que la sabiduría colectiva de un gran grupo de tecnólogos se aplique a problemas técnicos o al problema de la administración.

El vídeo personaliza la comunicación. En su mejor aplicación, capacita a los colegas ubicados en distintas situaciones (o en distintos continentes) para «encontrarse» de forma regular. Pero el vídeo ofrece además otro beneficio. Se puede utilizar como depósito para el conocimiento acerca del software y también para formar a los recién llegados al proyecto.

A medida que avanzan las tecnologías de hardware y de software, la mismísima naturaleza del lugar de trabajo va a cambiar. El escenario siguiente, adaptado de Pressman y Herron [PRE91], proporciona una visión del entorno de trabajo de un ingeniero de software durante la primera década del siglo veintiuno:

> «Buenos días», dice usted al entrar en la oficina.
>
> Se enciende la pantalla de su estación de trabajo, aparece una ventana en la pantalla, aparece una cara andrógina, y una voz muy humana dice, «Buenos días. Tiene usted seis mensajes de voz, dos transmisiones de fax y una lista de objetos para su acción diaria. Se enumeran cinco tareas de desarrollo». La cara y la voz pertenecen a su «agente», un programa de interfaz que efectúa toda una gama de tareas administrativas sofisticadas. Está personalizado para anticiparse a sus necesidades, reconoce su voz, y puede hacer muchas cosas a la vez, por ejemplo, puede responder al teléfono las veinticuatro horas del día, puede buscar informa-

[4] Con el advenimiento de las tecnologías orientadas a objetos y con la cada vez mayor reutilización de componentes de programas, es probable que el número de líneas de código que haya de construir «partiendo de cero» disminuya considerablemente con el tiempo. Sin embargo, existen muchas indicaciones de que el tamaño general de los programas (incluyendo los componentes reutilizables) seguirá creciendo.

ción, puede comunicarse directamente con usted, y puede realizar otras funciones de procesamiento de datos. La comunicación con el agente puede ser verbal o escrita, pero la mayor parte de las personas prefiere hablar con sus agentes.

«Muéstrame los elementos de acción y las tareas de desarrollo», dice usted.

Inmediatamente, la lista de elementos de acción aparece en la pantalla y el agente empieza a leer la lista en voz alta, marcando cada elemento a medida que lo lee.

«Silencio por favor, y detén la lista», interrumpe usted. «Mientras está interrumpida la lista, comprueba las transmisiones de correo por voz o de fax en busca de palabras clave».

Acaba de pedir al agente que efectúe un análisis de cada uno de los mensajes entrantes para determinar si contienen algún determinado conjunto de palabras clave (que podrían tratarse de nombres de personas, lugares, números de teléfonos, o temas que estime de especial importancia). A medida que va leyendo la lista de elementos de acción que hay en la pantalla, ve usted dos listas, unas pocas llamadas telefónicas que habrá que hacer, y un regalo de aniversario que hay que comprar.

Cuando ha acabado de leer la lista de elementos de acción, la cara del agente reaparece en la pantalla.

Es temprano, y todavía no ha conectado usted con el trabajo del día. Un poco avergonzado (pero no demasiado, a fin de cuentas está comunicándose con una máquina), le pregunta: «¿Qué te he pedido que hagas?».

«Me ha pedido que compruebe si alguna de las transmisiones de correo por voz o de fax contienen palabras clave. ¿Quiere usted ver una lista?

«Sí, pero solamente las que contengan referencias a **cambios**». Aparece una lista de mensajes en la pantalla. Selecciona Vd. un elemento de la lista y dice «abrir». En menos de un segundo, una cámara de vídeo incorporada a la escena de trabajo ha seguido el movimiento de su ojo y en el momento en que dice»abre» el sistema ha calculado el objeto que estaba examinando. Se puede leer durante unos instantes, y se detiene.

«Por favor, encuentra todos los módulos del Sistema de Automatización de Fábricas que hayan cambiado en el mes pasado. Almacena los nombres de los módulos, las fuentes de los cambios, y la fecha, y genera un elemento de acción para que yo lo revise».

«¿Qué versión de sistema desea utilizar?», pregunta el agente en el momento en que aparece una ventana con desplazamiento.

«Todos», responde.

«De acuerdo», dice el agente.

Mientras está revisando el correo, el agente hará que un «aprendiz» realice la tarea que ha requerido usted. Esto es, el agente «engendra» una tarea para realizar funciones de gestión de configuración. Al cabo de unos segundos, el agente retorna para efectuar sus órdenes. Simultáneamente, el primer aprendiz está investigando el depósito CASE en busca de nombres de módulo.

«¿Puedo disponer de un procesador de textos?», pregunta al agente. Un programa de procesamiento de textos, relativamente parecido a los mejores de los que se ven en la actualidad, aparece en la pantalla. Empieza usted a dictar una carta (también se pueden utilizar el teclado o una tableta para escribir). El texto va apareciendo en pantalla a medida que va usted pronunciando cada palabra. Mientras está dictando, piensa en algo que tiene que hacer el agente. Mediante un dispositivo para señalar, hace *clic* en la ventana del agente.

«Necesito un listado de fuentes para el módulo **find.inventory.item**. Insértalo en el marcador que voy a colocar en el texto del documento en el que estaba trabajando. Además, llama a Emily Harrison de ingeniería de sistemas y dile que le voy a transmitir el documento hoy mismo».

«O.K.» responde el agente. Se engendran aprendices para generar la tabla y para efectuar la llamada mientras usted vuelve a su dictado.

El entorno implicado por la «conversación anterior» cambiará los hábitos de trabajo de un ingeniero del software. En lugar de una estación de trabajo que se emplea como una herramienta, el hardware y el software pasan a ser un existente, realizando tareas menores, coordinando la comunicación entre seres humanos, y en algunos casos, aplicando un conocimiento específico del dominio para mejorar las posibilidades del ingeniero.

La adquisición del conocimiento está cambiando de formas muy profundas. En Internet, un ingeniero del software puede suscribirse a grupos de noticias que se centren en áreas de tecnología que le resulten especialmente interesantes. Una pregunta enviada a un grupo de noticias dará lugar a respuestas de otros ingenieros interesados de todo el mundo. La World Wide Web proporciona a un ingeniero del software la mayor biblioteca del mundo en lo tocante a artículos de investigación, informes, tutoriales, comentarios, y referencias de ingeniería del software[5].

Si la historia pasada puede servir como indicación, es justo decir que las personas en sí no van a cambiar. Sin embargo, la forma en que se comunicarán, el entorno en que trabajen, la forma en que adquirirán conocimientos, los métodos utilizados, la disciplina que aplicarán —y por tanto, la cultura general del desarrollo del software— va a cambiar de forma significativa e incluso profunda. Algunos de los cambios que afectarán a las personas que hacen trabajos de ingeniería del software se han indicado en la Figura 30.2.

30.4. EL «NUEVO» PROCESO DEL SOFTWARE

Es razonable caracterizar las dos primeras décadas de la práctica de ingeniería del software como la era del «pensamiento lineal». Impulsado por el

[5] Véase «Otras Lecturas y Fuentes de Información» a lo largo de todo este libro para encontrar puntos de partida.

FIGURA 30.2

Influencias existentes sobre los ingenieros de sotware y su trabajo

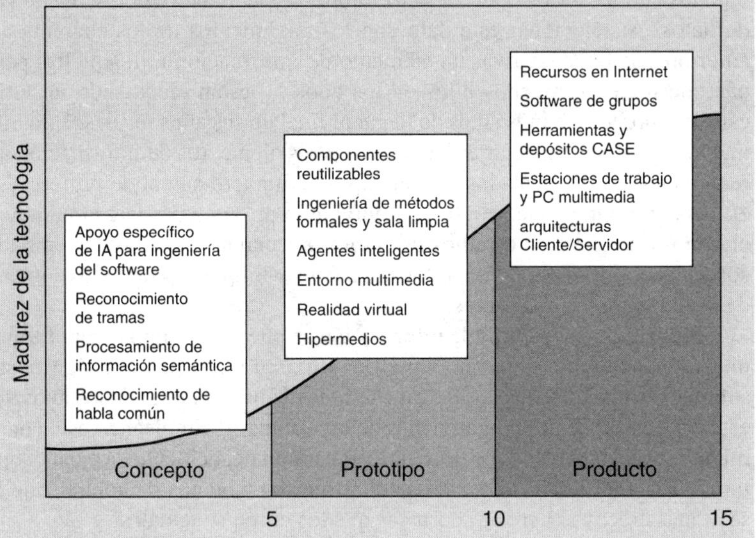

modelo de ciclo vital clásico, la ingeniería del software se ha enfocado como una actividad lineal en la cual se podían aplicar una serie de pasos secuenciales en un esfuerzo por resolver problemas complejos. Sin embargo, los enfoques lineales del desarrollo del software van en contra de la forma en que se construyen realmente la mayoría de los sistemas. En realidad, los sistemas complejos evolucionan de forma iterativa, e incluso incremental. Por esta razón, un gran segmento de la comunidad de la ingeniería del software se está desplazando hacia modelos evolutivos para el desarrollo del software.

Los modelos de proceso evolutivos reconocen que la incertidumbre domina a la mayoría de los proyectos; que las líneas temporales suelen ser imposiblemente verdes; y que la iteración proporciona la capacidad de proporcionar el resultado en forma de solución incremental, aun cuando un producto completo no sea posible en el marco de tiempo asignado. Los modelos evolutivos hacen hincapié en la necesidad de los productos de trabajo incrementales, análisis de riesgos, planificación y revisión de planes, y realimentación que provenga del cliente.

¿Qué actividades deberán de poblar el proceso evolutivo? A lo largo de la década pasada, el *Modelo de madurez de capacidad (MMC)* desarrollado por el Software Engineering Institute [PAU93] ha tenido un impacto apreciable sobre los esfuerzos por mejorar las prácticas de ingeniería del software. El CMM ha dado lugar a muchos debates (p. ej.: [BOL91], [GIL96]) y sin embargo, proporciona una buena indicación de los atributos que deben de existir cuando se pone en práctica una buena ingeniería del software.

La utilización de tecnologías de objetos (Cuarta Parte de este libro) es un resultado natural de la tendencia a modelos de proceso evolutivo. Los ensamblajes basados en componentes (si se pueden lograr ampliamente) tendrá un profundo impacto sobre la productividad de desarrollo del software y sobre la calidad del producto. La derivación de componentes de programa reutilizables es una consecuencia natural del paradigma orientado a objetos.

La reutilización de componentes proporciona unos beneficios inmediatos e interesantes (Capítulo 26). Cuando la reutilización se une con herramientas CASE para la construcción de prototipos de aplicaciones, es posible construir incrementos de programas con mucha más rapidez que mediante el uso de enfoques convencionales. La generación de prototipos atrae al cliente al proceso. Consiguientemente, es probable que los clientes y los usuarios se vean mucho más implicados en el desarrollo del software. Esto, a su vez, puede dar lugar a una mayor satisfacción del usuario final, y a una mayor calidad global del software.

30.5. NUEVOS MODOS PARA REPRESENTAR LA INFORMACIÓN

A lo largo de las dos últimas décadas, se ha producido una sutil transición en la terminología que se utiliza para describir el trabajo de desarrollo de software realizado para la comunidad de negocios. Hace veinte años, el término «procesamiento de datos» era la frase operativa para describir la utilización de computadoras en un contexto de negocios. En la actualidad, el proceso de datos ha dado lugar a otra frase —«tecnología de la información»— que implica lo mismo pero presenta un sutil desplazamiento del centro de nuestra atención. La importancia ya no está meramente en procesar grandes cantidades de datos, sino más bien en extraer una información significativa a partir de estos datos. Evidentemente, éste ha sido siempre el objetivo, pero el desplazamiento de la terminología refleja un desplazamiento bastante más importante en la filosofía de los administradores.

Cuando se describen las aplicaciones de software en la actualidad, las palabras «datos» e «información» aparecen en numerosas ocasiones. Se encuentra la palabra «conocimiento» en algunas aplicaciones de inteligencia

FIGURA 30.3

Un espectro de «información»

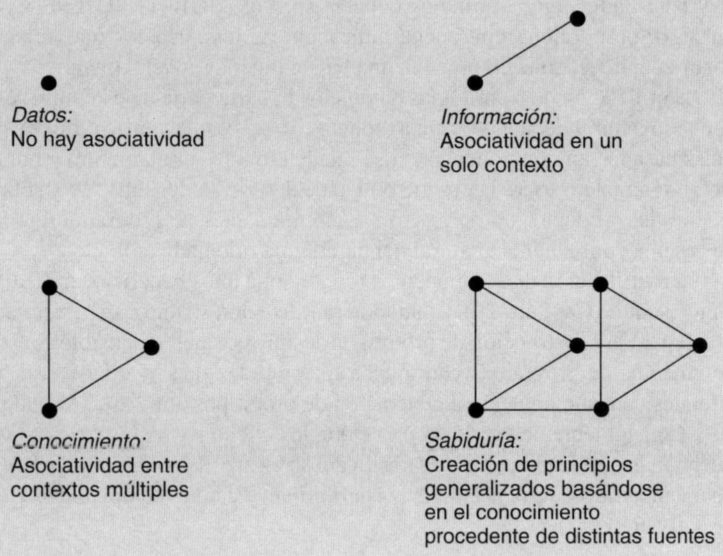

artificial, pero su utilización es relativamente escasa. Casi nadie describe la sabiduría en el contexto de las aplicaciones del software para computadoras.

Los datos son información pura: una colección de hechos que es preciso procesar para que sean significativos. La información se deriva asociando los hechos en el seno de un contexto dado. El conocimiento asocia la información obtenida en un contexto con otra información obtenida en un contexto distinto. Por último, la sabiduría se produce cuando se derivan unos principios generalizados de estos conocimientos dispares. Estos cuatro puntos de vista de la «información» se han representado esquemáticamente en la Figura 30.3.

Hasta la fecha, la amplia mayoría del software que se ha construido tenía como misión procesar datos o información. Los ingenieros de software del siglo veintiuno seguirán estando preocupados por sistemas que procesen conocimiento. El conocimiento es bidimensional. La información recogida acerca de una gama amplia de temas relacionados y no relacionados se **relaciona** para formar un cuerpo de hechos al que se denomina conocimiento. La clave es nuestra capacidad para asociar información de una gama de fuentes distintas que puedan no poseer conexiones evidentes entre sí, y combinarlas de modo que nos proporcione algún beneficio definido.

Para ilustrar la progresión de datos al conocimiento, considérense los datos del censo que indican que el número de nacimientos habidos en los Estados Unidos en 1991 fue de 4,1 millones. Este número representa un valor de datos. Al relacionar este dato con los nacimientos de los cuarenta años anteriores se puede derivar un elemento de información útil, aquellas personas que tuvieron muchos hijos en los años 50 están efectuando un último esfuerzo por tener niños antes de llegar al final de sus años fértiles. Esta información se puede conectar entonces con otros elementos de información aparentemente no relacionados, por ejemplo, el número actual de profesores de escuelas primarias que se retirarán durante la próxima década, el número de alumnos que cursarán estudios primarios y secundarios, o la presión habida sobre los políticos para reducir los impuestos y limitar por tanto los aumentos de sueldo para los profesores.

Todos estos elementos de información se pueden combinar para formular una representación del conocimiento —existirá una presión significativa sobre el sistema de educación de los Estados Unidos al final de los años 90, y esta presión proseguirá durante más de un década—. Empleando este conocimiento, puede aparecer una oportunidad para un negocio. Quizá existan oportunidades significativas para desarrollar nuevos modelos de aprendizaje que sean más efectivas y menos costosas que los enfoque actuales.

Hemos estado procesando datos durante casi cuarenta años, y se ha extraído información durante más de dos décadas. Uno de los desafíos más significativos a los que se enfrenta la comunidad de la ingeniería del software consiste en construir sistemas que den el paso siguiente en el espectro: sistemas que extraigan el conocimiento de los datos en formación de forma que sea práctica y beneficiosa.

30.6. LA TECNOLOGÍA COMO IMPULSOR

Las personas que construyen y utilizan software, el proceso de ingeniería del software que se aplica, y la información que se produce se ven afectados todos ellos por los avances en la tecnologa de hardware y software. Históricamente, el hardware ha servido como impulsor de la tecnología en la computación. Una nueva tecnología de hardware proporciona un potencial. Entonces los constructores de software reaccionan frente a las solicitudes de los clientes en un intento de aprovechar ese potencial. La Figura 30.4 aplica la regla 5-5-5 en un intento de ubicar las distintas tecnologías del hardware en el ciclo evolutivo general. La colocación de una tecnología particular en la curva 5-5-5 podrá resultar difícil. Por ejemplo, la tecnología de computación móvil

FIGURA 30.4

Los cambios de la tecnología de hardware

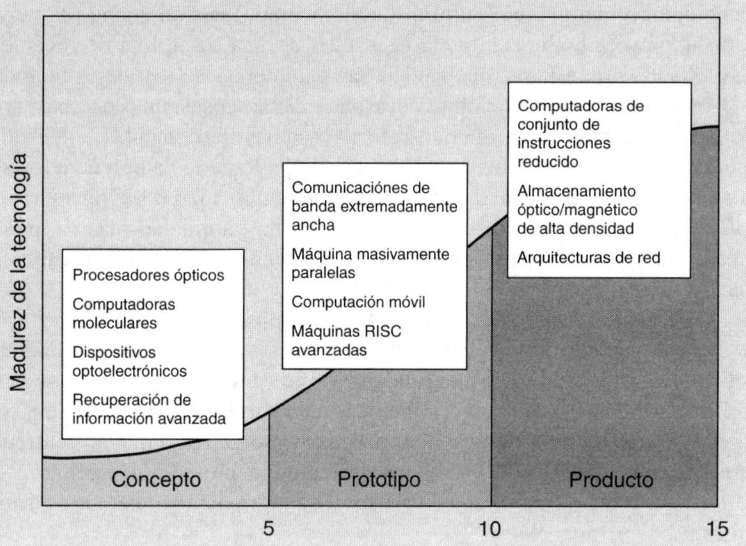

acaba de pasar a la fase de producto, pero no es todavía un mercado maduro. Consiguientemente, se ha ubicado en la fase de «prototipo» de la madurez tecnológica.

Las tendencias futuras de la tecnología del hardware tienen probabilidades de progresar en dos rutas paralelas. En una de las rutas, las tecnologías de hardware seguirán evolucionando rápidamente. Mediante la mayor capacidad que proporcionan las tecnologías de hardware tradicionales, las demandas efectuadas a los ingenieros de software seguirán creciendo.

Pero los cambios verdaderos de la tecnología de hardware se pueden producir en otra dirección. El desarrollo de arquitecturas de hardware no tradicionales (p. ej.: máquinas masivamente paralelas, procesadores ópticos y máquinas de redes neurales) pueden dar lugar a cambios radicales en la clase de software que se puede construir y también a cambios fundamentales en nuestro enfoque de la ingeniería del software. Dado que estos enfoques no tradicionales siguen estando en el primer segmento del ciclo de quince años, resulta difícil determinar cuales de ellas llegarán hasta la madurez y es aún más difícil predecir la forma en que el mundo del software se modificará para adaptarse a ellas.

Ya se ha indicado que la tecnología del software tiende a reaccionar a los cambios de tecnología del hardware. Aplicando la regla 5-5-5 a la tecnología del software (Figura 30.5), se observa que los productos del software de hoy se verán unidos y posiblemente serán desplazados por las tecnologías del software en las fases primera y segunda de madurez. Hay pocas dudas de que las tecnologías mostradas en la fase de prototipo de la Figura 30.5 llegarán a ser sumamente importantes cuando comience el siglo veintiuno. De hecho, la ingeniería del software basada en reutilización y en componentes puede ofrecer la mejor oportunidad para mejoras de un orden de magnitud en la calidad del sistema y en el tiempo necesario para llegar al mercado.

Las tendencias futuras de la ingeniería del software se verán impulsadas por las tecnologías de software. A medida que el software se mueve irresistiblemente para penetrar en el terreno de los problemas difusos (IA, redes neuronales artificiales, sistemas expertos), es probable que un enfoque evolutivo del desarrollo del software llegue a dominar todos los demás paradigmas. A medida que los enfoques orientados a objetos se van desplazando para dominar a la comunidad del software, los paradigmas evolutivos de la ingeniería

FIGURA 30.5

Cambios en la tecnología del software

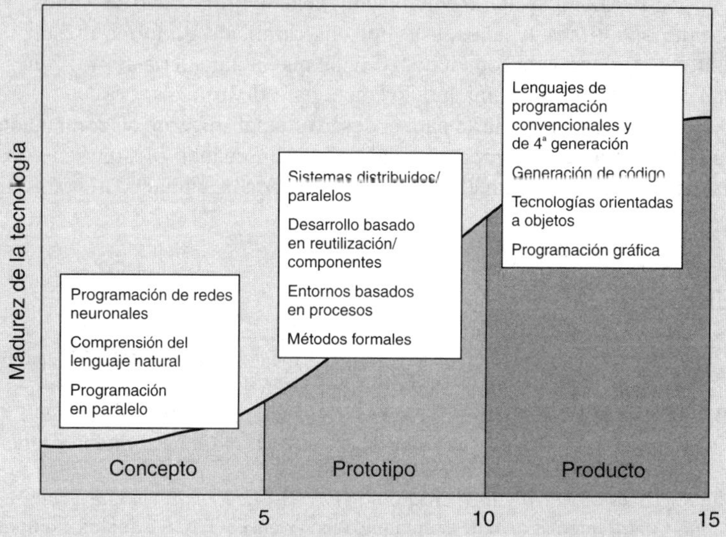

del software se modificarán para admitir la reutilización de componentes. Las «acerías» que construyan «circuitos integrados de software» pueden pasar a ser un nuevo negocio de software muy importante. De hecho, a medida que pasa el tiempo, el negocio del software puede empezar a tener un aspecto muy parecido al que tiene el negocio del hardware en la actualidad. Quizá existan fabricantes que construyan dispositivos discretos (componentes de software reutilizables), otros fabricantes que construyan componentes de sistemas (p. ej.: un conjunto de herramientas para la interacción hombre-máquina) e integradores de sistemas que proporcionen soluciones para el usuario final.

La ingeniería del software va a cambiar, de eso podemos estar seguros. Pero independientemente de los radicales que sean los cambios podemos estar seguros de que la calidad nunca perderá su importancia, y de que un análisis y diseño efectivos y una comprobación competente siempre tendrán su lugar en el desarrollo de sistemas basados en computadoras.

3.7. COMENTARIO FINAL

Es interesante, y no es una coincidencia, que la cuarta edición de este libro complete una regla 5-5-5. El concepto «preliminar» (la primera edición) se publicó en 1982; se publicó un «prototipo» más refinado (la segunda edición) en 1987; el «producto» no del todo final (la tercera edición) se presentan en 1992. Ahora, la cuarta edición completa el último ciclo de 5 años. A lo largo de los últimos 15 años, este libro ha cambiado de forma drástica: de ámbito, de tamaño y de contenido. Al igual que la ingeniería del software, ha crecido (y esperemos) ha madurado con el paso de los años.

Un enfoque de ingeniería para el desarrollo del software de computadora es una filosofía cuyo tiempo ha finalizado. Aun cuando prosigue el debate acerca del paradigma correcto, el grado de automatización, los métodos más efectivos, los principios subyacentes de ingeniería del software se aceptan ahora a lo largo y ancho de toda la industria. ¿Por qué entonces se está viendo sólo en los últimos años una adopción masiva?

La respuesta, según veo, se encuentra en la dificultad de la transición tecnológica y del cambio cultural que la acompaña. Aun cuando la mayor parte de nosotros apreciamos la necesidad de una disciplina de ingeniería para el software, estamos luchando contra la inercia de los viejos métodos.

Para facilitar la transición se necesitan muchas cosas: un proceso de software más maduro, unos métodos efectivos, unas herramientas potentes, la aceptación por parte de los ingenieros, y el apoyo de los administradores, y una dosis bastante grande de educación y de «publicidad». La ingeniería del software no ha dispuesto los beneficios de una publicidad masiva, pero a medida que pasa el tiempo el concepto se vende por si mismo. En cierta manera, este libro es un «anuncio» de la tecnología.

Quizá el lector no esté de acuerdo con todos los enfoques descritos en este libro. Algunas de las técnicas y opiniones suscitan la controversia; otras deben de ser ajustadas para que funcionen bien en distintos entornos de desarrollo de software. Espero sinceramente, sin embargo, que *Ingeniería del software. Un enfoque práctico* haya esbozado los problemas a que nos enfrentamos, haya demostrado las ventajas de los conceptos de la ingeniería del software, y haya proporcionado un marco de referencia de métodos y herramientas.

En el momento en el que comenzamos el nuevo milenio, el software ha pasado a ser el producto más importante y la industria más importante en el mundo. Su impacto y su importancia han avanzado enormemente. Y sin embargo, una nueva generación de desarrolladores de software deberá de enfrentarse a muchos de los mismos desafíos con que se enfrentaron las generaciones anteriores. Esperemos que las personas que se enfrenten con este desafío —los ingenieros del software— tengan la sabiduría de desarrollar sistemas que mejoren la condición humana.

REFERENCIAS

[BOL91] BOLLINGER, T. y MCGOWEN, C., «A Critical Look At Software Capability Evaluations», *IEEE Software*, julio 1991, págs. 25-41.

[GIL96] GILB, T., «What is Level Six?», *IEEE Software*, enero 1996, págs. 97-98, 103.

[HOP90] Hopper, M. D., «Rattling SABRE, New Ways to Compete on Information», *Harvard Business Review*, mayo/junio 1990.

[HOR90] HORNER, M., «Future Directions in CASE», *Le Rendez-vous de Génie Logicial*, Centre International de Communication Avancée (CICA), Sophia, Antipolis, Francia, 29 de mayo de 1990.

[PAU93] PAULK, M. y otros, *Capability Maturity Model for Software*, Software Engineering Institute, Carnegie Mellon University, Pittsburgh, PA, 1993.

[PRE91] PRESSMAN, R. S. y S. R. HERRON, *Software Shock*, Dorset House, 1991.

[WAS89] WASSERMAN, P. D., *Neuronal Computing: Theory and Practice*, Van Nostrand Reinhold, 1989.

PROBLEMAS Y PUNTOS A CONSIDERAR

30.1. Consiga una copia de las principales revistas de negocios y de noticias de esta semana. Haga una lista de todos los artículos o noticias que se puedan utilizar para ilustrar la importancia del software.

30.2. Seleccione tres «ideas fundamentalmente nuevas» que hayan dado lugar a productos importantes. Dibuje una línea temporal y determine si la regla 5-5-5 es demasiado conservadora, demasiado optimista, o da justamente en el blanco.

30.3. Añada características adicionales al entorno del ingeniero del software que se describía en la Sección 30.3. Dibuje un esbozo con anotaciones que ilustre la oficina del ingeniero del software en el año 2005.

30.4. Revise la descripción de los modelos de proceso evolutivos del Capítulo 2. Haga una investigación y recoja artículos recientes sobre este tema. Resuma las ventajas e inconvenientes de los paradigmas evolutivos basándose en las experiencias indicadas en los artículos.

30.5. Intente desarrollar un ejemplo que comience con la recolección de datos puros y de lugar a la adquisición de información, después del nacimiento, y finalmente de sabiduría.

30.6. Seleccione cualquiera de las tecnologías de hardware representadas en el nivel de concepto en la Figura 30.4 y escriba un artículo de dos o tres páginas que presente una visión general de la tecnología. Presente el artículo en clase.

30.7. Seleccione cualquiera de las tecnologías de software que se representan en el nivel de concepto en la Figura 30.5 y escriba un artículo de dos o tres páginas que presente una visión general de la tecnología. Presente el artículo en clase.

OTRAS LECTURAS Y FUENTES DE INFORMACIÓN

Los libros que describen las tendencias futuras del software de la computación abarcan una amplia gama de temas técnicos, científicos, económicos, políticos y sociales. El libro de NEGROPONTE (*Being Digital*, Alfred A. Knopf, Inc., 1995) proporciona una visión de la computación y su impacto global en el siglo veintiuno. NAISBITT y ABURDENE (*Megatrends 2000*, William Morrow & Co., 1990) proporcionan una imagen intrigante de unos cambios que ya están bastante avanzados. RICH y WATERS (*The Programmer's Apprentice*, Addison-Wesley, 1990) presentan un punto de vista de lo «que cabe esperar en el futuro desarrollo de software». BOWYER (*Ethics and Computing*, IEEE Computer Society Press, 1995) consideran la necesidad de que los profesionales del software "actúen de forma socialmente responsable".

En el contexto más limitado de la computación y del software ALLMAN (*Apprentices of Wonder*, Bantam Books, 1989) describe el impacto potencial de las redes neurales artificiales; es un libro que sugiere cambios radicales en lo que queremos decir cuando se utiliza la palabra «software». STOLL (*The Cukoo's Egg*, Doubleday, 1989) presenta un aspecto fascinante del mundo de las redes de computadoras, de los piratas, y de la seguridad de las computadoras-temas estos que son de importancia significativa a medida que nos vamos transformando en una «comunidad electrónica» integrada. YOURDON (*The Rise and Resurrection of the American Programmer*, Prentice-Hall, 1996) predice la dominación continuada de la industria del software en los Estados Unidos.

A efectos de interés histórico, ALVIN TOFFLER (*Powershift*, Bantam Publishers, 1990) finalizó una trilogía que empezaba con *Future Shock* describiendo la desintegración de las estructuras de poder bien establecidas que se está produciendo en todo el mundo; es un desplazamiento de poderes que él atribuye directamente al software y a la información que produce. Muchas de sus predicciones son ahora la realidad.

El GartnerGroup publica informes detallados que proyectan tendencias futuras en muchas áreas de las tecnologías de la computación. Se podrán encontrar algunas de éstas en:

http://www.gartner.com/default.html

La revista *Byte* siempre es una buena fuente de información acerca de tendencias actuales y futuras del software y de la computación en general. Su centro se puede visitar en

http://www.byte.com

Se encontrarán unos puntos de vista algo radicales visitando Hotwired y Trajectories en:

http://www.hotwired.com/login/
http://www.nets.com/site/raw/trajectories.html

Se puede encontrar un tratamiento en profundidad de las tendencias de las tecnologías para el siglo veintiuno en:

http://www.nml.org/resources/misc/nasa_technology_directions/table contents.html

El Institute for Learning Sciences ha ensamblado una visión intrigante del impacto futuro de la computación del software sobre la educación. Se puede encontrar en:

http://www.ils.nwu.edu/~e_for_e/nodes/NODE-269-pg.html

Otras descripciones de las tendencias actuales y futuras de la computación se pueden obtener empleando los motores de búsqueda estándar de la World Wide Web.

APÉNDICE

SIGLAS CASTELLANO/INGLÉS-INGLÉS/CASTELLANO

AAN	ANÁLISIS ÁREA DE NEGOCIO	BAA	BUSINESS AREA ANALYSIS
ACC	AUTORIDAD CONTROL DE CAMBIOS	CCA	CHANGE CONTROL AUTHORITY
ACO	ACOPLAMIENTO ENTRE CLASES OBJETO	CBO	COUPLING BETWEEN OBJECT CLASSES
ACP	ÁREA CLAVE DE PROCESO	KPA	KEY PROCESS AREA
ADM	ADMISIÓN	FIN	FAN IN
AEE	AGENCIA EUROPEA DEL ESPACIO	ESA	EUROPEAN SPACE AGENCY
AOO	ANÁLISIS ORIENTADO A OBJETOS	OOA	OBJECT ORIENTED ANALYSIS
APD	ACCESO PÚBLICO A DATOS	PAD	PUBLIC ACCESS TO DATA
APH	ÁRBOL DE PROFUNDIDAD DE HERENCIA	DIT	DEPTH OF DE INHERITANCE TREE
AVL	ANÁLISIS VALORES LÍMITE	BVA	BOUNDARY VALUE ANALYSIS
BPR (RPN)	REINGENIERÍA DE PROCESOS DE NEGOCIO	BPR	BUSINESS PROCESS REENGINEERING
CCM	CARENCIA DE COHESIÓN EN LOS MÉTODOS	LCOM	LACK OF COHESION IN METHODS
CFD	COHESIONES FUNCIONALES DÉBILES	WFC	WEAK FUNCTIONAL COHESION
CFF	COHESIONES FUNCIONALES FUERTES	SFC	STRONG FUNCTIONAL COHESION
CGO	CAPA DE GESTIÓN DE OBJETOS	OML	OBJECT MANAGEMENT LAYER
CN	CONTROL NUMÉRICO	NC	NUMERICAL CONTROL
CO	COMPLEJIDAD DE OPERACIÓN	OC	OPERATION COMPLEXITY
CPM (MCC)	MODELO DE CAMINO CRÍTICO	CPM	CRITICAL PATH METHOD
CR	CONVIVENCIA DE LA REPRESENTACIÓN	LA	LAYOUT APPROPRIATENESS
CRC	CLASES RESPONSABILIDADES COLABORACIONES	CRC	CLASS RESPONSABILITY COLLABORATOR
DAC	DISEÑO ASISTIDO POR COMPUTADORA	CAD	COMPUTER-AIDED DESIGN
DAOO	DOMINIO DEL ANÁLISIS ORIENTADO A OBJETOS	OODA	OBJECT ORIENTED DOMAIN ANALYSIS
DCA	DIAGRAMA DE CONTEXTO DE LA ARQUITECTURA	ACD	ARCHITECTURE CONTEXT DIAGRAM
DEC	DIAGRAMA DE ESTRUCTURA DE CONTROL	CSD	CONTROL STRUCTURED DIAGRAM
DER	DIAGRAMA ENTIDAD RELACIÓN	ERD	ENTITY RELATIONSHIP DIAGRAM
DFA	DIAGRAMA DE FLUJO DE LA ARQUITECTURA	AFD	ARCHITECTURE FLOW DIAGRAM
DFC (QFD)	DESPLIEGUE DE LA FUNCIÓN CALIDAD	QFD	QUALITY FUNCTION DEPLOYMENT
DFC (CFD)	DIAGRAMA DE FLUJO DE CONTROL	CFD	CONTROL FLOW DIAGRAM
DFC	DESPLIEGUE DE FUNCIÓN DE CALIDAD	QFD	QUALITY FUNCTION DEPLOYMENT

DFD	DIAGRAMA DE FLUJO DE DATOS	DFD	DATA FLOW DIAGRAMA
DOO	DISEÑO ORIENTADO A OBJETOS	OOD	OBJECT ORIENTED DESIGN
DPR	DISEÑO PARA LA REUTILIZACIÓN	DFR	DESIGN FOR REUSE
DRA	DESARROLLO RÁPIDO DE APLICACIONES	RAD	RAPID APPLICATION DEVELOPMENT
DSED	DESARROLLO DE SISTEMAS ESTRUCTURADOS DE DATOS	DSSD	DATA STRUCTURED SYSTEMS DEVELOPMENT
DSJ	DESARROLLO SISTEMAS JACKSON	JSD	JACKSON SYSTEM DEVELOPMENT
DSN	DISEÑO SISTEMA DE NEGOCIO	BSD	BUSINESS SYSTEM DESIGN
DTE	DIAGRAMA DE TRANSICIÓN DE ESTADOS	STD	STATE TRANSITION DIAGRAM
EAPI	ENTORNO APOYO PROYECTOS INTEGRADOS	IPSE	INTEGRATED PROJECT SUPPORT ENVIRONMENT
EC	ESPECIFICACIONES DE CONTROL	CSPEC	CONTROL ESPECIFICATION
ECP	ESTRUCTURA COMÚN DEL PROCESO	CPF	COMMON PROCESS FRAMEWORK
ECS	ELEMENTO CONFIGURACIÓN SOFTWARE	SCI	SOFTWARE CONFIGURATION ITEMS
EED	EFICIENCIA DE ELIMINACIÓN DE DEFECTOS	DRE	DEFECT REMOVAL EFFICIENCY
EIS	ENTORNO INGENIERÍA DEL SOFTWARE	SEE	SOFTWARE ENGINEERING ENVIRONMENT
EP	ESPECIFICACIONES DE PROCESO	PSPEC	PROCESS ESPECIFICATION
FAE	FACTOR DE AJUSTE DEL ESFUERZO	EAF	EFFORT ADJUSTMENT FACTOR
FCE	FACTORES CRÍTICOS DEL ÉXITO	CSF	CRITICAL SUCESS FACTORS
FPGC	FACILIDADES PRESENTACIÓN GRÁFICA COMPUTADORA	CGDF	COMPUTER GRAPHICS DISPLAY FACILITIES
FTP	PROTOCOLO DE TRANSFERENCIA DE FICHEROS	FTP	FILE TRANSFER PROTOCOL
GBD	GESTIÓN BASE DE DATOS	DBM	DATABASE MANAGEMENT
GCS	GESTIÓN CONFIGURACIÓN DEL SOFTWARE	SCM	SOFTWARE CONFIGURATION MANAGEMENT
GIP	GRUPO INDEPENDIENTE DE PRUEBAS	ITG	INDEPENDENT TEST GROUP
GTC	GESTIÓN TOTAL DE CALIDAD	TQM	TOTAL QUALITY MANAGEMENT
IA	INTELIGENCIA ARTIFICIAL	AI	ARTIFICIAL INTELLIGENCE
ICED	ÍNDICE DE CALIDAD DE LA ESTRUCTURA DE DISEÑO	DSQI	DESIGN STRUCTURE QUALITY INDEX
IE	ÍNDICE ESPECIALIZACIÓN	SI	SPECIALIZATION INDEX
IEC	INFORME ESTADO DE CONFIGURACIÓN	CSR	CONFIGURATION STATUS REPORTING
IGU (GUI)	INTERFAZ GRÁFICA DE USUARIO	GUI	GRAPHICAL USER INTERFACES
IHM	INTERFAZ HOMBRE MÁQUINA	HCI	HUMAN COMPUTER INTERFACE
II	INGENIERÍA DE LA INFORMACIÓN	IE	INFORMATION ENGINEERING
IIS	INSTITUTO INGENIERÍA DEL SOFTWARE	SEI	SOFTWARE ENGINEERING INSTITUTE
IMS	ÍNDICE DE MADUREZ DEL SOFTWARE	SMI	SOFTWARE MATURITY INDEX
ISAC	INGENIERÍA DEL SOFTWARE ASISTIDA POR COMPUTADOR	CASE	COMPUTER-AIDED SOFTWARE ENGINEERING
ISOO	INGENIERÍA DEL SOFTWARE ORIENTADA A OBJETOS	OOSE	OBJECT ORIENTED SOFTWARE ENGINEERING
ISOOAC	ING. SOFT. ORIENTADA A OBJETOS ASISTIDA COMPUTADOR	OOCASE	OBJECT ORIENTED COMPUTER AIDED SOFT. ENGINEERING
IU	INTERFAZ DE USUARIO	UI	USER INTERFACE
IUFC	INTERFAZ DE USUARIO Y FACILIDADES DE CONTROL	UICF	USER INTERFACE AND CONTROL FACILITIES
KLDC	MILES DE LÍNEAS DE CÓDIGO	KLOC	THOUSAND LINES OF CODE
LDA	LENGUAJE DE DESCRIPCIÓN ARQUITECTÓNICA	ADL	ARCHITECTURAL DESCRIPTION LANGUAGES
LDC	LÍNEAS DE CÓDIGO	LOC	LINES OF CODE
LDI	LENGUAJE DE DEFINICIÓN DE INTERFAZ	IDL	INTERFACE DEFINITION LANGUAGE
LDP	LENGUAJE DE DISEÑO DE PROGRAMAS	PDL	PROGRAM DESIGN LANGUAGE
LTR	LÓGICA TIEMPO REAL	RTL	REAL TIME LOGIC
LUR	LOCALIZADORES UNIFORMES DE RECURSOS	URL	UNIFORM RESOURCE LOCATORS
MCM	MODELO DE CAPACIDAD DE MADUREZ	CMM	CAPABILITY MATURITY MODEL
MEPS	MEJORA ESTADÍSTICA DEL PROCESO DEL SOFTWARE	SSPI	STATICAL SOFTWARE PROCESS IMPROVEMENT
MMCGP	MODELO MADUREZ CAPACIDAD GESTIÓN PERSONAL	PM-CMM	PEOPLE MANAGEMENT CAPABILITY MATURITY MODEL

MPC (CPF)	MARCO DE PROCESO COMÚN	CPF	COMMON PROCESS FRAMEWORK
MPC (WMC)	MÉTODOS PONDERADOS POR CLASE	WMC	WEIGHTED METHODS PER CLASS
NCC	NÚMERO DE CLASES CLAVE	NKC	NUMBER OF KEY CLASSES
NCR	NÚMERO DE CLASE RAÍZ	NOR	NUMBER OF ROOT CLASSES
NDD	NÚMERO DE DESCENDIENTES	NOC	NUMBER OF CHILDREN
NGE	NÚMERO DE GUIONES DE ESCENARIO	NSS	NUMBER SCENARIO SCRIPTS
NOA	NÚMERO DE OPERACIONES AÑADIDAS	NOA	NUMBER OF OPERATIONS ADDED
NOI	NÚMERO DE OPERACIONES INVALIDADAS	NOO	NUMBER OF OPERATIONS OVERRIDDEN
NP	NÚMERO DE PARÁMETROS	NP	NUMBER OF PARAMETERS
NSUB	NÚMERO DE SUBSISTEMAS	NSUB	NUMBER OF SUBSYSTEMS
OCI	ORDEN CAMBIO DE INGENIERÍA	ECO	ENGINEERING CHANGE ORDER
OMG	GRUPO DE GESTIÓN DE OBJETOS	OMG	OBJECT MANAGEMENT GROUP
OO	ORIENTADO A OBJETOS	OO	OBJECT ORIENTED
ORB	DISTRIBUIDOR DE SOLICITUDES DE OBJETOS	ORB	OBJECT REQUEST BROKER
PEI	PLANIFICACIÓN ESTRATEGIA INFORMACIÓN	ISP	INFORMATION STRATEGY PLANNING
PERT	TÉCNICA DE EVALUACIÓN Y REVISIÓN DE PROGRAMAS	PERT	PROGRAM EVALUATION AND REVIEW TECHNIQUE
PF	PUNTO DE FUNCIÓN	FO	FUNCTION POINT
PFH	PREGUNTAS FRECUENTEMENTE HECHAS	FAR	FREQUENTLY ASKED QUESTIONS
PNE	PROCESO DE NEGOCIO ELEMENTAL	EBP	ELEMENTARY BUSINESS PROCESS
POO	PROGRAMACIÓN ORIENTADA A OBJETOS	OOP	OBJECT ORIENTED PROGRAMMING
PPP	PORCENTAJE PÚBLICO Y PROTEGIDO	PAP	PERCENT PUBLIC AND PROTECTED
PrOO	PRUEBAS ORIENTADAS A OBJETOS	OOT	OBJECT ORIENTED TESTING
PSP	PROCESO PERSONAL DEL SOFTWARE	PSP	PERSONAL SOFTWARE PROCESS
RAL	RED DE ÁREA LOCAL	LAN	LOCAL AREA NETWORK
RAOO	REQUISITO DEL ANÁLISIS ORIENTADO A OBJETOS	OORA	OBJECT ORIENTED REQUIREMENTS ANALYSIS
RPC	RESPUESTA PARA UNA CLASE	RFC	RESPONSES FOR A CLASS
RSGBD	SISTEMA GESTIÓN DE BASES DE DATOS RELACIONALES	RDNMS	RELATIONAL DATABASE MANAGEMENT SYSTEM
RSGR	REDUCCIÓN, SUPERVISIÓN Y GESTIÓN DEL RIESGO	RMMM	RISK MITIGATION, MONITORING AND MANAGEMENT
RTF	REVISIÓN TÉCNICA FORMAL	FTR	FORMAL TECNIQUE REVIEW
SADT	ANÁLISIS ESTRUCTURADO Y TÉCNICA DE DISEÑO	SADT	STRUCTURED ANALYSIS AND DESIGN TECHNIQUE
SCT	SELECTOR CONJUNTO DE TAREAS	TSS	TASK SET SELECTOR
SDIU	SISTEMA DE DESARROLLO DE INTERFAZ DE USUARIO	UIDS	USER INTERFACE DEVELOPMENT SYSTEMS
SGBD	SISTEMA DE GESTIÓN DE BASES DE DATOS	DBMS	DATABASE MANAGEMENT SYSTEM
SGBDOO	SISTEMA GESTIÓN BASES DATOS ORIENTADAS A OBJETOS	OODBMS	OBJECT ORIENTED DATABASES SYSTEMS
SGH	SERVICIOS DE GESTIÓN DE HERRAMIENTAS	TMS	TOOLS MANAGEMENT SERVICES
SIG	SISTEMA DE INFORMACIÓN DE GESTIÓN	MIS	MANAGEMENT INFORMATION SYSTEM
SO	SISTEMA OPERATIVO	OS	OPERATING SYSTEM
SOTR	SISTEMA OPERATIVO TIEMPO REAL	RTOS	REAL TIME OPERATING SYSTEM
SQA	GARANTÍA DE CALIDAD DEL SOFTWARE	SQA	SOFTWARE QUALITY ASSURANCE
SQL	LENGUAJE ESTRUCTURADO DE PREGUNTAS	SQL	STRUCTURED QUERY LANGUAGE
TAP	TABLA DE ACTIVACIÓN DE PROCESOS	PAT	PROCESS ACTIVATION TABLE
TC	TAMAÑO DE CLASE	CS	CLASS SIZE
TI	TECNOLOGÍAS DE LA INFORMACIÓN	IT	INFORMATION TECHNOLOGY
TMDC	TIEMPO MEDIO DE CAMBIO	MTTC	MEAN TIME TO CHANGE
TMDF	TIEMPO MEDIO DE FALLO	MTTF	MEAN TIME TO FAILURE
TMDR	TIEMPO MEDIO DE RECUPERACIÓN	MTTR	MEAN TIME TO REPAIR
TMEF	TIEMPO MEDIO ENTRE FALLOS	MTBF	MEAN TIME BETWEEN FAILURE

TMO	TÉCNICA DE MODELADO DE OBJETOS	OMT	OBJECT MODELLING TECHNIQUES
TO	TAMAÑO OPERACIÓN	OSIZ	OPERATION SIZE
TUEA	TÉCNICAS ÚTILES ESPECIFICACIÓN DE APLICACIONES	FAST	FACILITATED APPLICATION SPECIFICATION TECHNIQUES
VG	VISTA GLOBAL	WV	WORLD VIEW

ACD	ARCHITECTURE CONTEXT DIAGRAM	DCA	DIAGRAMA DE CONTEXTO DE LA ARQUITECTURA
ADL	ARCHITECTURAL DESCRIPTION LANGUAGES	LDA	LENGUAJE DE DESCRIPCIÓN ARQUITECTÓNICA
AFD	ARCHITECTURE FLOW DIAGRAM	DFA	DIAGRAMA DE FLUJO DE LA ARQUITECTURA
AI	ARTIFICIAL INTELLIGENCE	IA	INTELIGENCIA ARTIFICIAL
BAA	BUSINESS AREA ANALYSIS	AAN	ANÁLISIS ÁREA DE NEGOCIO
BPR	BUSINESS PROCESS REENGINEERING	BPR (RPN)	REINGENIERÍA DE PROCESOS DE NEGOCIO
BSD	BUSINESS SYSTEM DESIGN	DSN	DISEÑO SISTEMA DE NEGOCIO
BVA	BOUNDARY VALUE ANALYSIS	AVL	ANÁLISIS VALORES LÍMITE
CAD	COMPUTER-AIDED DESIGN	DAC	DISEÑO ASISTIDO POR COMPUTADORA
CASE	COMPUTER-AIDED SOFTWARE ENGINEERING	ISAC	INGENIERÍA DEL SOFTWARE ASISTIDA POR COMPUTADOR
CBO	COUPLING BETWEEN OBJECT CLASSES	ACO	ACOPLAMIENTO ENTRE CLASES OBJETO
CCA	CHANGE CONTROL AUTHORITY	ACC	AUTORIDAD CONTROL DE CAMBIOS
CFD	CONTROL FLOW DIAGRAM	DFC (CFD)	DIAGRAMA DE FLUJO DE CONTROL
CGDF	COMPUTER GRAPHICS DISPLAY FACILITIES	FPGC	FACILIDADES PRESENTACIÓN GRÁFICA COMPUTADORA
CMM	CAPABILITY MATURITY MODEL	MCM	MODELO DE CAPACIDAD DE MADUREZ
CPF	COMMON PROCESS FRAMEWORK	ECP	ESTRUCTURA COMÚN DEL PROCESO
CPF	COMMON PROCESS FRAMEWORK	MPC (CPF)	MARCO DE PROCESO COMÚN
CPM	CRITICAL PATH METHOD	CPM (MCC)	MODELO DEL CAMINO CRÍTICO
CRC	CLASS RESPONSABILITY COLLABORATOR	CRC	CLASES RESPONSABILIDADES COLABORACIONES
CS	CLASS SIZE	TC	TAMAÑO DE CLASE
CSD	CONTROL STRUCTURED DIAGRAM	DEC	DIAGRAMA DE ESTRUCTURA DE CONTROL
CSF	CRITICAL SUCESS FACTORS	FCE	FACTORES CRÍTICOS DEL ÉXITO
CSPEC	CONTROL ESPECIFICATION	EC	ESPECIFICACIONES DE CONTROL
CSR	CONFIGURATION STATUS REPORTING	IEC	INFORME ESTADO CONFIGURACIÓN
DBM	DATABASE MANAGEMENT	GBD	GESTIÓN BASE DE DATOS
DBMS	DATABASE MANAGEMENT SYSTEM	SGBD	SISTEMA DE GESTIÓN DE BASES DE DATOS
DFD	DATA FLOW DIAGRAM	DFD	DIAGRAMA DE FLUJO DE DATOS
DFR	DESIGN FOR REUSE	DPR	DISEÑO PARA LA REUTILIZACIÓN
DIT	DEPTH OF INHERITANCE TREE	APH	ÁRBOL DE PROFUNDIDAD DE HERENCIA
DRE	DEFECT REMOVAL EFFICIENCY	EED	EFICIENCIA DE ELIMINACIÓN DE DEFECTOS
DSQI	DESIGN STRUCTURE QUALITY INDEX	ICED	ÍNDICE DE CALIDAD DE LA ESTRUCTURA DE DISEÑO
DSSD	DATA STRUCTURED SYTEMS DEVELOPMENT	DSED	DESARROLLO DE SISTEMAS ESTRUCTURADOS DE DATOS
EAF	EFFORT ADJUSTMENT FACTOR	FAE	FACTOR DE AJUSTE DEL ESFUERZO
EBP	ELEMENTARY BUSINESS PROCESS	PNE	PROCESO DE NEGOCIO ELEMENTAL
ECO	ENGINEERING CHANGE ORDER	OCI	ORDEN CAMBIO DE INGENIERÍA
ERD	ENTITY RELATIONSHIP DIAGRAM	DER	DIAGRAMA ENTIDAD RELACIÓN
ESA	EUROPEAN SPACE AGENCY	AEE	AGENCIA EUROPEA DEL ESPACIO
FAR	FREQUENTLY ASKED QUESTION	PFH	PREGUNTAS FRECUENTEMENTE HECHAS
FAST	FACILITATED APPLICATION SPECIFICATION TECHNIQUES	TUEA	TÉCNICAS ÚTILES ESPECIFICACIÓN DE APLICACIONES
FIN	FAN IN	ADM	ADMISIÓN

FP	FUNCTION POINT	PF	PUNTO DE FUNCIÓN
FTP	FILE TRANSFER PROTOCOL	FTP	PROTOCOLO DE TRANSFERENCIA DE FICHEROS
FTR	FORMAL TECHNIQUE REVIEW	RTF	REVISIÓN TÉCNICA FORMAL
GUI	GRAPHICAL USER INTERFACES	IGU (GUI)	INTERFAZ GRÁFICA DE USUARIO
HCI	HUMAN COMPUTER INTERFACE	IHM	INTERFAZ HOMBRE MÁQUINA
IDL	INTERFACE DEFINITION LANGUAGE	LDI	LENGUAJE DE DEFINICIÓN DE INTERFAZ
IE	INFORMATION ENGINEERING	II	INGENIERÍA DE LA INFORMACIÓN
IPSE	INTEGRATED PROJECT SUPPORT ENVIRONMENT	EAPI	ENTORNO APOYO PROYECTOS INTEGRADOS
ISP	INFORMATION STRATEGY PLANNING	PEI	PLANIFICACIÓN ESTRATÉGICA INFORMACIÓN
IT	INFORMATION TECHNOLOGY	TI	TECNOLOGÍAS DE LA INFORMACIÓN
ITG	INDEPENDENT TEST GROUP	GIP	GRUPO INDEPENDIENTE DE PRUEBAS
JSD	JACKSON SYSTEM DEVELOPMENT	DSJ	DESARROLLO SISTEMAS JACKSON
KLOC	THOUSAND LINES OF CODE	KLDC	MILES DE LÍNEAS DE CÓDIGO
KPA	KEY PROCESS AREA	ACP	ÁREA CLAVE DE PROCESO
LA	LAYOUT APPROPRIATENESS	CR	CONVIVENCIA DE LA REPRESENTACIÓN
LAN	LOCAL AREA NETWORK	RAL	RED DE ÁREA LOCAL
LCOM	LACK OF COHESION IN METHODS	CCM	CARENCIA DE COHESIÓN EN LOS MÉTODOS
LOC	LINES OF CODE	LDC	LÍNEAS DE CÓDIGO
MIS	MANAGEMENT INFORMATION SYSTEM	SIG	SISTEMA DE INFORMACIÓN DE GESTIÓN
MTBF	MEAN TIME BETWEEN FAILURE	TMEF	TIEMPO MEDIO ENTRE FALLOS
MTTC	MEAN TIME TO CHANGE	TMDC	TIEMPO MEDIO DE CAMBIO
MTTF	MEAN TIME TO FAILURE	TMDF	TIEMPO MEDIO DE FALLO
MTTR	MEAN TIME TO REPAIR	TMDR	TIEMPO DE MEDIO DE RECUPERACIÓN
NC	NUMERICAL CONTROL	CN	CONTROL NUMÉRICO
NKC	NUMBER OF KEY CLASSES	NCC	NÚMERO DE CLASES CLAVE
NOA	NUMBER OF OPERATIONS ADDED	NOA	NÚMERO DE OPERACIONES AÑADIDAS
NOC	NUMBER OF CHILDREN	NDD	NUMERO DE DESCENDIENTES
NOO	NUMBER OF OPERATIONS OVERRIDDEN	NOI	NÚMERO DE OPERACIONES INVALIDADAS
NOR	NUMBER OF ROOT CLASSES	NCR	NÚMERO DE CLASES RAÍZ
NP	NUMBER OF PARAMETERS	NP	NÚMERO DE PARÁMETROS
NSS	NUMBER SCENARIO SCRIPTS	NGE	NÚMERO DE GUIONES DE ESCENARIO
NSUB	NUMBER OF SUBSYSTEMS	NSUB	NÚMERO DE SUBSISTEMAS
OC	OPERATION COMPLEXITY	CO	COMPLEJIDAD DE OPERACIÓN
OMG	OBJECT MANAGEMENT GROUP	OMG	GRUPO DE GESTIÓN DE OBJETOS
OML	OBJECT MANAGEMENT LAYER	CGO	CAPA DE GESTIÓN DE OBJETOS
OMT	OBJECT MODELLING TECHNIQUES	TMO	TÉCNICA DE MODELADO DE OBJETOS
OO	OBJECT ORIENTED	OO	ORIENTADO A OBJETOS
OOA	OBJECT ORIENTED ANALYSIS	AOO	ANÁLISIS ORIENTADO A OBJETOS
OOCASE	OBJECT ORIENTED COMPUTER AIDED SOFT. ENGINEERING	ISOOAC	ING. SOFT. ORIENTADA OBJETOS ASISTIDA COMPUTADOR
OOD	OBJECT ORIENTED DESIGN	DOO	DISEÑO ORIENTADO A OBJETOS
OODA	OBJECT ORIENTED DOMAIN ANALYSIS	DAOO	DOMINIO DEL ANÁLISIS ORIENTADO A OBJETOS
OODBMS	OBJECT ORIENTED DATABASE SYSTEMS	SGBDOO	SISTEMA GESTIÓN BASES DATOS ORIENTADAS A OBJETOS
OOP	OBJECT ORIENTED PROGRAMMING	POO	PROGRAMACIÓN ORIENTADA A OBJETOS
OORA	OBJECT ORIENTED REQUIREMENTS ANALYSIS	RAOO	REQUISITOS DEL ANÁLISIS ORIENTADO A OBJETOS
OOSE	OBJECT ORIENTED SOFTWARE ENGINEERING	ISOO	INGENIERÍA DEL SOFTWARE ORIENTADA A OBJETOS
OOT	OBJECT ORIENTED TESTING	PrOO	PRUEBAS ORIENTADAS A OBJETOS
ORB	OBJECT REQUEST BROKER	ORB	DISTRIBUIDOR DE SOLICITUDES DE OBJETOS

OS	OPERATING SYSTEM	SO	SISTEMA OPERATIVO
OSIZ	OPERATION SIZE	TO	TAMAÑO OPERACIÓN
PAD	PUBLIC ACCESS TO DATA	APD	ACCESO PÚBLICO A DATOS
PAP	PERCENT PUBLIC AND PROTECTED	PPP	PORCENTAJE PÚBLICO Y PROTEGIDO
PAT	PROCESS ACTIVATION TABLE	TAP	TABLA DE ACTIVACIÓN DE PROCESOS
PDL	PROGRAM DESIGN LANGUAGE	LDP	LENGUAJE DE DISEÑO DE PROGRAMAS
PERT	PROGRAM EVALUATION AND REVIEW TECHNIQUE	PERT	TÉCNICA DE EVALUACIÓN Y REVISIÓN DE PROGRAMAS
PM-CMM	PEOPLE MANAGEMENT CAPABILITY MATURITY MODEL	MMCGP	MODELO MADUREZ CAPACIDAD GESTIÓN PERSONAL
PSP	PERSONAL SOFTWARE PROCESS	PSP	PROCESO PERSONAL DEL SOFTWARE
PSPEC	PROCESS ESPECIFICATION	EP	ESPECIFICACIONES DE PROCESO
QFD	QUALITY FUNCTION DEPLOYMENT	DFC (QFD)	DESPLIEGUE DE LA FUNCIÓN CALIDAD
QFD	QUALITY FUNCTION DEPLOYMENT	DFC	DESPLIEGUE DE FUNCIÓN DE CALIDAD
RAD	RAPID APPLICATION DEVELOPMENT	DRA	DESARROLLO RÁPIDO DE APLICACIONES
RDBMS	RELATIONAL DATABASE MANAGEMENT SYSTEM	RSGBD	SISTEMA GESTIÓN DE BASES DE DATOS RELACIONALES
RFC	RESPONSE FOR A CLASS	RPC	RESPUESTA PARA UNA CLASE
RMMM	RISK MITIGATION, MONITORING AND MANAGEMENT	RSGR	REDUCCIÓN, SUPERVISIÓN Y GESTIÓN DEL RIESGO
RTL	REAL TIME LOGIC	LTR	LÓGICA TIEMPO REAL
RTOS	REAL TIME OPERATING SYSTEM	SOTR	SISTEMA OPERATIVO TIEMPO REAL
SADT	STRUCTURED ANALYSIS AND DESIGN TECHNIQUE	SADT	ANÁLISIS ESTRUCTURADO Y TÉCNICA DE DISEÑO
SCI	SOFTWARE CONFIGURATION ITEMS	ECS	ELEMENTO CONFIGURACIÓN SOFTWARE
SCM	SOFTWARE CONFIGURATION MANAGEMENT	GCS	GESTIÓN CONFIGURACIÓN DEL SOFTWARE
SEE	SOFTWARE ENGINEERING ENVIRONMENT	EIS	ENTORNO INGENIERÍA DEL SOFTWARE
SEI	SOFTWARE ENGINEERING INSTITUTE	IIS	INSTITUTO INGENIERÍA DEL SOFTWARE
SFC	STRONG FUNCTIONAL COHESION	CFF	COHESIONES FUNCIONALES FUERTES
SI	SPECIALIZATION INDEX	IE	ÍNDICE ESPECIALIZACIÓN
SMI	SOFTWARE MATURITY INDEX	IMS	ÍNDICE DE MADUREZ DEL SOFTWARE
SQA	SOFTWARE QUALITY ASSURANCE	SQA	GARANTÍA DE CALIDAD DEL SOFTWARE
SQL	STRUCTURED QUERY LANGUAGE	SQL	LENGUAJE ESTRUCTURADO DE PREGUNTAS
SSPI	STATICAL SOFTWARE PROCESS IMPROVEMENT	MEPS	MEJORA ESTADÍSTICA DEL PROCESO DEL SOFTWARE
STD	STATE TRANSITION DIAGRAM	DTE	DIAGRAMA DE TRANSICIÓN DE ESTADOS
TMS	TOOLS MANAGEMENT SERVICES	SGH	SERVICIOS DE GESTIÓN DE HERRAMIENTAS
TQM	TOTAL QUALITY MANAGEMENT	GTC	GESTIÓN TOTAL DE CALIDAD
TSS	TASK SET SELECTOR	SCT	SELECTOR CONJUNTO DE TAREAS
UPQ	USUALLY DONE QUESTIONS	PFH	PREGUNTAS FRECUENTEMENTE HECHAS
UI	USER INTERFACE	IU	INTERFAZ DE USUARIO
UICF	USER INTERFACE AND CONTROL FACILITIES	IUFC	INTERFAZ DE USUARIO Y FACILIDADES DE CONTROL
UIDS	USR INTERFACE DEVELOPMENT SYSTEMS	SDIU	SISTEMA DE DESARROLLO DE INTERFAZ DE USUARIO
URL	UNIFORM RESOURCE LOCATORS	LUR	LOCALIZADORES UNIFORMES DE RECURSOS
WFC	WEAK FUNCTIONAL COHESION	CFD	COHESIONES FUNCIONALES DÉBILES
WMC	WEIGHTED METHODS PER CLASS	MPC (WMC)	MÉTODOS PONDERADOS POR CLASE
WV	WORLD VIEW	VG	VISTA GLOBAL

ÍNDICE